OZU
TIEMPO DE CINE
Yasujiro Ozu en los años de estruendo
TOMO I: EL TODO Y LA NADA

por
Antonio Santos

Texnai

Autor: Antonio Santos

Antonio Santos (Valladolid, 1963) es Doctor en Historia del Arte por la Universidad de Valladolid. Ejerció como Ayudante de Bibliotecas en la Biblioteca de la Universidad de Cantabria entre 1988 y 2009. Este último año se incorpora como profesor en el área de Didáctica de las Ciencias Sociales en la Facultad de Educación de la Universidad de Cantabria. Es asimismo profesor en la Cátedra de Historia y Estética de la Cinematografía de la Universidad de Valladolid, de manera ininterrumpida, desde 1986.

Entre sus líneas de trabajo actuales destacan: La imagen como vía de acceso al conocimiento de la sociedad y de sus representaciones. Educación para el desarrollo. Educación crítica de la mirada. El cine como recurso didáctico en la enseñanza de las Ciencias Sociales.

Ha colaborado, entre otras, con las revistas Cuadernos Cinematográficos de la Universidad de Valladolid, Nosferatu, Historia XVI, Componente Norte, Litoral, Letra Internacional, Trasdós y con el Boletín de la Biblioteca de Menéndez Pelayo.

Antonio Santos frente al Gran Buda, Kamakura, Julio 2014. Fotografiado por Masato Yoshizaki

Es autor de las siguientes monografías:
- *Kenji Mizoguchi.* Madrid : Cátedra, 1993. 416 p.
- *La trama policial en el cine* (*The Detective Plot in Film*). Madrid : Cosema, 1995. 144 p.
- "Hollywood : la consolidación de los estudios" ("Hollywood: Studio consolidation"), y "La expansión internacional de Hollywood" ("The international expansion of Hollywood"). En: América (1915-1928). Historia General del Cine (General History of Cinema). Madrid : Cátedra, 1997, Volumen IV, p. 15 - 127.
- *El 98 y el cine* (*The Spanish Generation of 1898 and the Cinema*) / written in collaboration with Gonzalo Muinelo. Valladolid : Asociación Cultural Amigos del Cine, 1998.
- *Yasujiro Ozu : Elogio del silencio (In praise of silence).* Madrid : Cátedra, 2005. 596 p. 2nd. edition in 2012.
- *El sueño imposible : Aventuras cinematográficas de don Quijote y Sancho.* (*The Impossible Dream : Film adventures of Don Quixote and Sancho*). Santander: Fundación Marcelino Botín, 2006. 193 p.
- *Barataria la imaginada : El ideal utópico de don Quijote y Sancho.* (*The Imagined Barataria: Don Quixote and Sancho in search for Utopia*). Alcalá : Centro de Estudios Cervantinos, 2008.
- *En torno a Noriko : Primavera tardía, Principios de verano, Cuentos de Tokio.* (*Around Noriko: Late Spring, Early Summer, Tales of Tokyo*). Valencia: Filmoteca; Instituto Valenciano de Cinematografía Ricardo Muñoz Suay, 2010, 434 p.
- "Three Mizoguchi Films : The Waterfall White Thread (1933); The Poppies (1935); The Bijomaru Sword (1945)".)". In: *MIZOGUCHI: The Master.* Ontario : The Cinematheque, The Japan Foundation, 1996, p. 53-56.
- "Living stones, dead souls : The other side of the Map. El sur Novel and Film". In: *An open window : The Cinema of Víctor Erice* / edited by Linda C. Ehrlich. Lanham, Maryland and London : The Scarecrow Press, 2000, p. 155 - 172. Second revised edition: Lanham, Maryland (etc.): The Scarecrow Press, 2007, p. 155 - 172.
- "Taunt of the Gods : On Hiroshi Teshigahara's Suna no onna" /Antonio Santos; Linda Ehrlich. In: Word and image in Japanese Cinema / Dennis Washburn y Carole Cavanaugh (eds). Cambridge: University Press, 2001, p. 89 - 107.
- "Hiroshima mon amour : An inner pilgramage to catharsis". In: *Pilgrimages and Spiritual Quests in Japan* / ed. María Rodríguez del Alisal, Peter Ackerman, Dolores Martínez. London; New York: Routledge, 2007, p. 130-137.

OZU: TIEMPO DE CINE
Tomo I: EL TODO Y LA NADA

Written by:
Antonio Santos
Published in April 21, 2015 by Texnai Inc., Tokyo, Japan
Printed by CreateSpace, An Amazon.com Company, USA
ISBN:978-4-907162-62-7
Texnai Inc.
#318, 2-1 Udagawa-cho, Shibuya-ku, Tokyo, Japan Zip:150-0042
Tel: +81-3-3464-6927 Fax: +81-3-3476-2372   info@texnai.co.jp
http://www.texnai.co.jp/   http://www.muse.or.jp
© Antonio Santos, 2014

Cover: Screenshots of Banshun (Primavera Tardía), designed by Takeo Fukazawa

"A mi alrededor todo el mundo hacía películas habladas,
pero yo realizaba siempre películas mudas."
"¿Por qué tiene el hombre que buscar el ruido cuando reina el silencio?"

Yasujiro Ozu

PRÓLOGO PARA LA EDICIÓN DE 2014
TIEMPO DE CINE

Si el cine es el arte del espacio y el arte del tiempo; si el cine es el gran medio que permite representar poéticamente la experiencia humana en toda su complejidad y en toda su variedad; si esto alguna vez ha sido así, posiblemente ningún autor ha sabido, ni antes ni después, crear formas cinematográficas tan puras como las del japonés Yasujiro Ozu.

Creador de una poética diáfana y simple, Ozu cantó, de manera sigilosa, la historia de un país que se transformaba vertiginosamente, y cómo esa transformación alteraba las relaciones entre las personas, la unidad de la familia, la pérdida de los valores tradicionales. Su arte partía de capturar parcelas de la vida cotidiana para elevarlas a materia poética delicada y sensible. Ningún otro cineasta, clásico o moderno, de ayer o de hoy, ha sido capaz de crear tanta emoción y tanta belleza con tan mínimos recursos.

Chishu Ryu y Setsuko Hara en Cuentos de Tokio, dirigida por Yasujiro Ozu, 1953

Reducido a su misma esencia, el cine de Ozu es el arte del instante: de los momentos inaprensibles que son capturados por la cámara, pasajeros como el recorrido de un tren, fugaces como el humo de una tetera. Los personajes de estas parábolas de lo impermanente a menudo se refugian en la soledad y el silencio; antes o después abandonan el escenario, y éste queda vacío; todas las imágenes al fin se desvanecen, pero su aroma perdura y ya no se olvida. Es tiempo de cine.

Rebasado el centenario de su nacimiento, el prestigio del cineasta no ha hecho sino incrementarse progresivamente. Si ya era frecuente encontrar sus obras en posiciones de cabeza en esas encuestas que determinan los mejores títulos y los mejores cineastas de todos los tiempos, el reconocimiento definitivo llegó en 2012, cuando un selecto grupo de profesionales encumbró Cuentos de Tokio como la mejor película de la historia del cine[1]. Si dichas encuestas son, por lo general, discutibles, este resultado se antoja incuestionable: la obra de Ozu corona las cimas del arte cinematográfico, y allí permanecerá pues es el espacio que le pertenece por su misma esencia. Es el lugar preciso para un autor y una

Cartel de Cuentos de Tokio, 1953

obra que han remontado más allá de su entorno cultural y han superado la prueba del tiempo; es el destino de la obra clásica. Nunca el cine se ha mostrado tan puro, tan intenso, tan sincero y tan esencial como en la obra del cineasta japonés.

Desde aquel ya distante 2003, en que se conmemoró el centenario de su nacimiento, hemos asistido a la publicación de nuevos estudios sobre su obra y se han editado algunas de sus películas en cuidadas ediciones digitales. De todas ellas encontrará información el lector en la amplia bibliografía comentada que clausura el presente trabajo. El autor del mismo ha contribuido en este esfuerzo con varios artículos y con dos monografías: Yasujiro *Ozu : Elogio del silencio*. Madrid : Cátedra, 2005 (2ª edición en 2012) y *En torno a Noriko : Primavera tardía, Principios de verano, Cuentos de Tokio*. Valencia: Filmoteca; Instituto Valenciano de Cinematografía Ricardo Muñoz Suay,

---

[1] En aquella encuesta participaron 358 directores destacados del panorama internacional. Entre ellos se encontraban Francis Ford Coppola, Martin Scorsese, Woody Allen, Michael Mann, Quentin Tarantino, Terence Davies, Mike Leigh, Aki Kaurismaki, los hermanos Dardenne, Olivier Assayas, Guy Maddin, Guillermo del Toro, Nuri Bilge Ceylan, etc. Cuentos de Tokio fue el título más votado por los directores, y fue el tercero en la votación de los críticos. Por detrás de la obra maestra de Ozu, en la votación de los cineastas, figuraban 2001, Ciudadano Kane, 8 ½, Taxi Driver, Apocalypse Now, Vértigo, El Padrino, El espejo (de Tarkovski) y Ladrón de bicicletas.

2010. Ambas publicaciones, diferentes aunque complementarias entre sí, tienen su origen en la obra que aquí presentamos.

Originalmente escrito en 2004, bajo unas condiciones por entonces asumidas como impublicables, el presente estudio aspiraba a conocer en profundidad toda la obra conservada del gran cineasta, tarea que no se había realizado hasta la fecha. Además prestaba una singular atención al entorno histórico, cultural y cinematográfico sobre el que Ozu construyó su filmografía, entendiendo que toda obra de arte es fruto de su tiempo y de las condiciones sociales y culturales de las que es reflejo. Llevando más lejos la propuesta, el trabajo deseaba al mismo tiempo indagar en los ecos e influencias que la obra de Ozu ha podido dejar, tanto en cineastas japoneses como en otros destacados autores del panorama internacional. Además reunía, por primera vez, todos los poemas de Ozu, rescatados de sus diarios, para comentarlos y tratar de entroncarlos dentro de la vida y la obra de su autor. El cuarto volumen se completaba, además, con la bibliografía más amplia que se pudo reunir, y que comprendía casi setecientas referencias, en su mayoría comentadas. El estudio, en su conjunto, no podía aspirar a ser el mejor de los realizados sobre el gran cineasta: hay otros muy buenos. Pero ciertamente era el más exhaustivo y el más completo. Años después de su conclusión, el autor es consciente, a pesar de su volumen, de las carencias y limitaciones de aquel trabajo, y que quedan asuntos por resolver en torno a la actividad artística de Ozu, y a la huella profunda que ha dejado en un puñado de valiosos cineastas repartidos por todo el planeta. Lo que, en el fondo, siempre puede suponer un pretexto para volver a transitar por sus senderos creativos.

Masayuki Mori y Machiko Kyo en Ugetsu Monogatari, dirigida por Kenji Mizoguchi en 1953

Cartel de Ugetsu Monogatari, 1953

Víctimas al fin de su propia desmesura, los cuatro gruesos volúmenes que comprendían el texto original parecían destinados a darse a conocer sólo de manera parcial y fragmentada, en forma de monografías reducidas o de artículos publicados en revistas y en obras colectivas. Publicarlo en su totalidad se antojaba, ya de entrada, como una empresa descomunal, irrealizable. A pesar de todo, en algunas ocasiones estas ideas insensatas llegan a verse materializadas. Por si fuera poco, en una edición japonesa; publicada en Tokio y en lengua española: una situación tan insólita que su autor nunca la hubiera imaginado. Y, sin embargo, "*sólo el que ensaya lo absurdo es capaz de conquistar lo imposible*", aseguraba Miguel de Unamuno en su *Vida de don Quijote y Sancho*. El lector deberá decidir si el esfuerzo merecía o no la pena.

Naturalmente esta empresa, que no poco tiene de quijotesca, nunca fue planeada; nació fruto de algunas circunstancias afortunadas que hoy justifican la escritura de este prólogo.

Mi primer contacto con el cine japonés tuvo lugar en la Semana de Cine de Valladolid, donde se proyectó un ciclo dedicado a Kenji Mizoguchi en el año 1980. La fascinación por este cineasta fue total y absoluta desde la primera película (Genroku Chushingura: Los 47 samuráis) hasta la última (Akasen chitai: La calle de la vergüenza). Por esta razón, y para conseguir el título de Diplomado en Cinematografía en la Cátedra de Cine de la Universidad de Valladolid, decidí escribir mi Memoria de Diplomatura sobre una de sus obras maestras: Ugetsu Monogatari, Cuentos de la luna pálida. Ésta fue la base sobre la que se elaboró, algún tiempo después, la monografía consagrada a Kenji Mizoguchi, que publicó Ediciones Cátedra en 1993.

En el entretanto, otros grandes cineastas japoneses fueron incrementando mi devoción por el arte y la cultura elegante, sencilla y refinada de aquel país. Entre ellos Akira Kurosawa y Yasujiro Ozu. Naturalmente mi primer contacto con la extraordinaria obra de este último tuvo lugar a través de las emisiones televisivas de alguno de sus títulos, en particular sus Cuentos de Tokio. La serena belleza y la simplificación de sus formas, el equilibrio de un arte despojado y llevado a su misma esencia, dejaron desde aquel momento una huella imborrable, tan luminosa y duradera como una revelación.

Es bien cierto que Mizoguchi, Kurosawa y Ozu me llevaron a Japón. En primer lugar a través de su cine; y a

Los siete samuráis por Akira Kurosawa, 1954

Cartel de Los siete samuráis, 1954

continuación me dieron la oportunidad de conocer aquel país singular y extraordinario: en 1992 el Ministerio de Asuntos Exteriores japonés me brindó la primera ocasión gracias a su programa de Viajes de Estudio. En fechas más recientes, entre Mayo y Agosto de 2014, pude disfrutar de una estancia más prolongada gracias a una beca concedida por la Japan Foundation para investigar sobre otro valioso cineasta: Hiroshi Teshigahara.

La beca me permitió, por tanto, reencontrarme físicamente con aquel país que, de algún modo, sentía no haber abandonado nunca del todo. Claro está que ahora iba a recorrer otro Japón distinto del que había visitado. No sólo veintidós años atrás, sino sobre todo en numerosas películas: un país fascinante, pero conocido desde las salas oscuras. En consecuencia no podía dejar de formularme una pregunta, desde los preparativos mismos del viaje: ¿qué quedaría de Mizoguchi, de Kurosawa y de Ozu, en el Japón del siglo XXI, suponiendo que algo quedase? Es evidente que el mundo ha cambiado mucho en las últimas décadas, y Japón no escapa a la norma. Todo lo contrario, tratándose de uno de los países más dinámicos y sorprendentes del planeta. Me parecía entender, contraviniendo toda lógica, que la esencia de muchas de aquellas películas aún debía perdurar en las calles y en los espacios naturales del archipiélago japonés: en la vitalidad de su pueblo, en la singularidad de su cultura, en la excelencia de su cine o en la increíble belleza de sus paisajes. Y, de manera muy singular, en la hospitalidad y el sentido franco, sincero, de la amistad que los japoneses profesan a quienes les visitan y aprecian.

"No sigas las huellas de los antiguos. Busca lo que ellos buscaron", proponía Matsuo Bashô. El viaje, necesariamente, se tenía que convertir en un ejercicio de búsqueda. Ciertamente la hubo, pero nunca hubiera sido lo que fue sin la ayuda y el apoyo que me prestaron algunos de los amigos a quienes conocí, o con quienes me reencontré en Tokio. Todos ellos me ayudaron a progresar en este camino de búsquedas azarosas. Es preciso reconocer, en primer lugar, la ayuda prestada por Takeo Fukazawa, aquel *"singular ciudadano del mundo"* que ya había sido citado en el capítulo de reconocimientos del texto original. Como presidente de la compañía Texnai, me brindó todo tipo de ayudas y de facilidades para hacer de mi estancia en Japón una experiencia irrepetible. Otro tanto cabe decir de Norie Hiraide, administradora de Texnai y de Masato Yoshizaki, colaborador cercano de la compañía. Todos ellos me acompañaron en no pocas etapas del viaje.

Cuando Takeo-san me propuso la posibilidad de publicar, de manera íntegra, el trabajo original de Ozu dentro de la línea editorial de Texnai, me pareció que, más allá de lo aventurado de la propuesta, se me brindaba un honor y un privilegio extraordinarios; pero también una responsabilidad en mi relación con aquel país y con el más importante de sus cineastas. Bien quisiera el autor, a través de las páginas que siguen, haber sido capaz de corresponder a la amistad y confianza con que le han obsequiado, y con tanta generosidad, en la tierra de Ozu.

Bajo la luz de la propuesta, y dando un nuevo sentido a los trabajos realizados en centros de documentación y bibliotecas, este segundo viaje fue también una suerte de peregrinación para reencontrarme, más allá de las pantallas, con los tres grandes maestros del cine japonés, con los cineastas admirados. Y de manera muy singular con Ozu. Sobra añadir que uno de los momentos inolvidables de aquel verano de 2014 fue la visita a su tumba, así como a las de Mizoguchi y de Kurosawa, en reconocimiento a lo mucho que han aportado al arte cinematográfico, pero también a mi formación como espectador y como investigador de este arte de luces y de sombras.

Escribir un libro es como emprender un viaje, con horizontes a menudo inciertos. De alguna forma entendía que la elaboración de aquel largo trabajo debía culminar, precisamente, en la tierra de Ozu, y de manera particular en alguno de los lugares más emblemáticos donde el gran cineasta realizó su obra. Más allá de la visita a la tumba, el recorrido, necesariamente, debía pasar por espacios reconocibles en sus películas, como las calles de Tokio y los templos de Kioto. Y de manera especial por las pequeñas ciudades de Atami y Onomichi. En estos lugares, a pesar de su inevitable transformación urbanística, aún es posible reconocer los espacios donde filmara el maestro, y donde dejara una huella indeleble.

Pero la búsqueda debía llevar más lejos, hacia los lugares donde se concibieron sus películas, antes aún de ser realizadas. Quizá aquí, en estos espacios recogidos y apartados, aún fuera posible reconocer la mirada de Ozu: *los rastros del viento en la arena*. En primer lugar, y gracias de nuevo a la mediación de Takeo Fukazawa y de su hija Yuki, se me brindó la oportunidad de alojarme en el Chigasaki-kan, el albergue donde Ozu y su fiel guionista Kogo Noda solían recluirse. En este lugar, y siempre con una abundante provisión de sake y whisky, se fueron elaborando los guiones de numerosas obras maestras. Más aún: en la inmensa playa que se extiende tras el ryôkan, Ozu había filmado algunas de sus hermosas escenas frente al mar, en títulos como Historia de un vecindario, Primavera tardía, Principios del verano y Primavera precoz. En este alojamiento, por añadidura, se escribió el guión de Cuentos de Tokio. Asegura la leyenda que sus artífices invirtieron en la redacción del mismo 103 días y 43 botellas de *sake*. De tamaño grande. Osamu Takahashi, ayudante de dirección del cineasta, prestó el siguiente testimonio: *"Puedo imaginar, como si les estuviera viendo, a Ozu y a su guionista Noda recluidos en el Chigasaki-kan, trabajando en el guión. Ambos empezaron a trabajar en el albergue el 14 de Febrero, y se negaban a apartarse del brasero kotatsu hasta haber terminado todas las escenas. Cuando el crítico Hideo Tsumura fue a visitarles, Ozu le dijo: el kotatsu ya no da calor, pero siento que la continuidad de la historia se perdería si nos marchamos de aquí"* [2].

Onomichi en Cuentos de Tokio, 1953

Onomichi hoy, fotografiado por el autor en Agosto de 2014

De alguna manera, me pareció comprender, Ozu no había abandonado del todo aquella estancia, en la que su pensamiento se había transformado en materia cinematográfica. Allí perviven su aliento y su impulso poético; esto es, su *mirada*. Por esto mismo, y ya en nuestros días, el *ryôkan* de Chigasaki se ha convertido casi en un centro de peregrinación, en un santuario dedicado a la memoria de Ozu. Muchos de sus huéspedes son admiradores de su obra, en su mayoría japoneses. Hiroaki Mori, su actual gerente y propietario, aseguró que yo había sido su primer huésped español: otro insólito privilegio. Más aún, le sorprendió sobremanera ver mi libro de Ozu, que llevaba conmigo, y que le entregué para su colección como si de una ofrenda se tratase.

El salón de la hospedería acoge un pequeño museo consagrado a Ozu, en cuyas paredes cuelgan carteles originales de sus películas. La biblioteca reúne un buen número de libros y de revistas dedicados al gran cineasta, y en las vitrinas se conserva una nutrida colección de fotografías y objetos que usó el director cuando se alojaba allí.

El propietario se siente comprensiblemente orgulloso de su local y de la colección que acoge. Chigasaki-kan es un lugar aislado en el tiempo, un santuario consagrado a uno de los mejores (¿el mejor?) cineasta de la historia. Y es un espacio vivo, que ha sabido mantenerse casi intacto a pesar del crecimiento urbanístico desordenado y la especulación inmobiliaria. Esta zona, aislada y casi solitaria en tiempos de Ozu, se encuentra hoy inmersa en un marasmo de calles, en el interior de un laberinto del que bien podría ser su núcleo. Chigasaki-kan es el único albergue tradicional que ha sobrevivido, y su permanencia hoy es casi un milagro, en buena parte debido al recuerdo de su ilustre huésped.

Gran Buda, templo Kôtoku-in, Kamakura, fotografiado por Masato Yoshizaki, 2014.

El padre de Hiroaki Mori había conocido personalmente a Ozu cuando se alojaba en este ryôkan prácticamente cada temporada para dar forma a sus guiones, y el cineasta había llegado a ser como un padre para él. Éste era el sentimiento que con mayor frecuencia despertaba el autor de Chichi ariki entre quienes le trataban. Durante el rodaje

---

2 TAKAHASHI, Osamu. "Brilliant Shadows : Ozu Yasujiro (2)". Japan Quarterly, 1984, v. 31, nº 4, p. 436.

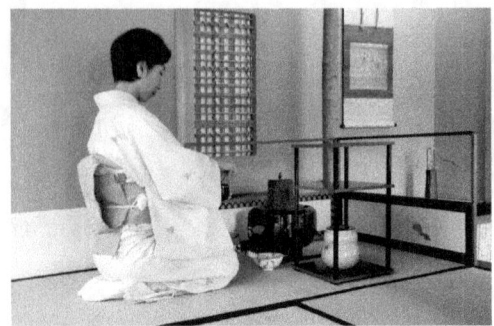
Ceremonia del Té en Kôtoku-in, Kamakura. Fotografiada por Masato Yoshizaki, 2014.

Sala de Chigasaki-kan donde Ozu solía alojarse para escribir sus guiones. Fotografiado por Hiroaki Mori, 2014.

Gran Buda en Caminad con optimismo, 1930

El abuelo y sus nietos jugando frente al Gran Buda, Principios del verano, 1951

de las escenas junto al mar de Primavera precoz, filmadas como se dijo en las playas de Chigasaki, el dueño del ryôkan hizo varias fotos, tanto a Ozu como a otros miembros de su equipo, entre ellos a Keiko Kishi. Esta preciosa actriz hubiera debido protagonizar Crepúsculo en Tokio, pero su boda con Yves Ciampi la alejó de Japón y de su gran cineasta.

Sin duda el lugar mágico por excelencia del ryôkan, la naos de aquel templo de la memoria cinematográfica, es su habitación número 2: la que ocupaba el cineasta en todas y cada una de sus visitas. En este espacio aislado, preservado del ruido y del bullicio exterior, Ozu se reunía con Noda y con sus colaboradores para escribir los guiones y preparar los rodajes de sus películas. Alojarme durante una pequeña temporada en aquella habitación, donde aún parece sentirse el aliento del cineasta, fue una de las experiencias memorables del viaje.

Aunque el albergue se ha renovado, y a pesar de la intrusiva presencia de una pantalla de televisión en una de sus paredes, su propietario ha hecho un esfuerzo por preservar la fisonomía original. El antiguo perchero, aseguraba el señor Mori, era el mismo que utilizaba Ozu, así como el brasero (*kotatsu*) donde calentaba el sake. Hasta la lámpara que pendía en el techo parecía evocar las que se encienden y apagan en tantas películas de Ozu, entre ellas Tokyo Monogatari.

Bajo la amenaza continua de los tifones, y disfrutando de la insuperable hospitalidad japonesa, los días pasados en el Chigasaki-kan me devolvieron de lleno al mundo de Ozu; fue casi como una inmersión en alguna de sus películas. El lugar, con su aislamiento, con su encanto intemporal y su dilatada historia, transmite una serenidad y un sosiego propios de las obras del gran cineasta; también una sensación de evanescencia, de transitoriedad, que asimismo es característica de su cine.

Pero el viaje debía continuar; y otro de sus centros neurálgicos se encontraba en Kamakura. Cerca de esta ciudad vivió Ozu y allí, en el templo Engaku-ji, se encuentra enterrado. En las proximidades de su tumba, en aquel mismo recinto, reposa una de sus actrices fetiche, Kinuyo Tanaka. También este santuario acoge los restos de Keisuke Kinoshita y no muy lejos de allí, en el templo de Anyô-in, se encuentran los de Akira Kurosawa.

Pero además en Kamakura y sus inmediaciones se rodaron algunas de las mejores escenas del catálogo de Ozu. Las más emblemáticas son las realizadas para Primavera tardía y Principios del verano. Uno de los episodios de esta película se filmó ante el Dai Butsu, el colosal Buda de bronce que también había aparecido en Caminad con optimismo y en Érase un padre. No muy lejos de esta ciudad histórica y de su rico patrimonio artístico se encontraban los estudios de Shochiku Ofuna. Por esta razón tanto Ozu como otros cineastas y trabajadores de la compañía optaron por residir en sus inmediaciones, alejados del bullicio de la capital y al mismo tiempo cercanos de su lugar de trabajo.

En Kamakura aún vive Setsuko Hara, ya muy anciana, con la salud debilitada y retirada del mundo tras el fallecimiento de Ozu. Sobre este asunto encontrará noticias el lector en las páginas correspondientes de la presente obra. El otro gran superviviente de la familia profesional de Ozu, que asimismo fijó su residencia en Kamakura, es Shizuo Yamanouchi, el productor ejecutivo de algunas de las últimas películas de Ozu. Resultó imposible, pese a todos mis esfuerzos, conseguir un encuentro con Setsuko Hara. Pero conocer al productor Yamanouchi, testigo y artífice de la Edad de Oro del cine japonés, fue otro de los momentos cimeros que me deparó el viaje.

Estación de Kita-Kamakura en "Primavera tardía", 1949

Una vez más, la mediación de Takeo Fukazawa resultó imprescindible para favorecer la entrevista. Esta vez, además, contamos con la valiosa intervención del profesor Takao Sato, sumo sacerdote del templo Kôtoku-in y del Gran Buda que allí mismo se encuentra. Invitado a visitar el templo, gocé además del privilegio de asistir a la celebración del Cha-no-yu, la Ceremonia del Té allí oficiada por Kayoko Kawamura, maestra de la escuela Urasenke. Más adelante, Sato sensei hizo posible el encuentro con el señor Yamanouchi. Por su parte, la señora Michiko Sato, madre de nuestro anfitrión, realizó una labor impecable como conductora y traductora de la entrevista. A todos ellos debo el placer del encuentro en uno de los lugares más bellos de Japón, y bajo unas circunstancias absolutamente excepcionales.

Gran Buda en Érase un padre, 1942

Me sorprendió, en primer lugar, la vitalidad de la que en todo momento hizo gala el entrevistado. Con más de noventa años, Yamanouchi-san se recuperaba de una dolencia que le había mantenido hospitalizado durante unos días. Según nos contó, nunca llegó a ejercer como director; su labor se centraba en las tareas de producción. Y siempre trabajó para la compañía Shochiku. Uno de sus últimos trabajos como productor ejecutivo había sido la producción de Rikyu, dirigida por Hiroshi Teshigahara en 1989. Precisamente un trabajo de investigación sobre este artista polifacético me había llevado a Japón.

Yamanouchi-san es hijo de Ton Satomi (1888-1983), un importante novelista cuyo nombre original era Hideo Yamanouchi, y cuyas novelas han conocido distintas adaptaciones cinematográficas. A cargo, entre otros, de Yasujiro Ozu, quien adaptó dos de sus relatos: Flores de equinoccio y Otoño tardío. Además nuestro cineasta trabajó directamente con Satomi para escribir el guión del telefilme Seishun Hokago (La juventud tras el colegio o El fin de la juventud), un mediometraje producido por la NHK y realizado en 1963. Cabe añadir que el productor de este drama televisivo, recientemente recuperado, fue Daisuke Yamanouchi, hermano de Shizuo e hijo de Satomi, lo que refuerza la naturaleza familiar que tiene este telefilme, así como la obra de Ozu en su conjunto. Es más: años después de la muerte del gran director, la compañía Shochiku produjo Danshun (Primavera cálida), dirigida por Noboru Nakamura en 1965 a partir de un guión escrito por Ozu y Ton Satomi.

De manera que, por razones tanto profesionales como familiares, el señor Yamanouchi ha guardado una relación estrecha con Ozu durante un periodo prolongado de su vida. Como productor ejecutivo de distintos largometrajes de Shochiku, siempre trabajó en esta compañía a las órdenes de Shiro Kido, el *Dai Producer* y máximo responsable de la actividad cinematográfica del estudio. De manera particular, y limitándonos a la filmografía de Ozu, Shizuo Yamanouchi ejerció como productor ejecutivo de los siguientes títulos: Sôshun (Primavera tardía, 1956); Higanbana (Flores de equinoccio, 1958) y Akibiyori (Otoño tardío, 1960), estas dos últimas realizadas a partir de sendas novelas escritas por su padre, Ton Satomi. Además produjo Ohayô (Buenos días, 1959) y Samma no aji (Tarde de otoño, 1962) la última película realizada por el maestro.

No todo el mundo puede presumir de haber producido cinco obras maestras, todas ellas realizadas en un breve intervalo de seis años. A pesar de todo Yamanouchi-san es un hombre modesto y parco en palabras; y aun con las fuerzas menguadas, se advierte que su mirada atesora una experiencia irrepetible, una vida intensa.

Naturalmente le pedí que compartiera con nosotros historias de su trabajo con Ozu, que le recordara como persona y como cineasta. Sin entrar en muchos detalles nos aseguró que, aunque le fallaba la memoria, aún podría hablar mucho tiempo sobre Ozu. Como la mayoría de quienes le conocieron, le recordaba con enorme afecto y admiración, como si fuera un padre: *Chichi ariki*, una vez más. De manera sucinta, Yamanouchi-san vino a considerar que Ozu se reflejaba en todas y cada una de sus películas. Viendo éstas, se podía saber quién era Ozu, cómo vivía, cómo pensaba. Ozu era sus películas, y éstas un reflejo fiel de su creador, porque vida y obra se entrecruzan de manera indisociable en su filmografía, aun cuando sus largometrajes nunca reflejan sucesos autobiográficos de manera explícita. Lo cierto es que un tenue hilo recorre la biografía y la actividad artística de Ozu en su conjunto. Su espíritu se mantiene incólume a lo largo de toda su producción, desde la primera película hasta la última. Ozu era siempre el mismo: no cambiaba. Por eso su filmografía es tan coherente y por eso sus películas son, más allá de sensibles diferencias, tan semejantes entre sí. Todas proceden del mismo patrón, de un mismo impulso creador: el cineasta que se entrega y se funde con cada una de sus obras. Éstas se descubren como su reflejo creativo, su recreación cinematográfica. El espacio y el tiempo reales se transforman en materia poética. En *tiempo de cine*.

En el curso de la entrevista el señor Yamanouchi me preguntó por las razones de mi interés por Ozu, y le sorprendió saber que su obra fuera hoy tan apreciada fuera de Japón. De manera inevitable nuestra atención también se dirigió, una vez más, hacia nuestra admirada Setsuko Hara que, cumplidos ya los noventa y cuatro años, continúa viviendo en el entorno de Kamakura, retirada del mundo. Ni siquiera Yamanouchi-san, vecino suyo y productor de uno de sus mejores títulos (Akibiyori), ha vuelto a verla desde hace muchos años. Es imposible alterar la voluntaria reclusión y alejamiento del mundo de quien un día fuera admirada como paradigma de belleza japonesa.

Yamanouchi-san consiguió reunir, a lo largo de su dilatada trayectoria profesional, una importante colección de obras y de recuerdos de Ozu, entre ellos algunos de sus diarios. Pero los había donado todos a bibliotecas y centros de documentación, y ahora ya no conservaba nada de él. Sólo su memoria, que ya se debilitaba. Sin embargo pude reconocer, entre los objetos que se apilaban en su salón, la cubierta de un DVD que reunía distintas películas de Ozu. A su lado se encontraba una reciente edición de sus diarios, acompañados de numerosas fotografías y dibujos realizados por el cineasta. Es evidente que su recuerdo le ha acompañado durante toda su vida, y lo sigue haciendo cuando ya han pasado los cincuenta años de la muerte del maestro admirado. Yamanouchi-san tuvo la gran gentileza de obsequiarme con este libro, confiando que me llegara directamente al corazón, donde ya está alojado.

Conversar con Yamanouchi-san y compartir con él, con su familia y sus amigos, aquella calurosa tarde de Agosto de 2014 fue, sin duda, una experiencia inolvidable. En su mirada, en sus palabras, en sus recuerdos, aún pervive la huella de Ozu, su manera de ver el mundo y su destreza para representarlo en imágenes. Las siguientes páginas se proponen, en un intento sin duda insuficiente, indagar en los enigmas de la obra más diáfana, profunda, sensible y misteriosa de toda la historia del cine.

Antonio Santos

TOMO I
EL TODO Y LA NADA
SUMARIO

Nada tiene

Mi cabaña en primavera.

Lo tiene todo.

(So dô)

TOMO I: EL TODO Y LA NADA

PRESENTACIÓN

ANTES DE EMPEZAR --- 2

I. UN CORAZÓN AMANTE DE LO BELLO --- 4
    I. 1. Días de juventud --- 5
    I. 2. Oficio de poeta -- 7

II. RECEPCIÓN CRÍTICA --- 10
    II. 1. Festivales y retrospectivas --- 11
    II. 2. Estudios críticos --- 16
    II. 3. Sobre el presente trabajo --- 20

PRIMERA PARTE: EL ENTORNO HISTÓRICO Y CULTURAL

III. EL JAPÓN EN VÍSPERAS DEL CINE : AÑOS 1868 - 1912 ------------------ 26
    III. 1. La Ciencia y la Virtud: La restauración de Meiji ---------------------- 26
    III. 2. Eijanaka: ¿Qué más da? --- 27
    III. 3. La Constitución Imperial --- 29
    III. 4. Reformas económicas -- 30
    III. 5. Política exterior -- 31
    III. 6. Hacia un nuevo orden asiático -- 33
    III. 7. La trama y la urdimbre: Cultura en los tiempos de Meiji ------------- 33
    III. 8. Nuevas corrientes literarias -- 34
    III. 9. La renovación de las artes -- 36

IV. BAJO EL SIGNO DEL CINE : AÑOS 1912 - 1926 ------------------------------- 38
    IV. 1. Años de Taisho -- 38
    IV. 2. Situación económica -- 41
    IV. 3. *Modan Times:* Cultura y arte durante el periodo Taisho ------------ 42
    IV. 4. Revistas y literatura -- 45

V. TIEMPOS DE SHOWA : LA TIERRA DE LA GRAN PROMESA : AÑOS 1930 - 1936 ------------ 47
    V. 1. El Memorial Tanaka --- 47
    V. 2. Política en colonias y reacción internacional -------------------------- 48
    V. 3. La crisis que desató una guerra -- 49
    V. 4. Montañas de dinero : *Zaibatsu* --- 50
    V. 5. El filo de la *katana* -- 52
    V. 6. La expansión por el continente --- 54

VI. UNA SOLA SANGRE. UNA SOLA MENTE : 1936 - 1945 ---------------------- 57
    VI. 1. El eclipse del Sol -- 57
    VI. 2. Al soportar lo insoportable --- 59

VII. LA OCUPACIÓN NORTEAMERICANA : 1945 - 1952 — 64
    VII. 1. El último Shôgun: los años de Douglas MacArthur — 64
    VII. 2. Tras la proclama de Potsdam — 66
    VII. 3. *"Nosotros, el pueblo japonés"* : La Constitución de 1947 — 68
    VII. 4. Un nuevo orden — 70

VIII UN NUEVO RUMBO : 1952 - 1963 — 74
    VIII. 1. El sol, las barras y las estrellas — 74
    VIII. 2. El tesón de Jimmu Tenno — 76
    VIII. 3. La paz resplandeciente — 78
    VIII. 4. Manchas solares — 80
    VIII. 5. El rumor de la Montaña — 81

Mapa   El Japón de Yasujiro Ozu — 82

SEGUNDA PARTE: LA INDUSTRIA CINEMATOGRÁFICA JAPONESA

IX LOS ORÍGENES DE UN ARTE (1895 - 1910) — 84
    IX. 1. Sombras de papel — 84
    IX. 2. El amanecer del cine en Japón — 85
    IX. 3. Las primeras películas japonesas — 87
    IX. 4. Producción y distribución . — 90
    IX. 5. *Jidai-geki* y *Gendai-geki.* — 91
    IX. 6. La producción documental — 92
    IX. 7. Exhibición — 93
    IX. 8. Las primeras revistas cinematográficas — 94

X. LA CONSOLIDACIÓN DE LOS ESTUDIOS (1910 - 1920) — 96
    X. 1. El caso Zigomar. — 96
    X. 2. Guías para la regulación cinematográfica — 97
    X. 3. Reorganización industrial : LLega Nikkatsu — 98
    X. 4. Reacciones contra el monopolio — 99
    X. 5. La distribución del cine extranjero — 101
    X. 6 El espíritu de Hollywood — 103
    X. 7. Manifiesto por un Cine Puro — 105
    X. 8. Cine de Pino y Bambú — 107
    X. 9. Indicios de expansión — 110

XI. APOGEO Y CRISIS (1920 - 1925) — 112
    XI. 1. Años 20 : En víspera del desastre — 112
    XI. 2. Cine y literatura popular — 114

        XI. 3. El gran terremoto y la destrucción del tendido cinematográfico 115
        XI. 4. La difícil supervivencia del cine mudo japonés. 116
        XI. 5. Más allá de Kanto 117
        XI. 6. *Amachua Kurabu:* Cine aficionado 120
        XI. 7. El espíritu de las leyes 121

XII. EL ESPLENDOR DE KAMATA (1925 - 1930) 124
        XII. 1. Shiro Kido : Dos tercios de risa y un tercio de lágrimas. 124
        XII. 2. La escuela de actores de Kaoru Osanai 125
        XII. 3. El *Shomingeki* 127
        XII. 4. Nuevos aires sobre el cine japonés 129
        XII. 5. Una página de locura: La rebelión absoluta 131
        XII. 6. *Keiko eiga* 133
        XII. 7. Por un cine *kokutai* 134
        XII. 8. Charles Chaplin en el País de las Luces y las Sombras 135
        XII. 9. ¿Un cine decorativo? 137

XIII. LA TIRANÍA DEL *BENSHI* 139
        XIII. 1. El *benshi* o el sonido parlante 139
        XIII. 2. Cine y tradición oral 140
        XIII. 3. Relaciones con el teatro *Nô* y el *Kabuki* 142
        XIII. 4. Poetas de la oscuridad 143
        XIII. 5. Un arte corporativo 144
        XIII. 6. Música y pretexto 144
        XIII. 7. Todos Jack. Todas Mary. 145
        XIII. 8. Maestro de ceremonias 145
        XIII. 9 Estrellas fugaces 147
        XIII. 10. El declinar del *benshi* 149

XIV. LA LLEGADA DEL SONORO 151
        XIV. 1. El silencio parlante 152
        XIV. 2. Producción. Al servicio de la causa imperial 153
        XIV. 3. Tiempos sonoros 159
        XIV. 4. Shochiku: El Pino y el Bambú rompen el silencio 162
        XIV. 5. El Tesoro del Este: Toho 163
        XIV. 6. Exhibición 164
        XIV. 7. *Eiga Ho:* Ley de Censura Cinematográfica 167
        XIV. 8. Las amistades peligrosas 171
        XIV. 9. Conclusión: las reticentes cinematografías asiáticas 172

XV. TIEMPOS DE GUERRA: 1940-1945 174
        XV. 1. Recomendaciones Cinematográficas 174

XV. 2. La gran guerra : desde Hawai hasta Malasia -- 175

XVI. EL CINE BAJO LAS BARRAS Y ESTRELLAS (1945-1950)-- 180
    XVI. 1. Protectorado de Hollywood -- 180
    XVI. 2. Paisaje después de una batalla --- 181
    XVI. 3. El cine y su función didáctica-- 183
    XVI. 4. Censura, al fin y al cabo -- 183
    XVI. 5. Los conflictos sindicales --- 187
    XVI. 6. Al cobijo del temporal -- 188

XVII. BAL COBIJO DE RASHOMÔN (Años 1950-1957)--- 190
    XVII. 1. El frágil esplendor -- 190
    XVII. 2. Producción en los años 50 : El cine debe guardar la calma ------------------------ 191
    XVII. 3. De nuevo, los géneros-- 193
    XVII. 4. Las principales productoras -- 195
        1/ Shochiku --- 196
        2/ Daiei-- 197
        3/ Toho -- 198
        4/ Shintoho--- 198
        5/ Toei --- 198
        6/ Nikkatsu--- 199
    XVII. 5. Taiyozoku: La estación del sol poniente --- 200
    XVII. 6. LLega la Nuberu Bagu--- 201

TERCERA PARTE: KANTOKU OZU YASUJIRO

XVIII. FILMÉ, PERO... : UNA VIDA EN NUEVE TIEMPOS -- 208
    XVIII. 1. Los hermanos y hermanas de la familia Ozu -- 208
    XVIII. 2. El rumor de Kamata--- 211
    XVIII. 3. James Maki, Sin Dinero -- 214
    XVIII. 4. El espíritu vengativo de Eros --- 219
    XVIII. 5. Se rompe el silencio--- 221
    XVIII. 6. Una hoja bien afilada no le teme al buril -- 222
    XVIII. 7. La lejana tierra natal -- 227
    XVIII. 8. Eclipse de luna-- 229
    XVIII. 9. La gloria es la nada-- 234

XIX. EN EL ORTO DEL CINE -- 240
    XIX. 1. *Camera-Ban* : El guardián de la cámara -- 240

XX. EL ARTE MENOR DE UN GRAN CINEASTA 244
- XX. 1. Menos es más 244
- XX. 2. Reconocimiento del terreno 247
- XX. 3. *"Yo no soy un director dinámico"*. 250
- XX. 4. La cámara pausada 252

XXI. LA ESCRITURA SOBRE EL TATAMI 255
- XXI. 1. Organización del cuadro 255
- XXI. 2. Posición baja de la cámara 256
- XXI. 3. El ángulo del escriba 258
- XXI. 4. En tres pasos: geometría y profundidad de campo 259
- XXI. 5. De perfil y de frente 261
- XXI. 6. El efecto sojikei: Equiparación de personajes 263

XXII. DESDÉN DEL TIEMPO Y EL ESPACIO 265
- XXII. 1. Cineasta del montaje 265
- XXII. 2. Miradas discontinuas 267
- XXII. 3. Al ritmo de la respiración 274
- XXII. 4. El plano bien temperado 275
- XXII. 5. El telón transparente 277
- XXII. 6. La puntuación orgánica 279

XXIII. HUMO Y VAPOR 282
- XXIII. 1. La posición estética 283
- XXIII. 2. Espacios circulares 284
- XXIII. 3. Sin presencia humana 286
- XXIII. 4. Teteras y chimeneas 290

XXIV. PRINCIPIO Y FIN 296
- XXIV. 1. Estructuras circulares. Construcciones cíclicas 296
- XXIV. 2. Estrategias narrativas 297
- XXIV. 3. Movimientos y motivos circulares 299
- XXIV. 4. El paso del tiempo 301

XXV. TIPOLOGÍA ESPACIAL 303
- XXV. 1. Campo y ciudad 303
- XXV. 2. El espacio laboral 304
- XXV. 3. Colegios y universidades 306
- XXV. 4. Bares y restaurantes 307
- XXV. 5. Espacios exteriores 312

XXVI. INTERIORES 317

XXVI. 1. La casa japonesa ---------- 317
XXVI. 2. Cineasta del interior ---------- 318
XXVI. 3. Disposición de los personajes ---------- 320
XXVI. 4. El tema de la escalera ---------- 321
XXVI. 5. Coloquios entre personajes ---------- 322

XXVII. A LA SOMBRA DEL VOLCÁN ---------- 325
    XXVII. 1. El *tatami* parabólico : los genéricos ---------- 325
    XXVII. 2. Nubes pasajeras ---------- 327
    XXVII. 3. La luz sobre las tinieblas ---------- 329

XXVIII. TIPOLOGÍAS GENÉRICAS ---------- 332
    XXVIII. 1. Cineasta de género. ---------- 332
    XXVIII. 2. Series. ---------- 333
    XXVIII. 2. 1. La trilogía *keredo* ---------- 333
    XXVIII. 2. 2. La serie Kihachi ---------- 335

XXIX. POETA Y COMEDIANTE ---------- 338
    XXIX. 1. Sonrisas y lágrimas ---------- 338
    XXIX. 2. El comediante es un espíritu solitario ---------- 341

XXX. *HOMU DORAMA* : TRAGICOMEDIAS DE CADA DÍA ---------- 345
    XXX. 1. Rincones del *Shomin* ---------- 345
    XXX. 2. Los dominios de Ozu-san ---------- 347
    XXX. 3. La cultura familiar ---------- 350

XXXI. RETRATOS FAMILIARES ---------- 353
    XXXI. 1. El sabor del *tofu* ---------- 353
    XXXI. 2. El patriarca soñado ---------- 356
    XXXI. 3. Variaciones sobre un mismo tema: la familia ---------- 356
    XXXI. 4. Los padres. Y las madres ---------- 358
    XXXI. 5. Espacio de representación ---------- 360
    XXXI. 6. Salvaguarda de la tradición ---------- 363
    XXXI. 7 Familias mutiladas ---------- 364

XXXII. ENTRE EROS Y THANATOS ---------- 367
    XXXII. 1. Los dominios de Eros ---------- 367
    XXXII. 2. El triunfo de Thanatos ---------- 369

XXXIII. EL CÍRCULO FRATERNO ---------- 372
    XXXIII. 1. La mejor de las etapas ---------- 372

XXXIII. 2. La placentera vida escolar --- 378

XXXIV. LA LEY DEL YOTOMONO --- 382
    XXXIV. 1. La Banda Escarlata de Shochiku --- 382
    XXXIV. 2. La ciudad y la muerte -- 384

XXXV. EL VIAJE Y LA EXPERIENCIA --- 387
    XXXV. 1. Entre la capital y el *furusato* : El tema del viaje ------------------------------ 387
    XXXV. 2. El motivo del tren --- 388

XXXVI. FUENTES CINEMATOGRÁFICAS -- 393
    XXXVI. 1. Ozu ante el cine americano --- 393
    XXXVI. 2. Influjos de juventud -- 396
    XXXVI. 3. Ozu ante el cine japonés -- 398
    XXXVI. 4. Carteles de películas --- 399
    XXXVI. 5. Portadas de revistas; fotos de actores -- 401
    XXXVI. 6. King Kong entre el perro y el león -- 401
    XXXVI. 7. Schubert y la sublevación del oficinista ------------------------------------- 402
    XXXVI. 8. *Kinema Kurabu:* películas citadas por Ozu en sus Diarios ------------- 403

XXXVII. ORIENTE Y OCCIDENTE --- 406
    XXXVII. 1. Presencia de Occidente --- 406
    XXXVII. 2. Lo viejo y lo nuevo -- 407
    XXXVII. 3. El vestuario: túnicas y kimonos -- 408
    XXXVII. 4. La cultura occidental en Ozu -- 408
    XXXVII. 5. Dos yanquis en la corte del Emperador Showa ---------------------------- 411
    XXXVII. 6. La voz de la Montaña : Fuentes japonesas ---------------------------------- 414

XXXVIII. SHOCHIKU ZEN -- 418
    XXXVIII. 1. Después de todo, la Nada --- 418
    XXXVIII. 2. *"Es zen, o algo por el estilo"* -- 420
    XXXVIII. 3. El círculo de humo -- 423

XXXIX. EL MODELADO DE LOS ACTORES -- 425
    XXXIX.1. Preparación del personaje -- 425

XL. LA PELÍCULA SOBRE EL PAPEL --- 429
    XL. 1. Cruzando el barranco --- 429
    XL. 2. Los guionistas de Ozu -- 430
    XL. 3. Kogo Noda, la mente gemela -- 433

XLI. LA CORTE DEL VOLCÁN --- 436

XLI. 1. Hideo Mohara y Yuharu Atsuta, técnicos de fotografía -- 437
XLI. 2. *Saseresia:* Música de sol para un día triste -- 440

**TOMOS II-IV
SUMARIO**

TOMO II

CUARTA PARTE: FLORES DE PRIMAVERA

XLII. CLASIFICACIÓN POR PERIODOS

XLIII. WAKAKI HI (DÍAS DE JUVENTUD, 1929)
    XLIII. 1. Medias y calcetines
    XLIII. 2. El escudo radial y el paraíso soñado
    XLIII. 3. El cubil del Tejón
    XLIII. 4. La escala hacia el Séptimo Cielo
    XLIII. 5. País de Nieve
    XLIII. 6. La fraternidad junto al brasero
    XLIII. 7. La humareda bifronte
    XLIII. 8. Sombras en la ventisca
    XLIII. 9. Ficha técnica y comentarios del director

XLIV. WASEI KENKA TOMODACHI (AMIGOS EN LA PELEA, 1929)
    XLIV. 1. Almas en la carretera
    XLIV. 2. La frágil firmeza del huevo
    XLIV. 3. Dos padrinos
    XLIV. 4. Un nuevo orden doméstico
    XLIV. 5. Rivales por Omitsu
    XLIV. 6. Donde llegan a las manos
    XLIV. 7. La doma del camión
    XLIV. 8. Ficha técnica y comentarios del director

XLV. DAIGAKU WA DETA KEREDO (ME GRADUÉ, PERO... 1929)
    XLV. 1. En los límites del *gakusei*
    XLV. 2. La sombra se hace cuerpo
    XLV. 3. Hogar, desdichado hogar
    XLV. 4. Circulares
    XLV. 5. De la comedia al melodrama
    XLV. 6. Fundida con el asfalto
    XLV. 7. Ficha técnica y comentarios del director

XLVI. TOKKAN KOZO (EL PILLUELO, 1929)
    XLVI. 1. El niño que embiste
    XLVI. 2. Érase un buen día para secuestrar niños
    XLVI. 3. El rescate del Gran Jefe
    XLVI. 4. Ficha técnica y comentarios del director

XLVII. HOGARAKA NI AYUME (CAMINAD CON OPTIMISMO, 1930)
    XLVII. 1. *Underworld Nihon*
    XLVII. 2. Los muelles de Yokohama
    XLVII. 3. Tres *ricksha* contra el mar
    XLVII. 4. En la guarida del *yotomono*

XLVII. 5. La música callada
XLVII. 6. El Buda y el automóvil
XLVII. 7. Sed de hogar
XLVII. 8. Una jaula de pájaros; pinzas de tender y colada al viento
XLVII. 9. Ficha técnica y comentarios del director

XLVIII. RAKUDAI WA SHITA KEREDO (SUSPENDÍ, PERO... 1930)
    XLVIII. 1. Estudiantes en la trinchera
    XLVIII. 2. La hora final
    XLVIII. 3. *Those charming sinners*
    XLVIII. 4. La suerte está echada
    XLVIII. 5. Paisaje después de la batalla
    XLVIII. 6. La camisa y el *kimono*
    XLVIII. 7. Las sombras se hacen palmas
    XLVIII. 8. Ficha técnica y comentarios del director

XLIX. SONO YO NO TSUMA (LA ESPOSA DE NOCHE)
    XLIX. 1. Noche y día en Japón
    XLIX. 2. Bajo la columnata
    XLIX. 3. Por un puñado de yenes
    XLIX. 4. Cuerdas y telarañas
    XLIX. 5. Con *kimono* y dos pistolas
    XLIX. 6. Sui-ma, el diablo del sueño
    XLIX. 7. Ficha técnica y comentarios del director

L. SHUKUJO TO HIGE (LA BELLA Y LA BARBA, 1931)
    L. 1. El rústico seductor
    L. 2. La loriga, el talismán y la espada
    L. 3. El Caballero de la Hirsuta Figura
    L. 4. Macho y hembra
    L. 5. El oro es latón
    L. 6. Una barba en sociedad
    L. 7. De *tateyaku* a *nimaime*
    L. 8. El tiempo de Eros
    L. 9. Ficha técnica y comentarios del director

LI. TOKYO NO KORASU / TOKYO NO GASSHO (EL CORO DE TOKIO, 1931)
    LI. 1. Sueños de juventud
    LI. 2. El toque marcial
    LI. 3. ¿Qué se debe esperar?
    LI. 4. Retreta en el retrete
    LI. 5. El paladín con el abanico
    LI. 6. Ciudad del desempleo
    LI. 7. La bicicleta devaluada
    LI. 8. La sociedad de los diminutos
    LI. 9. Flores de fuego
    LI. 10. La hermandad de la Caloría
    LI. 11. Ficha técnica y comentarios del director

LII. UMARETE WA MITA KEREDO (NACÍ, PERO..., 1932)
        LII. 1. Un libro ilustrado para adultos
        LII. 2. Tierras lejanas
        LII. 3. Los minúsculos rebeldes
        LII. 4. Un mundo infantil bajo un cielo infinito
        LII. 5. Integración y supremacía
        LII. 6. El hijo del jefe no tiene por qué ser el jefe
        LII. 7. Los dominios de Morfeo
        LII. 8. Director de oficina, director de cine
        LII. 9. El ejemplo del patriarca
        LII. 10. El cine como un espejo
        LII. 11. Sombras en la pantalla
        LII. 12. Rebeldía y sublevación
        LII. 13. Epílogo : La vida sigue su curso
        LII. 14. Ficha técnica y comentarios del director

QUINTA PARTE: TIEMPO DE VIAJE

LIII. SEISHUN NO YUME IMA IZUKO (¿DÓNDE ESTÁN LOS SUEÑOS DE JUVENTUD?, 1932)
        LIII. 1. Son sólo sueños
        LIII. 2. Vida de estudiantes
        LIII. 3. De Escila a Caribdis
        LIII. 4. Tetsuo, el conquistador
        LIII. 5. La dura prueba de los exámenes
        LIII. 6. El patrón, al fin y al cabo
        LIII. 7. Rivales por Oshige
        LIII. 8. Duelo en las tinieblas
        LIII. 9. Ficha técnica y declaraciones del director

LIV. TOKYO NO ONNA (UNA MUJER DE TOKIO, 1933)
        LIV. 1. *Onna no jidai:* La era de las mujeres
        LIV. 2. Dualidad fraterna
        LIV. 3. El sueño del oficinista
        LIV. 4. Chikako, la cortesana
        LIV. 5. Presa de las tinieblas
        LIV. 6. El espejo roto
        LIV. 7. Ficha técnica y comentarios del director

LV. HIJOSEN NO ONNA (LA MUJER PROSCRITA, 1933)
        LV. 1. En tiempo laboral
        LV. 2. El Club de la Lucha Toa
        LV. 3. Del kimono al jitón
        LV. 4. La Venus de Ginza
        LV. 5. Pendencias de un mal estudiante
        LV. 6. El guardián fonográfico
        LV. 7. Tríos y dúos
        LV. 8. La música que aplaca
        LV. 9. El beso que hiere
        LV. 10. Las cadenas de lana
        LV. 11. El territorio de Tokiko
        LV. 12. Ficha técnica y comentarios del director

LVI. DEKIGOKORO (CORAZÓN VAGABUNDO, 1933)
        LVI. 1. Historias de *Naniwa-bushi*
        LVI. 2. El amor es un barco cargado de emociones
        LVI. 3. La devoción filial
        LVI. 4. Eros, el esquivo
        LVI. 5. Los trabajos de Kihachi
        LVI. 6. Rincones del *Shitamachi*
        LVI. 7. Rivales por Harue
        LVI. 8. La tala del *bonsai*
        LVI. 9. Los males de Tomio
        LVI. 10. La redención de Kihachi
        LVI. 11. Fuegos en la noche
        LVI. 12. La ruta hacia Hokkaido
        LVI. 13. Ficha técnica y comentarios del director

LVII. HAHA O KOWAZU YA (AMAD A LA MADRE, 1934)
        LVII. 1. El crepúsculo de los Kajiwara
        LVII. 2. La infancia congelada
        LVII. 3. El viaje a Izu
        LVII. 4. El signo de la Cruz
        LVII. 5. Rutas de Don Quijote
        LVII. 6. Ramas de un mismo árbol
        LVII. 7. Ficha técnica y comentarios del director

LVIII. UKIGUSA MONOGATARI (HISTORIA DE HIERBAS FLOTANTES, 1934)
        LVIII. 1. El viaje de los comediantes
        LVIII. 2. El río fluye
        LVIII. 3. Crónicas trashumantes
        LVIII. 4. Padre Patrón
        LVIII. 5. Bajo el árbol sagrado
        LVIII. 6. Postrimerías (la vida breve)
        LVIII. 7. Los ojos de Daruma
        LVIII. 8. Hijos del camino
        LVIII. 9. Ficha técnica y comentarios del director

LIX. TôKYô NO YADO (UN ALBERGUE EN TOKIO, 1935)
        LIX. 1. Arrabales del *shitamachi*
        LIX. 2. El triste albergue Banseikan
        LIX. 3. El festín imaginario
        LIX. 4. Un posible hogar
        LIX. 5. La adversidad de Otaka
        LIX. 6. Caída y triunfo
        LIX. 7. El alma noble de Kihachi
        LIX. 8. Ficha técnica y comentarios del director

SEXTA PARTE: INTERLUDIO EN EL KABUKI-ZA

LX. KIKUGORO NO KAGAMIJISHI (KAGAMIJISHI : LA DANZA DEL LEÓN, 1935)
        LX. 1. *Bunka eiga* : Películas de promoción cultural
        LX. 2. Presencia y ausencia del teatro
        LX. 3. El jardín de Kikugoro

LX. 4. Templo de la tradición. Bajo el Kabuki-za
LX. 5. El Canto, la Danza. La Destreza
LX. 6. Teatro de intérpretes
LX. 7. Luz y sombra en el Kabuki
LX. 8. Campo del Crisantemo
LX. 9. Corre el *agemaku*
LX. 10. El León bajo los mil cerezos
LX. 11. La metamorfosis de Yayoi
LX. 12. La parte del León
LX. 13. El Rey León
LX. 14. El texto del narrador
LX. 15. Ficha técnica y comentarios del director

SÉPTIMA PARTE: TREGUA DE VIDRIO

LXI. HITORI MUSUKO (EL HIJO ÚNICO, 1936)
    LXI. 1. La barrera del sonido
    LXI. 2. Familia truncada
    LXI. 3. Shinshu, Nagano
    LXI. 4. Espejismos
    LXI. 5. El profesor entre tinieblas
    LXI. 6. El monigote invertido
    LXI. 7. Vuelan las canciones
    LXI. 8. El niño bajo el caballo
    LXI. 9. Epílogo : Regreso a la aldea
    LXI. 10. Ficha técnica y comentarios del director

LXII. SHUKUJO WA NANI O WASURETAKA (¿QUÉ HA OLVIDADO LA SEÑORA?, 1937)
    LXII. 1. *Burujoa eiga*. Dominios de la mesocracia
    LXII. 2. Las alegres comadres de Kojimachi
    LXII. 3. El burgués gentilhombre
    LXII. 4. Los Komiya de Tokio y Osaka
    LXII. 5. Entre niños anda el juego, o cuando tienes un mal día...
    LXII. 6. Bar Cervantes. El refugio de Nishiginza
    LXII. 7. Entre Kabuki-za y Yoshiwara
    LXII. 8. Los giros de la comedia
    LXII. 9. Al refugio del Cervantes
    LXII. 10. La cantata del café
    LXII. 11. Ficha técnica y comentarios del director

LXIII. TODA-KE NO KYÔDAI (LOS HERMANOS TODA, 1941)
    LXIII. 1. La lejana Tientsin
    LXIII. 2. Retrato de familia
    LXIII. 3. Las exequias del patriarca
    LXIII. 4. Shôjiro, el hijo pródigo
    LXIII. 5. El rincón del padre muerto
    LXIII. 6. Tiempo de diáspora
    LXIII. 7. El sucesor de los Toda
    LXIII. 8. Ficha técnica y comentarios del director

LXIV. CHICHI ARIKI (ÉRASE UN PADRE, 1942)
        LXIV. 1. Las dos muertes y los veinte años
        LXIV. 2. Érase un maestro
        LXIV. 3. Campo y ciudad o la geografía del exilio
        LXIV. 4. Las aguas del *furo*
        LXIV. 5. El oficio de maestro
        LXIV. 6. No es para llorar
        LXIV. 7. Ficha técnica y comentarios del director

LXV. NAGAYA SHINSHI ROKU (HISTORIA DE UN VECINDARIO, 1947)
        LXV. 1. Semblanza de gente humilde
        LXV. 2. La luna entre las sombras
        LXV. 3. La vétula Kayan
        LXV. 4. Como perros abandonados
        LXV. 5. La imagen invertida
        LXV. 6. El adiós de Kohei
        LXV. 7. A la sombra de Saigô
        LXV. 8. Ficha técnica y comentarios del director

LXVI. KAZE NO NAKA NO MENDORI (UNA GALLINA AL VIENTO, 1948)
        LXVI. 1. Miserias del *shitamachi*
        LXVI. 2. Sobrevivir en las ruinas
        LXVI. 3. Cuando una mujer baja las escaleras
        LXVI. 4. La guerra en el hogar
        LXVI. 5. Nubes en el Yoshiwara
        LXVI. 6. La piedad genuflexa
        LXVI .7. Ficha técnica y comentarios del director

TOMO III

OCTAVA PARTE: NUBES DE ESTÍO

LXVII. NORIKO, EL MAR Y LA MONTAÑA : Banshun. Bakushu. Tokyo monogatari
      LXVII. 1. La trilogía Noriko
      LXVII. 2. El camino del tálamo
      LXVII. 3. Setsuko Hara o la cara oculta de Masae Aida
      LXVII. 4. Chishu Ryu: el actor tonsurado
      LXVII. 5. Las tres familias
      LXVII. 6. Campo y ciudad en la serie Noriko
      LXVII. 7. Noriko ya no vive aquí
      LXVII. 8. Más allá de Noriko

LXVIII. BANSHUN (PRIMAVERA TARDÍA, 1949)
      LXVIII. 1. Los días y las noches de Noriko
      LXVIII. 2. Padre e hija
      LXVIII. 3. Lo viejo y lo nuevo
      LXVIII. 4. Templos de Kamakura
      LXVIII. 5. El viaje a Tokio
      LXVIII. 6. Las landas de Shichirigahama
      LXVIII. 7. El círculo de Noriko
      LXVIII. 8. Nieve de primavera
      LXVIII. 9. Que trata del amor traicionado
      LXVIII. 10. La buena boda
      LXVIII. 11. Como un búcaro solitario
      LXVIII. 12. El jardín zen de los senderos que se bifurcan
      LXVIII. 13. El canto de las cigarras
      LXVIII. 14. Ficha técnica y comentarios del director

LXIX. MUNAKATA SHIMAI (LAS HERMANAS MUNAKATA, 1950)
      LXIX. 1. La hermandad Munakata
      LXIX. 2. Sobre Jiro Osaragi
      LXIX. 3. Lo viejo y lo nuevo
      LXIX. 4. Confesiones en el templo
      LXIX. 5. La incorruptible Acacia
      LXIX. 6. Los pasos de Johnny Walker
      LXIX. 7. Un placer inextinguible durante mil generaciones
      LXIX. 8. Los falsos odres
      LXIX. 9. Bebedores y vividores
      LXIX. 10. Espinas en el Acacia
      LXIX. 11. Aquella copa carmesí
      LXIX. 12. Lo bello y lo triste
      LXIX. 13. Ficha técnica y comentarios del director

LXX. BAKUSHU (PRINCIPIOS DEL VERANO, 1951)
      LXX. 1. Los Mamiya de Kamakura y Yamato

LXX. 3. El tiempo de la comedia
LXX. 4. La insolente hermandad
LXX. 5. La vigésimocuarta noche del año
LXX. 6. La estación de la cosecha
LXX. 7. Ecos del Kabuki
LXX. 8. El globo y las cometas
LXX. 9. El fulgor del relámpago
LXX. 10. Escenas junto al mar
LXX. 11. Cuentos de luna y lluvia
LXX. 12. Crepúsculo en Yamato
LXX. 13. Ficha técnica y comentarios del director

LXXI. OCHAZUKE NO AJI (EL SABOR DEL ARROZ CON TÉ VERDE, 1952)
    LXXI. 1. Los infelices Satake
    LXXI. 2. El círculo sororio
    LXXI. 3. Conspiración de mujeres
    LXXI. 4. *Pachinko:* La soledad sonora
    LXXI. 5. Las bodas de Setsuko
    LXXI. 6. Las dos partidas
    LXXI. 7. Arroz con té verde
    LXXI. 8. Conclusión : sinceridad y fortaleza
    LXXI. 9. Ficha técnica y comentarios del director

LXXII. TôKYô MONOGATARI (CUENTOS DE TOKIO, 1953)
    LXXII. 1. Un lugar en la cumbre
    LXXII. 2. Dejad paso al mañana. Tokyo monogatari en la obra de Ozu
    LXXII. 3. Ozu Monogatari
    LXXII. 4. Trayecto de ida y vuelta
    LXXII. 5. El mar tras la linterna
    LXXII. 6. La morada Hirayama: Inmóvil como la montaña
    LXXII. 7. Tiempo de viaje
    LXXII. 8. Menosprecio de corte, alabanza de aldea
    LXXII. 9. Tan lejos, tan cerca
    LXXII. 10. Territorio prohibido
    LXXII. 11. Quien nada tiene lo tiene todo
    LXXII. 12. El círculo vacío
    LXXII. 13. El océano en calma
    LXXII. 14. Las Islas de la Eternidad
    LXXII. 15. Jardín sombrío
    LXXII. 16. La generación del desencanto
    LXXII. 17. La piedad filial
    LXXII. 18. La muerte al amanecer
    LXXII. 19. Hará buen tiempo mañana
    LXXII. 20. Oficio de difuntos
    LXXII. 21. Latidos del reloj
    LXXII. 22. Tarde de Julio ante el Mar Interior
    LXXII. 23. Ficha técnica y comentarios del director

LXXIII. SôSHUN (PRIMAVERA PRECOZ, 1956)
    LXXIII. 1. La luna triste

        LXXIII. 2. Crónicas de cada día
        LXXIII. 3. Dunas de Enoshima
        LXXIII. 4. Las dos tumbas
        LXXIII. 5. Pez Rojo o El canto de las sirenas
        LXXIII. 6. Guerreros de antaño
        LXXIII. 7. Los vivos y los muertos
        LXXIII. 8. Triángulo en la noche
        LXXIII. 9. La expiación de Shoji
        LXXIII. 10. Ficha técnica y comentarios del director

LXXIV. TOKYO BOSHOKU (CREPÚSCULO EN TOKIO, 1957)
        LXXIV. 1. Noches blancas
        LXXIV. 2. El juego de los gorriones
        LXXIV. 3. Kotobuki, al Este del Edén
        LXXIV. 4. La mala estrella
        LXXIV. 5. La nieve blanca, la noche oscura
        LXXIV. 6. Ofrenda floral
        LXXIV. 7. Ficha técnica y comentarios del director

NOVENA PARTE: COLORES DE OTOÑO

LXXV. LA NOTA ESCARLATA

LXXVI. HIGANBANA (FLORES DE EQUINOCCIO, 1958)
        LXXVI. 1. Equinoccio de primavera
        LXXVI. 2. Esperando el tifón
        LXXVI. 3. *Ave verum:* la conjura de las vírgenes
        LXXVI. 4. Aventura equinoccial de la familia Hirayama
        LXXVI. 5. La Flecha contra la Luna
        LXXVI. 6. La isla de los cerezos
        LXXVI. 7. Ficha técnica y comentarios del director

LXXVII. OHAYO (BUENOS DÍAS, 1959)
        LXXVII. 1. Crecí, pero...
        LXXVII. 2. Interferencias
        LXXVII. 3. Los *sumokas* enjaulados
        LXXVII. 4. El lenguaje corporal
        LXXVII. 5. El lenguaje verbal
        LXXVII. 6. La ley del silencio
        LXXVII. 7. La intrusa *terebi*
        LXXVII. 8. Ficha técnica y comentarios del director

LXXVIII. UKIGUSA (Hierbas flotantes, 1959)
        LXXVIII. 1. Bajo el signo de Daiei
        LXXVIII. 2. Retratos del mundo flotante
        LXXVIII. 3. Rábanos y zanahorias
        LXXVIII. 4. Historias de taberna aldeana
        LXXVIII. 5. Las cañas vacías
        LXXVIII. 6. El telón transparente
        LXXVIII. 7. Ninfas del teatro

LXXVIII. 8. El amor de la actriz Sumiko
LXXVIII. 9. Ficha técnica y comentarios del director

LXXIX. AKIBIYORI (OTOÑO TARDÍO, 1960)
    LXXIX. 1. Días serenos de otoño
    LXXIX. 2. Las tres hierbas de otoño
    LXXIX. 3. El rincón de la tejedora
    LXXIX. 4. Tres hombres malos
    LXXIX. 5. Blanco sobre rojo
    LXXIX. 6. Hierbas del verano, hojas de otoño
    LXXIX. 7. La consagración de la primavera
    LXXIX. 8. Ficha técnica y comentarios del director

LXXX. KOHAYAGAWA KE NO AKI (EL OTOÑO DE LOS KOHAYAGAWA, 1961)
    LXXX. 1. Destellos del relámpago
    LXXX. 2. Destilería Kohayagawa
    LXXX. 3. La madriguera del zorro
    LXXX. 4. El juego del escondite
    LXXX. 5. Cuervos junto al puente
    LXXX. 6. Ficha técnica y comentarios del director

LXXXI. SAMMA NO AJI (TARDE DE OTOÑO, 1962)
    LXXXI. 1. El sabor del *samma*
    LXXXI. 2. La última lección del profesor Calabaza
    LXXXI. 3. La marcha imaginaria
    LXXXI. 4. El rincón de la hija
    LXXXI. 5. El camino de Michiko
    LXXXI. 6. Para el ojo inerte
    LXXXI. 7. Ficha técnica y comentarios del director y del guionista

TOMO IV

DÉCIMA PARTE: A LA SOMBRA DE OZU

LXXXII. RASTROS DEL VIENTO EN LA ARENA
        LXXXII. 1. El magisterio silencioso
        LXXXII. 2. Los secretos del Profesor Bocallave
        LXXXII. 3. El cine: ¿drama o accidente?
        LXXXII. 4. Un nuevo corazón vagabundo: la serie Tora-san
        LXXXII. 5. Reflexiones sobre el león durmiente
        LXXXII. 6. Voces pausadas
        LXXXII. 7. De Flores de equinoccio a Flores de fuego
        LXXXII. 8. Intermedio televisivo
        LXXXII. 9. Notas de Tokio: músicos, arquitectos, escritores
        LXXXII. 10. Ozu en Brooklyn: Wayne Wang, Paul Auster y Ang Lee
        LXXXII. 11. *Who is Hou?*

LXXXIII. DAIKON TO NINJIN (RÁBANOS Y ZANAHORIAS. Minoru Shibuya, 1964)
        LXXXIII. 1. Frutos de huerta pobre
        LXXXIII. 2. Pasto de otoño
        LXXXIII. 3. El santón y el chamán
        LXXXIII. 4. Ficha técnica de la película

LXXXIV. HENTAI KAZOKU : ANIKI NO O YOME SAN (LA MUJER DE MI HERMANO)
    (Suo Masayuki,1983)
        LXXXIV. 1. Sexo, rito, pasión
        LXXXIV. 2. *Pinku Eiga* o *Roman Poruno*
        LXXXIV. 3. La anormalidad familiar según Suo Masayuki
        LXXXIV. 4. Los lúbricos Mamiya
        LXXXIV. 5. Viva erótica
        LXXXIV. 6. Ficha técnica de la película

LXXXV. TOY STORY = TYO STORY (Taku Furukawa, 1999)
        LXXXV. 1. La parodia y su naturaleza
        LXXXV. 2. *Takun Nonsense*
        LXXXV. 3. Tierra y mar
        LXXXV. 4. Los hijos que llevaban en sus recuerdos
        LXXXV. 5. Las faldas del Fuji Yama
        LXXXV. 6. En la ciudad flotante
        LXXXV. 7. La jaula de las zancudas
        LXXXV. 8. Regreso al *furusato*

LXXXVI. EPÍGONOS : OCCIDENTE
        LXXXVI. 1. Bob Rafelson tras las fuentes del cine
        LXXXVI. 2. Chantal Akerman y la cultura *yiddish*
        LXXXVI. 3. Jim Jarmusch: Extraño en el Paraíso
        LXXXVI. 4. Gregor Nicholas: Zapatillas en las sombras

LXXXVI. 5. Pedro Costa, en el cuarto de Vanda
LXXXVI. 6. Alexander Payne, a propósito de Schmidt

LXXXVII. DONALD RICHIE : EL APRENDIZ DE BRUJO
    LXXXVII. 1. Sesiones de *Blues* en Atami
    LXXXVII. 2. Las fábulas filosóficas de Donald Richie. Filmografía parcial

LXXXVIII. SI YO TUVIERA UN MILLÓN (The Clerk. Ernst Lubitsch, 1932)
    LXXXVIII. 1. Manifestaciones del humor
    LXXXVIII. 2. Invitación al sueño
    LXXXVIII. 3. El corazón del laberinto
    LXXXVIII. 4. Un lugar en la cumbre
    LXXXVIII. 5. En la guarida del león
    LXXXVIII. 6. Ficha técnica de la película

LXXXIX. EL RESCATE DEL JEFE ROJO (Cuatro páginas de la vida) Howard Hawks, 1952
    LXXXIX. 1. O. Henry: entre América, Europa y Japón
    LXXXIX. 2. El triunfo de Pan
    LXXXIX. 3. Ficha técnica de la película

XC. EL COMANDANTE GROOVER TRAS LAS HUELLAS DEL LEÓN.
    SAYONARA. (Joshua Logan, 1957)

XCI. TOKYO GA (Wim Wenders, 1983-1985)
    XCI. 1. Wim en las ciudades
    XCI. 2. Los falsos movimientos de Peter Handke
    XCI. 3. Una imagen útil, auténtica y válida
    XCI. 4. Rumbo a la Nada
    XCI. 5. El imperio de la impostura
    XCI. 6. El guardián de la cámara
    XCI. 7. Ficha técnica de la película

XCII. CUANDO VUELA EL SOLIDEO : Aki Kaurismäki al final del camino
    XCII. 1. Geografías de la periferia
    XCII. 2. El cine del corazón y de la crueldad
    XCII. 3. Lo Viejo y lo Nuevo
    XCII. 4. El sueño del barco entre la niebla
    XCII. 5. Cerillas sin luz
    XCII. 6. La flor marchita
    XCII. 7. Sombras en el paraíso
    XCII. 8. Como nubes a la deriva

XCIII. HISTORIA DEL SECUESTRADOR Y LA BAILARINA (Buffalo 66. Vincent Gallo, 1998)
    XCIII. 1. Vincent Gallo: The way it is
    XCIII. 2. P 65 OZU
    XCIII. 3. Los búfalos del doble seis
    XCIII. 4. Ángel de la noche
    XCIII. 5. El rapto de la luna solitaria

UNDÉCIMA PARTE: JARDÍN DE QUIMERAS

XCIV. EL JARDÍN DE LAS QUIMERAS
    HAIKU, POEMAS Y AFORISMOS DE YASUJIRO OZU. Diario Poético
        XCIV. 1. El tragaluz del instante
        XCIV. 2. El haiku, aquí y ahora
        XCIV. 3. Deshaced ese verso. Aventad las palabras
        XCIV. 4. Final: la gran aventura del haiku
        XCIV. 5. Sendas de Ozu
        XCIV. 6. Flores de equinoccio
            XCIV. 6. 1. La experiencia cotidiana
            XCIV. 6. 2. El tema cinematográfico
            XCIV. 6. 3. Teatro y cultura tradicional
            XCIV. 6. 4. Tema erótico y amoroso
            XCIV. 6. 5. Tiempos de guerra
            XCIV. 6. 6. Viajes y excursiones
            XCIV. 6. 7. Poemas cómicos y escatológicos
            XCIV. 6. 8. La buena mesa
            XCIV. 6. 9. El sabor del sake
            XCIV. 6.10. El paso suspendido de las estaciones. La vida y la muerte
    XCIV. 7. EL JARDÍN DE LAS QUIMERAS

XCV. ARTÍCULOS ESCRITOS POR YASUJIRO OZU
        XCV. 1. Los abusos del estrellato
        XCV. 2. Humanidad y técnica
        XCV. 3. Cómo llegué a ser un director de cine
        XCV. 4. Apuntes sobre Corazón vagabundo
            XCV. 4.1. Declaraciones de Yasujiro Ozu
            XCV. 4.2. Declaraciones de Tadao Ikeda
        XCV. 5. Coloquio con Ozu

XCVI. REFLEXIONES SOBRE MI MENTOR. Un artículo de Chishu Ryu

XCVII. CONCLUSIÓN

DUODÉCIMA PARTE: FILMOGRAFÍA

XCVIII. FILMOGRAFÍA
        XCVIII. 1. Películas realizadas por Yasujiro Ozu
        XCVIII. 2. Guiones de Ozu filmados por otros cineastas
        XCVIII. 3. Proyectos de Ozu que no llegaron a realizarse

DECIMOTERCERA PARTE: BIBLIOGRAFÍA COMENTADA. GLOSARIO

XCIX. YASUJIRO OZU Y SU TIEMPO. GUÍA BIBLIOGRÁFICA
        XCIX. 1. Japón: historia
        XCIX. 2. Japón: cultura, literatura y arte

XCIX. 3. Historia y estética del cine. Generalidades
XCIX. 4. Cine japonés. Obras de referencia
XCIX. 5. Artículos bibliográficos
XCIX. 6. Recensiones bibliográficas
XCIX. 7. Cine japonés. Generalidades
XCIX. 8. Entrevista y textos de Yasujiro Ozu
XCIX. 9. Yasujiro Ozu: Guiones de sus películas
XCIX. 10. Yasujiro Ozu: Estudios monográficos
XCIX. 11. Yasujiro Ozu: Catálogos, folletos y complementos de ciclos
XCIX. 12. Yasujiro Ozu: Artículos y capítulos de libros
    XCIX. 12. 1. Generalidades
    XCIX. 12. 2. El estilo de Ozu
    XCIX. 12. 3. Temas
    XCIX. 12. 4. Estudios dedicados a los colaboradores de Ozu
    XCIX. 12. 5. Declaraciones de sus colaboradores
XCIX. 13. Yasujiro Ozu: Estudios de sus películas
    XCIX. 13. 1. Wakaki hi (Días de juventud. 1929)
    XCIX. 13. 2. Daigaku wa deta keredo (Me gradué, pero... 1929)
    XCIX. 13. 3. Tokkan Kozo (El pilluelo, 1929)
    XCIX. 13 .4. Hogaraka ni ayume (Marchad alegremente. 1930)
    XCIX. 13. 5. Sono yo no tsuma (La mujer de una noche, 1930)
    XCIX. 13. 6. Tokyo no gassho (El coro de Tokio, 1931)
    XCIX. 13. 7. Umarete wa mita keredo (Nací, pero... 1932)
    XCIX. 13. 8. Seishun no yume wa ima izuko (¿Dónde están los sueños de juventud? 1932)
    XCIX. 13. 9. Tokyo no onna (Una mujer de Tokio. 1933)
    XCIX. 13. 10. Hijosen no onna (Una mujer fuera de la ley. 1933)
    XCIX. 13. 11. Dekigokoro (Capricho pasajero, 1933)
    XCIX. 13. 12. Haha o kowazu ya (Una madre debe ser amada. 1934)
    XCIX. 13. 13. Ukigusa monogatari (Historia de hierbas flotantes. 1934)
    XCIX. 13. 14. Tôkyô no yado (Un albergue en Tokio. 1934)
    XCIX. 13. 15. Hitori musuko (El hijo único. 1936)
    XCIX. 13. 16. Toda ke no kyodai (Los hermanos Toda. 1941)
    XCIX. 13. 17. Chichi ariki (Érase un padre. 1942)
    XCIX. 13. 18. Nagaya shinshiroku (Historia de un vecindario. 1947)
    XCIX. 13. 19. Banshun (Primavera tardía. 1949)
    XCIX. 13. 20. Munakata shimai (Las hermanas Munakata. 1950)
    XCIX. 13. 21. Bakushu (Principios del verano. 1951)
    XCIX. 13. 22. Ochazuke no aki (El sabor del arroz con té verde. 1952)
    XCIX. 13. 23. Tôkyô monogatari (Cuentos de Tokio. 1953)
    XCIX. 13. 24. Sôshun (Primavera precoz. 1955)
    XCIX. 13. 25. Tôkyô boshoku (Crepúsculo en Tokio. 1957)
    XCIX. 13. 26. Higanbana. (Flores de equinoccio. 1958)
    XCIX. 13. 27. Ohayo (Buenos días. 1959)
    XCIX. 13. 28. Ukigusa (Hierbas flotantes. 1959)
    XCIX. 13. 29. Akibiyori (Otoño tardío. 1960)
    XCIX. 13. 30. Kohayagawa ke no aki (El otoño de los Kohayagawa. 1961)
    XCIX. 13. 31. Samma no aji (Tarde de otoño. 1962)
XCIX. 14. Tesis y otros trabajos de investigación inéditos
XCIX. 15. Noticias publicadas en prensa y en revistas no especializadas
XCIX. 16. Epígonos

XCIX. 17. Documentación accesible a través de Internet
XCIX. 18. Fuentes en Video, Laserdisco y DVD
XCIX. 19. Discografía
XCIX. 20. Documentales y películas de ficción. Manga.
XCIX. 21. Noticias filatélicas
XCIX. 22. Índice

C. EL MUNDO DE YASUJIRO OZU : GLOSARIO

PRESENTACIÓN

ANTES DE EMPEZAR

Este trabajo comenzó hace ya algunos años, y en estos momentos está próximo de verse concluido. Cuando se emprende una peregrinación tan prolongada como ésta, más importante que alcanzar la meta es la cantidad de experiencias y compañeros de ruta que comparten y enriquecen el horizonte del viajero.

El autor ha contado con el propio cine de Ozu como una inagotable provisión de energía espiritual. Pero han sido estos acompañantes quienes han contribuido a hacer el viaje posible, y quienes han hecho del mismo, incluso en los momentos más áridos, una experiencia gratificante. Por esta razón, y aun con el temor de dejar algún nombre en el olvido, el autor quisiera expresar su gratitud a quienes compartieron con él alguna de las etapas del camino.

Gracias, por tanto, a mis amigos y compañeros de la Cátedra de Historia y Estética de la Cinematografía de la Universidad de Valladolid, y en particular a sus responsables, Francisco Javier de la Plaza y Carmen Sáez. A ellos es forzoso añadir al joven y entusiasta grupo de Letras de Cine, capitaneado por Toño Sigüenza, Álvaro Arroba, Daniel Villamediana y Fernando Payno, por la provisión de ánimos, fuentes y documentos que me han facilitado.

Gracias al personal de Filmoteca Española, con mención especial a Margarita Lobo, y de manera particular a los responsables de su Biblioteca: Dolores Devesa, Alicia Potes, María Ángeles y Javier Herrera, por su continua disponibilidad a la hora de localizar recursos de todo tipo.

Gracias a la Asociación de Estudios Japoneses, foro privilegiado donde se ha dado a conocer la cultura y la cinematografía de aquel país por distintos rincones de España, entre ellos Valladolid y Santander. Con un recuerdo muy especial a mis queridas amigas y cómplices Mariló Rodríguez del Alisal y Pilar Cabañas.

Mi gratitud y eterno reconocimiento a los compañeros de fatigas que han estado conmigo en todo momento, apoyándome de una y de mil maneras posibles: Milagros García Olmedo, dechado de paciencia y de resignación, en primer lugar; y también a Rosa María Santos, quien hizo lo propio tanto en la proximidad como en la distancia. Cómo no recordar a los caminantes que han querido acompañarme durante algunas etapas de la travesía: Fina Fabra y Javier Alabadí, Laura Montero Plata, Fernando Hugo Rodrigo Blanco, Julio Manuel Díez Molpeceres, Jesús Sanz Paz, José Ramón Sáiz Viadero, Nicanor Gómez Villegas, Felipe Ríus y Francisco Javier Zubiaur Carreño. Gracias a todos ellos. Gracias a Aaron Gerow, a Abé Mark Nornes y al caleidoscópico foro *Kinejapan* que gobiernan, por su incesante suministro de información actualizada. Gracias también a Freda Freiberg, a Roberta Novielli, a Helmut Färber, Enrique Bartels, Alessandro Caporin y a Linda Ehrlich, quienes a su vez llenaron el trayecto de emoción y sorpresas.

Mi gratitud a Hattori Sensei por iniciarme en el conocimiento de la lengua y la cultura de su extraordinario país natal. Gracias a los amigos japoneses que tanto me han apoyado facilitándome toda suerte de materiales, y ayudándome en su traducción: Hiromi Aoki, Mihaeng Kim-Yong, Maki Kobayashi, Lisa Kobayashi, Shigeo Kanaya, Angus Choi, Norie Hiraide, Masato Yoshizaki, Kayoko Yajima, Takao Sato, Michiko Sato, Shizuo Yamanouchi, Yuki Fukazawa, y ese singular ciudadano del mundo que es Takeo Fukazawa. Las hermosas muñecas kaminingyô que acompañan este trabajo son obra de Dao y Miko Misono, dos artistas japoneses a quienes expreso mi admiración y mi afecto.

Finalmente me llena de satisfacción reconocer el agradecimiento debido a a mis compañeros de la Biblioteca de la Universidad de Cantabria, y muy en particular a su diligente Servicio de Acceso al Documento. Gracias en primer lugar al recordado José Luis Muiños, que inició la búsqueda de todo tipo de referencias, y a quienes continuaron su trabajo: Margarita Franch, Carmen Lomba, Jesús Illarregui, Manuel Rodríguez Izquierdo y María Rodríguez del Castillo. Gracias a Belmar Gándara por sus enseñanzas en el manejo de los programas de tratamiento de imágenes, y a Pablo Fernández de Arroyabe, a quien debo los ajustes en los mapas que acompañan el presente trabajo. Eduardo Carrillo, por su parte, puso algo más que su esmerada industria a la hora de encuadernar el presente trabajo, lo que se advierte al manejar cada uno de los volúmenes.

José María Lassalle, Vidal de la Madrid y Aurora Garrido leyeron partes del texto, y lo enriquecieron con sus comentarios y observaciones. Por su parte Fernando Rodríguez-Izquierdo revisó el capítulo dedicado a los poemas de Ozu, y a él debo valiosas sugerencias y aportaciones. No puedo sino recordar con agradecimiento el tiempo y atención con que todos ellos me han obsequiado. Mi más sincera gratitud asimismo a Ramón Maruri por brindarme su gran cultura y prudencia; y muy en especial a Manuel Suárez Cortina y a Francisco Javier de la Plaza, amigos y mentores que con su sabiduría y experiencia en todo momento han amparado este proyecto.

Más allá de Ozu la travesía continúa, y como todo viaje a Ítaca anhela el peregrino que su senda sea larga, y rica en experiencias y en conocimientos; que sean numerosas las mañanas de verano, y que conduzcan sus pasos hacia bahías nunca vistas. Pero asimismo desea lograr a su conclusión el descanso y el sosiego con que sueña el caminante cuando se ve presa de la fatiga.

Por esta razón quiere el autor dedicar este trabajo a quienes aguardan al final del camino: a Elisa y a Bruno Santos, pareja infantil digna de Ozu, por intuir que algún día también ellos serán viajeros.

Noriko. Kami ningyô realizada por Miko Misono

I. UN CORAZÓN AMANTE DE LO BELLO

"Pensándolo bien, toda mi ambición estriba en convertirme en un buen artesano."
Yasujiro Ozu[1]

El de Ozu es un cine sigiloso, que exige ser visto y oído con atención. En sus películas los personajes no pronuncian largos discursos; son parcos en palabras, y cuando hablan lo hacen en voz baja. Su obra insinúa más de lo que afirma, y sugiere más de lo que muestra. Y lo que dice está, sin embargo, repleto de sentido.

En correspondencia, las imágenes que compone el cineasta japonés tienden hacia la máxima depuración; se simplifican progresivamente, como si persiguieran de manera obsesiva hacerse con la esencia cinematográfica concluyendo que, si ésta existe, debe hallarse despojada de todo lo accesorio. Es éste un objetivo arduo, que se desarrolla a lo largo de años de oficio y experimentación. El presente trabajo pretende examinar, a partir de los testimonios conservados, los diversos episodios que fraguaron dicho proceso.

Creador de un método basado en la articulación de formas progresivamente simplificadas, Ozu es uno de los artistas más complejos de toda la historia del cine. Celebrado hoy como artista novedoso, fue tiempo atrás desdeñado por su talante conservador en su propio país. A lo largo de su carrera practicó un cine popular: comedias y melodramas dirigidos a todos los públicos, que gozaron de buena salud comercial. Hoy, sin embargo, es particularmente admirado por la cinefilia más exigente.

Salvo su primera película, Zange no yaiba (La espada del arrepentimiento, 1927), una *chambara* perdida de la que significativamente abominó, ninguna obra de Ozu se situó en tiempos pasados[2]. El cineasta japonés buscó a partir de entonces la médula de su arte y de su cultura en entornos familiares y cotidianos. Acaso la suya fuera una silenciosa y discreta forma de resistencia que se limitaba a prestar testimonio, sin ningún ánimo reivindicativo, sobre un fenómeno inevitable: el fluir de la historia; la lenta extinción de los valores ancestrales, y su progresiva sustitución por un nuevo modelo de sociedad.

Su obra nunca rebasa los límites de lo cotidiano; ni siquiera en aquellas películas en las que debido a las convenciones del género- comedia, películas de gangsters- podía haber osado violentar tales lindes. Se antepone a todo la gran poética del cada día, en la que no tiene cabida la excepcionalidad. *"Y es ahí donde de improviso, casi inesperadamente, brota incontenible de sus filmes la presencia turbadora y magnética de lo descomunal; y la sobrecarga de prosa que formalmente éstos llevan dentro encuentra inesperadamente el camino de una mutación: su súbita e inexplicable elevación a poema"*[3]. Los límites de Ozu son, en efecto, los que marcan las pequeñas tragicomedias de la vida cotidiana, en las que los acontecimientos cómicos y los desdichados se dan la mano, para tejer un tapiz en el que los sucesos más habituales son representados con poderoso hálito poético. En estos sobrios poemas cotidianos, aun en los de su etapa muda, la palabra convive con el silencio, porque en todos ellos tan importante es el decir como el callar. Así renuncia a la retórica y a los subrayados para formular sin estridencias un arte del sigilo. Un cine que apunta a lo esencial en forma y contenido, tan insólito que asomarse a sus imágenes, sobre todo a las más recónditas y olvidadas, puede suponer un auténtico hallazgo.

En efecto la obra de Ozu invita a replantearnos el cine: tanto a quienes cultivan este arte, cada día más vano y artificial, como a los espectadores maleados por tanta estridencia y alharaca. Muy por el contrario, el cine del director japonés invita al sosiego. Aun rechazando cualquier voluntad elitista, su cine evita plegarse a las meras exigencias del espectáculo, para entregarse a una forma artística aplicada al descubrimiento. Ver una película de Ozu, hoy, es todo un ejercicio de desintoxicación: un antídoto contra el ruido y la furia que degradan y envilecen el espectáculo audiovisual.

Renunciando a cualquier efecto, y reduciendo la acción a unas simples líneas argumentales que brotan de

---

1 OZU, Yasujiro. Antología de los diarios de Yasujiro Ozu / edición a cargo de Núria Pujol y Antonio Santamarina .Valencia: Filmoteca de la Generalitat Valenciana (etc.), 2000, p. 17. Anotación del día 20 de Febrero de 1933.

2 *Chambara:* Películas de espadachines: un género de aventuras muy popular en Japón. El lector encontrará, al final del V.IV. un glosario que reúne la mayoría de las voces japonesas utilizadas en el presente trabajo.

3 FERNÁNDEZ SANTOS, Ángel. "Prólogo". En: *Antología de los diarios de Yasujiro Ozu* / edición a cargo de Núria Pujol y Antonio Santamarina. Valencia: Filmoteca de la Generalitat Valenciana (etc.), 2000, p. 11.

situaciones ordinarias, Ozu invita al espectador del siglo XXI a reencontrarse con el cine: a disfrutar del placer que produce ver y oír una película.

El comúnmente llamado *"más japonés de los cineastas japoneses"* fue un artista que hizo del sincretismo un rasgo estético y temático. Su cine y sus temas hablan de la pugna y de la convivencia entre lo viejo y lo nuevo; lo autóctono y lo foráneo. Como se desprenderá de la revisión de su obra del periodo silencioso, el cineasta logró una afortunada síntesis de tradición cultural japonesa e influjos extranjeros, particularmente americanos.

De este modo Ozu se convierte en cantor del nuevo Japón: el que deja atrás el feudalismo para sumarse a los desafíos de la modernidad. Su cine nace de una nueva cultura urbana, que entra en colisión con los valores tradicionales. Su obra es crónica de una época de crisis, en la que se trastocan principios consuetudinarios; de un periodo violento como pocos en la historia de Japón, que desembocó asimismo en una posguerra en la que el renacer económico conlleva la renuncia a muchas de las señas de identidad que habían sido propias del país a lo largo de los tiempos.

Gran misterio, el de un cine que invita a mirar y a contemplar; a reflexionar sobre lo que vemos, y sobre el arte cinematográfico en general. Que exige del espectador una inagotable capacidad de fascinación y de descubrimiento, y que lejos del tedio o del desconcierto produce un indescriptible placer: el arte pausado del maestro japonés es una continua invitación al goce; una oportunidad insólita que nos permite descubrir el cine reducido a su misma esencia. Abriendo los ojos a la realidad corriente, fuente de una poética tan perdurable como sincera, Yasujiro Ozu llevó a sus últimas consecuencias un principio propio del artista entregado al cultivo de su arte: *"vivir con modestia, filmar con grandeza"*.

I.1. Días de juventud

Ozu prácticamente nació con el cine japonés: en 1903, año de su nacimiento, se inauguraron en el país las primeras salas estables. Creció y maduró al mismo tiempo que lo hacía el nuevo arte, y llegó al cine buscando una salida profesional, como hicieron Mizoguchi o Naruse. Esto sí, cabe añadir en el caso de nuestro autor una temprana vocación cinéfila. Los tres artistas citados desarrollaron unas filmografías extensas y de gran talla creativa, que sólo la muerte pudo clausurar.

La carrera de Ozu fue muy dilatada en el tiempo: comienza en 1927, año en que dirige su primera película, y termina en 1962, cuando concluye la última. Treinta y cinco años de actividad profesional y cincuenta y cuatro películas marcan el legado artístico del cineasta japonés. De ellas treinta y siete han llegado hasta nuestros días, si bien algunas se encuentran muy incompletas: es el caso de Me gradué, pero..., Tokkan kozo, el pilluelo, Amad a la madre, o la recientemente recuperada Amigos en la pelea. Treinta y cuatro obras de su catálogo son mudas, de las cuales se ha salvado la mitad[4]. Por el contrario, todas sus películas sonoras han sobrevivido. Seis de ellas, las seis últimas, fueron filmadas en color: fue reacio a su uso, como reacio fue a usar el sonido. Nunca utilizó formatos panorámicos.

La mayor laguna que padece su filmografía se sitúa en los primeros años: entre 1927 y 1931 realizó 22 películas, de las que han llegado a nosotros, en irregular estado de conservación, sólo nueve. Sin embargo este periodo, el más oscuro y desconocido del cineasta, no será descuidado en el presente trabajo.

Su primera película conservada, Días de juventud, fue producida en 1929. No ha sobrevivido por tanto ninguna de las películas realizadas en sus dos primeros años como director, con lo que es difícil precisar la incipiente evolución de su arte según va haciéndose con el oficio. Cabe suponer que serían trabajos muy condicionados por los modelos occidentales: el cine americano que paladeó con deleite Ozu en su juventud. En este sentido la primera película conservada proporciona los principales vestigios de esta etapa perdida: se trata de un documento excepcional al que dedicaremos un comentario pormenorizado.

La cultura que se desarrolla en Japón tras la restauración del Emperador Meiji es al mismo tiempo insular y cosmopolita: se abre a las novedades de Occidente, pero a la vez custodia con celo su patrimonio[5]. Lo mismo cabe decir de su cinematografía; y particularmente apreciaremos dicha peculiaridad en la obra de Ozu.

Sin ser de los cineastas japoneses más prolíficos, sí cabe calificar su obra como abundante, máxime si se tiene en cuenta el periodo turbulento en que fue realizada su mayor parte. A lo que se debe añadir que el propio cineasta fue reclutado y partió al frente de combate en distintas ocasiones, lo que frenó su producción cinematográfica durante aquellos años.

Aunque durante el periodo mudo llegó a rodar hasta siete películas en un solo año, lo frecuente durante la

---

4 Excluímos del recuento de películas mudas el documental Kagamijishi (1935), que ya cuenta con banda sonora compuesta por música y narración en fuera de campo.

5 ANDERSON, Joseph L. with HOEKZEN, Loren. "The spaces between: American criticism of Japanese Films". *Wide Angle,* 1977, v. 1, nº 4, p. 2 - 6.

etapa sonora fue concluir una película por temporada, cuando se encontraba en activo. Otros cineastas doblaban y aun triplicaban esta producción. Su filmografía está por ejemplo lejos, cuantitativamente hablando, de las más de cien películas que realizaran cineastas como Hiroshi Inagaki o Kenji Misumi; o de las más de doscientas que dirigió Masahiro Makino[6].

Para los ritmos de producción japoneses, Ozu era un cineasta pausado. Se tomaba su tiempo en los rodajes y, sobre todo, en la elaboración del guión y de los decorados: su prestigio y reconocimiento en el gremio podían permitírselo. En efecto, acomodadado en un orden industrial que marcaba la trayectoria de sus cineastas, Ozu fue gracias a su solvencia profesional uno de los más firmes y seguros valores de uno de los principales estudios japoneses: la Shochiku. A las órdenes de esta compañía practicó diversos géneros, particularmente en sus años de formación: reconocemos en su catálogo una película de aventuras, varias comedias, numerosos melodramas familiares y hasta tres relatos de trama criminal.

Por lo general sus películas funcionaban bien en taquilla, además de recibir los aplausos de la crítica especializada. Aun siendo escrupuloso en la elaboración de sus obras, no despilfarraba los recursos del estudio, lo que le permitió continuar su carrera sin recibir excesivas presiones del productor. De este modo, acreditado por su destreza profesional y por su sensible vena poética, Ozu llegó a ser uno de los cineastas más respetados en la industria japonesa: consiguió en seis ocasiones el preciado Primer Premio de la revista *Kinema Junpo*, y recibió numerosos honores. Sin embargo, sólo dos de sus películas fueron exhibidas fuera de su país en vida del cineasta, a quien el reconocimiento internacional llegaría después de la muerte.

Autor de una obra amplia, compleja y menos monótona y rutinaria de lo que se suele decir, el cine de Ozu es más, mucho más, que las afamadas películas de sus últimos años. Los primeros vestigios conservados de su filmografía aparecen rebosantes de frescura y de inventiva, y sobre ellos se asentó su obra de madurez. No podemos compartir la opinión de autores que, como Noël Burch, enaltecen la obra de Ozu previa a 1945 en detrimento de la posterior. La carrera que realizó antes y después de la guerra es igualmente valiosa, y cada etapa cuenta con sus singularidades. El presente trabajo aspira a reconocer, desde aquellas películas inaugurales, la génesis y la evolución que desarrolló el estilo de uno de los más importantes artistas japoneses del pasado siglo XX.

No en vano Ozu fue un cineasta regular en su trayectoria artística: al margen de su evolución, no se producen altibajos llamativos a lo largo de la misma. Algunas películas logran un acabado particularmente brillante, y son admiradas por su perfección, tanto en sus etapas previas a la ocupación americana como en los años posteriores. Pero lo cierto es que el conjunto de su filmografía resplandece a gran altura. Ninguna película desmerece del conjunto; toda su obra comparte similar coherencia y alcanza cotas elevadas de creatividad y de belleza formal. Ozu fue un artista exigente consigo mismo, y lo fue a lo largo de toda su carrera.

Sin embargo tampoco cabe hablar de un Ozu uniforme. Antes bien, su estilo conoció una evolución desde que comenzara a gestarse, en fecha muy temprana, hasta alcanzar una plenitud, a finales de los 40, que se mantendría casi sin altibajos hasta su última película. En las páginas que siguen trataremos de reconocer las primeros huellas de su estilo, y su posterior evolución que desembocó en las incuestionables obras maestras realizadas a partir de 1949.

La carrera del cineasta, por otra parte, está emparentada de manera indisociable con el estudio donde realizó prácticamente la totalidad de sus películas: Shochiku, una de las compañías cinematográficas más veteranas y respetadas del país. La historia de Ozu es la historia del cine japonés a lo largo de los casi cincuenta años en los que se forjó una de las cinematografías nacionales más importantes del planeta. Por esta razón el presente trabajo prestará especial atención a las circunstancias históricas que transformaron Japón desde la subida al trono del Emperador Meiji, y de manera muy particular al desarrollo de su industria cinematográfica, desde sus inicios hasta el ocaso de los cineastas clásicos, y su cuestionamiento por los jóvenes cineastas que, desde finales de los años 50, propusieron modelos alternativos.

No en vano Ozu fue algo más que un extraordinario creador de formas cinematográficas: escribió y dirigió películas desde finales de los años 20 hasta principios de los 60, lo que le transforma en un testigo y en un

---

6 DESSER, David. "Introduction: A filmmaker for all seasons". En: *OZU's Tokyo Story* / edited by David Desser. Cambridge: University Press, 1997, p. 23.
Los otros dos grandes cineastas de su generación fueron sensiblemente más prolíficos que nuestro autor: así, la filmografía de Kenji Mizoguchi comprende ochenta y cinco títulos, de los que sobreviven treinta y uno, mientras que el catálogo de Mikio Naruse asciende a ochenta y nueve películas, de las que al menos treinta y nueve, las que fueron proyectadas por primera vez en el Festival de Cine de San Sebastián y en Filmoteca Española entre Septiembre y Noviembre de 1998, han llegado a nuestros días.
Akira Kurosawa, el cuarto maestro indiscutible de la cinematografía japonesa, sólo realizó treinta y un largometrajes, todos ellos conservados. Claro que las circunstancias en las que este gran cineasta realizó su carrera, iniciada en 1943, fueron muy distintas de las de sus predecesores.

cronista singular del devenir de su pueblo. La de Ozu es la vida de un artista; pero asimismo es reflejo fiel de la historia de un país, de cuyas dramáticas peripecias el cine será testigo y notario. Los pequeños dramas familiares que recogen sus películas son reflejo y testimonio fiel del periodo histórico más tormentoso que jamás sufriera Japón. Ozu cantó en silencio los años del fragor.

Sin mostrar ningún acontecimiento destacado, y limitando la contextualización a algunas pinceladas leves, Ozu dio testimonio de la peripecia histórica que le tocó vivir a la nación japonesa. Su cine no brota de la gran Historia, sino de aquella minúscula intrahistoria que, como reconocía Unamuno, sustenta el desarrollo de un pueblo a partir de las pequeñas experiencias de sus protagonistas más cotidianos y anónimos.

La vida de Ozu se extiende a lo largo de seis décadas fundamentales en la historia de Japón: nace bajo el signo del emperador Meiji (1868 - 1912); su juventud y formación transcurrirá bajo el periodo Taisho (1912 - 1926), y toda su actividad profesional se realizará a lo largo de la turbulenta era Showa (1926 - 1989). A su muerte, en Diciembre de 1963, había conocido la evolución de un país que emergía aceleradamente del feudalismo; que tras reponerse del devastador terremoto de Kanto de 1923, ultimó un acelerado proceso de industrialización y de modernización que no ocultaba ambiciones expansionistas. Durante los primeros años de vida de Ozu, su país había derrotado a Rusia en 1905; se anexionó Corea y Manchuria (en 1910 y en 1931, respectivamente), y llegó a extender su imperio a lo largo de China, todo el Sudeste asiático y vastas extensiones ultramarinas.

El pequeño archipiélago hasta ahora ignorado llegó a poner en jaque a las potencias occidentales con intereses en Asia y el Pacífico. Más tarde sufrió todos los rigores de la contienda, así como el primer bombardeo nuclear y la única ocupación militar de toda su historia: las fuerzas del destino castigaban de este modo la *hybris* desmedida de un pueblo que se vio a sí mismo heredero de los dioses.

Así fue cómo el tranquilo y apacible Ozu creció y se educó en un país belicoso y arrogante, empeñado en la expansión a costa de sus vecinos, lo que llevó a una casi continua situación bélica. Las comedias estudiantiles y los melodramas domésticos que Ozu realizó durante sus días de juventud apenas podían disimular las tensiones internas que impulsaban a su país a expandirse por ultramar. Las únicas salidas que hizo el cineasta fuera de Japón obedecieron a imperativos militares. Ajeno a los ideales imperialistas de su gobierno, nuestro cineasta se vio atrapado por el torbellino bélico: participó en combates en China, y fue hecho prisionero por los ingleses en Singapur. Regresó a un Japón ocupado, y asistió a la imposición de una democracia tutelada, preámbulo de un crecimiento económico sin precedentes, que empezaba a dar sus frutos al tiempo que Ozu abandonaba definitivamente tan agitado escenario.

Es comprensible que el cine de Ozu se tornase progresivamente amargo y nostálgico tras la contienda: comprende y acepta como inevitable el proceso de modernización que experimenta el país; pero al tiempo se duele al comprobar que su propio universo, del que él mismo forma parte, se descompone y extingue. Como los personajes tradicionales de sus películas, Ozu siente en sus últimos años el pesar del superviviente que sabe que sus días están contados, y que tras él se desmoronará por completo todo su mundo. Sólo los últimos dieciocho años de su vida transcurrieron en un estado de paz. Y durante estos años, paradójicamente, realizó las películas más amargas y más pesimistas de su carrera.

I. 2. Oficio de poeta

Se suele considerar a Ozu como *"el más japonés de los cineastas japoneses"*, pasando por alto que su obra está repleta de singularidades que le tornan insólito incluso en su propio país[7]. El cine de Ozu proporciona, en realidad, un dilatado repertorio de excepciones y de peculiaridades, que le distinguen tanto de la *koiné* internacional, como de la obra de sus compatriotas.

Creó un estilo que empieza y termina en sí mismo. En modo alguno puede ser considerado paradigma de cine japonés: llegado el caso, sólo lo sería de sí mismo. Se ha podido imitar u homenajear con mayor o menor fortuna su forma de hacer cine; pero nadie ha vuelto a hacer nada parecido.

El estilo de Ozu desafía la convención impuesta por el cine dominante. Altera premeditadamente la norma; una norma que sin duda conocía bien, como atento espectador que, por añadidura, admiraba el cine americano. Pero es preciso renovar los modelos artísticos, incluso aquellos que se venera. Se examinará particularmente su peculiar concepción del campo cinematográfico, y las libertades que se tomaba tanto con el *raccord* como con los mecanismos del plano / contraplano. Tendremos ocasión de comprobar cómo sus transgresiones no obedecen a

---

[7] El tópico arranca de los escritos de Donald Richie, y de otros investigadores que, como Audie Bock, siguieron su por otra parte importante estela. Véase:
- RICHIE, Donald. *Ozu*. Berkeley (etc.) : University of California Press, 1974, p. XI y 1.
- BOCK, Audie. *Japanese Film Directors*. Tokyo ; New York : Kodansha International, 1990, p. 71.

descuidos casuales, sino que se articulan coherentemente a lo largo de su dilatada filmografía, imponiendo unas normas propias y exclusivas.

De este modo desarrolló un estilo que se fragua a partir de la progresiva renuncia a algunos de los recursos más explotados por el lenguaje cinematográfico, y que él mismo utilizó durante sus días de juventud: los fundidos y los encadenados; los trávelin y los movimientos de cámara en general. La simplificación del estilo coincide con la renuncia a lo excepcional para centrarse únicamente en lo cotidiano.

Nuestro director es abanderado de una cinematografía nacional, la japonesa, no exenta de peculiaridades. Japón pudo desarrollar, a causa de sus circunstancias geográficas, históricas y culturales, una cultura extraordinariamente singular. Fue el único país ajeno a Europa y a América del Norte que cobijó una cinematografía importante, sin haberse visto invadido ni colonizado. Además el espectador japonés apreciaba la producción nacional, muy copiosa y de consumo exclusivamente doméstico, que era netamente dominante sobre las importaciones extranjeras. Su cine se alimentaba, además, de unas fuentes literarias, culturales e históricas muy distintas de las que eran propias en las cinematografías dominantes. A ello se debe añadir la pronunciada singularidad de Ozu, un cineasta insólito, aislado dentro de esta cinematografía tan peculiar: un heterodoxo en el seno de una tradición cinematográfica que a su vez se aparta de la ortodoxia internacional.

Ozu desarrolló un estilo propio, inconfundible, rebosante de rasgos distintivos insólitos, cuando no desconcertantes. Pese a lo cual nunca pretendió realizar un cine revolucionario, ni transgresor, que pretendiese dictar alternativas a la *koiné* cinematográfica que había sentado Hollywood.

Haciendo gala de sincretismo, la obra de Ozu reconcilia las fuentes propias con modelos foráneos. Unas y otras le permitieron experimentar con su arte. Toma como modelo el cine americano; pero se distancia del mismo para buscar nuevos derroteros. Y al mismo tiempo propone que se respeten las señas autóctonas. *"Puesto que somos japoneses, deberíamos hacer cosas japonesas"*, aseguró[8]. Ozu tuvo el talento de demostrar cómo se podía hacer películas japonesas sin limitarse a las fuentes tradicionales; y aun reservando su inspiración a las circunstancias más cotidianas de la vida moderna. No es preciso acudir tan sólo al legado histórico y tradicional para ser un cineasta de linaje autóctono. Que no en vano Japón y su cultura rebasan holgadamente la arcaica dicotomía del crisantemo y la espada. Ninguna de sus películas parte del legado tradicional o histórico japonés más venerable. Salvo su primer trabajo, hoy perdido, nunca ambientó sus obras en el pasado histórico o legendario. No hizo películas de época. Cuando adapta autores japoneses -lo que hace en contadas ocasiones- suele partir de novelas de escritores de moderado o escaso prestigio literario. Los testimonios culturales o artísticos de Japón aparecen pocas veces, y cuando lo hacen (como sucede con el Gran Buda de Kamakura en Caminad con optimismo, Érase un padre y en Principios del verano) suele ser para establecer oposiciones entre tradición y modernidad (véase la figura 117).

De este modo Ozu crea sus propios códigos, sumamente sofisticados; y supo permanecer escrupulosamente fiel a los mismos. Sus propias películas son testimonio de preferencias cinematográficas, por medio de multitud de citas cinéfilas, pósters y fotos de actores -todos ellos extranjeros-, como probablemente no se volverán a dar hasta finales de los años 50, con los cineastas de la Nueva Ola.

No falta quien ha hallado en las películas de Ozu concomitancias con los directores de aquella generación, con quienes comparte una similar vocación exploradora[9]. Es cierto que el ánimo curioso e innovador de Ozu se identifica con el del cineasta moderno: ambos se interrogan sobre su arte, y buscan derroteros alternativos. Pero al contrario que aquéllos, Ozu fue un autor sin pretensiones de serlo: un artista que se tiene por artesano y que confesó haber consagrado toda su vida a la práctica de las artes menores.

Cineasta humilde, sin vocación de artista ni afanes rupturistas o innovadores, fue al tiempo, como buen conocedor de su oficio, muy consciente de la singularidad de su estilo. Si Ozu no se sentía artista, cuando menos era muy sensible en lo que al perfeccionamiento de su labor se refiere. Así, y como comprobaremos en el apartado filmográfico, durante sus películas de juventud exploró minuciosamente las posibilidades del arte cinematográfico. Desde estos años de formación, el cineasta se interroga sobre sí mismo; gusta de experimentar y de explorar nuevas posibilidades estilísticas.

Sin embargo, y aunque desde perspectivas formalistas (Burch, Bordwell, Thompson) se valore a Ozu como un cineasta experimental y transgresor, no hay que olvidar

---

8 Cita: RICHIE, Donald. *Japanese Cinema : An introduction.* Hong Kong; New York (etc.) : Oxford University Press, 1990, p. VI.

9 Entre ellos Shigehiko Hasumi, quien en su libro *Yasujiro* Ozu. Paris: Cahiers du Cinema, 1998, halla parentescos entre La esposa de la noche y la Jean Seberg de Al final de la escapada p. 75), y entre Principio del verano y El año pasado en Marienbad (p.139). Además incluye un testimonio de François Truffaut, en el que el cineasta francés reconoce haber sucumbido ante el encanto de Ozu (p. 152).

que realizó toda su obra dentro de la disciplina muy férrea de los estudios cinematográficos japoneses; más aún, desarrolló prácticamente la totalidad de su carrera en el seno de la Shochiku, un estudio conservador, bajo las órdenes de Shiro Kido, cuyas líneas de actuación condicionaron poderosamente su trabajo. En consecuencia, todas las especulaciones formales que Ozu quisiera plantear debían acomodarse a las directrices del productor, y debían ser justificadas por el rendimiento en taquilla. Por fortuna para Ozu, éste solía ser satisfactorio. He aquí, por tanto, un ejemplo insólito de cine que reconcilia lo popular con la experimentación y con las especulaciones formales.

A lo largo de toda su carrera participó en el guión de sus películas; escribió poemas, y nos ha legado un extenso diario, recogido a partir de los cuadernos en los que fue anotando sus impresiones de cada día. Cobra sentido este hábito porque, aunque nostálgico, Ozu fue ante todo hombre de su tiempo.

Los méritos que hacen de Ozu un cineasta irrepetible son dispares: es, por un lado, un gran narrador que aplica sus dotes a historias que renuncian a lo excepcional. Es, por otra parte, un incomparable creador de formas cinematográficas propias, llevadas a unos extremos de rigor y coherencia que hacen del suyo un cine singular e irrepetible. Y lo hizo con la humildad y el silencio del artesano que se entrega tan sólo a su trabajo, y no al culto de su personalidad artística. Es, por añadidura, uno de los cineastas con mayor capacidad para componer plásticamente sus encuadres. Un artista de altos vuelos, tan sencillo en contenidos y formas como complejo a la hora de darlos envoltura cinematográfica.

Escrupuloso hasta el agotamiento en la preparación y rodaje de sus películas, elaboró un canon que le pertenecía, y que fue perfeccionando en el curso de su carrera. Persiguió, a lo largo de toda ella, un arte que prescindiera de todo lo superfluo. Desarrollar dicho arte exige distinguir perfectamente lo accesorio de lo útil. Y quede claro que lo útil en Ozu no siempre tiene valor narrativo, aunque sí poético.

Generalmente se ha considerado que Ozu sólo hizo una película, repetida incesantemente. Esto, por supuesto, no se corresponde con la realidad, y las películas examinadas en este trabajo, tan próximas como diferentes entre sí, ofrecerán una buena muestra sobre la disparidad narrativa que, sobre todo durante el periodo mudo, encierra su obra.

Ciertamente los entornos narrativos son siempre próximos; y el estilo que desarrolló el cineasta es común para toda su obra. Sin embargo ésta conoció un proceso de formación y de depuración que comprendió varias décadas.

Tanto sus comedias y melodramas como sus películas sobre pequeños delincuentes parten siempre de circunstancias reconocibles para el espectador de su época, de las que sabe extraer su belleza simple y diáfana. Ahora bien, no se limita a recoger testimonialmente estas experiencias cotidianas: como artista de la imagen, las recrea, las estiliza. Las transforma en una nueva naturaleza que difícilmente podría identificarse con la realidad: ésta es reelaborada a partir de cuanto él presencia, imagina o intuye. Transforma lo cotidiano en expresión poética; pule la piedra para que brote el diamante.

Se ha dicho que Ozu vivía para filmar, y filmaba para vivir[10]. No le falta razón a quien así se expresa: el cineasta japonés consagró toda su vida al perfeccionamiento de su obra, buscando un ideal cinematográfico que alcanza el máximo de belleza y de precisión mediante el mínimo de recursos.

Octavio Paz reconoció las bases de la poética japonesa en su inefable don sensible, que apunta directamente al corazón de quien se sumerge en ella: *"Japón ni antes ni ahora ha sido para nosotros una escuela de doctrinas, sistemas o filosofías, sino una sensibilidad. Nos ha enseñado no a pensar con la razón, sino a sentir con el corazón. Así, Japón es una ventana que nos muestra otra imagen del mundo, otra posibilidad de ser"*[11].

También el de Ozu es un horizonte poético que invita al espectador a sentir, así como a pensar. Ozu demuestra en su cine que es posible ser universal, sin dejar de ser al mismo tiempo profundamente japonés. Sus hermosas parábolas cotidianas sobre la fugacidad del tiempo conmueven a los espectadores que deseen internarse en ellas, sin que importe el tiempo ni el lugar en que lo hagan. Como asegura Nagisa Oshima: *"Un corazón amante de lo bello, sea oriental u occidental, ¿no es el mismo?"*[12].

---

10 SAADA, Nicolas. "Les carnets d'Ozu". *Cahiers du Cinéma*, 1997, Avril, nº 512, p. 50.

11 Cita: LANZACO SALAFRANCA, Federico. *Introducción a la cultura japonesa: Pensamiento y religión*. Valladolid: Universidad, 2000, p. 40.

12 OSHIMA, Nagisa. "A propos de la Nature et du cinéma japonais". En: TESSIER, Max. *Images du Cinéma Japonais*. Paris: Henri Veyrier, 1990, p. 9.

II. RECEPCIÓN CRÍTICA

"Estoy seguro de que algún día los extranjeros comprenderán mis películas. Mejor dicho, no. Dirán, como dice todo el mundo, que mis películas no son más que menudencias."

Yasujiro Ozu[1]

Desde hace algunas décadas numerosos espectadores occidentales admiran la obra de Ozu[1]; puede haber quien considere menudencias sus películas; pero de serlo, también habría que aceptar que son joyas cinematográficas exquisitamente talladas. No faltan algunos estudiosos que se han acercado a la obra de Ozu, tratando de aprehender su inagotable capacidad de seducción, y a ellos se suma ahora el presente trabajo, que aspira a examinar los orígenes menores de un artista mayor. Unos orígenes que nos desvelarán, en primer lugar, unas obras con numerosos atractivos cinematográficos; pero además permitirán rastrear las huellas primigenias de un cineasta irrepetible.

Pese a su incuestionable prestigio internacional, Ozu continúa siendo un cineasta desconocido. De manera muy particular en Europa, donde son escasas las publicaciones dedicadas a su obra, con la salvedad de los catálogos y publicaciones que complementan los ciclos. Ni que decir tiene que lo mismo sucede en España, donde Ozu continúa siendo el menos conocido de los clásicos japoneses; al menos hasta fecha reciente: en nuestros días este dudoso privilegio ha pasado a manos de Mikio Naruse[2]. Tuvimos que esperar hasta Noviembre de 2003 para que, coincidiendo con el centenario del nacimiento de Ozu, dos de sus películas hayan sido estrenado comercialmente en nuestro país: Cuentos de Tokio y Buenos días (véanse las figuras 293 y 294). Hasta la fecha, su obra sólo se ha visto ocasionalmente en festivales, en retrospectivas o en extraviados pases televisivos. Tanto Naruse como Ozu han merecido en España algunas publicaciones, apresuradamente concebidas al socaire de sus respectivos ciclos. De todas ellas encontrará el lector información en nuestra bibliografía[3]. Pero, hasta este momento, quedaba pendiente un estudio global y uniforme que analice el conjunto de la obra de ambos. El presente trabajo pretende cubrir este hueco, en lo que a Yasujiro Ozu se refiere.

Si en general el cine del japonés es poco y mal conocido, la etapa anterior a 1949 (año en que se estrena su conocida y prestigiosa Primavera tardía) lo es mucho más. Pocos son los que se han asomado a su producción muda y, cuando lo han hecho -Donald Richie y especialmente David Bordwell- han dejado tras de sí llamativas lagunas. Con el presente trabajo pretendemos contribuir al conocimiento de la obra de Ozu en su conjunto; y para ello dedicaremos particular atención a estos años oscuros de Ozu: oscuros por su desconocimiento, pero luminosos por la gran calidad del trabajo que el cineasta realizó durante sus años de formación, antesala de los logros que vendrán en etapas posteriores. No sobra añadir que algunas de las mejores películas del catálogo de Ozu -El coro de Tokio, Nací, pero..., Corazón caprichoso o Un albergue en Tokio- fueron realizadas durante su ignorada etapa muda: una dilatada etapa que se prolonga hasta 1936.

Se puede alegar que, salvo casos aislados, el cine japonés continúa siendo completamente ignorado fuera de su país. Es ésta una situación lamentablemente injusta ante la evidencia de que se trata, por cantidad y por calidad, de una de las principales cinematografías nacionales, incluso en nuestros días. Hasta sus clásicos incuestionables son tan sólo recordados por un ramillete de películas, y por supuesto Ozu no es ninguna excepción.

El prestigio crítico que cosechó Ozu se ha limitado prácticamente a un solo título: Cuentos de Tokio, que ensombrece a todos los demás. Posiblemente el tópico haya actuado también en su contra: al considerársele autor de una sola película, repetida con variaciones hasta la saciedad, se ha escogido ésta como su paradigma; para qué esforzarse en buscar otros derroteros en su filmografía. No es menos cierto que, tomando la citada película como estandarte, su prestigio ha aumentado en todo el mundo, sobre todo a partir de las retrospectivas

---

[1] Cita: HASUMI, Shigehiko. *Yasujiro Ozu*. Paris : Cahiers du Cinema, 1998, p. 10. Se trata de unas declaraciones recogidas por Yuharu Atsuta, el gran operador que trabajó habitualmente con Ozu a partir de 1941.

[2] Quien comenzó su esperada rehabilitación en 1998, gracias al magnífico ciclo y a la completa publicación que le dedicaron el Festival de Cine de san Sebastián y la Filmoteca Española.

[3] Dichas publicaciones son, referidas a Ozu, fundamentalmente las siguientes:
- *YASUJIRO Ozu /* René Palacios (ed. lit.). Valladolid: 24 Semana Internacional de Cine, (1979).

- *YASUJIRO Ozu*. Nosferatu, 1997, Diciembre, nº 25 - 26 (nº monográfico).

que se le han venido dedicando, casi siempre en festivales y en filmotecas repartidos por doquier.

A todos estos esfuerzos se debe añadir la película homenaje que le dedicó en 1985 el alemán Wim Wenders: Tokyo ga, que contribuyó notablemente a incrementar la respetabilidad del cineasta japonés, habitante ya de cualquier panteón cinematográfico que se precie, por más que sus películas sean poco vistas y poco estudiadas.

Fruto de este desconocimiento se suman los tópicos referidos a la obra del *"más japonés de los cineastas japoneses"*, (véase la nota nº 8, p.12), lo que levanta un velo de incomprensión en torno a su obra. Cualquier espectador medianamente informado dará por supuesto que Yasujiro Ozu sólo hizo una película; o lo que es lo mismo que todas son iguales, o con mínimas variaciones. Peor aún, no faltará quien juzgue que en sus películas *"nunca pasa nada"*, o que carecen de acción, lo que las hace sospechosas de aburrimiento, antes aún de habérselas dado una oportunidad de visionado. Pero además se las asigna, como seña imperdible, su filiación con la inefable sensibilidad zen, fruto de su cualidad contemplativa, de su inconmovible resignación ante el dolor de la vida, o de la aceptación estoica de un orden mutable por el que pasamos fugazmente. Se trata de una batería de tópicos que, en efecto, contienen algunas certezas; pero asimismo no pocas inexactitudes que merecen ser matizadas, y siempre ante el comentario de unas películas que nacen con escasas pretensiones proselitistas o dogmáticas.

El cine de Ozu no se desarrolló a la sombra de ningún monasterio, sino de un estudio. Sus parábolas cinematográficas, rebosantes de sugerencias poéticas, no fueron concebidas como vía de iluminación espiritual, si bien los resultados artísticos logran enaltecer el ánimo del espectador sensible. Sí, es cierto que el don poético de Ozu es heredero de una tradición cultural, la japonesa, que por añadidura no se limita tan sólo al zen. No lo es menos que sus parábolas alternan lo mundano con lo sublime, pero se desenvuelven siempre en el terreno doméstico. Bebe tanto de lo propio como de lo ajeno, particularmente en lo que a fuentes cinematográficas se refiere. Ozu fue un artista de poderosa vena cómica y dramática, pero no un místico giróvago.

Por descontado, su cine es mucho más variado formal y temáticamente de lo que se suele suponer; practicó diversos géneros, además del cine familiar por el que es conocido. Y a lo largo de su carrera experimentó diversas fórmulas que le permitieron dar forma a su peculiar canon artístico. El director japonés desafía con frecuencia la convención, y cuestiona fundamentos teóricos; el comentario de su obra supone un continuo desafío al analista que aspire a justificar sus peculiaridades, o que pretenda reducirlas a una clasificación sistemática. El cine de Ozu fundamentalmente invita a contemplar la imagen, a pensarla; y precisamente por esto a disfrutarla. Por el contrario se muestra reacio a dejarse reducir hermenéuticamente. Quedó dicho en el capítulo anterior: el cine de Ozu, que cuestiona tantos prejuicios cinematográficos adquiridos por el hábito y por la rutina a la que nos acostumbran las salas oscuras, invita al goce: al placer que produce encontrarse con el arte cinematográfico reducido a su quinta esencia.

II. 1. Festivales y retrospectivas

Como se sabe, los años 50 conocieron una imprevista expansión del cine japonés fuera de sus fronteras, gracias a los numerosos galardones conquistados en los principales certámenes internacionales. El gran Akira Kurosawa abrió camino gracias a su triunfo con Rashômon, película que se alzó con el León de Oro en Venecia, en 1951, y con el Oscar a la Mejor Película Extranjera aquel mismo año. El propio Kurosawa repetiría éxitos en Berlín y en Venecia con Ikiru (Vivir, 1952) y con Shichinin no samurai (Los siete samurais, 1954).

Otro cineasta extraordinario, Kenji Mizoguchi, consiguió un Premio a la Mejor Dirección en 1952, también en Venecia, con Saikaku ichidai onna (Vida de Oharu, mujer galante). Tanto las posteriores Ugetsu monogatari (Cuentos de la luna pálida,1953) como Sansho Dayu (El Intendente Sansho,1954) obtuvieron sendos Leones de Plata en el festival veneciano.

Por aquellos años el pionero Teinosuke Kinugasa conseguiría los mayores reconocimientos de su carrera gracias a Jigokumon (La puerta del infierno, 1953), película que se hizo con la Palma de Oro en Cannes, y los Oscar correspondientes a la Mejor Película Extranjera y al Mejor Vestuario en Color en 1954.

Por el contrario se suele decir que las películas de Ozu nunca se exhibieron en los festivales internacionales en vida de su autor. Su incuestionable reputación actuó esta vez en su contra: al juzgársele *"demasiado japonés"* se consideró que sus películas no serían bien apreciadas en los foros internacionales. Sin embargo la mayoría de las fuentes ignoran que el cineasta sí participó en vida en algunos destacados foros extranjeros:

En efecto, en 1956 Cuentos de Tokio fue proyectada por primera vez fuera de Japón y, aún hoy, continúa siendo la película más apreciada de su autor. Es frecuente su inclusión en las encuestas que dirimen las mejores

II. RECEPCIÓN CRÍTICA

películas de la historia del cine [4].

Aquel año fue presentada en el Festival de Cine de Los Ángeles, organizado por la Universidad de California. Se la presentó como Their first trip to Tokyo, y a pesar de tan horroroso título consiguió despertar el entusiasmo de la crítica.

Su participación en aquel foro no pasó inadvertida. En Mayo de 1957 fue proyectada en el Instituto Francés de Londres, junto con otros catorce títulos japoneses. Al año siguiente el British Film Institute concedió por primera vez el Trofeo Sutherland, y la distinción recayó sobre Ozu y su Tokyo monogatari. El galardón reconocía al autor de *"la película más original e imaginativa proyectada en el National Film Theatre a lo largo del año 1958"*. Se trata, por consiguiente de un reconocimiento internacional que Ozu recibió en vida, hecho que es omitido por la mayoría de los biógrafos occidentales del cineasta. Nos consta que Ozu se sintió complacido por el reconocimiento: *"Bien, parece ser que hasta nuestros amigos bárbaros han comprendido, ¿verdad?"* [5].

Por si esto fuera poco, parece ser que la película incluso inspiró a un dramaturgo británico, Arnold Wesker, quien confesó: *"Fue a consecuencia de haber visto Cuentos de Tokio que tuve la idea de escribir el drama titulado Roots (Raíces). No me refiero a los contenidos, sino al ritmo lento en la progresión del drama"* [6].

También en aquella ocasión Lindsay Anderson escribió un artículo sensitivo, y sumamente elogioso, sobre aquel nuevo hallazgo cinematográfico: uno de los primeros que se dedicara a Ozu fuera de su país [7]. En 1959 Donald Richie y Joseph L. Anderson publicaron la primera monografía sobre cine japonés escrita por especialistas occidentales [8]. Ese mismo año Richie escribió su primer artículo sobre Ozu [9], un cineasta al que conoció personalmente, y al que dedicaría el primer estudio monográfico escrito por un occidental en 1974 [10].

Tampoco se suele citar que, en Junio de 1962, su película Kohayagawa ke no aki (El otoño de los Kohayagawa) compitió en la sección oficial del Festival de Berlín, si bien esta vez pasó desapercibida y no obtuvo galardón alguno.

Antes aún de la muerte del cineasta se fraguó un lugar común, ampliamente difundido a partir de los escritos de Donald Richie, conforme al cual Ozu destacaría como el más japonés de los cineastas japoneses: un tópico que merece ser revisado y, con frecuencia, corregido. Para empezar, se haría preciso identificar en qué consiste esa misteriosa e inaprensible esencia nacional, en la que tal vez se halle la clave que nos permita saber por qué Ozu es más japonés que, digamos, Kenji Mizoguchi, Akira Kurosawa o Mikio Naruse. A lo largo del presente trabajo examinaremos numerosos casos y ejemplos que permiten cuestionar esta etiqueta. Asimismo tendremos ocasión de comprobar que también algunas voces críticas sostienen que Ozu, con sus retratos de tipos corrientes cuyas vidas discurren al margen de toda excepcionalidad, es en realidad el más accesible de todos los cineastas clásicos japoneses [11].

Respondiendo a las fatalidades de la historia, el año en que murió Ozu coincidió con las primeras grandes retrospectivas dedicadas a su obra. Así, entre Junio y Septiembre de 1963 se proyectaron en Paris 142 películas japonesas, de las cuales once eran de Ozu. Forzosamente el director tuvo que recibir noticias de este suceso.

Aquel mismo año un ciclo retrospectivo, organizado por Donald Richie, fue proyectado en el Festival de Berlín. Esta fue la primera reivindicación seria de su obra en Europa. Dicho ciclo recorrió además otras importantes capitales europeas: Hamburgo, Munich, Düsseldorf, Amsterdam, Londres, Viena, Copenhague,

---

4 Por lo general, se trata de la única película de Ozu que se la permite figurar en tamaños panteones. Así, en la encuesta coordinada por John Kobal , Tokyo monogatari ocupa la posición número 25, justo a continuación de Los siete samurais (posición 24). Antes de ambas se sitúa Rashômon (posición nº 10). Por detrás de todas ellas se encuentran Cuentos de la luna pálida (posición nº 32), Vivir (34); El intendente Sansho (posición nº 47) y Vida de Oharu, mujer galante (posición nº 50), entre otras películas japonesas. Es de notar, en todo caso, cuán parciales y azarosas resultan, siempre, este tipode competiciones.
Véase: KOBAL, John. *Las cien mejores películas*. Madrid : Alianza, 1990.
Mejor parada sale en la encuesta que conmemora los doscientos primeros números de la revista *Dirigido por...* (1992), en la que consigue la séptima posición (ex aequo con Ciudadano Kane, Carta de una desconocida y Cuentos de la luna pálida, nada menos). En una reciente encuesta del British Film Institute llegó a ocupar la primera posición.

5 LI, H.C. "Ozu´s impact on America : Tokyo Story in New York, 1972". En: *Japan´s impact on the World* / edited by Alan Rix and Ross Mouer. Brisbane : Japanese Studies Association of Australia, 1984, p. 119.

6 Noticias tomadas de: LI, H.C. "Ozu´s impact on America : Tokyo Story in New York, 1972". En: *Japan´s impact on the World* / edited by Alan Rix and Ross Mouer. Brisbane : Japanese Studies Association of Australia, 1984, p. 119. El autor de dicho informe ha obtenido la información a su vez de fuentes japonesas fiables: Tadao Sato, *Ozu Yasujiro no geijutsu*, y Shimogawara, *Ozu Yasujiro : hito to shigoto*.

7 El espantoso título con el que fue proyectada, Their first trip to Tokyo, por extraño que parezca, fue elogiado por Lindsay Anderson en su faceta de agudo crítico. Véase: ANDERSON, Lindsay. "Two inches off the ground". *Sight and Sound,* 1957 - 1958, Winter, v. 27, nº 3, p. 131- 133, 160. Reproducido en: *OZU' s Tokyo Story* / edited by David Desser. Cambridge : University Press, 1997, p. 145 - 150.

8 Edición más reciente: ANDERSON, Joseph L. and RICHIE, Donald. *The Japanese Film : Art and Industry*. Princeton : University Press, 1982.

9 RICHIE, Donald. "The later films of Yasujiro Ozu". *Film Quarterly*, 1959, Fall, nº 13, p. 18 - 25.

10 RICHIE, Donald. *Ozu*. Berkeley (etc.) : University of Califorina Press, 1974.

11 Es el caso de: WOOD, Robin. "The Noriko Trilogy : Three films of Ozu with Setsuko Hara". *Cineaction!*, 1992, Winter, nº 26 - 27, p. 60 - 81.

Estocolmo, Helsinki, etc. El ciclo concluyó su rumbo itinerante en 1964. Desgraciadamente en el entretanto se produjo la muerte del cineasta.

El 13 de Diciembre de 1963 el *Japan Times* dio noticia de su fallecimiento, que se había producido el día anterior. Junto al artículo aparecía el retrato del director más galardonado en Japón. También el *New York Times* y el *London Times* dedicaron un pequeño obituario a su memoria, al tiempo que destacaban su gran altura artística, junto a la universalidad de su obra[12].

Los honores póstumos no bastaron para abrirle un hueco en el mercado internacional. A mediados de los 60 el futuro cineasta Bob Rafelson trabajaba en Tokio como traductor de películas japonesas, y como asesor en el departamento de asuntos internacionales de la Shochiku. En su despacho se decidía qué películas japonesas serían exhibidas en los Estados Unidos. Pese a que se había prendado personalmente de las películas de Ozu, Rafelson desaconsejó su exportación, por juzgarlas poco aptas para los gustos americanos[13]. Aunque sus películas fueron proyectadas en aquel país, lo hicieron en circuitos selectos y minoritarios. Así, entre 1965 y 1966 se proyectaron Buenos días, Hierbas flotantes y El otoño de los Kohayagawa, si bien todas ellas recibieron una tibia acogida[14].

Extraño fue el caso que, a partir de entonces, conocería la obra de Ozu: a la admiración sin reservas que conoce en Europa y en Norteamérica, se opone el desdén que, durante aquellos años, sufre en su propio país. Los jóvenes cineastas y críticos japoneses rechazaban la obra de Ozu, a la que despreciaban por trasnochada. Shohei Imamura, que había trabajado como ayudante de dirección de Ozu en Principio del verano (1951), El sabor del arroz con té verde (1952) y en Cuentos de Tokio (1953), llegó a reprochar la rigidez de su estilo, del que se esforzó por distanciarse.

También Nagisa Oshima lamentaba el conformismo y falta de compromiso social que atribuía a Ozu. No fueron pocos los cineastas y críticos japoneses que, a partir de entonces, reprocharon a las películas de Ozu y a sus admiradores un talante burgués y desfasado.

En 1971 se publica el primer estudio crítico sobre la obra de Ozu en lengua francesa, aunque se trata de un texto breve y poco novedoso[15]. Es de señalar que los trabajos sobre este cineasta, así como sobre el cine japonés en general, escritos en francés siempre han ido notablemente retrasados con respecto a la producción anglófona, tanto en cantidad como en calidad.

El 13 de Marzo de 1972 Tokyo monogatari fue finalmente estrenada en el New Yorker Theatre, en Broadway. La mayoría de las críticas que mereció la película en aquella ocasión, de las cuales recogemos una nutrida muestra en nuestra bibliografía, fueron entusiastas. Durante ocho semanas la película fue exhibida en Nueva York, hasta el 5 de Mayo. La recepción crítica demostró la miopía de quienes aseguraban que Ozu no sería apreciado fuera de su país. En realidad no fue la primera película de Ozu estrenada en los Estados Unidos. No se suele recordar que entre 1965 y 1966 ya se habían proyectado discretamente tres películas de Ozu, tal como se vio.

Esta vez las cosas serían distintas: la buena acogida que recibiera Cuentos de Tokio favoreció el que, en Julio de aquel mismo año, también Primavera tardía fuera estrenada en los Estados Unidos. Algunos meses después, en Otoño de 1972, la Japan Society de Nueva York organizó una nueva retrospectiva dedicada al cineasta. Coincidía con otras varias que se celebraban por entonces en el Viejo Continente. Y no sólo en Occidente: también en su Japón natal comenzaron las revisiones retrospectivas de la obra de Ozu. A la vista del éxito que recibían fuera de sus fronteras, se trataba de restaurar la fama del cineasta más galardonado en su propio país. Así, entre Febrero y Marzo de aquel mismo año de 1972 el Centro Cinematográfico Nacional de Kyobashi, en Tokio, proyectaba quince títulos del maestro.

En los años siguientes varias películas más de Ozu, todas ellas realizadas en sus últimos años, fueron exhibidas en Nueva York, en orden dictado por los deseos de la distribuidora. Esto es, no se proyectaron siguiendo un orden cronológico. Así en 1973 se estrenaron El sabor del arroz con té verde (1952), Tarde de Otoño(1962) y Otoño tardío (1960). En 1974 le tocó turno a Principio de Primavera (1956), y en 1977 a Flores de equinoccio (1958)[16].

En Julio de 1973 se proyectaron algunas películas mudas de Ozu en el Museo de Munich. Al año siguiente era el Istituto Giapponese di Cultura de Roma quien organizaba una retrospectiva dedicada al cineasta nipón. En 1976 la Cinemateca Francesa, conjuntamente con el Festival de París, realizó una retrospectiva parcial

---

12 Véase:
- "Ozu 's obituary". *Times* (London), 1963, December 13 th., p. 17.
- "Ozu Yasujiro". *Japan Times,* 1963, December 13th.
Unos días más tarde, Georges Sadoul también dedicó un obituario al cineasta japonés: "Un très grand réalisateur japonais est mort". *Les Lettres Francaises,* 1963, Decembre, v. 19, nº 1008.

13 RUSSELL TAYLOR, John. "Staying vulnerable : An interview with Bob Rafelson". *Sight and Sound,* 1976, Autumn, v. 45, nº 4, p. 200-204.

14 LI, H.C. Op. cit. p. 120.

15 Se trata de: TESSIER, Max. "Yasujiro Ozu". *Anthologie du Cinéma,* 1971, Juillet-Octobre, v. VII, nº 64, p. 185 - 240.

16 LI, H.C. Op. cit., p. 131.

dedicada a Ozu.

Entre 1976 y 1977 el National Film Theatre de Londres realizó la primera retrospectiva completa de las películas de Ozu disponibles hasta aquel momento.

Pese a todo lo anteriormente dicho, fue necesario esperar a 1977 para que se estrenara comercialmente una película de Ozu en París. El honor correspondió, como no podía ser de otro modo, a Cuentos de Tokio. Por entonces habían transcurrido cincuenta años tras la realización de su primera película, casi veinticinco años después del estreno de aquella obra maestra, y ya se habían cumplido catorce años desde la muerte del gran cineasta. La capital francesa respondió bien al acontecimiento, de manera que al año siguiente también Otoño tardío y Tarde de Otoño gozaron de estreno parisino.

En 1979 el 32º Festival de Locarno organiza una Retrospectiva de Ozu, acompañada de una cuidadosa publicación[17]. Dicho ciclo será el mismo que, que con pocas variaciones, visitará España pocos meses después[18]. En efecto: la 24 Semana Internacional de Cine de Valladolid dedicó, en Octubre de 1979, una retrospectiva al gran cineasta japonés. Aquel mismo ciclo será exhibido a continuación por la Filmoteca Nacional. En aquella ocasión se proyectaron dieciocho películas de su catálogo. Coincidiendo con el acontecimiento, se publican los primeros textos sobre este cineasta en nuestro país[19].

Aquel mismo ciclo fue repetido, al año siguiente, en la Cinematheque de París. También la Fundaçao Calouste Gulbenkian, de Lisboa, proyectó once de estos títulos.

Entre el 30 de Abril y el 12 de Junio de 1982 se presentó un ciclo compuesto por doce de sus películas en la Australian National University, en Canberra. Sin embargo el gran acontecimiento se produjo aquel mismo año en Nueva York: entre el 1 de Octubre y el 19 de Diciembre de 1982 la Gran Manzana tuvo la ocasión de estrenar la mayor retrospectiva de todas las hasta entonces dedicadas al cineasta: nada menos que treinta y dos de las películas conservadas, a las que se sumó el documental Kagamijishi y fragmentos de algunas de las películas parcialmente recuperadas, y reunidas para la ocasión por la Japan Society y por el Japan Film Center.

Desde entonces los esfuerzos por colocar su nombre en el lugar que legítimamente corresponde a Ozu, entre los más grandes, no han cesado; de forma particular en los Estados Unidos, en Francia y en el Reino Unido. Como suele suceder con excesiva frecuencia en el caso del cine japonés, fue el descubrimiento exterior el que permitió la reivindicación final del cineasta en su propio país.

De este modo la República del Cine se rendía finalmente, aunque de manera tardía, ante un nuevo y excelso miembro de su Panteón.

En 1983 se conmemoraron los veinte años de la muerte del cineasta, y los ochenta de su nacimiento. En Enero de este año el Festival Internacional de Cine de Manila proyecta, en su segunda edición, una retrospectiva compuesta por cinco de sus películas de posguerra.

Aquel mismo año, en Marzo, la Japan Foundation organiza, en Tokio, su 67º Seminario sobre Estudios Japoneses. Tadao Sato, el más prestigioso de los críticos cinematográficos de aquel país, pronunció en aquella ocasión una conferencia sobre las paradojas que encierra el cine de Ozu: aunque el suyo es, fundamentalmente, un cine pesimista, no impide a los espectadores de todo el mundo apreciar buenos sentimientos sobre la vida[20].

Entre Mayo y Junio de 1983 la compañía Film Forum 2 organizó en Nueva York un magno ciclo, compuesto por dieciséis películas de Mizoguchi y diecinueve de Ozu. Precisamente fue Cuentos de Tokio la que inauguró el programa. Este mismo año se publicó el estudio de Shigehiko Hasumi titulado *Kantoku Ozu Yasujiro* (*El director Yasujiro Ozu*)[21], junto con otros importantes estudios críticos publicados en los Estados Unidos.

A su vez, y para conmemorar a quien fue su director más importante, la Shochiku produjo un documental de dos horas de duración: Ikite wa mita keredo : Ozu Yasujiro Den (Viví, pero... : La vida de Yasujiro Ozu), dirigido por Kazuo Inoue aquel conmemorativo año de 1983. Por otra parte, el director de esta película también compiló la colección de los guiones de Ozu, editados por Tachikaze Shobo a lo largo de seis meses. El último volumen de la serie, *Ozu Yasujiro sakuhin shu* (*Obras completas de Yasujiro Ozu*) vio la luz en Marzo de 1984.

En 1990 la Cinemateca Brasileira y la Aliança Cultural Brasil-Japao consagró un ciclo al cineasta, que se vio acompañado de la correspondiente publicación[22]. Y así

---

17 *INTRODUCTION a Yasujiro Ozu : Une documentation.* La Chaux-de-Fonds : Editions Cinediff, 1979.

18 Cabe recordar que, a principios de los años 70 Televisión Española tuvo la insólita idea de proyectar Crepúsculo en Tokio; Flores de equinoccio y El sabor del sake, junto con algunas películas de Mizoguchi. Añádanse algunos extraviados pases televisivos posteriores de un puñado de las películas de Ozu: Cuentos de Tokio; Otoño tardío; Buenos días, a mediados de los años 80. Desde entonces, sólo el programa de José Luis Garci *Qué grande es el cine*, ha emitido películas de nuestro cineasta: Cuentos de Tokio hacia 1996, y Las hermanas Munakata.

19 Véase: *YASUJIRO Ozu* / René Palacios (ed. lit.). Valladolid: 24 Semana Internacional de Cine, (1979).

20 LI, H.C. Op. cit., p. 116.

21 Traducido al francés: HASUMI, Shigehiko. *Yasujiro Ozu*. Paris : Cahiers du Cinema, 1998.

22 *OZU : o extraordinario cineasta do cotidiano.* (Sao Paulo) : Marco

llegamos a 1993, en que se conmemoró el 30 aniversario del fallecimiento del director. Con este motivo se organizó en Tokio una gran retrospectiva, complementada por una exposición que contó con su propio catálogo[23]. Cinco años después, una nueva exposición organizada por el Museo Digital de la Universidad de Tokio dio a conocer, entre otros, los materiales que sobre el gran cineasta conservaba su operador Yuharu Atsuta[24].

En el entretanto, y a partir de 1993, la distribuidora francesa Alive exhibió un ciclo completo que incluía veintidós títulos de Ozu, de los cuales ocho eran todavía inéditos en Francia. Fue éste uno de los ciclos más completos exhibidos en Europa, al margen de las retrospectivas en festivales. Pero además, y como complemento de dicho ciclo, tres años después la misma distribuidora publicó en francés la edición íntegra de los *Diarios* de Ozu, de los que se recogió una selección en nuestro país[25].

Asimismo se editaron varias películas en video, de las que damos información en un apartado de nuestra bibliografía. Añádase que tres de ellas conocieron además edición en videodisco: fue el caso de Flores de equinoccio, Hierbas flotantes, El otoño de los Kohayagawa, anticipo de la proliferación de títulos que comenzaron a editarse a partir del año 2001.

Ya en 1999 The Harvard Film Archive proyectó un pequeño ciclo de once películas. Pero la gran noticia del año se produce en nuestro país: por fin la Filmoteca Española le dedicó un ciclo completo, que comprendía todas sus películas conservadas. Una parte de este ciclo fue exhibida en otras ciudades españolas. Aquel mismo ciclo fue proyectado por la Cinemateca Portuguesa y el Museo do Cinema do Lisboa, quienes acompañaron las proyecciones con una pequeña publicación[26].

En 2003, además del de Ozu, se celebra el centenario de otro de los nombres ilustres de Shochiku, Hiroshi Shimizu (1903 - 1966), que es de temer que pase desapercibido teniendo en cuenta el injusto olvido que sufre hoy su obra. Nuestro director, por el contrario, gozará de mejor fortuna. Como anticipo las *Giornate del Cinema Muto* de Pordenone, en su 20 edición, proyectaron en Octubre de 2001 un extenso ciclo dedicado a la cinematografía muda japonesa. Entre los muchos tesoros que allí se exhumaron figuraban dos de nuestro cineasta: Tokkan kozo, el pilluelo y la muy esperada Wasei kenka tomodachi (Amigos en la lucha), película recientemente rescatada, y que pudo ser vista por primera vez en Europa[27].

En Enero de 2003 la Filmoteca de la Generalitat de Cataluña proyectó, en su sede de Barcelona, un ciclo que comprendía 30 películas de Ozu. Parte de este ciclo -veintiún títulos- fue exhibido en la Filmoteca Regional de Cantabria, con sede en el Cine Bonifaz, entre Mayo y Junio de este mismo 2003[28]. A lo largo de todo este año, la RAI italiana ha sorprendido a su audiencia con la emisión televisiva, aunque de manera sumamente irregular, de casi toda la obra conservada del cineasta.

Pero las celebraciones *oficiales* del centenario comenzaron a mediados de Febrero de 2003, cuando el 53 Festival Internacional de Cine de Berlín exhibió una retrospectiva en homenaje a Ozu. Las proyecciones se vieron acompañadas por una mesa redonda sobre la obra del cineasta japonés y su relevancia en la actualidad, en la que intervinieron Mariann Lewinsky, Ulrich Gregor y el director Yoji Yamada.

Posteriormente el 27 Festival Internacional de Cine de Hong Kong, celebrado en Abril de 2003, también proyectó 36 películas de las 37 que se conservan de Ozu, muchas de ellas en copias restauradas, y con música de acompañamiento en vivo para las películas mudas. Entre Octubre y Noviembre de 2003 el Festival de Cine de Nueva York, en colaboración con Shochiku y con the Film Society of Lincoln Center proyectaron 36 películas de Ozu, a las que se sumó el Tokyo ga de Wim Wenders. La única ausencia, de entre las películas conservadas, fue la recientemente recuperada Wasei kenka tomodachi. Todas estas retrospectivas precedieron a la gran revisión que se dedicó a la obra de Ozu en Japón a partir de Noviembre de 2003. En el curso de la misma se proyectaron, en el Museo Nacional de Arte Moderno, en Tokio, todas las películas conservadas de Ozu. El festejo concluirá con un Simposio Internacional, que se

---

Zero ; Cinemateca Brasileira ; Aliança Cultural Brasil-Japao, 1990.

23 *OZU Yasujiro Eiga Tokuhon : Ozu retrospective : 90th. anniversary of his birth.* Tokyo : Film Art ; Shochiku Eizo Shogai-Shitsu, 1993.

24 *OZU - Atsuta : From behind the camera : A new look at the world of director Yasujiro Ozu : Based on private materials of the late Yuharu Atsuta* / edited by Ken Sakamura and Shigehiko Hasumi. Tokyo : The Tokyo University Digital Museum, 1998. Material disponible en Internet. En:http://www. um.u-tokyo.ac.jp/dm2k-umdb/publish_db/books/ozu/index.html

25 OZU, Yasujiro. *Carnets : 1933 -1963 : Edition intégrale.* Paris : Alive, 1996.
Edición española: *Antología de los diarios de Yasujiro Ozu* / edición a cargo de Núria Pujol y Antonio Santamarina. ; prólogo de Ángel Fernández-Santos. Valencia : Filmoteca de la Generalitat Valenciana (etc.), 2000.

26 *YASUJIRO Ozu* / Textos de Antonio Rodrigues...(et al.). Lisboa : Cinemateca Portuguesa, Museo do Cinema, 1999.
Poco antes, en Julio de 1994 (y en el cine Nimas de Lisboa), se estrenó por primera vez una película de Ozu en Portugal: el honor recayó sobre Primavera tardía, que poco después sería distribuida en video en aquel país.

27 Véase: Le GIORNATE DEL CINEMA MUTO (20. Sacile/Pordenone. 2001) . *Catalogo.* Sacile / Pordenone: Le Giornate del Cinema Muto, 2001, p. 42.

28 Véase: SANTOS, Antonio "El arte pausado de Yasujiro Ozu". *Diario Montañés,* 2003, 18 de Mayo, p. 91. Y SANTOS, Antonio. "Un corazón amante de lo bello". *Diario Montañés,* 2003, 2 de Junio, p. 55.

celebrará los días 11 y 12 de Diciembre, coincidiendo con la fecha de nacimiento y muerte del maestro homenajeado.

Adelantándose a esta magna celebración, Shochiku lanzó al mercado, a mediados de 2003, todas las películas conservadas de Ozu, producidas por dicha compañía, en cuatro cajas de DVD lujosamente presentadas. No deja de sorprender, sin embargo, la falta de previsión del estudio, que no ha incluido en dicha edición subtítulos de las películas en ninguna lengua extranjera. Por fortuna son numerosas las ediciones en DVD que, de distintos títulos de Ozu, están apareciendo a lo largo de este periodo en países como Estados Unidos, Francia e incluso en España. En nuestra bibliografía ofreceremos noticias sobre dichas ediciones.

Difícilmente Ozu hubiera podido suponer que, cuarenta años después de su muerte, llegaría a ser uno de los cineastas japoneses más apreciados en Occidente, donde no se duda en situarle junto a los directores más importantes de todos los tiempos. Cuando se celebra su primer centenario, el arte y la memoria de Yasujiro Ozu permanecen más vivos que nunca. La fama le llegó, fuera de su país, cuando ya no podía eludirla. *Post cineres gloria.*

II. 2. Estudios críticos

No deja de llamar la atención que con frecuencia las posiciones vanguardistas del arte occidental -pintura, arquitectura, teatro, música y poesía- han sucumbido a la fascinación por la cultura japonesa. En el terreno de las artes escénicas, Brecht se sentía deslumbrado por el teatro japonés, y Godard, a su vez, se impregnó de Brecht[29]. Otro tanto sucede con el cine: desde Eisenstein son numerosos los cineastas occidentales que se han dejado cautivar por la estética japonesa, y por las singularidades de su cinematografía.

Para la crítica cinematográfica occidental, familiarizada con Brecht y con Godard, Ozu será valorado como un ejemplo de cineasta moderno. Por el contrario, como se vio, muchos de los críticos japoneses a partir de los años 60 le han reprochado su estilo tradicional y conservador. En su propio país es, a despecho de su prestigio, un cineasta no bien conocido. Como sucede con tantos autores clásicos.

Aunque se han enumerado numerosos festivales en los que se ha rendido tributo a su figura, sus películas apenas salen de estos reducidos círculos; del mismo modo las publicaciones que se producen, numerosas como comprobará el lector si examina la bibliografía, se suelen emitir a la sombra de dichos ciclos fortuitos. Muchos de ellos son estudios parciales; crónicas de festivales y retrospectivas, críticas de películas exhibidas ocasionalmente. Y en su mayor parte provienen de los países anglófonos, o de Francia. Ozu es uno de los cineastas más importantes de la historia del cine y, todavía hoy, sigue siendo uno de los más desconocidos. Particularmente en España. De los estudios realizados hasta 2005, ninguno había abordado toda la obra conservada de Ozu. Particularmente escasa es la producción europea, en general. Incluso las principales publicaciones francesas son fruto de una traducción del japonés (el libro de Hasumi), o han sido realizadas por otro autor de origen asiático (el iraní Youssef Ishagpour).

Muy por el contrario destaca la producción en lengua inglesa, aunque igualmente ha sido escrita lejos de Europa. Hasta la fecha las principales aportaciones sobre el cineasta japonés han sido realizadas por autores norteamericanos: Donald Richie, Paul Schrader, Noël Burch y, muy especialmente, David Bordwell. A ellos cabría añadir otro ramillete de especialistas, todos ellos estadounidenses, que han escrito sobre el cineasta: Audie Bock, Joan Mellen, Kathe Geist, Kristin Thompson o Linda Ehrlich entre las mujeres, y Joseph L. Anderson, David Desser, Jonathan Rosenbaum, Edward Brannigan, Gregory Barrett, Peter B. High entre otros muchos que cabe añadir a la nómina masculina.

A ellos habría que sumar una cantidad importante de investigadores de origen japonés, aunque residentes en los Estados Unidos, que han investigado sobre el cine de su país de origen, o bien sobre Ozu: Keiko Mc Donald, Donald Kirihara, Mitsuyo Wada Marciano, Abé Mark Nornes o Kyoko Hirano entre otros. No cabe duda que las estrechas relaciones entre los dos grandes países de ambos extremos del Pacífico han resultado vitales para fomentar los estudios orientalistas en general, y los japoneses en particular.

Por lo que se refiere a la producción japonesa, ésta ha sido desigual; y no parece haber alcanzado la densidad de los estudios sobre el mismo tema realizados en Estados Unidos, donde por otra parte los estudios cinematográficos cuentan con mucha mayor tradición, medios y reconocimiento que en el país asiático. Esto no impide que se hayan realizado algunos buenos trabajos, particularmente los debidos a autores como Shigehiko Hasumi, rector de la Universidad de Tokio, o los de Tadao Sato, Kiju Yoshida, Kenji Iwamoto o Hiroshi Komatsu, muchos de ellos traducidos al francés o al inglés.

---

29 ANDERSON, Joseph L. with HOEKZEN, Loren. "The spaces between : American criticism of Japanese Films". *Wide Angle,* 1977, v. 1, nº 4, p. 2 - 6.

Los estudios sobre Ozu han apuntado, hasta la fecha, por diferentes derroteros:

El primer trabajo importante sobre el cineasta fue el escrito por Donald Richie, un escritor polifacético afincado en Japón[30]. Aunque publicado en 1974, cuenta con numerosos artículos y trabajos previos que, retocados, fueron incorporados a la presente monografía. No se debe olvidar que el mismo Richie, en colaboración con Joseph L. Anderson, había publicado la primera historia global sobre el cine japonés escrita fuera de aquel país, un trabajo voluminoso que, a pesar del tiempo transcurrido, continúa siendo una valiosa obra de referencia[31].

Aunque discutidos por sus vaguedades e imprecisiones, los escritos de Richie tienen el valor de los ejercicios pioneros. Tuvo el mérito de dar a conocer la figura de Ozu en otras latitudes, si bien son de notar las carencias de su estudio. En particular, muchas de las películas de la etapa muda eran eludidas, o el comentario se limitaba a unas leves anécdotas sobre su etapa de producción. Del mismo modo los comentarios que se hacían pecaban de imprecisos y resultaban con frecuencia erróneos.

Apuntando más lejos, el estudio de Paul Schrader descubre en Ozu un paradigma de *"estilo trascendental"*: un modelo cultural autóctono, pero poseedor de rasgos compartidos con otros dos cineastas de procedencia muy dispar: el francés Robert Bresson y el danés Carl Dreyer[32]. Dicho estilo es, para el escritor y cineasta americano, una forma cinematográfica de representación que expresa lo trascendente. Haciendo uso de etiquetas culturales, Schrader aplica al cine de Ozu vinculaciones con el *haiku* y las artes *zen,* si bien limita tales observaciones a una porción muy exigua de su filmografía, y a casos muy particulares. La filiación es tan simple como arriesgada: del mismo modo emparenta a Bresson con la iconografía bizantina, y a Dreyer con la arquitectura gótica. De ninguno de ellos, conviene añadir, examina la obra completa, sino algunos ejemplos que convienen a las hipótesis de su autor. Como el propio cine que practica Schrader, su trabajo es arriesgado y sugerente en algunas ocasiones, y desconcertante o insuficiente las demás: una extraña amalgama de cinefilia y de esoterismo teológico que pretende reconocer lo trascendente, como sentir universal, a partir de las vicisitudes más cotidianas.

A principios de los 70 otros autores, como Richard N.Tucker o Joan Mellen, aplican una perspectiva sociológica[33]: se trata de interpretar la sociedad japonesa a través de sus películas. Desde la perspectiva de estos investigadores, Ozu sería exponente de un modelo cinematográfico tradicional, y comprometido con los valores más rancios de la cultura japonesa. En las parábolas familiares del cineasta, coinciden dichos autores, es posible reconocer tendencias políticas reaccionarias. Evidentemente, el modelo entraña sus riesgos: la visión que tiene Ozu de la familia y la sociedad japonesa es particular y parcial; y sumamente estilizada. Resulta arriesgado extraer conclusiones generales a partir de tales fuentes.

Finalmente, algunos investigadores han realizado, fundamentalmente, estudios formalistas. Es el caso de Noël Burch, Edward Branigan, Kristin Thompson y David Bordwell. Con ánimo iconoclasta, y seguramente provocador, Noël Burch propone una perspectiva insólita en los estudios consagrados a clásicos como Mizoguchi y Ozu: tras visionar parte de las películas de ambos realizadas antes de la ocupación americana, llega a la conclusión de que éstas tienen un valor muy superior a las más conocidas de sus últimas etapas[34].

El objetivo primordial de sus escritos es establecer las diferencias primordiales que existen entre el modo de representación dominante -el que desde Hollywood se extiende por todo el mundo- y otros que, como el japonés, establecen sus propios usos cinematográficos.

El desarrollo singular del cine japonés provocó un cine refractario, que no conoció la misma evolución que la de otras cinematografías importantes. Para Burch el *"neotradicionalismo"* característico da frutos incomparables cuando se fecunda con la práctica del cine occidental: es el caso de Mizoguchi y de Ozu, si bien se desdeña su labor cuando se apartan de aquel equilibrio ideal[35].

Sin negar el ingenio y la vehemencia de sus planteamientos, que además reivindican obras poco estudiadas y de incuestionable solidez artística, iremos comprobando cómo la filmografía de Ozu se desarrolla de manera coherente, por lo que no procede primar unas etapas sobre otras. Otro tanto sucedió en el caso de

---

30 RICHIE, Donald. *Ozu.* Berkeley (etc.) : University of California Press, 1974.

31 ANDERSON, Joseph L. and RICHIE, Donald. *The Japanese Film : Art and Industry.* Princeton : University Press, 1982.

32 SCHRADER, Paul. *Transcendental style in film : Ozu, Bresson, Dreyer.* New York : Da Capo, cop. 1972. Traducción al castellano: *El estilo trascendental en el cine : Ozu, Bresson, Dreyer* / trad. y prólogo: Breixo Viejo Viñas. Madrid : JC, D.L. 1999.

33 - MELLEN, Joan. *Voices from the Japanese Cinema.* New York : Liveright, 1975. - MELLEN, Joan. *The waves at Genji's door : Japan through its cinema.* New York : Pantheon Books, 1976.- TUCKER, Richard N. *Japan : Film Image.* London : Studiovista, 1973.

34 BURCH, Noël. *To the distant observer : Form and Meaning in the Japanese Cinema.* . London : Scolar Press, 1979.

35 Véase además: BURCH, Noël. "¿Un cine refractario?". En: *Itinerarios : La educación de un soñador del cine.* Bilbao : Certamen Internacional del Cine Documental y Cortometraje, etc., 1985, p. 149-161.

Mizoguchi, como se examinó con anterioridad[36].

Buena parte de los brillantes resultados conseguidos por David Bordwell cuentan con dos precedentes importantes: Edward Branigan y Kristin Thompson. Al primero debemos interesantes conclusiones sobre el espacio y la narrativa de Ozu, a partir del análisis textual de su primera película en color: Flores de equinoccio[37]. Para este autor las transiciones de Ozu no son mera conexión de espacios narrativos, sino la penetración del espacio en lo narrativo. Además los objetos construyen los espacios; unos espacios que son filmados en cuadrantes que muestran las cuatro paredes de la estancia: una práctica poco habitual en el cine de Hollywood.

En un número de la revista *Screen,* publicado en el año 1976, se había reivindicado el cine de Ozu como ejemplo de texto moderno, en el que el espacio y la forma se imponían sobre la narrativa. En un artículo publicado en esta revista junto a su marido David Bordwell, Kristin Thompson pondera la modernidad de Ozu a partir del tratamiento que dio al espacio[38]. Otro tanto había hecho Branigan en el artículo anteriormente citado. Ozu niega, en opinión de los autores, el espacio lógico, lo que le aproxima a experiencias como las de Eisenstein o Tati. En Ozu las estructuras espaciales se oponen a las cadenas de causas y efectos.

Un año después de aquel trabajo, Kristin Thompson escribe en solitario uno de los pocos artículos publicados sobre la etapa muda del cineasta japonés, un periodo en el que ya se encuentra un Ozu perfectamente reconocible[39]. En opinión de la investigadora americana, el cine de Ozu se sitúa entre la aceptación de los códigos clásicos y su deconstrucción: un pretexto que la permite adentrarse en el que es motivo recurrente tanto en sus trabajos como en los de su marido: la influencia que las películas americanas ejercieron sobre Ozu, y su distanciamiento voluntario de las mismas. Un tema que asimismo fue explorado, dentro de la literatura anglófona, por Noël Burch. El cine de Ozu, concluye Thompson, es una involuntaria antítesis del cine de Hollywood.

Los trabajos de Bordwell y Thompson, inspirados en los estudios formalistas soviéticos de los años 20, se enfrentan a los problemas del arte cinematográfico de forma riguroso. Pero pecan siempre del mismo exceso de racionalización: para los dos autores americanos la poética de Ozu se cifra en fórmulas escrupulosamente aplicadas. De este modo, y al contrario que el cineasta al que consagran sus esfuerzos, sus hermeneutas tienen como principal ocupación el justificar su arte: por domesticarlo y reducirlo a los fríos mecanismos de lo empírico.

En 1986 Kathe Geist escribe un artículo sobre las estrategias narrativas en las películas mudas de Ozu[40]. En este artículo la autora defiende el valor que encierran las películas de Ozu como mecanismos de narración, los cuales empezaron a gestarse precisamente en el periodo mudo. Ahora bien, el prometedor punto de partida se limita finalmente al comentario del uso de los objetos y paisajes en sus películas, puesto que dichos objetos llegan a definir tanto el espacio como la actividad.

Por fin en 1988 David Bordwell publica su estudio sobre el cineasta[41]. Profesor en la Universidad de Wisconsin, el autor se propone el análisis a partir de la perspectiva que proporciona una historia poética del cine. No en vano Ozu es autor de un canon estético que no tiene parangón en la historia del cine, cuya teoría llega aún a cuestionar.

Aplicando la tradición formalista rusa -Shklovsky, Tynianov-, Bordwell rechaza la dicotomía entre fondo y forma. Asimismo aplica los conceptos narrativos de fábula y *syuzhet,* o los narratológicos de Genette. Pero igualmente son reconocibles las aportaciones previas, aplicadas al caso concreto de Ozu, de autores como Sato, Branigan, Thompson y, por supuesto, Noël Burch, pese a que le dedica numerosas réplicas en el capítulo dedicado a La mujer de Tokio.

Para Bordwell los dos temas que vertebran la obra de Ozu son: la reflexión sobre el pasado, y la impermanencia del presente; dos ideas que inspirarán escritos posteriores, entre ellos el de Youssef Ishagpour al que nos referiremos en breve.

El punto de partida es atractivo, y los resultados están repletos de ideas valiosas, brillantemente razonadas. Sin embargo no todo es satisfactorio en esta obra: un volumen tan denso como el presente hubiera precisado una mejor organización de un material que, a menudo, llega a desbordar a su propio autor y compilador. Además los capítulos extracinematográficos no son ni muy completos, ni están del todo bien integrados en el estudio filmográfico. Es este el caso, por ejemplo, del tema de la familia, completamente disperso a lo largo del capítulo 3

---

36 SANTOS, Antonio. *Kenji Mizoguchi.* Madrid : Cátedra, 1993, p. 79 - 82.

37 BRANIGAN, Edward. "The Space of Equinox Flower". *Screen,* 1976, Summer, v. 17, nº 2, p. 74 - 105

38 THOMPSON, Kristin ; BORDWELL, David. "Space and Narrative in the Films of Ozu". *Screen,* 1976, Summer, v. 17, nº 2, p. 41 - 73.

39 THOMPSON, Kristin. "Notes on the Spacial System of Ozu´s Early Films". *Wide Angle,* 1977, v. 1, nº 4, 1977, p. 8 - 17.

40 GEIST, Kathe. "Narrative style in Ozu silent films". *Film Quarterly,* 1986, v. 40, nº 2, p. 28 - 35.

41 BORDWELL, David. *Ozu and the poetics of Cinema.* New Jersey : Princeton University Press, 1988.

de la obra.

La propia organización de los capítulos peca de escasa articulación: no hay división en los capítulos, aun cuando se aborden ideas muy dispares, lo que hace a menudo fatigosa la lectura. Bordwell no puede reprimir su innata tendencia a la digresión. De esta forma, el ejercicio caleidoscópico y disperso hace que la información, y con ella el lector, se extravíe en un torrente continuo de ideas y de comentarios que hubiesen precisado mejor canalización.

Los estudios sobre Ozu se sitúan entre estas dos cotas: el estudio sobre Ozu de Richie, quien resalta la naturaleza tradicional del cineasta, y el de David Bordwell, para quien Ozu es, ante todo, un cineasta experimental.

No están exentas de inconvenientes ambas posiciones: Richie incurre con frecuencia en inexactitudes, vaguedades y arquetipos. La mayor precisión y rigor de Bordwell no le impiden pecar con mucha frecuencia de formalismo: tanto Bordwell como Thompson no se resisten a la tentación positivista de querer justificarlo todo, de reducir el cine de Ozu a fórmulas magistrales perfectamente aplicadas.

Este es el mayor reproche que cabe hacer a un estudio por lo demás denso, brillante y novedoso. Además Bordwell no incluye comentarios de algunas películas de las que ya existía copia cuando se escribió el libro (Me gradué, pero..., Kagamijishi), y naturalmente faltan los de aquellas películas descubiertas posteriormente (Tokkan kozo, el pilluelo, Amigos en la lucha).

La aportación más reciente ha sido la edición en inglés de un texto del cineasta japonés Kiju Yoshida, *Ozu Yasujiro no hon Eiga,* originalmente escrito en 1998[42]. Bajo el título de *Ozu´s Anti-Cinema,* el libro se ve inspirado por las misteriosas palabras que Ozu, en su lecho de muerte, susurró a Yoshida: *"El cine es drama, no accidente".* Esta crípticas palabras sobrecogieron al joven aprendiz, quien las llevó siempre consigo como si se tratara de la clave que permitiría descubrir un tesoro oculto. En este libro se interroga, precisamente, sobre la esencia oculta que esconde el cine de Ozu.

Para Yoshida, el arte del maestro desaparecido se fundamenta en un principio fundamental: la repetición y las diferencias, a partir de las cuales se articula el conjunto de su filmografía. Ozu estaba encaminado hacia el *"anti cine",* al rechazar los móviles de atracción característicos del cine. Aunque el libro se refiere fundamentalmente al cineasta admirado, su discurso asimismo descubre la propia concepción que Yoshida tiene del cine: se trata de un libro escrito por un cineasta que se interroga sobre la naturaleza de su medio artístico, a partir de la luz que le arroja un cineasta excepcional. Yoshida es un cineasta de formación y obra muy distinta de la de Ozu. Sin embargo se atreve a enfrentarse con el maestro admirado a través del texto escrito, y usando el comentario de sus películas como pretexto; sin embargo no lo hace con ánimo crítico o reivindicativo, sino para tratar de dar respuestas a través de la discusión.

Frente a la exuberancia de estudios sobre Ozu y el cine japonés en general que encontramos en lengua inglesa, la producción en idioma francés es, aunque importante, mucho menos enjundiosa que la que acabamos de considerar. Los estudios franceses han sido siempre más tardíos que los norteamericanos, y rara vez han alcanzado el calibre analítico de aquéllos.

Uno de los primeros en alertar sobre la importancia de Ozu fue Georges Sadoul quien, en su *Dictionnaire des Cineastes* originalmente publicado en 1963, elogiaba al clásico oriental desconocido, cuya sobriedad *"jansenista"* haría parecer barroco a un Robert Bresson[43].

Hasta principios de los años 70, ninguna de las revistas francesas había prestado la más mínima atención a la obra de Ozu. Ni siquiera las más prestigiosas: ni *Positif,* ni *Cahiers du Cinéma* le habían dedicado artículo alguno, a excepción de algunas noticias sueltas[44]. Entre las primeras publicadas, cabe señalar las siguientes :

- Una breve reseña, firmada por Claude Jean Philippe, en *Dossiers du Cinema. Cineastes. I.* Casterman, 1971.

- Algunos comentarios de Noël Burch en *Praxis del cine* (primera edición en Gallimard, año 1969)[45].

- La compilación de Max Tessier en *Anthologie du Cinema,* 1971, nº 4.

- Y, ya en 1986, la superficial historia del cine japonés escrita por aquel mismo autor[46].

Posteriormente la revista *Positif* incluyó diversos artículos sobre el cineasta, algunos de los cuales, de buena factura, fueron firmados por autores como Michel Ciment, Hubert Niogret y Alain Masson, mientras que Alain Bergala, Jean Narbony y Serge Daney hicieron lo propio para los *Cahiers du Cinéma.* De unos y otros el lector hallará cumplida información en la bibliografía que completa el presente estudio.

Las aportaciones más valiosas publicadas en Francia

---

42 YOSHIDA, Kiju. *Ozu´s Anti-Cinema.* Ann Arbor : Center for Japanese Studies, University of Michigan, 2003.

43 Versión española: SADOUL, Georges. *Diccionario del cine : Cineastas.* Madrid : Istmo, 1977, p. 341 - 342.

44 Véase al respecto: CIMENT, Michel. "Sous les yeux de l´Occident". *Positif,* 1978, Avril, nº 205, p. 30 - 36.

45 Importante trabajo traducido al español: BURCH, Noël. *Praxis del cine.* Madrid : Fundamentos, 1985.

46 TESSIER, Max. *Images du Cinéma Japonais.* Paris : Henri Veyrier, 1990.

son recientes, aunque tienen origen asiático. Así, en 1994 el investigador de origen iraní Youssef Ishagpour escribió un breve, aunque sugerente ensayo centrado en un tema motriz de Ozu: las formas de la impermanencia; la fugacidad de la vida, la disgregación de la familia[47]. Y finalmente, en 1998, se traduce al francés el ensayo de Shigehiko Hasumi dedicado al cineasta[48]. Considerado el trabajo más influyente y respetado en Japón sobre el cineasta, el estudio de Hasumi, comienza ironizando pertinentemente sobre la japonesidad paradigmática atribuida a Ozu. A partir de aquí el discurso se construye en torno a una serie de temas que, a decir de su autor, resultan fundamentales en la filmografía del artista estudiado: el tema de la comida, el del vestido, y el de la bonanza meteorológica característica en sus películas. Aunque lanza críticas a Richie y a Schrader, no dedica ni una alusión al imprescindible libro de Bordwell, publicado diez años antes de la edición francesa. Esta carencia es particularmente llamativa, máxime si se añade que la presente edición apenas suministra información en notas, y que no acompaña bibliografía final. Hasumi respeta el texto originalmente escrito en 1983, por considerar que sus conclusiones seguirían siendo las mismas.

Pese a tan llamativo punto de partida, el estudio contiene momentos virtuosos, como aquellos en los que se interroga por la esencia de la obra del cineasta: un presente sin fin que se metamorfosea, sostenido por su propia fuerza. Hasumi pondera además la libertad con que Ozu acometió su obra. Pone en duda las pretendidas conexiones *haiku* y *zen* de su obra, y llega a asegurar que las imágenes de Ozu, a la vez sutiles y audaces, jamás se impregnan del lirismo de la retórica tradicional japonesa. Así, el rector de la Universidad de Tokio llega a tachar de insignificantes etiquetas como *"Ozu y el haiku", "Ozu y el yugen", "Ozu y el mono no aware"*, propias de observadores distantes, y no siempre bien informados. Dichas filiaciones, además, se sostienen mediante un discurso ajeno a la específica puesta en imagen de sus películas. Además, y a despecho de los hermosos títulos que Ozu asigna a sus obras, éstas muestran un notable desdén hacia los ciclos de la naturaleza y sus estaciones. En tales sentidos, otros cineastas como Mizoguchi o Kurosawa se mostrarían más próximos al sentir poético estrictamente japonés que el propio Ozu.

Más recientemente el Centro Georges Pompidou publicó la edición francesa de la importante historia del cine japonés debida a Tadao Sato[49]. Este destacado investigador y crítico japonés había merecido ya la traducción a la lengua inglesa de algunos de sus mejores escritos, que dan gala de su perspicacia crítica y de su sensible capacidad analítica[50].

Finalmente nos detendremos en las aportaciones italianas. En 1991 apareció la primera edición del estudio que al cineasta japonés dedicó Dario Tomasi[51]. Se trata de un volumen muy sencillo, de orientación netamente divulgativa, sobre el que pesa mucho el recuerdo de otros estudios anteriores, particularmente el de Bordwell. El mismo autor presentó, en 1996, una pequeña monografía específicamente dedicada a Cuentos de Tokio[52].

Muy recientemente la investigadora Maria Roberta Novielli ha publicado una completa historia del cine japonés, desde sus orígenes hasta nuestros días, que consagra dos capítulos a la simpar figura de Ozu[53].

II. 3. Sobre el presente trabajo

Tras haber despertado, como se vio, un extraordinario interés entre críticos y cineastas de Oriente y de Occidente, el cine de Ozu continúa siendo un misterio. Es el destino de la obra clásica, que se resiste a verse sometida, pese a su aparente fragilidad y sencillez. En el año 2003 se han conmemorarado los cien primeros años del nacimiento del cineasta; pero también los cuarenta de su fallecimiento; y además cumple medio siglo su película más representativa: Cuentos de Tokio (1953). Pese a su creciente prestigio, y a la admiración que su obra despierta entre quienes a él se acercan, Ozu continúa siendo el más desconocido de todos los grandes cineastas. Éste es un momento adecuado, por tanto, para presentar la obra de Ozu en su conjunto al investigador interesado. El presente trabajo examina, por primera vez, toda la obra conservada de aquel cineasta irrepetible. Evitando las interpretaciones místicas que a menudo se han hecho de su obra, así como el excesivo formalismo con el que se han analizado con frecuencia sus películas,

---

47 ISHAGPOUR, Youssef. *Formes de l'impermanence : Le style de Yasujiro Ozu. : Où l'on va au Japon pour revenir dans l'Occident de la présumée fin de l'Histoire.* Paris : Yellow Now, 1994.

48 HASUMI, Shigehiko. *Yasujiro Ozu.* Paris : Cahiers du Cinema, 1998. Cabe añadir que la edición francesa no reúne el texto completo original: prescinde de textos y entrevistas, entre otros documentos que sin duda hubieran realzado la publicación.

49 SATO, Tadao. *Le Cinema Japonais.* Paris : Centre Georges Pompidou, 1997, 2 v.

50 SATO, Tadao. *Currents in Japanese Cinema.* New York : Kodansha International, 1982. Cabe añadir que el mismo autor realizó un estudio sobre Ozu, del que desgraciadamente no contamos con traducción alguna: SATO, Tadao. *Ozu Yasujiro no geijutsu (El arte de Yasujiro Ozu).* Tokyo : Asahi Shinbunsha, 1978 - 1979, 2 v. Sin embargo, algunas de sus principales conclusiones aparecen recogidas en la referencia anteriormente citada.

51 TOMASI, Dario. *Yasujiro Ozu.* Milano : Il Castoro, 1991.

52 TOMASI, Dario. *Viaggio a Tokyo.* Torino : Lindau, 1996.

53 NOVIELLI, Maria Roberta. *Storia del Cinema Giapponese.* Venezia : Marsilio, 2001.

el estudio que presentamos aspira a mostrar el cine de Ozu como una manifestación cultural de su tiempo.

Respondiendo a este planteamiento, con el presente trabajo pretendemos situar la obra de Ozu en el momento histórico que le correspondió vivir, entendiendo que su filmografía se integra dentro de un marco cultural complejo, del cual el cine ofrece una de sus manifestaciones privilegiadas. Es por tanto nuestro propósito elaborar una historia global del artista, a partir del estudio preferente de su legado artístico, pero sin olvidar nunca el entorno sobre el que aquél germinó.

El trabajo que ahora presentamos se basa, fundamentalmente, en el estudio de las fuentes primarias: las propias películas de Ozu, a las que se ha tenido acceso tras realizar innumerables pesquisas y tras remontar no pocos círculos dantescos. A dichas fuentes hemos de añadir los Diarios de Ozu, recientemente traducidos al francés, y de esta lengua al español, así como numerosos textos y entrevistas conservados del mismo cineasta. Muchas de estas fuentes, ignoradas por los autores que nos precedieron, suministran una información extraordinariamente importante para el mejor conocimiento de la obra de nuestro artista.

La travesía se ha visto impulsada por una abundante bibliografía cuya consecución ha exigido con frecuencia una labor detectivesca. En el curso de sus indagaciones fueron de vital importancia para el autor las visitas a la Filmoteca Española y a la sede del Instituto de Japonología, ambos en Madrid, así como a la Cátedra de Historia y Estética de la Cinematografía de la Universidad de Valladolid. Parte de lo que no pudo ser localizado en estos lugares, entre otros visitados ocasionalmente, fue obtenido en la Biblioteca de la Universidad de Cantabria gracias a la probada eficacia de su Oficina de Información y Acceso al Documento.

El subtítulo que recibió aquel trabajo, *Elogio del silencio,* tiene una doble justificación. Por un lado obedece a las reticencias que debió superar el cineasta para incorporarse al cine sonoro, lo que hizo en fecha muy tardía, ya en 1936. Por otra parte alude a la realización de un cine que, tanto por razones personales como azarosas, prefirió mantenerse al margen de los tiempos del fragor en el que fue concebido.

Por primera vez se ha analizado toda la obra conservada del cineasta, lo que se ha hecho además de forma minuciosa y detenida. Inicialmente el propósito era limitar el campo de acción a la etapa muda de Ozu, al considerar que este periodo ofrece numerosos indicios que permiten comprender mejor la posterior evolución del cineasta. Se trata, por otra parte, de la época menos estudiada de toda su obra. Algunas de las películas que aquí se estudian, como Amigos en la pelea, Tokkan kozo, el pilluelo, Me gradué, pero... o el documental Kagamijishi no han sido examinadas en prácticamente ningún otro lugar. Finalmente se decidió ampliar el estudio al conjunto de la obra conservada de Ozu. Frente al estudio de Bordwell, el más completo de todos los precedentes, el presente trabajo ha procurado evitar el excesivo formalismo bordwelliano para examinar aspectos narrativos y culturales ignorados por el investigador norteamericano. Se ha intentado, en todo caso, reconocer con claridad la evolución formal del cineasta desde su trabajo más antiguo conservado, Días de juventud (1929) hasta su última película, Tarde de otoño, realizada en 1962. En la filmografía comentada que cierra el presente estudio se han procurado reunir, además, noticias y comentarios del propio autor sobre las diecisiete películas perdidas de su catálogo.

Para cumplir dichos objetivos se ha hecho un gran esfuerzo a la hora de integrar al cineasta en su contexto histórico y cultural. A este objetivo se aplica la primera parte del trabajo. Lo hemos iniciado unos años antes de la entrada en escena de Ozu, quien nació en tiempos de Meiji, para mejor comprender todo el proceso de modernización que sufría el país, y del cual la industria cinematográfica ofrece uno de sus más elocuentes testimonios. A lo largo de esta parte se examina toda la evolución histórica y cultural del país, hasta mediados de los años 60, procurando dar especial relieve a aquellos acontecimientos que condicionaron la vida de Ozu, así como su obra.

La segunda parte se ha dedicado exclusivamente al estudio de la industria cinematográfica japonesa, cuyos orígenes casi coinciden con la fecha de nacimiento del cineasta. Ozu realizó casi toda su obra bajo la disciplina de uno de los principales estudios japoneses, la Shochiku. Por esta razón nos ha parecido imprescindible examinar la organización de las compañías cinematográficas japonesas, para evaluar hasta qué punto llegaban a condicionar la obra de un director. Como se verá, en el caso de Ozu las directrices impuestas por el productor, Shiro Kido, resultaron determinantes en el desarrollo de su arte. Comprobaremos además cómo la industria del cine, reflejo fiel de la época en que se fraguó, ofrece testimonios históricos de excepcional valor a la hora de comprender la peripecia histórica de la nación japonesa. Por esto mismo, asimismo hemos centrado nuestra atención en la evolución de dicha industria desde sus orígenes hasta mediados de los años 60, con el fin de situar en su contexto profesional toda la filmografía del director.

La tercera parte se consagra a la figura del *kantoku*

(cineasta) Yasujiro Ozu. Comienza ofreciendo la biografía más completa que se ha podido componer, a partir del estudio de numerosas fuentes, entre ellas los Diarios, que no habían sido utilizadas por anteriores biógrafos.

Los siguientes capítulos pretenden reconocer las señas artísticas de este creador excepcional, tratando de precisar los puntos esenciales de su arte, así como su evolución a lo largo de su carrera.

A continuación se examinan los géneros practicados por el cineasta durante estos años, así como la organización de las películas en distintas series. Particularmente nos detendremos en el entorno de la comedia, en los melodramas domésticos, a menudo protagonizados por niños y estudiantes, y en las sorprendentes películas de trama criminal que asimismo realizó el cineasta. Reconoceremos en estos géneros, a priori tan alejados del Ozu de madurez, numerosos indicios del posterior desarrollo del cineasta.

A la hora de rastrear en las fuentes de las que bebió el director, forzoso es detenerse en primer lugar en las cinematográficas. Y, muy en particular, en el cine americano al que tan aficionado se mostró siempre. Trataremos de apreciar cómo Ozu construyó su propio estilo buscando distanciarse precisamente de los modelos más admirados, algunos de los cuales -Lubitsch, Chaplin, Sternberg, Vidor- han dejado no obstante huellas en su obra. Pero asimismo se buscarán las correspondencias de Ozu con la cultura japonesa de su tiempo, y en particular con novelistas por los que mostró especial aprecio, como Ton Satomi y Shiga Naoya.

El estudio filmográfico se verá precedido por unos capítulos en los que se recogen los métodos de trabajo del cineasta, y su relación con los principales miembros de su equipo, como el actor Chishu Ryu, los operadores Hideo Mohara y Yuharu Atsuta, los guionistas Kogo Noda, Tadao Ikeda y Akira Fushimi, o el compositor Kojun Saito. Sus declaraciones, recogidas en distintas entrevistas y documentos citados en la bibliografía, proporcionan otra perspectiva -humana y profesional- sobre el cineasta exigente y perfeccionista por el que, sin embargo, todos los miembros de su equipo sentían una devoción casi filial.

El núcleo del trabajo lo proporciona el comentario detallado de las treinta y siete películas conservadas del cineasta, tarea inédita hasta la fecha. En todas ellas se ha procurado reconocer el entorno en que se gestaron; pero fundamentalmente se ha procedido a un comentario escrupuloso y pormenorizado, a partir del cual se irán reconociendo los rasgos distintivos -formales y temáticos-, y muy especialmente la evolución de un cineasta cuya trayectoria es mucho más compleja y variada de lo que habitualmente se supone. Los comentarios provienen de la revisión pormenorizada, escena por escena, de todas sus películas, de las que además se han extraído multitud de imágenes (cerca de tres mil), sobre las cuales se apoyan los comentarios que, con frecuencia, remiten a las imágenes. De este modo la documentación gráfica que aporta este trabajo, cuya función rebasa la mera presencia ornamental, se convierte en un apoyo fundamental e imprescindible a la hora de justificar la exposición del texto.

Otra de las singularidades del presente trabajo lo brinda la sección dedicada a los epígonos y admiradores de Ozu, tanto en Japón como en otras partes del mundo. Aunque Ozu es un cineasta irrepetible, cuyo arte comienza y termina en sí mismo, no han faltado los directores que de algún modo o de otro se han acercado a su obra con admiración, buscando un extraordinario tesoro cinematográfico que hoy parece perdido. No falta quien asimismo se ha acercado a Ozu bajo una perspectiva más irrespetuosa o paródica. Así, en este peculiar foro se darán cita cineastas dispares que tienen como vínculo común su admiración por Ozu. Se examinarán los casos de Masahiro Shinoda y de Kiju Yoshida. Pero también los de Shohei Imamura y Osamu Takahashi, quienes en su juventud no supieron apreciar la singularidad del estilo del maestro, si bien al alcanzar la madurez se replantearon su posición crítica.

Asimismo se buscan correspondencias entre Ozu y algunos cineastas japoneses contemporáneos, como Yoshimitsu Morita, Jun Ichikawa y Takeshi Kitano, entre otros. Examinaremos la serie de Tora-san, tan próxima a las películas que Ozu realizara sobre su arquetipo Kihachi; y asimismo se dan noticias sobre los telefilmes que, en fecha reciente, se han inspirado en películas de Ozu. Finalmente consideraremos los puntos comunes que existen entre Ozu y tres de los cineastas orientales más singulares de la última década: Wayne Wang, Ang Lee y Hou Hsiao Hsien.

De manera más pormenorizada se comentará la película Daikon to Ninjin (Rábanos y zanahorias), el proyecto en el que Ozu trabajaba cuando le sorprendió la muerte, y que fue finalmente realizado por Minoru Shibuya en 1964: una extraña comedia de la que prácticamente nada se sabe fuera de su país de origen. Asimismo sorprenderán dos parodias que se han realizado de la obra de Ozu: una de ellas es una película pornográfica: Hentai kazoku : Aniki no oyome-san (Una familia anormal: La mujer de mi hermano), dirigida por el hoy conocido Suo Masayuki en 1983. La otra es un cortometraje de dibujos animados: Toy Story = Tyo

Story, realizado por Taku Furukawa en 1999. A ambas películas, asimismo muy poco conocidas fuera de Japón, dedicaremos sendos capítulos.

La representación de cineastas occidentales admiradores de Ozu es encabezada, lógicamente, por Wim Wenders, a quien se debe buena parte del prestigio internacional que ha ganado Ozu en los últimos años gracias a su película Tokyo Ga (1983), película que se comentará pormenorizadamente. Asimismo prestaremos atención a otro ilustre admirador de Ozu: el finlandés Aki Kaurismäki. En 1998 una joven promesa del cine americano, Vincent Gallo, realizó una sorprendente película bajo cauces independientes, Buffalo 66, en la que se dedicaban algunos guiños explícitos a Ozu, a los cuales nos referiremos.

Menos conocida es la faceta como cineasta de Donald Richie, el investigador estadounidense a quien debemos numerosos estudios sobre Ozu y sobre el cine y la cultura japonesa. En un pequeño capítulo repasaremos su reducida obra cinematográfica, que se mueve entre la admiración a Ozu, y el deseo de guardar distancias con su obra.

Finalmente se examinarán tres películas americanas -muy poco estudiadas- que guardan alguna relación con Ozu: el brevísimo episodio The clerk, filmado por Ernst Lubitsch e incluido en el largometraje coral Si yo tuviera un millón (1932) ha sido incluido para justificar su explícita presencia en una de las escenas de La mujer de Tokio (1933). Más desconocido aún es el cortometraje El rescate del Jefe Rojo, filmado por Howard Hawks e incluido en la película de episodios Cuatro páginas de la vida, 1952). Su inclusión obedece a que adapta un cuento de O. Henry, *The Ransom of Red Chief,* que años atrás había sido adaptado por Ozu en Tokkan Kozo (1929). El presente capítulo permitirá establecer puntos comunes y diferencias entre dos grandes cineastas, tan distantes entre sí, a partir del uso común de una misma fuente literaria. Por último, de la película Sayonara (Joshua Logan, 1957) se ha comentado una escena: la Danza del León, una conocida pieza kabuki que asimismo había filmado Ozu en su documental Kagamijishi (1935). Del conjunto de todas estas películas se extraerán conclusiones sobre los muy distintos mecanismos de representación que distancian a Ozu de sus colegas norteamericanos.

Otro de los puntos novedosos del presente trabajo lo brinda el capítulo titulado *El jardín de las quimeras.* Aquí hemos reunido y comentado todos los poemas de Ozu, que aparecían dispersos en las páginas de sus diarios, particularmente en su versión francesa, puesto que en la edición abreviada que se publicó en nuestro país sólo se incluía una muestra de los mismos. Ozu cultivó la poesía a lo largo de toda su vida, y muy en particular a lo largo de los años 30, antes de su traumática experiencia en el frente de combate. Algunos de estos poemas demuestran la sensibilidad del cineasta, y su buen dominio de la técnica del *haiku,* con algunos ejemplos de muy buena factura. Como complemento de este interludio poético, hemos incluido algunos artículos y declaraciones de Ozu que, aunque traducidos al inglés, permanecían prácticamente inéditos, y eran de difícil localización.

Como complemento imprescindible del trabajo, y como una de sus aportaciones más significativas, hemos incluido una abundante bibliografía, con más de 700 referencias comentadas y con índices de autores citados. No es sólo la más completa de todas las dedicadas hasta ahora al cineasta: es además la primera que incluye comentarios de todas sus referencias, y con toda seguridad las más completa y actualizada de todas las disponibles sobre cine japonés clásico.

Asimismo se incluye un glosario que reúne las voces y palabras japonesas más veces utilizadas a la hora de referirnos al cineasta y a su entorno cultural y cinematográfico. El conjunto de la abundante documentación aquí reunida no sólo cubre un importante hueco en los estudios dedicados a Ozu y al cine japonés en general, particularmente en nuestro país; asimismo pretende ser un trabajo útil para los investigadores que, en el futuro, decidan continuar las investigaciones sobre este tema inagotable.

Del conjunto del estudio se desprenderá que Ozu comenzaba a dar muestras de su singularidad y de su talento desde los primeros episodios de su obra. Respondiendo a un programa que se fue gestando conforme maduraba el artista, el director de Nací pero..., de Corazón vagabundo y de Un albergue en Tokio dio muestras de una naturaleza creativa sin parangón. Creó un orden cinematográfico y un estilo que sólo le pertenecían a él; es por esta razón un artista inimitable, y no ha habido nadie que a partir de él haya podido seguir su huella, aunque son muchos quienes la han admirado. Sólo resta asomarnos a su obra para estudiar la extraordinaria belleza y singularidad de su legado artístico. El cine de Ozu es preciso y riguroso; y, como aprecia Edward Branigan, *"hay poesía en la exactitud"* [54].

---

54 BRANIGAN, Edward. "The Space of Equinox Flower". Screen, 1976, Summer, v. 17, nº 2, p. 74.

**PRIMERA PARTE
EL ENTORNO HISTÓRICO Y CULTURAL**

III. EL JAPÓN EN VÍSPERAS DEL CINE (Años 1868-1912)

"¿Por qué el Japón? Porque es el país de la escritura"
Roland Barthes. *El Imperio de los Signos*[1]

III. 1. La Ciencia y la Virtud: La restauración de Meiji

Cuando Tokugawa Ieyasu entró victorioso en Edo, en 1590, encontró ante sí una fortaleza rodeada por algunos poblados de campesinos que se extendían en torno a las murallas. La presencia de la ciudad no podía ser menos seductora; pero el ambicioso General había llegado con el firme ánimo de cambiar las cosas en un país que sufría el desgaste de una guerra incesante. Diez años después, tras derrotar a todos cuantos le disputaban la supremacía, el ahora Shôgun Tokugawa se había hecho con el dominio absoluto del accidentado paisaje japonés, al que se disponía a gobernar desde su castillo en Edo.

Transcurrida una nueva década, en 1610, la remozada capital ofrecía tan lustroso aspecto que el antiguo gobernador de Filipinas, Don Rodrigo de Vivero, alabó su cuidada urbanización y la calidad de sus construcciones. Aunque el aspecto exterior de las casas españolas era más hermoso - consideraba aquel visitante en sus diarios-, el interior de las construcciones japonesas las superaba en belleza.

En aquellos años Edo contaba 150.000 habitantes; pero en el transcurso de un solo siglo ya alcanzaría el millón. La futura ciudad de Tokio había superado en densidad demográfica a Londres y a París; a Viena y Moscú, y se había convertido en la mayor ciudad del planeta[2].

La suerte de la antigua Edo será emblema de las transformaciones que habrá de experimentar el archipiélago japonés a lo largo de los próximos tiempos. Desde que los portugueses alcanzaran la costa del Japón en 1542, la llegada de los europeos al archipiélago asiático había sido causa de temores y controversias en el seno del gobierno nacional.

La llegada del Comodoro Perry a la costa de Uraga, en 1853, y la exigida apertura al mundo exterior en nombre del Presidente Norteamericano, desató una crisis insospechada en el sólido bastión de los Tokugawa. Un año después, y bajo la amenaza de las fragatas, fue firmado el tratado de Kanagawa, que abrió las relaciones con los Estados Unidos y puso fin a los más de dos siglos de aislamiento que voluntariamente había sufrido el país.

La armada americana, provista de poderosos cañones, no sólo había despertado al Japón de su letargo feudal: también aventó un sentimiento de recelo y venganza contra las potencias occidentales que se disputaban Asia. La única forma válida de oponerse a la prepotencia del hombre blanco era ponerse a su misma altura: sólo de este modo se garantizaría la independencia de un país que, a su modo de ver, estaba destinado a liderar una Asia libre de intrusos europeos y americanos.

En 1867 subió al trono el Emperador Mutsuhito. Con él dio comienzo el periodo Meiji. Tras un breve periodo de enfrentamientos civiles, el gobierno de los Shôgunes Tokugawa se desmoronó, víctima de los impulsos renovadores. Al año siguiente, el tercer día de Enero de 1868, el poder imperial fue solemnemente restaurado, y el nuevo gobierno se trasladó a Edo, desde donde a la sazón se gobernaba el país. La ciudad pasó a ser llamada Tokio (La Capital de Oriente). Simbólicamente, el Emperador se aposentó en el antiguo palacio de los Shôgunes: el mismo que había acondicionado Tokugawa Ieyasu a su llegada hacía casi tres siglos. A partir de estos momentos comienza un periodo de reformas encaminado a modernizar el país.

De todos los países localizados fuera de Europa y Norteamérica, Japón fue el que con más éxito ultimó su modernización. Y fue además el que lo hizo de manera más rápida y abrupta: de un estado feudal fue capaz de evolucionar hacia otro semi- moderno, casi sin solución de continuidad. El arraigado concepto de kokutai- cuerpo nacional, o estructura nacional- derivaba, precisamente, de la insularidad y aislamiento que había experimentado el país a lo largo de generaciones[3].

---

1 BARTHES, Roland. *El Imperio de los Signos*. Madrid: Mondadori, 1991, p. 3.
2 TSURUMI, Shunsuke. *A Cultural History of Postwar Japan: 1945 - 1980*. London (etc.): KPI, 1987, p. 46.
Sobre la singular figura de don Rodrigo de Vivero, y sus relaciones japonesas, véase además:
CABEZAS, Antonio. *El Siglo Ibérico de Japón: La presencia hispano-portuguesa en Japón: (1543 - 1643)*. Valladolid: Universidad, 1995, p. 327-330.

---

3 TSURUMI, Shunsuke. *An Intellectual History of Wartime Japan: 1931 - 1945*. London (etc.): KPI, 1986, p. 23.

Ahora, al verse forzado a romper su reclusión, Japón lo hace con la voluntad decidida de expandirse y de hacer oír su voz con fuerza. De este modo el pueblo japonés arrinconó una herencia marcada por sus señas de identidad tradicionales y asiáticas para volcarse con entusiasmo y confianza en la construcción de un proyecto moderno, cuyas raíces le resultaban completamente ajenas. En el camino de su modernización el país dejó buena parte de su identidad cultural, lo que supuso una constante fuente de tensiones en su evolución a lo largo del siglo XX. Fruto de esta singularidad, los japoneses arrastraban un sentimiento de país remoto, alejado de los grandes núcleos donde se desarrollaba la civilización. Este pesar les marcó inconscientemente con un velado sentimiento de inferioridad con respecto a las potencias occidentales, que habían desarrollado una cultura expansiva, diversa y universal.

En Japón no había calado la filosofía positivista, el culto a la razón y a su instrumento mecánico, como había sucedido en los lugares más desarrollados. Tampoco había experimentado una expansión más allá de sus fronteras que permitiera el abastecimiento de materias primas, y la apertura de sus mercados.

De un modo mucho más metódico y organizado que los anteriores contactos esporádicos, los gobernantes del periodo Meiji se aplicaron al aprendizaje de la cultura occidental con el ánimo de fortalecerse contra quien podría llegar a ser su agresor. Se trataba de usar, al fin, la técnica del bárbaro contra el propio bárbaro. Aunque fuera aprehendiendo los conocimientos occidentales, se pretendía con este método preservar la pureza del Japón, y recuperar la Edad de Oro perdida en tiempos legendarios[4].

La modernización del país nace fruto de dicha antinomia: por un lado germina el impulso pragmático que dictaba el Bummei-Kaika: el motor racional y transformador que propocionaban la civilización y la ilustración[5]. Pero frente al mismo convivían los arcanos míticos de una religión sumamente irracional, que convierte en Dios a su máximo representante, y que autoriza su expansión en nombre de los kami. De este modo el proceso modernizador germinó al amparo de una doble máxima concebida ya en las postrimerías de la época Tokugawa: "Ciencia, la occidental; virtud, la oriental"[6].

Pese a las dificultades que entrañaba, el plan de reformas concebido por el gobierno Meiji contaba con una serie de circunstancias a su favor: el pueblo japonés poseía un agudo sentido de unidad nacional, fruto de su muy delimitada situación geográfica, así como de su uniformidad lingüística y cultural. Por otra parte, la población local cultivaba una forma de vida y una escala de valores éticos y laborales que fortalecieron vivamente el impulso restaurador. Además, a lo largo del periodo Tokugawa se había fortalecido una administración central firmemente consolidada. Por si esto fuera poco, los japoneses tenían en la figura imperial el motor legendario que al mismo tiempo les daba energía y facilitaba cobijo espiritual.

Y efectivamente, en torno a la figura imperial se renovará toda la nación. El Emperador Meiji es la máxima institución política y religiosa: el legítimo sucesor de Jimmu Tenno, figura legendaria que emparentaba al Mikado con los principales dioses del panteón Shintoista.

La institución imperial se hallaba firmemente arraigada en la cultura japonesa, desde tiempos míticos. Por ser heredero de los mismos dioses, se exaltaba la obediencia a sus designios, pero también el orgullo de pertenecer a una raza tocada por la gracia ultraterrena. La divina institución Imperial, con todas sus connotaciones míticas y mesiánicas, proporcionó la llama que insufló el fervor patriótico: no en vano, por gracia del Emperador, los japoneses formaban el pueblo escogido por los dioses: aquél predestinado a liderar un Asia libre del yugo occidental. De este modo, al grito de guerra de "Sonno joi": honor al Emperador y expulsión de los bárbaros, se gestó la revolución de Meiji.

El modelo de la sociedad japonesa reposaría, por consiguiente, sobre un gobierno fuerte y centralizado, y se construiría a partir de la devoción a la divina figura imperial, y de la virtud confucionista de la piedad filial. No en vano, el culto al Emperador estimulaba una de las cualidades más respetadas en la sociedad isleña: el respeto y la lealtad a ultranza debidas a un superior.

La evolución del pueblo japonés a partir de los años Meiji es prueba de su extraordinaria habilidad para imprimir sobre lo ajeno los rasgos propios. En parte su extraordinaria evolución histórica obedece a tan insólita capacidad, de la cual el Japón ha dado innumerables muestras en los terrenos políticos y económicos; y por descontado en los culturales y artísticos.

III. 2. Eijanaika (¿Qué más da?)

La cultura de la elite japonesa siempre ha sido una

---

[4] BENEDICT, R. *El crisantemo y la espada : Patrones de la cultura japonesa*. Madrid : Alianza, 1974, p. 74.

[5] LANZACO SALAFRANCA, Federico. *Introducción a la cultura japonesa : Pensamiento y religión*. Valladolid : Universidad, 2000, p. 93 - 94.

[6] GONZÁLEZ VALLES, Jesús. *Historia de la filosofía japonesa*. Madrid : Tecnos, 2000, p. 292.

cultura importada- de China primero, y de Occidente después-, mientras que la cultura popular ha sabido preservar mejor lo autóctono. Con el fin de aprehender los fundamentos de las culturas foráneas, y de adaptarlas a su propia idiosincrasia, el pueblo japonés desarrolló un certero instinto para el aprendizaje y la absorción de todo cuanto fuera considerado útil, sin que preocupase su procedencia exterior.

Fue el caso que, desde la llegada de los portugueses y españoles al Japón del siglo XVI hasta las postrimerías del periodo Meiji, los países occidentales dejaron en Japón numerosas y profundas huellas de todo tipo. Como ingeniosamente sentencia Antonio Cabezas, "los bárbaros del sur introdujeron una barbaridad de cultura"[7].

Libres de dominación colonial, los japoneses usaron Europa como conjunto, importando lo que más les importaba de sus distintas naciones. La penetración europea no fue de este modo pasiva, como había sucedido en otros países asiáticos, sino activa e impregnante por ser además voluntaria y selectiva.

Todas estas circunstancias autorizaron a Luis Díez del Corral a calificar al Japón como "máximo robador de Europa", dado que fue capaz de cumplir de manera muy completa su difícil papel: "no dejándose raptar por los españoles como el archipiélago filipino; manteniendo una organización de Estado absoluto durante su época de aislamiento, bastante parecido al de Occidente, con el que nunca perdió su bien dosificado contacto; utilizando selectivamente la civilización occidental en el último tercio del siglo XIX con el fin de convertirse rápidamente en potencia impelida por un insensato arrebato de rapto, para convertirse más tarde, también con inusitada rapidez, en raptor pacífico de los mercados mundiales"[8].

Parece seguro que, a comienzos del periodo Meiji, era necesaria una profunda política de reformas para dar solución a las graves tensiones internas que sufría el país. A las rebeliones campesinas, diseminadas a lo largo de todo el país, se sucedían las que se produjeron en las ciudades. En 1867, durante las postrimerías del régimen Tokugawa, las multitudes se manifestaban desde Kioto y Osaka hasta Edo y Yokohama de forma anárquica, bajo el compás de una canción que decía ee ja nai ka : ¿Está bien así? o ¿Qué más da? Bajo su disparatado ritmo, la muchedumbre se entregaba a una danza marcada por el frenesí y la locura, lanzando proclamas subversivas que invariablemente terminaban con el estribillo ee ja nai ka. Muchos historiadores no han visto en estas manifestaciones ninguna sublevación política, sino estallidos de histeria colectiva, consecuencia de una época de profundos cambios y de violentos desórdenes. No falta quien considera que este generalizado malestar alimentó la política de reformas que emprendiera el gobierno de Meiji[9]. Esta situación tensa y conflictiva fue ilustrada en 1981 por Shohei Imamura en una película precisamente titulada Eijanaika: ¿Qué más da? Y así se manifiesta el cineasta a propósito de la época que describe: "¿Fue la Restauración de la Era Meiji una revolución? Una revolución significa una transferencia de poder a una nueva clase. En este sentido, la Restauración Meiji podría ser considerada como un golpe de estado de los renovadores contra la vieja clase gobernante. No obstante, la Restauración Meiji fue "como una revolución" en la que el pueblo tomó parte, en su mayoría, en una batalla políticamente decisiva que determinó el destino de una nación.

Quería plasmar cómo el pueblo, que vivía en aquella época unos momentos difíciles similares en algún modo a los actuales, vivió, actuó, pensó y murió idolatrando la libertad"[10].

Comienza de este modo un periodo de incesante actividad diplomática, política y militar encaminada a transformar para siempre la fisonomía y la cultura de un pueblo que parecía anclado en tiempos remotos.

El Emperador Meiji se comprometió, mediante la promulgación de cinco artículos, a respetar la opinión pública, a desarrollar las relaciones con el extranjero, y a hacer llegar a su país los conocimientos universales. Para romper ataduras con el pasado, la clase samurai fue abolida. En 1870 fue derogado el antiguo sistema de clases feudal, que distribuía a la población en distintas castas: soldados, mercaderes, artesanos y campesinos.

Al año siguiente (1871) quedaron asimismo invalidadas las antiguas divisiones feudales del territorio, para ser reemplazadas por una compartimentación en prefecturas, a cuyo frente se coloca un prefecto designado por el gobierno central.

En 1873 se prohibe a los samurais llevar espadas en público. A partir de la abolición del orden samurai, se desbloquearon las restricciones feudales, particularmente en lo concerniente al libre movimiento de la población.

Se rehabilitó la antigua religión autóctona, el Shinto,

---

7 CABEZAS, Antonio. *El Siglo Ibérico de Japón : La presencia hispano-portuguesa en Japón : (1543 - 1643).* Valladolid : Universidad, 1995, p. 73.

8 DÍEZ DEL CORRAL, Luis. *El rapto de Europa.* Madrid : Alianza, 1974, p. 38.

9 TIPTON, Elise K. *Modern Japan : A Social and Political History.* London ; New York : Routledge, 2002, p. 34.

10 Declaraciones tomadas de la hermosa guía publicitaria de la película, en cuya declaración de principios se lee: *"La verdadera naturaleza humana es una enorme masa de energía, la cual transforma la historia. Y el origen de esta energía es el sexo".*

que se erige a partir de Meiji en la salvaguarda religiosa e ideológica del Estado y de su figura prominente, el Emperador. Pero además se autorizó oficialmente el culto cristiano, prohibido desde los primeros años Tokugawa (las persecuciones se recrudecieron en 1612).

Aquel mismo año de 1873 vio cómo el calendario lunar se vio reemplazado por el solar. Tres años después se incluirá el domingo, y finalmente se adoptará el calendario gregoriano.

En 1874 El influyente político Taisuke Itagaki presenta formalmente una petición al gobierno, con el fin de constituir un parlamento escogido por el pueblo. Tales medidas renovadoras no tuvieron la virtud de satisfacer a todo el mundo: en 1877 se produjeron sangrientas sublevaciones contra el gobierno Meiji en la isla de Kyushu, que fueron reprimidas con severidad.

Como cima de las reformas, en 1886 se funda en Tokio la Teikoku Daigaku: la Universidad Imperial, la más importante del país. Pocos años atrás se habían establecido las primeras escuelas primarias públicas a lo largo de todo el país.

El gobierno apuesta firmemente por la educación, tanto la escolar como la de ciclos superiores. Los buenos rendimientos obtenidos en la educación fueron rentabilizados con fines renovadores Es preciso reconocer que ya antes del periodo que nos ocupa Japón gozaba de una encomiable organización escolar. Se calcula que, al principio de la era Meiji, el 40-45% de la población masculina, y el 15% de la femenina, habían recibido formación elemental. Los Tokugawa encaminaban ésta hacia las necesidades prácticas de la población, de manera que cuando menos se instruía a la gente en la práctica de la lectura y la escritura, y en operaciones matemáticas de índole cotidiana.

El Gobierno Meiji desarrolló a partir de estas bases un nuevo sistema educativo, inspirado fundamentalmente en las experiencias occidentales.Comenzó estableciendo una jerarquía docente, en cuya cúspide se situaba la Universidad Imperial de Tokio, donde cursaban estudios superiores los miembros de la nobleza destinados a ocupar puestos de importancia en el gobierno de la nación.

Con el fin de suplir la carencia de profesionales y docentes cualificados, se contrató un número cuantioso de extranjeros- llamados yatoi, esto es: "máquinas vivientes"- que, al servicio del Gobierno, se aprestaban a instruir a los estudiantes locales en los procesos básicos que el país demandaba en el curso de la modernización. Se llegaron a contar hasta 527 empleados extranjeros que se asentaron en Japón, donde prestaron sus servicios como asesores técnicos, gerentes y administradores y como profesores.

Los yatoi provenían de distintos países occidentales, con el fin de adiestrar a los futuros especialistas japoneses en las que se suponía que eran las respectivas especialidades de sus países de origen. Así llegaron técnicos franceses con la misión de formar a sus colegas nipones en cuestiones penales y jurídicas. También se les encomendó inicialmente el adiestramiento del ejército; pero tras la guerra franco-prusiana se prefirió confiar dicho cometido a los alemanes. Los especialistas germanos también se ocuparon de la formación de médicos y de funcionarios de gobierno. Los ingenieros ingleses supervisaron la puesta en marcha de la Armada Imperial; pero también diseñaron el tendido férreo del país, y asesoraron en la instalación de faros y telégrafos. Expertos norteamericanos prestaron sus servicios en el desarrollo del servicio postal, en las mejoras agrarias, así como en la modernización de la enseñanza. Y, en fin, pintores y escultores italianos difundieron las técnicas artísticas de Occidente. Pocos observadores extranjeros dieron crédito a las supuesta bondades que acarrearía un mosaico occidental semejante en un oscuro conjunto de islas perdidas allá por el extremo oriente[11].

Se alentaba igualmente, mediante una calculada política de becas, las estancias en el extranjero de técnicos y funcionarios japoneses, con el fin de adquirir conocimientos que luego serían aplicados en el propio país. Merced a semejante política, a principios del siglo XX pudieron establecerse en Japón escuelas y colegios universitarios aplicados a la enseñanza de la ingeniería, la minería y la agricultura. En 1915 se inaugura el Instituto de Investigaciones y Medidas. Y en 1917 El Instituto de Investigación en Ciencias Físicas y Químicas. Los funcionarios públicos cambiaron los uniformes tradicionales por el traje europeo; otro tanto hizo el ejército, ahora equipado y adiestrado a la usanza occidental. Hasta la propia casa imperial aparecía retratada como si de una familia real centroeuropea se tratase.

III. 3. La Constitución Imperial

En 1889 fue promulgada la Constitución Meiji, que entró en vigor al año siguiente. Redactada bajo los influjos de los conservadores modelos prusiano y austriaco, no está empero exenta de peculiaridades: en su primer capítulo el Emperador es descrito como "sagrado e inviolable"; y en sus manos se colocaron, cuando menos en teoría, todos los poderes y la soberanía

---

11 PERREN, Richard. "On the turn : Japan, 1900". *History today*, 1992, June, v. 42, p. 27.

absoluta. Al fin y al cabo, su linaje pertenecía a una dinastía imperial ininterrumpida a lo largo de los siglos. No se presentaba ante su pueblo tanto como gobernante cuanto como vínculo entre el pueblo y los dioses, conforme a una tradición que se remontaba más allá de la creación del propio país, cuando los kami organizaban el universo conforme a su particular teogonía, allá en la noche de los tiempos.

Ser obediente al Emperador, por tanto, equivalía a guardar respeto y obediencia al espíritu de los ancestros, a la tradición heredada; al origen mítico del país. Contar con un Emperador de origen divino concedía además un prestigio añadido a un país cuyo destino histórico debía ser el liderazgo de las naciones asiáticas y la liberación del yugo occidental.

Conforme al Tenno-sei (Sistema Imperial), los poderes absolutos del emperador serían ejercidos en su nombre por funcionarios o por militares nombrados a tal efecto, pero no por vasallos feudales ni por nobles hereditarios. El aparato de gobierno sobre el que se organizan dichos funcionarios va a cobrar apariencia cada vez más occidental; como sucederá por otra parte con las propias fuerzas armadas.

La religión oficial, el Shintoísmo, fue dividida en dos clases: el Shinto de Estado -centrado en el culto al Emperador y en el cumplimiento inexcusable de los deberes con la patria- y el Shinto de Religión, respetuoso con los preceptos tradicionales. Al margen de semejante escisión, la constitución Meiji reconocía, en su artículo 28, la libertad de culto y creencia, "dentro de los límites que no perjudiquen a la paz y al orden, y no sean contrarios a las obligaciones contraidas"[12].

La Constitución se promulgó como don del Emperador a su pueblo, al que obsequiaba con una sección especial sobre los derechos de sus súbditos, y en la que autorizaba una Asamblea Nacional Popular. Se instaura en ella el sufragio limitado, puesto que las mujeres son excluídas del derecho al voto.

Siendo excesivamente rígida y conservadora, no parecía el vehículo más apropiado para facilitar una evolución hacia patrones democráticos. Pero permitió la vertebración de las instituciones políticas, haciendo propios y al mismo tiempo adaptando a conveniencia los modelos occidentales. Así, en 1890 se inauguró la primera sesión del Parlamento Nacional. Un decreto imperial sobre la enseñanza impone desde ese momento la enseñanza escolar obligatoria.

La salida del aislamiento multisecular exigía imperiosamente la actualización del ordenamiento legal del país. Los primeros pasos consistieron en una traducción del derecho francés, de incuestionable prestigio. Sin embargo su aplicación literal en el país asiático parecía inviable, por lo que se invitó a distintos especialistas europeos para que enseñasen el Derecho de los países de occidente a los juristas locales. Uno de ellos fue el francés Gustave Emille Boissonade de Fonterabie, a quien le fue encomendada la nada fácil misión de redactar un Código Penal "conforme al espíritu japonés y a la técnica occidental", contando para ello con la colaboración de algunos destacados especialistas japoneses. Finalmente presentaron un proyecto, en 1893, que nunca entró en vigor: pese a sus encomiables esfuerzos, el Código de Boissonade fue criticado por dureza, tanto por los especialistas anglosajones como por sus epígonos nacionales, formados a la sombra de aquéllos.

De manera que se preparó un nuevo proyecto, escrito en lengua vernácula y de naturaleza eminentemente ecléctica, en el que se pretendía fusionar las Escuelas inglesa, francesa y alemana. Se tuvieron en cuenta numerosos códigos internacionales, más de treinta, entre los cuales figuraba el Código Civil Español de 1889. De este modo, en 1898 entró en vigor el primer Código Civil Japonés. Se afirmó que con el mismo el Derecho japonés se había emancipado de la familia jurídica china para incorporarse a la romana, de alcance más universal[13].

La nueva Constitución alumbró además numerosos cambios legislativos. No tardaron en promulgarse disposiciones sobre las actividades relacionadas con la policía (1900 y 1908); las regulaciones de Edición (1893); de Publicidad (1911) y de Tráfico (1928); entre otras muchas. Asimismo, como se verá, las regulaciones cinematográficas coinciden con todas estos documentos, que vertebraban legalmente la organización del país[14].

III. 4. Reformas económicas

La organización social japonesa, y largos siglos de disciplina feudal, habían fortalecido a los individuos en la austeridad y en la abnegación. Esto, sumado a su capacidad de plegarse a un esfuerzo colectivo, resultó un poderosísimo combustible que facilitó todos los cambios

---

12 Cita: LANZACO SALAFRANCA, Federico. *Introducción a la cultura japonesa : Pensamiento y religión*. Valladolid : Universidad, 2000, p. 99 - 100.

13 Dicho código acaba de ser traducido al español, junto con un valioso capítulo introductorio. Véase: *CÓDIGO Civil Japonés* / Estudio preliminar, traducción y notas por Rafael Domingo ; Nobuo Hayashi ; Prólogo de Antonio Garrigues Walker. Madrid (etc.) : Marcial Pons (etc.), 2000.

14 MAMORU, Makino. "On the conditions of Film Censorship in Japan before its systematization". En: *IN Praise of Film Studies : Essays in Honor of Makino Mamoru* / Edited by Aaron Gerow and Abé Mark Nornes. Yokohama ; Ann Arbor : Kinema Club ; Trafford, 2001, p. 49.)

socio-económicos que hubo de acometer el país a partir de 1868.

No conviene desdeñar que, ya durante el periodo Tokugawa, Japón había experimentado un importante desarrollo industrial y comercial, lo que ha permitido a algunos investigadores considerar que la ruptura entre el Japón antiguo y el moderno fue menos acusada de lo que normalmente se asegura[15].

No es menos cierto que, cuando Mutsuhito subió al trono Meiji, la economía japonesa reposaba fundamentalmente en una agricultura a pequeña escala y una industria familiar. Por entonces el país carecía de un tendido de comunicaciones y de sistemas educativos, administrativos y financieros modernos. Las novedades mecánicas, con las que Europa y Norteamérica ya empezaban a estar familiarizados, eran desconocidas en Japón. La revolución industrial comenzó muy tardíamente en una sociedad que, además, no parecía reunir las condiciones adecuadas para que aquélla triunfase. El aislamiento, en fin, le había privado de experiencia en el comercio exterior, y por añadidura carecía de una marina mercante operativa.

Esto sí, todas las novedades que la técnica aportaba fueron recibidas con entusiasmo. En 1870 se crea el Kobucha (Ministerio de Industria). A través del mismo, el estado participa en la fundación de un número de industrias consideradas indispensables: particularmente la industria textil, la naviera y la bélica. En los próximos siete años el Estado participará en la fundación de más de quinientas empresas de interés nacional, que se vieron equipadas con maquinaria occidental para la manufactura de productos que, como los tejidos, se venían elaborando según métodos primitivos. Ni que decir tiene que entre las industrias más beneficiadas por la expansión se hallaban aquellas que suministraban armamento y equipos al ejército imperial.

La tecnología y los avances en todos los campos de Occidente fueron asimilados por Japón en un periodo de tiempo sorprendentemente breve. El desarrollo de la industria permitió asistir al nacimiento de una potencia en ciernes cuya situación era ciertamente insólita dentro del mercado internacional; una industria en alza cuyo vigor provenía de la simbiosis entre la tecnología occidental, y la mano de obra barata y esforzadísima propia del orden laboral asiático.

Los resultados no tardaron en dejarse sentir: ya en estos momentos Japón era el mayor productor del mundo de seda en rama. Y contaba con una pujante industria de hilado de algodón. A partir de la expansión de estas dos industrias, se pudo producir la diversificación del tendido industrial. En 1869 el Gobierno inauguró una Oficina Comercial para supervisar y fomentar el comercio exterior. Éste se limitaba fundamentalmente a los productos en bruto, entre los cuales la seda en rama y el té eran las principales bazas con que contaba.

Además, y siguiendo el ejemplo de sus admirados y temidos oponentes de ultramar, los japoneses desarrollaron el tejido de comunicaciones: En aquel mismo 1869 se inauguró la línea de barcos a vapor que comunicaba Tokio con Osaka. Al año siguiente (1870) fue publicado el primer diario japonés: el Yokohama Mainichi Shinbum. En 1871 se introdujo el sistema postal y telegráfico, mientras se construía el primer ferrocarril japonés, que unía Tokio con la vecina Yokohama, concluido en 1872 mediante un préstamo gubernamental de Inglaterra. Al año siguiente se producen las primeras conexiones telegráficas entre aquellas dos capitales. Poco tiempo después, en 1875, se culmina la primera conexión marítima regular entre Tokio y Shangai. En 1887 la electricidad llega a Tokio. En 1895, y coincidiendo con la expansión económica, los ferrocarriles eléctricos comienzan a circular por la capital. Tres años después entra en servicio la línea telefónica entre Tokio y Osaka. Semejantes hitos no fueron sino antesala de una transformación integral del tendido de caminos, puertos y puentes del país.

En correspondencia con la actividad industrial, también se articula el sistema bancario: a partir de 1876 las regulaciones de la Banca Nacional fueron revisadas, de manera que los bancos nacionales pudieran emitir sus propios billetes. A lo largo de los siguientes cinco años se fundaron 148 bancos nuevos. Finalmente, y a guisa de corolario de semejante esfuerzo, en 1882 Se funda la Nippon Ginko: El Banco del Japón.

A partir de 1873 se acomete la reforma agraria. Fruto de la misma, aumenta notablemente la superficie de tierra cultivable. Para agilizar la recepción de impuestos, el sistema de arroz se vio sustituido por el monetario en el sistema financiero.

III. 5. Política exterior

Sería engañoso suponer que todos estos cambios, realizados además de manera vertiginosa, se ultimaron sin dificultad: el país se enfrentó con una violenta inflación; los precios globales crecieron alarmantemente hasta duplicarse, y entre ellos el bien más preciado: el arroz. El tipo de interés aumentó; el coste de la vida crecía sin parar, y las fluctuaciones abruptas en el cambio hacían

---

15 Véase, en este sentido, el importante trabajo de ALLEN, G.C. *Breve historia económica del Japón Moderno*. Madrid : Tecnos, 1980, p. 27-45.

del comercio una aventura impredecible. De este modo un Japón en pleno proceso de modernización, pero con atisbos feudales firmemente asentados en su sociedad, y sacudido por repetidas crisis financieras y políticas, se enfrentaba con un futuro incierto.

Limitado a un reducido espacio geográfico, con una población en franco crecimiento, y sin recursos adecuados para lograr una rápida industrialización, el gobierno Meiji consideró una única solución razonable: la expansión territorial. A partir de entonces, el gobierno japonés buscará la solución a sus problemas mediante una depredadora campaña exterior.

Desde que se vio obligado a romper su aislamiento, Japón tenía puestas sus miras sobre el continente, y la península de Corea se presentaba como el puente geográfico ideal para expandirse.

De este modo, entre 1894-1895 se libra la primera guerra contra China, por la disputa sobre Corea. El ejército japonés, bien pertrechado y entrenado, logra hacerse con el dominio de las islas de Formosa, Pescadores y la península de Liaotung; y además obtiene el reconocimiento de sus aspiraciones sobre Corea, que pasa a ser un protectorado japonés.

Los 200 millones de yenes que costó aquella guerra fueron casi totalmente sufragados mediante emisiones interiores de bonos. Pero además la victoria facilitó su amortización con creces: el país triunfador logró abundantes indemnizaciones por parte de la derrotada China, las cuales compensaron holgadamente el coste de la guerra. A partir de estos momentos, Japón tenía que ser respetada como una de las potencias más influyentes en Asia.

Dueña ya de un pequeño imperio, la potencia no tuvo reparos en dispensar a sus nuevos súbditos coreanos y taiwaneses un trato represivo y discriminatorio, propio de una metrópoli severa con respecto a sus colonias.

Más adelante Japón participó en la coalición internacional que se opuso a la sublevación de los Boxer en el norte de China, en 1900. El archipiélago asiático fue, de todos los países participantes, el que contribuyó con mayor dotación de tropas. Por aquel entonces no son pocos quienes consideran en Japón que su futuro y su prosperidad estarán determinados por sus conquistas sobre el continente asiático.

La actuación militar contra los Boxer tuvo la virtud, además, de alimentar el entendimiento entre Londres y Tokio. En 1902 se firma la alianza entre Japón y Gran Bretaña. Por primera vez se firma un tratado entre una gran potencia occidental y una nación asiática, lo que además se hizo en igualdad de condiciones. La alianza anglo-japonesa, cabe añadir, habrá de resultar decisiva a la hora de favorecer el expansionismo japonés a lo largo de las dos primeras décadas del siglo XX.

Ebrio de confianza en su recién ganado poderío, Japón ataca a los rusos en Port Arthur, a causa de sus disputas sobre los territorios de Manchuria y Corea. Corría el año 1904. Tras dos años de crudos combates, se produce la primera victoria bélica de una nación asiática contra una potencia moderna europea.

La guerra contra Rusia costó al Estado unos 1500 millones de yenes, que fueron cubiertos principalmente mediante préstamos del exterior, así como mediante impuestos y emisiones interiores de bonos. Como sucedió en la campaña contra China, el éxito militar mejoró la situación económica, además de abrir nuevos caminos al mercado exterior.

Tras su victoria sobre Rusia, en 1905, Japón se consolida como primera potencia militar asiática. Y como tal sentó las bases para una futura expansión continental, que utilizaría su protectorado de Corea como centro fundamental de operaciones. No sorprende que, a partir de estos momentos, los asuntos de Corea pasasen a ser tenidos como propios. En 1907, tras la abdicación del rey coreano, Japón se permite controlar sin ningún tipo de pudor el gobierno de la península. De este modo, en 1910 Corea pasa a ser definitivamente anexionada por los japoneses. Por otra parte en Manchuria se nombró un gobernador general para gestionar los territorios que allí tenía arrendados.

Merced a sus triunfos militares, y a su posición destacada en China y Corea. Japón pasó a ser el aliado asiático de la corona británica. No sólo se trata de una potencia militar de primer orden: además su crecimiento económico y demográfico la situaban entre las primeras naciones industrializadas del mundo. Y la que más rápidamente se había desarrollado de todas.

Con lo que no contaba Londres era que los éxitos militares y los beneficios consiguientes habían despertado en la clase gobernante de aquel país una desmedida voracidad imperialista. Las ambiciones japonesas siguen a su modo el ejemplo dictado por los europeos en su explotación de los países asiáticos. Su propósito es hacerse con la tutela de todos los países del entorno, y liberarlos del yugo occidental, para erigirse en guía despótico de todos ellos.

Las guerras contra China y contra Rusia, por otra parte, tuvieron la virtud de estimular notablemente las industrias japonesas. Además, las nuevas conquistas facilitaban materias primas, y eran un oportuno trampolín para la comercialización de los productos nacionales. Japón por otra parte tendía a dejarse oír en los foros internacionales, y no sólo en los políticos. Sirva como ejemplo recordar que, en 1912, por primera vez una delegación de deportistas japoneses participó en los Juegos Olímpicos, que en aquella ocasión se celebraron en Estocolmo.

III. 6. Hacia un nuevo orden asiático

Cuando Yasujiro Ozu nació, en 1903, su país iba camino de convertirse en una potencia económica, y en la dueña de un imperio ultramarino que, en 1910, comprendía Formosa, la Península de Liaotung y Corea. Todo Japón se había convertido en una poderosa maquinaria industrial y bélica, en la que el conjunto de la sociedad se encontraba comprometido.

La población había experimentado un crecimiento espectacular: de 35 millones de habitantes en 1873 se pasa a 46 millones en 1900. En 1922 llegará a los 55 millones; y rebasará los 60 millones de habitantes en 1925. De ellos, 14 millones se dedicaban al sector agrario.

A partir de Meiji, en poco más de medio siglo la población japonesa se había duplicado. El crecimiento demográfico, demasiado intenso y demasiado rápido, se convirtió en una de las más pesadas cargas que, a partir de entonces, hubo de soportar el archipiélago japonés. Las ciudades vieron incrementar rápidamente sus efectivos, merced al incesante éxodo rural. De este modo se fue formando una clase obrera urbana, agolpada en torno a los perímetros industriales. El sector secundario despegó espectacularmente, y con él mejoraron algunos servicios públicos, como la educación y la sanidad; los transportes públicos y los recursos energéticos. Pero por lo general el nivel de vida de la población era muy deficiente; y apenas hubo mejoras en necesidades básicas, como eran la alimentación y la vivienda.

Sobre la recia figura del Emperador Meiji se había erigido un orgulloso sentimiento nacionalista, basado en la estabilidad y prosperidad en el interior del país, y en una política exterior arrogante y victoriosa. El gobierno no tuvo reparos en reprimir enérgicamente cualquier actividad subversiva que pudiera poner en peligro la autoridad imperial y las bases del Estado. Por ejemplo, en Enero de 1911 once anarquistas, acusados de haber urdido un atentado contra el Emperador, fueron ejecutados. Uno de ellos era Kotoku Shusui, líder de aquel grupo anarquista, y además un escritor destacado.

El 30 de julio de 1912 muere el Emperador Meiji, quien se vio sucedido por su hijo Yoshishito: comienza de este modo el periodo Taisho. Tras recibir la noticia, el general Nogi, vencedor de los rusos y figura clave en la renovación del ejército japonés, se suicida ritualmente en compañía de su esposa. El gesto postrero de Nogi fue aclamado por un número de intelectuales de tendencias reaccionarias, quienes miraban con nostalgia aquellos valores bushido que ya parecían caducos, y a los que el suicidio del héroe nacional habían devuelto trágicamente a la actualidad.

III. 7. La trama y la urdimbre: Cultura en los tiempos de Meiji

Como se ha visto, el Japón de Meiji se mostró interesadamente receptivo hacia las novedades políticas, culturales y económicas que vinieron de Europa y de Norteamérica. La singular capacidad de la que hizo gala el país de adaptarse a un entorno siempre cambiante ha sido una de las características fundamentales de su peripecia histórica, particularmente a partir de Meiji; y es de suponer que en dicha cualidad se oculta una de las claves de su éxito.

La extraordinaria evolución del país fue seguida con particular atención por escritores y artistas a lo largo de todo el periodo Meiji, ora con interés, ora con preocupación. Fue el caso de Junichiro Tanizaki, para quien la evolución de la sociedad y de sus patrones "es ahora más cierta que nunca, debido a los progresos acelerados de la cultura y, sobre todo, a las circunstancias sumamente especiales en que se encuentra nuestro país, pues las transformaciones acaecidas después de la restauración de Meiji corresponden, como poco, a la evolución de tres o cinco siglos de los tiempos pasados". Dicha evolución, por añadidura, proviene de bases foráneas: "Japón está irreversiblemente encauzado en las vías de la cultura occidental, tanto que no le queda sino avanzar valientemente, dejando caer a aquellos que, como los viejos, son incapaces de seguir adelante"[16].

Fueron sin embargo años de inquietud y de zozobra, también en el terreno cultural: los modelos que se habían mantenido a lo largo de los siglos eran cuestionados o, cuando menos, sometidos a renovación a partir de modelos ajenos. El particular sincretismo que supo elaborar la cultura japonesa a partir de Meiji ha sido frecuente objeto de valoración, tanto por observadores locales como por los extranjeros. Así, el profesor Shôichi Watanabe, de la Universidad de Sophia, representa dicha singularidad mediante la estructura de un tejido cuya urdimbre (yoko-ito: hilo horizontal) proviene de la asimilación dispar de las culturas extranjeras, mientras que su trama (tate-ito: hilo vertical) está garantizada por la base sólida, inmutable,

---
16 TANIZAKI, Junichirô. *El elogio de la sombra* / traducción (del francés) : Julia Escobar. Madrid : Siruela, 1999, p. 89

de su idiosincrasia nacional. De esta forma, cabe resumir, "Japón puede cambiar tranquilamente porque no cambia. De esta manera su supervivencia queda asegurada"[17].

Por otra parte, observadores tan lúcidos y distantes como Roland Barthes no dejan de admirar "que un país enteramente insular, completamente asentado sobre sus tradiciones nacionales, sea al tiempo el país más asimilador del mundo". Y más aún: "La fuerza de Japón como país viene de su poder de asimilación"[18].

Dicho fenómeno contaba con precedentes históricos, que se vieron cercenados por el aislacionismo de los Tokugawa, pero que volvieron a irrumpir con plena fuerza tras la restauración imperial. La época Meiji fue el crisol en el que, por primera vez en toda la historia de la civilización, se fundieron plenamente las culturas de Occidente con las del Extremo Oriente. La modernidad había entrado en Japón con el ímpetu del torrente cuyas esclusas, cerradas a lo largo de los siglos, habían sido abiertas de repente.

Ventajosamente la apertura trajo aires renovadores a las letras y a las artes japonesas, en virtud de la mayor libertad creativa. Fue en las artes y en las letras donde con más intensidad se apreciaron los nuevos aires renovadores. Como consecuencia lógica de los mismos, los tradicionales modelos de origen chino se vieron postergados y sustituidos por las nuevas fuentes occidentales.

III. 8. Nuevas corrientes literarias

Poco antes de la llegada de Meiji, en 1859, se había traducido la primera obra literaria occidental, un honor que le fue concedido a Daniel Defoe por su obra maestra, Robinson Crusoe[19]. A partir de aquel momento fueron abundantes las traducciones de obras científicas y literarias occidentales que aparecieron en aquel país.

La primera versión del Quijote en lengua japonesa no aparecería hasta 1885, dentro de la revista literaria Azuma. En aquella ocasión se tradujo un solo episodio de la gran novela, en el que no figuraba siquiera el nombre del traductor, quien posiblemente partiera de versiones inglesas. En 1896 se tradujo completa la primera parte. Habrá que esperar hasta los años 1915 - 1928, en los que se editaron nada menos que cuatro traducciones completas - aunque a partir de versiones inglesas- del clásico cervantino[20].

Hasta tal punto proliferaron las traducciones de obras extranjeras, si bien fundamentalmente se trataba de textos políticos y científicos, que la producción extranjera llegó a eclipsar casi por completo a la autóctona.

Se publicaron numeros ensayos, particularmente los referidos a ese mundo exterior, temido y fascinante a la vez. Numerosos escritores se formaron en Europa, y llevaron a Japón una profunda renovación literaria. Este fue el caso de Natsume Sôseki, Ôgai Mori, Kan Kikuchi, Kafû Nagai y Shiga Naoya, entre otros.

Muchos de estos autores fueron conscientes del valor artístico de su trabajo; ya no son meros creadores de obras útiles o de pasatiempos literarios. Al cabo, el objetivo de la literatura no es tan sólo educar o distraer al lector desocupado, sino enfrentarle consigo mismo, y con su mundo, procurando conquistar una verdad artística y humana[21].

Los autores de Meiji son tal vez los primeros, en la historia de las letras japonesas, en aplicar tales ideales a la producción literaria de su país. Algunos de ellos prefieren confiar al papel sus propias experiencias, antes que concebir relatos imaginarios[22].

Aprendieron de Occidente técnicas narrativas más complejas y sofisticadas; practicaron nuevos géneros; se agruparon en distintos círculos literarios y artísticos. Muchos de ellos impregnaron su gusto literario con conocimientos estéticos, filosóficos y culturales de muy distinto origen: ésta fue la primera generación de escritores auténticamente cosmopolitas con la que contó el país.

Literariamente los autores de Meiji imitaban el estilo literario realista, tal como se practicaba en Inglaterra, Rusia o en Francia. Su talante aperturista se vio reconocido en una inédita afición por aprender nuevos idiomas, particularmente el inglés.

La renovación conjunta de la vida cultural y del panorama político y científico produjo efectos enriquecedores. Fruto de esta voluntad innovadora se modernizó el lenguaje; el idioma japonés se vio enriquecido con numerosos neologismos, particularmente

---

17 Cita: LANZACO SALAFRANCA, Federico. *Introducción a la cultura japonesa : Pensamiento y religión.* Valladolid : Universidad, 2000, p. 40.

18 BARTHES, Roland. "Japon : L'Art de vivre, l'art des signes". En: *INTRODUCTION à Yasujiro Ozu* / Une documentation coordonnée par Jean-Pierre Brossard. Locarno : 32eme. Festival International du Film, 1979, p. 32.

19 Curiosamente el primer largometraje estrenado en Japón será también Robinson Crusoe, una producción norteamericana de 1902 que adaptaba la célebre novela.

20 En 1973 se realizó la primera traducción directa del japonés al español del Quijote, a cargo de Hirosada Nagata y de Masatake Takahashi, pioneros del hispanismo en Japón. Sobre las vicisitudes cervantinas en aquel país, véase: FERNÁNDEZ, Jaime. "Cervantes en Japón". *Anales cervantinos*, 1985, tomo XXIII, p. 201 - 211.

21 PIGEOT, Jacqueline. TSCHUDIN, Jean-Jacques. *El Japón y sus épocas literarias.* México : Fondo de Cultura Económica, 1986, p. 109.

22 Un buen ejemplo, lo proporciona la novela de Natsume Soseki *Botchan (Chiquillo)*, publicada en 1905. Disponemos de traducción al español. Kamakura : Luna Books , 1997.

aplicados a los términos que se referían a las abundantes novedades científicas y técnicas que se incorporaban al uso corriente. Dicho fenómeno se vio sumado a la mayor flexibilización del uso de la lengua. Ya antes de Meiji se había producido una gran separación entre el lenguaje coloquial y el literario. A partir de la Restauración se simplificó la estructura lingüística, y se depuraron palabras e ideogramas arcaizantes.

Las tendencias rupturistas se manifestaron en todas las artes, y particularmente en la literatura. Buena parte de la responsabilidad de difundir las nuevas corrientes literarias recayó en distintas publicaciones especializadas. A partir de 1893 comenzó a publicarse la revista Bungaku kai, impulsora del movimiento romántico en las letras japonesas.

Los escritores de la nueva generación utilizaron un lenguaje más llano y comprensible para el público en general. A tal fin practicaron una escritura más próxima al lenguaje hablado.

En la discusión literaria que se produjo a partir de Meiji, resulta importante el ensayo titulado La quintaesencia de la novela, escrito en 1885 por Tsubouchi Shôyô, una figura eminente en la crítica literaria japonesa, y traductor de las obras de Shakespeare al japonés. En dicho ensayo, que se constituyó en todo un ideario estético de la generación Meiji, deplora su autor la estrechez de miras de la literatura japonesa, y la falta de discernimiento de sus lectores. Asimismo repudia la simplicidad de las formas poéticas japonesas - motivo por el que, paradójicamente, son tan admiradas en Occidente-. Los hombres de antaño, sostenía, eran sencillos y de emociones diáfanas; pero el japonés de su tiempo no puede permitirse el expresar con tan pocas palabras todo cuanto siente. Propone como antídoto a los males que sufre la literatura japonesa una doble panacea: realismo y complejidad [23].

Tamaña propuesta venía alentada por las vicisitudes políticas. La guerra ruso-japonesa estimuló la tendencia naturalista en la novela. El conflicto no suscitó unanimidad de pareceres, y comienza a manifestarse, si bien ténuamente, una oposición pacifista amparada en fuentes cristianas, y articulada en los recién nacidos movimientos socialistas y sindicales.

Por otra parte la afición desmedida hacia la cultura extranjera llegó a provocar situaciones un tanto disparatadas: por ejemplo la Universidad de Tokio careció, durante algún tiempo, de un departamento de filología china y japonesa. En otras escuelas y universidades se impartían asignaturas de literatura e historia de Occidente, pero no de Japón. Hasta los libros de texto utilizaban como lecturas traducciones de libros extranjeros, antes que los propios.

El Ministro de Educación -que más tarde sería asesinado- llegó a abogar por el uso del inglés en detrimento de la lengua propia. Y gente hubo que sugirió la conveniencia de incrementar los matrimonios con mujeres occidentales, a fin de aumentar la talla y mejorar la raza autóctona [24].

No faltaron, empero, los escritores que reaccionaron contra la excesiva occidentalización que impregnaba la vida cultural de su país, y contribuyeron con sus escritos a alentar un cierto despunte nacionalista. Fue el caso de Ôgai Mori, que se repliega hacia aquellos valores del pasado [25], o del grupo conocido como Ken yûsha (o Amigos del escritorio), quienes defendían una posición estética más conservadora a partir de su propia revista.

También la poesía se modernizó durante el periodo Meiji, y se impregnó de los nuevos aires que llegaban desde Europa. Las formas poéticas tradicionales- como el waka y el haiku-, lograron sobrevivir, si bien fueron sometidas a un desinhibido proceso de reforma.

Otro tanto sucedió con el mundo de la escena. El teatro en los años que vieron nacer al cine se dividía en dos categorías: kyuha (o vieja escuela), derivada del kabuki y sus convenciones, y shimpa (o nueva escuela), aplicada a representar historias modernas en escenarios contemporáneos. Más adelante se sumará una nueva tendencia: el shingeki, o nuevo drama, que aspira a hacer propios los ideales de reforma propuestos por autores europeos como Strindberg, Ibsen, Chéjov o Gorky. Según el shingeki, la vida debe ser presentada tal como es. Las películas derivadas de esta tendencia asimismo se apropian de las innovaciones que van configurando la representación cinematográfica, tal como la institucionalizan las cinematografías emergentes: uso de primeros planos; tomas más cortas; búsqueda de una lógica narrativa.

De este modo el shingeki buscó su repertorio casi exclusivamente en los escenarios europeos, llegando casi a sofocar la producción autóctona. Como había sucedido en la novela, también en el teatro se ensaya el drama realista -Katsureki Mono-. Por otra parte el teatro tradicional Kabuki, tan presente aún en la vida cultural japonesa, no fue capaz de adaptarse a las corrientes innovadoras, y se refugiaba contra los embites modernos volviendo una y otra vez al repertorio más clásico.

---

23 Véase: KEENE, Donald. *La literatura japonesa*. México : Fondo de Cultura Económica, 1980, p. 114 - 117.

24 Ibid., p.29 -30.

25 PIGEOT, Jacqueline. TSCHUDIN, Jean-Jacques. *El Japón y sus épocas literarias*. México : Fondo de Cultura Económica, 1986, p. 115 - 117.

Durante los años de Meiji el teatro shimpa se constituyó en la forma escénica popular por antonomasia. Se nutría de adaptaciones actualizadas del repertorio kabuki, y de las adaptaciones de dramas y de novelas occidentales, pero sin ningún afán verdaderamente renovador. El repertorio shimpa será una cantera fecunda para la industria del cine.

III. 9. La renovación de las artes

A consecuencia de los impulsos renovadores, las formas artísticas tradicionales se vieron generalmente despreciadas. Tal rechazo puede entenderse como una reacción comprensible, aunque en exceso virulenta, contra tantos siglos de aislamiento cultural como había sufrido el país.

Tuvieron que ser algunos visitantes occidentales quienes llamaran la atención sobre las grandes virtudes que atesoraba la cultura japonesa: Este fue el caso de Ernest Fenollosa, orientalista americano de ascendencia española que permaneció en Japón entre 1878 y 1890 [26], o de Lafcadio Hearn, conocido por sus recopilaciones de cuentos y tradiciones japonesas [27].

Por otra parte, en 1873 se había celebrado una Exposición Internacional de Arte en Viena, donde los espectadores descubrieron con gran entusiasmo la riqueza y la singularidad de los grabados japoneses. Casi al tiempo se organizaron las primeras exposiciones de arte occidental: en 1877 el parque Ueno de Tokio, donde hoy se encuentra el Museo Nacional Japonés, acogió la primera de ellas. De este modo las artes dejaron de ligarse a los castillos, a los palacios y a los monasterios, para pasar a desarrollarse en escuelas y en academias, y comenzaron a difundirse en encuentros internacionales y en otros foros especializados.

Conforme se da a conocer el arte occidental en el país, a partir de 1882 se emprenden distintas actuaciones con vistas a estimular la creación artística local. Oficialmente se apostaba por la renovación de las artes autóctonas a partir de su fertilización con la semilla de Occidente. Para atender tales fines se fundó, en 1889, la Asociación de Bellas Artes de Meiji, encaminada a la difusión del arte occidental en Japón. Aquel mismo año se fundó también el Conservatorio de Música en Tokio, siguiendo los métodos y los instrumentos propios de Occidente. Desde 1896 la escuela de Bellas Artes de Tokio inauguró dos nuevos cursos sobre pintura y escultura occidentales, creando un impulso renovador que culminó, en 1910, en el llamado Manifiesto del Impresionismo. Todos estos pasos sentaron las bases para la expansión del arte occidentalizante a lo largo del periodo Taisho.

También en 1896 se fundó la Asociación de Pintura de Japón. Dos años más tarde, en 1898, se estableció la Universidad de Artes de Tokio. Su primer director fue Tenshin (o Kakuzo) Okakura, conocido en Occidente sobre todo por su Libro del Té [28]. Este centro fue el principal difusor del arte japonés a lo largo de todo el periodo Meiji.

A partir de entonces, la pintura japonesa se dividirá en dos tendencias muy contrastadas: la Nihonga, o corriente tradicional y la Yoga, de vocación occidentalizante. Ambas tendencias llevaban rumbos contrarios, aunque el curso de ambas a lo largo de los años llevará a reducir las diferencias.

La pintura Nihonga- que tanto fascinó a Klimt- emplea pigmentos minerales disueltos en una sustancia aglutinante. Se trata de una técnica introducida desde China. Es frecuente que el artista trabaje sobre un fondo dorado, lo que hace de ellas piezas sumamente vistosas. La corriente Yoga, por su parte, se vería potenciada cuando los primeros artistas japoneses formados en el extranjero regresaron a su país, llevando consigo la difusión de las técnicas europeas [29].

El periodo Meiji, a pesar de sus mixturas culturales, dio cobijo a algunos artistas importantes, como Tomioka Tessai (1837 - 1924). Admirado por Bruno Taut, Tessai supone un nexo particularmente atractivo entre la pintura japonesa tradicional, y las innovaciones aportadas por Occidente.

Las tendencias pictóricas más europeizadas tienden a prescindir de las técnicas tradicionales de líneas y

---

26 Con Fenollosa se dio un fuerte impulso en Japón a la crítica del arte y a la teoría estética en general. Entre sus obras cabe destacar *Epochs of Chinese and Japanese Art : An outline History of East Asiatic Design*. New York : Dover Publications, 1963 (2 v.).
Sobre la figura de Fenollosa, véase además:
- CABAÑAS MORENO, Mª Pilar. "Bigaku : Sobre los comienzos de la crítica de arte y teoría estética en Japón". *Anales de Historia del Arte*, 1999, nº 9, p. 367 - 381.
- DIETZ, Bernd. "Fenollosa y las enseñanzas de la poesía china". *Cuadernos Hispanoamericanos*, 1978, nº 342, p. 639 - 645.

27 Lafcadio Hearn desembarcó en Japón como periodista en Abril de 1890. Cautivado por aquel país, llegó a nacionalizarse japonés con el nombre de Yakumo Koizumi seis años más tarde. Hoy es fundamentalmente recordado por su colección de cuentos fantásticos titulada Kwaidan. Con este mismo título Masaki Kobayashi realizó una meritoria adaptación cinematográfica en 1964.
Disponemos de tres versiones de los cuentos de Lafcadio Hearn en español: *Kwaidan*. Madrid : Siruela, 1987; *Historias misteriosas*. Kanagawa Ken : Luna Books, 1996, y *La linterna de peonía y otras historias misteriosas*. Kanagawa Ken : Luna Books, 1998.
Además se ha reunido otra colección de relatos, bajo el título genérico de *Kokoro : Ecos y nociones de la vida interior japonesa*. Madrid : Miraguano, 1986.

28 Edición castellana en Barcelona : Kairós, 1991.

29 Véase: CABAÑAS MORENO, María del Pilar. "Tendencias actuales del arte japonés". *Historia y Vida*, (ca.1992), Extra nº 68, p. 114 - 119.

trazos de pincel, para sustituirlas por masas de color. Este fue el propósito artístico de autores como Hishida Shunso, o Yokoyama Taikan. Sin embargo, de entre los pintores que absorbieron las técnicas occidentales, tal vez el más representativo fuera Yasui Sotaro, quien estudió en París, y en cuya obra son palpables las influencias de los maestros franceses.

También el arte tradicional del grabado en madera -hanga- experimentó todos los impulsos renovadores que trajo la apertura a occidente. Algunos grabadores destacados, como Goyo Hashiguchi, Hasui Kawase o Hiroshi Yoshida se esforzaron por actualizar el venerable ukiyo- e, incorporando a los modos tradicionales distintas técnicas importadas de Occidente.

Los escultores de Meiji sienten profunda admiración por Rodin. Uno de los talladores más destacados, Yuzo Fujikawa, tuvo incluso la oportunidad de trabajar en el taller del gran artista francés.

En 1907 se inaugura la primera exposición de arte organizada por el Ministerio de Cultura. Seis años después se fundará la primera galería artística del país. En medio de todos estos acontecimientos, el Kinetoscopio de Edison y el Cinematógrafo de los hermanos Lumiére habían llegado a Japón en 1896. Dicho episodio, como se verá, fue uno de los últimos hitos en el proceso de industrialización y modernización acelerada que experimentaba el país.

Noriko. Kami ningyô realizada por Miko Misono

C (Años 1912 - 1926)

"Hasta estos últimos años, Kioto era inaccesible a los europeos, misteriosa; ahora, se va en tren; esto es tanto como decir que se ha vulgarizado, decaído, acabado"
Pierre Loti [1]

IV. 1. Años de Taisho

Yasujiro Ozu, el gran protagonista del presente trabajo, nació en 1903, en las postrimerías del periodo Meiji. Sin embargo toda su juventud, hasta su ingreso en los estudios Shochiku, transcurrió en el periodo Taisho (1912 - 1926). Es oportuno por tanto que dediquemos nuestra atención a esta crucial etapa de la historia japonesa, en la que prosigue el esfuerzo modernizador del país, pero que al mismo tiempo hace germinar las circunstancias que le precipitarán hacia los años más negros de toda su historia.

Cuando el príncipe Yoshihito (que gobernará con el nombre de Taisho) subió al trono en 1912 se encontró un país industrializado, expansivo y con firme voluntad imperialista. Sin embargo no pudo atender las tareas de gobierno con la firmeza de su padre, a causa de arrastrar una salud muy endeble, que terminaría precipitándole a la locura. Debido a sus mermadas facultades, desde 1915 se irán confiando responsabilidades de gobierno a su sucesor, el joven príncipe Hirohito, quien llegará a ser Emperador a la muerte de su padre en 1926. En su calidad de príncipe y sucesor, Hirohito viajó a Europa entre Marzo y Septiembre de 1921, adquiriendo una formación política insólita en la familia imperial japonesa.

Durante todo el periodo Taisho el Japón se vio atrapado en serias dificultades financieras, políticas y sociales. Apenas salido de las mismas sufrió los efectos, todavía más devastadores, de la depresión internacional con la que comenzó la década de los 30.

Y sin embargo los indicios no podían ser más optimistas: los primeros años de Taisho hacían prever un periodo de prosperidad inédito en el país: los mercados, y particularmente los asiáticos, estaban plenamente abiertos al Japón, debido a que los proveedores europeos, castigados por la Guerra, se veían incapaces de atender la demanda.

Japón había sabido jugar sus bazas con suma habilidad: al estallido de la Primera Guerra Mundial, el gobierno japonés declaró la guerra a Alemania, poniéndose del lado de los países aliados. El objetivo nada disimulado de Tokio era hacerse con los territorios en arriendo que Alemania tenía en China, a los que cabía sumar todas las posesiones germanas en Asia y el Pacífico. Todas estas colonias otrora españolas -las islas Marianas y Carolinas, Palaos y Marshall-, fueron ocupadas fácilmente por los soldados japoneses. Poco después se hizo con las bases alemanas en China: Tsingtao y Kiaochou. Nadie dudaba ya que, a partir de entonces, el principal escollo que habrían de tener los intereses occidentales en Asia era el emergente imperio japonés.

Por otra parte la Guerra Civil que se desataba en Rusia brindaba una tentadora oportunidad para hacerse con nuevos territorios en el Norte de China, y aún en Siberia Oriental. Entre 1917 y 1918, un contingente de 70.000 soldados japoneses se adentró en Siberia, donde ocuparán territorios hasta 1922.

En Enero de 1915, y plenamente decidido a asegurar sus intereses en el continente, el Primer Ministro Okuma, con el apoyo de la Dieta, hizo llegar al gobierno chino un ultimátum. En el mismo se exigía la satisfacción de las llamadas Veintiuna Demandas, agrupadas en cinco secciones:

1/ Se exige el reconocimiento de Japón como sucesor de los privilegios alemanes en Shantung, reservándose además el derecho de ampliarlos.

2/ Se demanda la cesión en arriendo del sur de Manchuria, y parte de Mongolia. Con el derecho añadido de permitirse la construcción de ferrocarriles y la explotación de minas en todos aquellos territorios.

3/ Las compañías siderúrgicas chinas -Janyeping- deberían convertirse en empresas conjuntas chino-japonesas.

4/ Se prohíbe ceder en arriendo a terceros países los puertos, las bahías y las islas de China.

5/ Añádase que los técnicos y diplomáticos japoneses podrían intervenir como consejeros políticos, financieros y militares en la administración de los principales intereses estratégicos chinos.

---
1 LOTI, Pierre. *El Japón*.n Barcelona : Cervantes, p. 5.

La aceptación de estas Veintiuna Demandas hubiera negado prácticamente la soberanía china. La opinión pública de aquel país, sumada a las voces airadas que se levantaban desde el exterior, pusieron coto a tan draconianas exigencias. Pese a todo, Japón se hizo con el control de Shantung; al mismo tiempo afianzaba sus posesiones en Manchuria y obtenía derechos exclusivos para la construcción de puertos y de ferrocarriles[2].

En suma, la Primera Guerra Mundial dejó un saldo netamente favorable para Japón, que se había hecho con el control de importantes centros estratégicos en Asia y en el Pacífico, a expensas de Alemania, sin apenas costes. No había sufrido combates dentro de su territorio, y se veía libre de las tensiones nacionales que, por el contrario, iban minando a los países europeos.

Por otra parte, los gobiernos aliados habían efectuado durante el conflicto importantes contrataciones de munición con fabricantes nipones, al tiempo que aumentaba la demanda de barcos construidos en los astilleros de aquel país. Además, al verse interrumpida la producción de manufacturas europeas que abastecían los mercados asiáticos, las empresas japonesas pudieron ampliar sus dominios, y mejorar sus propias estructuras.

Los efectos no se hicieron esperar: entre 1913 y 1918 la cifra de exportaciones se triplicó, y en volumen se calcula que se habían incrementado en un un 47 %[3].

Sin embargo la expansión de la posguerra terminó a principios de 1920. En ese momento el índice de precios al por mayor cayó en picado, mientras el colapso fue particularmente severo en los sectores básicos de la seda y el arroz.

Sólo a duras penas la economía japonesa logró tenerse a flote, de manera que dos años más tarde se comenzaba a remontar la depresión. Pese a todo algunas industrias, entre ellas las que se habían beneficiado de la expansión coyuntural que marcó la guerra, no fueron capaces de enderezarse. Muy particularmente la industria naviera y la minería del carbón sufrieron los efectos de la paz.

En el orden político, los años transcurridos entre 1913 y 1932 contemplaron un rápido desarrollo del poder parlamentario, y la jefatura de los gabinetes de los partidos políticos: un período relativamente liberal que, aun con reservas, ha sido denominado *"Gobierno de los Partidos"*, o *"Democracia Taisho"*: dos términos que no se limitan a las circunstancias políticas, sino que *"incluyen la vasta gama de tendencias liberadoras y el movimiento de péndulo, de regreso a una entusiasta imitación de occidente que caracterizó al periodo"*[4].

Dichas tendencias fueron causa y consecuencia, a su vez, de la gran expansión que había venido cobrando la economía japonesa; una expansión que, aunque ralentizada, continuó durante los años 20.

La fascinación por Occidente, por otra parte, justifica igualmente el entusiasmo por los conceptos y las actitudes liberales; máxime al advertir que, a la conclusión de la Gran Guerra, habían sido las grandes potencias democráticas las triunfadoras.

Ante tal panorama, en 1918 comienza el llamado *"gobierno de los partidos"*. Hara Kei (Takashi), del Partido Seiyukai, es nombrado Primer Ministro. En 1919, a la firma del Tratado de Versalles, Japón figura al lado de las potencias aliadas, y se había ganado un reconocimiento entre las potencias de Occidente.

Una situación tan idílica no ocultaba nubarrones diplomáticos. Desde principios de los 20 tanto Japón como los Estados Unidos incrementaban sus efectivos navales. La posibilidad de un conflicto armado entre los dos países, en disputa por el control del Pacífico, iba cobrando fuerza por momentos. Para disipar aquellos temores se celebró una Conferencia en Washington, en Noviembre de 1921, con el fin de limitar los armamentos y rebajar las tensiones.

Asistieron a dicha Conferencia las principales potencias con intereses en Asia y en el Pacífico. Como fruto de la misma, Gran Bretaña, Francia, Estados Unidos y Japón firmaron el llamado Pacto de las Cuatro Potencias: por primera vez era incluida, entre las más poderosas e influyentes del planeta, una nación ajena a Occidente.

Por otra parte, la firma de dicho Pacto ponía fin a las alianzas anglo-japonesas precedentes, o más bien las canalizaba hacia un campo diplomático de mayor cobertura. Un año más tarde un tratado naval suspendía durante diez años la construcción de naves de guerra, y limitaba el tonelaje de los acorazados.

Como complemento de los precedentes, en Febrero de 1922 se firmó el Pacto de las Nueve Potencias, cuyo fin era preservar la integridad territorial y la independencia política de la República China. Naturalmente la firma de este pacto suponía renunciar a algunas de las Veintiuna Demandas anteriormente exigidas.

Viéndose incapaz de resistir las presiones internacionales, Japón hubo de abandonar el puerto estratégico de Shantung, y se vio forzado a renunciar a algunos derechos ferroviarios. Asimismo hizo retirar sus destacamentos de

---

2 MORENO GARCÍA, Julia. *El Extremo Oriente : Siglo XX.* Madrid : Síntesis, 1992, p. 124 - 125.

3 Sobre los detalles de este singular crecimiento económico, véase: ALLEN, G.C. *Breve historia económica del Japón Moderno.* Madrid : Tecnos, 1980, p. 122 - 138.

4 REISCHAUER, Edwin O. *El Japón : Historia de una nación.* México : Fondo de Cultura Económica, 1986, p. 156.

Siberia y del norte de Sajalín. Para el ejército japonés, aceptar aquellas imposiciones era una afrenta nacional, y una intolerable derrota diplomática.

Evitando en la medida de lo posible las presiones militares, los gobiernos de los partidos continuaron, salvo algunas interrupciones, entre 1918 y 1932. Durante este periodo se articuló un sistema bipartidista, en el que los dos partidos principales eran igualmente conservadores, y estaban vinculados con la élite aristocrática y empresarial: el Seiyukai (Sociedad de Amigos de la Política) y el Kenseikai (Sociedad de la Política Constitucional, llamado Minseito a partir de 1927).

El Seiyukai tenía estrechos vínculos con el oligopolio (*zaibatsu*) de Mitsui, mientras que el Kenseikai los tenía con el de Mitsubishi. Ambos partidos con frecuencia se oponían a los afanes bélicos y expansionistas de los militares, quienes a su vez les acusaban de traicionar al pueblo japonés, y de no velar por la adecuada proyección del país en Asia.

A todo esto, El 1 de Septiembre de 1923 se produjo el devastador terremoto de Kanto, que segó 130.000 vidas y dejó la mitad de Tokio destruida. Comienza una etapa de reconstrucción que supone, al mismo tiempo, un desligamiento definitivo de los usos arcaizantes: sobre las ruinas de la vieja capital y de sus alrededores emerge una nueva ciudad que, simbólicamente, también ilustra la aparición de una nueva sociedad. Cuatro años después del seísmo entra en funcionamiento el metro de Tokio. Poco tiempo después, en 1929, se inaugura la línea aérea que enlaza las dos principales ciudades del país: Tokio y Osaka.

La reconstrucción de la capital tras la catástrofe supuso, efectivamente, un impulso definitivo en el proceso de occidentalización del país. En su corazón político y económico se desarrolla un nuevo núcleo urbano, distinguido por sus amplias avenidas, de corte occidental, y por los grandes edificios construidos con acero y cemento.

En el ínterin el terremoto había provocado un periodo de economía inflacionaria. El Banco del Japón reaccionó adoptando una política de facilidades crediticias que aliviaron a las instituciones financieras afectadas por el desastre. Las empresas obtuvieron de este modo grandes cantidades de capital que, en ocasiones, procedía de los préstamos extranjeros. La consecuencia fue una auténtica explosión de la actividad constructora, que naturalmente afectó a la industria cinematográfica asentada en el Kantô, como se verá.

En 1924 comienza la radio difusión japonesa. Las películas- en particular las americanas, a las que tan aficionado era Ozu-, el jazz y los nuevos hábitos importados de Occidente - baile, tabaco, boxeo, mujeres modernas y liberadas (*moga: modern girl*) y los jóvenes desinhibidos y occidentalizados (*mobo: modern boy*) empiezan a ser motivos habituales en el cada vez más híbrido paisaje urbano japonés. Se comienza de este modo a trazar brechas culturales entre los viejos patrones y las nuevas formas de vida: una situación que, como veremos, fue ilustrada con frecuencia en las películas de Ozu.

Citemos como ejemplo que, tras el terremoto, los escolares japoneses comienzan a llevar uniforme de estilo occidental, tal como sucederá en las comedias estudiantiles de Ozu. Y aunque los valores familiares tradicionales continuaban siendo alentados y respetados, los jóvenes comenzaban a adoptar modos de vida más desenfadados y menos rígidos.

No sólo la modernización y la occidentalización del país fueron fenómenos que corrieron parejos: a su estela también se produjo un crecimiento urbano masivo cuyas consecuencias no siempre fueron beneficiosas: las ciudades se volvían inhabitables a consecuencia de su desmesurado tamaño y falta de planificación. Además las provincias quedaron relegadas con respecto a las grandes regiones urbanas e industriales- fundamentalmente concentradas en el anillo Tokio -Yokohama y en Osaka-.

En 1925 la población alcanza los 60 millones de habitantes, 18 millones de los cuales habitan ciudades de más de quinientos mil habitantes. En estos momentos el país cuenta con un millón seiscientos mil trabajadores industriales[5]. Se desarrolla, por otra parte, una nueva clase urbana, curtida en el trabajo esforzado y en el ahorro desmedido. Los miembros de la nueva clase urbana, empleada en compañías y en oficinas, pasaron a recibir el nombre de *sarariman* (asalariados), un neologismo tomado, como tantos otros, del inglés. Los asalariados urbanos cobran un señalado protagonismo en el proceso de reconstrucción del país, del que se harán eco las comedias y melodramas filmados en los estudios de Shochiku-Kamata, a los que dedicaremos nuestra atención en futuros capítulos.

La política japonesa de los años 20 se desarrolla en dos niveles: el de las elites, preocupadas por el mantenimiento de su poder, y el de las masas de trabajadores y clases medias preocupadas fundamentalmente por la seguridad económica y la estabilidad social y política. En 1925 la Dieta aprobó finalmente el sufragio universal masculino, lo que hizo que el censo de votantes ascendiese desde los tres hasta los diciocho millones.

También aquel año fue promulgada la llamada Ley

---

5 TOGORES SÁNCHEZ, Luis Eugenio. *Japón en el siglo XX : De imperio militar a potencia económica.*. Madrid : Arco Libros, 2000, p. 38.

de la Paz. Bajo tan filantrópico nombre se agazapaba un instrumento represivo y totalitario, que justificó el que fueran detenidas decenas de miles de personas. En términos holgadamente ambiguos, la ley proponía penas de cárcel para *"quienquiera que haya organizado una asociación con el fin de alterar radicalmente el sistema de gobierno nacional, o de acabar con el sistema de propiedad privada, o quienquiera que se haya inscrito a una de esas asociaciones, con pleno conocimiento de sus objetivos"* [6].

Entre las víctimas de dicha ley se contaron miembros del Partido Comunista, pero también artistas y escritores de cualquier ideología, e incluso miembros de sectas religiosas ajenas al mundo de la política. No deja de ser paradójico que la promulgación de dicha ley, de apariencia tan altruista, coincidiera con la del sufragio (masculino) universal: al cabo la aplicación de semejantes dispositivos legales es prueba de la continua desconfianza hacia los denominados *kiken shiso,* los pensamientos considerados peligrosos, particularmente aquellos referidos a la ideología marxista y a sus propósitos revolucionarios.

De este modo, entre Marzo y Abril de 1929 fueron detenidos más de ochocientos jóvenes simpatizantes con el marxismo. Algunas fuentes aseguran que, un año antes, se había doblado aquella cifra de detenidos. En todo caso, eran acusados de *"deslealtad hacia el Trono Imperial, y no hay mayor crimen a los ojos de la nación"* [7].

Estos eran los indicios del Japón en vísperas de Showa: al tiempo que se daba un limitado paso en pro de las libertades ciudadanas, se fortalecían todos los mecanismos de represión, por si acaso los ciudadanos iban demasiado lejos en el uso de dichas libertades.

Por otra parte aquellas dudosas medidas democratizadoras, sumadas a un serio recorte del presupuesto militar, no contaron con muchas simpatías entre los mandos del ejército. Fruto del malestar generalizado fueron las habituales revueltas y los altercados que tiñeron de sangre el gobierno de Taisho y los primeros años de Showa. Baste recordar que entre 1918 y 1932 llegó a haber once primeros ministros, de los cuales seis fueron asesinados mientras desempeñaban su cargo.

IV. 2. Situación económica

Desde 1890 hasta 1925, la renta per cápita aumentó en casi un 30 %. He aquí un indicador fiable, aunque relativo, del desarrollo económico. El primero de los objetivos comerciales planteados era el aumento de la producción en los sectores tradicionales de la agricultura y la artesanía, particularmente en la exportación a Occidente de té y de seda.

Y, efectivamente, la industria de la seda fue una de las primeras en beneficiarse de la mecanización. Hasta finales de los años 20, éste continuó siendo el principal producto de exportación japonés: durante los años 20, cuando esta industria alcanzó su máximo apogeo, el gusano de la morera daba empleo a más de medio millón de trabajadores, de los cuales más del 80% eran mujeres. En consecuencia, el motor principal de la economía japonesa, aquel que enriqueció a más de un ávido empresario y que sostuvo un régimen semi-feudal en las industrias, dependía de mano de obra femenina: precisamente la más marginada y desprotegida del país [8].

Por otra parte la década asiste a la formación de los primeros grandes conglomerados industriales: los *zaibatsu,* con apoyo de la elite dirigente. Tal será su importancia en el devenir económico y político del país, que les dedicaremos atención preferente en el siguiente capítulo.

En 1920 la población activa había visto aumentar sus efectivos a 27 millones de trabajadores. De ellos más de la mitad trabajaba en el sector agrario, y sólo el 16% en la manufactura. Las compañías se atraen la lealtad de los trabajadores ofreciéndoles mejores sueldos conforme a su rendimiento, así como otros incentivos: entre ellos un empleo más seguro, pagas extras, sobresueldos por su veteranía o por sus especiales prestaciones a la empresa, así como otros beneficios de seguridad social. Durante estos años comenzó a configurarse la que sería la estructura de trabajo japonesa habitual, y muy particularmente la aplicada a la industria de alta tecnología [9]. Se ha calculado que los salarios reales de los trabajadores industriales crecieron un 50 o un 60 % entre 1914 y 1929 [10].

Pese a tan buenas expectativas, el desarrollo económico e industrial del Japón a lo largo de los años 20 fue más lento que en décadas anteriores. Particularmente en los últimos años de la década, todo el país se vio

---

6 Cita: GARON, Sheldon. *El estado y los trabajadores en el Japón contemporáneo.* Madrid : Ministerio de Trabajo y Seguridad Social, 1992, p. 206.

7 DAVIS, Darrell William. *Picturing Japaneseness : Monumental Style, National Identity, Japanese Film.* New York : Columbia University Press, 1996, p. 58.

8 Sobre la situación laboral de la mujer a lo largo de los periodos Meiji y Taisho, y en particular sobre las trabajadoras de la industria de la seda, véase: HUNTER, Janet."Japanese Women at Work : 1880 - 1920". *History today,* 1993, May, v. 43, p. 49 -55.

9 BEASLEY, W.G. *Historia Contemporánea de Japón.* Madrid : Alianza, 1995, p. 182-183.

10 ALLEN, G.C. *Breve historia económica del Japón Moderno.* Madrid : Tecnos, 1980, p. 140.

azotado por la severa crisis y por la depresión que sufría el planeta. Multitud de bancos y de empresas se declararon en bancarrota; la situación de los campesinos llegó a ser angustiosa- era frecuente el que vendieran a sus hijas para la prostitución-. Y se producía un desfase cada vez más alarmante entre las industrias modernas, sumamente productivas y saneadas, y las industrias tradicionales, a las que sumamos el sector agrario, cada vez más deprimidas y relegadas.

En el lado positivo cabe reconocer que la agricultura ensanchó considerablemente la gama de sus productos entre 1914 y 1930. Asimismo, por influencias occidentales, se incrementó la producción de frutas y de aves de corral. Aunque continuaban siendo productos minoritarios, su progresivo aumento es prueba del aumento de los ingresos de la población, y de la mejora de sus condiciones de vida.

Sin embargo, aunque había mejorado el rendimiento de las tierras de cultivo merced a la aplicación de métodos más científicos de explotación, el producto de la tierra no era suficiente para abastecer una población en incesante aumento. Desde finales del siglo XIX Japón venía siendo deficitario en productos alimenticios, por lo que debía proveerse de alimentos básicos, como el arroz, a partir de mercados exteriores. Sin ninguna duda el campo precisaba una enérgica reforma agraria. Numerosos pequeños propietarios se habían visto reducidos a meros arrendatarios, en beneficio de los terratenientes. En 1920, la tierra arrendada se aproximaba al 50 % del total. Por si esto fuera poco, la sociedad japonesa todavía tiene que hacer frente a numerosos problemas de ajuste social. El país entero arrastraba una legislación social y laboral desfasadas. La población demanda mejoras en las condiciones laborales y unos salarios más altos. El movimiento sindical en Japón era todavía muy débil: en 1929 sólo unos trescientos mil trabajadores estaban afiliados a algún sindicato[11].

Pero el problema que empezó a manifestarse como auténticamente grave fue la cada vez mayor dependencia de los suministros industriales que debían llegar del exterior. Japón demostró ser la más frágil de todas las superpotencias de la época: un gigante con pies de barro al que no era difícil asfixiar retirándole los abastecimientos más indispensables.

IV. 3. *Modan Times:* Cultura y arte durante el periodo Taisho

Las reformas Meiji habían favorecido el apogeo de las grandes ciudades que, como Tokio y Osaka, se convirtieron asimismo en importantes focos de propagación del arte y la cultura de procedencia occidental. Tras la victoria contra los rusos, a los que se suman los buenos dividendos extraídosde la actuación durante la Primera Guerra Mundial, se desarrolló una cultura urbana, sofisticada y cosmopolita, que afincaba en Tokio el ejemplo de las grandes capitales del mundo occidental.

La época de Taisho fue, por otra parte, un periodo importante en el proceso de modernización. El desarrollo cultural que experimentó Japón durante los últimos años 20 y principios de los 30 fue consecuencia de los fulminantes progresos tecnológicos, a los que se suma el desarrollo de los medios de comunicación de masas, entre los cuales el cine cobró un singular protagonismo. No es menos cierto que dicha cultura mediática no agradaba a la elite dirigente, toda vez que cuestionaba su autoridad a la hora de informar y dirigir a las grandes masas urbanas. No pasaría mucho tiempo antes de que dicha casta hiciera oír su voz sobre todos los medios de comunicación de masas, y particularmente sobre el cine, con el fin de corregir lo que entendían ser *"desviaciones del buen gusto"*[12].

Antes de que los buenos auspicios posbélicos se quebraran, sacudidos por la depresión y aplastados por la bota militar, Japón experimentó unos años de relativa tranquilidad, en la cual se abonó un semillero cultural y artístico de gran calado. Fueron días hasta cierto punto felices, al menos si los comparamos con lo que quedó atrás, y con lo que estaba por venir. Al cobijo de estos tiempos se desarrolló una sensibilidad hacia la vida que ha sido calificada como *ero-guro nansensu*: erótica, sofisticada y absurda[13]. La emergencia de estos arquetipos en la vida cotidiana supone la búsqueda de un antídoto frívolo y despreocupado, capaz de oponerse a un entorno inquietante, encapotado por la depresión y las amenazas de guerra. Frente a esta situación, se contraponen opciones a favor de los bienes materiales y sensuales que las voces nacionalistas más ortodoxas deploraban. No pocas voces se alzaron, en efecto, en contra de semejantes *"modas perversas"*; contra esa *"cultura del café"*, como muestra elocuente

---

11 TOGORES SÁNCHEZ, Luis Eugenio. *Japón en el siglo XX : De imperio militar a potencia económica.*. Madrid : Arco Libros, 2000, p. 39.

12 Harris Martin en: *Popular Music and Social Change*. Citado en: DAVIS, Darrell William. *Picturing Japaneseness : Monumental Style, National Identity, Japanese Film*. New York : Columbia University Press, 1996, p. 47.

13 Akira Fujitake en *The Formation of Mass Culture*. Citado en: DAVIS, Darrell William. *Picturing Japaneseness : Monumental Style, National Identity, Japanese Film*. New York : Columbia University Press, 1996, p. 49 - 50.

de la decadencia y vacío que caracterizaban a la vida moderna. Los bares y cafés occidentalizados, de los que tantas muestras encontraremos en Ozu, eran un indicio elocuente de esta perniciosa alteración de las viejas costumbres. era, pues. La vida moderna, según dicha apreciación, sólo tien como fin la consecución de placeres materiales: un síntoma de decadencia que, desde perspectivas marxistas, suponía incluso el episodio final del capitalismo[14].

Y todas estas razones se libraban en torno a la desenfadada y hedonista sensibilidad *ero-guro nansensu*: una triada de calificativos que, por otra parte, define con propiedad la impregnación del *modan* (neologismo tomado del inglés, y referido a la vida moderna) en la sociedad japonesa, y muy particularmente en sus nuevos protagonistas: la *moga* y el *mobo*. Muy particularmente la *moga* se presenta como un arquetipo de la liberación femenina dentro de un orden patriarcal tradicionalmente establecido, como era el japonés. Bajo la inspiración de actrices- fetiche como Gloria Swanson, Clara Bow o Louise Brooks, la *moga* se erigió en figura preferente en los paisajes literarios y cinematográficos. Muchas fueron las novelas y las películas en las que su imagen mostraba la ruptura con la tradición; y muy particularmente encontraremos ejemplos de este arquetipo en películas de Ozu que serán estudiadas, como Caminad con optimismo, La bella y la barba, La mujer de Tokio y La mujer proscrita.

No faltaron las voces de alarma ante la proliferación de costumbres extranjeras que arraigan en Japón. Un periódico de 1930 describe a las jóvenes parejas como *"asiduas de los conciertos de jazz y del cine, al tiempo que los acontecimientos deportivos proliferan dentro de una atmósfera con música de jazz; y todo ello a consecuencia de la fundamental adicción a la cultura euro-americana"*. Por su parte el *Japan Times* alertaba a la población contra el peligro de las tres S: *Sports, Screen, Sex.*[15].

Muchos otros escritores e intelectuales japoneses alzaron la voz contra los perniciosos efectos del americanismo dentro de la cultura nacional. Y muy particularmente contra las películas de Hollywood, por promover el culto *"a la velocidad y al erotismo, aletargando las mentes japonesas, y apartando a los jóvenes de sus raíces culturales"*[16]. Pero también encontramos testimonios como los de Junichiro Tanizaki, quien comprende cuán inevitable es para Japón hacerse con los patrones de la cultura dominante: *"En una palabra, Occidente ha seguido su vía natural para llegar a su situación actual; pero nosotros, colocados ante una civilización más avanzada, no hemos tenido más remedio que introducirla en nuestras vidas y, de rechazo, nos hemos visto obligados a bifurcarnos en una dirección diferente a la que seguíamos desde hace milenios: creo que muchas molestias y muchas contrariedades proceden de esto"*[17].

Y así fue: la rápida impregnación de formas culturales extranjeras en el seno de la sociedad japonesa produjo una suerte de esquizofrenia cultural generadora de tensiones. Los destellos emitidos por aquel fascinante y temido *Modan* impregnaban no sólo a la vida urbana japonesa; sino que asimismo distinguían las novedades artísticas, literarias y culturales. Queda su impronta en las artes gráficas de la época, en las revistas, los carteles y la historieta, que generaron durante los años 20 la llamada *Cultura Kodansha*.

Tal denominación proviene del nombre de una empresa editorial, la Kodansha, que comenzó a publicar la revista *Kingu* (*King*) en 1925. Dicha revista, llamada a ocupar una posición prominente en la difusión de la cultura popular japonesa, se proponía hacer llegar a sus lectores *"lo más interesante de Japón y lo más instructivo de Japón"*, todo ello siendo *"la revista más barata de Japón, y la de mayor tirada de Japón"*. Cabe añadir que cumplió sus objetivos, y que su medida dosificación de pasatiempos, frivolidades y noticias culturales contaron con el favor del público. A ello no fue ajena su audaz política de promoción y difusión, basada en el servicio de venta por correo[18].

Las iniciativas editoriales de Kodansha partían de un escrupuloso estudio de mercado, y del conocimiento de los gustos del público al que iban dirigidas. Tras la conclusión de la Primera Guerra Mundial, y favorecidas por la bonanza económica, proliferaron numerosas revistas juveniles de atractivo diseño, cuyo contenido se corresponde con aquellos tres calificativos, generalmente asociados con el mundo del cine: *ero, guro* y *nansensu*. Revistas como *Katsudo Gabo* (*Noticias Cinematográficas*), *Ze Supiido* (*Speed: Velocidad*); *Kinema Gabo* (*Cine en Imágenes*), *Opera* (idem), *Pairotto* (*Pilote*), *Katsudo Sekai* (*El Mundo de las Películas*), la revista satírica *Tokyo Puck*, o la muy explícita *San-esu* (*Las tres eses: Screen, Speed, Sex*). Adviértase la proliferación de neologismos tomados del

---

14 TIPTON, Elise K. *Modern Japan : A Social and Political History.* London ; New York : Routledge, 2002, p. 108 - 110.

15 Cita: DAVIS, Darrell William. *Picturing Japaneseness : Monumental Style, National Identity, Japanese Film.* New York : Columbia University Press, 1996, p. 51 y 57.

16 Cita: DAVIS, Darrell William. Ibid., p. 51.

17 TANIZAKI, Junichirô. *El elogio de la sombra* / traducción (del francés) : Julia Escobar. Madrid : Siruela, 1999, p. 24 25.

18 DAVIS, Darrell William. Op. cit., p. 49 - 50.

inglés en los títulos de las revistas, como muestra de su devoción hacia la sensibilidad *Modan.*

Por otra parte, los años de Taisho acogieron favorablemente la introducción de distintas corrientes filosóficas, literarias y artísticas. De este modo se formaron numerosos grupos pictóricos y literarios que introdujeron las distintas tendencias europeas en Japón. En 1924 todos los grupos occidentalizantes tendieron a concentrarse en torno a un grupo, Sanka, que no tardó en bifurcarse en dos tendencias: una ortodoxa y otra comprometida con lo que se podría considerar como Realismo Socialista, que sería reprimida por el gobierno a principios de los años 30. Otros grupos de artistas occidentalizantes hicieron frente común mediante sociedades artísticas en las que se agrupaban: asociaciones como la *Nikakai,* o la *Kodokai,* que aspiraban a mantener el espíritu renovador dentro del arte japonés, pero de una manera más sosegada y armónica.

En 1918 se fundó el grupo *Nippon Sosaku Hanga Kyokai*-la Asociación de Grabadores del Japón-, preocupada por reconciliar el legado tradicional con las innovaciones europeas. Siguiendo dicha estela, en 1929 el pintor Ryushi Kawabata fundó el grupo Seiryusha, encaminado a insuflar aires vivamente renovadores a la pintura japonesa de ascendiente tradicional. Aunque quizá el ejemplo más destacable del *hanga* moderno sea Shiko Munakata, quien reivindica en su producción las fuentes originales del arte japonés, y muy en particular el budismo zen. Limita la gama cromática al blanco y negro, buscando una sinceridad artística depurada, y en consonancia con un legado centenario que necesariamente debe permanecer vivo y actualizado.

En 1928 fue inaugurado el Templo dedicado al Emperador Meiji en Tokio, según la más rancia tradición shintoísta. Curiosa paradoja arquitectónica, la de dedicar un monumento tradicional al monarca que modernizó al Japón. Sin embargo se trata de un ejemplo historicista atípico, puesto que la arquitectura de Taisho también sucumbió ante los impulsos occidentalizantes.

Desde los tiempos de Meiji los contactos con los arquitectos y urbanistas europeos y americanos había sido incesante. La arquitectura occidental impregnó con fuerza todas las construcciones públicas: los edificios oficiales y los museos; pero también las grandes empresas, los hoteles y las superficies comerciales se alzaron conforme a los influjos foráneos. Por el contrario, dicho fenómeno apenas caló en las viviendas y en los edificios privados, muy particularmente en aquéllos levantados fuera de los grandes distritos urbanos. Sólo en las décadas posteriores, y muy en especial tras la ocupación americana, la arquitectura occidentalizante se impondrá a lo largo de todo el país.

Los arquitectos japoneses se aplicaron con entusiasmo a reproducir, en las arquitecturas públicas, cualquier corriente de arquitectura europea, incluida la historicista. De esta forma, y en consonancia con las modas, la madera iba a ceder su primacía casi absoluta como material de construcción ante el hierro y el cemento. Y sin embargo no pocas veces edificios erigidos conforme a los modelos occidentales sorprenden con detalles autóctonos, como puedan ser los pórticos *torî,* o los jardines *zen* realizados mediante arena rastrillada.

El gran arquitecto norteamericano Frank LLoyd Wright, quien a su vez sentía un gran interés por las construcciones tradicionales japonesas, proyectó el Hotel Imperial de Tokio (construido y remodelado entre los años 1915 y 1922, y demolido en 1967), que fue alabado por su originalidad a la hora de fusionar las formas arquitectónicas de Oriente y Occidente. Wright fue uno de los maestros más influyentes en Japón, como también lo fueron Gropius, Le Corbusier y Taut. Antonio Gaudí fue siempre uno de los arquitectos más admirados, y su impronta también se manifestó en algunas construcciones[19]. No deja de resultar paradójico que muchos de los grandes arquitectos del siglo XX tomaron a su vez las construcciones japonesas como modelo de elegancia y diáfana sencillez, así como su cuidadosa integración dentro de un espacio natural.

Y esto a pesar que dichas características, tan alabadas en Occidente, eran principalmente apetencia de la aristocracia más diletante, tal como reconoció el gran arquitecto japonés Kenzo Tange: *"La llamada casa tradicional japonesa fue originalmente designada para los nobles, que valoraban más la belleza que la confortabilidad, fomentando unas nociones sentimentales respecto a la unidad entre el hombre y la naturaleza. En lugar de buenas paredes, tenía que haber enormes aberturas que unificaran el interior de la casa con el jardín del exterior. Se dice que la comunicación entre la casa y el jardín en la arquitectura japonesa representa un profundo amor por la naturaleza, y no hay duda de que algo de verdad hay en ello, pero me parece que tal amor estaba más bien reducido a las clases superiores"* [20].

---

19 Como, por ejemplo, en la Capilla de los Mártires de Nagasaki, construida por Kenji Imai en 1962. En 1984 Hiroshi Teshigahara, con su documental titulado Antonio Gaudí, rindió un emotivo homenaje al gran arquitecto catalán.

20 Cita: GARCÍA GUTIÉRREZ, Fernando. *El Arte del Japón.* Madrid : Espasa-Calpe, 1967. (Summa Artis : Historia General del Arte; v. XXI), p. 525.
Tange fue uno de los arquitectos más importantes del Japón del gran despegue de los años 60, y a él debemos obras maestras como la Catedral Católica de Tokio y la Ciudad Olímpica que acogió las Olimpíadas,

Al fin y al cabo, Japón es un país sometido a continuas inclemencias naturales: tifones y terremotos; frío y lluvia torrencial. La casa tradicional japonesa debía ser flexible, y fácilmente reemplazable. Por el contrario la nueva arquitectura tiende a ser robusta y perdurable. El proceso imparable de occidentalización se apropia de la arquitectura, y las viviendas que se construyen en el círculo metropolitano primero, y en el resto del país más tarde, son viva prueba de esta situación.

IV. 4. Revistas y literatura

A lo largo del periodo Taisho fueron publicadas numerosas revistas culturales de talante cosmopolita, que impulsaron vivamente la renovación intelectual[21]. Muchas de ellas contaban con el patrocinio y la colaboración de destacadas autoridades culturales provenientes de distintos campos: profesiones liberales, política y periodismo, letras y artes.

En 1923 el escritor Kan Kikuchi inaugura los *Bungei-Shunju: los Anales Literarios,* una revista cultural con vocación renovadora. Entre los miembros del comité de redacción figuraban nombres como Yasunari Kawabata y Ryunosuke Akutagawa. Años después, en 1935, la dirección de la revista fundaría, en memoria del segundo, el premio Akutagawa, uno de los galardones literarios más prestigiosos del país. Se concede dos veces al año para galardonar a un escritor novel cuya obra es publicada en la revista[22].

Al amparo de tales esfuerzos literarios, germinó en el país un liberalismo político que permanecería, si bien soterrado, en los más difíciles años de exaltación nacionalista. Los intelectuales concentrados en torno a estas revistas defendían la democracia, el protagonismo político de la pequeña burguesía, y reivindicaban la libertad para todos los estratos de la sociedad, particularmente los menos favorecidos. Por tanto entraban en colisión con los intereses de la rancia aristocracia, lo que les valió su enemistad.

Muchos de los escritores agrupados en torno a aquellas revistas se movían dentro de un orden constitucional y parlamentario, y abanderados en torno a la idea suprema de la libertad. Se apartaban de las exaltaciones nacionalistas que prenden con cada vez mayor fuerza, y toman como ejemplo los modelos políticos e intelectuales de la vieja Europa[23].

Aquel caduco naturalismo propio de los estertores de la era Meiji, al que nos referimos en el capítulo anterior, no encuentra adeptos entre los nuevos valores de las letras Taisho. Muchos de sus principales representantes se mostrarán decididamente contrarios a las técnicas naturalistas. Y sin embargo, algunos de los escritores que ya habían explotado su talento en los días de Meiji continúan ejerciendo una acusada autoridad literaria a lo largo de estos años: particularmente los respetados maestros Natsume Sôseki y Ôgai Mori.

Pero al mismo tiempo surgían corrientes alternativas: un grupo de jóvenes autores había comenzado su trayectoria literaria por medio de la revista *Shirakaba (El abedul blanco)*. A través de sus páginas comienza a darse a conocer una nueva generación de escritores de técnica muy elaborada, que cultivaban una literatura muy formalista.

A lo largo de sus trece años de vida (1910-1923), *Shirakaba* desempeñó un importante papel en la actividad cultural japonesa. Contribuyó a dar a conocer a numerosos autores europeos y americanos, así como las principales novedades estéticas que se producían en el arte occidental. En opinión de Ryunosuke Akutagawa, *Shirakaba* supuso un auténtico soplo de aire fresco en el viciado mundo literario nipón. Se trataba, por otra parte, de una publicación ecléctica, que no dudaba asimismo en recurrir al repertorio más clásico de la tradición cultural japonesa. Entre los autores más destacados del grupo del *Abedul Blanco* es de justicia destacar a Takeo Arishima (1878-1923) y a Saneatsu Mushanokoji (1885-1976)[24].

Un acontecimiento luctuoso empañó el dinamismo cultural japonés de los Veinte: el suicidio de Ryunosuke Akutagawa en 1927 puso fin, literariamente hablando, a una época: la Taisho. Aquel mismo año, el primero del Emperador Showa, el ejército japonés ponía las bases para emprender una insensata campaña de expansión por el continente. Había pocos espacios para el optimismo, y uno de ellos lo dispensaban las pantallas cinematográficas en donde las comedias *ero-guro-nansensu* se empeñaban en representar situaciones amables y risueñas que actuaban como antídoto contra una situación inquietante. El año en que Akutagawa puso fin a sus días fue el mismo en que Yasujiro Ozu filmaba su comedia estudiantil *Días de juventud*, la más antigua de sus películas conservadas. En medio de ambos acontecimientos las sombras se iban

---

obras ambas de 1964.

21 Entre las cuales merece la pena destacar las siguientes: *Shirakaba (El abedul blanco)*, 1910 *Tane maku hito (El sembrador)*, fundada en 1921; *Bungei-shunju (Anales literarios)*, 1923; *Bungei-sensen (Frente literario)*, y *Bungei-jidai (Época literaria)*, ambas en 1924.

22 Noticia tomada en: TANIZAKI, Junichirô. *El elogio de la sombra* / traducción (del francés) : Julia Escobar. Madrid : Siruela, 1999, p. 23.

23 Véase: GONZÁLEZ VALLES, Jesús. *Historia de la filosofía japonesa.* Madrid : Tecnos, 2000, p. 276 - 293.

24 Disponemos de una versión castellana de Saneatsu Musanokoji: *Amistad*. Traducida por Elena Gallego y Fernando Rodríguez Izquierdo. Kamakura : Luna Books, 1998. La cita de Akutagawa proviene de la presentación de dicha novela..

adueñando del panorama cultural y político del país[25].

---

25 Ryunosuke Akutagawa (1892-1927), prolífico autor de cuentos que puso fin a su vida con sólo treinta y cinco años, es posiblemente el autor más representativo del periodo Taisho. Dos de sus relatos, *Rashômon* y *En un bosquecillo*, inspiraron la obra maestra filmada por Akira Kurosawa en 1950.
Disponemos de dos selecciones en español de sus relatos:
- *Rashômon y otros cuentos*. Madrid : Miraguano, 1987.
- *El dragón y otros relatos*. Kamakura : Luna Books, 1998.

Noriko. Kami ningyô realizada por Miko Misono

V. TIEMPOS DE SHOWA :
LA TIERRA DE LA GRAN PROMESA (Años 1930 - 1936)

Se atribuye generalmente a Kita Ikki la construcción teórica de la ideología que esgrimió la ultraderecha japonesa. En 1919 escribió un libro titulado *Nihon kaizo hohan taiko* (*Plan General para la Reorganización Nacional del Japón*), en el que justificaba los golpes de estado y las acciones armadas como única forma válida de hacer realidad los objetivos de Meiji. Aunque el libro fue prohibido, abundaron las ediciones clandestinas que prendieron como la estopa en cuarteles y en círculos ultranacionalistas.

El plan propuesto por Ikki exigía una acción armada previa contra el gobierno civil, acusado de debilidad y de traición a la causa imperial. En el cumplimiento de su deber, los jefes militares deberían purgar y sustituir a los ineficaces gobernantes civiles. Cumplido dicho objetivo, una vez más se debía devolver al Emperador toda su autoridad, para que liderase al país en el proyecto de hegemonía asiática.

Suspendida la Constitución y abolida la Dieta, todos trabajarían mancomunadamente por una *"voluntad colectivista directa"*, extraña fórmula de comunismo cuartelesco: tanto el Emperador como toda su aristocracia deberían renunciar a todas sus riquezas; los grandes oligopolios reducirían sus proporciones; las clases trabajadoras recibirían plena atención, y fruto de tal entendimiento brotaría una inédita armonía en la sociedad japonesa. Gracias al vigor que habría de ganar aquella Arcadia oriental, todo el país podría volcarse en la acción militar contra los occidentales, para conseguir una Asia libre al fin de europeos y de americanos, y naturalmente liderada por la divina nación del Sol Naciente [2].

La debilidad del Emperador Taisho, que prácticamente había delegado sus funciones en su joven sucesor, facilitó el control del ejército sobre la vida política.

Imprerreditadamente los delirios de Ikki habían de verse favorecidos por el viento de la historia. El 25 de Diciembre de 1926 falleció el Emperador Taisho. Le sucedió el príncipe Michinomiya Hirohito, con quien comienza el periodo *Showa*: La Paz Resplandeciente. Paradójico nombre con el que se inaugura el capítulo más turbulento de toda la historia de Japón.

El longevo Emperador Hirohito, el centésimo vigésimo cuarto de la dinastía solar, se mantuvo en el trono desde 1926 hasta 1989. A lo largo de tan largo y tormentoso reinado se sucedieron distintas etapas, extraordinariamente contrastadas, en la historia de su país.

Hirohito había recibido una educación esmerada, y en consonancia con las nuevas exigencias de su cargo. Fue el primer Emperador japonés que había viajado por Europa, lo que hizo siendo aún príncipe heredero en 1921. A la sazón venía desempeñando funciones de regente, debido a la incapacidad mental de su padre. Además de desempeñar sus cometidos políticos, se le llegó a considerar un experto en su afición favorita: la biología marina.

V. 1. El Memorial Tanaka

Poco tiempo después de la proclamación del nuevo Emperador, en 1927, el General Tanaka Giichi fue nombrado Primer Ministro. Miembro de la aristocracia más rancia, entre 1918 y 1920 había sido Ministro del Ejército, y en todo momento mostró su oposición a lo que consideraba debilidad de los políticos con respecto a los asuntos asiáticos.

Entre Junio y Julio de 1927 había organizado una Conferencia sobre Asuntos del Extremo Oriente, en la que presentó el llamado Memorial Tanaka, escrito a la luz de las doctrinas ultranacionalistas de Kita Ikki. Aunque no se ha confirmado la autenticidad del documento, sí es testimonio elocuente de la ebriedad de conquista que enloquecía al ejército japonés. Entre sus consideraciones leemos:

"En el futuro, si queremos dominar a China debemos aplastar antes a los Estados Unidos, así como en el pasado tuvimos que emprender la guerra ruso-japonesa. Pero antes de conquistar aquel país tenemos que conquistar Manchuria y Mongolia. Para conquistar el mundo, debemos primero conquistar China. Si lo logramos, el resto de las naciones asiáticas y los países del Mar del Sur nos temerán y no se atreverán a violar nuestros derechos. Este es el plan que nos ha dejado el Emperador Meiji, y su éxito es esencial para nuestra existencia nacional" [3].

No todo el mundo compartía semejantes ambiciones, lo que le impulsó a tomar medidas drásticas. De este

---

2 MORENO GARCÍA, Julia. *El Extremo Oriente : Siglo XX*. Madrid : Síntesis, 1992, p. 138.

3 Cita: MORENO GARCÍA, Julia. Op. cit., p. 133.

modo la Cámara Baja del Parlamento, contraria a aquellos insensatos sueños imperiales, fue la primera víctima: Tanaka ordenó su disolución.

Puso buen cuidado en reprimir además a los comunistas, a los sindicatos socialistas y a cualquier grupo opositor que alzara la voz en su contra. Hizo enmendar la Ley sobre el mantenimiento de la paz, e introdujo la pena de muerte para todas las personas supuestamente subversivas. De este modo, en Marzo de 1928 ordenó la detención de 1500 personas, tenidas por contrarias al régimen. Libre al fin de la oposición interna, concentró su atención en sus planes expansionistas.

Sin mayor dilación envió a Shantung varias divisiones que provocaron sangrientos incidentes. La resistencia china empezó a cobrar fuerza contra el despiadado agresor. Además la política depredadora japonesa provocaba su continuo aislamiento. La denuncia que presentó Chiang Kai-chek en la Sociedad de Naciones favoreció la condena internacional: Tanaka se vio forzado a abandonar Shantung, tras lo cual presentó su dimisión. Sin embargo el ejército japonés acumulaba otro pretexto para la venganza que debía reparar su honra maltrecha.

Los sueños imperialistas de Ikki y de Tanaka no se basaban tan sólo en los delirios megalómanos. El espectacular desarrollo económico que conoció Japón tras la Primera Gran Guerra obedeció no sólo a la ausencia de serios rivales en su entorno: en buena parte fue posible gracias a la explotación económica de sus territorios asiáticos.

Las relaciones de Japón con sus colonias eran las habitualmente mantenidas entre la metrópoli y su imperio: se importaban alimentos y materias primas, y se exportaban bienes manufacturados. Es de notar, en este sentido, que la imitación contumaz que Japón hacía de los patrones occidentales, con el fin de ponerse a su altura, no se limitaban al entorno cultural y científico: la naturaleza depredadora que adopta Japón a partir de 1868 tenía asimismo como modelo el imperialismo europeo del s. XIX.

A esto se añade la indisimulada actitud paternalista con respecto a los restantes pueblos asiáticos, supuestamente menos virtuosos que el japonés, hasta el punto que debían ser guiados por el País de los Dioses para conseguir su liberación.

Con respecto a la Liga de Coprosperidad Panasiática que diseñaba Japón, y a la que estaba destinado a liderar, la posición habitual de los militares era inequívoca: *"El Japón es el hermano mayor, y ellos son los hermanos menores"*. Al hermano mayor, más fuerte y responsable, le corresponde tomar las decisiones: debe decidir qué es lo que conviene para sí y para los restantes miembros de su hermandad; pero no debe mostrar demasiados miramientos con respecto a la hipotética voluntad de los restantes. Sencillamente, administra una autoridad que le ha sido concedida, y que considera legítima[4].

Por otra parte, el gobierno no podía prescindir de su control férreo sobre aquellos territorios sin poner en peligro el abastecimiento a las grandes ciudades, así como el progreso industrial y las ventajas estratégicas que obtenía con su política colonizadora. El arroz continuaba siendo la principal cosecha alimenticia, y la reducida franja arrocera japonesa se veía insuficiente para satisfacer la demanda de una población creciente. Era imprescindible acudir al abastecimiento exterior. Después del arroz, los alimentos más importantes eran el trigo y la cebada, aunque su producción y consumo eran muy inferiores a las de aquél.

Con fines interesados, la metrópoli proyectó sobre sus colonias todas las mejoras científicas y tecnológicas que había aplicado con éxito en su propio territorio. Por ejemplo: antes de 1910, la producción de arroz en Corea era casi insignificante. Tras su anexión, el Gobierno japonés, que había previsto su importancia en el aprovisionamiento de la metrópoli, introdujo mejoras en los sistemas de cultivo. Los resultados no se hicieron esperar: en sólo dos décadas la producción creció un 30%.

Un desarrollo similar, aunque en menor escala, se produjo en la isla de Formosa. De este modo, a finales de los años 20 ambas colonias suministraban a Japón una cantidad equivalente al 12 o al 14 % de su producción interior, y se conviertieron en las reservas alimenticias del Imperio.

Dicha situación, sin embargo, no hacía muy felices a los proveedores locales, quienes se veían perjudicados y solicitaban restricciones a las importaciones, así como atención especial a un sector que se autoconsideraba *"la espina dorsal de la nación, fuente de su poderío militar y guardián de las virtudes tradicionales contra influencias exteriores"* [5].

V. 2. Política en colonias y reacción internacional

Para atender tanto las ambiciones expansionistas, como la necesidad de conseguir nuevas fuentes de materias primas, Japón consolidó su presencia en Manchuria: un territorio que se considera ajeno a la nación china. Las autoridades de aquel país se aprestaron a oponerse a la presencia japonesa, pidiendo a los terratenientes manchúes que no vendieran tierras a los colonos japoneses. Más aún, el gobierno chino inauguró un nuevo tendido férreo que pretendía romper el monopolio que, desde 1905, era exclusivo de la línea

---

[4] BENEDICT, Ruth. *El crisantemo y la espada : Patrones de la cultura japonesa.* Madrid : Alianza, 1974, p. 55.

[5] ALLEN G.C. *Breve historia económica del Japón Moderno.* Madrid : Tecnos, 1980, p. 144

japonesa sobre Manchuria. Para ser más contundentes, se emprendió una campaña masiva de emigración de trabajadores a las provincias del Norte y a Manchuria, con el fin de absorber a los 240.000 japoneses y a los 800.000 coreanos que allí se habían establecido.

A todo esto las tropas japonesas, fuertemente pertrechadas, controlaban las líneas férreas de Manchuria. Desde esta plataforma, podía distribuir fácilmente sus productos por todo el mercado chino. Sin embargo, a partir de 1922 el ejército imperial comienza a sufrir la seria resistencia de la población autóctona. El Kuomintang y el Partido Comunista Chino establecen una alianza para oponerse al invasor ultramarino. Dicha alianza durará hasta la llegada a la presidencia del Kuomingtan de Chiang Kai-Chek.

Los Estados Unidos y las potencias europeas toleraron las incesantes agresiones japonesas sobre China, por considerarlas preferibles a un gobierno fuerte en el gigante asiático. Además Japón emprendió una actividad diplomática ambivalente. Por un lado se adhería a los acuerdos y a los protocolos internacionales; por el otro incrementaba la presión militar sobre las regiones ocupadas. De este modo, y sin ningún tipo de menoscabo, Japón ingresa en la Sociedad de Naciones en 1926. Dos años después firmaba el Pacto Kellog-Briand de renuncia a la guerra. Y en 1930 ratificó el tratado de limitación naval, conforme a la Conferencia Naval de Londres, pese a que mermaba sensiblemente su capacidad operativa en el Pacífico. En 1930 Japón participa, en Londres, en una nueva conferencia sobre desarme, cuyos resultados fueron más que dudosos.

Este fue el punto álgido en lo que a cooperación con las potencias occidentales se refiere, puesto que la desconfianza recíproca era cada vez menos disimulada, y los motivos de fricción eran moneda corriente. Nadie dudaba que la participación japonesa en todos estos foros internacionales no eran sino maniobras diplomáticas que pretendían evitar obstáculos en sus campañas militares por Asia. Como así fue: haciendo caso omiso a todos los acuerdos firmados, en Septiembre de 1931 el ejército imperial invadía Manchuria.

V. 3. La crisis que desató una guerra

Como se vio, Japón dependía dramáticamente de unas materias primas de las que carecía, y que debían ser suministradas desde el exterior. La carencia de estos recursos condicionaría negativamente su expansión económica, y por tanto militar.

Por otra parte la economía japonesa se vio ferozmente sacudida por la crisis internacional que se desató al finalizar la década de los Veinte: los precios de productos básicos, como el arroz, cayeron en picado. Las importaciones disminuían, y en particular las de la seda, que continuaba siendo el principal producto del comercio exterior.

Pero además la crisis puso a la industria japonesa en la picota: el valor total de la misma descendió de 7400 millones de yenes en 1929 a 5000 millones en 1931. Entre el 40 y el 50 % de la industria pesada y minera se vio sumida en el paro. La crisis no sólo azotó a los sectores estratégicos: también la industria ligera vio muy mermada su producción.

Dicha situación repercutió muy negativamente en la balanza comercial: el valor de las exportaciones, en 1929, ascendía a 88.700.000 yenes. Dos años después, éstas habían descendido a 30.000.000.

Además la crisis se cebó con especial violencia sobre el sector agrario, todavía hegemónico en la economía japonesa, lo que desató tensiones entre la población rural. Hasta el 60 % de los campesinos se vieron forzados a arrendar sus tierras a los terratenientes, quienes les imponían draconianas condiciones de arriendo[6].

De este modo, entre dos y tres millones de personas perdieron sus trabajos. Los subsidios de desempleo se recortaron fulminantemente. La situación de precariedad laboral, particularmente entre los jóvenes que se licenciaban en la Universidad, será nota común en las películas de Ozu.

Pese a soportar tal situación, parecía poco probable que en Japón llegara a desatarse una revolución comunista, como la que se había producido en la vecina Rusia. Con todo, partidarios de seguir el ejemplo del país vecino no faltaban: en 1922 había nacido el Partido Comunista Japonés. Entre 1925 y 1926 amanecieron numerosos grupos izquierdistas. Sin embargo todos ellos tenían escasa aceptación popular. Muy por el contrario, prendieron con fuerza los sentimientos nacionalistas y belicosos. Incluso el llamado Partido Social de las Masas, equivalente japonés de nuestro socialismo que consiguió en 1937 sus mejores resultados electorales, aceptaba la expansión imperial, junto a la planificación estatal de la economía, como remedios válidos contra la crisis.

La depresión se había manifestado con fuerza, acentuando los problemas de superpoblación y desempleo. La quiebra de muchas pequeñas empresas, y el empobrecimiento general de la sociedad, provocaron graves problemas de asistencia social. Los partidos conservadores no ofrecían soluciones convincentes; mientras que por otra parte se sentía temor y desconfianza hacia otras apuestas políticas más radicales, como el comunismo.

A partir de 1932 descienden acusadamente las exportaciones japonesas, debido a la gran depresión

---

6 Datos proporcionados por TOGORES SÁNCHEZ, Luis Eugenio. *Japón en el siglo XX : De imperio militar a potencia económica..* Madrid : Arco Libros, 2000, p. 43.

internacional. Ni que decir tiene que el gobierno chino alimentaba el boicot a todos los productos japoneses que se comercializasen en su territorio. No fueron los únicos en aplicar tal medida: hasta un total de cuarenta países, indignados por la política expansionista nipona, ponían trabas especiales a la penetración de cualquier producto de aquel país. De este modo disminuyó la venta de seda, al tiempo que caía el consumo interno de arroz. Ante tan desfavorable coyuntura, el yen hubo de depreciarse hasta en un 50%.

Para agudizar el problema, siguió creciendo la población, fundamentalmente la campesina; pero no lo hicieron en la misma proporción los recursos básicos. La escasez de materias primas, en fin, había colocado a la industria japonesa en una situación de sofoco permanente.

Sólo parecía que una agresiva campaña de penetración en el continente podría solucionar los problemas: permitiría disponer de nuevos espacios donde alojar el excedente de población, aseguraría la consecución de materias primas y facilitaría la introducción de los productos japoneses en otros mercados nacionales.

Por otra parte, Japón nunca se había sacudido la sospecha de verse permanentemente amenazado por las potencias occidentales; se alimentó de este modo un estado de malestar compartido que impulsaba a actuar de continuo a la defensiva, desconfiando del resto del mundo, y tratando de fortalecerse para evitar agresiones externas. Antes aún del despegue de Meiji siempre se había sentido que el país había sido perjudicado en todos los pactos internacionales, lo que arraigaba un sentimiento colectivo de humillación, y caldeaba las apetencias de venganza.

No sobra recordar que la guerra había sido el camino de expansión natural al que había apelado el gobierno japonés desde los años de la Restauración Imperial: primero fue la guerra contra China, librada entre 1894 y 1895, seguida más tarde por el conflicto contra los boxer; llegaron después los combates contra la Rusia zarista, la Primera Guerra Mundial y, desde 1930, las continuas campañas contra China. Las guerras proporcionaron un energético reconstituyente industrial, y abrieron nuevos horizontes a los productos japoneses. Cierto es que supusieron, por otra parte, una sangría continua en hombres y en recursos. Sin embargo sus efectos taumatúrgicos se habían manifestado en el fortalecimiento de los oligopolios, y en el crecimiento económico e industrial del país. Adviértase que dichos efectos balsámicos iban canalizados, fundamentalmente, a fortalecer el dispositivo bélico, y no a mejorar las condiciones de vida de la población.

Es de destacar finalmente que la crisis económica no impidió que se mantuviesen vigorosos aquellos conglomerados industriales; y aún permitió que se creasen otros nuevos entre los que destacan Nissan, Moru y Haguchi. La importancia que tuvieron dichos oligopolios sobre la actividad política y económica del país fue tal, que bien merece la pena que les dediquemos las siguientes líneas.

V. 4. Montañas de dinero: *Zaibatsu*

Con efectos estratégicos, el gobierno se reservaba el control de determinadas empresas. Su número no era cuantioso; pero sí comprendía aquellos sectores que resultaban vitales para el mantenimiento del país. La venta al sector privado de la mayor parte de las propiedades estatales en 1880 redujo considerablemente el tamaño de las empresas del sector público.

En los años 20 el único gran sector industrial controlado por el Estado era la industria del hierro y del acero en sus ramas primarias, así como los ferrocarriles y una compañía naviera. Añádanse aquéllas que se consideraban necesarias para la seguridad nacional, además de otras que resultaban valiosas por razones fiscales, como la sal o el tabaco.

A todas estas compañías estatales se sumaba un número de empresas a las que el Estado financiaba parte de su capital. La mayor parte de las mismas gozaban de importancia estratégica. Algunas de ellas se encontraban en las colonias, como la compañía ferroviaria del Sur de Manchuria, que además del tren controlaba los principales centros neurálgicos extendidos a lo largo de sus raíles.

Pero las principales compañías que vertebraron el crecimiento económico de Japón fueron los oligarquías industriales llamadas *zaibatsu,* colosales empresas privadas que, sin embargo, guardaban estrechos vínculos con los intereses públicos.

Los *zaibatsu* son grandes corporaciones familiares, distinguidas por sus ciclópeas proporciones y por las múltiples ramificaciones de sus numerosos intereses comerciales. Su nombre significa, literalmente, *"peñas de dinero"*. Es un término aplicado a determinadas grandes compañías con intereses repartidos entre numerosos sectores, muy diversificados[7].

Los orígenes de esta plutocracia, extraordinariamente influyente en la vida política del país, se remontan a antiguos clanes familiares que desde hacía décadas, y en algún caso incluso siglos, se habían dedicado a la banca y a los negocios en gran escala. Algunos de ellos habían prestado sus servicios a los *daimyo* en los asuntos de administración feudal. Sin embargo, lo más destacable en estos momentos es recordar que algunas de

---
7 Sobre este tema es recomendable la lectura de: ALLEN, G.C. *Breve historia económica del Japón Moderno.* Madrid : Tecnos, 1980 , capítulo VIII, p. 156 - 165.

estas familias apoyaron encendidamente la restauración imperial, lo que las valió la simpatía del gobierno Meiji.

Así por ejemplo, el comercio exterior al principio de la Restauración Imperial fue en buena parte confiado a la poderosa *Mitsui Bussan Kaisha,* que en las décadas posteriores llegará a constituir uno de los principales conglomerados japoneses.

La historia de Mitsui se remontaba a mucho tiempo atrás, ya que existía desde el siglo XVII como negocio de venta al por menor y de finanzas. Al contar ahora con el apoyo del gobierno pudo aplicarse además al comercio exterior y a la banca, llegando a controlar más de ciento veinte empresas distintas.

A su vez Mitsubishi había sido fundada, bajo el signo de Meiji, por un samurai llamado Iwasaki. Éste actuó como agente del gobierno en el transporte de suministros a Formosa durante los conflictos de 1874, lo que le permitió reunir una importante flotilla comercial, con posteriores derivaciones hacia el mundo del automóvil y la aeronáutica, sin olvidar que contaba con su propio banco.

Aquellos clanes, junto con otros provenientes de la aristocracia samurai, consiguieron numerosas prebendas económicas del gobierno, lo que favoreció la concentración del poder económico en pocas manos, extraordinariamente influyentes.

El tendido industrial japonés se bifurca por tanto entre un número muy abundante de pequeñas y medianas empresas, escasas en capital y en tecnología, y un ramillete de conglomerados de enormes proporciones que, con una tecnología avanzada y con abundancia de capital, podían hacer competitivas algunas industrias básicas, como las del hierro y el acero, maquinaria, minería, cemento, y refinado del azúcar. Merced a su diversificación en todas y cada una de las principales actividades del país, concentraron en unas pocas manos un enorme caudal de poder, de influencia y de dinero.

En su seno llegaron a coaligarse distintos grupos de intereses. A su frente se encuentran los vestigios de la antigua aristocracia, los altos funcionarios, la directiva de los partidos conservadores, los propios dirigentes de los *zaibatsu,* los grandes terratenientes y el alto mando militar. Al margen de sus ideologías políticas, todas estas elites tenían numerosos intereses comunes, lo que estrechaba los vínculos entre todas ellas.

En la concepción y organización del *zaibatsu* imperan aún los valores feudales y confucianos entre todos los empleados. Un clan familiar detentaba todos los mecanismos del poder, y las actividades de todos y cada uno de sus miembros estaban firmemente reguladas, conforme a una estructura jerárquica y piramidal. Las decisiones se abordaban conforme a los códigos éticos que defendía el clan, sobre los que se apoyaba su fortaleza laboral y familiar.

Sus trabajadores eran clasificados en distintas categorías, conforme a su cometido y experiencia. Se fomentaban por otra parte vínculos estrechos y personales entre la compañía y el trabajador, mediante el procedimiento habitual de facilitar el que un empleado pudiera desarrollar toda su carrera en una misma empresa, con una serie de derechos y beneficios contraídos como recompensa por su dedicación. Dicha práctica contribuía poderosamente a afianzar los lazos y los sentimientos de lealtad recíprocos entre el *zaibatsu* y sus trabajadores.

Se desataron al tiempo acérrimas rivalidades entre los principales *zaibatsu*. Era proverbial, por ejemplo, la hostilidad que se profesaban los poderosísimos oligopolios de Mitsui y de Mitsubishi. Pero además cobraron gran importancia los oligopolios Sumitomo y Yasuda. Estos eran a la sazón los cuatro mayores *zaibatsu* con que contaba el país.

También la banca estaba sumamente concentrada en cinco grandes corporaciones: a las ya citadas Mitsui, Mitsubishi, Yasuda y Sumitomo, que contaban con sus propias entidades bancarias, cabe añadir a la corporación Dai-Ichi. Todas ellas rivalizaban ferozmente entre sí, tanto en el terreno comercial como en el campo de juego político. Pese a lo cual siempre tendieron a presentar un frente común contra los grupos militaristas, que las miraban con desprecio. En no pocas ocasiones llegaron a estrechar la cooperación para abordar determinados negocios.

Había otras importantes empresas, además de los conglomerados *zaibatsu:* Okura, influyente en el comercio, la minería y los negocios textiles; Asano en cemento, minería hierro e ingeniería pesada; Furukawa en minería y refinamiento del cobre y tendidos eléctricos.

Y fueron estos grandes conglomerados financieros y tribales los que, precisamente, alentaron y patrocinaron económicamente las aventuras expansionistas que emprendería el país en los próximos años. Eran numerosos los rasgos que compartían con los dirigentes del país. No en vano los *zaibatsu,* así como el propio gobierno japonés, prosperaban sobre la paradoja. Aquéllos desarrollaron negocios a gran escala, conforme a los más vigentes principios empresariales, y equiparon sus industrias con tecnología de última generación. Sin embargo sus bases ideológicas y laborales reposaban sobre los más rancios principios feudales.

El juego de afinidades se saldó en la continua interrelación entre gobierno y plutocracia. Los *zaibatsu* desempeñaron un papel sumamente importante en el ascenso económico japonés. El peso que cobraron en el desarrollo de su país no tuvo parangón en ningún otro lugar. La mayor parte de las nuevas industrias de importancia fueron puestas en marcha por los *zaibatsu*, quienes de un modo u otro intervinieron en su consecución.

Por otra parte, todos ellos colaboraron en la finaciación de las numerosas guerras que Japón habría de librar desde finales del siglo XIX en adelante. Con numerosos intereses en el continente, contribuyeron además a desarrollar el tendido empresarial en las colonias.

Su poderío económico, y el hecho de controlar algunas industrias básicas, les obligaba a mantener estrechos contactos con el gobierno del país. De este modo, se vinculaban sin ningún pudor con los principales partidos políticos. Mitsui se alió con el partido Seiyukai, mientras que su rival Mitsubishi se asoció con el partido Kenseikai (más tarde llamado Minseito). Su influencia no se limitó a las cuestiones económicas: dejaron sentir su peso en importantes decisiones políticas.

A finales de los 20 los *zaibatsu* habían conquistado la cúspide de su poder e influencia. Al estar íntimamente vinculados con los dirigentes de los partidos políticos y con todos los órganos del poder, se reservaban un peso decisivo en las decisiones que tomaba el gobierno.

Esto obedecía, fundamentalmente, a la magnitud de sus intereses, lo que añadido a su sorprendente diversificación les garantizaba el control sobre diferentes sectores de gran interés estratégico. No había ninguna arteria de importancia- fuera industria, finanzas o comercio- que no estuviera vinculada de una o de otra forma con los todopoderosos conglomerados. Además sus tentáculos se extendían por las pequeñas y medianas empresas, cuyas actividades condicionaban. De este modo, aun por debajo del *zaibatsu* se extendía una tupida red de empresas subsidiarias y sub-subsidiarias, cuyo conjunto comprendía la trabazón de prácticamente toda la actividad del país.

Sin embargo tampoco eran plazas inexpugnables, y en más de una ocasión recibieron severos correctivos destinados a evitar que se extralimitasen en sus funciones. Por otra parte, aunque ciertamente marcaban el ritmo de crecimiento de Japón, al mismo tiempo eran los primeros en sufrir las adversidades que originaba la coyuntura económica.

V. 5. El filo de la *katana*

En 1930 se dieron por ultimados los planes de reconstrucción urbana, tras el terremoto que había devastado la capital siete años atrás. Fueron reconstruídas 3.119 hectáreas en el perímetro urbano; se trazaron o mejoraron 750 kilómetros de carreteras; vieron la luz 55 nuevos parques, y 52 escuelas elementales volvieron a funcionar normalmente.

Sin embargo el proceso, pese a su celeridad, no pudo ser ejecutado con las garantías apetecibles: debido a la crisis económica los presupuestos se vieron recortados drásticamente: de los 4100 millones de yenes originalmente previstos sólo se pudo disponer de 700 millones[8]. Por esta razón la mayoría de las zonas periféricas de la ciudad, y en particular sus perímetros industriales, apenas se vieron urbanizados: permanecieron como zonas suburbanas e inhóspitas. Las películas de Ozu serán un testimonio fiel de esta situación, como se verá.

Los éxitos parciales de la política y de la economía no invitaban, empero, al optimismo: todos los sucesos anteriormente referidos provocaron importantes cambios en el seno de la sociedad japonesa. La política y la sociedad evolucionaron hacia posiciones ultranacionalistas en un campo que había sido bien abonado en las décadas precedentes.

El sistema político se articulaba en torno a sus dos principales partidos: el Seiyukai y el Kenseikai (o Minseito), ambos conservadores, y vinculados con los grandes *zaibatsu*. Dicho sistema, implantado por las reformas Meiji, entró en crisis debida fundamentalmente al ascenso de una extrema derecha beligerante y nacionalista, que ganaba adeptos a diario entre la población y el ejército.

Al contrario de lo que sucediera en Italia o en Alemania, en Japón no había ningún líder carismático, si exceptuamos la figura divina del Emperador, más próximo a los *kami* que a los mortales. Tampoco había prendido ninguna filosofía dogmática, ni se contaba con ningún partido de masas. La evolución hacia el militarismo se produjo dentro de las ambigüedades que propiciaba la Constitución Meiji de 1889.

Los artículos 11 y 12 de la misma otorgaban al Emperador el mando supremo de las Fuerzas Armadas. Sólo los altos mandos del ejército tenían acceso directo al Emperador. Bajo este orden, los políticos civiles, vinculados con los partidos reglamentados, se iban sometiendo a un progresivo aislamiento. Cualquier atisbo crítico contra la política belicosa e imperialista podía ser tachado de traición, lo que acarrearía funestas consecuencias contra los opositores.

El shintoísmo, la religión autóctona, venía cobrando fuerza como sustento espiritual de esta ideología que rinde culto al Emperador como manifestación divina. De este modo, el ciudadano japonés que acata los designios de aquél, rinde al mismo tiempo culto al estado, en cuya cúspide se sitúa el mismísimo Hijo de los Dioses. Su

---

[8] WADA-MARCIANO, Mitsuyo. "Construction of Modern Space : Tokyo and Shochiku Kamata Film Texts". En: *IN Praise of Film Studies : Essays in Honor of Makino Mamoru* / Edited by Aaron Gerow and Abé Mark Nornes. Yokohama ; Ann Arbor : Kinema Club ; Trafford, 2001, p. 172.

figura, además, justificaba la expansión militar como consecuencia de una misión determinista: el País del Sol Naciente estaba predestinado a liderar una liga panasiática contra el dominio occidental.

La inestabilidad interior, sumada a la progresión de las tesis expansionistas, llevaron al poder en volandas a los sectores militares más expansionistas, que se presentaban a sí mismos como la única esperanza de orden y de prosperidad. Sus palabras, belicosas y ultranacionalistas, eran las que deseaba escuchar la mayoría de la sociedad japonesa.

También su creciente influencia política había sido allanada en décadas anteriores: desde 1898 las ordenanzas militares exigían la designación de un almirante o de un vicealmirante como Ministro de Marina, y la de un General como responsable del Ministerio de la Guerra.

Por otra parte, el ejército manifestó siempre una marcada animosidad contra los gobiernos civiles, a los que reprochaba su talante laxo y pacifista. No pocos de los jóvenes oficiales acusaban a los políticos por las consecuencias supuestamente negativas que, tras la Primera Guerra Mundial, habían precipitado la crisis económica que arrastraba el país desde finales de los años 20.

Se daba por otra parte un buen entendimiento recíproco entre los *zaibatsu* y el ejército. Ambos sólo veían en la expansión por China un posible remedio a la crisis. Aunando sus intereses, se desarrollaron la industria pesada y las químicas, con vistas al esfuerzo bélico. De hecho los preparativos de guerra supusieron un macabro estímulo para el desarrollo de la industria japonesa.

No sobra añadir que el ejército y la armada contaban con el respaldo de buena parte de la población. A pesar de la modernización que habían experimentado las fuerzas armadas desde los tiempos de Meiji, la casta guerrera parecía cobijar aún los antiguos valores nacionales, magnificados por el imaginario colectivo. A la opinión pública no le resultó difícil confiar antes en estos epígonos del *bushido* que en los empresarios codiciosos o en los políticos falaces.

Incluso el campesinado sentía una particular afinidad con los militares. No queriendo recordar los siglos de levas y saqueos y sometimiento que había sufrido la población rural a manos de los samurais, los campesinos de Showa, víctimas acaso de los mecanismos de educación y de propaganda, pasaron a enorgullecerse de las hazañas militares de sus soldados, y a glorificar el ejercicio de las armas[9]. Hasta tal punto había llegado aquel delirio marcial, que había convertido al Japón en un inmenso cuartel. Es de notar que, a despecho de semejante admiración, el ejército hizo poco o nada por mejorar las condiciones del campo.

Bajo estas condiciones se produjo un rápido viraje de timón en la política japonesa: las tendencias liberalizadoras y democráticas de la era Taisho, por frágiles y prefabricadas que fueran, se vieron sustituidas por el militarismo, por los sentimientos ultranacionalistas y xenófobos, y por las desmedidas apetencias de expansión imperial.

Por otra parte, desde finales de 1930 la policía emprendía una incesante campaña contra los sindicatos: rompiendo huelgas, disolviendo reuniones, intimidando a los líderes sindicales, encarcelando a cualquier supuesto agitador. Sólo en el mes de Octubre de 1930 se registraron 1519 casos de violencia laboral, en los que se vieron implicados 136.539 trabajadores, de acuerdo con el Ministerio del Interior[10].

A partir de 1930 numerosos grupos de extrema derecha planearon acciones criminales como instrumento político. Se sucedieron numerosos atentados, que acabaron con la vida de ministros y de empresarios. A partir de 1930 se producen distintas tentativas de golpe de estado, que en varias ocasiones acabaron con la vida de altos cargos políticos. En Noviembre de 1930 caía asesinado Hamaguchi Osachi, miembro del Partido Minseito y firme partidario de la apertura comercial de Japón y de la reducción de sus efectivos bélicos.

El último Primer Ministro miembro de un partido civil, Tsuyoshi Inukai, se vio forzado a gobernar aceptando la política de hechos consumados de los militares: la invasión de Manchuria ya estaba en marcha, sin que se hubiera contado con la aprobación del gobierno. En vano alzó la voz contra la hegemonía militar, mientras trataba de llamar al ejército a la obediencia: era predicar en el desierto. Los éxitos militares habían desatado una euforia nacionalista tal, que ahora pronunciarse en su contra hubiera supuesto la ruina política.

En todo caso, también aquel Primer Ministro tenía los días contados. El 15 de Mayo de 1932 Inukai pereció víctima de un atentado. En el incidente se vio implicado nada menos que Charles Chaplin, que por entonces visitaba Japón, y a quien la Sociedad del Dragón Negro, la misma que atentó contra Inukai, pretendía asesinar para provocar un conflicto con los Estados Unidos[11].

Con la muerte de Inukai concluyó la época del gobierno de los partidos políticos, y quedaba claro que el futuro de la nación había de reposar en manos de la cada vez más poderosa e influyente casta militar. Bajo el

---

9 REISCHAUER, Edwin O. *El Japón : Historia de una nación.* México : Fondo de Cultura Económica, 1986, p. 170.

10 DAVIS, Darrell William. *Picturing Japaneseness : Monumental Style, National Identity, Japanese Film.* New York : Columbia University Press, 1996, p. 59.

11 El legendario cineasta dio cuenta de dicho incidente. Véase: CHAPLIN, Charles. *Mi autobiografía.* Madrid : Debate, 1989, p. 409 - 413.

mando del almirante Saito Makoto se formó un "gabinete de unidad nacional", organizado al margen de cualquier decisión política. Dicha maniobra por parte del ejército supuso la definitiva extinción de los gobiernos civiles: a partir de entonces el Ejército y la Armada serían los auténticos guardianes, pero también los verdugos, de la política japonesa.

V. 6. La expansión por el continente

Al margen de las responsabilidades más o menos explícitas que cada cual tuvo en la propagación de la ideología imperialista, parecía evidente que a principios de los Treinta ni el Emperador ni el gobierno civil eran capaces de dominar al ejército. De hecho, era éste quien imponía la política exterior del Japón dando por válidos una sucesión de hechos consumados. Al fin y al cabo el Ejército era el brazo armado del Emperador, y a éste se debía obediencia absoluta.

En el Rescripto Imperial dirigido por el Emperador a sus huestes se leen párrafos como los siguientes:

"Nosotros (el Emperador) somos la cabeza, y vosotros sois el cuerpo. Dependemos de vosotros como de los brazos y de las piernas. Podremos defender nuestro país, y devolver la honra a nuestros antepasados, sólo si cumplís con vuestras obligaciones (...). Así, no dejéis que las opiniones actuales os lleven por mal camino: no os mezcléis en política, sino cumplid vuestros deberes hacia el Emperador con sencillez, recordando que la virtud es más pesada que una montaña, mientras que la muerte es más ligera que una pluma (...)."

"Considerad por tanto las órdenes de los superiores como si fueran directamente emitidas por Nos, y tratad a los inferiores con consideración (...). "Si no hacéis de la simplicidad vuestra meta, os convertiréis en afeminados y en frívolos, y os encariñaréis con una vida lujosa y extravagante; y, por último, os haréis egoístas y sórdidos, y os hundiréis en el grado de mayor vileza, de tal modo que ni la lealtad ni el valor servirán para salvaros del desprecio del mundo" [12].

Atendiendo tales patrones de conducta, y bajo el amparo del lema *"Todo el mundo bajo un mismo techo"* se diseñó el proyecto de una Asia libre del yugo extranjero, y liderada por la nación escogida. No en vano, se consideraba que *"lo que era bueno para Japón, también lo era para las demás naciones del Sudeste asiático"* [13].

Para lograr tal fin, el poderoso dispositivo bélico que se había venido fraguando se puso en funcionamiento: el porcentaje del ejército y de la Armada en el gasto general del país creció del 31 % en 1931- 1932 al 47 % en 1936 - 1937 [14].

Es interesante recordar en este punto la marcada rivalidad, rayana en desavenencias, que se daba entre el Ejército y la Armada Imperiales. Más aún, en el seno de ambos se producía la oposición entre los mandos más veteranos, más dados a la prudencia, y los mandos jóvenes, proclives a la exaltación y a los radicalismos.

Las unidades de tierra y de mar siempre habían mostrado desconfianza la una de la otra; con frecuencia actuaban sin coordinar los esfuerzos, lo que hubo de pagarse muy caro poco tiempo después ante un ejército perfectamente organizado como era el norteamericano.

La armada, construida según el modelo británico, se mostraba más prudente a la hora de tomar decisiones. Se trataba de una fuerza militar fuertemente tecnificada, que dependía para su funcionamiento de los suministros de combustible. Éstos provenían, fundamentalmente, de la costa Este de Estados Unidos, y de las Indias Orientales Holandesas (la actual Indonesia). Entrar en conflicto con ambas potencias supondría poner en peligro la provisión del precioso combustible, lo que forzaba a la cautela.

Despreocupado por dichas circunstancias, el ejército - construido a semejanza de los modelos germanos- apuntaba hacia el corazón de Asia: allí donde se debía someter a los enemigos chinos y soviéticos. Así pues, desde 1931 Manchuria pasó a ser objetivo preferente en las apetencias expansionistas japonesas. Se trataba de una región vasta y rica en recursos naturales. Contaba con buenas comunicaciones, y tenía gran valor estratégico tanto para penetrar en el resto de China, como para adentrarse en las fronteras soviéticas y mongolas.

El 18 de Septiembre de 1931 se produjo una explosión en la línea férrea del sur de Manchuria. Asegurando que se había tratado de un acto de sabotaje, el ejército aprovechó el incidente -sin duda provocado- para ocupar toda la región en una rápida oleada de asaltos militares.

En 1931 el Consejo de la Sociedad de Naciones pidió al Japón que retirase sus tropas de Manchuria. Tokio respondió ocupando Shangai y bombardeando Nankín. Dichas agresiones no fueron sino el preámbulo que precedió a la creación del estado de Manchukuo. Lo cual sucedió al año siguiente: bajo la presión japonesa, setecientos representantes del pueblo manchú proclamaron, el 1 de Marzo de 1932, su independencia de China. Se puso al frente del nuevo país a quien fuera último emperador de China: el también manchú Pu-yi,

---

12 El Rescripto Imperial dirigido a los Soldados y Marinos fue promulgado por el Emperador Meiji en 1882, pero conservaba toda su vigencia durante estos años de guerra . El documento aparece parcialmente transcrito en: BENEDICT, Ruth. *El crisantemo y la espada : Patrones de la cultura japonesa*. Madrid : Alianza, 1974, p. 189 -194.

13 LANZACO SALAFRANCA, Federico. *Introducción a la cultura japonesa : Pensamiento y religión*. Valladolid : Universidad, 2000, p.

196.

14 ALLEN G.C. Breve historia económica del Japón Moderno. Madrid : Tecnos, 1980, p. 166

quien había abdicado en 1912[15]. El gobierno japonés sentó de este modo las bases de una forma de expansión violenta y depredadora que anticipa las posteriores campañas de Mussolini y de Hitler.

Amparando este gobierno-títere, Japón reconoció el nuevo estado, aparentemente independiente, pero que a partir de entonces contará con la tutela de Tokio. En todos los puestos de importancia se nombraron administradores japoneses. De este modo, a partir de 1932 la rica Manchuria pasó a convertirse, resignadamente, en el más importante de los protectorados japoneses. Inmersa como estaba en una guerra civil, China no pudo frenar las maniobras expansionistas de su cada vez más poderoso vecino.

Japón realizó por lo demás enormes desembolsos en la región, a fin de urbanizar las ciudades y de establecer comunicaciones: más de 3.000 kilómetros de ferrocarril construidos en menos de diez años, amén de puertos y aeropuertos, diques y estaciones eléctricas, dan fe de este interesado esfuerzo. A principios de los años 40, el Manchukúo era la región más desarrollada de Asia, después de Japón.

A despecho de los delirios ultranacionalistas, el incidente de Manchuria no obedecía tanto a las apetencias expansionistas japonesas, cuanto a la necesidad de hallar soluciones a las tensiones internas. Sin embargo, lejos de sofocarlas llegó a avivar tensiones: tras la conquista de Manchuria la metrópoli sufrió un periodo de turbulencia sin precedentes.

Fuera de sus fronteras nacionales, las escaramuzas eran prácticamente continuas. Los incidentes armados ni siquiera eran calificados como "guerra" por las autoridades, que se limitaban a considerarlo sublevaciones localizadas. Sin embargo la incesante actividad bélica permitió al ejército hacerse con una preeminencia absoluta en la vida política japonesa.

A partir de 1935 las tropas japonesas comienzan a desplegarse por las provincias del Norte de China, así como por Mongolia. Primero se libraron combates intermitentes contra la resistencia local; pero estas refriegas fueron la antesala que más tarde desató la guerra en gran escala. Se produjeron movilizaciones generalizadas para adiestrar reclutas en el ejercicio de las armas. Incluso un artista tan prestigioso como Ozu fue llamado a filas para servir en la campaña continental, lo que sucedió en Septiembre de 1937. En el capítulo biográfico daremos cuenta de este dramático episodio de la vida del cineasta.

Cuando se hubo confirmado abiertamente el conflicto contra China, en Julio de 1937, se estableció un Cuartel General Imperial. Su objetivo era coordinar provechosamente los esfuerzos del ejército y de la armada, lo que no siempre fue conseguido con eficiencia. A partir de este momento, tras desatarse las hostilidades entre las fuerzas chinas y japonesas, comienza un periodo de quince años de guerras ininterrumpidas. Aquellas batallas fueron, a la sazón, los primeros episodios que precedieron al estallido de la Segunda Guerra Mundial.

La Sociedad de Naciones nunca reconoció el nuevo estado de Manchukúo. Los Estados Unidos tampoco reconocieron en ningún momento las conquistas que había logrado Japón a punta de bayoneta. Es más: la Sociedad de Naciones envió una comisión investigadora a Manchuria, que dio como resultado una enérgica proclama de condena, a la que Japón hizo caso omiso. Peor aún, dándose por ofendido, el Japón abandonaba la Sociedad de Naciones. Esto sucedía el día 27 de febrero de 1933, tras leerse un edicto imperial.

Pese a todo Tokio pudo seguir actuando con impunidad. Londres, que seguía prefiriendo un Japón depredador antes que un estado chino poderoso, desautorizó las sanciones que la Sociedad de Naciones proponía contra el país agresor. Sólo la Unión Soviética -que veía sus propias lindes en peligro- se opuso contundentemente a la política expansionista japonesa, al tiempo que reforzaba todos sus destacamentos fronterizos.

En el ínterin el Imperio Japonés practicaba un nuevo orden de alianzas: El 25 de Noviembre de 1936 Tokio firma con Berlín el *Pacto Anti-Comintern,* obligándose ambos a velar contra la expansión del comunismo internacional. Sería un primer paso, previo a la firma del Pacto Tripartito con Alemania e Italia, que será firmado en Septiembre de 1940.

La firma de dicha alianza había venido precedida por un nuevo y sangriento incidente: en Febrero de 1936 una división armada se amotinó, con el propósito de *"proteger a la Patria"* y devolver el prestigio imperial. El motín fue finalmente sofocado, y sus principales instigadores sufrieron pena de muerte. Sin embargo los miembros civiles del gobierno, temerosos de nuevas insurrecciones, se plegaron a partir de este momento más aún a las exigencias de los militares, que a todos los efectos tenían el país en sus manos.

Los efectos no se hicieron esperar: el Gabinete Hirota, que llegó al poder tras el motín, adoptó una actitud todavía más agresiva en el exterior. Para ello se establece la delimitación de una gran reserva anticomunista, que preservase los intereses de Japón y de Manchukúo en el mismo corazón de China.

Al año siguiente el Príncipe Konoye Fuminaro fue nombrado Primer Ministro, como salvaguarda de los valores perennes e inmutables de la nación japonesa. Al socaire de tales virtudes, Japón se podía permitir toda

---

15 Episodios que inspiraron una hermosa película a Bernardo Bertolucci: El último Emperador (1987)

agresión exterior, con la confianza de obrar impunemente tanto dentro como fuera de sus fronteras. Sus primeros movimientos pretenderían hacer realidad uno de los sueños visionarios de Ikki y de Tanaka: la conquista de China, como antesala de la dominación japonesa de todo el orbe asiático.

Noriko. Kami ningyô realizada por Miko Misono

VI. UNA SOLA SANGRE. UNA SOLA MENTE: (Años 1936 - 1945)

VI. 1. El eclipse del Sol

Cuando el 4 de Junio de 1937 el príncipe Konoye Fumimaro es nombrado Primer Ministro, pocos dudan ya que la ofensiva exterior es inminente. Como así fue: en Julio de aquel año estalla la Guerra contra China. Una guerra que durará hasta 1945, cuando finalmente Japón se rinda ante los Estados Unidos.

Para desatar las hostilidades se aprovechó como pretexto un incidente fronterizo sin importancia, que sirvió como yesca para prender el conflicto. En cuarenta y ocho horas Pekín había sido tomada. La misma suerte sufrirán, poco después, Shangai y Nankín. El saqueo de esta ciudad marcó todo un hito en lo que a crueldad se refiere: en sólo dos días más de doce mil chinos fueron exterminados como represalia por sus actividades anti japonesas.

En 1938 las tropas japonesas se habían desparramado por todo el valle del Yang-Tze, y no tarda en ser controlada toda la franja costera de la China meridional. En el entretanto, la diplomacia se mueve con la misma celeridad con que lo hacen las divisiones acorazadas: era preciso afinar cualquier pretexto que justificase la agresión, antes de que se produjese una previsible alianza entre Chiang Kai-Chek y los rebeldes comunistas; o, lo que también sería posible, entre China y la Unión Soviética.

Antes aún de que se produjeran tales ententes, la operación militar rápida y fácil que auguraban los generales japoneses se había convertido en un conflicto largo y sangriento, al que Japón no se veía capaz de poner fin. La guerra de guerrillas, practicada en las agrestes regiones del interior, supuso una sangría continua al ejército invasor, que obtenía muy poco provecho a cambio. Por otra parte, la campaña contra China llegó a costar la astronómica cifra de cuatro millones de dólares diarios, necesarios para el abastecimiento del millón y medio de soldados que allí se concentraban.

Por otra parte, el Kuomintang y los comunistas chinos optaron por hacer frente a la terrible amenaza que se cernía sobre el país común. Contaban esta vez con el decidido apoyo, siquiera político, de la comunidad internacional. Esta vez hasta los británicos se opusieron al implacable rodillo nipón, ofreciendo generosos créditos a la resistencia china.

Pero fue una vez más la Unión Soviética la potencia que más enérgicamente se opuso a la expansión japonesa: como mediador favoreció las alianzas entre Chan Kai-Chek y Mao Tse-Tung. En su decidida posición de hostigamiento, las tropas del ejército soviético llegaron a dirigir ataques esporádicos contra las tropas japonesas que se atrincheraban ante sus fronteras.

Ante el cariz que cobraba la situación, que amenabaza con extender un conflicto internacional de consecuencias impredecibles, todo Japón se preparaba para una guerra a gran escala: fue decretada la instrucción militar obligatoria en todas las escuelas, al tiempo que se prolongó el periodo militar. Gracias al denodado esfuerzo común, a partir de 1937 Japón era capaz de producir la mayor parte de las máquinas que precisaban sus industrias. Incluso se permitía exportar abundante equipamiento industrial a las regiones de su entorno, particularmente a Manchuria. Se aumentó la cantidad y se mejoró la calidad de sus manufacturas, y se llegó a ampliar la gama de producción durante estas fechas. La industria incrementó notablemente sus niveles de eficiencia, en virtud de unos operarios cada vez más cualificados, y a un incesante esfuerzo a la hora de perfeccionar los equipos técnicos y a racionalizar la organización de sus plantas industriales.

La política financiera y armamentística del gobierno fue un estímulo importante en la mejora del tejido industrial. Aun bajo el parasol bélico, se realizó además un esfuerzo suplementario con vistas a mejorar los rendimientos de la organización empresarial. La importación de maquinaria a gran escala obedecía al indisimulado afán de mejorar las industrias bélicas, particularmente la naval y la aérea, que debían hacer viables las pretensiones expansionistas del ejército imperial. El Gobierno adoptó, a pesar de los tiempos de carencia, un contumaz plan de desecho y reconstrucción, destinado a renovar por completo la flota.

Japón no contaba con un ejército: todo el país se había convertido en un inmenso y bien disciplinado cuartel. En Marzo de 1938 se decretó la Ley de Movilización, que confería al gobierno plenos poderes para disponer de los recursos conforme a las exigencias bélicas. Es de destacar que las castas militares se mostraron siempre muy contrarias a la política que trataban de impulsar los gobiernos civiles desde la capital. Pero además criticaban enérgicamente a los *zaibatsu*, a quienes el ejército acusaba de buscar tan sólo sus propios beneficios. Se sucedieron los ataques y los atentados contra los oligopolios, que en ocasiones acabaron con la vida de alguno de sus más importantes miembros. La hegemonía marcial en la vida política era cada vez más palpable. En el Manchukúo, por citar el ejemplo más extremo, la influencia del ejército fue absoluta, obrando con frecuencia al margen de los designios de Tokio, y aún imponiendo por la fuerza su agresiva política de hechos consumados. Las industrias que se introdujeron en Manchukúo tenían, principalmente, aplicaciones bélicas: extensos complejos metalúrgicos y químicos que se vieron alimentados por una red ferroviaria controlada desde Tokio.

Más aún, buena parte del desarrollo industrial de Manchukúo fue confiada, por designio expreso de los militares, a empresas ajenas a los grandes *zaibatsu*. Así fue cómo se desarrollaron los nuevos grupos empresariales o *shin-zaibatsu* ("*shin*" quiere decir "*nuevo*"), que se beneficiaron de semejante apoyo por parte del ejército. Entre ellos destacó el consorcio Nippon Sangyo Kaisha (Nissan), liderado por Y. Aikawa.

Novedosa desde sus planteamientos germinales, la Nissan disponía de una estructura de capital muy distinta de la de los grandes *zaibatsu*, ya que sus acciones estaban más extensamente distribuidas, en lugar de estar concentradas en unas pocas familias. Además se mostró en todo momento próxima y receptiva a los dictámenes del ejército[2].

En el momento en que comenzó la invasión de Manchukúo, en 1931, la inversión total de Japón en aquel lugar ascendía a 1600 millones de yenes. A finales de 1937 rebasaba holgadamente los 3000 millones. Otro tanto sucedió con Corea, y particularmente con sus industrias mineras.

Pero además se alteró el destino de las exportaciones: los Estados Unidos, que habían acaparado el 43 % de las exportaciones en 1929, limitaron éstas a tan sólo el 22% a partir de 1936. China y los territorios limítrofes sumaban el 25% en 1929, y se vieron incrementados hasta el 27% en 1936.

Pero además las exportaciones a otros mercados asiáticos -India, colonias holandesas- también se vieron fuertemente incrementadas, así como las exportaciones a lugares más remotos, como África, Sudamérica y Australia. Fundamentalmente se seguía exportando seda en rama y té, a los que se añadieron conservas de pescado y cerámicas. Manchukúo y China recibieron la mayor provisión de maquinaria fabricada en Japón[3].

Huelga añadir que, a lo largo de todo el periodo bélico, la concentración del control sobre la economía aumentó mucho. Tanto los *zaibatsu* originarios, como los *shin-zaibatsu* que surgieron con posterioridad, se hallaban estrechamente vinculados con el gobierno. Unos y otros participaban en el común esfuerzo bélico. La estrecha economía de guerra permitió, sin embargo, una abultada expansión de la industria pesada, naturalmente con fines bélicos. Más aún, la concentración asimismo del sistema bancario dio alas a los bancos integrados en los *zaibatsu*, cuando menos en aquellos que se vieron amparados por el ejército.

En 1937 El Ministerio de Educación hizo publico un texto que pretendía servir como ideario ético de todos los japoneses: el llamado *Kokutai no hongi* (*Principios de la política nacional*), del cual se vendieron más de dos millones de copias. Se trataba de un manifiesto destinado particularmente a los docentes, a quienes debía servir como guía en la formación de los jóvenes alumnos. Sus páginas recogían un compendio de teoría moral y política tradicional, encaminado a abonar la moral gregaria en tiempos en que se exige el esfuerzo colectivo. Por consiguiente, aquella doctrina civil exaltaba la familia como valor central de la cultura japonesa, al tiempo que se abominaba del individualismo, entendido como mal nefando que había pervertido a las naciones occidentales.

Al socaire de tales dogmas, todos los ciudadanos debían entregarse con abnegación y entusiasmo al servicio al Estado, como manifestación suprema del cumplimiento del deber. La persona "*no es esencialmente un ser humano aislado del Estado, sino que tiene su destino asignado como parte formante del Estado*". Por esta razón se abomina de la cultura extranjera que se ha filtrado en el gran santuario nipón. De manera bien explícita, según declaraba dicho manifiesto, "*los males ideológicos sociales del Japón de hoy podían ser atribuidos a que, desde los días de Meiji, habían sido importados y a una celeridad excesiva tantos aspectos de disciplina, sistemas y culturas de Europa y Estados Unidos*". Para corregir tamañas perversiones era urgente recuperar una armonía nacional japonesa, objetivo posible y deseable toda vez que "*había bajo el Emperador un cuerpo de personas con una sola sangre y una sola mente*"[4].

---

2 Véase: ALLEN G.C. Breve historia económica del Japón Moderno. Madrid : Tecnos, 1980, p. 188

3 Ibid., p. 190.

4 Citas del *Kokutai no hongi* tomadas de: BEASLEY, W.G. *Historia Contemporánea de Japón*. Madrid : Alianza, 1995, p. 276.

Así era comúnmente admitido: el Estado y el Imperio eran los garantes de un Japón renovado, que debía renunciar a los intereses individuales. No quedaba otro camino salvo desterrar la cultura occidental que había impregnado el país. ¿Toda? Evidentemente no. Pocos dudaban que se debía aprovechar, con vistas a los objetivos expansionistas del Gobierno, la cultura científica y económica de los pujantes países de Europa y América del Norte: haciendo uso del efecto *boomerang,* la cultura y la ciencia del intruso euro-americano debía volverse en su contra. De hecho la proporción de estudiantes universitarios aplicados a carreras de ciencias e ingeniería, con fundamentos occidentales, ascendió del 15% en 1931-1935 al 23% en 1941-1945[5]. Pero no sólo las ciencias positivistas se acogieron a los impulsos renovadores ultramarinos: otro tanto sucedió con el arte y la cultura en general, curiosa paradoja en un país que se impregna de la cultura que dice aborrecer. En 1937 se funda la Galería Imperial del Arte, que no era del todo ajena a formas artísticas exteriores.

Se verá en las páginas siguientes que los profesores y estudiantes de Ozu se aplican con frecuencia al estudio de ciencias económicas, o a las matemáticas. El caso más extremo lo depara Érase un padre (1942), en el que el padre, profesor de matemáticas y geometría, dirige a su hijo una arenga en consonancia con los principios más rancios de la Política Nacional. Su hijo, que recoge la voz del padre, es a la vez profesor de matemáticas, como a su vez lo era el protagonista de la anterior El hijo único (1936).

En 1938 fue promulgada la Ley de Movilización, conforme a la cual el Estado puede disponer de todos los recursos productivos del país. La medida se toma ante la evidencia de que la guerra se recrudecerá de inmediato: la resistencia china recibía apoyo y suministros soviéticos a través de la frontera con Mongolia. Esto provocó que, en 1938, los japoneses realizasen incursiones en Siberia. Sin embargo, la contundente respuesta soviética, que provocó a principios de 1939 un gran número de bajas en las filas invasoras, decidió a los japoneses a mantenerse alejados de un enemigo mucho más temible que la guerrilla china. Sin embargo estos combates son meros escarceos que anticipan lo que se avecina: el 1 de Septiembre de 1939 estallaba la Guerra en Europa.

El inicio del conflicto, mucho más próximo de lo que pudiera parecer, dejaba las colonias asiáticas prácticamente indefensas ante el ejército japonés. Y no se tardó en demostrar esta evidencia. En el tablero de las alianzas internacionales, el 27 de Septiembre de 1940 se vio rubricada la alianza que integraba el Eje Roma-Berlín-Tokio. Previamente Japón había firmado con Alemania el Pacto Anti-Comintern, en Noviembre de 1936. La firma del Pacto Tripartito no hizo sino empeorar la pésima situación internacional, al vincular los acontecimientos de Europa con los de Asia y el Pacífico.

Sin embargo el archipiélago asiático no tarda en sacar provecho de la entente: el gobierno colaboracionista de Vichy aceptó la supremacía japonesa en Extremo Oriente; y en virtud de dicho reconocimiento, autorizó a las tropas imperiales a adentrarse en la Indochina francesa, a fin de ocupar posiciones ventajosas contra China. Era una forma suave de dar a entender que se permitía la expansión nipona a través de todo el sudeste asiático.

Además, la cada vez más preocupante situación en Europa frenó sensiblemente las estrategias conjuntas contra Japón. En Tokio se confía en la próxima victoria de sus aliados en Europa, mientras que los japoneses, que habían visto estancados sus progresos bélicos, se aseguraron el reconocimiento de su primacía en Asia oriental.

Aquel mismo año de 1940 el Primer Ministro, el príncipe Konoye Fumimaro, estableció la llamada *Shintaisei,* la Nueva Estructura Nacional. Se pretende a través de la misma insuflar con nuevos bríos la fortaleza propia del espíritu japonés: la conciencia de su identidad nacional. No en vano, como pueblo escogido, descendiente de los dioses y liderado por un heredero de aquéllos, el País del Sol Naciente se ve llamado a dirigir un nuevo orden internacional[6]. Como medida complementaria se disolvieron los partidos políticos, todos ellos sustituidos por la Asociación para la Asistencia de la Autoridad Imperial. Mediante presiones sociales, dicha institución aislaba y reprimía cualquier tendencia o actividad contraria a los objetivos del gobierno.

VI. 2. Al soportar lo insoportable

El trepidante círculo de acontecimientos, tanto locales como externos, que había sufrido Japón en la última década precipitó a todo el país al ultranacionalismo. Por una parte su política de rapiña y agresión le hizo merecedor de verse una vez más aislado del resto del mundo; y como fórmula taumatúrgica se continúa confiando en la conquista exterior, probada y eficaz panacea política y económica. Sin embargo la expansión por el Pacífico sitúa al Japón frente a un enemigo mucho

---

5 Ibid., p. 277.

6 Véase: GONZÁLEZ VALLES, Jesús. *Historia de la filosofía japonesa.* Madrid : Tecnos, 2000, p. 308.

más poderoso que el vecindario asiático con el que libra sus combates: los Estados Unidos de Roosevelt, que ya ven inevitable la guerra contra los japoneses.

No en vano la progresión japonesa por el continente avanzaba a marchas forzadas. En 1940 se creó el estado titere de Wang Ching-Wei, en Nankín, bajo pleno control de las tropas niponas. Durante el verano de 1940, el ejército japonés inicia operaciones en la Indochina francesa. El presidente norteamericano, que hasta entonces había limitado su condena a un mero embargo moral, impone a partir de entonces restricciones al comercio con Japón. Obrando conjuntamente, los gobiernos de Estados Unidos, Gran Bretaña y Holanda consiguieron que los depósitos bancarios japoneses fueran congelados, y que sus exportaciones de petróleo quedaran prohibidas.

La medida es dolorosa, puesto que las industrias de guerra japonesas dependían muy estrechamente de las provisiones de hierro y de petróleo que llegaban de los Estados Unidos o de las colonias holandesas en Indonesia. Pero además, al continuar las tropas japonesas su avance sobre la Indochina meridional, las potencias occidentales impusieron el embargo total a Japón, cortándole de este modo el suministro de productos indispensables, como el caucho y el petróleo. Así fue cómo Japón se vio asfixiado por lo que llaman el *Cerco ABCD* (Americanos, Británicos, Chinos y Holandeses -Dutch-). Bajo tamañas restricciones, al país invasor sólo le quedaban reservas para los próximos dos años.

A despecho de semejante tenaza, cobra fuerza el proyecto utópico de establecer la Esfera Asiática de Co-Prosperidad Panasiática (*Kyôei-ken*) que, liderada por Japón, liberaría al Extremo Oriente de la vergonzosa explotación que estos países sufrían del depredador occidental. Un proyecto llamado al fracaso por al menos dos motivos: la mayor parte de los países candidatos a ingresar, a golpe de bayoneta, en dicha liga sufrían insuperables recelos mutuos y mantenían hostilidades desde tiempos remotos. Además, el pretendido liberador japonés mostró una predisposición hacia la tiranía y la rapiña que llegó a hacer buena la presencia del hombre blanco.

Se alcanza de este modo una situación irresoluble: Los Estados Unidos exigen al Japón la retirada de Indochina y de China; el gobierno japonés, por su parte, imponía que los americanos dejasen de prestar apoyo al gobierno de Chiang Kai-Chek, que reconociesen la supremacía nipona en el orden asiático y que cesasen en el embargo sobre los abastecimientos industriales. El Congreso y la opinión pública norteamericana eran partidarios de evitar una guerra que cada vez se veía más próxima. Pero asimismo crecía la posición de solidaridad y simpatía hacia el pueblo chino, agredido por el depredador insular. El cine y los medios de comunicación no eran ajenos a este sentimiento, como demuestra el gran éxito en taquilla que había tenido, en 1936, la adaptación cinematográfica de la novela de Pearl S. Buck The Good Earth (La buena tierra. Sidney Franklin), que fue vista por veintitres millones de espectadores en los Estados Unidos[7].

Ante el curso que cobran los acontecimientos, el gobierno japonés decide en secreto la guerra contra los Estados Unidos. El Príncipe Konoe, abrumado ante las ambiciones desmedidas del país, se niega a precipitar a su país a una guerra desbocada, de resultados más que inciertos. De este modo presentó la dimisión, pero el destino de su nación ya había sido trazado.

En Octubre de 1941 sube al poder, en calidad de Primer Ministro, el general Tojo Hideki, partidario de una respuesta fulminante contra los aliados. Se convirtió simultáneamente en Primer Ministro, Ministro del Ejército y, durante algún tiempo, también en Ministro del Interior. De este modo, al fin los militares lograron hacerse con todas las riendas del poder.

Se produce además un matrimonio de conveniencia, pese a las desconfianzas recíprocas, entre los militares y los responsables de los grandes *zaibatsu*. Así pues, cuando los jefes militares se adueñaron efectivamente de todo el país, y cuando la borrachera bélica había prendido en toda la población, Japón se aproximó más al carácter totalitario de los gobiernos nazi y fascista de Europa, si bien en tonos considerablemente más discretos. A diferencia de Alemania e Italia, no surgieron movimientos organizados de masas con tendencias totalitarias.

El pueblo japonés acababa de despertar de un prolongado letargo feudal, por lo que no le resultaba difícil someterse a una situación totalitaria como la presente. No se olvide que la situación presente se fraguó a partir de la interpretación de la Constitución Meiji de 1889. Y, en todo caso, no se produjo una revolución violenta que precipitara repentinamente los acontecimientos: la derivación hacia el totalitarismo se produjo en Japón gradualmente, a base de pequeñas etapas. Por esta razón, tal vez dicho régimen parezca menos exaltado y brutal que el que se practicó en Europa.

La posición invisible del Emperador, y el difuso reparto de responsabilidades, dio como resultado un gobierno marcadamente acéfalo: más allá de distintos colectivos oligárquicos, resultaba prácticamente

---

7 TIPTON, Elise K. *Modern Japan : A Social and Political History*. London ; New York : Routledge, 2002, p. 122.

imposible determinar quién se hallaba al frente de las decisiones que se tomaban, y que aproximaban cada vez más al país a un abismo de sangre y fuego. Resulta difícil saber hasta qué punto el Emperador, permanentemente recluido y silencioso, podía haber llegado a ser cómplice de toda esta cadena de trágicos sucesos, que habrían de llevar al Japon a la mayor tragedia de toda su historia.

Como punto de partida, y mientras se prepara el ataque contra los Estados Unidos, cientos de intelectuales, políticos y dirigentes laborales fueron a parar a prisiones, donde debían renunciar a sus peligrosas formas de pensar y de actuar. En el entretanto, y una vez tomada la decisión de atacar los Estados Unidos, la diplomacia japonesa obró con sigilo y cautela: meses antes del bombardeo de Pearl Harbor, Tokio firmó con Moscú un pacto de no agresión. Sin embargo, las dos potencias continuaron observándose con recelo, y dejando importantes contingentes de tropas a ambos lados de la frontera siberiana.

Estados Unidos, que tiene ahora ante sí un temible rival que le disputa la supremacía sobre el Pacífico, se apresta a reforzar sus guarniciones en Hawai y Filipinas. En Noviembre de 1941 exigió terminantemente la retirada de las tropas japonesas de China e Indochina, así como la ruptura con Berlín y Roma. Semejantes exigencias eran, a la postre, la antesala de una declaración formal de guerra. Al mismo tiempo, el almirante Yamamoto había urdido un ataque sorpresa contra la flota americana, parcialmente recalada en Hawai. El alto mando japonés era plenamente consciente de su inferioridad en recursos con respecto al coloso americano: daban por supuesto que sólo una serie de victorias contundentes e inmediatas amedrentarían al presidente Roosevelt. A la sazón, se supone que las democracias occidentales -y en particular la norteamericana- estaban corrompidas por el exceso de lujo y de bienestar. Una serie de rápidas y fulminantes victorias-pensaban los militares japoneses- alejarían a sus enemigos de la posibilidad de librar una guerra larga y sumamente cruenta.

He aquí un estridente caso de ceguera colectiva: los generales japoneses no veían, o no querían ver, el impresionante potencial norteamericano, capaz de restituir rápidamente lo perdido, y aún de producir mucho más. Poco importaba lo desproporcionado de sus ambiciones, o la evidente superioridad tecnológica, militar y demográfica de los Estados Unidos: los japoneses depositaron toda su confianza en su inquebrantable espíritu y en su legendaria superioridad moral.

De este modo, el domingo 7 de Diciembre de 1941 se lanzó un ataque sorpresa contra la base de Pearl Harbor. Pese a la eficacia de la operación, los resultados obtenidos fueron muy inferiores a lo esperado: la armada americana perdió siete acorazados, ciento veinte aviones y dos mil cuatrocientos hombres. No se dañó ningún portaaviones, al no estar fondeados en aquel puerto.

Poco después del ataque contra Pearl Harbor, fueron bombardeadas las bases norteamericanas en Filipinas. De modo que, en pocos meses, todo el archipiélago pasó a manos japonesas. Sin embargo la sucesión de bombardeos sin previo aviso tuvo la virtud de unir a toda la nación americana en un esfuerzo común contra el agresor. El mismo día del ataque por sorpresa, los estadounidenses optaron por alzarse en armas contra Japón y contra Alemania.

Los primeros meses de guerra arrojaron un espectacular saldo a favor del ejército imperial: caen Hong Kong y Singapur; Birmania y las posesiones holandesas en Indonesia. De este modo, en sólo cuatro meses Japón se ha hecho con un vasto imperio, riquísimo en recursos humanos y en materias primas. En Marzo de 1942 ya estaban en Nueva Guinea, con posibilidad de atacar Australia. En Mayo ocuparon Birmania, antesala de la conquista de India.

Este mismo año se crea el Ministerio de la Gran Asia Oriental. Japón pretende erigirse -por la fuerza- en el líder de una gran coalición panasiática cuyo objetivo último sería la liberación del yugo occidental. Sin embargo, los invasores japoneses no tardaron en aplicar sobre los territorios conquistados los mismos planteamientos coloniales que tenían sus predecesores; y de una manera mucho más severa y cruel. La naturaleza nacionalista y tiránica de la nueva metrópoli provocó el que, rápidamente, se organizaran colectivos de resistencia contra el pretendido liberador.

La derrota de la armada japonesa en Midway, en Junio de 1942, hubo de dar un nuevo giro al conflicto. En Octubre de aquel año se produce el ataque anfibio contra Guadalcanal. Japón comenzó a librar una guerra defensiva a lo largo de un amplísimo escenario: una piel de zapa que, inexorablemente, estaba destinada a perder. Esta vez tenía frente a sus tropas a un enemigo que contaba con una aplastante superioridad en todo tipo de recursos. Durante aquellos años, por citar un ejemplo, Estados Unidos producía 700 veces más petróleo que toda la reserva almacenada en Japón.

Isla por isla se fueron librando crudísimas batallas. Las principales ciudades japonesas sufrieron devastadores bombardeos, y el pueblo japonés se preparaba para resistir numantinamente contra la ya segura invasión aliada. Todas las grandes ciudades japonesas, salvo Kioto, sufrieron el devastador castigo de las bombas incendiarias. Sólo en Tokio se calcula que más de cien mil civiles perecieron víctimas del fuego que caía del cielo. Se calcula que más de 668.000 civiles perdieron la vida en el curso de aquellos devastadores bombardeos.

El gabinete Tojo dimitió en Julio de 1944. Su sucesor, el general Kuniaki Koiso, no estaba dispuesto a aceptar las condiciones de rendición impuestas por los americanos. Sin embargo la derrota se mostraba tan cierta como inevitable. El 8 de mayo de 1945 se rindió Alemania, finalizando de este modo la guerra en Europa. El 26 de Julio de 1945 los Estados Unidos, junto con Gran Bretaña y China, firmaron la llamada Proclamación de Potsdam, que planteaba los términos de la rendición incondicional del Japón: conforme a la misma el país sería ocupado; perdería su imperio y se sometería a todos los cambios necesarios para convertirlo en una nación pacífica y desmilitarizada. Pese a lo cual, conservaría su identidad nacional y cultural, y el pueblo sería libre de decidir su futura forma de gobierno.

Finalmente, y con el ánimo de concluir cuanto antes una guerra que podría dilatarse mucho, el presidente Harry S. Truman se decidió a utilizar la nueva y terrorífica arma nuclear. Así fue cómo el 6 de Agosto de 1945 toda Hiroshima quedó arrasada por el impacto de una única bomba. Apenas tres días después, Nagasaki sufrió el mismo castigo. Unas doscientas mil vidas humanas se apagaron a consecuencia del horror nuclear, en el curso de unas pocas horas.

Justo entonces, el 8 de Agosto, en medio de los dos bombardeos atómicos, la Unión Soviética declaraba la guerra a Japón, y empezaba a invadir Manchuria. No quedaba otra solución salvo la rendición incondicional. Ésta se notificó el día 10 de Agosto. Este día la nación derrotada acepta las condiciones impuestas por los vencedores en la Declaración de Potsdam del 27 de Julio.

El 15 de Agosto de 1945 el Emperador emitió por radio un mensaje en el que insta a su pueblo a *"soportar lo insoportable"*. Por primera vez el pueblo japonés alcanzó a oír la voz del Hijo de los Dioses. Y también de este modo el Emperador tomó la primera decisión política trascendental desde los tiempos de Meiji: el 1 de Septiembre de 1945 el orgulloso imperio japonés firmaba su capitulación. El Ministro Mamoru Shigemitsu, en nombre del Emperador, firmaba la rendición, que era entregada al día siguiente, a bordo del acorazado Missouri anclado en la bahía de Tokio, al general Douglas MacArthur.

Pocos días después MacArthur, nombrado Comandante en Jefe de las Fuerzas Aliadas, ocupaba el archipiélago japonés. Un príncipe imperial fue nombrado Primer Ministro para asegurar que la decisión sería respetada por los militares. No hubo ningún conato de resistencia contra la decisión que había tomado su Emperador. Sin embargo, quinientos veintisiete miembros del ejército - entre ellos el príncipe Konoye Fumimaro- y treinta y nueve civiles se suicidaron al conocer la rendición de su país. Todos ellos lo hicieron antes de que las tropas de MacArthur pusieran pie en la isla de Honshu, el 28 de Agosto de 1945. El hecho de que fuera el propio Emperador quien diera la orden de la capitulación impidió que fueran muchos más quienes siguieran su ejemplo. Precisamente a consecuencia de esto, la ocupación americana fue pacífica; no se encontró ningún conato de resistencia por parte de la población japonesa. Detrás de todos estos sucesos quedaron los más de tres millones de japoneses, y los más de diez millones de chinos, que entre otros muchos dejaron sus vidas en el campo de batalla[8].

El Emperador utilizó para declarar la rendición un lenguaje elíptico que reconocía, junto con el heroísmo de su pueblo, la imposibilidad de resistir contra un gigante que les rebasaba en todos los órdenes. *"Pese a haber hecho todos y cada uno lo mejor que se podía, la situación de la guerra no se ha desarrollado necesariamente en beneficio de Japón. A fin de evitar más derramamiento de sangre, acaso incluso la extinción total de la civilización humana, Japón tendrá que soportar lo insoportable y sufrir lo insufrible"* [9]. Tales fueron sus palabras.

Soportar lo insoportable y sufrir lo insufrible. Esta había sido, en realidad, la actitud del pueblo japonés durante los últimos años de la guerra. El cometido mesiánico del país- evitar el apocalipsis nuclear de todo un pueblo-, subyacía aún en estas declaraciones. Las dos explosiones atómicas, y el estado de total destrucción que presentaba el país, transformaba a la nación agresora, causante de incalculables sufrimientos en toda Asia, en país mártir; en la primera víctima de los mayores horrores tecnológicos.

Como consecuencia de la guerra, todo el país quedó literalmente desmantelado. Era llegado el momento de exigir responsabilidades. Así, entre 1946 y 1948 veintiocho dirigentes japoneses fueron enjuiciados por un tribunal internacional. Siete de ellos, entre los que figuraba el general Tojo, fueron ejecutados en la horca. El pueblo japonés consideró que estos siete habían sido sacrificados como chivos expiatorios por un delito que era común a todo un pueblo cegado por su propia

---

8 TSURUMI, Shunsuke. *A Cultural History of Postwar Japan : 1945 - 1980.* London (etc.) : KPI, 1987, p. 104.
9 Cita: BEASLEY, W.G. *Historia Contemporánea de Japón.* Madrid : Alianza, 1995, p. 311.

ambición. Sin embargo, fue un alivio común ver a su Emperador libre de verse enfrentado a un Tribunal de Guerra, pese a que todos entendían que el conflicto había sido emprendido bajo el designio del Mikado. En la instrucción militar que los soldados recibían se solía repetir los dictámenes del Emperador: *"Considerad una orden de cualquier superior como una orden mía"*.

Muchos otros soldados y oficiales siguieron la misma suerte, sobre el patíbulo o en el interior de las cárceles, en el curso de los numerosos procesos que se celebraron al finalizar la contienda. Veinte oficiales fueron procesados. Además de ellos, el número de japoneses arrestados y procesados como criminales de guerra superó los 10.000. De ellos 4.253 fueron hallados culpables, de los que 1068 fueron condenados a muerte, y otros 422 a cadena perpétua. 2.763 más sufrieron distintas penas de reclusión. Sólo en Yokohama setecientos hombres fueron sentenciados a muerte, y tres mil a otras penas carcelarias. Muchos de los 1068 ejecutados escribieron un testamento final. 701 de estos testamentos fueron compilados posteriormente en un libro titulado *"El último testamento del siglo"* : un documento escalofriante[10].

Aunque se alzaron muchas voces pidiendo el procesamiento del Emperador Hirohito como responsable último de las agresiones y atrocidades cometidas por el ejército japonés, el mando americano se opuso a ello. El general MacArthur era consciente del papel que el Emperador debía desempeñar en la pacificación de un país llamado a renunciar, de manera voluntaria, al uso de la fuerza.

Concluida la guerra, el panorama no podía ser más desolador. La cuarta parte de las viviendas habían sido destruidas por los bombardeos. El país se hallaba literalmente arruinado. Japón perdió con la guerra todos los vastos territorios que había ganado gracias a la misma guerra. Pero además, con sus colonias se vio privado de todas sus esferas de influencia y su hegemonía comercial en el continente asiático. Las grandes inversiones realizadas en las colonias se perdieron de un plumazo. Las consecuencias de la capitulación se prolongarían durante décadas, llegando hasta nuestros días. Las islas Bonin serán restituidas por los Estados Unidos en 1968; y el archipiélago de Okinawa en 1971, si bien los Estados Unidos mantienen bases militares estables en el país asiático. Por la parte soviética no se logrará un acuerdo satisfactorio: las islas Kuriles, ocupadas tras la guerra, no fueron devueltas, y aún hoy son motivo de controversia permanente entre los dos países.

---

10 TSURUMI, Shunsuke. *A Cultural History of Postwar Japan : 1945 - 1980*. London (etc.) : KPI, 1987, p. 14 - 20.

Noriko. Kami ningyô realizada por Miko Misono

VII. - LA OCUPACIÓN NORTEAMERICANA: (Años 1945 - 1952)

VII. 1. El último Shôgun: los años de Douglas MacArthur

Septiembre de 1945: por primera vez en toda su historia, Japón sufre una invasión extranjera. La ocupación no duraría más que siete años: desde el 15 de Agosto de 1945, día en que se firma el armisticio, hasta la firma del Tratado de Paz de San Francisco, rubricado el 28 de Abril de 1952. Un periodo breve, sin duda, en el que se produjo el cambio más abrupto que había experimentado el país a lo largo de toda su accidentada historia.

La ocupación americana de Japón es uno de los episodios más notables de la historia del siglo XX. A lo largo de la misma, una primera potencia se afanaba por reformar y encauzar a otra potencia de primera magnitud. Y posiblemente nunca en la historia de la humanidad una ocupación armada demostró ser tan satisfactoria y cómoda para los vencedores, y tan beneficiosa y tolerable para los vencidos. Lo que es aún más admirable si se tiene en cuenta la terrible violencia de los combates recientemente librados, y el enorme precio en vidas humanas con que se había saldado la contienda.

La derrota no supuso tan sólo la pérdida de una guerra: descerrajó asimismo toda la política exterior que Japón había venido emprendiendo desde mediados del siglo XIX. Desde los tiempos de Meiji, como se ha visto, la guerra suponía la solución fulminante a todas las tensiones internas que sufría el país. Y ahora era precisamente la guerra la que había arruinado el país y todos sus quiméricos proyectos. Las pretensiones de expansión territorial; la equiparación con los países occidentales; el objetivo de la liga panasiática, se volatilizaron como el humo de los incendios ocasionados por los bombardeos.

Se trata de un proceso rico en paradojas: la potencia vencedora utilizó métodos que cabría calificar de tiránicos, en el sentido más clásico del término, empleados con el objetivo de asentar la democracia y los derechos humanos en un país derrotado, ajeno a las prácticas democráticas occidentales.

Sin embargo la tiranía a la que nos referíamos se mostró sorprendentemente benévola y paternal. Al cabo, se procura crear, en el archipiélago asiático, un reflejo oriental de la democracia y de los ideales norteamericanos. Es posible examinar, desde nuestra perspectiva, la ocupación americana bajo una doble vertiente: como un intento de reformar la sociedad japonesa, y de conducirla hacia coordenadas democráticas de signo occidentalizante, y de mantener al país bajo la esfera política y militar norteamericana. No se oculta finalmente el objetivo práctico de convertir el territorio ocupado en un bastión inexpugnable contra el avance del comunismo por Asia.

En los primeros estadios de la ocupación cobró prioridad el primer objetivo, mientras que con el estallido de la Guerra Fría tomó preeminencia el segundo. Por consiguiente el SCAP puso buen cuidado en sofocar huelgas y en asfixiar todo conato izquierdista, al tiempo que se rehabilitaba en los cargos públicos a los sectores más conservadores, anteriormente purgados[2].

Las fuerzas de ocupación tomaron el control de un erial que había soñado ser Imperio. A lo largo de quince años de guerra incesante y desoladora, Japón había perdido 3.1 millones de vidas, de los cuales más de 800.000 habían sido civiles. Todo el país había sufrido experiencias devastadoras: bombardeos incendiarios; carencia y miserias; sangría incesante y vida en continuo temor de perderla. Y finalmente sufrió dos ataques de dimensiones apocalípticas, que dejaron otras tantas ciudades- Hiroshima y Nagasaki- reducidas a cenizas. Otro tanto sucedía con la capital, víctima de los devastadores bombardeos convencionales. Si a principios de los 40 la población de Tokio ascendía a 6.700.000 habitantes, tras la rendición sólo quedaban 2.800.000 personas que trataban de sobrevivir en un paisaje urbano infernal[3].

Más del 30% de los japoneses había perdido sus hogares. La industria mermó su producción hasta la cuarta parte de su actividad anterior. Fruto de la inflación galopante, el *yen* se había depreciado hasta la centésima parte de lo que valía antes de la guerra. La cosecha de arroz sólo llegó a los dos tercios de lo normal. El bloqueo

---
2 FREIBERG, Freda . "Occupied Feminism : The rhetoric of Feminism in Japanese Films made under the American Occupation". En: *The FIRST Australian History and Film Conference Papers.* Sydney : Australian Film an Yelevision School, 1982, p. 157.

3 TIPTON, Elise K. *Modern Japan : A Social and Political History.* London ; New York : Routledge, 2002, p. 143.

marítimo había provocado la carestía absoluta, de manera que buena parte del país corría el peligro de perecer víctima de enfermedades y de inanición.

Para empeorar el dantesco panorama, se alcanza la cifra de diez millones de desempleados, a los que pronto se sumarán los seis millones de japoneses repatriados desde todos los confines del Imperio perdido.

De la ocupación surgirá un nuevo Japón: el Japón de nuestros días. A lo largo de estos siete años todo el país experimentará una transformación que sólo tendría parangón, a lo largo de su historia, con la emprendida por el Emperador Meiji en la segunda mitad del siglo XIX.

Japón no sufrió una ocupación compartida: ésta recayó de manera exclusiva en manos estadounidenses. Tampoco fue dividido el país, como lo fue Alemania primero, o Corea después. Sin embargo, la preeminencia norteamericana quedó diplomáticamente maquillada. En efecto, una vez efectuada la ocupación, se crearon dos organismos administrativos: el Consejo Aliado para Japón, con sede en Tokio, compuesto por representantes de los Estados Unidos, la Unión Soviética, China, Gran Bretaña y la Commonwealth; y la Comunidad de Extremo Oriente, con sede en Washington.

Aunque se enmascaraba el proceso bajo una fachada multinacional, la autoridad de todo el proceso dependía del Comandante en Jefe de las Fuerzas de Ocupación, SCAP (Supreme Commander for the Allied Powers): el General Douglas MacArthur (1880-1964). Debe quedar claro que el término SCAP se refiere tanto para designar a una persona, el general, como a la Administración de la Ocupación, si bien a todos efectos ésta era dirigida por el propio MacArthur.

Es de justicia reconocer al talento de MacArthur buena parte del éxito de la reconstrucción japonesa. Este militar conservador, pragmático, compartía con los japoneses una cierta vocación determinista: tras haber dirigido el ejército contra el enemigo, ahora estaba destinado a tratarle con respeto e indulgencia, para instruirle en las bondades de la democracia. *"En su modo de gobernar había una mezcla entre el poder absoluto de los antiguos shôgun y el espíritu práctico y colonizador de un virrey británico de la India del Raj"*[4].

Bajo su supervisión en poco tiempo se desmanteló todo el complejo bélico japonés; más de dos millones de soldados fueron desmovilizados. Otros tres millones de soldados (a los que se deben sumar otros tres millones de civiles) fueron repatriados.

A consecuencia de la derrota, Japón perdió todas las posesiones que había conquistado desde 1868. Esto comprendía los más dudosos territorios de las Ryukyu (Okinawa) y las islas Kuriles, jurisdicciones nacionales que asimismo le fueron expropiadas.

Preocupada especialmente la opinión pública norteamericana de la evolución de los acontecimientos en Europa, MacArthur gozó de libertad de movimientos para reconstruir el Japón según su criterio. Fue el suyo un gobierno autocrático, pero al mismo tiempo prudente, paternalista y extraordinariamente previsor. A grandes rasgos, la política del SCAP era diseñada en Washington, e interpretada con cierta libertad por el Alto mando de Tokio. A su frente, MacArthur tuvo la habilidad de lograr un diáfano entendimiento con los funcionarios japoneses con los que trabajó estrechamente. De manera particular, contó con la inestimble colaboración del Primer Ministro Yoshida, quien a su vez se erigía en valedor de la idiosincrasia cultural y política de los japoneses.

MacArthur se preocupó por vigilar escrupulosamente la actividad de la prensa: tanto la local como la extranjera. Y se mostró muy cauteloso en el uso de la palabra, evitando excesivas muestras de arrogancia o de prepotencia por parte del vencedor. Aunque Japón se había rendido incondicionalmente, los términos de dicha rendición nunca fueron aplicados de manera severa por las fuerzas invasoras. De este modo, se permitió a la diplomacia japonesa utilizar eufemismos que suavizaran las condiciones de la derrota. De este modo se aplicaban términos como *"fin de la guerra"* o *"estacionamiento de tropas extranjeras"*, en vez de otras voces más oprobiosas, como *"rendición"*, *"derrota"* u *"ocupación"*.

El SCAP aplicó en sus reformas el espíritu del New Deal que había trazado el presidente Roosevelt a principios de los años 30. De talante conservador, MacArthur era contrario a probar experiencias inéditas. Además se mostraba firmemente decidido a hacer del Japón un muro sólido contra el avance del comunismo.

A lo largo de su mandato hizo gala de una actitud paternalista, pero al mismo tiempo magnánima, hacia un antiguo enemigo a quien se tiene como políticamente inmaduro, y que precisa de un acelerado proceso de reeducación. A su regreso a los Estados Unidos aseguró en unas declaraciones que los japoneses tenían la mentalidad de niños de doce años.

El mandato de MacArthur dejó huellas profundas en la actividad política del país: durante la ocupación se formaron, bajo los auspicios del vencedor ultramarino, quienes habrán de ser los futuros gobernantes del país.

Las tres directrices fundamentales que perseguía la potencia vencedora eran: desmilitarización, democratización

---

4 TOGORES SÁNCHEZ, Luis Eugenio. *Japón en el siglo XX : De imperio militar a potencia económica.*. Madrid : Arco Libros, 2000, p. 76.

y reconstrucción del país derrotado. De acuerdo con tales presupuestos, el SCAP comenzó por desmantelar los restos del ejército. Numerosos miembros de la casta militar fueron procesados. Asimismo fueron apartados de cargos políticos y administrativos todos aquellos que fueron considerados impulsores o simpatizantes del Japón imperial.

Por descontado, la difunta potencia fue privada de todas sus conquistas anteriores, y se la obligó a abolir todos los apoyos institucionales que alimentasen el poder militar. En cumplimiento del nuevo orden internacional, el antiguo imperio quedó reducido a las cuatro islas principales, y sus islotes aledaños. Perdió de inmediato Corea y Manchuria; Taiwan, Sajalín y las Kuriles (que aún hoy continúan en manos de Rusia, provocando frecuentes desavenencias entre los dos países). Okinawa y las islas Bonin pasaron a depender de la administración norteamericana. Las conquistas iniciales de Japón, y su posterior pérdida, figuran entre las distintas causas que precipitaron el final de la colonización de numerosas naciones asiáticas a lo largo de los siguientes años.

En el ínterin seis millones y medio de japoneses, dispersos por el desvanecido imperio, fueron repatriados. Con la destrucción del ejército quedaban asimismo abolidos los Ministerios de la Guerra, del Ejército y de la Marina; se desmantelaron los despojos de su industria bélica, e incluso el transporte aéreo y la marina mercante se vieron reducidos a la mínima expresión. Unas 180.000 personas, acusadas de colaboración con la causa imperial, fueron retiradas de sus cargos.

VII. 2. Tras la proclama de Potsdam

Ultimada la rendición, aún aguardaba un sobresalto a la castigada población japonesa. El 1 de Enero de 1946 el Emperador hizo pública la renuncia a su condición divina. Vuelan así, y de un plumazo, las bases que habían sustentado el credo shintoísta desde hacía más de dos mil años.

En aquel discurso, emitido radiofónicamente a todo el país, el Dios que dejó de serlo se pronunció por primera vez como un ser humano más; y dijo: *"Los lazos que nos han unido siempre con nuestro pueblo brotan de la mutua confianza y afecto. No se originan de leyendas y mitos. Y no dependen de la falsa concepción de que el Emperador es un ser divino, ni de que el pueblo japonés es superior a otras razas, y que en consecuencia está destinado a gobernar el mundo"* [5]. Aquella fue la primera vez que muchos japoneses oyeron la voz de su emperador, a quien se debía considerar en adelante un hombre de carne y hueso como cualquier otro.

De este modo Michinomiya Hirohito, el Emperador que renunció a su divinidad, fue el último de los grandes supervivientes de la Segunda Guerra Mundial: a su muerte, el 7 de Enero de 1989, a los ochenta y siete años de edad de los cuales más de sesenta y dos (desde Diciembre de 1926) había permanecido como Emperador. Se había convertido en el monarca japonés que más tiempo había permanecido en el trono. Su muerte puso fin a la época llamada de la Armonía Brillante- Showa-. Paradójico nombre para un periodo en el que las sombras y las luces entraron en disputa feroz, en un país que gozó y sufrió de todo menos, precisamente, de armonía.

Los objetivos del ejército de ocupación, recogidos en una circular enviada al SCAP en Noviembre de 1945 eran los que ya se habían propuesto en la Proclamación de Potsdam: asegurarse de que Japón nunca volvería a ser una amenaza para la paz y la seguridad mundiales; que el país llegara a ser readmitido como miembro responsable y pacífico en la familia de las naciones. En definitiva, los pasos a seguir serían los siguientes: *"Abolición del militarismo y el ultranacionalismo en todas sus formas; el desarme y la desmilitarización de Japón con un control continuo de su capacidad bélica, el fortalecimiento de los progresos y las tendencias democráticas en las instituciones gubernamentales, económicas y sociales, y el fomento y apoyo de las tendencias políticas liberales"* [6].

Sin embargo la primera necesidad que se debe atender es la distribución de alimentos entre los supervivientes. En el campo los campesinos conservaban la mayor parte de las casas, y producían recursoos suficientes para su propio autoabastecimiento. Pero las ciudades habían quedado arruinadas por el efecto de los bombardeos. El mercado negro no tardó en ser un lucrativo negocio ilegal.

No es menos cierto que, para una población sometida a una terrible carestía y al continuo castigo de vivir bajo bombardeos, la llegada de la paz, y con ella los suministros de víveres y de medicinas que los vencedores trajeron consigo, supuso un alivio indudable. Las fuerzas de ocupación resolvieron los problemas de higiene y salud pública con una diligencia y eficacia que los japoneses nunca hubieran esperado de sus propios gobernantes. Estos logros indudables favorecieron enormemente el éxito de las reformas que MacArthur

---

[5] Cita: LANZACO SALAFRANCA, Federico. *Introducción a la cultura japonesa : Pensamiento y religión*. Valladolid : Universidad, 2000, p.109.

[6] Cita: BEASLEY, W.G. *Historia Contemporánea de Japón*. Madrid : Alianza, 1995, p. 313.

implantó en el país ocupado.

Bástenos con citar un ejemplo significativo: entre 1895 y 1945 el promedio de vida de los japoneses ascendía a 42.8 años en la población masculina. Entre 1946 y 1951, años de ocupación, el promedio de esperanza de vida ascendió hasta los 61 años entre los hombres, y a 64.8 entre las mujeres[7].

No le falta razón a quien considera la ocupación japonesa como uno de los episodios más singulares de toda la historia: pocas sociedades han experimentado tantas y tan profundas alteraciones en tan poco tiempo, y de manera tan exitosa. En el curso de una década, Japón experimentó una recuperación extraordinariamente rápida y completa. Tres circunstancias explican el éxito del proceso:

- El derrumbamiento del estado japonés se vio suavizado por la decisión de los vencedores de conservar la estructura esencial de gobierno japonesa, y de modificar, pero no abolir, la institución imperial.

- A despecho de la derrota, el pueblo japonés continuó dando muestras de su extraordinaria disciplina y capacidad de adaptación. Bastó una orden del Emperador para que nadie pusiese resistencia al invasor.

- La población fue capaz de resistir el trauma de la derrota atribuyendo las responsabilidades a la única institución que ya no tenía cabida en la nueva sociedad: el ejército.

Todos los cargos públicos emparentados con el antiguo orden fueron apartados de la vida pública, lo que supuso una severa criba en los campos de gobierno, educación, prensa y radio, y el mundo empresarial. Por supuesto la industria cinematográfica sufrió los efectos de semejante criba, como se verá.

Las purgas se iniciaron en Enero de 1946, y afectaron a más de doscientos mil individuos, lo que mermó sensiblemente los efectivos políticos y empresariales del país. En contrapartida, se decretó una amnistía que afectaba a todos los que habían sufrido prisión por ser opositores al régimen militar.

Tras haberse enfrentado con una rendición que les hacía augurar las peores represalias a manos del *"terrible hombre blanco"*, los japoneses recibieron con sorpresa un trato benévolo y sumamente comprensivo por parte de sus vencedores. Sin ningún género de duda, la ocupación americana supuso un verdadero alivio a los incontables sufrimientos que había venido padeciendo el pueblo japonés en las últimas décadas. Por otra parte, la inclinación receptiva y pragmática del pueblo japonés no tardó en verse convencida de las bondades de los gobiernos democráticos: al cabo, tras haber sufrido una severa derrota fueron los propios enemigos los encargados de aliviar sus sufrimientos, y los guías que contribuyeron activamente a enderezar el país[8].

No se tardó en normalizar la actividad política interna, tutelada por el gobierno de ocupación. Desde Septiembre de 1945 los partidos políticos reanudaron sus actividades. Los elementos de izquierda- salvo los comunistas- organizaron el Partido Socialista. A su vez los conservadores se escindieron entre el Partido Liberal, descendiente del anterior Seiyukai, y el Partido Progresista, sucesor del antiguo Minseito. Los supervivientes de dichos partidos fundaron, a la conclusión de la Guerra, sendos partidos de talante conservador: el Demócrata y el Liberal. Diez años después, en 1955, ambos se fusionaron dando como origen al Partido Demócrata-Liberal (PDL), llamado a regir el destino del país durante las próximas décadas: salvo un breve lapso, en 1948, en que gobernaron los Socialistas, el PDL obtendrá la mayoría absoluta en todas las elecciones, al menos hasta 1983.

La situación de inestabilidad y de profundas reformas exigió tras la derrota bélica un proceso electoral complejo, que se fraguó en numerosos plebiscitos. En las primeras elecciones de posguerra, celebradas el 10 de Abril de 1946, el Partido Liberal obtuvo los mejores resultados. Su presidente, Ichiro Hatoyama, debería haber sido el nuevo Primer Ministro, pero las autoridades americanas lo impidieron. De este modo su lugar fue ocupado, el 22 de Mayo, por el más fiable Yoshida Shigeru.

Yoshida había sido Ministro de Asuntos Exteriores, así como Embajador en Londres. Decidido opositor de la guerra, contaba además con la confianza personal de MacArthur. Gracias a esta confianza, y a sus aptitudes políticas, se mantuvo como Primer Ministro siete de los siguientes ocho años y medio. Fue el único dirigente político enérgico y decidido que surgió en el país durante los años de ocupación. Los propios japoneses, que advertían tanto su singularidad como su aproximación a los planteamientos del SCAP, le dieron un sobrenombre en inglés: *"One Man Yoshida"*.

No fueron aquéllas las únicas elecciones que se celebraron tras la conclusión de la guerra: a partir del año siguiente se realizaron distintas consultas para preparar la puesta en vigor de la nueva Constitución. Al avecinarse las siguientes elecciones, celebradas el 20 de Abril de 1947, se produjo un considerable cambio en el panorama político japonés.

---

7 TSURUMI, Shunsuke. *A Cultural History of Postwar Japan : 1945 - 1980*. London (etc.) : KPI, 1987, p. 10 - 11.

8 WHITNEY HALL, John. *El Imperio Japonés*. Madrid (etc.) : Siglo XXI, 1978, p. 322 -323.

Aunque los socialistas habían obtenido menos escaños que el Partido Liberal, formaron un gabinete de coalición, junto con los Demócratas y el Partido Cooperativo, bajo la dirección de Katayama Tetsu, veterano socialista. Dicho gobierno no consiguió responder a todas las expectativas: era una extraña y poco coherente amalgama de partidos y de tendencias políticas, que inevitablemente estaba destinada a fracasar. En el mejor de los casos, no hubieran podido poner en práctica una política socialista en un país ocupado por el ejército norteamericano, que hacía al nuevo gobierno blanco de todas las críticas. De poco sirvió que Katayama dimitiera en favor de Ashida, presidente del Partido Demócrata: abandonado por los socialistas, y acusado de corrupción, favoreció el regreso de Yoshida como Primer Ministro el 15 de Octubre de 1948.

Así fue cómo Yoshida y su equipo de Liberales continuó gobernando de manera convincente durante todo el resto de la ocupación. Bajo su mandato se consolidó el sistema de dos partidos hacia el que venía apuntando el país desde los años 20: los conservadores (Partido Liberal y Partido Demócrata, fusionados en 1955) y los progresistas (el Partido Socialista). Ambas tendencias nunca fueron capaces de superar la desconfianza mutua que se profesaban.

Ni unos ni otros sabían a ciencia cierta cuánto tiempo iba a prolongarse la ocupación americana. En su conjunto el pueblo japonés, rendido incondicionalmente, se temía que pudiera durar a perpetuidad. No cabe duda que Japón adquirió en estos momentos un valor estratégico fundamental, ante el desarrollo de los acontecimientos: se desata la Guerra Fría; se afianza la victoria comunista en China; estalla la guerra en Corea. En un entorno tan conflictivo, el archipiélago asiático ha de erigirse en todo un poderoso baluarte insular que debe frenar la expansión del comunismo en Extremo Oriente.

VII. 3. *"Nosotros, el pueblo japonés"* : La Constitución de 1947

En Febrero de 1946 el SCAP ordenó *manu militari* la promulgación de una Nueva Constitución democrática, llamada a sustituir a la de Meiji de 1889. La nueva Constitución, concebida según el modelo de la estadounidense, se erigiría sobre un trípode conocido como *"la doctrina MacArthur"*: soberanía popular; renuncia del derecho a la guerra; supresión de la nobleza y de los privilegios de clase. Este último punto se traduce en la igualdad de derechos entre hombres y mujeres.

Por ironías de la historia, aquella Constitución fue promulgada el 3 de Noviembre de 1946, coincidiendo con el aniversario del nacimiento del Emperador Meiji. Entró en vigor el 3 de Mayo de 1947. La nueva Constitución fortalece el papel de la Dieta, que seguiría siendo bicameral, y que sustituiría el caduco poder de los militares y de la Corte Imperial. La presente Carta Magna comprende 103 artículos, repartidos a lo largo de XI capítulos: casi el doble de extensión que la Constitución Meiji.

Fue éste, por añadidura, el proyecto político más importante de los propuestos por el SCAP, y de algún modo su culminación. La nueva constitución alteraba profundamente las bases políticas del estado japonés. Bajo el parasol constitucional se desarrolló una nueva forma de gobierno, verdaderamente representativa, en la que la soberanía se asentaba exclusivamente en el pueblo. Originalmente fue escrita en inglés, y siempre bajo la atenta vigilancia de MacArthur y su equipo. Todos ellos se mostraron sumamente escrupulosos en su redacción, procurando en todo momento no dejar ningún cabo suelto, o evitando posibles especulaciones o ambigüedades en su contenido.

En su preámbulo se lee: *"Nosotros, el pueblo japonés, deseamos la paz en todo tiempo. Deseamos ocupar un lugar honroso en una sociedad internacional que luche por conservar la paz y porque desaparezcan para siempre de la faz de la tierra la tiranía y la esclavitud, la opresión y la intolerancia"* [9]. Y también: *"Nosotros, el pueblo japonés, actuando a través de nuestros representantes en la Dieta Nacional legítimamente elegidos, proclamamos solemnemente que el poder soberano reside en el pueblo"* [10].

En efecto, a partir de estos momentos el Emperador se ve privado de todos los poderes relacionados con el gobierno. Aunque continúa siendo el símbolo del estado, el poder soberano reside en el pueblo. En su artículo I, el Emperador es expresamente descrito como *"símbolo del Estado y de la unidad del pueblo, debiendo su posición a la voluntad del pueblo en el cual descansa el poder soberano"* [11]. Tras la supresión del Shintoísmo de Estado, las órdenes religiosas se desligan de toda atribución política.

El poder ejecutivo reside en el gobierno de la nación, cuyos miembros son responsables ante la Dieta. Ésta se

---

9 Cita: TOGORES SÁNCHEZ, Luis Eugenio. *Japón en el siglo XX : De imperio militar a potencia económica.*. Madrid : Arco Libros, 2000, p. 83.

10 Cita: FOWLER, Edward. "Piss and Run : Or how Ozu does a number on SCAP". En: *WORD and Image in Japanese Cinema* / Edited by Dennis Washburn and Carole Cavanaugh. Cambridge : University Press, 2001, p. 273 .

11 Cita: BEASLEY, W.G. *Historia Contemporánea de Japón.* Madrid : Alianza, 1995, p. 321.

consagra como el más alto órgano de poder del estado, y el único cuerpo con competencias legislativas. Está formada por una Cámara de Representantes, con 512 escaños, y una Cámara de Consejeros- que sustituye a la antigua Cámara de los Pares- que cuenta con 252 miembros. Ambas serán elegidas mediante sufragio universal. Y debe recordarse que en aquel plebiscito se admitió por primera vez el voto femenino en Japón.

El Gobierno se hallará presidido por un Primer Ministro y un número no mayor de veinte ministros. El Primer Ministro será nombrado por la Dieta entre sus miembros. Una vez designado, aquél tendrá la potestad de elegir a sus ministros. Sin embargo, todos ellos deberán ser civiles y mayoritariamente miembros de la Dieta. Todos los altos cargos de la administración local, incluidos los gobernadores y las prefecturas, pasaron a ser electivos. Por último, la Constitución ampara la creación de un poder judicial independiente.

El artículo 9, el más controvertido de la Carta Magna japonesa, fue obra directa de MacArthur. Dicho artículo contenía la polémica *"Cláusula de la Paz"*, conforme a la cual *"el pueblo japonés renuncia por siempre jamás a la guerra como derecho soberano de la nación"*, comprometiéndose a *"no mantener fuerzas de tierra, mar o aire, ni ningún otro potencial bélico"*. En el futuro, esta cláusula habría de ser fuente de polémicas continuas, que se solventaron considerando que el país podría disponer de recursos militares limitados, con el fin exclusivo de autodefensa.

Además de la renuncia a la guerra, a la amenaza y al uso de la fuerza para resolver sus desavenencias con otros países, el nuevo estado japonés garantiza, y a perpetuidad, el cumplimiento de los derechos humanos fundamentales. Entre ellos el del sufragio universal. De este modo, se establece el derecho al voto de todos los ciudadanos japoneses -hombres y mujeres- mayores de veinte años.

De sus 103 artículos, varios de ellos afectaban a aquel ecléctico Código Civil que había sido promulgado en 1898, y que ahora se vio profundamente revisado. Con ser ésta la reforma de mayor calado que sufriera dicho Código, la de 1947 no fue la única: otras ocho la habían precedido, y más de veinte sucedieron con posterioridad, la más reciente de las cuales entró en vigor el 1 de Abril de 2000[12].

Como es de suponer, la Constitución Japonesa alteró los cimientos culturales, sociales y económicos del país para renovarlos en su integridad, según el modelo del vencedor. Se trata en suma de una Carta Magna tan liberal, que podría haber sido abrazada con entusiasmo por las principales democracias del planeta. Aunque había sido elaborada por la Sección de Gobierno del SCAP, su aceptación inmediata por parte de los japoneses es prueba de su buena disposición para hacerla propia.

En su propósito reformista, MacArthur siguió inicialmente el modelo europeo: mantuvo las estructuras de poder locales en la figura de Hirohito. El Emperador, que había renunciado públicamente a su condición divina, estaba encaminado a convertirse en el instrumento privilegiado que utilizará MacArthur para pacificar y democratizar el país. Como paso preliminar, el Shinto estatal fue desautorizado. La familia imperial perdió su naturaleza sobrehumana y misteriosa, para verse revestida de una desconocida apariencia humana y cordial. Quien otrora guiara a su pueblo en la insensata aventura imperialista, debía ahora erigirse en ejemplo y guía de las virtudes democráticas. De este modo, el ahora corpóreo Emperador se convirtió en un monarca constitucional, según el modelo británico: símbolo y representante máximo del Estado y del pueblo japonés.

Además de alterar profundamente la figura imperial, el gobierno de MacArthur declaró numerosas instituciones tradicionales obsoletas, a las que sustituye por modelos occidentales. En particular, el SCAP contaba entre sus propósitos romper con las concentraciones de poder económico, tanto público como privado, para introducir un modelo de economía liberal de mercado. Para favorecer la transición, se establecen criterios de planificación centralizada, que debe conceder prioridades y organizar la estrategia política y económica.

Uno de los primeros objetivos de la misma será la supresión de los grandes conglomerados económicos japoneses. No en vano el SCAP consideró que los *zaibatsu* no sólo habían sido cómplices de los militares en su política expansiva, sino que aun eran el principal obstáculo del desarrollo de las instituciones democráticas y de una economía liberal. En consecuencia, los grandes oligopolios fueron desmantelados, y se promulgó una ley *anti-trust,* con el fin de evitar en el futuro que los cárteles llegaran a acumular los poderes de antaño. De este modo se intentó suprimir el poder y la influencia que ejercían los clanes familiares que amparaban las super estructuras económicas. Con este fin, cada grupo fue descompuesto en numerosas empresas independientes.

Fueron separadas, por tanto, las firmas bancarias de los oligopolios, con el fin de suprimir la integración financiera e industrial, por entenderse que esta práctica era contraria a los principios de una economía liberal, así como al adecuado funcionamiento económico. Más aún,

---

12 Véase: *CÓDIGO Civil Japonés* / Estudio preliminar, traducción y notas por Rafael Domingo ; Nobuo Hayashi ; Prólogo de Antonio Garrigues Walker. Madrid (etc.) : Marcial Pons (etc.), 2000, p. 44- 45.

el SCAP exigió el cierre o la transformación absoluta de todos aquellos bancos que habían prestado su apoyo directo a la causa imperial. Por otra parte, la pérdida de las colonias supuso igualmente el fin de las entidades financieras que se desarrollaron a expensas de los territorios conquistados.

Ante el alcance que habrían de tomar las reformas, el Ministerio del Interior fue abolido durante los años de ocupación. Por el contrario, se conservó prácticamente intacto el Ministerio de Educación, si bien el sistema educativo se vio completamente reformado. Se trató de descentralizar el sistema de educación estatal, introduciendo un sistema escolar subdividido en periodos académicos, que culminaba con un programa preuniversitario. Fruto de las reformas, se determinaban nueve años de enseñanza obligatoria (seis de primaria y tres de secundaria), seguidos de tres años más, opcionales, de escuela media, a los que cabía añadir otros cuatro años de estudios universitarios.

Al menos la educación obligatoria sería gratuita, y se basaría en principios de igualdad de oportunidades y en tolerancia ideológica y religiosa. Se comenzó prohibiendo cualquier atisbo de ideología militarista y ultranacionalista. Por consiguiente se suprimieron las asignaturas de ética y moral, propagadoras del dogma nacionalista. Pero además se impulsaron otras muchas mejoras en la educación, y de manera muy especial en lo referido al aprendizaje de lenguas extranjeras (particularmente la inglesa). Antes de la Ocupación, eran muy escasos los japoneses que podían expresarse con fluidez en cualquier lengua que no fuera la propia.

La vida escolar debía ser fermento y embrión de las nuevas virtudes democráticas. Por esta razón se impulsaron en los colegios las asociaciones de padres, profesores y alumnos; además se suavizó la disciplina castrense que tradicionalmente se imponía en el aula.

La Universidad de Tokio, impulsora de la ideología imperial, perdió su preeminencia mediante la creación de otras numerosas universidades a lo largo de todas las prefecturas que vertebraban el país. Sin embargo, aunque se cambiasen los planes de estudio, fue respetado el sistema jerárquico de las universidades japonesas, que aún hoy existe.

Asimismo fue acometido un plan global de revisión de asignaturas y de libros de texto. En particular, se eliminó la asignatura de *"moral"*, que fue sustituida por la de *"estudios sociales"*. Para facilitar la enseñanza de la lengua japonesa, se avanzó en la simplificación de los caracteres chinos más complejos. Los textos de los libros de historia fueron revisados y modificados, y se introdujeron nuevos temas de estudios sociales, en particular de estudios políticos, encaminados a instruir a las nuevas generaciones en los usos democráticos.

En 1948 Se promulga el nuevo Código Civil, que sería revisado en 1953, una vez concluida la ocupación americana. Este Código, que derogaba el patrocinado por el Emperador Meiji en 1898, abolía todos los vestigios del antiguo régimen, de raigambre a menudo feudal. Por consiguiente, fueron derogados los privilegios que consuetudinariamente beneficiaban al primogénito varón; se establecía así la igualdad entre todos los hermanos de una misma familia, sin que importase el sexo. La redacción de dicho código se produjo en pleno proceso de reconstrucción del país, de su sociedad, su economía y su vida política. Esto es: en un momento en el que las propias relaciones familiares estaban experimentando un proceso de cambios en su estructura y en las relaciones entre los miembros, tal como ilustran las películas de Ozu.

VII. 4. Un nuevo orden

A partir de 1947 se enturbian las relaciones del bloque occidental con la Unión Soviética. Mientras tanto el gobierno chino cede ante el ímpetu arrollador de los comunistas: en 1949 Mao Tse-Tung derrota a las fuerzas de Chiang Kai-Check e inaugura la República Popular China.

No muy lejos, en la Indochina francesa, el movimiento comunista insurgente, capitaneado por Ho Chi Minh, va cobrando progresiva fuerza; hasta el punto que en el Norte de Corea se instauraba un gobierno comunista. Otro tanto sucedía en la Europa del Este, donde se asentaban diversos gobiernos comunistas, al amparo de la Unión Soviética. El mundo se divide dramáticamente en dos bloques que amenazan con un conflicto armado mucho más terrorífico que el anterior.

De este modo los Estados Unidos comprenden la necesidad de asegurar sólidamente el baluarte nipón, como muralla barbacana que frene la expansión del comunismo por toda Asia. A partir de 1948 los intereses estratégicos comenzaron a primar sobre los militares. Los ocupantes se proponen fortalecer la economía nipona, a fin de evitar agitaciones sociales que abonasen posibles sublevaciones comunistas en el interior del castigado país.

Debe tenerse en cuenta que, a pesar de la magnitud de la derrota, no todas las circunstancias eran adversas para el pueblo japonés: la población en paro proporcionaba abundante mano de obra, cualificada y exigente, para la reconstrucción del país. Además, el esfuerzo bélico había elevado mucho los niveles de tecnología y de capacidad de produción, particularmente en las industrias pesadas. De este modo, no se reconstruye el Japón de la nada, sino a partir de un poso muy fértil de laboriosidad y experiencia. Baste recordar que, en 1949, el doctor Hideki Yukawa recibió el Premio Nobel de Física, un indicio significativo de la progresiva recuperación científica y tecnológica del país.

La reconstrucción japonesa contó además con la abundante ayuda norteamericana. Sin ésta, por más interesada que fuera, Japón se hubiera sumido en una depresión muy profunda, y su recuperación hubiera sido mucho más lenta y fatigosa. Psicológicamente, el país logró sobreponerse a la derrota y a las atrocidades cometidas contra sus vecinos, achacándolas a la ambición desmedida y a la vesania de los militares que les arrastraron. De nación agresora, se transformó en mártir del holocausto nuclear; de país espartano y belicoso pasó a convertirse en emblema universal de la paz. A causa de la fuerza combinada de la guerra y sus sufrimientos, la derrota, la decepción y la alteración brusca del orden que impulsara la ocupación norteamericana, Japón se vio forzado emprender su segundo viraje hacia la modernización: un giro rotatorio tan brusco como lo había sido la reforma Meiji de 1868[13].

Aunque la ocupación se mantuvo hasta 1951, sus directrices fundamentales habían sido llevadas a la práctica desde los últimos meses de 1947. A partir de 1948 se suavizaron progresivamente las condiciones de la ocupación: el SCAP, consciente del buen rendimiento de las reformas, iba delegando responsabilidades en manos de los nuevos funcionarios japoneses. De este modo, el temible enemigo de antaño terminó por ser el principal aliado de los Estados Unidos en Asia.

Antes que la situación internacional se enturbiase, ya se habían aprobado en Japón leyes encaminadas a renovar su organización industrial y laboral. Muy en particular, se amparó la organización de sindicatos. Así, entre 1946 y 1947 fueron aprobadas diversas leyes sindicales, y en concreto aquellas que regulaban y normalizaban las relaciones laborales, conforme a las recomendaciones de la Organización Internacional del Trabajo.

Con la Ley de Sindicatos se autorizaba a los trabajadores de manera expresa a organizarse y a pactar colectivamente con los empresarios. Los efectos no se hicieron esperar: en el transcurso de sólo un año, el número de obreros afiliados a los sindicatos ascendió a 4.5 millones. El impulso sindical no impidió a MacArthur, como contrapartida, la represión violenta de algunas huelgas (entre ellas la de los estudios Toho). En suma, se potencian los sindicatos, pero controlándolos: de ningún modo se tolera que su actividad pudiera poner en zozobra el desarrollo de los planes previstos.

El campo de acción para las reformas no dejó prácticamente ningún cabo por atar. Asimismo se vieron reformadas la educación y la sanidad; también la administración local y el sistema judicial se vieron sometidos a intensos cambios.

En el ámbito rural, se acometió un ambicioso programa de reforma agraria que puso fin a las concentraciones de tierra en manos de unos pocos terratenientes. Debe tenerse en cuenta que, a la conclusión de la Guerra, Japón era aún un país esencialmente agrícola: de este sector dependía el 25% del Producto Nacional Bruto, y casi la mitad de la mano de obra. Los consumidores, por su parte, dedicaban casi la mitad de sus salarios a la compra de alimentos, de los cuales una parte fundamental- el arroz- proviene del campo. Téngase presente que, para el SCAP, el terrateniente constituía la espina dorsal del belicoso nacionalismo japonés, mientras que buena parte del apoyo popular a tales postulados obedecía en buena medida a las condiciones de pobreza y descontento que sufrían los campesinos desde tiempos inmemoriales.

Las autoridades de ocupación decidieron, por tanto, acabar con la clase hacendada, y convertir a los arrendatarios en propietarios. Sin mayor dilación, los terratenientes fueron desposeídos por el Gobierno de las tierras que tenían en demasía. Dicha tierra fue vendida, en una segunda fase, a los antiguos arrendatarios. La compleja transacción fue concluida a finales de 1949.

Tamaña redistribución de las tierras, huelga decirlo, aumentó sensiblemente el nivel de vida de los agricultores, quienes además se vieron beneficiados por los altos precios de los alimentos y, más adelante, por las mejores oportunidades de empleo debido a la expansión de la industria por áreas antiguamente rurales, y gracias a las continuas mejoras en las comunicaciones[14].

Por otra parte, el aumento del nivel de vida entre los agricultores contribuyó a disipar el anteriormente abrupto contraste entre la población rural y la urbana. Fruto de la nueva ordenación, en poco tiempo más de dos millones de hectáreas cambiaron de manos. Con el cambio de esta situación, los granjeros recuperaron su confianza al ser de nuevo propietarios de sus propias tierras, y no meros arrendatarios. Y bajo estas nuevas condiciones de vida comenzaron a ser un firme pilar de apoyo de los partidos conservadores.

A consecuencia de los influjos de las fuerzas invasoras -y, en este sentido, el cine americano jugó un papel

---

13 WHITNEY HALL, John. *El Imperio Japonés*. Madrid (etc.) : Siglo XXI, 1978, p. 327.

14 Véase: ALLEN, G.C. *Breve historia económica del Japón Moderno*. Madrid : Tecnos, 1980, p. 229-230.

importante-, se alteraron los patrones de conducta tradicionales de los japoneses. En particular las relaciones entre hombres y mujeres. Como se apreciará a partir del protagonismo que cobran las heroínas de Ozu, las mujeres empiezan a gozar de un mayor protagonismo en la vida económica y política del país.

Durante la ocupación americana, las mujeres japonesas tuvieron derecho al voto por primera vez en la historia; y en las primeras elecciones tras la guerra 39 de los 464 representantes elegidos en la Dieta eran mujeres[15]. El incremento de la actividad política, cultural y social de la mujer en los años de posguerra se desarrolló espectacularmente, tal como ilustran algunas películas de Kenji Mizoguchi: El amor de la actriz Sumako; LLama de mi amor y, sobre todo, La victoria de las mujers, cuyo título es ya holgadamente elocuente.

Tras la guerra, en efecto, se fragua una nueva posición de la mujer en la organización del país. Como sentencia Shunsuke Tsurumi, *"ninguna mujer había sido responsable de la declaración de guerra; ninguna mujer había liderado el ejército o la armada; ni tenían siquiera el derecho al voto. Para conseguir alimentos durante la guerra con frecuencia habían tenido que transgredir la ley, ya que de lo contrario ellas y sus familias hubieran perecido de inanición"* [16]. El personaje de Noriko en Primavera tardía, al que más adelante nos referiremos, sufre aún las secuelas de las penalidades y los trabajos forzados sufridos en el curso de la guerra.

La nueva Constitución de 1947 suprime la obligación de contar con el consentimiento de los padres a la hora de contraer nupcias. Y la libertad de decisión de las mujeres en el asunto matrimonial será, como veremos, un tema habitual en el cine de Ozu. Y de manera muy particular en la trilogía de Noriko. Al mismo tiempo la Constitución garantiza la igualdad de derechos entre el marido y la mujer, otro tema asimismo explotado en la producción de posguerra de nuestro cineasta.

Como es fácil comprender, las nuevas condiciones de vida estimulan la emancipación de los hijos y de las hijas con respecto a sus mayores, lo que conlleva la descomposición de la familia tradicional. Los jóvenes abandonan el hogar paterno y la tierra natal; el éxodo rural despuebla las aldeas y fomenta el descomunal e incontrolado crecimiento de los principales núcleos urbanos.

En el curso de los primeros años de ocupación, regresan a su tierra los soldados y los civiles que la abandonaron durante las operaciones bélicas. De este modo, Japón contó con un aporte adicional de mano de obra- el principal recurso con que siempre ha contado el país- que permitió satisfacer todas las demandas del mercado laboral.

El desarrollo japonés, particularmente apreciable en los fenómenos anteriormente enunciados, fomenta diversas reformas fiscales y urbanísticas, que transformaron profundamente el territorio de la capital. Numerosos propietarios de mansiones en el Yamanote (la parte alta y aristocrática de Tokio) debieron vender sus posesiones, al no poder pagar las elevadas tasas e impuestos que se les exigían. Además debían satisfacer unas elevadísimas tasas de transmisión por herencia. Quienes recibían de sus parientes bienes inmobiliarios, debían vender una parte cuantiosa de los mismos, si no todos, para poder pagar los impuestos. En otros muchos casos, los padres dividían sus casas y sus terrenos entre los hijos, favoreciendo el proceso de construcción de casas de cada vez menor tamaño, para rentabilizar al máximo el escaso terreno urbanizable.

A consecuencia de esta situación, muchas de las grandes mansiones aristocráticas cayeron, víctimas de la especulación inmobiliaria y de la escasez de terreno edificable. Sin poder frenar este proceso, el antiguo Yamanote vio cómo las residencias aristocráticas se vieron sustituidas, casi en su totalidad, por bloques de viviendas minúsculas en los que se concentraba un vecindario muy numeroso. Los antiguos pisos de tamaño holgado se fraccionaron en varios pequeños apartamentos de una o dos habitaciones, que eran alquilados a estudiantes o a trabajadores, pero que terminaron dando cobijo a familias completas.

Las zonas de los suburbios, donde vivían los pequeños comerciantes y familias obreras en viviendas unifamiliares de pequeño tamaño, se conviertieron en presa preferente de los especuladores y de las compañías constructoras. Tras hacerse con dichos terrenos, construían nuevos bloques de apartamentos a los que, eufemísticamente, denominaban *"mansions"*, neologismo tomado del inglés que se refería a apartamentos lujosos y modernos, pero de dimensiones reducidas[17].

Por consiguiente, al tiempo que se fortalecía económicamente el país se debilitaba su estructura familiar tradicional. La nueva filosofía de la vida, fruto del capitalismo, abonaba los ideales de éxito profesional, la superación de los valores tradicionales- encarnados en las figuras de los padres-, y los todavía incipientes sentimientos de libertad y de individualismo.

---

15 TSURUMI, Shunsuke. *An Intellectual History of Wartime Japan : 1931 - 1945*. London (etc.) : KPI, 1986, p. 87.

16 Ibid. , p. 87.

17 Véase: SATO, Tadao. "Tokyo on film : (Depiction of Japanese Life in the Cinema)". *East-West Film Journal*, 1988, June, v. 2, nº 2, p. 9 - 10.

Las primas y atenciones al trabajador, sumado a los particulares sentimientos de dependencia y de gratitud hacia el espacio laboral que son tan propios de la moral confuciana, fortalecieron los vínculos de lealtad entre empresa y trabajadores. Tales lazos no impidieron que, a lo largo de los años 50 y 60, la productividad laboral creciese más que los salarios de los trabajadores. Éstos continuaban siendo bajos, pese al progresivo crecimiento de la economía. Además no tardará en aumentar el ritmo de las exportaciones, puesto que los productos japoneses eran extremadamente competitivos por su calidad y por su buen precio.

Todas estas circunstancias, que aparentemente invitaban al optimismo, de ninguna manera se traducían en una sensible mejora en el nivel de vida de los ciudadanos medios. La mayoría de ellos se entregaban a agotadoras horas de trabajo, y a largos desplazamientos hasta el lugar de trabajo, para meramente garantizarse el alojamiento y el sustento. En esta situación germinan, como se verá, muchas de las historias familiares de Yasujiro Ozu[18].

Noriko. Kami ningyô realizada por Miko Misono

---

18 Véase: NOLLETI Jr, Arthur. "Ozu´s Tokyo story and the recasting of Mc Carey´s Make way for tomorrow". En: *OZU' s Tokyo Story* / edited by David Desser. Cambridge : University Press, 1997, p. 31.

VIII. UN NUEVO RUMBO: (Años 1952 - 1963)

VIII. 1. El sol, las barras y las estrellas

Cinco años después del final de la guerra, la situación del país continuaba siendo delicada, si bien las condiciones de vida habían mejorado mucho, y las expectativas de crecimiento comenzaban a despuntar con fuerza. Aumentaba progresivamente la población: en 1950 el archipiélago japonés cuenta con 83 millones de habitantes. Sin embargo, el nivel de vida alcanzaba sólo el 60% del disfrutado antes de la guerra.

La situación no tardaría en cambiar, y de nuevo a consecuencia de un conflicto bélico. El 25 de Junio de 1950 estalla la Guerra de Corea. Japón aprovecha su privilegiada situación estratégica, así como sus vínculos históricos con aquel país. En concreto se convierte en el principal proveedor de material al ejército de los Estados Unidos, que utilizan sus bases en suelo nipón como principal centro de operaciones. El conflicto en el país vecino llega a ser considerado *"un regalo de los dioses"* [1]; y no deja de ser paradójico comprobar que, también en la paz, la industria japonesa tuviera la ocasión de expandirse gracias a una nueva guerra en Asia. Además ésta volvía a librarse en su antigua colonia.

La colaboración japonesa, sumada a las generosas subvenciones con las que los norteamericanos pretendían evitar un país miserable, presa fácil para las ideologías marxistas, dieron como resultado un despegue económico fulminante. De este modo, entre 1950 y 1953 los Estados Unidos hicieron a la industria japonesa pedidos por valor superior a los cuatro billones de dólares.

Por otra parte, la guerra coreana abrió la posibilidad de una nueva organización militar en Japón: un mes después de comenzado el conflicto, MacArthur reconsideró la posibilidad de dotar al país ocupado de un reducido cuerpo de autodefensa. De este modo, aquel mismo año fue autorizada la creación de una Reserva de Policía Nacional, eufemismo que aludía a un considerable contingente armado, que posteriormente pasaría a ser conocido como Fuerza de Defensa Nacional (*Jiei-tai*), administrada por la Oficina de Defensa (*Boei-cho*). Los propósitos de autodefensa que guiaban a semejante ejército permitía salvar las imposiciones del artículo 9 de la Constitución. Tales fuerzas, al principio limitadas a 75.000 soldados, llegarán a contar con 250.000 efectivos, bien equipados con armas modernas de todo tipo, aunque siempre fueron excluidas las nucleares.

Se permitió destinar el 1% del Producto Interior Bruto a la dotación de estas fuerzas de autodefensa. Aun siendo una cantidad muy reducida, el progresivo incremento de la economía japonesa hizo que dicho porcentaje se convirtiera en una cifra más que respetable destinada al gasto militar (Japón llegará a alcanzar la octava posición del mundo en presupuesto castrense). Sin embargo, la otrora potencia marcial renunció expresamente a todo deseo de recuperar su poderío bélico.

Desde su creación, las Fuerzas de Autodefensa fueron gestionadas bajo un estricto control civil, que cuidadosamente evitó cualquier posicionamiento político. A la sazón, su actividad se limitaba a servicios públicos internos contra desastres naturales, o como apoyo de la seguridad civil. Es de señalar que, pese a la recuperación parcial de su ejército, ninguna otra potencia mostró un talante pacifista equiparable al japonés.

Las circunstancias económicas y políticas favorables permitieron la pronta recuperación del tendido industrial. Las antiguas industrias, totalmente desmanteladas por los bombardeos, tuvieron la ocasión de ser reconstruidas con las más modernas tecnologías, importadas desde los Estados Unidos.

Se llevó a cabo, de este modo, un riguroso plan de racionalización industrial. Los tendidos fabriles se concentraban en polígonos junto a los puertos, lo que agilizó los transportes, disminuyó los costes, y acortó el ciclo productivo. La presencia militar americana, y la renuncia expresa a la guerra por parte de Japón, demostraron ser dos magníficos aliados a la hora de favorecer el desarrollo económico del país: Japón, en efecto, se encontraba bajo la tutela del mayor ejército del mundo; y al verse libre de las cargas militares, podía dedicar todos sus recursos humanos y técnicos al desarrollo de su actividad civil. A partir de estos momentos el buen acabado de los productos, y su garantía de fiabilidad, no tardaron en aupar la tecnología japonesa hasta ocupar las posiciones más avanzadas.

Por consiguiente sería injusto e inexacto atribuir

---
1 TIPTON, Elise K. *Modern Japan : A Social and Political History.* London ; New York : Routledge, 2002, p. 179.

tan sólo a la muy eficaz y previsora gestión del SCAP el éxito de la reconstrucción democrática del país: *"Sin la capacidad del pueblo japonés para el trabajo arduo y la cooperación, su alfabetización universal, sus altos niveles de eficiencia gubernamental, sus grandes capacidades organizativas y su técnica industrial, así como su considerable experiencia en las instituciones democráticas de elecciones y gobierno parlamentario, probablemente las reformas norteamericanas habrían caído en un mar de confusión. Si los japoneses no hubiesen dado la espalda categóricamente al militarismo y al gobierno autoritario por sí mismos, los esfuerzos norteamericanos de reforma habrían podido terminar en completa frustración"* [2].

El 11 de Abril de 1951 Douglas MacArthur fue sustituido por el general Matthew B. Ridway como SCAP. La obediencia con que el todopoderoso general aceptaba su despido fue, para los japoneses, su última lección de democracia. La destitución del estratega que dirigiera la transición japonesa es consecuencia del viraje que se va a producir, a partir de este momento, entre los dos países. El éxito de las políticas aplicadas allana el terreno para que vencedores y vencidos pasen a considerarse recíprocamente como aliados. De este modo, el 8 de Septiembre de aquel mismo año se firma en san Francisco el Tratado de Paz entre Japón, y los Estados Unidos (llamado Anpo en Japón), suscrito además por otras cuarenta y siete naciones. Sin embargo, tanto la Rusia Soviética como la China de Mao se abstuvieron de entablar relaciones diplomáticas con Japón. Para garantizar la vigencia del mismo, dicho tratado deberá ser ratificado cada diez años.

Más aún, en el curso de aquella Conferencia de San Francisco se reconoce la independencia de Japón, tras haberse sometido a todas las imposiciones de sus vencedores y haber demostrado fehacientemente su cambio de rumbo político.

En virtud de aquel tratado, el archipiélago nipón quedaba bajo la tutela militar de Estados Unidos, quien garantiza la defensa de los intereses de Japón. Como contrapartida, se autorizaba el uso de numerosas bases al ejército americano, diseminadas por todo el territorio nacional.

Ni que decir tiene que las condiciones que aceptaba el gobierno japonés despertó numerosos temores y recelos. A lo largo de toda la década se sucederán las manifestaciones de protesta contra un acuerdo que, consideran sus opositores, hace del país un protectorado al servicio del imperialismo norteamericano.

De manera particular, la Asociación Nacional de Estudiantes (*Zengakuren*) se mostró particularmente activa y violenta. Próxima al Partido Comunista Japonés, del que se distanciará más tarde al radicalizarse aún más sus propuestas, organizó numerosas manifestaciones de protesta que desembocaron en enfrentamientos con las fuerzas de seguridad.

Sin embargo los términos del acuerdo, que tantos sectores repudiaron por humillante, demostraron ser extraordinariamente útiles para un país que podía gozar de la mejor cobertura militar sin apenas desembolso. Semejante situación permitió al país ir recobrando progresivamente su libertad plena; volvía a tener un peso específico en el orden asiático, y ascendía peldaños en su proceso de recuperación económica.

Conforme a lo establecido en la Conferencia de San Francisco, un año después de su firma termina la ocupación americana. Se restablecen automáticamente las relaciones diplomáticas y comerciales entre dos países que, antaño enemigos, ahora se precisan recíprocamente. El Emperador Hirohito, que había exhortado a sus súbditos para que aguantasen lo inaguantable, celebró el acontecimiento con el siguiente poema:

Partió el viento de invierno
y la anhelada primavera llegó,
con el doble de flor en los cerezos [3].

Concluido aquel singular periodo de su historia, el gobierno conservador japonés hizo verdaderos esfuerzos diplomáticos para favorecer el regreso de su país a la sociedad internacional, y para restaurar su imagen exterior. El cada vez más espectacular desarrollo de su economía supuso un incuestionable aval que facilitó semejante objetivo.

Efectivamente, los aumentos de las exportaciones, y la recuperación de la renta per capita, permitieron que el país comenzara a pagar las deudas de indemnización que tenía contraidas con sus víctimas, tal como había quedado determinado en las cláusulas de la rendición.

Las primeras actuaciones de normalización en las relaciones internacionales llegaron antes aún del fin de la ocupación. Y el cine jugó, como se verá, una baza importante. En efecto: en 1951 Japón se incorporó a la Unesco. Es significativo que aquel mismo año la película de Akira Kurosawa Rashômon recibiera el León de Oro en Venecia, comenzando un periodo de grandes éxitos internacionales cosechados por la cinematografía japonesa.

---

[2] REISCHAUER, Edwin O. *El Japón : Historia de una nación.* México : Fondo de Cultura Económica, 1986, p. 220.

[3] Cita: TIPTON, Elise K. *Modern Japan : A Social and Political History.* London ; New York : Routledge, 2002, p. 159.

En 1952 Japón se incorporó al Fondo Monetario Internacional. Al año siguiente, el mismo en que se realizaron Cuentos de la luna pálida y Cuentos de Tokio, dieron comienzo las emisiones televisivas en Japón. Si al año siguiente sólo se cuentan 53.000 contratos de televisores en todo el país, en 1959 ya son 4.149.000 los contratos firmados. Aquél fue, por otra parte, el año en que Ozu rodó Buenos días, en la que la televisión jugaba un papel importante. En 1960 comenzaron las emisiones de televisión en color. Japón fue el segundo país del mundo, tras los Estados Unidos, en realizar emisiones regulares en color. En 1963, a la muerte de Ozu, el número de televisores había ascendido hasta alcanzar los 15.663.000 contratos[4]. Otros acontecimientos culturales dan cuenta de la integración japonesa en los foros internacionales: en 1954, y coincidiendo con los éxitos del cine japonés en los foros internacionales, el Museo del Louvre organiza una magna exposición de arte japonés.

VIII. 2. El tesón de Jimmu Tenno

El 9 de Diciembre de 1954 el Primer Ministro Yoshida había presentado su dimisión, lo que forzó a realizar importantes ajustes en el panorama político nacional. Meses después, el día 15 de Noviembre de 1955, se fundieron los dos principales partidos, originando de este modo el Partido Demócrata Liberal, PDL, que regirá los destinos del país durante las próximas décadas.

Aún quedaban, sin embargo, heridas abiertas que se negaban a cerrar. Los vecinos continentales seguían mirando a Japón con recelo y rencor. Y aún quedaba pendiente la recuperación de las Islas Kuriles. El Primer Ministro Hatoyama inicia en 1956 negociaciones con la Unión Soviética a fin de recuperar los llamados Territorios del Norte, que Japón siempre se negó a reconocer como rusos. Sin embargo, la diplomacia soviética fue intransigente en este tema, lo que aún hoy continúa siendo motivo de fricción entre los dos países. Aquel mismo año, sin ir más lejos, la Unión Soviética impuso limitaciones en la pesca en torno a las islas ocupadas.

La mayoría de lo anteriormente expuesto figura entre los indicios de la recuperación política y cultural que experimenta el país tras la guerra. Pero sin duda el factor que con mayor elocuencia lo describe es el económico. Ya en 1951 el Producto Interior Bruto había recuperado los niveles que tenía en 1934-1936, antes del comienzo de la guerra. Comienza a partir de estos momentos un periodo de desbordante expansión económica, siempre tutelada por el gobierno: la política gubernamental controla rigurosamente cada sector, estableciendo a discreción las oportunas medidas proteccionistas. No se duda, por tanto, en inyectar generosas ayudas a las industrias y sectores considerados clave.

En 1954 el Producto Interior Bruto de Japón apenas rebasaba los 21.000 millones de dólares. Pero coincidiendo con la muerte de Ozu esta cifra ya se había multiplicado por tres; en 1970 se alcanzaron los 200.000 millones de dólares, y una década después se superó el billón. En estos momentos Japón es ya la segunda economía más pujante del planeta, después de la norteamericana. Entre las dos naciones se produce un enorme desequilibrio comercial, paradójicamente favorable al Japón. La potencia asiática aportará, a partir de los años 80, el 10% de los productos y servicios mundiales[5].

La población, que superaba los 70 millones de habitantes en vísperas de Pearl Harbor, crece hasta alcanzar los 83 millones de habitantes en 1950, y eso a pesar de la sangría bélica, que se había cobrado la vida de más de tres millones de japoneses y había enturbiado las condiciones de vida de la población. En 1960 ya se superan los 93 millones de habitantes; y en la actualidad rebasa los 120 millones: el pequeño archipiélago se convierte, de este modo, en el séptimo país más poblado del planeta, con una población además sumamente concentrada. El 75 % de la población reside en las densísimas áreas metropolitanas. Como es de suponer, el ritmo de urbanización creció incluso más rápidamente que la población. En 1960 las ciudades albergaban al 64% de la población japonesa, de los que la cuarta parte residía en ciudades de más de 300.000 habitantes.

En 1955 Japón firmó el Acuerdo General sobre Aranceles Aduaneros y Comercio (GATT). Este mismo año comienza la distribución internacional de los transistores japoneses. El ritmo de producción se incrementa en progresión geométrica. Por ejemplo: Toyota pasa de producir 300 camiones al mes, en 1950, a más de 1500 al mes, al año siguiente[6]. Y ciertamente la situación invitaba al optimismo según se van cerrando las heridas: en 1956 un informe económico del gobierno proclamaba orgullosamente que la posguerra había terminado, toda vez que la producción industrial había

---

[4] TSURUMI, Shunsuke. *A Cultural History of Postwar Japan : 1945 - 1980*. London (etc.) : KPI, 1987, p. 62 - 63.

[5] TOGORES SÁNCHEZ, Luis Eugenio. *Japón en el siglo XX : De imperio militar a potencia económica.*. Madrid : Arco Libros, 2000, p. 81.

[6] Datos proporcionados por: TOMASI, Dario. "El cine japonés : de la llegada del sonoro al final de la Segunda Guerra Mundial". En: *Europa y Asia : (1929 - 1945)* / coordinado por José Enrique Monterde y Casimiro Torreiro. Historia general del cine. Volumen VII. Madrid : Cátedra, D.L. 1997, p. 356.

alcanzado los mismos niveles del periodo inmediatamente anterior a la invasión de China. Japón experimenta desde aquella fecha un crecimiento económico sin precedentes: el llamado *"Milagro económico japonés"*, al que algunas voces nostálgicas no dudaron en bautizar *"Jimmu Boom"* en honor a Jimmu Tenno, el legendario primer Emperador que tuvo el país [7].

Si hemos de juzgar con justicia, aquel *"milagro"* no era tal: sencillamente se trataba del despertar y de la recuperación de un país industrialmente muy desarrollado que gozaba, además, de unas circunstancias favorables. Un fenómeno muy semejante experimentaba en el ínterin la Alemania de posguerra. Por otra parte, la entrega y dedicación de los trabajadores japoneses; su lealtad a la empresa y el incesante afán de perfeccionamiento para ponerse a la altura de los países que habían hecho añicos su sueño imperialista no tardaron en impulsar al país hasta situarlo entre los países más industrializados y estables.

A todo ello cabe añadir la práctica del ahorro, a la sazón alentada por el gobierno. Se logró un índice de ahorro medio del 20 % de los ingresos familiares. Dicho capital, invertido por la poderosa banca japonesa, permitía sostener la productividad de la industria japonesa, garantizando monetariamente su expansión.

A lo largo de toda la década de los 50 se produjo un progresivo desplazamiento de la población activa desde el sector primario hacia el secundario y el terciario. Con la llegada de los 60, Japón se había convertido en un país altamente industrializado, donde el sector servicios iba además cobrando cada vez mayor fuerza. Conforme la vida tiende a normalizarse, el reparto de la riqueza resulta singularmente equitativo.

No poco ayudó el que, desde mediados de los 50 y durante toda la década de los 60 -salvo dos breves recesiones en 1962 y en 1965-, la economía japonesa continuó creciendo incesantemente. La tasa de crecimiento anual era del 11%, frente al 4.6% de la República Federal Alemana y el 4.3% de los Estados Unidos. Básteos recordar, asimismo, que antes de la guerra el promedio de crecimiento anual japonés rondaba el 4%.

Pero además, el país insular pudo beneficiarse de dos circunstancias externas: la ausencia de competidores en el entorno asiático, y el generoso apoyo económico de los Estados Unidos, necesitado de un aliado estable en Asia que frenase la expansión comunista. Fruto de todas estas circunstancias favorables, desde 1955 la expansión económica se desarrolló a un ritmo más rápido que nunca, de manera que puede afirmarse que, hacia 1957,

la recuperación del país era completa. Precisamente entonces, cuando ya habían pasado algunos años tras el fin de la ocupación, los antiguos líderes políticos volvieron a ocupar puestos de responsabilidad. En 1957, Kishi, que había formado parte del gobierno de Tojo, fue nombrado Primer Ministro de Japón.

También el sector agrario mostró una considerable expansión, pese a las limitaciones espaciales: por primera vez en décadas, y pese al aumento de la población, Japón llegó a ser autosuficiente en la producción de arroz. Lo que se explica por las inversiones de capital, y por las abundantes mejoras tecnológicas. Dependiente tiempo atrás de la producción arrocera de Formosa y de Corea para atender buena parte del consumo interno, a mediados de los 50 la producción local de arroz fue tan abundante que permitía casi el abastecimiento de toda la población. Y eso que ésta había aumentado considerablemente, pese a lo cual entre 1955 y 1959 sólo fue necesario importar el 6% del total de arroz consumido [8].

Aunque el arroz continuaba siendo el producto alimenticio fundamental, la dieta japonesa se había diversificado saludablemente. A finales de los 50 el consumo de arroz por persona había caído hasta un 15%. La agricultura japonesa incrementó sensiblemente la producción de frutas y hortalizas diversas; otro tanto sucedió con la ganadería, lo que permitió un consumo mucho mayor de productos cárnicos y lácteos [9].

La producción agrícola creció cerca del 45% entre 1955 y 1969. El crecimiento obedeció, entre otras razones, a la protección contra la competencia exterior mediante restricciones a las importaciones. Y fue sostenida por la política de apoyo a los precios del gobierno [10].

El desarrollo tecnológico del campo contribuyó decisivamente a redistribuir la población rural. Si en 1955 el 39 % de la población activa continuaba dedicándose a las tareas agrarias, a finales de los 60 el porcentaje se había reducido al 18 %. La mayoría de los operarios del campo buscaban nuevos horizontes laborales en la ciudad, atendiendo la industria y los servicios.

Mejoró la alimentación, y con ella la población juvenil experimentó un acusado aumento en la altura y en el peso, con respecto a las generaciones que les precedieron. Se desarrollaba la sociedad del ocio. Arraiga la práctica de deportes extranjeros: el béisbol, el esquí, el golf, practicado a menudo en mini-campos instalados en los lugares más peregrinos, como se aprecia en la última

---

7 Ibid., p. 357.

8 ALLEN, G.C. *Breve historia económica del Japón Moderno*. Madrid : Tecnos, 1980, p. 208.

9 Ibid., p. 208.

10 Ibid., p. 231.

película de Ozu, Tarde de otoño (1962). La práctica del fin de semana, y los veraneos en lugares de costa fueron costumbres importadas que asimismo calaron entre los japoneses.

El mercado editorial en lengua japonesa se desarrolló vertiginosamente; y muy en particular los nuevos semanarios, las publicaciones de manga y, sobre todo, los periódicos: los *Asahi, Mainichi* y *Yomiuri Shinbun* (diario) llegaron a tener una circulación matinal de entre cuatro y seis millones de ejemplares, y tiradas vespertinas un poco menores. La mayoría de los periódicos locales o regionales rebasaba holgadamente el millón de ejemplares. Como en otras democracias desarrolladas, la prensa fue un medio extraordinariamente influyente sobre la opinión pública del país.

A mediados de los años 60, Japón figura ya entre las cinco primeras potencias industriales del mundo. Pero en 1969 se alza a la tercera posición entre las potencias económicas mundiales. En 1950 ya había superado al Reino Unido en la fabricación de barcos, y en 1961 en la producción de acero. A lo largo de esta década, sólo los estados Unidos superaban a Japón en la fabricación de equipos de radio y televisión. También su industria automovilística era sumamente pujante, ocupando la tercera posición, por delante de Alemania.

La actividad japonesa en el orden asiático pasó de la rapiña a la cooperación: a lo largo de los 60, ocupó la quinta posición entre los países que prestaban ayuda al tercer mundo; y particularment contribuyó con proyectos de ayuda exterior en la India y Pakistán. Asimismo impulsó decididamente la organización del Banco de Desarrollo Asiático[11].

Así la democracia japonesa, la más estable y la más consolidadada de todo Asia, se aproxima cada vez más a la de las sociedades occidentales, con un equilibrio estable entre dos partidos: El Partido Demócrata-Liberal, mayoritariamente votado, y el Partido Socialista, invariable partido de las minorías. Las dificultades para aglutinar las tendencias de izquierda en un frente común siempre han perjudicado a este último partido, que solamente logró gobernar en el breve periodo de 1947-1948. No falta quien califica más bien esta situación como la propia de *"un partido y medio"*.

VIII. 3. La paz resplandeciente

El 6 de Agosto de 1955, aniversario del holocausto atómico, se celebró en Hiroshima la Primera Conferencia Internacional para proscribir el armamento nuclear. En Septiembre de este mismo año, Japón ingresó en el GATT. En 1956 se restablecieron las relaciones diplomáticas con la Unión Soviética. Libre del veto de aquel país, Japón fue al fin admitido en el seno de las Naciones Unidas. Más aún, se alzó como miembro no permanente de su Consejo de Seguridad.

Aquel mismo año se había establecido la Agencia Japonesa para la Energía Nuclear, con fines exclusivamente civiles, y contraria a su uso militar. Sin embargo la medida, tomada en un país que acababa de sufrir la devastación atómica, se tornó impopular. Pese a las numerosas voces contrarias, en 1957 se pone en marcha el primer reactor nuclear japonés, en Tokimura. Poco después una expedición japonesa es enviada al Polo Sur, para cumplir misiones científicas. En 1958 entra en servicio un túnel submarino que enlaza las islas de Honshu y Kyushu, todo un alarde de ingeniería que es asimismo prueba del despertar tecnológico del país. Una más de su camino ascendente, que la llevará a convertirse en superpotencia económica: la única carente de armamento nuclear, y con renuncia expresa a la militarización.

Al finalizar la década de los 50 los ingresos per capita habían superado los mil dólares anuales. La mayor parte de sus antiguas industrias habían sido reconstruidas, y la producción industrial superaba en más del doble a la del periodo anterior a la guerra. El producto nacional bruto era, en términos reales, un 50% más alto, y la renta per capita en torno a un 10% mayor. Asimismo las exportaciones se impulsaron rápidamente[12]. El país devastado de hacía tan sólo una década no sólo se había distanciado abismalmente de las lamentables condiciones de vida que sufrían las restantes naciones asiáticas: incluso había superado en nivel de desarrollo a la mayoría de los países occidentales.

Una vez concluida la ocupación americana, el paso del tiempo iba liberando de sospechas a los grandes *zaibatsu* que ampararon económica e industrialmente el expansionismo de pasadas épocas. Aunque algunos de ellos consiguieron ser restaurados, su peso específico ya no era ni mucho menos tan importante como lo había sido antaño. Los recursos internos de cada empresa se ocupan de todas y cada una de las etapas productivas: desde su diseño y manufactura hasta su distribución y comercialización.

Aunque recuperaron su hegemonía en el desarrollo económico del país, los antiguos clanes familiares se vieron sucedidos por grandes corporaciones bancarias con numerosas ramificaciones: los *keiretsu*, arterias

---

11 WHITNEY HALL, John. *El Imperio Japonés*. Madrid (etc.) : Siglo XXI, 1978, p. 328.

12 ALLEN, G.C. *Breve historia económica del Japón Moderno*. Madrid : Tecnos, 1980, p. 206-207.

financieras que vertebran e insuflan energía a la expansiva economía japonesa. De ellos rebrotan nombres otrora sospechosos como Mitsubishi, Sumitomo, o Mitsui. No es menos cierto que algunos de los conglomerados más importantes que surgieron después de la guerra fueron creados por nuevos empresarios que, en algunos casos, tenían orígenes humildes. Éste había sido el caso de las pujantes industrias Honda y Matsuhita.

Naturalmente la estabilidad política que ha gozado por lo general el país desde el final de la guerra ha sido otro apoyo decisivo en favor del espectacular desarrollo económico. Un mismo partido, el PDL, se mantuvo siempre en el poder, salvo en el intervalo 1947-1948. Ahora bien, el desarrollo político y económico del pueblo japonés, su rehabilitación internacional y la recuperación de la propia autoestima, hacían tanto más irritante la presencia de soldados y bases norteamericanas en su territorio. Téngase presente que todos los indicios favorables anteriormente enumerados no pusieron en menoscabo la relación indisociable que el Japón mantiene con los Estados Unidos. Todo lo contrario, desde el fin de la guerra los contactos entre los dos países eran muy estrechos, y Japón continuaba dependiendo de la gran potencia americana en cuestiones tan básicas como eran la defensa y la balanza comercial.

El hecho de que casi el 30% las exportaciones dependieran de los Estados Unidos parecía a la postre una imposición comercial. Si a esto se suman los tratados de seguridad y la sumisión debida a sus vencedores, parecía bien frágil la independencia de un pueblo que había sabido recuperar su camino por la senda de la paz y la democracia.

Asimismo la americanización progresiva de los hábitos de vida autóctonos, y la contaminación de la propia cultura, eran fenómenos que no poco preocupaban. El lenguaje japonés adaptó la mayoría de sus neologismos de la lengua inglesa, alterando profundamente el léxico cotidiano. No cabe duda que la popularización del cine americano tras la guerra contribuyó poderosamente a la propagación de los hábitos ultramarinos entre la población, particularmente la más joven.

Bajo estas circunstancias, el 19 de Enero de 1960 se ratificó el Tratado de Seguridad y Cooperación Mutua entre Japón y los Estados Unidos: el siempre polémico Anpo. Cuando menos, la renovación del acuerdo dejaba claro que las fuerzas americanas consultarían al gobierno japonés antes de utilizar con fines bélicos sus bases en el país. Esto significaba, en pocas palabras, que Japón tendría derecho de veto a su uso. Por otra parte, el Tratado tenía una vigencia de diez años. Podía ser prorrogado, pero asimismo cualquiera de las dos naciones tendría derecho de cancelarlo, notificando dicha decisión con un año de anticipo.

El nuevo tratado era indiscutiblemente más ventajoso que el precedente; pero pese a todo desató la cólera por parte de la oposición izquierdista. Tras haberse abonado una situación extraordinariamente tensa, la firma del acuerdo provocó una reacción airada entre distintos colectivos contrarios. El Zengakuren, o Sindicato de los Estudiantes, distanciado ya del Partido Comunista, se alió para la ocasión con todas las fuerzas de la izquierda. Cientos de miles de manifestantes saltaron a la calle y ocasionaron graves disturbios. En el transcurso de una manifestación ante la Dieta una estudiante, Michiko Kamba, halló la muerte: la revuelta ya tiene su mártir, lo que torna aún más violenta la acción de los opositores. Ante la magnitud de la protesta, debió ser cancelada la visita del Presidente Eisenhower al Japón, prevista para Junio de 1960.

Pese a todo, el 23 de Junio se ratificó el tratado. Fruto de la situación, arraiga un generalizado sentimiento de frustración entre los jóvenes japoneses, quienes barruntan una generación tan reprimida como la de sus mayores en tiempos de la guerra. La rabia desemboca en actitudes rebeldes y nihilistas, que dejarán su huella en el joven cine japonés de los años 60.

Al año siguiente de las revueltas se pactó el Acuerdo Aduanero entre Japón y los Estados Unidos. Meses después se firman acuerdos comerciales con la República Popular de China. Y en 1963 se hace otro tanto con la Unión Soviética. De este modo Japón afianza los lazos comerciales con sus tres formidables vecinos. Además el rehabilitado país no cesa en estrechar lazos con otras potencias. También en 1962 se había firmado un tratado con Gran Bretaña sobre el comercio y el transporte marítimo y aéreo.

Desde principios de la década cobra progresiva importancia la industria pesada en el desarrollo del país. En 1961 producía el 60% del total manufacturado, y ya suponía casi la mitad de las exportaciones. Aquel mismo año Japón ocupó el primer lugar del mundo en la construcción de navíos; el cuarto en la producción de aceros, el quinto en la de automóviles y el sexto en generación de energía eléctrica.

Sin embargo el desarrollo más notable de la década de los 60 se produjo en la industria del automóvil. En 1960 ya se había producido una gran cantidad de motocicletas, pero el número de vehículos de cuatro ruedas allí ensamblados apenas llegaba al medio millón. Cinco años después su producción casi se había cuadruplicado. Y a finales de los 60 se había aupado a la segunda posición mundial en fabricación de automóviles. En estos momentos, su producción doblaba a la británica. La pujanza del sector automovilístico trajo consigo, por derivación, un importante despunte en todas las industrias complementarias: neumáticos y motores; piezas, máquinas y herramientas, lo que a su vez estimulaba una industria en incesante proceso expansivo.

VIII. 4. Manchas solares

La reconstrucción del país vino a acuñar el término *kodo seicho* (elevado crecimiento), y con él la aparición del mito de la nueva sociedad de clase media (*shin chukan taishu shakai*), un nuevo *seikatsu* o forma de vida, de la que el cine de Ozu ofrece un ejemplo vivaz, aunque poco estridente[13]. Precisamente el término *"arakui"* (brillante) se convirtió desde mediados de los años 50 en el adjetivo más recurrente a la hora de calificar los cambios que experimentaba la sociedad japonesa. Sin embargo no todo eran maravillas en aquel país tan sorprendente. Sin ir más lejos, el aumento de la tasa de natalidad, y la concentración de vecinos en reducidos perímetros urbanos, provocaron desasosegantes efectos de hacinamiento.

En los años sesenta, Tokio rebasó los ocho millones de habitantes- esto sin contar con la colindante Yokohama y todas las poblaciones limítrofes-, convirtiéndose entonces en la mayor ciudad del planeta. El precio del suelo urbano comenzó a dispararse, y no sólo en la capital. Todas las principales ciudades comenzaron a sufrir muy serios problemas de contaminación del aire y del agua. El espacio para alojamiento era verdaderamente irrisorio, mientras que los desplazamientos en las ciudades se hacían tan largos y complejos que condenaban a los trabajadores a largas horas de viaje antes de llegar a sus destinos.

Poco se avanzó en asuntos de seguridad social. La mayoría de las universidades, mal financiadas y con excesivo número de estudiantes, impartían unos planes de estudio muy deficitarios. Además, las infraestructuras eran todavía muy insuficientes. No es menos cierto que se regeneraban con enorme velocidad. Por citar un ejemplo: en 1960 el tendido férreo japonés no alcanzaba los 27.000 kilómetros. Quince años más tarde ya superaba los 340.00 kilómetros[14].

Como consecuencia del precipitado cambio de vida, brota a la par un sentimiento común de confusión. Se incrementa la brecha entre las generaciones adultas y los más jóvenes, tal como se verá en distintas películas de Ozu. Crece asimismo la delincuencia juvenil, y aumenta la tasa de criminalidad, pese a que ésta sea posiblemente la más baja de entre todos los países desarrollados.

El sector económico a menudo no halla reparos en reprimir la actividad sindical. En realidad, se procura atraer al sindicato hacia la propia empresa, para hacer de ella algo propio. Se entiende al cabo que el objetivo de empresarios, sindicatos y trabajadores debe ser el mismo: hacer posible la prosperidad de la empresa, lo que repercutirá favorablemente en todos sus trabajadores.

De este modo las empresas se organizan como entidades patriarcales: velan solícitas por sus trabajadores; les aseguran salario y apoyo a lo largo de toda la vida; pero a cambio exigen fidelidad a ultranza. Esto es: la empresa hace propia la organización feudal, jerarquizada, propia de pasadas épocas. Las promociones en la empresa serán posibles tras largos años de aprendizaje y de acumulación de méritos. Otro tanto sucedía en la industria del cine: antes de ser director, el aspirante se veía obligado a pasar una larga etapa de meritoraje a las órdenes de algún veterano.

La mayoría de las empresas se comprometía con sus trabajadores mediante contratos rígidos, con escasas posibilidades de movimiento. Otro tanto sucedía, por demás, en la industria del cine, donde sólo los directores o los intérpretes y técnicos más cualificados podrían cambiar fácilmente de empresa. El común de los trabajadores permanecía firmemente amarrado a un mismo estudio, sin que fuera fácil cambiar de trabajo.

Es oportuno señalar que el crecimiento económico -y esto es algo que se aprecia con claridad en numerosas películas de la época, entre ellas Cuentos de Tokio, Primavera precoz, Buenos días y Tarde de otoño- no se corresponden con un bienestar más generalizado de la población; todo lo contrario, la mayor parte de la misma continuará sufriendo estrecheces y carencias, sumadas a las difíciles condiciones de vida en las cada vez más superpobladas grandes ciudades. La vida se encareció progresivamente y, pese a la bonanza económica, los ciudadanos japoneses no gozaban de un nivel de vida y de comodidad equiparable al de los países europeos y Norteamérica.

Huelga añadir que la economía japonesa continúa siendo demasiado dependiente del comercio exterior, particularmente del norteamericano. El rehabilitado país depende esencialmente de las importaciones de combustible, materias primas y alimentos. La séptima nación del mundo por volumen demográfico dispone

---

[13] PHILLPS, Alastair. "Pictures of the past in the present: modernity, feminity and stardom in the postwar films of Ozu Yasujiro". *Screen*, 2003, Summer, v. 44 n° 2, p. 158.

[14] BEASLEY, W.G. *Historia Contemporánea de Japón.* Madrid : Alianza, 1995, p. 358.

de una proporción ínfima de recursos y de materias primas. Para mantener los índices de desarrollo, se hace imperioso mantener un comercio exterior a gran escala, lo suficientemente flexible como para adaptarse a las volátiles circunstancias de la economía internacional.

Un año después de la muerte de Ozu, Japón acogió un acontecimiento de gran relevancia que ratificaba el asentamiento de Japón en el nuevo orden internacional: la celebración de las Olimpíadas en Tokio de 1964, de las que Kon Ichikawa dejó un emocionante documento cinematográfico (Tokyo Olimpikku, 1965). Años después, en 1972 la localidad japonesa de Sapporo, en Hokkaido, acogerá la celebración de los Juegos Olímpicos de Invierno.

Entre ambos acontecimientos, en 1970, se inauguró la Exposición Universal de Osaka. Este mismo año Okinawa fue definitivamente reintegrada en Japón. Por entonces sube al espacio el Osumi, el primer satélite artificial japonés.

De este modo Japón logró, con la paz y con la democracia, una preeminencia y una respetabilidad internacional que nunca consiguió con las armas. Aun sin tener el crédito político que proporcionalmente merece la segunda economía del planeta, el peso específico que se ha ganado Japón en el orden internacional es incuestionable. La nación que perdió la guerra, pero que ganó la paz, está destinada, desde mediados de los 60, a jugar un papel de gran importancia económica, científica y también cultural en el panorama global de nuestro mundo.

VIII. 5. El rumor de la Montaña

También la literatura y el arte, en particular el cinematográfico, asistieron a un importante renacer tras la contienda. Algunos de los grandes autores que habían comenzado su carrera años atrás recogen ahora sus mejores frutos: fue el caso de Junichiro Tanizaki, quien desde finales de los 20 (*Hay quien prefiere ortigas*[15]; *La historia de Shunkin*) venía desarrollando una obra de gran envergadura, y que culmina su carrera tras los años de guerra. Poco tiempo atrás (en 1941) había concluido su versión en japonés moderno del *Genji monogatari*, monumento señero de las letras japonesas escrito a principios del siglo XI por la dama Murasaki Shikibu en un japonés incomprensible hoy para muchos, así como una de sus novelas más reputadas: Las hermanas Makioka (llevadas al cine por Kon Ichikawa en 1984), y *La llave* o *Confesión impúdica,* cuyo argumento fue pintorescamente trasladado a Venecia por el temible Tinto Brass (La llave secreta, 1983).

También el maestro Yasunari Kawabata culmina su obra tras la guerra: en 1948 publica la versión definitiva de *País de nieve*[16], a la que seguirá *El clamor de la montaña*[17] (adaptada por Mikio Naruse en 1954), o *La casa de las bellas durmientes*[18] (1961). En 1949, además, se publicó la primera novela de Yukio Mishima (nacido en 1925): *Confesiones de una máscara*[19], iniciando con ella una trayectoria tan polémica como fecunda en logros literarios.

Las letras japonesas de la posguerra se fortalecieron gracias a las aportaciones de destacados novelistas cuyas obras fueron a menudo llevadas al cine. Este fue el caso de: Ibuse Masuji (cuya novela más famosa, LLuvia negra, publicada en 1965, sería adaptada por Shohei Imamura en 1989), Junpei Gomikawa (autor de La condición humana, posteriormente adaptada por Masaki Kobayashi en 1959); Shohei Ôka, autor de Fuego en la llanura (llevada al cine por Kon Ichikawa en 1959).

También en la posguerra algunas mujeres desarrollaron una intensa actividad literaria, lo que hubiera sido impensable tiempo atrás. Entre ellas la más destacada fue Fumiko Hayashi (1904-1951), quien inspiró varios largometrajes a Mikio Naruse, incluidos dos de los mejores: Meshi (El banquete 1951), y sobre todo Ukigumo (Nubes flotantes), publicada en 1951 y llevada a la pantalla cuatro años más tarde. Además, Naruse utilizó la figura histórica de Fumiko Hayashi como protagonista de otra película: Horoki (Crónica de una trotamundos, 1962), adaptación de un relato autobiográfico en el que Hideko Takamine encarnó a la atormentada novelista.

La crisis juvenil y el conflicto generacional fue asimismo un tema recurrente en la literatura japonesa de la posguerra. Sobre todo a raíz del éxito popular que tuvo La tribu del sol, de Shintaro Ishihara (publicada en 1955, y llevada al cine por Takumi Furukawa al año siguiente). Tanto la película como la novela fueron reflejo de la nueva juventud japonesa, y fueron emblema de toda una generación que fue llamada Taiyozoku.

En 1965 Japón volvió a conseguir un Premio Nobel de Física, esta vez para el doctor Shinichiro Tomonaga. En 1973 el doctor Esaki recibió el tercer Nobel de Física

---

15 Edición española: *Hay quien prefiere las ortigas/* traducción de MªLuisa Borrás. Barcelona: Círculo de lectores , 2001

16 Edición española: *País de nieve* / traducción de Cesar Durán. Barcelona : Zeus, 1969.

17 Edición española: *El clamor de la montaña* / traducción de Jaime Fernández y Satur Ochoa. Barcelona :   Ediciones G.P., 1969

18 Edición española: *La casa de las bellas durmientes* / traducción Pilar Giralt. Barcelona : Luis de Caralt, 1989.

19 Edición española: *Confesiones de una máscara* / traducción A. Bosch. Barcelona : Planeta, 1983.

japonés. Al año siguiente, el antiguo Primer Ministro Eisaku Sato recibiera el premio Nobel de la Paz, culminando de este modo el reconocimiento internacional a la transición de un asombroso país que, en menos de tres décadas, se había situado entre las principales democracias del planeta.

Poco antes, en 1968, las letras japonesas habían sido galardonadas con su primer Premio Nobel. De entre los varios candidatos que hubieran podido recibir con todo merecimiento el galardón, el honor recayó en el maestro Yasunari Kawabata. La literatura japonesa no volverá a recibir dicho premio hasta 1994, año en que Kenzaburo Oé conseguirá el segundo Nobel de literatura japonesa.

Entre los autores populares, merece ser destacado Jiro Osaragi, autor de novelas románticas y aventureras que gozó de popularidad en posguerra, y que llegó a ser adaptado por el mismísimo Ozu (Las hermanas Munakata, 1950). Sin embargo hubo nombres más ilustres en la generación literaria de la posguerra; entre ellos Dazai Osamu (1909-1948), autor de *El sol que declina* y *Ya no humano*[20]. Y muy especialmente Yukio Mishima, quien se suicidó el 26 de Noviembre de 1970, tras secuestrar al general en jefe de las Fuerzas de Autodefensa, y tras escenificar un ritual tan operístico como macabro. El acontecimiento, que conmovió a toda la opinión pública japonesa, ha sido comentado en abundante bibliografía, e inspiró una singular película a Paul Schrader. Coetáneos del controvertido autor fueron Abe Kobo, autor de dos novelas llevadas al cine por Hiroshi Teshigahara: *La mujer de la arena*[21], y *El rostro ajeno*[22]; y Shûsaku Endô, autor de novelas como *Silencio; El samurai* o *Escándalo*[23].

Con el ímpetu de la prensa y del negocio editorial, comenzó asimismo a desarrollarse con fuerza la historieta japonesa (*manga*), que conseguirá un impredecible éxito internacional en futuras décadas. Asimismo se desarrolla un género muy particular en Japón, que gozó de una insólita popularidad: los llamados *Nihonjin-ron*, o ensayos sociológicos sobre el pueblo japonés, sobre su identidad colectiva y sobre las singularidades de su cultura nacional. No se trata de un asunto baladí para un pueblo que ha sufrido tantos y tan bruscos cambios en el curso de una sola centuria.

En efecto: a lo largo de su tortuoso camino que recorre

El Japón de Yasujiro Ozu

todo el siglo XX, Japón había aspirado a convertirse en el estandarte de una civilización, la asiática, cuya cultura mezcló con la del hombre blanco al que pretendía arrebatar la hegemonía. Lejos de convertirse en liberadora, destruyó pueblos, arrasó países y esclavizó a quienes pretendía auxiliar. Aquel sueño insensato pereció bajo el fuego radiactivo, víctima de su propia desmesura. Finalmente Japón encontró su posición en el mundo renegando de todos los principios que habían impulsado su depredadora modernidad. Aquel país que se desvaneció en la tormenta de la historia, y el que renace de las cenizas de Hiroshima, acaso se merezca un responso como el que le dedicara Yasunari Kawabata:

*"Mártir de la Nueva Asia que luchó contra Occidente,
estrella de la Nueva Tragedia Asiática,
cargaste semejante destino sobre tus espaldas.
Y abandonaste el mundo lanzando una sonrisa al Cielo"*[24]

---

20 Edición española: *Ya no humano* / Traducción del inglés: José María Aroca. Barcelona : Seix Barral, 1962.

21 Edición española: *La mujer de la arena* / traducción de Kazuya Sakai. Madrid . Siruela, 1989.

22 Edición española: *El rostro ajeno* / traducción de Fernando Rodríguez -Izquierdo. Madrid : Siruela, 1994.

23 Edición española: *Escándalo* / traducción del inglés Hernán Sabaté. Barcelona : Edhasa, 1989.

24 Citado en: *The CAMBRIDGE History of Japan*. Vol. VI, The Twentieth Century / Edited by Peter Duus. Cambridge (etc.) : University Press, 1990, p. 774.

**SEGUNDA PARTE
LA INDUSTRIA CINEMATOGRÁFICA JAPONESA**

IX. LOS ORÍGENES DE UN ARTE (Años 1895 - 1910)

*"Sombras chinescas
sobre las viejas pantallas de papel
de flores de amaranto."*
Yasujiro Ozu[1]

IX. 1. Sombras de papel

Las seculares artes escénicas y narrativas que atesoraba la tradición japonesa desembocaron de manera natural en una nueva manifestación artística. En Japón, tal como sucedía en Europa, existía ya una cultura de sombras (*eizô bunka*) que preparaba a los espectadores para la llegada del cine. Desde principios del siglo XIX se popularizaron en Japón artilugios de procedencia europea que proyectaban sombras e imágenes, derivados de los espectáculos de linterna mágica. Dichos espectáculos estaban integrados dentro del conjunto de artes escénicas aplicadas al entretenimiento (*misemono*). No falta quien asegura que aquellas primitivas formas audiovisuales eran, de entre todas las artes narrativas, las que mayor capacidad de fascinación tenían sobre el público[2].

En todas ellas era nota común la narración extradiegética, derivada de los usos teatrales: éste era el caso del coro en el teatro *Nô*, o el del narrador en el *Bunraku*. Aquel mismo procedimiento narrativo habrá de mantenerse en las proyecciones *utsushi-e* y, como veremos, sobrevivirán durante los primeros años del cine.

En 1801 Kumakichi Ikeda había desarrollado un espectáculo de imágenes proyectadas, llamado *utsushi-e*. Fabricó a tal fin un aparato de características muy semejantes a la linterna mágica que había llegado a Japón desde Holanda. En el curso de aquellos espectáculos, el proyector se situaba tras una pantalla de papel, sobre la cual los operadores proyectaban diapositivas de cristal pintadas. A su lado, y también detrás de la pantalla, un narrador interpretaba las imágenes y daba sentido al relato. Dicho narrador se erige en el pariente más inmediato del posterior *benshi* o *katsuben*: aquel singular comentarista de imágenes, que llegará a gozar de una inmensa popularidad, y al que dedicaremos nuestra atención en un posterior capítulo.

Conforme ganaron popularidad, los espectáculos de *utsushi-e* se hacían cada vez más sofisticados. LLegaban a contar con varios proyectores, cada uno de los cuales proyectaba sobre una parte del cuadro escénico, integrando de este modo decorados y personajes. Los proyectores que se dedicaban a estos últimos eran movidos, durante la proyección, para figurar el movimiento de las figuras. En ocasiones, los propios cristales proyectables contaban con partes articuladas y móviles, de manera que de su manipulación se pudiera sugerir el movimiento.

El repertorio del *utsushi-e* estaba compuesto, fundamentalmente, por versiones abreviadas de piezas *Kabuki* o *Joruri*, de tal manera que el narrador imitaba a los intérpretes de aquellas venerables formas escénicas. En ocasiones, era el propio proyeccionista quien asimismo se ocupaba de la narración[3].

El *utsushi-e* gozó de buena aceptación como espectáculo popular hasta que, a mediados de los años 90, las nuevas invenciones aplicadas a la imagen dinámica le desbancaron definitivamente. Sus sucesores estaban llamados a revolucionar las representaciones populares en Japón, tal como lo harían en el resto del mundo: el Kinetoscopio de Edison primero; el Vitascopio y el Cinematógrafo después.

En Febrero de 1882 el Superintendente de la Policía Metropolitana y el Gobernador de la Prefectura de Tokio regularon la actividad del teatro en la capital. Se limitó la dotación de teatros a diez; además se restringió el número de asientos por teatro, así como la duración de las sesiones. También se reguló la recaudación en taquilla.

Pocos años después, en Octubre de 1891, se promulgaron las Regulaciones para los locales de espectáculos. Estas fueron las medidas legales más antiguas, referidas al mundo de las artes escénicas, promulgadas en Japón, en medio de todas las reformas

---

1 OZU, Yasujiro. *Carnets : 1933 -1963 : Edition intégrale.* Paris : Alive, 1996, p. 96. Anotación del Miércoles, 27 de Febrero de 1935.
2 GEROW, Aaron. "Swarming ants and elusive villains : Zigomar and the problem of Cinema in 1910s Japan". *CMN!,* 1996, Autumn, nº 1. En: http://www.cmn.hs.h.kyoto-u.ac.jp/backIssue/no1/Subject1/zigomar.htm

3 ANDERSON, Joseph L. "Spoken silents in the Japanese Cinema : Essay on the necessity of Katsuben". *Journal of Film and Video,* 1988, v. 40, nº 1, p. 15.

legales del gobierno Meiji[4].

IX. 2. El amanecer del cine en Japón

El nacimiento del cine en las principales cinematografías asiáticas está ligado a causas exógenas: o bien los países son colonias europeas (fue el caso de India o de Indochina), o bien se hallaban, en mayor o menor medida, bajo la férula occidental, como sucedía en China. Todas estas cinematografías nacionales nacen, pues, bajo la estrecha supervisión de las respectivas metrópolis. Son los aparatos técnicos y el capital foráneo los que alientan el comienzo de la producción autóctona. Además, los especialistas indígenas se formaron al amparo de los cineastas occidentales, que fueron los primeros en practicar y explotar el nuevo arte en aquellos vastos territorios.

El cine nace cuando se ultima el proceso de la revolución industrial en los países europeos y americanos. Y llega a Japón precisamente cuando el archipiélago está sumido en un profundo proceso de transformación política, cultural y tecnológica. Apenas habían pasado tres décadas desde que el país comenzara su modernización, tras la llegada al poder del Emperador Meiji en 1868, cuando se presentó el nuevo ingenio visual. Y lo hizo en un Japón que conservaba plena autonomía, gracias a las peculiaridades geográficas e históricas que habían permitido su voluntaria reclusión.

Noël Burch apunta estas circunstancias exclusivas para destacar la evolución insólita de aquella cinematografía, ajena a las prácticas dominantes, y que se nutre poderosamente de tradiciones autóctonas[5]. Largos siglos de aislamiento habían construido una sociedad autónoma e insular. Hasta la revolución Meiji, Japón atesoró celosamente su legado cultural, evitando toda intrusión no deseada.

El 21 de Noviembre de 1896 se presentó, en Kobe, el Kinetoscopio de Edison. Poco tiempo después se exhibió en el resto de las grandes ciudades. Sin embargo el Kinetoscopio, un visor que tan sólo permitía ver la película a una persona, no podía competir con los procedimientos de proyeccción en una sala, para un nutrido grupo de espectadores. Por consiguiente, en poco más de seis meses se vio completamente desplazado.

Casi al mismo tiempo, un importador de fonógrafos de Osaka, de nombre Araki, compró el proyector Vitascopio de Edison. De este modo el empresario americano se adelantó, y por partida doble, a los Lumière en llegar a Japón.

Las diferencias cronológicas fueron en todo caso mínimas: como veremos, tanto el Cinematógrafo Lumière como el Vitascope de Edison fueron presentados al público en Osaka, en 1897, con unos pocos días de diferencia[6].

Un hombre de negocios llamado Katsutaro Inahata introdujo el Cinematógrafo Lumière en Japón. Inahata fue uno de los muchos técnicos que el gobierno Meiji mandó a estudiar a Europa con el fin de modernizar el país. De este modo, y gracias a una beca de formación concedida por la ciudad de Kioto, Inahata tuvo la oportunidad de visitar Francia. Una vez allí realizó sus prácticas en el colegio industrial La Martinière de Lyon, donde conoció a Auguste Lumière, el mayor de los dos hermanos fundadores.

En 1896 el becario japonés tuvo la oportunidad de asistir a una de las primeras proyecciones del Cinematógrafo, que le cautivaron. Nos queda su testimonio sobre las impresiones que le produjo la novedosa invención: *"Comprendí allí y entonces que las fotografías estáticas no se podían comparar con el poder del Cinematógrafo a la hora de presentar a la gente de mi país imágenes auténticas y vivaces de la cultura europea"*[7].

Coincide, como se ve, la percepción de Inahata con la que tenían los propios Lumière. No se hallan virtudes o posibilidades artísticas en el cine. Antes bien se trata de explotar un instrumento periodístico, válido tal vez como un vehículo para la transmisión de la cultura y del saber científico: un producto al fin típico de una sociedad empirista e industrializada

Esto sí, veía Inahai en aquel artilugio una eficaz herramienta didáctica, así como una nutritiva fuente de ingresos. De manera que solicitó el permiso para exhibir la nueva invención en su país. Los Lumière se la concedieron, a cambio de percibir el 60 % de las ganacias en taquilla.

De este modo, el 9 de Enero de 1897 Inahata regresó a Japón. Le acompañaba Francois-Constant Girel, uno de los operadores de Lumière. Este joven de veintitrés años debería ocuparse tanto de la promoción del invento en tierras japonesas, como de subsanar los posibles

---

4 MAMORU, Makino. "On the conditions of Film Censorship in Japan before its systematization". En: *IN Praise of Film Studies : Essays in Honor of Makino Mamoru* / Edited by Aaron Gerow and Abé Mark Nornes. Yokohama ; Ann Arbor : Kinema Club ; Trafford, 2001, p. 49.

5 Véase: BURCH, Noël. "Un cine refractario". En: *Itinerarios : La educación de un soñador del cine*. Bilbao : Certamen Internacional del Cine Documental y Cortometraje, etc., 1985, p. 149-161.

6 KOMATSU, Hiroshi. "The Lumière Cinematographe at the production of the cinema in Japan in the earliest period". *Film History*, 1996, Winter, v. 8, nº 4, p. 431.

7 Cita: HIGH, Peter B. "The dawn of cinema in Japan". *Journal of Contemporary History*, 1984, January, v. 19, nº 1, p. 23.

problemas técnicos que se pudieran presentar. Debemos añadir que la relación entre el joven operador francés y Inahata fue tornándose cada vez más agria y hostil.

Y así, entre el 15 y el 28 de Febrero de aquel 1897, fue presentado el Cinematógrafo Lumière en el teatro Nanchi de Osaka. Entre las películas exhibidas figuraba la legendaria LLegada de un tren, que fue recibida con entusiamo. Por el contrario, es de notar que las escenas domésticas captadas por los Lumiére, tan populares en Europa, no gozaron de la misma aceptación en aquellas latitudes.

Como bien observa Burch, aquellas sencillas escenas recogidas por el ojo indiscreto de la cámara suponen la primera presentación, en territorio japonés, de un arte interpretativo de occidente en su forma original: tal y como había sido concebida en su lugar de origen, y en las mismas condiciones en que lo habían presenciado los espectadores occidentales[8].

Aunque aquellas primeras proyecciones no resultaron satisfactorias, a causa de numerosos inconvenientes técnicos, sí despertaron un gran interés en la prensa local y entre el público que asistió a las proyecciones. Los primeros programas ofrecían ocho cortometrajes, que eran proyectados a lo largo de distintas sesiones entre las cinco de la tarde y las once de la noche. Cada día se renovaba la programación.

Las películas se proyectaban desde detrás de las pantallas, a fin de no mostrar el artilugio que las daba vida. Detrás de los espectadores, para tampoco ser vista, una orquesta interpretaba música en directo. La tela que servía de pantalla era humedecida, para aumentar su transparencia. Conviene retener que aquellas primeras películas se proyectaron ya con el acompañamiento de *benshi* o comentaristas, personajes que cobrarán un extraordinario protagonismo en la futura evolución del cine japonés.

Justo una semana después del estreno de Inahata, Edison presentó su proyector Vitascope en otro teatro de Osaka, el llamado Shinmachi. La calidad de las proyecciones de la patente francesa era sensiblemente mejor que la que proporcionaba su rival norteamericano. Por otra parte, la pantalla del Cinematógrafo era algo más pequeña que la del Vitascopio. Pero lo más evidente era que el buen rendimiento de aquellas primeras sesiones invitaba a una explotación comercial ambiciosa. Sin embargo, ante la escasa experiencia en el mundo del espectáculo que tenía Inahata, se requirió la colaboración de un empresario teatral llamado Benjiro Okuda. Ambos fundaron la Asociación de Películas Automáticas[9].

Durante aquellas sesiones Francois-Constant Girel era responsable de la proyección; pero además se ocupaba de la recepción y las devoluciones de las películas a Francia. Asimismo tenía bajo su cometido el comprobar la recaudación para tomar el tanto por ciento acordado. Por si esto fuera poco, Girel aprovechó para recorrer el país, cámara en mano, filmando las primeras películas hechas en Japón. A lo largo de 1897 recorrió las regiones de Kanto y Kansai, grabando imágenes en las ciudades de Tokio, Osaka, Kioto y Kobe; y llegó incluso a la norteña y alejada isla de Hokkaido para rodar películas. Otro tanto hizo Gabriel Veyre, enviado desde París para apoyar a Girel. Tras ser reveladas, aquellas cintas eran enviadas a Francia, desde donde se distribuían a lo largo del pequeño imperio Lumière.

Después de Osaka, Kyoto fue la segunda ciudad que acogió las proyecciones de Lumiére: el 1 de Marzo de 1897 se proyectan las primeras películas en la antigua ciudad imperial. El ubicuo Girel se ocupó de coordinar la sesión, que se celebró en el teatro *Shinkyogoku-motohigashimukai*.

El operador francés aprovecharía su estancia en el Kansai para filmar escenas de teatro *Kabuki* en Osaka, en Mayo de 1897[10]. En otoño de aquel mismo año, Girel regresó a Francia.

En este momento Inahata se desentendió de la exhibición cinematográfica. Cedió el negocio a Einosuke Yokota, un joven de veintisiete años que había hecho algún dinero y corrido no pocas aventuras viajando por los Estados Unidos mientras realizaba distintos trabajos.

Por aquellos días Yokota dirigía una empresa de importación y exportación en Kobe. Su llegada al cine fue el primer episodio de una carrera fulminante: poco tiempo después fundará la compañía Yokota para, más adelante, llegar a ser el presidente de la poderosa Nikkatsu[11]. De este modo el Cinematógrafo llegó a Tokio, al tiempo que libraba su singular batalla con el Vitascope, cuyas licencias de explotación japonesas tenía por entonces un empresario llamado Arai Saburo.

Yokota presentó el revolucionario proyector francés en el Kawakami-za de Tokio el 8 de Marzo de 1897. Nos consta que, desde el día siguiente, también se exhibía

---

8 BURCH, Noël. *To the distant observer : Form and Meaning in the Japanese Cinema*. . London : Scolar Press, 1979, p. 58.

9 KOMATSU, Hiroshi. "The Lumiére Cinematographe at the production of the cinema in Japan in the earliest period". *Film History*, 1996, Winter, v. 8, nº 4, p. 431- 438.

10 KOMATSU, Hiroshi. "Some characteristics of Japanese Japanese Cinema before World War I". En: *REFRAMING Japanese Cinema : Authorship, Genre, History* / Arthur Nolletti Jr. and David Desser (ed.) Bloomington, Indianapolis : Indiana University Press, 1992, p. 232 - 233.

11 HIGH, Peter B. "The dawn of cinema in Japan". *Journal of Contemporary History*, 1984, January, v. 19, nº 1, p. 25.

el invento francés en Yokohama. De forma que fueron varios los Cinematógrafos que recorrían Japón durante aquellas fechas: al menos tres. Durante aquellas sesiones inaugurales el Cinematógrafo era presentado como *"la maravilla técnica francesa que nos envían los Hermanos Lumière como un tributo personal a la emergente grandeza del Imperio Japonés"*.

Entre los éxitos comerciales de Yokota figura, además, el contratar a un actor especialista en narración oral, Koyo Komada, para que realizase las proyecciones con sus comentarios. El éxito fue estruendoso, y consolidó la figura del *benshi,* o comentarista como compañero indisociable de las proyecciones[12]. Más adelante Komada pasará a la dirección de películas, y será uno de los pioneros importantes del cine japonés.

En el ínterin la compañía Yoshizawa empieza a hacerse con proyectores a través de sus delegaciones británicas. Siguió su ejemplo la compañía Konishi, una antigua empresa farmacéutica que se había especializado en el comercio con artículos extranjeros, y particularmente los fotográficos. De este modo se hizo con una cámara de patente europea. Con aquella cámara se rodó la primera película hecha por un operador japonés[13].

IX. 3. Las primeras películas japonesas

En efecto, la primera película filmada en Japón fue rodada poco después de la llegada del Cinematógrafo. En Junio de 1897, un establecimiento fotográfico de Tokio, llamado Konishi, recibió una cámara Gaumont desde Francia. El encargado de la tienda, Shiro Asano, la sacó a la calle, y filmó el paisaje que desde allí se divisaba: las inmediaciones del puente de Nihonbashi, tantas veces utilizado en posteriores largometrajes. La película de Asano estaba tomada desde lo alto de un tejado, y permitía ver la construcción y los peatones y vehículos que la recorrían. Aunque torpemente filmada y procesada, algunas de sus imágenes resultaron visibles, y unos cuantos fotogramas han llegado a nuestros días[14]. Más adelante filmaría tomas de los bulliciosos barrios de Asakusa y Ginza, Así como escenas de teatro *Kabuki* y danzas de *geishas*.

La casa Konishi, que amparó la producción de estas películas, estableció vínculos con la compañía Lumière en otoño de 1898. Posiblemente estos contactos impulsaran a Asano a reproducir en suelo japonés algunas de las películas que habían filmado los Lumière en Francia, entre ellas la mítica llegada del tren, emplazando esta vez la cámara en la tokiota estación de Ueno. Asimismo filmó escenas marítimas, siguiendo el ejemplo francés, en la costa de Shinagawa. Incluso llegó a hacer películas con trucos de apariciones y desapariciones súbitas de personajes, en las que imitaba algunos incipientes experimentos europeos y americanos.

Pocas diferencias había, en honor a la verdad, entre aquellas películas filmadas por japoneses y las importadas desde Estados Unidos o Francia en los primeros años del cine. Todos se limitaban a situar la cámara frontalmente, para filmar un plano general o de conjunto. El tratamiento que se daba a estas imágenes no rebasaba el de meras fotografías en movimiento. Con frecuencia, además, el repertorio incluía versiones abreviadas de clásicos del teatro japonés. En estos casos la cámara ocupaba un asiento preferente en el patio de butacas, desde donde se filmaba frontalmente la función.

El cine ofrecía una nueva forma de expresión. Sin embargo, sus fuentes principales serán las literarias o las históricas. El cine se concibió desde sus comienzos en Japón como una derivación del teatro; un nuevo soporte para el drama. También en esta circunstancia el caso japonés es equiparable al europeo. De este modo, y ya desde los primeros años, el *Kabuki* será la fuente para los dramas históricos, y el *Shimpa* para los contemporáneos.

Los pioneros japoneses mostraron escasa preocupación por lograr imágenes realistas, como podría suceder en las primeras películas europeas y americanas. Se comparte la opinión, derivada de los usos escénicos, de que la narración de una historia es tan interesante como la propia trama que cuenta. Recuérdese que en el teatro *Bunraku* los espectadores tienen a la vista tanto a las marionetas como a los propios operarios que dirigen sus movimientos.

Por esta razón tal vez las primeras proyecciones en Japón se realizaban de tal modo que los espectadores no veían la película proyectada frontalmente, como normalmente se hace; por el contrario tenían, en uno de los pasillos laterales de la sala, el proyector; y en el pasillo opuesto la pantalla. De este modo el público, tan interesado en las imágenes dinámicas como en la técnica que las hacía posible, podía ver al tiempo el proyector y sus operarios, y la película que se proyectaba[15].

La labor diegética, que daba sentido a la narración desde el exterior de la misma, fue encomendada al

---

12 HIGH, Peter B. Op. cit., p. 26 - 27.

13 No existe unanimidad sobre el origen de aquella película.. Según Hiroshi Komatsu (1996, p. 435) se filmó con una cámara patentada por la compañía británica Baxter and Wray. Por el contrario High (1984, p. 32) asegura que se utilizó una cámara Gaumont.

14 HIGH, Peter B. Op. cit., p. 32.

15 RICHIE, Donald. *Japanese Cinema : An introduction.* Hong Kong; New York (etc.) : Oxford University Press, 1990, p. 3.

IX. LOS ORÍGENES DE UN ARTE (Años 1895 - 1910)

benshi, el narrador que comentaba las películas, y que llegó a ser uno de los protagonistas fundamentales del cine japonés a lo largo de sus primeras décadas de existencia. También esta figura tendrá su origen, como veremos en un capítulo posterior, en las convenciones narrativas y escénicas legadas por la tradición.

Era asimismo frecuente filmar danzas de *geishas.* Dichas escenas, así como las tomadas del teatro *Kabuki,* dieron lugar a sendos géneros en los orígenes del cine japonés. Otro tanto sucedía con la filmación de combates de *sumo,* también habituales. La elaboración de todas aquellas películas no excluía una cierta manipulación previa por parte del operador, quien solía preparar la escenificación poco antes de ser filmada. No había, de este modo, una separación clara entre documental y ficción en los orígenes del cine japonés.

Aquellas primeras sesiones se acomodaban a la prolongada duración de las representaciones teatrales japonesas. Así se proyectaban numerosos cortometrajes, formando programas insólitamente largos[16]. Un espectador de excepción, Junichiro Tanizaki, había asistido al cine por primera vez hacia 1898, cuando contaría unos diez años de edad. En su *Diario de infancia* el escritor recordaba aquel singular acontecimiento : " *Las colas de cada bobina se empalmaban con el principio, de forma que la misma escena podía ser proyectada una y otra vez. Todavía puedo recordar, incesantemente repetidas, imágenes de grandes olas que llegaban a una playa, en algún lugar; allí rompían para luego retroceder, mientras un perro solitario jugueteaba por allí, ora persiguiendo ora siendo perseguido por las aguas que iban y venían...*"[17].

Muy poco tiempo después del suceso referido por Tanizaki, la productora Konishi comenzaría a rodar comedias y melodramas con argumento, tal y como ya se realizaban en Estados Unidos y en Europa .

No fue la única. Particularmente reseñable fue la incorporación al mundo del cine de Koyo Komada en 1899. Se recordará que este personaje había ganado popular como *benshi* trabajando a las órdenes de Einosuke Yokota. Tras aumentar su fama comentando películas en el Kinkikan Vitascope, se decidió pasar a la realización de películas[18].

Sus primeros testimonios no se alejaban de la convención: filmaba danzas tradicionales interpretadas por geishas. Pero poco más adelante presentó en el teatro Engi-za de la capital una película con trama más compleja, en torno a la persecución y detención de un delincuente, en la que se reconstruía un caso que acababa de producirse durante aquellos días.

Además de incrementar el realismo en la representación de los sucesos, utilizaba técnicas narrativas ágiles, tal como se desarrollaban en las cinematografías emergentes. Además el propio Komada ejercía como *benshi* de sus películas, lo que le daba pleno dominio sobre las mismas, hasta el punto que desarrolló una incipiente autoría en el panorama, todavía primitivo, de la cinematografía japonesa.

El 20 de Junio de 1899 se proyecta una serie de películas realizadas por Tsunekichi Shibata y por Kanzo Shirai. En Septiembre de aquel mismo año Tsunekichi Shibata en solitario filmó Inazuma goto hobaki no ba (La captura del ladrón fulminante), película realizada en una sola escena, sobre la captura de un audaz ladrón .

Figura 1

Figura 2 [19]

Su realizador era un empleado de fotografía de los grandes almacenes Mitsukoshi de Tokio que, utilizando una cámara Gaumont, dio muestras de talento y sensibilidad. En Noviembre de aquel mismo año, Shibata realizó Momiji-gari (Tras las hojas del arce, 1899), todavía hoy recordada como el primer título importante de la cinematografía japonesa (Figuras 1 - 3).

Se trata de la filmación de una pieza clásica del *kyogen,* interpretada por dos de las grandes estrellas

---

16 RICHIE, Donald. Op. cit., p. 1.

17 Cita: RICHIE, Donald. Op. cit., p. 2.

18 HIGH, Peter B. "The dawn of cinema in Japan". *Journal of Contemporary History,* 1984, January, v. 19, n° 1, p. 32.

19 Las ilustraciones que acompañan a los capítulos dedicados a la historia del cine japonés provienen de la edición inglesa del documental de Nagisa Oshima The Century of Cinema. One Hundred Years of Japanese Cinema. The Cinema on the Road. London : BFI TV ; Oshima Productions, 1995. A esto obedecen los títulos en inglés que a menudo aparecen inscritos sobre la imagen.

Kabuki: Danjuro Ichikawa IX y Kikugoro Onoe V.[20]. Momiji-gari proporciona de este modo un nuevo cruce entre el documento y la ficción: se pretende embalsamar una muestra del arte de ambos maestros; pero éstos al mismo tiempo interpretan una escena con argumento y sentido pleno[21]. Para reforzar sus cualidades diegéticas, un actor recitaba, junto a la pantalla sobre la que se proyectaba la película, el *gidayû* (la balada dramática que glosa la acción)[22].

Toda la película estaba compuesta por tres planos estáticos y frontales ante el escenario. En ellos se resume un episodio legendario, en el cual Taira no Koremori conquista a una diablesa que se ha disfrazado de la princesa Sarashina. El núcleo de la película se centra en la danza del héroe, virtuosamente ejecutada por el maestro Ichikawa.

Aunque las representaciones *Kabuki* eran frecuentes, esta Momiji-gari pudo ser realizada bajo condiciones muy poco habituales: el gremio del teatro *Kabuki* se mostraba reticente a permitir las filmaciones de sus estrellas. La mayoría de los grandes intérpretes se negaban a prestar su arte para un artilugio intruso, mecánico y extranjero como era el cinematógrafo, en el que corrían el riesgo de verse deshonrados.

Con su siguiente película, Ninin dojôji (Dos personas en el templo Dojo), filmada aquel mismo año, Shibata abrió definitivamente el camino al cine narrativo (*monogatari eiga*). Se trataba de una nueva filmación de una escena *Kabuki*. Pero ésta tenía la peculiaridad añadida de ser la primera película coloreada a mano en Japón. Por si esto fuera poco, se proyectó sobre un decorado teatral, con efectos escénicos tales como un ventilador que simulaba el viento. Tan notables artificios extracinematográficos fueron frecuentes en el cine primitivo japonés, y su pervivencia - a través de la figura del *benshi* - habría de prolongarse durante varios años[23].

Aunque el cine japonés primitivo mostraba tendencia al estatismo, tal vez a causa de sus lastres teatrales, no carecía de especulaciones formales. Así el primer *flash-back* del que se tiene noticia en Japón fue empleado en fecha temprana, en 1909: dicho recurso se utilizó en la película Shin hotogisu (La nueva versión del cuco). Sin embargo, tales novedades siempre se desarrollaban en un marco escénico derivado de los usos teatrales. Tratábase, en suma, de aplicar una vez más las invenciones occidentales a la idiosincrasia y cultura propias del país; una nueva forma artística aplicada a preservar y a difundir la vieja tradición[24].

Figura 3

Figura 5

Figura 4

Figura 6

---

20 Disponemos de testimonios del operador de esta película. . Véase: HIGH, Peter B. Op. cit., p. 33.

21 Circunstancia que, por cierto, se repetirá en una de las películas de Yasujiro Ozu que serán examinadas: el documental Kagamijishi (1935).

22 KOMATSU, Hiroshi. "Some characteristics of Japanese Japanese Cinema before World War I". En: *REFRAMING Japanese Cinema : Authorship, Genre, History* / Arthur Nolletti Jr. and David Desser (ed.) Bloomington, Indianapolis : Indiana University Press, 1992, p. 234.

23 KOMATSU, Hiroshi. "Japan : Before the Great Kanto Earthquake". En : *The Oxford History of World Cinema*. Oxford : University Press, 1997, p. 177.

24 RICHIE, Donald. *Japanese Cinema : An introduction*. Hong Kong; New York (etc.) : Oxford University Press, 1990, p. 6.

IX. 4. Producción y distribución

La industria del cine dio sus comienzos en Japón, como se ha visto, en fecha temprana: treinta años después de la restauración Meiji, y cuando el nuevo invento apenas llevaba cumplidos dos años de vida. Desde su misma llegada, el cine se va a convertir en un poderoso vehículo de occidentalización en un país que parecía ávido por asimilar la tecnología y los hábitos de los pujantes países europeos y norteamericanos.

Durante los primeros años, la explotación corría a cargo de compañías extranjeras: las entonces expansivas Edison, Lumiére y Pathé; y se fraguaba en torno a las dos capitales del país, que asimismo lo serán de las actividades cinematográficas: Tokio y Kioto.

En el ínterin, los técnicos japoneses se esforzaron por asimilar lo antes posible los procedimientos de producción, así como las técnicas para realizar películas, y para revelarlas y positivarlas. Semejante aplicación hizo posible que, en efecto, la japonesa fuera la primera cinematografía nacional de importancia, que se mantuvo plenamente ajena a la férula de las potencias dominantes.

Por otra parte, desde los orígenes mismos del cine se estableció una situación de compromiso entre los modos de representación nativos, y los importados de occidente. Ambos tienden a coexistir generando un singular ejemplo de sincretismo artístico. Aun se acuña un concepto, denominado *wayô sechû,* para referirse a esta convivencia entre fuentes autóctonas y extranjeras.

A principios de siglo no existía ningún estudio cinematográfico propiamente dicho en Japón. Las pequeñas compañías recién nacidas se limitaban a filmar en exteriores, o bien en el interior de los teatros donde se efectuaban las danzas y las representaciones *Kabuki*.

No tardó en destacar entre aquéllas la compañía Yoshizawa, de Tokio. Inicialmente se dedicaba a la importación de películas extranjeras, y contaba para ello con una delegación en Londres. A partir de 1899 Yoshizawa distribuye documentales sobre la guerra hispano-norteamericana, y sobre el conflicto de los Boer en Abril del siguiente año. Ante el éxito que consiguen estos reportajes, envía un grupo de reporteros a China, para captar imágenes de la revuelta de los Boxer. Este fue, según consta en las crónicas, el primer noticiario filmado en Japón[25]. En 1904 realizó otro, de gran interés, sobre la Exposición Internacional de San Luis.

Gracias a estas películas, desde finales del siglo XIX la Yoshizawa ocupaba un lugar prominente entre las primeras compañías cinematográficas japonesas; y dio forma a su hegemonía tratando de controlar los propios recursos técnicos.

Adviértase que Japón no contribuyó a la historia genética del cine con ninguna aportación técnica digna de reseñarse. Todos los equipos que utilizó provenían del extranjero. Hasta la fecha, la Compañía Yoshizawa había fabricado linternas mágicas y sus placas proyectables. Sólo a partir de 1900 comenzó a ensamblar proyectores, si bien se trataba de meras réplicas simplificadas de los patentados por Lumière o por Edison.

Al tiempo que se constituye la Yoshizawa, nace en Kioto la primera productora importante afincada en la Ciudad Imperial: la Yokota, si bien no llegará a hacer sombra a la compañía de la capital. Cuando comienza el siglo XX aún no se ha desarrollado una industria del cine merecedora de tal nombre en Japón. Las compañías existentes no son sino pequeños talleres aplicados a la filmación de películas exhibidas en circuitos muy limitados.

A partir de 1905 se establece una sucursal de la Compañía Pathé en Tokio. Su delegado japonés, Atsukichi Umeya, un empresario que había hecho negocios a lo largo de todo el Sudeste asiático, decidió establecerse por su cuenta. De este modo, y sin solicitar permiso alguno, Umeya se apropió del nombre comercial de su patrón francés, al que añadió una M. de camuflaje, para fundar la compañía *M. Pathé,* exclusivamente japonesa y sin vínculo alguno con la multinacional francesa cuyo nombre usurpaba[26]. Sus primeros pasos se limitaron a la distribución de películas. Y no tardó en conseguir un importante éxito gracias a la distribución de la versión coloreada de La vida de Cristo, de Ferdinand Zecca (1909), con la que se ganó cierta reputación.

Gracias a sus buenos ingresos en taquilla, la M. Pathé no tardará en producir sus propias películas, y en convertirse en una de las casas cinematográficas más importantes del país.

Las primeras producciones de Umeya eran películas sofisticadas, y hechas a semejanza de las películas que había distribuido. Asimismo utilizaba la técnica del coloreado- que tan buena fortuna había dado con la Vida de Cristo- en las películas que producía. Cuando la producción se incrementó, y resultaba imposible colorear a mano todos los fotogramas, se limitó a virar las películas de acuerdo con las convenciones de la época: las escenas interiores se filmaban en sepia o marrón; los atardeceres

---

25 KOMATSU, Hiroshi. "Some characteristics of Japanese Japanese Cinema before World War 1". En: *REFRAMING Japanese Cinema : Authorship, Genre, History* / Arthur Nolletti Jr. and David Desser (ed.) Bloomington, Indianapolis : Indiana University Press, 1992, p. 237.

26 HIGH, Peter B. "The dawn of cinema in Japan". *Journal of Contemporary History,* 1984, January, v. 19, nº 1, p. 40.

y anocheceres en azul; las escenas violentas en rojo, etc.

M. Pathé disponía de su propia red de exhibición: llegó a contar con nueve salas en la capital. Para formar al nutrido número de *benshi* que precisaba, organizó la primera escuela de comentaristas, vinculada con su compañía. Cuando más tarde, en 1912, M. Pathé se sume al consorcio Nikkatsu, el recién nacido estudio formará una nueva escuela de *benshi,* siguiendo el ejemplo de Umeya.

En Enero de 1908, y a las órdenes de Kenichi Kawaura, gerente de la compañía Yoshizawa, se inauguraron las primeras instalaciones de rodaje del país: se trataba de los Estudios Meguro, alzados en la colina del mismo nombre, en las afueras de la capital. Fueron construidos en cristal, para mejor aprovechar la luz diurna. Aquel mismo año verá nacer nuevos estudios, como los construidos en Okubo (Tokio) por M. Pathé; la Yokota construyó sus estudios en Kyoto, y un año después la compañía Fukuhodo puso en marcha sus instalaciones en Hanamidera, también en Tokio. A partir de estos momentos comienza la emergencia de la industria cinematográfica japonesa.

En 1909 ya existen cuatro compañías perfectamente organizadas: M. Pathe; Yokota; Yoshizawa y Fukuhodo, que se reparten la mayor parte del mercado. A partir de ese mismo año asistiremos a un progresivo incremento del número de películas filmadas en Japón. En todo caso, resulta muy difícil precisar el número de películas que allí se exhibían, máxime cuando los datos de los que disponemos no distinguen la producción nacional de la extranjera. Así, sabemos que en 1908 se hicieron poco más de cincuenta películas en Japón. Del año siguiente sí tenemos datos sobre la producción de cada una de las principales compañías: Así, en 1909 M. Pathé estrenó treinta y nueve películas; Yoshizawa treinta y una; Yokota veinticuatro; y otra compañía sin nominar (tal vez Fukuhodo) doce. Añádanse unas ochenta películas más que, posiblemente, fueran producciones extranjeras distribuídas por aquéllas. Un año después, en 1910, se realizaron más de 300 películas en Japón[27].

De entre las películas extranjeras exhibidas en el país, la mayoría continúan siendo producciones europeas, y particularmente francesas: Pathé y Gaumont; Urban y Warwick, entre otras. No deja de sorprender la escasez de películas norteamericanas a lo largo de la primera década del siglo XX.

En 1908 las compañías japonesas abrieron sus primeras oficinas en Londres. Desde aquí se abastecen de películas extranjeras. Durante estos primeros años muchas compañías americanas optaban por distribuir internacionalmente sus productos desde las oficinas londinenses, en vez de hacerlo personalmente desde Norteamérica, al considerarse más ventajoso. Aunque el público japonés se mostraba muy receptivo hacia las películas nacionales, la producción doméstica no puede satisfacer la demanda. Por esta razón las cinematografías extranjeras dominaban el mercado. Merece ser destacado el estreno, en 1902, de Robinson Crusoe, una producción norteamericana que sería la primera película de largo metraje proyectado en Japón[28]. No deja de ser curioso recordar que la novela de Daniel Defoe había sido, asimismo, la primera novela extranjera traducida al japonés, en 1859.

La progresiva complejidad argumental; el incremento del metraje y del número de planos; el juego con la planificación y las escenas paralelas, son préstamos que el cine japonés toma de las cinematografías occidentales. Cabe añadir que, a partir de 1905, comienza una intensa campaña de distribución de películas japonesas por todo el sudeste asiático. Fruto de esta irrupción, la palabra *nippon* (Japón) llegó a ser el término con que se designaba a las películas en Tailandia[29].

IX. 5. *Jidai-geki* y *Gendai-geki*

La tradición literaria y escénica autóctona brinda multitud de fuentes: el *Kabuki* nutre el *jidai geki* (drama histórico) ; mientras que el *Shimpa* (que podía derivar tanto hacia el drama como hacia la comedia) es fuente inagotable para los dramas contemporáneos. A partir de 1908 las películas basadas en piezas *Kabuki* comenzaron a ceder su popularidad en favor de las adaptaciones de los melodramas *Shimpa*. Dichos melodramas, que con frecuencia adaptaban al patrimonio autóctono novelas y obras de teatro occidentales, se esforzaban por superar lo que consideraban desfasados y anacrónicos espectáculos basados en las fuentes medievales. Su ambientación es contemporánea; y los dramas que escenifica se hallan más próximos al espectador medio. Muchos de ellos reconcilian las fuentes tradicionales con los préstamos tomados de Occidente. El título de una comedia *Shimpa* que partía de aquel presupuesto resulta holgadamente elocuente: Wayô sechû kekkonshiki (Boda medio-japonesa y medio- occidental) Se trató de una producción

---

[27] Fuente: KOMATSU, Hiroshi. "Some characteristics of Japanese Japanese Cinema before World War I". En: *REFRAMING Japanese Cinema : Authorship, Genre, History* / Arthur Nolletti Jr. and David Desser (ed.) Bloomington, Indianapolis : Indiana University Press, 1992, p. 249.

[28] SATO, Tadao. *Currents in Japanese Cinema.* New York : Kodansha International, 1982, p. 249.

[29] SATO, Tadao. Op. cit., p. 249.

Yoshizawa realizada en 1908[30].

Tamaña diversificación resultó beneficiosa puesto que, tal como resume Gregory Kazsa, *"paradójicamente el cine mudo japonés pudo desarrollarse como plenamente japonés sólo debido a que estaba fundamentalmente escindido: no era homogéneo; y sólo debido a que contenía en el interior de su fracturado cuerpo esas contradicciones que debían ser resueltas, se pudieron sentar las bases de la creación del cine japonés"*[31].

Las comedias de Yoshizawa, al igual que sus dramas, se inspiraban en fuentes occidentales; particularmente francesas. Sus actores cómicos de la compañía imitan sin ningún pudor a Max Linder. Por otra parte la occidentalización del cine japonés era más viable en el cine de ambientación contemporánea que en el situado en épocas históricas. Así, y de manera natural, las comedias y los melodramas *gendai geki* se erigieron en vehículo de la modernización del cine japonés, tomando como modelo las películas europeas y americanas.

Pese a todo, las comedias y melodramas *Shimpa* no tardarían en contar con un rival de envergadura: a partir de 1908 Shozo Makino, un empresario de teatro *Kabuki* de Kyoto, comienza a rodar películas históricas -*jidai-geki*- protagonizadas por estrellas del escenario. A lo largo de los siguientes cuatro años, Makino Shozo rodó unas 168 películas (la mayoría cortometrajes de un solo rollo), que le convirtieron en el primer director importante del cine japonés.

Una de ellas, rodada en 1909, fue Tadanobu Goban. Su actor protagonista, Matsunosuke Onoe, no tardó en convertirse en la primera gran estrella local. Aquel actor gozó de una enorme popularidad, y apareció en más de un millar de películas, la mayoría de ellas de muy reducido metraje. Como muestra de su popularidad, el mismo Ozu le dedicó un guiño en su película Tokkan kozo (1929), a la que nos referiremos en este mismo estudio.

Onoe se especializó en interpretar personajes heroicos (*tateyaku*), provenientes del *Kabuki*. Y en aquellos años se convirtió en la más genuina encarnación de los ideales *bushido* del *samurai*. Los combates se filmaban de manera coreográfica; el actor danzaba mientras repartía mandobles, para finalmente adoptar una posición estática. Sus hazañas y peripecias trasladaban a la pantalla las convenciones marciales del *Kabuki,* para delirio y entusiasmo de sus miles de admiradores.

Onoe y sus películas eran vistas con simpatía incluso por los responsables políticos: el culto al heroismo y a la lealtad, encarnados en aquel intérprete, se propagaban entre los espectadores; y contribuían poderosamente a prepararles para la gran contienda que su país habría de librar muy pronto.

Sin embargo la primera estrella conocida internacionalmente del cine japonés será Sessue Hayakawa, quien hizo carrera en Hollywood. Consiguió gran popularidad gracias a su interpretación en The cheat (La marca del fuego. Cecil B. de Mille, 1915). En su condición de actor de reparto, Hayakawa intervino en otras muchas películas en Estados Unidos, ejerciendo habitualmente como perverso oriental[32].

IX. 6. La producción documental

Es de destacar, además, el interés con que el público recibía la exhibición de noticiarios y documentales. En efecto, gracias a las exitosas iniciativas de Yoshizawa, abundaron los reportajes y noticiarios dedicados a sucesos internacionales: la guerra ruso-japonesa, o la de los boxer, tuvieron gran repercusión entre los espectadores japoneses. A partir de 1900, se proyectan los primeros noticiarios japoneses. El conflicto con Rusia sirvió para estimular la aún mortecina cinematografía nacional. Un buen número de periodistas y de operadores fueron enviados al frente para realizar las crónicas de guerra. Entre ellos figuraban Kozaburo Fujiwara y su asistente Tsunekichi Shibata, cuyos reportajes bélicos gozaron de singular reconocimiento. Al menos una docena de reporteros cubrieron las incidencias en el frente de guerra[33].

No se tardó en comprobar el poder propagandístico de estas películas; hasta el punto que se promovió un debate sobre el uso que del cine se debería hacer para estimular sentimientos belicistas entre la población. En un artículo del *Asahi Shinbun* se llamaba la atención sobre la necesidad de usar las películas para *"fomentar entre los jóvenes un espíritu militar y una auténtica*

---

30 KOMATSU, Hiroshi. "Some characteristics of Japanese Japanese Cinema before World War I". En: *REFRAMING Japanese Cinema : Authorship, Genre, History /* Arthur Nolletti Jr. and David Desser (ed.) Bloomington, Indianapolis : Indiana University Press, 1992, p. 231.

31 KAZSA, Gregory J. *The State and Mass Media in Japan : 1918 - 1945.* Berkeley ; Los Angeles : University of California Press, 1988, p. 233.

32 Hayakawa consiguió una gran popularidad, años más tarde, al interpretar al Coronel Saito en El puente sobre el río Kwai (David Lean, 1957), papel por el que recibió una nominación al Oscar. El propio actor autoparodiaría a su personaje en la comedia de Frank Tashlin The geisha boy (Tú, Kimi y **yo**, 1958), en compañía de Jerry Lewis. Nagisa Oshima intentó rodar una película sobre las relaciones, pretendidamente homosexuales, que mantuvieron Sessue Hayakawa y Rodolfo Valentino. El proyecto, para el que se barajaba como intérpretes a Ryuichi Sakamoto y Antonio Banderas, no llegó a prosperar.

33 KOMATSU, Hiroshi. "Some characteristics of Japanese Japanese Cinema before World War I". En: *REFRAMING Japanese Cinema : Authorship, Genre, History /* Arthur Nolletti Jr. and David Desser (ed.) Bloomington, Indianapolis : Indiana University Press, 1992, p. 238.

sensibilización de lo que la nación espera de ellos en estas horas de necesidad"[34].

La popularidad que lograron aquellas películas, sumada a las dificultades para filmar en plena batalla, estimularon la proliferación de falsos documentales de guerra: se reconstruían episodios bélicos, que eran exhibidos como auténticos. Si al principio se importaban dichos falsos documentales de otros países, no se tardaron en realizar en los propios estudios japoneses. Estas películas demostraron tener además un gran valor propagandístico, lo que animó doblemente su producción.

Bástenos añadir que, entre 1904 y 1905, el 80 % de las películas exhibidas giraban en torno al conflicto ruso-japonés. No todas ellos eran documentales: también proliferaban las películas argumentales localizadas en el conflicto. Algunos años después, la expedición japonesa a la Antártida, comandada por el Teniente Shirase en 1911, fue motivo de un reportaje que consiguió gran éxito.

IX. 7. Exhibición

Mayor importancia tuvo la inauguración, en Octubre de 1903, de la primera sala de cine en Tokio: el *Denkikan,* o Teatro Eléctrico, en el barrio de Asakusa. Aquel mismo año, precisamente, nació Yasujiro Ozu. Siete años después se inaugura el primer *Saifukan,* o sala de cine permanente, en la capital. En estos pintorescos lugares, equivalentes del Nickeolodeon norteamericano, los hombres se sentaban en un lado, las mujeres en otro, y las parejas casadas en el medio[35].

En los próximos años el número de salas crece gradualmente, imponiéndose sobre las barracas y salas de espectáculos donde hasta entonces se proyectaba. Sin embargo el proceso es lento. Bástenos añadir que la siguiente sala japonesa tardaría casi cuatro años en abrir sus puertas al público: el Sen-nichi Mae Denki-kan, inaugurado en Osaka en Julio de 1907. A partir de estos momentos el ritmo se acelera un tanto: en 1909 abren sus puertas al público treinta nuevas salas en Tokio; once más en 1910 y otras nueve en 1911[36]. También la producción cinematográfica japonesa se incrementó espectacularmente; y muy en particular en el terreno del documental y los reportajes.

Ya en 1907 se había construido la primera sala de cine permanente en Osaka. Dichos locales, que rápidamente proliferaron por todo el país, hacían acompañar sus sesiones con todo un equipo de músicos, efectos sonoros y comentaristas. Los actores, desde detrás de la pantalla, imitaban las voces de los personajes de la pantalla, donde se solían proyectar escenas clásicas del teatro *Kabuki*. Esta técnica, llamada *kagezerifu* (sombras parlantes), era habitual en las representaciones primitivas japonesas.

En ocasiones estos intérpretes de doblaje eran visibles junto a la pantalla, y frente a los espectadores; una posición que les aproxima al *benshi*. Esta especialidad se llamaba *kowairo* (voces coloreadas). Por lo general los *kowairo* se especializaron en narrar películas japonesas, mientras que los *benshi* se apropiaron del comentario de las películas extranjeras, más complejas y difíciles de comprender para el público nativo.

En 1909 ya se han inaugurado treinta salas de cine en Tokio. A principios de los años 10 cuarenta y dos de las ochenta y tres salas de cine de Japón estaban controladas por M. Pathe. Al mismo tiempo, el número de salas crece en progresión de un 50% más cada año[37].

Las cifras son testimonio elocuente de la progresiva importancia que va cobrando el cine en la vida cotidiana del japonés medio. Contamos además con testimonios literarios de primera mano, que ofrecen imágenes vivaces de aquellas sesiones. Uno de ellos nos lo proporciona Ryunosuke Akutagawa en su libro de Memorias, *Tsuioku*, publicado en 1926. En ellas el gran escritor recuerda: *"Tendría probablemente cinco o seis años cuando fui a ver una película por primera vez. Fui con mi padre, si recuerdo bien, a ver aquella maravillosa novedad al teatro Nishuro de Okawabata. Las películas no se proyectaban sobre una gran pantalla, como se hace en nuestros días. El tamaño de las imágenes era mucho más pequeño. Además, no contaban una historia, ni eran tan complejas como lo son las películas actuales. Recuerdo, entre las películas que se proyectaron en aquella ocasión, una en la que aparecía un hombre pescando. Apenas había capturado un pez grande, cuando se cayó de cabeza al agua. LLevaba algo así como un sombrero de paja, y detrás de la larga caña de pescar que sostenía entre sus manos había juncos y sauces que se mecían al viento. Más aún, y aunque mi memoria puede estar equivocada, diría que aquel hombre guardaba algún parecido con el Almirante Nelson"*[38].

El cine occidental, y particularmente el procedente

---

34 Cita: HIGH, Peter B. "The dawn of cinema in Japan". *Journal of Contemporary History,* 1984, January, v. 19, nº 1, p. 34.

35 BORDWELL, David. "Our dream cinema : Western Historiography and the Japanese Film".
Film Reader, 1979, nº 4, p. 45.

36 KOMATSU, Hiroshi ; MUSSER, Charles. "Benshi search". *Wide angle,* 1987, v. 9, nº 2, p. 85.

37 KIRIHARA, Donald. *Patterns of time : Mizoguchi and the 1930s.* Madison, Wisconsin : The University Press, 1992, p. 40.

38 Citado en: *WORD and Image in Japanese Cinema /* Edited by Dennis Washburn and Carole Cavanaugh. Cambridge : University Press, 2001, p. XIX.

de países anglófonos, comienza a colonizar el imaginario de los espectadores de cualquier rincón del mundo, con la eficacia y contundencia con que podría hacerlo el General de una potencia colonizadora. No es gratuita la asociación que hace el joven Akutagawa de aquel cómico personaje con Nelson: el inocente pescador es la avanzadilla de un arte poderoso y extranjero, llamado a condicionar y a alterar la percepción de los espectadores de los más alejados confines.

IX. 8. Las primeras revistas cinematográficas

En Junio de 1909 comienza a publicarse *Katsudô shashinkai* (El mundo de las películas), la primera revista cinematográfica japonesa. Una publicación que nace, como reza su presentación, a consecuencia del creciente interés por el cine en el país, un arte que se hace progresivamente más denso y complejo. El cine es, además, una ventana abierta al mundo; una fuente de instrucción y conocimiento; e incluso un importante vínculo para la armonía y el entendimiento familiar. Para estimular todos esos fines, y aún para servir como recuerdo al espectador tras haber disfrutado de la proyección de las películas, nace dicha revista [39].

No tardaron en aparecer otros títulos, como *Katsudô shashin, Katsudô shashin taimuzo*. Con frecuencia dichas publicaciones nacían amparadas por los propios estudios cinematográficos, con el fin de promocionar sus películas.

En 1914 vio la luz otra de las más importantes: *Kinema rekôdo,* con el objetivo de apartarse de las circunstancias comerciales e industriales del cine para explorar sus peculiaridades creativas. En este sentido fue un anticipo de la más célebre de todas ellas: *Kinema Junpô*. Muchas de estas revistas tenían unas dimensiones muy modestas. La citada *Kinema Junpô* (Tiempos de Cine) que llegará a ser la más importante de todas, nacerá en 1919 como un mero folleto de cuatro páginas [40]. Ambas revistas *Kinema* pretenden ser el equivalente cinematográfico de otras publicaciones culturales y académicas consagradas al estudio de la literatura o de las artes, de las que ya menudean en el panorama editorial japonés. A partir de 1926 se publicará *Eiga Hyôron* (Crítica Cinematográfica), y *Shinario* (Escenario) desde 1937, entre las más relevantes que siguieron aquella estela.

Los citados son los primeros ejemplos de las muy numerosas revistas sobre cine que, a partir de entonces, se publicarán en el país. Su proliferación es buena prueba del gran interés que los temas cinematográficos despertaban entre el público. También comenzaron a menudear las versiones noveladas de las películas de éxito, cuyos autores-adaptadores permanecían siempre en el anonimato. Algunas de ellas, como *Katsudô Gahô* (Cine Gráfico) venían ilustradas. Su ánimo era recrear, gracias a la acción conjunta del texto y de la imagen, la genuina experiencia cinematográfica. De esta forma el cine daba pie a una doble actividad de narración subsidiaria: una oral (el *benshi*) y otra escrita (las novelizaciones de las películas de éxito) [41].

Katsudô sahshin zasshi (Revista de cine) comienza a publicarse a partir de 1915, y tendía a especializarse en la novelización de películas de éxito. Pero también llegó a publicar guiones originales, que no habían sido finalmente llevados a la pantalla, pero que eran valorados por su interés literario. No fue el único mérito de esta revista: también recogía los guiones con los comentarios que hacían los *benshi* en el curso de la proyección, incluyendo en ocasiones hasta la explicación que precedía a las películas. De este modo proporciona hoy un testimonio de extraordinario valor para conocer mejor las intervenciones de aquel singular comentarista. Más adelante importantes escritores aplicaron su talento al guión cinematográfico. Los ejemplos más conocidos provienen de Tanizaki y de Kawabata, pero no hay que olvidar que también Ryunosuke Akutagawa escribió guiones cinematográficos, si bien su temprana muerte le impidió dedicar más tiempo a este oficio [42].

---

39 Véase: GEROW, Aaron. "The Word before the Image : Criticism, the Screenplay and the Regulation of Meaning in Prewar Japanese Film Culture". En: *WORD and Image in Japanese Cinema* / Edited by Dennis Washburn and Carole Cavanaugh. Cambridge : University Press, 2001, p. 5.
En dicho artículo se reproduce parte de la presentación de la revista *Katsudô shashinkai*.

40 *Kinema Junpô , cuyo título* puede ser traducido, literalmente, como *Cine Diez Días,* llegará a ser la más conocida del país . Los premios que otorga anualmente, además, son los más prestigiosos de la industria cinematográfica japonesa . Véase: ANDERSON, Joseph L. "Tales from peripheries : Why write about Japanese Movies?" *Asian Cinema,* 1996 - 1997, Winter, v. 8, nº 2, p. 32.

41 Véase: GEROW, Aaron. "The Word before the Image : Criticism, the Screenplay and the Regulation of Meaning in Prewar Japanese Film Culture". En: *WORD and Image in Japanese Cinema* / Edited by Dennis Washburn and Carole Cavanaugh. Cambridge : University Press, 2001, p. 9.

42 Junichiro Tanizaki escribió varios guiones durante los años 20, que después serían filmados por Kisaburo (Thomas) Kurihara. Entre ellas figuran: Amachua kurabu (Amateur club, 1920) y Jasei no in (La lubricidad de una serpiente, 1921), adaptación del cuento de Akinari Ueda que en 1953 utilizaría Kenji Mizoguchi en su obra maestra Ugetsu monogatari (Cuentos de la luna pálida).
A Kawabata debemos el guión de la singular Kurutta ippeiji (Una página de locura. Teinosuke Kinugasa, 1926).
Véase al respecto: *CINÉMA et littérature au Japon : de l' ère Meiji à nos jours* / sous la direction de Max Tessier. Paris : Centre Georges Pompidou, 1986.
Ryunosuke Akutagawa, a su vez, fue autor de guiones como Yûwaku (Tentación); y Asakusa Kôen (El parque de Asakusa).
Véase: GEROW, Aaron. "The Word before the Image : Criticism, the

IX. LOS ORÍGENES DE UN ARTE (Años 1895 - 1910)

Screenplay and the Regulation of Meaning in Prewar Japanese Film Culture". En: *WORD and Image in Japanese Cinema* / Edited by Dennis Washburn and Carole Cavanaugh. Cambridge : University Press, 2001, p. 35.

Noriko. Kami ningyô realizada por Miko Misono

X. LA CONSOLIDACIÓN DE LOS ESTUDIOS (Años 1910 - 1920)

X. 1. El caso Zigomar

LLegado 1911 un Grupo de Trabajo publica cierto informe sobre las Actividades de Educación Popular, y sus métodos de difusión. Entre sus objetivos figura la mejora de la educación. A tal fin se proponen medidas de fomento de la lectura, pero también se decide potenciar, por su valor didáctico, el uso de linternas mágicas, películas, y otros medios tradicionales de narración oral. Más aún, de dicho informe se espera que el cine llegue a ser un vehículo adecuado para la mejora de la educación y del buen gusto de los espectadores. Por esta razón se debe prevenir la intrusión de malos hábitos entre los espectadores, extendidos a consecuencia de las películas extranjeras que, a menudo, se oponen a las buenas costumbres de la nación.

No sólo la producción extranjera exige atención: asimismo se juzga conveniente velar por el uso del lenguaje de los *benshi*, y aún por las canciones y músicas interpretadas durante las proyecciones, que en ocasiones podían incurrir en lo soez o en lo chabacano.

Finalmente, y pese a las virtudes educativas que se encuentra en el cine, se sugiere a los adultos y a los responsables de la educación infantil que hagan lo posible para evitar que los niños vean películas, lo que ciertamente contradice todas las medidas tutelares anteriores[1].

Como si quisiera confirmar todos los motivos de preocupación que aquel Grupo de Trabajo encontraba en el cine, justo entonces se produjo el primer gran escándalo relacionado con el joven arte: la proyección de una película francesa, Zigomar (Victorin Jasset, 1911), fue objeto de enormes controversias. Se trataba de una producción de la Compañía Eclair que adaptaba un folletín popular, publicado en el periódico parisino *Le Matin,* cuyo autor era Léon Sazie, y en la que se narraba el enfrentamiento entre un criminal y el detective que le va a la zaga. El éxito de la película llegó a levantar alarma por entender que fomentaba la violencia y los desórdenes callejeros, de manera que las autoridades impusieron el primer código de censura japonés.

No sólo fue polémica en Japón: también en Francia la película levantó polvaredas, tanto a su favor como en contra. Entre sus partidarios se encontraba Apollinaire, para quien Zigomar *"representa el resentimiento del hombre común contra las irracionalidades de la sociedad moderna"*[2]. Sin duda a consecuencia de su naturaleza subversiva, la película llegó a ser prohibida en su país de origen.

Mientras se desataba la polémica en Europa, Zigomar llegó a Japón, importada por la compañía Fukuhodo, para ser estrenada en el barrio tokiota de Asakusa el 11 de Noviembre de 1911. Aquel criminal astuto, capaz de burlar con su ingenio a las fuerzas del orden, se ganó de inmediato la simpatía del público. Tan célebre se hizo que poco tiempo después del estreno vio transformar su título en caracteres *katakana*- fue la primera película extranjera merecedora de tal distinción- para pasar a ser comunmente conocida como Jigoma. También se publicaron novelas populares, inspiradas en este escurridizo personaje.

No tardaron en llegar las secuelas. Incluso los estudios japoneses filmaron sus propias versiones del personaje: Nihon Jigoma (El Zigomar Japonés. Producción Yoshizawa de 1912), a la que siguieron otras varias. Al margen del dudoso interés que aquellas películas pudieran tener, contribuyeron a introducir técnicas cinematográficas que ya se habían consolidado en Europa.

El problema vino cuando algunas pandillas de adolescentes comenzaron a organizarse y a cometer fechorías emulando a las que realizaba aquel bandido en la pantalla, lo que provocó agitadas discusiones en torno a los posibles efectos perniciosos que producían las películas sobre espectadores inmaduros[3]. Las instituciones académicas, recientemente comprometidas con aquel Grupo de Trabajo sobre la Educación Popular, no tardaron en levantar la voz de alarma por entender que se trataba de un personaje escasamente ejemplarizante para los escolares. Más aún, consideraron

---

[1] MAMORU, Makino. "On the conditions of Film Censorship in Japan before its systematization". En: *IN Praise of Film Studies : Essays in Honor of Makino Mamoru* / Edited by Aaron Gerow and Abé Mark Nornes. Yokohama ; Ann Arbor : Kinema Club ; Trafford, 2001, p. 50-55.

[2] HIGH, Peter B. "The dawn of cinema in Japan". *Journal of Contemporary History,* 1984, January, v. 19, nº 1, p. 51.

[3] MAMORU, Makino. Op. cit., p. 58-62.

que en películas como aquélla se exaltaba el crimen y se glorificaba al criminal.

De manera que, finalmente, Zigomar también se vio proscrito de las pantallas japonesas. Su última proyección comercial tuvo lugar el 20 de Octubre de 1912, un año después de su estreno, lo que da muestra de su infrecuente popularidad. No fue el único caso que sufrió las iras censoras. Acompañaron a Jigoma al destierro distintas películas japonesas, como Shunpukaku (El Palacio de la Brisa de Primavera), y Hito no hana (Las flores de una persona), entre otras. Todas ellas fueron acusadas de incitar al adulterio, y por tanto retiradas[4]. Cabe entender el escándalo pasajero que provocó una película, por lo demás inocente, como una buena excusa que permitiese establecer unos primeros mecanismos reguladores del cine, anticipo de una posterior censura mucho mejor reglamentada.

X. 2. Guías para la Regulación Cinematográfica

Adelantándose al estreno de películas escandalosas, como las citadas, en Julio de 1911 la Prefectura de Osaka había dictado unas directrices para regular la exhibición cinematográfica. Un año después, en Octubre de 1912, coincidiendo ya con el caso Zigomar, se promulgaron en Tokio unas *Guías para la Regulación Cinematográfica,* en las que se propone la prohibición de determinadas películas. En resumidas cuentas, ambas disposiciones coincidieron en la necesidad de velar por el adecuado contenido moral del cine, para lo cual se proponía la prohibición de las siguientes películas :

. Las que hagan atractiva cualquier actitud o procedimiento criminal.
. Las que se considere que puedan provocar daño o confusión entre la juventud.
. Las que pequen de obscenidad, o que despierten sentimientos promiscuos, o inciten al adulterio.
. Las que se desvíen de la rectitud moral, o representen actos crueles.
. Las que promuevan sentimientos o actos perniciosos entre el público.
. Las que satiricen la actividad política, o las que puedan alterar el orden social.

Aquellos *"Seis Criterios de Prohibición"*, que fueron publicados en el diario *Asahi Shimbun* el 13 de Octubre de 1912, proponían la prohibición de toda película cuyo contenido fuera considerado anti-social; así como aquéllas que mostraran imágenes violentas, conductas poco decorosas o que pudieran estimular vicios o actividades delictivas. Se recomendaba además que la policía o la oficina censora revisara los guiones, antes de que éstos fueran filmados. Las películas que contravinieran dichas recomendaciones deberían ser retiradas de circulación[5]. No se trataba de unas medidas excepcionales, puesto que diferían bien poco de las aplicadas al teatro de aquellos años. Sin embargo se matizaba que el cine debía ser particularmente vigilado, puesto que podía condicionar de manera intensa- y sobre todo en determinados sectores de la población- la forma de pensar y el comportamiento de los espectadores.

El caso Zigomar comenzó a alertar a las autoridades sobre los peligros que entrañaban determinadas películas. Sirvió como precedente que se tuvo en cuenta, y las seis propuestas del *Asahi Shinbun* sirvieron como modelo para construir las disposiciones censoras que deberían regular la industria cinematográfica. Se comenzó estableciendo órdenes que debían cumplirse en cada provincia. Y finalmente se promulgó una Ley Nacional de Censura en 1925, a la que nos referiremos en otro momento. Se aprendió además una lección: la censura debía aplicarse a priori, para evitar que películas consideradas nocivas, como este Zigomar, pudieran llegar a ser accesibles en las pantallas. De este modo, aquel artero delincuente francés puso, sin duda sin proponérselo, las bases para el establecimiento de la censura cinematográfica en Japón. Más aún: dada la naturaleza fundamentalmente visual del arte cinematográfico, no bastaba con leer una sinopsis del argumento, y ni siquiera el guión completo: se hacía preciso ver la película, antes del estreno, con el fin de evaluarla y, si se viera preciso, censurarla.

Los efectos prácticos de dicha medida no se hicieron esperar, y no sólo en lo que a la libre expresión cinematográfica se refiere: una ley promulgada en 1917 obligaba a la segregación por sexos del público en las salas cinematográficas: Una parte del patio de butacas sería ocupada por hombres, otra por mujeres, y una tercera por matrimonios y por niños con sus familias. Los hombres y mujeres que no estuvieran casados no podían

---

4 MAMORU, Makino. Op. cit. p. 50-51

5 Véase :
- GEROW, Aaron. "Swarming ants and elusive villains : Zigomar and the problem of Cinema in 1910s Japan". *CMN!,* 1996, Autumn, nº 1.
  En: http://www. cmn.hs.h.kyoto-u.ac.jp/backIssue/no1/Subject1/zigomar.htm
- HIGH, Peter B. "The dawn of cinema in Japan". *Journal of Contemporary History,* 1984, January, v. 19, nº 1, p. 51 - 53.
- MAMORU, Makino. "On the conditions of Film Censorship in Japan before its systematization". En: *IN Praise of Film Studies : Essays in Honor of Makino Mamoru /* Edited by Aaron Gerow and Abé Mark Nornes. Yokohama ; Ann Arbor : Kinema Club ; Trafford, 2001, p. 64-65.

permanecer juntos en la sala oscura[6].

X. 3. Reorganización industrial: LLega Nikkatsu

El caso Zigomar, con todas sus consecuencias, se produjo además en un periodo particularmente crítico: el emperador Meiji fallecía en Julio de 1912, justo cuando el país comienza a debatirse en medio de profundas tensiones. La propia industria cinematográfica atravesaba un periodo de incertidumbre y de reorganización, que se prolongaría durante más de una década. Los años del pequeño empresario que arriesgaba sus recursos al frente de pequeños estudios independientes tocaban a su fin. La industria del cine se asentaba dentro de los parámetros globales de la economía nacional, tal como sucedía en otros países con industrias cinematográficas firmemente asentadas.

En efecto, a finales de 1912, las cuatro compañías principales (M. Pathe; Yokota; Yoshizawa y Fukuhodo) se fusionaron para crear, en 1912, la primera gran compañía cinematográfica japonesa: la Nikkatsu, acrónimo de *Nippon Katsudo Shashin Kabushiki Kaisha* (Asociación Japonesa de productoras de películas): un estudio de grandes proporciones que aspiraba a la hegemonía absoluta sobre el sector. Según Yoshikata Yoda, el fiel guionista de Mizoguchi, el nacimiento de esta compañía se vio amparado por un influyente clan *yakuza:* los Senbongumi[7]. Probablemente los clanes mafiosos gozaran de cierto control en el negocio del cine durante estos primeros años.

La creación del consorcio Nikkatsu toma como modelo una de las primeras productoras americanas: la American Motion Picture Patents Company. Siguiendo el modelo hollywoodiense, la compañía japonesa integraba verticalmente las etapas de producción distribución y exhibición de películas, para lo cual disponía de su propia red de salas. Fruto de la fusión, ya en los días de su nacimiento dispone de cuatro estudios de rodaje, y setenta salas permanentes, diseminadas a lo largo y ancho del país[8]. Es de tener en cuenta que la mayoría de las proyecciones se celebraban, durante estos primeros años, en salas provisionales, o en barracas de feria. Lo mismo que sucedía en Europa y en Estados Unidos.

Por otra parte, la diversidad de recursos permitió a la recién nacida Nikkatsu contar con dos estudios: uno en Mukojima, en las proximidades de Tokio, y otro más en Kioto, aprovechando los estudios que allí tenía la antigua Yokota. Las instalaciones de Mukojima se especializaron en películas de ambientación contemporánea *(gendai geki);* las de Kyoto, por su parte, aprovechan los magníficos decorados que ofrece la ciudad para filmar relatos históricos *(jidai geki)*. Así, desde el principio se establece la capitalidad bifronte de la cinematografía japonesa, y la delimitación de los dos géneros fundamentales.

Pese a las tendencias conservadoras de las que siempre haría gala, la Nikkatsu hizo un encomiable esfuerzo de renovación abriendo el camino a los jóvenes valores de su plantilla: Eizo Tanaka y, muy especialmente, Kenji Mizoguchi, quien no tardó en convertirse en uno de los valores firmes del estudio. Aquellas jóvenes promesas tienen presente el cine que se hace en Europa y en Estados Unidos: particularmente miran con atención los movimientos vanguardistas de Francia y de Alemania, sobre los cuales hallan caminos innovadores. Además, y siguiendo el modelo americano, la Nikkatsu supo utilizar el estrellato como reclamo para atraer al público. Para ello contrató a Matsunosuke Onoe, a quien ya conocíamos como la primera estrella de la pantalla japonesa.

Además supo rentabilizar las fórmulas de éxito: el buen funcionamiento de una película garantizaba su réplica casi exacta a continuación. Las mismas historias, o con leves variaciones, serían filmadas una y otra vez, e interpretadas por los mismos actores, con la seguridad de contar con el respaldo del público. El ejemplo más representativo sigue siendo el Genroku Chushingura, la epopeya de los cuarenta y siete samurais, que desde los orígenes del cine hasta nuestros días ha sido llevada a la pantalla en docenas y docenas de ocasiones. Merced a su fortaleza, y gracias a su hábil consolidación industrial, a partir de 1914 la Nikkatsu cobra pleno dominio sobre el mercado. Dos años después, controla asimismo los sectores de distribución y de exhibición.

En 1912 Tokio ya disponía de 44 salas cinematográficas. También en el terreno de la exhibición Nikkatsu permanecía a la cabeza. En 1921 aún se permitía controlar 350 de las 600 salas de cine que existen en Japón. Con todas ellas se establecen contactos regulares. Además se había hecho con la propiedad de las principales salas, aquéllas en las que se producían los principales estrenos y desde donde se dirigían las campañas de promoción. Más aún, con las salas menores se garantizaba un régimen de contratos exclusivos, normalmente anuales, que determinaban la programación, ligándola a la voluntad del estudio. Por si esto fuera poco, Nikkatsu también

---

6 MORRIS, Gary. "Japanese silent films are no longer silent in this fabulous -and expensive- DVD-ROM". *Bright Light Film Journal*, issue 31 (especial Japanese Cinema). En: http://www.brightlightsfilm.com/japan.html

7 YODA, Yoshikata. *Souvenirs de Kenji Mizoguchi*. Paris : Cahiers du Cinéma, 1997, p. 36 - 37.

8 BURCH, Noël. *To the distant observer : Form and Meaning in the Japanese Cinema.* . London : Scolar Press, 1979, p. 58.

dominaba la importación de películas extranjeras.

La abundante producción favorecía una gran movilidad de títulos. Por lo general se cambiaban los programas semanalmente. La programación ofrecida era, además, de larga duración: resultaban habituales los programas dobles y, a veces, triples. En los teatros más selectos la programación podía comprender un noticiario y un largometraje; pero además se podía añadir el episodio de una serie, y tal vez hasta una actuación en directo. Ni que decir tiene que las producciones extranjeras a duras penas podían competir con tan generosas programaciones[9]. Al carecer de competidores de peso, durante un par de años el mercado cinematográfico fue casi predio exclusivo de la Nikkatsu. El poderoso estudio movía sus resortes con el objetivo escasamente disimulado de hacerse con el monopolio de la industria, un objetivo que se hubiera conseguido de no ser por la obstinada resistencia de las compañías rivales.

X. 4. Reacciones contra el monopolio

La primacía de Nikkatsu fue absoluta hasta que, en Marzo de 1914, Kisaburo Kobayashi, antiguo director de la Fukuhodo, funda una nueva compañía: *Tennen Shoku Katsudo Shashin Kabushiki Kaisha* (Compañía de Películas con Colores Naturales), o Tenkatsu. Su pintoresco nombre obedece a que, desde fecha temprana, experimentó con el sistema de color Kinemacolor, derivado del que en Gran Bretaña experimentaban Charles Urban y George Albert Smith[10]. Mediante aquel rudimentario procedimiento de cine en color, la Tenkatsu se disponía a presentar batalla a la Nikkatsu.

De este modo, Tenkatsu se organizó de manera similar a su competidora, dividiendo la producción en películas de ambientación histórica y contemporánea. Filma además los llamados *rensageki,* o dramas encadenados, una sorprendente mezcla entre cine y teatro. En dichos espectáculos se interpretaba una obra teatral sobre un escenario; pero durante los episodios climáticos, o al comenzar las escenas de mayor acción, caía la pantalla, y sobre ella se proyectaba una película que continuaba exactamente las vicisitudes de la obra. Concluida la proyección, que normalmente se limitaba a aquellos episodios que no era posible representar en escena, subía la pantalla y proseguía el teatro.

Para confirmar su voluntad innovadora, desde su fundación la Tenkatsu permitió que fuesen las actrices quienes interpretasen los papeles femeninos, tradicionalmente reservados a los especialistas masculinos llamados *oyama* u *onnagata*. Cumpliendo a la perfección tales actuaciones, Tenkatsu no tardó en erigirse como la más peligrosa rival de la Nikkatsu. Tanto desde el punto de vista comercial como del artístico. También cuenta con estudios en Tokio y en Osaka y, de hecho, su producción llegó en ocasiones a ser ligeramente superior a la de su competidora.

La concentración industrial respondía a los planteamientos que adoptaba el incipiente capitalismo japonés. Ahora bien, hay que tener en cuenta que no sólo estas dos grandes compañías se repartían el mercado: en torno a 1914 llegó a haber nueve compañías en liza.

Es cierto que Nikkatsu y Tenkatsu se sitúan a la cabeza, con una producción mensual de catorce películas la primera, y quince la segunda. Las seguía Komatsu, fundada en 1903 y reconstruida diez años más tarde, que venía a rodar unas seis películas al mes. Las restantes compañías dividían su producción entre Tokio, Kyoto y Osaka. Una de ellas, la *Nippon Kinetophone*, aun realizó experimentos con el cine sonoro[11].

De este modo, mediados los años 10 Nikkatsu (afincada preferentemente en Tokio) y Tenkatsu (cuyo cuartel general se encuentra en Osaka) controlaban comanditariamente todo lo referido a la distribución y exhibición de películas en el país; y muy en particular controlaban la difusión de los productos extranjeros, conforme a sus intereses.

Es de tener presente que durante aquellos años se prefería las películas europeas antes que las americanas. Las europeas son más baratas. Y, como se dijo, las películas americanas eran contratadas en Londres, a mejor precio que en Estados Unidos. Sin embargo, desde esta fecha temprana ya comienza a advertirse la primacía de las películas japonesas sobre las extranjeras, a la hora de abastecer el mecado doméstico. Tanto Nikkatsu como Tenkatsu mostraban las películas primero en sus mayores teatros urbanos y, algún tiempo después, en teatros adayacentes o periféricos, a precios más bajos[12]. También ésta era una práctica comercial adoptada a partir del ejemplo de las compañías extranjeras, particularmente las americanas.

La abundante producción de los años 10 no era, sin embargo, sinónimo de calidad. Cierto artículo escrito por Kôkei Shigeno, y publicado el 3 de Agosto de 1914 en la revista *Kinema Record*, era significativamente titulado *"Crítica a la situación actual del cine japonés"*. En él

---

9 KIRIHARA, Donald. *Patterns of time : Mizoguchi and the 1930s.* Madison, Wisconsin : The University Press, 1992, p. 42.

10 Ibid., p. 40.

11 KOMATSU, Hiroshi. "Japan : Before the Great Kanto Earthquake". En : *The Oxford History of World Cinema*. Oxford : University Press, 1997, p. 178.

12 KIRIHARA, Donald. Op. cit. p. 40.

se decía: *"La primera impresión adversa que uno sufre cuando ve películas japonesas es su inepta fotografía; la segunda: el drama carente de vida y la lentitud de su movimiento; la tercera: los actores desmañados e insípidos; y la cuarta: el uso de los onnagatas para interpretar los papeles femeninos"* [13].

La planificación en el cine japonés tiende a ralentizarse, y son frecuentes las escena filmadas en un único plano. Por otra parte el uso del primer plano es escaso, a lo que no es ajena la aparición de hombres disfrazados para interpretar mujeres. El panorama industrial se hizo más complejo a finales de la década: en 1920 se fundaron dos nuevas compañías de vida efímera y producción fecunda: la Taisho Katsuei Kabushiki Kaisha (Taikatsu) y la Kokkatsu.

La Taikatsu nació con aires renovadores: pretende liberar las películas de la tiranía del *benshi*, potenciando plenamente las posibilidades del lenguaje cinematográfico. Además se reviste de un cierto prestigio intelectual, contratando como guionistas a escritores de prestigio, como Junichiro Tanizaki, quien no en vano había escrito crítica cinematográfica en su juventud. El gran escritor, que valoraba el cine como un vehículo idóneo para exportar la cultura japonesa, se adhirió a las propuestas innovadoras que defendían los partidarios del Cine Puro [14].

No en vano aquel gran escritor sintió durante su juventud un gran interés por el cine americano. Así, con sus escritos y con sus guiones, y seguramente sin proponérselo, Tanizaki contribuyó a afianzar el gusto por el cine de Hollywood. Años después, el mismo escritor lamentaría el hedonismo materialista que, a su juicio, fomentaban aquellas películas extranjeras. Los tiempos habían cambiado, y el Japón imperialista tendría una percepción muy distinta del arte cinematográfico [15].

Huelga añadir que Tanizaki no fue el único escritor de su generación fascinado por el cine, ni tampoco fue el primero en utilizar el nuevo arte como recurso literario. Al igual que Ryunosuke Akutagawa y Haruo Satô, Tanizaki había escrito obras, desde finales de los años 10, en los que se describían representaciones cinematográficas. Este fue el caso de *Jinmenso (El caldero con rostro humano*, 1918), un relato fantástico en el que se juega con la apariencia espectral que de por sí tiene la imagen cinematográfica. No eran simples intentos discursivos que pretendieran definir la relación entre cine y literatura, sino que aspiraban a *"articular el papel del cine en un Japón cambiante"* [16].

Además de contar con plumas de talento, la Taikatsu hizo un importante esfuerzo para incorporar directores bien avalados por sus trayectorias. Una de las operaciones más singulares del estudio fue traer desde Estados Unidos a Thomas Kurihara, quien había trabajado a las órdenes de Thomas Harper Ince.

La primera película que realizó para la Taikatsu fue

Figura 7

Figura 8

una comedia realizada a la usanza *slapstick:* Amachua Kurabu (versión japonizada de Amateur Club, 1920) es el título occidentalizante de una occidentalizada comedia cuyo guión escribió Junichiro Tanizaki (Figura 8). Fue dirigida por Thomas Kurihara, un cineasta de origen japonés que se formó en Hollywood a las órdenes de Thomas Harper Ince que, a su regreso a Japón, pretende importar los modelos que aprendió en Norteamérica. Aquélla fue la primera de una serie de películas, realizadas por Taikatsu a la usanza americana. Se trataba de hacer la competencia de este modo al acartonamiento teatral de las películas Nikkatsu.

Más adelante Kurihara rodaría otras películas de prestigio, entre ellas Jyasei no in (La lubricidad de la serpiente, 1921). Se trataba de la adaptación de un cuento de Akinari Ueda incluido en los Ugetsu monogatari sobre el cual, más de treinta años después, Kenji Mizoguchi

---

13 Cita: IWAMOTO, Kenji. "Japanese Cinema until 1930 : a consideration of its formal aspects". Iris, 1993, Spring, nº 16, p. 10.

14 GEROW, Aaron. "Celluloid masks : The cinematic image and the image of Japan". Iris, 1993, Spring, nº 16, p. 23 - 24.

15 DAVIS, Darrell William. Picturing Japaneseness : Monumental Style, National Identity, Japanese Film. New York : Columbia University Press, 1996, p. 263.

16 GEROW, Aaron. "Celluloid masks : The cinematic image and the image of Japan". Iris, 1993, Spring, nº 16, p. 24 - 25. Dicho artículo reproduce además, en sus páginas 26 y 27, un vívido testimonio escrito por el propio Tanizaki en el que éste se refiere a su experiencia cinematográfica..

realizaría su inolvidable Cuentos de la luna pálida (1953). También esta vez contó con un guión escrito por Junichiro Tanizaki.

Al mismo tiempo verá la luz la *Shochiku Kinema Kabushiki Kaisha* (compañía cinematográfica Shochiku), llamada a convetirse en una de las grandes. Dada la importancia de esta compañía, con la que Ozu estuvo ligado durante toda su carrera, la prestaremos atención preferente en un próximo capítulo.

Figura 9

Figura 10

X. 5. La distribución del cine extranjero

El cine japonés basa buena parte de su singularidad en el hecho de haberse visto razonablemente apartado de otras potencias productoras. No en vano, es la única cinematografía no ocidental que se vio libre de cualquier tipo de intrusión o de colonialismo hasta 1945, tras sufrir la derrota y la ocupación americana.

Japón fue, por el contrario, un país expansivo y agresor. Buena parte de su esplendor creativo- los años 30- coincide con la ocupación japonesa de vastas extensiones a lo largo del continente asiático.

Una circunstancia fundamental que hay que tener en cuenta en la cultura japonesa de nuestro siglo es la convivencia de los modelos tradicionales junto con los patrones extranjeros. Esta evidencia es innegable en cualquier manifestación artística y cultural; y muy particularmente en el cine. Cuando se hacía preciso, se enviaba a los especialistas japoneses al extranjero para perfeccionar sus oficios. En este sentido, la industria cinematográfica japonesa siguió las directrices marcadas por la clase dirigente a la hora de encauzar el futuro del país: se trata de ponerse a la altura de occidente, para oponerse a occidente.

El cine ofrecía, además, un recurso idóneo para conocer aquellos países tan remotos, hacia los que se sentía una extraña mezcla de veneración y desconfianza. En suma: las películas extranjeras fueron recibidas con admiración por parte del público y de la industria. Pero al mismo tiempo se procuraba evitar la dependencia absoluta con respecto a las mismas; antes bien, desde el momento en que se consolidó la industria cinematográfica nacional se vio necesario defenderla y estimularla frente a la competencia extranjera.

Los primeros pasos fueron particularmente difíciles, dada la comprensible debilidad que manifestaban las primeras compañías nacionales. No se debe olvidar que, desde 1896 hasta bien entrados los años 10, la producción extranjera había dominado netamente el mercado japonés.

Sabemos que los pioneros del cine japonés estaban al corriente de la producción que se realizaba fuera de sus fronteras. Más aún, tenemos constancia de lo muy apreciados que eran algunos de los títulos extranjeros. Conocían las novedades técnicas, y muy en particular el desarrollo del lenguaje que se produce en las principales cinematografías exteriores.

A partir de 1915 ganan popularidad los seriales extranjeros, particularmente las llamadas Bluebirds Movies norteamericanas: melodramas bucólicos ambientados en granjas y entornos rurales. También en 1916 la superproducción italiana Cabiria (Giovanni Pastrone, 1914) fue todo un éxito en taquilla.

Desde finales de los años 10 las películas norteamericanas se impusieron a las europeas a consecuencia del vacío del mercado que las productoras del Viejo Mundo dejaron tras la Guerra. Otras producciones ocuparon rápidamente su lugar: las películas de Chaplin llegaron a ser, desde aquellos años, sumamente apreciadas. En 1919 cosecharon sonados éxitos Intolerancia (D. W. Griffith), y Vida de perros (Charles Chaplin). A partir de estos dos hitos se incrementó la presencia de títulos hollywoodienses en las pantallas japonesas. Su llegada fue recibida con entusiasmo tanto por el público como por los intelectuales y los cinéfilos exigentes- este era el caso de Ozu-. Estos últimos prefirieron durante aquellos años el cine extranjero antes que el japonés. Pese a todo, entre el público las producciones japonesas continuaron gozando de gran aceptación.

La modernización del cine japonés se identificó siempre con su proximidad al cine europeo y americano;

o, por decirlo con otras palabras, con su distanciamiento sobre los modelos tradicionales. Las películas extranjeras eran considerablemente más elaboradas y complejas, tanto en forma como en contenido, que sus coetáneas japonesas.

Se ha insistido mucho en los influjos que el cine americano ha tenido sobre Japón; pero de ningún modo se debería obviar los europeos. Algunos de los cineastas más audaces tuvieron como modelo las experiencias que se realizaban en el Viejo Continente. No hay que olvidar que, hasta el estallido de la Primera Guerra Mundial, la cinematografía más presente en Japón, y la que presumiblemente dejara una mayor influencia, era precisamente la francesa. Pero asimismo el expresionismo alemán influyó explícitamente sobre un puñado de títulos; y aún iluminó un buen número de películas que, como sucedía en Alemania con el *Kammerspielfilm*, se aproximaban a la realidad bajo una perspectiva atormentada y distorsionadora.

Sin embargo, y debido a las vicisitudes históricas, los estudios de Hollywood terminaron por hacerse con un lugar preferente en el difícil bastión japonés. Mary Pickford y Douglas Fairbanks visitaron Japón en Diciembre de 1929, donde recibieron una apoteósica bienvenida. Todavía fue mayor la acogida que recibió Charles Chaplin en su visita a Japón en 1932, a la que nos referimos con motivo del atentado que acabó con la vida del Primer Ministro Tsuyoshi Inukai (véanse las páginas 90 y 243 - 244 del presente trabajo).

Es notorio que, sin embargo, la popularidad de la que gozaba el cine americano era vista con recelo por los sectores más tradicionales. En un artículo titulado *"Las películas y el gusto popular"* su autor se despacha contra Hollywood, al que califica como *"mensajero del mal"* por sus perversiones culturales. Destructoras del buen gusto japonés, las películas de Hollywood aún serían culpables de idear atroces monstruosidades que alimentan la necedad popular[17]. A despecho de aquellas furibundas reacciones contra el cine americano, fueron numerosos los escritores y cineastas que mostraron admiración por los productos de Hollywood. Entre ellos figuran Junichiro Tanizaki y, como se verá, Ozu.

Aunque se proyectaban películas de todos los países, las más apreciadas por el público japonés y por los propios cineastas eran, por lo general, las americanas. Y esto obedecía no sólo a la excelente factura de los productos de Hollywood, y a su proverbial capacidad para conectar con la audiencia. Como concluye Tadao Sato, *"aunque los investigadores y los estadistas japoneses sentían mayor estima por las civilizaciones de Alemania, Inglaterra y Francia que por la de los Estados Unidos, muchos jóvenes detestaban la atmósfera opresiva de su autoritaria sociedad, y suspiraban por el espíritu liberal que transmitían las películas americanas"*[18].

El público en general prefería aquellas películas, y particularmente sus comedias, por su optimismo y por su frescura; pero también sus melodramas por su capacidad de sublimar problemas cotidianos. El *happy end* preceptivo era, por añadidura, un poderoso reclamo comercial: una llamada a la esperanza y al optimismo, auténticos antídotos contra la penuria y los temores que trae cada amanecer. Shiro Kido lo sabía, y amparó en Shochiku la fórmula del final feliz por sus virtudes comerciales.

No en vano era propósito confeso de Kido *"infundir esperanza en el proletariado, y motivos de reflexión al burgués"*, motivos harto ambiciosos que dadas las circunstancias no podía ver cumplidos aquel viejo cine de pino y bambú: ni el espectador proletario tuvo motivos para incementar sus esperanzas, ni el burgués se tornó más reflexivo. Pese a todo, *"Shochiku tanto en Kamata como en Ofuna creó y refinó un estilo y un tono que los otros estudios no podían imitar. Cabe decir que en aquellos estudios se forjó el realismo del hombre corriente"*[19].

Los estudios japoneses voluntariamente se erigieron sobre el modelo de Hollywood. Enviaron a distintos miembros de la plantilla para que estudiaran en la capital del cine; y no sólo iban allí a formarse los directores y los guionistas: también visitaban sus estudios gerentes y empresarios para aprender técnicas de gestión laboral e industrial, y muy en particular su modélica organización. No sólo era preciso garantizar una producción atractiva y abundante: se hacía asimismo imperioso controlar los otros dos sectores clave: la distribución y la exhibición. De este modo los estudios japoneses adaptaron la organización jerárquica y vertical que tan buen rendimiento diera en Norteamérica. Además se estudia *in situ* los métodos de escritura de guiones y de rodaje. Se contaban los planos y la duración de los mismos, intentando aprender los secretos del ritmo de aquella cinematografía, sin tener en consideración los distintos entornos culturales que distanciaban a la una de la otra.

---

17 Puede leerse un extracto de esta pintoresca diatriba en: DAVIS, Darrell William. *Picturing Japaneseness : Monumental Style, National Identity, Japanese Film.* New York : Columbia University Press, 1996, p. 52.

18 SATO, Tadao. *Currents in Japanese Cinema.* New York : Kodansha International, 1982, p. 32.

19 IWASAKI, Akira. "Ozu and Japanese Film". En: SCHRADER, Leonard. "Yasujiro Ozu : 1903 - 1963". En : *The Masters of Japanese Film.* Berkeley, California : Pacific Film Archive, ca.. 1980, p. 283 - 284.

Bajo consideraciones estrictamente industriales, el cine japonés dependía de occidente para la consecución de maquinaria indispensable: tomavistas y proyectores, pero también la provisión de celuloide provenía del exterior. Hasta 1937, en que los laboratorios Fuji empiezan a distribuir sus productos, toda la película que precisaba la industria japonesa debía ser importada de Europa o de Norteamérica. Con escaso margen de alternativa, se compró maquinaria americana, y también se contrató personal especializado proveniente de aquel país para asesorar en la construcción del tendido cinematográfico nacional. Aún durante la época floreciente en la que Japón gestó un modo de hacer cine propio y característico, la referencia americana y europea solía aparecer siempre en el horizonte, tanto desde los planteamientos industriales como desde los específicamente creativos.

Figura 11

Figura 12

efecto, desde Hollywood se impulsó el desarrollo de películas de mayor duración, así como el uso de unos recursos de planificación y de montaje con los que se construían universos ficticios fácilmente reconocibles por el espectador. Con su exitoso ejemplo, los estudios americanos desarrollaron unos usos cinematográficos que no tardaron en ser admitidos como universales. Además supieron sacar pleno rendimiento a las posibilidades del estrellato, y a las campañas imaginativas de promoción y de publicidad de sus películas. Los productos que distribuían por todo el mundo eran lujosos, atractivos y formalmente irreprochables: no se puede negar

esta evidencia a la hora de justificar su supremacía internacional.

Al igual que en el cine americano, la producción japonesa se organizó en géneros. La diferencia es que Japón desarrolló los suyos propios, muchas veces derivados de tradiciones literarias o escénicas autóctonas. Algunos subgéneros evolucionaron bajo el patrocinio norteamericano: este fue el caso del llamado *nansensu mono,* un neologismo derivado del inglés *nonsense:* las comedias absurdas y disparatadas, cuya fuente de inspiración es el gran *slapstick* norteametricano; en particular las enloquecidas comedias de Harold LLoyd y de Buster Keaton.

Otro subgénero fue asimismo denominado con un neologismo: el *sarariman mono,* derivado de *salaryman,* y en consecuencia aplicado a las comedias y melodramas ambientados en el mundo laboral, y que se inspiraba en la vida cotidiana de los trabajadores japoneses. De este modo, los espectadores medios sintonizaban mejor con el cine americano que con las tradiciones autóctonas, y a buen seguro eran más adictos a Chaplin y a Harold LLoyd que al *Nô* y al *Kabuki*.

X. 6. El espíritu de Hollywood

Aunque las producciones americanas no se impusieron de forma avasalladora en Japón, como sí hicieron en el resto del mundo, el público japonés conocía los títulos más populares, y estaba holgadamente familiarizado con las estrellas norteamericanas. Pero lo más notable era que, al contrario de lo que sucedía en la mayoría de los restantes países, la producción nacional japonesa no tenía rival en su propio territorio: en general sus productos eran preferidos a los de cualquier otro lugar. Sólo Alemania gozaba de una situación semejante en Europa, si bien su situación era más frágil, y finalmente claudicó ante el arrollador impulso de Hollywood .

Al margen de esta situación, los influjos del cine americano se dejaron sentir no sólo en la organización del tendido industrial japonés, sino también en la propia realización de sus películas. Noël Burch primero, y David Bordwell después, han discutido las huellas que el cine norteamericano ha dejado sobre la cinematografía japonesa. Burch sostiene que, al menos los cineastas más conocidos, conocieron bien el cine americano para, en el curso de su madurez, distanciarse radicalmente de ellos[20]. Sus conclusiones, por tanto, no excluyen las de Bordwell;

---
20 Tesis expuestas en: BURCH, Noël. *To the distant observer : Form and Meaning in the Japanese Cinema.* . London : Scolar Press, 1979, y resumidas en: BURCH, Noël. "¿Un cine refractario?". En: *Itinerarios : La educación de un soñador del cine.* Bilbao : Certamen Internacional del Cine Documental y Cortometraje, etc., 1985, p. 149-161.

X. LA CONSOLIDACIÓN DE LOS ESTUDIOS

y ambos parten de una misma certeza: el cine americano fue estudiado con sumo interés por los profesionales japoneses, quienes bebieron con avidez de estas fuentes; las integraron en su propio contexto cultural, y fueron capaces de crear unos modelos alternativos que, en los mejores ejemplos, se distanciaba radicalmente de aquél.

David Bordwell, en concreto, no tiene reparos a la hora de asegurar que todo el cine japonés de los años 20 y 30, salvo excepciones como Kurutta ippeiji (Una página de locura, Teinosuke Kinugasa, 1926) estaban sólidamente basadas sobre la dramaturgia y el estilo clásicos de Hollywood. *"En lugar de crear una cinematografía autóctona, los cineastas japoneses tomaron prestadas reelaboraciones de la narrativa occidental utilizadas en la literatura popular y el teatro. Y de Hollywood las convenciones de estructura y estilo"* [21].

Como resultado de esta apetencia ecléctica a la hora de plantear soluciones a los problemas visuales y narrativos- fuentes orientales y occidentales fundidas en el común crisol cinematográfico, surgió una cinematografía poderosa y distinguida, que hizo del sincretismo un rasgo propio. Bordwell prueba sus hipótesis confrontando las películas de Ozu con otros títulos mucho más populares, sin pretensión autoral alguna, en los que la huella hollywoodiense se manifiesta con mayor intensidad.

Los directores japoneses más ambiciosos, entre los que destaca Ozu, mostraron su voluntad de hacer un cine "moderno", al socaire de los ejemplos occidentales, pero que al mismo tiempo fuera específicamente japonés. He aquí el reto al que se enfrentan los cineastas japoneses que comienzan sus carreras a lo largo de los años 20: a Ozu y a Naruse sumamos a Shimizu y Shimazu, a Mizoguchi y a Gosho. Para muchos de ellos, el cine americano es sinónimo de modernidad, de perfección artística y de organización industrial. No sólo es el modelo al que se mira con el máximo respeto y admiración: también se aprecian las virtudes liberales y democráticas que en ellas encarnan sus protagonistas.

De este modo resumía el director japonés Mansaku Itami (1900-1946), padre del también cineasta Juzo Itami, la fascinación que producía el cine de ultramar: *"Lo primero que aprendimos de las películas americanas fue una forma de vida dinámica; lo siguiente, unas costumbres desenfadadas y prontitud para tomar acciones decisivas. Por último, aprendimos a adoptar ante la vida una actitud positiva, resuelta y en ocasiones combativa; y a valorar sobremanera nuestro orgullo como seres humanos, a no temer a nadie a despecho de su clase social, de su ideología, o de lo que tuviera en el mundo.*

La más perdurable y la mejor influencia que ejerció sobre nosotros fue el impulso moral que sostenía a los héroes de aquellas películas, y que probablemente represente el espíritu americano en su esencia pura.

Ninguna nación puede progresar saludablemente, a menos que los vicios crónicos sean eliminados uno a uno. Más aún, creo que fueron las películas americanas las que por primera vez nos dieron la oportunidad de reflexionar sobre nuestros hábitos y costumbres más arraigadas. En cualquier película americana siempre se puede oir a alguien gritar: ¡jóvenes, no tengáis miedo! ¡Tened más coraje y más agallas! ¡Sublevaos, no seáis serviles! ¡No aduléis!" [22].

Audaces palabras, escritas en 1940, cuando Japón se preparaba para la guerra contra aquel país tan ensalzado. Con escritos como aquél Itami se oponía a los postulados nacionalistas, que reconocían en los influjos occidentales -particularmente en el cine americano- una peligrosa fuente de corrupción.

Al imponerse dicha perspectiva, la manipulación y el control de la producción extranjera se convirtió en una tarea prioritaria. No se trataba tan sólo de evitar la propagación de ideologías sospechosas: asimismo imperaban los intereses estrictamente comerciales. Y por lo tanto el control de la producción extranjera, y de su distribución por el propio país, fue uno de los sectores que abonó la Shochiku para hacerse con la hegemonía sobre el cine japonés a lo largo de los años 20; otro tanto hará la Toho una década después. No en vano la producción extranjera era un goloso botín en disputa. Las grandes compañías japonesas entraban en pugna, y decidían qué, cuándo, cómo y dónde se iba a proyectar; y obtenían jugosos beneficios de su explotación.

El insólito dominio sobre la distribución y la exhibición de las películas extranjeras fue posible debido a que las compañías americanas no actuaron con la premura necesaria a la hora de procurarse una posición ventajosa sobre el mercado japonés a través de sus propios cauces de distribución, tal como habían hecho en otros lugares del planeta. Sus productos continuaban accediendo a las pantallas de aquel país por medio de intermediarios, y este filtro supuso una traba añadida al difícil acceso que sufrieron las películas americanas.

Universal Film Corporation estableció por fin su primera oficina en Japón en 1916. Poco después fueron llegando las restantes multinacionales de Hollywood, de manera que, a mediados de 1923, todos los grandes estudios norteamericanos tenían su representación

---

21 BORDWELL, David. *Ozu and the poetics of Cinema*. New Jersey : Princeton University Press, 1988, p. 21 y 22.

22 Cita: SATO, Tadao. *Currents in Japanese Cinema*. New York : Kodansha International, 1982, p. 34.

japonesa. Pero a estas alturas sólo tres vendían directamente desde aquellas delegaciones: Universal, Paramount Company y United Artists Corporation. Estas dos últimas habían establecido sus respectivas sedes en 1922. Por detrás de estas tres siguieron Fox Film Corporation (establecida en Japón en 1923); First National Pictures; Columbia Pictures (estas dos últimas se establecieron en 1924) y Metro Goldwyn Mayer (que se asentó en Japón en 1929) [23].

Entre 1926 y 1934 el acceso de las películas extranjeras a las pantallas japonesas se tornó aún más restrictivo. Se produce una inevitable tensión entre el intento de limitar el acceso de las películas de Hollywood, y la evidencia de que éstas y sus estrellas gozaban, también en Japón, de una innegable popularidad. Y ésta en ningún momento decayó, por más que se intentara controlar su distribución por el territorio japonés. No se pueden obviar las diferencias cualitativas que había entre la producción japonesa y la norteamericana: el acabado técnico de éstas era mucho más brillante; los medios con que contaba eran mayores; sus estrellas eran admiradas por doquier, y los directores estaban entre los más cualificados del mundo.

X. 7. Manifiesto por un Cine Puro

Como se vio, buena parte del cine japonés durante sus primeros años se limitaba prácticamente a realizar teatro filmado: películas de inspiración *Shimpa* para los dramas y comedias de ambientación contemporánea, o piezas *Kabuki* para los dramas históricos. Las obras originales eran muy largas: podían llegar a durar cinco o seis horas, lo que obligaba a condensar su acción en la pantalla. Las abreviaciones podían dificultar su comprensión, lo que justificaba la presencia del *benshi* para dar pleno sentido al relato.

El cine japonés también se nutre de fuentes literarias extranjeras. A partir de 1914 se suceden las adaptaciones de clásicos de la literatura rusa: Kaoru Osanai filma Katiousha, cuyo título proviene de la protagonista de la novela de Tolstoi en que se inspira: Resurrección[24]. El papel de la protagonista es interpretado por el *onnagata* Teijiro Tachibana: siguiendo los usos teatrales, los papeles femeninos son encomendados a hombres especializados en dichos roles.

Por otra parte, el uso de aquellos *onnagata* para los papeles femeninos es otro residuo teatral, heredado del *Nô,* del *Kabuki* y del *Shimpa.* Incluso las películas contemporáneas recurren a la figura de aquel actor especialista para interpretar los papeles femeninos. De hecho, hasta principios de los 20 había pocas actrices en el cine japonés, puesto que los prejuicios escénicos derivados del teatro *Nô* y *Kabuki* hacían suponer que un actor masculino especializado podía representar la feminidad mejor que una mujer. Uno de los *onnagata* más diestros, Teinosuke Kinugasa, terminaría siendo un cineasta ilustre (Una página de locura; La puerta del infierno). Por aquellos años, despuntaba como oyama en películas como Cadáver viviente (Gizo Tanak, 1917).

En Japón no había una verdadera escuela de teatro cuya autoridad dictara normas estrictas. Por el contrario, se practicaba la flexibilidad dentro de convenciones muy rígidas. Y estas circunstancias derivaron hacia la interpretación cinematográfica. Por lo general los actores especializados en los dramas históricos, *jidai-geki,* provenían del *Kabuki,* mientras que los intérpretes especializados en el drama contemporáneo, *gendai-geki,* se habían formado en la disciplina del *Shimpa.*[25].

Aquellos eran años duros para los actores y los directores, debido al frenético ritmo de trabajo. Un actor podía interpretar fácilmente una película a la semana. Muchos de los actores que se popularizaron durante los primeros años del cine japonés provenían de ilustres dinastías del *Kabuki.*

En 1910 el cine japonés, tan vinculado con el *Kabuki,* había sufrido su primer revés de importancia a causa precisamente suya: el sindicato de actores de *Kabuki* prohibió a sus miembros actuar ante las cámaras. A causa de este percance, que entorpeció la produccción nacional, el cine extranjero irrumpió fácilmente las pantallas japonesas. Aunque se trató de un efecto pasajero, el incidente no hizo sino confirmar la dependencia que aún tenía el cine con respecto al mundo teatral.

Para contrarrestar esta situación, aquel mismo año de 1910 un grupo de artistas y cineastas se congregan en torno al llamado el *Jun'eigageki undo,* o Movimiento del Cine Puro. Amparado por el productor y cineasta Norimasa Kaeriyama se desarrolló un movimiento artístico que perseguía depurar los elementos ajenos al cine que se habían infiltrado por contaminación cultural. Entre ellos aspiran a suprimir la figura del *onnagata,* e incluso abogaban por la supresión del *benshi* para potenciar los recursos narrativos específicamente cinematográficos.

En efecto, debido a las influencias del *benshi,* cuyos

---

23 KIRIHARA, Donald. *Patterns of time : Mizoguchi and the 1930s.* Madison, Wisconsin : The University Press, 1992, p. 42.

24 Según Richie, en *Japanese Cinema : An introduction,* p. 11, el director es Hosoyama Kiyomatsu.

25 Véase: SATO, Tadao. " Théatre et cinéma au Japon". En: *CINÉMA et littérature au Japon : de l' ère Meiji à nos jours* / sous la direction d.e Max Tessier. Paris : Centre Georges Pompidou, 1986, p.29.

comentarios hacían innecesaria cualquier otra aportación, los primeros años del cine japonés se distinguieron, entre otros numerosos aspectos, por la ausencia de intertítulos. El Cine Puro propone desarrollar plenamente la especificidad visual del lenguaje cinematográfico, liberándolo de ataduras ajenas s sus propios recursos[26].

Sus impulsores abogaban al fin por un cine construido a partir de la imagen, y no de la palabra. Los integrantes del Cine Puro pretendían la implantación de técnicas habituales en cinematografías extranjeras, como es el uso del primer plano, o de las acciones paralelas. Y todo ello con el objetivo de crear un cine genuinamente cinematográfico, y específicamente japonés. Dicho movimiento ha sido considerado, por otra parte, como la formulación incipiente de una cinematografía nacional japonesa: no sólo se pretende buscar la esencia cinematográfica. También a partir de la misma era posible alcanzar artísticamente una cierta esencia nacional. Particularmente se encomienda dicha labor a la pericia de los guionistas como artífices del embrión cinematográfico.

Como sucedía en el Hollywood de aquellos años, la labor del guionista ocupaba una posición privilegiada dentro del proceso de creación de una película. Por el contrario, la posición del director dentro del proceso creativo aún era difusa, y las labores de montaje todavía no habían sido plenamente desarrolladas. De este modo, tanto en Hollywood como en los estudios japoneses, la autoría de una película era confiada en buena medida a la destreza del guionista. Por consiguiente, entre los objetivos del Cine Puro figuraba mejorar la construcción de los guiones por medio de técnicas narrativas más sofisticadas.

En un artículo publicado en la revista *Katsudô no sekai*, en Septiembre de 1917, se lee: *"¿Cómo podemos hacer películas que representen la auténtica civilización japonesa?La respuesta es obvia: a través de guiones que representen la auténtica civilización japonesa"*[27].

Sobre todo pretendía liberar el cine japonés del acartonamiento que lastraba su desarrollo. De manera que ofrecieron, como antídoto, los recursos cinematográficos que ya estaban plenamente instituidos en Europa y en los Estados Unidos. Así, proponen explotar los recursos del montaje, particularmente el empleo regular del plano / contraplano; se recomienda la ampliación de la escala de planos, incluyendo el primer plano, plano de conjunto, entero y medio, así como la adopción de los recursos empleados por Griffith, entre ellos los movimientos de cámara y las acciones paralelas. Pero además los actores debían lograr actuaciones más realistas, y las actrices debían ocupar el puesto del *oyama*.

Este fue un objetivo que progresivamente se vio cumplido en los últimos años de la década. En efecto, a pesar de la oposición de los sectores más tradicionales, pronto las actrices comenzaron a desplazar a los *onnagata*. De este modo, la película Kantsubaki (La camelia de invierno. Masao Inoue, 1920), fue la primera en prescindir del onnagata, siendo interpretados los papeles femeninos por auténticas actrices. Éstas no tardaron en hacerse con el reconocimiento del público. La primera gran estrella femenina japonesa fue Harumi Hanayaki, quien actuó en Sei no kagayaki (Calor de vida, 1918), y en Shinzan no otome (La muchacha del fondo de la montaña. Norimasa Kaeriyama, 1919). La siguió en popularidad Yaeko Mizutami, a quien cupo el honor de protagonizar aquella Kantsubaki (La camelia de invierno, con la que comenzó el declinar del *oyama*.

Un objetivo todavía más difícil de cumplir era moderar la excesiva importancia que tenía el *benshi*. Al filo de los progresos cinematográficos, el comentarista debía ceder ante sus recursos visuales, así como al uso orgánico de los intertítulos. Se trata, en suma, de adecuar el cine japonés a un lenguaje elaborado en los principales foros cinematográficos de Occidente: un lenguaje que tenía propósito de universalizarse, de crear tipos y situaciones comprensibles por cualquiera, en cualquier lugar del mundo.

Por encima de todo, el Cine Puro pretendía conferir respetabilidad al cine de su país; y debía hacerlo mediante la explotación consecuente del lenguaje cinematográfico[28]. Naturalmente este propósito no presuponía la supresión de las fuentes tradicionales, o de las películas de ambientación histórica o legendaria: tales temas tendrían cabida en el cine, pero adecuándolo a las singularidades de su lenguaje.

El principal impulsor del Movimiento fue, como se dijo, Norimasu Kaeriyama, otro cineasta adscrito al impulso renovador que, desde el escenario, impulsaba el teatro *Shingeki*. Su objetivo confeso es " *hacer películas al estilo americano*". Se trata de impulsar un cine japonés más próximo a la realidad, sustituyendo las filmaciones *Kabuki* por historias más próximas, y liberadas de los escenarios.

En 1917 Norimasa Kaeriyama se unió a la Compañía

---

26 GEROW, Aaron. "The Word before the Image : Criticism, the Screenplay and the Regulation of Meaning in Prewar Japanese Film Culture". En: *WORD and Image in Japanese Cinema* / Edited by Dennis Washburn and Carole Cavanaugh. Cambridge : University Press, 2001, p. 12 y 21.

27 Cita: GEROW, Aaron. Op. cit., p. 34.

28 DAVIS, Darrell William. *Picturing Japaneseness : Monumental Style, National Identity, Japanese Film*. New York : Columbia University Press, 1996, p. 28 - 29.

Tenkatsu, lo que le permitió llevar sus teorías a la práctica merced a títulos como Sei no kagayaki (La llama de la vida), y Miyama no Otome (La doncella de las montañas). Ambas películas, inspiradas en modelos europeos y americanos, fueron escritas, producidas y dirigidas por él mismo. Además publicó un libro titulado *"Cómo producir y fotografiar dramas cinematográficos"* (Tokyo : Hikosha, 1917), en el que reivindicaba la figura del guionista como pieza esencial en la creación de una película. Al cabo *"el guión cinematográfico es el embrión que precede a la producción de las películas. El interés de un drama es en gran medida consecuencia del guión, puesto que el director determina las acciones de los intérpretes y todos los aspectos de la obra a partir del mismo"* [29]. Gracias a sus escritos, llevados a la práctica en sus películas, Kaeriyama se convirtió en una de las primeras voces de autoría con que contó el cine japonés. Los suyos fueron, sin embargo, unos avances demasiado radicales y demasiado precipitados. El público nativo, que toleraba semejantes técnicas en películas extranjeras, difícilmente las admitía en las japonesas.

Ni que decir tiene que tales propuestas contaron con la inmediata oposición de los consorcios de *oyama*, a los que se sumó el poderoso gremio del *benshi*. De manera que el decidido, valiente y precipitado esfuerzo de Kaeriyama para la Tenkatsu se volatilizó en medio de una industria mucho más conservadora. Tras la quiebra de la compañía, Kaeriyama se quedó sin trabajo, lo que puso fin a uno de los primeros movimientos de ruptura formal en el cine japonés.

Sin embargo prendió su ejemplo. A la caída de Tenkatsu y de Kaeriyama, otros cineastas con voluntad innovadora tomaron su testigo. De este modo, mediados los años 20 las películas derivadas del *Shimpa* y del *Kabuki* ya sólo eran vestigios desfasados. Lo mismo sucedía con el *oyama* en las pantallas cinematográficas. Y hasta los más reticentes cineastas primitivistas se habían familiarizado con las nuevas técnicas narrativas. Incluso el *benshi* había aprendido a convivir con ellas, haciéndose más fuerte que nunca. Solamente permaneció atento a lo que sería la gran amenaza que, finalmente, acabaría por extinguir su voz: la llegada del sonido.

El *Jun´Eiga undo* alcanzó su máximo apogeo durante la década comprendida entre 1915 y 1925. En el ínterin los idearios de aquel Movimiento del Cine Puro se vieron sazonados con las teorías cinematográficas cuyos ecos llegaban desde Francia, Alemania y la Unión Soviética. En su principio los objetivos del Cine Puro no apuntaban hacia experiencias vanguardistas, como las que proponían Louis Delluc, Germaine Dullac, René Clair o Léon Moussinac. Las experiencias japonesas no fueron tan radicales, y se desenvolvían dentro de las convenciones del cine narrativo y comercial. Sólo más adelante, y gracias al impacto que lograron en Japón las películas de Abel Gance, Jean Epstein o Marcel L´Herbier, así como las películas expresionistas alemanas, algunos escritores y cineastas comenzaron a abogar por un cine que se liberase de las servidumbres narrativas y psicológicas: se descubrió en el cine un medio idóneo para adentrarse en los recovecos de lo irracional, como demostraría en 1926 Teinosuke Kinugasa con la película japonesa más singular y audaz de la época muda: Kurutta ippeiji (Una página de locura) [30].

X. 8. Cine de pino y bambú

Mientras tanto se produjo otro acontecimiento trascendente para la industria cinematográfica japonesa: los hermanos Matsujiro y Takejiro Otani, antiguos vendedores de golosinas y propietarios de teatros de *Kabuki*, *Bunraku* y de *Shimpa* en Kioto, fundaron su propia empresa cinematográfica. Corría el año 1920. Aquella nueva empresa recibió el inspirado nombre de Compañía del Pino y el Bambú (*Shochiku*), cuyo nombre era formado a partir de los caracteres *sho*, pino, y *chiku*, bambú, según la lectura china de ambas palabras. Se trataba en realidad de un anagrama formado por las dos primeras sílabas del nombre de los fundadores, conforme a la pronunciación japonesa: *Matsu* (pino) y *Take* (bambú) [31].

La recién fundada compañía construyó su estudio en Kamata, Tokio. En este lugar, que ha pasado a la historia del cine japonés por la importancia de su producción, Yasujiro Ozu rodará todas sus películas hasta 1936. En el manifiesto fundacional de Shochiku se leía: *"El propósito fundamental de esta compañía será la producción de películas artísticas que emulen a los últimos y más*

---

[29] Cita: GEROW, Aaron. "The Word before the Image : Criticism, the Screenplay and the Regulation of Meaning in Prewar Japanese Film Culture". En: *WORD and Image in Japanese Cinema* / Edited by Dennis Washburn and Carole Cavanaugh. Cambridge : University Press, 2001, p. 25.

[30] Disponemos de una completa y exhaustiva monografía referida al Movimiento del Cine Puro japonés. Véase: BERNARDI, Joanne. *Writing in Light : The Silent Scenario and the Japanese Pure Film Movement*. Detroit : Wayne State University Press, 2001.

[31] Los caracteres japoneses tienen una doble pronunciación: la china y la japonesa, lo que permite juegos fonéticos como el que dio nombre a Shochiku.
Véase:
- GIUGLARIS, Marcel y GIUGLARIS, Shinobu. *El cine japonés*. Madrid : Rialp, 1957, p. 90.
- TESSIER, Max. *Images du Cinéma Japonais*. Paris : Henri Veyrier, 1990, p. 18 - 19.
- *YASUJIRO Ozu* / René Palacios (ed. lit.). Valladolid: 24 Semana Internacional de Cine, (1979), p. 61.

X. LA CONSOLIDACIÓN DE LOS ESTUDIOS

florecientes estilos del cine Occidental; distribuirá sus películas tanto en casa como en el exterior; presentará la auténtica esencia de nuestra vida nacional a los países extranjeros, y colaborará en el entendimiento internacional tanto aquí como en el exterior" [32].

En dicha declaración de principios se sobreentiende el deseo de distanciar a esta compañía del anclado y tradicional feudo de la Nikkatsu. Todo ello sazonado de altruistas propósitos: difusión cultural; apertura de Japón y mejora del entendimiento. Tan nobles objetivos se vieron subordinados a las exigencias comerciales que tiene una empresa entregada fundamentalmente a la consecucíon de beneficios. Y este objetivo sí se cumplió a la perfección: desde el primer momento Shochiku penetró en el mercado con películas realizadas de manera solvente, encaminadas a competir ventajosamente, en su propio campo, con los productos extranjeros.

Más que a sus fundadores, el destino de Shochiku irá ligado a la figura de Shiro Kido, una de las personalidades más influyentes de toda la historia del cine japonés, a quien dedicaremos atención preferente en el próximo capítulo.

En 1924 Shiro Kido fue nombrado director de la Shochiku Kamata. Desde estos momentos el estudio se preocupa por potenciar el *gendai-geki*, los dramas contemporáneos. Esta fue una primera novedad, puesto que normalmente las películas de época eran las más favorecidas por los estudios. De este modo Shochiku hizo un importante esfuerzo a la hora de adaptar géneros, fórmulas y estilos aprendidos en las producciones de Hollywood, particularmente las comedias, los melodramas y las películas de gangsters: no en vano estos fueron los tres géneros que precisamente cultivó Ozu durante su periodo mudo. Todos aquellos rasgos estaban asociados con la modernización, que era el sello distintivo que la Shochiku pretendía imprimir a sus productos. Por esta razón el impulso renovador de Kido favoreció que jóvenes promesas como Yasujiro Shimazu, Gosho, o Ozu, pudieran comenzar sus carreras bajo el seno acogedor de Kamata.

Aunque siempre bajo la supervisión de Kido, los directores gozaban de cierto grado de autonomía. El estudio se organizaba a partir de pequeños grupos de producción, a cuyo frente se encontraba un responsable. Este se convertía, por consiguiente, en patriarca de una familia profesional. El hacer que el equipo trabajara conjuntamente favorecía el buen entendimiento profesional, y la gestación de un estilo común. Por su parte los directores, que contaban con un equipo estable, asimismo tendían a especializarse en un género determinado; y para ello iban reuniendo o formando a la plantilla más adecuada para cada caso.

El equipo se organizaba dentro de una jerarquía gremial. A la sombra de los veteranos se formaban aprendices y ayudantes que, progresivamente, iban haciéndose con el oficio. Particularmente se estimulaba la labor de los ayudantes de dirección, que hacían méritos y aguardaban pacientemente el momento en que se les confiara la dirección de una película. En este ambiente se formó Ozu; aprendió el oficio y desarrolló su carrera, hasta situarse a la cabeza del estilo impulsado por Kido en Kamata. Está fuera de toda duda que la política del estudio, a la que supo acomodarse, condicionó de manera decisiva su trayectoria como cineasta. Pero hubo otros directores de talento que se formaron en la disciplina Kamata. Entre ellos cabe destacar a Hiroshi Shimizu, Heinosuke Gosho, Yasujiro Shimazu, Noboru Nakamura, Kimisaburo Yoshimura, Keisuke Kinoshita entre otros muchos.

El estudio de Shochiku en Kamata se especializó en películas *shomin-geki, historias* contemporáneas de tema cotidiano, protagonizados por personajes corrientes, donde no tenía cabida lo excepcional. Este es el género identificable con la Compañía del Pino y el Bambú. No en vano se reconoce el llamado *"estilo Kamata"* como denominación de origen de estas películas. La fórmula ideada por Kido propone melodramas familiares, aderezados con algunos toques de comedia, que apenas palían la tristeza lánguida, la nostalgia que desprenden. Por otra parte, se eluden temas políticos, que pudieran provocar controversias.

Siguiendo ejemplos precedentes, Shochiku desterró al *oyama*, para sustituirlos por auténticas actrices. Procuran explotar el atractivo de sus estrellas masculinas y femeninas, tal como se hace en Hollywood. Además contrató artistas y directores poco acomodaticios. Entre ellos: Kaoru Osanai, uno de los principales valedores del nuevo teatro, precisamente llamado *Shingeki*. Es nota común en todos ellos el rechazo de los usos arcaizantes, y la apuesta firme por fórmulas cinematográficas novedosas, de inspiración norteamericana.

Resulta particularmente notable la creación y financiación del Instituto Cinematográfico Shochiku, cuyo cometido era preparar a la plantilla y buscar nuevas formas de expresión cinematográficas. Al frente de este Instituto se colocó a Kaoru Osanai, uno de los fundadores del movimiento Shingeki (Nueva escuela) de talante abierto y cosmopolita: se había formado en el Teatro del Arte de Moscú, había trabajado con Max Reinhardt en Berlín, y había introducido, en 1913, el

---

32 Cita: ANDERSON, Joseph L. and RICHIE, Donald. *The Japanese Film : Art and Industry.* Princeton : University Press, 1982, p. 41.

método de Stanislavski en Japón. De este modo Osanai reunió en torno a su Instituto numerosos actores y directores vinculados con la Nueva escuela. Entre ellos el prometedor Minoru Murata, quien comenzará una brillante carrera como director.

Juntos realizaron la primera película importante de Shôchiku: Rojo no reikon (Almas en el camino. Kaoru

Figura 13

Figura 14

Ôsanai y Minoru Murata, 1921), película que marca todo un hito en la evolución del cine japonés (Figura 13). A la usanza de Griffith y su monumental Intolerancia (1916), está compuesta por diversas historias paralelas, en las que se entrelazan distintos tiempos narrativos.

Aun reivindicando los recursos cinematográficos, se trata de una película de concepción muy literaria, en la que proliferan los intertítulos. Una de las historias cruzadas proviene de Los bajos fondos, de Máximo Gorky; la otra de un drama *Shimpa,* basada a su vez en una pieza de Wilhelm Schmitzbaum. Oriente y Occidente se encuentran armoniosamente en esta película, anticipando una de las características fundamentales de lo que será habitual en algunas de las mejores obras del cine japonés: su naturaleza híbrida.

Fomentando la producción de películas como ésta, Shôchiku aspira a buscar nuevos derroteros artísticos para el cine japonés. Para consolidar tales apetencias renovadoras, el estudio contrató a dos técnicos formados en Hollywood: George Chapman y Henry Kotani. Este último, aunque nacido en los Estados Unidos, era hijo de emigrantes japoneses. Trabajó en los primitivos estudios de Hollywood, donde hizo méritos trabajando como operador a las órdenes de Jesse L. Lasky y de Cecil B. de Mille. Como actor, también trabajó a las órdenes de Thomas Harper Ince. LLamado por Shôchiku, Kotani marchó a Japón para ingresar en la Shôchiku. Fue, de hecho, el director de la primera película rodada por la compañía, en sus estudios de Kamata: Shima no onna (Las mujeres de las islas. 1920). Con títulos como éste, Kotani contribuyó a asentar los planteamientos renovadores que consigo traía la compañía.

Adviértase, en todo caso, cómo las compañías japonesas más ambiciosas a principios de los años 20 tienen como modelo las cinematografías occidentales, y muy en particular Hollywood. Las referencias a los estudios norteamericanos son, de hecho, una constante en cualquier evaluación o declaración de objetivos con voluntad innovadora. Pero asimismo delata la insatisfacción generalizada ante la producción local. Cierto actor declararía, por ejemplo, que los actores japoneses no podían competir con las estrellas norteamericanas; por su parte, el director Frank Tokunaga aseguraría que, en comparación con las películas ultramarinas, las japonesas eran demasiado lentas e inexpresivas, hasta el punto que resultarían ininteligibles para cualquier espectador que no fuese japonés.

Pese a todo, Shochiku contaba con suficientes recursos humanos y de capital como para sacar adelante una producción copiosa y de calidad. De este modo, no tardó en erigirse como la gran rival de Nikkatsu en la disputa por la supremacía. De hecho, el fuerte impulso que tomaron Shochiku y Taikatsu a principios de los años 20 forzó a la conservadora Nikkatsu a adoptar planteamientos semejantes de organización y de producción, so pena de perder definitivamente sus posiciones hegemónicas. A su vez aquel poderoso estudio terminaría por suprimir a los *oyama*, al tiempo que facilitaba el acceso a la dirección a jóvenes promesas que, como fue el caso de Kenji Mizoguchi, podrían favorecer la renovación y llegar a un número más amplio de espectadores.

También en los aspectos de organización e intendencia Shochiku se mostraba más eficaz y resolutiva que su compañía rival, haciendo gala de un talante previsor que los demás no tenían. Pongamos un ejemplo elocuente: después del gran terremoto de 1923, a la Shochiku le bastó un año para reconstruir perfectamente sus instalaciones tokiotas. Por el contrario, la Nikkatsu prefirió concentrar sus efectivos en Kioto, por lo que no volverá a disponer de un estudio en la capital hasta 1934. Un lapso de tiempo tan prolongado permitió a sus rivales tomar ventaja en la pugna por el mercado.

Sea como fuere, al comenzar la década de los 20 dos grandes compañías -Nikkatsu y Shochiku- junto con otras de inferior capacidad- la ya citada Tenkatsu, a las que se suman Teikine y Toa Kinema- se disputan el negocio cinematográfico. De la competencia entre todas ellas se gesta una industria muy activa y razonablemente bien organizada.

X. 9. Indicios de expansión

Como se ha visto, la prosperidad que sucede a la participación de Japón como proveedor de suministros bélicos, durante la Primera Guerra Mundial, contribuyó a su desarrollo industrial. El crecimiento económico del país se vio acompañado por el incremento de productos para la exportación. Para aprovechar esta situación favorable, se estimuló el desarrollo de la industria naviera, y de la industria en general. También el cine se benefició de esta circunstancia.

De este modo entre 1905 y 1918 el volumen industrial japonés se duplica. Durante los años de guerra, el número de trabajadores aplicados a la industria creció desde 854.000 hasta 1.817.000[33].

La población japonesa asimismo experimenta un incremento espectacular: crece un 23 % entre 1893 y 1914. Téngase en cuenta, además, que la población concentrada sobre las doce principales ciudades se incrementó en un 74 %. Este desarrollo impulsa el éxodo rural, y la concentración de habitantes sobre los principales centros industriales y económicos. La creciente población que se concentra en los espacios urbanos es, por añadidura, potencial cliente de las salas cinematográficas.

De este modo la industria cinematográfica japonesa nace rebosante de energía; y ya desde estos años puede equipararse con las principales industrias occidentales. Al menos en lo que a volumen de producción se refiere. Es cierto que cuenta con un panorama idóneo: el crecimiento urbano favorece la concentración de público en áreas urbanas. Y este fenómeno se produce precisamente en unos años en los que el cine apenas tiene rivales entre todo el abanico de espectáculos populares.

Por otra parte, entre 1912 y 1920 los estudios japoneses hicieron un esfuerzo considerable, encaminado a organizar su industria verticalmente, siguiendo el modelo norteamericano. Y al tiempo poniendo todo tipo de barreras a los productos extranjeros.

La organización de los estudios japoneses sigue el modelo de integración vertical adoptado por Hollywood. A semejanza suya, la industria comprende tres sectores: producción, distribución y exhibición. El éxito con que se logró dicha integración fue un factor igualmente decisivo que permitió abordar a los estudios la producción industrial a gran escala.

Por otra parte se tiende a establecer lazos familiares entre los miembros de la compañía, siguiendo los particulares dictados del capitalismo japonés. De este modo la composición de los estudios reconcilia el modelo de los estudios norteamericanos con la estructura familiar y patriarcal característica de las empresas japonesas. No en vano algunas de ellas- recuérdese el caso Shochiku- son empresas fundadas por miembros de una misma familia.

Como resultado de la eficiente organización del trabajo, la producción aumenta notablemente: a partir de 1920 se producen unas 600 películas al año. La demanda local es grande, y se hace preciso abastecerla con productos nacionales, que son por añadidura los que ahora prefiere el público.

Dicho fenómeno comenzó a hacerse notorio a partir de 1917, año en que la industria cinematográfica nacional ya ha conseguido imponerse sobre la extranjera. Los estudios japoneses supieron aprovechar el momento de debilidad y confusión que sufren las principales cinematografías europeas a consecuencia de la guerra. Mientras dura el conflicto las películas europeas no llegan a Japón. A todo esto los estudios de Hollywood aprovecharon la coyuntura para hacerse con una hegemonía plena sobre los mercados internacionales que ya no abandonarían. De este modo Hollywood también se erige en el principal proveedor de cine extranjero en Japón. A partir de 1917 la cifra de exportaciones de películas norteamericanas a Japón se incrementó más del 200 % con respecto al año anterior[34]. Sin embargo las producciones americanas, aunque apreciadas en aquel país, no lograron desbancar a las nacionales. He aquí otra peculiaridad que acredita la naturaleza excepcional de la cinematografía japonesa: su resistencia comercial e industrial frente al coloso ultramarino precede, de algún modo, a la resistencia que los principales cineastas japoneses opondrán a los modelos cinematográficos hollywoodienses.

Tales circunstancias, sin duda infrecuentes, no sólo responden a la afición que toma el público por las películas autóctonas. También la exitosa organización de dos sectores clave, como son la distribución y la exhibición, allanó el camino para que los estudios japoneses pudieran difundir adecuadamente sus productos a lo largo y ancho de la geografía nipona.

Durante estos años el centro neurálgico del comercio

---

33 KIRIHARA, Donald. *Patterns of time : Mizoguchi and the 1930s*. Madison, Wisconsin : The University Press, 1992, p. 41.

34 KIRIHARA, Donald. Op. cit., p. 41.

cinematográfico internacional se desplaza desde Londres hasta Nueva York- capital administrativa del imperio hollywoodiense-, y en 1916 todos los países incrementaron sus negocios con las firmas americanas. Japón no fue ninguna excepción. Las firmas multinacionales americanas no solamente proveen películas, sino también material y equipos indispensables para el mantenimiento de la industria.

Figura 15

Figura 16

Noriko. Kami ningyô realizada por Miko Misono

XI. APOGEO Y CRISIS (Años 1920 - 1925)

XI. 1. Años 20: En vísperas del desastre

Los turbulentos Veinte asistieron al apogeo de una industria cinematográfica plenamente desarrollada, y que hizo gala de un notable vigor creativo. Su capacidad para producir, distribuir y exhibir películas en el muy nutrido mercado interior favoreció que la cinematografía japonesa liderara holgadamente- por cantidad y por calidad- todo el circuito asiático durante el periodo mudo.

En 1921 Japón contaba con 600 salas de exhibición; cuatro años después ya ascenderán a 813, y su número continuó aumentando, si bien posiblemente no se llegara a rebasar los dos millares de salas en todo el país. No son demasiadas, si se tiene en cuenta el flujo cada vez mayor de espectadores: en 1926 se contaron 120 millones, y se superaron los 230 millones en 1937[1]. Pese a todo, el País del Cine Naciente contará con muchas más salas que todo el resto de países situados en Asia y Oriente Medio juntos[2].

La demanda cinematográfica era por tanto muy grande, lo que impulsó el rendimiento industrial. Los estudios japoneses, a semejanza de los norteamericanos, pusieron en marcha un sistema de producción en serie, basado en la racionalización de los recursos y en la especialización del personal. De este modo el cine japonés desarrolló una industria muy racional y organizada, en la que se practicaban distintos géneros, y había equipos especializados en filmar unos u otros.

Además la organización en vertical, siguiendo el ejemplo hollywoodiense, permitía a las grandes compañías controlar los tres sectores: producción, distribución y exhibición. Sin embargo la figura del productor, decisiva en el caso americano, parece haber cobrado relativa importancia en Japón. Las principales figuras asociadas con esta función tenían más de gerentes empresariales que de productores cinematográficos al uso, y personajes como Shiro Kido, director de los estudios Shochiku-Kamata, no eran precisamente habituales.

Durante estos años se ha establecido plenamente la habitual dicotomía que distingue la producción japonesa. Ésta se halla escindida en dos grandes géneros que cuentan, a su vez, con multitud de subgéneros: el *jidai-geki*, o películas de ambientación histórica, situadas antes de la revolución Meiji de 1868, y el *gendai-geki*, o películas de ambientación contemporánea: desde 1868 en adelante.

Ambos géneros se vieron sometidos a proceso de renovación, que en ocasiones tenía sus orígenes en experiencias teatrales. Recuérdese que el teatro *Shingeki* había renovado las estructuras y las formas del *gendai geki*. Por su parte un nuevo tipo de drama histórico, el *Shinkokugeki*, habría de hacer lo propio con el *jidai geki*: este fue el origen del llamado *shin-jidaigeki* (el prefijo *shin* significa nuevo). Para ello se adaptan las más sofisticadas técnicas narrativas utilizadas en Occidente al terreno de la narración histórica. Tamaña renovación fructificó, cinematográficamente hablando, en la obra de Nomura Hotei y, de manera más inspirada, en la de Makino Shozo. Ambos se esforzaron por hacer un *jidai geki* de concepción más realista[3].

Por su parte el nuevo *gendai geki* se canaliza por distintos subgéneros que comienzan a cobrar importancia en la cinematografía japonesa. Uno de los más importantes será el *shomingeki*, protagonizado por clases sociales medias o bajas. Dicho subgénero a su vez cuenta con una variante: las tragicomedias protagonizadas por funcionarios y asalariados, llamadas *shoshimengeki*. Ambas variantes serán frecuentes en el cine de Ozu de

---
1 BORDWELL, David. *Ozu and the poetics of Cinema*. New Jersey : Princeton University Press, 1988, p. 18.

2 Véase: ELENA, Alberto. "La industria del cine en Asia y Oriente Medio". En: *Historia general del cine. Volumen V: Europa y Asia : (1918 - 1930)* / coordinado por Manuel Palacio y Julio Pérez Perucha. Madrid : Cátedra, D.L. 1997, p. 185.

3 El *jidai-geki* comprendía, a su vez, una amplia variedad de subgéneros: películas de aventuras, hazañas de espadachines, rconstrucciones históricas, relatos de fantasmas, comedias y, a partir de la llegada del sonoro, incluso musicales. Se nutre, lógicamente, del frondoso repertorio *Kabuki*, asimismo muy variado. Fue un género extraordinariamente popular, debido a su derroche de acción y fantasía. No se olvide que la primera película que realizó Ozu, La espada del arrepentimiento, pertenecía a este género.
 Se calcula que, antes del ataque a Pearl Harbor, se habían realizado unos seis mil *jidai-geki* en Japón: éstos llegaron a suponer en torno al 40 - 50 % de la producción, ascendiendo hasta el 60% en 1918. Durante la guerra, las imposiciones gubernamentales hicieron que su cifra declinase hasta rozar el 20% de la producción en 1943.
Véase al respecto: SPALDING, Lisa. "Period Films in the Prewar Era". En: *REFRAMING Japanese Cinema : Authorship, Genre, History* / Arthur Nolletti Jr. and David Desser (ed.) Bloomington, Indianapolis : Indiana University Press, 1992, p. 131 - 144.

los años 30.

De esta bifurcación genérica se alimentó el cine japonés desde sus comienzos, y pronto daría sus frutos artísticos, puesto que hundía sus raíces en un legado cultural centenario. Contamos con las siguientes declaraciones del director Nagisa Oshima: *"Las corrientes principales de aquel cine tradicional eran los dramas históricos (Jidai-geki), vinculados con la tradición del Kabuki, y los melodramas modernos emparentados con el teatro Shimpa. Los contenidos y las formas ligadas a estas dos corrientes principales podían ser fácilmente comprendidas por los espectadores. Esto quiere decir que las formas y los contenidos tradicionales del cine japonés están estrechamente relacionados con la estructura arcaica de la sociedad japonesa y la ideología de aquéllos que viven entre relaciones sociales engendradas por esta estructura. Como es lógico, muchos cineastas se rebelaron contra esta tradición. La corriente surgida de esta revuelta que tuvo mayor influencia antes de la guerra fue el realismo "naturalista", con Yasujiro Ozu como máximo exponente, y después de la guerra el realismo de las producciones independientes de izquierda, que convergió pronto con el primero. Pero estos autores realistas, inevitablemente obligados a apoyarse en formas tradicionales, incluso para superarlas, no pudieron crear formas auténticamente nuevas"*. Esto al menos considera el director de El imperio de los sentidos, quien en su juventud no concedió excesivo crédito a los clásicos del cine japonés. En sus escritos Oshima contempla a Ozu como modelo de *"realismo naturalista"*, opuesto a las rígidas convenciones tanto del *Kabuki* con respecto al *jidai-geki*, como del *Shimpa* en su relación con el *gendai-geki*. Cuando menos, la distancia que guardaba Ozu en sus películas le permitían experimentar y desarrollar estrategias formales durante el periodo pre-bélico[4].

Al margen de los géneros, la producción cinematográfica se hallaba muy controlada por los responsables de los estudios. Los rodajes eran muy rápidos, como igualmente fulminantes son las tareas de escritura de guión y montaje. Se construyen pocos escenarios y se filma con frecuencia en exteriores, lo que se hace con mucha mayor frecuencia que sus colegas americanos, cuyos bien dotados estudios permiten emular cualquier tipo de escenario[5].

Se produce de este modo un cine barato; realizado con escasos medios; pero encomendado a un personal competente y plenamente entregado a su oficio. Cada estudio cuenta con sus plantillas de técnicos y directores, estrellas y guionistas, a quienes comprometen mediante contrato. Dichas plantillas eran reducidas, y en ellas los técnicos diversifican sus funciones. Los productores no tienen reparos en dilatar las jornadas laborales de los trabajadores, a quienes pagan además salarios bajos, con el fin de mantener una producción abundante y uniforme.

Se desarrolla de este modo el trabajo bajo unas condiciones espartanas en las que el director tenía responsabilidades sobre todo el proceso productivo, lo que de algún modo le concedía un mayor control sobre sus obras. En particular debía ocuparse directamente de supervisar las etapas de guión y montaje. Para facilitar dichas labores, los directores contaban con plantillas estables, de su confianza, lo que les permitía agilizar los trabajos.

El proceso de producción era sumamente rápido. Una vez que se disponía del andamiaje básico, la película podía comenzar de inmediato. Ozu recuerda haber comenzado a rodar películas... antes aún de haberse terminado la escritura del guión. Fue éste un periodo de extraordinaria importancia, pues puso los cimientos del florecimiento industrial y artístico, sin dudas admirable, que comenzaría a dar frutos exquisitos a lo largo de la siguiente década.

Bajo estas condiciones tres de los más importantes cineastas japoneses de todos los tiempos comienzan su andadura: Kenji Mizoguchi (quien dirige su primera película en 1923: Ai ni yomigaeru hi (El día en que vuelve el amor); Yasujiro Ozu (Zange no yaiba. La espada del arrepentimiento, 1927) y Mikio Naruse (Chanbara fufu. Señor y señora Espadachín, 1930). A ellos se añaden otros nombres importantes, que comienzan sus carreras en el curso de la década: Teinosuke Kinugasa (quien, tras su experiencia como actor *onnagata,* dirige su primera película en 1922); Daisuke Itô hizo lo propio en 1924; Heinosuke Gosho en 1925 y Tomu Uchida en 1927.

A principios de la década, como vimos, la industria japonesa se encontraba dominada por un oligopolio bifronte: la Nikkatsu y la Shochiku dominan indiscutiblemente el negocio del cine. A sus pies pugnan por abrirse camino una pléyade de diminutas productoras, con frecuencia subsidiarias o dependientes de las dos mayores. La producción conjunta fue muy abundante: en torno a las 600 y 800 películas al año. Un año particularmente fecundo fue 1926, en el que se produjeron 855 películas en Japón. La cifra decaerá a 400-600 durante los años 30; pese a todo Japón se colocará a la

---

4 OSHIMA, Nagisa . *Cinema, Censorship and the State : The Writings of Nagisa Oshima : 1956 - 1978.* Cambridge (Massachusetts) ; London : The MIT Press, 1992, p. 28.

5 BORDWELL, David. THOMPSON, Kristin. *El arte cinematográfico : Una introducción.* Barcelona (etc.) : Paidós, 1995, p. 476.

cabeza mundial en lo que a producción cinematográfica se refiere.

XI. 2. Cine y literatura popular

Durante los años 20 experimenta un notable apogeo la llamada *taishû bungaku:* la literatura popular, en la que el cine encontrará una cantera inagotable. Precisamente al apogeo de esta literatura no es ajeno el desarrollo y consolidación de la industria cinematográfica, que amparaba la producción de dichas novelas, y que además estimulaba su consumo entre un público aficionado a las adaptaciones.

A la usanza del folletín occidental, aquellos relatos capturaban adeptos por millares. Tres fueron sus géneros más representativos: las novelas de capa y espada (*Jidai-mono*), las historias sentimentales (*Ren-ai-mono*) y las intrigas policiacas (*Suiri mono*). Dichos géneros, por añadidura, cuentan con su correspondiente cinematógrafico. En efecto, muchas de estas novelas eran adaptadas al cine; además las propias películas utilizaban recursos narrativos propios de aquéllas, estableciendo lazos de interrelaciones entre cine y literatura popular, que resultaban a la postre beneficiosos tanto para los editores como para los estudios cinematográficos.

Tanto las películas como las novelas eran protagonizadas por figuras que reconciliaban lo familiar y lo cotidiano con lo heroico y lo sobrehumano. Compartían además una similar predestinación fatalista que abocaba a sus protagonistas a vivir situaciones excepcionales. Al margen de la época y de las muy diversas vicisitudes que se planteasen, todas tenían en común patrones muy semejantes: la relación entre hombres y mujeres; la supervivencia en un entorno hostil, el azar, la vida y la muerte.

Su narración era ágil, y la acción abundante. Se producían giros bruscos en los acontecimientos, y el destino jugaba caprichosamenrte con los personajes, precipitándoles con similar rapidez a la fortuna o a la ruina. A los lectores no les resultaba difícil identificarse con sus personajes para, al compartir sus aventuras y sus romances, encontrar una válvula de escape a las circunstancias prosaicas, a la vida difícil que a menudo sobrellevaban[6].

Dicha literatura popular ha cautivado al lector japonés a lo largo de las décadas; alimentó el imaginario colectivo japonés; y llegó a incrementar su popularidad gracias a las versiones cinematográficas. Además ha sido pródiga en títulos de interés y en autores importantes, que a menudo se formaron practicando tal tipo de relatos.

El modelo primitivo del cine japonés era muy semejante al de las cinematografías euroamericanas: plano entero o de conjunto; frontalidad; profundidad de campo. Estatismo de la cámara. Dicho modelo, llamado a evolucionar en los países occidentales, se mantuvo tenazmente en Japón durante todo el período mudo (muy prolongado, por lo demás en aquel país). Más aún, los vestigios del mismo perduran todavía con fuerza en las películas realizadas hasta la derrota y la ocupación tras la Guerra. Se ha observado por otra parte que una de las características más comunes en el cine japonés, incluso desde los ejemplos que nos han llegado del periodo mudo, es la escasez de primeros planos[7]. Kenji Iwamoto, en el artículo citado en nota, atribuye a esta circunstancia, sumada a un montaje menos desarrollado, buena parte de las peculiaridades formales del cine japonés. De un modo o de otro, todas ellas justificarían la mala aceptación que aquél recibía por parte de la crítica especializada.

No sólo las tradiciones escénicas dejaron su peso: otro tanto cabe decir de la herencia de la tradición oral (*katari*), cuyos ecos quedaron de manifiesto en la figura del *benshi*. La suma de tantos rasgos propios hicieron de la japonesa una *"cinematografía refractaria",* como la denomina Burch, pero al mismo tiempo admirable por su singularidad[8]. El mejor cine japonés nació del cruce entre los rasgos autóctonos, derivados del teatro y de la tradición narrativa, y los influjos foráneos. Mientras los críticos y cineastas japoneses más innovadores toman como modelo las cinematografías occidentales, los primeros espectadores europeos admiraban del Japón, precisamente, la fuerza de su legado cultural, que debía ser reflejado en el cine.

En 1928 Shiro Kido, director de los estudios de Shochiku-Kamata, organizó una gira de teatro *Kabuki* por la Unión Soviética. En el curso del viaje aprovechó para exhibir algunas películas. En aquella ocasión conoció a S.M. Eisenstein, quien se ofreció a acompañarle en su recorrido. Aquel fue el primer encuentro del gran cineasta ruso con el teatro y con el cine japonés.

Fruto de aquel encuentro, el director de Octubre escribió uno de los primeros testimonios europeos dedicados a una cinematografía remota, pero al mismo

---

6 Véase: SAKAI, Cécile. "La littérature populaire et ses personnages : l'étoffe des heros". En: *CINÉMA et littérature au Japon : de l'ère Meiji à nos jours* / sous la direction d.e Max Tessier. Paris : Centre Georges Pompidou, 1986, p. 22 - 27.

7 IWAMOTO, Kenji. "Japanese Cinema until 1930 : a consideration of its formal aspects". *Iris*, 1993, Spring, nº 16, p. 9 .

8 BURCH, Noël. "¿Un cine refractario?". En: *Itinerarios : La educación de un soñador del cine.* Bilbao : Certamen Internacional del Cine Documental y Cortometraje, etc., 1985, p. 149-161.

tiempo atractiva por su singularidad. Dicho texto fue dedicado al cine *"de un país cuya cultura tiene infinitos rasgos cinematográficos esparcidos por todas partes con la única excepción de su cine"*.

El tono de reproche con que comienza el escrito debe ser entendido dentro de su trayectoria creativa. Como es bien sabido, para Eisenstein *"la cinematografía es, en primer lugar y antes que nada, montaje"*. Sin embargo el cine japonés, que sufrió una evolución cultural distinta de la experimentada por otras cinematografías, desdeña la importancia del montaje, según aprecia el maestro soviético. Y *"sin embargo, el principio de montaje puede identificarse como el elemento básico de la cultura representacional japonesa: Su escritura..., porque su escritura es primariamente representativa"* [9].

De este modo, no lamenta tanto la ausencia del montaje, cuanto la servil aplicación de técnicas y usos foráneos, ajenos a la rica y original tradición autóctona: *"Hemos podido establecer, precipitadamente, la penetración de las ramas más variadas de la cultura japonesa por un elemento puramente cinematográfico, su nervio básico, el montaje. Pero el cine japonés es el único que cae en el mismo error que el Kabuki. En lugar de aprender a extraer los principios y las técnicas de su notable actuación, de sus tradicionales formas feudales, los dirigentes más avanzados del teatro japonés malgastan sus energías con la adaptación de la fofa deformidad de nuestro propio naturalismo interior. Los resultados son lastimeros y entristecedores. En su cine, el Japón persigue imitaciones de los más irritantes ejemplos de las importaciones de América y Europa en el filme racial, internacional y comercial.*

Saber comprender y aplicar sus peculiaridades culturales al cine, esto es cosa del Japón. Colegas japoneses, ¿vais a dejar, de verdad, que lo hagamos nosotros?" [10].

XI. 3. El gran terremoto y la destrucción del tendido cinematográfico

El 1 de Septiembre de 1923 todo el país sufrió un terrible sobresalto debido al gran terremoto que aquel día asoló la capital y toda la región del Kanto. En la catástrofe perdieron la vida unas 130.000 personas, y quedó arruinado casi todo el perímetro urbano. El esfuerzo descomunal que se había realizado en el curso de las últimas décadas para modernizar Tokio se vino abajo como un castillo de naipes a consecuencia de un movimiento telúrico.

Contamos con un testimonio excepcional de alguien que presenció la tragedia: Akira Kurosawa, quien entonces contaba trece años, vivió con toda su crudeza aquella pavorosa jornada; y dejó recuerdos de la misma en su libro de memorias: *"Mi hermano me llevaba de la mano y caminaba resuelto. El quemado paisaje hasta donde nuestra vista alcanzaba era de un marrón rojizo. En el incendio todo lo que era de madera se había convertido en ceniza, que de cuando en cuando se levantaba con la brisa. Parecía un desierto rojo. En medio de esta extensión de rojo vomitivo yacían todo tipo de cadáveres inimaginables. (...) Pero no hay manera de describir el horror que vi. Recuerdo que pensé que el lago de sangre que dicen que existe en el infierno budista no podía ser tan malo como esto"* [11].

No falta quien fija en esta trágica cota histórica el nacimiento de una nueva época: el siglo XX nace en Japón en 1921, del mismo modo que algunos historiadores consideran que el siglo XX europeo comienza con la Primera Guerra Mundial. No cabe duda que el gran terremoto de Kanto marca una falla definitiva con el viejo Japón: tras el temblor, y los incendios que asolaron las viejas construcciones de madera, la capital perdió casi por completo las que habían sido sus señas de identidad arquitectónicas, que había conservado a lo largo de su turbulenta historia. A partir de ahora, sobre las antiguas casas se erigen grandes bloques de viviendas, construidos con ladrillo y cemento. La nueva urbanización de toda el área urbana comprendida entre Tokio y Yokohama se distancia radicalmente de lo que había sido la antigua ciudad. El paisaje urbano, así como todo el entorno que lo rodea, se vio alterado de manera vertiginosa.

Así cayó definitivamente la vieja Edo, y allá donde se asentara se alzará la mucho más populosa y cosmopolita ciudad de Tokio. Una megalópolis que no era solamente la capital cinematográfica del país: era el estandarte vivo del Japón moderno. La industria del cine sufrió particularmente los efectos de la catástrofe: la mayor parte de los estudios, de las salas y de los almacenes de películas fueron destruidos, o seriamente dañados. Numerosos técnicos, actores y cineastas perecieron a causa del seísmo [12].

Los estudios de Shochiku en Kamata sufrieron graves

---

9 EISENSTEIN, Sergei. "El principio cinematográfico y el ideograma". En: *Teoría y técnica cinematográficas*. Madrid : Rialp, 1989, p. 83 - 84.
10 EISENSTEIN, Sergei. Op. cit., p. 99

11 La descripción que el cineasta hace de aquel paisaje aterrador bien podría haber inspirado las sombrías escenas de batalla de Ran. Véase: KUROSAWA, Akira. *Autobiografía : (O algo parecido)*. Madrid : Fundamentos, 1990, p. 84 - 94.
12 Una monografía da cuenta de los efectos que provocó el terremoto sobre la industria cinematográfica japonesa: HIGH, Peter B. *Japanese Film and the Great Kanto Earthquake of 1923*. Nagoya ; Daigaku Press, 1985.

desperfectos. Otro tanto sucedió con los de Nikkatsu en Mukojima. Tan serios fueron los daños, que sus responsables decidieron trasladarse a Kioto, donde se asentó durante los siguientes diez años. La antigua capital presentaba una situación ventajosa para rodar allí *jidai-geki*, y especialmente películas del subgénero *chambara* (hazañas de espadachines), puesto que se conservaban los decorados originales. En este lugar Nikkatsu mantuvo una producción copiosa, aunque por lo general mediocre.

A todo esto, en la capital sacudida por el terremoto y víctima de un generalizado estado de precariedad y desánimo, el cine se afianzaba como pasatiempo popular y asequible. Los espectáculos prolongados se tornan habituales, con sesiones triples en las que necesariamente intervenían dos o más *benshi,* para relevarse periódicamente.

Sin embargo, en poco tiempo la gran capital fue capaz de sobreponerse a los estragos telúricos. Tokio renace, y su reconstrucción toma como modelo las grandes metrópolis occidentales. La nueva arquitectura, el trazado urbanístico; las anchas calzadas para los vehículos y los medios de transporte agilizados se corresponden con el deseo de una ciudad que quiere ponerse a la altura de las más grandes.

Las postrimerías del periodo Taisho contemplarán una creciente cultura burguesa y urbana. La población, como vimos en los capítulos introductorios, se concentra sobre las ciudades. La reconstrucción de Tokio tras el terremoto permitió acelerar el proceso utilizando como motor a la propia capital. Un proceso tan fulminante no consiguió evitar degradaciones del paisaje y de la población. Todo lo contrario: se incrementará la superficie de suburbios apenas organizados, donde se concentra una población suburbana que será frecuentemente retratada en las producciones de Shochiku-Kamata, y muy en particular en la obra de Ozu.

Tras el cataclismo prospera la cultura que imponen los medios de masas: el periodismo, el cine. No sólo los periódicos incrementan copiosamente sus tiradas: asimismo proliferan las revistas, fundamentalmente populares, que giran en torno al mundo del cine: las películas y las estrellas. La radio y el fonógrafo popularizaban melodías occidentales, que rápidamente podían conocer adaptación en japonés, a las que se sumaban los éxitos musicales en lengua vernácula. En suma: tras el terremoto se intensifica el poder de comunicación y de manipulación de masas que reposa en manos de los nuevos medios.

La magnitud del desastre provocó finalmente sentimientos contrastados entre la población japonesa, cuyos ecos llegaron a la literatura y el cine: si por un lado se genera un sentimiento de pesimismo, a causa de la impotencia que sufre el hombre ante la adversidad y ante las fuerzas que le rebasan, por otra parte sirvió como estímulo en el proceso de industrialización acelerada, y en la autoestima del pueblo japonés. En poco más de un año, la laboriosa ciudadanía y sus gobernantes habían sido capaces de sofocar los efectos de la catástrofe, y aún de remontar sus secuelas.

Sin embargo, el progreso económico no consiguió paliar los efectos del pesimismo: el héroe japonés, tal como le muestran el cine o la literatura popular, se torna nihilista y desencantado: un vagabundo sin patria fija, y sin señor a quien servir, afectado con frecuencia por sentimientos autodestructivos.

Dos años después del terremoto la situación había recuperado prácticamente la normalidad. Fluyen grandes cantidades de dinero encaminadas a reconstruir lo destruido. Con este capital también se impulsa el renacer de la industria cinematográfica. La devastación que ocasionara el terremoto de Kanto sólo afectó temporalmente a su desarrollo. La voracidad del público, y el empeño de los estudios, facilitaron que en poco tiempo se restableciese el tendido cinematográfico en lo que a producción y exhibición se refiere. En 1926 se contaban más cines en Tokio de los que había antes del terremoto. La distribución se normaliza; Las principales compañías vieron incrementar progresivamente sus beneficios, lo que a su vez estimulaba la producción, y las permitía intervenir más activamente en los sectores de distribución y exhibición.

XI. 4 La difícil supervivencia del cine mudo japonés

Todas las cifras y las conclusiones referidas al cine mudo japonés se deben tomar con reserva, puesto que es difícil precisar el número exacto de películas que se produjeron en Japón durante los 35 primeros años de su andadura cinematográfica. Parece seguro que sería de varios millares: al cabo, las primeras películas fueron realizadas muy poco después del nacimiento oficial del nuevo arte, en los estertores del siglo XIX, y se mantuvo muy activa durante las siguientes décadas. De esta gran producción desgraciadamente se ha perdido la inmensa mayoría. Anderson y Richie calculan que entre 1920 y 1945 se realizaron más de 11.000 películas en Japón. Cuando preparaban su historia del cine japonés, a finales de los 50, sólo había disponibles unas cuarenta películas anteriores a la guerra. En el momento en que se publica la edición ampliada de su obra, en 1982, sólo se tenía noticias de la supervivencia del 2 % de la producción total anterior a la guerra (unas 220 películas)[13]. Aunque desde entonces todos los años tenemos noticias de alguna afortunada recuperación, alguna de las cuales de extraordinaria importancia por su cantidad y por su calidad, la mayor parte de aquel legado irrepetible se ha perdido para siempre.

Esta desdichada situación obedece, en buena parte, a la agitada historia que sufrió Japón a lo largo del siglo XX. Muchas de las copias y sus originales fueron destruidas premeditadamente por los productores, una vez concluída su exhibición, para reciclar los materiales. Por otra parte los soportes eran muy frágiles e inflamables, lo que ponía en grave peligro su supervivencia. Y a todo ello se suman las catástrofes naturales y los efectos de la guerra y la ocupación: si el terremoto de 1923 hizo estragos en los archivos, la desidia y falta de preocupación de los estudios fue todavía más ruinosa. Los bombardeos durante la guerra ocasionaron la pérdida de numerosos depósitos y almacenes donde se guardaban estas películas. Y durante la ocupación fueron a la hoguera muchas películas prohibidas por la censura americana.

El clima tampoco favoreció la conservación: la elevada humedad y las altas temperaturas, particularmente en las temporadas estivales, favorecieron la corrosión de estos delicados materiales. Los pocos que han llegado a nuestros días sobreviven por circunstancias igualmente fortuitas: gracias al celo de algunos coleccionistas o profesionales de la industria cinematográfica que se preocuparon por salvar algunas reliquias. En ocasiones se han encontrado copias perdidas en almacenes de otros países donde había emigrantes japoneses (Brasil, Estados Unidos) donde fueron proyectadas sin que, afortunadamente para nosotros, fueran devueltas a su país de origen. A consecuencia, de todas estas fatalidades, en estos momentos damos por perdido casi el 90% del cine realizado en Japón anterior a 1945. Algunos títulos de Ozu dados por perdidos han sido parcialmente recuperados en estos últimos años. El más reciente de los últimos hallazgos ha sido la recuperación de un resumen de Wasei kenka tomodachi, película de 1929 de la que algunos fragmentos pudieron ser rescatados setenta años después de su estreno.

Para la recuperación del desangrado patrimonio mudo ha resultado fundamental la labor de Shunsui Matsuda, un antiguo *benshi* que dedicó los últimos años de su vida a rescatar cuanto pudo, reuniendo el mayor archivo del mundo sobre el cine mudo japonés y su época.

Su colección reúne hoy más de 6800 bobinas, entre ellas varios cientos de películas completas, además de una imponente documentación gráfica y escrita. Dicha colección aún tiene un mérito añadido: gracias a la misma se pudo elaborar, en el año 2000, una base de datos que reúne un gran caudal de información sobre el periodo[14].

En particular, durante los últimos años del cine mudo su industria cinematográfica hubo de superar tres grandes crisis: el gran terremoto de Kanto, que tuvo lugar en 1923; la lenta incorporación del sonido, a lo largo de los años 30, y el ascenso de una nueva compañía, la Toho, entre 1934 y 1935, que no tardaría en abrirse hueco entre las más importantes del país.

XI. 5. Más allá de Kanto

Desde principios de los años 10 Estados Unidos consolida su imparable expansión internacional en todos los terrenos: comerciales, militares y políticos. Estandarte de su expansión será, precisamente, su cinematografía, que se expande por todas las fronteras. Incluso en los mercados más hostiles- China e Indochina- su presencia era abrumadora. A finales de los años 20, la hegemonía de Hollywood sobre todos los mercados cinematográficos internacionales será incuestionable. Limitémonos a citar algunos ejemplos próximos a Japón: en Filipinas las cuotas de mercado norteamericanas se han adueñado del 95 % del mercado cinematográfico; en China del 83 %, y en India del 80 %[15]. En estos momentos sólo Japón tiene capacidad para evitar el avasallador dominio norteamericano.

Aunque desde principios de los años 20 los distribuidores de Hollywood se encuentra asentados en aquel país, el cine americano sólo llegará a dispensar el 22 % de su mercado cinematográfico. Este porcentaje, el más alto de todos los obtenidos, se lograría en 1930. Y eso a pesar de la momentánea ventaja que habían tomado las industrias extranjeras cuando, tras el terremoto de 1923, la industria cinematográfica japonesa quedó colapsada.

Efectivamente: después del cataclismo, que como

---

13 ANDERSON, Joseph L. and RICHIE, Donald. *The Japanese Film : Art and Industry.* Princeton : University Press, 1982, p. 452.

14 *MASTERPIECES of Japanese Silent Cinema* (DVD-ROM). Tokyo : Urban Connections /IPA, 2000.

15 Véase: THOMPSON, Kristin. *Exporting Entertainment : America in the World Film Market : 1907 -1934.* London : British Film Institute, 1985, p. 146 y 219 - 222.
Sobre las circunstancias que propiciaron la hegemonía internacional de la industria norteamericana véase además:
SANTOS, Antonio. "Hollywood : la consolidación de los estudios". En : América (1915-1928). *Historia General del Cine.* Volumen IV, p. 15 - 75. Y :
SANTOS, Antonio. "La expansión internacional de Hollywood". En : América (1915-1928). *Historia General del Cine.* Volumen IV, p. 77 - 127.

se vio había arrasado el tendido cinematográfico del país, las pantallas japonesas sufrieron una invasión en toda regla de películas europeas y americanas, las cuales pudieron ser distribuidas sin la competencia de producciones locales. Sólo seis semanas después de la catástrofe United Artists ya había firmado contratos con ochenta salas para la exhibición de sus películas. Entre 1923 y 1924, esto es, en los meses que siguieron al desastre, la exhibición de películas norteamericanas se incrementó en un 50 % .

Cuando los estudios japoneses pudieron reaccionar, su producción era tan mediocre que no podía hacer competencia a las películas extranjeras. De hecho el público las había recibido bien, y pronto se aficionaron a ellas. Más aún, aquellas películas ultramarinas fueron muy admiradas y ejercieron influencia sobre los cineastas locales, como sucederá con Ozu, quien sentía fascinación por el cine americano.

También los influjos europeos llegaban ocasionalmente. El cine expresionista, por ejemplo, marcó algunas de las películas de cineastas importantes: este fue el caso de Kenji Mizoguchi (Chi to rei, 1923), o de Teinosuke Kinugasa (Kurutta ippeiji, 1926; Jujiro, 1928).

A pesar de todo la crisis será pasajera: sólo durante un par de años la producción nacional, sensiblemente diezmada a causa del desastre, cedió ante la avalancha extranjera. Y durante aquellos años, a pesar de todo, el mercado japonés será repartido a partes iguales entre la producción nacional y la extranjera.

Tamaña situación no habría de durar mucho más: a finales de 1925 las importaciones extranjeras comenzaron a decrecer. Cuando el proceso de reconstrucción de los estudios concluyó, en las postrimerías de aquel mismo año, el taquillaje de las producciones extranjeras igualmente experimentó un acusado descenso. Hasta el punto que sus distribuidores se vieron forzados a reducir los precios de alquiler de forma drástica: en ocasiones hasta el 30 y aún el 50 %. Todas aquellas medidas fueron inútiles: tras alcanzar la cúspide entre 1924 y 1925, las importaciones norteamericanas decayeron el 31 % en 1926[16].

La reconstrucción no trajo novedades sustanciosas con respecto a la situación precedente: el cine japonés continuó desarrollando un oligopolio industrial, en el que muy pocos estudios tenían libertad de movimientos. A partir de 1924 cuatro grandes compañías se hicieron con el mercado: Nikkatsu, Shochiku, Teikine y Toa. Todas ellas controlaban los tres sectores: producción, distribución y exhibición. A ellas se añade un número indeterminado de pequeñas compañías independientes que subsisten a la sombra de las mayores.

Nikkatsu y Shochiku, a la cabeza de todas ellas, incrementaron sus beneficios de forma notable entre 1925 y 1928. En esta franja de tiempo la Shochiku llegó a superar económicamente a su veterana rival. Sin embargo ninguna de ellas bajaba la guardia, para evitar que cualquier intruso pudiera llegar a hacerlas sombra. De este modo, en 1925, las cuatro principales compañías firmaron una alianza. Fruto de la misma se constituye la Asociación de Productores Cinematográficos de Japón. Es su propósito actuar corporativamente, para evitar el posible ascenso de las compañías independientes. De entre todas ellas observan con recelo a una particularmente molesta: La Makino. Uniendo sus fuerzas, las cuatro grandes tenían la posibilidad de boicotear las salas que proyectasen películas de productoras no deseadas. Merced a semejante maniobra, la distribución de todas las películas, incluídas las que produjeran las pequeñas compañías independientes, pasaría a ser plenamente controlada por las cuatro grandes.

Para sobrevivir, las pequeñas productoras independientes dedujeron que la única fórmula sería continuar en solitario, y firmando pactos con una o con otra de las cuatro grandes para poder exhibir sus películas. De este modo, cada una de aquéllas contaba con un ramillete de empresas subsidiarias que se desarrollaban a su sombra. Entre 1925 y 1930, de hecho, proliferaron aquellas pequeñas productoras. Muchas de ellas tuvieron una existencia muy efímera: aunque contaban entre sus filas con actores más o menos populares, por lo general carecían de buenos guionistas o de directores competentes. Además sus posibilidades de distribución y de exhibición siempre habrían de estar sometidas a la voluntad de sus mayores.

Durante los siguientes años la producción rebasó las cifras de antaño. En 1924 se produjeron 875 películas; otras 839 al año siguiente, y 855 películas en 1926, según se apuntó.

Aunque decayese en años posteriores, la producción continuó siendo importante: 648 películas en 1927; y 798 al año siguiente. En pocas palabras: la producción japonesa era durante estos años mucho más abundante que la de todo el resto de Asia junta, incluyendo cinematografías pujantes como India, China o Filipinas[17]. De hecho la

---

16 KIRIHARA, Donald. *Patterns of time : Mizoguchi and the 1930s*. Madison, Wisconsin : The University Press, 1992, p. 43.

17 Véase:
- KIRIHARA, Donald. *Patterns of time : Mizoguchi and the 1930s*. Madison, Wisconsin : The University Press, 1992, p. 44.
- ELENA, Alberto. "La industria del cine en Asia y Oriente Medio". En: *Historia general del cine. Volumen V: Europa y Asia : (1918 - 1930) /* coordinado por Manuel Palacio y Julio Pérez Perucha. Madrid : Cátedra,

cinematografía de este país fue, hasta los años de guerra, la más abundante del planeta.

Y eso que, al contrario de lo que sucedía en otras cinematografías importantes, su producción sólo se consumía localmente. Esto es: las películas japonesas, al contrario que las americanas o las europeas, no tenían prevista su distribución internacional. Además los estudios japoneses no estaban concentrados en grandes superficies especializadas, cual pudiera ser el caso de Hollywood, Billancourt o Roma. Y por si esto fuera poco, Japón no producía material fotográfico: la película sin procesar debía ser importada del exterior, lo que sin duda encarecía la producción.

Adviértase sin embargo que las películas se producían en Japón a un costo muy inferior al que pudiera tener una película americana media: a finales de los años 20, el precio medio de una película japonesa podría oscilar entre 4000 y 5000 dólares. Una superproduccción de grandes proporciones podría ascender a 12.500 o hasta 15.000 dólares. A mediados de los años 30 una película sonora media costaba sólo unos 10.000 dólares[18].

Por el contrario, mediados los años 10 una producción de Hollywood venía a costar entre los 10 y los 30.000 dólares. A principios de los 20 el promedio ascendía a los 80.000 dólares, y a partir de 1924 los costos de los largometrajes oscilaban entre los 150.000 y los 500.000 dólares[19]. Los propios estudios americanos utilizaban dicha prodigalidad -tal como se hace hoy día- como instrumento de promoción de sus películas, algo de lo que no era fácil presumir fuera de aquel emporio cinematográfico.

Los estudios japoneses incrementan progresivamente su producción, pero lo hacen sin apenas aumentar los costes ¿Cómo se explica esto? A lo largo del siglo, conforme crece la población japonesa, la industria ve mermado su capital. Pero se contrarresta el fenómeno adoptando prácticas de explotación laboral. Dicho en pocas palabras: la producción sale adelante a costa de la sobrecarga de trabajo sobre los operarios.

En Japón se había desarrollado una suerte de capitalismo paternalista, en el que todos los miembros de la empresa se agrupaban en una suerte de familia laboral, sobre la que el director o el gerente asumen los papeles del padre. Los trabajadores, reconocidos a la empresa que les garantiza un empleo de por vida, se entregan en cuerpo y alma a la causa común. Semejante actitud de por sí inhibió la formación de sindicatos en toda la industria japonesa.

Además se organizaban equipos estables de técnicos y especialistas que a menudo unían sus esfuerzos en la elaboración de las películas. Se estrechaban de este modo los lazos, y se favorecía el esfuerzo cooperativo. Por otra parte, la codificación de los géneros, y la especialización de actores y directores en determinados tipos de películas estimulaba la producción. Dicho fenómeno resultaba tan provechoso para la empresa como desazonante para sus trabajadores, según nos consta por los testimonios que nos han llegado. Yasujiro Shimazu, el director más prolífico del estudio, llegó a realizar cincuenta y ocho películas en el periodo comprendido entre 1924 y 1928: ¡casi una película al mes durante cinco años! Y no se trataba de ningún caso excepcional: durante los años 20 una película podía ser realizada en menos de dos semanas. Ozu cuenta cómo rodó Tokkan kozo (1929)... en sólo tres días[20].

Superada la crisis de Kanto, el cine continuaba siendo el espectáculo popular por excelencia. Cuando finaliza la década el ciudadano medio japonés acude al cine al menos una vez cada dos meses. La mayor parte de los espectadores habituales provenían del *shitamachi*, la ciudad baja: los sectores de pequeña burguesía, artesanos, comerciantes y sus familias[21].

Las películas se proyectaban en sesiones muy prolongadas, como igualmente dilatadas eran las sesiones de teatro, que podían llegar a las diez horas. En consonancia, era frecuente que un programa cinematográfico consumiera tres o cuatro horas, conformando sesiones dobles o aún triples, como se vio. En fiestas o en vacaciones se llegaba a ofrecer tres pases, reduciendo la duración del programa[22].

Las salas de proyección llegaban a abrir a las diez de la mañana, y permanecían abiertas hasta las diez de la noche. Además había multitud de compañías ambulantes que, con sus equipos y con su plantilla de músicos y de comentaristas, recorrían toda la accidentada geografía

---

D.L. 1997, p. 201.

18 Datos referidos al cine japonés:
- KIRIHARA, Donald. *Patterns of time : Mizoguchi and the 1930s*. Madison, Wisconsin : The University Press, 1992, p. 52.
- BORDWELL, David. "Our dream cinema : Western Historiography and the Japanese Film". *Film Reader*, 1979, nº 4, p. 49.

19 Datos referidos al cine americano: IZOD, John. *Hollywood and the Box Office*. London : Macmillan, 1988, p. 64.

20 -OZU, Yasujiro. "Pour parler de mes films". *Positif : Revue du Cinéma*, 1978, Février, nº 203, p. 17-25.
- RICHIE, Donald. *Ozu*. Berkeley (etc.) : University of California Press, 1974, p.208.

21 WADA-MARCIANO, Mitsuyo. "Construction of Modern Space : Tokyo and Shochiku Kamata Film Texts". En: *IN Praise of Film Studies : Essays in Honor of Makino Mamoru* / Edited by Aaron Gerow and Abé Mark Nornes. Yokohama ; Ann Arbor : Kinema Club ; Trafford, 2001, p. 166.

22 ANDERSON, Joseph L. "Spoken silents in the Japanese Cinema : Essay on the necessity of Katsuben". *Journal of Film and Video*, 1988, v. 40, nº 1, p. 20.

nipona.

Para atender tanta demanda, y para alimentar tantas sesiones múltiples, los estudios debieron acometer una producción extraordinariamente abundante, pero al tiempo volátil: una fuente de 1929 asegura que por lo general no se distribuían más de diez copias de un mismo largometraje- la cifra media era de cinco o seis copias de cada película-[23]. Una cantidad que, de ser cierta, resulta sorprendentemente baja, lo que obedece a un continuo aprovisionamiento de títulos que permanecen muy poco tiempo en una cartelera que se renueva de continuo. Las películas se cambiaban cada semana; aunque por supuesto las que gozaban de popularidad podían aguantar muchos más días.

En 1920 sólo había 470 salas en todo el archipiélago. Una década más tarde el número se había incrementado hasta 1300, y en 1940 hasta 2263[24]. Como contraste cabe recordar que, en 1928, los Estados Unidos- cuya población doblaba la japonesa- multiplicaba por trece el número de salas con que contaba en su territorio.

Los teatros solían contar con un aforo de 400 a 700 localidades. Ninguno de ellos podía rivalizar con las opulentas y gigantescas salas que se construían en las principales capitales de Estados Unidos y de Europa, en los que tenían cabida varios miles de espectadores. Japón no se sumaría a la construcción de semejantes palacios cinematográficos sino hasta bien entrados los años 30, cuando se produce la transición al cine sonoro y cuando el gran capital empieza a interesarse por el negocio cinematográfico. En honor a la verdad, el cine no se consolidó como una gran industria en Japón hasta después de la Segunda Guerra Mundial. Por citar un ejemplo: a finales de los años 20 el capital conjunto de las cuatro grandes compañías cinematográficas japonesas ascendía a poco más de once millones de dólares; esto es: menos de la mitad del capital del que disponía la Paramount por sí sola[25].

Como asimismo sucedía en los Estados Unidos, la mayoría de las salas japonesas eran controladas por alguno de los estudios. Éstos imponían al exhibidor tiránicos contratos basados en estrategias de venta norteamericanas: el *block booking* (venta en lotes) y el *blind booking* (venta a ciegas: el estudio compromete con un exhibidor su producción anual, aunque ésta todavía no se haya realizado).

Y siguiendo una vez más el modelo americano, se promocionan las películas mediante campañas publicitarias. Se editan revistas de cine, así como programas de gran atractivo visual que despertaban curiosidad y creaban afición entre los espectadores. Sabemos que Ozu fue, en su juventud, coleccionista de este tipo de impresos.

Sabiendo rentabilizar dichas estrategias, en 1930 Shochiku controlaba cuatrocientas sesenta salas a lo largo y ancho de todo el archipiélago; exactamente treinta salas más que Nikkatsu[26]. Pero además Shochiku decidía la programación de cuarenta de las doscientas salas con que contaba la capital; y controlaba una red de salas de estreno, en las que se proyectaban los títulos más atractivos, repartidas por Osaka, Kyoto, Kobe y Nagoya. Esto es: gobernaba las principales salas de las principales ciudades del país.

De este modo, la productora japonesa más veterana comenzó a perder terreno con respecto a su rival. Más aún, Nikkatsu se vio incapaz de retener a sus estrellas y directores, que se marcharon a otras compañías emergentes. Algunos de los principales directores del país- Mizoguchi, Tomu Uchida, Minoru Murata, Daisuke Ito, Tomotaka Tasaka, entre otros-, formados en los estudios Nikkatsu, terminaron abandonándolos.

XI. 6. *Amachua kurabu:* Cine aficionado

Por otra parte en 1923 Charles Pathé había introducido o en Japón el Pathé Baby, mientras George Eastman hizo lo propio con el Kodascope. En ambos casos se trataba de equipos simplificados con los que se dieron los primeros pasos en el cine aficionado en Japón. Además se pusieron a la venta películas domésticas, por lo general resúmenes o fragmentos de películas exhibidas en los circuitos comerciales, que los coleccionistas podían conservar y proyectar en sus propias casas. Dichas películas, que en ocasiones se han conservado cuando los originales se perdieron, se convierten en testimonios extremadamente valiosos del cine realizado durante aquellos años[27].

Al ser unos productos caros, no estaban al alcance de todo el mundo, y terminaron siendo un pasatiempo burgués. No tardaron además en organizarse certámenes nacionales de cine aficionado: en el área Osaka-Kyoto-Kobe se organizó el *Bebii Kinema Kurabu* (japonización del *Baby Cinema Club*), del que no tardaría en aparecer otro similar en la capital del país.

Incluso se publicaban revistas dirigidas a los cineastas

---

23 BORDWELL, David. "Our dream cinema : Western Historiography and the Japanese Film". *Film Reader,* 1979, nº 4, p. 50.

24 ANDERSON, Joseph L. Op. cit., p. 20.

25 ANDERSON, Joseph L. Op. cit., p. 20 y 29.

26 KIRIHARA, Donald. *Patterns of time : Mizoguchi and the 1930s.* Madison, Wisconsin : The University Press, 1992, p. 43 - 44.

27 Concretamente de algunas películas de Ozu sólo han sobrevivido fragmentos en ocasiones provenientes de dichas versiones domésticas. Es el caso de Daigaku wa deta keredo, Tokkan kozo, o la más reciente recuperación de Wasei kenka tomodachi.

aficionados: *Amachua mubii* (*Amateur Movies*), que comenzó a publicarse en Agosto de 1928. Terminó constituyéndose la Liga de Cine Aficionado de Japón, en 1929. La Liga Proletaria del Cine (Prokino) se integró en dicha Liga, lo que prueba su interés por estas formas de hacer cine como medio de difusión política[28]. También por estos años, en 1925, fue publicado el primer diccionario cinematográfico japonés: *Kinema Handobukku*, publicado por Kawazoe Toshimoto, así como el primer anuario consagrado al mundo del cine: N*ihon Eiga Nenkan : Taisho 13-14*, publicado por Asahi Shinbunsha.

No todas las noticias eran tan alentadoras sobre la salud del cine japonés: también en 1925 se establecieron los mecanismos censores, ya apuntados en el código de 1912 del que dimos noticias. En esta ocasión hubo de ser el Ministerio del Interior quien regulase la inspección cinematográfica. A partir de su promulgación, se procede con severidad contra cualquier película que atente contra la dignidad imperial, o contra la autoridad del ejército. En definitiva se trata de poner coto al uso que se pudiera hacer del cine a favor de ideologías izquierdistas (como era el caso de las llamadas *keiko eiga*: películas de tendencia). Por añadidura se prohiben escenas de besos, o las que contengan cualquier insinuación erótica. Tan grande fue la influencia de los mecanismos censores sobre la industria cinematográfica japonesa, que bien merece la pena que les dediquemos nuestra atención en un próximo parágrafo.

XI. 7. El espíritu de las leyes

En Diciembre de 1924 el gobierno japonés anunció que se preparaban disposiciones encaminadas a centralizar los mecanismos de censura bajo las responsabilidades del Ministerio del Interior. Como se puede suponer, no se trataba de una decisión fortuita o repentina: desde 1921 se venía reuniendo información con vistas a hacer efectivo este proyecto.

Tal iniciativa contaba con el respaldo de la propia industria cinematográfica. Por sorprendente que parezca, los estudios mostraban interés por regular los mecanismos de la censura: un sistema censor normalizado y bien organizado evitaría la engorrosa obligación de remitir una copia de cada título a todas las prefecturas y gobiernos municipales donde dicha película habría de ser exhibida para contar con su aprobación. Conviene tener presente que, hasta la fecha, las disposiciones censoras se habían establecido en todas y cada una de las cuarenta y siete prefecturas de Japón, si bien hubo algunas variaciones en su implantación. De este modo, algunas películas fueron prohibidas en algunos lugares, pero admitidas en otros, lo que ocasionó más de un trastorno a los distribuidores y a los exhibidores.

Se hacía necesario corregir esta anomalía, para facilitar la distribución y exhibición de películas a lo largo y ancho del país. Además una censura reglamentada permitiría contrarrestar los perniciosos efectos del comercio fraudulento que sufrían las películas, particularmente las extranjeras, en un territorio que parecía situarse al margen de las normas del *copyright* internacional.

Paradójicamente, cuando llegue a regularse la distribución, los más beneficiados por las nuevas disposiciones habrían de ser los mayores proveedores extranjeros: Paramount y Universal, quienes hallarán mayores facilidades para distribuir sus productos por todo el país. Pero también hallarán ventajas los principales estudios locales, cuya cobertura de distribución y exhibición abarcaba toda la geografía japonesa, y que a partir de estos momentos encontrarían un campo de acción más diáfano.

Actuando pues con un generalizado consenso, en Mayo de 1925 la Oficina de Asuntos Criminales, dependiente del Ministerio del Interior, promulgó el Código de Inspección Cinematográfica. Su contenido sistematizaba diversa normativa anterior, y llegó a constituirse en la primera regulación oficial, en cuestiones censoras, en aquel país.

Las disposiciones finalmente aprobadas fueron dadas a conocer en la *Gaceta Oficial*, emitida por el gobierno, el día 26 de Mayo de 1925, y entraron en vigor a partir del 1 de Julio de aquel mismo año[29]. En virtud de su contenido, no sólo se reglamentaba la inspección de las películas, sino también sus guiones, y hasta los textos que declamaban los *benshi*.

Este Código sentó un precedente con respecto a la organización posterior de un organismo centralizado cuyo cometido sería el control de los contenidos cinematográficos. Sus recomendaciones eran tan escuetas como ambiguas: en ellas se aludía a la necesidad de mantener el orden público, la moral y las buenas costumbres y los hábitos de higiene. Sin embargo no se mostraba muy explícito a la hora de definir lo que podría ser calificado como inmoral, escandaloso o indecente.

Pese a su ambigüedad acaso premeditada, el Código fue, desde el principio, un eficaz instrumento al servicio

---

28 Véase: MAMORU, Makino. "Rethinking the Emergence of the Proletarian Film League of Japan (Prokino)". En: *IN Praise of Film Studies : Essays in Honor of Makino Mamoru* / Edited by Aaron Gerow and Abé Mark Nornes. Yokohama ; Ann Arbor : Kinema Club ; Trafford, 2001, p. 38 - 40.

29 KIRIHARA, Donald. *Patterns of time : Mizoguchi and the 1930s*. Madison, Wisconsin : The University Press, 1992, p. 53.

del Ministerio del Interior, quien se reservaba el derecho de retirar a su antojo cualquier película sospechosa. No en vano, y dada su vaguedad, cualquier película podría ser por una razón o por otra vista con recelo, y sometida a criba. Y no sólo esto: entre sus atribuciones figuraba además la posibilidad de suprimir determinadas escenas o diálogos. Se podía asimismo devolver las películas al productor, para que éste las retocase convenientemente; e incluso permitía retener las películas tanto tiempo como fuera necesario, o aun prohibir que las obras censuradas se exhibiesen en determinados lugares del país.

A partir de su promulgación se trazó un nuevo orden en la relación que existía entre el gobierno y la industria cinematográfica. Desde entonces, y en proporción creciente, el cine debía convertirse en un poderoso mecanismo de propaganda al servicio de los dogmas oficiales. Según las crónicas de la época, *"el principal propósito de las nuevas leyes censoras era la salvaguarda de la santidad de la Familia Imperial, y el mantenimiento de la ética feudal y del espíritu Confuciano, tan intrínsecos en la idiosincrasia nacional"* [30]. El cine dejaba así de ser un simple objeto de entretenimiento para convertirse en un vehículo privilegiado de los valores y las ideal oficiales: en el instrumento óptimo para la educación moral y política del pueblo.

Los principales asuntos sobre los que el Código tenía competencia eran los referidos a la seguridad nacional (*ko-an*) y a la moral públicas (*fuzoku*). El *ko-an* velaba contra las posibles agresiones a la Familia Imperial, o contra la dignidad nacional; así como las incitaciones al desorden y a la anarquía; las actuaciones que pusieran en peligro las relaciones de Japón con otros países, o la explicitud en el comportamiento criminal. De este modo, entre las disposiciones censoras destacaba con especial énfasis la prohibición de cualquier gesto o actitud ofensiva contra la familia imperial. Asimismo, por afinidad aristocrática, se llegaron a prohibir películas occidentales que se mostraban irrespetuosas con las monarquías europeas.

El *fuzoku*, por su parte, velaba por las agresiones contra los preceptos religiosos; contra la representación de la crueldad y la violencia; contra las manifestaciones de mal gusto y de obscenidad. Evitaba la explicitud en el tratamiento de temas escabrosos o de adulterios. No permitía la representación de actos sexuales, o cualquier tipo de actuación que arremetiese contra los patrones éticos o que perturbase la moral de los jóvenes. Entre los motivos acusados de obscenidad figuraban: besos y abrazos; danzas provocativas o ligeras de ropa; insinuaciones sexuales o manifestaciones de pasión y deseo. Éste fue, en realidad, el principal objetivo de los censores en el desempeño de su cargo. No sólo se prohibieron los besos en la pantalla: a su represiva acción no escapaban ni las más castas efusiones que aparecían en las producciones extranjeras. Ninguna otra cinematografía asiática fue tan restrictiva como la japonesa en cuestiones de sexo.

Si los censores encontraban algún motivo pernicioso en alguna película, se podría obligar a los productores a que suprimiesen las escenas transgresoras. Incluso se podría llegar a prohibir la proyección de la película. Pero en la práctica, pocas películas sufrieron tal impedimento. Hasta las mutilaciones que se practicaron se limitaron a planos o escenas muy concretas: durante los primeros dieciocho meses de su establecimiento sólo seis películas llegaron a ser prohibidas. Y las escenas cortadas se limitaron a un 1% del total de metraje filmado en 1925, y a sólo el 0.6 % en 1926. Las películas europeas (con una mutilación del 1.5% de su metraje) sufrieron más el rigor de los censores que las americanas (a las que se las suprimió el 0.8% del metraje) [31].

Con la evolución de los acontecimientos históricos los objetivos preferentes pasarían a ser otros. Desde la llegada de Hiro-hito al trono, en 1926, las principales preocupaciones censoras venían determinadas por la infiltración de la ideología izquierdista, que se hacía particularmente palpable en la industria cinematográfica. Tanto en ésta como en otras actividades económicas del país progresan los movimientos sindicales, cuya acción se materializa en centenares de huelgas, que eran reprimidas con singular dureza.

Las ideas socialistas eran tenidas como peligrosas para la seguridad ciudadana, por lo que se arremetió contra cualquier película sospechosa. Muy particularmente se trataba de frenar el impulso que cobraban las películas de ideología izquierdista. Muchas de las *keiko eiga* (películas de tendencia) rodadas durante estos años fueron cortadas hasta el punto de volverlas casi ininteligibles.

Conforme los militares vayan haciéndose con el poder, prácticamente ninguna actividad del país escapa a su control; y muy particularmente la cinematográfica. En el informe anual de la Oficina Censora de aque año 1926 leemos: *"Durante los últimos años la popularidad de las películas de tendencia izquierdista, al cobijo del*

---

30 Cita: FREIBERG, Freda. "Comprehensive connections: The film industry, the theatre and the state in the early Japanese Cinema". *Screening the Past,* 2000, issue 11. Disponible en Internet, en: http://www.latrobe.edu.au/www/screeningthe past/

31 Cifras en ambos casos referidas al año 1926. Véase: FREIBERG, Freda. Op. cit.

pensamiento socialista, así como las películas inmorales, obscenas o eróticas, han preocupado sobremanera a los censores, debido a sus perniciosos efectos sobre los espectadores"[32]. Se consideró que ésta era una situación que debía atajarse: merced a los mecanismos censores el cine fue progresivamente rechazando los aspectos más liberales y democráticos que alentaban las cinematografías de los países occidentales. Al mismo tiempo se exalta cada vez con más fuerza las virtudes autóctonas. La industria del cine reaccionó incrementando la producción de lo que el público demandaba mayoritariamente: películas de evasión, normalmente *jidai-geki* protagonizados por aventureros violentos y nihilistas.

Pero esto no bastaba para las apetencias gubernamentales, conscientes del valor propagandístico que encierran las películas. En Marzo de 1933 la Dieta aprobó una nueva reglamentación; y un año después se estableció un Comité para la regulación de la industria cinematográfica que seguía el modelo de la Italia fascista y el de la Alemania nazi. Sus propósitos se resumen en la siguiente declaración de principios: *"El gobierno permitió a las compañías cinematográficas privadas que lograran beneficios con sus productos; sin embargo no se tomaron medidas adecuadas para guiarlas. El cine es un poderoso medio que ejerce más influencias que otros. Sobre la población joven especialmente ejerce más influencia que la escuela. Existe el peligro de que las películas que dan a conocer Japón en el exterior puedan dar una impresión errónea sobre el país, y dañen su reputación. Es imposible lograr que las compañías privadas den por sí solas una imagen más pura y más digna de Japón en el exterior. Por consiguiente, se hace necesario establecer una organización especial para guiar y controlar las películas"*[33].

Aun considerando declaraciones como la precedente, no sería exacto asegurar que el gobierno impone lo que los estudios debían filmar; aunque sin duda se controlaba su producción. Con frecuencia distintos condicionantes industriales, o disposiciones gubernamentales complementarias, podían moderar los rigores del censor[34]. Para mejor cumplir las medidas impuestas, y para garantizarse un cierto grado de autonomía a la hora de programar su actividad, la industria cinematográfica desarrolló un órgano común: la *Dai Nihon Eiga Kyokai* (Gran Asociación Cinematográfica Japonesa), fundada en 1933 con el propósito de consolidar la industria y garantizar el cumplimiento de las exigencias oficiales.

Desde finales de los años 30, tras la invasión de China y las cada vez mayores campañas bélicas, la industria cinematográfica respondió favorablemente a los dictámenes oficiales, produciendo numerosas películas que exaltaban las virtudes de la disciplina, el sacrificio, y la entrega a la causa común. Se procuró evitar la corruptora influencia de occidente para potenciar los valores heredados de la tradición autóctona, en todas sus manifestaciones culturales y artísticas. Todas estas circunstancias confluirán en la *Eiga Ho* nº 66: la Ley de Censura Cinematográfica, promulgada en 1939, a la que dedicaremos nuestra atención próximamente[35].

---

32 Cita: FREIBERG, Freda.Op. cit.

33 Cita: FREIBERG, Freda. Op. cit. Véase además: FREIBERG, Freda. "The transition to Sound in Japan". En: *History on / and / in Film : Selected Papers from the 3rd. Australian History and Film Conference.* Perth : History and Film Association of Australia, 1987, p. 80.

34 KIRIHARA, Donald. *Patterns of time : Mizoguchi and the 1930s.* Madison, Wisconsin : The University Press, 1992, p. 53 .

35 A principios de de 2003 vio la luz, en lengua japonesa, la obra *Nihon eiga ken'etsushi* (*Historia de la censura cinematográfica japonesa*), de la que es autor Makino Mamoru. Publicada por la editorial Pandora, ofrece un completo recorrido sobre este tema, desde 1896 hasta 1945. Además del estudio pormenorizado de los mecanismos censores y de su repercusión en la industria cinematográfica, ofrece una selección de fuentes legales sobre las que se sustentó el oficio censor en aquel país.

XII. EL ESPLENDOR DE KAMATA (Años 1925 - 1930)

XII. 1. Shiro Kido : Dos tercios de risas y un tercio de lágrimas

El terremoto de 1923 se llevó consigo no sólo las instalaciones cinematográficas, sino también la organización administrativa de los estudios. La primera necesidad fue reunir nuevas plantillas capaces de restaurar las arruinadas empresas. Entre 1923 y 1934 los de Shochiku en Kamata fueron los únicos estudios importantes que permanecieron en funcionamiento en Tokio. Como se vio, su principal competidora, la Nikkatsu, concentró su producción en Kioto tras el terremoto, y no regresaría a la capital del país hasta 1934.

Shochiku Kamata, por el contrario, prefirió aprovechar el marco urbano de la capital, que era además el escenario idóneo para sus películas de ambientación contemporánea. La cámara de los cineastas de la Shochiku fue capturando, de este modo, el implacable proceso de urbanización y de modernización que, impulsado desde la misma capital, se iría expandiendo por todo el resto del país. Muchas de las producciones Shochiku de estos años- y lo comprobaremos en los ejemplos de Ozu- fueron rodadas en el perímetro suburbano de la capital, que todavía no había sido urbanizado: en terrenos yermos, salpicados por construcciones diseminadas sobre caminos sin asfaltar, en la proximidad de inhóspitos polígonos industriales.

La hegemonía que cobra Shochiku sobre el panorama cinematográfico japonés a finales de los años 20 no puede ser desligada de la figura de Shiro Kido. Antiguo campeón junior de béisbol, y diplomado en derecho inglés por la Universidad Imperial de Tokio en 1919, Shiro Kitamura se formó en los mundos del comercio y de las finanzas antes de ingresar en la Shochiku en 1920, tras cambiar su apellido.

Su familia guardaba amistad con el director de la compañía Takejiro Otani, con cuya hija se había casado. Gracias a esta situación, no tarda en hacerse con un puesto de responsabilidad en la compañía, lo que facilita que, en 1924, sea nombrado director de los estudios Kamata[1]. Sustituye en el cargo a Hotei Nomura, un productor particularmente interesado en los melodramas a la vieja usanza *Shimpa*. A partir de este momento, Kido se hallará al frente de una de las productoras más activas del país. Contaba sólo veintiocho años, y dejaba atrás su incipiente vocación como hombre de leyes. Por lo demás, sus conocimientos de la lengua inglesa le permitieron manejar abundante información sobre el mundo del cine tal como se desarrollaba en los Estados Unidos.

Kido está llamado a ser una de las personalidades más influyentes del cine japonés. Aliando la buena estrella con su indudable talento administrativo, Shiro Kido supo renovar el estudio, insuflándole nuevas energías que se desarrollaron a partir del ejemplo hollywoodiense. Además ensayó nuevos géneros y fórmulas comerciales que gozaron del reconocimiento popular. Pero al tiempo demostró no ser un simple mercader de películas: dio gala de instinto, sensibilidad y talento para reconciliar los intereses comerciales con el buen quehacer artístico. Y, aunque de talante conservador, supo adaptarse a las novedades: fue pionero en la introducción del cine sonoro en Japón, en 1931, y del color en 1951.

A tal fin supo rodearse de técnicos solventes, de directores con capacidad y de estrellas populares. A lo largo de toda su carrera siempre se preocupó por dar facilidades a posibles jóvenes talentos. Los aspirantes mejor valorados eran nombrados asistentes de los directores veteranos, con los que hacían méritos en las labores de escritura de guión o ayudando en los rodajes. Si demostraban poseer talento, se les encargaría la dirección de una película de escaso presupuesto, para pasar gradualmente a proyectos más ambiciosos. Así fue como se inició la mayoría de los grandes cineastas japoneses.

De este modo, la compañía que fundaran en 1920 los hermanos Otani se hizo grande bajo la conservadora dirección del productor. El modelo de estudio que concibe Kido se inspira claramente en el norteamericano: se asienta sobre una organización vertical, que controla los sectores de producción, distribución y exhibición. Los estudios japoneses, y en particular Shochiku, no sólo se organizaron a imagen y semejanza de los de Hollywood, sino que además importaron su sentido

---

1 Véase:
- BOCK, Audie. "Ozu reconsidered". *Film criticism*, 1983, Fall, v. 8, nº 1, p. 50 - 53.

- SATO, Tadao. *Le Cinema Japonais*. Paris : Centre Georges Pompidou, 1997, v. I, p. 96.

del estrellato, sus géneros y sus modelos narrativos. Veremos cómo el cine que realizó Ozu durante estos años recurría frecuentemente a géneros americanos - comedias estudiantiles, películas de gangsters, melodramas familiares, con frecuencia protagonizados por personajes intensamente seducidos por la cultura y el cine estadounidenses. Tendremos ocasión de advertir la frecuencia con la que aparecían carteles de películas de Hollywood en sus películas, o la proliferación de palabras y frases escritas en inglés.

Siguiendo el ejemplo del admirado Irving Thalberg, Kido se hizo con el control absoluto del estudio. Y fue en definitiva artífice del llamado *Kamata-cho*: el estilo Kamata, con personalidad artística muy acusada. Esta disposición innovadora y aperturista favoreció que los estudios de Kamata no tardaran en recibir nuevos impulsos, que hicieron destacar a los estudios Shochiku de sus competidores.

El cine japonés de principios de los años 20 seguía muy aferrado a las tradiciones del teatro *Shimpa* y *Kabuki,* que el estilo Kamata aspiraba a superar, con el saludable ánimo de hacer un cine más próximo a sus espectadores. Además del esfuerzo coordinador de Kido, la corriente renovadora pudo materializarse gracias a las aportaciones de un grupo de cineastas jóvenes, que se formaron en Kamata, y que no tardaron en congeniar con los propósitos renovadores de Kido. Fue el caso de Yasujiro Ozu, quien ingresó en Kamata en 1923. Apasionado por el cine americano, como el propio Kido, sintoniza de inmediato con su voluntad renovadora.

No fue el único: en la misma línea congeniaron jóvenes promesas como Kiyohiro Ushihara, Yasujiro Shimazu y Torajiro Saito, entre otros, a los que siguieron los de una generación más joven. La mayor parte de los coetáneos de Ozu ingresaron en la Shochiku con unos veinte años, para dirigir su primera película cuatro o cinco años después. Entre ellos cabe destacar nombres como Heinosuke Gosho, Hiroshi Shimizu, Mikio Naruse o el mismo Ozu.

Este ambiente laboral y profesional abonó el talento de nuestro cineasta; le hizo ganar en profesionalidad; le permitió madurar su estilo; e hizo de él un hombre dedicado en cuerpo y alma al cine. Tanto Ozu como el resto de los directores debían dar cuentas personalmente ante Kido de todos y cada uno de sus trabajos. El productor los verificaba y corregía personalmente, para darlos su aprobación cuando lo estimase oportuno. Todos los miembros de la plantilla se hallaban empleados en régimen asalariado. Así estuvo Yasujiro Ozu quien, como todos los directores del estudio Shochiku-Kamata, estaba sujeto a un régimen de salario mensual[2]. Los contratos de la Shochiku se renovaban anualmente. Hasta un director del prestigio de Ozu debía renegociar su contrato año tras año, lo que se mantuvo hasta el final de su carrera, pese a contar con un palmarés extraordinario.

XII. 2. La escuela de actores de Kaoru Osanai

Bajo la dirección de Kido, Shochiku llegó a ser más que un estudio: era una suerte de gran familia, en la que todos se hallaban comprometidos en un proyecto común. Y era al tiempo una academia profesional donde la formación, el aprendizaje y la promoción eran exigencias inexcusables. Kido favoreció el trabajo corporativo. Como miembros de una misma familia, todos los miembros del equipo convivían en torno a un proyecto común. Las jornadas de trabajo continuaban mientras se bebía *sake* o se saboreaba una cena, lo que favorecía el ambiente de camaradería y estimulaba el rendimiento laboral. Periódicamente los equipos debían reunirse para estudiar películas, y extraer conclusiones sobre su guión, filmación y montaje. De este modo la plantilla vivía por y para el cine. Aún en sus ratos de ocio, continuaban discutiendo sobre las películas que habían visto.

Los actores, por su parte, estaban clasificados según una jerarquía casi militar que contabilizaba hasta ocho grados. Para ir subiendo en el escalafón, era preciso ir reuniendo méritos[3], y recibir una formación que el propio estudio dispensaba. Como se recordará, Kido impulsó una escuela de actores, dirigida por Kaoru Osanai, con la que se pretendía formar a los intérpretes del estudio. Para financiarla, tras los estragos del terremoto, se recurrió a las galas y espectáculos en las que intervenían todas las estrellas del estudio. De este modo, y una vez al mes, los actores de Shochiku se daban cita en el teatro Kabuki-za de Tokio, con el fin de presentar un espectáculo de variedades que, además, se utilizaba para promocionar los estrenos de la compañía. Esta actividad sirvió, además, para entrenar una plantilla de actores curtidos en las técnicas de canto, danza y declamación, lo que sería de gran valor para la compañía cuando se produzca la transición al sonoro.

Gracias a los recursos de aquel modo obtenidos, Kaoru Osanai (1881-1928) pudo aplicar en su escuela las novedades interpretativas que proponía el *Shingeki*, entre ellas la adaptación del método de Stanislavski. Se

---

2 Véase: OZU Yasujiro. *Antología de los diarios de Yasujiro Ozu* / edición a cargo de Núria Pujol y Antonio Santamarina ; prólogo de Ángel Fernández-Santos. Valencia : Filmoteca de la Generalitat Valenciana (etc.), 2000, p. 46.

3 Véase: OZU Yasujiro. Op. cit. , p. 48.

trataba de orientar al intérprete japonés hacia un modelo interpretativo más natural y espontáneo, conforme a los ejemplos europeos. Uno de los ejercicios practicados, por ejemplo, consistía en remedar los hábitos y costumbres occidentales: cómo sentarse en una silla; cómo usar los cubiertos europeos y cómo practicar las normas de cortesía propias de aquellos países lejanos.

Para perfeccionar dicho entrenamiento, se llegó a contratar personal especializado. Cuando la escuela estuvo organizada, Osanai invitó a la dama Slavina, antigua Condesa Ludovskaya, a incorporarse a la escuela. Exiliada de Rusia tras la Revolución de 1917, la aristócrata encontró acomodo en Japón, y se esperaba que en la escuela de interpretación adiestrase a los alumnos en los buenos modales y el protocolo europeos. Más tarde, su hija Kitty Slavina llegaría a ser una estrella del cine japonés [4].

También el departamento de guiones se vio sometido a un similar proceso de renovación. En 1926 Kido asumió personalmente la dirección de dicho departamento, prueba elocuente de su interés por esta etapa del proceso de producción. Reformó dicho departamento, y le insufló nuevas energías. A partir de entonces, cada guionista de la Shochiku veía supervisado su tabajo por el propio Kido. Y sólo los guiones aprobados por aquél podrían ser filmados. Él mismo llegó a escribir guiones: la primera película dirigida por Mikio Naruse, Chanbara fufu (El señor y la señora Matasiete, 1930) fue escrita por Shiro Kido, quien a la sazón se refugiaba bajo el seudónimo de Haruo Ako [5].

También los guionistas recibían formación para la mejora de su cometido. Kogo Noda, guionista habitual de Ozu y a la sazón director del departamento de guiones, se ocupaba de este menester. Conforme a las directrices de Kido, Noda exigía a sus guionistas subordinados que le presentasen un proyecto de guión dramático y tres de comedias al mes. Dichos guiones eran estudiados conjuntamente, antes de someterlos a la inspección de su productor. El propio Noda recuerda el ritmo de trabajo frenético que imponía el estudio en 1928: *"Todos los miembros del equipo de guionistas tenían que presentar un guión al mes para recibir su salario. Aparte de esto, si presentabas un segundo o un tercer guión recibías una paga extra. Por aquel entonces solía presentar un promedio de tres comedias mensuales para que las filmase Torajiro Saito. Por fortuna, estas películas eran tan cortas que yo podía quitármelas de encima de un plumazo. Igual que un pintor suele llevar consigo un cuaderno de borradores a todas partes, yo llevaba siempre mi libreta, en la que anotaba ideas y chistes. Era imposible escribir este tipo de películas en un despacho, de manera que yo realizaba mis mejores trabajos cerca de las fuentes de inspiración: en los autobuses o en las casas de té"* [6].

Como método idóneo de aprendizaje, Kido obligaba a sus guionistas y directores a estudiar los modelos cinematográficos más perfectos: los que brindaba la cinematografía norteamericana. Se analizaban de este modo las técnicas narrativas; los métodos de montaje; la composición y la planificación. Particularmente apreciado era el cine de Ernst Lubitsch, uno de los mentores cinematográficos de Ozu. Su película The marriage circle (1924) era estudiada al detalle, por admirarse su ingeniosa habilidad para dosificar la información a través de planos breves, pero repletos de sentido [7].

Dicho patrón cinematográfico no era exclusivo de Shochiku: la comedia de resonancias lubitschianas se había popularizado en Japón gracias al éxito que cosechó una producción Nikkatsu: Ashi ni sawatta onna (La mujer que se toca las piernas, 1924), una comedia de enredo erótica. Su director, Abe Yutaka, se había formado en Hollywood, y a su regreso a Japón se especializó en comedias occidentalizantes, rodadas bajo la inspiración del director de Lady Windermere´s fan (1925). El modelo de comedia sofisticada y de inspiración americana que siguió Yutaka fue ejemplo para muchos de sus colegas, entre los que destacaba Ozu en la Shochiku.

Adaptando dicho patrón al entorno japonés, Kido dio con la fórmula maestra que, a su entender, garantizaba el éxito comercial de una película: *"dos tercios de risas y un tercio de lágrimas"*. Aquella mixtura reconciliaba el equilibrio dramático con el maquiavelismo industrial. Como concluye el propio Kido: *"no sé gran cosa de cine, pero mirando el estado de los ingresos, puedo decirles de inmediato si se trata de una buena película o no"*.

Masaru Oda, que ingresó como guionista en la Shochiku-Kamata en 1922, presta el siguiente testimonio: *"En esta época el objetivo del estudio era apartarse del melodrama sentimental, al viejo estilo del teatro Shimpa para dar forma a un estilo cinematográfico más real y más moderno. Los realizadores de aquellos años no sólo conocían perfectamente las técnicas de la escuela*

---

4 TSURUMI, Shunsuke. *A Cultural History of Postwar Japan : 1945 - 1980.* London (etc.) : KPI, 1987, p. 67.

5 Véase: *MIKIO Naruse.* San Sebastián : Festival Internacional de Cine ; Madrid : Filmoteca Española, 1998, p. 221.

6 Citado en: ANDERSON, Joseph L. and RICHIE, Donald. *The Japanese Film : Art and Industry.* Princeton : University Press, 1982, p. 54 - 55.

7 LEWINSKY, Marianne. " Appreciations : Kido Shiro in perspective". En: *KIDO Shiro : Producer of directors : In celebration of Shochiku Centennial* / Marianne Lewinsky and Peter Delpeut, editors. Amsterdam : Nederlands Filmmuseum (etc.), 1994, p. 14.

Shimpa, sino que además sabían utilizarlas con soltura en el cine. Más aún: aquellos que poseían una cierta educación literaria habían estudiado el teatro de Ibsen o el de Shakespeare para apropiarse de sus recursos. Se puede decir que los directores tenían muy claras las diferentes técnicas del arte dramático, tales como la organización de una escena, las fórmulas que permitían el desarrollo del argumento, la manera de llorar, o cómo llevar la intriga a su paroxismo" [8].

XII. 3. El *Shomingeki*

Tras el terremoto, uno de los pocos directores de Shochiku que permanecieron en activo en la capital fue Yasujiro Shimazu, quien había sido ayudante de dirección en Almas en la carretera, y que se había convertido en uno de los cineastas más cualificados de la casa. Muy poco después de la catástrofe dirigió Chichi (El padre. 1924), película en la que se reconocen los orígenes de uno de los subgéneros más característicos de la compañía: el *shomin-geki,* los relatos de personas corrientes [9].

Los estudios de Kamata se encontraban muy en las afueras de Tokio. De hecho, se situaban en una pequeña localidad industrial, próxima a la capital, que tenía ese mismo nombre. En sus alrededores se comenzaban a erigir zonas residenciales periféricas que, en poco tiempo, se verían absorbidas por el imparable crecimiento que experimentaba la capital.

La mayoría de los profesionales de la Shochiku fijaron sus residencias en los alrededores de aquel lugar, para facilitar su acceso al lugar de trabajo. La identificación de Shochiku con los habitantes de aquellos lugares fue, pues, inmediata. En dichos parajes se realizaron multitud de películas ambientadas en la vida cotidiana, tal como discurría en aquellas áreas suburbanas. De este modo, las películas de Shochiku-Kamata dejaron un testimonio vivaz del proceso de reconstrucción de la capital tras el terremoto, y el proceso de urbanización de todos los alrededores de la ciudad.

Así fue cómo en los estudios Shochiku de Kamata se gestó el subgénero más característico del melodrama *gendai:* el *shomin geki,* pequeñas historias cotidianas, protagonizadas por tipos humanos de cada día. En aquellos relatos familiares, en torno a la realidad diaria, no tiene cabida lo excepcional. Sus argumentos se limitan a las vicisitudes familiares más comunes: la búsqueda de trabajo; las dificultades para sobrevivir en la gran ciudad; el mundo escolar. Tal como lo interpreta Tadao Sato, *"el grupo de películas que surgieron de aquel periodo fueron el primer intento serio por mostrar la clase media-baja en la historia del cine"* [10].

Aquellos *shomin-geki,* ambientados en el *Shitamachi* (la ciudad baja) de Tokio, prestaban además su atención al conjunto del vecindario: al pequeño microcosmos social del que forma parte la familia protagonista. Las películas se convierten de este modo en pequeños retratos colectivos de los habitantes de aquellos barrios populares. Su protagonista destacado es el *shoshimin* (la pequeña burguesía urbana), los funcionarios y asalariados cuyo volumen se incrementa a medida que se desarrolla la cultura urbana.

El *shoshimin,* a diferencia de los obreros, trabaja en una oficina; no desempeña labores manuales; ha recibido una cierta formación, en ocasiones universitaria, como se verá en algunas obras de Ozu. En dichas películas, además, se produce un cambio en las vestimentas de los personajes: del uniforme escolar -de diseño a menudo autóctono- se pasa al traje de oficinista con corbata. Pese a constituirse en una clase urbana en alza, y a desempeñar trabajos que exigen una cierta cualificación, la situación económica del *shoshimin* suele ser precaria. Viven en el extrarradio y su suerte dependerá a menudo, como veremos en la filmografía de Ozu, del capricho del jefe.

El *shoshimin* sufrirá con particular crudeza los efectos de la depresión económica; a menudo pierde su empleo, y se ve forzado a salir adelante mediante trabajos de subsistencia (como se verá en El coro de Tokio, de Ozu). Las películas *shoshimin* de la Shochiku gustan de establecer una divisoria entre la vida pública y la vida privada de sus protagonistas, lo que asimismo se traduce en la oposición espacial correspondiente: se diferencia la casa de la oficina y de la escuela. También comprobaremos cómo Ozu se acomodó particularmente bien a dicha convención.

Evidentemente el *shomin-geki* no es un hallazgo de Kido. La literatura japonesa desde el periodo Edo también recurría con frecuencia a la descripción de la vida cotidiana de las clases medias. Y dentro del contexto cinematográfico numerosas películas americanas, admiradas en Japón, utilizaban exitosamente personajes y situaciones cotidianas como base para sus películas. También la Nikkatsu, la productora más antigua del país, había decantado parte de su producción hacia este género, y había producido dramas fatalistas, protagonizados por

---

8 Cita: SATO, Tadao. *Le Cinema Japonais.* Paris : Centre Georges Pompidou, 1997, v. I, p. 96.

9 ANDERSON, Joseph L. and RICHIE, Donald. *The Japanese Film : Art and Industry.* Princeton : University Press, 1982, p. 51.

10 SATO, Tadao. "Tokyo on film : (Depiction of Japanese Life in the Cinema)". *East-West Film Journal,* 1988, June, v. 2, nº 2, p. 2.

mujeres estoicas y abnegadas que provenían del pueblo llano.

Esto sí, Kido se propuso dignificar el género; liberarlo de tópicos y excesos; construirlo a la medida del espectador a quien va dirigido, en suma. Es mérito suyo haber sistematizado la producción, y de haberla dado uniformidad cinematográfica. Se aparta de los estilizados melodramas *Shimpa*, tal como eran filmados por las compañías rivales, para aportar realismo; y sobre todo adopta como protagonistas tipos humanos próximos a los espectadores, que viven situaciones verosímiles y semejantes a las que podrían estar viviendo sus espectadores. En suma, bajo su batuta el *gendai*-geki se liberó para tornarse más flexible. Cuanto pierde de gravedad es ganado en hálito cotidiano y en frescura.

Valga el siguiente testimonio del propio Shiro Kido: *"Nuestro primer objetivo fue buscar temas mucho más próximos a nosotros; más realistas, y de aportar una mirada verdadera sobre la realidad humana, a través de los hechos anodinos que se producían en una sociedad, y siempre contemplados desde el punto de vista del pueblo. Fundamentalmente estábamos con el proletariado; animábamos a la clase media y a los pequeños burgueses a reflexionar sobre sí mismos. Pero sin melancolía: pretendíamos observar las vidas de las gentes con indulgencia, aportando alegría y esperanza"* [11].

Y, en efecto, el género procuraba hallar un punto armónico entre la comedia y el melodrama. En ocasiones adoptaba un tono distendido, y abundaban las situaciones absurdas extraidas de circunstancias cotidianas. Dichas situaciones emparentaban el *shomin-geki* con otro subgénero, esta vez cómico: el llamado *nansensu mono*, o comedias disparatadas. El término proviene del inglés *nonsense*: disparate, desatino; cosa que carece de sentido, lo que definía bien las comedias japonesas realizadas a la sombra del *slapstick* norteamericano.

Kido entendía que para el espectador medio el cine era una suerte de antídoto contra los problemas cotidianos; y no hallaba reparo en proporcionar al público aquello que demandaba: *"Nosotros, en la Shochiku, preferimos contemplar la vida de una forma cálida y esperanzada. La conclusión final es que la base del cine debe ser la salvación. Suscitar la desesperación en nuestros espectadores sería imperdonable. He ahí el principio fundamental del estilo Kamata"* [12].

Sin embargo los ideales filantrópicos de Kido no disimulan propósitos comercialmente seguros. De este modo propone respetar, con fines pecuniarios, la regla del *"final feliz"*, lo que valió algunas polémicas con directores poco dados a tales fórmulas, como era el caso de Ozu. Así se expresaba el director en sus diarios, en una anotación del día 19 de Mayo de 1934: *"Una vez en casa, he recibido una llamada del director: ¡Películas alegres, me ha dicho, lo que hace falta son películas alegres!"* En una anotación fechada unos meses atrás, el día 9 de Junio de 1933, leíamos : *"Pensar en términos de rentabilidad no conduce a nada bueno, y condena a explotar una y otra vez la misma receta. ¡Los que no piensan más que en el dinero son dignos de conmiseración!"* [13].

Aun limitándose a un número reducido de personajes y de situaciones, las tragicomedias *shomin-geki* de Shochiku abarcaban una variada panoplia argumental. Entre ellas había películas situadas en oficinas o en núcleos domésticos, pero también eran frecuentes las que se ambientaban en escuelas y universidades. En Kamata se filmaban comedias costumbristas rurales y comedias modernas urbanas; películas sobre madres y películas sobre esposas. Con frecuencia distintas de estas modalidades podían coincidir en una misma producción, como sucederá en el caso de Ozu.

Dicho cine va dirigido a un público amplio, más bien de clases bajas, poco instruido y preferentemente joven, femenino y urbano. Ofrece películas ágiles y optimistas, que no eluden del todo un ligero toque de crítica social. Al cabo, una discreta mordacidad puede ser beneficiosa para incrementar el espesor dramático de las comedias; y además proporciona un mayor atractivo comercial que se refleja en las taquillas.

Sin embargo al productor le incomodaba utilizar el cine como instrumento de reflexión política, y procuraba evitar cuidadosamente el ejemplo de las *keiko-eiga* (las películas de tendencia izquierdista, a las que nos referiremos más adelante). Sólo cuando alguna de aquéllas cosechó un notable éxito comercial -como sucediera con Nani ga kanojo wo saseta ka (¿Por qué lo hizo ella?, Shigeyoshi Suzuki, 1930)- se permitieron en Kamata algunas licencias: Yasujiro Shimazu dirigió, en la Shochiku, Seikatsu sen ABC (La vida como ABC, 1931), que contenía escenas de una huelga de trabajadores. Sin embargo la censura miraba con cierto

---

11 Cita: SATO, Tadao. *Le Cinema Japonais*. Paris : Centre Georges Pompidou, 1997, v. I, p. 97. Texto originalmente publicado en: "La historia auténtica del cine japonés". *Yomiuri Shinbun*, 1964.

12 KIDO, Shiro. "The Kamata style" En: *KIDO Shiro : Producer of directors : In celebration of Shochiku Centennial* / Marianne Lewinsky and Peter Delpeut, editors. Amsterdam : Nederlands Filmmuseum (etc.), 1994, p. 7.

13 OZU, Yasujiro. *Antología de los diarios de Yasujiro Ozu* / edición a cargo de Núria Pujol y Antonio Santamarina . Valencia : Filmoteca de la Generalitat Valenciana (etc.), 2000, p. 22. En otra ocasión, Ozu comparará irónicamente a Kido con uno de los grandes productores de Hollywood: *"Duelo entre un Darryl Zanuck para quien el beneficio no lo es todo y uno de sus pistoleros, que no piensa más que en encontrar la receta para dar con la piedra filosofal"*. Anotación del día 15 de mayo de 1934, p. 37 - 38.

recelo aquellas películas, acaso embrión de desórdenes sociales, lo que favoreció que en muchos casos fueran prohibidas o mutiladas. Por consiguiente, las productoras terminaron por evitar este tipo de producciones.

Fruto del esfuerzo por mostrar las vidas de tipos humanos corrientes surgieron películas de gran interés, como Madamu to nyobô (La mujer de mi vecino y la mía. Heinosuke Gosho, 1931); Tonari no yae-chan (Nuestra vecina, la señorita Yae. Yasujiro Shimazu, 1934). Y muy particularmente las obras de Yasujiro Ozu, que nos ha dejado títulos señeros títulos como Tokyo no korasu, o sobre todo Umarete wa mita keredo, en cuyo comentario nos detendremos en una próxima ocasión.

Shochiku no sólo hizo un cine preferentemente dirigido a mujeres, sino que también concedió un especial protagonismo a sus trabajadoras. Como se recordará, fue el estudio que impulsó la definitiva sustitución del *oyama* por auténticas intérpretes femeninas. Reunió una cantidad tan grande de ellas, que llegó a ser conocido como *"el reino de las actrices"* [14]. Algunas de ellas, como fue el caso de Kinuyo Tanaka, gozaron de respeto y consideración en el estudio, hasta el punto de permitirla dirigir películas. Aquella notable actriz, que protagonizó grandes películas de Mizoguchi y de Ozu, llegaría a ser la primera mujer directora de cine en Japón.

El tema femenino es habitual en estos melodramas porque, según reconoce el propio Kido, la opresión a la que estaban sometidas originaba muchas situaciones dramáticas. Además, según considera el productor, las mujeres albergan sentimientos mucho más poderosos que los hombres. Si éstos se dejan gobernar por la lógica, aquéllas confían en sus emociones. Y también el arte se basa más en el sentimiento que en la lógica. *"Las películas de Kamata se solidarizaban con las mujeres y elogiaban sus virtudes"*, asegura el productor. Cuando escribe esas declaraciones, el espíritu pragmático de Kido cedía además a impulsos comerciales: las mujeres no van nunca solas al cine; y las buenas espectadoras son el mejor vehículo de promoción que tiene una película[15].

Conforme a tales planteamientos, las películas producidas a la sombra de Kido mostraron una aguda capacidad de análisis de la vida cotidiana de las familias japonesas. Es propósito confeso del productor *"examinar la realidad de la naturaleza humana a través de las actividades diarias de la sociedad"* [16]. Una sociedad moderna, urbanizada y de tendencias occidentalizantes, que entra en conflicto con los modelos rurales y consuetudinarios, ahora relegados por anacrónicos. Las películas filmadas en Kamata pueden lanzar una mirada crítica sobre aquel modelo de sociedad; pero al tiempo quieren arrojar una luz esperanzadora sobre el individuo: más allá del fango que ensucia nuestra forma de vida y nuestras ciudades, sobrevive el espíritu humano, acaso portador de sentimientos benévolos y generosos. Y es que, según el credo del productor de Kamata, *"no importa lo agitado que esté el mundo: el cine debe permanecer en calma"* [17].

XII. 4. Nuevos aires sobre el cine japonés

Como se vio, el periodo de entreguerras conoció un crecimiento y un apogeo cultural sin precedentes en las ciudades japonesas. Desde el final de la Primera Guerra Mundial hasta los primeros años de Showa, Japón se enfrentó con los cambios que ocasionaba la modernidad de una forma consciente y, hasta cierto punto, integradora.

Aquellos fueron los años que asistieron a la formación de la industria cinematográfica japonesa, tras haber sentado las bases en las décadas precedentes. Los ojos de los artífices cinematográficos, como Shiro Kido, apuntaban hacia Hollywood. Era lógico que así lo hicieran, cuando la gran capital del cine ya estaba plenamente consolidada; el ritmo de su producción era muy elevado y sostenido, y la calidad de sus productos apenas tenía rival. Desde el final de la Guerra Europea, Hollywood aprovechaba la ausencia de competidores para adueñarse de un mercado que, por añadidura, recibía las películas americanas con entusiasmo.

En Japón no faltaron las iniciativas para potenciar el cine japonés, y para estimular su calidad. En 1926, y sólo un año antes del estreno como director de Ozu, la revista especializada *Kinema Junpo* otorgó por primera vez sus prestigiosos *Número Uno*: los críticos eligen las películas más destacadas de la temporada, de manera que la más votada se lleva el máximo galardón. La primera película en conseguir este trofeo fue una comedia dirigida por Yutaka Abe bajo los influjos de Lubitsch: Ashi ni sawatta onna (La mujer que se toca las piernas, 1926).

Dicho premio, que continúa otorgándose en nuestros días, se ha erigido en uno de los laureles cinematográficos

---

14 SATO, Tadao. *Currents in Japanese Cinema.*. New York : Kodansha International, 1982, p. 252 - 253.

15 KIDO, Shiro. "Movies for women" En: *KIDO Shiro : Producer of directors : In celebration of Shochiku Centennial* / Marianne Lewinsky and Peter Delpeut, editors. Amsterdam : Nederlands Filmmuseum (etc.), 1994, p. 12 - 13.

16 BORDWELL, David. *Ozu and the poetics of Cinema*. New Jersey : Princeton University Press, 1988, p. 20.

17 RICHIE, Donald. "Kido Shiro". En : *KIDO Shiro : Producer of directors : In celebration of Shochiku Centennial* / Marianne Lewinsky and Peter Delpeut, editors. Amsterdam : Nederlands Filmmuseum (etc.), 1994, p. 10.

XII. EL ESPLENDOR DE KAMATA (Años 1925 - 1930)

más importantes del país. Por otra parte, al tratarse de una votación relativamente independiente, priman en su palmarés los valores artísticos sobre los comerciales. Se trata, por tanto, de un galardón muy respetado, y que cuenta aún con el reconocimiento del público. Ozu figuraba casi todos los años entre las diez candidaturas más votadas, y en seis ocasiones se hizo con el primer premio.

En estos años que vieron nacer a Ozu como cineasta, David Bordwell reconoce tres estilos diferentes en el cine japonés[18]:

- El estilo caligráfico: Asociado con el *chambara*. Se trata de una forma dinámica de hacer cine, tanto por su acción como por los ágiles movimientos de cámara que la describen. Pero también por su montaje discontinuo, que alcanza el paroxismo en las escenas de batalla. Dicho estilo se halla bien representado en los *jidai-geki* de Daisuke Ito, como en su recientemente recuperada Diario de viaje de Chuji (1927) (Figuras 17 - 19).

Figura 19

Figura 17

Figura 18

- El estilo pictórico: Asociado con el melodrama, que a su vez hunde sus raíces en el teatro *Shimpa*. Por lo general ambienta su acción en los periodos inmediatamente anteriores (Meiji y Taisho), y se halla fuertemente influenciado por las composiciones de Josef von Sternberg. A partir de las enseñanzas de tan ilustre mentor, cada plano diseña una composición concienzudamente elaborada. En esta forma de hacer cine predominan las tomas prolongadas, y la profundidad de campo, enfatizada por la iluminación y la escenografía. Sus planos son a menudo opacos: la cámara se distancia, de forma que los rostros de los actores con frecuencia no son plenamente reconocibles. Kenji Mizoguchi sería el mejor exponente de dicho estilo.

- El estilo fragmentario: Centra su radio de acción en películas de ambientación contemporánea (*gendai geki*). Sus planos están pulcramente compuestos, y permanecen estáticos. Se trata de un cine que cuenta con un montaje muy elaborado. Cada escena se descompone en multitud de planos, de no muy prolongada duración. Bordwell estima que la duración media de sus planos puede oscilar entre los tres y los cinco segundos. He aquí un estilo que ni es tan dinámico como el caligráfico, ni tan plástico y distante como el pictórico. En él cada composición es plenamente legible. Bordwell lo halla particularmente próximo al cine de Hollywood realizado a partir de 1917. Naruse, Gosho, Shimazu y Shimizu se ubicarían en dicho estilo. Al igual que Yasujiro Ozu.

Sea como fuere, a finales de los años 20, los primeros maestros japoneses han asimilado de manera convincente los mecanismos del cine occidental. En sus películas se produce una suerte de cruce entre dos formas de hacer cine contrapuestas: la que se pliega a los usos foráneos, y la que busca formas de expresión derivadas de modelos autóctonos. Según considera Burch, de la simbiosis de ambas tendencias surgen los momentos más interesantes del cine japonés, ya que *"el neo-tradicionalismo da frutos incomparablemente suntuosos cuando es fecundado por la práctica del sistema occidental"* [19].

Sin embargo, y salvo casos aislados, apenas se produjo una exploración sistemática o premeditada del cine como nuevo arte. Los ejemplos de experimentación formal fueron singulares y aislados. Del mismo modo, tampoco se produjo ningún intento por desarrollar una teoría cinematográfica a lo largo del periodo mudo japonés, al contrario de lo que sucedía en Europa (particularmente en Francia y en la Unión Soviética).

---

18 BORDWELL, David. *Ozu and the poetics of Cinema*. New Jersey : Princeton University Press, 1988, p. 23- 24.

19 BURCH, Noël. "¿Un cine refractario?". En: *Itinerarios : La educación de un soñador del cine.* Bilbao : Certamen Internacional del Cine Documental y Cortometraje, etc., 1985, p. 156.

XII. EL ESPLENDOR DE KAMATA (Años 1925 - 1930)

Figura 20

Figura 21

Figura 22

Figura 23

Todas estas observaciones siempre han de ser condicionadas a las noticias que nos llegan y a los escasos testimonios que han sobrevivido, toda vez que la mayor parte del cine mudo japonés se ha perdido irremediablemente. Ciertos ejemplos que han llegado hasta nuestros días demuestran que no todo el cine japonés permanecía desatento a otras propuestas más arriesgadas. Algunos cineastas realizaron meritorias experiencias innovadoras que enriquecieron el panorama cinematográfico. Cabe recordar que Kenji Mizoguchi había realizado, en 1923, Chi to rei (La sangre y el espíritu, 1923) a semejanza de las películas expresionistas. Tokyo koshin kyoku (La marcha de Tokio, 1929) (Figura 20) permite atisbar ecos de las sinfonías cinematográficas europeas dedicadas a la ciudad. Para confirmar una muy incipiente voluntad cosmopolita, algunas películas japonesas fueron exhibidas en Europa en la segunda mitad de los Veinte. Entre ellas figuraba Kyoren no onna sisho (El amor de una profesora de canto), un relato de fantasmas dirigido por Kenji Mizoguchi en 1926. Pero en aquella ocasión, las que recibieron más alabanzas fueron las singulares aportaciones de Teinosuke Kinugasa.

XII. 5. Una página de locura: la rebelión absoluta

Por lo demás 1926 marcó un hito importante para el cine japonés. En efecto, aquel mismo año Teinosuke Kinugasa dirigió una de las películas japonesas más singulares de todo el periodo mudo: Kurutta ippeiji (Una página de locura), sobre un guión de Yasunari Kawabata.

Se trata de una película experimental, realizada al cobijo de los movimientos vanguardistas europeos, y la culminación de todas las propuestas que, desde 1915, venía defendiendo el Movimiento del Cine Puro.

Actor *onnagata* en su juventud, Kinugasa formaba parte de aquellos movimientos de vanguardia que trataban de hacerse un hueco en la cultura japonesa de los Veinte. En particular se vinculó con un grupo artístico llamado Shinkankaku, donde coincidió con escritores destacados, que por entonces iniciaban sus trayectorias. Entre ellos figuraban el futuro Premio Nobel Yasunari Kawabata y Riichi Yokomitsu. Este último aseguraba estar librando *"una rebelión absoluta contra la lengua japonesa"*, en la que usaba como faro los movimientos rupturistas europeos. A su vez, y parafraseando esta declaración de principios, se ha querido ver en el cine de Kinugasa *"una rebelión absoluta contra el cine japonés"*, usando como modelos las fuentes cinematográficas europeas, y en particular el expresionismo alemán[20].

Los vínculos existentes entre las películas de vanguardia que filmó Kinugasa y el grupo Shinkankaku son tanto históricos como, fundamentalmente, temáticos y estilísticos. En Kurutta ippeiji se explota hasta la exhaustividad la percepción subjetiva de los personajes -unos enfermos mentales recluidos en un hospital psiquiátrico-, lo que recuerda el universo distorsionado por la demencia de El gabinete del doctor Caligari

---
20 Sobre los vínculos de Kinugasa con los movimientos vanguardistas japoneses, véase: PETERSON, James. "A War of utter rebellion : Kinugasa´s Page of Madness and the Japanese Avant-Garde of the 1920s". *Cinema Journal,* 1989, v.29, nº 1, p. 36 - 53.

(Robert Wiene, 1919). De este modo, la obra de Kinugasa se erige en modelo representativo de aquel anárquico movimiento vanguardista japonés, fruto de una sensibilidad iconoclasta y rupturista que demostró ser pasajera (Figura 22).

Según las crónicas, la película nace inspirada por una visita a un hospital psiquiátrico. En ella se cuenta el caso de cierto anciano que ha aceptado un trabajo como vigilante en uno de estos lugares. Allí permanece interna su mujer quien, tras sufrir una crisis nerviosa, mató a su hijo e intentó suicidarse. El propósito de su marido es permanecer cerca de su esposa para facilitarla la fuga. Tras intentarlo sin éxito en repetidas ocasiones, la propia salud mental del anciano se resquebraja. De este modo la pareja continuará unida, aunque prisionera entre los muros del hospital: allí ambos ingresan en un orden regido por la demencia[21].

Identificándose con el estado de enajenación mental de los protagonistas, el relato se descompone, lo que deja el terreno abierto a la experimentación formal más audaz. *"Utilicé en esta película todas las técnicas de vanguardia"*, reconoce su director, quien no ocultó la fascinación que le habían producido películas como la citada El gabinete del dr. Caligari, o La rueda, de Abel Gance .

Haciendo honor a su título, la Página de locura es pródiga en recursos innovadores destinados a provocar desazón y perplejidad: confusión de tiempos, montaje acelerado, superposición de imágenes y cámara desenfrenada. Todos estos efectos pretendían ilustrar el punto de vista distorsionado de sus personajes. *"Monté personalmente la película"*- añade Kinugasa- *"y como las imágenes debían expresar claramente los sentimientos, rechacé el uso de los subtítulos. Una película de estas características debía prescindir asimismo de los comentarios del benshi"* [22]. He aquí un deseo que Kinugasa no pudo ver hecho realidad. De hecho, muchos espectadores reprocharon a la película su ininteligibilidad, lo que hizo preciso el normativo acompañamiento del *katsuben*. No faltaron las voces críticas que reprocharon su exhibición: si se trataba de cine quintaesenciado, sobraba la intervención de un comentarista verbal.

A despecho de la intervención de Kawabata en el guión, y del *benshi* en la sala oscura, se consideró Kurutta ippeiji un genuino triunfo del Cine Puro: finalmente se había logrado desarrollar un arte plenamente visual, y no literario. El crítico Akira Iwasaki no dudó en calificar esta película como *"la primera de naturaleza cinematográfica hecha en Japón"* [23]. Pese a que muchos de los actores y colaboradores de la película intervinieron desinteresadamente, la película fue un fracaso comercial, lo que condicionó la posterior trayectoria de Kinugasa, quien se especializaría a partir de entonces en realizar *jidai-geki* y *chambara* con oficio, pero sin riesgo.

El primero de ellos no carece de interés: Jujiro (Encrucijada, 1928), volvía a mostrar los influjos de la vanguardia europea, y a situarle entre los cineastas japoneses más innovadores. Esta vez se trataba de un *jidai-geki* más convencional (Figura 23). Sin embargo, compartía con su predecesora la exploración de estados mentales confusos: mientras la primera transcurre en un hospital psiquiátrico, la segunda tiene como protagonista a un *samurai* que sufre alucinaciones a consecuencia de su pasión por una *geisha*. Los universos distorsionados que retratan la una y la otra provienen de la perspectiva enajenada de sus protagonistas. Sin embargo la segunda es una película mucho menos radical que la primera; un *jidai geki* atormentado y sin duelos, aunque mucho más próximo a la ortodoxia. Pese a lo cual tampoco en esta ocasión Kinugasa se vio recompensado en taquilla, de manera que su director prescindió de experimentar y, en el futuro, se consagrará a una carrera más académica que le valdría triunfos internacionales, como el que cosechó con Jigokumon (La puerta del Infierno. 1952), con la que ganó la Palma de Oro en Cannes y el Oscar a la Mejor Película Extranjera.

Kinugasa fue, por otra parte, uno de los pocos cineastas japoneses que salieron de su país para explorar otros horizontes cinematográficos. Emprendió un viaje en 1928. Y es significativo advertir que, en vez de ir a Hollywood, como hicieron Thomas Kurihara o Henry Kotani, prefiriese visitar Moscú y Berlín, donde pudo conocer a algunos de los mejores cineastas europeos del momento.

Particularmente en Moscú tuvo ocasión de ver las primeras películas sonoras soviéticas, realizadas por Abraham Romm, al tiempo que se impregnó de la teoría sobre el cine sonoro que concibieron Pudovkin y Eisenstein, a quienes conoció personalmente. *"Mis primeras películas sonoras tuvieron gran influencia de estos dos grandes cineastas. Después de mi estancia en*

---

21 Cabe añadir que, gracias al azar, esta Página de locura ha llegado hasta nosotros: el propio Kinugasa descubrió en 1970 el negativo original, que tenía guardado en un almacén de su casa . La misma suerte tuvo su siguiente película, Jujiro, cuyo negativo fue encontrado de la misma manera..

22 Véase: KINUGASA, Teinosuke. "Le cinéma japonais vers 1920". *Cahiers du Cinéma*, 1965, nº 166 - 167, p. 46.

23 Cita: GEROW, Aaron. "The Word before the Image : Criticism, the Screenplay and the Regulation of Meaning in Prewar Japanese Film Culture". En: *WORD and Image in Japanese Cinema* / Edited by Dennis Washburn and Carole Cavanaugh. Cambridge : University Press, 2001, p. 23

Europa no pude volver a ver ninguna película soviética en Japón: todas ellas fueron prohibidas por la censura", recuerda Kinugasa[24].

En Berlín llegó a cambiar impresiones con G.W.Pabst y con Fritz Lang. Además, aprovechando el viaje, tuvo ocasión de proyectar **Jujiro** en Alemania: fue, de hecho, la primera película japonesa proyectada en aquel país, donde se recibió con aplausos. Posteriormente se proyectaría en otros lugares: el autor cita específicamente Noruega e Italia, pero además fue exhibida en Francia y en los Estados Unidos.

El crítico español Román Marvá escribió una crítica dedicada a esta película en 1929. Marvá había tenido acceso a ella gracias a sus viajes por París a finales de los años 20. Por entonces se proyectaban en la capital francesa algunas obras japonesas, que despertaron admiración. Particularmente bien recibidas fueron las de Kinugasa, no en vano las más próximas a los experimentos vanguardistas que por entonces se formulaban en el Viejo Continente.

"Sí, amigos míos: el cinematógrafo japonés existe". -escribía Marvá-. *"Y es un cinematógrafo esencialmente poético y humano; un humanismo animado por la legendaria y ensoñada poesía japonesa, de un sabor eminentemente trágico y emocional"* [25].

Además de coronarla como la obra que consagraba a su director, el cronista añadió: "*Jujiro es un drama con toda la escalofriante crueldad teatral japonesa; pero que no carece de la tradicional sonriente gracia de las leyendas de aquel país. En él se reúnen toda la técnica insuperable de la cinematografía alemana con la realidad del decorado y el extraordinario juego psicológico de los actores japoneses. Es la revelación definitiva de la gran industria del film japonés. (...) Revive el Japón del siglo XVIII sin el menor artificio, pleno de efectos artísticos, con actores de primer orden que muestran escenas y costumbres de un Japón completamente desconocido. Pero por lo mismo de que todo él es verdad, ha ocurrido lo contrario: a nadie se le ha ocurrido tachar de atávica la obra de Teinosuke Kinugasa"* [26].

XII. 6. *Keiko eiga*

---

24 KINUGASA, Teinosuke. "Le cinéma japonais vers 1920". *Cahiers du Cinéma*, 1965, nº 166 - 167, p. 48.

25 MARVÁ, Román. "La moderna cinematografía japonesa.. *Blanco y negro*, 1929, 17 de Marzo, nº 1974.

26 MARVÁ, Román. "Cinematografía de vanguardia". *Blanco y negro*, 1929, 28 de Abril, año XXXIX, nº 1980. Fuente citada por David Almazán, en su tesis inédita sobre japonismo en el arte español, defendida en la Universidad de Zaragoza en el año 2000.

Tras el terremoto había arraigado, como se dijo, un intenso sentimiento de desamparo. Su consecuencia fue una progresiva sensibilización sobre los males que puede sufrir, y que de hecho sufre, la sociedad ante fuerzas que desbordan su propia capacidad de reacción. Abonado con este sentimiento, se desarrolla una corriente literaria comprometida con los problemas cotidianos de los trabajadores urbanos. Fruto de la misma se produjo una novela y un teatro que aspiraban a enjuiciar los males que, a su entender, sufre la mayoría de la población japonesa. De esta base literaria parte el llamado "cine de tendencia", o *keiko eiga,* una expresión eufemística que denomina un cine firmemente comprometido con la realidad social de su tiempo.

El cine demostró ser una eficaz herramienta de denuncia social, con frecuencia encubierta bajo los ropajes de la comedia o del melodrama. No pocos *gendai geki*, en efecto, se habían aplicado a demostrar las perversas consecuencias que provoca la sociedad capitalista. En tal sentido, Tomu Uchida y Kenji Mizoguchi en la Nikkatsu figuran entre los primeros directores que utilizaron el cine como herramienta de crítica social. También alguno de los títulos tempranos de Shochiku se habían distinguido por su vocación de denuncia. Este fue el caso ya citado de Rojo no reikon (Almas en la carretera. Minoru Munata y Kaoru Osanai, 1921).

Evidentemente, al ser producidas en el seno de las grandes productoras, el discurso político de estas películas era despojado de toda radicalidad, y se veía siempre condicionado por las exigencias del mercado. Al cabo, más que de cine de denuncia terminó siendo una variante del melodrama, ambientado entre las clases más desfavorecidas. Otro ejemplo notable que nos ha llegado es el Tokyo koshinkyoku, de Mizoguchi, 1929, una película sobre la cual se ensañó la censura, hasta dejarla reducida a la mínima expresión.

Sin embargo el más genuino *keiko eiga* conocería un impulso definitivo cuando, el 2 de Febrero de 1929, se creó la Liga Japonesa Proletaria del Cine, *Prokino*. Dicha liga, que cobró gran importancia a la hora de vertebrar el movimiento sindical dentro de la industria del cine, se hallaba integrada dentro de un proyecto global: la Federación Japonesa de Artes Proletarias, en la que además del cine se encontraban representadas la literatura y las artes plásticas.

Atendiendo a las directrices comunes de dicha Federación, Prokino ejerció como órgano que vinculaba a la izquierda relacionada con el mundo del cine. Numerosos directores y guionistas hallaron en la Liga un apoyo y un estímulo que les permitiese ejercer un trabajo que, rebasando el mero espectáculo, pudiera alcanzar mayores repercusiones sociales y políticas.

Pero asimismo ejerció influencias sobre la prensa especializada. Prokino impulsó una toma de conciencia, un despertar crítico, una llamada de atención sobre el compromiso que el cine tenía contraído con la sociedad. De este modo se vinculó con los movimientos obreros que surgieron en Japón a finales de los años 20 y principios de los 30. Y se alineó con las reivindicaciones laborales que se plantearon en la propia industria del cine.

Además fue un motor en la adopción de nuevas formas cinematográficas, y alentó el debate y la reflexión cinematográfica. Particularmente impulsó la llegada de las películas y las teorías artísticas que se gestaban en la Unión Soviética. La renovación cinematográfica no debe limitarse a buscar soluciones estéticas, sino que ha de incrementar su compromiso con su sociedad y con su tiempo. Así pues, para reforzar el alcance político de las películas, propone fórmulas cinematográficas que permitan captar e interpretar dialécticamente la sociedad, siguiendo ejemplos que brindaban las cinematografías alemana y soviética.[27]. Más aún, como vimos fomentó la popularización del cine en formatos menores -9.5 y 16 milímetros-, y estimuló la práctica del cine aficionado. De este modo Prokino ejerció una gran influencia sobre la producción cinematográfica hasta que se vio proscrita en 1934.

Algunas de las películas realizadas a la sombra de Prokino cosecharon una enorme popularidad: éste fue el caso de Nani ga kanojo wo saseta ka (¿Por qué lo hizo ella?, Shigeyoshi Suzuki, 1930). Su éxito hizo que otros estudios siguieran su ejemplo, pasando a producir películas *"de tendencia"* con fines eminentemente comerciales. El *keiko eiga* se encontraba de este modo en un periodo de apogeo incluso económico que, evidentemente, no podía durar mucho tiempo.

Al cabo, las *Keiko eiga* eran vistas con recelo, porque se entendía que representaban desórdenes sociales, o bien porque alentaban peligrosas ideologías revolucionarias. A partir de 1931, era inevitable que la censura comenzase a reaccionar, de manera que pocos años depués, este tipo de películas serían imposibles de ser realizadas.

Antes de terminar es preciso reconocer que, ni siquiera en su periodo de máximo esplendor, las *keiko eiga* alcanzaron la intensidad y el compromiso político que sí tuvieron sus homólogas en las cinematografías alemana y soviética. En la mayor parte de los casos se limitaban a melodramas ambientados en ambientes sórdidos, donde el conflicto entre clases se limitaba a prestar el telón de fondo a la historia de los protagonistas. Conforme desaparecieron las *keiko eiga* de las pantallas, otro tipo de películas vinieron a sustituirlas: ante el evidente poder de comunicación que cobraban las imágenes cinematográficas, el gobierno comenzó a apoyar la producción de películas que glorificasen las gestas nacionales; y en particular la invasión de Manchuria.

XII. 7. Por un cine *kokutai*

Poco antes de la fundación de Prokino, en 1927, Japón se vio sacudido por una profunda crisis económica. La superpoblación del país, que se hacía manifiesta desde el final de la época Tokugawa, alcanzaba ya dimensiones alarmantes. Además las relaciones con China se deterioraban peligrosamente. La crisis mundial de 1929 azotó con especial violencia a un Japón todavía desguarnecido. La gran depresión que siguió fue terreno desbrozado para que el país apostara por la vía militar e imperialista como solución a los males domésticos.

Desde principios de la era Showa la mística nacional japonesa comenzaba a ser alimentada por los medios de comunicación, particularmente el cine y la radio, que contribuyeron poderosamente a preparar al país para los tiempos de guerra. Cuando, pocos años después, el cine rompió a hablar, se convirtió en el vehículo idóneo para propagar los dogmas imperiales.

Los cambios en la industria del cine se harían inevitables, conforme el país se adentraba por estos nuevos e inciertos derroteros. Las autoridades no tardaron en reclamar medidas de regulación del cine, ante la evidente capacidad de atracción popular que tenía el joven arte. Los mecanismos de censura comenzaban ya a entretejerse, contando con la complicidad de los propios estudios, que no ocultaron su afinidad con el gobierno ultranacionalista.

Japón había sintetizado los conceptos *"nacional"* y *"sagrado"* en el vocablo *kokutai: la esencia nacional,* un término acuñado en la segunda mitad del siglo XIX [28]. Sus mejores instrumentos populares fueron las llamadas *kokusaku eiga:* las películas que propagan la política nacional, y que proporcionaban un retrato oficial e idealizado sobre la vida y las actitudes de los japoneses. Particularmente se hallaban al servicio de los programas

---

27 Véase: MAMORU, Makino. "Rethinking the Emergence of the Proletarian Film League of Japan (Prokino)". En: *IN Praise of Film Studies : Essays in Honor of Makino Mamoru* / Edited by Aaron Gerow and Abé Mark Nornes. Yokohama ; Ann Arbor : Kinema Club ; Trafford, 2001, p. 15 - 45.

28 DAVIS, Darrell William. *Picturing Japaneseness : Monumental Style, National Identity, Japanese Film.* New York : Columbia University Press, 1996, p. 44.

de los ministerios de educación, de interior y de cultura y propaganda. Se trataba de relatos propagandísticos, que miraban con nostalgia al pasado, y particularmente a los años anteriores a Meiji, por considerarse que aquellas épocas atesoraban sin mácula la auténtica esencia del pueblo japonés.

Darrell William Davis utiliza el concepto *"Cine Monumental"* para referirse a aquellas películas, que desarrollaron un sistema de representación particular, distanciado del que imponían las potencias cinematográficas occidentales, particularmente Hollywood. *"El estilo monumental no es sino una forma de espiritualización cinematográfica de la identidad japonesa"*, resume Davis en la presentación de su libro[29].

Dicho estilo se alimentaría del legado autóctono, y procuraría incorporar las tradiciones estéticas, literarias y escénicas al cine. Por medio suyo el cine japonés aspira a desarrollar un estilo nacional, que vuelve los ojos hacia el pasado como una forma de enfatizar la identidad colectiva del presente mediante el espectáculo cinematográfico.

Para cumplir tal objetivo, muchas películas se replegaron hacia un legado remoto, ubicado en tiempos feudales, por ser considerado depositario de la más genuina esencia nacional. En particular las películas de espadachines no sólo demostraron un buen rendimiento en taquilla, sino también su idoneidad como vehículo de los más rancios discursos nacionalistas. De entre los numerosos especialistas que practicaron el género, los mejores resultados fueron debidos a Daisuke Ito y Masahiro Makino, dos cineastas con notables aptitudes.

Además de sus películas, proliferaron las *chambara* ambientadas durante los conflictos que pusieron fin a la dinastía Tokugawa. Era convención genérica distorsionar a los partidarios del shogunado con todo tipo de tachas y defectos, mientras que los fieles al Emperador se presentaban como dechado de heroicas virtudes y de espíritu patriótico. Y así aquellas inocentes películas de aventuras se transformaban en vistosos estandartes de la ideología imperial.

No sólo los héroes del folklore popular, de los cuentos y de las leyendas tradicionales eran elevados a la condición de arquetipos virtuosos: también los protagonistas de los relatos contemporáneos que se entregaban con entusiasmo al cumplimiento del deber cotidiano desempeñaban una función semejante. Al cabo, todos conjuntamente deberían servir a un mismo propósito: ilustrar y hacer atractivas las doctrinas oficiales. A partir de entonces el cine se hace responsable de un importante cometido didáctico, al servicio de un proyecto nacional e imperialista.

"Dichas películas -según concluye Darrell William Davis- *conformarían la más genuina manifestación de una estética del totalitarismo vinculado con el Imperio Japonés"*. No se trata de un caso aislado, puesto que es posible encontrar planteamientos estéticos similares en otros regímenes totalitarios de la época, como sucedió en Alemania, Italia o en la Unión Soviética. El estilo monumental, como lo denomina Davis, es por tanto consecuencia estética del nacionalismo imperialista. Abraza genérica y estilísticamente la tradición del *jidai geki*, tal como ejemplifica Genroku Chushingura (Los cuarenta y siete samurais) el severo monumento nacional compuesto por Kenji Mizoguchi entre 1941 y 1942[30]. Pero aquella mirada al pasado tenía como principal objetivo reforzar y enaltecer las virtudes patrióticas de un país que, como los samurais de Asano, se preparaba para el sacrificio y la autoinmolación.

XII. 8. Charles Chaplin en el país de las luces y de las sombras

Cuando en 1931 Japón invade Manchuria da comienzo la insensata aventura bélica a la que el cine prestará toda su inmenso potencial propagandístico. A partir de estos años se endurecen los mecanismos censores: se reprimen todas las voces críticas, particularmente asociadas con partidos y movimientos izquierdistas. Como era de prever, las películas de tendencia (*keiko eiga*), vistas ahora con singular recelo, fueron proscritas de la pantalla. Por otra parte, la consolidación del tejido industrial cinematográfico permitió a los grandes estudios competir con éxito contra Hollywood en la pugna por el mercado nacional. Y eso a pesar del indudable retraso que la industria japonesa llevaba con respecto al coloso ultramarino.

Siendo conscientes de su debilidad, los productores japoneses debían tener en cuenta en todo momento la supremacía incuestionable del rival: Hollywood era la primera potencia cinematográfica indiscutible. Sus películas y estrellas arrollaban en todo el mundo; y también en Japón gozaban de gran popularidad. La industria local debía tener en cuenta este presupuesto a la hora de planificar sus campañas. Es más: Hollywood dictaba modelos; y el propio cine japonés debía ir a la cola para aprovechar su estela. De este modo, los estudios locales bebieron de los patrones hollywoodienses con auténtica fruición a la hora de establecer su propio

---

29 DAVIS, Darrell William. Op. cit. p. 3 - 10.

30 DAVIS, Darrell William. Op. cit. , p. 41 - 44.

tendido cinematográfico.

Prueba del éxito popular que alcanzaban las producciones americanas fue el apoteósico recibimiento que tuvo Charles Chaplin en el curso de su visita a Japón en Mayo de 1932. El legendario cineasta recuerda aquel acontecimiento en su autobiografía: *"En el puerto de Kobe fuimos saludados por aviones que volaban en círculo sobre nuestro barco arrojando octavillas de bienvenida, mientras que miles de personas aplaudían en los muelles. La visión de numerosos kimonos de brillantes colores contra el fondo de las chimeneas y de las grisáceas instalaciones era particularmente hermosa. En aquella demostración japonesa había muy poco de ese legendario misterio y de esa cohibición que se les atribuye. Era una multitud tan excitada y emotiva como la que haya podido yo ver en cualquier otra parte".* Sin embargo Chaplin no tardó en dejarse seducir por la belleza de aquel país lejano: *"El efecto que hacían aquellas mujeres mientras estaban de pie, ataviadas con sus kimonos, era semejante al de una explosión de flores. El misterio de Oriente es legendario. Siempre había yo creído que los europeos lo exagerábamos. Pero flotaba en el aire desde el momento en que desembarcamos en Kobe, y ahora, en Tokio, comenzó a envolvernos".*

El momento en que Chaplin visitó el país era ciertamente inquietante. Durante su estancia en la capital japonesa, el cineasta se vio envuelto en una intriga hitchcockiana que culminó con el asesinato del Primer Ministro Tsuyoshi Inukai, el 15 de Mayo de 1932, al que nos referimos en los capítulos introductorios. Cuando se produjo el atentado, Chaplin asitía a un espectáculo deportivo en compañía del hijo del político asesinado, lo que tal vez salvara la vida a ambos. Los autores del crimen pertenecían a una sociedad secreta, de origen militar y ultranacionalista, llamada el Dragón Negro. Entre sus objetivos destacaba el asesinato de Chaplin para provocar un conflicto con los Estados Unidos. Todas estas actividades criminales tenían como meta incrementar el peso del ejército en la vida política japonesa.[31]

La visita de Chaplin fue la demostración popular del éxito que tenía el cine norteamericano también en aquel país. Dentro de la industria del cine era cierto y evidente que los cineastas japoneses clásicos estudiaron y admiraron el estilo canónico de Hollywood, y se vieron influidos en mayor o menor medida por los cineastas americanos. Algunos acusaron dichas influencias con más personalidad artística que otros; y directores hubo que trataron de repetir servilmente los modelos admirados. Donald Kirihara cita una película de Yasujiro Shimazu, Joriku no Dai-ippo (Primeros pasos en tierra, 1932), que- asegura- copia casi plano por plano algunas secuencias de Docks of New York (Los muelles de Nueva York, Joseph von Sternberg, 1928). Otras hubo que, como Muteki (Confusión. Senkichi Taniguchi, 1934), reproducían escenas y situaciones de Sunrise (Amanecer. F.W. Murnau, 1927). Sternberg fue uno de los cineastas más admirados, llegando sus influjos hasta las películas negras de Ozu.

En palabras de Kirihara *"los esfuerzos de Shochiku y otras productoras por absorber las prácticas cinematográficas clásicas a finales de los años 10 y a principios de los 20 sólo provocaron la relajación de dichos patrones"*[32]. Sin embargo, Japón supo conservar unas señas de identidad propias y reconocibles, sin duda ajenas a las de su todopoderoso mentor ultramarino. Esta es la paradójica cualidad que hace de la japonesa una de las cinematografías más sorprendentes y originales de todo el orbe cinematográfico.

Dicha singularidad era apreciada por algunos observadores atentos. Por ejemplo, contamos con las declaraciones de un espectador excepcional: Junichiro Tanizaki, quien reconocía, en 1933, tanto las peculiaridades como las limitaciones del cine japonés: *"Veamos por ejemplo nuestro cine: difiere del americano tanto como del francés o del alemán, por los juegos de sombras, por el valor de los contrastes. Así pues, independientemente incluso de la escenografía o de los temas tratados, la originalidad del genio nacional se revela ya en la fotografía. Ahora bien, utilizamos los mismos aparatos, los mismos reveladores químicos, las mismas películas; suponiendo que hubiéramos elaborado una técnica fotográfica totalmente nuestra podríamos preguntarnos si no se habría adaptado mejor a nuestro color de piel, a nuestro aspecto, a nuestro clima y a nuestras costumbres"*[33]. Cabe añadir que, según

---

31 Véase: CHAPLIN, Charles. *Mi autobiografía*. Madrid : Debate, 1989, p. 409 - 413.
Sobre la relación del gran cineasta con Japón cabe añadir que la mayor parte de las personas de confianza que trabajaron para él eran de origen japonés: este fue el caso de su conductor, de su cocinero, y muy particularmente de su secretario, Kono Toraichi, quien permaneció al servicio de Chaplin durante más de veinte años, entre 1914 y 1939. Se dice que fue despedido por recriminar su extravagancia a Paulette Godard, amante de Chaplin. Tras la ruptura con la actriz, Chaplin insitió a l antiguo secretario para que volviera a trabajar a su servicio, cosa que aquél rechazó. Como prueba del afecto que llegó a sentir por su leal colaborador, el célebre cómico apadrinó dos de los hijos de Kono.
Véase: MAMORU, Makino. "Chaplin among the Ashes". En: *IN Praise of Film Studies : Essays in Honor of Makino Mamoru* / Edited by Aaron Gerow and Abé Mark Nornes. Yokohama ; Ann Arbor : Kinema Club ; Trafford, 2001, p. 68 -73.

32 KIRIHARA, Donald. *Patterns of time : Mizoguchi and the 1930s*. Madison, Wisconsin : The University Press, 1992, p. 61 y 59.

33 TANIZAKI, Junichirô. *El elogio de la sombra* / traducción (del francés) : Julia Escobar. Madrid : Siruela, 1999, p. 26.

la apreciación del autor, el uso de la sombra es seña indisociable del arte japonés, a la que el cine no podía sentirse ajeno. En caso de haber desarrollado más las industrias de abastecimiento de equipos, el cine hubiera llegado a ser un arte *epidérmicamente* nacional.

XII. 9. ¿Un cine decorativo?

Al comenzar la década de los 30, cuando se advierte que el futuro del cine está ligado al sonido, Shiro Kido facilitó a Heinosuke Gosho la producción de la primera película sonora japonesa: Madamu to Nyobo (La mujer del vecino y yo, 1931). En ella se cuenta la historia de un escritor teatral que se encuentra bloqueado a causa de la vida doméstica: los ruidos que hacen en casa la mujer y los niños le irritan; no soporta el roer de los ratones ni el maullido de los gatos ni el tic-tac de los relojes. Para colmo, los ensayos de una banda de jazz, que se aloja en el piso contiguo, están a punto de volverle loco. En éstas se debate nuestro buen hombre hasta que, repentinamente, siente la llamada de la música: de este modo los ritmos de sus ruidosos vecinos terminan por alentar trabajos inspirados.

Como se ve las situaciones de comedia están diseñadas para extraer el máximo partido cómico de los efectos de sonido. Cabe añadir que su banda sonora está compuesta por piezas de jazz, que se integran diegéticamente en la comedia. Dicha película, aparentemente una típica comedia doméstica Shochiku, ha sido asimismo interpretada como una doble alegoría: sobre la transición del cine mudo al sonoro en Japón, y sobre la adecuación de una industria conservadora, como era la cinematográfica, al reto de la modernidad[34]. No en vano fueron los sones afroamericanos los que reavivaron la entumecida vida y la inspiración de un artista apagado.

Sin embargo, y pese a su buen rendimiento en taquilla, Kido consideró esta obra como un experimento aislado; a su entender no era necesario sonorizar plenamente una película; bastaría con hacerlo parcialmente. Acaso el productor de Kamata se viera demasiado presionado por los gremios de músicos y por los *benshi* que interpretaban en vivo durante las proyecciones. El caso es que Shochiku volvió a amparar la producción muda, o la parcialmente sonora. Uno de sus más eficientes directores, Yasujiro Ozu, no realizaría la primera película sonora hasta 1936 (Hitori musuko), cuando ya el sonido había ganado la batalla en toda regla. Hasta aquel momento los estudios de Kamata continuaron produciendo películas mudas, entre ellas las de Ozu, durante un buen número de años.

Haciendo gala de coherencia la Shochiku se mantuvo fiel a sus principios tanto en el periodo mudo como en el sonoro. Cuando se imponga la producción sonora, la compañía se trasladará a los mejor equipados estudios de Ofuna. Pero los planteamientos de producción siguieron siendo los mismos: tanto el llamado *Kamata-cho* como el *Ofuna-cho* (el sufijo *"cho"* se podría traducir como *"sabor"*, o como *"aroma"*) coincidieron a la hora de realizar melodramas sobre tipos cotidianos y sus situaciones cotidianas. De este modo, la esencia del *shomin-geki* de Shochiku se veía sazonada por una equilibrada combinación de naturalismo y de retratos de cada día. La dosificación de sonrisas y lágrimas propuesta por Kido desprendía auténtico calor humano. Los espectadores podían identificarse con los golpes de fortuna, los ejercicios de supervivencia y los sufrimientos de los personajes en la pantalla, porque en líneas generales eran muy próximos a los suyos propios. De este modo, las producciones de Shochiku fueron merecedoras de un perdurable éxito popular a lo largo de las décadas, tanto durante el periodo mudo como durante el sonoro.

La ebullición creativa de los estudios no impidió que, a partir de 1932, la producción global decayera alarmantemente. Frente a las 798 películas producidas en 1928, aquel año sólo se realizaron 355. Pese a lo cual el cine se había consolidado como espectáculo popular por antonomasia: en 1940 se alcanzará la cifra de 440 millones de espectadores anuales. Cada japonés va al cine, como promedio, seis o siete veces al año[35].

Haciendo caso omiso tanto a la caída de la producción como al aumento del número de espectadores, la calidad de las películas, lejos de mermar, se vio incrementada. Las películas que realizaran a principios de los 30 directores como Ozu - Umarete wa mita keredo (Nací, pero... , 1932), y Dekigokoro, (Corazón caprichoso, 1933)- y Mizoguchi- Taki no shiraito (El hilo blanco de la catarata, 1933) y Orizuru Osen (Osen, de las cigüeñas, 1934), marcan el punto de partida para un periodo áureo, extraordinariamente fecundo y creativo, que se mantendrá durante toda una década. Al margen de las consideraciones comerciales, durante los años 30 no son pocos los cineastas que realizaron en Japón un cine altamente estilizado, en el que las especulaciones

---

34 FREIBERG, Freda. "Comprehensive connections: The film industry, the theatre and the state in the early Japanese Cinema". *Screening the Past,* 2000, issue 11.
Disponible en Internet. En: http://www.latrobe.edu.au/www/screeningthepast/

35 TOMASI, Dario. "El cine japonés : de la llegada del sonoro al final de la Segunda Guerra Mundial". En: *Europa y Asia : (1929 - 1945)* / coordinado por José Enrique Monterde y Casimiro Torreiro. Historia general del cine. Volumen VII. Madrid : Cátedra, D.L. 1997, p. 352.

XII. EL ESPLENDOR DE KAMATA (Años 1925 - 1930)

estilísticas y las innovaciones formales llegaban a cobrar más importancia que las cuestiones narrativas o de caracterización. David Bordwell lo denomina *"cine decorativo"*, y cita entre sus ejemplos películas realizadas por Mikio Naruse en los años 30. La sombra de Josef von Sternberg es reconocible en muchas de esus obras de esta década, en las que con frecuencia se mantenían desenfocados objetos o personas que jugaban un papel importante en la narración.

El decorativismo, por otra parte, arraiga en numerosas tradiciones estéticas autóctonas: poesía, pintura, teatro. Se trata de un impulso ornamental que, según aprecia el mismo Bordwell, se adentra con fuerza en el cine de posguerra, alcanzando incluso las primeras películas de Kurosawa [36].

Con respecto al dinamismo creativo experimentado por los directores japoneses es importante recordar que, durante los años 30, el negocio cinematográfico japonés dejó de ser cosa de dos. En 1934 Mikio Naruse abandonó la Shochiku para ingresar en la PCL, iniciales de Photo Chemical Laboratories. Este pequeño y joven estudio, de talante sumamente ambicioso, ocupaba ya entonces la vanguardia en lo que a investigaciones sobre cine sonoro se refería en Japón. Al año siguiente PCL cambiará de nombre, y pasará a llamarse Toho (1935). Desde estos momentos la nueva compañía se sitúa en la tercera posición entre los grandes estudios japoneses, y no tardará mucho en hacer sombra a Shochiku y a Nikkatsu.

Pocos años atrás la todavía PCL había emprendido una enérgica campaña de reclutamiento de jóvenes talentos, que afectó entre otros a Naruse. Aquel gran director no guardaba buenas relaciones con Shiro Kido, de manera que no tuvo reparos en cambiarse a otro estudio donde, entre otras ventajas, tendría más facilidad para rodar películas sonoras[37]. El cambio fue provechoso para Naruse: al año siguiente de su ingreso en la PCL escribió y dirigió una de sus mejores películas: Tsuma yo bara no yo ni (Esposa, sé como una rosa), con la que consiguió el primer premio otorgado por la revista *Kinema junpo*.

PCL / Toho no fue la única compañía fundada a mediados de los años 30. En 1934 Masaichi Nagata, un emprendedor jefe de rodajes de la Nikkatsu, abandonó dicho estudio para fundar la compañía Daiichi Eiga. Para su constitución, Daiichi contó con el apoyo financiero de Shochiku, interesada en que la nueva compañía desangrara a la poderosa rival, la Nikkatsu, de alguno de sus más seguros valores. Y así fue: con Nagata se marcharon nombres importantes, como Kenji Mizoguchi, Daisuke Ito o Isuzu Yamada. Sin embargo la vida de la nueva compañía será efímera: se disolverá dos años después, tras producir aquel postrero año de 1936 dos obras maestras de Mizoguchi: Naniwa hika (Elegía de naniwa) (Figuras 24 y 25) y Gion no shimai (Las hermanas de Gion) (Figura 21), ambas protagonizadas por la notable actriz Isuzu Yamada, quien años después trabajaría con Ozu en Crepúsculo en Tokio (1957).

Figura 24

Figura 25

---

36 Véase: BORDWELL, David. " A Cinema of flourishes : Japanese decorative of the Prewar Era". En: *REFRAMING Japanese Cinema : Authorship, Genre, History* / Arthur Nolletti Jr. and David Desser (ed.) Bloomington, Indianapolis : Indiana University Press, 1992, p. 328 - 346.

37 Ozu recoge en sus Diarios la marcha de Naruse a la PCL con un lacónico y comprensivo *"¿por qué no?"*. Véase: OZU Yasujiro. *Antología de los diarios de Yasujiro Ozu* / edición a cargo de Núria Pujol y Antonio Santamarina ; prólogo de Ángel Fernández-Santos. Valencia : Filmoteca de la Generalitat Valenciana (etc.), 2000, p. 39.

XIII. LA TIRANÍA DEL BENSHI

XIII. 1. El *benshi* o el sonido parlante

A partir del periodo Taisho el cine comenzó a convertirse en un compañero habitual del ciudadano japonés. Aquéllos eran los años del cine mudo. Pero, fundamentalmente, fueron los días de los *benshi* o *katsuben*: *"los hombres parlantes"*, o *" los que explican las imágenes que andan"* : los inefables narradores de películas que cosecharon, en su país, una fama inusitada.

Más que simples comentaristas, los *benshi* desarrollaron un singular arte escénico que se veía acompañado por imágenes cinematográficas. Un arte que combinaba la narración y los diálogos con el acompañamiento musical y la imagen proyectada, y que brotó de la fusión del relato oral y de la poesía; del canto y de la danza; del cine, la música y el teatro.

Aunque preferentemente era un oficio masculino, también ejercieron como *benshi* algunas mujeres. Sin considerar su sexo, recibieron numerosos nombres: además de los ya citados, también eran reconocidos como *kojo katari, setsumeisha* o *kaisetsusha*. Pero gustaban de considerarse a sí mismos como *"poetas de la oscuridad"* [1].

Akira Kurosawa, aficionado al cine desde muy temprana edad, recordaba aquella figura tan entrañable y tan próxima. No en vano su hermano mayor, Heigo, ejerció como *benshi,* a la sombra de Musei Tokugawa: *"El narrador no sólo contaba la trama de la película, sino que intensificaba el contenido emocional con la voz y los efectos de sonido, y proporcionaba descripciones evocadoras de los acontecimientos y las imágenes de las películas (como los narradores de las marionetas de Bunraku). Los narradores más famosos eran estrellas por derecho, únicos responsables de la clientela que tenía un cine determinado"* [2].

Todos ellos ejercieron un arte mixto, y hasta el nombre por el que son normalmente conocidos es palabra compuesta: *ben* significa *"hablar",* mientras que *shi* se puede traducir como *"persona honorable"*. Era la estrella genuina de la función: el ilustre hombre parlante; el rapsoda de las tinieblas. El *benshi,* al fin.

Evidentemente no se trataba, en modo alguno, de un fenómeno local. En todos los países euroamericanos los comentaristas eran figuras frecuentes y populares durante el periodo mudo. En los Estados Unidos, por ejemplo, su presencia era frecuente en los primeros años del cine para facilitar su comprensión a los emigrantes. De manera más audaz, en otros países se realizaron experiencias escénicas que combinaban la representación teatral y la proyección cinematográfica, llevando a los últimos extremos la función del comentarista: era el caso de las producciones Living Newspaper, organizadas por la WPA Theatre Living Newspaper, a las que se añaden las obras dirigidas en la Alemania de Weimar por Erwin Piscator [3].

Sin embargo en ninguna otra de entre las grandes cinematografías su protagonismo fue tan absoluto. Es más, sólo pervivieron con fuerza en Japón, en Corea y en Thailandia, y en estos dos últimos países debido a los influjos japoneses. Incluso la palabra utilizada en estos países para referirse a los comentaristas- *byunsha*-, deriva del japonés *benshi*. Tanto en Birmania como en Tailandia la producción muda, filmada en 16 mm., se mantivo durante los años de guerra debido a las dificultades para conseguir película. La peculiaridad radica en que en estos países no se utilizaban intertítulos: por el contrario se recurría a equipos de actores que "doblaban" en directo a los personajes, en el curso de las proyecciones. Esta forma de exhibir cine se mantuvo en algunos casos hasta varias décadas después del final de la contienda. En algunos lugares de la India los cines contrataban actores que leían en voz alta los subtítulos, y comentaban incidencias de la película, para facilitar su seguimiento a los numerosos espectadores analfabetos. También sabemos de la existencia de *benshi* en aquellos países en los que la presencia japonesa era importante, como Manchuria, Taiwan, Hawai y Brasil [4]. Por el contrario, ni en la China no ocupada ni en Hong Kong arraigó la práctica del comentarista: en estos lugares se limitaban a proyectar las películas con acompañamiento

---

[1] ANDERSON, Joseph L. and RICHIE, Donald. *The Japanese Film : Art and Industry.* Princeton : University Press, 1982, p. 439.

[2] KUROSAWA, Akira. *Autobiografía : (O algo parecido).* Madrid : Fundamentos, 1990, p. 123.

[3] EHRLICH, Linda C. "Talking about pictures : The art of the benshi". *Cinemaya*, 1995, Spring, nº 27, p. 36.

[4] Ibid., p. 39.

musical, lo que asimismo sucedía en Egipto y en otros países musulmanes. Todo lo más, en estos lugares se contaba con lectores que recitaban los intertítulos en voz alta, debido al analfabetismo generalizado.

Lo cierto es que tanto en Japón como en las regiones donde se proyectaban sus películas, los comentaristas gozaron de una popularidad extraordinaria. Al igual que las estrellas del cine y del teatro, contaban con sus propios clubs de admiradores. Ninguna película muda se exhibía sin acompañamiento de *benshi*, y ésta es una práctica que se respeta aún hoy en día cuando se proyectan películas mudas japonesas en sesiones retrospectivas. Más aún: su popularidad llegaba a aventajar a la de los propios astros de la pantalla. Su nombre aparecía en los carteles publicitarios, con caracteres en ocasiones más destacados que los de los intérpretes, y aún que el del propio título de la película: la gente iba a admirar el arte del benshi; la película y sus actores eran atracción secundaria.

Con su singular sentido del espectáculo atrajeron a las salas oscuras a un público popular, analfabeto. Al no poder leer los intertítulos, buena parte de la concurrencia encontraba en el comentarista un apoyo indispensable. Sin embargo, sería erróneo atribuir el gran éxito del *benshi* a la extendida incultura del país. En realidad Japón tuvo, y tiene todavía, una de las tasas de analfabetismo más bajas del mundo.

Su popularidad obedece a otras razones. Como se verá a lo largo del presente capítulo, los *katsuben* vinculan el cine con la atracción de ferias; pero también con una longeva tradición narrativa local. Hasta tal punto fueron populares e influyentes, que su actividad entorpeció la llegada del sonoro. Es más: su protagonismo sobre el espectáculo cinematográfico condicionó el desarrollo de su propio lenguaje en aquel país. Más adelante nos detendremos en este tema, pero por ahora adelantaremos que determinados rasgos comunes en el cine japonés de los primeros años, como el escaso uso de los primeros planos, la distancia que guardaba la cámara ante los intérpretes, o el incremento de las tomas muy dilatadas, obedecían en buena parte a que las películas eran pensadas ante todo como vehículos para la actividad del comentarista[5].

Debemos tener en cuenta que, en sus comienzos, el público japonés no presencia el cine como un arte autónomo: antes bien se le vincula con artes narrativas y de representación tradicionales. Y además se le niega la especificidad de su lenguaje: el sentido no lo proporciona la obra en sí, sino un intérprete exterior, ajeno por completo a la misma.

Bajo tales presupuestos, los *katsuben* practicaron un arte mitad narrativo, mitad interpretativo, que acompañaba las imágenes que se proyectan en la pantalla. Al principio se limitaban a presentar las películas, y a resumir su contenido. Pero conforme aquéllas se hacen más largas y las tramas más complejas, las atribuciones del *benshi* se multiplican. Aunque se esperaba que leyeran los intertítulos, el benshi no tenía reparos en alterarlos a su conveniencia, modificando los argumentos a su capricho.

Dada la ductilidad de sus habilidades, en la película interpretaban los personajes más dispares sin solución de continuidad. Tan pronto podían encarnar a un aguerrido samurai como a una anciana despavorida o a un mercader taimado. En el curso de su función sus registros podían ser incontables: Canta y baila; narra y dobla a todos los personajes. Pero además producía efectos de sonido e interpretaba instrumentos musicales, todo ello desarrollando una mímica facial y gestual hiperbolizadas. Practicaba asimismo inflexiones vocales muy estridentes, por lo que su desgaste debía ser considerable. Su fatigoso quehacer exigía que en el curso de una misma sesión -y las japonesas eran muy dilatadas- debieran tomarse relevos.

Pese a su extraordinaria popularidad, la gloria del *benshi* fue efímera, como lo fue la del propio cine mudo al que acompañó. Desde mediados de los años 10, conforme se desarrolla el lenguaje cinematográfico, se irán viendo progresivamente acorralados, hasta extinguirse con la llegada del sonido. A estos singulares personajes, que tanta trascendencia tuvieron en los primeros años del cine japonés, dedicamos el presente capítulo.

XIII. 2. Cine y tradición oral

Se ha visto cómo el *benshi* desarrolló una nueva forma de expresión, fruto del mestizaje entre el cine y las tradiciones orales y escénicas del país. Durante algunos años dos artes y dos lenguajes convivieron simultáneamente: un arte visual y otro oral. La palabra se sitúa al lado de la imagen dinámica, y ambas crean una nueva experiencia narrativa, muy distante de la representación cinematográfica que se desarrolla en los principales países de occidente.

La preeminencia de estos narradores extradiegéticos delata, por otra parte, la escasa credibilidad que merecía el lenguaje del cine como mecanismo narrrativo autónomo en Japón. El *benshi* es el eslabón que vincula al joven arte con la longeva tradición narrativa oral (*katari*)

---

5 IWAMOTO, Kenji. "Japanese Cinema until 1930 : a consideration of its formal aspects". *Iris*, 1993, Spring, nº 16, p. 19 -20.

que atesora la cultura japonesa. Muy particularmente es posible marcar colindancias entre el oficio del *katsuben* y el intérprete *gidayu* (*"el que canta"*), que ejerce como narrador en el teatro de marionetas Bunraku.

A su vez Earle Ernest, en su importante estudio sobre el teatro japonés, relacionó los elementos narrativos del Kabuki con el prolongado interés hacia distintas formas de narración oral[6]. Dichas formas se mutarían, con la llegada del cine, dando lugar al *benshi*. Incluso después de la llegada del cine, dichas formas de tradición oral continuarían despertando el interés del público. Lo comprobaremos en la escena inicial de Dekigokoro (Corazón caprichoso), película de Ozu que será comentada en nuestra sección filmográfica.

Más aún, Joseph L. Anderson relaciona el arte del *katsuben* con aquellas expresiones plásticas tradicionales que, como el *emakimono* (pintura desplegable, en rollos) hacen convivir de manera indisociable la ilustración con la escritura. Otro tanto sucedía con el *etoki,* una forma de narración oral en la cual el relato se veía acompañado por series de imágenes que ilustran las palabras del orador. Era éste un arte frecuentemente utilizado por los monjes budistas, con fines didácticos[7].

Dada la progresiva complejidad de la narración cinematográfica, en ocasiones se exigía la intervención de todo un grupo de *benshi*, cada uno de los cuales prestaba la voz a un personaje. He aquí un pintoresco precedente del doblaje de las películas, realizado en plena época muda. Pero también dicha práctica hunde sus raíces en la tradición teatral, y muy en particular en el arte del *kowairo* (imitación de distintos actores). En esta forma escénica menor, dos o más intérpretes imitaban a diversos actores del *Kabuki*. Tales imitaciones se limitaban a reproducir escenas abreviadas, con frecuencia en el exterior de los teatros, como reclamo comercial para atraer al público[8].

De manera más concreta, el especialista Joseph L. Anderson reconoce tres fuentes primigenias en la técnica del *katsuben:* el *Kôdan,* el *Rôkyoku* (o *Naniwabushi*) y el *Rakugo:* tres formas centenarias de narración oral que dejaron su impronta en los primeros años del cine japonés. Las tres cuentan con un único intérprete que ejecuta su arte sin ningún tipo de acompañamiento visual. Los tres ejemplos asimismo coinciden en evocar historias tradicionales, y holgadamente conocidas por el auditorio, a las que alteran con leves modificaciones o licencias que se permitía el narrador.

En primer lugar se debe destacar el *Kôdan,* variopinto conjunto de narraciones orales inspiradas por cantares de gesta semi-históricos. Sus narradores recitaban, adaptándolas a su conveniencia, las hazañas de los héroes y de los samurais de épocas pretéritas. Pero además incluían en su repertorio historias de amores desdichados ambientadas entre la gente llana. El narrador *Kôdan* interpreta su arte modulando la voz, al tiempo que bate un abanico, mediante una sucesión de gestos calculados que tienen como objetivo atraerse la atención del auditorio. Su narración, que alterna episodios descriptivos con los dialogados, no utiliza acompañamiento musical alguno.

Otra forma de narración oral, relacionada con el *Kôdan,* es el llamado *Rôkyoku* o *Naniwabushi*. Esta modalidad cuenta con el distintivo de hacerse acompañar con *shamisen* en las escenas evocativas. Cuando suena el instrumento de cuerda, el intérprete canta su recitado[9]. Finalmente el *Rakugo* parte de una tradición narrativa cómica. Su ejercicio exige del intérprete elevadas dosis de espontaneidad y de donaire. Al cabo, sus narraciones suelen tomar como objeto escenas jocosas de la vida cotidiana.

Con frecuencia los intérpretes de cualquiera de estas tres modalidades interpelan al espectador: se dirigen a él, buscando su complicidad. Desarrollaron una batería de recursos orales que fueron transmitidas a lo largo de generaciones, llegando sus huellas hasta los tiempos del cine. No en vano, sus técnicas narrativas sirvieron de modelo al *benshi* en sus interpretaciones cómicas. En efecto, el *katsuben* adapta e incluso altera a su entero capricho todas estas tradiciones, creando un arte tan desenfadado como ecléctico. Al contrario que los narradores anteriormente citados, carece de formación específica. Su principal destreza es su capacidad para hacerse con la simpatía y el interés del público; para ello no duda en saquear el repertorio y las tradiciones orales con vistas a renovarlas y ofrecerlas, con acompañamiento cinematográfico, a un público eminentemente popular[10].

Los mejores en su oficio manejaron un lenguaje coloquial muy vivaz y muy maleable, aunque no precisamente académico: el arte *katari* que practicaba el *benshi* no era siempre ni pulido ni elegante. En ocasiones llegaba a pecar incluso de tosco o chabacano. Por otra parte el ingenio o la mordacidad de los comentarios eran patrimonio exclusivo de cada *benshi:* de su talento

---

[6] ERNST, Earle. *The Kabuki Theatre.* Honolulu : University of Hawai Press, 1974, p. 115 - 116.

[7] ANDERSON, Joseph L. "Spoken silents in the Japanese Cinema : Essay on the necessity of Katsuben". *Journal of Film and Video,* 1988, v. 40, nº 1, p. 13 - 14.

[8] ANDERSON, Joseph L. Op. cit., p. 18.

[9] La película de Ozu Corazón caprichoso (1933), a la que nos referiremos en una futura ocasión, se abre con una sesión de Naniwabushi.

[10] Véase: ANDERSON, Joseph L. Op. cit., p. 21 - 22.

y de su experiencia, o de su formación y cultura. De este modo el *katsuben* supo verter vino nuevo en odres viejos. Su arte, denominado *setsumei,* adaptaba al cine mudo una tradición consuetudinaria. Los *benshi* con más talento se sabían herederos de aquel legado que honraba e infundía prestigio a su arte. No se limitaban a practicar un ejercicio lúdico, sino que contribuían a alimentar un patrimonio narrativo que se adentraba en las raíces mismas de su cultura.

Así pues, muchos *benshi* se veían a sí mismos como educadores del auditorio. Las autoridades educativas compartían esta apreciación, por lo que se exigía una cualificación mayor a estos intérpretes: particularmente un buen uso de la prosodia japonesa. Pero asimismo se esperaba de ellos un correcto ejercicio de su arte con vistas a instruir y a cultivar valores éticos entre el auditorio.

Por consiguiente, debían ser particularmente cuidadosos en el manejo de la lengua. Se les prohibían expresiones groseras, o alusiones a la familia imperial. Pero asimismo, debían poner cuidado en medir sus comentarios en alusión a las peripecias nacionales: no en vano el *benshi* podía ser un transmisor político o ideológico de primer orden, lo que exigía un control escrupuloso de su cometido. En más de una ocasión se utilizó el atril del comentarista como pretexto para pronunciar discursos políticos.

Es de apuntar, finalmente, que nuestro *benshi* no careció de rivales, si bien ninguno de ellos logró arrebatarle su hegemonía popular. El más llamativo de estos rivales era el llamado *kagezerifu*, o *sombra parlante:* se trataba de un actor que permanecía oculto tras la pantalla, desde donde doblaba las voces de los distintos personajes. Pero también merece la pena recordar al *kowairo*, o *voz coloreada:* un narrador que limitaba su acción a reproducir los presuntos diálogos de los actores sobre la pantalla[11].

XIII. 3. Relaciones con el teatro *Nô* y *Kabuki*

Como vimos, el cine japonés en sus primeros años se limitaba preferentemente a realizar teatro filmado, particularmente *Kabuki*. Dichas piezas eran, en su versión original, extraordinariamente largas: podían llegar a durar cinco o seis horas. Naturalmente su extensión obligaba a condensarlas en la pantalla. Sin embargo, dicho proceso podía dificultar su comprensión, lo que justificaba la presencia del *benshi* junto a la pantalla. De este modo el comentarista pervive como un enlace del cine japonés con sus orígenes escénicos y cinematográficos.

He aquí, por otra parte, una singular circunstancia que hace coincidir en una misma forma artística a un dispositivo técnico y artístico desarrollado en Occidente, junto con el legado histórico y tradicional autóctono del Japón.

El cine asume desde su nacimiento las convenciones de la escena. Entre éstas se adopta incluso uno de los artificios fundamentales en el teatro japonés: el narrador extradiegético, que explica o comenta las escenas desde el exterior del drama. En el teatro *Nô* este era el cometido del coro, y el del cantor *gidayû* en el espectáculo de títeres. Puesto que, en efecto, es el teatro *Bunraku* el que dispensa las analogías más cercanas con el cometido del *benshi*. En aquel teatro de marionetas, de gran belleza y expresividad, las figuras permanecen mudas, como mudos están los operarios que, vestidos de negro y enmascarados, las manejan y son visibles junto a aquéllas. Completamente ajeno a la acción permanece el narrador, llamado *jôruri,* quien se sitúa en el margen del escenario junto a los intérpretes de *shamisen*. Durante la representación el *jôruri* presta su voz a todos los personajes, sean masculinos o femeninos. Además ejerce como narrador, y aún extrae las didascalias de la función, para que el público no pierda detalle importante alguno. Sus usos escénicos derivan a su vez de las primitivas formas de narración oral que, a lo largo de los siglos, sobrevivieron en Japón. Como en aquéllas, su voz extradiegética da sentido a todo cuanto se desarrolla sobre el escenario, de una manera muy semejante a lo que hace el *katsuben* junto a la pantalla del cine.

Otra versión particularmente extravagante que emparenta el cine con el teatro fue el llamado *rensageki*, o dramas encadenados. A lo largo de su representación, determinadas escenas de teatro *Shimpa* eran interpretadas en vivo, sobre un escenario. Sin embargo los episodios que transcurren en exteriores, o aquéllos difíciles de ser interpretados sobre el escenario, eran proyectados en una pantalla. Dichas escenas eran filmadas mediante una escala de planos distantes -plano general o de conjunto- de manera que no contrastaran abruptamente con las que se interpretaban sobre el escenario. Para unificar mejor el espectáculo, las posibles divergencias o lagunas en la historia eran cubiertas gracias al concurso de un *benshi*.

Toda aquella tipología de formas escénicas aplicadas al cine empezó a desaparecer hacia 1920, conforme los cineastas japoneses comenzaban a apostar decididamente por la autonomía artística del cine.

---

11 RICHIE, Donald. *Japanese Cinema : An introduction.* Hong Kong; New York (etc.) : Oxford University Press, 1990, p. 4.

XIII. 4. Poetas de la oscuridad

Otros precursores, más próximos ya al espectáculo cinematográfico, fueron aquellos comentaristas de imágenes proyectadas con linterna mágica (*utsushi-e*) a principios de siglo XIX, a los que ya nos hemos referido. Incluso el Kinetoscopio de Edison, que permitía un único espectador, contaba con un comentarista que, al lado del visor, explicaba el funcionamiento del aparato, además de interpretar las imágenes que aquél contenía[12]. En suma: los espectadores japoneses se encontraban holgadamente familiarizados con la narración extradiegética a la hora de asistir a un espectáculo.

El cine japonés nace, como se ve, fuertemente dependiente del lenguaje oral. El *benshi*, proveniente de una tradición artística centenaria, se erige en todo un símbolo de resistencia cultural: un residuo de la tradición narrativa que convive con nuevas formas de expresión, de naturaleza visual y de origen foráneo. Hasta 1902 la mayoría de los espectáculos cinematográficos se veían precedidos por una presentación; acto seguido comenzaba la película. Mientras ésta era proyectada no se hacía comentario alguno; sólo se añadía el acompañamiento musical. Una vez terminada la proyección, se realizaba un comentario global de la misma.

Durante estos años el cine era más bien un espectáculo ambulante, que se proyectaba en los lugares más peregrinos. Quienes proyectaban las películas asimismo facilitaban los comentarios. Estos se referían tanto a las películas que se exhibían como al artilugio mecánico que las hacía posible.

Uno de estos empresarios e intérpretes gozó de gran popularidad desde el primer momento: Yoshio Komada sabía atraerse la atención del público por medio de una narración vivaz e ingeniosa. La historia suele considerarle el primer *benshi*: el artista que fijó las convenciones y las pautas de estilo que seguirían utilizando sus continuadores.

Sin embargo, y progresivamente, las películas se hacían más largas, cada vez más complejas, por lo que se juzgaba necesario contar con un intérprete para su cabal comprensión. Conforme se inauguran numerosas salas de cine en las principales ciudades, a partir de 1903, los comentaristas de películas afianzaron su posición y se convirtieron en un ingrediente obligado del espectáculo cinematográfico.

Como se recordará, en 1907 Atsukichi Umeya, fundador de la compañía M. Pathe, había inaugurado la primera escuela de *benshi,* dependiente de su compañía.

Tras su fusión con el consorcio Nikkatsu, se organizó una nueva escuela, siguiendo el ejemplo de aquélla. A partir de estos momentos la figura del *katsuben* irá ganando cada vez mayor protagonismo en el espectáculo cinematográfico.

Anticipándose a la proyección, el *benshi* presentaba la película; a continuación se imponía sobre la misma, interpretándola a su antojo. Nuestro hombre llegaba a declamar los textos con tanta velocidad, que con frecuencia su discurso era casi incomprensible. Poco importaba: el secreto del *benshi* radicaba más en su encanto y en su magnetismo que en la elocuencia o en la claridad de su discurso. En el curso de la proyección leían los intertítulos, o más bien los interpretaban a conveniencia. Su lectura podía ir tanto a favor de la trama de la película, como en contra de la misma. Las intenciones del director o del guionista apenas contaban: el *katsuben* establecía las relaciones entre las secuencias; su narración, y las inflexiones de la voz, concedían determinados caracteres a los personajes. Además establecía su propia relación entre la película y el público. Rebasando su función narrativa, el *benshi* se transforma en espectador modelo, que interpreta la película, y que transmite al resto del auditorio sus impresiones. Su objetivo es conectar con los espectadores, de los que se convierte en una suerte de guía o de maestresala a lo largo de la representación cinematográfica.

Dicho en otras palabras: se apropian de las películas. Un mismo largometraje podía tener un sentido muy diferentes, según se viera comentado por uno u otro *benshi*. De este modo la película pierde su condición de discurso cerrado, para transformarse en obra abierta, que puede ser decodificada y manipulada a su entero antojo por una voz exterior, que la reconstruye libremente. Se pierde la posibilidad de la narración unívoca, toda vez que una misma película podía ser interpretada de forma completamente distinta, conforme fuese el *benshi* que la acompañase.

Bástenos con citar un ejemplo: en 1908 se proyectó una película sobre la Revolución Francesa, que fue prohibida por la censura por ser considerada subversiva. Para no perder la posibilidad de exhibirla, la compañía Yokota, distribuidora de la película, se limitó a cambiar el título y a encomendar una nueva narración al *benshi*. De este modo aquella película francesa y revolucionaria se convirtió en la historia de una pareja de ladrones y aventureros cuyas fechorías transcurrían en los Estados Unidos[13].

El *katsuben* solía trabajar con un guión, o con

---

12 KOMATSU, Hiroshi ; MUSSER, Charles. "Benshi search". *Wide angle,* 1987, v. 9, nº 2, p. 84.

13 KOMATSU, Hiroshi ; MUSSER, Charles. Op. cit., p. 85.

notas elaboradas previamente. A partir de 1910 solían disponer de guiones, si bien se conservan escasos testimonios de éstos. En todo caso, su cometido le exigía unas considerables dotes para la improvisación: con frecuencia debe comentar una película que ha visto una sola vez, el día anterior. Y cada semana se cambiaba la programación; apenas queda tiempo para preparar las sesiones. Algunos testimonios grabados o escritos acreditan las considerables aptitudes literarias y poéticas que tenían algunos de estos comentaristas, y su conocimiento de la literatura clásica japonesa. Los más letrados del gremio llegaban a componer poemas, conforme a la métrica tradicional de 5-7-5 sílabas[14].

Como regla general, un *benshi* tenía que acompañar la misma película durante docenas de veces por semana; en ocasiones hasta cinco o seis veces el mismo día. El intérprete debía tener la habilidad de superar tal hastío, y lograr que su narración conservase el mismo interés y la misma frescura que pudiera tener durante las primeras representaciones. Aunque su naturaleza adaptable y ubicua les permite comentar cualquier película, tiende a especializarse en distintos géneros o estilos: comedia o drama; cine histórico o cine contemporáneo; películas japonesas o películas extranjeras. La mayoría de los textos que recitaba eran narrados en tiempo pasado; particularmente las películas ambientadas en periodos históricos. Ahora bien, cada género respetaba sus propias convenciones, y exigía sus propias modulaciones de voz, así como un tratamiento peculiar a la hora de interpretarlas. Y huelga añadir que el público disfrutaba con este aditivo extracinematográfico, que tenía la virtud de convertir aquel arte intruso, pero fascinante, en un espectáculo mucho más adaptado a la convención escénica y narrativa local.

XIII. 5. Un arte corporativo

Los *katsuben* se aglutinaron en torno a un oficio muy corporativo. Aunque la mayoría de ellos no tenían más estudios que los seis años de educación primaria, una vez en el oficio recibían una concienzuda formación. Ésta se impartía en escuelas organizadas por el propio gremio, y lo hacían mediante la relación estrecha entre maestro y discípulo. A través de la misma, los aprendices debían superar todo un ciclo de preparación y de meritoraje. Cuando se consideraba que los aspirantes habían recibido la formación adecuada, les permitían comentar noticiarios, o cortometrajes. Sólo cuando eran dueños de su oficio podían pasar a interpretar un largometraje.

Pero además, para conseguir la licencia oficial debían superar un examen de aptitud. Los aspirantes recibían sus acreditaciones de la policía local, y el ejercicio consistía en un examen sobre *"sabiduría práctica"*, un poético temario que seguramente encubriría conocimientos de cultura general, uso fluido y correcto de la lengua japonesa y acreditación de su ortodoxia política[15].

No terminaba aquí su periplo: una vez licenciados, solían comenzar a trabajar en áreas rurales, o en la ciudad bajo la supervisión de un maestro. De este modo, se establecían jerarquías entre el gremio de *benshi*, conforme a su veteranía, su preparación o su habilidad. Muchos de ellos firmaban contratos en exclusiva con determinados teatros. Gradualmente van ascendiendo en jerarquía, hasta alcanzar los teatros de prestigio. En éstos llegaba a trabajar todo un equipo de *benshi*, que se van turnando entre sí a lo largo de las muy prolongadas funciones. Por lo general dicho equipo estaba compuesto por un maestro, seis oficiales y varios aprendices. Añádase una orquesta integrada por unos siete miembros, así como un coordinador general que se ocupaba de la programación y de la promoción de la misma.

Los *benshi* más importantes podían contar con un equipo de hasta cuatro intérpretes con los que dialogaban determinadas escenas de las películas. En otras ocasiones se turnaban, y cada uno de ellos recitaba una parte de la película. A lo largo de una sesión en la que intervienen diversos narradores, no eran infrecuentes los asomos de rivalidad entre ellos, por ver de hacerse con el favor del público; éste respondía a semejantes desafíos artísticos, apoyando a sus intérpretes predilectos. Como se puede deducir, no era barato mantener una plantilla semejante. Además cada teatro debía pagar sus tasas a los oficiales de policía que, delegados por las autoridades censoras, debían velar por los buenos modos del espectáculo[16].

XIII. 6. Música y pretexto

Como se vio, las singulares habilidades del *benshi* tienen sus orígenes en una longeva tradición escénica. Como otros narradores orales, se especializaban en ejercitar la voz para efectuar todo tipo de flexiones y de melismas, lo que les permitía interpretar a todos los personajes de una misma pieza. Además, como aquéllos, se mostraba diestro en la practica de al menos dos especialidades: la narración cantada (*utau*) y la hablada

---

14 ANDERSON, Joseph L. "Spoken silents in the Japanese Cinema : Essay on the necessity of Katsuben". *Journal of Film and Video,* 1988, v. 40, nº 1, p. 22.

15 KOMATSU, Hiroshi ; MUSSER, Charles. Op. cit., p. 89.

16 ANDERSON, Joseph L. "Spoken silents in the Japanese Cinema : Essay on the necessity of Katsuben". *Journal of Film and Video,* 1988, v. 40, nº 1, p. 20.

(*kataru*). Particularmente adaptaba el estilo de canto y declamación de los tradicionales *kodan*, anteriormente referidos. Heredero de la tradición oral, más que cantar el *benshi* modulaba la voz mediante ritmos y variaciones que originaban determinadas cadencias musicales.

Pero además la música era un elemento fundamental en el arte del *katsuben*. Por consiguiente los espectáculos *benshi-cinematográficos* se veían acompañados por un grupo musical llamado *gakudan*, en el que se producía un pintoresco mestizaje entre formas musicales e instrumentos de oriente y de occidente. Así, el *biwa*, los *shamisen* y el tambor *taiko* podían coincidir con violines, trompetas y pianos[17]. Tamaño mestizaje entre instrumentos europeos y los autóctonos pasaría a ser nota común en la mayoría de las bandas sonoras compuestas en Japón. De este modo cada grupo componía sus propias partituras para las películas, así como las canciones, algunas de las cuales eran radiadas, y gozaron de popularidad. El propio *katsuben*, o bien un cantante invitado, podía interpretarlas a lo largo de la velada. Más aún, el celebrado Matsuda Sensei, venerable superviviente del oficio, y a quien no en vano se le denomina *"el último benshi"*, asegura que era éste quien escogía la música que debía acompañar la proyección. A lo que se suma la música compuesta por la orquesta expresamente para dicha película[18].

Era habitual reservar los instrumentos japoneses para las películas históricas. En las de ambientación contemporánea su uso era menos frecuente; y se excluían de las películas extranjeras. Más adelante, llegaron a sustituir los instrumentos musicales por grabaciones en fonógrafos, aliándose sorprendentemente con el artificio sonoro que habría de provocar su decadencia.

XIII. 7. Todos Jack, todas Mary

Además de sus atribuciones escénicas, el *benshi* era particularmente necesario para interpretar películas de otros países, que presentaban un mundo irreconocible para el espectador medio japonés. Como quedó dicho, nuestros comentaristas acompañaban tanto las películas japonesas como las foráneas. Las primeras películas extranjeras que gozaron de su acompañamiento fueron los reportajes de actualidad filmados y distribuidos por Pathé. Prácticamente sin solución de continuidad, se continuó glosando cada película que provenía del exterior.

Desde el principio se evitaba traducir los intertítulos de las películas importadas. ¿Para qué hacerlo, cuando allí estaba el *katsuben*, quien interpretaría los rótulos a su capricho? Además, el desconocimiento de las lenguas originales permitía al *benshi* hacer gala de todo su caudal imaginativo. Estas circunstancias favorecieron el que se tomaran numerosas licencias con las películas de otros países, a las que se aplicaron todo tipo de clichés y de fórmulas estereotipadas. Por citar un ejemplo, en el caso de las películas americanas todos los hombres se llamaban *Jack*; y todas las mujeres *Mary*[19].

El verdadero problema llegó cuando se empezaron a distribuir las películas extranjeras con subtítulos en japonés. Sin embargo, tampoco esta nueva forma de exhibición supuso un espectáculo insalvable para la oratoria del *benshi*. Al fin y al cabo, su función no se limitaba a servir como un comentarista más, sino que ejercía como un narrador preferente. Por consiguiente el *katsuben* continuó ejerciendo su oficio, al margen de cualquier intertítulo. Y así siguió interpretando libremente las películas; intercalando anécdotas y, con frecuencia, colisionando con el texto escrito y legítimamente narrativo: los intertítulos. Pero esto no le causaba ningún pesar. Y al público, tampoco.

XIII. 8. Maestro de ceremonias

Sabedores del modo en que iban a ser exhibidas, los estudios japoneses llegaban a rodar sus películas teniendo en cuenta la labor a posteriori del comentarista. No en vano el *benshi* dicta sus propias reglas, y su cometido aún condiciona la propia evolución del cine japonés. Después de todo, y a consecuencia de su origen teatral, su intervención se acomoda mejor a un tipo de cine más próximo al escenario teatral. Por esta razón las películas son compuestas y diseñadas teniendo en cuenta quién va a ser su mediador con el público. Así pues se reducen los mecanismos del montaje, y se tiende a filmar preferentemente mediante tomas prolongadas, captadas en planos de conjunto.

Las deficiencias que arrastrase una película podrían llegar a ser subsanadas, si se encomendaba su comentario a un narrador hábil. Éste *"podía hacer buena una película mala"*, aseguraba el director Hiroshi Inagaki. Hasta el punto que voces autorizadas hubo que llegaron a considerar que una película japonesa contaba con tres autores: el guionista, el director y el *katsuben*[20].

---

17 MORRIS, Gary. "Japanese silent films are no longer silent in this fabulous -and expensive- DVD-ROM". *Bright Light Film Journal*, issue 31 (especial Japanese Cinema). En: http://www.brightlightsfilm.com/japan.html

18 Matsuda Sensei fue entrevistado en: KOMATSU, Hiroshi ; MUSSER, Charles. "Benshi search". *Wide angle*, 1987, v. 9, nº 2, p. 82.

19 KINUGASA, Teinosuke. "Le cinéma japonais vers 1920". *Cahiers du Cinéma*, 1965, nº 166 - 167, p. 44.

20 ANDERSON, Joseph L. "Spoken silents in the Japanese Cinema :

A principios de los años 10 las películas japonesas carecían de intertítulos. Eran innecesarios, puesto que su función narrativa -escrita- debía ser reemplazada por la narración oral y los diálogos que recitaba el *benshi*[21]. Dicho en otras palabras: la hegemonía que cobró aquel sorprendente personaje favoreció el predominio de una narración extradiegética, ajena a su desarrollo en la pantalla.

De este modo, y a consecuencia de las atribuciones que se tomaba el *katsuben*, los intertítulos aparecieron en las películas japonesas mucho más tarde que en las de los países europeos y americanos. El uso regular del intertitulado a partir de los años 20, y su progresivo aumento, proviene del interés de los cineastas por potenciar las posibilidades intrínsecas del cine, y por liberarse de la tutela del *benshi*.

Para facilitar la distribución internacional de sus películas, los estudios americanos preparaban copias con los intertítulos traducidos a las lenguas de los países donde iban a proyectarse. Sin embargo, no lo hacían en japonés por juzgarlo escasamente rentable. Por otra parte, se distribuían relativamente pocas copias extranjeras por el territorio japonés, debido a su escaso tiempo en cartel, y a la competencia que sufrían con la producción nacional. Ni que decir tiene que las propias distribuidoras japonesas tampoco mostraban interés alguno en que se tradujesen los intertítulos. ¿Para qué hacerlo, cuando se contaba con el ventajoso apoyo del *katsuben*?

Esta situación naturalmente tendió a normalizarse durante los años 20 y durante los 30, en los que continuó practicándose una abundante producción muda, al tiempo que el número de intertítulos aumentó progresivamente.

Un buen ejemplo nos lo brinda el propio cine de Ozu, en el que se advierte su progresivo aumento, desde Wakaki hi (Días de juventud, 1929), que contaba con 129 intertítulos, hasta Tokyo no yado (Un albergue en Tokio, 1935), cuyo número de intertítulos asciende a 303, sin olvidar los 393 que había alcanzado Dekigokoro (Corazón caprichoso) en 1933[22].

Por consiguiente las películas japonesas se realizaban teniendo en cuenta que la interpretación final de las mismas había de ser competencia del *benshi*. Bajo este presupuesto, el lenguaje cinematográfico se reducía hasta el esquematismo, con el fin de no interferir en la labor del comentarista. Y por esta misma razón la tendencia a distanciar la cámara de los intérpretes, la escasez de primeros planos, y la utilización de tomas prolongadas -residuos primitivistas que pervivieron, con extraordinario vigor, en la obra de Mizoguchi- proviene de la adecuación de la escena para facilitar la libre interpretación del comentarista. De esta manera llegaron a condicionar el desarrollo del lenguaje cinematográfico en su país[23]. Los mecanismos explotados en Occidente para potenciar el lenguaje cinematográfico -planificación y montaje; desarrollo de los mecanismos del *raccord*- no llegaron a desarrollarse aquí: para qué hacerlo, cuando las artes del comentarista suplían cualquier otro artificio.

Como vimos, ya Eisentein había observado que, aunque el montaje formaba parte esencial de la cultura japonesa, a partir del poema *haiku* y del ideograma *kanji*, el montaje era, paradójicamente, un principio que se perdía en el cine japonés. Efectivamente: para poder desarrollar plenamente su arte, tan apreciado por el público, preferían que las películas fueran filmadas en tomas muy prolongadas, sin planificación apenas, que permitieran al *katsuben* dar rienda suelta a todas sus habilidades. Más aún: durante el rodaje los actores debían declamar sus textos completos, para facilitar su posterior "doblaje" a cargo del comentarista[24].

La intervención de aquél trajo consigo otras consecuencias: no es necesario imponer al público una versión unívoca de la película: el *katsuben* podía interpretarla a su antojo, incluso alterándola de sesión en sesión. Además su arte tenía la virtud de transformar la proyección en un espectáculo doble: un esforzado cruce entre el cine y la representación escénica. De este modo el espectador no se ve forzado a ocupar la posición central, en torno a la cual se desarrolla toda la representación. Además pierde importancia un asunto capital, como pudiera ser el punto de vista que asumen los personajes en el curso de la narración: al fin y al cabo éste va a ser impuesto por el *benshi* a posteriori.

No se desarrolla, por tanto, aquel afán ilusionista tan característico del cine de Hollywood, que aspira a transformar la pantalla en una segunda realidad, de la que participa el espectador. Todo lo contrario. Hasta el punto que Burch llega a calificar aquellas insólitas prácticas como de anti ilusionistas, lo que vincularía dicha

---

Essay on the necessity of Katsuben". *Journal of Film and Video*, 1988, v. 40, nº 1, p. 23.

21 GEROW, Aaron. "The Word before the Image : Criticism, the Screenplay and the Regulation of Meaning in Prewar Japanese Film Culture". En: *WORD and Image in Japanese Cinema* / Edited by Dennis Washburn and Carole Cavanaugh. Cambridge : University Press, 2001, p. 20 - 21.

22 Fuente: BORDWELL, David. *Ozu and the poetics of Cinema*. New Jersey : Princeton University Press, 1988, p. 377.

23 KINUGASA, Teinosuke. "Le cinéma japonais vers 1920". *Cahiers du Cinéma*, 1965, nº 166 - 167, p. 44.

24 IWAMOTO, Kenji. "Japanese Cinema until 1930 : a consideration of its formal aspects". *Iris*, 1993, Spring, nº 16, p. 15

representación- de orígenes definitivamente escénicos- con los postulados que posteriormente desarrollaría el teatro de Brecht: distanciamiento y ruptura con los fenómenos de ilusión y de la continuidad entre las escenas.

Debe quedar claro que tan singular evolución estética no obedece a una simple incapacidad técnica, o a la inmadurez creativa de los primeros cineastas japoneses: se trata de un proceso coherentemente asentado en la tradición autóctona. Y esto lo hace doblemente interesante por su singularidad. El intento de incorporar el cine al conjunto de artes tradicionales, aún en un momento en que éstas sufren franco declive, provocó el florecimiento, durante los años 30 y 40, de la que Burch no duda en calificar como *"la cinematografía nacional más rica y más original de la época"*, pese a que, paradójicamente, dicho esfuerzo fue fecundado por la simiente más reaccionaria del país[25].

XIII. 9. Estrellas fugaces

Frente al excesivo protagonismo que cobraba el comentarista en la representación cinematográfica japonesa, los elementos más liberales y progresistas del cine de aquel país atisbaban, en el desarrollo de las pujantes cinematografías euroamericanas, el reflejo de un Occidente próspero y democrático. Diríase que el lenguaje analítico desarrollado en las potencias occidentales es más adecuado para la difusión de los ideales progresistas y democráticos que el pictórico uso de las formas tradicionales. En consecuencia, y a guisa de reacción, todos los movimientos de renovación del cine japonés proponían la exclusión de aquel popular personaje. No en vano su destierro de las salas cinematográficas traería consigo la evolución que desean del lenguaje cinematográfico, tal como sucedía en las cinematografías dominantes.

Pese a estas reacciones, la década de los Veinte conoció la edad de oro del *katsuben*. Y muy particularmente los años comprendidos entre 1927 y 1931. Tal fue su popularidad, que ir al cine llegó a ser un mero pretexto para admirar a aquellos insólitos especialistas. Fue además un periodo de renovación en su arte, en el que se exploraban nuevas técnicas para poder acompañar satisfactoriamente tanto las películas nacionales como, en especial, las producciones extranjeras.

Hacia 1925 se estimaba que habría unos 3.500 *benshi*, de los cuales 380 eran mujeres, y la mayoría de ellos con educación muy elemental. Poco después, en Febrero de 1927 un anuario cinematográfico cifraba en 7500 el número de *benshi* en activo. De ellos 312 eran mujeres, pero sólo 498 acreditaban estudios medios[26]. Todos ellos formaban un colectivo tan numeroso como popular, organizado y corporativo, con fuerza suficiente como para resistir los embates del cine sonoro. Aun sufriendo variaciones en su recuento, la cifra debió permanecer en torno a los siete mil *benshi* hasta el final de la década. Y en todo momento se mantuvieron fuertemente asociados[27]. Durante estos años su popularidad no conocía límites: se grababan y comercializaban versiones abreviadas de programas interpretados por los *benshi* más célebres. Algunos de ellos llegaron a publicar libros que recogían antologías de sus interpretaciones, vertidas al papel[28].

A partir de 1925 empezaron a ser presencia habitual en las emisiones radiofónicas. Este demostró ser otro medio idóneo para el lucimiento de sus habilidades: a través de las ondas narraban seriales, algunos de ellos inspirados en las películas que comentaban. He aquí un curioso precedente de futuros programas dramáticos emitidos por la radio.

Algunos de ellos dejaron una huella tan profunda, que son todavía recordados con admiración. Este fue el caso de Okura Mitsugu, quien se convirtió en *benshi* profesional en 1912, cuando sólo contaba trece años de edad. Al cumplir los dieciocho ganaba 300 yenes al mes: un sueldo con el que en aquel tiempo se podría mantener a diez familias. Y sus honorarios continuaron aumentando: con toda la fortuna que amasó, llegaría a fundar su propia compañía cinematográfica[29].

Otro caso singular es el que dispensa Toyojiro Takamatsu. Este actor cómico y narrador, que se había vinculado con los movimientos socialistas a lo largo de los años Diez, advirtió el gran valor educativo que encerraba el cine. De manera que filmaba sus propias películas, las proyectaba de manera ambulante y las comentaba por

---

25 BURCH, Noël. "¿Un cine refractario?". En: *Itinerarios : La educación de un soñador del cine*. Bilbao : Certamen Internacional del Cine Documental y Cortometraje, etc., 1985, p. 152.

26 FREIBERG, Freda. "Comprehensive connections: The film industry, the theatre and the state in the early Japanese Cinema". *Screening the Past*, 2000, issue 11. Disponible en Internet, en: http://www.latrobe.edu.au/www/screeningthe past/ No hay unanimidad sobre el número de comentaristas que podrían permanecer en activo durante aquel año. Algunas fuentes estiman que en 1927 fueron censados 6818 *benshi*, repartidos por todo el país. De ellos, sólo 180 eran mujeres. Véase:
ANDERSON, Joseph L. "Spoken silents in the Japanese Cinema : Essay on the necessity of Katsuben". *Journal of Film and Video*, 1988, v. 40, nº 1, p. 20.

27 KIRIHARA, Donald. "A reconsideration of the Institution of the Benshi". *Film Reader*, 1985, nº 6, p. 44.

28 ANDERSON, Joseph L. Op. cit., p. 21.

29 TSURUMI, Shunsuke. *A Cultural History of Postwar Japan : 1945 - 1980*. London (etc.) : KPI, 1987, p. 67.

todo Japón, llegando incluso hasta Taiwan. Por medio de sus películas ilustraba parábolas sobre temas sociales; así, y de un modo tan prematuro, el cine se subordinaba al discurso político[30]. Takamatsu aprovechó de este modo tanto las películas que él mismo filmaba como las ajenas; y de éstas comentaba tanto las japonesas como las extranjeras. Como se ve, tan singular comentarista y cineasta tuvo el mérito de convertirse en precursor del *keiko eiga*.

Sin alcanzar ni mucho menos tal popularidad, El hermano de Akira Kurosawa, Heigo, era un destacado *benshi*, que además ocupaba un puesto importante dentro del gremio. Dentro de su oficio se había especializado en comentar películas extranjeras, y fue uno de los cabecillas destacados durante la huelga que aquéllos emprendieron en 1932, para oponerse al cine sonoro. Víctima de un carácter depresivo y taciturno, Heigo puso fin a sus días en 1933, cuando contaba sólo veintisiete años. Este suceso conmocionó profundamente a su hermano, tal como recuerda en su libro de memorias[31].

Pero el más célebre de todos los *katsuben* ha sido, con toda seguridad, Musei Tokugawa. (1894- 1971). Aquel comentarista, en verdad irrepetible, llevó a la perfección las técnicas narrativas aplicadas al cine mudo -*setsumei*-, pero además intervino activamente en el desarrollo de una nueva técnica de narración oral llamada *mandan*: una forma de comedia oral, un soliloquio interpretado por el *benshi* a lo largo de quince o veinte minutos.

Fueron numerosos los artistas que probaron fortuna con el *mandan;* pero quienes explotaron con mayor éxito su difícil técnica fueron Musei Tokugawa y Shiro Otsuji. Ambos veían en su arte grandes posibilidades creativas, por lo que compartían similares inquietudes renovadoras. Aunque diestros en todas las técnicas del oficio, también los dos cosecharon su popularidad gracias al comentario de comedias americanas. A diferencia de los *benshi* tradicionales, Tokugawa y Otsuji tendían a ser más parcos en palabras, y a acompañar sus comentarios con efectos cómicos sazonados con ruidos y con música. Pero asimismo fueron capaces de sacar provecho expresivo de las grandes posibilidades que ofrece el silencio[32].

Tan refinado fue su arte, que hasta los seguidores del Cine Puro encontraron en la singular figura de Musei Tokugawa el modelo de narración que ellos proponían para sus películas. Es de destacar que Kaoru Osanai y Minoru Murata, dos de los principales artífices del Cine Puro, insistieron en contar con Tokugawa para acompañar su película más importante: Rojo no reikon (Almas en la carretera, 1921).

De este modo, tanto las películas más convencionales como las más innovadoras no lograron verse libres de aquel inefable comentarista. Recuérdese que hasta la vanguardista Kurutta ippeiji (1926) había sido proyectada con acompañamiento de *katsuben*.

Conservamos declaraciones de Musei Tokugawa que evidencian la alta estima que tenía de su oficio, al que pretendía incluso trascender: *" Cuando interpreto, trato de separarme de mi ego; y desde las sombras escondidas de la película trato de hablar como si yo fuera realmente la película parlante. En otras palabras: procuro no ser un mero setsumeisha interpretando setsumei"*[33].

Tokugawa comenzó a experimentar con su peculiar forma de narración oral a partir de la interpretación que hizo de un capítulo de la conocida novela de Natsume Soseki Soy un gato[34] realizada en 1923. El narrador trataba de desarrollar un monólogo verosímil, pero al mismo tiempo carente de una trama predeterminada; y lo que era más difícil: hacerlo parecer normal y espontáneo. Gracias a este trabajo, Tokugawa se hizo con una enorme popularidad, que se vio acompañada por una importante remuneración económica: con sus 450 yenes mensuales, llegó a ser uno de los artistas mejor pagados del país. Fueron muchos los que emularon su estilo, pero muy pocos llegaron a aprehender sus secretos.

A lo largo de su carrera, Tokugawa acompañó la proyeccción de numerosas películas japonesas, pero también hizo lo propio con importantes largometrajes provenientes de Europa y de los Estados Unidos. Particularmente celebrada fue su narración del Gabinete del doctor Caligari, película a la que se mantuvo fiel a lo largo de toda su carrera, incluso mucho tiempo después de la llegada del cine sonoro[35].

---

30 KOMATSU, Hiroshi. "Some characteristics of Japanese Japanese Cinema before World War I". En: *REFRAMING Japanese Cinema : Authorship, Genre, History* / Arthur Nolletti Jr. and David Desser (ed.) Bloomington, Indianapolis : Indiana University Press, 1992, p.240 -242.

31 Véase: KUROSAWA, Akira. *Autobiografía : (O algo parecido)*. Madrid : Fundamentos, 1990, p. 123 y 136 - 141.

32 KINUGASA, Teinosuke. "Le cinéma japonais vers 1920". *Cahiers du Cinéma*, 1965, nº 166 - 167, p. 44.

33 Cita : DYM, Jeffrey A. "Tokugawa Musei : A portrait sketch of one of japan´s greatest narrative artists". En: *IN Praise of Film Studies : Essays in Honor of Makino Mamoru* / Edited by Aaron Gerow and Abé Mark Nornes. Yokohama ; Ann Arbor : Kinema Club ; Trafford, 2001, p. 145.

34 Sôseki Natsume comenzó a publicar por entreg as su novela *Wagahai wa neko de aru* en Enero de 1905 en una revista literaria. No tardó en convertirse en todo un clásico de la novela japonesa.. En estos momentos disponemos de dos traducciones castellanas de dicha obra :
- *Yo, el gato* / traducción de Jesús González Valles . Madrid : Trotta, 1999.
- *Soy un gato* / selección y traducción de Montse Watkins. Tokyo : Luna Books, 1996.

35 Sobre la figura de este *benshi* ejemplar véase: DYM, Jeffrey A. "Tokugawa Musei : A portrait sketch of one of Japan´s greatest narrative artists". En: *IN Praise of Film Studies : Essays in Honor of Makino*

Como el resto de sus colegas, también Tokugawa se opuso a la introducción del cine sonoro. Cuando éste se impuso definitivamente, los *benshi* más afamados continuaron realizando acompañamientos de películas mudas en sesiones destinadas a públicos nostálgicos. Pero asimismo colaboró en la radio, medio que le permitía narrar relatos cinematográficos a través de las ondas. Y así, durante la Guerra recuperaría parte de su popularidad mediante la emisión de una serie dedicada al célebre espadachín Miyamoto Musashi, cuyas hazañas fueron tantas veces llevadas a la pantalla. También colaboró en prensa con una columna en el periódico Shukan asahi. Incluso llegó a intervenir como actor en el cine sonoro. Además de de su participación en una de las primeras películas sonoras, titulada Namiko (1932), actuó en Tsuzurikata kyoshitsu (Kajiro Yamamoto, 1938), en la que intervenía como ayudante de dirección un joven aprendiz llamado Akira Kurosawa[36].

XIII. 10. El declinar del *benshi*

La posición marginal de Japón, tanto geográfica y políticamente hablando, como desde el punto de vista cinematográfico, favoreció la supervivencia del *benshi*. Sin embargo, desde principios de los años 30 aquellos comentaristas sobrevivieron con el temor constante de perder su trabajo, ante la progresiva implantación del cine sonoro. Contaban, además, con la declarada oposición de los dramaturgos y cineastas con apetencias renovadoras y occidentalizantes. Éstos consideran que la labor del *katsuben* arremete contra las intenciones de quienes escribieron e hicieron las películas. Para ellos el trabajo del *benshi* no es sino un palimpsesto que, lejos de iluminar la obra, la oscurece; la distorsiona hasta hacerla irreconocible.

No en vano manipulan las reacciones de los espectadores; inducen su respuesta ante la película. Niegan al espectador su capacidad para interpretar libremente la obra. Su labor ocasiona, en fin, una interferencia abrupta entre la obra y el espectador a quien va dirigida. Además, desde principios de los años Veinte se empezaron a realizar películas más ambiciosas, que aspiraban a distanciarse del tono populachero que imponían los *benshi*. Las reformas propuestas por el Movimiento del Cine Puro habían dejado sentir sus efectos. Habían logrado, por ejemplo, eliminar la figura anacrónica del *onnagata* de las películas, al tiempo que intrroducían técnicas de narración y montaje inspiradas en los modelos occidentales. Sin embargo no fueron capaces de eliminar la muy arraigada y venerable figura del *katsuben*. Ante la evidencia de que ésta era una figura inseparable del espectáculo cinematográfico, no quedaba más remedio que atraerle hacia la causa. Al cabo, un buen *benshi* podía servir a la película por medio de una narración ingeniosa y elegante que, además, evitase interferir con la esencia de la película.

Durante los primeros episodios del sonoro, cuando solamente se incluía música y algunos efectos sonoros, o algún breve diálogo, los *benshi* podían continuar ejerciendo sin trabas su oficio. Cuando llegaron las primeras películas totalmente sonoras, se llegó a anular el sonido, o a ponerlo muy bajo, para que no interfiriera con los comentarios del *katsuben*. Pero aquellos episodios no eran sino balones de oxígeno que prolongaron su agonía. Con el sonido se comenzó a advertir plenamente que la intervención del narrador llega a ser un impedimento para el adecuado disfrute de la película. A todo esto, sufrieron su primer revés importante debido al gran éxito que conoció la versión subtitulada de Marruecos (Josef von Sternberg), en 1931. Para empeorar las cosas, poco después la exhibición de Madamu to nyôbo, la primera película sonora japonesa, disfrutó de un gran rendimiento comercial.

Cuando los estudios comprobaron que un artificio sonoro podía suplir ventajosamente al *benshi*, y de manera mucho más económica, poco les importó mantener tradiciones, por muy populares que éstas fueran. Por otra parte la progresiva retirada del *benshi*, y su sustitución por unas formas de exhibición similar a la de los restantes países, favoreció el que los estudios avanzasen en el proceso de centralizar y racionalizar los sectores de producción y exhibición.

Pese a todo, el gremio de *benshi*, ya herido de muerte tras la llegada del sonido, fue el que antes y con más fuerza se agrupó. Viéndose peligrosamente amenazados, los *benshi* se declararon en huelga en 1932. Pero en estos años su suerte ya había comenzado a declinar: a partir de esta fecha el proceso de sonorización será, aunque tardío, imparable. De hecho sus reivindicaciones corporativas serán las que ponga de manifiesto su vulnerabilidad: el 19 de Marzo de 1935 el gremio de músicos y el de *benshi* se pusieron en huelga en once de los principales teatros que la Shochiku tenía en Tokio.

Takejiro Otani y Shiro Kido, respectivamente

Mamoru / Edited by Aaron Gerow and Abé Mark Nornes. Yokohama ; Ann Arbor : Kinema Club ; Trafford, 2001, p. 139 - 157.

36 El gran cineasta japonés, que en estos momentos se hallaba en periodo de formación, recuerda su encuentro con aquel famoso narrador. No se olvide que su hermano había ejercido como *benshi*, por lo que Tokugawa le reconoció de inmediato. *"Te pareces a tu hermano. Pero él era negativo y tú positivo"*, sentenció el maestro *katsuben* al joven Kurosawa. Recuérdese que Heigo, su hermano mayor, se había suicidado en 1933. Véase: KUROSAWA, Akira. *Autobiografía : (O algo parecido)*. Madrid : Fundamentos, 1990, p. 140 - 141.

director y gerente de los estudios, no se anduvieron con contemplaciones: los veintiún cabecillas de la revuelta fueron despedidos. La reacción del gremio fue aquella vez violenta: la casa de Kido llegó a ser asaltada por encapuchados armados con sables, que fueron detenidos por la policía[37]. Aquel mismo año, Shinko y Nikkatsu hicieron pública su decisión de producir solamente películas sonoras. En el ínterin la Shochiku se prepara para abandonar los antiguos estudios de Kamata para trasladarse a Ofuna, cuyos nuevas instalaciones estarán adecuadamente equipadas para utilizar la nueva tecnología aplicada al sonido.

Y de esto modo nuestros *benshi* fueron perdiendo paulatinamente sus empleos, conforme se avanza en la implantación del cine sonoro. Sólo unos pocos continuaron ejerciendo su oficio, puesto que durante varios años se seguirán realizando películas mudas en Japón. Sin embargo su ritmo decreció paulatinamente, hasta extinguirse por ley natural. En 1938 se produjeron 554 películas, de las cuales sólo 25 eran mudas. Bajo esta situación, en 1937 sólo quedan 3.695 en activo: la mitad, aproximadamente, de los que había una década atrás. Nótese, pese a todo, su pervivencia, ya que en 1940 todavía sobrevivían 1.295[38].

Algunos de ellos buscaron trabajo en la radio como narradores o comentaristas; otros iniciaron una nueva carrera como actores, críticos de cine, o bien se buscaron la vida en otras formas de espectáculo. La mayoría hubo de sobrevivir como comerciantes o trabajadores en negocios de subsistencia. Los días del *benshi* habían llegado a su fin.

Un largometraje de los años 50 dio cuenta sobre esta venerable personalidad, en un momento en que ya era prácticamente una noticia arqueológica: Katsuben monogatari (Historias del Katsuben. Fukuda Seiichi, 1957). Dicha película se inspiró en la figura histórica de Ban Junzaburo, un destacado *benshi*[39]. Muchos años después de la llegada del sonido, el *benshi* se había convertido en una reliquia del pasado, objeto de nostalgia y de curiosidad por parte de determinados espectadores cinéfilos. Sin embargo, algunos de ellos han llegado hasta nuestros días, actuando en sesiones de cine-club y en programas retrospectivos. Es más: las proyecciones de películas mudas que todavía se celebran en Japón cuentan con el acompañamiento casi inevitable del *katsuben*[40].

Sawato Midori, intérprete femenina que ejerce como *benshi* en la actualidad, resume de este modo su arte: *"A mi modo de ver el cometido del benshi es interpretar la obra, así como añadir cosas, tras la lectura de los subtítulos. Pero creo que lo que se añada no debería contradecir la esencia de la obra. El ejercicio del benshi sobrevive hoy, a pesar del tiempo que ha pasado. Cumplir todas aquellas tareas, y narrar en un hermoso japonés, es la tarea del benshi"*[41].

Para terminar, merece nuestra mención especial Shunsui Matsuda, conocido como el último *katsuben* del cine mudo japonés. Tras fundar su propia compañía, la Matsuda film Productions en 1952, inició una afanosa actividad como coleccionista de cine mudo japonés, preocupado por el escaso interés que se ponía en su conservación. Como resultado de sus esfuerzos organizó el archivo cinematográfico más importante del cine mudo japonés, que hoy reúne más de mil títulos, y unas seis mil ochocientas bobinas[42]. Una parte importante de dicho archivo fue utilizada para elaborar una espectacular base de datos en formato DVD-ROM, que rescata una parte fundamental de dos artes irrepetibles: el cine mudo japonés, y su inefable guardián y maestresala: el *benshi*[43].

---

[37] KIRIHARA, Donald. "A reconsideration of the Institution of the Benshi". *Film Reader*, 1985, nº 6, p. 45.

[38] ANDERSON, Joseph L. "Spoken silents in the Japanese Cinema; or, Talking to pictures : Essaying the Katsuben, contexturalizing the texts". En: *REFRAMING Japanese Cinema : Authorship, Genre, History* / Arthur Nolletti Jr. and David Desser (ed.) Bloomington, Indianapolis : Indiana University Press, 1992, p. 292.

[39] IWAMOTO, Kenji. " Sound in early Japanese Talkies". En: *REFRAMING Japanese Cinema : Authorship, Genre, History* / Arthur Nolletti Jr. and David Desser (ed.) Bloomington, Indianapolis : Indiana University Press, 1992, p. 313.

[40] La actriz Sawato Midori, en particular, continúa realizando frecuentes intervenciones como *benshi* en proyecciones de cine mudo en Tokio. Según una noticia suministrada por Aaron Gerow en el foro de Internet KineJapan, el pasado 25 de Septiembre de 1999 intervino como comentarista en una película de Ozu: Ukigusa monogatari, 1935. Cada entrada costaba 1500 yenes. Sawato Midori actuó recientemente en Europa : en el curso de las 20 Giornate del Cinema Muto, celebradas en Sacile/Pordenone en Octubre de 2001, comentó la película Orochi (La serpiente. Buntaro Futagawa, 1925), acompañada por una orquesta que mezclaba instrumentos europeos y japoneses.

[41] Citado en: EHRLICH, Linda C. "Talking about pictures : The art of the benshi". *Cinemaya*, 1995, Spring, nº 27, p. 34 - 40.

[42] Matsuda Film Productions dispone de una página web en Internet, en la que ofrece abundante información tanto referida al cine mudo japonés como a las propias publicaciones de la compañía .
En: http://www.infoasia.co.jp/subdir/matsudae.html

[43] *MASTERPIECES of Japanese Silent Cinema* (DVD-ROM). Tokyo : Urban Connections /IPA, 2000.
Recientemente la misma editorial ha publicado una pequeña monografía sobre estos singulares narradores que, además de incluir semblanzas biográficas, reúne una selección de sus comentarios para distintas películas.
Véase: *The BENSHI : Japanese Silent Films Narrators*. Tokyo : Urban Connections, 2001.

XIV. LA LLEGADA DEL SONORO

Es lugar común en los estudios japoneses oponer tradición y modernidad, dando siempre por válida la correspondencia entre cultura autóctona como valedora de la *"tradición"*, y la cultura importada de Occidente como impulsora de la *"modernidad"*. Semejante oposición resulta particularmente notable en el caso del cine japonés; y adquiere un impulso especial a partir del momento en que los estudios japoneses, siguiendo la dinámica de las principales cinematografías del mundo, se suman al sonido: una técnica desarrollada principalmente en los Estados Unidos, que revolucionará el espectáculo y los recursos expresivos del cine.

Cabría suponer, conforme a los apriorismos consabidos, que un Japón ávido y tradicional incorporaría las técnicas y las formas exteriores con el ánimo de impulsar su propia modernidad. Sin embargo no es menos cierto que la propia cultura japonesa fue capaz de desarrollar unos recursos autóctonos que pueden legítimamente ser identificados con la modernidad, puesto que cuestionan y discuten modelos anteriores, procurando su renovación.

Esta posible modernidad vernácula, construida a partir de elementos autóctonos que conviven y se desarrollan a partir de préstamos exteriores, ha impulsado la obra de algunos de los artistas japoneses más importantes del siglo XX: Yasunari Kawabata, Junichiro Tanizaki o Ôgai Mori en la literatura, y Kenji Mizoguchi, Yasujiro Ozu o Teinosuke Kinugasa entre los primeros maestros del cine japonés. Hemos podido identificar rasgos de esta modernidad vernácula en las tardías películas mudas que rodó Ozu hasta 1936. Y tendremos ocasión de comprobar cómo dichos rasgos se mantienen y aun se potencian tras la adopción del sonoro.

Es cierto que Hollywood presenta un punto de referencia ineludible tanto en la organización de los estudios como a la hora de renovar los aspectos técnicos y expresivos del lenguaje cinematográfico; pero no es prudente desdeñar la permanencia de modelos autóctonos a la hora de abordar dicha renovación. Es importante estudiar tanto cómo se adoptaron los modelos industriales y creativos de Hollywood como la manera en la que fueron estudiadas y apreciadas las películas americanas. En este sentido, el ejemplo de Yasujiro Ozu resultará de primordial interés, al permitirnos comprobar su particular interpretación de usos y convenciones instituidos por los cineastas americanos a los que nuestro cineasta admiraba profundamente.

Figura 26

Figura 27

Como es bien sabido, el cine mudo se mantuvo en Japón varios años después de su progresiva implantación en las principales cinematografías del mundo. Debido a sus reticencias hacia aquella técnica revolucionaria, entre 1929 y 1936 Japón fue una reserva en la que sobrevivió, en estado puro, un arte que en los demás países con industrias cinematográficas pujantes se extinguía con rapidez. El gran canto del cisne del cine mudo se produjo, por tanto, en Japón, donde esta forma artística sobrevivió durante algún tiempo, dejando numerosos ejemplos de cine mudo tardío, realizados cuando ya el sonoro se había impuesto en Estados Unidos y en Europa. Lejos de la decadencia, este periodo mudo tardío acogió un gran número de películas de una extraordinaria calidad artística. Es legítimo considerar el caso japonés como el último refugio poético de una forma artística que terminaría inevitablemente por extinguirse también en aquel singular reducto oriental. Por las razones que se han expuesto, la inmensa mayoría de la producción silente japonesa se ha perdido irremediablemente. En el caso de Ozu, es de tener en cuenta que la mayor parte de su producción se sitúa al margen del sonido: de las cincuenta y cuatro películas que forman su catálogo, treinta y cuatro son mudas; y de éstas han llegado a nuestros días, en dispares condiciones de conservación, dieciocho títulos. De los dieciséis restantes no se conserva ni un sólo fragmento; todo lo más algún fotograma. Pese al dolor que produce la pérdida, que condena a impedir un conocimiento completo de la obra de este gran cineasta, la situación no es del todo adversa; todo lo contrario: si tenemos en cuenta la casi total desaparición del cine mudo japonés, podemos sentirnos afortunados por haber podido conservar tantas películas mudas de Ozu, a las que cabe añadir todas las sonoras. Otros cineastas de su tiempo -entre ellos Kenji Mizoguchi- no tuvieron tanta suerte.

El refractario cine mudo japonés se beneficiaba de toda la experiencia anteriormente contraida en los grandes foros cinematográficos del planeta. Pero asimismo contaba con la experiencia aportada por la industria autóctona. Fruto de la intuición y de la experiencia, de los préstamos externos y de las aportaciones autóctonas, se desarrolló un arte tardío, sí, pero además plenamente maduro y desarrollado. El tesoro extraordinario del cine silencioso, que en tantos otros lugares se había extinguido, sobrevivió con fuerza en Japón durante casi una década. Así se pudo mantener, y aún desarrollar, un arte que conservó su pureza y alcanzó una singular perfección. He aquí otra más de las muchas singularidades con las que nos obsequia la frondosa cinematografía japonesa.

XIV. 1. El silencio parlante

El cine sonoro llegó a Japón con gran retraso respecto a Estados Unidos y Europa. Y esto a pesar de la pujante industria y de su capacidad técnica. El proceso de adaptación fue, además, sorprendentemente lento: se prolongó durante algo más de una década. Al menos tres razones pueden explicar las causas de este retraso: la popularidad del *benshi,* las dificultades técnicas de la implantación del sonido, y la consolidación de un hábito creativo que permita integrar el sonido y el diálogo en la narración en el cine de una manera eficaz y espontánea. Añádase además el importante desembolso económico que se había de realizar para acometer la transición al sonoro, sin que se vislumbrase en un primer momento la seguridad de amortizar el gasto. La suma de todas estas circunstancias explican la demora con que el cine sonoro se afincó en Japón.

Cine mudo y sonoro convivieron estrechamente en aquel país, a lo largo de un periodo de tiempo dilatado: al menos hasta las postrimerías de los años 30. Numerosas estrellas del teatro japonés fueron incorporándose al cine sonoro, para lo que debieron superar la tendencia a la gesticulación exagerada, al histrionismo escénico. Pero también con gran frecuencia hubieron de poner al día su declamación, y corregir sus pronunciados acentos regionales que ocasionaban la incredulidad del público.

Como sucedía en otros países, el cine nunca fue del todo *"mudo"* en Japón. De hecho, este concepto de *"cine mudo"* sólo comienza a aplicarse con la llegada del sonoro, por comparación con la anterior etapa. Como se ha visto en los capítulos precedentes, las películas se proyectaban con acompañamiento musical y con efectos sonoros, a los que se añadía la interpretación estelar a cargo de un comentarista.

Contradiciendo el retraso en su implantación, fueron realmente abundantes las experiencias que precedieron al definitivo arraigo del cine sonoro en Japón. En realidad se habían realizado diversos experimentos para grabar y reproducir sonidos en las películas desde 1902. En particular la pionera Compañía Yoshizawa había realizado algunas películas sincronizadas con discos Kinetophone; asimismo se probaron tempranos procedimientos de cine en color, tal como se experimentaban en Europa y los Estados Unidos. No obstante todas ellas resultaron de mala calidad, y carentes de atractivo comercial.

Sin embargo, es a mediados de los años 20 cuando se empiezan a realizar experiencias solventes. En 1925 se presentó en Tokio el Phonophilm, patentado por Lee de Forest. En aquella ocasión, como se había hecho en tantos otros países, se ofreció una programación compuesta por cortometrajes sonoros y musicales, que debían servir para despertar el interés del público. Aquel mismo año Yoshizo Minagawa adquirió los derechos del Phonofilm. Para distinguirlo de la patente original de Lee de Forest, el sistema fue registrado como Mina Tôkii (japonización de Mina Talkie).

A pesar de sus evidentes imperfecciones, una compañía japonesa decidió utilizar el Phonofilm. Así fue cómo la Showa Kinema Company se hizo con los derechos de uso del sistema. Para explotarlo convenientemente, construyeron estudios sonoros, si bien fueron pésimamente acondicionados. Bástenos decir que se instalaron cerca de la vía del tren, de manera que para evitar los ruidos debían rodar a partir de medianoche.

Sin rendirse a las dificultades, varias películas sonoras fueron producidas mediante este procedimiento entre 1927 y 1930. Una de ellas fue, precisamente, la primera película sonora de Kenji Mizoguchi: Furusato (La tierra natal, 1930). En 1928 Masao Tojo patentó el sistema *Iisuto Fon* (Eastphone), un sistema sonoro basado en discos sincronizados, tal como en Estados Unidos hacía el sistema Vitaphone. Éste fue el sistema adoptado por los estudios Nikkatsu y Teikine para sus primeras experiencias sonoras. También ese año La Nihon Toki se equipa para producir películas sonoras. El método de trabajo exigía que los diálogos se grabasen tras el rodaje, de manera que los intérpretes eran doblados con discos durante la proyección de la película. Ambos sistemas demostraron ser igualmente imperfectos.

Sin embargo en 1929 el corto musical Marching on, filmado con el sistema Fox Movietone, cosechó éxito tal, que los estudios empezaron a considerar muy seriamente la necesidad de adaptarse a la nueva tecnología. Y eso a pesar de ser proyectado en inglés, sin subtítulos y lógicamente sin la posibilidad de comentarios por parte de un *benshi,* literalmente inutilizado por el sonido.

A lo largo del periodo de transición numerosas películas fueron filmadas mudas, pero con banda sonora que incluía música y efectos sonoros. Otro tanto sucedía en Occidente. Normalmente no se grababa la voz del narrador, puesto que se prefería al *benshi*. Pero en algunos casos sí se hacía. Las películas plenamente sonoras, con diálogos, música y ruidos a lo largo de todo el metraje sólo se fueron imponiendo gradualmente. En particular Freda Freiberg nos informa sobre un caso harto pintoresco: la producción Shochiku Chijo no Seiza, dirigida por Nomura en 1934, y anunciada como un *"nuevo film sin silencio"*, era una película sonora y con diálogos al principio; hacia la mitad el sonido se limitaba a la banda sonora con música y ruidos, y concluía utilizando tan sólo la voz de un narrador[1]. Pero lo habitual era que se realizasen películas parcialmente sonoras. La productora Hassei aporta sus esfuerzos con el sistema Minatoki, un sistema de discos sincronizados que adaptaba el Phonofilm americano, importado desde los talleres de Lee de Forest por Yoshizo Minagawa[2].

Perfeccionado por aquél, en 1929 Nikkatsu adopta este procedimiento, con el que se filmaron tres películas parcialmente sonoras: Tai-i no musume (Namio Ochiai, 1929) ; Kanaya Koume (Takeo Tsutaya, 1930), y Furusato (Kenji Mizoguchi, 1931). De todas ellas, sólo ha llegado a nuestros días esta última, que fue coproducida por la Hassei junto con la Nikkatsu. Obra menor en la filmografía del gran cineasta, Furusato presta hoy un testimonio elocuente de las deficiencias de aquel primitivo sistema sonoro, mucho más tosco sin duda que su homólogo norteamericano[3]. En ella algunas escenas dialogadas, las canciones, diversos efectos sonoros y la música como telón de fondo, conviven con numerosos intertítulos y escenas rodadas según los usos del cine mudo.

Furusato no fue sólo la primera película sonora del maestro Mizoguchi; es, además, la película sonora japonesa más antigua que ha llegado a nuestros días, puesto que todas las experiencias anteriores se han perdido. Los resultados fueron técnica y artísticamente desalentadores. Para colmo, la compañía decide incrementar un 50% el precio de las entradas a fin de amortizar el desembolso. Ni que decir tiene que la experiencia fue un auténtico desastre, lo que todavía inhibió más las tentativas sonoras en Japón.

Tras sus primeras y decepcionantes experiencias con el Mina Tôkii, Nikkatsu adoptó el sistema norteamericano que diseñara la Western Electric; pero no lo aplicaría hasta 1933, en Tange sazen (Daisuke Ito, 1933). A su vez la firma PCL desarrolló un sistema sonoro que fue aplicado a diversos noticiarios y producciones de Nikkatsu. Pocos meses después del Furusato de Mizoguchi, la Shochiku se suma al sonido con Mi mujer y la mujer del vecino, una comedia de Heinosuke Gosho que fue todo un éxito de crítica y público. Fue, además, la primera película completamente sonora producida en Japón, en la que el sonido se integra de una forma más orgánica que en experiencias anteriores. Para realizarla se utilizó un sistema desarrollado por Takeo Tsuchihashi, músico de profesión, que logró unos resultados encomiables[4]. Volveremos al mismo cuando nos ocupemos de manera más específica a la compañía del Pino y el Bambú.

XIV.2. Producción. Al servicio de la causa imperial

Septiembre de 1931: Japón invade Manchuria. El sentimiento belicoso y militarista que siguió a la campaña en el continente impulsó, como se vio en los capítulos

---

1 FREIBERG, Freda. "The transition to Sound in Japan". En: *History on / and / in Film : Selected Papers from the 3rd. Australian History and Film Conference*. Perth : History and Film Association of Australia, 1987, p. 76 - 77.

2 Sobre los primeros pasos del cine sonoro en Japón, y en particular sobre el uso del sonido en esta película, véase: IWAMOTO, Kenji. " Sound in early Japanese Talkies". En: *REFRAMING Japanese Cinema : Authorship, Genre, History /* Arthur Nolletti Jr. and David Desser (ed.) Bloomington, Indianapolis : Indiana University Press, 1992, p. 312-327.

3 TOMASI, Dario. "El cine japonés : de la llegada del sonoro al final de la Segunda Guerra Mundial". En: *Europa y Asia : (1929 - 1945) /* coordinado por José Enrique Monterde y Casimiro Torreiro. Historia general del cine. Volumen VII. Madrid : Cátedra, D.L. 1997, p. 319 -320.

4 IWAMOTO, Kenji. " Sound in early Japanese Talkies". En: *REFRAMING Japanese Cinema : Authorship, Genre, History /* Arthur Nolletti Jr. and David Desser (ed.) Bloomington, Indianapolis : Indiana University Press, 1992, p. 319 - 322.

precedentes, la economía del país. Y por descontado hubo de estimular la industria cinematográfica.

El cine sonoro se convierte en un adecuado instrumento de educación y propaganda. En 1933 se estrena Hijoji Nihon (Japón en tiempos de emergencia), una cinta sonora patrocinada por el *Diario de Osaka,* y narrada por el General Araki, Ministro del Ejército. La película utilizaba los recursos de montaje soviético para lanzar un panfleto a favor de las virtudes nacionales, y la necesidad de renovar la moral, la industria y el ejército con vistas a liderar Asia contra el común opresor de occidente[5].

En sus escritos Noël Burch no descuida un hecho: el repliegue nacionalista sobre sí mismo que efectuó Japón tras la anexión de Manchuria fue un acontecimiento determinante a la hora de construir su cinematografía. Un periodo de relativo esplendor cultural se construyó en medio de los preparativos bélicos, y al socaire de un régimen militar e imperialista. Incluso las películas más aparentemente inocuas, las que se centraban en la vida cotidiana de las familias, alentaban los valores tenidos por legítimos y perdurables: el respeto a la tradición y, en definitiva, al dictado del Emperador.

Es en estos momentos en los que el cine, aliándose con la causa imperial, desarrolla su arsenal propagandístico y patriótico, haciendo valer unos rasgos visuales y narrativos que explotasen la singularidad autóctona. Dicha forma de concebir el cine, a la que Darrell William Davis agrupa bajo el apelativo de *"estilo monumental"*, contribuyó a forjar mediante los poderosos recursos del Séptimo Arte una identidad nacional en el periodo que precedió al comienzo de la guerra contra los Estados Unidos, particularmente en el periodo comprendido entre 1936 y 1941. Y no debe olvidarse que durante aquellos años Japón libraba su guerra imperialista en pleno continente asiático.

El investigador norteamericano desarrolla sus intuiciones a partir de líneas de trabajo ya apuntadas por Noël Burch y por David Bordwell, si bien las sistematiza y trata de justificarlas en sus oportunas coordenadas culturales y políticas. El *"Monumental Style"*, tal como lo entiende Davis, desarrolla un estilo nacional y autóctono, que reacciona contra el relativo cosmopolitismo que conoció el país a lo largo del periodo Taisho, así como durante los primeros años de Showa: se trata de una forma de hacer cine que, en definitiva, procura acomodar el lenguaje cinematográfico al legado cultural japonés[6]. El historiador define los rasgos característicos de este estilo: las tomas prolongadas, su gravedad hierática y su escala épica; sus contenidos movimientos de cámara, rasgos todos ellos que alcanzan su esplendor en la que es destacada como ejemplo por excelencia de dicho estilo: el Genroku chushingura (Los cuarenta y siete samurais), pausada epopeya filmada por el maestro Mizoguchi entre 1941 y 1942[7].

A partir de estos planteamientos, el investigador americano traza la siguiente definición provisional de dicho estilo: se trata de *"un cine pre-bélico impregnado de una apropiación hierática y sacramental de un legado clásico, cuyo fin es promover la apoteosis de la identidad nacional japonesa".* Se trata, por lo demás, de un arte de naturaleza sincrética, que reconcilia los rasgos y las fuentes autóctonas con unas tecnologías extranjeras, y que parte, aunque con ánimo de marcar distancias, de los modos de representación occidentales[8]. Aunque se trata de un estilo particularmente proclive al *jidai-geki,* también es posible encontrar ejemplos ambientados en la vida contemporánea. Incluso cabría marcar colindancias entre las películas de Ozu de estos años y dicho estilo monumental. Como ejemplo elocuente, Davis cita un ejemplo de Ozu: Los hermanos Toda (1941), rodada precisamente en años en los que era imperioso reivindicar las señas nacionales, su virtud y su fortaleza, a través de un medio tan accesible y poderoso como es el cine[9].

De este modo, una suma variada de circunstancias, entre las que cabe tener en cuenta una rica tradición cultural y escénica, dieron como resultado una cinematografía nacional insólita. Pujante industrialmente, creativa y original en su producción artística. En su admirable insolencia creativa aún se permitía libertades con numerosas convenciones impuestas por Hollywood. El cine japonés creaba sus propios géneros; y los que importaba- el melodrama, la comedia, las aventuras- eran elaborados conforme a normas propias.

He aquí, por tanto, un ejemplo insólito de cinematografía nacional que evoluciona al margen de las industrias dominantes. No cabe duda que, a pesar de todo, el cine japonés supo beneficiarse de la experiencia y de los

---

5 FREIBERG, Freda. "The transition to Sound in Japan". En: *History on / and / in Film : Selected Papers from the 3rd. Australian History and Film Conference.* Perth : History and Film Association of Australia, 1987, p. 78 - 79.

6 Véase: DAVIS, Darrell William. *Picturing Japaneseness : Monumental Style, National Identity, Japanese Film.* New York : Columbia University Press, 1996.

7 El lector interesado encontrará más información sobre dicha película en: SANTOS, Antonio. *Kenji Mizoguchi,* Madrid : Cátedra, 1993, p. 187 - 205.

8 DAVIS, Darrell William. *Picturing Japaneseness : Monumental Style, National Identity, Japanese Film.* New York : Columbia University Press, 1996, p. 44 - 45.

9 DAVIS, Darrell William. "Back to Japan : Militarism and Monumentalism in Prewar Japanese Cinema". *Wide Angle,* 1989, July, v. 11, nº 3, p. 16- 25.

resultados de la primera potencia del mundo: Hollywood. Aunque los influjos americanos existieron- no se debe ocultar que todos los clásicos japoneses, con Ozu a la cabeza, mostraron admiración por el cine americano-, su impregnación fue asimilada de un modo original y novedoso.

Desde la perspectiva industrial, Japón supo adoptar la exitosa organización hollywoodiense. Siguiendo su ejemplo, también en Japón la transición del cine mudo al sonoro había consolidado una industria eficazmente organizada en vertical, y dominada por unas pocas compañías que pugnan por dominar el mercado. Estas compañías (Toho, Shochiku, Nikkatsu) controlan todos y cada uno de los engranajes del negocio.

Aun reconociendo sus modestas proporciones -sobre todo si las comparamos con el colosal emporio hollywoodiense, la industria cinematográfica japonesa tuvo la virtud de organizarse con cierta eficacia, siguiendo un modelo equivalente al norteamericano. Y además fue una de las escasas cinematografías nacionales que tuvo el empuje suficiente como para oponerse a la invasión de películas extranjeras. Por si esto fuera poco, hizo gala de una asombrosa fecundidad, dando como resultado un sector pujante, artísticamente creativo, y muy beneficioso si nos limitamos al recuento de sus cifras comerciales.

Siguiendo el canónico modelo hollywoodiense, también la industria del cine en Japón es organizada en grandes estudios, cuya competencia permite sanear e impulsar la excelencia artística. Su organización vertical garantiza el pleno control de las tres fases: producción, distribución y exhibición. Cada uno de los estudios cuenta con sus recursos característicos: su propio estrellato, su especialización en géneros, así como sus directores y equipos técnicos perfectamente adiestrados.

Por otra parte el cine japonés no sufrió la emigración de sus talentos a Hollywood, como sucedió en Europa, cuyos principales talentos se marcharon a Los Angeles. Prácticamente la totalidad de los cineastas y las estrellas japonesas permanecieron en el país, una actitud que, con muy escasas excepciones, se mantiene en nuestros días. De este modo, Japón no sufrió el expolio humano que tan gravemente mermó todas las cinematografías europeas.

Es imprescindible tener en cuenta que, hasta el final de la década de los 30, se siguieron produciendo cientos de películas mudas en el país. En algunos casos, como demuestra el caso de Ozu, pesaba poderosamente la actitud personal; pero evidentemente no fue ésta la única razón que justifica el retraso en la incorporación del sonido.

La popularidad del *benshi;* las propias preferencias de los espectadores japoneses; la actitud conservadora de los estudios y de sus actores y cineastas ejercieron su peso, aferrándose tenazmente todos ellos a un arte que se venía perfeccionando desde décadas anteriores, y en el que se habían logrado notables ejemplos de creatividad. De este modo la década de los años 30 fue la última del cine mudo japonés; pero también la primera sonora. El caso se ejemplifica bien en la filmografía de Ozu, como veremos. Cabe adelantar que, debido a su llamada a filas, sólo pudo realizar dos largometrajes sonoros durante los años 30: El hijo único (1936) y ¿Qué ha olvidado la señora? (1937), a las que se añade un documental sonorizado Kikugoro no kagamijishi (1935).

En cualquier caso, y si debiéramos ser puristas, quizá debiéramos compartir la conclusión a la que llega el director Hiroshi Inagaki (véase la nota nº 389), para quien no hubo cine mudo japonés. Y, por descontado, tampoco hubo silencio: siempre hubo acompañamiento de *benshi* y de orquesta, lo que hacía del cine un singular espectáculo multicultural, como se vio en el capítulo precedente. A consecuencia de esta naturaleza mestiza entre artes cinematográficas y artes escénicas tradicionales, el espectador de cine japonés nunca tuvo la impresión de hallarse ante un medio completamente nuevo[10].

Sería parcial, en todo caso, atribuir al *benshi* o *katsuben* el retraso en la llegada del sonido: ni su fuerza corporativa era tanta, ni la presión que ejercía sobre el público parecía tan insalvable. De hecho, apenas la industria del cine japonesa fue capaz de superar los obstáculos financieros y tecnológicos, el *benshi* se eclipsó de manera natural. Dicho en otras palabras: la evolución del cine japonés confirma que los estudios no mostraron tanto interés por conservar venerables tradiciones autóctonas, cuanto por seguir el ejemplo industrial y tecnológico de los países más desarrollados. Máxime ante la evidencia de que aquél era el camino sensato y puesto al día para garantizar los beneficios económicos que, como es de suponer, siempre marcaron la pauta.

Aunque relativamente pujante, la industria japonesa es todavía endeble: las cuatro compañías principales disponían de un capital conjunto que se correspondía, aproximadamente, con los dos tercios de la Paramount. Bajo estas circunstancias, equipar las salas con instalaciones sonoras era muy costoso; como igualmente lo sería la producción de películas sonoras, que triplicarían los presupuestos de las mudas. Los tiempos no corrían

---

10 ANDERSON, Joseph L. "Second and third thoughts about the Japanese Film". En: *The Japanese Film : Art and Industry*. Princeton : University Press, 1982, p. 439.

favorables precisamente para tales dispendios. Y el público, en fin, se había acomodado bien a la narración silenciosa. Tampoco la crítica especializada sentía un gran aprecio hacia las películas sonoras, máxime cuando sus primeros años las hacían mucho más rígidas y torpes que sus coetáneas silenciosas.

No debe ignorarse que una película sonora resulta mucho más cara, y es técnicamente mucho más costosa, que una muda. Es necesario, por otra parte, equipar las salas para adaptarlas a las exigencias del sonido. A corto plazo los gastos se incrementan espectacularmente, mientras que los beneficios, lejos de aumentar, disminuyen. Y todas estas gravosas inversiones debieron ser afrontadas en tiempos de crisis económica, y de aguda depresión, agravadas en el caso japonés por las depredadoras campañas militares.

Pero además las adversidades económicas provocaron malestar entre los trabajadores del gremio, con lo que las protestas y movilizaciones aumentaron entre los críticos años de transición que mediaron entre 1932 y 1935. Citaremos el caso más significativo. Tras sufrir un desastre financiero en 1932, la Nikkatsu firmó un contrato con la firma americana Western Electric en 1933 para utilizar su sistema de sonido. Ahora bien, los reajustes de plantilla que exigió la operación provocaron el despido de 197 trabajadores en Agosto de 1932, lo que provocó una gran inquietud entre toda la plantilla. Dos años después, los trabajadores realizaron enérgicas protestas, a las que la compañía reaccionó mediante nuevos despidos. A partir e sucesos como éste comienzan nuevas organizaciones empresariales. Parte de los despedidos se reagruparon en torno a un antiguo gerente de la Nikkatsu, Masaichi Nagata, quien fundó en 1934 una compañía, Dai- Ichi Eiga, pequeña de tamaño, pero a quien la cupo el honor de producir destacadas películas, entre otras las que realizó Mizoguchi en la segunda mitad de los años 30.

Es imprescindible, además, tener presente un nuevo condicionante: la industria cinematográfica japonesa es absolutamente dependiente de los suministros extranjeros. Aunque se producían determinados equipos, la mayor parte de ellos debían ser importados, particularmente las cámaras o la película virgen. Y así continuó siendo hasta finales de los 30. Prácticamente la totalidad de la dotación cinematográfica japonesas provenía del exterior. Por lo general se utilizaba la cámara norteamericana Bell & Howell, pero asimismo se demandaba la patente francesa Debrie-Parvo. Los proyectores japoneses, por el contrario, alcanzaron un aceptable nivel de calidad. Lo que no impedía que las importaciones de estos equipos fueran asimismo copiosas[11].

Sin embargo el punto más débil era el de la película virgen. Éste hubo de ser el talón de Aquiles de la industria cinematográfica japonesa. Y asimismo la que propició buena parte de su destrucción, para reciclar los materiales usados. No en vano Japón no producía este indispensable material, y era plenamente dependiente de Estados Unidos o de Europa. En 1935, Japón se veía aún obligada a importar de los Estados Unidos el 78 % de película virgen.

Concluida la Primera Guerra Mundial, los Estados Unidos se consolidaron como principales proveedores de película virgen. Y esta situación no empezó a corregirse hasta 1934, año en que se fundó la *Fuji Shashin Film Kabushiki Kaisha* (génesis de la hoy popular y ubicua película Fuji).

Sin embargo, la incipiente compañía aún no resistía la competencia extranjera. Baste añadir que, en 1935, el 78 % de la película virgen tenía procedencia norteamericana. Al cabo, la película Fuji dejaba mucho que desear en sus primeros años. Los profesionales lamentaban su escasa calidad, sus bajos niveles de brillo y contraste; sus deficientes perforaciones. A esto se añaden las abruptas variaciones en la emulsión, que provocaba un desperdicio de 50 pies, por cada 400 usados, en los que se debía probar la exposición adecuada.

Por si esto fuera poco, las campañas bélicas provocaron que buena parte de las existencias de película virgen fueran requisadas por el gobierno con fines bélicos o propagandísticos. En Marzo de 1941 casi dos tercios de la producción nacional de película fue empleado con fines militares, propagandísticos o de educación.

En suma, las adversidades políticas y los inconvenientes económicos a corto plazo frenaron la implantación del sonido en el archipiélago asiático. A lo que se añade el lento desarrollo de un sistema doméstico adecuado para la incorporación de la nueva técnica, sobre la cual Japón sufría un considerable retraso: a principios de los 30 sus experiencias se limitaban a rudimentarios sistemas de discos sincronizados, mientras que en los países más desarrollados- Estados Unidos y Alemania- ya aplicaban con éxito el sonido a la propia película.

La suma de todas estas circunstancias explica la considerable resistencia presentada por parte de la propia industria hasta 1935. Aún tras la incorporación definitiva del sonido, su calidad fue muy deficiente, al menos hasta los años cincuenta. Y esto que la industria japonesa no estaba del todo ajena a la novedad técnica. Ya se habían

---

11 KIRIHARA, Donald. *Patterns of time : Mizoguchi and the 1930s*. Madison, Wisconsin : The University Press, 1992, p. 48.

realizado experiencias años atrás, como se vio. Con todo, los primeros sistemas sonoros eran sumamente toscos e imperfectos; fallaba calamitosamente la sincronización, lo que dificultaba el seguimiento de las películas. Sin duda alguna resultaba mucho más vívido, comprensible e interesante contar con la narración en la propia sala, a cargo de un comentarista especializado, que esforzarse por soportar un sonido tosco, y unos diálogos casi incomprensibles.

Pese a todo se realizaron tímidas intentonas, si bien no se vieron recompensadas por el éxito: Heinosuke Gosho realizó, en 1931, el primer largometraje japonés totalmente hablado: Madamu to nyôbo (El vecino de mi mujer y yo, también llamada Ama y señora), volvió a acometer películas mudas. Esta película, sonorizada mediante el sistema sonoro Tsuchihashi (un procedimiento de sonido aplicado a la película, y no de discos sincronizados) consiguió tal éxito económico y de crítica que hizo replantear a los estudios su política con respecto al sonido. Pero había que rendirse a las evidencias: la escasa calidad del sonido, sumada al rechazo del público en la mayoría de las ocasiones, provocó que el mismo Gosho volviera al cine mudo en sus siguientes películas. Entre ellas figura uno de sus mejores títulos: la adaptación de la novela de Yasunari Kawabata Izu no odoriko (La bailarina de Izu) que, rodada en 1933, era de nuevo plenamente muda[12].

Y esta vez sí, debemos referirnos a la feroz oposición de los *benshis*, quienes reaccionaron corporativamente contra la amenaza parlante mediante numerosas huelgas que llegaron a desembocar en incidentes violentos. No en vano, como se vio en el capítulo precedente, la importancia del *benshi* no se limita a la época muda, sino que su figura continuó siendo popular en los albores del sonoro. Todavía en 1940 quedaban casi mil trescientos de ellos en activo.

Pero no todo fue malo en la transición: el paso del mudo al sonoro fue más gradual, menos traumático que en las restantes cinematografías. Los grandes directores continuaron formándose en el cine mudo, hasta que no quedó más remedio que adaptarse a las nuevas exigencias. Ninguno de entre los grandes vio quebrada su carrera a consecuencia del sonido, como sí sucedió en Europa y en Estados Unidos. Los equipos técnicos, los actores y los directores, tuvieron tiempo más que suficiente para acomodarse a la nueva situación. No fue preciso acudir a la cantera del teatro en búsqueda de reemplazos.

Además, gracias al *benshi* la transición resultó hasta cierto punto natural e inevitable: nunca había faltado la palabra en el cine japonés, aunque ésta no procediera de la propia película. Así lo aventura el cineasta Hiroshi Inagaki, formado en el cine mudo, y autor de una atractiva carrera en las décadas siguientes: Gracias al *katsuben* "*nosotros, los cineastas japoneses, sabíamos que cuando se iba al cine, las voces de los personajes salían de la pantalla. ¿Cabría aún afirmar que el cine japonés no ha tenido nunca una etapa muda?*"[13].

La creciente popularidad de las películas sonoras extranjeras, que eran proyectadas con subtítulos en japonés, fueron familiarizando al espectador japonés con la nueva tecnología. Pese a todo numerosos directores, plenamente adaptados al cine mudo, se mostraron muy reacios a incorporarse al sonoro. Cabe extraer una conclusión: pese a su tardanza, el sonoro fue beneficioso para los grandes estudios. Es más, cabe añadir que sólo a partir del sonoro la industria cinematográfica japonesa comenzó a prosperar, y los estudios a desarrollarse plenamente.

Algunas pequeñas productoras, como la Daito, obtenían considerable éxito y beneficios arriesgando poco capital mediante la producción de películas de serie B, mudas, que eran bien recibidas por el público. Los principales estudios, Shochiku y Nikkatsu, se contentaron al principio permitiendo a pequeñas compañías subsidiarias, como Minato Talkie, Tojo´s Eastphone Company y Teikoku para que experimentasen y buscaran novedades en el terreno del sonido. Pero sus experiencias siempre fueron a remolque de las norteamericanas[14].

En 1932 se importaron 206 películas sonoras. Aquel año en Japón se produjeron 20 películas sonoras y con diálogo, más otras 21 con efectos sonoros. Sin embargo la industria se muestra reticente ante las novedades: el 93 % de la producción de aquel año continúa siendo muda, y el 88 % al año siguiente. En 1934 la mitad de las salas del país ya han sido adaptadas para el sonoro. Sin embargo el 75 % de las películas siguen rechazando el sonido, una cifra que cae hasta el 40 % en 1935, y al 25 % en 1936, año en que Ozu filma su última película muda. El número de salas equipadas para la nueva técnica guarda una proporción semejante: sólo el 6 % se

---

12 La novela de Kawabata ha sido traducida a nuestra lengua, si bien desde el alemán, por Ana María. de la Fuente. *La danzarina de Izu* fue publicada juntamente con la novela *Kioto*, por la editoria Plaza y Janés, dentro de su colección Reno, en 1971.

13 Véase: ANDERSON, Joseph L. "Spoken silents in the Japanese Cinema; or, Talking to pictures : Essaying the Katsuben, contexturalizing the texts". En: *REFRAMING Japanese Cinema : Authorship, Genre, History* / Arthur Nolletti Jr. and David Desser (ed.) Bloomington, Indianapolis : Indiana University Press, 1992, p. 292.

14 KIRIHARA, Donald. *Patterns of time : Mizoguchi and the 1930s.* Madison, Wisconsin : The University Press, 1992, p. 44.

equipó para el sonido en 1931. el 23% en 1932; el 38 % en 1933; el 52 % en 1934; el 76 % en 1935 y el 84 % en 1936[15].

A partir de 1933 van remitiendo los efectos de la Gran Depresión. El éxodo rural va abarrotando las grandes ciudades de un público poco instruido que acude al cine con gran interés. Sin embargo, llamará la atención recordar que, aún en 1942, el 14 % de las películas exhibidas en Japón eran todavía mudas[16]. El proceso de transición era, sin embargo, imparable. Las principales compañías van ultimando la transición, y así en 1935, por primera vez, la producción sonora de la Shochiku y la Nikkatsu rebasa a la producción de películas mudas. Aquel mismo año Shinko y la propia Nikkatsu deciden producir tan sólo películas sonoras. Por su parte Shochiku produce 96 películas, de las que 71 son sonoras, entre ellas la primera de Ozu: El hijo único (1936). De este modo, la compañía del Pino y el Bambú se sitúa en posiciones de vanguardia en lo que a producción sonora se refiere. Sigue de cerca Nikkatsu, con 67 producciones sonoras. Sin embargo la producción de aquel año 1936 va encabezada por la Daito, un pequeño estudio que produjo 109 películas, si bien casi todas ellas mudas, y de serie B[17].

En 1937 cinco grandes compañías se reparten el mercado: Shochiku, Nikkatsu, Shinko, Daito y Toho. Este mismo año se produjeron 1626 películas sonoras frente a 916 mudas; al año siguiente el número de películas sonoras asciende a 1362, frente a 701 mudas[18]. En 1938 todavía se produjeron 25 películas mudas, sobre un total de 554 largometrajes[19]. De ellos la mitad de la producción anual pertenece, aproximadamente, al género histórico, *jidai geki*. Las cifras pueden oscilar, pero normalmente entre el 46 y el 56 % de la producción anual se aplica a este popular género. Sin embargo a partir de 1941, y por imposiciones del gobierno, la cantidad de estas películas decae considerablemente. Si este año sólo el 39 % de la producción pertenece a tal género, en 1943 desciende a un simple 20 %. Los tiempos están llamados a cambiar dramáticamente: el año de la derrota, 1945, sólo se producen 22 películas. Y, de ellas, tan sólo siete están ambientadas en tiempos históricos.

Pese a tales fluctuaciones, hijas de las vicisitudes bélicas, la cifra de películas de época es muy elevada: se realizaron en torno a 6000 *jidai geki* entre 1908 y 1945[20]. Es más, según Tadao Sato el 53 % de la producción realizada entre 1930 y 1945 pertenecía a este género ambientado en los legendarios tiempos pasados[21]. He aquí otra circunstancia exclusiva de la cinematografía japonesa, que no tiene parangón en ninguna otra: la importancia que cobran las películas históricas, testimonio cierto del peso que conserva la tradición teatral y narrativa sobre el nuevo arte. Pensemos en el caso norteamericano, y en uno de sus géneros más representativos: el Oeste. Ni siquiera en su periodo de máximo esplendor el número de *westerns* llegó a suponer más allá del 10 % del total de la producción.

Aun a pesar del proceso de occidentalización generalizado, el archipiélago asiático siempre ha sido muy celoso de sus tradiciones. Como es de suponer, la reivindicación de lo autóctono supone una suerte de antídoto contra la intrusión, a veces desmedida, de los modelos foráneos. Así lo reconoce el investigador japonés anteriormente citado: *"La imagen de los samurais que luchan con su espada hasta la muerte se convirtió en el símbolo de la resistencia hacia lo occidental, y de ahí la importancia del jidai-geki entre el pueblo japonés"* [22].

El género histórico era un ingrediente indispensable en la exhibición cinematográfica. Compuesta por un programa doble, habitualmente ésta ofrecía un *jidai* y un *gendai geki*. De este modo, ambos géneros estaban compensados. Para atender la gran demanda, algunas pequeñas compañías se especializaban en producir *jidai geki* muy simplificados, de serie B, baratos y muy cortos (en torno a los 60 minutos de duración), destinados tan sólo a cubrir huecos en los programas dobles. Asimismo, algunos cineastas tienden a especializarse en este género,

---

15 KIRIHARA, Donald. "A reconsideration of the Institution of the Benshi". *Film Reader*, 1985, nº 6, p. 42.

16 FREIBERG, Freda. "The transition to Sound in Japan". En: *History on / and / in Film : Selected Papers from the 3rd. Australian History and Film Conference*. Perth : History and Film Association of Australia, 1987, p. 76.

17 Datos extraídos de: TOMASI, Dario. "El cine japonés : de la llegada del sonoro al final de la Segunda Guerra Mundial". En: *Europa y Asia : (1929 - 1945)* / coordinado por José Enrique Monterde y Casimiro Torreiro. Historia general del cine. Volumen VII. Madrid : Cátedra, D.L. 1997, p. 323.

18 Fuente: FREIBERG, Freda. "The transition to Sound in Japan". En: *History on / and / in Film : Selected Papers from the 3rd. Australian History and Film Conference*. Perth : History and Film Association of Australia, 1987, p. 79.

19 KIRIHARA, Donald. *Patterns of time : Mizoguchi and the 1930s*. Madison, Wisconsin : The University Press, 1992, p. 45.

20 Véase: SPALDING, Lisa. "Period Films in the Prewar Era". En: *REFRAMING Japanese Cinema : Authorship, Genre, History* / Arthur Nolletti Jr. and David Desser (ed.) Bloomington, Indianapolis : Indiana University Press, 1992, p. 131.

21 SATO, Tadao. "Japón : El cine de la posguerra". En: *Europa y Asia : (1945 - 1959)* / coordinado por José Enrique Monterde y Esteve Riambau. Historia general del cine. Volumen IX. Madrid : Cátedra, D.L. 1996, p. 338.

22 SATO, Tadao. "Japón : El cine de la posguerra". En: *Europa y Asia : (1945 - 1959)* / coordinado por José Enrique Monterde y Esteve Riambau. Historia general del cine. Volumen IX. Madrid : Cátedra, D.L. 1996, p. 338.

logrando resultados artísticos notables: es el caso de Daisuke Ito

El género histórico extrae su savia del legendario universo feudal, tal y como lo transmiten los relatos orales y el teatro *kabuki*. Con frecuencia exalta los valores feudales más tradicionales, ilustrados mediante tramas simples, maniqueas, fáciles de comprender por los públicos a quienes iban preferentemente dirigidos: gente poco instruida; público rural; amas de casa o espectadores infantiles. Las tramas, al principio simplificadas en extremo, se vieron posteriormente enriquecidas por argumentos más cuidados, extraídos a menudo de fuentes literarias[23].

XIV. 3. Tiempos sonoros

- Kitagawa: *"Usted rodó **Corazón caprichoso** (1933) cuando casi todo el mundo ya estaba rodando películas sonoras..."*

- Ozu: *Sí, todo el mundo. Tantos que los espectadores ya se iban acostumbrando al sonido. Gosho hizo la primera película sonora japonesa en 1930 (La mujer del vecino y la mía), pero yo continué haciendo películas mudas hasta mucho tiempo después*[24].

Testimonios como el anterior confirman que Ozu fue un cineasta reacio a la incorporación al cine sonoro; y es cierto que 1936, año en que se realizó El hijo único, es una fecha muy tardía: Ozu hizo su última película muda aquel mismo año, la hoy perdida Daigaku yoi toko (La universidad es un lugar agradable. 1936). El director japonés se sumó al cine sonoro casi al mismo tiempo que Chaplin, quien debido a su inmensa popularidad, conseguía rodar, también en 1936 su última película muda, aunque ya parcialmente sonorizada: Tiempos modernos.

Aunque Ozu se mostró muy reticente a incorporar el sonido a sus películas, cabe recordar algunos tímidos conatos de transición: en 1932 su película Mata au hi made (Hasta que volvamos a vernos), hoy perdida, contaba con una banda sonora compuesta por música y ruidos. Pero se trataba de una película muda, rodada con intertítulos. Tres años después, Un albergue en Tokio contaría ya con una banda sonora especialmente compuesta para la película, que todavía era muda.

Figura 28

Figura 29

Aquel mismo año de 1935, Ozu realizó su documental Kagamijishi, que pese a su reducido metraje debe ser considerado su primer trabajo sonoro, anterior a El hijo único (1936), al incorporar una banda sonora en la que, además de la música, cobraba importancia la voz del narrador.

Pero volvamos a los episodios precedentes: a lo largo de 1933, y tal como se desprende de la lectura de sus diarios, Ozu se había propuesto firmemente estudiar el cine sonoro. Su montador y operador habitual, Hideo Mohara, estaba desarrollando en el entretanto su propio sistema de sonido, que será el que finalmente adopte Ozu a la hora de abordar su primer largometraje sonoro, en 1936. Quizá por esta razón encontremos incluso silenciosos motivos acústicos en sus películas mudas: como tendremos ocasión de comprobar, películas como Caminad con optimismo y Suspendí, pero... incluyen algunos efectos sonoros tan sólo intuidos por las imágenes: solos de trompeta, música de orquesta, discos reproducidos en gramófonos, detonaciones de disparos, estallidos de globos y de fuegos artificiales..., a los que hay que sumar sorprendentes números de baile, e incluso canciones ejecutadas en silencio, pero sobreentendidas por los gestos de los personajes.

Una de las razones por las cuales, al parecer, fue tan reacio a incorporar el sonido es que había prometido a su cámara, Hideo Mohara (o Shigehara), que no haría películas sonoras hasta que aquél hubiera terminado de desarrollar un nuevo sistema de sonido que estaba perfeccionando. *"Esto era muy propio de Ozu*- apostilla el guionista Noda-: *empeñarse en seguir haciendo*

---
23 El lector interesado encontrará abundante información sobre el jidai geki en: SPALDING, Lisa. "Period Films in the Prewar Era". En: *REFRAMING Japanese Cinema : Authorship, Genre, History* / Arthur Nolletti Jr. and David Desser (ed.) Bloomington, Indianapolis : Indiana University Press, 1992, p. 131 - 144.

24 SCHRADER, Leonard. "Yasujiro Ozu : 1903 - 1963". En : *The Masters of Japanese Film*. Berkeley, California : Pacific Film Archive, ca.. 1980, p. 222.

Figura 30

Figura 31

películas mudas, cuando toda la compañía se embarcaba en el sonoro, sólo porque había hecho una promesa a su cámara" [25]. Sea ésta o no la causa que justificara el retraso, lo cierto es que nuestro director se había adaptado extraordinariamente bien a aquella exquisita tortura del silencio, como diría Bazin. Más aún, había llegado a ser uno de los maestros reconocidos del cine en su país -con tres primeros premios *Kinema Junpo* consecutivos-. Bajo esta circunstancia, no mostraba mucho interés por aprender nuevas técnicas que habrían de alterar por completo unos modos de trabajo que ya dominaba plenamente.

No se trata de un caso aislado, por otra parte: también en Japón otros muchos cineastas importantes se incorporaron definitivamente al sonido con notable retraso. Esto sí, al contrario que Ozu la mayoría de ellos había realizado alguna experiencia preliminar en el cine sonoro, para luego volver a dirigir películas mudas. Este fue el caso de Kenji Mizoguchi, quien dirigió una de las primeras películas japonesas parcialmente sonorizadas, y la más antigua de las hoy conservadas: Furusato (La tierra natal, 1930). Pero a continuación volvió a dirigir películas mudas hasta 1935, año en que realizó su última película muda: Orizuru Osen (Osen, de las cigüeñas). Otro tanto sucedió con Heinosuke Gosho, como se vio.

Frente a los directores citados, Ozu prefirió continuar haciendo películas mudas. Esto sí, cuando se decida a pasar al sonoro, toda su restante producción será realizada bajo la nueva técnica. El caso se repetirá cuando, en 1958, emprenda su producción en color, que ya no abandonará. Es cierto que Ozu fue el último de los grandes cineastas en abandonar el cine mudo; pero no debemos olvidar que sólo lo hizo un año después de que Mizoguchi, Naruse, Shimizu o Gosho hubieran rodado sus últimas películas mudas.

De este modo la incorporación de Ozu al cine sonoro supone el canto del cisne del cine mudo japonés, por más que se siguieran realizando películas silenciosas. Aquel 1936 fue el primer año en el que la producción sonora rebasó la de películas mudas. Fue además un periodo de gracia en el que se suceden las obras maestras, todas ellas ya sonoras. En cabeza se coloca Kenji Mizoguchi, quien aquel año dirige Naniwa Eregi (Elegía de Naniwa) y Gion no shimai (Las hermanas de Gion); pero además Yasujiro Ozu realiza su primera película sonora, y una de las más interesantes de su filmografía de los 30: Hitori musuko (El hijo único); Hiroshi Shimizu dirige Arigato-san (El señor Gracias). Mansaku Itami dirige la comedia Kakita Akanishi (Figura 30). Sadao Yamanaka dirige Sôshun Kochiyama. Por citar sólo algunas de las mejores piezas de aquella extraordinaria cosecha. A todos estos esfuerzos se suma Kozo Akutagawa realiza una serie de emotivos documentales en la Manchuria ocupada, tratando de justificar su colonización por las tropas niponas.

La revista *Kinema Junpo* concedió aquel año de luces su prestigioso Número 1 a Mizoguchi por Las hermanas de Gion. Elegía de Naniwa, por su parte, quedó en una meritoria tercera posición. Sin embargo, la primera película sonora que había ganado el reconocido galardón llegó en 1931: Madamu to nyôbo (La mujer del vecino y la mía), una producción Shochiku dirigida por Heinosuke Gosho. En fechas siguientes, sin embargo, el premio fue a parar a películas mudas, que acaparaban siempre los primeros puestos en el palmarés. En particular Ozu ganó tres Números 1 consecutivos de *Kinema Junpo* precisamente con películas mudas [26].

También Mikio Naruse se había hecho un año atrás con este preciado galardón gracias a un adusto melodrama *shomin-geki,* que figura entre los mejores de su carrera: Tsuma yo bara no yo ni (Esposa, sé como una rosa, 1935). Buena prueba del éxito que consiguió esta película sonora es que llegó a ser exhibida en América. Poco después, en 1937, Sadao Yamanaka dirigirá Humanidad y globos de papel, una historia de samurais desarraigados llena de pesimismo, reflejo del momento de inquietud que vive un país en pie de guerra (Figura

---

25 Cita: RICHIE, Donald. *Ozu.* Berkeley (etc.) : University of Califorrna Press, 1974, p. 221.

26 A saber: 1932: Umarete wa mita keredo (Nací, pero...). 1933: Dekigokoro (Corazón caprichoso). 1934: Ukigusa monogatari (Historia de hierbas flotantes).

31). A partir de ese momento, y coincidiendo con el recrudecimiento de la guerra contra China, se incrementa muy notablemente la producción de películas belicistas. Cinco de infantería, de Tomotaka Tasaka, fue una de las primeras, y también de las mejores. Se exhibió, de hecho, en el Festival de Venecia de 1938, donde ganó un premio secundario[27], anticipándose en doce años a la gloria que, en aquel mismo foro, habrá de conquistar Akira Kurosawa con su Rashômon (1951).

Sin embargo, y, como es de suponer, el cine mudo no se termina en Japón con películas tan notables como las citadas, ni mucho menos. En 1938, mientras en Hollywood se rodaba Lo que el viento se llevó, todavía se hacían películas mudas en Japón. De las 554 que aquel año se produjeron, 25 eran mudas. Y sólo en 1941 el gobierno prohibió a los pequeños estudios, los únicos que se mantenían irreductibles al sonido, la producción de películas mudas: el material escaseaba, y no se consideraba oportuna la producción de aquellos entretenimientos anacrónicos en tiempos de guerra.

Conforme el cine gana una respetabilidad de la que antaño carecía, y al tiempo que la proliferación de adaptaciones de obras literarias provocó una cierta polémica sobre el sentido de las mismas, se mantuvieron algunas frondosas discusiones en torno a las fronteras que separaban el cine de la literatura. Particularmente en 1936 el cineasta Mansaku Itami (padre del también director Juzo Itami) escribió un artículo titulado: *"A propósito de la adaptación cinematográfica de obras literarias"*. Dicho texto, que fue escrito a propósito de la adaptación cinematográfica que hizo Yasujiro Shimazu sobre La historia de Shunkin, de Junichiro Tanizaki, puede suministrarnos algunas claves con las que un director reflexivo y consecuente abordaba la práctica del cine a la luz de la literatura. Rescatamos a continuación algunos párrafos de aquel artículo:

"La obra literaria procura a sus lectores multitud de visiones propias, mientras que en el cine, en el que habrá decenas de millones de espectadores, éstos no percibirán jamás más que una sola y misma representación. Según su talento, los escritores pueden siempre explotar, dentro de los límites de posibilidades que permite la expresión literaria, las visiones que más les convienen, mientras que los directores no pueden jamás expresar fielmente las imágenes que han concebido.

En suma: Debido a que los directores de películas y los críticos hasta ahora han observado con un ángulo casi idéntico dos cosas que son manifiestamente difertentes, literatura y cine, se han seguido cometido grandes errores. Yo aún diría, con el temor de exagerar un poco, que la adaptación cinematográfica es fundamentalmente imposible. Pese a todo se han practicado toda suerte de artificios para continuar por esta vía, sin darse cuenta de su imposibilidad. Pese a lo cual yo no estoy necesariamente en contra de la búsqueda de soluciones que permitan alcanzar tal fin; muy por el contario, pienso que en el futuro se debe poner más interés en ello. Pero hace falta una condición: es indispensable que directores, críticos y escritores, todos a una, tomen conciencia de las diferencias fundamentales que existen entre estas dos artes. Después de todo, la adaptación cinematográfica de obras literarias no debería ser sino una especie de recreación diferente y nueva de la fuente original" [28].

Textos como el anteriormente citado no bastarían por sí mismos para ilustrar el interés que el hecho cinematográfico asimismo despierta, siquiera desde una perspectiva literaria. Añadamos un nuevo ejemplo: en 1937 comienza a publicarse una serie de seis volúmenes titulada *Shinario bungaku zenshû (Selección de literatura guionística)*, que gozó de los plácemes de la crítica. A partir de estos momentos el guión cinematográfico alcanzaba cotas de calidad y reconocimiento equiparables a las obras literarias. Desde estos momentos la mayor parte de la crítica, así como los escritores y los cineastas, reconocen en ambas artes lenguajes distintos, pero al mismo tiempo complementarios. Y a menudo coincidentes.

Lo que no impide que aún se propongan estériles pugilatos entre dos artes que ya gozan de similar respetabilidad. Por estos años cierto importante crítico, Tadashi Iijima, escribió: *"Curiosamente, parece que el valor literario de los diálogos es el aspecto más descuidado en las películas sonoras japonesas. Esto puede obedecer a que las palabras en la pantalla se volatilizan al cabo de unos instantes, y no poseen la cualidad de la permanencia. Desde este punto de vista uno no puede sino reconocer la superioridad de la literatura compuesta en palabra escrita"* [29].

Otras voces ortodoxas podrían sostenerse sobre la pretendida impermanencia del diálogo cinematográfico para desmerecer la condición artística del guión

---

[27] SATO, Tadao. *Currents in Japanese Cinema.* New York : Kodansha International, 1982, p. 254.

[28] Cita: TESSIER, Max. "Les rapports de la littérature et du Cinéma au Japon : Les bibliothéques au secours des cinematheques" En: *CINÉMA et littérature au Japon : de l' ère Meiji à nos jours* / sous la direction d.e Max Tessier. Paris : Centre Georges Pompidou, 1986, p. 9 -10.

[29] GEROW, Aaron. "The Word before the Image : Criticism, the Screenplay and the Regulation of Meaning in Prewar Japanese Film Culture". En: *WORD and Image in Japanese Cinema* / Edited by Dennis Washburn and Carole Cavanaugh. Cambridge : University Press, 2001, p.28

XIV. LA LLEGADA DEL SONORO

Figura 32

Figura 33

cinematográfico. Pero quienes así se pronunciaban ignoraron, por desdén o por ignorancia, que es a partir de esta naturaleza efímera, puesta al servicio de unas imágenes que son tan volátiles como la propia palabra, como la literatura cinematográfica desarrolla toda su capacidad expresiva.

XIV. 4. Shochiku: El Pino y el Bambú rompen el silencio

Los anteriores sistemas, toscos e ineficaces, no tardaron en verse sustituido por procedimientos más desarrollados. Uno de ellos fue el sistema Tsuchihashi, patentado por Takeo Tsuchihashi, y adoptado por la Shochiku y por Shinko Kinema. Shochiku supo utilizar dicho sistema en una de las primeras películas sonoras japonesas que consiguieron un enorme éxito: Madamu to nyôbo (La mujer del vecino y la mía, 1931). Ésta fue, por añadidura, la primera película completamente sonora realizada en Japón. Dirigida por Heinosuke Gosho y protagonizada por la futura gran estrella, y actriz favorita de Ozu y Mizoguchi, Kinuyo Tanaka, esta comedia satírica gira en torno a cierto escritor que no consigue concentrarse en su trabajo, porque su vecina de la casa contigua ensaya allí con una *jazz band*. Tras intercambiar problemas y conflictos los dos se hacen amigos, lo que da pie a una historia de triángulo en la que también se ve implicada la esposa del escritor.

Contra todo pronóstico, Madamu to nyôbo obtuvo buena aceptación popular y crítica, hasta el punto que consiguió el preciado "Número Uno" de la revista *Kinema Junpo* aquel año de 1931. Pero ni siquiera el éxito de esta película sirvió para impulsar la producción sonora. Shochiku tardaría cuatro meses en producir una nueva *talkie*, tras el éxito de la anterior. De nuevo se confió en el eficaz artesano Heinoske Gosho, quien aquel mismo 1931 dirigió Wakaki hi no kangeki (La profunda emoción juvenil).

Entre este año y 1936, fecha en que Ozu realiza su primera película sonora (Hitori musuko), se produce todo el arduo proceso de adaptación al cine sonoro en Japón. El éxito de las comedias sonoras de Gosho favoreció que la Shochiku se erigiera en compañía hegemónica en la carrera sonora. Paradójicamente, nos encontramos en la productora en la que trabajaba Ozu, reacio hasta el fin a sumarse a la novedad. Además, Shochiku emprendió una astuta campaña de alianzas con productoras pequeñas, con el fin de aislar a su más directo rival, la Nikkatsu. En 1932 se realizan 45 películas sonoras en Japón, frente a 350 mudas. Pero de todas ellas, 30 fueron producciones Shochiku[30].

En 1933 Hideo Mohara, fotógrafo y montador habitual de Ozu, trabajaba en la realización de un sistema de grabación de sonido propio: el *SMS: "Super Mohara System"*, que no estuvo terminado hasta 1936. Ozu, que se negaba a utilizar el Tsuchihashi System que anteriormente había adoptado Shochiku, dirigiría aquel año su primera película sonora, Hitori musuko. Pero lo hizo utilizando el sistema de Mohara[31]. Aquel mismo año Shiro Kido realizó un viaje por Europa, del que extrajo enseñanzas que deseaba aplicar a los estudios Shochiku. Y estos fueron, según el guionista Masaru Oda, los principios que guiaron la dirección de los estudios por parte de Kido: *"la alegría, el frescor, la vivacidad"*, que impregnaron el cine de los viejos estudios de Kamata, y que continuaron en sus sucesores de Ofuna, a los que nos referiremos de inmediato[32].

En 1936, cuando el cine sonoro todavía no se había generalizado en Japón, un director de la Nikkatsu rodaba un promedio de cuatro películas al año. En la Shochiku (la productora de Ozu) el promedio era ligeramente superior, pudiéndose completar los cinco títulos anuales. Este mismo año en Estados Unidos, donde la producción ya era plenamente sonora, un director de la Warner

---

30 TOMASI, Dario. "El cine japonés: de la llegada del sonoro al final de la Segunda Guerra Mundial". En: *Europa y Asia: (1929 - 1945)* / coordinado por José Enrique Monterde y Casimiro Torreiro. Historia general del cine. Volumen VII. Madrid: Cátedra, D.L. 1997, p. 322. Cotejar con Iwasaki, Reframing, y citar preferentemente esta fuente.

31 OZU, Yasujiro. *Carnets: 1933 -1963: Edition intégrale*. Paris: Alive, 1996, p. 12.

32 Cita: SATO, Tadao. *Le Cinema Japonais*. Paris: Centre Georges Pompidou, 1997, v. I, p. 97.

realizaba un promedio de tres películas al año, mientras que uno de la MGM completaba dos [33].

Tratando de aprovechar su neta ventaja en la carrera por el sonido, Shochiku firma un acuerdo con la Western Electric, para utilizar el sistema sonoro patentado por la compañía americana. De este modo el estudio se dispone a abandonar los antiguos estudios de Kamata, para emplazar sus efectivos en los de Ofuna: éstos ya están totalmente equipados para realizar películas sonoras. A partir de entonces, la producción de Shochiku va a hacer uso mayoritariamente del sonido. Por añadidura, en las nuevas instalaciones se realizarán los melodramas más exitosos y recordados de la compañía.

La producción de melodramas domésticos asimismo obedece a planteamientos comerciales: son baratos, fáciles de rodar, cuentan con equipos solventes para hacerlos, y el público responde bien a su reclamo. Sin embargo, y contradiciendo su previsión, Kido no tuvo la suficiente perspicacia para impedir que uno de sus mejores cineastas, Mikio Naruse, abandonara la compañía. De hecho se le facilitó la salida, argumentando que la compañía *"no necesitaba dos Ozus"*, ignorando la distinta concepción escénica que tenían estos dos magníficos directores. No sólo Naruse: también otros cineastas de talento, como Kimisaburo Yoshimura, se vieron desplazados de la Corte del Pino y el Bambú. Kido no busca artistas exigentes: demanda cineastas rápidos, certeros y poco conflictivos, como eran los dos Yasujiros que militaban en la compañía: el eficiente Shimazu y por descontado nuestro inspirado y brillante Ozu.

Es de notar que éste, tras ganarse la confianza de Kido, dispuso de una gran libertad de movimientos para realizar su obra. Se produce de este modo una adecuada sintonía entre director y productor: Ozu dirige las películas que le resultan propias, y que son además las que desea su productora. Dueño al fin de todos los recursos, Kido impone la política de producción, cuyas bases ya habían sido sentadas en Kamata. A partir de entonces se consolida y fortalece la producción de melodramas domésticos que definen el llamado *"Ofuna-cho"*: el estilo de Ofuna. No es menos cierto que se produjo una línea de continuidad en el estilo de Shochiku, apreciable tanto en los viejos estudios Kamata como en los nuevos de Ofuna [34]. Ambos predios acogieron, sin titubeos, el reino del *shomin-geki*.

Aun siendo escrupuloso con su plan de producción, Kido nunca llegó a desmarcarse, ni mucho menos, de la política nacional expansionista. En realidad un objetivo no difería del otro, puesto que ambos corrían en paralelo. El máximo responsable de Shochiku era plenamente consciente de que los melodramas *shomin-geki*, con su apología de la unidad familiar, contribuían poderosamente a fomentar la cohesión tribal del país. Con mayor arrogancia, Shiro Kido llegó a asegurar: *"la compañía Shochiku ampara la invasión de China, y no tardará en rodar películas allí"* [35].

Como se comprenderá, quien pronunciara esas palabras terminaría abrazando con entusiasmo la causa imperial, de manera que, entre 1932 y 1945, Kido hizo de la Shochiku un baluarte cinematográfico al servicio del régimen. El gobierno militar había impuesto una *"nueva política nacional e imperial"*. Y a ella se aplica con entusiasmo el estudio. Y no lo hace tan sólo con la producción: Kido viajó con frecuencia a los lugares donde su país libraba sangrientas batallas imperialistas; y no dudó en implicar a la Shochiku en los esfuerzos bélicos. No debe olvidarse que, a consecuencia de su actitud, Shiro Kido será retirado del mundo del cine por las fuerzas de ocupación americanas entre los años 1947 y 1950.

XIV. 5. El Tesoro del Este: Toho

Sin embargo la hegemonía en la industria del cine pronto dejará de estar en manos preferentes de los dos grandes estudios. En 1932 Ichizo Kobayashi se propuso construir en la capital un gran teatro, con 3000 localidades, situado enfrente del Hotel Imperial. Y aún construyó, en las cercanías, otro teatro que contaba con 1700 asientos. Tras el éxito conseguido con ambas iniciativas, en 1935 Kobayashi amparó la fusión de dos pequeñas compañías: la PCL y la JO. Así nació la Toho, esto es: el *"Tesoro del Este"*, un acrónimo compuesto a partir de Tokyo Takarazuka Theater Company. La nueva compañía nace amparada por distintos productores y empresarios; cuenta con una amplia red de salas y, lo más importante, se encuentra bien relacionada con la banca, la industria y el gobierno.

La nueva compañía supo situarse muy bien, gracias a sus contactos con el mundo empresarial, la banca y la política. No tardó en organizar una empresa moderna y bien gestionada que, desde el primer momento, apostó tan sólo por el cine sonoro, pese a que todavía la

---

[33] BORDWELL, David. "Our dream cinema : Western Historiography and the Japanese Film". *Film Reader*, 1979, nº 4, p. 49.

[34] WADA-MARCIANO, Mitsuyo. "The Production of Modernity in Japanese National Cinema : Shochiku Kamata Style in the 1920s and 1930s". *Asian Cinema*, 1998, Spring, v. 9, nº 2, p. 72.

[35] Cita: WADA-MARCIANO, Mitsuyo. "The Production of Modernity in Japanese National Cinema : Shochiku Kamata Style in the 1920s and 1930s". *Asian Cinema*, 1998, Spring, v. 9, nº 2, p. 83.

producción muda era netamente superior sobre la sonora.

En los siguientes años Toho emprendió una ambiciosa campaña de construcción de grandes teatros en las principales capitales japonesas, que pronto estuvieron en condiciones de competir con las principales cadenas de exhibición japonesas. Aunque en 1934 el 75 % de la producción nacional era todavía muda, la Toho apostó de inmediato por el sonoro. Tamaña previsión fue, qué duda cabe, una de las bazas que apuntalaron su éxito.

Poco tiempo después, el joven estudio se había hecho con la primera cadena de salas del país. En ellas se alternaban los programas dobles de películas extranjeras -todas ellas sonoras- con los espectáculos realizados en directo. La producción extranjera garantizó la supervivencia de la Toho / PCL, hasta que ambas estuvieron en condiciones de emprender un régimen de producción solvente y competitivo. Pero, por descontado, también incluían películas sonoras japonesas. Éstas eran realizadas por la productora subsidiaria de Toho, la Photo Chemical Laboratory Company (PCL). Los beneficios obtenidos permitían incrementar la producción sonora de esta empresa subsidiaria. Así, la PCL pudo pasar de producir dos películas por mes, en Octubre de 1935, a tres películas por mes en Abril de 1936[36]. Y este ritmo de producción creciente daba nuevos impulsos a la Toho, al mantenerse independiente de las principales compañías productoras japonesas.

A medida que se fortalece el *Tesoro del Este,* no tardan en encenderse las disputas con las otras dos principales compañías: Shochiku y Nikkatsu. Para empezar, Toho se preocupó por captar estrellas de las empresas rivales, al tiempo que promocionaba nuevos rostros, que harían historia en el cine japonés: Isuzu Yamada, Hideko Takamine y Setsuko Hara; esta última llegaría a ser, con los años, el rostro femenino más característico del cine de Ozu.

Fruto de una política audaz y novedosa, al finalizar la década la emergente Toho se había hecho con el liderazgo en la producción cinematográfica. Las pequeñas productoras que subsistían a la sombra de los grandes estudios terminaron por desaparecer o, sencillamente, se vieron absorbidas por los tres colosos japoneses. El caso de la Toho demuestra paladinamente hasta qué punto era importante la presencia de la producción extranjera -por no decir abiertamente norteamericana- en Japón. Más de una vez las alianzas permitieron el progreso y aún la supervivencia de las compañías locales. Y este entendimiento se mantuvo hasta que las circunstancias políticas precipitaron la ruptura de relaciones comerciales. Esto se produjo a consecuencia de la osada política exterior japonesa: la invasión de Manchuria primero, y el estallido de la guerra contra China en 1937, frenaron las importaciones, del mismo modo que quebraron otros acuerdos internacionales.

XIV. 6. Exhibición

Pese a su pujanza, el cine japonés constituye una industria meramente local. Nunca pujó por abrirse camino fuera de sus fronteras; todo lo más, las películas japonesas llegaban a los confines de los territorios ocupados por el ejército japonés. E incluso a aquellos países de América donde existía una abundante población japonesa. Como se vio en las páginas precedentes, el sonido se implanta en Japón lentamente, de manera titubeante al principio, y siempre tutelado por compañías norteamericanas. A la cabeza de todas ellas se encontraba la Paramount, que no en vano tenía una posición hegemónica en la metrópoli hollywoodiense.

A consecuencia tal vez de la depresión, el cine se convierte en una industria pujante, por ofrecer al público un medio de evasión atractivo y asequible. Durante los primeros años de los 30 se incrementa el número de salas, y con ellas lo hace el número de espectadores que acuden a ellas como refugio pasajero contra las penalidades diarias. Así, si en 1926 había 1057 salas, en 1940 el número de las mismas ascendía ya a 2363. En el curso del mismo periodo la cantidad de espectadores también se incrementa, desde 154 a 440 millones[37]. Sin duda el éxodo rural, que continúa produciéndose a ritmo creciente, contribuye significativamente a justificar el aumento del taquillaje. En estos momentos uno de cada tres japoneses vivía en una ciudad de más de treinta mil habitantes; Y uno de cada cuatro en una ciudad con más de cien mil habitantes. Todos ellos son potenciales espectadores cinematográficos, de asistencia regular por añadidura.

A mediados de 1930 ya estaban equipados unos 50 teatros en Japón. 20 de ellos con tecnología americana, y el resto con versiones domésticas. A partir de este año, las importaciones de películas extranjeras fueron mayoritariamente sonoras. En 1931 sólo el 16% de las películas importadas eran mudas, un porcentaje que se redujo al 11% y al 8 % en años posteriores. Pese a estas evidencias, ninguna de las grandes compañías japonesas -Nikkatsu y Shochiku- se manifestaban aún

---

36 KIRIHARA, Donald. *Patterns of time : Mizoguchi and the 1930s.* Madison, Wisconsin : The University Press, 1992, p. 47.

37 FREIBERG, Freda. "The transition to Sound in Japan". En: *History on / and / in Film : Selected Papers from the 3rd. Australian History and Film Conference.* Perth : History and Film Association of Australia, 1987, p. 79 - 80.

muy partidarias de sumarse al sonoro. Se limitaron a ceder sus teatros para la exhibición de las películas sonoras extranjeras. A su vez los exhibidores japoneses eran accionistas, y en ocasiones socios de las compañías productoras. Debido a la abundante producción y a las preferencias del público, tenían una marcada predisposición a proyectar las películas japonesas, antes que las de otros países. También esta peculiaridad situaba el caso japonés en un punto contrario de lo que sucedía en la mayoría de los cines nacionales[38].

En 1934 cerca de la mitad de las salas japonesas están ya adaptadas a la nueva técnica. En concreto se contabilizaba un total de 1538 salas en el país. De ellas 806 (el 52.4 %) estaban equipadas para el sonido[39]. Dos años después, de las 1627 salas disponibles, 1368 disponían de equipos sonoros. La mayoría de estas salas exhibían de manera preferente o exclusiva producción local: en 1935 1117 salas exhibían tan sólo películas japonesas; otras 59 se limitaban a exhibir películas extranjeras, mientras que 410 salas exhibían indistintamente ambas. Al año siguiente, de 1627 salas, 1130 salas exhibían sólo películas japonesas; 64 proyectan tan sólo películas extranjeras, y 433 exhiben ambas. En 1937 el país cuenta con 1749 salas. De ellas 1234 exhiben tan sólo películas japonesas; 49 sólo películas extranjeras, y 446 exhiben ambas. Por último, en 1938 se contabilizan 1875 salas. 1373 exhiben sólo películas japonesas; 56 sólo exhiben películas extranjeras, y 466 exhiben ambas[40].

Por lo que se refiere a la producción silenciosa, de las 1627 salas que en 1936 se contaban en Japón, 259 exhibían sólo películas mudas. Algunas pequeñas compañías como la Daito, subsidiaria de Shochiku, producían sólo películas mudas. Aquel mismo año se produjeron 531 películas de las que todavía 101 eran mudas, si bien es verdad que en su mayoría se trataba de producciones baratas, de serie B, destinadas a completar las programaciones[41].

La difusión inicial del cine sonoro en Japón fue al principio predio casi exclusivo del cine americano. El 9 de Mayo de 1929 se realizó una demostración del sistema sonoro Fox Movietone en el Musashino-kan tokiota. Poco después el teatro Hogaku-za, controlado por la Paramount, anunció que se iba a instalar de inmediato en esta sala el sistema sonoro diseñado por la Western Electric. Ni que decir tiene que Paramount no está dispuesta a perder terreno con sus más inmediatos rivales, máxime en un momento en que las estrategias de todos los grandes estudios americanos pugnan por el dominio del sonido. De manera que Paramount anunció su intención de instalar en los cines que ella controlaba un sistema de sonorización con patente Western Electric. De este modo, a finales de 1929, la media docena de teatros controlados en Tokio por Paramount y Shochiku habían sido sonorizados con equipos de la Western Electric y la Radio Corporation of America[42].

Pese a la aportación de capital y tecnología extranjera, la mayoría de las compañías locales mostraban resistencia a aceptar los muy elevados derechos que exigían las compañías americanas por la proyección de sus películas sonoras. La cadena de salas afiliada a la Paramount, Publix, comenzó a hacerse con licencias de salas en Japón desde 1926. En Abril de 1927 ya controlaba once de los principales teatros japoneses. A ello se suman los acuerdos con otros teatros importantes. De este modo, la prominente compañía de la Montaña se erigió en la principal sede cinematográfica extranjera asentada en Japón. No sólo disponía de importantes salas estratégicamente situadas: era a la sazón la compañía extranjera que más películas lograba exhibir en el difícil foro nipón.

Las películas americanas dejaron pingües beneficios en las salas controladas por Shochiku y Nikkatsu entre 1938 y 1939. Sin embargo esta situación no podía durar mucho: el sistema de cuotas, la censura y las restricciones gubernativas provocaron el descenso de la exhibición extranjera, que fue cayendo paulatinamente: 275 títulos en 1937; 175 en 1938; 146 en 1939 [43].

A finales de 1929 más de media docena de salas controladas conjuntamente por la Paramount y por la Shochiku en el área de Tokio-Yokohama habían sido equipadas para el sonoro por medio del procedimiento diseñado por Western Electric y la Radio Corporation of America. Durante este periodo, la afluencia a los teatros equipados con sonido se incrementó en un 60%. Téngase en cuenta que, ante la escasa producción sonora japonesa, durante los primeros años 30 la exhibición de películas sonoras fue predio casi exclusivo de programaciones

---

38 FREIBERG, Freda. "The transition to Sound in Japan". En: *History on / and / in Film : Selected Papers from the 3rd. Australian History and Film Conference*. Perth : History and Film Association of Australia, 1987, p. 77 - 78.

39 KIRIHARA, Donald. *Patterns of time : Mizoguchi and the 1930s*. Madison, Wisconsin : The University Press, 1992, p. 45. Dicha fuente incluye, además, un interesante e ilustrativo gráfico.

40 Fuente: FREIBERG, Freda. "The transition to Sound in Japan". En: *History on / and / in Film : Selected Papers from the 3rd. Australian History and Film Conference*. Perth : History and Film Association of Australia, 1987, p. 79.

41 BURCH, Noël. *To the distant observer*. London : Scolar Press, 1979, p. 146.

42 Véase: KIRIHARA, Donald. "A reconsideration of the Institution of the Benshi". *Film Reader*, 1985, n° 6, p. 42.

43 KIRIHARA, Donald. *Patterns of time : Mizoguchi and the 1930s*. Madison, Wisconsin : The University Press, 1992, p. 47.

extranjeras. Sin embargo el cine mudo de producción nacional, que continuaba siendo mayoritariamente apreciado por el público nativo, actuó como muro de contención contra la presión extranjera. De este modo, las importaciones de películas mudas extranjeras cayeron hasta situarse en el 16% del total de las películas importadas en 1931. Y continuaron cayendo al 11 y al 8 % en años posteriores.

En el ínterin, la Victor Talking Machine Company, subsidiaria de la RCA Victor, inauguró una nueva planta en Yokohama, en 1930, con el objetivo de fabricar fonógrafos y equipos de sonido. Poco después, en Septiembre de 1931, la Western Electric habilitó un laboratorio de grabaciones en Tokio[44]. En La mujer proscrita (Yasujiro Ozu, 1933) veremos cómo el emblema de la RCA, el perrito Nipper, cobrará una singular importancia visual. Estas maniobras favorecen el que, al comenzar la década de los 30, las películas americanas constituyan el 90 % de las películas sonoras que se exhibían en Japón. Al año siguiente se reduce el porcentaje, que pese a todo continúa siendo del 62 %.

En 1931 Paramount sella una alianza con Shochiku. De este modo el coloso americano y la principal compañía japonesa integraron sus respectivas salas en un circuito común, que comprendía las principales ciudades del archipiélago. Sin llegarse a ejercer el control absoluto sobre las salas equipadas para el sonido, sí fue una maniobra hábil que sentó definitivamente la hegemonía de ambas empresas sobre el tablero nipón. La alianza facilitaba, por ejemplo, que la Paramount llegara a facilitar hasta un tercio de las películas extranjeras que se exhibían en el archipiélago.

Sin embargo el acuerdo no está llamado a prosperar: sólo dos años después la Paramount, que sufre un declive a consecuencia de la depresión que azota a su país, se vio forzada a romper el pacto. De este modo, en Junio de 1933 se devolvieron los derechos sobre todos los teatros a la Shochiku, a cambio de un año de exhibición exclusiva en estas salas de las producciones Paramount. Esta situación inesperada fortaleció más si cabe el dominio que ya tenía la Shochiku en el sector de la exhibición, mientras que las importaciones Paramount, inmersas en la crisis, descendieron en 1933 y en 1934[45].

Las películas americanas se exhibían en Japón, como en el resto del mundo. Y con frecuencia gozaron de extraordinaria popularidad. Mas su distribución y exhibición estaban controladas por empresas japonesas. Y nunca llegaron a poner en peligro la producción nacional, marcadamente hegemónica en las pantallas japonesas. Motivos para la resistencia contra el invasor ultramarino no faltaban: las tasas para exhibir películas americanas eran más caras que las de las películas nacionales. Por consiguiente, se cobraba más en taquilla en los teatros donde se exhibían películas extranjeras que en aquellos en los que se proyectaban productos nacionales. Sólo el excelente acabado de los productos de Hollywood, y la popularidad que cosechaban, podían permitir una situación semejante.

Además había que vencer las dificultades lingüísticas. En 1931 la Fox dobló una película de Raoul Walsh al japonés: The man who came back, protagonizada por Janet Gaynor y Charles Farrell, la misma pareja que se consagró en El séptimo cielo (Frank Borzage, 1927), película citada por Ozu en Días de juventud. Estrenada en Diciembre de 1931 bajo el título Saisei no minato, la experiencia resultó chirriante: la película no se había doblado en Japón, sino en Los Ángeles, bajo la supervisión de un profesor japonés, y con el concurso de ciudadanos japoneses residentes en aquella ciudad, ajenos por completo al mundo de la interpretación. De manera que ni entonaban, ni se preocupaban por sincronizarse con los labios de los actores; y para colmo pronunciaban un japonés arcaico con marcado acento yanqui. Huelga añadir que fue mal recibida por los críticos y por el público. Y no faltó quien se quejara por oír a las estrellas americanas hablando con el acento de Hiroshima.

A la vista de los pobres resultados, en 1936 sólo cinco películas extranjeras habían sido dobladas al japonés, con resultados poco satisfactorios. El público rechazaba ver a los extranjeros hablar en su idioma, con acento extraño y sin ningún tipo de entonación dramática. De manera que la solución más razonable es ofrecer las películas en versión original, con subtítulos en japonés. En 1931 llegó la primera película que se exhibió de este modo: Marruecos (Joseph von Sternberg, 1930), cuyo éxito favoreció el que éste fuera el sistema que se haría habitual a partir de entonces con las producciones extranjeras. Sin embargo, y para favorecer su comprensión entre el público, se hizo necesaria de nuevo la intervención del *benshi,* aunque se tratase de películas completamente sonoras.

A partir de este año, como vimos, se acelera el proceso de equipamiento sonoro: en 1931 había 1449 salas en Japón, de las que sólo 92 habían sido adaptadas para el sonido. Sin embargo la situación política resultó determinante en lo que a la distribución de películas extranjeras se refiere: el 20 de Septiembre de 1937 el gobierno japonés anunció la prohibición de importar películas extranjeras, con la exclusión de los noticiarios

---

44 KIRIHARA, Donald. *Patterns of time : Mizoguchi and the 1930s.* Madison, Wisconsin : The University Press, 1992, p. 44.

45 Ibid., p. 45.

que no interfiriesen en asuntos locales.

La suspensión de importaciones duró más de un año. Fue asimismo seguida por medidas que restringían el número de películas extranjeras en las pantallas nacionales. El 3 de Octubre de 1938 el gobierno japonés anunciaba el fin de su prohibición de películas americanas, y permitía una cuota de películas extranjeras en Japón. Pero una vez más los conflictos internacionales decidirían la llegada de películas extranjeras al país. Particularmente las de los países potencialmente enemigos, como eran los Estados Unidos de América.

En 1940, a pocos meses del inicio de la guerra, sólo se exhibieron veinticuatro películas norteamericanas en Japón. Tras el bombardeo de Pearl Harbor, el 7 de Diciembre de 1941, evidentemente se paralizarían todos los contactos entre Estados Unidos y Japón, incluidos los cinematográficos. Hasta el final de la guerra, no se volverán a exhibir películas japonesas ni en Japón ni en los territorios conquistados.

XIV. 7. *Eiga Ho:* Ley de Censura Cinematográfica

Desde el estallido de la guerra con China en Julio de 1937, hasta la capitulación en 1945, la industria cinematográfica japonesa era tutelada por el Ministerio del Interior, y por la Sección de Medios Audiovisuales del Ejército Imperial. Pocos meses atrás, en 1936, la industria cinematográfica había pasado a depender de la Oficina de medios Audiovisuales del Ejército Imperial, subordinada a su vez al Ministerio del Interior[46]. Evidentemente, esto afecta a la importación de películas extranjeras: si en 1937 se exhibieron 222 películas norteamericanas, al año siguiente la cifra se redujo a sólo 94 [47].

Los efectos de la autarquía bélica provocan escasez de material cinematográfico, que se ve racionado. A partir de 1937 se establecen límites a la duración de las películas de entretenimiento; se restringe la producción de cine que no aliente los fines nacionales. Pero además, en 1938 se prohibe la construcción de nuevas salas cinematográficas. Aquel mismo año da comienzo un acuerdo entre funcionarios de censura del Ministerio del Interior y guionistas de los principales estudios. Es propósito cooperar en un plan global de propaganda con el fin de preparar a los espectadores para una guerra que amenazaba con ser larga y muy sanguinaria. Entre los objetivos marcados destacan los siguientes:

- Paliar las peligrosas tendencias al individualismo que, se supone, imponen las películas extranjeras (y en particular las norteamericanas).
- Exaltar los valores nacionales; estimular las virtudes patrióticas; la unidad familiar y nacional; el espíritu de sacrificio. El respeto a los padres, a los mayores y a todos los superiores en general.
- Frenar las tendencias y hábitos occidentalizantes que el cine extranjero ha difundido entre el público, especialmente el más joven. Se trata de potenciar las costumbres y hábitos consuetudinarios.
- Evitar la representación de comportamientos o lenguajes frívolos o improcedentes en tiempos de sacrificio colectivo.

De este modo el cine japonés participa de un programa global de educación patriótica. El individuo debe subordinar sus aspiraciones personales a los dictados de la nación. Tanto el Ministerio del Interior como las autoridades militares tenían competencias sobre la producción cinematográfica: controlaban la producción; la censuraban desde los mismos guiones hasta su montaje final, y se ejercía un control severo sobre todos los estudios cinematográficos y su personal. Pero además, al comienzo de la guerra contra China en 1937, el gobierno demanda la cooperación de la industria cinematográfica en pro de la causa imperial. No es difícil lograr eco en la llamada, puesto que la campaña bélica ha desatado una sensibilidad militarista y nacionalista, a la que el mundo del cine no permanece ajeno. A tal fin, el Ministerio de Educación publica los principios de la Esencia Nacional. De este modo, y de manera espontánea, se van articulando los dispositivos de la censura. Numerosos artistas y escritores sufrieron represión, y algunos incluso fueron asesinados.

Es de apreciar que el ascenso al poder de los militares se corresponde, en el panorama cinematográfico, con una marcada predilección por el cine realista. particularmente el *shomin-geki,* o las llamadas películas de tendencia, soterradamente opuestas a la situación que vivía Japón en aquellos años. Precisamente a mediados de la década Kenji Mizoguchi había dirigido dos de sus mejores películas: Naniwa Hika (Elegía de Naniwa) y Gion no shimai (Las hermanas de Gion), muy poco complacientes con la situación que atraviesa el país. Otro tanto sucede con el primer largometraje sonoro de Ozu: Hitori musuko (El hijo único). Adviértase que las tres películas citadas, entre otras varias de similar textura social, fueron

---

[46] Véase: RICHIE, Donald. *Japanese Cinema : An introduction.* Hong Kong; New York (etc.) : Oxford University Press, 1990, p. 37.

[47] TOMASI, Dario. "El cine japonés : de la llegada del sonoro al final de la Segunda Guerra Mundial". En: *Europa y Asia : (1929 - 1945) /* coordinado por José Enrique Monterde y Casimiro Torreiro. Historia general del cine. Volumen VII. Madrid : Cátedra, D.L. 1997, p. 352 - 353.

filmadas el mismo año de 1936.

Las *keiko eiga* (o películas de tendencia), a cuya sombra se cobija aquel díptico de Mizoguchi, fueron durante los años 20 y 30 el legítimo reflejo de los conflictos entre clases que venían cuarteando la sociedad japonesa. Se trata, como se puede deducir, de una variante del *gendai-geki* aplicado a examinar conflictos sociales que se ejemplificaban en las experiencias de personajes extraidos de la vida cotidiana.

A su vez del *keiko eiga* derivan ramificaciones inferiores, como los *rumpen-mono* (*rumpen* deriva de *lumpen*): películas sobre el proletariado, y sus problemas cotidianos en un entorno hostil. Produjo películas importantes, como pudiera ser Un albergue en Tokio, de Ozu. A través de estas películas, determinados ideales contemplados en las películas europeas y americanas -democracia, socialismo y aun marxismo- comenzaban a filtrarse entre quienes apostaban por un Japón renovado y moderno. Nadie pone en duda que el cine era, una vez más, un vehículo oportuno para hacer llegar este discurso.

Ante esta situación general, no es posible desligar el panorama del cine japonés de los años 30 sin aludir a los mecanismos censores. A finales de los años 30 no eran pocas las voces que alertaban contra el declive que, a su juicio, sufrían los valores tradicionales japoneses. Y ninguna manifestación artística daba mejor muestra de semejante declive que el cine, tan contaminado por los perniciosos hábitos de Occidente. Se hacía por tanto preciso corregir esta situación y, por qué no, aprovechar el extraordinario potencial propagandístico que atesoraba la más popular de todas las artes.

De manera que, en Julio de 1938, se establecieron consultas entre responsables de la industria del cine y los censores delegados por el Ministerio del Interior. Como resultado de dicha consulta fueron establecidas las siguientes conclusiones:

1. Se hacía preciso erradicar los sentimientos individualistas que promovían las películas occidentales. Asimismo *"se deben evitar las escenas que muestren corrupción o excesivo alborozo"*.

2. Se evitará el uso de lenguaje inadecuado, así como las manifestaciones de comportamiento frívolo. Particularmente se propone poner coto a la figura de la *moga* (*modern girl*), evitando por tanto la representación de *mujeres jóvenes* contaminadas por las costumbres y el vestuario occidentales. Muy por el contrario, el cine debe *"reeducar a los espectadores en favor de los genuinos sentimientos japoneses"*.

3. Es cometido preferente elevar el espíritu japonés, fomentando para ello la admiración por el orden familiar y las virtudes del sacrificio en pro de la sagrada causa común. En otras palabras, el cine debería *"impulsar la filosofía nacional japonesa, particularmente la belleza y la singularidad del sistema familiar vernáculo, así como el espíritu de sacrificio absoluto en aras de la nación"*.

4. Por último, los espectadores cinematográficos debían ser reeducados en las virtudes imperecederas. Y por encima de todas ellas la piedad filial y el respeto a la jerarquía patriarcal. Esto es: se pretende revalidar la tradición confuciana, por medio de fórmulas tales como: *"prohíbanse los pensamientos y palabras impuras en las pantallas; foméntese el respeto debido a los padres y a los hermanos mayores"* [48].

Como resultado de aquellas consultas previas, el 5 de Abril de 1939 se promulgó la *Eiga Ho nº 66:* la nueva Ley de Censura Cinematográfica, que contó con el apoyo de los Ministerios de Educación y de Asuntos Exteriores. Pero además gozó de la aprobación de la Dieta y el apoyo de la industria cinematográfica en general, lo que da buena prueba de la atención con que los órganos del poder vigilaban el entorno del cine.

La nueva ley, que permanecerá vigente hasta el final del la guerra en 1945, ejercía mayor control sobre todo el proceso de producción, y aumentaba la tutela sobre el personal de los estudios. Al cabo, se trata de un compendio actualizado de las disposiciones que habían regulado este sector industrial desde 1917. Aparentemente al menos, el objetivo no es transformar el cine en un instrumento bélico, sino meramente estimular su producción y mejorar su calidad. Y de hecho la disposición fue bien recibida en los estudios, puesto que eran numerosas las voces que desde su seno venían demandando el cometido censor. Éste, huelga añadirlo, debería ser aplicable no sólo a las películas, sino también a los guiones e incluso a las revistas cinematográficas.

En palabras del Ministerio del Interior: *"El arte se debe movilizar por el bien de la patria"*. De este modo, el primer artículo de dicha ley declaraba que era su propósito servir *"al saludable desarrollo de la industria cinematográfica, así como al incremento de la calidad de las películas"* [49]. Pero además la censura se establece bajo dictados como el siguiente: *"El arte dramático debe olvidar las desfasadas actitudes individualistas o de clases. Y debe empezar a comprender que tiene un cometido cultural de importancia en el programa global de nuestra nueva consciencia nacional"* [50].

---

48 Citas: DAVIS, Darrell William. *Picturing Japaneseness : Monumental Style, National Identity, Japanese Film.* New York : Columbia University Press, 1996, p. 65.

49 Ibid., p. 64.

50 Citado por: RICHIE, Donald. *Ozu.* Berkeley (etc.) : University of

No se debe omitir que la Ley Censora fue redactada bajo el modelo de la *Spitzenorganisation der Filmwirtschaft* que se elaboró en la Alemania nazi[51]. La disposición japonesa fue dividida en veintiseis artículos que, en su conjunto, permitían al gobierno ejercer un control absoluto sobre todas y cada una de las etapas de producción, distribución y exhibición de las películas.

De este modo la Ley de Censura supuso el punto culminante de la intervención del estado en la industria cinematográfica. A partir de 1940 la Ley de Cinematografía se tornó de obligado cumplimiento, y no admitía excepción alguna. Se proponía firmemente asegurar que la producción y exhibición de películas en Japón se hiciera conforme a los dictados de la ideología *kokutai;* esto es, conforme a la denominada esencia nacional: las directrices ideológicas impuestas por el gobierno del país.

Así, los censores se marcarán un doble objetivo: garantizar la seguridad nacional, supervisando el contenido político de las películas, y velar por los códigos de conducta y la moralidad en el cine. Dentro del primero de los cometidos, el censor atiende los casos que puedan afectar a la imagen de la familia imperial, la nación y sus dirigentes, la ética nacional, los problemas sociales y criminales y, en general, cualquier asunto de interés público.

Por el contrario el segundo objetivo atiende más al terreno de lo privado. De este modo se regulan las películas para evitar situaciones improcedentes en el terreno de la ética y la moral; la educación y el credo religioso; el trabajo y la familia; la violencia y el sexo[52]. De manera general se prohiben las películas que representen las penalidades de la vida cotidiana; pero también las películas que traten de la vida de los ricos, o las que describan la felicidad individual. Por descontado se proscriben todos aquellos largometrajes que representenfrivolidades sexuales, escenas de mujeres fumando o bebiendo en cafés. En el colmo de la intransigencia, hasta se prohibe el uso de las palabras extranjeras[53]. Difícil situación se les presenta a los estudios, que deben restringir a conciencia su campo de acción: recuérdese que las películas inspiradas en situaciones cotidianas eran las más comunes en las apreciadas películas de la Shochiku antes de la guerra.

Sin embargo, solapados bajo sus fines propagandísticos la ley escondía otros objetivos: no sólo se trata de corregir posibles perspectivas críticas; además se pretendía difundir entre los espectadores los dogmas nacionales. Pero igualmente pretendía justificar el esfuerzo bélico, proclamando a todos los japoneses la inminencia de una victoria segura.

Para cumplir exitosamente los objetivos, era imprescindible asegurar férreamente hasta los mínimos resortes de la industria del cine. Por consiguiente, todos y cada uno de los miembros de la industria cinematográfica debían conseguir una licencia oficial de trabajo. Para hacerse con la misma, era preciso superar las pruebas de competencia, en las cuales los trabajadores no eran evaluados tan sólo por su cualificación profesional, sino también por su credo político. Añádase que dichas pruebas no eran cometido de la oficina censora, sino de los propios estudios, para mejor evaluar el grado de implicación de sus trabajadores en la política nacional.

Dicha exigencia administrativa facilitaba una criba preliminar de todos los elementos supuestamente adversos, y se garantizaba un control más estrecho sobre todo el gremio cinematográfico. A tal fin la industria cinematográfica japonesa contaba con un órgano común: la *Dai Nihon Eiga Kyokai* (*Gran Asociación Cinematográfica Japonesa*), fundada en 1933 con el propósito de consolidar la industria y garantizar el cumplimiento de las imposiciones oficiales. Conforme a las disposiciones de esta Asociación, los trabajadores que carecieran de dicha licencia podían ser penalizados con hasta seis meses de prisión, e incluso podrían sufrir la inhabilitación profesional[54].

Las oposiciones, en efecto, se pagan caras. Y no sólo en el seno de la industria. El crítico Akira Iwasaki, quien sostenía que la recién promulgada ley era perjudicial para la salud creativa del cine, fue encarcelado durante ocho meses. Corría el año 1940: malos tiempos para ser disidente.

A partir de la Ley se normalizaron las sesiones cinematográficas, tanto en el fondo como en la forma. La duración completa de los espectáculos no debía rebasar

---

Californa Press, 1974, p. 227.

51 Véase: NOVIELLI, Maria Roberta. *Storia del Cinema Giapponese*. Venezia : Marsilio, 2001, p. 101 - 103.

52 DAVIS, Darrell William. *Picturing Japaneseness : Monumental Style, National Identity, Japanese Film*. New York : Columbia University Press, 1996, p. 67.

53 LEWINSKY, Marianne. " Appreciations : Kido Shiro in perspective". En: *KIDO Shiro : Producer of directors : In celebration of Shochiku Centennial* / Marianne Lewinsky and Peter Delpeut, editors. Amsterdam : Nederlands Filmmuseum (etc.), 1994, p. 16.

---

54 DAVIS, Darrell William. *Picturing Japaneseness : Monumental Style, National Identity, Japanese Film*. New York : Columbia University Press, 1996, p. 66.
El autor informa además sobre algunas de las preguntas que debían responder los trabajdores para conseguir sus licencias. Entre ellas figuraban algunas como: *"¿Cuál es el propósito del Movimiento Imperial?" "¿Por qué es necesario fomentar un Nuevo Orden?" "¿Por qué razón nuestro país tiene una política de exaltación sin igual en todo el mundo?" "¿A qué obedece el que, pese a las continuas victorias militares, todavía no se haya librado la batalla definitiva?"*

las tres horas. Y por descontado el gobierno se reservaba el derecho de prohibir cualquier película extranjera, del mismo modo que podía autorizar o impedir la proyección de películas japonesas fuera de su país.

No faltó quien llegó a calificar la *Eiga Ho* como *"la primera ley cultural"* del país. Lo cierto es que dicha ley afectó de manera determinante a la industria del cine, particularmente en lo que se refirió a sus relaciones con el Estado, incrementando su vinculación con el proyecto político imperialista.

Cumpliendo esa doble función propagandística y educadora, la ley amparó la producción y la exhibición de noticiarios y cortometrajes con intenciones didácticas: las llamadas *bunka eiga* (películas culturales), cuya proyección era obligatoria al principio de cada sesión. Se trataba, como cabe suponer, de documentales y noticiarios de propaganda y de exaltación nacional. Dichas películas siguieron el modelo dictado por Goebbels y los *Kulturfilms* que glorificaban en imágenes el ideario nazi. Shiro Kido, el director de los estudios Shochiku en los que trabajaba Ozu, llegó a afirmar que la idea de importar la idea de los *Kulturfilms* a Japón había sido suya, tras una visita a Alemania, si bien se exime de la responsabilidad de haber usado esas películas culturales como un instrumento de propagación de ideologías totalitarias[55].

No cabe duda que Kido, una de las personalidades más influyentes en la industria cinematográfica japonesa, había intervenido de un modo u otro en la ordenación cinematográfica que acometío la Ley del Cine. Estas *bunka eiga* desempeñaron un importante papel no sólo en la propagación de la ideología oficial, sino también en el desarrollo de la industria cinematográfica en general. Al cabo, estas producciones gozaban de todo tipo de facilidades para su producción y exhibición. Sólo en el último trimestre de 1939 se filmaron 985 *bunka eiga*. Y en 1940 la cifra ascendió hasta los 4.640 títulos[56].

Por si estas medidas fueran pocas, la Ley del Cine también patrocinó aquellas películas que se ajustaban al ideario nacional. Además un premio anual, concedido por el Ministerio de Educación, galardonaba los esfuerzos cinematográficos más señeros en pro de dichos objetivos. Se trata, en definitiva, de estimular la producción de las llamadas *Kokusaku eiga*, impulsoras cinematográficas de la política nacional, por considerarlas un bastión imprescindible en el progreso cultural del país.

Muchas de estas películas estaban ambientadas en periodos históricos, si bien ejemplificaban virtudes y sentimientos que debían ser alimentados en un país supuestamente destinado a liderar las naciones libres de Asia. La primera película que recibió dicho galardón fue la por otra parte espléndida Zangiku monogatari, (Historia de los crisantemos tardíos) de Kenji Mizoguchi (1939), pese a que algunos reprochaban su puesta en duda de la autoridad patriarcal. Pero no fue ésta la única distinción que recibió el gran director. En 1940 Mizoguchi fue nombrado Consejero del Comité para el Cine, así como Jefe del Sindicato de Autores. Por entonces el Estado había unificado los criterios de la industria cinematográfica japonesa, haciendo de ella una causa común al servicio de los intereses nacionales. No era muy diferente la situación de lo que sucedía en Alemania, cuya industria cinematográfica estaba concentrada en torno a la U.F.A. a la sazón órgano cinematográfico nacional.

Las previsiones censoras afectan tanto a los trabajos de pre-producción de la película, como a las labores de filmación y montaje. Ni que decir tiene que todos los guiones debían someterse a revisión antes de comenzar su rodaje. Así, y con el pretexto de no alterar el orden público, se imponían los temas que debían abordar las películas. Sólo de este modo se vela por preservar los valores autóctonos que proporciona la tradición cultural e histórica del país. Por tanto, las inspecciones de guión y de películas corrían a cargo de los propios estudios, quienes además debían pagar un impuesto por inspección. Las revisiones de las películas se hacían desde el guión hasta la película completa. Una vez terminada, se podía exigir la supresión de determinadas escenas, y aún volver a rodarlas conforme a los dictámenes censores. De no contar con la aprobación de los censores, una película podía ver prohibida su exhibición.

Se ejerce, de este modo, una censura tanto a priori como a posteriori de la producción. El rigor en su cumplimiento hizo que la censura japonesa pueda figurar entre las más severas del mundo. No es menos cierto que los productores sabían cómo hacer más flexible la revisión del censor: las películas de época, sobre todo las que exaltaban los valores ancestrales, gozaban de grandes posibilidades de éxito; otro tanto sucede con las producciones que exaltan las virtudes familiares. Mizoguchi halló un refugio acogedor en sus retratos de actores ambientados en los años Meiji. Ozu no tenía sino que continuar rodando las mismas producciones familiares; procurando no afilar demasiado sobre los problemas cotidianos que debían superar sus protagonistas.

---

55 Es posible encontrar constancia de dichas declaraciones en: DAVIS, Darrell William. *Picturing Japaneseness : Monumental Style, National Identity, Japanese Film.* New York : Columbia University Press, 1996, p. 68.

56 Ibid., p. 67.

Garantizando el correcto cumplimiento de la Ley, la industria cinematográfica debería custodiar los grandes objetivos del país: la victoria en la guerra, la hegemonía que debe alcanzar Japón al frente de una Asia libre de la opresión de Occidente. Para cumplir adecuadamente con los objetivos didácticos, se prohiben las películas que ridiculicen al ejército, así como aquéllas que representen la guerra con toda su crudeza. También serán retiradas las películas en las que se exhiban sentimientos *"decadentes"*, como son el individualismo, el desaliento o la búsqueda de placeres personales. Por añadidura, cualquier brote de cine antibelicista es severamente abortado.

Entre los indicios de perversión moral, de origen extranjero, que debían ser purgados se citaban los siguientes: las portadas de novelas inglesas; mujeres maquilladas y con vestimentas europeas, y carteles de películas de Hollywood. No deja de ser curioso comprobar que dichos carteles aparecían con frecuencia en las películas de Ozu, quien era a su vez uno de los cineastas japoneses que contaban con mayor prestigio: hasta tal punto se habían infiltrado los recursos del maligno ultramarino en las entrañas del País del Sol Naciente.

Las escenas de desnudos, que eran prácticamente ausentes en el cine japonés anterior a 1945, se restringieron de manera muy particular a partir de 1925, cuando las primeras medidas censoras comenzaron a regularse. Sin embargo, más que los desnudos se prohibían las escenas de besos por juzgárselas inmorales. Se había llegado a prohibir la exhibición en el país de la famosa escultura de Rodin *El beso*, no tanto por la desnudez cuanto por la actividad amorosa que representaba aquel grupo escultórico.

En efecto, los besos eran un auténtico tabú en el Japón anterior a MacArthur. No sólo estaban prohibidos en las películas japonesas: los censores invariablemente suprimían las escenas de besos de todas las películas extranjeras. Un caso sin duda sorprendente en un país con una tradición como la japonesa. Aunque las estampas eróticas y la literatura licenciosa dan holgada cuenta de ésta y de otras actividades íntimas, no estaba bien visto mostrar efusiones amorosas en público ni, por consiguiente, en las pantallas. Ni siquiera en la vida familiar era una práctica habitual el besarse con gente delante[57].

Pero además se prohibían argumentos que exaltasen la felicidad y el triunfo individuales: todos los esfuerzos debían venir guiados por el bienestar de la comunidad. En consecuencia se depuraban todos los elementos que, a juicio del censor, pudieran ser inconvenientes, o los que estuvieran contaminados por perniciosos influjos foráneos. Muy por el contrario se auspiciaban las películas que exaltasen la tradición, la familia, la entrega a la causa común. En particular la política fisiocrática del gobierno encontró acomodo en numerosas películas que exaltaban las labores del campo, desdeñando los impuros reclamos de la ciudad. Uno de los mejores y más tempranos ejemplos que ha sobrevivido es Furusato no uta (La canción del país natal), dirigida por Kenji Mizoguchi en 1925.

XIV. 8. Las amistades peligrosas

Como se ha dicho, el modelo censor japonés se inspiró directamente en el de la Alemania nazi. La alianza entre los dos países justificaba una similar actitud ante la industria del cine. Y en efecto es posible distinguir ciertas similitudes: en ambos casos los proyectos y los guiones habían de ser revisados antes de su rodaje. Pero también existen diferencias. No cabe considerar el modelo japonés como una mera adaptación del alemán.

El modelo de censura nazi, implantado en 1934, emplazaba la censura entre las competencias del Ministerio de Propaganda, quien regulaba las propuestas para rodar determinadas películas. La industria japonesa no estaba sometida a la intervención estatal de un modo tan directo como sucedía en la Alemania nazi, que ejercía un control férreo desde la cúspide. La industria cinematográfica japonesa no estaba tan jerarquizada como aquélla, ni se centralizó tanto[58]. Recuérdese que, a principios de 1942, la industria cinematográfica alemana se concentró en torno a un consorcio gigantesco, dependiente del estado: Ufa-Film GmbH (UFI).

Las disposiciones censoras tienen en cuenta medidas restrictivas, propias de una economía de guerra: no sólo se trata de optimizar unos recursos que no abundan, sino de rentabilizarlos además plenamente al servicio del régimen. La industria japonesa nunca llegó a concentrarse de la misma manera en que lo hizo la alemana; es más durante estos años el dominio bifronte Shochiku / Nikkatsu se transformó en triunvirato, como se vio tras la fundación y escalada de la Toho. La industria cinematográfica japonesa, por otra parte, nunca fue nacionalizada. No cabe duda, por otra parte, que los cineastas, guionistas y productores japoneses debían ejercer su oficio bajo la tutela del estado, al amparo de

---

57 IZBICKI, Joanne. "The Shape of Freedom : The Female Body in Post-Surrender Japanese Cinema". *U.S. - Japan Women's Journal*, 1996, nº 12, p. 122 - 123.

58 KIRIHARA, Donald. *Patterns of time : Mizoguchi and the 1930s*. Madison, Wisconsin : The University Press, 1992, p. 55.

una serie de prohibiciones más o menos claras, y unas recomendaciones más específicas.

Fruto de este buen entendimiento, en 1937 se estrena en Tokio la primera co-producción germano-japonesa: Atarashiki tsuchi (La nueva tierra). Fue producida por Nagamasa Kawakita, presidente de la compañía Towa Shoji, quien buscaba un éxito internacional que favoreciese la exportación de películas japonesas a Europa y América. La producción sella cinematográficamente un lazo simbólico entre Japón y Alemania, como demuestra el que la redacción del guión concluyera en Noviembre de 1936, el mismo mes en que Japón y Alemania firmaran el Pacto Anti-Comintern que comprometía a ambos países a velar en contra de la expansión del comunismo internacional.

Se benefició de un presupuesto muy importante para la época -750.000 yenes- . Su guionista y co- director fue el cineasta alemán Arnold Fanck, mientras que por la parte japonesa intervino Mansaku Itami. Se pretendía que el veterano Fanck ilustrase a los directores japoneses en los gustos europeos, para favorecer la apertura de nuevos mercados cinematográficos[59].

No deja de ser paradójico el que, pese a esta situación de alianza política, las relaciones entre sus dos responsables- Fanck e Itami- fuese tan mala que, ante la evidencia de no poder trabajar en un proyecto común, se decidió desdoblarlo en dos rodajes paralelos. De manera que de ella se hicieron dos versiones: la primera sería producida en lenguas alemana y japonesa, y fue titulada Die tochter des Samurai (La hija del samurai), a la que dirigió el propio Fanck. Además se realizó otra versión en lenguas inglesa y japonesa, esta vez dirigida por Mansaku Itami, quien había llegado a este extraño proyecto en contra de su voluntad.

El equipo sería común en ambas películas. El director de fotografía de ambas versiones fue Richard Angst, prestigioso operador que colaboraba regularmente con Fanck en sus rodajes aventureros. Contó en el reparto con una jovencísima Setsuko Hara en uno de sus primeros papeles como protagonista. Por las mañanas rodaban a la dirección de uno, y por las tardes a la del otro. Pese a partir ambas versiones de un mismo guión, se aprecian sensibles diferencias en el tratamiento que dieron ambos cineastas, y particularmente en lo referido a la justificación de la presencia militar japonesa en Manchuria.

El guión y el diseño de la película se acomodaban a los modelos propagandísticos nazis, fáciles de encajar en el Japón de 1936: cada cual ocupa el lugar que le corresponde; todos trabajan denodadamente por el interés común Y se justificaba la invasión de Manchuria en virtud de las necesidades que tenía la nación que debía liderar un nuevo orden asiático. Aunque comercialmente la película fue un éxito en Japón, cosechó muy malas críticas, debido a su tratamiento simplista y a su plegamiento a las doctrinas nazis.

XIV . 9. Conclusión: las reticentes cinematografías asiáticas

La transición al cine sonoro fue rápida en los países occidentales con cinematografías pujantes. Por el contrario otras cinematografías importantes, como la soviética, la india, china y japonesa, se demoraron considerablemente en su adopción. En todas las anteriormente citadas, la primera película sonora se realizó en 1931. Y todas ellas fueron inicialmente refractarias al uso del sonido.

India estrenó sus últimas películas mudas en 1934, y la Unión Soviética en 1935. Todavía más reticentes fueron en China y en Japón, donde la producción muda era dominante, al menos hasta 1936. En determinados casos no cabe hablar tan sólo de razones técnicas o financieras, por más que éstas ejercieran un peso importante. Japón era el país más industrializado, fuera de la órbita occidental. Se hallaba en mucho mejor situación, por ejemplo, que China y la India para acometer la transición al sonoro. Las razones técnicas y financieras son una razón de peso, no cabe duda, pero no pueden ser consideradas las únicas.

Es ahora momento de recordar que el cine mudo tuvo su canto del cisne en el lejano Oriente: en China y en Japón. En el país de Ozu y Mizoguchi, de Naruse y Kinugasa, se realizaron grandes películas mudas cuando éstas eran ya una reliquia del pasado en Europa y en los Estados Unidos.

Como sucedía con sus vecinos isleños, también la primera generación de cineastas chinos fue reacia en la transición al sonoro. Éste fue el caso de los primeros maestros del cine chino: Sun Yu, Cai Chusheng, Wu Yong Gang, Bu Wancang, Cheng Bugao. Todos ellos pertenecían a la misma generación que Mizoguchi, Ozu, Naruse, Gosho o Shimuzu, y los restos que nos han

---

[59] Arnold Fanck (1889-1974) alcanzó notoriedad en Alemania merced a sus películas sobre montañeros. Rodadas en impresionantes parajes alpinos, sus películas reconciliaban la práctica cinematográfica con la aventura en parajes sobrecogedores. Lanzó a la fama a los actores Luis Trenker y Leni Riefenstahl, quien aprendió la técnica de su mentor y llegaría a convertirse en una de las cineastas más destacadas del Tercer Reich.
Sobre Fanck y su insólita experiencia japonesa, véase: HANSEN, Janine. "The New Earth : (1936 - 1937) : A German-Japanese Misalliance in Film". En: *IN Praise of Film Studies : Essays in Honor of Makino Mamoru* / Edited by Aaron Gerow and Abé Mark Nornes. Yokohama ; Ann Arbor : Kinema Club ; Trafford, 2001, p. 184 - 198.

llegado de sus obras muestran un buen nivel creativo.

Al igual que sus colegas japoneses, los cineastas chinos continuaron haciendo películas mudas de gran calidad cuando en las cinematografías dominantes se imponía el sonoro. De este modo, el cine mudo tuvo su última gran reserva en los países asiáticos. En países como China y, de manera especial, Japón, se produjeron los últimos estertores de aquel arte irrepetible. Añádase que, pese a la proximidad, y debido a los conflictos políticos y militares, ambas cinematografías se ignoraron mutuamente. No tenemos constancia de influjos recíprocos, ni de interés alguno hacia las películas que producía el enemigo próximo. Cuando Ozu prestó sus servicios en Singapur, aprovechó para ver un gran número de películas americanas, pero no nos consta que aprovechara para ver películas chinas o asiáticas. En sus diarios no muestra interés por estas cinematografías.

Tanto en China como en Japón el sonido llegó tardiamente, si bien en el caso chino no se produjo el fenómeno generalizado del *benshi:* las películas mudas se limitaban al acompañamiento musical. Como sucede en el cine japonés, también el cine chino en los estertores del periodo mudo trataba sobre el conflicto entre tradición y modernidad. En ambos casos el cine fue utilizado, por añadidura, como un eficaz instrumento de denuncia y de crítica social.

Sun Yu (1900-1990) figura entre los cineastas chinos más prestigiosos de los años 30. Relataba problemas cotidianos de la sociedad china con un poderoso impulso lírico. Se suele considerar su película Dalu (1934) como una auténtica obra maestra, y la culminación de su arte durante el periodo mudo. Trata sobre la construcción de una carretera en China con el fin de contrarrestar las agresiones que sufren por parte de los invasores japoneses.

También el cine chino contaba con estrellas sumamente populares durante sus últimos años mudos, como Ruan Ling-yu, que protagonizó Nuevas mujeres (Cai Chuseng, 1935). Y tenemos constancia de otros directores de envergadura en China que, como tantos otros casos, están aguardando el momento en que alguien se preocupe por rescatarlos de las tinieblas antes de que los restos de sus obras, como lo son sus propios nombres, sean barridos por el viento[60].

---

60 Véase: *Encyclopedia of Chinese Film* / Yingjin Zhang and Zhiwei Xiao. London ; New York : Routledge, 1998.

Noriko. Kami ningyô realizada por Miko Misono

XV. TIEMPOS DE GUERRA (Años 1940-1945)

" No importa cuán agitado esté el mundo: el cine debe guardar la calma."
Shiro Kido[1]

XV. 1. Recomendaciones Cinematográficas

En 1940 el Ministerio del Interior dictó las siguientes recomendaciones, que debían complementar la *Eiga Ho* que había sido promulgada un año antes:

- El cine proporcionará un entretenimiento saludable a través de temas positivos.
- Aunque no se restringen, las intervenciones de los cómicos y de los temas satíricos no deberían incrementarse.
- Por el contrario, se prohiben expresamente las películas que traten sobre el estilo de vida frívolo y burgués. En particular se prohiben escenas en que aparezcan mujeres fumando; asimismo se desaconseja la representación de comportamientos disipados, y entre ellas as escenas de cabaré.
- Asimismo se prohiben las películas que ensalcen la felicidad privada.
- Más aún, se deben evitar los diálogos que contengan neologismos extranjeros.
- Por el contrario se debe amparar la producción de películas que ensalcen y estimulen los sectores productivos del país, particularmente la agricultura.

Para cumplir estos objetivos, se deberá inspeccionar escrupulosamente cada película, desde la misma etapa de pre-producción. Si se advierte cualquier circunstancia sospechosa, se deberán corregir adecuadamente los guiones[2]. Además se conceden amplias libertades a los funcionarios censores a la hora de interpretar y hacer cumplir los dispositivos de la *Eiga Ho*.

Se propone en suma mayor educación colectiva y menos risas y frivolidades. El régimen lacedemonio que se impone en Japón exige simple y llanamente la exclusión de costumbres y de lenguaje extranjero, por contaminar y pervertir la cultura autóctona. Por añadidura se rechazan los sentimientos individuales, tan arraigados en Occidente. De este modo se tiende a la progresiva abolición de las historias de amor urbanas, género sumamente popular, y cualquier pretendida frivolidad que aliente sentimientos individualistas. La *kokusaku eiga* (política nacional cinematográfica) debe ante todo fomentar el espíritu gregario, la capacidad de sacrificio y los valores autóctonos. Pero además la nueva ley contribuirá al fortalecimiento de la economía nacional, con particular preocupación fisiocrática. El cine, al fin, debe contribuir a preparar al pueblo japonés para el gran esfuerzo colectivo que se le va a exigir.

Ningún medio de comunicación se vio tan sometido al control del estado como el cine. Sin embargo, la industria japonesa acogió las disposiciones con comprensión y benevolencia: la *Eiga Ho* no sólo confirma el poder del cine como industria, sino también como instrumento cultural y didáctico. Por primera vez se le concede oficialmente la atención e importancia que merece. Más aún, los propios estudios se sienten orgullosos de participar en la gloriosa empresa nacional.

Figura 34

Figura 35

No era fácil ejercer un oficio en el que se debía medir muy bien tanto lo que se decía como la forma en que

---
1 Cia: RICHIE, Donald. "Kido Shiro". En : *KIDO Shiro : Producer of directors : In celebration of Shochiku Centennial* / Marianne Lewinsky and Peter Delpeut, editors. Amsterdam : Nederlands Filmmuseum (etc.), 1994, p. 10.
2 SATO, Tadao. "Japanese War Films". En: *Currents in Japanese Cinema* . New York : Kodansha International, 1982, p. 101.

aquéllo se plasmaba. Los cineastas debían realizar su trabajo sometiéndose a unas exigencias sumamente restrictivas. En particular debían evitar cualquier tipo de ambigüedad, o de lectura entre líneas. Se da así el caso de que un cineasta tan poco problemático como Ozu viera censurado un proyecto (Ochazuke no aji) por mostrar a una pareja despidiéndose -él se va a la guerra- con una cena frugal: un triste arroz blanco, cuando la ocasión exigía todo un feliz banquete[3].

Peor suerte corrió Fumio Kamei tras dirigir el documental titulado Tatakau heitai. Soldados en la batalla (1940) (Figura 37), en el que se describía la vida cotidiana en el frente de batalla, con toda su crudeza. Tal era la exactitud de lo que allí se contaba, que los censores apreciaron titubeos antibelicistas. De manera que Toho -compañía que produjo la película- hubo de retirarla. El infortunado director no sólo fue cesado hasta el final de la guerra, sino que además pagó su atrevimiento con dos años en prisión.

Pero además se censuraban las películas cuyo contenido o estilo parecieran demasiado apegados a los usos del odiado occidental. Por ejemplo la primera película de Akira Kurosawa, Sanshiro Sugata (1943) fue censurada por occidentalizante; y no hubiera podido ser distribuida de no mediar Yasujiro Ozu, quien en representación del estudio consiguió aplacar a las autoridades[4].

No en vano el cine americano es el enemigo, por ser embajador de una cultura intrusa y agresora. Tras el inicio de las hostilidades con los Estados Unidos, todas las películas de aquel país serán prohibidas, así como las de sus aliados europeos. La prohibición no sólo afecta a la metrópoli insular, sino también a todos sus territorios conquistados. En todos ellos sólo podían ser exhibidas las películas nacionales, así como las de sus aliados europeos del Eje -Italia y Alemania- .

No todos los profesionales del medio comparten tamaña actitud, ni mucho menos, como se verá en el caso de Ozu. En un país que hierve en su rechazo de la cultura foránea, y particularmente del cine americano por considerarlo corruptor de las formas tradicionales, el director Mansaku Itami tiene el arrojo de defender el cine americano en su ensayo titulado *"Iniciarse en la interpretación del cine"*, publicado pocos meses antes del bombardeo de Pearl Harbor, en Agosto de 1941. Oponiéndose a los dictados de su época, el autor de aquel artículo llega a considerar beneficioso el cine americano, toda vez que aporta modelos de vida dinámicos y eficaces, y estimula formas de comportamiento activas y actitudes francas. Dicho con sus propias palabras, *"nosotros hemos aprendido de su disposición activa, voluntaria y por fuerza combativa; pero también hemos aprendido de ellos algunas virtudes respecto a la vida, fundadas en el respeto a la dignidad del hombre y en el coraje. Sus principios vitales aparecen igualmente encarnados en sus héroes románticos, que parecen haber ejercido sobre nosotros las influencias más positivas y más profundas. Y me parece que son la esencia misma del alma americana"* [5].

Coincidiendo con el ataque a Pearl Harbor, la producción cinematográfica se concentra, y las diez compañías cinematográficas existentes se reducen a dos, con el fin de controlar con mayor eficacia la producción. Sobrevivieron la Shochiku, a cuyo frente se halla Shiro Kido, y la Toho. Sin embargo el astuto Masaichi Nagata, por entonces presidente de la Shinko Kinema, y director de la extinta Dai Ichi Eiga entre 1934 y 1936, logró que se autorizara la fusión de tres estudios. De este modo Shinko, Daito y Nikkatsu se integraron al amparo de una sola firma: *Dai Nihon Eiga Kabushiki Kaisha* (*Sociedad Anónima Cinematográfica del Gran Japón*) o Daiei, productora a la que se deberá el triunfo del cine japonés en Occidente durante los años 50.

Así fue cómo las *Películas del Gran Japón* absorbieron al otrora gigante Nikkatsu. Paradójicamente Nagata años atrás había trabajado como gerente en el veterano estudio. Sin embargo, y aunque se la prohibió producir, Nikkatsu pudo conservar su circuito de explotación. Esta situación anómala se mantuvo hasta 1954 cuando, a pesar de la oposición de todas las compañías rivales, Nikkatsu pudo volver a la producción.

Figura 36

XV. 2. La gran guerra : desde Hawai hasta Malasia

Tras el ataque a Pearl Harbor el 7 de Diciembre de 1941, el número de películas militaristas y belicistas se

---

3 SATO, Tadao. *Currents in Japanese Cinema.* New York : Kodansha International, 1982, p. 101.

4 RICHIE, Donald. *Japanese Cinema : An introduction.* Hong Kong; New York (etc.) : Oxford University Press, 1990, p. 39.

5 Cita: SATO, Tadao. *Le Cinema Japonais.* Paris : Centre Georges Pompidou, 1997, v. I, p. 50 - 52.

Figura 37

incrementa. Pero la producción no se limita a las hazañas o a las grandes operaciones en el escenario de la batalla. Antes bien se pone mayor énfasis en las virtudes de honor y camaradería que alienta el ejercicio de las armas; en el fortalecimiento espiritual que gana quien consagra su vida al ejército. Uno de los mejores ejemplos de esta tendencia lo ofrecen las películas realizadas por Tomotaka Tasaka para la Nikkatsu: Gonin no sekkôhei (Cinco de infantería, 1938) (Figura 36) y, muy especialmente, Tsuchi to heitai (Tierra y soldados, 1939). He aquí dos películas, ambientadas en la guerra con China, donde la ficción se confunde con una realización muy próxima al documental: un díptico sorprendente que no recurre a la exaltación fácil del combatiente, ni se pliega al mero discurso nacionalista. Por el contrario, reproducen de una forma muy verosímil la rutina del soldado, y se detienen en su punto de vista ante el conflicto. Mejor aún, no incurren en el fácil maniqueismo, ni en la desacreditación del guerrillero chino a quien se debe combatir. En ambos casos el enemigo es una abstracción inexistente; una fuerza adversa y sin rostro a la que es necesario eliminar por el bien de la sagrada causa imperial. Sin duda ambas películas defienden la sincera convicción del soldado japonés ante el combate; pero no exaltan su animosidad bélica. Todas estas circunstancias hacen de éste un díptico anómalo por lo excepcional de sus planteamientos.

Tras su misma estela se emplaza otra obra singular en la producción bélica japonesa: Nishizumi senshacho-den (La historia del comandante de tanques Nishizumi), dirigida por Kimisaburo Yoshimura en 1940. Además de estos ejemplos tan excepcionales, menudean las meras películas de propaganda, concebidas para instruir a la población civil en las virtudes castrenses, y en la exaltación del espíritu nacional. Con frecuencia se trata de melodramas ambientados en la retaguardia, que ilustran comportamientos ejemplares: las mujeres -madres y esposas- deben ser estoicas y abnegadas, lo que equivale a reprimir sus sentimientos y su femineidad. Pero siempre evitando fórmulas desnaturalizadas ya que los excesos lacrimógenos, tan propios del melodrama Shimpa, son vistos con recelo en estos años espartanos.

No se pretende entretener, ni dar espectáculo. Por el contrario, se aspira a exaltar la contienda; y a sublimar las virtudes castrenses. Pero además se procura evitar sentimientos de repulsa o condena hacia lo que sucede en el campo de batalla. Por esta razón se silencian o se alivian los horrores bélicos; y por supuesto se dignifica el sobreentendido comportamiento honorable y ejemplar del soldado japonés.

Figura 38

Figura 39

Respondiendo lealmente a las imposiciones, pero también a la vehemencia con que los estudios se entregaron a la causa, la producción bélica se incrementa en cantidad; y a tenor de las películas que sobrevivieron a la contienda, la calidad debía ser igualmente alta. En 1942 Kajiro Yamamoto dirige una de las películas importantes del periodo bélico: Hawai Marei Ôki Kaisen (La guerra en el mar desde Hawai a Malasia), (Figura 38) en la que reconcilia el documental, que reconstruye escrupulosamente los principales acontecimientos bélicos, con el cine de ficción. Que no en vano las películas japonesas, tanto las documentales como las obras de ficción, deben enarbolar los principios del kokusaku: la política nacional. Y así se repiten temas, imágenes y convenciones que marcaron las pautas del género: la marcha triunfal del ejército japonés, recibido con entusiasmo por la población civil de los lugares que invade (al fin y al cabo se presentaba como el liberador del yugo occidental); la solidaridad y la capacidad de sacrificio de los soldados en el frente. Una imagen habitual era la de los soldados portando las cenizas de los compañeros caídos en combate.

Aunque, siguiendo los ejemplos de Tasaka anteriormente citados, se tiende a deshumanizar al enemigo, se evita hacer de él un bárbaro cruel y despiadado, tal como hicieron por ejemplo los americanos con los japoneses en sus películas bélicas. Muy por el contrario, el enemigo es reducido a una mera abstracción, un ser anónimo, ajeno a la colectividad nacional, irreconocible en suma. No se destaca tanto la ferocidad del enemigo cuanto el espíritu de sacrificio, el valor abnegado del soldado japonés. Se insiste, en todo caso, en la afición a la rapiña de las tropas chinas, puesto que finalmente deben prevalecer las virtudes de civilización y gallardía del invasor isleño frente al primitivismo incívil del ingrato aborigen dominado, que tanto se resiste a la presión de la bota y la bayoneta que pretenden cobijarle.

Aunque los soldados dejaban atrás sus hogares, la vida castrense organizaba una nueva forma de relación familiar. En la mayor parte de las películas bélicas se destaca el periodo de entrenamiento, que transforma al ciudadano civil, ajeno al ejercicio de las armas, en soldado dispuesto a todo sacrificio. Una vez en el campo de batalla se humaniza al guerrero que es capaz de superar sus debilidades y temores para servir a la patria. Como resume Tadao Sato, *"estas películas crearon una forma única de propaganda cinematográfica al tratar la guerra como si se tratara de una forma de entrenamiento espiritual"*[6]. Y dicha formación contaba con sus pequeñas liturgias cotidianas. Tanto en los barracones como en las fatigosas caminatas los soldados entonaban canciones patrióticas, que auguraban la victoria final del ejército japonés sobre todos sus enemigos[7].

Junto a estas representaciones objetivas del conflicto, se sitúan los melodramas ambientados en tiempos de guerra, frecuentemente protagonizados por un soldado japonés y una mujer china que se enamoran, aludiendo al deseable entendimiento entre dos pueblos que en aquellos momentos cruzaban las armas. No en vano estos pintorescos ejemplos de melodrama internacional estaban encaminados a dulcificar la agresión japonesa fuera de sus fronteras.

La primera película que utilizó esta fórmula fue La canción de la blanca orquídea, una producción Toho de 1939, dirigida por Kunio Watanabe, que se vio seguida por otros títulos muy populares: Noches en China (también producción Toho, esta vez dirigida por Osamu Fushimizu en 1940); Promesa en el desierto (nueva producción Toho dirigida por Kunio Watanabe en 1941); Noches en Suchow (producción Shochiku de 1941, dirigida por Kosho Nomura); o Guerra callejera (producción Toho de 1942 dirigida por Kenkichi Hara).

Mediante estas historias de amor interracial se trataba de transformar la guerra depredadora que libraba Japón contra China en una romántica e idealizada historia de amor. Como observa Freda Freiberg, se trata de sustituir la brutal doblegación de China por otro modelo de sometimiento más aceptable: el matrimonio. Al cabo se supone que el enemigo se sometería voluntariamente, debido al amor y admiración que terminarían profesando a sus victoriosos y superiores guardianes ultramarinos. El romance interracial, en consecuencia, alentaba implícitamente el discurso pan-asiático y la utópica armonía de la Gran Asia Libre que, coaligada en la Esfera de Co-Prosperidad, debía ser guiada por la nación escogida.

Por si esto fuera poco se representaba, mediante conocidas fórmulas de melodrama cinematográfico, un velado tabú sexual: la posibilidad de mantener relaciones íntimas con el enemigo extranjero; el pariente menor e incivilizado[8]. Como es de suponer, todos estos melodramas fueron realizados a la usanza de Hollywood. Y el más popular de todos fue Noches en China (Osamu Fushimizu, 1940), protagonizada por Kazuo Hasegawa y por la estrella chino-japonesa Ri Ko Ran[9]. Esta vez se trataba de un romance entre un oficial japonés y una aguerrida huérfana china.

Se llegaron a hacer tres finales distintos para esta película: en la copia distribuida en Japón, el oficial moría, y su amada se suicidaba; en la copia distribuida para el público chino, la película concluía con el feliz

---

6 SATO, Tadao. "Japanese War Films". En: *Currents in Japanese Cinema*. New York : Kodansha International, 1982, p. 103.

7 En el guión de la película bélica que preparaba Ozu, y que finalmente no fue filmada, se incluye la letra de una de estas canciones: *"Por los valles del Himalaya / avanza un grupo de valerosos japoneses./ Patearemos la Gran Muralla China / y trazaremos un arco iris sobre el Gobi. /Cuando se disipe la niebla enLondres / veréis nuestra bandera ondear en lo alto/. En las calles de Chicago reñiremos con los gangsters, / y alzaremos un monumento en piedra para que nos recuerden nuestros nietos".*
Véase: HIGH, Peter B. "Ozu's War Movie : Haruka nari fubo no kuni". En: *IN Praise of Film Studies : Essays in Honor of Makino Mamoru* / Edited by Aaron Gerow and Abé Mark Nornes. Yokohama ; Ann Arbor : Kinema Club ; Trafford, 2001, p. 205.

8 Véase el interesante artículo de FREIBERG, Freda. "Genre and gender in World War II Japanese Feature Film : China Night (1940)". *Historical Journal of Film, Radio and Television*, 1992, v. 12, nº 3, p. 245 - 252.

9 Ri Ko Ran llegó a ser una actriz extraordinariamente popular en Japón. Nacida en Manchuria de padre japonés, logró un enorme éxito gracias a melodramas como el citado. Tras la conclusión de la guerra no volvería a conseguir éxitos como aquéllos. Regresó a Japón, donde adoptó el seudónimo de Yoshiko Yamaguchi, antes de lograr algunos notables papeles en Hollywood esta vez bajo el nombre, mucho más conocido, de Shirley Yamaguchi: Japanese War Bride (King Vidor, 1952), y House of Bamboo (Samuel Fuller, 1955). No deja de ser curioso comprobar cómo, aún entonces, la actriz continuó protagonizando melodramas interraciales, si bien en estas ocasiones se producían con los victoriosos norteamericanos.

matrimonio de la pareja. Para el mercado del sudeste asiático se busca una solución intermedia: la chica recibe noticias de la muerte de su amado, pero éstas resultan ser falsas; de manera que él llega a tiempo de salvarla antes de que se suicide. Para Anderson y Richie la conclusión está fuera de toda duda. El viril Japón llega a tiempo de salvar a la bella e inerme China de los peligros exteriores: el colonialismo occidental; el comunismo interior. A partir de entonces, ambos vivirán en feliz estado conyugal[10].

Antes de caer prisionero de los chinos en Manchuria, Tomu Uchida dirigió Tsuchi (Tierra, 1939), un áspero retrato naturalista que recoge la vida de los granjeros empobrecidos, y que llegó a ser considerada *"la primera película campesina japonesa"*, realizada bajo el influjo de los cineastas soviéticos. Pero por encima de cualquier otra consideración ética o estética, el cine tiene como objetivo educar a la población de la retaguardia, que también tiene sus deberes en la común empresa imperial. En este sentido puede ser más representativa la película de Mikio Naruse Hataraku ikka (Toda la familia trabaja, 1939), cuyo irónico título alude al esfuerzo común que todos los japoneses deben aportar para conseguir la victoria (Figura 40)

En 1941 la Oficina de Información Pública del

Figura 40

Ministerio del Interior se pronuncia diáfanamente a favor de la producción de películas nacionales (las llamadas *kokunin* o *kokutai eiga*) las cuales, además de aspirar a la excelencia artística, debían glorificar los más rancios valores japoneses. El ejemplo artísticamente más notable lo brinda el maestro Kenji Mizoguchi, quien entre 1941 y 1942 dirige su marmórea versión del Genroku Chushingura, la gran epopeya nacional japonesa en torno a la venganza y la ejecución ritual de Los cuarenta y siete samurais del señor Asano.

También en 1941 Kajiro Yamamoto, un competente artesano, dirige una película sobre campesinos: Uma

Figura 41

(Caballos). Algunas escenas fueron realizadas por su joven y prometedor ayudante: un tal Akira Kurosawa. Dos años después, en 1943, éste realiza para la Toho su primera, y sin dudas brillante película: Sanshiro Sugata (La leyenda del Gran Judo), Aquella misma temporada otro de los cineastas importantes de su generación, Keisuke Kinoshita, se inicia en la dirección con Hanasaku minato (El puerto florido, 1943),una película romántica insólita para los tiempos en que fue realizada. Y a continuación rodaría Rikugun (El ejército), cuya aparente exaltación de las virtudes castrenses se ve cuestionada con la imagen final en la que una madre, desesperada, busca a su hijo entre el grupo de soldados que parte hacia el frente.

Las dos incipientes promesas del cine japonés, Kurosawa y Kinoshita, compartirán aquel mismo año el premio nacional destinado a los Jóvenes Cineastas. Al mismo tiempo el ya veterano Hiroshi Inagaki dirigía La vida del indómito Matsu (Figura 42). En 1958 el mismo Inagaki hizo una nueva versión de esta película, en color y con Toshiro Mifune: El hombre del carrito, que se hizo con el Gran Premio en el Festival de Cine de Venecia.

Otros cineastas se refugiaron en dramas familiares,

Figura 42

en historias de actores, o en películas ambientadas en los años de Meiji, para eludir las imposiciones de la censura. Éste fue el caso de Mizoguchi, a quien se deben dos obras maestras durante este periodo: Zangiku monogatari (Historia de los crisantemos tardío,1939), y la ya citada Los 47 samurais (1941-1942).

Por su parte Akira Kurosawa supo sortear los

---

10 FREIBERG, Freda . "Genre and gender in World War II Japanese Feature Film : China Night (1940)". *Historical Journal of Film, Radio and Television*, 1992, v. 12, nº 3, p. 249 - 250.

Figura 43

inconvenientes que la censura halló a su notable y atormentada opera prima: Sanshiro Sugata, protagonizada por un héroe individualista y reacio al combate. Poco después rodó una película en la que se exalta el espíritu de sacrificio de las trabajadoras de una fábrica de materiales bélicos: Ichiban utsukushiku (Lo más hermoso, 1944), cuya acción se sitúa en una fábrica en tiempos de guerra.

Como se ha visto, y aunque los años de guerra dispensaran un marco poco propicio para el desarrollo del arte y del cine, paradójicamente fue éste un periodo extremadamente fecundo. Sin embargo la industria cinematográfica, como el resto del país, debió someterse a los designios de una suerte adversa. Conforme avanzaba la guerra, el número de películas decae. La situación bélica, cada vez más insostenible, condicionó una merma progresiva en la actividad de los estudios.

Si a lo largo de los años 30 Japón venía produciendo unos 500 títulos al año, lo que la convertía en la segunda potencia cinematográfica mundial tras los Estados Unidos, en 1941 la cifra se había reducido a la mitad. Pero en 1943 la producción de películas cayó hasta sesenta y un títulos; peor aún, al año siguiente sólo se rodaron cuarenta y cuatro. Por último en 1945, año en que concluye la guerra, únicamente se llegaron a realizar 26 películas[11]. La suerte del cine japonés, como la de la propia nación, estaba finalmente echada[12].

---

11 RICHIE, Donald. *Japanese Cinema : An introduction*. Hong Kong; New York (etc.) : Oxford University Press, 1990, p. 41.

12 Una monografía de reciente aparición explora detenidamente los efectos que la guerra y el régimen totalitarista provocaron sobre la industria del cine: HIGH, Peter B. *The Imperial Screen : Japanese Film Culture in the Fifteen Year's War : 1931 - 1945*. Madison : University of Wisconsin press, 2003.

Noriko. Kami ningyô realizada por Miko Misono

XVI. EL CINE BAJO LAS BARRAS Y ESTRELLAS
(Años 1945-1950)

XVI. 1. Protectorado de Hollywood

Debido a las vicisitudes históricas, la cinematografía japonesa de los años 40 contará con dos periodos, contrastados de manera tan simétrica como abrupta. Durante la primera mitad de la década el país se había visto sometido a un régimen totalitario que había impuesto un cine que debía exaltar las virtudes nacionales, la obediencia al Emperador y el sacrificio por la patria. Por el contrario, en el curso de la segunda mitad, y ya bajo la tutela de los vencedores, se defenderán los valores democráticos, al tiempo que se renegará de todo valor feudal o belicista. Formalmente el cambio no fue tan abrupto, puesto que ya antes de la guerra los cineastas japoneses estaban holgadamente familiarizados con el cine norteamericano. Los cambios se produjeron fundamentalmente en los temas que debían ser llevados a la pantalla tras la derrota.

A despecho de las crecientes dificultades, los estudios japoneses continuaban manteniendo una producción, si bien ésta menguaba de año en año, tal como vimos en el capítulo precedente. En el curso de la guerra, los bombardeos nortamericanos habían destruido 513 salas de cine. En Octubre de 1945 no quedan en pie más que 845 salas en todo el país. Tras la capitulación, las salas permanecieron cerradas durante toda una semana[2]. De igual modo el tendido industrial amaneció completamente arruinado. Sin embargo, y sorprendentemente, los principales estudios no sufrieron daños serios, de manera que la producción continuó, siempre limitada por las restricciones de material y de película.

Muy poco después de la rendición, el SCAP ya había trazado una política de control de la industria cinematográfica. En efecto, a partir de Octubre de 1945, la totalidad de la industria cinematográfica japonesa se halla sometida a los designios del Cuartel General de las Fuerzas Aliadas. Más concretamente, el cine se hallaba bajo la jurisdicción de la Motion Picture and Theatrical Unit of the Civil Information and Education Section, dependiente de la Sección Dos del equipo del General MacArthur.

El 22 de Septiembre de 1945 la CIE (Civil Information and Education Section) ya había reunido a un grupo de personalidades del mundo del cine japonés para presentarles un plan en el que se recomendaban determinados temas en las películas, mientras que se prohibía tajantemente otros. En particular se contemplaban tres objetivos: abolir el militarismo y el nacionalismo; asegurar la libertad de creencias, de opinión y de reunión; y fomentar las actividades y las tendencias liberales. La suma de todos ellos pretendía asegurar que Japón no volvería a constituirse en una amenaza para la paz y seguridad del planeta.

Bajo la tutela del General Head-Quarters (GHD) se organizaron dos Departamentos: el Civil Censorship Detachment (CCD), Departamento de Censura Civil, y el Center of Information and Education (CIE), todos ellos bajo las órdenes del Supreme Commandment of the Allied Powers (SCAP). Más en concreto, se confía al general David Conde la supervisión de todas las actividades cinematográficas, con el propósito confeso de utilizarlas en beneficio del nuevo ideario democrático impuesto al vencido.

Las primeras medidas están llamadas a erradicar todas las disposiciones generadas por el orden anterior, que había hecho del cine un poderoso instrumento de propaganda nacional. En particular fue abolida la Ley de Cinematografía de 1939 que habían promulgado conjuntamente los Ministerios de Interior y del Ejército, a la que ya prestamos atención. Con la supresión de aquella Eiga Ho quedan asimismo derogadas todas las antiguas disposiciones cinematográficas, que se vieron sustituidas por otras no menos restrictivas.

El objetivo no admitía dudas: se trataba de erradicar todo vestigio de militarismo o de feudalismo en el país. De este modo, Japón emprende el último capítulo de su accidentada y vertiginosa modernización.

En líneas generales se recomendaron las siguientes líneas de actuación en las películas:

- El nuevo Japón aparecería transformado en una nación pacífica y democrática.
- Los soldados retornan a sus casas, y su reincorporan

---

2 SATO, Tadao. *Le Cinema Japonais.* Paris : Centre Georges Pompidou, 1997, v. 2, p. 10.

a la vida civil sin ningún tipo de rencor o de complejo.
- Se propone la exaltación del impulso individual y de las iniciativas particulares para resolver los problemas del país.
- La industria del cine estimulará la organización pacífica y provechosa de los sindicatos obreros.
- Como igualmente se inculcará el sentido de responsabilidad política entre los espectadores. Para ver cumplido este objetivo, se alienta la producción de películas que fomenten la libre discusión de problemas políticos.
- Se amparará el respeto a los derechos humanos, y se enaltecerán las actitudes de tolerancia y de respeto entre todas las razas y todas las clases sociales.
- Para ilustrar tales ideales, se alientan las películas biográficas dedicadas a personajes que lucharon por la libertad y por la democracia en el país.

Por el contrario, se prohíben las películas relacionadas con el militarismo o el nacionalismo. Se proscriben las actitudes revanchistas, así como todo sentimiento de lealtad hacia los códigos feudales. Más en concreto, es prohibida la ancestral inducción al suicidio, como lo son las persecuciones raciales o religiosas. Tampoco se permiten manifestaciones que muestren opresión o degradación de las mujeres, ni escenas de crueldad o violencia innecesarias. Aun cuestionando el principio democrático de la libertad de expresión, son suprimidas las opiniones anti-democráticas, o las contrarias a los dictados del SCAP y a los acuerdos de Potsdam[3]. De este modo la democracia constitucional vióse impuesta sobre el país ocupado, que contó con el cine como un privilegiado instrumento de educación popular.

XVI. 2. Paisaje después de una batalla

En 1946, y tras los devastadores resultados de la Guerra, sólo se filmaron 69 películas en Japón. Es de añadir que la mayoría de los cineastas, que habían contribuido con sus películas al esfuerzo bélico, volvieron a mostrarse igualmente atentos a las recomendaciones de los vencedores[4].

Fueron sin duda tiempos muy difíciles en los estudios: de un sistema represivo pasan a otro sistema represor. En ambos casos los profesionales del cine deben realizar su trabajo bajo un estrecho control gubernamental, y sometiéndose al escrutinio inflexible de la censura. Como recuerda Iwao Mori: *"En lo referente a los estudios, tanto los productores, los guionistas como los realizadores nos encontrábamos completamente perdidos; a pesar de las numerosas reuniones, no teníamos ninguna idea. Yo no proponía hacer más que películas de entretenimiento, y el funcionario de la QG se presentaba en los estudios para discutir directamente con los productores y realizadores para pedirles que realizaran tal película, o para proponerles diferentes temas"*[5].

No cabe duda que los profesionales del medio no actuaban libremente, sino que cumplían unas órdenes que, a su vez, recibían los directores de los estudios. Pero además los responsables de los estudios debieron rendir cuentas de su colaboración con el anterior gobierno, y muchos de ellos fueron apartados de la industria del cine tras la derrota. Shiro Kido habría de lamentar sus coqueteos imperialistas cuando, en 1947, fue acusado como criminal de guerra, y obligado a dimitir. Sólo en 1951, tras darse por concluida la ocupación americana, Kido volverá a situarse al frente de la Shochiku.

Sin embargo la mayoría de los directores se salvaron

Figura 44

Figura 45

de las purgas, al entenderse que su trabajo obedecía a las imposiciones de sus estudios, y a las exigencias comerciales del momento. Dicho en otras palabras: filmaban lo que los estudios, el público y la sociedad les

---

3 Véase: FREIBERG, Freda. "Occupied Feminism : The rhetoric of Feminism in Japanese Films made under the American Occupation". En: *The FIRST Australian History and Film Conference Papers.* Sydney : Australian Film an Yelevision School, 1982, p. 156-159.

4 TESSIER, Max. *Images du Cinéma Japonais.* Paris : Henri Veyrier, 1990, p. 155.

5 Cita: SATO, Tadao. *Le Cinema Japonais.* Paris : Centre Georges Pompidou, 1997, v. 2, p. 13.

demandaba. Además, al ser el cine un arte de equipo, resulta difícil dirimir responsabilidades a la hora de enjuiciar la ideología de una película.

En opinión de Tadao Sato, muchas de las películas de finales de la guerra y primeros años de ocupación traducen el deseo inconsciente de huir de una realidad sofocante. Bajo unas condiciones de precariedad absoluta, la sociedad japonesa de posguerra estimula para la subsistencia un retorno a los valores esenciales de la comunidad: el esfuerzo común, la solidaridad, la abnegación[6].

Al poco de concluir la guerra, en 1945, se fundó una Asociación del Cine Japonés (*Nippon Eiga Rengo Kai*), que en la década siguiente estará integrada por las cinco compañías principales: Shochiku, Toho, Toei, Daiei y Shin Toho. La Nikkatsu, cuyas actividades habían cesado durante la guerra, no reanudaría sus actividades hasta 1953. Sin embargo, esta Asociación carecía de la consistencia necesaria para impulsar la exportación de películas fuera de Japón.

El 27 de Septiembre de 1945 la Civil Information and Education Section, dependiente del Cuartel General de Ocupación, abolió todas las disposiciones previas relacionadas con la industria cinematográfica. El 16 de Noviembre de aquel mismo año, se redactó un informe referido a la eliminación de películas cuyo contenido fuera entendido como antidemocrático. Tres días más tarde se anunció la expresa prohibición de 236 películas que, según los inspectores, defendían posiciones ultranacionalistas, feudales y belicosas. Estas fueron las primeras películas destruidas a consecuencia de la derrota y la invasión.

A la productora Shochiku la cupo el honor de producir la primera película de la posguerra: Izu no musumetachi (Las muchachas de Izu, Heinosuke Gosho, 1945), concluida poco antes de la llegada de las tropas de ocupación. Sin embargo el primer gran éxito, también producido por la Compañía del Pino y el Bambú, fue Soyokaze (La brisa, 1945), una película de dimensiones modestas realizada a partir de un argumento aparentemente insustancial: una excursión de un pequeño grupo de actores al campo. Todos ellos buscan manzanas, con las que pretenden darse un festín. Y esta actividad precisamente inspira la canción que se interpreta durante la película, *Ringo no Uta* (*La canción de la manzana*), que gozó de una enorme popularidad. Lo inocente de la trama y de la propia letra de la canción no puede ocultar la apetencia, sin duda compartida por la inmensa mayoría, de reencontrarse con la paz y con las bondades cotidianas que brindan la vida y la naturaleza[7].

No todas las películas fueron, sin embargo, tan optimistas y desenfadadas como aquélla. La desoladora situación posbélica es reflejada en buena parte de las películas realizadas durante estos años. En 1947 Kurosawa dirige Subarashiki Nichiyobi (Un domingo maravilloso), y en 1948 Yoidore tenshi (El ángel ebrio); este mismo año Mizoguchi dirige Yoru no onnatachi (Mujeres de la noche), y Ozu Kaze no naka no mendori (Una gallina al viento).

En 1946 el SCAP establece la Central Motion Pictures Exchange, un organismo que concedía licencias para exhibir películas en Japón. Evidentemente tal institución alía los valores tutelares con los crematísticos: su actividad favorece más, si cabe, la irrupción de películas norteamericanas en el país ocupado: el 40 % de las películas extranjeras proyectadas son de esta nacionalidad.

Evidentemente los intereses comerciales no tardarían en imponerse sobre los pedagógicos. Máxime cuando se considera que, para cumplir con ambas funciones, no existe mejor medio que el cine producido en la metrópoli victoriosa. En 1947 Jane Eyre (Alma rebelde. Robert Stevenson, 1944) fue vista por más de cien mil espectadores. Al año siguiente Los mejores años de nuestra vida (William Wyler, 1946) alcanza los 250.000 espectadores... sólo en Tokio. Sin embargo también estaban representadas las cinematografías italiana, francesa e inglesa, entre otras. En 1949 Hamlet (Laurence Olivier, 1948) consiguió un millón y medio de entradas en todo el país[8].

El efecto que estas películas tuvo sobre el público japonés ocasionó un extraordinario efecto propagandístico. Así lo recuerda Tadao Sato: *"Tenía 14 años al final de la guerra. Sólo un año más tarde, cuando vi películas americanas como His Butler's Sister y Madame Curie pude aceptar nuestra derrota por primera vez; por primera vez comprendí que los americanos no eran diablos; y me di cuenta de que el Japón también había sufrido una derrota moral"*[9]. Cabe recordar que también Ozu, cuando vio Fantasía y Las uvas de las iras en Singapur, entre otros clásicos americanos, intuyó que su país jamás podría derrotar a un país que hacía películas semejantes.

Es cierto que tales películas contribuyeron poderosamente a afianzar los valores democráticos que los vencedores

---

6 SATO, Tadao. *Le Cinema Japonais*. Paris : Centre Georges Pompidou, 1997, v. 2, p. 10 - 11.

7 ANDERSON, Joseph L. and RICHIE, Donald. *The Japanese Film : Art and Industry*. Princeton : University Press, 1982, p. 159.

8 FEITH, Michel. "La reorientation du Cinéma Japonais pendant l'occupation americaine : (1945 - 1952)". *Revue Francaise d'Etudes Americaines*, 1992, v. 16, nº 53, p. 228.

9 Cita: FEITH, Michel. Ibid. , p. 229.

querían imponer en el país derrotado. Los ideales que estas obras exaltaban impregnaron profundamente a la juventud de posguerra, convirtiéndose en material de referencia indispensable para muchos jóvenes.

XVI. 3. El cine y su función didáctica

Las fuerzas de ocupación supieron entender perfectamente las posibilidades didácticas del medio cinematográfico; de modo que distribuyeron mil trescientos proyectores entre las autoridades de cada prefectura, con el fin de fomentar las sesiones de cine cuidadosamente programadas. Como es de suponer, se velaba escrupulosamente por las películas que se exhibían; tanto las nacionales como las importadas de otros países.

Tal como habían hecho las autoridades nacionales con las *bunka eiga* en años precedentes, también ahora se considera el cine documental como el medio idóneo para cumplir los objetivos de reeducación del pueblo japonés. No en vano el cine es un medio de comunicación atractivo, ágil y eficaz, que puede salvar las barreras culturales y lingüísticas entre japoneses y americanos; e incluso contribuye a limar las diferencias de cultura, edad y clase social que se daban entre los propios japoneses.

Por consiguiente la distribución y exhibición de estas películas didácticas se incrementa notablemente: de nueve títulos exhibidos en 1948 se pasa a ciento sesenta y tres en 1950. La mayor parte de ellos eran de procedencia norteamericana, y su temática e interés eran muy variados: desde películas sobre emancipación femenina hasta temas de higiene y salud pública; educación, economía, ocio y deportes. Entre los títulos exhibidos figuraban los siguientes: Let´s play Baseball; Hudson River Expedition; Nelly was a Lady; Freedom to Learn; How Laws are made; Union School; Government, the Public Servant.

A pesar de su indudable valor propagandístico, se les encontró un serio inconveniente: ponían de relieve, y con excesiva evidencia, las abrumadoras diferencias culturales, económicas y políticas que existían entre las sociedades japonesa y americana. Del contraste entre una y otra podría desprenderse que los valores democráticos eran patrimonio exclusivo de sociedades desarrolladas y opulentas, lo que podría infundir desaliento entre sus receptores asiáticos. De manera que, partir de 1950, el SCAP alienta la producción japonesa de este tipo de documentales, al entender que conectarían mejor con el público al que van dirigidos[10].

Se cuenta que cuando David Conde, director de la sección sobre Cine y Teatro, dependiente de la Dirección de Información y de Educación Cívica, llegó al estudio de Toho para pronunciar una conferencia sobre la democracia en el cine, los asistentes japoneses le replicaron: *"usted nos insta a que hagamos películas sobre la democracia; pero nosotros no hemos tenido la misma educación que han recibido ustedes; denos tiempo para aprender"*. A lo que Conde replicó, enardecido: *"Son ustedes lentos en reaccionar. En este caso nos conformaremos con el cine americano; el cine japonés no es indispensable"* [11].

Bajo la atenta supervisión del general Conde se alternaba la producción meramente comercial con los propósitos divulgativos. Más adelante resumió sus planteamientos bajo el siguiente manifiesto: *"Los dirigentes de compañías cinematográficas no deberían hacer más películas de entretenimiento. El cine ha de cumplir la misión de fomentar la democratización del Japón. Deberán evitar hacer películas ideológicas, y en particular obras con las que los japoneses se pongan en contacto con las ideas nuevas, en las que descubrirían una vía para la paz. La oposición ha durado demasiados meses; según algunos sería un sabotaje silencioso a la ocupación. Los japoneses no proponen más que proyectos pueriles o completamente desplazados, una clase de películas imposibles que me ponen en una situación imposible. Autorizar estas películas sería ridículo. Durante meses me he preguntado si los guionistas y directores japoneses no podían coger su inspiración artística de sucesos trágicos que hayan tenido lugar durante la guerra, aquellos que murieron en prisión... es necesario hacer películas sobre estos temas de los que nadie habla"* [12].

XVI. 4. Censura, al fin y al cabo

De inmediato las fuerzas de ocupación advirtieron que el cine se constituiría en una importante herramienta democratizadora. Para sacar provecho de sus posibilidades, antes aún de terminada la guerra se estudiaba el uso que se daría al cine como medio de transformación democratizadora. Lo que finalmente se puso en práctica: firmado el armisticio, el ejército invasor impuso una nueva censura, trazada con fines democratizadores. En realidad la nueva situación que se originó tras la guerra no debía de extrañar a nadie en

---

10 FEITH, Michel. "La reorientation du Cinéma Japonais pendant l´occupation americaine : (1945 - 1952)". *Revue Francaise d'Etudes Americaines*, 1992, v. 16, nº 53, p. 227 - 228.

11 Cita: SATO, Tadao. *Le Cinema Japonais*. Paris : Centre Georges Pompidou, 1997, v. 2, p. 13.

12 Cita: SATO, Tadao.Ibid., p. 12-13.

los estudios japoneses: a partir de Septiembre de 1945 cada proyecto, y cada guión, debía someterse a la atenta lectura de la oficina censora: exactamente como sucedía antes de la guerra.

En Enero de 1946 la CCD (*The Civil Censorship Detachment*), ambas dependientes del SCAP, había instituido el mecanismo de doble censura, tanto en la preproducción como en la postproducción de las películas. Dicho doble mecanismo censor tendría vigencia hasta 1949, mientras que la censura en la posproducción hubo de mantenerse hasta el fin de la ocupación, en Abril de 1952[13].

Fue ésta una de las numerosas circunstancias paradójicas que se produjeron en el curso de la ocupación norteamericana de Japón: en nombre de la democracia y la libertad de expresión se abolen las leyes censoras que habían condicionado hasta la fecha la producción cinematográfica. Pero al mismo tiempo tales disposiciones se vieron sustituidas por otras igualmente restrictivas, aunque de signo completamente opuesto.

El cine japonés es dirigido durante aquellos años conforme a un principio motriz: hay que rehabilitar su industria, pero no de cualquier manera. Obedeciendo a los ilustrados principios del vencedor, el cine debe cooperar como instrumento eficaz de cara a la pacificación del país. Téngase presente que no solamente el cine se vio objeto de la censura y del control de los invasores: también las restantes artes se vieron sometidas al más escrupuloso escrutinio. Es de notar, sin embargo, que las artes plásticas no sufrieron las iras censoras de la misma forma en que lo fueron las películas. En concreto, los artistas aplicados a dichas especialidades no padecieron las purgas que, por el contrario, sí diezmó a la industria cinematográfica. Cuando el SCAP se preocupó por controlar la actividad artística, los esfuerzos que se realizaron carecieron de organización y de operatividad Los textos relacionados con las enseñanzas artísticas que se utilizaban hasta la ocupación fueron prohibidos, pero no se aprobaron nuevos manuales sustitutorios hasta 1951[14].

Conforme a las directrices fijadas por el ejército vencedor, el 16 de Octubre de 1945 una nueva disposición, la Supplementary Directive for the Motion Picture Industry, abolía las restricciones de los tiempos de guerra, y prohibía todo gesto contrario al ejercicio de la libertad de expresión. Con esta medida se perseguía que el cine pudiera propagar las aspiraciones democráticas a las que legítimamente el pueblo japonés aspiraba. No es menos cierto que, a pesar de tales premisas, se prohibían determinados temas o actitudes que alterasen tan liberales aspiraciones. Al mismo tiempo, y de manera complementaria, se alentaban otros temas que abonasen la nueva sensibilidad política.

En Noviembre de 1945 David Conde publica una circular en la que se prohíbe la producción de películas que fomenten el militarismo, defiendan el derecho a la venganza, que expresen ideas nacionalistas, que favorezcan la xenofobia, deformen la historia, toleren el racismo o la discriminación religiosa, o aquellas otras que glorifiquen la caduca lealtad feudal[15]. De manera más específica, en dicho documento figuraban como prohibidos los siguientes temas: cualquier asunto de inspiración militarista, revanchista, nacionalista o xenófobo; la falsificación de los hechos históricos; cualquier tipo de discriminación religiosa o social; manifestaciones de apoyo o nostalgia hacia la ley feudal, entre ellos los sentimientos de venganza, el desprecio por la vida humana y por los derechos de las personas; la aprobación directa o indirecta del suicidio; la indulgencia ante la opresión o humillación de las mujeres; la exaltación de la crueldad o de la violencia injustificadas; cualquier tipo de opiniones antidemocráticas; la explotación de los niños; y en fin, todo manifiesto contrario a la declaración de Potsdam, o a cualquier designio del SCAP.

A modo de guía que favoreciese el cumplimiento de la normativa, el Cuartel General difunde un texto en el que se leen pasajes como el siguiente: *"El Kabuki y todas las otras formas de teatro tradicional basados en una doctrina feudal que se sustentan sobre la lealtad y el espíritu de venganza son inaceptables en el mundo de hoy en día. Mientras que la violencia, los asesinatos, los complots y las estafas permanezcan justificadas en la conciencia colectiva, y mientras la venganza personal sea moralmente lícita, los japoneses no podrán comprender la esencia de las leyes que rigen la sociedad internacional actual.*

Existen crímenes graves en los países occidentales, pero los criterios de apreciación moral no están basados en una fidelidad hacia la familia o el clan, sino en un juicio de bien o mal en sí mismo.

Para que Japón ocupe su lugar en la sociedad internacional, es necesario que el ciudadano japonés,

---

13 FOWLER, Edward. "Piss and Run : Or how Ozu does a number on SCAP". En: *WORD and Image in Japanese Cinema* / Edited by Dennis Washburn and Carole Cavanaugh. Cambridge : University Press, 2001, p. 276.

14 Véase. RICHIE, Donald. "The Occupied Arts". En: *The CONFUSION Era : Art and Culture of Japan during the Allied Occupation : 1945 - 1952* / edited by Mark Sandler. Seattle ; London : Arthur M. Sackler Gallery ; University of Washington Press, 1997, p. 13.

15 SATO, Tadao. *Le Cinema Japonais*. Paris : Centre Georges Pompidou, 1997, v. 2, p. 12.

por todos los medios de información de los que dispone, o a través de las leyes, asuma ciertas nociones de la política fundamental, de la democracia parlamentaria, del respeto al individuo, del espíritu de independencia; de la necesidad de no imponer a otros pueblos aquello que uno mismo no desearía para sí.

El espíritu de cooperación y de autonomía en el Estado, la familia y el sindicato obrero, deberán constituir el fundamento de la noción de ciudadanía en el largo periodo que ha de venir en la reconstrucción de Japón. Las películas que se realicen deberán ofrecer al pueblo los medios de asimilar estas nuevas nociones.

El cine japonés que describe el pasado, el presente o el porvenir, no deberá tocar jamás temas que fomentaren un militarismo absurdo" [16].

Pero no sólo se reprimen los hábitos inadecuados del perdedor, sino que además se procura silenciar algunas acciones lamentables emprendidas por las potencias defensoras de la democracia y de los derechos humanos. De este modo, las fuerzas de ocupación ponen buen cuidado en evitar que la población civil se entere del devastador alcance que tuvieron las bombas atómicas arrojadas sobre Hiroshima y Nagasaki. En consecuencia se prohibieron las películas- fueran documentales o de ficción- dedicadas a este tema. Igualmente se veía automáticamente censurada la más mínima alusión a la ocupación norteamericana.

Otros numerosos puntos relacionados con la vida civil fueron objeto de censura o de matización. Centrémonos en el caso de Ozu. En uno de los diálogos del guión original de Primavera tardía se aseguraba que la salud de la hija se había deteriorado *"debido a su trabajo tras ser reclutada por el ejército durante la guerra"*. Sin embargo la censura americana obligó a precisar que su fragilidad obedecía *"a los trabajos forzados que tuvo que cumplir durante la guerra"* [17].

Los censores americanos consideraban feudales costumbres como el *o miai*, o matrimonios concertados, como los que a menudo se acuerdan en las películas de Ozu, porque a su entender arremetían contra el libre albedrío de los individuos. Es cierto que, de acuerdo con la nueva sensibilidad y los nuevos hábitos sociales, muchos de los personajes femeninos de Ozu se oponen contra la práctica del *o miai*, como se verá en el personaje de Noriko, particularmente rebelde en el caso de Principios de verano. Otro tanto sucederá con las hijas díscolas de Flores de equinoccio y de Tarde de otoño.

En opinión de Kyoko Hirano, ninguna de las películas de Ozu sobre las relaciones entre padres e hijos hubiera sobrevivido, de haberse aplicado la norma censora de manera rigurosa. Particularmente resultó molesto el matrimonio concertado en Primavera tardía, película rodada en un temprano 1949. La primera revisión que sufriera el guión de esta película no dio el visto bueno a dicho tema, si bien finalmente pudo ser realizada sin sufrir alteraciones importantes. Una película anterior de Ozu también desagradó inicialmente a los censores americanos: Historia de un vecindario (1947) por juzgarse que la historia del niño abandonado era excesivamente cruel. Por fortuna en ambos casos finalmente se pudieron rodar las películas conforme al guión que se había previsto [18].

Pero sobre todo fueron prohibidas numerosas películas históricas, por entender sus censores que aventaban idearios pretendidamente hostiles o feudales. De manera general se prohibieron todos aquellos relatos que enalteciesen los sentimientos de honor y venganza,

Figura 46

Figura 47

tan habituales por lo demás en las artes narrativas japonesas. Muy por el contrario, se estimularon las películas que denunciasen la guerra y el imperialismo de tiempos pasados. Los cineastas vinculados con el Partido Comunista Japonés (PCJ) fueron los que mayores ventajas sacaron de esta situación. Este fue el caso de

---

16 Cita: SATO, Tadao. *Le Cinema Japonais*. Paris : Centre Georges Pompidou, 1997, v. 2, p. 12.

17 HIRANO, Kyoko. *Mr. Smith goes to Tokyo : Japanese Cinema under the American occupation : 1945-1952*. - Washington ; London : Smithsonian Institute Press, 1992, p. 49.

18 HIRANO, Kyoko. *Mr. Smith goes to Tokyo : Japanese Cinema under the American occupation : 1945-1952*. - Washington ; London : Smithsonian Institute Press, 1992, p. 70 y 74.

Fumio Kamei, encarcelado durante la guerra como se vio, y Satsuo Yamamoto en La Guerra y la Paz (1947. Figura 46).

En la cruzada contra las epopeyas heroicas del pasado, fue enérgicamente proscrita la representación del drama nacional japonés por excelencia: el Chushingura, o La venganza de los cuarenta y siete samurais, al juzgarse que podría alentar un sentimiento de venganza contra MacArthur o contra las fuerzas de ocupación americanas. Durante aquellos años se celebraron los procesos que siguieron a la rendición, y que llevaron a la horca a numerosos criminales de guerra. Los paralelismos entre estas ejecuciones y la historia de Asano y sus leales podrían despertar sentimientos de venganza que sin duda permanecían latentes en el seno del país derrotado e invadido[19].

Por otra parte la censura norteamericana atribuyó responsabilidades a las películas de espadachines en el abono de una mentalidad ultranacionalista y belicosa. A partir de estos momentos se prohíbe toda alusión a las virtudes feudales; o cualquier propósito vengativo, circunstancias habituales en los relatos protagonizados por *ronin* y *samurais*. Nada tiene de particular que, tras el armisticio, fueran prohibidas dichas historias, y los duelos con espadas en general.

En realidad cualquier película en la que aparecieran *kimonos* o *katanas* era vista con sospecha. Semejante actitud provocó que notables películas, ajenas a toda exaltación feudal, se vieran prohibidas. Fue el caso de Kurosawa y su particular ironía del *bushido* en Los que pisan la cola del tigre, que se realizó durante los últimos días de la contienda (1945). Basada en una obra del repertorio *kabuki*, no hacía en realidad ninguna apología militar. Todo lo contrario: en realidad es una parábola sobre la supervivencia en un entorno hostil.

Curiosa suerte, sin embargo, la que sufrió esta notable obra: primero fue censurada por las autoridades japonesas, por considerarla irrespetuosa con el original *kabuki*, por lo que se la negó la distribución. Tras la guerra, fueron los americanos quienes la prohibieron, al acusarla de alentar los valores de lealtad feudales. No falta quien sostiene que tal vez la propia productora, Toho, prefiriera retirarla prudentemente para evitar su destrucción[20]. Víctima de aciagas circunstancias, sólo pudo ser distribuida a partir de 1954, cuando la ocupación terminó, y cuando Kurosawa se convirtió en un cineasta respetado fuera de sus fronteras. Es más, opinamos que todavía hoy esta excelente película no ha recibido la atención crítica que se merece.

Sólo más adelante, cuando las autoridades constataron que muchas de las películas *jidai* no tenían apetencias políticas, sino que eran un mero soporte lúdico, aflojaron los grilletes censores. Más aún, el *jidai* puede ser portador de virtudes aplicables al nuevo orden democrático. Entre ellas el sacrificio del individuo en aras de la comunidad. Sin embargo todos aquellos argumentos que enalteciesen los códigos del honor y los compromisos de venganza, continuaron bajo prohibición.

No se debe olvidar que las películas que dieron a conocer el cine japonés fuera de sus fronteras, muy pocos años después de la derrota, pertenecen al género *jidai geki*. Son además películas poco complacientes con el orden feudal (La vida de Oharu, mujer galante, Cuentos de la luna pálida, El Intendente Sansho, por recordar tres extraordinarios ejemplos de Mizoguchi). Y en ocasiones se muestran muy novedosas en lo que a puesta en imagen y estructura narrativa se refiere (Rashômon, Los siete samurais).

Frente a estos relatos legendarios se alentaban otros temas que deberían procurar un mejor entendimiento de las virtudes democráticas. En particular el cine debería mostrar cómo todos los japoneses de todos los estratos sociales se esfuerzan por lograr una nación pacífica; asimismo debería ser ilustrada la reintegración a la vida civil de los soldados y repatriados. Entre los temas aconsejables destacan la puesta en marcha pacífica de los sindicatos; el rechazo al antiguo gobierno, y la adopción de una real responsabilidad política. Pero asimismo se quiere favorecer, mediante el uso del cine, la libre discusión de los problemas sociales o de estado, y más en concreto se debe fomentar el respeto de los derechos de los individuos. Para mejor ilustrar estos objetivos, se propone llevar a la pantalla semblanzas de personajes históricos que combatieron para lograr un gobierno de representación popular, y que se consagraron en aras de la libertad. No en vano las fuentes históricas y culturales, de entre las cuales el cine se erige en una herramienta privilegiada, debían estimular la nueva cultura democrática[21].

Por el contrario, se levantan las prohibiciones tocantes a cuestiones amorosas: por fin se permiten escenas de afecto erótico y amoroso en las pantallas, que por cierto se volvieron muy populares. Es más: el mando responsable de censura, David Conde, sugirió

---

19 TSURUMI, Shunsuke. *A Cultural History of Postwar Japan : 1945 - 1980*. London (etc.) : KPI, 1987, p. 69.

20 SATO, Tadao. "Japón : El cine de la posguerra". En: *Europa y Asia : (1945 - 1959)* / coordinado por José Enrique Monterde y Esteve Riambau. Historia general del cine. Volumen IX. Madrid : Cátedra, D.L. 1996, p. 334.

21 FEITH, Michel. "La reorientation du Cinéma Japonais pendant l'occupation americaine : (1945 - 1952)". *Revue Francaise d'Etudes Americaines*, 1992, v. 16, nº 53, p. 226 - 227.

expresamente a los estudios cinematográficos que incluyeran en sus películas escenas de besos. Se pretende estimular a los japoneses, a través de las películas, para que expresen públicamente acciones y sentimientos que los usos sociales limitaban al contacto más íntimo.

De inmediato Shochiku y Daiei, respondiendo al unísono a la propuesta, comenzaron a rodar melodramas en los que aparecían escenas de besos, pese a la controversia que levantó la cuestión. Se esgrimían argumentos de todo tipo: sobre si la costumbre del beso era o no era propia de la mentalidad japonesa; si se trataba de un mero reclamo comercial; sobre si poseía o no connotaciones sexuales, e incluso si era un hábito higiénico[22]. Finalmente los primeros besos se rodaron a partir de Mayo de 1946, y crearon una caldeada polémica: desde el escándalo hasta el arrebato. Más de uno se sorprendió al advertir que en la pantalla la gente se besaba, cuando no se hacía en la vida cotidiana. No falta quien sostiene que con la llegada de los besos al cine comenzó un periodo de emancipación sexual que, desde las pantallas, saltó a otros medios artísticos y de comunicación que a su vez los hicieron propagar por toda la sociedad japonesa[23].

Los principales responsables de la producción propagandística durante la guerra fueron destituidos. Por el contrario, se fue menos riguroso con los actores, guionistas y directores, aunque hubieran realizado películas abiertamente belicistas. Los supervivientes a las cribas se plegaron a las imposiciones del ejército invasor.

Efectivamente, tratando de acomodarse a los dictados del general David Conde, los estudios se autoimponen una doble censura: una inicial de pre-producción, en la que se examinaban los guiones; y otra final de posproducción, en la que se examinaban las películas completamente terminadas. Conforme a este plan de trabajo, los productores de cine debían someter a las fuerzas de ocupación sus proyectos y los guiones en inglés para obtener la autorización. Es fácil concluir que, con semejante proceder, la censura del ejército americano reemplaza con similar severidad a la del antiguo Ministerio del Interior.

Tanto en uno como en otro caso no resultaba fácil eludir la atenta mirada del censor, de forma que las productoras optaron por rodar películas lo más neutras posibles en cuestiones políticas o ideológicas. Es de reconocer el esfuerzo que hizo la industria cinematográfica para acomodarse a unas exigencias foráneas que alteraron profundamente la faz de la sociedad japonesa en el curso de unos pocos años.

No es menos cierto que, haciendo valer los planteamientos meramente comerciales, los estudios supieron reaccionar contra la prohibición de películas de género histórico utilizando argumentos similares- aunque depurados de discursos políticos aparentes-, y adaptándolos al marco urbano contemporáneo. De este modo los samurais de ayer se convirtieron en *yakuzas* y en policías de hoy, al tiempo que las *katanas* y los puñales se vieron sustituidas por pistolas y metralletas.

La censura americana fue tan rigurosa, si no más, que la que se había aplicado con anterioridad por las autoridades japonesas. Por ejemplo, antes de la guerra no se había instituido la destrucción de películas prohibidas, cosa que sí se hizo tras la ocupación por los vencedores. Se ejerció de este modo una férrea censura sobre las casi mil películas realizadas en Japón durante el periodo de ocupación. Hasta 1949 los guiones eran traducidos al inglés para poder censurarlos; hasta 1952 se revisaba cada película. Se prohibía a los directores utilizar cualquier símbolo nacional, monte Fuji inclusive. Por el contrario, todas las películas debían alentar los valores y los emblemas democráticos. La censura se mostró inflexible: doscientas treinta y seis películas, tenidas por militaristas, fueron prohibidas, y todas sus copias destruidas[24]. Otras fueron retiradas de circulación, entre ellas el ya citado caso de Akira Kurosawa Tora no o fumu otokotachi (Los que caminan sobre la cola del tigre, 1945). Otras muchas se vieron mutiladas. Como ejemplo elocuente, se prohibió la exhibición del documental Nihon no higeki (La tragedia japonesa), producido por una voz crítica: Akira Iwasaki, y dirigido por Fumio Kamei a partir de un guión original de Yoshima Yutaka.

XVI. 5. Los conflictos sindicales

Desde el Cuartel General de las Fuerzas Aliadas se impuso la organización de sindicatos obreros en cada productora. Impremeditadamente, esta actuación favoreció la organización de los sectores vinculados con el partido Comunista Japonés que, una vez organizados, no tardaron en mostrarse activos. A partir de este momento, la exigencia de cambios y mejoras empresariales provocó frecuentes conflictos laborales.

---

22 TIPTON, Elise K. *Modern Japan : A Social and Political History.* London ; New York : Routledge, 2002, p. 153.

23 IZBICKI, Joanne. "The Shape of Freedom : The Female Body in Post-Surrender Japanese Cinema". *U.S. - Japan Women's Journal,* 1996, nº 12, p. 123 - 124.

24 Véase: FREIBERG, Freda . "Occupied Feminism : The rhetoric of Feminism in Japanese Films made under the American Occupation". En: *The FIRST Australian History and Film Conference Papers.* Sydney : Australian Film and Television School, 1982, p. 157.

El caso más grave se fraguó en el seno de la compañía Toho, cuyo sindicato había virado hacia la izquierda mucho más de lo que hubieran supuesto las autoridades americanas. Y, una vez activados sus mecanismos, resultaban muy difíciles de controlar. En concreto el sindicato del estudio exigía participar activamente en la administración de la empresa. Pero al hacerse caso omiso a sus peticiones, sus portavoces convocaron enérgicas medidas de presión. Y no fueron escasos sus resultados: en 1946, se logró que cada producción Toho precisara del consentimiento del sindicato. De este modo, todos los proyectos de la firma era acordado por sus gerentes, en compañía del director, el guionista y los representantes del sindicato. Como es de suponer, no era fácil poner a todos de acuerdo.

La nueva situación laboral, alentada por el impulso dado a los movimientos sindicales, fue origen de numerosas fricciones, algunas de las cuales fueron particularmente graves. No tardaron en rodar cabezas. En particular, la permisividad de Conde con los sectores más izquierdistas del gremio cinematográfico provocó que fuera destituido un año después.

Pero la destitución de Conde no pudo impedir que los conflictos se agudizasen. Recuperemos el caso de Toho, cuyo sindicato tiene fuerza hasta para participar en la producción de las películas, y casi llega a tener a la empresa en sus manos. En la primavera de 1947 parte de la plantilla del estudio, abrumada por el poder del sindicato, decidió emanciparse. Así fue cómo el estudio se escindió, y de la separación nació una nueva compañía: la llamada Shin (nueva) Toho, cuya actividad se mantuvo hasta 1961. A su vez los directivos de la Toho reaccionaron, purgando el estudio de cualquier brote considerado como infeccioso. Y contrataron un nuevo plantel de profesionales. Entre ellos figuraban dos de los grandes: Akira Kurosawa y Mikio Naruse. Y otros nombres de prestigio, como Shiro Toyoda.

Pese a estas medidas cautelares, la atmósfera del estudio se volvía irrespirable: entre 1945 y 1948 la Toho sufrió tres huelgas sucesivas, a cual más violenta, lo que repercutió muy negativamente en su producción. En 1946 la compañía sólo había producido trece películas, en vez de las veinticuatro inicialmente previstas, y sufría pérdidas continuas de capital. Es más, a partir de 1947 buena parte de la plantilla propone la realización de películas de marcado tono izquierdista. No es menos cierto que, tal vez a causa de estos impulsos, fue precisamente en Toho donde se realizaron algunas de las películas pro-democráticas más representativas de la posguerra: Waga seishun ni kuinashi (No añoro mi juventud. Akira Kurosawa, 1946. Figura 43), Joyu (La actriz. Teinosuke Kinugasa, 1947), o Senso to heiwa (La guerra y la paz. Satsuo Yamamoto y Fumio Kamei, 1947. Figura 46), en la que se reconocía, por primera vez en una película japonesa, la injusta ocupación de China y los delitos cometidos por el ejército japonés.

Sin embargo estos buenos resultados artísticos no bastaban para apaciguar las tensiones. Para corregir la conflictiva situación doméstica, en 1948 la dirección trató de despedir a un número de sindicalistas disidentes. Pero la medida no hizo sino provocar una nueva huelga, más violenta que las anteriores, y que los miembros del sindicato se sublevaran, llegando a ocupar los estudios, donde se atrincheraron durante 195 días. Para desalojarlos, tuvieron que intervenir conjuntamente la policía japonesa y el ejército norteamericano, armados con tanques, vehículos blindados y hasta con aeroplanos. Finalmente se tomaron los estudios; los alborotadores fueron detenidos, y los líderes del sindicato fueron expulsados de la Toho.

Este grave incidente arrastró otras consecuencias. El ejército americano se tomó el asunto muy en serio, al temerse que el brote de insurrección laboral en la Toho podría ser el preludio de un generalizado movimiento revolucionario izquierdista, amparado por el Partido Comunista Japonés. De manera que decidieron cortar por lo sano, y dar un escarmiento ejemplar. De este modo se purgaron los estudios de todos los elementos subversivos o sospechosos. En particular Toho despidió a trece trabajadores; Shochiku a sesenta y seis y Daiei a treinta.

Como es de suponer, durante este período turbulento, apenas se produjeron películas. Y la mayoría de ellas se orientaban hacia las directrices pro-democráticas que imponía el SCAP. En Shochiku durante esta temporada contaron con la presencia de Kenji Mizoguchi, quien filmó durante estos años de transición algunas de las películas más representativas de los años MacArthur: Utamaro o meguru gonin no onna (Cinco mujeres alrededor de Utamaro.1947), uno de los primeros jidai geki tras la ocupación; Yoru no onnatachi (Mujeres de la noche. 1948), en la que se denunciaba la situación opresiva de la mujer. Esta película se sitúa, dentro del catálogo mizoguchiano, entre la muy expresiva Josei no shori (La victoria de las mujeres, 1946), y la no menos reivindicativa Waga koi wa moenu (Llama de mi amor, 1949), en la que se homenajeaban los orígenes del movimiento feminista en Japón.

XVI. 6. Al cobijo del temporal

A partir de 1949 empieza a recuperarse la

producción. Aquel año se realizan películas importantes, como Nora Inu (El perro rabioso), de Akira Kurosawa. Pero este año supone, además, el comienzo de una etapa de plenitud de Yasujiro Ozu. Tras ser liberado del campo de concentración en que había sido recluido tras la guerra, nuestro director pudo regresar a su país. Allí prosigue su andadura en el género shomin-geki con Relato de un propietario (1947) y Una gallina al viento (1948). El reencuentro con su guionista predilecto, Kogo Noda, dará un nuevo y decisivo impulso a su obra. Aquel mismo año de 1949 realiza Banshun (Primavera tardía), que merece figurar entre sus grandes obras maestras. Al año siguiente Akira Kurosawa dirige Rashômon (1950), un hito fundamental en el desarrollo de la cinematografía japonesa, y el comienzo de su proyección internacional.

Habría de confundirse quien llegara a considerar el *"efecto Rashômon"* como un caso aislado en una cinematografía que ya daba muestras de un vigor extraordinario, y en la que el tendido industrial se hallaba perfectamente consolidado. Conforme a la nueva organización industrial, prácticamente la totalidad del mercado japonés fue dividido entre cinco grandes productoras: Toho, Toei, Shochiku, Daiei y Shin Toho. Respetando los principios de su propio país, las fuerzas de ocupación americanas velaron para evitar tendencias monopolizadoras entre las grandes compañías. Sin embargo las medidas proteccionistas no pudieron impedir que se cerraran algunas pequeñas empresas. En compensación, la pionera Nikkatsu fue resucitada en 1953.

Cada uno de los grandes estudios competirá mediante diversas estrategias comerciales. En estos momentos la productora Daiei, que como se recordará se hallaba bajo la dirección de Masaichi Nagata, comienza una exitosa andadura que culminará con numerosos premios en festivales internacionales. Por su parte la Toho se convirtió en la principal productora de películas de época. Nuestra entrañable Shochiku sobrevivió gracias a sus populares dramas familiares y comedias domésticas. Sin embargo, cuando el filón parecía agotado, encontraron nuevas posibilidades en el cine de *yakuzas*.

De este modo, la recuperación de la industria cinematográfica fue asombrosa: en 1946 fueron realizadas 69 películas que se exhibían en las 1137 salas con que contaba el país. Sólo cuatro años después la cifra había ascendido a 215 películas, mientras que en 1953 (el año de Cuentos de Tokio y Cuentos de la luna pálida) se llegaba a 302 largometrajes. En 1960 se alcanza la cifra redonda de 555 títulos, que iluminaban las más de 6000 salas repartidas por todo el archipiélago. Desde ese momento, la producción decae,

para estabilizarse a principios de los 80 alrededor de los 300 títulos anuales[25]. Comenzada la década de los 60 ya había 18 productoras, muchas de las cuales eran pequeñas compañías independientes que luchaban por competir con la hegemonía de los grandes estudios.

Fruto de esta efervescencia, una nueva generación de cineastas comienza a emerger. Durante esta década convivirán los clásicos (Mizoguchi, Ozu, Naruse) con los jóvenes que les tomarán el relevo. Entre ellos, además del gran Kurosawa, es imprescindible recordar nombres como Keisuke Kinoshita, Kon Ichikawa, Kaneto Shindo y Tadashi Imai. Con ellos destaca una nueva generación de estrellas que sustituyen a las de décadas anteriores: Hideko Takamine, Toshiro Mifune, Masayuki Mori, Machiko Kyo. En el caso de Ozu se suman nuevos rostros a los ya conocidos en sus películas anteriores: Setsuko Hara es sin dudas la incorporación más importante. Pero asimismo intervendrán en sus películas otros actores jóvenes que se consagrarán en sus películas: Chikage Awajima, Keiko Kishi, Ineko Arima, Haruko Sugimura o Kuniko Miyake entre las actrices; y Shin Saburi o Keiji Sada en la representación masculina. A todos ellos se suma el incombustible Chishu Ryu, quien venía acompañando a Ozu desde los inicios mismos de su carrera.

Todos los estudios, que financieramente se veían respaldados por el enorme mercado interior, dieron a los cineastas un grado de libertad insólito hasta la fecha. Por primera vez los estudios alentaban nuevos proyectos. Se favorece la realización de nuevos géneros y nuevos modos de hacer cine. Por citar un ejemplo representativo: el *haha-mono*, o películas de madres, tan habituales en el cine anterior a la derrota, se vio reemplazado por el *tsuma-mono*, o películas de esposas. Las convenciones de ambos géneros son similares; pero no dejamos de observar que en estos momentos la esposa reemplaza a la madre en el protagonismo dramático, delatando su mayor importancia en la sociedad posbélica. Cabe añadir el relevo generacional en las propias salas oscuras: la mayor asistencia a las mismas corresponde a las nuevas espectadoras, a la sazón esposas.

Además de reciclar viejos géneros, se llegó a transitar otros nuevos: el *kaiju eiga* (cine de monstruos nucleares) sería el más notable. Y las nuevas películas aún se permiten incorporar la sátira de instituciones venerables, lo que anteriormente hubiera sido mal visto. Así la autoridad patriarcal, las prostitutas o los rancios códigos de honor feudales, se vieron filtrados por el tamiz satírico.

---

25 Cifras proporcionadas por: TESSIER, Max. *Images du Cinéma Japonais*. Paris : Henri Veyrier, 1990, p. 155.

XVII. AL COBIJO DE RASHOMÔN (Años 1950-1957)

XVII. 1. El frágil esplendor

El 28 de Abril de 1952 se da por terminada la ocupación militar norteamericana. Pese a todo, los antiguos contendientes suscriben una alianza que permite al ejército vencedor el mantenimiento de algunas bases repartidas a lo largo del archipiélago japonés. Con la partida del ejército invasor, y con el fin de su control sobre la producción cinematográfica, comienzan a rodarse películas críticas, cuando no abiertamente antiamericanas. El cine se convierte en un poderoso mecanismo de denuncia contra los Estados Unidos, sus imposiciones, y en particular contra los genocidios perpetrados en Hiroshima y Nagasaki. También ahora salen a la luz las películas prohibidas. Entre ellas la incomprendida y excelente Los que caminan sobre la cola del tigre, de Kurosawa. Más importante aún: coincidiendo con el final de la ocupación, los años 50 conocieron una imprevista expansión del cine japonés fuera de sus fronteras, gracias a los numerosos galardones conquistados en los principales certámenes internacionales. Es menester detenernos en este trascendente episodio de la historia del cine japonés. El festival de Cannes, en su edición de 1950, solicitó una representación japonesa. Se decide enviar Mata au hi made (Hasta que volvamos a vernos. Tadashi Imai, 1950). Pero el destino juega sus bazas: la Toho, productora de aquella película, no disponía de presupuesto para subtitular la copia al francés, de manera que finalmente no fue posible enviar la película al certamen francés. Tras Cannes, fue Venecia, en su edición de 1951, el siguiente festival interesado en exhibir películas japonesas. Se vuelve a proponer la película de Imai; pero aquella vez Giuliana Stramigioli, la aguda representante italiana de Italiafilm, propuso en su lugar Rashômon, una arriesgada producción Daiei dirigida por Akira Kurosawa un año atrás. Masaichi Nagata, director de la Daiei, se opuso a la decisión, por considerar que aquella película no sería del interés del público occidental. Profeta. Cuál será su sorpresa cuando Kurosawa gana el León de Oro, tras haberse hecho con la admiración general[1].

De manera que la década del meridiano comienza con el León de Oro, seguido a continuación con el Oscar a la Mejor Película Extranjera. Por primera vez una película japonesa llega a ser conocida (y alabada) internacionalmente. No será la única. Los éxitos de Kurosawa serán la antesala de todo un aluvión de premios internacionales con que se distinguen diversas producciones niponas[2]. Como reconoce el gran director japonés, aquello *"fue como echar agua a los ojos dormidos de la industria de cine japonesa"*[3]. De este modo comienza la legendaria apertura del cine japonés hacia el resto del mundo. Kurosawa, Mizoguchi, Kinugasa e Inagaki serán los embajadores que posibiliten el descubrimiento de una cinematografía hasta entonces ignorada, pero extremadamente fecunda. Ozu aún deberá esperar algunos años, pero no llegará a conocer en vida el reconocimiento exterior de su deslumbrante filmografía. Masaichi Nagata, presidente de la Daiei, pese a haber rechazado en un primer momento a Kurosawa como candidato para representar el cine japonés

---

1 Años después, la película de Kurosawa ganó el León de Leones, lo que la alza como la mejor de entre todas las que han conquistado el máximo galardón veneciano. Pocos meses después, en 1951, el propio Kurosawa conquista, con Rashômon, su primer Oscar a la Mejor Película Extranjera. Volverá a conseguir este premio con Dersu Uzala en 1980, a lo que se añade un Oscar honorífico recibido, en 1993, de manos de sus admiradores Steven Spielberg y George Lucas.

2 Recordemos los más importantes: 1952: Genji Monogatari (Yoshimira Kozaburo): Premio a la mejor fotografía en Cannes. Este mismo año Mizoguchi se hace con el León de Plata en Venecia por Saikaku ichidai onna. Al año siguiente, de nuevo Mizoguchi se hace con el mismo trofeo por Ugetsu monogatari. 1954: Teinosuke Kinugasa se alza con la Palma de Oro en Cannes, y con el Oscar a la Mejor Película Extranjera, gracias a su Jigokumon. Este mismo año, Kurosawa consigue el Oso de Plata de Berlín con Ikiru, y el León de Plata en Venecia por Sichinin no samurai. Comparte el galardón con Mizoguchi y su Sansho Dayu. 1956: Miyamoto Musashi, de Hiroshi Inagaki, gana un nuevo Oscar. El arpa Birmana, de Kon Ichikawa, consigue el Premio san Giorgio del Festival de Venecia, 1956. El mismo premio logra Masaki Kobayashi, en 1960, por su Condición humana. La historia de un amor puro, de Tadashi Imai, se alza con el premio a la mejor dirección en Berlín, 1958. Hiroshi Inagaki logra el máximo galardón de Venecia de 1958 con Muho Matsu no issho. Entre nosotros, los reconocimientos fueron más tardíos: Kurosawa conquistó su Espiga de Oro en el Festival de Valladolid de 1967 por Akahige. Al año siguiente, el premio lo obuvo Masaki Kobayashi por Rebelión. Con anterioridad, el propio Kobayashi había conseguido el premio Ciudad de Valladolid con Seppuku, en 1965, mientras que Kaneto Shindo se había alzado con el premio San Gregorio, en 1962, con La isla desnuda. Adviértase que ninguna película oriental -ni japonesa, ni china ni india o de cualquier país asiático, obtuvo nunca el máximo reconocimiento en San Sebastián.

3 KUROSAWA, Akira. *Autobiografía: (O algo parecido)*. Madrid: Fundamentos, 1990, p. 286.

en Venecia, supo enmendar su falta de previsión a tiempo: *"Naturalmente, existen en Japón obras de poco interés, pero gracias a Rashômon hemos aprendido que no todas las películas japonesas son inferiores a las de otros países. Los productores japoneses, que pensaban que sus películas no se podrían entender en otros lugares por motivos de idioma, de costumbre y de mentalidad, ahora son plenamente conscientes de las posibilidades que ofrecen los mercados extranjeros. Japón, hasta la fecha únicamente importador de películas, puede convertirse ahora en exportador"*[4]. No cabe duda que el productor pretendía atribuirse unos triunfos que, en buena ley, no le correspondieron. Así lo denunció el propio Akira Kurosawa en los pasajes finales de su *Autobiografía*[5].

Figura 48

Figura 49

Lo cierto es que la producción se incrementa progresivamente, tanto en cantidad como en calidad. Así da comienzo una segunda edad de oro del cine japonés, en la que proliferan obras de gran altura artística, que obtendrán numerosas recompensas internacionales. Es cierto que muchas de estas películas, de méritos incuestionables, explotaban a conciencia la baza del exotismo y la ubicación en épocas legendarias. Pocas películas de ambientación contemporánea fueron presentadas en los Festivales y, por descontado, ninguna de Ozu o de Naruse, por juzgarlas de escaso interés para los occidentales.

XVII. 2. Producción en los años 50: El cine debe guardar la calma

El llamado milagro japonés, al que nos referimos en capítulos anteriores, se corresponde con el extraordinario desarrollo que experimenta la industria cinematográfica japonesa, que llegó a convertirse en el primer productor de cine del mundo. Entre 1957 y 1961 Japón producía una media de 500 películas anuales. Aunque la cifra decaería a partir de 1962, el país seguiría produciendo a lo largo de toda la década de los 60 un promedio de 350 películas al año[6]. El cine japonés no se siente ajeno al periodo de bonanza económica, y de estabilidad política, del que goza la nación. Todo lo contrario: el momento en el que el cine japonés es *"descubierto"* por la crítica occidental coincide, además, con otras importantes circunstancias políticas: Japón ha recuperado su independencia plena, tras darse por concluida la ocupación americana. La otrora potencia militarista y depredadora se ha convertido en una modélica sociedad democrática a la que se han extirpado todas sus quimeras imperialistas, y que ahora sigue una senda basada en la paz y en el entendimiento con todas las naciones de su entorno. Además Japón ocupa una posición estratégica de primer orden, como muralla que debe frenar la expansión del comunismo por el continente asiático. Máxime cuando la proximidad del conflicto coreano descubre cuán frágil es el equilibrio político en todo el Extremo Oriente.De este modo el antiguo y feroz enemigo se convierte en un exquisito aliado, depositario de una cultura privilegiada, que se manifiesta en una cinematografía de primer orden. No se puede desdeñar el valor propagandístico que entraña reivindicar la cultura japonesa, y en particular la de posguerra: superada la imagen de un país agresor y despiadado, se impone la de una nación a la que los victoriosos aliados han pulido e instruido en las verdades democráticas. Dicho en otras palabras: el esplendor de la democracia japonesa, exquisitamente representada en su cine, era para muchos observadores interesados una muestra (otra más) del acierto con que el Occidente había domesticado los extravíos de un país asiático[7]. Cabe añadir, además, que

---

4 Cita: TESSIER, Max. *El cine japonés*. Madrid: Acento, 1999, p. 38. Originalmente publicado en: "La tachê de l´industrie cinematographiqué japonaise". *Revue Internacionale de Cinéma*, 1952. Y también en: Tessier, *Images du cinema japonais*, capítulo 8.

5 Refiriéndose a las declaraciones de Nagata, quien se atribuyó todos los méritos de una película que jamás apoyó ni comprendió, Kurosawa dijo: *"Al escuchar la entrevista tuve la sensación de volver a Rashômon nuevamente, Fue como si las patéticas ilusiones del ego, todos esos fallos que yo había intentado mostrar en la película, fuesen mostrados en la vida real. Me hizo recordar una vez más que el animal humano sufre del instinto del engrandecimiento"*. En: KUROSAWA, Akira. *Autobiografía: (O algo parecido)*. Madrid: Fundamentos, 1990, p. 287 - 288.

6 Véase: *OZU´ s Tokyo Story* / edited by David Desser. Cambridge: University Press, 1997, p. 23.

7 Véase: FREIBERG, Freda. "Japanese Cinema". En: *The Oxford Guide*

el hallazgo del cine japonés coincide con el desarrollo de la llamada *"política de autores"*, concebida en Europa. Una serie de cineastas japoneses, con Mizoguchi y Kurosawa a la cabeza, eran merecedores de figurar entre los creadores cinematográficos más ilustres. Más adelante se sumarían otros: Ozu, Nagisa Oshima y, en fecha reciente, Mikio Naruse. Como bien observa además Freda Freiberg, en el artículo citado en nota, cada uno de los cineastas que conforman la gran tríada del cine japonés provienen de uno de los tres principales estudios (Mizoguchi de Nikkatsu; Kurosawa de Toho y Ozu de Shochiku), si bien los dos primeros lograron sus éxitos mediante producciones de la joven compañía Daiei. Además, cada uno de ellos estaba especializado en un género: Kurosawa era el maestro indiscutible del *jidaigeki;* Mizoguchi del melodrama, tanto de ambientación histórica como contemporánea, mientras que Ozu ofrecía el modelo más puro de la tragicomedia familiar y doméstica. Sin duda desprevenida ante el inesperado éxito internacional, la industria cinematográfica japonesa carecía de una política común de exportación. Cada una de las productoras, que rivalizaban entre sí, organizaba su propia distribución, y la que más éxitos cosechó de cara a los certámenes internacionales fue sin dudas la Daiei. Para subsanar el problema, y ante el interés que el cine nacional comenzaba a despertar en otros países, en 1957 se creó un organismo común: la Unijapan Film, que todavía sobrevive. Era su objetivo la difusión del cine japonés en el extranjero. Un esfuerzo loable, pero sin duda tardío, puesto que desde 1951 el cine japonés cosechaba triunfos internacionales, y se había perdido la oportunidad de sacar, en el momento oportuno, el máximo partido de aquellas importantes distinciones. En el momento de su creación, Unijapan Film agrupaba a las cinco compañías que conformaron, en 1945, la Asociación del Cine Japonés, o Nippon Eiga Rengo Kai: Shochiku, Toho, Toei, Daiei y Shin Toho, a las que ahora se suma la recientemente saneada Nikkatsu. Apenas comienza el decenio, la industria del cine dispone de medios y de modelos para renovar su estructura. Se organiza en oligopolios semejantes a los que regulan la actividad económica. El cine demuestra ser, a lo largo de todo aquella década prodigiosa, un negocio floreciente, artísticamente muy creativo, y por si ello fuera poco, extremadamente beneficioso: la mayoría de la población, ajena aún a los progresos económicos de su economía, encuentra en las salas oscuras su pasatiempo favorito: un espectáculo atractivo y asequible del que todos disfrutan; pero también un refugio acogedor que permite distanciarse, durante unas horas, de los pesares cotidianos. Una de las razones que justifican el incremento desmesurado de la producción obedece a la arraigada costumbre de la programación doble: la mayoría de las salas exhibe dos películas por el precio de una sola entrada. En la organización de los programas es frecuente que la película principal se vea acompañada por otra secundaria. En 1956 el 83% de las salas proyecta dos películas por sesión; el 14% tres; Y el 3% restante proyecta una sola película por sesión. Para atender tan abultada demanda en régimen de programa doble, es necesario incrementar la producción, aunque sea en detrimento de la calidad. Esta exigencia justifica el aumento de películas de serie B. No escasean, ni mucho menos, las pequeñas compañías con plantilla especializada que, a la sombra de los grandes estudios, practican el cine de pequeño presupuesto y de modestas ambiciones. Ésta será, por otra parte, una escuela óptima en la que se formarán futuros cineastas importantes. El año en que Ozu realizó Primavera tardía, 1949, la producción ascendió a 155 títulos. A partir de este punto el ritmo se incrementó vertiginosamente: en 1950 se producen 215 películas; dos años después la cifra asciende a 250 títulos. En 1953 se producen 302 películas. Entre ellas Cuentos de la luna pálida, de Mizoguchi, y Cuentos de Tokio, de Ozu. Dos monogatari de dispar concepción, que figuran ya en cualquier antología del cine mundial. Sin embargo este año el gran éxito en taquilla es Kimi no Na wa (¿Cómo te llamas?), un melodrama Shochiku dirigido por Hideo Oba, quien realizó una secuela al año siguiente. En 1956, coincidiendo con la muerte de Mizoguchi, se realizaron 514 películas. Pero fue 1960, con sus 555 películas, el año en que se alcanzó la cota más alta. A estos datos hay que sumar el incremento de salas: si en 1945 sobreviven 845 locales, en 1952 ya hay 3.332; 6.000 en 1957; y 7.049 en 1959. En 1960, el año más fecundo en lo que a cantidad de películas se refiere, se alcanza asimismo la apoteosis en el número de salas: 7.457 repartidas por todo el país. Esta situación boyante se corresponde asimismo con una media de calidad muy alta. Los buenos rendimientos económicos permiten cierta libertad de movimientos a los directores más exigentes, quienes gozaron de unas circunstancias favorables para trabajar cómodamente. Al mismo tiempo, el número de espectadores se incrementa. Sólo entre 1951 y 1953 se logra que los ingresos anuales se dupliquen[8]. El registro más alto se alcanza en 1958, año

---

to Film Studies / edited by John Hill and Pamela Church Gibson. Oxford: University Press, 1998, p. 562.

[8] Datos obtenidos en: TOMASI, Dario. "El cine japonés de los años 50". En: *Europa y Asia: (1945 - 1959)* / coordinado por José Enrique Monterde y Esteve Riambau. Historia general del cine. Volumen IX. Ma-

en que se contabilizan 1.127.452.000 espectadores: un promedio que equivale a que cada japonés había acudido al cine un promedio de de 12 veces a lo largo de aquel año. Este mismo año se proyectan 504 películas japonesas, frente a 171 extranjeras[9]. No es menos cierto que, a partir de este año, la industria del cine iniciará un imparable declive, que conduciría hasta las 250 películas que, aproximadamente, se producen al año en los 90 (239 en 1990; 278 en 1996). A principios de los 60 se contabilizan ya sólo 1828 salas, que acogieron menos de 129 millones de espectadores[10]. No sólo el incremento de taquillaje acredita el interés que cobra el cine japonés en todos los círculos del país. Asimismo se incrementa la literatura cinematográfica, de la que extraeremos un ejemplo: entre 1957 y 1968 la editorial Chuo Koron publicó la historia del cine japonés más completa hasta la fecha: *Nihon Eiga Hattatsushi*(*Historia del desarrollo de la Cinematografía Japonesa*), obra en cuatro volúmenes escrita por Junichiro Tanaka. Coincidiendo con dicha obra, fueron publicados diversos repertorios bibliográficos referidos a las abundantes publicaciones cinematográficas que habían visto la luz en el país.

Figura 50

Figura 51

XVII. 3. De nuevo, los géneros

Concluida la ocupación americana se recuperan las antiguas películas de samurais, sin que se escatimen ahora todos los temas y motivos antaño prohibidos por los americanos. Reaccionando contra las imposiciones superadas, los duelos con espada son devueltos a la pantalla, y con más violencia que nunca. Y con ellos renacen los viejos temas del género: la venganza, la lealtad al señor y el sacrificio sin límites. La recuperación de los *chambara* goza del respaldo en taquilla, y éste será el género más exitoso de todos los practicados.

Y por descontado sale a luz el tema tabú por antonomasia: el apocalipsis nuclear. Kaneto Shindo abre fuego en 1952 con Hijos de la bomba atómica, con la que comienza un nuevo género: el *Hibakusa,* relacionado con los terrores nucleares. En 1954 se rueda Japón

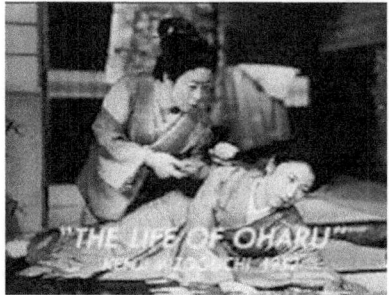

Figura 52

Figura 53

bajo el terror del monstruo (Inoshiro Honda, 1954), en que ve la luz el más terrorífico de los fantasmas atómicos: el monstruo Gojira, conocido fuera de Japón comoGodzilla, protagonista de una longeva saga que, progresivamente devaluada, llega hasta nuestros días. El *Hibakusa* es un tema incómodo, que dará pie a una larga filmografíaa a al que llegará a sumarse el mismo Kurosawa con Ikimono no kiroku (Vivir en el miedo. 1955), así como alguno de sus posteriores Sueños(1990), y finalmente Rapsodia en agosto (1991)[11]. Ajenas a los horrores apocalípticos, es de notar que muchas de las películas japonesas más importantes de principios de los 50 giran en torno a la crisis y descomposición de la familia, debido a circunstancias

---

drid: Cátedra, D.L. 1996, p. 359.

9 LI, H.C. "Ozu´s impact on America: Tokyo Story in New York, 1972". En: *Japan´s impact on the World* / edited by Alan Rix and Ross Mouer. Brisbane: Japanese Studies Association of Australia, 1984, p. 119.

10 Datos obtenidos en: TESSIER, Max. *El cine japonés*. Madrid: Acento, 1999, p. 86-87.

11 Sobre el tema de la bomba atómica en el cine, véase: *HIBAKUSA Cinema: Hiroshima, Nagasaki and the nuclear image in Japanese Film*. New York: Paul kegan International, 1996.

Figura 54

Figura 55

Figura 56

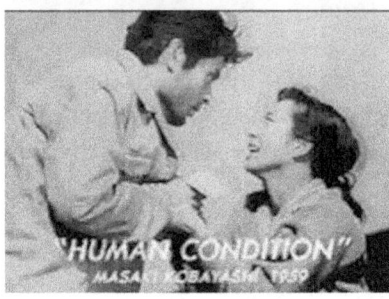

Figura 57

extremas: Ikiru (Akira kurosawa, 1952), Tokyo monogatari y Ugetsu monogatari (ambas de 1953); Sansho Dayu (Kenji Mizoguchi, 1954). La institución familiar tradicional, en efecto, sufre una situación de crisis a consecuencia de los grandes cambios que ha experimentado la sociedad japonesa en el curso de unos pocos años. Ningún artista japonés ha dejado un testimonio tan elocuente y poético de la crisis familiar a lo largo de las décadas centrales del siglo XX como Yasujiro Ozu, tal como se verá en las siguientes páginas.

En 1951 Keinosuke Kinoshita dirige el primer largometraje japonés en color: Karumen Kôkyo ni Kaeru (El regreso de Carmen), filmada con película japonesa: Fuji Color Film. Una deliciosa comedia que gozó de gran éxito, y de la correspondiente secuela: El amor puro de Carmen (1952). También en 1951 Mikio Naruse añade otra perla a su filmografía: Meshi (El banquete. Figura 51). Poco después, en 1954, Kinoshita logra uno de los mayores éxitos de toda su carrera con Veinticuatro ojos. Akira Kurosawa estrena otra de sus películas legendarias: Los siete samurais (Figura 56), y Mizoguchi presenta dos de sus mejores películas: El Intendente Sansho y Los amantes crucificados. Teinosuke Kinugasa conoce un gran éxito con Jigoku Mon (La Puerta del Infierno), que cosechará numerosos éxitos internacionales, entre ellos la Palma de Oro en Cannes y el Oscar a la Mejor Película Extranjera, mientras que Mikio Naruse filma, en 1955, otra pieza maestra: Ukigumo (Nubes flotantes). Al año siguiente Kon Ichikawa consigue un importante reconocimiento crítico gracias a su adaptación de la novela de Michio Takeyama El arpa birmana (1956)[12]. Aquel año contempla un luctuoso acontecimiento: fallece Kenji Mizoguchi. Pocos meses antes de su muerte Akasen Chitai (La calle de la vergüenza, 1956) habría de poner punto y final a una de las filmografías más gloriosas del cine japonés.

Pero éste continúa dando muestras de un brío extraordinario, que le sitúa en la cúspide mundial. En 1957 Akira Kurosawa dirige Komonosu Jô (Trono de sangre) y Donzoko, sendas adaptaciones de Shakespeare (Macbeth) y Gorki (Los bajos fondos). Poco después, en 1958, Masaki Kobayashi dirige su impresionante trilogía Ningen no joken (La condición humana). (Figura 57)

Sin embargo tan gloriosa época habría de ser efímera. Pronto el cine se toparía con un rival pequeño, pero letal y despiadado que se transformaría en el gran freno de la industria cinematográfica: La televisión que, como en el resto de los países, se alza como la gran alternativa popular del cine. A partir de 1953 comienzan las emisiones televisivas en Japón. En 1958 el número de televisores en servicio alcanza la cifra de 1.556.000. Pero al año siguiente ya se contabilizan dos millones de aparatos en el país[13]. De entre su programación, los espacios predilectos del público

---

[12] Versión española: TAKEYAMA, Michio. *El Arpa de Birmania* / Traducida por Fernando Rodríguez Izquierdo. Sevilla: Universidad, 1989.
El Arpa Birmana, en versión de de Kon Ichikawa, ganó el Premio San Giorgio en el Festival de Cine de Venecia de 1956. Años más tarde, en 1985, el mismo director hizo una nueva adaptación en color, con el mismo título, que pasó sin pena ni gloria por distintos festivales europeos, entre ellos la Semana Internacional de Cine de Valladolid.

[13] SATO, Tadao. *Le Cinema Japonais.* Paris: Centre Georges Pompidou, 1997, v. 2, p. 104.

son las películas y las retransmisiones deportivas, en particular los combates de *sumo* y de *baseball*, tal como queda de manifiesto en películas como Buenos días o Tarde de otoño (sendas películas de Yasujiro Ozu, realizadas en 1959 y 1962 respectivamente). Ante la amenaza televisiva, las productoras deciden, en 1956, no ceder películas para su pase televisivo. Vano intento: la televisión se nutrirá de películas y telefilmes americanos, más baratos y extraordinariamente seductores. De este modo, a comienzos de los 60 la cifra de espectadores y de ingresos en taquilla comienza a declinar de manera imparable. Si en 1958 la cifra de entradas anuales ascendía a mil millones de espectadores por año, diez años después la cifra había decaído hasta 300 millones de espectadores anuales. Por entonces habían cerrado sus puertas más de la mitad de los cines del país. En el ínterin, el número de televisores se había incrementado abrumadoramente: de dos millones en 1958 a más de 22 millones en 1969. La difusión del fenómeno televisivo supuso un golpe severo contra la industria cinematográfica. No sólo se redujo la producción; además influyó sobre los temas que se tratarían a partir de entonces en las películas, y en su propia plasmación visual. Numerosas pequeñas compañías cinematográficas se vieron condenadas a la ruina, mientras que los cinco estudios principales tuvieron que hacer alardes de imaginación y de cambios para atraerse la audiencia más joven[14]. De este modo las compañías cinematográficas organizan su estrategia contra la televisión recurriendo a lo que aquélla no puede ofrecer a los espectadores: color y pantalla amplia. Por consiguiente, y para rivalizar con la televisión, desde 1957 se buscan formatos alternativos, tal y como se hace en otros países. Aquel mismo año se realiza la primera película japonesa en CinemaScope. A finales de los 50, ambos requisitos eran casi indispensables en cualquier producto comercial. Pero como se verá, algunas otras iniciativas que se tomaron para atraer al público más joven terminaron por volverse contra las propias casas que los acogieron.

XVII. 4. Las principales productoras

Como se recordará, la producción se concentra mayoritariamente en seis grandes estudios: Shochiku, Nikkatsu, Toho, Daiei, Shin Toho y Toei. Cada una de ellas produce cerca de cien películas anuales, aproximadamente. Todas ellas se acomodan al sistema

Figura 58

Figura 59

Figura 60

Figura 61

empresarial japonés de *keiretsu,* que a su vez se veía adaptado a partir del modelo de planificación norteamericano. Es de notar, sin embargo, una acusada rigidez en la división del trabajo, lo que en especial se manifestaba en las dificultades para desplazarse entre las compañías. Los estudios se especializaban en determinados géneros, y tendían a conservar celosamente su personal: los directores y muy en particular las estrellas. Lo que no impide que en ocasiones, y debido a acuerdos entre las productoras, se llegasen a producir trasiegos entre los mismos. El mismo Yasujiro Ozu, tan leal a la Shochiku, llegará a trabajar ocasionalmente para otras compañías, como veremos.

---

14 UMEZAWA, Yuko. *Changing Japanese Family Roles: from Ozu's Films to Contemporary Japanese Media.* Ohio: University. The Faculty of the College of Fine Arts, 1997, p. 41. La autora cita fuentes proporcionadas por Keiko McDonald.

Figura 62

Figura 63

Figura 64

Los estudios entienden el cine ante todo como un negocio lucrativo; como un espectáculo orientado al entretenimiento que poco tiene que ver con el arte. Semejante actitud despectiva ante el cine llega, por desgracia, hasta nuestros días. Y el propio público respaldaba esta perspectiva. En realidad no eran las películas artísticamente más ambiciosas las que mejores rendimientos obtenían en taquilla. El público en general no acude al reclamo de los grandes autores, sino que lo hace seducido por películas fantásticas, de acción y de aventuras; por melodramas lacrimógenos y comedias hilarantes. No nos engañemos, porque otro tanto sucedía en las más distintas latitudes. Pero antes de seguir adelante, conviene que prestemos atención a los principales estudios cinematográficos japoneses, que no en vano tendieron los pilares de una industria bien organizada, en cuyo seno florecieron grandes artistas. Y empezaremos precisamente por una de las compañías más importantes: aquélla en la que Ozu desarrolló la mayor parte de su carrera.

1 / Shochiku:

Concluida la ocupación americana, el depuesto Shiro Kido recupera su posición como director de la Shochiku. El escarmentado productor ha aprendido bien la lección; a partir de ahora se limitará a desempeñar su trabajo, eludiendo cualquier compromiso político. Bajo su dirección la Shochiku conoce una nueva etapa de esplendor, que acogerá no pocas obras maestras dirigidas por veteranos (Yasujiro Ozu) y por jóvenes talentos, como Keisuke Kinoshita o Masaki Kobayashi. *"Después de todo, la mayor necesidad de nuestro público siguen siendo las sonrisas y las lágrimas, que es lo que siempre les hemos dado"*, reconoció en su investidura. Y añadiría después: *"las películas son vehículo de emociones y de conocimiento. No importa cuán agitado esté el mundo: el arte del cine debe guardar la calma"*[15]. La fórmula Shochiku, aquel viejo Ofuna-cho, continuaba vigente y gozaba de una renovada vitalidad. El estudio de Ofuna aprovecha los conflictos y las huelgas de Toho para avanzar terreno, y para recuperar la hegemonía perdida. Su primer gran éxito será Karumen Kôkyo ni kaeru (Carmen vuelve al hogar. Keisuke Kinoshita, 1951), la primera película japonesa en color, filmada en el autóctono sistema Fuji. Recientemente se ha descubierto una versión en blanco y negro de esta película, curiosamente distinta de la distribuida en color. El éxito de esta jovial comedia decidió que se realizara una secuela de la misma, realizada por el mismo equipo pero esta vez, y de manera sorprendente, en blanco y negro: Karumen junjo su (El amor puro de Carmen, 1952). En 1959 se estrenan la primera parte de La condición humana, la trágica historia de un soldado que combate en Manchuria. Masaki Kobayashi, director de la misma, todavía habría de realizar dos entregas más. Cuando, en 1961, se estrenó la tercera y última parte de la serie, ésta se había convertido en la película japonesa más larga, y a distancia: la obra completa en total comprendía cerca de nueve horas de duración. Al año siguiente, en 1962, Yasujiro Ozu rueda Samma no aji (Tarde de Otoño), una excelente película que, por desgracia, habrá de ser la última. En Diciembre de 1963 muere, sin poder filmar el proyecto en el que venía trabajando: Daikon to ninjin (Rábanos y zanahorias), que será dirigida por Minoru Shibuya.

---

15 RICHIE, Donald. "Kido Shiro". En: *KIDO Shiro: Producer of directors: In celebration of Shochiku Centennial* / Marianne Lewinsky and Peter Delpeut, editors. Amsterdam: Nederlands Filmmuseum (etc.), 1994, p. 10.

Figura 65

Figura 66

Gracias a estos y otros muchos éxitos, favorecidos por el liderazgo profesional de directores como Kinoshita, Kobayashi y Ozu, el viejo estudio del Pino y el Bambú continuó siendo artísticamente solvente. Además se mantuvo fiel a la producción de agridulces historias *shomin-geki,* protagonizadas por individuos cotidianos, conforme a su distintivo *Ofuna-cho.* Aquel entrañable *perfume de Ofuna* era especialmente bien recibido por numeroso público femenino. Pero desde mediados de los 50 las mujeres van a encontrar, en la televisión, un sustituto doméstico del cine. No faltaron en este momento de crisis voces rebeldes desde el propio estudio, que acusaron a Kido y a la productora de mantener una actitud anacrónica y hasta reaccionaria con respecto al cine. No sólo se mantienen, mediados los 50, las viejas fórmulas y los directores de antaño, de los que Ozu era decano; además se termina excluyendo a los cineastas más innovadores, como Oshima. Y esto pese a que, buscando nuevas fórmulas comerciales se contrataron cineastas jóvenes.

Bien cierto es que el talante conservador de Kido, poco dado a evolucionar o a buscar nuevos derroteros, no tardó en verse superado por productoras más jóvenes, que se aplicaban a la realización de nuevos productos, más en consonancia con las apetencias del público: películas de acción, fantásticas, de monstruos nucleares. Con altibajos los viejos estudios de Ofuna se mantuvieron activos hasta que, en Octubre de 1999, se anunció la venta de sus 53.000 metros cuadrados de terreno a la Kamakura Joshi Daigaku (Universidad Femenina de Kamakura), que utilizó estos terrenos para construir un nuevo campus. No será el único emblema del Pino y del Bambú que cae bajo las presiones inmobiliarias: también venderá Shochiku su famoso teatro Naka-za, que la compañía poseía en Osaka, uno de los más prestigiosos de su red de salas. Además venderá también la mitad aproximada de su material almacenado a la Fuji TV[16]. Aunque Shochiku se propone construir un nuevo estudio, mucho más pequeño, en Shin Kiba, cerca de Tokio, la venta de los míticos estudios donde se han rodado multitud de clásicos del cine japonés -inclusive la mayor parte de la obra sonora de Ozu- no es sino un episodio más de la lenta agonía que sufren en la actualidad los antiguos estudios que escribieron páginas gloriosas en la historia del cine japonés.

2 / Daiei

Nacida como se recordará en 1942, y dirigida por el oportunista Masaichi Nagata, tuvo Daiei la habilidad y la suerte de colocar sus películas en los principales festivales internacionales, donde ganaron numerosos premios. Daiei es apócope de Dai Nihon Eiga, o Películas del Gran Japón. Ya onomásticamente la compañía nace con una apetencia de grandeza, que se verá sorprendentemente hecha realidad. A partir del éxito de Rashomon, el estudio emprende una política basada en realizar una serie de películas de prestigio, fundamentalmente *jidai geki* legendarios, y de impecable factura, que aprovechan la baza del exotismo, para seducir al público occidental. Sin embargo no logró distribuir sus películas más allá de circuitos muy reducidos, como festivales o salas de arte y ensayo. En el ínterin, sus rivales prosperan en el mercado doméstico merced a producciones menos ambiciosas, y más baratas, distribuidas en el mercado del programa doble. De manera que Nagata se vio forzado a reaccionar: sus bazas más exitosas serán, a partir de entonces, no las cualificadas películas del circuito internacional, sino fundamentalmente los *jidai geki* de acción más convencionales, a los que se suman las películas fantásticas, o las dirigidas a un público juvenil. Son ellas, a la postre, las que permitirán la supervivencia de la productora durante la década. Sin embargo su existencia no iba a ser muy prolongada: en 1971 la Daiei, que tanta gloria internacional dio al cine japonés, desapareció a causa de una bancarrota.

3 / Toho:

Tras las huelgas de 1948, y ante su incapacidad para

---

16 Noticias proporcionadas por Aaron Gerow, dentro del foro electrónico *KineJapan*, los días 27 y 28 de Octubre de 1999.

pagar impuestos, las autoridades amenazan con embargar sus cuatro principales salas. En estos momentos de crisis abandonan temporalmente la disciplina del estudio algunos de sus principales cineastas: Kurosawa y Naruse entre ellos. Tan delicado es el momento en que se hallan, que Iwao Mori y Ichizo Kobayashi, los directores de la Toho, intentaron fusionarse con la Shintoho y la Toei. Sin embargo estas dos no aceptan la propuesta. De manera que el llamado *Tesoro del Este* busca el antídoto a sus males ampliando su tendido de salas. La medida es exitosa, como demuestra que pronto dispondrá de la principal red de salas del país. El saneamiento de las arcas que aquella operación favorece, capacita a Toho para reemprender la política de producciones exitosas. Los principios por los que se guía no son artísticos, sino meramente comerciales. Masao Shimizu, uno de los responsables del estudio, llegó a afirmar, haciendo gala de insolente maquaivelismo empresarial: *"Yo no sé mucho de cine, pero con observar la lista de recaudaciones puedo decir enseguida si se trata de una buena o mala película"*[17]. A despecho de tan crematísticos planteamientos, Toho no tarda en lograr importantes recaudaciones gracias a espléndidos *jidai geki*, muchos protagonizados por la estrella de la casa, Toshiro Mifune. Entre ellos destacan Los siete samurais, (1954) o la trilogía Samurai, dirigida por Hiroshi Inagaki entre 1954 y 1955, en torno al legendario espadachín Miyamoto Musashi. Pero mejor que aquella trepidante saga fueron las posteriores aportaciones de Kurosawa y Mifune, como Komonosu Djô (El Trono de Sangre, 1957), su atormentada versión en clave Nô de Macbeth. Al año siguiente el gran cineasta demostró que era plenamente dueño de la nueva técnica de formato apaisado conocida como TohoScope, gracias a su magnífica La fortaleza escondida (1958). Años más tarde, Toho y Kurosawa reverdecerían los laureles gracias al éxito internacional de Kagemusha (1980). Pero no sólo infunde nueva savia Toho con mandobles de *katana*. Al dar vida a Gojira, entre nosotros llamado Godzilla (Inoshiro Honda, 1954), la Toho iniciará la muy popular y longeva serie de monstruos radiactivos, que reportará pingües beneficios a la compañía, y dará origen a uno de los más poderosos mitos del cine japonés.

4 / Shintoho:

Escindida de Toho en 1947, a consecuencia de la violenta huelga que sufre el estudio, la empresa hermana no atraviesa buenos tiempos. En 1951 se ve obligada a cerrar durante todo un mes, para reorganizarse. Shintoho busca soluciones a la crisis mediante la estrategia del programa doble. El director de la compañía, Hattori Tomoyoshi, que se vio incapaz de hacer frente a la crisis, viose sustituido por Okura Mitsugu. Éste se decanta por la producción más popular: películas de acción, de espadachines y *yakuzas;* de fantasmas y de tramas levemente eróticas. De este modo la otrora ambiciosa compañía tiende ahora a especializarse en películas de serie B. Son en su mayoría películas baratas, rodadas en poco tiempo y de calidad por lo común mediocre. Lo que no la impide aspirar a hacerse hueco entre los sectores menos abastecidos por las productoras mayores. Curiosamente su mayor éxito será una película que exalta la figura del Emperador, y las glorias bélicas del pasado: Meiji tenno to nichi-ro senso, (El Emperador Meiji y la Gran Guerra Ruso-Japonesa). Tan grande fue su éxito, que el mismo estudio realizó una secuela: El Emperador Meiji, la Emperatriz y la Guerra Chino-Japonesa, antesala de un buen número de películas que, reaccionando contra las imposiciones de la extinta censura americana, glorifican las gestas nacionales. Sin embargo ni el Emperador Meiji ni todos sus esfuerzos heroicos lograron salvar a Shintoho de la bancarrota: la mayoría de su equipo técnico y artístico regresó a la casa madre, Toho, y la escindida productora cerrará definitivamente sus puertas en 1961.

5 / Toei:

Fruto de la fusión en 1951 de dos pequeñas compañías, Tokoyo y Oizumi, Toei (*"Películas del Este"*) se especializó en el género de aventuras y espadachines; y su éxito fue tal que no tardó en ponerse a la altura de las otras grandes. Para ello se nutre de astros de los viejos tiempos, y saca pleno rendimiento de la fórmula del programa doble. Sin ningún tipo de complejo, el estudio orienta su producción hacia el público menos exigente: adolescentes, campesinos o gente poco instruida. Son los suyos, en consecuencia, productos eminentemente comerciales, y en particular dinámicos *jidai geki* que no tardarán en hacerse enormemente populares. Asimismo realizó numerosos largometrajes de corte fantástico, a los que se suman trepidantes películas de *yakuzas,* protagonizadas por Ken Takakura y dirigidas por Kinji Fukusaku (responsable de la reciente y polémica Battle Royale, 1999). Toei tiene además el mérito de haber producido los primeros *anime,* o películas de animación, un género que alcanzará extraordinaria importancia en décadas posteriores.

---
17 Cita: TESSIER, Max. *El cine japonés*. Madrid: Acento, 1999, p. 50.

Pero además tiene la habilidad de lograr numerosos contratos en exclusiva con muchos propietarios de salas, quienes se comprometen a no exhibir sino títulos de la Toei, quien les garantiza la seguridad de disponer de películas económicas y comercialmente seguras. Hasta tal punto fue exitosa su política, próxima a la práctica del *blind booking,* que en tan sólo seis años la Toei se puso a la cabeza en lo que a ingresos se refiere. Es más, en 1957 fue la única compañía que lograba mantener un ritmo de producción regular de dos títulos por semana.

6 / Nikkatsu:

La más veterana productora se repone de una aguda crisis. Como recordaremos, se vio forzada a interrumpir la producción durante los años de guerra. De hecho la veterana compañía tuvo que ceder a la Daiei la producción de películas en 1942. Durante todos estos años de hibernación había subsistido distribuyendo películas. En particular, fue la compañía encargada de la distribución de películas americanas en el país. Sin embargo, ante la evidencia del éxito que tenían los títulos japoneses su director, Kyusaku Hori, decide replantearse la producción, en 1953. Las otras cinco productoras, temerosas de habérselas de nuevo con un rival potencialmente temible, se aliaron con el fin de boicotear las pretensiones de Nikkatsu. Sin conceder un minuto de tregua, la prohibieron ingresar en el órgano común, la Asociación de Productores.

Nikkatsu contraatacó procurando despojar a las otras

Figura 67

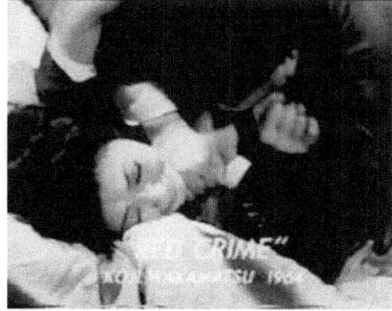

Figura 68

Figura 69

Figura 70

Figura 71

compañías de sus mejores efectivos, a quienes ofrece ventajosos contratos. Sin embargo, y a pesar de todos sus esfuerzos, no volverá a disponer de una plantilla de directores verdaderamente competitivos, ya que las cinco grandes compañías restantes (Shochiku, Daiei, Toho, Shintoho y Toei) se pusieron de acuerdo, dificultando más los movimientos entre los estudios, para evitar cualquier intento de transfuguismo que beneficie a alguna posible rival. No fue una decisión del todo sensata. A consecuencia de la misma se produjeron numerosos incidentes entre las compañías, uno de los cuales afectó al proyecto de Yasujiro Ozu Tsuki wa noborinu. (La luna se levanta). Para acometer el rodaje de aquel guión, escrito por Ozu en compañía de Kogo Noda, Shochiku pensaba contar con el concurso de dos actores ajenos al estudio: Teiji Takahashi (contratado por la Shochiku) y Yoshiko Kaga (actriz de la Daiei). Sin embargo, ambas productoras rechazaron el que sus estrellas pudieran intervenir en una producción de otra compañía. El asunto, que provocó en Ozu una gran desazón, fue finalmente puesto en manos de la la Asociación de Directores de Cine, que decide presentar una reclamación oficial. A consecuencia de este conflicto, Ozu se desligará temporalmente de su compañía. Finalmente el director volvió a la misma, y el proyecto fue finalmente confiado a la actriz Kinuyo Tanaka, quien lo dirigió para Nikkatsu en 1954. Aunque las principales escaramuzas, como la anteriormente citada, enfrentaban fundamentalmente a las grandes compañías, no faltan tampoco los motivos de fricción con las más pequeñas. No en vano proliferan multitud de productoras independientes: más de treinta a finales de los 40. Estas compañías, de reducidas proporciones y escasos medios, acogen a todos los técnicos y artistas que habían sido purgados por la censura en tiempos de la ocupación norteamericana. Ni que decir tiene que la supervivencia de estos modestos estudios, tan inconformistas como escasos de recursos, era muy precaria. Nos limitaremos a citar un ejemplo elocuente: el reputado y disidente crítico Akira Iwasaki había fundado la llamada Shinsei (Nueva productora), con el objetivo de producir películas comprometidas con la sociedad en la que vive. Cuenta para ello con el apoyo de figuras como Teinosuke Kinugasa, Tadashi Imai o la actriz Isuzu Yamada. Sin embargo los movimientos sociales fueron sofocados a lo largo de los años 50, lo que determinó asimismo el declinar de los objetivos sociales de esta productora independiente.

XVII. 5. Taiyozoku: La estación del sol poniente

En 1956 se estrenaron en Japón tres películas basadas en otras tantas novelas de Shintaro Ishihara: Taiyô no kisetsu (La estación del sol. Takumi Furukawa); Kurutta kajitsu (Fruta loca o Pasiones de juventud. Ko Nakahira) (Figura 72), y Shokei no heya (La habitación del castigo. Kon Ichikawa) (Figura 70). Las dos primeras fueron sendas produciones Nikkatsu, mientras que la tercera corrió a cargo de Daiei: de este modo los grandes estudios acogieron los primeros destellos del cine más rebelde e inconformista de la siguiente década. Tanto las novelas como sus versiones cinematográficas representaban una juventud hedonista y amoral, y se convirtieron en el estandarte de una nueva sensibilidad, de ruptura y de rechazo de la tradición nacional. El éxito del que gozaron originará una serie de películas, reconocidas desde entonces como *Taiyôzoku Eiga* (el cine de la Tribu del Sol), cuyos representantes lanzan dardos contra la sociedad japonesa. Cineastas como Yasuzo Masumura arremeten a partir de entonces contra todas las convenciones que habían sido propias del cine japonés (Figura). Rechazan por añadidura el cine familiar que, como es el caso de Ozu y las producciones características de Shôchiku, representaban personajes y formas de vida burguesas integradas en el concierto urbano. Dicho en

Figura 72

Figura 73

otras palabras, se sublevan contra los estereotipos sobre los que, según sostienen, se ha edificado el cine japonés. Desde sus mismos orígenes, la Nikkatsu será la productora más comprometida con el nuevo movimiento. No cabe duda que semejante actitud obedecía a planteamientos estratégicos. Como se recordará, tras su reapertura en 1954 la veterana firma se encontró con el boicot de las restantes compañías, y con la imposibilidad de hacerse con directores de prestigio, o con estrellas famosas. No quedaba más remedio que apostar firme por las nuevas promesas, a las que no sólo ofrece atractivas condiciones económicas sino, principalmente, libertad para hacer películas personales. De este modo futuros nombres valiosos se formarán, precisamente, en el seno acogedor de Nikkatsu. Es el caso de Shohei Imamura (Figuras 74 y 75), quien debutó en 1958 con Nusumareta yokujô (Deseos robados), y de Seijun Suzuki (Figuras 82-84), entre muchos otros. Las coyunturas de taquilla se mostraron favorables, puesto que aquellas obras de juventud gozaron de buena acogida. Al fin y al cabo eran eco de las inquietudes del momento, y el público que más acudía a las salas era el adolescente. La juventud ha cobrado, por otra parte, una importancia emergente como voz disidente en el país. ¿Por qué no utilizar el cine como instrumento comercial que, además, puede contribuir a aplacar la ira juvenil al permitir su canalización mediante las imágenes? La suma de todas estas circunstancias propició el que estas películas, hechas por y para jóvenes, no tardasen en constituir una fracción importante del mercado.

Figura 74

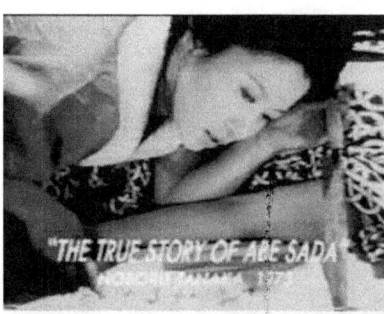
Figura 76

Figura 75

Figura 77

Las apetencias rupturistas corren paralelas con una fuerte demanda de películas de acción y eróticas. Aunque éstas se desarrollan en circuitos independientes, no tardaron en ser incorporadas a la producción de las principales compañías, ante sus atractivos comerciales. De este modo, entre 1965 y 1973 se producen unos 400 títulos anuales. De ellos la mitad, aproximadamente, son películas eróticas. Aunque se prohibe mostrar órganos genitales en la pantalla, el sexo se muestra progresivamente explícito en la pantalla, hasta alcanzar el clímax absoluto en El imperio de los sentidos (Nagisa Oshima, 1976).

El cine representa impulsos y deseos reprimidos, que son liberados de una manera violenta. La violencia y el sexo son factores indisociables que, en el caso japonés, en ocasiones se alían con refinada crueldad. Es el caso de las películas de Kôji Wakamatsu (Figuras 96-97), o de Seijun Suzuki. Menudean de este modo las películas pornográficas "blandas"- *pinku eiga* o *roman poruno*-, que se erigirán en una de las claves para la supervivencia comercial de los estudios.

XVII. 6. LLega la Nuberu Bagu

No sólo Nikkatsu aprovecha el reclamo de la juventud. También Shôchiku alterna las producciones ortodoxas de Ozu y de sus artistas veteranos con películas arriesgadas realizadas por cineastas transgresores y noveles. Corría el año 1954 cuando un joven y prometedor estudiante de Derecho y Ciencias Políticas, que ha participado activamente en los movimientos de protesta universitarios, ingresó en la Shôchiku como ayudante de dirección. A partir de ahora Nagisa Oshima coincidirá en la compañía del Pino y el Bambú con otras jóvenes promesas en periodo de formación, como Yoshisige Yoshida, y Masahiro Shinoda. La necesidad de contar con nuevos valores con los que renovar la producción favorece que el estudio les permita dirigir su primera película sin necesidad de soportar un dilatado periodo de meritoraje, como era habitual en los estudios japoneses. Gracias a estas circunstancias, en 1959 Nagisa Oshima pudo realizar Ai to kibô no machi (La ciudad del amor y de la esperanza), una variante invertida de los tradicionales melodramas Shôchiku.

La película no fue recibida con entusiasmo, lo que decidió a la productora a inhabilitar a Oshima durante seis meses. No obstante en 1960 fue capaz de realizar un tríptico en el que representa una situación desalentadora: un universo nihilista, y carente de esperanzas en el que se sumergen sus protagonistas: Seishun Zonkoku monogatari (Relatos crueles de juventud. Figura 78); Nihon no yoru to kiri (Noche y niebla en Japón. Figura 79), y Taiyô no hakaba (El entierro del sol). Los títulos son holgadamente expresivos. Aún el último supone una suerte de acta de defunción de aquella *Tribu del Sol,* incapaz de sobrevivir a su propia fatiga existencial. Muchos jóvenes cineastas comenzaron sus carreras en la Shochiku, que buscaba savia joven para renovar la producción. Las películas innovadoras que realizaron Oshima y otros jóvenes

Figura 78

Figura 79

Figura 80

Figura 81

cineastas en el tradicional estudio (como Yoshida y Shinoda, figuras 80 y 81) autorizaron a algunos críticos a reconocer en ellos la vanguardia de la llamada *"Nueva Ola de Shochiku"*. El ejemplo más distinguido de esta desviación hacia posiciones radicales lo proporcionó Nagisa Oshima con sus Historias crueles de juventud (Seishun zankoku monogatari, 1960. Figura 78). A la sombra de los *Taiyozoku,* la actitud rebelde y amoral de los hijos más jóvenes ocasiona la crisis y la descomposición de una familia ya truncada por la muerte de la madre. El entorno no es muy distante de las producciones familiares del estudio; de hecho las dos actrices protagonistas trabajaron con Ozu en el curso de aquellos años: Miyuki Kuwano, la joven desarraigada, había intervenido en Flores de equinoccio y en Otoño tardío; Yoshiko Kuga, que interpreta a la hermana mayor, marchita por los sueños sin cumplir, también figuraba en el reparto de Flores de equinoccio, y volvería a colaborar con Ozu en Buenos días.

Trabajando en el seno de Shochiku, la productora en la que Ozu realizó casi toda su carrera, Oshima fustiga las imágenes canónicas de sus predecesores. Para transformar la sociedad se hace preciso arremeter contra las formas estéticas y cinematográficas en las que se reconoce dicha sociedad. A lo largo de sus Historias crueles, las actrices de Ozu sufren todo tipo de afrentas y humillaciones, que desembocan en un final sangriento: la joven y su descarriado novio yacen moribundos, separados en la distancia, pero juntos por efecto de las imágenes superpuestas. A lo largo de toda su peripecia deambulan sin rumbo fijo, tan extraviados como los adolescentes que navegan al azar, a bordo de una barca explícitamente llamada *Sun Season,* en Fruta loca. Las fuerzas disgregadoras que descomponen las familias en las películas de Ozu se transforman en sentimientos nihilistas y desencantados, alentados por una situación políticainestable:el sindicato estudiantil *Zengakuren*promueve manifestaciones contra el pacto de cooperación con los Estados Unidos, lo que degeneró en violentos disturbios callejeros de los que el propio Oshima fue cronista en películas como Murió después de la guerra o en Diario de un ladrón de Shinjuku. En la pulsión destructiva de estos jóvenes, que se lanzan al mar a bordo de una moto como una forma de precipitarse a las tinieblas, se reconocen otros actos iconoclastas que, en el cine y en la literatura, preceden a la autoinmolación: es el caso del acomplejado bonzo que prende fuego al templo Kinkakuji, incapaz de resistir su belleza, en la novela *El pabellón dorado,* adaptada al cine por Kon Ichikawa (Enjo. El incendio, 1958). El autor literario de esta parábola del holocausto personal, Yukio Mishima, gustaba de representar en las películas en las que intervenía su propia muerte: Salvaje como un ciclón (Yasuzu Masumura, 1960), en El lagarto negro (Kinji Fukasaku, 1968), o en Yûkoku(Patriotismo), cortometraje dirigido por el propio Mishima en 1965. El autor de *El Mar de la Fertilidad* puso fin a su carrera y a su propia vida, en 1970, mediante una liturgia narcisista de rebeldía y sangre. Es preciso aniquilar la belleza, podría pensar el escritor que hizo de ella un ideario vital y artístico, antes que ésta aniquile el espíritu bien

Figura 82

Figura 83

Figura 84

Figura 85

Figura 86

Figura 87

templado. La furia con que actúan todos estos personajes, sea en obras de ficción o en el curso de sus propias vidas, se resume admirablemente en la imagen con la que Nagisa Oshima cierra su filmografía: en el plano final de Gohatto (2000) el samurai corta con furia el cerezo florido, del que siguen manando pétalos como gotas de sangre plateada, o como lágrimas de luz en la noche. La belleza, cuando es excesiva, mata.

Como es de suponer, dicho movimiento subversivo no fue amparado por las grandes productoras; que siempre trataron de sofocar radicalismos. No sobra añadir que las películas de estos jóvenes airados no gozaron del beneplácito del público. El cine, que sufre ya directamente la competencia de la televisión, comienza a declinar como espectáculo de masas. Y películas como aquéllas difícilmente habrían de enmendar la situación. Tanto en sus películas como en sus escritos Nagisa Oshima no deja de denunciar una conciencia victimista en el cine japonés de posguerra: víctima primero de la opresión feudal; después de la guerra y de la derrota, y de la ocupación americana y de la democracia impuesta[18]. Las grandes compañías productoras, con Shochiku en cabeza, lejos de denunciar esta situación tienden a alimentarla. Por esta razón las voces subversivas, muchas de las cuales comienzan su carrera en los grandes estudios, se ven obligadas muy poco después a recluirse en pequeñas empresas marginales[19]. Éste fue el caso Oshima, quien tras su colérica trilogía no encuentra más camino que abandonar la Shôchiku. No tardarán en seguir sus pasos Yoshida y Shinoda. Todos ellos seguirán los senderos que bifurcan las pequeñas productoras independientes.

Sería sin embargo inexacto asegurar que todos los cineastas que emergen a finales de los 50 y principios de los 60 estaban vinculados con las grandes compañías.

---

18 Una selección de escritos de Oshima aparece reunida en: OSHIMA, Nagisa. *Cinema, Censorship and the State: The Writings of Nagisa Oshima: 1956 - 1978.* Cambridge (Massachusetts); London: The MIT Press, 1992.

19 Véase: TOMASI, Dario. "El cine japonés de los años 50". En: *Europa y Asia: (1945 - 1959)* / coordinado por José Enrique Monterde y Esteve Riambau. Historia general del cine. Volumen IX. Madrid: Cátedra, D.L. 1996, p. 389.

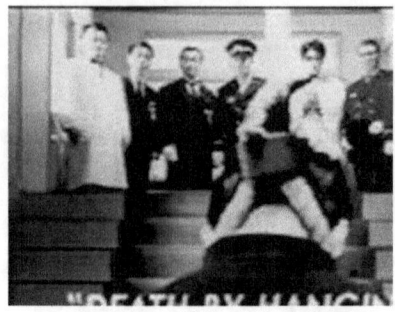
Figura 88

Figura 89

Figura 90

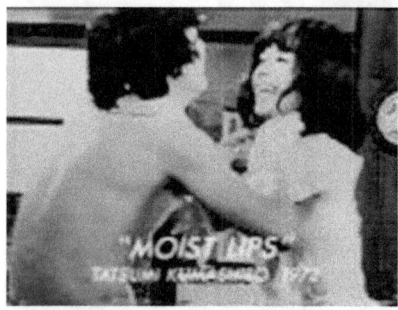
Figura 91

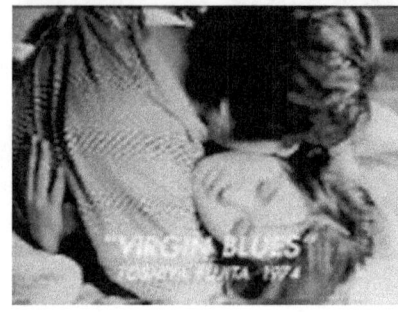
Figura 92

No pocos de ellos se desenvuelven en el entorno independiente. Cabe destacar a Susumu Hani y, en particular, a Hiroshi Teshigahara, autor de una obra breve, pero inclasificable, alentada por su colaboración con el escritor Abe Kobo. Entre todas las películas realizadas conjuntamente destacan Suna no onna (La mujer de la arena. 1964) (Figura 85), y Tanin no kao (El rostro ajeno. 1966), sendas parábolas sobre la identidad, sin duda pertinentes en un país cuya evolución y peripecia histórica han provocado la sustitución de unos patrones culturales autóctonos por otros muy distintos[20].

También en el terreno del documental se realizaron obras meritorias: no se trata de meros documentos antropológicos o históricos, sino de auténticos manifiestos en favor de las víctimas del desarrollo acelerado y de la pérdida de identidad del pueblo nipón, a cargo de cineastas sensibles y comprometidos con la realidad de su tiempo, tales como Shinsuke Ogawa y Noriaki Tsuchimoto. La crítica advirtió las apetencias renovadoras, comunes en todos estos jóvenes cineastas, que no tardaron en ser identificados bajo el genérico *Nuberu Bagu,* adaptación japonesa del francés *Nouvelle Vague.* Todos ellos tienen en común el firme compromiso con la renovación ética, política y estética de la sociedad japonesa, usando para ello como herramienta privilegiada el medio cinematográfico.

Comparten todos estos jóvenes cineastas parecido interés por la exploración formal, encaminado a la renovación del lenguaje. No se trata de un hecho gratuito, puesto que en definitiva está orientado a practicar, sobre el atril cinematográfico, una nueva lectura de la historia del país. Es común asimismo el rechazo de la tradición o, en los casos más fértiles, la reinterpretación de la misma. En este sentido la *Nuberu Bagu* corre paralela a las nuevas cinematografías que discurrieron, con vocación de ruptura, en otros lugares del mundo. Sin embargo, al contrario que sus homólogos europeos, los jóvenes airados japoneses carecen de mentores cinematográficos autóctonos. En particular rechazan a los maestros veteranos, como Mizoguchi, Naruse u Ozu por juzgarlos desfasados. No tienen, pues, el aliento que en Europa dispensaban los ejemplos de Renoir, Rossellini o Vigo. Tampoco sienten particular admiración por el cine americano. Se trata de una generación tan rebelde como desarraigada que, sin embargo, encuentra un fiel espejo en el que mirarse en la obra de Godard, y en los más

---

20 Sobre Hiroshi Teshigahara, véase: EHRLICH, Linda; SANTOS, Antonio. "The Taunt of the Gods: Reflections on Woman in the Dunes". En: *Word and image in Japanese Cinema* / Dennis Washburn and Carole Cavanaugh (ed.). Cambridge: University Press, 2001, p. 89 - 107.

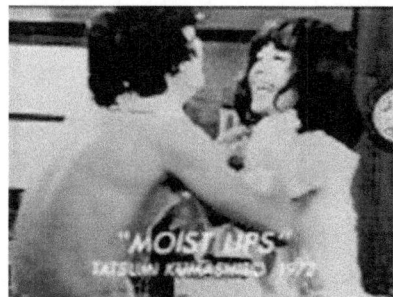 **Figura 93**

rebeldes cineastas europeos[21].

Al margen de aquella *Nuberu Bagu* Kaneto Shindo dirige, en 1960, Hadaka no shima (La isla desnuda) (Figura 61), sin diálogos y con mínimos recursos. Ganó el Gran Premio en el Festival de Cine de Moscú, y llegó a transformarse en modelo para las pequeñas producciones independientes. Al año siguiente Shohei Imamura, que había sido ayudante de dirección de Ozu en Shochiku, dirige para Nikkatsu su primera película importante:Cerdos y acorazados (Buta to Gunkan, 1961), en que describe la vida de una aldea japonesa próxima a una base naval norteamericana. También aquel año Akira Kurosawa dirige Yojimbo, primera parte de un díptico consagrado a un *rônin* socarrón y pendenciero, que se verá continuada por su secuela Sanjuro (1962). A ambos cabe añadir Harakiri (Masaki Kobayashi, 1962), un turbulento *jidai-geki* protagonizado por Tatsuya Nakadai. Aquel mismo año, y coincidiendo con la penosa enfermedad y muerte de Yasujiro Ozu, nace la Art Theatre Guild (ATG). Se trata de una pequeña compañía orientada hacia la distribución, en particular de películas extranjeras; pero poco tiempo después pasará a co-producir películas de presupuesto bajo o moderado, habitualmente en colaboración con productoras pequeñas e independientes. Pero al tiempo sabe mantener relaciones con las más importantes, como la Toho.

Esta nueva productora dará un impulso enérgico a la obra de jóvenes cineastas, que de otro modo hubieran visto peligrar su carrera. Shinoda, Hani, Imamura y Oshima serán algunos de los cineastas beneficiados por la intensa y decidida actividad de la ATG, atenta a la promoción de los nuevos valores. En concreto Oshima rueda, al socaire de la ATG, algunas de sus películas

 **Figura 94**

 **Figura 95**

 **Figura 96**

 **Figura 97**

más representativas: Kôshikei (El ahorcamiento. 1968);Shinjuku dorobô nikki (Diario de un ladrón de Shinjuku. 1969); Shônen (El muchacho. 1969) y Gishiki (La ceremonia. 1971) (Figuras 88, 89 y 98).

En otras compañías también se realizan diversas producciones valiosas: en 1964 Imamura dirige Intenciones de asesinato; Masaki Kobayasi Kwaidan y Hiroshi Teshigahara La mujer de las dunas: tres películas fundamentales del cine japonés de los 60. Además en 1965, y para celebrar el gran acontecimiento deportivo que se celebró el año pasado, Kon Ichikawa

---

21 Sobre la *Nuberu Bagu*, véanse:
- DESSER, David. *Eros plus Massacre: an introduction to the Japanese New Wave Cinema.*
Bloomington: Indiana University Press, 1988.
- HERRERO, Fernando. *Cine japonés actual.* Valladolid: XXIII Semana Internacional de Cine, 1978.
- *RACCONTI crudeli di gioventú: Nuovo Cinema Giapponese degli anni 60.* Torino: Edizioni di Torino, 1990.

Figura 98

realiza Olimpiada en Tokio. También este año Akira Kurosawa estrena Aka Hige (Barba Roja), película que, entre otros premios, obtuvo la Espiga de Oro del XII Festival de Cine de Valladolid, en 1967. Pero no abundan los motivos para la euforia. Durante los años 70 la crisis se agudiza en las compañías, y las que más sufren la crisis son, precisamente, las grandes compañías. Pero las dificultades que éstas atraviesan afectan también a las pequeñas que sobreviven a su sombra. Este fue el caso de la ATG que, incapaz de remontar la crisis, cierra sus puertas en 1975. Su cierre marca el acta de defunción de aquel joven cine japonés, que había sido protagonista y notario de todo un episodio importante en la historia de la nación. Pero volvamos a Nikkatsu, que no corría mejor suerte. Su verdadera resurrección se había logrado gracias a las películas sobre jóvenes, que empezara a realizar a mediados de los 50. Estas producciones, baratas pero exitosas, supieron conectar con el público juvenil, al socaire del movimiento transgresor conocido como*Taiyozoku* (*La Tribu del Sol*), antesala de la *Nuberu Bagu* que aflorará la próxima década. Sin embargo estos esfuerzos disidentes e innovadores no bastaron para mantener a flote una firma comercial de envergadura. Para sobrevivir a la crisis de los 70, la veterana y honorable productora, pionera del cine japonés y cuna de no pocas de sus glorias, se vio forzada a producir fundamentalmente las llamadas *pinku eiga* o *roman poruno:* películas pornográficas suaves en la representación del sexo, pero descarnadas en el uso de la violencia y el sadismo. *Sic transit gloria mundi.*

Noriko. Kami ningyô realizada por Miko Misono

**TERCERA PARTE
KANTOKU OZU YASUJIRO**

XVIII. FILMÉ, PERO..
Una vida en nueve tiempos

> *Sólo rocío*
> *es el mundo, rocío,*
> *y sin embargo...*
> Issa Kobayashi [1]

XVIII. 1. Los hermanos y hermanas de la familia Ozu

Cuando el cine había cumplido sus primeros ocho años de vida, y cuando habían pasado siete desde que se proyectara la primera película en Japón, vino al mundo el protagonista del presente trabajo. Sucedió en Tokio, el 12 de Diciembre de 1903: era el año 35 del periodo Meiji.

Fue ésta una fecha premonitoria para el futuro cineasta: el mismo año de su nacimiento se inauguró la primera sala de cine- Denki- kan- en la capital japonesa. De algún modo, la historia del cine japonés y la del propio Ozu habrían de discurrir desde entonces en paralelo.

Toranosuke Ozu, el padre, había desposado a Asae. Fruto del matrimonio nacieron cinco hermanos, de los cuales tres fueron varones: Shinichi era el mayor, y Nobuzo (también llamado Yoshishige) el más pequeño Por su parte la hermana menor se llamaba Toki (diminutivo de Satoko), mientras que la hermana mayor respondía a Toku, diminutivo de Yukiko. El hermano intermedio, Yasujiro, mantendrá con Nobuzo y Toki una relación estrecha y cordial a lo largo de toda su vida, según se desprende de la lectura de sus diarios[2].

En aquellos días el centro de Tokio se dividía en dos grandes áreas: el *Yamanote* (el lado de la montaña: la parte alta) y el *Shitamachi*, la parte baja. El *Yamanote* había sido la zona tradicionalmente habitada por la aristocracia. Tras la restauración de Meiji, esta área será zona de residencia de los burócratas, herederos de los *samurai*. Pero asimismo era una zona frecuentemente ocupada por la población estudiantil.

El *Shitamachi,* por el contrario, se extendía a lo largo de la zona oriental de la ciudad, y estaba compuesto por los populosos barrios de Asakusa y Yoshiwara, Kanda y Nihonbashi, Honjo y Kyôbashi, entre otros. Era la zona donde se concentraban los comerciantes y los artesanos, algunos de los cuales -los residentes en Nihonbashi- contaban con importantes recursos económicos. Dicho en otras palabras: el *Shitamachi* era zona poblada por clases medias y bajas, pero no era un barrio de gente pobre; muy al contrario, la diversificación social era una de sus señas características. Además, al contrario de las rígidas formas de vida y de comportamiento del *Yamanote,* era un barrio vivo y bullicioso, que favorecía el desarrollo de una cultura mucho más vivaz y variada[3].

La familia de Ozu vivía en Fukagawa, uno de los barrios más característicos de aquel *Shitamachi* tokiota. Dicho barrio se sitúa en la parte vieja de la ciudad, a orillas del río Sumida: un lugar típico repleto de establecimientos comerciales donde se desempeñaban los oficios más tradicionales. Fukagawa era un bario popular, situado en el corazón del antiguo Edo: un entorno bullicioso y vivaz, repleto de talleres y comercios, de burdeles y de artistas ambulantes; un lugar repleto de ese encanto popular que ha sido fuente de inspiración para artistas, escritores y cineastas. En esta parte de la ciudad también residió, desde 1672, el maestro del *haiku* Matsuo Bashô.

Otros futuros cineastas, que llegarían a ser compañeros de Ozu en los estudios Shochiku, nacieron de igual modo en este barrio, de cuya cultura todos ellos se impregnarían: fue el caso de Yasujiro Shimazu y de Heinosuke Gosho, además de nuestro cineasta. Todos ellos pertenecían a la pequeña burguesía mercantil que contribuyó a hacer de Tokio un floreciente centro comercial y cultural. Y todos ellos encontrarían un inagotable motivo de inspiración en el singular paisaje urbano que ofrecía la ciudad baja.

---

1 BERMEJO, José María. *Nieve, Luna, Flores : Antología del haiku japonés*. Palma de Mallorca : Calima, 1997, p. 22-23 y 185.

2 La información biográfica más fiable procede, lógicamente, de los *Diarios* de Ozu. Antes de su edición francesa los datos proporcionados diferían de los aquí recogidos. Así, David Bordwell en su estudio sobre Ozu (p. 8) asegura que Ozu vivía con su hermano mayor, Shinichi, y con dos hermanas más jóvenes. Dicha información fue aprovechada por otros autores que, como Dario Tomasi, siguen el sendero bordwelliano. En la edición íntegra de los *Diarios* se incluyen, además, diversas fotos familiares.
Véase: OZU, Yasujiro. *Carnets : 1933 -1963 : Edition intégrale*. Paris : Alive, 1996, encarte central.

3 SATO, Tadao. "Tokyo on film : (Depiction of Japanese Life in the Cinema)". *East-West Film Journal,* 1988, June, v. 2, nº 2, p. 1.

Figura 99 I

Figura 99 II

[Figura 99 (I y II) El lugar de nacimiento de Ozu y su casa en Matsuzaka[4]]

Figura 100

[Figura 100: Yasujiro Ozu con su hermano menor y con su madre]

Según informan los amigos del cineasta, éste se sentía un genuino *Edokko* (hijo de Edo, la antigua Tokio). Otro tanto sucedía con su padre, Toranosuke, quien pese a todo era oriundo de Matsuzaka, en las proximidades de Nagoya. Tanto él como su esposa provenían de sendas familias adineradas, pero venidas a menos, de manera que ahora se ganaba la vida comerciando con fertilizantes y abonos. La familia Ozu se integraba, por tanto, en aquella pequeña burguesía característica del entorno mercantil de Fukagawa. En este lugar, frecuentado por Ozu en distintas etapas de su vida, se impregnará de la *chonin bunka:* la cultura urbana que fermentó en la antigua Edo, y que habría de verse sometida a una abrupta transformación a lo largo de todo el siglo XX.

Entregado a sus negocios, el padre no estaba casi nunca en casa. De este modo, el joven Yasujiro se sintió muy ligado a su madre, con quien convivió el resto de su vida. Durante aquellos años, cursó los primeros estudios en las escuelas Meiji. Se suele decir de él que fue un estudiante distraído y poco aventajado. De todos modos, no permanecerá mucho tiempo en aquel lugar: poco antes de cumplir los diez años, en 1913, se fue a vivir a Matsuzaka, ciudad próxima a Nagoya, de donde era natural su padre. Éste tenía allí afincada la sede principal de su empresa, que puso en manos de su mujer, mientras él se hacía cargo de la delegación de Tokio. Hasta aquel lugar se trasladó en compañía de su madre y de sus hermanos.

De este modo, y entre los 10 y los 20 años de edad de Yasujiro (1913-1923), los hijos de Toranosuke Ozu vivirán prácticamente sin el padre, y en estrecha relación con la madre. La infancia y la juventud del futuro cineasta transcurrieron en dos ambientes muy contrastados: la bulliciosa capital, y las apartadas zonas rurales. La oposición abrupta entre la capital y las provincias será, por otra parte, un tema muy habitual en sus películas, lo que posiblemente arranque de sus propias experiencias. No en vano el joven Ozu pasó buena parte de su infancia y adolescencia alejado del espacio que le vio nacer, y también del de su progenitor: sin duda esta circunstancia labró en su ánimo un sentimiento de nostalgia hacia el pasado, perdido e irrecuperable, que también a buen seguro marcaría su futura obra como cineasta.

Una vez asentado en Matsuzaka, entre los años 1916 y 1922, nuestro joven cursó estudios en la escuela de Uji-Yamada. Su hermano mayor, Shinichi, alumno destacado, estudiaba en un colegio mucho mejor, y sus buenas calificaciones le permitieron ingresar en la

---

4 Traducción del panel:
El lugar de nacimiento de Ozu Yasujiro (1-8-8- Fukagawa)
Ozu Yasujiro, cineasta de prestigio internacional, nació en este lugar. A los diez años, se trasladó a la ciudad de Matsusaka, en la prefectura de Mie. Tras graduarse en la escuela secundaria, trabajó como profesor interino en una escuela elemental. En 1923 regresó a Tokio, donde se alojó en el barrio de Fukagawa Wakura, e ingresó en el estudio de Shochiku Kamata como ayudante de cámara.
En 1927 fue nombrado director, y su primer trabajo fue una película de aventuras: La espada del arrepentimiento. Más tarde, sus obras se centraron en las relaciones humanas, retratando con particular sentimiento a los habitantes de la ciudad, al tiempo que desarrollaba su estilo particular representando la vida cotidiana con un ángulo de cámara bajo.
En 1962 rodó Tarde de otoño, y llegó a ser nombrado miembro de la Academia de Artes Japonesa: fue el primer cineasta que alcanzara tal distinción. Aquella película habría de ser la última, pues falleció al año siguiente, en 1963, a la edad de 60 años. Después de su muerte su obra ha sido cada vez más apreciada, tanto en su país como en el extranjero, y en la actualidad figura entre los mejores cineastas de todos los tiempos. Marzo de 1995. Comité Escolar del Distrito de Koto, Tokio.
En la casa donde vivió Ozu, en Matsuzaka, se ha abierto recientemente un museo dedicado al cineasta.

escuela Superior de Comercio de Kobe, una de las más prestigiosas de la región. El hermano menor de Yasujiro, Nobuzo, era también un buen estudiante. Años después, y acaso lamentando sus propias carencias educativas, Ozu sufragaría los estudios de aquél.

Algunas fuentes nos informan del interés de Ozu, durante su adolescencia, por los deportes de lucha. Era por otra parte un joven vigoroso, de complexión fuerte, de manera que se matriculó en el club de *judo* de su escuela[5]. Por el contrario desde sus primeros años mostró escaso interés por las obligaciones escolares. De hecho no llegaría a cursar más que los estudios medios[6].

Muy temprana fue su vocación por el cine. En aquel lugar apartado vio sus primeras películas, que le despertaron una irreprimible pasión que ya no se curaría; y de manera muy particular le arrebata una incombustible fascinación por el cine norteamericano. Recuerda con nostalgia aquel viejo teatro de Matsuzaka, llamado Atagoza, en el que se desata la vocación irrefrenable. *"De no haber sido por esta sala, nunca hubiera sido director de cine"*, llegó a confesar[7].

Otros testimonios ilustran su temprano despertar al mundo de la pantalla: *" Me gustaba oler aquel aire rancio que se respiraba al abrir la puerta de los cines. Siempre me terminaba produciendo dolor de cabeza, pero no podía prescindir de él. El cine me ha dejado huellas mágicas. Las películas de entonces no hacían más que seguir una trama; pero entonces se proyectó una película americana: Civilización, de Thomas Harper Ince (1916). Fue entonces cuando decidí que quería ser un director de cine"* [8].

Fiel a sus pasiones, se escapaba de clase para ver películas de Pearl White, Lillian Gish y William S. Hart. Y comienza a forjarse su propio panteón poblado por sus cineastas esenciales. Asegura: *"si no hubiese existido un cineasta llamado Rex Ingram, nunca se me hubiera ocurrido la idea de dedicarme al cine"*. Más adelante se sumarán al mismo otros nombres dorados, como King Vidor, Charles Chaplin y Ernst Lubitsch.

Así, en plena época de exámenes el muchacho se encerraba en las salas oscuras, entre ellas el *Kinema Kurabu* (Cine Club) de Kobe. El propio cineasta recuerda, con un asomo de orgullo infantil, que llegó a no presentarse al examen de ingreso en la Escuela Superior de Comercio de Kobe, porque prefirió ir al cine para ver El prisionero de Zenda (versión, cómo no, de Rex Ingram, del año 1922)[9].

Pero además la pasión se desborda tras admirar aquellos rancios peplum italianos, del calibre de Quo Vadis y Los últimos días de Pompeya. Como complemento de las veladas, coleccionaba con fruición los programas de cine. Los clasificaba por géneros; memorizaba los nombres de sus actores y directores; retenía sus argumentos. Y, arrebatado por su pasión, solía escribir a los *benshis* locales, para que le enviasen los programas de los cines. Por entonces era un adolescente de unos quince años que no perdía ocasión de acudir a las vecinas ciudades de Tsu y de Nagoya, solamente para ver películas. Incluso engañaba a su madre para poder encerrarse en las salas oscuras.

En 1920, cuando contaba ya con diecisiete años, el joven Yasujiro sufrió un desagradable incidente en el internado escolar. En aquel lugar nuestro muchacho no gozaba de simpatías, debido a su pobre expediente académico y a su ánimo generalmente indisciplinado. Era poco gregario, y amigo de pendencias y travesuras; sólo le interesaban el cine, la literatura, y la vida relajada. Y por si fuera poco, ya empezaba a mostrar una singular apetetencia por el *sake;* además eran conocidas sus aficiones a coleccionar postales de actrices extranjeras.

Para colmo de males, se le sorprendió una carta, dirigida a cierto estudiante más joven, en la que se expresaba de manera un tanto dudosa. La suma de estas razones le hicieron merecedor de un cero en conducta, y de una flagrante orden de expulsión del dormitorio escolar.

Aquel tipo de prácticas no eran infrecuentes en los colegios masculinos. Tadao Sato incluso da noticias de un hábito velado, el *chigo-san,* que establece vínculos afectivos, y aún físicos, entre un estudiante veterano y otro de menor edad[10]. No tenemos constancia de otros casos semejantes en el resto de su biografía, si bien no falta quien atribuye a este incidente la apatía que sufrirá la futura vida amorosa del cineasta, e incluso la propia falta de pasiones que es común entre los personajes de sus películas[11].

El castigo que sufrió Ozu no suponía la expulsión del colegio: continuaría asistiendo a la escuela de Matsuzaka, pero debería pasar las noches en su casa. Se

---

5 *OZU Yasujiro Eiga Tokuhon : Ozu retrospective : 90th. anniversary of his birth.* Tokyo : Film Art ; Shochiku Eizo Shogai-Shitsu, 1993, p. 59.

6 RICHIE, Donald. *Ozu.* Berkeley (etc.) : University of Califorma Press, 1974, p. 194.

7 Cita: RICHIE, Donald. Ibid., p. 195.

8 Cita: RICHIE, Donald. *Japanese Cinema : An introduction.* Hong Kong; New York (etc.) : Oxford University Press, 1990, p. 5.

9 BOCK, Audie. *Japanese Film Directors.* Tokyo ; New York : Kodansha International, 1990, p. 73.

10 RICHIE, Donald. *Ozu.* Berkeley (etc.) : University of California Press, 1974, p. 195-196.

11 DAVIS, Darrell William. " Ozu´s mother". En: *OZU´ s Tokyo Story* / edited by David Desser. Cambridge : University Press, 1997, p. 95.

daba por supuesto que la madre debía velar por el joven descarriado, y forzarle al estudio. Incluso recibió un salvoconducto en el que se justificaban su horario y sus actividades: los profesores debían firmarlo a la salida de clase, y la madre a la salida de la casa.

La principal ventaja que consiguió tras su expulsión fue que desde entonces dispondría de más tiempo para ir al cine. De manera que se las ingenió para falsificar el sello de su madre, lo que le permitía ir y venir libremente, con lo que logró ver películas con mayor frecuencia.

Nunca quedaron del todo claras las circunstancias que llevaron a Ozu a esta situación de aislamiento y de ostracismo. Tal vez muchas de las incógnitas que penden en torno a la adolescencia de Ozu puedan tener una próxima respuesta: recientemente los parientes de Ozu encontraron el diario que escribiera el muchacho entre 1917 y 1920, cuando contaba entre 14 y 17 años. Dicho diario fue publicado en distintas entregas dentro del suplemento dominical del *Mainichi Shinbun* a partir del día 13 de Febrero de 2000, y, entre otros asuntos de interés, confirma la temprana vocación cinéfila de Ozu[12].

XVIII. 2. El rumor de Kamata

Por aquel entonces su hermano trabajaba en una escuela comercial en Kobe. Sus padres le obligaron a ir allí, para examinarse. Sin embargo, no consiguió superar las pruebas de ingreso. Tras un año de desempleo, pasó otro como maestro suplente en la escuela de Miyanomae, una pequeña aldea perdida en las montañas cerca de Matzuzaka. Contaba entonces diecinueve años, y logró el puesto gracias a que no se exigía certificación académica para conseguir aquel trabajo[13]. Todas estas circunstancias favorecieron su permanencia en aquel lugar durante todo un año. Muy poco más sabemos de este periodo de su vida, salvo que se entregaba a la bebida, e insistía a sus amigos para que pasaran temporadas allí, en su compañía. Esta situación no dejaría de acarrear problemas: según parece, el padre hubo de enviarle dinero para pagar las deudas de bebida que habían contraído Ozu y sus amigos[14]. Tratando tal vez de corregir la vida poco ejemplar de su hijo, Toranosuke

exigió su regreso a Tokio, a donde ya habían vuelto su madre y sus hermanos. De este modo, en 1923 el joven Yasujiro regresó a su ciudad natal. Casi diez años habían pasado desde que abandonó la capital. A partir de entonces siempre fijará su residencia en esta ciudad, o en sus alrededores.

Al poco de su regreso un tío suyo, conocedor del interés de su sobrino por el cine, le presentó a Teihiro Tsutsumi, administrador de la compañía Shochiku, que como se vio había sido fundada sólo tres años atrás[15]. Pese a la oposición de su padre, que consideraba poco digna la profesión cinematográfica, y gracias una vez más a la mediación familiar de su tío, en el verano de 1923 ingresó en los estudios que Shochiku tenía en Kamata, en calidad de ayudante de cámara. Allí debió hacerse con el oficio partiendo desde sus rudimentos más básicos ya que, aunque familiarizado con el cine como espectador, no sabía nada de su técnica. Más aún, la cultura cinematográfica del joven se limitaba casi exclusivamente al cine americano, que no en vano era su favorito. Del resto conocía poco, y apenas había visto cine realizado en su país. *"Cuando le dije al ejecutivo que me entrevistó que sólo había visto tres películas japonesas, se quedó bastante sorprendido"*, confesó[16].

No necesitaba saber mucho más, por otra parte: su labor como asistente se limitaba a la operación física de trasladar la cámara allá donde fuera necesaria. Pronto se adaptó al clima del estudio, como demuestra el que prácticamente no volviera a protagonizar ningún incidente de indisciplina o rebeldía. Se integra en uno de sus *batsu* (círculo de camaradería), y pasa largas veladas con sus colegas. Entre trago y trago de *sake,* no son infrecuentes las conversaciones que giraban en torno a la común pasión: el cine.

Así, se le sorprendía con frecuencia dialogando con los directores sobre la técnica cinematográfica. A Kiyoko Ushihara, uno de los directores de la plantilla, le asaltaba con preguntas sobre cómo sería el cine que realizaría la próxima generación. De este modo, y bajo la disciplina del estudio, llegó a integrarse en la que para él sería una auténtica familia profesional. Hizo numerosos amigos, algunos de los cuales llegarían a ser colaboradores en casi todas sus películas. Éstos le llamaban cariñosamente *Ochan,* un apodo familiar que juega con la primera sílaba

---

12 Noticia proporcionada por Aaron Gerow, dentro del foro *KineJapan*, el día 31 de Enero del 2000. Dicho diario aún no ha sido traducido a ninguna otra lengua..

13 No es difícil encontrar paralelismos entre dicho episodio de la vida de Ozu y la s aventuras que sufre un joven profesor tokiota cuando es destinado a una remota alde de Shikoku en la novela de Natsume Soseki *Botchan (Chiquillo)* (1905), traducida al español por Fernando Rodríguez- Izquierdo, y editada en Kamakura por Luna Books en 1997.

14 RICHIE, Donald. *Ozu.* Berkeley (etc.) : University of California Press, 1974, p. 198.

15 Dicho tío había alquilado unos terrenos a la Shôchiku, lo que le permitió entrar en contacto con el estudio. Sobre los primeros pasos de Ozu en el mundo del cine, véase el artículo escrito por el propio cineasta titulado "Cómo llegué a ser un director de cine", traducido al inglés por: SCHRADER, Leonard. "Yasujiro Ozu : 1903 - 1963". En : *The Masters of Japanese Film.* Berkeley, California : Pacific Film Archive, ca.. 1980, p. 242 - 244, y reproducido en en la página 2561 del presente trabajo.

16 Cita: RICHIE, Donald. Ibid., p. 198.

del apellido del cineasta y con la palabra *"tío"* : el buen tío Ozu.

Entre todos ellos destaca Kogo Noda, un guionista que había ingresado en Shochiku cinco meses después que él, y con el que inicia una estrecha relación que habrá de ser fundamental en las carreras de ambos. Pero también hizo buena amistad con Hiroshi Shimizu y con Heinosuke Gosho, dos jóvenes en prácticas que, con el paso de los años, se convertirán junto con Ozu en los principales artífices de la compañía.

Ozu y Shimizu habían nacido el mismo año; coincidieron como asistentes en Kamata, donde fraguaron una amistad que se prolongaría hasta la muerte del primero. Es más, algunas de las primeras películas de Ozu se inspiraron en argumentos originales de Shimizu. Este fue el caso de Daigaku wa deta keredo (Me gradué, pero...,1929) y de Hogaraka ni ayume (Caminad con optimismo, 1930). Entre las amistades que hizo figuraba, asimismo, Mikio Naruse, llamado a ser otro de los cineastas japoneses más importantes.

Una vez adaptado a aquel oficio, Ozu abandonó la residencia de sus padres para irse a vivir con otros cuatro compañeros en una casa próxima a los estudios. Entre sus compañeros de piso figuran Hiroshi Shimizu, y quien será el montador habitual de Ozu: Yoshiyasu Hamamura. A partir de entonces se concentra en el estudio y en la adquisición de méritos que le permitan avanzar en el oficio.

Así pues, pasaba buena parte de su tiempo libre en compañía de sus colegas, hablando sobre cine, y de manera insistente sobre teoría cinematográfica. En particular, según informa en un documento su colega Kiyohiko Ushihara, discutían a partir de las lecturas que realizaban de un manual práctico escrito por un tal Frederick Palmer. En este libro se exponían, entre otras cuestiones, directrices sobre la continuidad en el cine, aspecto en el que Ozu llegaría a desarrollar su propio sistema, como se verá[17].

Sin embargo durante estos días no muestra particular entusiasmo por llegar a ser algún día un director, por la mayor carga de trabajo y responsabilidades que el nuevo cargo le acarrearía: *"en mi condición de asistente podía beber cuanto qusiese, y pasarme el tiempo hablando. En cambio, como director tendría que estar día y noche trabajando sin parar",* una reflexión que llegaría a ser profética[18].

Sus años de cinefilia en Matsuzaka habían dejado huella tanto en la elección del oficio como en su propio estilo de vida. El joven Ozu se mostraba fascinado por la cultura y por el cine americanos. Le encantaba vestir trajes occidentales; y compraba numerosos artículos extranjeros. Con el tiempo se le llegaría a considerar, y a despecho de su fama posterior, *"el director más occidentalizado de los estudios Kamata"*[19]. Sin contradecir su afición por las producciones de Hollywood, a partir de su ingreso en Shochiku comenzó a ver sistemáticamente películas japonesas, con el fin de conocer el trabajo de sus colegas, y para cubrir las muchas lagunas que tenía su cultura cinematográfica.

Durante estos meses de formación Ozu sufrió el devastador terremoto de Kanto, al que nos hemos referido en capítulos anteriores. Fue la primera señal en la que se leía que el mundo en el que Ozu creció estaba irremediablemente condenado: en aquella ocasión todo el viejo *Shitamachi* fue pasto de las llamas. La apresurada reconstrucción que sufrió la zona tras la catástrofe no respetó el antiguo trazado de la ciudad, cuyas señas se perdieron sin remedio. Las películas de Ozu, así como las de otros cineastas de su generación, siguen siendo un documento precioso a la hora de reconstruir aquel mundo que se desvaneció en las páginas de la historia.

Un año después, en 1924, Shiro Kido fue nombrado director de los estudios de Shochiku en Kamata. Páginas atrás dedicamos nuestra atención a este singular renovador del sistema de estudios japonés. Desde su llegada, se propuso despejar el camino a jóvenes promesas, a quienes emplazaba como ayudantes de dirección. Este fue el camino que siguió Ozu.

Atendiendo a los designios de Kido, el futuro cineasta trabajó durante tres años como tercer ayudante de Joji Ohara, y también del cámara Hiroshi Sakai, quien a su vez trabajaba para el realizador Kiyohiko Ushihara. Adviértase en semejantes emplazamientos la jerarquía gremial con que se organizaban los estudios japoneses. Sin embargo no reconoce influencias explícitas de ninguno de los cineastas con los que se formó: a partir de su propia experiencia, y de las películas que admiró, Ozu desarrollaría su propia identidad artística. *"No he tenido a nadie que pueda llamarse mi maestro. Mi estilo de*

---

[17] Según nos informa Kristin Thompson, Frederick Palmer dirigía su propia compañía relacionada con la fotografía y el cine, la Palmer Photoplay Corporation. Muy en particular, se especializó en escribir guías para guionistas y directores aficionados, con pretensiones de profesionalización. Dichos libros resumían en fórmulas fácilmente comprensibles las técnicas cinematográficas más habituales. Entre sus obras más populares, publicadas a principio de los años 20 y muy divulgadas por todo el mundo, figuran: *The Palmer Handbook* y *The Photoplay Plot Encyclopedia.*.
Véase: THOMPSON, Kristin. "Notes on the Spacial System of Ozu's Early Films". *Wide Angle,* 1977, v. 1, nº 4, 1977, p. 9 y 17

[18] Cita: RICHIE, Donald. *Ozu.* Berkeley (etc.) : University of California Press, 1974, p. 199.

[19] *OZU Yasujiro Eiga Tokuhon : Ozu retrospective : 90th. anniversary of his birth.* Tokyo : Film Art ; Shochiku Eizo Shogai-Shitsu, 1993, p. 43.

dirección proviene plenamente de mi propio esfuerzo", reconocerá posteriormente[20]. Sin embargo, conviene recordar que durante los primeros años en el estudio de Kamata, Ozu contó con el apoyo de Kiyohiko Ushihara, discípulo de Kaoru Osanai, responsable del Instituto Shochiku para la formación de cineastas. Graduado por la Universidad de Tokio, se dice de Ushihara que fue el primer cineasta japonés con estudios superiores, algo infrecuente en los años 20. Mejor aún, tuvo además el privilegio de formarse junto a Chaplin en un viaje que hizo a Hollywood. A su regreso a Japón, Ushihara se ocupaba asimismo de la formación de los cineastas y de sus aprendices. Entre otras actividades, estudiaba detenidamente junto con los miembros del equipo las películas más destacadas que llegaban de países extranjeros. Entre todos sus alumnos, Ozu destacaba por su interés y por su perspicacia, por lo que cuando se presentó la ocasión avaló su nombramiento como ayudante de dirección. Ozu se mostró agradecido por la confianza, y en el futuro consideraría a Ushihara como su mentor[21].

En 1924 Ozu fue reclutado para servir en la reserva del ejército (aquél fue llamado *"el año voluntario"*). Sin embargo, pasó la mayor parte del tiempo en el hospital militar, simulando una dolencia. Concluida de este modo su improductiva experiencia castrense, Ozu regresó a la Shochiku con renovados bríos. Hasta el punto que decidió presentar sus credenciales para el ascenso.

Dicho y hecho, en 1926 convenció al director Tadamoto Okubo para que le aceptara como ayudante de dirección, lo que hizo en compañía del también aprendiz Torajiro Saito. Okubo era un cineasta especializado en comedias a la usanza americana, allí llamadas *nansensu mono:* historietas basadas en una sucesión continua de *gags* hilvanados por un ténue hilo narrativo. Era propósito confeso de aquel cineasta, hoy completamente olvidado, crear efectos cómicos a partir de situaciones absolutamente cotidianas; y esta es una enseñanza que Ozu recibió con provecho. Parece cierto que el futuro cineasta se sintió cómodo diseñando *gags* y situaciones cómicas para Okubo.

Es de señalar que, aunque veterano en la Shochiku, el maestro Okubo sólo contaba siete años más que su discípulo. El cine era, a la sazón, un arte joven practicado por gentes jóvenes: el resto de la plantilla contaba con edades parecidas. Gracias al frecuente absentismo de Okubo, trabajador un tanto laxo, se fueron confiando progresivamente a su discípulo algunas tareas de dirección. El reconocimiento de su cualificación profesional favorecería el que, al cabo de unos pocos años, se le confiase la dirección de un largometraje. Sin embargo los acontecimientos se precipitaron merced a un pequeño incidente, que se produjo a principios de 1927.

En contadas ocasiones el paciente Ozu perdía los estribos; sin embargo cuando lo hacía podía llegar a comportarse de manera irascible. Aquel día, en la cafetería del estudio, Ozu esperaba pacientemente su comida desde hacía un buen rato. A todo esto llegó el director Ushihara; ocupó su mesa y, acto seguido, el camarero le sirvió el menú. A las quejas que presentó el primer cliente, el camarero se justificó alegando que Ushihara era el director, y no él. Ofendido, Ozu abofeteó al camarero.

Poco después, el joven ayudante fue llamado a capítulo por Shiro Kido, a la sazón nuevo director del estudio. Tras aceptar sus disculpas, Kido advirtió la buena predisposición hacia el oficio del joven, de modo que le preguntó si se veía capaz de escribir un guión. Tras contestar afirmativamente, Ozu se tomó unos días para componer un libreto titulado Kawaraban Kachikachiyama. Sin embargo, a Kido no le satisfizo plenamente. Pese a ser inicialmente rechazado, en 1934 aquel guión sería adaptado por Masao Arata y filmado por Kintaro Inoue.

No obstante, Ozu presentó un nuevo proyecto, que esta vez sí será aprobado: se trataba de una película de época, de escaso presupuesto y cuyo rodaje sería encomendado a equipos secundarios de la Shochiku. Pero la dirección sería responsabilidad del joven aspirante: de este modo Ozu pudo realizar su primer largometraje aquel año de 1927. En realidad se trataba de una adaptación de una película americana: Kick-in (George Fitzmaurice, 1922, y estrenada en Japón en 1926), cuyo guión había escrito Kogo Noda, a partir de una idea del director. Aunque éste no había visto aquella película, sí había leído sobre ella en una revista[22]. La película, de la que no nos ha llegado copia, se titulaba Zange no yaiba (La espada del arrepentimiento): un *jidai geki*, el único de su carrera, cuyo argumento bizantino se ha relacionado con el de la novela de Victor Hugo Los miserables. De manera más pertinente, fue definida por Tadao Sato como un *Edo dorobô monogatari:* un relato de la antigua Tokio; un melodrama de capa y espada cuya acción discurría entre vericuetos poblados por vagabundos y malandrines[23].

---

20 Cita: BOCK, Audie. *Japanese Film Directors.* Tokyo ; New York : Kodansha International, 1990, p. 74.

21 TAKAHASHI, Osamu. "Brilliant Shadows : Ozu Yasujiro (1)". *Japan Quarterly,* 1984, v. 31 nº 3, p. 272.

22 *CICLO Yasujiro Ozu* . Lisboa : Fundaçao Calouste Gulbenkian, 1980, p. 11.

23 Cita: TOMASI, Dario. *Ozu Yasujiro.* Firenze : La Nuova Italia,

Se cuenta que el joven director, que quería reconciliarse con su padre, contrariado por el oficio que había escogido su hijo, le pidió que escribiera algunas caligrafías, las cuales llegaron a ser aprovechadas. Así fue cómo Toranosuke Ozu, sin duda a su pesar, llegó a intervenir en la primera aventura cinematográfica de su vástago cinéfilo y descarriado[24].

A tenor de los comentarios que nos han llegado de aquella *opera prima,* se trató de una obra anómala en la filmografía de Ozu: no sólo por tratarse de un relato de espadachines ambientado en tiempos remotos, sino además por el uso regular del *flashback,* tan ajeno a la obra del cineasta. Además el *jidai-geki* era un género marginado por la Shochiku. Como se recordará, Shiro Kido apostaba preferentemente por los dramas contemporáneos, de manera que ni el estudio ni su novel cineasta se sintieron cómodos durante su producción. Y, por si esto fuera poco, Ozu no llegó a completarla: días antes de su conclusión, el joven cineasta fue llamado a filas. Obligado a cumplir una parte de su entrenamiento militar, nuestro cineasta debió permanecer acuartelado en Ise durante un mes. Por imposiciones del estudio, Torajiro Saito terminó la película; y aunque éste sólo llegó a realizar la primera escena, fue su nombre el que apareció en los genéricos.

Tras su estreno, aquella Espada del arrepentimiento recibió buenas críticas, pero es de comprender que no fuera del agrado de Ozu[25]. Cuando al fin pudo verla en la Denkikan, una de las grandes salas de Tokio, se sintió vivamente decepcionado: *"tuve la impresión de que no era mi película, y nunca volví a verla"* [26].

XVIII. 3. James Maki, Sin Dinero

A su regreso de filas, Ozu se encontró con que la unidad especializada en *jidai-geki* que tenía la Shochiku en Kamata había sido disuelta. Sin otra opción, el recién llegado debió acomodarse a los temas en los que el estudio quería especializarse: comedias y melodramas de ambientación contemporánea, géneros en los que aquel joven cineasta llegaría a ejercer magisterio.

A partir de estos momentos se afianza la carrera de Ozu como director. Salvo contadas excepciones, toda ella se desarrollará dentro de Shochiku, con cuyos estudios permanecerá ligado bajo un contrato que debía ser renegociado anualmente. Este régimen laboral se mantendrá inalterado, pese al prestigio que irá consiguiendo el cineasta. Los sueldos que percibía éste debían ser, por otra parte, muy bajos, a tenor de sus frecuentes penurias económicas.

Un año después de haber forjado aquella Espada del arrepentimiento, Ozu pudo dirigir íntegramente una película, de cincuenta minutos de duración: Wakodo no yume (Sueños de juventud, 1928). Con ella dio comienzo una carrera muy intensa, rica en títulos, y muy regular.

Sus primeros pasos dieron como fruto una serie de comedias a la usanza *slapstick:* Nyobo funshitsu (La esposa perdida); Kabocha (La calabaza,), o Hikkoshi fufu (La pareja errante), todas ellas filmadas aquel mismo año de 1928, y todas ellas de metraje reducido. Se trataba de las típicas películas de principiante, realizadas como complemento de programa y confiadas a cineastas en formación.

Con Nikutaibi (Un cuerpo magnífico, también filmada en 1928) obtuvo un cierto reconocimiento tanto en el seno del estudio como en la prensa especializada. Particularmente la revista *Kinema Junpo* alabó su capacidad para alternar la comedia *nansensu* con el melodrama doméstico. Y esta habilidad llegaría a ser una de las especialidades más reconocidas de las películas realizadas por Ozu durante su etapa muda.

El ritmo de trabajo que se impuso durante los primeros años llegó a ser frenético: en ocasiones rueda una película en cinco días, y viene a realizar cerca de media docena de películas al año; en ocasiones más. Particularmente dirigió cinco películas en 1928, otras seis en 1929, y alcanzará su tope cuando termine siete películas en 1930 . En la mayoría de los casos se trataba de trabajos comerciales, con la pretensión fundamental de alcanzar a un público numeroso. Fueron útiles, porque le permitieron ganar oficio y experiencia. Cultivó géneros dispares, algunos de los cuales no volvería a tocar luego; este fue el caso, como se verá, del cine de *gangsters.* Sólo más adelante, conforme incremente su prestigio profesional, Ozu podrá ejercer un mayor control sobre los proyectos en los que se involucra.

Conforme a su vocación y especialidad de naturaleza casi artesana, el propio Ozu gustaba de compararse con el comerciante de tofu: prepara un producto popular, y

---

1992, p. 19.

24 RICHIE, Donald. *Ozu.* Berkeley (etc.) : University of Califorrna Press, 1974, p. 219.

25 El crítico Shizuo Sugiyama escribió en 1927 el siguiente comentario en el periódico *Asahi Shinbun,* con motivo del estreno de la película: *"La espada de la penitencia anuncia la llegada de una nueva figura en los estudios Kamata: se trata de Yasujiro Ozu, un joven director cuya futura carrera debemos aguardar con vivo interés. Lo digo tras haberme sentido extremadamente impresionado por su primera película".*
Reproducido en: SCHRADER, Leonard. "Yasujiro Ozu : 1903 - 1963". En : *The Masters of Japanese Film.* Berkeley, California : Pacific Film Archive, ca.. 1980, p. 269.

26 *YASUJIRO Ozu* / René Palacios (ed. lit.). Valladolid: 24 Semana Internacional de Cine, (1979), p. 62.

Figura 101

Figura 102

Figura 101-103 Fotografías de rodaje

Figura 104-107 Fotografías de rodaje

no hace otra cosa; sin embargo lo hace a conciencia, y su trabajo resulta apetitoso. Como aquel plato, su cine puede resultar cotidiano; pero a la sazón resulta indispensable en la programación de su estudio. Al igual que aquel vendedor de tofu, Ozu sólo trabajó para el cine; realizó la casi totalidad de su carrera dentro de los mismos estudios, y sus planteamientos argumentales y estilísticos se mantuvieron sorprendentemente uniformes a lo largo de toda su carrera. Su filmografía no abandona unas cotas delimitadas: comedias agridulces, o melodramas, a las que se añaden algunas películas de gangsters. Pero siempre son protagonizadas por individuos extraidos de clases sociales bajas: el shomin-geki en el que se desenvolvía el cine de Kamata.

Al tiempo que se hace con el oficio pudo rodearse con el equipo que le acompañará lealmente en sus aventuras cinematográficas posteriores: los guionistas Kogo Noda, Akira Fushimi, Tadao Ikeda; los cámaras Hideo Mohara (o Shigehara) y Yuharo Atsuta; los actores Tatsuo Saito, Chishu Ryu, Takeshi Sakamoto y Choko Iida. En suma, su etapa de formación le sirvió para aprender el oficio; pero asimismo le permite reflexionar sobre el lenguaje cinematográfico, e ir asentando un estilo propio.

Salvo incidentes aislados, como aquél con el camarero, la vida de Ozu se distinguió por ser apacible y moderada. No se vio atormentado por ningún tipo de obsesión artística; permaneció siempre fiel al mismo estudio; no tenía ambiciones personales ni laborales reseñables; tampoco tuvo romances tormentosos, y las relaciones con sus técnicos y actores fueron siempre comedidas y educadas. Apenas tuvo en vida reconocimiento fuera de Japón, ni tampoco lo pretendía. Se mostró en todo momento como un artesano humilde pero consecuente, que depuraba su técnica a fuerza de experiencia, hasta alcanzar algo parecido a la perfección. La trayectoria profesional y artística de Ozu parece la antítesis de la de Kenji Mizoguchi, el otro gran cineasta japonés coetáneo.

En 1929 dirigió Wakaki hi (Días de juventud), su octava película, pero la primera que de él conservamos, y a la que dedicaremos nuestra atención en el capítulo filmográfico. Su siguiente título, Wasei kenka tomodachi (Amigos en la lucha) fue dada por perdida hasta que, en 1999, se descubrió una versión resumida, y en formato Pathé Baby, de la misma. Fue un feliz hallazgo que coincide con los precedentes de otras dos películas de aquel año mismo: Daigaku wa deta keredo (Me gradué, pero...) y Tokkan kozo (El pilluelo), de las que tampoco conservamos más que fragmentos incompletos.

Peor suerte corrió un título intermedio: Kaishain seikatsu (Vida de un oficinista, 1929) fue filmada entre las dos anteriores, pero se encuentra actualmente perdida. Y es una lástima, porque fue la primera película que Ozu realizó en torno al mundo de los funcionarios, lo que supuso además un paso adelante hacia el shoshimingeki: las películas sobre empleados y asalariados que será habitual en el resto de la carrera de Ozu. Por lo demás, se trató de otra película bien recibida. Tras su estreno Kinema Jumpo llegó a equiparar a Ozu con Minoru Murata, uno de los veteranos más respetados del cine japonés.

En 1929 obtiene un notable éxito comercial con su película Tokkan kozo (El pilluelo), lo que le vale la confianza de su productora. Con ella su protagonista, el actor infantil Tomio Aoki, se hizo con una gran popularidad, lo que hizo que, a partir de entonces, fuera conocido con el nombre de aquella película. Su presencia será por lo demás habitual en las películas mudas de Ozu.

A principios de los Treinta Ozu escribió varios artículos que mostraban su fascinación por la cultura norteamericana. Utilizaba en ellos numerosas palabras en caracteres latinos, y usaba abundantes neologismos procedentes del inglés, tal como hará en sus películas[27]. Mientras tanto, el buen resultado conseguido por La esposa de noche (1930) le garantiza la confianza de Shiro Kido, director de la compañía. Esto se traduce en numerosos proyectos. El propio Kido anima a Ozu para que se especialice en historias nansensu. Algunas de ellas fueron muy apreciadas por su jovial sentido del humor; es el caso de Ashi ni sawatta koun (Encuento con la felicidad, 1930).

En el curso de aquel prolífico año de 1930, Ozu dirige Rakudai wa shita keredo (Suspendí, pero...) en la que por primera vez confía un papel secundario, aunque de relativa importancia, a Chishu Ryu. Ozu apenas había reparado todavía en aquel actor, con el que mantendrá más adelante una colaboración muy estrecha. Sus intérpretes favoritos durante los años silenciosos fueron, principalmente Tatsuo Saito y Kinuyo Tanaka. Se les suma entre 1930 y 1931 el ubicuo Tokihiko Okada; y ya en los años finales de la etapa muda les sucederá Takeshi Sakamoto, actor que se desenvolvía entre los registros cómicos y dramáticos con notable soltura.

También en 1930 dirigió Ojôsan (La jovencita), todo un éxito de público. Con ella obtiene el tercer puesto en el palmarés anual de la revista especializada Kinema Junpo. Ésta fue la primera distinción conquistada por nuestro cineasta. En aquella ocasión la crítica especializada no tuvo reparos en equiparar dicha película con las mejores extranjeras del momento, por lo que no podemos sino lamentar que también se haya perdido.

Tal vez otra de las más interesantes de aquel año, y por desgracia también perdida, fuera Erogami no onryo (El espíritu vengativo de Eros, 1930). Sin duda debía de tratarse de otro ejemplo atípico en la filmografía de Ozu. Según se desprende de los comentarios que nos han llegado de la misma, se trataba de una comedia de enredo protagonizada por un falso fantasma.

Atendiendo al título de la película, durante su rodaje circularon rumores sobre un posible idilio del director con la actriz Satoko Date. Sin embargo dicho romance fue desmentido por el propio cineasta, quien siempre se mostró muy reservado en cuestiones sentimentales, como se verá más adelante.

Las pinceladas que el cineasta se dedica a sí mismo en distintas fuentes dan gala de su ingenio y donaire, así como de su destreza literaria. Intervenía personalmente en la escritura de todos sus guiones; y en su condición de co-guionista, adaptador, responsable del argumento o creador de gags, firmaba con nombres chocantes, como James Maki. Con respecto a este seudónimo, Ozu recuerda: "El nombre genérico de "James Maki" era considerado como el mío. Sin embargo originalmente era un seudónimo que podía ser utilizado por cualquier miembro del equipo según un acuerdo mutuo. Pero nadie lo utilizó, de manera que fue finalmente el mío"[28].

Profundizando en aquel personaje ficticio, en 1930 llegó a hacer el siguiente retrato de su sosías literario: "James Maki tiene la inteligencia de su padre americano y la delicadeza de su madre japonesa. En su despacho hay estantes repletos de papeles con diseños intrincados (o ilegibles), sobre los cuales reposan juguetes reunidos a lo largo y ancho de Japón. Trabajábamos juntos toda la noche, mientras bebíamos Sake japonés y Burdeos francés, cosecha de 1800, y escuchábamos al gramófono grabaciones de The Love Parade... Al día siguiente nos reunimos en mi casa donde, renovadas las fuerzas gracias al Café de Washington, el Johnny Walker, los calamares en escabeche y el té con arroz, nos poníamos manos a la obra con los gags"[29].

He aquí a nuestro James Maki: brillante y delicado; japonés y americano en su dieta y en sus señas onomásticas. Lo que alude de algún modo a la confesa fascinación que el joven cineasta oriental siente por la cultura americana, reflejada en su admirada cinematografía[30].

---

27 Uno de dichos artículos, "Satsujin kidan" (Extraños relatos de asesinato"), ha sido recientemente rescatado en los *Cahiers du Cinema (edición japonesa)*, 1993, nº 9.
Noticia tomada en: *OZU Yasujiro Eiga Tokuhon : Ozu retrospective : 90th. anniversary of his birth.* Tokyo : Film Art ; Shochiku Eizo Shogai-Shitsu, 1993, p. 47.

28 OZU, Yasujiro. "Pour parler de mes films". *Positif : Revue du Cinéma*, 1978, Février, nº 203, p. 17-25.

29 Cita: BORDWELL, David. *Ozu and the poetics of Cinema*. New Jersey : Princeton University Press, 1988, p. 7.

30 Tal vez el apellido de su sosías literario provenga de Aritsune Maki, un alpinista que, antes de la Guerra, alcanzó una gran popularidad gracias a sus expediciones por el Himalaya. Ozu ironizaría, con tan

Figura 108

No fue aquél el único seudónimo que utilizara: encubierto como Shutaro Komiya escribiría los argumentos de películas cuya supervivencia ha sido infortunada: fue el caso de Amad a la madre, de la que se conserva una copia mutilada, y de Daigaku yoi toko (La universidad es un lugar agradable), hoy perdida.

En aquellos años de crisis económica y política, Ozu y sus guionistas Kogo Noda y Akira Fushimi escribieron comedias que, tras su apariencia amable, escondían una mirada crítica hacia la sociedad en que se gestan. El modelo podría ser el cine que a principios de los años 30 realiza Frank Capra en los Estados Unidos. Y el fruto fueron películas de gran calibre, como Tokyo no kurasu (El coro de Tokio, 1931) y Umarete wa mita keredo (Nací, pero..., 1932). Ambas recibieron buena acogida por parte de crítica y público. De hecho con la primera de ellas, Tokyo no kurasu, Ozu volvió a obtener la tercera posición en el palmarés Kinema Junpo. El director se consolida de este modo como un valor seguro en la compañía para la que trabaja.

Al año siguiente su película, hoy perdida, Mata au hi made (Hasta nuestro próximo encuentro, 1932, y originalmente titulada El soldado y la prostituta), fue parcialmente sonorizada, mediante el añadido de una banda sonora musical. En esta ocasión, sin embargo, la película recibió críticas adversas, al considerarse que cuestionaba la invasión de Manchuria, iniciada el año anterior.

Sin embargo aquel mismo año consigue su máximo reconocimiento al recibir el Número Uno de la revista Kinema Junpo gracias a Umarete wa mita keredo (Nací, pero..., 1932). Es la primera vez que consigue este galardón, el más importante que concede el mundo del

Figura 109

Figura 110
Fotografías de rodaje. Con Yuharu Atsuta

cine japonés. En este punto Ozu se ha consagrado como uno de los cineastas más prestigiosos del país, si bien es forzoso añadir que la buena acogida crítica no se correspondió con su discreta carrera comercial.

Al año siguiente vuelve a conseguir el mismo galardón gracias a Dekigokoro (Corazón vagabundo, 1933) una película con la que el cineasta pretendía renovar tanto su poética como su propia forma de vida personal. Así se desprende de las siguientes declaraciones: "Si me decidí por este proyecto, a finales de la época del cine mudo, fue para llevar más lejos mis búsquedas sobre el tema de la condición obrera, y para abrir mi trabajo hacia nuevos horizontes. Estaba harto del universo sentimental japonés, y deseaba dar una visión más moderna de las cosas. Por entonces todo cuanto usaba era de procedencia extranjera, incluso lo más accesorio: un dentífrico o una pastilla de jabón. Me alojaba en hoteles de estilo occidental para escribir los guiones. La verdad es que en esa época me estaba convirtiendo en un dandy"[31].

Aunque a lo largo de toda su vida Ozu tuvo la costumbre de escribir en un cuaderno unos bocetos en forma de diario, no será hasta 1933 cuando dicha práctica se consolida. Desde esta fecha, y hasta el año de su muerte, conservamos numerosos testimonios escritos por el propio Ozu. Su hermano Nobuzo reunió,

---

sonoro apellido, sobre su precaria situación económica y laboral, tan distante de las cumbres.
Véase: OZU, Yasujiro. *Carnets : 1933 -1963 : Edition intégrale*. Paris : Alive, 1996, p. 509.

31 Cita: SATO, Tadao. *Le Cinema Japonais*. Paris : Centre Georges Pompidou, 1997, v. I, p. 32.

tras el fallecimiento del cineasta, veinte de sus treinta y dos diarios. Los doce restantes obran en poder de Tomô Shimogawara, amigo de Ozu y decorador de algunas películas que realizó el cineasta[32]. Todos ellos, publicados y traducidos a distintas lenguas, brindan un testimonio muy vívido de su ajetreada vida profesional. Sabemos, por ejemplo, de las dificultades crónicas que tenía para conciliar el sueño, lo que con frecuencia le obligaba a administrarse somníferos, incluso desde años jóvenes. Por otra parte, al tiempo que escribe guiones y los convierte en películas, colabora esporádicamente con la prensa. Consta en sus diarios que en Abril de 1933 presentó, en el Asahi Shinbun, un artículo titulado "Escenas de Marunouchi", dedicado a uno de los barrios modernos puestos de moda en el Tokio de los años 30.

Sin embargo todas estas actividades habrían de verse esporádicamente truncadas por el ejercicio de las armas. En 1933 fue nuevamente reclutado por las tropas militares de reserva, esta vez por un periodo de quince días. En aquella ocasión recibió entrenamiento para participar en operaciones bélicas; y particularmente se le adiestró en maniobras relacionadas con el uso de gas tóxico. Su paso por el campamento fue una experiencia poco gratificante, que le provocaba reflexiones como las siguientes: "¡Qué simples son los militares! ¡Son simples como gusanos! ¿Y a mí que me importa? ¡Lo único que quiero es que me liberen, y rápido!". Recuerda a los protagonistas de El séptimo cielo (Frank Borzage, 1927) como antídoto contra la depresión castrense. Más aún, cuando termina de cumplir el servicio, el día 1 de Octubre, lo celebra evocando la película Adiós a las armas[33].

Una vez en posesión de su anhelada y cinematográfica libertad, continúa filmando a ritmo sostenido. No sólo recupera la actividad en el estudio, sino que también realiza una fugaz incursión teatral: en Enero de 1934 estrena Haru wa hogarakani (Alegre primavera), una obra de teatro escrita por Kogo Noda que, según consta en los Diarios, había sido puesta en escena por el propio Ozu en el teatro Teigeki de la capital[34].

Aquel mismo año Kintaro Inoue estrena la película Kawaraban Kachikachiyama, cuyo libreto había sido redactado por James Maki, seudónimo de Ozu. Como se recordará, aquél fue el primer guión escrito por nuestro cineasta, y el que le permitió pasar de asistente a director, y que sólo ahora, y tras sufrir los retoques oportunos, pudo ser llevada a la pantalla a manos de un colega.

El dos de Abril de 1934 se produce un acontecimiento luctuoso en su biografía: su padre falleció, víctima de una angina de pecho. Tras su fallecimiento, Toranosuke Ozu recibe el nombre póstumo budista de Daiyushogetsukoji[35]. Casualmente durante esos días su hijo estaba rodando uno de sus haha-mono (películas sobre madres) más representativos: Amad a la madre (1934), que comenzaba precisamente con la muerte de un padre. También el de Ozu muere durante el rodaje de la película, pero después que el guión se haya terminado; no hay por tanto correspondencias biográficas expresas. Sin embargo se trata de una extraña correspondencia entre la película y la propia biografía de Ozu. Y, como se verá, ésta no ha de ser la única vez que se produzcan tales coincidencias entre la vida y la obra de nuestro cineasta.

Haciendo honor al título de su nueva película, Ozu se fue a vivir con su madre, a quien ya no abandonará. Más aún, Kogo Noda asegura que la muerte del padre inspiró la escena análoga que sucederá en Chichi ariki (Érase un padre, 1942).

El 22 de Mayo de 1934 Ozu emprendió un viaje, en compañía de su madre y de su hermano Nobuzo, para depositar las cenizas de Toranosuke en el templo de Ise, próximo a Matsuzaka, donde se encontraba la casa solariega, y donde había transcurrido buena parte de la adolescencia del cineasta. El transcurso del viaje le inspiró las siguientes reflexiones: " En el santuario del monte Koya, en el jardín del pabellón Sur, las peonías estaban en flor. En las montañas del país Kii, el mes de Mayo se iba agotando, los cerezos dobles se marchitaban aquí y allá y no había aún nada verde. A lo lejos, en el cielo crepuscular, una nube malva de glicinas flotaba hacia el Oeste y, bajo la encina parda, reinaban las tinieblas. Al caer la noche no se elevaba ni una sola voz en esta zona apartada del santuario, y los huesos de mi padre han rodado hacia la pequeña puerta del osario haciendo un ruido seco. ¡Larga fue la vida de mi padre, cuando lo medito, y yo he estado viviendo a sus expensas hasta el final!"[36].

Su siguiente película, Ukigusa monogatari (Historia de hierbas errantes, 1934) fue sonorizada parcialmente,

---

[32] En 1993, coincidiendo con el 90 aniversario del nacimiento de Ozu y el 30 de su muerte, el Festival Internacional de Cine de Tokio dedicó al cineasta una retrospectiva y una exposición que se vieron complementadas con la publicación íntegra de sus diarios: *Zen Nikki Ozu Yasujirô*. Tokyo : Film Art Sha, 1993. Tres años después fueron traducidos al francés, y más tarde una selección de los mismos fue publicada en España. Dichas versiones son citadas en distintos puntos del presente capítulo.

[33] Anotaciones de los días 25 y 26 de Septiembre; 28 de Septiembre y 1 de Octubre de 1933, en: OZU, Yasujiro. *Antología de los diarios de Yasujiro Ozu* / edición a cargo de Núria Pujol y Antonio Santamarina. Valencia : Filmoteca de la Generalitat Valenciana (etc.), 2000, p. 25.

[34] OZU, Yasujiro. Ibid., p. 31 - 32.

[35] Según consta en la anotación del día 2 de Abril de 1960, en: OZU, Yasujiro. Ibid., p. 249.

[36] OZU, Yasujiro. *Ibid.*, p. 38. Anotación del día 25 de mayo de 1934.

Figura 111

Figura 112

Figura 111-113 Fotografías de rodaje

e incluso se incluye una canción en su banda sonora. Sin embargo, hoy se ha perdido el registro sonoro. Con ella volvió a conseguir, y por tercer año consecutivo, el primer puesto en la votación de Kinema Jumpo, lo que da muestra del gran prestigio crítico que se ha ganado Ozu. A partir de entonces sus películas figurarán habitualmente entre las diez mejores, según aquella revista. Y volverá a ganar en otras tres ocasiones el primer puesto en el futuro. En 1938 un crítico llegará a asegurar que "Japón sólo cuenta con dos grandes directores: Sadao Yamanaka y Yasujiro Ozu". Ambos coincidieron, como se verá, en el frente de China. Ozu sintió gran amistad y admiración por aquel prometedor cineasta, cuya vida se truncó prematuramente en el campo de batalla.

En 1935 escribió un guión titulado Tokyo yoitoko, que no llegó a ser realizado. Aquel mismo año dirigió su única película documental, ya parcialmente sonora: Kikugoro no Kagamijishi, en la cual el reputado actor Kikugoro Onoe VI ejecutaba algunas piezas Kabuki, extraídas de la pieza que da nombre a la película.

También aquel año Tokyo no yado (Un albergue en Tokio, 1935), todavía muda, fue filmada con banda sonora que incluía música y ruidos. Y con rótulos sobreimpresionados sobre las imágenes, en lugar de los intertítulos.

El guión de esta película aparecía firmado por un tal Uinzato Mone, japonización del inglés "win that money" (gane ese dinero), o "without money" (sin dinero), ocurrente juego de palabras para un asalariado escaso de recursos. En realidad se trataba de un un seudónimo colectivo que agrupó al propio Ozu y a sus colaboradores Tadao Ikeda y Masao Arata.[37].

El fuerte ritmo de trabajo le producía fatiga y desasosiego, sin que llegase a ver recompensadas económicamente tantas horas de dedicación: "Con el cansancio encima de todos estos días, calibro todo lo que de abrumador tiene el trabajo de realizador. (¡Ah, si tuviera dinero, lo dejaría sin pensarlo dos veces! ¡Os lo juro!", llegó a asegurar sin que podamos llegar a dar del todo crédito a sus palabras[38].

Sobre la penuria económica que sufría el cineasta, pese al reconocimiento crítico que merecían sus películas, puede dar fe la anotación del día 18 de Mayo de 1937 de sus diarios: "¡Pasión, dinero, deseo: tres cosas de las que carezco últimamente! Vivir sin pasión es tan terrible que, en este sentido, esforzarse es realmente inútil. Y sin dinero... ¿Qué puedo desear?" Y también esta otra anotación correspondiente al día 13 de Julio de 1937: "No me quedan más que 20 sens en la cartera. ¡Oh, cuán miserable me siento!"[39].

XVIII. 4. El espíritu vengativo de Eros

Los testimonios sobre Ozu a los que hemos tenido acceso nos dan la imagen de un hombre extremadamente tímido e introvertido, cuyo único vicio confeso, además del cine, era la afición por la bebida. Fue además a lo largo de su vida un lector apasionado, entre cuyas lecturas predilectas de juventud figuraban Junichiro Tanizaki y Ryunosuke Akutagawa.

Su Diario le presenta como un hombre que alternaba la vida frugal y las extenuantes sesiones de trabajo con algunos desórdenes domésticos, a los que se sumaban sus pequeños placeres: la comida y la bebida; la literatura y el cine; las excursiones y el deporte; el sumo y el béisbol; las apuestas en el hipódromo. Pero, sobre todo, era adicto al sake, como tantos personajes de sus películas:

---
37 *OZU Yasujiro Eiga Tokuhon : Ozu retrospective : 90th. anniversary of his birth.* Tokyo : Film Art ; Shochiku Eizo Shogai-Shitsu, 1993, p. 67.

38 OZU, Yasujiro. Op. cit., p. 59. Anotación del día 2 de Julio de 1935.

39 OZU, Yasujiro. Ibid., p.80 y 83.

Figura 114

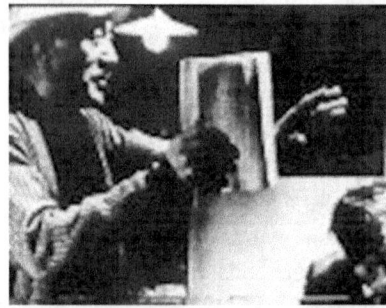

Figura 115

**Figura 114-116
Fotografías de rodaje**

"¡El sake frío " Otoño", bebido a la luz de una lámpara, es una auténtica delicia! ¡Cuando la embriaguez te empuja a ciertos desórdenes, cómo prohibírtelos!" [40]. A lo que añade: "Sake, arroz con salmón regado con té verde. ¡No hay nada más delicioso!" Y también: "Por la noche he bebido Hennessy y he picado un poco de queso. ¡Una delicia! ¡Lo mejor que puede ofrecernos la vida!" [41]. Con frecuencia utiliza los Diarios para darse a sí mismo consejos de moderación en la bebida; consejos cuya reiteración indica su desenfadado incumplimiento: "¡Dejar de beber por las mañanas! ¡Estar atento a los asuntos de este mundo!", se recomendará en una anotación del día 1 de Enero de 1955 [42].

Por otra parte la lectura de sus anotaciones dan cuenta cabal de su confeso sibaritismo culinario. En efecto, una de las aficiones mejor recogidas en sus diarios es su periplo culinario a lo largo de numerosos restaurantes repartidos por todo el país. Sin duda el cineasta disfrutaba vivamente de toda la exquisita variedad de la cocina japonesa. Así, en una anotación del día 8 de Diciembre de 1960 leemos: "La comida ha sido de las más alegres. ¿Acaso la felicidad no radica en esto?" [43].

El director se descubre, además, como ave nocturna. Debido al insomnio crónico que padecía, y que le forzaba al consumo regular de narcóticos, pasaba las noches en vela, lo que compensaba con largas siestas durante el día. Baño y siesta son los dos rituales cotidianos que practicaba habitualmente por las tardes, lo que queda reflejado en numerosas anotaciones, como la correspondiente al día 15 de Junio de 1959, en la que reconoce: "No hago más que dormir: ¡qué placer la siesta!" [44].

Como se dijo, Ozu permaneció soltero, y en compañía de su madre, durante toda su vida. Se sabe por lo demás muy poco de su relación con las mujeres. Era un hombre tímido y muy reservado, entre cuyas amistades figuraban algunas mujeres; pero es difícil saber hasta qué punto llegaba dicha relación.

De manera explícita el diario de Ozu acredita que nuestro cineasta mantuvo una larga y estrecha amistad con una joven geisha de Odawara, Sakae Mori o Senmaru -éste era su nombre de geisha- con la que guardó relaciones a lo largo de toda su vida. Las primeras noticias sobre esta muchacha provienen de sus anotaciones de 1935. Incluso aparece expresamente citada en uno de sus poemas, cuya lectura da testimonio de la sintonía que existía entre ambos [45]. Con frecuencia, tal como se lee en los Diarios, Ozu pasaba veladas en la casa de esta mujer. Esta era una relación conocida, hasta el punto que el novelista Rintaro Takeda (1904 - 1946) se inspiró en las relaciones amorosas de Ozu con Sakae Mori para escribir su novela Yuki Moyoi (Tiempo de nieve), publicada en Febrero de 1939 en la revista Modan Nippon. El cineasta reaccionó comprensiblemente airado tras la lectura de dicho relato: "¿Cómo permitirse morir si, estando vivo, ya escucha uno cosas como éstas?", se preguntaba en sus Diarios [46].

Pese a todo, se mostraba reacio a comprometerse en firme con mujer alguna. En la anotación del día

---

40 OZU, Yasujiro. Ibid., p. 64. Anotación del día 8 de Octubre de 1935.

41 Ibid. Anotación del 16 de Abril de 1960, p. 250.

42 OZU, Yasujiro. Op. cit., p. 173 y 180. Anotaciones de 1 de Enero y 23 de Marzo de 1955.

43 Ibid., p. 270.

44 Ibid., p. 231.

45 El poema dice así: *"Dulce olor de los afeites / a mi amiga le duelen las muelas / todavía hace frío. / Cada tañido de campana, / hasta el alba / hemos contado"*. En: OZU, Yasujiro. *Antología de los diarios de Yasujiro Ozu* / edición a cargo de Núria Pujol y Antonio Santamarina. Valencia: Filmoteca de la Generalitat Valenciana (etc.), 2000, p. 52.

46 OZU, Yasujiro. *Carnets: 1933 -1963 : Edition intégrale*. Paris: Alive, 1996, p. 197. Anotación del día 19 de febrero de 1939, cuando el cineasta se encontraba en el frente.

28 de Octubre de 1933 leemos: "En el mundo hay dos tipos de mujeres: las que se dejan cazar fácilmente y las que te mantienen a distancia. Si tuviera que enamorarme, la elegida pertenecería probablemente a la segunda categoría. Arisca, reservada, me daría todas las oportunidades de formarme una buena opinión de ella. Tal vez sean todas iguales, pero lo que me fascina es el refinamiento de las segundas. El peligro está en que, demasiado ocupado para interpretar de forma positiva cada uno de sus gestos, ¡he abandonado pura y simplemente la partida!"[47].

Cumpliendo fielmente tales planteamientos, Ozu siempre guardó una prudente distancia con las mujeres. En este sentido, el comportamiento de Ozu no tiene nada que ver con la disipada vida de su colega Mizoguchi. Es imposible precisar hasta qué punto el incidente del internado de Matsuzaka podría haber dejado huellas en la apatía sentimental del cineasta.

A lo largo de su carrera mantuvo relaciones más o menos estrechas con las actrices, pero su comportamiento tímido le impedía llegar más lejos... incluso en sueños. Así, en una anotación del día 17 de Octubre de 1935, leemos: "Al alba he soñado que bebía té con Kinuyo (Tanaka): ¡Un sueño quizá excesivamente tímido!" Y realmente nunca llegó a haber nada perdurable con ninguna de ellas, si bien murmullos no faltaron. Y había razones para propagarlos: Ozu era un hombre amable y distinguido, que siempre dispensó un trato educado a sus colaboradores, y cuya compañía resultaba grata debido a su amplia cultura y a su sentido del humor. Por lo tanto no era infrecuente sorprenderle en los estudios o fuera de los mismos en compañía femenina, tal como recuerda su operador Yuharo Atsuta: "Con su sombrero flexible, Ozu parecía indiferente a todo. Cuando salíamos a buscar exteriores, especialmente en verano después de la guerra, aparecía con su famosa indumentaria: sombrero piqué blanco y camisa de lino; pero antes de la guerra solía llevar ropas ligeras para salir a Yokohama. Alto, elegante, y acompañado por chicas modernas como Satoko Date o Yukiko Inoue, daba una imagen perfecta."[48].

Como se dijo, a principios de los Treinta se propagó el rumor de un romance con la actriz Satoko Date. De Yoshiko Okada confesó que "había algo verdaderamente sensual en su mirada". También en ocasiones mostró una encendida admiración por la actriz Sanae Takasugi[49]. No faltaron las noticias que aseguraban que el director había tenido una aventura amorosa con Michiko Kuwano, la protagonista de ¿Qué ha olvidado la señora?, e incluso la prensa amarilla llegó a insinuar un romance con la exquisita actriz Setsuko Hara[50]. Sin embargo, su timidez fuera de los estudios impedía que prosperase cualquiera de estas relaciones. Al parecer otra actriz, Kunie Miyako, llegó a rechazar una propuesta de matrimonio[51]. Pero todo esto son conjeturas, que apenas arrojan luz sobre la vida privada de nuestro hombre. Y sus muy escuetos Diarios apenas proporcionan información sobre estos asuntos.

Kogo Noda recuerda cómo la madre de Ozu se burlaba de la impenitente soltería de su hijo: "cuando les visitaba, ella solía hacer chistes tales como: ahora que ha tenido la amabilidad de venir, señor Noda, y teniendo en cuenta que la esposa de Yasujiro está por desgracia todavía ausente, por favor confórmese con la compañía de una anciana como yo". Aun soportando frecuentes ironías como aquélla, Ozu no tenía reparos en calificar a la suya como "la madre ideal"[52].

Posiblemente esta situación pueda ser explicada si se tiene en cuenta la innata tendencia a la soledad y la hipocondría que manifestó siempre el cineasta. En una anotación del día 15 de Septiembre de 1933 leemos: "Me he embriagado intentando en vano, en mi triste soledad, poder deleitarme con el canto de las cigarras". A su vez el operador Yuharu Atsuta evocaba la figura del maestro con estas palabras: "Cuando sus ojos se cruzaban con los de alguien por casualidad, desviaba rápidamente la mirada, lo que delataba su timidez. Se mostraba reservado con quienes acababa de conocer, y agachaba la mirada de inmediato. Probablemente hubiera sido distinto de haberse casado"[53]. ¿Quién sabe?

XVIII. 5. Se rompe el silencio

A partir de 1936 el cine sonoro se impone por todo Japón. Pese a lo cual Ozu aún rodará otra película muda, antes de incorporar definitivamente la nueva técnica: Daigaku yoi toko (La agradable vida universitaria, 1936), hoy perdida. Esta fue, por otra parte, la última

---

47 OZU, Yasujiro. *Antología de los diarios de Yasujiro Ozu* / edición a cargo de Núria Pujol y Antonio Santamarina. Valencia : Filmoteca de la Generalitat Valenciana (etc.), 2000, p. 25 - 26.

48 Citado en: ISHIBASHI, Kiyomi. "Qotes from Yuharo Atsuta". En: *OZU - Atsuta : From behind the camera : A new look at the world of director Yasujiro Ozu : Based on private materials of the late Yuharo Atsuta* / edited by Ken Sakamura and Shigehiko Hasumi. Tokyo : The Tokyo University Digital Museum, 1998, p.107.

49 RICHIE, Donald. *Ozu*. Berkeley (etc.) : University of California Press, 1974, p. 216 y 222.

50 *Diarios*, p. 117. Anotación del día 17 de Noviembre de 1951

51 RICHIE, Donald. Op. cit., p. 196.

52 Citado en: RICHIE, Donald. Op. cit. p. 193 - 194.

53 Citado en: ISHIBASHI, Kiyomi. "Qotes from Yuharo Atsuta". En: *OZU - Atsuta : From behind the camera : A new look at the world of director Yasujiro Ozu : Based on private materials of the late Yuharo Atsuta* / edited by Ken Sakamura and Shigehiko Hasumi. Tokyo : The Tokyo University Digital Museum, 1998, p. 107.

película de Ozu realizada en Kamata, donde había rodado todas sus películas hasta la fecha. Las insuficientes condiciones de dichos estudios, poco adecuados para la producción sonora, obligaron a desplazar todos los efectivos de la Shochiku a las nuevas instalaciones de Ofuna, situadas cerca de Kamakura. Por consiguiente, toda la obra muda de Ozu fue realizada en los estudios de Kamata; mientras que toda la sonora se realizó en los estudios de Ofuna, con la única excepción de El hijo único, la primera sonora de Ozu, que fue realizada en Kamata.

Se ha dicho que, debido a distintas circunstancias, nuestro cineasta se mostró reacio al sonido: una vez dueño de la expresividad propia del cine mudo, no veía necesario añadido sonoro. No le preocupaba verse técnicamente desfasado, y aún presume que llegará a filmar el último fundido del cine mudo[54]. No es menos cierto que su diario le presenta en repetidas ocasiones estudiando la técnica del sonido en compañía de su operador habitual durante aquellos años, Hideo Mohara, quien experimentaba por entonces con técnicas sonoras de su invención. Hoy sabemos, a partir de sus propios testimonios, que Ozu aguardaba a que aquél perfeccionase su sistema para decidirse a hacer una película sonora; sin embargo esta situación no llegaba a verse cumplida. Fuera como fuera, lo seguro es que Ozu debió ceder ante las imposiciones comerciales de su productora. De manera que, en 1936, realizó su primera película sonora: Hitori musuko (El hijo único), sonorizada con el equipo que diseñó Mohara, y que resultó ser altamente insatisfactorio[55]. A pesar de todo, el camino emprendido era irreversible, y los días del cine mudo habían quedado definitivamente atrás.

Es de suponer que durante estos años su situación económica se debió ver sensiblemente mejorada. Gracias a lo cual pudo irse a vivir al elegante barrio residencial de Takanawa. En este lugar rueda además su siguiente película: Shukujo wa nani o wasuretaka (¿Qué ha olvidado la señora?, 1937), ambientada por añadidura entre la burguesía acomodada, una circunstancia poco habitual en Ozu. Esta fue, además, la última colaboración con Hideo Mohara, quien había fotografiado la mayor parte de sus películas desde 1928. El propio Ozu ignoraba entonces que ésta habría de ser su última película en un intervalo de tres años: en 1937 escribió el argumento de Kagirinaki zenshin (Siempre adelante). Sin embargo Ozu no podría realizarla, al verse arrastrado por

Figura 117
Rodaje de Caminad
con optimismo

el viento de la guerra. De manera que se encomendó su filmación aquel mismo año a Tomu Uchida.

XVIII. 6. Una hoja bien afilada no le teme al buril [56]

En efecto, el 10 de Septiembre de 1937 Ozu fue nuevamente llamado a filas, y esta vez para servir en la campaña contra China. El hecho de ser enviado al peligroso frente continental parece confirmar que Ozu, a pesar de su prestigio artístico, no debía de ser un cineasta particularmente valioso para los objetivos propagandísticos del gobierno. Pero además se aprovechó en distintas ocasiones su imagen cumpliendo servicios en el campo de batalla. El presentar figuras notables o personajes populares combatiendo como simples soldados encerraba sin disimulo objetivos ejemplarizantes: así se procuraba alentar la participación de todo el mundo en el gran esfuerzo que debía acometer el conjunto del país para servir a la causa común.

En una carta a un amigo había escrito, en tono jocoso: *"voy a ver cómo va la guerra"*, intentando restar importancia al asunto. De este modo Ozu salió por primera vez de su país, lo que hizo en circunstancias particularmente dramáticas. Dos semanas después de su movilización fue enviado al frente, en la China central, en condición de cabo del segundo regimiento. Una vez allí se vio destinado a la segunda compañía del batallón de armas químicas de la Guardia Imperial de Takebashi, en la que permanecerá durante veinte meses, hasta su desmovilización en Julio de 1939[57].

En Octubre de 1937 un periodista del *Tokyo Asahi* le encontró en las afueras de Shangai, dirigiendo el tráfico

---

54 BORDWELL, David. *Ozu and the poetics of Cinema*. New Jersey : Princeton University Press, 1988, p. 6.

55 Véanse las declaraciones del propio Ozu en el capítulo correspondiente del presente trabajo.

56 Este es el lema que Ozu escribió sobre el estandarte de su compañía militar, siguiendo la costumbre que practicaban los soldados. Véase: OZU, Yasujiro. *Antología de los diarios de Yasujiro Ozu* / edición a cargo de Núria Pujol y Antonio Santamarina . Valencia : Filmoteca de la Generalitat Valenciana (etc.), 2000, p. 87 . Anotación del día 2 de Enero de 1939.

57 Ibid. , p. 85.

militar. En las manos llevaba un banderín diseñado en los estudios Shochiku Ofuna, en el que se leían lemas tales como: *"Combatid por el honor del mundo del cine"*, junto a los autógrafos de las estrellas del estudio: Shin Saburi, Choko IIda, Ken Uehara y Shuji Sano.

Durante ese periodo, escribió distintas colaboraciones para periódicos, como el *Asahi Shinbun*. En una entrevista, publicada durante estos días Ozu llegó a declarar: *"La guerra es una experiencia que ennoblece. Tengo la esperanza de poder hacer una película intensa, basada en las experiencias que he vivido aquí"* [58]. Sin embargo, y a despecho de tales manifestaciones públicas, los escritos confidenciales que entrega a su diario acreditan el desencanto que sufría, y su escasa motivación bélica. El 25 de Diciembre de 1938, en que se celebraba una ceremonia dedicada al Emperador Taisho, el cineasta se negó a asistir; y ni siquiera se vistió el uniforme oficial [59]. Tampoco participó en la Conmemoración de la Fundación de su país, que fue celebrada el 11 de Febrero de 1939. La anotación del 19 de Enero de 1939 concluye con un lacónico comentario: *"La única cosa de la que estoy seguro es que cada día que transcurre me acerca más a la desmovilización. ¡Perder el tiempo así a los treinta y siete años, qué desperdicio!"*. Las anotaciones correspondientes a los días 30 y 31 de Enero de aquel mismo año concluyen con las siguientes palabras: *"¡Sake! ¡Sake y sake! ¡Por mí que se derrumbe el cielo sobre nuestras cabezas!"*. Y: *"Intentaré salir con bien de todo esto. ¿Me queda otro remedio?"*

Como cabo de infantería, Ozu viajó a lo largo de la China ocupada, donde la mayor parte del tiempo permaneció en el frente de batalla. Así participó en campañas en Nanjing y en Hsuchou, entre otros lugares en los que se produjeron crudos enfrentamientos con el enemigo. Algunos escritos del cineasta dan testimonio de la tenaz resistencia que opusieron las tropas chinas: *"Cabría esperar que los chinos huyesen ante el avance de nuestras tropas -el ejército más poderoso del mundo-. Sin embargo permanecieron en sus trincheras, con gran valentía"*. Son numerosas las entrevistas y crónicas que se publicaron del cineasta en el frente, al ser una de las celebridades destacadas en primera línea de fuego. En sus declaraciones públicas manifiesta su compromiso con la campaña imperial, y con alguna frecuencia da cuenta de sus deseos de hacer una película bélica. En Diciembre de 1937 aseguró, en el *Tokyo Asahi*: *"Tengo la determinación de permanecer bien atento en el campo de batalla. Y, si salgo con vida de ésta, haré alguna película al servicio de la causa nacional"*. Una semana después diría en otro periódico: *"Ahora que estoy en el frente, no tengo esperanzas de regresar vivo a casa. Al mismo tiempo, he vivido la realidad de la guerra, y tengo por primera vez auténtica confianza en poder hacer una película de guerra. Las películas rodadas sobre este tema son tibias y muy poco convincentes, pues en su mayoría han sido realizadas por gente que no conoce la realidad del frente. La realidad de la guerra es una experiencia noble y edificante. Si tuviera la suerte de volver vivo, quisiera inspirar con esta experiencia una película realista"*. La intención de rodar una película ambientada en el frente chino le acompañará a lo largo de toda la campaña. En Mayo de 1938 volverá a declarar, en las páginas del *Tokyo Asahi*: *"ya he concebido un aceptable plan de trabajo para una película de guerra, y espero el momento de comenzarla"*. En algunos momentos se mostraba más explícito a la hora de describir su proyecto: *"se tratría de un pelotón de soldados rodeados por el enemigo, hasta que por fin son capaces de romper el asedio. Tras el combate, descubren que sus efectivos se han reducido a la cuarta parte de la tropa original. Al reflexionar sobre ello, consideran que quienes han muerto no lo hicieron en vano. Esa es la conclusión que pretendo transmitir"*. Sin embargo, conforme se desarrollaba la campaña militar, Ozu veía cada vez menos probable la posibilidad de rodar dicho proyecto. A finales de Julio de 1939, en una entrevista publicada en el *Miyako Shinbun*, así lo reconoce: *"Las distintas experiencias que he tenido aquí, y las diversas opciones de cómo llevarlas a la pantalla están aún en un amasijo de notas, la mitad de las cuales tuve que abandonar en el curso de una marcha"*. Pocos meses después, en la revista *Taiyo*, añade: *"si se me pregunta sobre qué tipo de película pretendo hacer, debo decir que no tengo ningún plan determinado. Por un lado me gustaría hacer algo vívido y luminoso. Sin embargo, lo más probable es que al final me saliera una obra oscura y melancólica"* [60].

Por otra parte sus testimonios íntimos dan noticias de una realidad bastante menos entusiasta. Aunque sus diarios de guerra han llegado muy incompletos, las anotaciones conservadas de los años 1938 y 1939 ofrecen un testimonio sincero y conmovedor de las

---

[58] HIGH, Peter B. "Ozu's War Movie : Haruka nari fubo no kuni". En: *IN Praise of Film Studies : Essays in Honor of Makino Mamoru* / Edited by Aaron Gerow and Abé Mark Nornes. Yokohama ; Ann Arbor : Kinema Club ; Trafford, 2001, p. 199. El autor toma dichas noticias de la prensa de la época: *Asahi Shinbun*, 14 de Octubre de 1937 y *Hochi shinbun* del 17 de Octubre de aquel mismo año.

[59] *Diarios*, p. 85.

[60] Noticias y declaraciones proporcionadas en: HIGH, Peter B. *The Imperial Screen : Japanese Film Culture in the Fifteen Year's War : 1931 - 1945*. Madison : University of Wisconsin press, 2003, p. 181 - 182.

espantosas situaciones que Ozu vivió durante los años más oscuros y dramáticos de toda su vida. En distintas ocasiones aprovechó sus cuadernos para arremeter contra los corresponsales de guerra, al considerar que aquéllos no daban una interpretación real del conflicto. *"Nada peor que esos que, en la retaguardia, pretenden hacer la guerra con su pluma"*- escribe-. *"¡Atreverse a rendirles homenaje a los soldados que sufren en el frente, sin haberse tomado la molestia de ir a ver a qué se exponen sobre el terreno, es bastante vergonzoso! ¿Cómo podrían hacerse una idea después de tan sólo diez o veinte días como corresponsal de guerra?"*[61]. En otras declaraciones, Ozu continúa arremetiendo contra el decorativismo literario en el campo de batalla: *"Cuando los escritores importantes van al frente, el ejército nunca les lleva a la línea de fuego. Se presentan vestidos como soldados de opereta, algunos de ellos con pistolas, y otros incluso con un sable colgado al cinto. Las tropas que les ven se muestran disgustadas. Kan Kikuchi al menos tuvo el sentido común de presentarse vestido de paisano, y con su bastón de paseo"*[62].

También conservamos algunas fotos del cineasta tomadas durante su servicio militar: a bordo de un tanque durante el ataque a Xiushuihe, en China central; haciendo la guardia; formando con los compañeros del pelotón, y malviviendo en las trincheras y en los barracones (Figuras 118-120). En una de ellas encontramos al cineasta, con un sable atado a la cintura y con la cámara de fotos Leica en las manos, tomando unas imágenes en una aldea China[63].

La rutina de las trincheras le evocaba escenas vistas en el cine. En la anotación del día 30 de Enero escribió: *"La dulzura del aire anuncia la primavera. Es como un espejismo, como esa mariposa que sobrevuela las trincheras en Sin novedad en el frente y que Paul -¡qué muerte tan magnífica!- quiere coger antes de morir...¡con la diferencia de que mi espejismo se parecería más a una cartera que a una mariposa!"*.

Y también: *"LLueve... LLueve sobre la estación de Tokio... LLueve sobre el edificio de Marunouchi... LLueve en la línea Keihin... LLueve sobre los estudios... Rain, de Lewis Milestone... ¡LLueve, y con ello se retrasa mi glorioso regreso! ¿Parará de una vez?"*[64].

Figura 118

Figura 119

**Figura 118-120
Ozu en el frente**

Más estremecedora es la anotación del día 4 de Abril de 1939, en la que se lee: *"Ocurrió durante la travesía de Jingan, en uno de los tres caminos en los que los cadáveres de rebeldes y de indígenas yacían en desorden. Junto a uno de ellos, un bebé, que apenas acababa de salir del vientre de su madre, jugaba con un saco de pan seco (...). La escena era tan insoportable que, antes de que volviese a llorar, aligeré el paso. ¡Qué imagen había allí para el cine! Una imagen demasiado cinematográfica, que pecaba por exceso, como la del padre cojo con su hija en Hearts of the world, de Griffith, sólo que aquí no había habido puesta en escena: ¡era la atroz realidad!"* No es ésta la única imagen cinematográfica que le inspira la brutalidad de la guerra. En Agosto de 1939, el periódico *Asahi Shimbun* recoge

---

61 *Diarios.* Anotación del día 6 de Enero de 1939, p. 87.

62 HIGH, Peter B. *The Imperial Screen : Japanese Film Culture in the Fifteen Year's War : 1931 - 1945.* Madison : University of Wisconsin press, 2003, p. 206.

63 Imágenes reproducidas en el encarte central de : OZU, Yasujiro. *Carnets : 1933 -1963 : Edition intégrale.* Paris : Alive, 1996.

64 Anotación correspondiente al día 7 de Marzo de 1935. La Keihin era la línea férrea que Ozu tomaba para ir a los estudios Shochiku-Kamata , a los que asimismo alude en este ensueño. La película Rain (Lewis

Milestone, 1932), sobre una novela de William Somerset Maugham, había sido citada anteriormente por Ozu en sus Diarios.

el siguiente testimonio del director: *"En cierta ocasión asistí a una escena en las orillas del río Xiushuihe que me hubiera gustado filmar. Mientras permanecía tumbado en tierra, un mortero lanzado desde una trinchera explotó junto a un árbol de albaricoque, justo enfrente de mí. El sonido de las frutas cayendo al suelo era fascinante. Había montones de árboles cubiertos de flores blancas, y el modo en que los pétalos se diseminaban por todo el campo era muy hermoso. Me moría de ganas de filmar esta escena"* [65].

Más tarde, durante el descenso por aquel río Xiushuihe, la compañía de Ozu llegó a Zhanggong. *"Durante la travesía, se percibían claramente las huellas de los combates. Paso la noche en el Servicio de etapas. Todo tan horroroso como ayer: una estera raída sobre el suelo y nada más: ¡qué miseria!"* [66]. Poco después fue testigo de la toma de Nankin, donde el ejército imperial cometió todo tipo de atrocidades. Pero cuando se organizaban batidas de represalia contra el enemigo, los superiores prescindían de Ozu, según consta en sus escritos, por considerar que no estaba cualificado para ese tipo de misiones [67].

A lo largo del mes de Marzo de 1939, la compañía de Ozu excavó trincheras junto al río Xiushuihe, bajo lluvia de mortero y fuego de bala. El cineasta deja en sus diarios un recuerdo elocuente de las penalidades que hubo de soportar, bajo amenaza continua de muerte. En la anotación del día 3 de Abril se lee: *" Ya fuera por la costumbre o por el agotamiento que me abatía, no temía a las bombas. Los morteros morían con un bello silbido a mi lado, las balas silbaban sobre mi cabeza, pero me daba lo mismo. Bostezaba. Si en ese momento una bala hubiera cruzado mi cabeza... pues yo habría dejado este mundo, punto final... Ha sido la primera vez que he vivido una prueba como ésta desde que vine al mundo. He ido hasta el límite de mis fuerzas"* [68].

A menudo la compañía de Ozu atravesaba por parajes dantescos. Así describe su llegada a Wusung: *"no quedaba una casa intacta. Esto hace suponer que la guerra es el negocio de destruir edificios. Terminas asumiendo que es completamente lógico dedicarse a reducir las casas a escombros"* [69]. En otra entrevista aseguró: *"probablemente debido a que sufrí el gran terremoto de Tokio, no sentí ninguna sensación especial al contemplar los montones de cadáveres que ocasionaba el enemigo. Esto parece probar que, cuando uno se encara con una situación tan cruda, la emoción se disipa"* [70]. Durante aquella temporada infernal coincidió con Sadao Yamanaka, uno de los mejores directores japoneses especializados en películas de época, hoy especialmente recordado por su nostálgica y sensible Ninjo kami fusen (Humanidad y globos de papel, 1937). Yamanaka trabajaba para la Nikkatsu, lo que no impidió que mantuviera una buena amistad con Ozu [71]. Como es de suponer, durante aquellos días ambos solían hablar de su tema favorito: el cine. Cuando Yamanaka le preguntaba si tenía previsto rodar alguna película bélica, Ozu solía contestar con un escueto *"no sé"*. Apenas quedó tiempo para nada más: poco después, el 17 de Septiembre de 1939, Yamanaka perecerá víctima de la disentería.

La muerte del brillante colega le mereció a Ozu las siguientes reflexiones: *"Acabo de leer los últimos escritos de Sadao Yamanaka. En las notas que dedica a la puesta en escena, se advierten las ganas que tiene de rodar películas contemporáneas. Estoy afligido. De nada sirve decirlo, pero la pérdida de un hombre como él me parece completamente irreparable. `¡Rodad buenas películas!' Éste es el mensaje que nos lega a la Asociación de Directores de Cine"* [72].

También coincidió en el campo de batalla con Shuji Sano, un actor con quien había coincidido en ¿Qué ha olvidado la señora? (1937) y con quien volverá a trabajar, posteriormente, en Érase un padre (1942) y en Una gallina al viento (1948). Debido a su popularidad ambos aparecieron durante casi un minuto en uno de los noticiarios que se filmaron con fines propagandísticos durante el conflicto [73].

Se cuenta que, durante aquellos días, Ozu pidió a un monje chino que le caligrafiara el ideograma *Mu,* un término estético que significa *vacío:* un vacío repleto de sentido. El cineasta conservó dicha caligrafía a lo

---

65 Citado en: YOSHIDA, Kiju. *Ozu´s Anti-Cinema*. Ann Arbor : Center for Japanese Studies, University of Michigan, 2003, p. 40.

66 *Diarios*. Anotación del día 5 de Junio de 1939 , p. 103.

67 Ibid. Anotación del día 30 de Abril de 1939 , p. 100.

68 Ibid., p. 97.

69 HIGH, Peter B. *The Imperial Screen : Japanese Film Culture in the Fifteen Year´s War : 1931 - 1945*. Madison : University of Wisconsin press, 2003, p. 209.

70 Ibid., p. 188.

71 Sadao Yamanaka fue enviado al frente a consecuencia de sus películas, desdeñadas por ser escasamente patrióticas, a juicio de sus censores. Como trabajaba en los estudios de la Nikkatsu de Kioto, sólo rodó *jidai-geki* (películas históricas), ya que las películas contemporáneas se rodaban en los estudios de Tokio. De las doce películas que pudo realizar, sólo dos han llegado a nuestros días, ambas de gran calidad artística. A la ya citada Ninjo kami fusen se suma Hyaku-man ryo no tsubo (La copa que valía un millón de ryo, 1935).

72 OZU, Yasujiro. *Antología de los diarios de Yasujiro Ozu* / edición a cargo de Núria Pujol y Antonio Santamarina . Valencia : Filmoteca de la Generalitat Valenciana (etc.), 2000, p. 85 . Anotación del día 12 de Diciembre de 1938.

73 OZU, Yasujiro. *Carnets : 1933 -1963 : Edition intégrale*. Paris : Alive, 1996, p. 192.

largo de toda su vida, e hizo del ideograma una suerte de ideario personal y estético que le acompañó hasta la tumba[74].

Pero poco más es lo que sabemos de aquellos años sombríos: los diarios de Ozu se interrumpen el día 5 de Junio de 1939, y no se recuperan hasta el año 1949. La pérdida de estos testimonios, tal vez por causas de la guerra, o acaso destruidos por su propio autor, arrojan numerosas sombras sobre la vida de Ozu durante aquellos días terribles.

Sea como fuere, el 16 de Julio de 1939 fue oficialmente desmovilizado, tras lo cual pudo regresar a Japón, después de haber servido en el frente durante veintidós meses. Atendiendo a su condición de veterano de guerra, que ahora se sumaba a su prestigio artístico, Ozu participó en distintos coloquios y concedió numerosas entrevistas. Reconciliando ambas perspectivas, opinaba sobre la función que debería cumplir el cine bélico, al tiempo que emitía juicios -generalmente negativos- sobre la producción cinematográfica referida al conflicto. Asimismo reconoció haber recibido presiones para realizar una película de guerra, una propuesta a la que se refería en términos indecisos. Conservamos declaraciones como las siguientes: *"He escrito algunas notas inconexas sobre mi experiencia en el frente, con indicaciones sobre cómo usarlas; pero más adelante desestimé casi la mitad de ellas, de manera que ahora no tengo las ideas claras".* Y, más adelante: *"Todavía no se ha decidido nada, aunque por supuesto será una película de guerra".*

En una mesa redonda con el cineasta Tomotaka Tasaka llegó a adelantar un bosquejo de su proyecto: *"Un destacamento espera órdenes para romper el cerco del enemigo; pero cuando lo logran, sus efectivos han quedado reducidos a la cuarta parte del grupo original. La conclusión será que su sacrificio, a pesar de todo, no ha sido en vano. La verdad es que no me veo haciendo una película sobre una gran victoria. Las buenas películas de antaño, como Beau Geste o Tres lanceros bengalíes también desprenden esa sensación de derrota."*.

Pese a todo sus proyectos no debían ser muy firmes. En declaraciones posteriores aseguró: *"En el frente yo nunca pensaba en hacer películas; es algo que nunca se me pasó por la imaginación. Sólo la gente que nunca la ha vivido en sus propias carnes puede llegar a hacer una película de guerra"*. Y también: *"Bajo las restricciones que hoy sufrimos es prácticamente imposible hacer dramas bélicos; de manera que habrá que esperar hasta que termine el conflicto con China"* [75].

A su regreso a Japón advirtió que uno de sus más distinguidos colaboradores, el operador Hideo Mohara, se había trasladado a otra compañía. A esta pérdida se suma la desagradable sensación de tener que comenzar de nuevo, con una nueva plantilla, y tras haber sufrido un profundo desgaste personal por los rigores de la contienda.

De manera que terminó escribiendo, junto con Tadao Ikeda, un proyecto que le resultaba más próximo, y que calificó como *"una comedia de Año Nuevo":* Ochazuke no aji (El sabor del arroz con té verde). Sin embargo dicho proyecto será prohibido por la censura, por considerarlo inadecuado. En la escena final prevista un hombre y una mujer toman la comida a la que alude el título, antes de su dramática separación. Él parte hacia el frente con gran pesar, lo que difícilmente podía alentar el deseado espíritu belicista. Muchos años después, en 1952, logrará rodar otra película con el mismo título, que no obstante alteraba sensiblemente el proyecto original.

El 16 de Enero de 1940 el *Miyako Shinbun* publicó la siguiente noticia: *"Tras permanecer en silencio desde su regreso del frente el año pasado, Ozu Yasujiro por fin se dispone a rodar una nueva película. El título decidido es El novio marcha a Nanjing, y el comienzo de su rodaje está previsto poco después del Año Nuevo. Son numerosas las especulaciones en torno al proyecto del primer cineasta importante que aborda este tema con un conocimiento de primera mano sobre la situación en el frente de combate".* Sin embargo, el propio Ozu no tardaría en desmentir los rumores: *"la razón por la que no hago una película bélica tras mi retorno es que las condiciones objetivas son tales, que no me veo capaz de realizar una aportación satisfactoria a este asunto. Sin embargo, todavía me siento ansioso por realizar una película de guerra apenas pueda hacerla. Posiblemente el novelista Hino Ashihei esté atravesando por una situación parecida"* [76].

Los sucesos vividos en el frente de combate difícilmente puede ser descritos en ninguna película o

---

74 GEIST, Kathe. "Buddhism in Tokyo story". En: *OZU´s Tokyo Story* / edited by David Desser. Cambridge : University Press, 1997, p. 101 - 102. La autora de este artículo toma dicha noticia de un documental sobre Ozu filmado en 1983: Ikite wa mita keredo (Viví, pero...), producción Shochiku dirigida por Kazuo Inoue. El lector encontrará dicho ideograma en la clausura de los poemas del cineasta, en el V. IV del presente trabajo.

75 Testimonios recogidos, a partir de la prensa japonesa, en: HIGH, Peter B. "Ozu´s War Movie : Haruka nari fubo no kuni". En: *IN Praise of Film Studies : Essays in Honor of Makino Mamoru* / Edited by Aaron Gerow and Abé Mark Nornes. Yokohama ; Ann Arbor : Kinema Club ; Trafford, 2001, p. 200.

76 HIGH, Peter B. *The Imperial Screen : Japanese Film Culture in the Fifteen Year's War : 1931 - 1945*. Madison : University of Wisconsin press, 2003, p. 182.

pieza literaria. Con frecuencia las declaraciones de Ozu reconocen la imposibilidad de describir con palabras o imágenes lo que sufre el soldado que se enfrenta cada día con la muerte y la destrucción: *"no hay mucho en común entre los soldados que pueblan la imaginación de la gente en la retaguardia, y los auténticos soldados que se encuentran en el frente de combate"* [77]. El recuerdo de aquellos días de sangre y fuego está impregnado de dolor. *"No hablemos de la guerra"*, dicen con frecuencia sus personajes en las películas que siguieron al conflicto. Es de suponer que el cineasta no se encontraba preparado para dar un tratamiento adecuado a una experiencia como la que vivió bajo la apacible seguridad del estudio.

XVIII. 7. La lejana tierra natal

Cuando en 1941 fue una vez más preguntado por su experiencia en China, Ozu respondió con evasivas: *"Bueno; hice cuanto pude. Rodar una película es, en algunos sentidos, más difícil que hacer la guerra, aunque no sea una comparación muy afortunada"* [78]. Dejando atrás aquella difícil etapa de la vida, Ozu pudo recuperar su trabajo: por fin en 1941, y tras una pausa de casi cuatro años, el director volvió a colocarse tras la cámara para dirigir Toda ke no kyodai (Los hermanos Toda). En esta ocasión, y tras la pérdida de Mohara, se designó como nuevo director de fotografía a Yuharu Atsuta, quien hasta la fecha había intervenido como ayudante de cámara. El resultado fue tan satisfactorio que Ozu continuará trabajando con él durante casi el resto de su carrera.

En esta ocasión el cineasta pretendía asegurarse un éxito comercial, que le permitiera mejorar sus retribuciones, cosa que logró. Con aquella película volvió a ganar el Número Uno de la revista *Kinema Junpo*, y además consiguió abultados ingresos en taquilla. Al año siguiente, con Chichi ariki (Érase un padre, 1942) alcanzó el segundo puesto en el palmarés de aquella temporada. Aquella película, una de las mejores de nuestro autor, fue además destacada por su defensa de las virtudes nacionales.

También por entonces Ozu salió en defensa de Sanshiro Sugata, la primera película que dirigiera Akira Kurosawa, en 1943, cuando éste se topara con problemas ante la censura militar[79]. Sin embargo ni siquiera el prestigio profesional de Ozu habría de salvarle de regresar al frente. Desde mediados de 1942 la oficina de prensa del Alto Mando Militar apremiaba a los estudios cinematográficos para que incrementasen la producción de películas bélicas, que preferiblemente debían ser filmadas en los mismos escenarios donde se producían los combates. En el curso del programa de propaganda cinematográfica, la compañía Shochiku debía atender particularmente la cobertura cinematográfica de la campaña en Birmania.

De este modo, entre 1943 y 1945 nuestro cineasta trabajó en diversos proyectos bélicos, ninguno de los cuales llegó a materializarse. Incluso preparó una secuela de Los hermanos Toda en el que alguno de los miembros de la familia debía partir al frente. También trabajó en un proyecto para conmemorar el decimotercer aniversario de la Compañía Férrea del Sur de Manchuria.

Finalmente se encargó a Ozu que preparase un largometraje de ficción junto con los guionistas Ryosuke Saito y Kosaku Akiyama. Parece ser que la redacción de dicho proyecto fue concluida entre Septiembre y Noviembre de 1942. Incluso contó con un título provisional: Haruka nari fubo no kuni (La lejana tierra de nuestros padres). Ozu pareció firmemente comprometido con este proyecto: a tenor de la documentación conservada, se presentó un guión sólidamente construido, en el que aparecían escenas y personajes reconocibles dentro de su filmografía, aunque la acción se ubicase en plena selva birmana. Unos meses más tarde de su redacción, en Enero de 1943, nuestro cineasta anunció en la revista *Shin Eiga* su firme propósito de dirigirla. Incluso se había pensado en el reparto: Takeshi Sakamoto, Chishu Ryu y Shuji Sano, actores todos ellos habituales en la filmografía de nuestro autor.

Pese a todo el proyecto no llegó a filmarse, sin que nunca se hayan aclarado las razones de su abandono. Ni siquiera fue sometido a la inspección oficial. Tal vez la propia oficina censora de la Shochiku, que actuaba en connivencia con la censura oficial, la declaró inadecuada por las ironías que se permitía su autor con la campaña militar. Tal vez se considerase que el relato carecía del requerido ardor combativo. Cabe suponer que el estudio exigió a Ozu algunas rectificaciones, que el cineasta no aceptó[80].

---

77 Ibid., p. 211.

78 Cita: BORDWELL, David. *Ozu and the poetics of Cinema.* New Jersey : Princeton University Press, 1988, p. 165.

79 El autor de Rashômon recuerda este incidente en su libro de memorias. Véase: KUROSAWA, Akira. *Autobiografía : (O algo parecido).* Madrid : Fundamentos, 1990, p. 204 - 205.

80 El guión original, sin embargo, sobrevivió, y fue a parar a las manos de Makino Mamoru, un destacado investigador y coleccionista, lo que ha permitido la reproducción parcial del mismo, junto a un interesante estudio introductorio sobre dicho proyecto, en:
HIGH, Peter B. "Ozu´s War Movie : Haruka nari fubo no kuni". En: *IN Praise of Film Studies : Essays in Honor of Makino Mamoru* / Edited by Aaron Gerow and Abé Mark Nornes. Yokohama ; Ann Arbor : Kinema Club ; Trafford, 2001, p. 199 -216. Las citas aquí tomadas de dicho

La película debía tratar sobre la amistad que une a un grupo de soldados en el campo de batalla, en la lejana Birmania. En el curso de la campaña, numerosas escenas cómicas o desenfadadas, protagonizadas por los insustituibles Takeshi Sakamoto y Chishu Ryu, contrastaban con la violencia de los combates. Su desenlace debía ser dramático: en el curso de las refriegas uno de los soldados (Ryu) era gravemente herido y finalmente moría.

El proyecto había sido concebido como una suerte de drama familiar, pero ambientado en zona de combate. No en vano, y respondiendo a la sensibilidad narrativa de Ozu, la tropa era presentada como una auténtica familia, sometida a unas tensiones que amenazaban con su disolución. De este modo, nuestro cineasta buscaba enlazar el encargo con sus películas precedentes. No en vano el título alternativo que, de manera irónica, había propuesto a su película era *Kihachi se va a la guerra*[81].

Por otra parte, sus planteamientos no difieren de los de otras películas bélicas de la época, cuya acción transcurre durante la guerra con China: es el caso de Gonin no sekkohei (Cinco de infantería, 1938) y Tsuchi to heitai (Barro y soldados, 1939), dirigidas ambas por el especialista Tomotaka Tasaka.

Seguramente en su obra Ozu hubiera incrementado un sentido de proporción dramática: para los pobres soldados de infantería las grandes estrategias militares equivalen a *"escribir todo un sutra sobre un grano de arroz"*. A menudo se superponían representaciones de lugares japoneses- mapas, fotografías- sobre los espacios birmanos que los soldados tienen ante sus ojos: un efecto que debía traducir la nostalgia que aquellos desdichados sienten por el hogar. Por otra parte la concepción de la compañía como un pequeño reducto familiar se veía emotivamente representada en la imagen, tan habitual en los melodramas domésticos de Ozu, de la ropa tendida al viento durante una acampada.

Obligados a un continuo movimiento, que para los soldados resultaba incomprensible, su peripecia debería ser puntuada a partir de los juegos con las distancias, lo que sucede desde el propio título de la película. En un momento de su andadura, uno de los soldados asegura explícitamente: *"La guerra se hace caminando"*.

Tras desestimarse aquel proyecto, en Febrero de 1943 la Shochiku anunció que Ozu realizaría un documental en Birmania. Sin embargo, ante la imposibilidad de desplazarse a aquel país debido al curso que tomaba la guerra, empezó a trabajar en un nuevo proyecto, de corte semi-documental, sobre el movimiento de independencia indio. De manera que, en Junio de 1943, Ozu fue enviado a Singapur, esta vez acompañado por su operador Yuharu Atsuta. Sabemos que al menos en una ocasión Ozu llegó a entrevistar al líder independentista Subbhas Chandra Bose, quien se posicionaba a favor de los japoneses y en contra de los británicos. Asimismo se entrevistó al líder colaboracionista birmano Ba Maw. Como complemento de dichas entrevistas, se realizaron algunas filmaciones que debían ilustrar este tema. Sin embargo Atsuta sólo disponía para realizar este trabajo de una cámara muda, con la que filmaba distintas imágenes de soldados haciendo maniobras.

Es de suponer que, a pesar de todo, debían ser mucho más numerosos los momentos de inactividad que los de trabajo periodístico. Conservamos el siguiente testimonio de Yuharu Atsuta: *"Todo el personal servía en el ejército como soldados de infantería. Sin embargo mi cometido era cuidar de los caballos militares, por lo que Ozu me llamaba Yuma. Como yo solía decir muchas tonterías chistosas, Ozu me decía que Yuma estaría bien en lugar de Yuharu. Me siento orgulloso de este apodo"*[82].

Es más: Ozu y Atsuta aprovechan la inactividad para ver mucho cine americano, confiscado por el ejército japonés en Singapur: más de cien películas, según contaría luego. Entre ellas figuraban varias obras maestras de Ford, Vidor, Hitchcock, Wyler, y Welles. De este último se sintió fascinado por su Ciudadano Kane (1941). La vio varias veces, dando muestras de admiración por su técnica, a la que llegó a situar por delante de la de sus cineastas predilectos: *"Este joven de veinticuatro años es todavía más genial que Charlie Chaplin"*. Y también: *"Si a Chaplin le das 62 puntos, esta película se merece 85"*[83]. A partir de entonces solía distinguir esta película, tan alejada de su propio estilo, como una de sus favoritas.

Pero además tuvo la oportunidad de ver grandes obras que de otro modo no hubiera podido ver en su país.

---

guión provienen de esta fuente.

81 Kihachi es el nombre del protagonista de algunas de sus películas anteriores: Dekigokoro (Corazón caprichoso, 1933), Ukigusa monogatari (Historia de hierbas flotantes, 1934) y Tokyo no yado (Un albergue de Tokio,1935). En todos los casos aquel entrañable personaje fue interpretado por Takeshi Sakamoto, quien asimismo debía protagonizar aquella película de guerra. Véase: RICHIE, Donald. *Ozu*. Berkeley (etc.) : University of California Press, 1974, p. 230.

82 Se trata de un juego de palabras formado por la *Y* inicial del nombre del operador y por la palabra *uma*, caballo. Citado en: ISHIBASHI, Kiyomi. "Qotes from Yuharu Atsuta". En: *OZU - Atsuta : From behind the camera : A new look at the world of director Yasujiro Ozu : Based on private materials of the late Yuharu Atsuta* / edited by Ken Sakamura and Shigehiko Hasumi. Tokyo : The Tokyo University Digital Museum, 1998, p. 107.

83 Citado en: HASUMI, Shigehiko. *Yasujiro Ozu*. Paris : Cahiers du Cinema, 1998, p. 9,
y en: RICHIE, Donald. *Ozu*. Berkeley (etc.) : University of California Press, 1974, p. 231.

Entre ellas figuraban Rebeca (Alfred Hitchcock, 1940), Fantasía (Disney Prod. 1940) Lo que el viento se llevó (Victor Fleming, 1939). No faltan entre ellas títulos clásicos de John Ford: La diligencia (1939) o Qué verde era mi valle (1941). Tras una de aquellas veladas hizo el siguiente comentario: *"Viendo Fantasía comprendí que nunca podríamos ganar la guerra. A esta gente parecen gustarles las complicaciones, pensé para mis adentros. Nuestro oponente es condenadamente bueno. Nos batimos contra un enemigo verdaderamente terrible"* [84].

Entre película y película, el cineasta envía crónicas de guerra al *Asahi Shinbun*. En una de ellas se lee: *"Ya no quiero hacer ninguna película que sea escéptica en cuestiones sociales. Lo que sea, sonará"* [85]. Y sonó: cuando Inglaterra recupera el control sobre Singapur, en Agosto de 1945, Ozu quemó todo el material filmado (copias y negativos, así como el guión de todo el trabajo) antes de ser hecho prisionero por el enemigo. Fue juzgado por el Tribunal Aliado. Y, aunque no llegó a ser considerado criminal de guerra, fue recluido en un campo de prisioneros británico en Cholon, próximo a Singapur, donde permaneció durante medio año.

En aquella prisión alternaba el servicio de limpieza y el cumplimiento de los trabajos rutinarios con la poesía, cuya escritura había practicado desde la juventud. En compañía de otros prisioneros combatía el tedio componiendo *renga*, una práctica que le recuerda la del montaje cinematográfico [86]. De este modo Yasujiro Ozu concluyó la guerra en prisión, y con el grado de sargento. Pero no volvería a Japón hasta Febrero de 1946.

XVIII. 8. Eclipse de luna

Así fue: el 2 de Febrero de 1946 Ozu regresó a su país, ahora muy distinto de aquél que le viera partir. El barrio de su juventud, Fukagawa, había quedado reducido a cenizas. Ozu debe replantear no sólo su profesión, sino que deberá renacer con su país de las ruinas; como le sucedió a todo el pueblo japonés tras su desastrosa aventura imperial.

Comenzó escribiendo, en Otoño de 1947, un guión junto a Ryosuke Saito: Tsuki wa noborinu (La luna se levanta). Sin embargo no llegó a ser filmado: su realización quedó pospuesta hasta que, en 1954, el proyecto pase a Kinuyo Tanaka, quien lo filmará para la compañía Nikkatsu. De este modo la actriz, que llegó a ser la primera mujer directora de cine de Japón, pudo realizar su segunda película, ya que anteriormente había filmado Koibumi (Carta de amor, 1953).

Durante los años de posguerra Ozu continuó frecuentando a su amiga Sakae Mori, la antigua *geisha* que en aquellos años regentaba un albergue en Tsukiji, en el centro de Tokio, próximo a la gran lonja de pescado. Ozu visitaba con mucha asiduidad dicho albergue, donde se alojaba ocasionalmente según consta en los diarios. Algunos años después aquella vieja amiga se unirá a distintos grupos de danzas tradicionales japonesas, como el Círculo Siekokai o el círculo Edo Murasaki Kai, a cuyas exhibiciones asistía Ozu con frecuencia [87].

También durante los años de la ocupación americana se habló de un nuevo romance con una joven, a quien contrató como secretaria y que terminó casándose con cierto actor: otro fracaso sentimental al que el cineasta dio consuelo recuperando su cometido profesional. Efectivamente, aquel año de 1947 puso fin al mayor periodo de inactividad de toda su carrera: recuérdese que no había vuelto a filmar nada desde 1942, año en que rodó Chichi ariki, si excluimos aquellos trabajos de guerra hoy perdidos e indocumentados.

Su recuperación se materializa en dos películas: Nagaya shinshiroku (Historia de un propietario, 1947) y Kaze no naka no mendori (Una gallina al viento, 1948). Ninguna de ellas fue un éxito en taquilla, ni el propio director las mostró mucho aprecio; pero cuando menos, le permitieron recuperar el pulso profesional, y reencontrarse con el mundo que le era propio. Como así fue: a partir de entonces pudo proseguir, de manera casi ininterrumpida, su carrera.

Su actividad no se desarrollará tan sólo en los estudios, sino que además participará en distintas asociaciones profesionales. De este modo, como miembro del consejo de administración de la Asociación de Directores de Cine, asistía regularmente a los encuentros programados. Además continúa con sus colaboraciones literarias: en el número de Abril de 1949 de la revista especializada *Kinema Junpo*, Ozu publicó un artículo titulado *"Sutâ shisutému ranyô"* (Los abusos

---

84 SCHRADER, Leonard. "Yasujiro Ozu : 1903 - 1963". En : *The Masters of Japanese Film*. Berkeley, California : Pacific Film Archive, ca.. 1980, p. 240-241.

85 Cita: BORDWELL, David. *Ozu and the poetics of Cinema*. New Jersey : Princeton University Press, 1988, p. 165.

86 El *renga* o estrofas encadenadas es una de las formas japonesas de versificación más genuinas. En su forma más sencilla consiste en en un *tanka* (estrofa de 31 sílabas distribuidas en versos de 5,7,5,7 y 7 sílabas) compuesto entre dos autores. El primero compone los tres primeros versos, y el otro los dos últimos. Sin embargo dicha técnica, que llegó a convertirse en pasatiempo cortesano, tendió a hacerse progresivamente más compleja y sofisticada. Los ejemplos de aquella forma métrica se remontan al *Kojiki*, compilado en el año 712: el libro japonés más antiguo que se conserva. Véase: KEENE, Donald. *La literatura japonesa*. México : Fondo de Cultura Económica, 1980, p. 39 - 40 y 46 - 49.

87 *Diarios*. Anotación del día 4 de Mayo de 1954, p. 161.

Figura 121

Figura 122

Figura 121-123
Fotografías de rodaje

del estrellato) [88].

Aquel fue un año de gran importancia en la trayectoria cinematográfica de nuestro autor: se presenta la oportunidad de volver a trabajar con el guionista Kogo Noda con quien, debido a las vicisitudes bélicas, no había vuelto a coincidir desde 1935, cuando colaboraron en la hoy perdida Hakoiri musume (La joven virgen).

El reencuentro les permite recuperar los viejos métodos de trabajo: guionista y director se recluyeron, durante varias semanas, en distintos refugios aislados: la hospedería de Chigasaki o una casa en las montañas de Tateshina, que Ozu adquiriría años después. En estos parajes, y con una abundante provisión de sake y whisky, se fueron elaborando los guiones. Para abordar este nuevo proyecto común, deciden partir de una novela corta: Chichi to musume (Padre e hija), de la que es autor Kazuo Hirotsu. El resultado de aquel primer trabajo conjunto tras la guerra fue, en verdad, memorable: Banshun (Primavera tardía), permanece como una de sus mejores películas, y la que confirma el definitivo renacer creativo tras la contienda. Aun sin desdeñar títulos anteriores, no cabe duda que con ella Ozu ha alcanzado su madurez como cineasta; tanto en la composición de guiones- el concurso de Noda resultó ser definitivo- como en su capacidad para convertirlo en imágenes a la vez depuradas y complejas. El canon que había sido progresivamente refinado en películas anteriores alcanza ahora, por fin, su pleno desarrollo.

Con Banshun su director conquista, por quinta vez, el máximo galardón de la revista Kinema Junpo. Dicho premio se sitúa en la antesala de una etapa extraordinariamente creativa y regular, que habrá de mantenerse, sin apenas altibajos, hasta su muerte.

Al año siguiente Ozu y Noda adaptan una novela de Jiro Osaragi, con la cual, y por primera vez en su carrera, Ozu trabajó para otro estudio: la Shin Toho. Para esta compañía realizaron Munakata shimai(Las hermanas Munakata, 1950). Como se recordará, nunca hasta la fecha se había apartado nuestro director de los lindes de Shochiku.

Pocos meses después habría de producirse un acontecimiento excepcional en el seno de la industria cinematográfica japonesa: Akira Kurosawa consiguió el León de Oro en el Festival de Venecia, en su edición de 1951, y el Oscar a la Mejor Película Extranjera aquel mismo año gracias a Rashômon (producción Daiei de 1950). Pocos meses después aquel gran cineasta preparaba su siguiente proyecto en la Shochiku. Su traslado obedecía a que la compañía Toho, para la que trabajaba habitualmente Kurosawa, sufría los efectos de una conflictiva y prolongada huelga. Sin embargo Ozu, que había defendido como se recordará la *opera prima* de Kurosawa, no vio con buenos ojos el proyecto que éste había presentado para la Compañía del Pino y el Bambú: se trataba de una adaptación de El idiota, de Dostoyevski, cuyo guión había escrito el propio Kurosawa en colaboración con Eijiro Hisaita. No faltaron incluso los rumores que apuntaban hacia una cierta rivalidad entre el joven cineasta y el veterano Ozu[89].

Sin embargo Ozu no tenía motivos de preocupación, puesto que en su país no conocía rival: en 1951 Bakushu (Principios del verano) recibía el Número Uno de *Kinema Junpo*. Aquella fue la sexta y última vez que consiguiera dicho galardón. Pero además ganó el premio Geijutsusai, concedido por el Ministerio de Educación Nacional y de Cultura. Y, al año siguiente, recibirá el premio

---
88 OZU, Yasujiro. *Carnets : 1933 -1963 : Edition intégrale*. Paris : Alive, 1996, p. 231. Dicho artículo ha sido incluido en nuestra selección de textos, en V. IV del presente trabajo.

89 Sirva como muestra el siguiente comentario, en la anotación del día 24 de Enero de 1951: *"He leído el guión de El idiota, que Hisaita ha escrito para Kurosawa: ¡es incomprensible! Admito que el personaje pueda ser idiota, ¡pero que lo sean también el guionista y el realizador...!"*
No deja de sorprener la ausencia, en los diarios, de las películas japonesas que van conquistando premios internacionales: las obras maestras de Kurosawa y de Mizoguchi entre ellas. Ozu, como se sabe, prácticamente no tuvo ocasión de presentar una de sus películas en los circuitos internacionales.

Figura 124

Figura 125

Figura 124-126
Fotografías de rodaje

Figura 127

Figura 127-128
Fotografías de rodaje

Tokyo-Tomin, otorgado por el diario *Tokyo Shinbun* a la mejor película del año 1951. Poco después, el *Mainichi Shinbun* galardona a Bakushu, juntamente con Meshi (El almuerzo), de Mikio Naruse, como las mejores películas japonesas del año.

En estos momentos, y gracias a tan preciadas distinciones, Ozu se encuentra en la cúspide de su prestigio como cineasta. Tamaña circunstancia, sumada a la extraordinaria calidad de las películas realizadas durante estos años, no evitó el que las obras de Ozu fueran excluidas de los principales foros internacionales, al juzgarse que tendrían escaso interés fuera de Japón.

A todo esto, y con la ayuda de Sakae Mori, su amiga *geisha*, Ozu buscará una nueva residencia en las afueras de Kamakura, ciudad histórica próxima a Tokio donde siempre le apeteció vivir: es éste precisamente el hermoso escenario donde se rodaron Banshun y Bakushu, entre otras. El cineasta se trasladará allí en Mayo, y allí fijará definitivamente su domicilio, en compañía de su madre[90].

Poco después el cineasta sufriría un sobresalto: el 15 de Enero de 1952 los estudios de Shochiku-Ofuna quedaron arrasados a consecuencia de un incendio.

Al igual que todos los directores de la plantilla, Ozu disponía de un pequeño apartamento en los estudios, donde guardaba numerosos documentos y pertenencias, que fueron pasto de las llamas. Es posible que algunos de los diarios que hoy nos faltan desaparecieran en aquella ocasión.

Algunos meses después, y dentro de aquel año 1952, el cineasta recuperó aquel antiguo proyecto titulado Ochazuke no aji, que había sido prohibido años atrás por la censura militar. Fue reescrito y actualizado, situando la acción bajo unos presupuestos conyugales que alteraban sensiblemente el proyecto original.

Son de recordar, por otra parte, las recomendaciones que se daba Ozu a sí mismo en sus diarios, y que dan buena prueba de sus gustos y de sus preocupaciones. Así, el día 1 de Enero de 1953 escribió: *"¡Este año no hay que beber demasiado! ¡Trabajar tanto como pueda! ¡Ver muchas películas! ¡No enfadarme demasiado! ¡Hacer vida sana!"* [91].

Una vez trasladado a la antigua capital histórica de Japón, Ozu no tardó en ingresar en una asociación, llamada el Círculo de Kamakura (*Kamakura Kai*), integrada por personas vinculadas con el mundo del cine, de las artes y de las letras. Desde aquí fueron frecuentes sus intervenciones como presentador y conferenciante. Por ejemplo, el 10 de Febrero de 1953 pronunció un discurso en la presentación de un libro de viajes escrito por Hideko Takamine: *Paris ari hitori aruke* (*"Mis paseos por París"*), publicado por la editorial *Eiga*

---

90 OZU, Yasujiro. *Carnets : 1933 -1963 : Edition intégrale*. Paris : Alive, 1996, p. 271.

91 OZU, Yasujiro. *Antología de los diarios de Yasujiro Ozu* / edición a cargo de Núria Pujol y Antonio Santamarina . Valencia : Filmoteca de la Generalitat Valenciana (etc.), 2000, p. 139. Son frecuentes, por otra parte, este tipo de consejos que Ozu se daba a sí mismo en sus diarios, cuya reiteración desvela su desenfadado incumplimiento,

Seikai Sha[92]. Aunque esta actriz había colaborado con Ozu en Tokyo no korasu (1931) y en Munakata shimai (1950), debe la popularidad sobre todo a sus trabajos con Keisuke Kinoshita y, muy especialmente, con Mikio Naruse.

La salud de Ozu se va deteriorando, por otra parte, a partir del presente año. Los problemas crónicos de sueño y el uso regular de narcóticos; el abuso de alcohol y tabaco, y las agotadoras jornadas de trabajo comienzan a minar sus fuerzas. Una anotación del diario, correspondiente al día 4 de Marzo, indica la aparición de un bulto en la nuca. Este mismo año sufre una erupción, y deberá operarse de pólipos en la nariz, operación que repetirá tres años después.

Pese a todo, sus aptitudes artísticas atraviesan un momento de gracia: en 1953 dirigió Tokyo monogatari (Cuentos de Tokio), la película con la que fue dado a conocer en Europa y en Estados Unidos; una de sus grandes obras maestras, y aun hoy su película más celebrada. Sin embargo, esta vez hubo de conformarse con la segunda posición de la revista Kinema Junpo. El propio Ozu reconocería que las tres películas de las que se sintió más satisfecho son: Érase un padre, Primavera tardía y Cuentos de Tokio[93]. Todas ellas gozaron de reconocimiento crítico. A todo ello se suma una posición cada vez más influyente dentro de su oficio: a partir de Junio de 1953 pasa a ser miembro permanente del Consejo de Administración de la Asociación de Directores de Cine.

Paradójicamente, será ahora cuando se desate uno de los conflictos más tensos entre Ozu y el estudio en el que venía trabajando desde el principio de su carrera. En 1954 Ozu reconsideraba aquel viejo proyecto, Tsuki wa noborinu, que había sido desestimado por la Shochiku tiempo atrás. Pese al crédito que tenía el cineasta, también esta vez el estudio rechazó su filmación.

La razón de su rechazo obedecía a las disputas que se desataban entre las principales compañías cinematográficas: conforme al proyecto original, se pensaba contar con el concurso de dos actores: Teiji Takahashi (contratado por la Shochiku) y Yoshiko Kuga (actriz de la Daiei). Sin embargo, ambas productoras rechazaron el que sus estrellas se mezclaran en una producción de otro estudio.

Presa de la desazón, Ozu llevó el caso a la Asociación de Directores de Cine, que decidió presentar una reclamación oficial. Dicho y hecho, la Asociación

---
92 Ibid. p. 143.
93 RICHIE, Donald. *Ozu*. Berkeley (etc.) : University of California Press, 1974, p. 235.

Figura 128

Figura 129

Figura 128-130
Fotografías de rodaje

redactó un manifiesto, por el que solicitaban de los cinco grandes estudios (Shochiku, Toho, Daiei, Shintoho y Toei) que permitiesen a los actores trabajar en distintas compañías. Como se advertirá, no hemos incluido entre aquellas cinco a la Nikkatsu, puesto que por aquellos años la veterana compañía atravesaba momentos extremadamente difíciles, que hacían poner en duda su propia supervivencia.

En efecto: con motivo de la reestructuración de la industria cinematográfica organizada por el gobierno, el otrora poderoso estudio tuvo que ceder a la Daiei la producción de películas en 1942. Sin embargo, a partir de 1954 Nikkatsu pretende recuperar su posición ventajosa en la industria cinematográfica japonesa. Emprende, a tal fin, una voraz caza de talentos para sumarlos a sus mermadas filas. Las cinco grandes compañías restantes anteriormente citadas se pusieron de acuerdo para evitar cualquier intento de transfuguismo que pudiese beneficiar a la peligrosa rival.

Se produjeron numerosos incidentes entre las compañías a consecuencia de esta situación, uno de los cuales afectó al proyecto de Ozu Tsuki wa noborinu. En el fondo, detrás de la prohibición de intercambio de cineastas y de estrellas subyacía el interés de los cinco grandes estudios citados por estrangular a la Nikkatsu, al temer su resurgimiento y su posible competencia.

Finalmente aquel proyecto, ya sin crédito alguno, pasó a manos de la devaluada Nikkatsu, que se lo terminó confiando a la actriz Kinuyo Tanaka, quien tras su anterior película Koibumi (1953) se había convertido en la primera mujer directora de cine de Japón. Cuando asistió a su estreno a finales de 1954, Ozu no pareció sentirse decepcionado por la labor de su directora: *"la película es buena"*, evalúa escuetamente el director. Sin embargo, y a consecuencia de este conflicto, Ozu se desligará temporalmente de su compañía: *"A partir de ahora ya no estoy vinculado contractualmente con la Shochiku"*, escribirá en sus diarios[94].

No fue aquél el único conflicto que agitó la vida de Ozu, precisamente cuando el cineasta alcanzaba su cúspide profesional: a partir del día 27 de Junio de 1955, una emisoria local- la Tokyo Radio- emitió una versión radiofónica de Toda ke no kyodai (Los hermanos Toda), sin haber pedido ningún tipo de autorización para ello. *"Que hayan prescindido de mi permiso me pone furioso. Estoy firmemente decidido a comunicarles mi desaprobación"*, escribe Ozu en anotación del día 28 de Junio de este año[95]. Sus protestas surtieron efecto: a partir del día siguiente se suspendió aquella emisión fraudulenta. Cabe añadir que, durante aquellos conflictivos años de 1954 y 1955, Ozu no dirigió ninguna película, absorbido por los problemas derivados de aquel frustrado proyecto.

Desde entonces mantendrá un trato frecuente con Keiji Sada, un joven actor de Shochiku que se convirtió en una suerte de hijo adoptivo para Ozu, con quien colaborará, a partir de Higanbana (Flores de equinoccio, 1958) en distintos papeles, por lo general secundarios[96]. En Febrero de 1957, Keiji Sada se casó con Masuko Sugito, la secretaria de Ozu[97].

En 1956 escribió un artículo con motivo de la edición de las obras completas del maestro Ton Satomi[98]. Aquel año se produjo una grave pérdida para el mundo del cine: Kenji Mizoguchi agoniza, víctima de la leucemia. Yasujiro Ozu le visitó en repetidas ocasiones hasta su fallecimiento, que tuvo lugar un aciago 24 de Agosto de 1956. En sus funerales, organizados por el estudio Daiei en Aoyama, Ozu pronunció un discurso de despedida.

Al año siguiente Ozu rueda la que será su última película en blanco y negro: la sombría Tokyo boshoku (Crepúsculo en Tokio, 1957). Poco después, en 1958, filma Higanbana (Flores de equinoccio), su primera película en color. Todas las restantes películas de su catálogo (seis en total, incluyendo la anteriormente citada), serán realizadas en color. El cambio de película no alteró sustancialmente el reconocimiento crítico del que disfrutaba: Higanbana obtuvo la Medalla de Oro del concurso organizado por la ciudad de Tokio[99].

Tras aquellas Flores de equinoccio, filmó tres títulos que son otras tantas nuevas versiones de películas anteriores: Ohayo, (Buenos días, 1959) actualizaba muy libremente los conflictos entre padres e hijos de Umarete wa mita keredo (Nací, pero..., 1932); Ukigusa, (Hierbas flotantes, 1959), era a su vez una nueva versión de Ukigusa monogatari (Historia de hierbas flotantes, 1934); por su parte Akibiyori, (Otoño tardío, 1960), ofrecía una nueva variante de Banshun (Primavera precoz, 1949). No se pase por alto que dos de ellas, Ohayo y Ukigusa, fueron ambas realizadas en un mismo año: 1959, el único en que Ozu realiza dos películas desde 1936. Diríase que el cineasta, en el tramo final de su carrera, quisiera recuperar los temas y el ritmo de trabajo de antaño.

La agenda del cineasta permanece como se ve repleta de proyectos, algunos de los cuales no se pudieron materializar: tras la conclusión de Flores de equinoccio, y ya en 1958, nuestro cineasta se propuso filmar un guión titulado Daikon Yakusha (Un actor mediocre), adaptación de una novela de su admirado Ton Satomi. Buscando localizaciones donde filmarla, Ozu recorrió diversos puntos del norte del país. Sin embargo la falta de nieve, que Ozu juzgaba insdispensable para su película, forzó el aplazamiento del proyecto, que finalmente no pudo ser filmado. Tras finalizar con adelanto el rodaje de Buenos días, en 1959, y tras haber cumplido el compromiso contractual de rodar una película al año para la Shochiku, Ozu pudo atender la invitación que había recibido de Masaichi Nagata de rodar una película para su compañía . Tras presentar el guión de Daikon yakusha a la Daiei, recibió una respuesta afirmativa. Dicho proyecto, sometido a alteraciones, terminará dando origen a una nueva versión de Ukigusa monogatari, que había filmado en 1934, y que esta vez se llamaría sencillamente Ukigusa: Hierbas flotantes[100].

---

94 OZU, Yasujiro. *Antología de los diarios de Yasujiro Ozu* / edición a cargo de Núria Pujol y Antonio Santamarina. Valencia : Filmoteca de la Generalitat Valenciana (etc.), 2000, p. 164 y 170. Anotaciones de los días 7 y 8 de Septiembre y 9 de Diciembre de aquel año 1954.

95 Ibid., p. 189.

96 *Carnets*, p. 441, y *Diarios*, p. 191. Keiji Sada intervino, además de en Flores de equinoccio, en Buenos días, Otoño tardío y Tarde de otoño.

97 *Diarios*, p. 216, nota 19.

98 Carnets, p. 478. Anotación del día 30 de Enero de 1956.

99 Diarios, p. 221. Anotación del día 30 de Enero de 1959.

100 OZU, Yasujiro. *Carnets : 1933 -1963 : Edition intégrale.* Paris : Alive, 1996, p. 536.

Se trata, por tanto, del segundo largometraje realizado por Ozu para otra compañía, en esta ocasión la Daiei. El estudio puso a su disposición al gran operador Kazuo Miyagawa, que había realizado memorables trabajos para Mizoguchi y Kurosawa entre otros, y a las estrellas de la casa Machiko Kyo y Ayako Wakao. Además, para el papel protagonista (que había sido notablemente interpretado por Takeshi Sakamoto en la versión original), cuenta ahora con una estrella del Kabuki: Ganjiro Nakamura.

XVIII. 9. La gloria es la nada

Se suele decir que Ozu no recibió galardones internacionales, puesto que sus películas no salieron de Japón al considerarlas en su propio país *"demasiado japonesas"* y, por lo tanto, poco adecuadas para los paladares occidentales amantes de relatos exóticos. Sin embargo es preciso señalar una excepción poco conocida: en Octubre de 1958 el British Film Institute concedió por primera vez el Trofeo Sutherland, y la

Figura 131 **Figura 132**

Figura 131-133 Fotografías de rodaje

distinción recayó sobre Ozu y su Tokyo monogatari. El galardón reconocía al autor de *"la película más original e imaginativa proyectada en el National Film Theatre a lo largo del año"*. Se trata, por consiguiente, de un reconocimiento internacional que Ozu recibió en vida, hecho que es pasado por alto por la mayoría de los biógrafos occidentales del cineasta. Sabemos que Ozu se sintió complacido con el premio, con el que incluso se permitió ironizar: *"Bien, parece ser que hasta nuestros amigos bárbaros han comprendido, ¿verdad?"*.

Por si esto fuera poco, parece ser que la película llegó a inspirar poco después a un dramaturgo británico, Arnold Wesker, quien confesó: *"Fue a consecuencia de haber visto Cuentos de Tokio que tuve la idea de escribir el drama titulado Roots (Raíces). No me refiero a los contenidos, sino al ritmo lento en la progresión del drama"*[101].

Pese a aquella distinción, en una entrevista concedida a *Kinema Junpo* en 1959 Ozu confesaba tener pocas esperanzas en que el público occidental llegara a apreciar su trabajo: *"ellos no entienden, y por eso lo llaman zen, o cosas parecidas. Para ellos todo es enigmático"*. Y no sólo esto: según le confió a Atsuta, sostenía que sus películas no serían sino menudencias para los espectadores extranjeros[102]. Algo de profético tuvieron sus palabras si tenemos en cuenta otra experiencia internacional que, en vida del cineasta, tuvo una de sus películas: en Junio de 1962 Kohayagawa ke no aki (El otoño de los Kohayagawa) compitió en la sección oficial del Festival de Berlín, donde no obtuvo galardón alguno[103].

Por el contrario, en su país no cesó de recibir los máximos laureles, algunos de los cuales fueron concedidos por las máximas autoridades del país: el 15 de Noviembre de 1958, muy poco tiempo después de conseguir el Trofeo Sutherland, fue condecorado con la Banda Violeta: distinción al Mérito Nacional otorgada en nombre del Emperador[104]. En aquella ocasión nuestro

---

101 Noticias tomadas de: LI, H.C. "Ozu´s impact on America : Tokyo Story in New York, 1972". En: *Japan´s impact on the World* / edited by Alan Rix and Ross Mouer. Brisbane : Japanese Studies Association of Australia, 1984, p. 119. El autor de dicho informe ha obtenido la información a su vez de fuentes japonesas fiables: Tadao Sato, *Ozu Yasujiro no geijutsu*, y Shimogawara, *Ozu Yasujiro : hito to shigoto*.

102 BORDWELL, David. *Ozu and the poetics of Cinema.*. New Jersey : Princeton University Press, 1988, p. VIII.

103 Aquel año el jurado internacional, irónicamente presidido por King Vidor, uno de los cineastas preferidos de Ozu, concedió el Oso de Oro a Esa clase de amor (A kind of loving. John Schlesinger, 1962. Entre las películas allí presentadas figuraban títulos de envergadura, como Salvatore Giuliano (Francesco Rosi, 1962, Premio a la Mejor Dirección); Como en un espejo (Ingmar Bergman, 1961, Premio OCIC), y El Cabo atrapado (Jean Renoir, 1962), además de la excelente película de Ozu. La representación española corrió a cargo de Rovira Beleta y Los atracadores (1961). Fuente: The Internet Movie Database. En: http://uk.imdb.com

104 *Diarios*, p.216.

**Figura 134
Ozu recibe una distinción**

**Figura 135
El director juega con su madre**

**Figura 136
Yasujiro Ozu**

director compartió el galarón con su veterano colega Teinosuke Kinugasa.

Aquel reconocimiento fue uno de los más importante, de entre los muchos que recibió en el tramo final de su vida. Ningún cineasta japonés había recibido tantos, en su propio país, como Ozu. En diecisiete ocasiones alguna de sus películas había figurado en la lista de las diez mejores del año, seleccionada por la Revista *Kinema Junpo*. Y en seis de aquellas lides fue distinguido con su Número Uno. Nadie ha logrado, hasta la fecha, igualar aquella marca. Añádase que ningún director ha conquistado tres Números 1 consecutivos, hazaña lograda por Ozu en el periodo 1932- 1934[105].

---

105 Tadashi Imai ocupa la segunda posición en el palmarés *Kinema Junpo*, con cinco Números Uno. Akira Kurosawa , Keisuke Kinoshita y Shohei Imamura conquistaron tres Números Uno respectivamente. Y el gran Kenji Mizoguchi se alzó con dicho premio sólo en una ocasión (en 1936, por Gion no shimai: Las hermanas de Gion).
He aquí la relación de las principales distinciones obtenidas por Ozu en la revista *Kinema Junpo*:
- 1930: Ojôsan (La señorita): nº 3.
- 1931: Tokyo no korasu (El coro de Tokio): nº 3.
- 1932: Umarete wa mita keredo (Nací, pero...): nº 1.
- 1933: Dekigoroko (Corazón caprichoso): nº 1.
- 1934: Ukigusa monogatari (Historia de hierbas flotantes): nº 1.
- 1941: Toda-ke no kyodai (Los hermanos Toda): nº 1.
- 1942: Chichi ariki (Érase un padre): nº 2.
- 1947: Nagaya shinshiroku (Historia de un propietario): nº 4.
- 1948: Kaze no naka no mendori (Una gallina al viento): nº 7.

Pero además, durante tres temporadas consecutivas sus películas fueron distinguidas por la Sociedad Nacional de Artistas (en los años 1959, 1960 y 1961). El 1 de Diciembre de 1959, designado como *"Día del Cine"*, recibió el Premio Especial a la Contribución del Desarrollo del Arte Cinematográfico, en el Nikkatsu Club de Tokio[106]. Más tarde, en 1960, Ukigusa (Hierbas flotantes) recibió el Premio Mizoguchi, otorgado por el periódico *Sankei* en honor del gran cineasta fallecido. En esta ocasión recibió la nada desdeñable suma de 100.000 yenes[107]. Y no terminan aquí los reconocimientos: El 12 de Marzo de 1961 consiguió el Premio a la Mejor Dirección en el Festival de Cine Asiático.

Además los galardones no le llegan sólo a él, sino también a los miembros de su equipo: en Octubre de 1960 Kogo Noda, el báculo literario de Ozu con el que escribiera tantos guiones, también fue condecorado con la Banda Violeta: la Orden del Mérito Nacional concedida por el Emperador que, como se dijo, también había recibido el cineasta dos años atrás.

Pero posiblemente la distinción que le honrara más fuera una de las que recibiera en 1959: el 25 de Febrero de aquel año se le concedió el Premio de la Academia de las Artes[108]. De hecho, el galardón suponía la antesala de su ingreso como miembro de dicha Academia, lo que sucederá al cabo de tres años. Merced a tan señalados honores, recibió multitud de plácemes y de obsequios por parte de personalidades, compañeros y artistas, lo que le permitió disfrutar de una temporada de inusitada tranquilidad y optimismo. *"¿Habrá llegado ya la dulzura primaveral?"*, se pregunta[109].

Lamentablemente no tardaría en tener otros motivos de preocupación: nuestro cineasta concluyó aquel glorioso año con una aguda inflamación de garganta, que le provocó altas fiebres. Las molestias persistirán a lo largo de la siguiente temporada, anticipando el desarrollo de una grave dolencia. Las extenuantes sesiones de trabajo- tanto durante las escrituras de los guiones como durante los rodajes- terminaron por minar su salud. Sobre el estado de decrepitud física que sufre el artista, quien en estos momentos cuenta cincuenta y seis años, puede dar muestra esta anécdota recogida en su Diario, en anotación del día 5 de Mayo de 1960: *"He ido a ver*

- 1949: Banshun (Primavera tardía): nº 1.
- 1950: Munakata shimai (Las hermanas Munakata): nº 7.
- 1951: Bakushu (Principios del verano): nº 1.
- 1953: Tokyo monogatari (Cuentos de Tokio): nº 2.

106 *Diarios*. Anotación del día 1 de Diciembre de 1959, p. 241.

107 Ibid. Anotaciones de los días 20 y 30 de Enero de 1960, p. 244-245.

108 *Diarios*, p. 224.

109 Ibid. Anotación del día 9 de Marzo de 1959, p. 225.

los cerezos de la villa Chiyoda, que empiezan a florecer. Por el camino me he encontrado con una anciana que me ha dicho que tenía ochenta y un años. `Usted debe andar por los setenta, ¿no?´, me ha soltado. ¡Me he sentido humillado!"[110]. Ozu era consciente, sin duda, del progresivo deterioro de su salud. En la anotación del día 3 de Enero de 1959 había escrito, entre sus consabidas recomendaciones, las siguientes: *"¡Beber con moderación! ¡No trabajar demasiado! ¡Ni echarme demasiado la siesta! ¡Piensa que te queda poco tiempo que vivir!"*

Por lo demás, sus apuntes en los diarios no aluden a prácticamente ningún suceso político o relevante del país. Tampoco hacen comentarios sobre su posición política. Sabemos que también desde esta perspectiva Ozu era un espectador desencantado y escéptico, que no parecía comulgar con ningún credo que no fuera el literario o el cinematográfico. En su juventud no se adaptó a la disciplina castrense; y durante los años de posguerra tampoco comulgó con ninguna posición política. En la anotación del día 20 de Noviembre de 1960, leemos: *"Hoy elecciones generales aunque, como de costumbre, no he votado".*

El gran cineasta despidió aquel año, en sus diarios, con una lacónica sentencia: *"Treinta y cinco años de carrera: ¡treinta y cinco años de lento retiro!"* Y comienza el año nuevo con las siguientes recomendaciones: *"¡No beber demasiado, ni trabajar demasiado! ¡El tiempo está contado, no lo olvides! Beber equivale a un lento suicidio"*[111]. Sin embargo unas semanas después, el 7 de Febrero leemos: *"Me he quitado la dentadura postiza y me he puesto a beber sake. Una verdadera delicia".*

Debemos añadir a ambas la anotación del Miércoles 1 de Marzo: *"Mi salud no mejora. Me he tomado un frasco de sake, esta mañana, y me he puesto rojo escarlata. Me he abstenido de beber y no he hecho ninguna otra cosa. Por la noche sólo he tomado un frasco y medio y me he emborrachado enseguida"*[112].

Quizá estos hábitos, ciertamente nocivos para su salud, le sirvieran como estímulo para desempeñar una actividad intensa: el 15 de Mayo de 1961 fue reelegido presidente de la Asociación de Directores de Cine[113]. Aquel mismo año realizó, para la Toho, el tercero y último de los largometrajes que dirigiera al margen de la Shochiku:

Figura 137

Figura 138

Figura 137-139
Yasujiro Ozu

Kohayagawa ke no aki (El otoño de los Kohayagawa) que, como se recordará, fue presentada al año siguiente en el Festival de Cine de Berlín. Fue aquélla una película en la que la muerte terminaba por adueñarse de un relato impregnado de malos augurios. En Noviembre de 1962, finalmente, tuvo el honor de verse nombrado miembro de la Academia de las Artes y las Letras de Japón. Fue el primer cineasta japonés que consiguiera tal honor[114].

Las últimas películas de Ozu se pueblan de personajes ancianos, solitarios y borrachines, que ahogan su desilusión en cerveza, whisky y sake caliente, frecuentemente interpretados por Chishu Ryu o por Eijiro Tono. No es difícil encontrar correspondencias entre estos individuos abatidos y desencantados y el propio Ozu. Desde el final de la guerra el cineasta acostumbraba a reunirse con sus antiguos compañeros de armas; y muy particularmente para honrar anualmente la memoria de Sadao Yamanaka, que había fallecido en el campo de combate (anotaciones de los días 26 y 28 de Enero de 1963). Dichas reuniones solían mitigar la nostalgia con abundante efusión de licores.

Tanto en sus películas de los años 60 como en su vida personal, la sombra de la muerte planea sobre el director con insistencia. Fue por entonces cuando nuestro cineasta

---

110 Ibid., p. 251.

111 *Diarios.* Anotaciones de l os días 31 de Diciembre de 1960 y 1 de Enero de 1961, p. 271 y 273.

112 Ibid., p. 275 y 277.

113 Ibid., p. 282. Este mismo día, como recuerda Ozu en sus diarios, falleció Gary Cooper.

114 Ibid., p. 310 - 311 y 314 - 315.

sufrió un revés particularmente doloroso: el 2 de Febrero de 1962 recibió una llamada de su hermana, anunciándole que su madre sufre una enteritis. La dolencia no parecía grave, por lo que Ozu no la dio importancia y continuó con su trabajo. Sin embargo, dos días después, falleció la anciana. Por aquellos días el director preparaba el rodaje de la crepuscular Samma no aji (Tarde de otoño, 1962).

No deja de sorprender que la muerte de Asae sucediera en unas circunstancias muy parecidas a las que el propio Ozu había descrito en Tokyo monogatari: también en aquella ocasión la madre sufría un desfallecimiento; los hijos eran avisados por teléfono, si bien al principio se le restaba importancia al incidente. Sin embargo el estado de la anciana empeoró súbitamente, lo que terminó por precipitar su muerte. Por razones de trabajo, uno de los hijos no pudo llegar a tiempo de ver viva a su madre: tal como le sucederá al cineasta en esta ocasión[115]. Aquel amargo suceso le inspira el siguiente poema:

Aún luce la primavera en el interior del valle.
Nubes de cerezos en flor.
Pero aquí, para el ojo inerte es tarde de otoño.
Los cerezos son melancolía,
y el sabor del sake amarga las entrañas[116].

Aquel mismo año de 1962 filma Samma no aji (Tarde de otoño, también traducida por El sabor del sake): la película a la que alude el poema. Fue la última que dirigió, una suerte de compendio crepuscular de toda su filmografía. Sin embargo, y negándose a aceptar la decadencia física, continuó trabajando en un nuevo proyecto hasta el final de sus días.

Y esto pese a que las circunstancias laborales se enturbiaban: en Marzo de 1962 los trabajadores de la Shochiku se declararon en huelga debido al sistema de pensiones. Un mes más tarde, Ryuzo Otani fue nombrado presidente del estudio; y Shiro Kido vicepresidente. Al margen de dicha situación se produjo un contacto entre Ozu y el medio televisivo: durante aquellos días la NHK (*Nihon Hôso Kyôkai:* Compañía de Radio-Televisión Japonesa) había solicitado permiso para retransmitir por televisión Toda ke no kyodai, a lo que Ozu no puso reparos.

Al año siguiente, en 1963, escribió, en colaboración con Ton Satomi, un guión televisivo para la NHK : Seishun hokago (La juventud tras el colegio), por el que

recibió la considerable suma de 400.000 yenes. Gracias a su ahora desahogada situación económica, el cineasta pudo adquirir un terreno en Tateshina, donde tenía la intención de construir una casa nueva.

Desde hacía algunos meses Ozu volvía a sufrir agudas molestias en el cuello. Aunque no parecía darlas mucha importancia (*"tortícolis: ¡mal de viejos!"*), éstos pueden ser los indicios de la enfermedad que, en poco más de un año, segará su vida[117].

Desde principios de 1963, y en compañía del leal Kogo Noda, escribe en Tateshina el boceto de un nuevo guión: Daikon to Ninjin (Rábanos y zanahorias). Tiene además intención de sumar al equipo a su antiguo guionista de los años 30, Tadao Ikeda. La película debería estar protagonizada por un hombre enfermo de cáncer, cuya hija está a punto de contraer nupcias: una nueva variación en torno a los temas familiares que articulan toda su obra. Esta vez, sin embargo, se hubiera producido una interesante novedad: los protagonistas de la historia serían actores de poca monta, y la película debía ambientarse en el mundo del cine. No en vano el título alude a la expresión con la que Ozu se refería a los malos intérpretes.

Pero durante aquellos días sus fuerzas se debilitan, y se siente particularmente fatigado. En la anotación del día 3 de Abril de 1963 se lee: *"Cuando bebo sake, el cuello se me pone rígido"*. Y una semana después: *"Tsukiji, 512, Centro Nacional de tratamiento del cáncer, habitación individual nº 5"*. Ozu estaba condenado a sufrir la misma suerte que el protagonista de su último proyecto.

Tratando de atajar el mal, el 16 de Abril fue intervenido quirúrgicamente contra el tumor maligno que se le había formado en el cuello, tras lo cual recibió tratamiento a base de cobalto. El 1 de Julio abandona el hospital, después de sufrir ochenta y tres días de hospitalización. Tras regresar convaleciente a su casa de Kamakura, manifiesta sus deseos de volver a Tateshina, para continuar trabajando. Pero ya no sería posible: debido a una recaída, el 12 de Octubre fue ingresado en el hospital de Ochanomizu.

A tenor de los distintos testimonios que hemos recibido, sabemos que durante sus últimos días no perdió la lucidez, ni el sentido del humor nostálgico que impregna su obra. Durante la visita de Shiro Kido, el veterano estratega de la Shochiku, el convaleciente llega a comparar su situación con los típicos desenlaces de los melodramas de la compañía: *"Bien, señor presidente:*

---

115 Ibid. Anotaciones de los días 2 al 5 de Febrero de 1962, p. 300.

116 Citado en: RICHIE, Donald. *Ozu.* Berkeley (etc.) : University of California Press, 1974, p. 251.

117 *Diarios.* Anotaciones de los días 20, 24 y 26 de Marzo de 1962, p. 303.

llegamos al final del drama familiar, ¿no es así?"[118], postrera identificación de su propia vida con las historias que había llevado a la pantalla. También el joven cineasta Kiju Yoshida acudió a despedirse de Ozu quien, presa del delirio, le susurró dos veces: *"El cine es drama, no accidente"*: una frase enigmática en la que tal vez quiso resumir la esencia de su labor artística[119].

Asimismo conservamos las siguientes declaraciones de Yuharo Atsuta: *"Cuando fui a verle al hospital, me dijeron que se hallaba en estado crítico. De repente, me sentí desvanecer; sólo podía pensar que alguien nos lo estaba arrebatando justo delante de nuestros ojos. Cuando le vi la cara, y sin saber por qué, salí de la habitación y rompí a gritar '¡maldito seas!', como si aquel secuestrador se estuviera dando a la fuga"*[120].

Algunos años atrás el cineasta había escrito en sus diarios: *"toda gloria está condenada al polvo, a la nada; nada hay de eterno en este mundo"*[121]. Y así fue: Ozu murió, tras sufrir una penosa agonía, la mañana del 12 de Diciembre de 1963: justamente el día en que se celebraba su *kanreki*: la señalada celebración del sesenta aniversario[122]. Se cuenta que el actor Keiji Sada y su esposa no llegaron a tiempo de vestirlo con el *chan-chan-ko* (el traje ceremonial utilizado para tal ocasión). El diario del cineasta concluye con una escueta anotación, escrita precisamente este día: *"Mi cumpleaños"*[123].

La mañana en que Ozu expiró era clara y brillante, según recuerda Atsuta en sus diarios. Como claros y brillantes eran los amaneceres en que se producían las muertes en sus películas. *"Es extraño, pero no puedo recordar el día en que murió sin la luz de la mañana.*

Figura 140

**Figura 140-141
Ante la tumba de Ozu**

Creo que a él le hubiera gustado, y recuerdo que se sintió muy satisfecho con la iluminación en la que muere el padre en Chichi ariki"[124].

Después de su fallecimiento, Ozu continuó recibiendo honores póstumos, rendidos por la cadena de televisión NHK; por la Asociación de Escritores Cinematográficos e incluso por parte de la Familia Imperial Japonesa[125].

Al año siguiente su último proyecto, Daikon to Ninjin, fue filmado por Minoru Shibuya, con un estilo muy diferente del de Ozu. Poco tiempo después, en 1968, también fallecía Kogo Noda.

El cadáver de Yasujiro Ozu fue incinerado en el templo Engaku-ji, en Kita Kamakura, pueblo en el que vivió y donde se rodaron escenas de sus películas. En este mismo lugar se conservan sus cenizas. Muy cerca de él, en el mismo santuario, reposan los restos de una de sus actrices predilectas: Kinuyo Tanaka. Sobre la lápida del cineasta destaca un ideograma: *Mu*. La Nada.

---

118 Cita: BOCK, Audie. *Japanese Film Directors*. Tokyo ; New York : Kodansha International, 1990, p. 88.

119 YOSHIDA, Kiju. *Ozu's Anti-Cinema*. Ann Arbor : Center for Japanese Studies, University of Michigan, 2003, p. 2.

120 Citado en: ISHIBASHI, Kiyomi. "Qotes from Yuharu Atsuta". En: *OZU - Atsuta : From behind the camera : A new look at the world of director Yasujiro Ozu : Based on private materials of the late Yuharu Atsuta* / edited by Ken Sakamura and Shigehiko Hasumi. Tokyo : The Tokyo University Digital Museum, 1998, p. 111.

121 En anotación del día 4 de Enero de 1952, en: OZU, Yasujiro. *Antología de los diarios de Yasujiro Ozu* / edición a cargo de Núria Pujol y Antonio Santamarina . Valencia : Filmoteca de la Generalitat Valenciana (etc.), 2000, p. 121.

122 No deja de sorprender el recuerdo de una de sus películas, Toda ke no kyodai (Los hermanos Toda, 1941). En aquel largometraje, filmado en 1941, el anciano protagonista fallecía precisamente el día en que celebraba su sesenta cumpleaños: Una extraña premonición de la que, fatídicamente, habría de ser la suerte del propio cineasta, quien identificó su vida con su obra hasta el fin.

123 Ozu escribía determinadas notas con algunos días de anterioridad, para usarlas como agenda o recordatorio. De este modo, aparecen aún dos anotaciones fechadas después de su fallecimiento: en la del día 22 de Diciembre escribió *"Solsticio de invierno"*, y el 30 de Diciembre *"Luna llena"*.
Véase: OZU, Yasujiro. *Carnets : 1933 -1963 : Edition intégrale*. Paris : Alive, 1996, p. 785.

124 Citado en: ISHIBASHI, Kiyomi. "Qotes from Yuharu Atsuta". En: *OZU - Atsuta : From behind the camera : A new look at the world of director Yasujiro Ozu : Based on private materials of the late Yuharu Atsuta* / edited by Ken Sakamura and Shigehiko Hasumi. Tokyo : The Tokyo University Digital Museum, 1998, p. 11.

125 BORDWELL, David. *Ozu and the poetics of Cinema*. New Jersey : Princeton University Press, 1988, p. 6.

XVIII. FILMÉ, PERO...

Noriko. Kami ningyô realizada por Miko Misono

XIX. EN EL ORTO DEL CINE

"Puesto que somos japoneses, deberíamos hacer cosas japonesas."
Yasujiro Ozu [1]

XIX. 1. *Camera-Ban* : El guardián de la cámara

Aunque el cine de Ozu se desarrolla en unos contornos muy delimitados, su estilo se somete a un constante replanteamiento y a una leve, aunque reconocible, evolución. Cada una de sus películas, y en especial sus títulos más señalados, parece ser un compendio de experiencias anteriores, y al tiempo un anticipo de otras por venir. Aunque se aparta de rasgos comunes impuestos por el cine de Hollywood, y asimilados a lo largo de las más dispares cinematografías, el cine de Ozu mantiene sus propios principios de forma coherente y regular. Es discretamente subversivo con respecto a la norma exterior; pero también es decididamente respetuoso con el canon que se ha autoimpuesto. Lo que no impide que, en el curso de una carrera forjada en el continuo replanteamiento sobre un terreno reducido, se produzcan en ocasiones notables anomalías. Sin embargo las excepciones, por muy llamativas que sean- como las que veremos en Principios del verano o en El sabor del arroz con té verde-, tienden siempre a integrarse en un marco normalizado. El estilo de Ozu, formado a lo largo de sus primeros años como cineasta, observará sus propias normas, con escasas variaciones, a lo largo de toda su carrera.

Esto es posible porque su arte brota de una reflexión personal sobre el lenguaje del cine, que el cineasta mantuvo a lo largo de toda su carrera. A medida que desarrolla su canon, éste aspira a adecuarse al relato, y no a romper con él. Así lo reconoce en el curso de una entrevista: *"cuando era joven me interesaba bastante por la técnica cinematográfica. Organizaba una escena de una deteminada manera, y la siguiente de otra manera. Hoy, por el contrario, me sirvo de técnicas que todo el mundo comprende"* [2]. No se trata, por tanto, de practicar un cine subversivo o revolucionario; de buscar alternativas a los modelos establecidos. Antes bien Ozu se limita, de manera discreta y silenciosa, a crear su propio sistema, las reglas de su estilo exclusivo: unas reglas concebidas sólo para su propio cine, sin afán alguno de proselitismo. Ozu crea normas para sí, y las respeta, en general, de manera escrupulosa. Su canon tiende a la uniformidad; y aunque haya alteraciones a sus propias normas, éstas son ciertamente excepcionales. De hecho las excepciones de Ozu son tan discretas como lo es toda su obra. Y como se refieren a recursos abundantemente utilizados por cineastas de todo el mundo, pasan fácilmente desapercibidos. En el curso de los comentarios tendremos ocasión de advertir situaciones anómalas, incluso en obras de plenitud. Así, advertiremos planos detalle, como la la mano del padre que pela la manzana al final de Primavera Tardía; los exuberantes movimientos en trávelin de Primavera tardía y de Principios de verano, entre ellos el movimiento de grúa de esta última y el trávelin sobre la montaña del final; en Primavera tardía reconoceremos un movimiento en panorámica, y en El sabor del arroz con té verde serán frecuentes los trávelin por interiores, que asimismo se repetirán en Bakushu, película en la que dichos movimientos incluso juegan con falsos puntos de vista. Incluso los planos subjetivos de Días de juventud, de Caminad con optimismo, o de Historia de un vecindario son anomalías que no dejarán de sorprender por su vistosa singularidad.

En todo caso, el estilo de Ozu está plenamente formado a partir de Banshun, y las situaciones anómalas parten de un temple experimental que se mantiene hasta su último trabajo: en Samma no aji llegaremos a encontrar un insólito ejemplo de diálogo en fuera de campo. Hasta entonces, su obra va sufriendo experimentación y transformaciones, propias del artista que constantemente se interroga sobre su arte y sobre su propia identidad creadora.

Conservamos testimonios que nos dan fe de lo escrupuloso que se mostraba durante el rodaje: revisaba personalmente cada toma; disponía a los personajes y a los objetos dentro del cuadro de manera meticulosa. Revisaba a través del visor cómo quedaba el encuadre, y una vez decidido éste, no permitía a nadie que tocase la

---

[1] "A talk with Ozu". En: SCHRADER, Leonard. "Yasujiro Ozu : 1903 - 1963". En : *The Masters of Japanese Film*. Berkeley, California : Pacific Film Archive, ca.. 1980, p. 198.

[2] IIDA, Shinby ; IWASAKI, Akira. "Entrevista com Yasujiro Ozu" En: *OZU : o extraordinario cineasta do cotidiano*. (Sao Paulo) : Marco Zero ; Cinemateca Brasileira ; Aliança Cultural Brasil-Japao, 1990, p. 158.

cámara: era una norma sagrada en su método de trabajo. Hasta el punto que Atsuta, irónicamente, aseguraba que Ozu no era *"cameraman"*, sino *"camera-ban"* : el guardián de la cámara[3].

El control férreo afectaba a todo el proceso de producción, desde la escritura del libreto hasta las labores de montaje y de incorporación de la banda sonora. Como recuerdan los miembros de su equipo, el director se ocupaba personalmente de las selecciones de exteriores, y controlaba escrupulosamente la construcción de los decorados. Los diarios de Ozu dejan constancia de que el cineasta dibujaba, antes de los rodajes, minuciosas indicaciones y bocetos o *story-board* en los que representaba todos los planos que posteriormente habrían de ser filmados[4]. Posteriormente calculaba el minutaje de cada plano, que siempre era sometido al escrutinio del cronómetro. Más tarde verificaba la duración de las tomas durante su visionado previo al montaje. Y, a lo largo del mismo, daba instrucciones muy estrictas al montador sobre la duración que debía tener cada corte[5]. Ozu fue desarrollando y puliendo, a lo largo de los años, su propio canon. De este modo dominó un repertorio reducido de técnicas que hacen del suyo un arte sumamente sofisticado y complejo.

Con su primer operador, Hideo Mohara, utilizaba lentes de 50 y de 70 mm. Pero con Yuharu Atsuta normalizó su estilo utilizando exclusivamente las lentes de 50mm., que era la internacionalmente estandarizada durante el periodo mudo. En vano se empeñó el bueno de Atsuta en convencerle para que utilizase otro tipo de lentes de mayor amplitud focal. A Ozu no le agradaban por considerar que distorsionaban el movimiento en profundidad. Sin usar nunca grandes angulares, y gracias al uso de las arquitecturas domésticas y a la disposición de los personajes en el cuadro, Ozu conseguía singulares efectos de composición y de profundidad de campo, como se verá en el capítulo dedicado a los espacios interiores.

Con frecuencia se ha calificado a Ozu como autor minimalista; sin embargo coincidimos con Michael Grost, cuando destaca que en sus películas el mundo cotidiano es descrito con precisión y con detalles de fino hilado. Las tramas de Ozu, por otra parte, son más densas y ricas de lo que habitualmente se dice; y los personajes poseen una vida propia que les hacen superar la condición del arquetipo[6]. Es cierto que Ozu depuraba su arte con el ánimo de lograr un canon lo más bello posible, utilizando para ello los menos recursos. La acción se ve reducida a los mínimos elementos; los diálogos son lacónicos, y se filman siempre en campo, filmando a quien los pronuncia hasta el momento en que emite la última sílaba. El ritmo transcurre sin sobresaltos. No se juega con momentos climáticos, y prácticamente todas las experiencias referidas transcurren con similar énfasis. No se construyen centros de atención preferentes, hacia los que converjan las restantes escenas. Incluso, como se verá, se recurre con insistencia al uso de imágenes desprovistas de cualquier función narrativa. En cierta ocasión citó un *sutra*: *"la forma no es nada más que vacío, y el vacío no es nada más que forma"*[7]. Y aunque no sea preciso buscar en tales declaraciones extravíos místicos, lo cierto es que dicho aforismo se corresponde con el característico ascetismo de su estilo, en el que la reducción de la acción y el movimiento aspiran a conquistar la esencia misma de su arte, al despojarla de todo lo accesorio.

Las películas de Ozu, en efecto, depuran no sólo la forma, sino también el contenido. Y aunque a menudo las películas de Ozu desarrollan una acción más densa y compleja de lo que se suele reconocer, ésta se ve desprovista de toda excepcionalidad pues la esencia de su arte, de existir, debe hallarse en terrenos próximos y reconocibles. *"Las películas con argumentos obvios me aburren,* -aseguró el cineasta-. *Naturalmente, una película debe tener una estructura, ya que de lo contrario no sería una película. Pero me parece que no es buena si tiene demasiado drama o demasiada acción"*[8]. Fruto de esta actitud, Ozu desarrolló un estilo singular, que no contaba con parentescos próximos ni siquiera en Japón, donde su estilo cinematográfico podía contar con la aprobación o el desacuerdo, pero desde luego nunca con la imitación. Ozu no sentó escuela, aunque sí despertaría admiración. Su estilo tan singular comienza y acaba en él mismo. Cedamos la palabra a David Bordwell: *"Modestas en sus recursos, pero extraordinariamente precisas en resultados, las películas de Ozu son al tiempo obras divertidas, emocionalmente poderosas y artísticamente experimentales. Pone a prueba a sus personajes,*

---

3 BORDWELL, David. *Ozu and the poetics of Cinema.* New Jersey : Princeton University Press, 1988, p. 75.

4 OZU, Yasujiro. *Carnets : 1933 -1963 : Edition intégrale.* Paris : Alive, 1996, p. 12.

5 BORDWELL, David. *Ozu and the poetics of Cinema.* New Jersey : Princeton University Press, 1988, p. 74 - 75.

6 GROST, Michael. "The Films of Yasujiro Ozu : Late Spring. An Autumn Afternoon".
En: Classic Film and Television Home Page. En: http://members.aol.com/MG4273/ozu.html

7 Cita: BORDWELL, David. *Ozu and the poetics of Cinema.* New Jersey : Princeton University Press, 1988, p. 83.

8 Cita: ANDERSON, Joseph L. and RICHIE, Donald. *The Japanese Film : Art and Industry.* Princeton : University Press, 1982, p. 360.

su medio, su público y a sí mismo. Sus películas demuestran cuán rico puede ser un género y una estrella cinematográficos adecuadamente conducidos; al mismo tiempo descubren un vasto panorama de posibilidades puramente cinematográficas. No recuerdo ningún otro cineasta que haya estado más próximo de la perfección" [9].

Aunque su estilo sea extraordinariamente refinado, sería erróneo reducir el cine de Ozu a la práctica de unas fórmulas magistrales, como algunos estudiosos han hecho, entre otros el propio Bordwell. Es tentador dejarse llevar por formalismos a la hora de abordar el estudio dada la singularidad de un cineasta cuyo estilo es revolucionario al evitar todo efecto[10]. La evolución de su cine, en efecto, supone un camino de renuncia, en el que se llega a prescindir de algunos elementos de uso corriente en el lenguaje cinematográfico institucionalizado, como los fundidos y encadenados. Otros recursos, como los movimientos de cámara, son limitados a un uso muy esporádico. Aunque éstos son más abundantes de lo que a menudo se dice, lo cierto es que se reserva su utilización a momentos particulares, y siempre se ven limitados a una variabilidad reducida. Así, desde fecha temprana se suprimen las panorámicas -de las que hallaremos con todo algunos ejemplos-; y los desplazamientos en trávelin, como veremos, obedecen a una normalización igualmente rigurosa; y aún serán proscritos en sus últimas películas. Más que cineasta ascético, Bordwell considera a Ozu un virtuoso que se desenvuelve ampliamente en una reducida gama de posibilidades[11]. La depuración estilística le permite concentrarse en la composición, extraordinariamente cuidada, y en el tratamiento de personajes y espacios, así como sus interrelaciones. Atendiendo a este fin, la altura baja de la cámara permite a la figura humana ocupar las parcelas correspondientes de cada plano, para así guardar una estrecha convivencia visual con su campo cinematográfico: los personajes se integran armoniosamente en su espacio, pues forman parte inherente del mismo. Sabemos que, a fin de no desentonar entre sí, el director exigía de los actores interpretaciones asimismo uniformes. De esta manera, si en alguna ocasión uno de los actores se imponía sobre otro, escogía otra toma en la que la actuación de ambos estuviera a la par, aun cuando estuviera peor interpretada que la primera. La anécdota ilustra elocuentemente el afán uniformador del cineasta.

En su novela *Hay quien prefiere ortigas* Junichiro Tanizaki se pronuncia a propósito de la normalización creativa: *"Hay quien sostiene que la "uniformidad" o la "esquematización" son en el arte signos de decadencia; pero en el arte popular como -para citar un ejemplo- el de las marionetas, ¿no debe quizá su misma existencia, en último caso, a su forma definitiva e inmutable?"* [12]. En un párrafo posterior, en aquella misma página, Tanizaki asegura que antes de la llegada del cine, *"las marionetas ocupaban con ventaja su lugar"*. La observación que hace el gran escritor japonés para el teatro Bunraku, arte normalizado e irreal pese a arraigar en historias reconocibles, puede ser válida para el arte normalizado y riguroso de Ozu, cuyo cine asimismo brota de la realidad para transformarla poéticamente.

El uso de una serie de recursos regularmente empleados, y a los que nos referiremos en las siguientes páginas- estatismo, ángulo bajo, sobreencuadre de los personajes, planos de transición- establece un patrón rigurosamente respetado, lo que permite normalizar visualmente las películas. Es difícil justificar las razones que impulsaron a Ozu a desarrollar y pulir un canon tan escrupuloso y tan depurado. Como asegura Ian Buruma, *"el pensamiento consciente es considerado un impedimento en el camino hacia la perfección. Un maestro japonés nunca explica nada. La cuestión por la que uno hace algo es irrelevante. Es la forma lo que cuenta"* [13].

Pese a ser considerado paradigma de cineasta japonés, su cine propone una revisión sumamente estilizada del género japonés por excelencia, y en particular el más característico de la Shochiku: el *homu dorama*: el melodrama doméstico. La forma en que Ozu representa el universo familiar, reconocible por todos los espectadores, es tan estilizada que a menudo se antoja irreal. Como observa Mitsuhiro Yoshimoto, *"todo parece innatural en el cine de Ozu: los personajes se comportan y actúan de un modo peculiar; su forma de hablar también está lejos de ser natural. La atención rigurosa prestada a aspectos compositivos, en particular el uso que se hace del color y de las estructuras geométricas, arremete contra la realidad, hasta el punto de imponer los*

---

9 BORDWELL, David. "A modest extravagance : four looks at Ozu". En: *Ozu Yasujiro : 100 th. Anniversary*. Hong Kong International Film Festival (27th. 2003). Hong Kong : The Arts Development Council ; The Japan Foundation (etc.), 2003, p 17.

10 SCHRADER, Leonard ; NAKAMURA, Haruji. "Ozu Spectrum". *Cinema* (Beverly Hills), 1970, v.6, nº 1, p. 2

11 BORDWELL, David. "Ozu Yasujiro". En : *International Dictionary of Films and Filmmakers* / Nicholas Thomas (ed. lit.). Chicago and London : St. James Press, 1991. V. 2 : Directors, p. 623.

12 TANIZAKI, Junichiro. *Hay quien prefiere las ortigas*. Barcelona : Círculo de Lectores, 2001, p.163.

13 BURUMA, Ian. *Behind the Mak : On sexual demons, sacred mothers, transvestites, gangsters, drifters and other Japanese cultural heroes*. New York : Pantheon, 1984, p. 71.

artificios visuales sobre la propia narratividad" [14].

De este modo, a menudo se imponen las prioridades espaciales, compositivas o rítmicas sobre las meras consideraciones argumentales. Pero, en cualquier caso, éstas nunca se verán violentadas. Esto sí, la acción se mantiene a una cierta distancia; se respeta una actitud contemplativa, más que participativa. El cine de Ozu no exige la identificación del espectador; antes bien se le invita a que observe y medite sobre circunstancias que le son próximas, aunque sean representadas mediante una forma estilizada que se distancia de lo que es habitual. En este sentido, recursos como el de la discontinuidad de las miradas, o el uso regular de los planos vacíos, contribuyen a separar sutilmente al espectador de la acción; a impedirle una implicación emotiva, para facilitarle la opción de establecer una conveniente distancia sobre la acción representada, con lo que al mismo tiempo se le invita a adoptar una posición más activa sobre cuanto se ha expuesto. Dicha actitud coincide, en efecto, con planteamientos rupturistas, propios de cineastas que desafían al modelo establecido. Este no era el propósito de Ozu, pero eso no elude las concomitancias. Setsuko, la mayor de Las hermanas Munakata, asegura: "Ser mode*rno significa no envejecer jamás. Las cosas que son realmente modernas nunca envejecen, por mucho que pase el tiempo*". He aquí una definición válida tanto para modernidad como para clasicismo, y que se corresponde adecuadamente con la clásica modernidad de Yasujiro Ozu.

---

14 YOSHIMOTO, Mitsuhiro. "Melodrama, postmodernism and Japanese Cinema". *East-West Film Journal*, 1991, v. 5 nº 1, p. 43 - 44.

Noriko. Kami ningyô realizada por Miko Misono

XX. EL ARTE MENOR DE UN GRAN CINEASTA

"Me he consagrado a la práctica de artes menores."
Yasujiro Ozu [1]

Comenzamos en 1927. El año en que Ozu inicia su carrera presenta una etapa de gran efervescencia artística y técnica: el cine mudo vive sus últimos estertores en un momento en que, paradójicamente, goza de absoluta plenitud creativa. En particular se trata de un estadio en que la cinematografía japonesa comienza a desarrollarse plenamente. Las primeras películas que realizó el joven cineasta duraban entre 60 y 75 minutos. La más larga de todas ellas es, precisamente, la primera de las conservadas: Días de juventud, que rebasa los 100 minutos. Todas ellas fueron además rodadas en muy poco tiempo: muchas de ellas en torno a una semana (cuatro días duró el rodaje de Tokkan kozo; ocho el de Shukujo to hige), lo que permite dispensar sus defectos, pero también apreciar su espontaneidad. En efecto, se trataba de trabajos que carecían de particulares pretensiones: meros productos comerciales realizados por un joven oficial, cuyo destino sería completar una sesión compuesta por varias películas.

La mayor parte de las películas mudas de Ozu -así como las de los restantes cineastas de su generación- no volverían a ser exhibidas tras los días de su estreno. Fueron almacenadas en condiciones no siempre adecuadas; muchas se perdieron, y así siguieron olvidadas hasta bien entrados los 60, cuando la Filmoteca Japonesa comenzó su actividad. El cine mudo japonés, y el de Ozu en particular, no fue objeto de interés ni de estudio hasta entonces. A partir de los años 70 sus películas mudas fueron siendo rescatadas y estudiadas; y desde entonces se han podido recuperar total o parcialmente algunos nuevos títulos. La revisión de aquellas películas permitió descubrir un nuevo Ozu, en estado de formación, bien alejado del cineasta conocido tras Primavera tardía (1949): un cineasta suelto, ágil, experimentador. Que bebe con avidez de las admiradas fuentes americanas, y de las que se irá distanciando conforme desarrolle su propio canon. Un Ozu que practica distintos géneros, y que explora con juvenil curiosidad los extensos parajes que le ofrece el nuevo arte.

XX. 1. Menos es más

Paul Schrader alertó sobre una contradicción en los estudios que Donald Richie venía realizando sobre nuestro cineasta: En su artículo *"The syntax of his films"* Richie asegura que Ozu no es un artista intuitivo, sino un consumado artesano para quien *"el cine no es expresión, sino función"* [2]. Por otro lado, en *"Japanese Movies"* asegura que su aproximación a la realidad *"es más intuitiva que analítica"*. En una carta el propio Richie procura resolver una contradicción más aparente que real: *"Ozu fue un artesano que siempre rodó sus películas del mismo modo. Nunca varió la manera de filmar su cine, ni siquiera varió su largo y doloroso proceso de montaje. Esto significa que fue, ante todo, un artesano. Pero no creo que él pensara alguna vez en lo que significaba todo esto y, en ese sentido, lo considero intuitivo. Hizo lo que le apetecía. Ozu podía hablar contigo durante horas sobre un tipo de lente de un cierto color, pero si le preguntabas por el significado de algo que estuviese detrás de la idea que él presentaba, entonces se quedaba callado. No le interesaba. El Yo interior de Ozu estaba ahí para que todos lo viésemos, pero el mostrarlo no era una de sus preocupaciones"*.

En opinión de Schrader, la aparente solución paradójica de Richie es inevitable, ya que *"la intuición de Ozu no es intuitiva: sus instintos fueron, por el contrario, formalistas"* [3].

¿Fue Ozu un cineasta realista, o por el contrario incurrió su arte en el formalismo? Creemos que la respuesta asimismo se desliza por ambas vertientes: si bien su obra parte de una realidad concreta, verosímil y fácilmente reconocible por cualquier espectador, lo cierto es que Ozu manipula los espacios, los ritmos y las situaciones y los personajes, hasta crear una

---

[1] Cita: BORDWELL, David. *Ozu and the poetics of Cinema.* New Jersey : Princeton University Press, 1988, p. 161.

[2] Paul Schrader cita el siguiente artículo: RICHIE, Donald. "Yasujiro Ozu : the syntax of his films". *Film Quarterly,* 1963, Winter, v. 17, n. 2, p. 11 - 16.

[3] SCHRADER, Paul. *El estilo trascendental en el cine : Ozu, Bresson, Dreyer /* trad. y prólogo: Breixo Viejo Viñas. Madrid : JC, D.L. 1999, p. 46 - 47.

realidad poética muy distanciada de aquella que le sirve de soporte. Ozu es testigo y cronista de la sociedad en la que le tocó vivir; pero al tiempo la transforma artísticamente por medio de unos recursos estéticos sofisticados y personales, que procuraremos reconocer en las páginas siguientes.

Parece claro, por tanto, que *"las formas cinematográficas y las formas sociales no son alternativa en el mundo de Ozu, sino extremos opuestos de una misma moneda; hasta el punto que sería imposible aludir a una sin hacerlo de la otra"* [4].

A lo largo de una filmografía abundante y fecunda Ozu fue capaz de lograr la uniformidad estética, merced a un sistema de representación que le fue propio, que desarrolló a lo largo de un reflexivo proceso de maduración, y que mantuvo con escasas variaciones hasta el final de su dilatada carrera. De este modo fue capaz de crear un cine sujeto a sus propias reglas, que se van creando y puliendo conforme se desarrolla su método. Y lo hizo con obstinación, en el transcurso de toda una vida, ajeno a modas o a imperativos comerciales que no fueran los impuestos por el estudio. Como reconoce nuestro cineasta: *"si me detengo un poco a mirar en mí mismo, ¡descubro una faceta curiosamente testaruda!"* [5].

Ozu es un artista de ascendencia visual, poco dado a explicar con palabras. Pertenece a esa reducida estirpe de cineastas que utilizan el cine no sólo como oficio, sino como instrumento para interrogarse sobre la propia naturaleza del arte que tan consumadamente practican. El crítico argentino Quintín supo resumirlo acertadamente mediante un doble enunciado: *"Ozu crea teoría cuando filma: plantea problemas, crea formas. Y, a su vez, el espectador hace teoría cuando ve el cine de Ozu: resuelve los problemas, recrea las formas"* [6]. Lo que coincide con las declaraciones del propio cineasta: *"No creo que el cine tenga una gramática. No creo que el cine tenga nada más que una forma. Si se consigue hacer una buena película, entonces esa película ha creado su propia gramática"*. Y también: *"en principio sigo la moda general en asuntos ordinarios, y las leyes morales en asuntos serios; pero en arte sólo me sigo a mí mismo. Por consiguiente, nunca haré nada que no quiera hacer. Incluso si algo es innatural, lo haré siempre que me guste. No me enorgullezco de esto, y sé que no es del todo razonable; sin embargo, así es. De aquí viene mi individualidad, y esto es lo más importante para mí"* [7].

En suma, Ozu no se opone a ningún sistema narrativo. Se forma viendo cine americano; aprende y conoce bien el sistema dominante para, a continuación, ignorarlo. No pretende establecer ningún método alternativo; no hay voluntad guerrillera ni francotiradora. Ozu no se subleva; sencillamente ignora y desarrolla un sistema propio. El cine de Ozu emerge de una serie de peculiaridades que le tornan insólito dentro del cine japonés primero, y del mundial después. Hasta tal punto es insólito, que no falta quien pone en duda el conocido tópico de su japonesidad. A tal fin cabe recordar el juicio de su discípulo, el cineasta Masahiro Shinoda: *"Seguir un único principio hasta sus últimas consecuencias de este modo es algo que no me parece muy específicamente japonés. Por esta razón para mí Ozu es más bien un director muy poco japonés"* [8].

Así, y aunque *"sus películas se caracterizan por el rigor, por la abstención, la preocupación por la brevedad y por la economía del lenguaje y la aspiración a captar la esencia de la contención"* [9], el estilo de Ozu no pasa desapercibido; no tiene la vocación de invisibilidad que sí tiene el cine clásico de Hollywood. Su arte depurado alcanza unos extremos de refinamiento inéditos en la historia del cine. *"Menos es más"* era la esencia del arte de Ozu, según resume Charles Michener [10].

Sin embargo Ozu se enfrentó con el riesgo de incurrir en formalismos que podrían hacer zozobrar la espontaneidad de su cine. Así queda de manifiesto en la siguiente reflexión de Ryunosuke Akutagawa, anotada en sus Diarios, de la que se apropia el propio cineasta: *"lo peligroso en sí no es la técnica, ¡sino el virtuosismo malicioso que se utiliza y que puede enmascarar la ligereza!"* [11].

---

4 ROSENBAUM, Jonathan. "Is Ozu slow?". En: http://www.sensesofcinema.com/contents/00/4ozu.html

5 OZU, Yasujiro. *Antología de los diarios de Yasujiro Ozu* / edición a cargo de Núria Pujol y Antonio Santamarina. Valencia : Filmoteca de la Generalitat Valenciana (etc.), 2000, p. 140. Anotación del día 7 de Enero de 1953.

6 QUINTÍN. " Ozu en su tinta". *El amante cine* (Buenos Aires), 1993, año 3, nº 22, p. 24.

7 Citan: RICHIE, Donald. *Ozu*. Berkeley (etc.) : University of California Press, 1974, p. 188 y 189, y
HASUMI, Shigehiko. *Yasujiro Ozu*. Paris : Cahiers du Cinema, 1998, p. 124.

8 Cita: BORDWELL, David. *Ozu and the poetics of Cinema*. New Jersey : Princeton University Press, 1988, p. 79. Masahiro Shinoda fue ayudante de dirección de Ozu en Tokyo Boshoku (Crepúsculo en Tokio, 1958).

9 SCHRADER, Paul. *El estilo trascendental en el cine : Ozu, Bresson, Dreyer*. Madrid : JC, D.L. 1999, p. 41, a partir de escritos de Donald Richie.

10 MICHENER, Charles. "A masterpiece from Japan". *Newsweek*, 1972, March 27, p. 48. Reproducido en: *OZU´ s Tokyo Story* / edited by David Desser. Cambridge : University Press, 1997, p. 157. *"Menos es más"* es, por otra parte, el núcleo del ideario artístico concebido por el gran arquitecto alemán Mies Van der Rohe, admirador al cabo de la estética japonesa.

11 Anotación del día Sábado, 10 de Diciembre de 1960, en: OZU, Yasujiro. *Antología de los diarios de Yasujiro Ozu* / edición a cargo de Núria Pujol y Antonio Santamarina. Valencia : Filmoteca de la Generalitat Valenciana (etc.), 2000, p. 270.

Mucho tiempo atrás, en una anotación del día 23 de Abril de 1933, cuando su estilo está próximo a su formación, se lee: *"Discusión sobre técnica cinematográfica con Noda. A saber: eliminar los planos demasiado sofisticados. ¡Corten! Recurrir en lo posible a las elipsis temporales. ¡Corten! En definitiva, ¡quedarte en tu sitio, es decir, cerca de la cámara cuando eres el director! ¡Tengo muchos progresos que hacer al respecto!"*

Pocos días después, en anotación del 15 de Mayo de aquel mismo año, Ozu reconoce haber tenido que claudicar a las exigencias comerciales de la Shochiku, y haber tenido que aceptar proyectos ajenos que él califica como *"bastardos"*, y que le impiden alcanzar el ideal de excelencia artística que perseguirá obsesivamente a lo largo de toda su carrera. El cineasta se desahoga con las siguientes palabras: *"¡El purismo se defiende en el terreno personal! En cuanto al resto, ¡acepta, pues, lo "bastardo"! ¡Comprométete!"*[12].

El compromiso. Aquel estilo severo, pero al mismo tiempo suave, que desarrolló el cineasta a lo largo de su carrera, quedaba impregnado por una lánguida nostalgia y una delicadeza artística que se imponía sobre el rigor formal. Y pese a dicha voluntad ascética, el espectador advierte de inmediato cuán elaboradas son sus composiciones, de la misma forma que no le pasan desapercibidas sus estructuras cerradas, los continuos juegos de correspondencias visuales y narrativas.

Puesto que, en efecto, no sólo las películas se construyen de manera cíclica; otro tanto sucede con las escenas y las secuencias que conforman la película, construidas de manera cerrada. Son muy frecuentes las correspondencias entre las escenas, lo que es nota común desde los comienzos mismos de su carrera. Ya Días de juventud era construida simétricamente, contrastando el principio y el final, como veremos. Pero además determinadas escenas fueron concebidas apelando a similares planteamientos simétricos, como sucede en el episodio que transcurre en el refugio de montaña, que será comentado a su debido tiempo.

También Me gradué, pero... responde a la misma construcción cíclica: comienza con un estudiante que acude a pedir trabajo en una oficina, y concluye en el mismo sitio, de manera parabólica, para ilustrar la ganada madurez del personaje. Otro tanto sucede en Tokkan Kozo, el pilluelo: en la primera escena el niño es secuestrado. Al final será devuelto por el bandido al mismo lugar, para escarmiento de su osado raptor.

Tendremos ocasión de comprobar que, en correspondencia con dichas estructuras circulares, también son frecuentes las disposiciones en círculo, o los movimientos circulares de los personajes. Por ejemplo, en Días de juventud cobran singular importancia dos carteles de diseño circular. Uno de ellos está compuesto por distintos radios, cada uno de los cuales representa su respectivo topónimo norteamericano. Dicho motivo, además, se repetirá en otra película de Ozu: Me gradué, pero..., en alusión al sueño americano, una de las fascinaciones del joven Ozu.

El segundo póster con motivo circular que aparecía en Wakaki hi es el del célebre melodrama de Frank Borzage The Seventh Heaven, que guarda un franco contraste con el anterior: al cabo representan, respectivamente, el cielo y la tierra. Pero, como se comprobará a través de las figuras nº 465 y nº 466, ambos comparten la circularidad en sus diseños.

También en Me gradué, pero... encontraremos otro motivo similar: el estudiante desempleado se va al parque a jugar al balón (un objeto esférico) con unos niños con quienes se dispone en círculo (véase la figura nº 551). Pero además aparece la misma figura radial que reconocimos en la película anterior (véase la figura nº 552).

Aludiendo a la circularidad de los relatos, incluso las actividades lúdicas que se practican en determinados momentos giran en torno a un círculo: en Días de juventud los estudiantes cantan y bailan en círculo, manifestando su jovial fraternidad. También Tokkan kozo, el pilluelo, da varias vueltas en torno a una juguetería, tras ser secuestrado, en compañía de su captor. En Caminad con optimismo el gangster redimido juega con una rueda; da vueltas alrededor de la misma, y llega a meterse en su interior.

En Suspendí, pero... los estudiantes se entregan al juego para combatir el tedio. Aquellos *charming sinners* prefieren confiar su destino al azar, por lo que en vez de estudiar, juegan a la ruleta con un tocadiscos y con un disco marcado. Poco antes de participar en el juego del tocadiscos, el estudiante Saito también movía circularmente su monedero. La asociación de los discos con el juego de la fortuna volverá a repetirse en La mujer proscrita.

También la familia de El coro de Tokio, tras derrotar a la enfermedad de la niña, forma un círculo para jugar dando palmadas conforme a un ritmo regular. Dicho juego anticipa el coro final, en el que todos cantan, por descontado formando un círculo, cierta canción que alude a los ciclos de la vida. El goloso y hambriento hermano pequeño de Nací, pero... da vueltas alrededor

---
12 Ibid., p. 20 - 21.

de las bolas de arroz- alimento a su vez redondo, y presentado sobre un plato circular-, con avidez. Por su parte en La mujer proscrita el hermano descarriado de la gentil Kazuko gira sobre sí mismo, lo que hace en distintas ocasiones: tras su ingreso en la hermandad de *yotomono;* tras abandonar la tienda de discos- nueva referencia circular, como se vio-, y al entrar en casa: un gesto juguetón que se repetirá, muchos años después, en Las hermanas Munakata (1950). En esta película Mariko da varias vueltas en torno al mojón de un templo, antes de reunirse con su hermana. La escena del templo será repetida, aunque con distintos personajes, al final de la película, confirmando la disposición circular del relato que supone la propia vida. El gesto pueril que supone dar vueltas sobre sí mismo, compartido por distintos personajes, delata por otra parte su común naturaleza inmadura.

Además de la circularidad, muchos de estos relatos señalan su preferencia por la concentración espacial y temporal: la mayor parte de las películas transcurren a lo largo de unos pocos días, y dentro de unos límites espaciales muy determinados. El ejemplo más claro nos lo depararía La esposa de noche, cuya acción se limita a las pocas horas que llevan desde el crepúsculo hasta el amanecer, y cuya acción se concentra casi en su totalidad en el apartamento donde malvive la familia protagonista. Las restantes películas asimismo suelen comprender unos pocos días (dos, en el caso de La mujer de Tokio), y en la mayor parte de los casos limitan su acción a un escaso número de espacios.

Los guiones que construye Noda se distinguen por su capacidad de concentración, por su delicado sentido del recoveco, en el que conviven las acciones principales con las secundarias[13]. La narración se presenta de forma lineal, sin recuerdos, ni sueños o fantasías de los personajes. También las estructuras se organizan de manera simétrica, apuntaladas mediante continuas interrelaciones entre escenas. Se produce de este modo una correspondencia entre la estructura general de la película, y la estructura específica de las secuencias: ambas comparten una misma circularidad, que las lleva a comenzar y a terminar en un mismo punto. Multitud de escenas recurrentes se repiten en la misma película, o bien en otras[14]. Son frecuentes las estructuras duales, a partir de la contraposición entre personajes: tradicionales y modernos; sumisos y rebeldes; leales o desleales con sus progenitores.

Respondiendo a la simetría y a las estructuras cerradas con que se construyen los guiones, es frecuente que el cineasta organice las tramas de sus películas en dos partes vivamente contrastadas: en Días de juventud la primera mitad transcurre en la ciudad; la segunda en la montaña. Otro tanto sucede en Caminad con optimismo: la primera parte trata de un delincuente; la segunda de su redención. Algo parecido encontraremos en La esposa de noche: el prólogo presenta un atraco; el resto de la película muestra las razones del atracador, y su deseo de rehabilitar la honra. Me gradué, pero... contrasta el antes y el después del suspenso del protagonista, del mismo modo que La mujer y la barba diferencia la vida del barbudo protagonista antes y después de afeitarse. Tanto El coro de Tokio como Nací, pero... comienzan como sendas comedias sobre estudiantes y niños para derivar hacia densos dramas sociales y familiares. Es también el caso de la progresivamente sombría ¿Dónde están los sueños de juventud?

Muchos de estos casos parten del descubrimiento repentino de una realidad que, hasta el momento, permanecía oculta al entendimiento de los personajes. Es ésta una fórmula que se aplica sobre las películas de padres e hijos: El coro de Tokio, Corazón vagabundo y, especialmente, en Nací pero... . No se debe pasar por alto que la fórmula del descubrimiento repentino es asimismo habitual en las gakusei-mono, desde Días de juventud hasta ¿Dónde están los sueños de juventud?, pasando por Me gradué, pero..., La mujer y la barba y Suspendí, pero... . Similares ejemplos se hallarán en las películas criminales protagonizadas por delincuentes de poca monta, como veremos al examinar los ejemplos de Caminad con optimismo y La esposa de noche.

XX. 2. Reconocimiento del terreno

El estilo de Ozu se muestra completamente distinto del que desarrolló otro gran pionero japonés, Mizoguchi, quien basó su cine en tomas prolongadas, ausencia de primeros planos y sofisticados movimientos de cámara que desembocan en composiciones estáticas. Ambos coinciden, sin embargo, en elaborar sendas propuestas alternativas a los modelos occidentales.

En efecto, al igual que el gran director de Taki no shiraito (El hilo blanco de la catarata, 1933) y de Orizuru Osen (Osen, de las cigüeñas, 1935), desde edad temprana también Ozu mostró su voluntad de experimentar con el lenguaje cinematográfico; de buscar soluciones alternativas a los cineastas que tanto admira. Fruto de su afán experimentador, pero también

---

13 MASSON, Alain. "Sept films d´Ozu". *Positif,* 1996, Juin, nº 424, p. 62 - 64.

14 Puede verse una relación de algunas de ellas en: BORDWELL, David. *Ozu and the poetics of Cinema.* New Jersey : Princeton University Press, 1988, p. 62.

de su propia frescura artística, el cine mudo de Ozu se presenta más vivaz que sus películas de madurez, que en cambio ganan en profundidad y en perfección. Las películas mudas son más espontáneas; desarrollan un mayor sentido del humor. No son simple antesala de las futuras obras maestras: su singularidad hace de muchas de ellas auténticas joyas equiparables a sus películas más conocidas.

Según David Bordwell, el cine de Ozu durante los años 30 se caracteriza por alternar tres tendencias simultáneas:

1. - Adherencia al clasicismo, tanto al de Hollywood como al de Japón. Sus películas reposan sobre unidades básicas de composición narrativa. Respetan las normas convencionales de la construcción estilística por medio de encuadres centrados, y sobre todo por la continuidad en las miradas, las acciones y las transiciones.

2. - Una tendencia al cine decorativista (en el que la función estética prima sobre la narrativa o de caracterización), que será común a muchos de sus colegas de la época. Particularmente Ozu era muy consciente sobre las posibilidades orgánicas de enlazar o puntuar las escenas por medio de recursos ajenos a los convencionales fundidos y encadenados, como veremos en otro parágrafo.

3. - Sin embargo Ozu va más lejos al llevar las posibilidades decorativas de las películas dentro de un único sistema paramétrico. El modelo de escenificación, composición y montaje tiende a depurarse, rebasando el concepto de cine decorativo, tal como lo entiende el propio Bordwell[15].

De acuerdo con esta progresión, desde principios de los años 30 Ozu se va liberando de ataduras. Las composiciones se geometrizan; los movimientos se depuran, particularmente las panorámicas. Asimismo, desde principios de los 30 Ozu empieza a integrar regularmente las naturalezas muertas: los planos intermedios.

Entre 1931 y 1936, en que comenzó su producción sonora, Ozu cultivó diversos géneros, como se verá. Pero al mismo tiempo se trataba de mantener una cierta uniformidad de estilo. La ubicuidad y experimentación son, empero, patrones propios del artista que aún no ha afianzado su propia identidad. Además, y como apunta Kristin Thompson, el espacio cobra desde las películas mudas un protagonismo y una autonomía sobre el flujo narrativo verdaderamente poco común. La investigadora norteamericana asegura con contundencia que las primeras películas conservadas de Ozu son ya películas plenamente reconocibles de su director. Poco importa que su estilo se aplique a géneros que no volverán a ser utilizados en los años de madurez, como son la comedia estudiantil o el cine de gangsters. Por medio de estas películas, Ozu exploraba el espacio cinematográfico, y daba forma a su peculiar estilo artístico[16].

Los primeros años de Ozu, y particularmente sus películas conservadas entre 1929 y 1931, son trabajos de reconocimiento: prospecciones de un lenguaje que el director aspira a dominar. Sólo cuando este dominio se logra, cabe emprender la búsqueda de un estilo propio. Es cierto que buena parte de los rasgos y señas características del futuro estilo de Ozu se encuentran ya en estas primeras películas, si bien en estado todavía embrionario. Así por ejemplo desde principios de los 30 se comienza a imponer el ángulo bajo, y frontal, cuyo uso tornará a sistematizarse en los años siguientes. Pero además estos años asisten al uso y perfeccionamiento de otras técnicas que serán habituales en nuestro cineasta. Es el caso de los planos inanimados, o de los ejercicios de planificación en torno a los personajes sin recurrir al movimiento de cámara. Asimismo la ruptura con las normas de continuidad convencionales, o el sobreencuadre de personajes a partir de elementos del decorado, comienzan a ser señas regulares en las obras de Ozu desde estos mismos años. De manera más específica la iluminación muy contrastada, a base de claroscuros, resultaba particularmente adecuada para las películas de gangsters, o para los melodramas domésticos, que con frecuencia transcurrían en ambientes sórdidos (La esposa de noche; La mujer de Tokio; Una mujer fuera de la ley).

Todos estos elementos conviven con otros que Ozu asimismo utiliza, pero que se verán depurados conforme su estilo madure: es el caso de los movimientos de cámara, tanto en trávelin como en panorámica, que en ocasiones se presentan muy sofisticados (Caminad con optimismo, La esposa de la noche) o muy dinámicos (Días de juventud). Esta película supone un punto de partida de numerosos recursos y situaciones recurrentes en Ozu, toda vez que es su primera película conservada. Pero es al mismo tiempo su ejemplo más inusual y extravagante. Abundan en ella recursos y situaciones que no volverán a presentarse, o que tenderán a verse reducidos a su mínima expresión en los próximos años.

En ella, en efecto, encontramos un repertorio extremo de rasgos ajenos a Ozu: entre ellos encadenados,

---

15 BORDWELL, David. " A Cinema of flourishes : Japanese decorative of the Prewar Era". En: *REFRAMING Japanese Cinema : Authorship, Genre, History* / Arthur Nolletti Jr. and David Desser (ed.) Bloomington, Indianapolis : Indiana University Press, 1992, p. 343.

16 THOMPSON, Kristin. "Notes on the Spacial System of Ozu´s Early Films". *Wide Angle,* 1977, v. 1, nº 4, 1977, p. 15.

multitud de fundidos en negro que separan las escenas, ... y hasta un fundido en blanco orgánico a partir del paraje nevado en que transcurre parte de la acción. Los movimientos de cámara son frecuentes, tanto en trávelin como en panorámica. Incluso aparecen varias tomas subjetivas-encontraremos más en otras películas de Ozu, aunque nunca tan pronunciadas como en ésta-, encuadres oblícuos y algún ejemplo de cámara desencadenada, siguiendo el descenso de un esquiador por una pronunciada pendiente (véanse las figuras nº 483 - 485). Se trata sin duda de un ejemplo tan temprano como insólito en la obra de Ozu.

Es de apreciar que muchos de los rasgos de estilo que practica Ozu durante sus primeros años no son patrimonio exclusivo suyo. Tal como aprecia Freda Freiberg, algunas películas de Hiroshi Inagaki que han llegado a nuestros días, como Mabuta no haha (La memoria de una madre, 1931) asimismo emplean recursos que son habituales en Ozu, si bien no lo hace de manera tan sistemática como hará nuestro cineasta. Así, en aquella película será frecuente el uso del plano / contraplano, y tomas inanimadas que propician transiciones: entre éstos cabe destacar los planos estáticos dedicados a teteras, tan habituales en Ozu[17].

En ocasiones los personajes son encuadrados tan bajos, que no se les llega a ver enteros: sólo alcanzamos a distinguir las piernas. Para que se les vea la cara se deben agachar o sentarse, tal como sucede cuando Shinji regresa al hogar con el patinete, tras verse despedido, en El coro de Tokio. Sin embargo la posición baja de la cámara, nota común desde las primeras películas conservadas de Ozu, también era un recurso habitual de Sadao Yamanaka, un importante cineasta con quien Ozu coincidió durante el servicio militar. Aquel malogrado cineasta se refería a la *"cámara a la altura del ojo de un perro"*, con la que buscaba efectos estéticos novedosos, y un sello artístico distintivo. Pero además Yamanaka también era aficionado a encuadrar dentro del cuadro. Yuharu Atsuta, operador habitual de Ozu a partir de 1941, considera que se trata de una posición muy adecuada para apropiarse del estilo de vida japonés, en el que la gente se sienta, come y duerme en el suelo. *"Hace falta ser oriental para colocar la cámara tan baja"*, aseguró el operador habitual de Ozu, para quien, forzado a trabajar siempre a escasos centímetros del suelo, las exigencias compositivas del cineasta llegaron a constituir un suplicio físico[18].

Tanto en interiores como en exteriores Ozu juega con líneas horizontales y verticales que se entrecruzan. En el interior vienen determinadas por las puertas y las ventanas; por las celdillas que forman el entramado de las puertas corredizas. Incluso en el exterior se produce este efecto, debido a la verticalidad de los postes, edificios y chimeneas, y la horizontalidad de los cables, tendales, vías del tren y caminos.

Además los personajes procuran integrarse dentro de la composición general del cuadro, dentro de la estructura casi reticular que forman las líneas verticales y horizontales de las arquitecturas japonesas. De este modo al cuadro cinematográfico natural se subordinan numerosos cuadros delimitados por la peculiar arquitectura japonesa. Las líneas horizontales y verticales que producen el *tatami* y las puertas corredizas se empeñan en delimitar a los personajes, al tiempo que fraccionan el cuadro principal en numerosas celdillas. Dentro de tales estructuras reticulares los personajes se ven sobreencuadrados dentro del cuadro, un efecto que también comenzó a ser explotado desde las primeras películas conservadas de Ozu.

De este modo el cineasta desarrolló un modelo de composición geométrica, sumamente estilizada, aunque pretende parecer natural. Y que forma parte del paisaje estético japonés, a partir de su propia arquitectura, tal como destaca Roland Barthes: *"Si los adornos, los objetos, los rostros, los jardines y los textos, si las cosas y las maneras japonesas nos parecen pequeñas (nuestra mitología exalta lo grande, lo ancho, lo abierto), no es por razones de talla, sino al contrario, es fruto de que todo objeto, todo gesto, incluso el más libre, el más móvil, parece enmarcado"*[19].

Muchos de los rasgos formales de Ozu podrían entenderse como mecanismos distanciadores, encaminados a evitar los efectos hipnóticos, de implicación del espectador sobre la narración. Sus libertades con el *raccord* y con las líneas de continuidad, la ausencia de signos de puntuación, los espacios vacíos, la geometrización del espacio y las construcciones simétricas podrían apuntar en este sentido. No en vano este cineasta, acusado de tradicionalismo en su propio país, es visto como ejemplo de modernidad en Occidente.

También el teatro japonés clásico -*Nô, Kabuki,*

---

17 FREIBERG, Freda. "Comprehensive connections: The film industry, the theatre and the state in the early Japanese Cinema". *Screening the Past,* 2000, issue 11.
Disponible en Internet, en: http://www.latrobe.edu.au/www/screeningthe past/

18 En: "SUR l'Art du Réalisateur". En: *INTRODUCTION à Yasujiro Ozu* / Une documentation coordonnée par Jean-Pierre Brossard. Locarno : 32eme. Festival International du Film, 1979, p. 83.

19 BARTHES, Roland. *El Imperio de los Signos*. Madrid : Mondadori, 1991, p. 62.

Bunraku-, tiende a guardar la distancia con el espectador. Otro tanto hacen otros grandes clásicos del cine japonés, como Mizoguchi, quien niega la fragmentación espacial propia del montaje clásico mediante tomas prolongadas y distanciadas de los actores, quienes a veces llegaban a dar la espalda al espectador, evitando los primeros planos y eludiendo que el espectador se situase en el cruce de las miradas de los personajes[20].

XX. 3. *"Yo no soy un director dinámico"*

Entre 1932-1933 Ozu limitará el uso de los movimientos de cámara. Lo hace, además, en el momento en que su estilo empieza a consolidarse, y alcanza su madurez como artista: entre El coro de Tokio, Nací, pero... (1932) y Corazón vagabundo (1933). La paulatina reducción de los movimientos coincide con la sistemática organización del cuadro en unidades geométricas, en torno a las cuales se articula la composición[21].

La depuración progresiva obedece a un voluntario deseo de simplificación, para lograr atrapar la esencia cinematográfica por medio de los mínimos recursos. En cierta ocasión se le preguntó: *"¿No ha utilizado usted nunca el fundido encadenado?"*, a lo que dio como respuesta: *" ¡Claro que sí! Y también la panorámica. Pero hace casi veinticinco años que no lo utilizo"*.

A continuación da sus razones, si bien no nos parecen demasiado elocuentes: así, dice que no utiliza los movimientos de cámara porque asegura carecer del material adecuado: *"Filmo desde muy bajo, y no tengo una cámara que pueda moverse a semejante altura. Además, no quiero que el público perciba los movimientos de cámara. Cuando hago uno, quiero que pase desapercibido. Y además, los fundidos disminuyen la calidad de la imagen"*. El movimiento de cámara, como se verá, es para Ozu un recurso artificial, no un medio creativo auténtico[22].

Pese a lo cual alguno de sus títulos iniciales aparece pródigo en movimientos en el interior, como sucedió en La esposa de noche, a la sazón un ejercicio de estilo. En esta película se producen numerosos desplazamientos de cámara en el interior de la casa, y rapidísimos trávelin de avance hacia la puerta, cuando llega el policía. Sin embargo se trata de un caso excepcional, puesto que en adelante los movimientos se depuran particularmente en las escenas rodadas en interiores, con notables excepciones que estudiaremos en los capítulos dedicados a Los hermanos Toda, Principios del verano, El sabor del arroz con té verde y Primavera precoz.

La ausencia de movimientos persigue mantener estable el cuadro, y éste es un principio fundamental en el cine de Ozu: la inmutabilidad de la composición. Ésta no debe ser alterada, ni aun cuando se produzca un movimiento de cámara. No se debe alterar el orden del cuadro, y así lo recuerda el operador Yuharu Atsuta: *"Ozu aseguraba que el trávelin echaba a perder las composiciones. Sólo lo aceptaba si el desplazamiento se efectuaba sin cambiar la posición de los personajes en la imagen. Si había un personaje moviéndose, había que organizar el trávelin de modo que conservase la misma posición. No aceptaba trucos ni efectos de la técnica"*[23].

En suma, se trata de integrar el movimiento dentro de los cánones compositivos del cineasta. El desplazamiento de cámara y actores no debe nunca alterar un orden preconcebido. Por esta razón es preferible utilizar el trávelin de avance, o mejor de retroceso, siguiendo a los personajes a una distancia predeterminada, y siempre próxima, sincronizando la velocidad de la cámara con la de los actores, quienes debían aun contar los pasos, ajustando exactamente su desplazamiento al de la cámara. Así el movimiento debe ser común, orgánico y homogéneo, de tal modo que actores, cámara y decorados queden integrados en un único plano, que no debe sufrir sobresalto alguno en la composición. De este modo se persigue filmar tomas en movimiento, pero de tal manera que se ajusten lo más posible a las estáticas, evitando contrastes abruptos entre las unas y las otras.

Este es, según observa Tadao Sato, el secreto de la fórmula de Ozu: observar la inmutabilidad compositiva dentro de un clima tranquilo; hacer convivir la rigidez formal, restrictiva y hierática, con la apariencia tranquila, cotidiana, espontánea en que aparentan discurrir sus dramas. Cuando Ozu es capaz de reconciliar esta fórmula paradójica, según apostilla el crítico japonés, la obra del cineasta brilla a un nivel que no admite rivalidades; mas cuando no se cumple, llega a incurrir en el formalismo[24].

Comprobaremos en el estudio filmográfico que Ozu practica movimientos de cámara, y en ocasiones virtuosos, durante los años 30, y aún a principios de los 50. Pero éstos se vieron gradualmente reducidos, hasta

---

20 Véase: SANTOS, Antonio. *Kenji Mizoguchi*. Madrid : Cátedra, 1993, p. 78 - 96.

21 *OZU : o extraordinario cineasta do cotidiano*. (Sao Paulo) : Marco Zero ; Cinemateca Brasileira ; Aliança Cultural Brasil-Japao, 1990, p. 75 - 76.

22 Declaraciones recogidas en: "Entrevista con Ozu". *Contracampo*, 1980, nº 13, p. 41- 42.

23 "SUR 1 'Art du Réalisateur". En: *INTRODUCTION à Yasujiro Ozu / Une documentation coordonnée par Jean-Pierre Brossard*. Locarno : 32eme. Festival International du Film, 1979, p. 84.

24 SATO, Tadao. "O estilo de Yasujiro Ozu". En: *OZU : o extraordinario cineasta do cotidiano*. (Sao Paulo) : Marco Zero ; Cinemateca Brasileira ; Aliança Cultural Brasil-Japao, 1990, p. 66 - 67.

ser literalmente inexistentes en las últimas obras. Su uso se reserva, tras la guerra, a determinadas escenas que se ven destacadas por dichos movimientos. Y aunque en las películas mudas los trávelin son relativamente frecuentes, no lo son así las panorámicas[25]. De éstas encontraremos ejemplos en las primeras películas conservadas: Días de juventud comienza y termina con sendas panorámicas sobre Tokio; la marcha hacia el refugio asimismo se resume mediante solemnes panorámicas sobre la nieve. Algunas escenas cómicas cuentan con la complicidad visual de la panorámica (véanse las figuras nº 487- 488). También las encontramos en Me gradué, pero... , y en Suspendí, pero... , combinada con trávelin de retroceso (véase la figura nº 661). En esta última película se produce una hermosa panorámica por medio de la cual se enlazan las copas de los árboles con los estudiantes aprobados que, exultantes, celebran su triunfo enfundados en sus trajes civiles: unos y otros se hallan en el apogeo de su edad adulta.

También con efectos cómicos se usa la panorámica en La bella y la barba, provocando un efecto sorpresa mediante la intrusión de un elemento proveniente de fuera de campo: la mano del justiciero que detiene a la ladrona (véase la figura nº 747). Este mismo recurso ya había sido utilizado para la captura del estudiante copión en Días de juventud (véase la figura nº 473). Aun después de la guerra distinguiremos algún ejemplo aislado de movimiento en panorámica, como sucederá en una escena de la canónica Primavera tardía (1949).

Son asimismo raros los movimientos en vertical. En Días de juventud, su primera película conservada, nos encontramos un ejemplo: el trávelin de descenso desde la chimenea hasta la estufa del refugio de montaña (véanse las figuras nº 493- 494). Pero se trata de casos excepcionalmente utilizados, que desembocarán en el sorprendente movimiento de grúa de Principios del verano (1951). También los trávelin prefieren ser horizontales, de seguimiento de los personajes, como los que aparecen en El coro de Tokio, en Nací, pero... o en Un albergue en Tokio (1935).

Por el contrario, con alguna frecuencia comienza la película con la cámara en movimiento. Así sucedía en Días de juventud, iniciada mediante un movimiento en panorámica sobre la ciudad. Como veremos con detenimiento, también Caminad con optimismo arranca con un desplazamiento de cámara muy sofisticado. En otras ocasiones, como en La mujer de Tokio, el movimiento de cámara inicial se limita a establecer correspondencias entre dos planos inanimados.

Pero más expresivos son los trávelin sobre grupos de estudiantes en el campus. Esto sucedía en Suspendí, pero... , y en ¿Dónde están los sueños de juventud?, dos *gakusei-mono* que arrancan con sendos movimientos de cámara sobre los estudiantes. En el segundo caso, éstos asisten a una sesión de canto y danza ejecutada por sus compañeros, mientras que en el primero aguardan ansiosos el momento de comenzar sus exámenes (véase la figura nº 649).

Otro tanto encontramos en La mujer y la barba, en el que la película comenzaba con la cámara recorriendo un auditorio, que esta vez asiste a un combate de kendo (véase la figura nº 734). En Corazón vagabundo la cámara efectuará un movimiento de cámara homólogo, según comienza la película, a través del auditorio que asiste a una sesión de *Naniwa-bushi*.

Del mismo modo algunas escenas comienzan con planos en movimiento sobre objetos que definen los espacios: recuérdense los movimientos semicirculares sobre las mesas plagadas de objetos en La mujer proscrita, o los trávelin de avance (sobre los exvotos), y de retroceso (sobre el poster de la pensión, o sobre el camarote del barco) en Corazón vagabundo. Algunos de estos planos son repetidos en momentos cruciales de la acción, para constatar el comienzo de una nueva secuencia que se desarrolla a partir de la anterior. Este sería el caso del trávelin de retroceso sobre el póster de la mujer y la botella de sake en la misma Corazón vagabundo.

La quietud camerística de Ozu no quiebra las posibilidades del cine, sino que las concede un nuevo sentido. Como reconoce Tadao Sato: *"Se dice que el cine es un arte del movimiento. Y aunque los grandes movimientos y las secuencias dinámicas hayan sido suprimidas en las películas de Ozu, éstas nunca son una mera colección de fotografías estáticas o de frías imágenes geométricas. Muy por el contrario, y a consecuencia de esta extrema supresión, o acaso a pesar de la misma, los espectadores se concentran más en cada movimiento que allí aparece"* [26].

Ozu, por su parte, conocía perfectamente los límites en los que se desenvolvía, y que condicionaban tanto su trabajo como el de los actores y de todo el equipo técnico. Creó su estilo, al que depuró de todo lo accesorio, tratando de dar con la esencia cinematográfica: un ideal al que se aferró con convicción. En cierta ocasión reconoció: *"Yo no soy un director dinámico, como Akira Kurosawa"* [27].

---

25 RICHIE, Donald. *Ozu*. Berkeley (etc.) : University of California Press, 1974, p. 105.

26 SATO, Tadao. *Currents in Japanese Cinema*. New York : Kodansha International, 1982, p. 192.

27 Cita: SATO, Tadao. Ibid., p. 192.

XX. 4. La cámara pausada

La cámara de Ozu tiende a permanecer estática desde los primeros ejemplos conservados de su filmografía, si bien este rasgo se fue acentuando a lo largo de su evolución como cineasta. Como tendremos ocasión de comprobar, las primeras películas de Ozu desplazaban la cámara con regularidad, aunque siempre limitando el movimiento a escenas destacadas. El uso se fue restringiendo, hasta llegar a hacerse excepcional: en Cuentos de Tokio sólo aparecen dos movimientos, en el punto central de la película. Antes aún de la llegada del color, a partir de Crepúsculo en Tokio (1957), la última película de Ozu en blanco y negro, el movimiento de cámara quedó definitivamente proscrito para no alterar las composiciones y las distribuciones cromáticas. Con la excepción de un ligerísimo desplazamiento orgánico a bordo de un barco, al principio de Hierbas flotantes, no se encuentra ni un solo movimiento de cámara en las últimas siete películas de Ozu.

Las restricciones en el movimiento de cámara están relacionadas con el cuidado escrupuloso que Ozu pone en las composiciones: cada personaje, cada objeto, cada elemento del cuadro está colocado con tanta exactitud, que cualquier desplazamiento del cuadro podría perjudicar los cuidadosos encuadres. Por esta razón, incluso cuando la cámara se mueve lo hace con tanta delicadeza que hasta el movimiento pasa desapercibido; se sigue a los personajes a la misma velocidad, sin alterar el cuadro, para que la composición se vea lo menos modificada posible, pese al desplazamiento de cámara y de actores. Por esto cuando tales casos se producen, se limitan prácticamente tan solo al trávelin de seguimiento. Las panorámicas se usaron poco, y tan sólo en el periodo mudo, en las primeras películas conservadas, si bien encontraremos su uso esporádico hasta en la canónica Primavera tardía (1949). Por lo demás, Ozu rechaza los movimientos de cámara funcionales, que sirven para corregir los encuadres, o para seguir los desplazamientos de los personajes. La imagen debía corresponderse escrupulosamente con la planificación que él había diseñado. De hecho, asegura rechazar los movimientos *"por no poder dibujarlos"*. Y en consecuencia, si se hacía un movimiento debía ajustarse con exactitud al cuadro que había diseñado[28].

Los movimientos de Ozu son siempre parcos; nunca se erigen en protagonistas, ni pretenden hacer ningún alarde de virtuosismo. Son filmados desde un ángulo

Figura 142

Figura 142-143
Primavera tardía

bajo, y se hallan sincronizados con los desplazamientos de los actores. Son casi siempre tan discretos y silenciosos, que casi parecen querer pasar inadvertidos. Precisamente Ozu justifica su renuncia al movimiento debido a su costumbre de filmar en un ángulo tan bajo que resultaba difícil articular los trabajos con la cámara[29].

El estilo riguroso de Ozu, que renuncia a atributos tan específicamente cinematográficos como es el movimiento de cámara, causó que en algunas ocasiones el arte de Ozu fuera tachado de *"anti cine"*[30]. El director se justifica argumentando que el movimiento es atributo de la cámara, pero no del cine[31]. Sin embargo no es cierto que renunciara a los movimientos de cámara, más abundantes de lo que se supone, si bien se reserva su uso a momentos particulares; además, éstos se ven siempre reducidos a una variabilidad reducida[32]. Al principio de su carrera Ozu movía la cámara, y lo hacía con un virtuosismo que no desapareció del todo en años posteriores. Es cierto que algunas de sus películas de los 40 son particularmente parcas en movimientos: en Érase un padre no hay más trávelin que los que se producen desde el tren que conduce al padre y al hijo

---

28 "DIÁLOGO sobre el método de trabajo de Ozu". *Contracampo*, 1980, Junio, nº 13, p. 43-49.

29 RICHIE, Donald. *Ozu*. Berkeley (etc.) : University of California Press, 1974, p. 113.

30 SATO, Tadao. "O estilo de Yasujiro Ozu". En: *OZU : o extraordinario cineasta do cotidiano*. (Sao Paulo) : Marco Zero ; Cinemateca Brasileira ; Aliança Cultural Brasil-Japao, 1990, p. 81.
Véase además: YOSHIDA, Kiju. *Ozu's Anti-Cinema*. Ann Arbor : Center for Japanese Studies, University of Michigan, 2003.

31 RICHIE, Donald. *Japanese Cinema : An introduction*. Hong Kong; New York (etc.) : Oxford University Press, 1990, p. 29.

32 BORDWELL, David. "Ozu Yasujiro". En : *International Dictionary of Films and Filmmakers* / Nicholas Thomas (ed. lit.). Chicago and London : St. James Press, 1991. V. 2 : Directors, p. 623.

Figura 144

**Figura 144-145
Primavera precoz**

**Figura 146
La esposa de noche**

**Figura 147
El coro de Tokio**

**Figura 148
Nací, pero..**

hacia el lejano hogar natal. En Historia de un vecindario encontraremos dos trávelin de avance. El segundo es notable, puesto que se trata de una nueva toma subjetiva, desde el punto de vista de la anciana que en vano trata de zafarse del niño abandonado.

La restricción en su uso hasta llegar a la supresión es un proceso personalmente asumido: una decantación artística. Por esto mismo la actividad camerística se reserva a determinados momentos que se ven precisamente enfatizados por los efectos dinámicos; y a tenor de los resultados, es justo añadir que Ozu era un auténtico maestro en el uso del movimiento de cámara. En sus manos, el desplazamiento se resuelve de una manera singularmente elegante, oportuna y ante todo discreta: la cámara se desplaza a la misma velocidad que los personajes, procurando evitar que la composición sufra alteraciones. Los movimientos no son sólo escasos, sino que además se evita toda acción brusca o prolongada. Y no sólo nos referimos a los ejercicios de la cámara: también la actividad de los actores debía ser pausada y contenida, para evitar que quebrasen sus composiciones tan rigurosamente concebidas.

Una de las normas más habituales en los movimientos de Ozu es que éstos son dobles. Por lo general comienza con un trávelin de seguimiento sobre los personajes vistos de frente, y continúa con un trávelin de avance sobre los personajes, tomados desde atrás, buscando un calculado equilibrio entre uno y otro; un balance compensatorio. El orden en que se produce esta alternancia, cabe señalar, puede ser el contrario (Figuras 142-143). Pero en ambos casos los desplazamientos tenían que ser realizados sin ningún tipo de panorámica correctora; el cuadro debía permanecer inalterable en el curso del movimiento; sólo de este modo se produce la impresión paradójica de trazar planos fijos en movimiento. Recordemos los movimientos de cámara que acompañan a Kinuyo Tanaka y a su amado, tanto en el paseo nocturno como en el jardín, en Las hermanas Munakata; o los del padre y la hija a la salida del teatro Nô en Primavera tardía, por citar dos buenos ejemplos entre los muchos que iremos destacando. Esta forma de organizar los trávelin es habitual cuando se sigue a los personajes, desde los ejemplos de seguimiento de Tokyo no yado hasta Tokyo monogatari y Sôshun.

A menudo los desplazamientos de cámara acentuarán la contraposición entre lo inmóvil -la montaña; la fábrica; el poblado y los edificios- y lo móvil: el tren y el barco; el automóvil y el autobús; las espigas batidas por el viento o las propias personas. Hasumi no deja de apreciar que, cuando Ozu filma el movimiento, lo hace de una manera poco natural, para reproducir un desplazamiento que él considera exageradamente mecánico, pero que nosotros preferimos calificar de estilizado, como lo es el arte de Ozu[33].

---
33 Véase: HASUMI, Shigehiko. *Yasujiro Ozu.* Paris : Cahiers du Cinema, 1998, p. 117.

Sorprendentemente entre 1951 y 1952, esto es, cuando el estilo de Ozu se encuentra plenamente asentado, es cuando encontraremos los movimientos más audaces de toda su carrera. He aquí una nueva prueba de cómo el cineasta se replanteaba de continuo su arte, aun a partir de una panoplia reducida de recursos. Principios del verano, con sus seis movimientos de trávelin, y uno de grúa inclusive, supone el ejemplo más notable de movilidad de cámara de toda la filmografía de su autor. En algunas ocasiones el movimiento será extraordinariamente virtuoso, como es el caso de la elevación de la grúa sobre las dunas en aquella película, que costó tres días de trabajo para capturar su belleza. Pero además dedicaremos especial atención al extraordinario desplazamiento final que opone la montaña inmóvil frente al campo de trigo cuyas espigas parecen correr ante nuestros ojos debido a la actividad de la cámara. Tampoco dejaremos de observar los notabilísimos desplazamientos por interiores, en uno de los cuales se juega con la percepción del espectador haciéndole creer que se corresponde con el punto de vista de un personaje, cuando la cámara ha cobrado, en realidad, una singular autonomía.

También en la posterior El sabor del arroz con té verde la cámara se libera para describir frecuentemente trávelin sobre las estancias despobladas. Éste es uno de los rasgos de estilo de la película, verdaderamente insólitos en Ozu, si bien habían sido previamente ensayados en Principios de verano, y aún antes en Los hermanos Toda. En Primavera precoz (1956) se producen los últimos movimientos de cámara: dos trávelin en el interior de la oficina, a semejanza de la anterior Ochazuke no aji, y los trávelin de seguimiento de los personajes en el curso de la excursión a orillas del mar, una escena que nos remite a la de Banshun, aunque esta vez no se producirá ninguna panorámica. En la posterior Crepúsculo en Tokio no encontraremos movimiento de cámara alguno, lo que se mantendrá en su obra posterior. Desde el momento en el que Ozu adopta el color, prescinde de los movimientos de cámara, con la salvedad del movimiento sobre el faro desde el barco de Hierbas flotantes.

Noriko. Kami ningyô realizada por Miko Misono

XXI. LA ESCRITURA SOBRE EL TATAMI

XXI. 1. Organización del cuadro

Mientras en las películas de Hollywood, cuyas convenciones se imponen por todo el mundo, los recursos se pliegan preferentemente a los objetivos diegéticos, Ozu atiende otros intereses. Bastará examinar algunas de las imágenes que acompañan el presente capítulo para advertir que las composiciones del cineasta japonés son tan minuciosas y tan cuidadas que contradicen el principio de naturalidad que sostiene la norma clásica. Como hemos visto, Ozu tiende a lo largo de su obra al estatismo, una opción que en sus manos alcanza plena fortuna. El cineasta japonés concibe sus planos como unidades estáticas; una vez decidido el encuadre, no se altera mediante desplazamientos correctores. De hecho, nunca utiliza dichos movimientos, tan habituales en la mayoría de las películas.

No se hace precisa corrección alguna, por otra parte, puesto que Ozu regula escrupulosamente la puesta en escena de cada película, concebida siempre desde la fase preliminar de escritura del guión. Antes aún de comenzar el rodaje, el director había calculado escrupulosamente la posición de los actores, y sus posibles movimientos dentro del cuadro, a fin de no tener que corregirlo durante su filmación. Negándose a cualquier improvisación, el cineasta comprueba el cuadro a través del objetivo, para determinar rigurosamente la composición. Una vez ésta se ha establecido, la cámara deberá permanecer escrupulosamente inmóvil y cada personaje se situará en la parcela que le corresponda,

Figura 149
Primavera tardía

Figura 152
Érase un padre

Figura 150
Primavera tardía

Figura 153
Érase un padre

Figura 151
Amad a la madre

Figura 154
Érase un padre

sin desviarse lo más mínimo, a no ser que previamente se hubiera determinado algún movimiento en el cuadro. Éste, cuando se producía, era rigurosamente planificado; de hecho la distribución y el tamaño de los decorados siempre se concebían conforme a las exigencias de interpretación de los actores. Como es de suponer, la distancia que recorría al actor, así como el tiempo que invertía en dicho desplazamiento, condicionaban el tamaño y la longitud de los decorados[1]. Cuando algún movimiento de los actores alteraba la composición inicialmente prevista, Ozu cortaba, y comenzaba a filmar un nuevo plano, que recogiese dicha actividad dentro de un cuadro tan rigurosamente estático como el precedente.

No deja de sorprender la habilidad en la composición para lograr que casi todos los personajes coincidan en el mismo cuadro, en una estancia de tamaño reducido, sin producir agobio visual, particularmente en películas con numerosos personajes, como son Principios del verano o Cuentos de Tokio. La ligereza compositiva nace del aprovechamiento del espacio, y de las singularidades visuales que proporciona la arquitectura japonesa; pero también de la progresiva tendencia a la depuración y a la abstracción, aunque sea incurriendo en el formalismo estético. Su método compositivo era perfeccionista y riguroso: incluso decidía el número de líneas horizontales y verticales que debían ser incluidas en cada mampara. Ozu gobierna y compone el conjunto del cuadro, y no sólo el centro del mismo, tal como sería habitual en el modelo americano[2]. Cada personaje debe ocupar exactamente la parcela de cuadro que le corresponde, como se encarga de recordar el obsesivo sobreencuadre al que somete a los actores sobre el escenario.

En el curso de diversas entrevistas, sus colaboradores aluden a las cualidades de Ozu como dibujante. Haciendo buen uso de las mismas, el director se preocupaba, ante todo, por organizar la composición del plano. Antes de comenzar la filmación había dibujado diversos esquemas y *storyboard* de sus películas. Como recuerda en sus diarios, llegaba a dibujar la noche anterior las escenas que se rodarán al día siguiente[3].

XXI. 2. Posición baja de la cámara

La posición baja de la cámara de Ozu no es, ni mucho menos, un rasgo habitual en el cine japonés, por más que en aquel país sea frecuente sentarse en el suelo. Se trata de un recurso propio de Ozu, que desconcertaba a su propia grey, y causaba no pocos malestares a sus operadores, que se veían obligados a reptar con la cámara para filmar las escenas. Durante el rodaje de Ukigusa (1959), Kazuo Miyagawa preguntó al director: *"Ya sé que le gusta la posición baja de la cámara. ¿Va a usarla también esta vez? Se limitó a contestarme 'Sí, me gusta`. Y eso fue todo. Aunque comíamos juntos, y vivíamos juntos durante el rodaje, aquélla fue la única respuesta que me dio a propósito de esa posición de la cámara. Tan sólo me dijo que le gustaba"*[4].

Asimismo el habitual Yuharu Atsuta reconoce que, pese a haber trabajado durante décadas con Ozu, no alcanza a comprender las razones que llevaron a Ozu a desarrollar esta opción hasta sus últimas consecuencias, si bien sobreentiende que trata de adecuarse al marco espacial que brindan las construcciones locales: *"Para ser completamente sincero, debo decir que no sé por qué Ozu usaba la cámara en una posición tan baja. Era el propio Ozu quien determinaba cada toma, cada ángulo, cada composición. Todo lo que yo tenía que hacer era seguir sus instrucciones como un mero técnico. Un día me dijo: '¿sabes, Atsuta?, es todo un suplicio tratar de hacer buenas composiciones en una habitación japonesa, especialmente en las esquinas. Una buena forma de hacerlo es mediante la posición baja de la cámara, que hace todo mucho más fácil'"*[5].

En otra entrevista el leal operador trata de justificar este rasgo peculiar del cineasta: *"El estilo de cámara baja, presente a lo largo de toda la filmografía de Ozu, es una técnica de filmación avanzada que concierne a los efectos y a la expresión. Creo que la razón parte del persistente deseo de Ozu de reemplazar lo que habitualmente se expresa mediante palabras por una expresión cinematográfica basada fundamentalmente en la composición. A mi modo de ver, la posición baja de la cámara estaba estrechamente vinculada con el pensamiento de Ozu, así como con las vidas de las gentes corrientes a las que dedicaba sus películas.*

---

1 "SUR l'Art du Réalisateur". En: *INTRODUCTION à Yasujiro Ozu* / Une documentation coordonnée par Jean-Pierre Brossard. Locarno : 32eme. Festival International du Film, 1979, p. 89 -90.

2 BRANIGAN, Edward. "The Space of Equinox Flower". *Screen*, 1976, Summer, v. 17, nº 2, p.102.

3 Testimonio durante el rodaje de Buenos días, los días 28 y 29 de Enero de 1959. Véase:
OZU, Yasujiro. *Carnets : 1933 -1963 : Edition intégrale*. Paris : Alive, 1996, p. 545.

4 MIYAGAWA, Kazuo. "My life as a cameraman : yesterday, today, tomorrow" / translated by Linda Ehrlich and Shibagaki Akiko". *Postscript*, 1991, Fall, v. 11, nº 1, p. 10.

5 ATSUTA, Yuharu. "Ozu's low-position camera". En: SCHRADER, Leonard. "Yasujiro Ozu : 1903 - 1963". En : *The Masters of Japanese Film*. Berkeley, California : Pacific Film Archive, ca.. 1980, p. 261 - 262.

Figura 155
Corazón vagabundo

Figura 156
Corazón vagabundo

Figura 157
Corazón vagabundo

Él no quería limitarse a hacer películas realistas: a medida que desarrollaba su técnica, su propósito era dar expresión al objetivo de belleza" [6].

Lo cierto es que la posición baja de la cámara es un rasgo común de la obra de Ozu, que ya aparece en su primera película conservada, Días de juventud (1929). Y además es un recurso que se mantiene a lo largo de toda su obra en todas y cada una de sus películas, tanto en interiores como en exteriores. Éste no es, ciertamente, el único ángulo que adopta su cámara; pero sí es el más común; y al que se mantiene con lealtad a lo largo de toda su obra. La angulación baja, casi a ras de suelo, se respeta en las tomas distantes; pero para los planos más próximos, en los que se filman conversaciones, la cámara se peraltaba sobre un basamento, a fin de situarla ligeramente por debajo de un hombre sentado. Se evitaba de este modo el efecto de distorsión que podría ocasionar un brusco contrapicado con el objetivo de 50 mm.

El propio cineasta recuerda los orígenes de esta notable singularidad de su estilo: *"Hay un montón de cosas que me agradan y me desagradan, y que se ven reflejadas en mis obras. A menudo coloco la cámara cerca del suelo, para filmar planos con ángulos bajos. Empecé a hacer esto durante el rodaje de Nikutaibi (La belleza del cuerpo, 1928), cuando yo hacía muchas comedias. Estábamos filmando una escena en un bar. Por entonces usábamos un reducido número de equipos de iluminación, que teníamos que mover para cada toma. En consecuencia, después de filmar un par de planos el suelo se quedaba lleno de cables eléctricos. Como llevaría bastante tiempo y trabajo retirarlos antes de filmar el siguiente plano, hice girar la cámara hacia arriba para evitar que se viera el suelo. Me gustó la composición, que además me permitió ahorrar tiempo. Desde entonces esto se ha convertido en un hábito, de manera que mi cámara se ha ido situando cada vez más baja"* [7].

Al margen del origen anecdótico, lo cierto es que Ozu explora incansablemente, con la rica gradación de matices que pueden obtenerse a partir de soluciones tan aparentemente simples como son la toma estática y el mantenimiento de un ángulo bajo. Ambas opciones, tan simples y desprovistas de retórica, permiten multitud de posibilidades en la composición del plano y el tratamiento de la profundidad de campo; asimismo condicionan la relación de los personajes con el espacio y con la cámara, y permiten un uso libre de la planificación a partir de un espacio que circunda a los personajes: los personajes son así envueltos, tanto en el espacio que les circunda, como en el que pende sobre sus cabezas. Por si esto fuera poco, el ángulo bajo, en leve contrapicado, es una posición afín con el espectáculo cinematográfico: se corresponde con la posición habitual del espectador ante la pantalla.

La posición baja de la cámara, usada de manera rigurosa y constante a lo largo de toda su carrera, bien puede obedecer a un deseo de uniformar sus composiciones: un programa estético que comenzó a ser desarrollado a edad muy temprana. No tiene sentido justificarlo por ser la posición habitual de los japoneses cuando están sentados: también se levantan y se mueven por las estancias. Y muchos de ellos, con el correr de los tiempos, utilizan mobiliario occidental. Incluso en las películas de Ozu. Pero no por ello el cineasta alteró la organización del plano ni la angulación de su instrumento de escritura.

---

6 ATSUTA, Yuharu. "The secret of Ozu´s low camera position". En: *Ozu Yasujiro : 100 th. Anniversary.* Hong Kong International Film Festival (27th. 2003). Hong Kong : The Arts Development Council ; The Japan Foundation (etc.), 2003, p. 68.

7 Cita: YOSHIDA, Kiju. *Ozu´s Anti-Cinema.* Ann Arbor : Center for Japanese Studies, University of Michigan, 2003, p. 71. Declaraciones originalmente publicadas en *Tokyo Shimbun,* en Diciembre de 1952.

XXI. 3. El ángulo del escriba

Las peculiaridades de la vivienda japonesa definen su espacio interior a partir de la continua oposición entre líneas verticales y horizontales, Éstas definen los cuadros dentro del cuadro que compartimentan el espacio cinematográfico en el cine de Ozu. Los personajes se sitúan y se mueven a partir de su disposición en tales encuadres.

El operador Yuharu Atsuta brinda una explicación meramente anecdótica a propósito de la posición tan baja de la cámara en Ozu: No le agradaba ver los bordes del *tatami* en el cuadro, de manera que colocaba la cámara muy baja para evitarlo. En el documental de Wim Wenders Tokyo ga, Atsuta es entrevistado, y allí distingue algunos de los rasgos obsesivos del maestro: la utilización obsesiva del objetivo de 50 mm.; el empleo del trípode a baja altura, así como el uso del plano / contraplano contrastados en 180 °. El cineasta alemán, admirado por la singularidad de un cine que aspira a su misma esencia, se rinde ante su belleza y precisión: *"Así, a partir de esa insólita manera de encuadrar, Ozu ofrecía la imagen del hombre del siglo XX: una imagen útil, verdadera, en la que el ser humano se reconoce y aprende algo sobre su propio ser"*.

Ozu decidía siempre personalmente la posición de la cámara, que podía ser ajustada por el operador, conforme a la voluntad del cineasta. Kazuo Miyagawa, quien colaboró con Ozu sólo una vez, en Ukigusa monogatari (1959) asegura que Ozu, siguiendo el precedente de Sadao Yamanaka, filmaba con la cámara *"a la altura del ojo de un perro"*. La cámara, fijada a tan baja altura, evita dejar elementos superfluos en el cuadro. Facilita la concentración sobre los personajes, al evitarse todos los elementos ajenos. El plano sólo comprende los elementos que el director juzga indispensables.

La posición de la cámara de Ozu es sensiblemente inferior a la de la altura de un personaje sentado sobre el *tatami*. Es por tanto una posición innatural, pese a parecer cotidiana; de la misma forma que los dramas estilizados de Ozu transforman la realidad para representar otra que es propia del cineasta. Masahiro Shinoda identifica la posición de la cámara de Ozu con la que tendría una pequeña deidad que, agazapada, observase las acciones humanas[8]. Y, en efecto, la posición de la cámara invita a escuchar y a contemplar. Richie ha observado que es la posición para ver teatro Nô, o para participar en la ceremonia del té. Apelando

Figura 158
¿Dónde están los sueños de juventud?

Figura 159
¿Dónde están los sueños de juventud?

Figura 160
¿Dónde están los sueños de juventud?

a una justificación menos ritual, Tadao Sato justifica la posición del objetivo de Ozu en los siguientes términos: *"la cámara de Yasujiro Ozu se comporta con sus personajes con la misma actitud con la que un anfitrión recibe a sus invitados. Y a la inversa, los personajes de las películas de Ozu se comportan como si todos ellos fuesen huéspedes de un anfitrión"*[9]. Dejemos que sea el propio Sato quien desarrolle dicha intuición: *"La cámara de Ozu trata a los personajes como si fuesen sus invitados, evitando los puntos débiles, o focalizar apenas una parte del cuerpo. El cineasta nunca enfoca los puntos débiles que los personajes desvelan inconscientemente, cuando se sitúan de perfil. El director se identificaba con la cámara, constituyendo ambos una sola identidad que trataba a los personajes como si de sus invitados se tratase"*[10]. En consecuencia, los actores se disponen en el cuadro como si fuesen los invitados que son recibidos en una casa, que en esta ocasión sería la película; lo que les fuerza a guardar la debida compostura y

---

8 BOCK, Audie. *Japanese Film Directors*. Tokyo ; New York : Kodansha International, 1990, p. 83.

9 Cita: SCHRADER, Paul. *El estilo trascendental en el cine : Ozu, Bresson, Dreyer*. Madrid : JC, D.L. 1999, p.73.

10 SATO, Tadao. "O estilo de Yasujiro Ozu". En: *OZU : o extraordinario cineasta do cotidiano*. (Sao Paulo) : Marco Zero ; Cinemateca Brasileira ; Aliança Cultural Brasil-Japao, 1990, p. 77.

a mantener el rígido protocolo[11].

Pecando quizá en exceso de su apreciación litúrgica, Sato identifica dicha posición con la que se utiliza en la sala de ceremonia del té, en la que los participantes precisan estar uno al lado de otro. Así, las personas no conversan de frente, sino que se distribuyen a lo lado de dos de los ángulos que rodean el *irori* (pequeño hogar excavado en el centro de la sala donde se hierve el agua en la tetera)[12], lo que parece una interpretación justificada y legítima, dentro de esas pequeñas liturgias domésticas que son las películas de Ozu.

La uniformidad en la planificación y en la angulación proporciona un necesario entorno de cotidianidad y de rutina, que se corresponde bien con la vida familiar que Ozu retrata en sus películas. No en vano el cineasta aseguraba que ésta era la posición más adecuada para captar el estilo de vida japonés.

Ozu gusta de normalizar su estilo. La cámara se dispone en los mismos lugares, y con ángulos similares: la disposición de personajes y del mobiliario es asimismo parecida en todo momento. Incluso las puertas correderas se encuentran abiertas siempre de una manera semejante. Todo esto no es realista, precisamente, sino que obedece a una intensa estilización de circunstancias y de espacios cotidianos. El cine de Ozu adopta un estilo que parte de lo cotidiano, y a lo cotidiano se ajusta. Su apariencia es realista. Pero se trata al fin de una realidad muy manipulada y estilizada.

Max Tessier se refiere a dicha angulación mediante una oportuna paráfrasis: *"el ángulo del escriba"*[13]. Se trata de un rasgo de estilo propio, en verdad insólito. Incluso en el seno del cine japonés. El propio cineasta atribuía a las exigencias de composición el uso del ángulo bajo. Así se lo decía a su operador: *"Ya ve, Atsuta. Es una verdadera lástima tratar de hacer una buena composición de una habitación japonesa, y especialmente de sus esquinas La mejor manera de intentarlo es utilizando la cámara en posición baja. Así se facilita todo"*[14].

---

11 SATO, Tadao. "The art of Yasujiro Ozu". *Wide Angle*, 1977, v. 1, nº 4, p. 47.

12 SATO, Tadao. "O estilo de Yasujiro Ozu". En: *OZU : o extraordinario cineasta do cotidiano*. (Sao Paulo) : Marco Zero ; Cinemateca Brasileira ; Aliança Cultural Brasil-Japao, 1990, p. 84.

13 TESSIER, Max. "Le temps s'est arrêté". *L'Avant Scène du Cinéma*, 1978, Mars, nº 204, p. 5 (nº monográfico dedicado a Tokyo monogatari).

14 Cita: RICHIE, Donald. *Ozu*. Berkeley (etc.) : University of Californa Press, 1974, p. 115.

Figura 161
Cuentos de Tokio

Figura 162
Cuentos de Tokio

Figura 163
Cuentos de Tokio

XXI. 4. En tres pasos: geometría y profundidad de campo

Los efectos de profundidad de campo se hallan supeditados a los efectos escenográficos que proporciona la arquitectura doméstica japonesa, pero también al uso de la lente de 50 mm. y a la posición baja de una cámara que tiende por vocación a la inmovilidad. De este modo, los personajes se integran en una estancia, enmarcados por las dos hojas de las puertas correderas. Los *tatami* y los *fusuma* quedan abiertos para incrementar el efecto de profundidad, y para permitir sucesivos sobreencuadres concéntricos. De este modo, la profundidad de campo es determinada por la estética ortogonal de los interiores japoneses: los motivos geométricos atomizan de este modo los interiores, y sobreencuadran a los personajes en una sucesión a menudo compleja de diferentes parcelas reticulares que, a su vez, enmarcan otros encuadres.

La fragmentación en encuadres estáticos dispensa la combinación simbiótica entre la composición interna del cuadro, y los recursos del montaje: las arquitecturas ortogonales acotan multitud de cuadros dentro del cuadro. El efecto de profundidad se ve de alguna manera condicionado por los progresivos enmarcamientos que sufre el personaje dentro de un cuadro sucesivamente compartimentado. La composición resultante es sumamente calculada, y por tanto muy poco natural. Como hemos tenido ocasiones de comprobar, el aparentemente cotidiano mundo de Ozu se encuentra, en el fondo, intensamente estilizado. La realidad de la que se parte sufre un violento proceso de atomización en pequeñas unidades geométricas. En efecto, con frecuencia los personajes se ven enmarcados en sucesivos cuadros de *shoji* y *fusuma*. Conforme a este dispositivo, las puertas correderas, entre las que se enmarcan los personajes, descomponen la composición en numerosas parcelas con formas cuadrangulares o rectangulares, trasunto arquitectónico que se corresponde con el propio cuadro cinematográfico. Incluso si hay varios personajes, cada uno está enmarcado en su cuadro correspondiente; algunos en primer término, y otros detrás, lo que genera singulares efectos de profundidad de campo.

Los continuos ejemplos de geometría visual establecen una singular relatividad sobre el campo cinematográfico, al reconocer los múltiples encuadres, todos parecidos pero a la vez todos diferentes, con que se puede examinar y representar a los tipos humanos, por cotidianos y próximos que éstos sean. Todos son parecidos, pero a la vez todos diferentes. La película escoge uno entre ellos, y una historia entre muchas de las posibles. Lo que asimismo justifica la proximidad argumental y estilística que existe entre el conjunto de la obra del cineasta japonés: todas sus películas son parecidas, pero al tiempo todas son diferentes.

Tanto en interiores como en exteriores, Ozu compone oponiendo y cruzando líneas horizontales y verticales. Con frecuencia, y sobre todo en planos de conjunto o enteros, sitúa la cámara oblícuamente, no de forma frontal, para incrementar los efectos de profundidad. En dichos casos los intérpretes se disponen en diagonal, enfatizando la profundidad de campo, reforzados por el ángulo bajo de la cámara y por los decorados. En otras muchas ocasiones son pequeños objetos los que acentúan la profundidad, particularmente botellas o teteras situadas en primer término, delante de los personajes. El efecto es, sin duda, muy calculado, y brota de una meticulosa labor de moldeamiento del espacio, aunque dicha operación conlleve la supresión de otros muchos elementos accesorios. No falta quien aprecia en Ozu apetencias barroquizantes, particularmente a partir de

Figura 164
Amad a la madre

Figura 167
¿Qué ha olvidado la sra.?

Figura 165
Amad a la madre

Figura 168
Los hermanos Toda

Figura 166
El coro de Tokio

Figura 169
La mujer de Tokio

la calculada atomización bajo la que se recluye a los personajes, así como a los objetos, en el interior de celdillas geométricas escrupulosamente diseñadas[15].

Dicho procedimiento crea una particular profundidad de campo, organizada en distintos niveles, sobre los cuales se disponen los personajes, así como los otros elementos compositivos, siempre sobrencuadrados. Cabe añadir que dicha compartimentación del encuadre afecta no sólo a los interiores, sino también a los exteriores. En estos casos la disposición de la cámara hace que los personajes avancen entre arquitecturas, postes, cables o árboles que los sobreencuadran con la misma precisión con que lo harían en los interiores. Es posible encontrar buenos ejemplos en películas como Historia de un vecindario, Las hermanas Munakata o Cuentos de Tokio. Pero ninguna llevará tan lejos la compartimentación del cuadro en exteriores como Buenos días, en la que el uso del color aún refuerza esta opción compositiva.

Lejos de reducir sus composiciones a imágenes bidimensionales, como en ocasiones se ha dicho, Ozu emplea la profundidad de campo, integrando a los personajes en las arquitecturas japonesas. Así lo entendieron, por otra parte, todos los operadores que trabajaron con Ozu: desde Hideo Mohara hasta Kazuo Miyagawa, pasando por Yuharu Atsuta. Y así lo fue desarrollando el cineasta, conforme ganaba dominio sobre su medio, y en particular a partir de La mujer de Tokio, en la que la interacción entre objetos situados en primer término, y personajes dispuestos al fondo, permiten explorar la profundidad de campo en entornos domésticos, lo que se hace prescindiendo de toda hipérbole. Como se dijo, Ozu sólo utilizaba el objetivo de 50 mm. con el que creaba un característico efecto de profundidad de campo. Recogemos a continuación una anécdota de Atsuta: *"Es cierto que Ozu no quería emplear objetivos más amplios. Cuando tuve dificultad para encuadrar una escena y le propuse utilizar un objetivo de 40mm, él me dijo: 'Con el de 40 mm. puede entrar todo. Pero ¿podrás cambiar el tiempo que precisa el actor para caminar? El actor tiene que dar tres pasos. Y tres pasos son tres pasos. Se podría ampliar el campo utilizando un objetivo de 40 mm., pero el actor tiene que recorrerlo en tres pasos"*[16]. De manera que se siguió usando el objetivo de siempre, el de 50 mm.

XXI. 5. De perfil y de frente

---
15 TOMASI, Dario. *Viaggio a Tokyo*. Torino : Lindau, 1996, p. 55 -56.
16 ATSUTA, Yuharu. "Ozu's low-position camera". En: SCHRADER, Leonard. "Yasujiro Ozu : 1903 - 1963". En : *The Masters of Japanese Film*. Berkeley, California : Pacific Film Archive, ca.. 1980, p. 261 - 262.

El sabio y refinado arcaísmo desarrolla una solución de planos estáticos, en los que los actores se disponen ante la cámara alternando la frontalidad con las tomas en perfil o en tres cuartos. La cámara, que puede disponerse en el exterior de la representación, o alrededor de los personajes, evita cuidadosamente tomar partido alguno; no juzga y, por lo tanto, no interfiere en la acción. El cine de Ozu sistematiza la frontalidad, si bien ésta es quebrada a menudo con miradas de personajes oblícuas, hacia el fuera de campo.

Son asimismo frecuentes las escenas en las que los personajes permanecen situados de perfil, mirando hacia algún punto distante, ajeno al campo escénico. Sin embargo, en el momento en que les corresponde hablar, el director les hace girar los rostros con dirección a la cámara, quedando frente a ella durante el tiempo en que hablan. Una vez pronunciado su discurso, vuelven a mirar hacia uno de los extremos, o se ensimisman, una vez más de perfil. Ésta es una norma que alcanza rango de plenitud en Cuentos de Tokio, lo que se justifica por la situación de aislamiento cenobítico que es propia de los dos ancianos. En dicho caso, además, los personajes se mueven con ceremoniosa lentitud, lo que es igualmente característico de los personajes relacionados

**Figura 170
Principios del verano**

**Figura 171
Amad a la madre**

**Figura 172
Amad a la madre**

con el mundo tradicional. Éstos con frecuencia se hallan sumidos en un estado de ensimismamiento que sólo se ve quebrado para dirigirse a su interlocutor. Aquellos personajes-pensemos en los ancianos de la trilogía Noriko, o en el mismo Chishu Ryu en Érase un padre y Tarde de otoño- establecen, a través de la dirección de sus miradas, una continua oposición entre el mundo interior y el exterior.

Con frecuencia las escenas discurren con los personajes sentados en el suelo, sin trasladarse a ningún otro punto. Los actores pueden situarse en el centro de la composición, lo que hará que su mirada sea frontal, o bien en un lateral del cuadro, lo que hará que su mirada sea oblícua. A menudo en estos casos los intérpretes se disponen en composiciones diagonales, que contrarrestan la gravedad geométrica- líneas horizontales y verticales- que prima en los interiores. Los personajes pueden proyectar sus miradas frontalmente, si bien no apuntan directamente al espectador, debido a la posición baja de la cámara. Otras veces dirigen sus miradas ligeramente hacia uno de los márgenes, izquierdo o derecho, del encuadre. Un buen ejemplo de la oposición perfil/frontalidad lo proporcionan las escenas en que los personajes comparten una mesa. Normalmente estos planos son filmados frontalmente, con los actores dispuestos ante la cámara; pero también es frecuente que los comensales se dispongan en tres cuartos, de tal forma que el torso permanezca oblícuo, en tanto que su rostro, girado hacia la cámara, es captado frontalmente. Todos estos rasgos fueron cobrando forma desde principios de los años 30, y se afincaron definitivamente en su estilo a partir de 1949.

También una forma de planificar tan elaborada contradice el efecto ilusionista, encaminado a implicar y atrapar la atención del espectador, perseguido por los modelos clásicos. En el cine de Ozu los personajes se integran en un espacio compartimentado, en el que los propósitos compositivos cobran al menos tanta importancia como los narrativos. En determinados momentos, como se verá, la figura humana se verá reemplazada por objetos y por espacios vacíos. En otras ocasiones los personajes comparten el protagonismo visual de la composición con otros objetos que se sitúan en primer término: los platos, las botellas y los vasos que se sitúan por delante; o las puertas correderas que, tras ellos, sobreenmarcan al personaje. Un ejemplo particularmente notable lo brindan las escenas que transcurren ante la mesa, y de manera muy especial en las películas filmadas en color. En estos casos, los objetos se disponen sobre la mesa, formando

**Figura 173
La mujer de Tokio**

**Figura 173
La mujer de Tokio**

**Figura 173
La mujer de Tokio**

una singular barrera visual que se interpone entre la cámara y los intérpretes, un efecto que se aprecia en las tomas oblícuas; en alguno de estos casos los útiles culinarios llegan a cobrar prácticamente tanta importancia como la propia figura humana (véanse las figuras 2284- 2285, de Flores de equinoccio). Pero esta disposición alcanza su plenitud en los planos frontales. En estos casos los objetos se sitúan en primer término, dispuestos en horizontal a lo largo de la superficie de las mesas al tiempo que se oponen a la verticalidad de los comensales. Pero además dicha oposición entre verticales y horizontales a su vez se corresponde con la propia oposición rítmica entre dichas líneas en el interior de la casa japonesa, concebida conforme a esquemas reticulares. Añádase el contraste entre la horizontalidad de la propia mesa frente a la verticalidad que lucen las copas, las botellas y los demás objetos que ante sí tienen los comensales (Véanse las figuras 2530-2531, de Tarde de otoño). En los dos casos citados se ilustran dos tipos de composiciones: en primer término se encuentra un bodegón; y en segundo término, por encima de aquél, se alza el retrato de un personaje, sea frontal o en tres cuartos.

XXI. 6. El efecto sojikei: Equiparación de personajes

Cabe destacar otra fórmula compositiva habitual en el cineasta, y percibible a lo largo de toda su obra: con frecuencia dos figuras aparecen equiparadas visualmente; incluso realizan movimientos a la par. Recuérdense al profesor y el maestro en El coro de Tokio; a los dos hermanos de Nací, pero... ; al padre e hijo pescando en Érase un padre, a las dos hermanas virtuosas de Cuentos de Tokio o a las dos mujeres que pasean junto al lago, y que conversan ante el crematorio en la escena final de El otoño de los Kohayagawa. En todos estos casos las parejas de personajes se mueven conjuntamente, sincronizando cada gesto. Las dos figuras tienen idéntico valor visual; diríase que la una es reflejo de la otra. Ambos personajes se disponen de manera idéntica en el cuadro, e incluso al moverse parecen obrar al unísono.

También con frecuencia dos o más personajes aparecen en el cuadro, mirando en la misma dirección y ejecutando los mismos movimientos, con una pose similar. Las figuras se asemejan y se vuelven casi idénticas (Figuras 176-179). Recuérdense asimismo las escenas en la terrraza tanto de ¿Dónde están los sueños de juventud? como, sobre todo, de Otoño tardío.

Tadao Sato se interrogó por esta singularidad del cine de Ozu a lo largo de diferentes escritos. En uno de ellos resume sus conclusiones con las siguientes palabras: "Las poses idénticas denotan armonía y equilibrio entre los personajes. Este es un tema habitual en la obra de Ozu. Cuando dos o más personajes se sientan en una posición similar, deben dirigirse hacia una misma dirección"[17]. Dichas composiciones se llaman sojikei, o figuras igualadas[18]. La figura humana se moldea como un elemento más dentro de un entramado espacial cuidadosamente diseñado. Los gestos se sincronizan para que sean efectuados al unísono, de manera prácticamente corográfica.

Es muy recordado el interés de Ozu, traducido en horas de ensayos y repetición de tomas, para lograr satisfactoriamente tales efectos, que los actores debían reproducir de manera espontánea para hacerlos parecer naturales: he aquí un nuevo ejemplo de la estilización formal con la que se manipulan elementos de la realidad. Merced a este recurso, el personaje cobra interés tanto

---

[17] *Ozu Yasujiro : 100 th. Anniversary.* Hong Kong International Film Festival (27th. 2003). Hong Kong : The Arts Development Council ; The Japan Foundation (etc.), 2003, p. 10.

[18] BORDWELL, David. *Ozu and the poetics of Cinema.* New Jersey : Princeton University Press, 1988,
p. 84.

Figura 176
Caminad con optimismo

Figura 177
Amad a la madre

Figura 178
Nací, pero...

por su función de elemento compositivo, como por su relevancia dentro de un argumento narrativo. Una vez más, Ozu nunca justificó estas singularidades formales, sin duda premeditadas, que crean esa singular normalización visual y estilística en su obra.

Dicho recurso es frecuente en Ozu, aun desde sus películas tempranas. Encontramos ejemplos ya en sus comedias iniciales, como en Días de juventud: los dos estudiantes, hermanados por la derrota sentimental, hacen las maletas al unísono; y al final de la película se acuestan sobre el futón a la par. En Nací, pero... el recurso ya aparece consolidado, y se integra perfectamente en el orden infantil que la película describe (Figura 179). Otro tanto sucederá en las comedias estudiantiles del calibre de Suspendí, pero... Sin embargo alcanzará pleno desarrollo visual y dramático durante el periodo sonoro, a partir de modelos como Chichi ariki, película precisamente construida a partir de la equiparación entre un padre y un hijo condenados a distanciarse. Para visualizar dicha concordia, las dos figuras adoptan posiciones iguales, de forma que se acredita formalmente una situación de franco entendimiento entre ambos.

Las figuras pueden estar igualadas no sólo en el

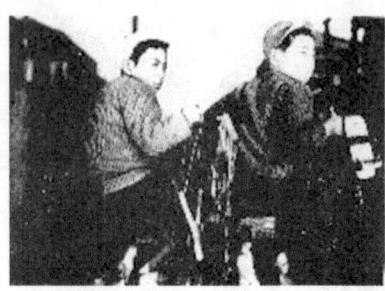

**Figura 179
Nací, pero...**

mismo plano (la escena de pesca en películas como la anteriormente citada, o en las dos Hierbas flotantes), sino también en distintos planos de una misma escena. Así, los personajes separados por una mesa, en un bar o restaurante, comparten gestos y vestimentas que los tornan casi idénticos lo que, sumado al encuadre a idéntica altura y distancia, refuerza las similitudes en los planos / contraplanos en los que intervienen dos interlocutores. En estos casos, lejos de respetarse la continuidad de las miradas, se tiende a equipararlas, de tal modo que los actores parecen dirigirse hacia el mismo punto en una y otra toma[19]. Pero a esta insólita peculiaridad habremos de referirnos en otra parte del presente trabajo.

Noriko. Kami ningyô realizada por Miko Misono

---

19 Véase: SATO, Tadao. *Currents in Japanese Cinema*. New York : Kodansha International, 1982, p. 187 - 188.

XXII. DESDÉN DEL TIEMPO Y EL ESPACIO

"Sólo la cámara cinematográfica tiene diez mil ojos"
David Wark Griffith[1]

XXII. 1. Cineasta del montaje

Noël Burch distinguió a Ozu y a Mizoguchi como los cineastas del montaje y del no montaje, respectivamente. Y aunque se limita la observación al periodo mudo y a los primeros ejercicios sonoros de uno y otro, la observación podría ser en general válida para el resto de la carrera de ambos[2]. Mizoguchi articula sus películas en torno a planos secuencia, o planos contenidos muy prolongados, mientras utiliza el movimiento de cámara para modular distintas unidades dentro de un mismo plano. Ozu, muy por el contrario, emplea una gran cantidad de planos en sus películas, y restringe los desplazamientos de la cámara.

A nuestro cineasta le disgustaban las tomas prolongadas, y así fue a lo largo de toda su carrera. Este es otro punto que le aleja radicalmente de Mizoguchi: el número de planos es más abundante en las películas de Ozu, y su duración es reducida: de 9 a 15 segundos de promedio. La última película muda conservada de Ozu, Tokyo no yado, cuenta 1056 planos, que arrojan una duración media de 4.5 segundos.

La duración y el número de planos en Ozu sufren evolución a partir de la llegada del sonoro: El hijo único, la primera película sonora de Ozu, reduce el número de planos a sólo 532. Ninguna película de Ozu hasta la fecha se había construido sobre tan pocas tomas. La duración media de cada una asciende a 9 segundos; esto es, llega casi a doblar el promedio de las películas anteriores[3].

Conforme su carrera avanza, las tomas son un poco más prolongadas, pero nunca en exceso. Así, la célebre Cuentos de Tokio cuenta con 786 planos que arrojan una duración media de 10.2 s[4].

No tiene fundamento, por tanto, la opinión recogida por Richie en la que se asegura que, para nuestro cineasta, el montaje era la parte menos importante en el proceso de elaboración de una película[5]. Antes bien cabría considerar que Ozu afrontaba los trabajos previos de escritura y rodaje, a los que prestaba singular atención, teniendo ya en cuenta el orden en que habrían de sucederse los planos, y hasta su duración. Los abundantes bocetos y *story-board* que han sobrevivido del cineasta confirman dicha previsión[6].

A partir de 1931, con títulos como El coro de Tokio y Nací, pero... , Ozu perfecciona su sistema de planificación fragmentado, al que pulirá progresivamente a lo largo de toda su carrera. Burch apunta como títulos bisagra en esta evolución La mujer de Tokio y Un albergue en Tokio, ambos de 1933[7]. Sin embargo los títulos anteriores apuntaban hacia dicho sistema. Incluso

---

1 "SUR l´Art du Réalisateur". En: *INTRODUCTION à Yasujiro Ozu* / Une documentation coordonnée par Jean-Pierre Brossard. Locarno : 32eme. Festival International du Film, 1979, p. 89 -90.

2 BURCH, Noël. "¿Un cine refractario?". En: *Itinerarios : La educación de un soñador del cine*. Bilbao : Certamen Internacional del Cine Documental y Cortometraje, etc., 1985, p. 156.

3 La duración media de los planos de Mizoguchi es mucho mayor, mientras que el número de planos en consecuencia decrece. Así, la duración media de Elegía de Naniwa es de 22 segundos por plano. En Las hermanas de Gion sube a 33 segundos por plano (ambas películas fueron filmadas en 1936). Historia de los crisantemos tardíos, que reúne sólo 140 planos, arroja una duración media superior a los 60 segundos, para alcanzar la cúspide en los 92 segundos de duración media del plano en Los cuarenta y siete samurais (1941-1942).
Fuente: KIRIHARA, Donald. *Patterns of time : Mizoguchi and the 1930s*. Madison, Wisconsin : The University Press, 1992, p. 69.

4 Del recuento que hace David Bordwell extraemos los siguientes datos:
- Días de juventud reúne 1371 planos. Cada uno con un promedio de 4.5 segundos.
- Nací, pero... cuenta con 1348 planos, a razón de 4 segundos de duración media.
- Corazón vagabundo, con 1479 planos, y 4. 1 segundos de media, es la película con planificación más abundante, no sólo del periodo mudo, sino de toda la obra de Ozu.
- Suspendí, pero... es, a su vez la que menos planos reúne del periodo mudo de Ozu: 619, con un promedio de 6.2 segundos de duración de cada toma: es asimismo la película muda de Ozu cuya duración media de cada plano es más dilatada..

Fuente: BORDWELL, David. *Ozu and the poetics of Cinema*. New Jersey : Princeton University Press, 1988, p. 89 y 377.

5 RICHIE, Donald. *Ozu*. Berkeley (etc.) : University of Califorma Press, 1974, p. 159.

6 Véase por ejemplo:
- *OZU Yasujiro Eiga Tokuhon : Ozu retrospective : 90th. anniversary of his birth*. Tokyo : Film Art ; Shochiku Eizo Shogai-Shitsu, 1993. Y, especialmente,
- *OZU - Atsuta : From behind the camera : A new look at the world of director Yasujiro Ozu : Based on private materials of the late Yuharu Atsuta* / edited by Ken Sakamura and Shigehiko Hasumi. Tokyo :
The Tokyo University Digital Museum, 1998, p.40, 58,70-71,84-87 y 146-147.

7 BURCH, Noël. "¿Un cine refractario?". En: *Itinerarios : La educación de un soñador del cine*. Bilbao : Certamen Internacional del Cine Documental y Cortometraje, etc., 1985, p. 156 - 157.

Figura 180
Principios del verano

Figura 183
Corazón vagabundo

Figura 181
Primavera tardía

Figura 184
Caminad con optimismo

Figura 182
Cuentos de Tokio

Figura 185
¿Dónde están los sueños de juventud?

las primeras películas conservadas, a las que no llegó a tener acceso el investigador franco-americano, ofrecen precedentes significativos: en ellas ya se reconocen numerosos rasgos de estilo perdurables en la carrera del cineasta, si bien conviven con otros rasgos ajenos que se irán depurando. De unos y otros rendiremos cuentas en nuestro apartado filmográfico.

Para justificar la coherencia tanto en géneros y en temas como en estilos, no falta quien defiende las responsabilidades del productor a la hora de establecer una personalidad cinematográfica reconocible en una compañía. Y, en efecto, bajo la supervisión de Shiro Kido los estudios Shochiku en Kamata enfatizaron la quiebra de escenas en numerosos planos estáticos, formando una suerte de mosaicos cinematográficos que condicionaron, de manera evidente, el estilo de sus cineastas. Particularmente el de Ozu[8].

Conforme a un plan previamente diseñado por el director, quien actúa conforme a los dictados del

---
8 Véase:
- KIRIHARA, Donald. *Patterns of time : Mizoguchi and the 1930s*. Madison, Wisconsin : The University Press, 1992, p. 66.
- BORDWELL, David. *Ozu and the poetics of Cinema*. New Jersey : Princeton University Press, 1988, p. 19 - 24

estudio, tanto el intérprete como los objetos y el conjunto del decorado debían subordinarse a una estrategia compositiva global. Evidentemente a partir de aquí cada cineasta desarrollaba unos rasgos propios.

En el caso de Ozu, la escala de planos se limita a una gama más reducida. En particular, cuando Ozu filma a sus actores nunca utiliza ni planos generales ni primerísimos primeros planos: su canon no reconoce extremos. Antes bien, se queda en el plano medio, a la altura de la cintura (Figuras 180-185). Éste es el tipo de plano más frecuentemente utilizado, en alternancia con el plano entero y el plano de conjunto (Figuras 186-188). Estos tres tipos de plano prestan la escala fundamental sobre la cual Ozu construye su modelo.

Aunque utiliza primeros planos, nunca son demasiado próximos: la cámara corta a la altura de los hombros de los actores. En otras ocasiones encontraremos planos que muestran parte del cuerpo del personaje: las rodillas, la mano, parte del hombro (lo que es poco habitual); o bien alguna prenda: un guante, unos zapatos. Dichos planos cumplen función de sinécdoque: una parte representa al todo; pero al mismo tiempo en estos planos los fragmentos de las personas, así como sus utensilios,

XXII. DESDÉN DEL TIEMPO Y EL ESPACIO

Figura 186
El coro de Tokio

Figura 187
Corazón
vagabundo

Figura 188
¿Qué ha olvidado
la señora?

cobran un papel equivalente al de sus naturalezas muertas.

Pero además de los planos hay que considerar, en el entorno del cine mudo, la presencia de los intertítulos. Como se vio capítulos atrás, el escaso uso inicial de éstos en el caso japonés tendió a normalizarse durante los años 20 y durante los 30, en los que los estudios continuaron mostrándose reticentes al sonido. Durante estos años años, y a pesar del *benshi,* el cine mudo japonés era pródigo en intertítulos; y el de Ozu no es ninguna excepción. Así, mientras que Días de juventud (primera película conservada) tiene 129 intertítulos, Un albergue en Tokio (última película muda conservada) reúne 303. Pero también Corazón vagabundo es, en este sentido, la más abundante en intertítulos: alcanza los 393, mientras que La esposa de noche es la que menos: se limita a 54 intertítulos[9].

Al margen de su número, Kristin Thompson reprocha los errores que comete Ozu a la hora de sugerir qué personaje es el que pronuncia el texto que se lee en los intertítulos. Cita como ejemplos Corazón vagabundo y La mujer proscrita[10].

También esta singularidad estaría justificada por la inagotable curiosidad juvenil de nuestro cineasta. Siguiendo el ejemplo de otros colegas que, como Heinosuke Gosho, experimentaban con la ubicación de los intertítulos, también Ozu se tomó libertades en la disposición de los mismos. Los colegas más audaces llegaban a colocarlos sin que se viese al que los pronunciaba, o aun después de filmar objetos. Ozu no llega tan lejos, si bien confiesa tener presente, en tiempos en los que el sonido se va imponiendo inexorablemente, los diálogos que se escuchan fuera de campo, provocando efectos que producen una cierta sorpresa sobre el espectador.

Así, y a propósito de Corazón vagabundo, recuerda: *"Dadas las circunstancias de los tiempos, no podía hacer demasiado con las películas mudas. No podía evitar el uso de técnicas propias del sonoro. Por ejemplo, osaba insertar el intertítulo del diálogo de A dentro de un primer plano de B, quien está escuchando a A"*[11]. No es éste el único efecto sonoro que se permite Ozu en sus películas mudas, pues comprobaremos que algunas de ellas cuentan con efectos sonoros y musicales sobreentendidos, propios incluso del cine musical (véase en particular el ejemplo de Caminad con optimismo).

XXII. 2. Miradas discontinuas

Las primeras películas conservadas de Ozu acreditan su conocimiento y asimilación de los hábitos de composición y montaje occidentales. Otro tanto sucede con Mizoguchi. El camino común emprendido, de manera voluntaria por ambos cineastas, consiste en distanciarse de dichos códigos: en violentarlos, para diseñar un sistema alternativo, y propio. Adviértase que, aun siendo común el propósito en ambos, los caminos

---

9 Del recuento que hizo David Bordwell se desprenden las siguientes cifras:
  - Wakaki hi (Días de juventud) 129 intertítulos
  - Hogaraka ni ayume (Caminad con optimismo) 151 intertítulos
  - Rakudai wa shita keredo (Suspendí, pero...) 70 intertítulos
  - Sono yo no tsuma 54 intertítulos
  - Shukujo to hige 108 intertítulos
  - Tokyo no korasu 144 intertítulos
  - Umarete wa mita keredo 161 intertítulos
  - Seishun no yume wa ima izuko 186 intertítulos
  - Tokyo no onna 120 intertítulos
  - Hijosen no onna 293 intertítulos
  - Dekigokoro 393 intertítulos
  - Haha o kowazu ya 197 intertítulos
  - Ukigusa monogatari 266 intertítulos
  - Tokyo no yado 303 intertítulos

Fuente: *Ozu and the poetics of Cinema.* New Jersey : Princeton University Press, 1988, p. 377.

10 THOMPSON, Kristin. "Notes on the Spacial System of Ozu´s Early Films". *Wide Angle,* 1977, v. 1, nº 4, 1977, p. 13.

11 En: OZU, Yasujiro. "Ozu on Ozu : The silents". *Cinema (Los Angeles).* 1970, Summer, v. 7, nº 3, p. 24.

XXII. DESDÉN DEL TIEMPO Y EL ESPACIO

Figura 189
Días de juventud

Figura 190
Días de juventud

Figura 191
Días de juventud

Figura 192
La mujer proscrita

Figura 193
La mujer proscrita

temáticos y estilísticos que emprenden han de ser radicalmente distintos entre sí.

En el método clásico de planificación, la mirada es fundamental para establecer la continuidad. La mirada atrapa la atención del espectador; le implica en la película. Así, cuando dos personajes dialogan, uno frente a otro, el uno mirará ligeramente hacia un lado, mientras que su interlocutor lo hará hacia el lado contrario. De este modo el espectador se sitúa en el cruce de las miradas; esto es: en el eje privilegiado sobre el que aquél ocupa la posición central. Procediendo así, el cambio de plano se produce de manera natural; el corte es prácticamente invisible, pasa desapercibido.

Tanto Mizoguchi como Ozu estaban familiarizados, desde el principio de sus carreras, con el desarrollo del lenguaje cinematográfico en los países occidentales. Incluso los incipientes trabajos de ambos dan fe de su admiración hacia dicho canon, así como de su asimilación del mismo. Y es precisamente su conocimiento y práctica de los modelos extranjeros lo que les capacita para realizar opciones personales de una forma más consecuente: en ambos casos se produce una quiebra voluntaria con dichos códigos foráneos, lo que además se produce a lo largo de la primera mitad de los 30, precisamente los años en que, como bien argumenta Noël Burch, se exaltan los ánimos nacionalistas en Japón; cuando la voluntad expansionista y el rechazo de lo occidental estimula más poderosamente las formas artísticas autóctonas.

Los estudios que realizó el investigador franco-americano le permitieron reconocer que en el cine japonés de los años 20 las continuidades de las miradas podían ser tanto correctas como incorrectas. Esto tampoco es novedoso, puesto que algo parecido sucedía por entonces en el cine occidental, en el que con frecuencia se producían transgresiones a una norma que todavía estaba formándose. No obstante en las cinematografías dominantes se tiende progresivamente a respetar la continuidad en las miradas, y particularmente desde mediados de la década, cuando se incorpora a la producción la *scriptgirl,* o secretaria de rodaje. Que no en vano una de sus funciones es, precisamente, velar por la continuidad entre planos.

De este modo Burch, y con él Kenji Iwamoto en Japón, concluyeron sus pesquisas reconociendo que *"el sistema de montaje occidental era fundamentalmente irrelevante para el proyecto del cine japonés, y así lo fue durante varias décadas".* Aunque los cineastas japoneses conocían holgadamente los desarrollos de las técnicas de montaje que experimentaba el cine occidental desde principios del siglo, no estaban interesados en usarlas del mismo modo que lo hacían sus colegas americanos y europeos. Los espectadores japoneses, que veían y admiraban las películas extranjeras, no llegaban a apreciar las técnicas de montaje occidentales en las propias películas japonesas, condicionadas por la narración extradiegética del *benshi,* a la que nos

**Figura 194
Corazón
vagabundo**

**Figura 195
Corazón
vagabundo**

Figura 196-199 Dónde están los sueños de juventud?

referimos con anterioridad.

Burch apoya sus conjeturas en el fracaso en taquilla que sufrieron algunas películas japonesas, realizadas bajo inspiración occidentalizante, durante los años 20. Y fue esta indiferencia hacia los códigos de montaje occidentales las que fraguaron, a su modo de ver, la espléndida singularidad que conoció el cine japonés de los años 30. El primitivismo de la década precedente, basado de forma natural en experiencias anteriores, condicionó los mecanismos del montaje en Japón. Burch cita como ejemplos las tomas prolongadas de Mizoguchi; pero también las peculiaridades en la continuidad de miradas en el cine de Ozu.

Lógico es concluir que, sin desmerecer sus logros artísticos, las transgresiones sobre la convención occidental no son patrimonio exclusivo ni de Mizoguchi ni de Ozu: semejante sensibilidad rupturista estaba arraigada, y hundía sus raíces en la peculiar tradición cultural y escénica que había heredado el cine japonés desde sus mismos comienzos[12]. No sobra recordar que también Mikio Naruse, otro gran cineasta japonés frecuentemente emparejado con Ozu, también altera a menudo la continuidad en las miradas de sus interlocutores.

Pero el caso se ejemplifica perfectamente en la obra de Ozu. Como vimos, y a tenor de los testimonios conservados, nuestro director se mostraba fascinado por el cine de Hollywood, al que conocía bien tras haber visto muchas películas desde los años de adolescencia. Asimismo manejaba libros sobre teoría y técnica cinematográfica en los que se aludía a la correcta manera de organizar la continuidad en el cine. Semejante conocimiento teórico y práctico le capacitaría para, voluntariamente, concebir un sistema alternativo, que crease sus propias reglas a la hora de representar el espacio cinematográfico.

A través de las especulaciones que se hace con su uso, éste se libera: al cabo dicho espacio no tiene que estar plenamente sometido a las exigencias narrativas de la película[13]. O, por decirlo en otras palabras, cabe admitir un planteamiento cinematográfico que no se someta tan sólo a la lógica narrativa, tal como la aplica el modelo clásico de Hollywood. En particular, la equiparación de las miradas en el uso del plano / contraplano se vincula con la práctica compositiva, asimismo habitual en Ozu, del *sojikei,* un efecto encaminado a equiparar visualmente a los personajes, a menudo hermanados cordialmente (Figuras 194-195).

Cabe destacar, ante todo, que nuestro cineasta no se mueve impulsado por ninguna voluntad rupturista, del mismo modo que sus errores de *raccord* no responden, con toda seguridad, a un deseo de violentar las reglas comúnmente aceptadas. Dicho en otras palabras: Ozu no se opone al cine occidental, ni pretende trazar una falla con sus colegas japoneses, ni mucho menos pretende erigirse en renovador del lenguaje cinematográfico. Nuestro director procede con la humildad del artesano cuyo talento le permite, de manera discreta y silenciosa, explorar derroteros novedosos, lo que no le impide alternar el procedimiento convencional con el propio, aún en el seno de una misma escena (Figuras 196-199).

Es de suponer que el cineasta se veía impulsado por un deseo de crítica, más que de ruptura, contra una forma

---

12 BURCH, Noël. " Approaching Japanese Cinema". En: *Cinema and Language* / Stephen Heath and Patricia Mellencamp (ed. lit.). Los Angeles, California : University Publications of America, 1983, p.88-89.

13 THOMPSON, Kristin. "Notes on the Spacial System of Ozu´s Early Films". *Wide Angle,* 1977, v. 1, nº 4, 1977, p. 10.

unívoca de representación. Así se desprende del siguiente testimonio: *"Existe una regla. Cuando filmamos una conversación entre los actores A y B en primeros planos, la cámara no debe cruzar la línea que separa A de B. Primero filmamos un primer plano de A un poco apartado de la línea entre los dos. A mira hacia la izquierda de la pantalla. A continuación trasladamos la cámara a la posición contraria, pero en la misma línea trazada entre A y B, y filmamos un primer plano de B. Así pues, B mira hacia la izquierda de la pantalla. De este modo sus miradas se cruzan sobre las butacas de los espectadores, y da la impresión de que se hablan el uno al otro. Sin embargo, si la cámara cruza la línea, entonces ya no parecería que se hablan entre sí.*

Sin embargo, yo concedo escaso crédito a estas normas gramaticales. A mí no me importa cruzar esa línea para filmar planos de A y de B. De este modo, A y B parecen estar mirando los dos hacia la izquierda. Sus miradas nunca se cruzan. Y sin embargo, parecen estar hablando el uno con el otro. Posiblemente yo sea el único director que filma de este modo en Japón, y tal vez en el mundo. Sin embargo llevo haciéndolo así durante treinta años" [14].

Como se desprende de las siguientes declaraciones, el sistema desarrollado por Ozu proviene de recursos convencionales, de los que se apropiará de una manera original. Como sucede en el modelo hollywoodiense, también Ozu basa su sistema en el uso del plano-contraplano. Nunca negó su admiración hacia el cine americano, y en particular hacia ciertos cineastas de ascendencia europea: Capra, Lubitsch, Chaplin, Ophuls. Pero al contrario que todos ellos, sistematiza el uso del *"falso raccord de mirada":* he aquí una nota propia en su cine que, desde principios de los años 30, agrede el principio de continuidad indisociable del cine clásico[15].

Burch sostiene en sus escritos que Ozu cuestiona el sistema de representación realista de Hollywood, basado en la continuidad orgánica y fluida, encaminado a lograr que el espectador se vea atrapado por las vicisitudes narrativas. El hollywoodiense es, ante todo, un modelo funcional en el que la interpretación y la composición, los movimientos de cámara y la planificación, todos los recursos al fin, se subordinan a la creación de un universo ficticio pero verosímil y por tanto reconocible por los espectadores. Es preciso por tanto respetar

Figura 200
El coro de Tokio

Figura 201
El coro de Tokio

Figura 202
El coro de Tokio

algunos principios esenciales, como son la continuidad, la ilusión de espacio tridimensional y, fundamentalmente, la identificación del espectador con la ficción.

El cine de Ozu, por el contrario, tiende a romper con dicha continuidad; y de este modo hace de las necesidades narrativas una prioridad entre otras. En Ozu los propósitos narrativos corren paralelos a otros objetivos, de naturaleza compositiva y rítmica. Se modula el espacio, el tiempo y el movimiento, que de este modo se ven liberados de la convención.

Resulta particularmente elocuente el uso que se hace del plano / contraplano. El mecanismo habitual de organizar las conversaciones en las películas de Ozu se organiza mediante la sucesión de plano de conjunto / plano / contraplano / y nuevo plano de conjunto. Cuando dos personas dialogan, y aunque guarden mucha proximidad, no se les suele colocar juntos en un plano medio próximo: cada cual ocupará su parcela del cuadro, independiente de la que ocupe su compañero. Los dos contertulios aparecerán juntos en las tomas reservadas al conjunto general del espacio en el que se desenvuelven ambos. Pero a continuación se separará el espacio de uno y de otro mediante sus respectivos planos medios. Concluidos éstos, se recuperará un plano de referencia, en el que vuelven a coincidir juntos. Dichos

---

14 Cita: YOSHIDA, Kiju. *Ozu's Anti-Cinema*. Ann Arbor : Center for Japanese Studies, University of Michigan, 2003, p. 65. Declaraciones inicialmente publicadas en la revista *Geijutsu Shincho*, en Abril de 1959.

15 BURCH, Noël. "¿Un cine refractario?". En: *Itinerarios : La educación de un soñador del cine*. Bilbao : Certamen Internacional del Cine Documental y Cortometraje, etc., 1985, p. 156.

Figura 203
El coro de Tokio

Figura 204
El coro de Tokio

planos- enteros o de conjunto- pueden ser los mismos que precedieron la conversación. Pero también pueden haber mudado su posición original. Así por ejemplo, en ocasiones se inicia una escena a partir de un plano con varios personajes en un punto, y lo concluye en el punto opuesto del plano donde comenzara la acción. Este súbito cambio de plano es llamado por los japoneses *donden,* o reverso súbito[16].

Cada personaje cuenta por tanto con su parcela de espacio, pero también de tiempo. Por lo general se enfoca al actor cada vez que va a pronunciar su discurso: incluso durante el periodo sonoro son raras las ocasiones en que oimos diálogos fuera de campo. Y además se producirá un sutil efecto distanciador: en vez de hacer que las miradas de ambos se crucen, como sucedería en el modelo clásico, será frecuente que ambos personajes miren hacia la misma dirección: como negando la posibilidad de que sus miradas converjan conjuntamente con la del espectador. De este modo el cineasta japonés violenta sistemáticamente una convención universalmente aceptada tras su normalización en el cine de Hollywood[17]. Según Burch esta peculiaridad se hace manifiesta y sistemática a partir de Tokyo no onna (1933)[18]. Sin embargo encontraremos abundantes ejemplos anteriores. Y cabe añadir que dicho rasgo de estilo será característico a lo largo de toda su filmografía.

No faltó quien puso reparos a esta forma inusual de filmar y montar los diálogos. Yoshiaki Hamamura, montador de Ozu, le advirtió de este hábito, a su entender anómalo, invitándole a que lo corrigiera. Ozu le hizo caso, y filmó una escena de las dos formas: una a la usanza convencional, respetando la continuidad en el eje de miradas, mientras que la segunda sería filmada tal como Ozu acostumbraba hacer, violentando dicho eje. Se proyectaron ambas pruebas sobre la pantalla. Cuando vio los resultados, en compañía de su montador, le dijo: *"Pero si es lo mismo, ¿ o no? No hay ninguna diferencia, ¿verdad?"*. En vano se esforzó el desasosegado Hamamura en intentar convencerle de que sí había una diferencia importante: Ozu no quería verla. De modo que, para desazón de Hamamura, Ozu continuó filmando y montando las escenas tal y como, obstinada y voluntariamente, se había propuesto hacerlo[19].

Más allá de la simple anécdota, el suceso ilustra la voluntad del cineasta por crear su propio sistema, al margen de la norma universalmente admitida. El espectador, inconscientemente, extravía su percepción espacial sobre el escenario: el espacio diegético sufre una violentación; la cámara acentúa su presencia; se enfatiza el efecto; y este mecanismo distancia al espectador de la trama: el efecto diegético se ve de este modo disminuido, y el mecanismo de universo ficcional es silenciosamente cuestionado. Esto es: mientras el estilo institucionalizado por Hollywood hace prevalecer la continuidad y la subordinación a los objetivos narrativos, Ozu quiebra este principio produciendo discontinuidad[20].

La obstinada falta de respeto contra el *raccord*, sobra decirlo, tampoco favorece la inclusión del espectador en el mundo imaginario del relato. El receptor no se sitúa dentro de la narración, sino que permanece en el exterior de la misma. Es más: los cambios continuos de perspectiva impiden la identificación con los personajes. Y aunque dicha opción no afecte al desarrollo narrativo, cuanto menos define prioridades: no es tanto su objetivo el plegamiento a un sistema ficcional envolvente y normativo, que capture al espectador, cuanto el desarrollo de un lenguaje poético marcadamente personal. En consecuencia, no se busca la implicación del espectador en el cruce de las miradas de los contertulios, del mismo modo que se siente libre de atentar contra la tiranía de la continuidad. La fragmentación del campo cinematográfico en numerosas celdas indica que la elección del encuadre es libre, a partir de la proliferación de los mismos dentro de un mismo

---

16 BORDWELL, David. *Ozu and the poetics of Cinema.* New Jersey : Princeton University Press, 1988, p. 91.

17 Ibid. , p. 90 - 91.

18 BURCH, Noël. *To the distant observer.* London : Scolar Press, 1979, p. 159.

19 RICHIE, Donald. *Ozu.* Berkeley (etc.) : University of Californa Press, 1974, p. 152-153.

20 Véase: BURCH, Noël. *To the distant observer.* London : Scolar Press, 1979, p. 159-160.

plano. Así lo observa René Palacios: *"Ozu contrapone un campo y contracampo extraño para las 'reglas', que en casi ningún momento contrapone a los personajes. (...) Genialmente, esta manera de componer un diálogo genera un 'tiempo otro`, un 'tiempo más ` que bien puede ser el de la reflexión y plena conciencia de los personajes en cuanto a lo que dicen. Esta especie de tiempo añadido exige una lentitud de interpretación en la que los actores parecerían agregar la conciencia de un devenir continuo del todo"* [21].

Sin embargo, y como Ozu demuestra empíricamente, el salto del eje no entorpece el flujo narrativo. Esto es: no supone un contratiempo grave en la comprensión del relato por parte del espectador; más aún, a muchos espectadores tal anomalía les pasará totalmente inadvertida. El distanciamiento no quiebra la unidad narrativa, ni la eficaz exposición de los sucesos. Todo lo contrario: Ozu era un narrador diestro, que aplicaba su talento narrativo al servicio de su poética cinematográfica. Por esto mismo su narración no exige la complicidad del espectador; sólo su atención y, en los mejores casos, su capacidad emotiva. El propio Ozu, curtido en la contemplación del cine americano, no daba importancia a la tiranía del *raccord;* le parecía una mera cuestión de convenciones, lo que no le impidió utilizar regularmente asimismo la forma convencional a lo largo de toda su carrera. Así resume tan notable singularidad el crítico argentino Quintín: *"Ozu demostró, casi como un científico, que la violación de ciertas leyes del cine clásico no necesariamente conducen a la muerte de la narración, ni a alguna forma de elitismo. Ozu inauguró un camino para la experimentación dentro del cine popular, mostrando que la restricción de ciertos recursos puede enriquecer y embellecer la narración"* [22].

Pues, como se verá, a menudo se hace coincidir la norma propia con la ajena, aun dentro de una misma película: en los planos / contraplanos de Ozu se mezclan los ejes correctos con los incorrectos, si bien a partir de 1932 irán primando los segundos sobre los primeros[23]. Alain Bergala reconoce la convivencia de un doble modelo de continuidad: *"Como en ciertas tablas del Renacimiento, donde coexisten dos sistemas de perspectiva, Ozu utiliza en la misma película un doble sistema de raccord: el raccord clásico basado en el campo / contracampo a la americana, con las*

Figura 205
El hijo único

Figura 206
El hijo único

Figura 207
El hijo único

miradas cruzadas, y el raccord Ozu, donde el campo-contracampo está montado con las miradas, y por tanto los gestos, en la misma dirección" [24].

Por su parte Burch justifica esta opción como una forma de resistencia del cineasta frente a una de las convenciones fundamentales que apuntalan el sistema de representación del cine occidental, para hacer valer una percepción del espacio y del tiempo que es esencialmente distinta de la nuestra, y que se corresponde mejor con la sensibilidad japonesa; pero también con la de otras culturas asiáticas [25].

Y ésta es la cualidad definitoria del cine de Ozu para Noël Burch. Si el mantenimiento del eje de 180° es, para el investigador franco-americano, el pilar fundamental sobre el que se sustenta el sistema de montaje occidental, es precisamente éste el principio que Ozu transgrede de manera sistemática. Tan notable alteración influye en las relaciones espaciales que se producen entre

---

21 *YASUJIRO Ozu /* René Palacios (ed. lit.). Valladolid: 24 Semana Internacional de Cine, (1979), p. 50.

22 QUINTÍN. " El universo Ozu". *El amante cine* (Buenos Aires), 1993, año 3, nº 22, p. 21.

23 BORDWELL, David. *Ozu and the poetics of Cinema.* New Jersey : Princeton University Press, 1988, p. 96.

24 BERGALA, Alain. "Coeur capricieux". *Cahiers du Cinéma,* 1980, Mai, nº 311, p. 35.

25 BURCH, Noël. "Approaching Japanese Cinema". En: *Cinema and Language /* Stephen Heath and Patricia Mellencamp (ed. lit.). Los Angeles, California : University Publications of America, 1983, p. 92 - 93.

Figura 208
Érase un padre

Figura 209
Érase un padre

espectador y personajes: el primero no se ve invitado a integrarse dentro de una trama espacial y argumental ilusoria; antes bien, se fuerza su descentramiento y, por tanto, su distancia con respecto a la misma: una suma de singularidades que aproximan a nuestro cineasta a la sensibilidad de la representación moderna. O, por decirlo en otras palabras, lleva al artista a proponer, por medio de su obra, una crítica *"discreta pero devastadora de los principios fundamentales del cine dominante"* [26].

Entre dichos mecanismos distanciadores además cabe añadir la equiparación predeterminada entre los personajes. Muchos de ellos, como se verá en repetidas ocasiones, aparecen igualados en gestos, en miradas y en actitudes. Con frecuencia los personajes, entre los que se establecen profundos lazos de fraternidad o de afecto, caminan al unísono o realizan actividades a un mismo tiempo.

Tal efecto no se refiere solamente las miradas: también los gestos son correspondientes. Además, y como veremos, con frecuencia los planos / contraplanos son trabados y compuestos de tal manera que ambos personajes aparecen idénticos; como si uno fuera réplica del otro. En ocasiones los actores aparecen vestidos y situados de manera tan parecida el uno frente al otro que casi diríamos que se trata de un solo individuo, que dialoga consigo mismo. Éste es un efecto que se acentuará más en décadas posteriores, cuando el uso del color le permita aún enfatizar dicho efecto.

En opinión de Tadao Sato, los personajes parecen hablarse más a sí mismo que a sus contertulios. Sobre todo los personajes que encarnan las virtudes tradicionales con frecuencia permanecen ensimismados, ajenos a todo cuanto les rodea. Las miradas se pierden en el horizonte, sin llegar nunca a confluir. De este modo la quiebra del eje estaría por tanto justificada, cuando menos en aquellos casos[27].

Hasta el final de su obra Ozu siempre se mostró interesado en crear imágenes análogas de los personajes, en aras de apuntalar la uniformidad visual y la estabilidad compositiva. Pero además la equiparación permite, en especial durante la etapa muda, generar ritmos que podríamos calificar de coreográficos: no sólo los gestos y movimientos, sino también las miradas de los intérpretes experimentan un similar proceso de equiparación. Y esto puede asimismo justificar los particulares usos del montaje de Ozu, conforme a los cuales los personajes parecen estar mirando hacia un mismo punto.

Se ha destacado en distintos lugares aquella escena de Corazón vagabundo en la que Jiro confiesa su amor a Harue: el plano/contraplano de ambos se diseña de tal forma, que él y ella parecen ser réplica la una del otro. Ambos comparten la misma posición y el mismo gesto; él toma la mano de la chica, y ésta corresponde con un gesto análogo, conforme al mismo sentido y posición de brazos, manos y miradas[28]. Pero igualmente merece ser recordado que, antes de dicho ejemplo, habíamos visto un procedimiento semejante en la anterior La mujer proscrita.

Ozu se mostraba particularmente interesado por la belleza de la composición, sin importarle el tomarse libertades con los principios cinematográficos fundamentales. De este modo, el director corta los planos atendiendo más a principios de analogías visuales que a convencionales continuidades en las líneas de mirada[29]. Por otra parte, y a pesar de las licencias que se toma con el *raccord*, nuestro cineasta pone cuidado en establecer la adecuada continuidad espacial, a lo largo de los distintos planos, entre los personajes y su entorno. Así, los personajes filmados continuarán siendo el centro compositivo a partir del cual la planificación va estableciendo los cuadrantes sobre los que la cámara captura las imágenes: de este modo continúan siendo en todo momento el punto de referencia espacial. Pero además dicha fragmentación en cuadrantes hace que la llegada desde el ángulo inicial hasta el que es su contrario (el llamado *donden*) sea

---

26 BURCH, Noël. *To the distant observer*. London : Scolar Press, 1979, p. 160.

27 Cita: BURCH, Noël. Ibid. , p. 160.

28 Véase: THOMPSON, Kristin ; BORDWELL, David. "Space and Narrative in the films of Ozu". *Screen*, 1976, Summer, v. 17, nº 2, p. 41 - 73.p. 66 - 67.

29 RAYNS, Tony. "Tokyo monogatari". *Sight and Sound*, 1994, February, v. IV, nº 2, p. 63. Reproducido en: *OZU' s Tokyo Story* / edited by David Desser. Cambridge : University Press, 1997, p. 165 .

Figura 210
Principios del verano

Figura 211
Principios del verano

menos abrupta[30].

XXII. 3. Al ritmo de la respiración

El cuidado en la composición, cabría resumir, se impone a la convencional práctica de la continuidad. Como se ha visto, Ozu mostraba escaso respeto por el *raccord*, al que en todo caso subordinaba a sus intereses compositivos. Con frecuencia los objetos utilizados en una misma escena eran descolocados, cuando la cámara se emplazaba en distintas posiciones para filmar diversos planos. No interesa tanto el *raccord*, pues, cuanto la composición que a Ozu más le convenía. Incluso cuando dos personajes permanecen sentados uno al lado del otro, o separados en 90°, ambos son filmados frontalmente, lo que produce la impresión de que ambos se hallan uno frente a otro, y se miran a la cara. Tales licencias provocan una continua incertidumbre en torno al espacio cinematográfico: el espectador no alcanza a reconstruir cabalmente el entorno espacial, ni la disposición de los personajes sobre el mismo.

Las líneas de las miradas de Ozu tienden a no confluir: ni en el mismo plano, en que los personajes no suelen mirarse los unos a los otros, pues sus miradas divergen, ni mediante la oposición entre planos y contraplanos, puesto que la ruptura del eje impide que las miradas confluyan con la del espectador, lo que produce la sensación de que no se miran entre sí. Este ha sido uno de los rasgos de su estilo que mayor atención ha despertado, incluso entre los miembros de su propio equipo, quienes a menudo le hacían ver que sus libertades arremetían contra las normas de continuidad. Ozu solía responder diciendo que la continuidad podía cuidar de sí misma, y que él se cuidaría de su película.

Masahiro Shinoda, uno de los más destacados cineastas japoneses de los años 60 y 70, fue ayudante de dirección de Ozu en Crepúsculo en Tokio. Y recuerda que durante el rodaje de una escena encargó que todos los objetos de la mesa fueran movidos en un plano hacia la izquierda, y en el siguiente hacia la derecha. Ni que decir tiene que el joven ayudante, curtido en las buenas normas de la prosodia cinematográfica, se sentía desconcertado por las libertades que su maestro se tomaba: *"Me dejó tan perplejo que le dije que, si hacía eso, arruinaría la continuidad de la escena, y que todo el mundo se daría cuenta de que las botellas y el cenicero habían cambiado de sitio. Se detuvo; me miró y me dijo: "¿Continuidad? Ah, ya. Te equivocas. La gente nunca se fija en esas cosas. Y colocándolos de este modo la composición sale mucho más favorecida". Por supuesto que tenía razón; la gente no se fija en esos detalles. Cuando vi las pruebas, no noté nada anormal en aquellas escenas"*[31].

También Shohei Imamura, quien se inició bajo la tutela de Ozu, alude a las sorprendentes libertades que aquél se tomaba con el raccord cinematográfico: *"Cuando era su asistente no alcanzaba a verlo. Pero cuando pasé a dirigir, advertí que su articulación no tenía criterio. Él decía que dos planos de una misma escena no precisaban tener ligazón. Cambiando de plano aparece, de repente, un objeto totalmente diferente, que es necesario para el plano, mas no para articular la secuencia. Yo no percibía que la ligazón era completamente ignorada, puesto que me tocaba correr con los objetos en la mano. Ahora en cambio lo veo muy bien: en el caso de Ozu, la preferencia no tenía fundamento teórico; antes bien parecía provenir del ritmo de su propia respiración"*.

En palabras de Noël Burch, la ruptura del eje convencional es una muestra de la ruptura con los mecanismos ilusionistas propios del cine de Hollywood. Sin embargo éste no era el objetivo de Ozu. Posiblemente la única justificación fuera la conquista de la máxima belleza en las composiciones, aun en detrimento de los protocolos de urbanidad más arraigados. Sin embargo la violentación de algunas normas comúnmente respetadas descubre un cineasta silenciosamente inconformista y transgresor. Por esto mismo el investigador americano añade: *"ninguna explicación puede justificar satisfactoriamente esta decisión de Ozu. Sus plenas*

---

30 BORDWELL, David. *Ozu and the poetics of Cinema*. New Jersey : Princeton University Press, 1988, p. 100.

31 Cita: RICHIE, Donald. *Ozu*. Berkeley (etc.) : University of Califorrna Press, 1974, p. 126.

implicaciones pueden ser aprehendidas sólo al situarlas en el conjunto de elecciones seminales que conforman la obra madura de Ozu. Tal como se han descrito, pueden ser entendidas como una crítica, discreta pero demoledora, de los principios fundamentales del cine dominante" [32].

Las soluciones que adopta el cineasta, en efecto, producen efectos visuales que de ningún modo están justificados por exigencias narrativas. El estilo de Ozu genera un canon cinematográfico peculiar, que rechaza de manera silenciosa, sin estridencias de ningún tipo, los objetivos ilusionistas y narrativos que son habituales en el cine americano: el que, por otra parte, más gustaba a Ozu, pero del que se esfuerza por distanciarse. Aun en su discreción, sus formas cinematográficas minan las normas de continuidad y arremeten contra las convenciones diegéticas impuestas por el cine dominante. La forma de planificar y montar del cineasta japonés llega a desconcertar el sentido espacial del espectador, habituado a consideraciones escénicas más precisas. Sus películas desarticulan a menudo la continuidad del montaje; se liberan de la tiranía narrativa, en suma, para asumir otras prioridades. Todos estos efectos, poéticamente elaborados por un cineasta volcado hacia la belleza de las formas cinematográficas, serán reivindicados de manera mucho más violenta por los posteriores cineastas modernos y transgresores que se oponen frontalmente a las formas de representación oficialmente instituidas. Seguramente por los mismos que, en el mismo Japón, desdeñaban a Ozu y le consideraban caduco y desfasado.

XXII. 4. El plano bien temperado

Como se está viendo, Ozu utiliza un número muy limitado de recursos; pero los utiliza insistentemente, de manera muy escrupulosa y muy precisa. De manera que al espectador habituado, o simplemente a aquel que sigue la película con atención, no le resulta difícil hacerse con los códigos que le van a permitir organizar la película y reconocer los juegos de correspondencias. Una de las muestras más consistentes es su sistema de planificación. Sus presupuestos a la hora de articular los planos siguen un orden rítmico que explotan al máximo la concepción cíclica que comparten a menudo tanto las películas como las propias escenas. Como señaló Donald Richie, éstas suelen comenzar utilizando la escala en orden decreciente (plano general; plano de conjunto; plano entero; plano medio); y en escala creciente cuando

aquélla concluye (plano medio; plano entero; plano entero; plano de conjunto; plano general), lo que permite desarrollar un ritmo cinematográfico tan sencillo como genuino [33]. El investigador norteamericano apoya sus conclusiones en la autorizada voz de Tadao Sato: *"La gente dice que Ozu no tiene tempo. Sin embargo sí lo tiene: el suyo propio"*: un tempo lento y regular, pero al mismo tiempo reconocible.

La repetición de planos organiza referencias cruzadas entre las escenas, además de establecer simetrías: se relaciona una escena con la precedente por medio de planos similares, aunque sometidos a tenues variaciones, que sirven como frontispicio o colofón de los distintos episodios. De este modo las propias escenas que se ven custodiadas por estas puntuaciones remiten a su vez a otras escenas anteriores o posteriores. Desarrollando un meticuloso trenzado de escenas interrelacionadas, dichas tomas repetidas contribuyen a organizar estructuras cerradas, cíclicas, actuando como elementos moduladores; como nexos de unión.

El método de componer y planificar de Ozu se basa en un continuo trenzado de planos e imágenes en los que se juega con la repetición y con variaciones. Las mismas imágenes, los mismos motivos, los mismos objetos, se verán repetidos sistemáticamente, si bien sometidos a un leve proceso de variación que los hace similares, pero al tiempo distintos. Tal y como sucede en sus películas, todas ellas parecidas, pero al tiempo todas diferentes. De igual modo los objetos y las personas aparecen y reaparecen, pero sufriendo unas levísimas diferencias; sometidos a un orden mutable al fin, pero cuya mutación es prácticamente imperceptible, como lo es el proceso de la propia experiencia humana. En este orden de leves mutaciones las diferencias las traza su disposición espacial; y muy particularmente el punto desde el cual los aprehende la cámara.

Los planos son de corta duración, con alguna notable escena en la que rebasan un minuto. El cineasta nunca interrumpe el diálogo para cambiar de escena. Incluso sus últimas películas, tan pausadas y serenas, recuperan un promedio de 7 segundos, lo que autoriza a Bordwell a considerar:*"Ozu no sólo era el director de la imagen: también lo es del corte"*. Y, por supuesto, del corte controlado [34]. Una anécdota aún

---

32 BURCH, Noël. *To the distant observer*. London : Scolar Press, 1979, p. 160.

33 Véase: RICHIE, Donald. "Yasujiro Ozu : the syntax of his films". *Film Quarterly*, 1963, Winter, v. 17, n. 2, p. 11 - 16. Véase además: RICHIE, Donald. *Ozu*. Berkeley (etc.) : University of California Press, 1974, p. 162. El investigador americano encuentra analogías entre esta fórmula (1-2-3 ; 3-2-1) y el patrón binario a-b-a, en soluciones primmero descendentes, y a continuación ascendentes.

34 BORDWELL, David. *Ozu and the poetics of Cinema*. New Jersey : Princeton University Press, 1988, p. 89.

trivial ilustra el caso: Hisaya Morishige, un comediante de prestigio, fue contratado para intervenir en El otoño de los Kohayagawa, en la que interpretaba al taurino y fogoso pretendiente de Setsuko Hara. Poco habituado a los métodos de rodaje de Ozu, llegó a quejarse por la breve duración de sus planos: *"sólo duran diez o veinte segundos cada uno. ¿Tan malos son los actores de la Shochiku que hay que cortarlos de inmediato? En la Toho podemos mantenernos ante la cámara durante dos o tres minutos, si nos dejan"*. Ozu se sintió vivamente ofendido ante estas impertinentes observaciones, que ignoraban las peculiaridades de su método[35].

La cámara puede desplazar su posición, tras el corte, bien lateralmente o bien circularmente en torno a los personajes, en ángulos de 45/ 90°, tal como apreciaron Thompson, Bordwell y Branigan. Situaciones más sofisticadas podrían conllevar la interrelación de desplazamientos circulares y laterales[36]. De manera más específica, Bordwell reconoce en Ozu *"un maestro del corte en movimiento"*, aunque realice la técnica de manera poco ortodoxa: los personajes son filmados mientras realizan un leve desplazamiento. Entonces, y siguiendo un modo de fragmentación habitual en él, cambia la posición de la cámara, situándola frente a la toma anterior, trasladándola en 180°. Antes estaban de frente, y ahora de espaldas; pero cambia su posición en el cuadro. Los movimientos de los personajes son quedos, y los encuadres son similares tanto en un plano como en el anterior; *"pero debido a la coherencia de la altura y la distancia de la cámara se crean encuadres similares, con lo que el efecto del corte es hacer que parezca, momentáneamente, que la pareja tropieza consigo misma"*. Por si esto fuera poco, sus posiciones en la pantalla también se invierten.

Cada vez que un personaje se mueve, o se levanta, la composición se quiebra. Para evitar esto, Ozu reencuadra mediante un nuevo plano, en el cual el movimiento pueda verse reflejado sin arruinar la organización del cuadro. No importa que el personaje que fuerce el reencuadre sea secundario en el curso de la acción: siempre se procederá de la misma foma; y el director se mostró extremadamente inflexible y escrupuloso en este tema.

Cineasta riguroso y consecuente, Ozu dio muestras de gran pericia, y de una técnica muy depurada, al ser capaz de observar sus normas de planificación en los reducidos límites de una habitación japonesa donde la gente se sienta sobre el *tatami*. Y lo hizo a lo largo de una filmografía dilatada. El número de planos en Ozu se encuentra limitado, como limitados son los recursos que componen su utillaje artístico. Sin embargo, el espectador difícilmente podrá anticipar cuáles serán los planos que sigan al que presenciamos. Dada la libertad que cobra el espacio, que puede llegar a desvincularse de la narración, el plano que concluya la escena, a guisa de puntuación, puede ser un plano vacío del escenario, o bien un plano de un rincón de la casa que no se ha filmado, o incluso de otro paraje o edificio ajeno por completo a lo que se ha visto.

De este modo cada escena suele comenzar con planos de situación espacial: planos generales y de conjunto que acotan y delimitan el espacio en el que ha de transcurrir la acción. Dichos planos, como se ha visto, pueden guardar alguna relación con lo que aguarda a continuación; pero asimismo pueden hallarse al margen de la acción y de las consiguientes exigencias narrativas. En este sentido, Ozu se desenvolvía con gran libertad. El plano general y el plano de conjunto, que a menudo puntúan y delimitan las distintas escenas, asimismo sitúan a los personajes en su entorno espacial. Encontraremos algunos magníficos ejemplos en las escenas de exteriores de Principios del verano. Pero esto mismo sucede en los interiores: en las escenas que comparten varios personajes se parte del plano de conjunto, en el que figuran todos los participantes. Después se va enfocando, frontalmente y de forma alterna, a cada uno de ellos para ir desarrollando la escena. Este procedimiento, como se verá, es muy frecuente en las escenas de bares y restaurantes que menudean en las últimas películas del cineasta, como Flores de equinoccio, Otoño tardío o Tarde de Otoño.

En estos espléndidos ejemplos los primeros planos se limitan a tomar a los actores a la altura de los hombros. En realidad, y a lo largo de toda su filmografía, el juego entre el plano entero y el plano medio dispensa el terreno fundamental sobre el cual Ozu construye su canon. Por el contrario, el uso del primer plano es muy limitado; y siempre es largo: nunca llega a convertirse en primerísimo primer plano: el corte se sitúa por debajo de los hombros, de modo que cabe hablar con propiedad de primer plano largo, o de plano medio corto. Las escenas en que mejor apreciaremos esta técnica será en aquellas que recojan conversaciones entre distintos personajes. En estos casos, muy abundantes a lo largo de todas las películas, se contrastan los primeros planos: unos frontales, y otros en tres cuartos. Los momentos más llamativos serán aquellos en los que se igualan los planos de los dos contertulios: ambos son filmados frontalmente, con similares vestidos, y compartiendo

---

[35] RICHIE, Donald. *Ozu.* Berkeley (etc.) : University of Californa Press, 1974, p. 177.

[36] Véase: BRANIGAN, Edward. "The Space of Equinox Flower". *Screen,* 1976, Summer, v. 17, nº 2, p. 92 - 93.

similares gestos y similares decoraciones. De hecho el uno parece reflejo del otro. En otros muchos casos los personajes se disponen en perfil. Cuando esto sucede, será frecuente que uno de ellos se gire hacia la cámara, tras lo cual pronuncia su discurso, y vuelve a mirar de perfil. También en estos ejemplos los personajes son igualados mediante calculados efectos de composición que equiparan a los personajes como si el uno fuera reflejo del otro. Tendremos ocasión de destacar ejemplos extraordinarios en las escenas que comparten Setsuko Hara y Yoko Tsukasa a lo largo de El otoño de los Kohayagawa.

En el curso de las conversaciones los personajes hablan siempre encuadrados, renunciando a las posibilidades de fuera de campo que ofrece el plano / contraplano convencional. En los diálogos, Ozu nunca corta mientras uno de los personajes está hablando. Nunca emiten un discurso prolongado; las frases serán siempre breves, pero en tanto no han pronunciado hasta la última sílaba, Ozu no cortará el plano[37]. La forma en que Ozu inserta los diálogos entre las imágenes es sumamente particular, lo que lleva a algunos críticos a asegurar que no tienen parangón en la historia del cine, llegándole a vincular con los ejercicios rupturistas de un Godard[38].

Ozu suele comenzar las escenas con uno o varios planos intermedios, conforme se vio. A continuación vendrá un plano entero o de conjunto, en el que ya aparecen los personajes. En el curso de la conversación se toman planos más próximos de los contertulios, ora frontales ora en tres cuartos. LLegado un momento, Ozu recuperará el plano entero o de conjunto, que puede ofrecer alguna leve variación con respecto al anterior. Y, por último, la escena se cerrará cíclicamente mediante un nuevo plano intermedio, que puntúa la escena y la separa de la posterior.

A menudo, en vez de mirar el uno hacia la izquierda y el otro hacia la derecha (o viceversa), como sucede en el modelo clásico, los dos miran hacia la misma dirección. El plano / contraplano, de este modo, no se construye sobre la oposición, sino sobre la equiparación de miradas. No se busca tanto el contraste cuanto la similitud: los personajes son equiparados por las miradas, pero también por movimientos, que realizan al unísono, por vestuario, e incluso por los objetos- platos, vasos, botellas- que se disponen ante ellos.

Las miradas compartidas podrían sugerir -aunque no siempre lo hacen- una sintonía espiritual, lo que es

---

37 David. *Ozu and the poetics of Cinema.* New Jersey : Princeton University Press, 1988, p. 273.

38 Véase: TOMASI, Dario. *Viaggio a Tokyo.* Torino : Lindau, 1996, p. 63 - 64.

Figura 212
La esposa de noche

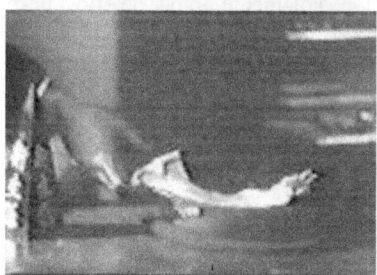

Figura 213
La esposa de noche

Figura 214
La esposa de noche

justificado por la dirección común: las miradas de ambos apuntan hacia un mismo sitio. En los casos de las tomas frontales, los actores miran hacia la cámara, aunque raramente lo hacen hacia el centro del objetivo. Antes bien, la posición baja de la cámara sesga ligeramente la dirección de la mirada, que se sitúa en un punto ligeramente por encima del objetivo.

Si los planos próximos nunca lo son demasiado, tampoco son frecuentes los planos detalle, aunque de éstos encontraremos algunos ejemplos que, a modo de sinécdoque, representan a los personajes. Encontraremos tal caso ya en Días de juventud, durante la escena del montepío en la que el estudiante desaprensivo vende sus libros; y su uso aún se mantiene aun de forma esporádica en Primavera tardía, en el plano que muestra las manos del anciano padre pelando una manzana.

XXII. 5. El telón transparente

Son declaraciones del director: *"Durante el rodaje de Nací, pero... decidí no utilizar jamás el fundido y terminar cada escena cortando. No he utilizado el fundido después ¿no es verdad?. El fundido no es un elemento de la gramática cinematográfica, sino simplemente una propiedad de la cámara*"[39]. Aunque sí recurrió a este mecanismo de puntuación después de aquella película, su uso se vio progresivamente reducido hasta su extinción.

Como se verá en el capítulo filmográfico, sus primeras películas utilizan pródigamente, y con efectos convencionales de puntuación, el fundido en negro. A partir de 1931 se comienza a eliminar los fundidos. Así, El coro de Tokio contiene solamente un par de ellos. Pero otras películas de este periodo no incluyen ninguno.

Por otra parte no es cierto, como se ha dicho, que Ozu sólo utilizase los encadenados en Kaisha- in seikatsu (Historia de un oficinista, 1929), película perdida por añadidura[40]. El equívoco proviene, en realidad, de los propios testimonios del cineasta: *"Es cierto; en aquella película utilicé encadenados, un recurso que no manejo; pero lo hice una sola vez. Lo utilicé para sugerir la llegada de la mañana. Pensé que sería útil, pero al final resultó no tener gracia. Sin duda puede ser un buen recurso, dependiendo de su utilización. Pero ¿no resulta falso la mayor parte de las veces? y yo no quiero imágenes falsas en mis películas"*[41]. Sin embargo, las declaraciones de Ozu, muchas veces recogidas de entrevistas, acusan fallos de memoria. Lo cierto es que ya habíamos encontrado un uso consecuente de este signo de puntuación para marcar elipsis temporales.

Así, en Días de juventud (1929) la mudanza de Watanabe había sido resuelta por medio de encadenados. Previamente las panorámicas iniciales por la ciudad se habían concatenado de esta forma. Otro tanto sucederá durante la marcha por la montaña, además del trávelin de descenso que nos conduce desde el exterior del refugio hasta su interior. También en La esposa de noche (1930) se utiliza el encadenado para enfatizar el efecto de sorpresa que produce la llegada del policía a la casa del ladrón.

Es comprensible el olvido de Ozu, ante el desdén que semejantes artificios le producían. Para nuestro cineasta, que no tardó en desterrar el encadenado de su repertorio, también el fundido es un recurso artificial. El único ejemplo que destaca de su uso es el que consiguiera su admirado Chaplin en A woman of Paris (1923), película que elogia por su destreza: *"No se ve un uso tan perfecto de la técnica más que una vez cada veinte años. Todos los demás apenas lo logran"* [42].

Él mismo no se sentía satisfecho con los resultados que obtenía con los signos de puntuación. Y de este modo emprende la búsqueda de mecanismos más orgánicos que le permitan separar las escenas, así como componer ritmos a partir de las propias imágenes. Tales objetivos le llevaron a buscar soluciones de puntuación distintas a las habituales. De este modo, y de manera particular a partir de El coro de Tokio (1931), se va prescindiendo de los signos de puntuación convencionales, para irlos sustituyendo por planos espaciales. En aquella película, importante en la evolución del cineasta, sólo se utilizan los fundidos en negro en un par de ocasiones. En el resto de las escenas serán sustituidos por planos desprovistos de presencia humana.

El nuevo sistema de planificación, que convivirá con los fundidos durante los últimos años del periodo mudo y los primeros del sonoro, se irá perfeccionando a lo largo de las siguientes obras. Por esta razón el uso del fundido no fue proscrito, aunque sí limitado, a lo largo de los siguientes años.

Los inconvenientes técnicos que halla en su uso menoscaban el rigor formal que persigue el cineasta: *"El caso es que no tenemos buen material. Filmo desde muy abajo, y no hay cámara capaz de moverse a semejante altura. Además, no quiero que el público perciba los movimientos de cámara. Cuando los hago, quiero que pasen desapercibidos. Peor aún, los fundidos disminuyen la calidad de la imagen"* [43].

Ni siquiera las mejoras técnicas hicieron cambiar en el futuro la actitud del cineasta hacia estos signos de puntuación, que se vieron completamente relegados. En su lugar se utilizan planos de edificios, de calles, o detalles de los mismos que nos introducen en la acción. Dichos planos se ajustan mejor a las exigencias rítmicas y compositivas que, como se ha dicho, eran prioritarias en el ejercicio de su arte. Nótese en efecto que dichos planos espaciales pueden ser completamente ajenos a la trama, guardando una singular independencia con respecto a la misma. Su uso, por tanto, no encuentra ninguna justificación diegética. El crítico japonés

---

39 OZU, Yasujiro. "Pour parler de mes films". *Positif : Revue du Cinéma*, 1978, Février, nº 203, p. 17-25.

40 SATO, Tadao. *Currents in Japanese Cinema*. New York : Kodansha International, 1982, p. 190.

41 Cita: SATO, Tadao. "O estilo de Yasujiro Ozu". En: *OZU : o extraordinario cineasta do cotidiano*. (Sao Paulo) : Marco Zero ; Cinemateca Brasileira ; Aliança Cultural Brasil-Japao, 1990, p. 67. El autor confirma el escaso aprecio que Ozu sentía por este recurso, pero asismismo sugiere que sí llegó a usarlo en otras ocasiones. Nos basamos para ello en el testimonio de Akira Fushimi, rotulista y colaborador de Ozu durante su etapa muda, quien aseguraba que *"Ozu nunca estaba satisfecho con las sobreimpresiones a causa del revelado de la época"*. No es menos cierto que en los últimos años de su carrera, cuando las técnicas habían mejorado, nunca llegó a utilizar los encadenados.

42 Declaraciones recogidas en: IIDA, Shinby ; IWASAKI, Akira. "Entrevista com Yasujiro Ozu" En: *OZU : o extraordinario cineasta do cotidiano*. (Sao Paulo) : Marco Zero ; Cinemateca Brasileira ; Aliança Cultural Brasil-Japao, 1990, p. 157 - 160.

43 En: Ibid., p. 157 - 160.

Keinosuke Nanbu los denominó *"planos-telón"*, por cumplir un efecto equivalente al mecanismo escénico europeo para separar las escenas[44].

También en ocasiones el uso de manos y piernas pueden cumplir, además de como sinécdoque, un cometido de puntuación orgánica[45]. Así lo veremos en la temprana Días de juventud y en la posterior ¿Dónde están los sueños de juventud? (1932), en las que el uso de las manos representa el acuerdo social. En Caminad con optimismo la sucesión de piernas y pies avanzando deprisa imprime una dinámica febril que contrasta con el propio título de la película. En esta última también encontraremos imágenes de sombreros apilándose en perchas como muestra de rutina laboral; pero la interacción de dichas imágenes cumple asimismo el cometido de separar la presente escena de la anterior (véanse las figuras nº 615 y nº 637). Tanto en Días de juventud, como en la ya mucho más refinada El coro de Tokio, los objetos que se apilan para mostrar desorden y abandono desempeñan asimismo la función de puntuar las escenas[46].

En correspondencia con el afán experimentador del que hace gala en sus primeras películas, encontraremos singulares ejemplos de fundidos orgánicos: el más sorprendente es el fundido en blanco que produce la nieve en Días de juventud. Pero además el paso por el túnel en Caminad con optimismo provoca un falso fundido en negro (véase la figura nº 627). También al apagar la lámpara en Historia de hierbas flotantes se produce un efecto semejante al fundido. Este mismo procedimiento se repetirá en Un albergue en Tokio (1935), la última película muda conservada del cineasta, en la que aún se utiliza residualmente el fundido en negro.

De manera similar, en Caminad con optimismo una persiana al abrirse y al cerrarse origina sendos ejemplos de cortinillas diegéticas . No es éste el único ejemplo de esta naturaleza en la obra de Ozu. En otras ocasiones la cámara se mueve ante un árbol, cuyo tronco produce un efecto similar al de la cortinilla. Encontramos ejemplos de este recurso en películas mudas - Nací, pero..., ¿Dónde

están los sueños de juventud?-, pero también en películas muy posteriores, como Las hermanas Munakata (1950).

En Amad a la madre la caída de una puerta corredera actúa como signo de puntuación: una suerte de cortinilla orgánica que pone fin a una escena. En esta misma película también se produce un trávelin espacial en movimiento sobre las copas de unos árboles secos. En el contexto dramático de la película, la imagen alude al periodo invernal. No es la primera vez que sucede en la película, puesto que también la muerte del padre se había producido durante aquel periodo, y nuevamente asociando dicha estación con un momento dramático: la crisis de la familia y el conflicto entre los dos hermanos. El movimiento sobre los árboles, en esta ocasión, permite asociar ambos episodios en la peripecia de la familia.

Posiblemente el fundido en negro y el encadenado, identificados con la narración hollywoodiense, despertasen en el cineasta unas sensaciones placenteras, propias del gran ensueño cinematográfico. Sin embargo tales recursos no se corresponden bien con un estilo depurado, que aspira a representar situaciones y personajes cotidianos bajo una perspectiva poética alejada de aquella admirada ficción ultramarina que permite manipular el tiempo sin apenas limitaciones. Seguramente por esta razón Ozu escribió, en unos momentos personales sumamente difíciles, las siguientes palabras:

"En el cine existe un medio muy simple para acelerar el curso del tiempo, que es el fundido encadenado; no me gusta mucho esta técnica, y no la utilizo prácticamente en mis películas. Sin embargo, recientemente, ya sea antes de dormirme o al despertarme, no me privo de ella: primero me veo durmiendo en Takanawa , en mi habitación del piso; llueve, me levanto y me hallo de nuevo aquí en la barrica de metal que utilizamos como bañera, antes de sentirme transportado, en esta ocasión a Izu, a un balneario... ¡Desdén del tiempo y del espacio: Grande illusion, si se me permite decirlo!"[47].

XXII. 6. La puntuación orgánica

Para separar escenas, Ozu utiliza un número elevado de planos de transición. Ozu concede a estos planos una importancia mucho mayor que la que le dedican otros

---

44 En: SATO, Tadao. *Currents in Japanese Cinema*. New York : Kodansha International, 1982, p. 190. El autor informa, además, que dichos planos son suprimidos en su país cuando se emiten las películas de Ozu en televisión, por ser considerados improductivos. Una muestra más de las aberraciones a las que conducen los prejuicios estéticos a los que se condena al espectador medio: dando por válidos únicamente los usos convencionales, sólo parece útil lo que aporta significación narrativa. Y eso por no hablar de la falta de respeto a la voluntad del artista, tan vilmente ultrajada .

45 GEIST, Kathe. "Yasujiro Ozu : Notes on a retrospective". *Film Quarterly*, 1983, Fall, v. 37, nº 1, p. 2 - 4.

46 THOMPSON, Kristin. "Notes on the Spacial System of Ozu's Early Films". *Wide Angle*, 1977, v. 1, nº 4, 1977, p. 15.

47 OZU, Yasujiro. *Antología de los diarios de Yasujiro Ozu* / edición a cargo de Núria Pujol y Antonio Santamarina . Valencia : Filmoteca de la Generalitat Valenciana (etc.), 2000, p. 92 . Anotación correspondiente al día 25 de Febrero de 1939. Ozu se encuentra en el frente de guerra, y en medio de las incomodidades y carencias del barracón utiliza las convenciones cinematográficos para dejar volar su imaginación. La cita en francés alude, naturalmente, a la película de Jean Renoir del año 1937, asimismo ambientada en tiempos de guerra .

muchos cineastas. Por añadidura, elimina los signos de puntuación para sustituirlos por aquéllos. Los planos de transición no se limitan a describir el espacio en que transcurre la acción. Pueden incluso referirse a espacios ajenos a la casa, de escaso o nulo interés en el flujo de la acción. No solamente conectan escenas; también conectan espacios: el interior y el exterior. El que compete a la acción y el que es completamente ajeno, recordando tal vez que, fuera del reducido perímetro en que transcurre la historia que cuenta la película, pueden existir -existen- otras muchas historias parecidas, acaso objeto de atención de Ozu en futuros largometrajes.

Lo más sorprendente es que muchos de los planos que han de servir como puntuación para separar escenas con frecuencia nada tienen que ver con lo que hemos visto atrás, o con lo que ha de desarrollarse en escenas posteriores. Dicho en otras palabras: son narrativamente prescindibles; no aportan ninguna información espacial o narrativa valiosa para la mejor comprensión o localización de la historia. Demuestran, empero, que en el cine de Ozu el espacio, igual que los objetos, han de cobrar una importancia y una autonomía singulares con respecto a la historia: a menudo se desligan de la misma, por así decirlo, para cobrar una vida propia. Incluso los personajes que recorren estos espacios cobran una función semejante, como si orgánicamente formaran parte de los mismos: a menudo vemos una o varias personas anónimas que atraviesa estos espacios, que con frecuencia son igualmente desconocidos.

De algún modo estas escenas, estos fragmentos espaciales, jerarquizan el espacio; generan ritmos de naturaleza específicamente cinematográfica. Y además contribuyen a delimitar lo principal de lo accesorio; pero al tiempo recuerdan que, al margen de la acción, hay otros espacios y personajes parecidos, pero esencialmente diferentes, que acaso podrían ser objeto de otra película de Ozu.

No parecen tener, por el contrario, ninguna utilidad en una lógica donde imperan los objetivos narrativos. En cualquier cinematografía occidental, a la sombra del sistema de Hollywood, su uso hubiera sido proscrito. Incluso en Japón no se utilizan este tipo de planos de transición: se trata de un nuevo rasgo formal, exclusivo de este artista que se resiste a cualquier clasificación. Sirven como frontispicio regular de ingreso en determinados espacios: los templos de Nara y el acceso al bar Acacia en Las hermanas Munakata, por ejemplo. Muchos de estos planos no se corresponden con el punto de vista de los personajes: es el caso de los planos de apertura y cierre de las escenas que abren las escenas en Nara (pagoda) y en Tokio (rascacielos) en la película anteriormente citada.

Muchos de estos planos comparten el mismo principio de equiparación visual que Ozu practica con las personas. Las mismas normas del sojikei son aplicables a objetos, árboles y edificios, aunque sean muy dispares. Sería el mismo caso del rascacielos y la pagoda anteriormente citados de Munekata shimai, captados desde la misma angulación, con el fin de establecer contrastes entre ambas arquitecturas. Un ejemplo más notable lo brinda Hierbas flotantes, con aquel plano que equipara, merced a la distorsión de la perspectiva, un faro con una botella abandonada en la playa. El desenlace de El otoño de los Kohayagawa nos brinda un ejemplo aún más audaz, al identificar a las dos mujeres vestidas con *kimono* negro entre sí, y a ambas con la chimenea del crematorio donde se consumen las cenizas de su padre.

Los mismos efectos de composición que priman en los interiores (juegos de líneas horizontales y verticales), se practican asimismo en el exterior: esta vez los efectos son producidos por la vertical de algunos elementos (postes eléctricos o telefónicos; chimeneas, edificios), sumados a otras líneas horizontales: los tendidos férreos, cables de luz o tendales. Los bloques de edificios, cabría añadir, no se presentan frontalmente, sino de manera oblícua, reforzando de este modo el efecto de profundidad espacial.

Los tendales dispensan, en efecto, uno de los motivos fundamentales para distinguir el espacio hogareño, del que se convierte en estandarte. Visualmente establece un juego rítmico entre líneas horizontales y verticales que se corresponde con los que se producen en los propios interiores. pero además cumple la función de establecer signos de puntuación para separar las escenas: Véanse los ejemplos de Nací, pero..., El hijo único, Cuentos de Tokio o Buenos días. Pero el ejemplo más singular de todos lo brindará Historia de un vecindario, en la que una manta orinada por un niño, cuya forma recuerda sospechosamente a la de la bandera norteamericana, sirve para puntuar las escenas y para organizar elipsis.

En otros muchos casos la intervención de diversos elementos espaciales sirven para organizar signos de puntuación orgánicos, de los que ya hemos dado algunos ejemplos. En Caminad con optimismo habíamos encontrado fundidos orgánicos en el momento en que se ingresa en un túnel. Otro tanto había sucedido en algunas películas, en las que el fundido venía propiciado por la cobertura o el apagado de unas lámparas, como sucede en Historia de hierbas flotantes y en Un albergue en Tokio. También en Amad a la madre la caída de una puerta corredera actúa como signo de puntuación, como cortinilla orgánica que pone fin a una escena. En Historia de un vecindario advertiremos un nuevo ejemplo de fundido orgánico particularmente singular en la escena de la fotografía, en la que el objetivo finge meterse dentro de la cámara que retrata a la anciana y al niño, y que se oscurece en el momento de apretar el disparador. Estos efectos se mantienen incluso en películas de los años 50: en El sabor del arroz con té verde una habitación queda a oscuras durante unos instantes, hasta que por último se enciende una lámpara. Más tarde se produce el mismo efecto, aunque a la inversa: la mujer apaga las luces, con lo que se produce un fundido en negro orgánico, que no separará escenas sino que produce una suspensión temporal del relato, lo que se resolverá instantes después cuando la iluminación sea restituida.

En Las hermanas Munakata encontramos un ejemplo de cortinilla orgánica, merced al trávelin lateral que describe la cámara sobre el tronco de un árbol. Un efecto semejante se repetirá en Principios del verano, por medio de un movimiento análogo al anterior, pero que esta vez se traza sobre unas estanterías, en el interior de un hospital. También el movimiento de cámara a través de una sucesión de pilastras, en la escena del parque de Tokyo monogatari, actúa como si de una cortinilla orgánica se tratase.

Noriko. Kami ningyô realizada por Miko Misono

XXIII. HUMO Y VAPOR

"Yo creo que lo que me atraía de una película es su aspecto transitorio, evanescente como la bruma."
Yasujiro Ozu[1]

La cualidad transitoria emparenta al cine con la propia experiencia humana. La poética de Ozu se construye sobre el incesante flujo del tiempo; la caducidad de la vida; la fugaz experiencia humana. Esta naturaleza transitoria hace desprender de su cine una continua y penetrante nostalgia, propia del artista que aprehende la vida en un continuo estado crepuscular; que permanece más sensible al oscurecer del ocaso que al brillo del amanecer.

Es muy poco lo que sabemos sobre los personajes de Ozu: sólo algunos bocetos nos informan muy sucintamente sobre sus pasados; pero premeditadamente son numerosas las lagunas que quedan sin cubrir, lo que arroja una sombra de ignorancia o de misterio sobre unas vidas por lo demás tan rutinarias. Por ejemplo, en El coro de Tokio la abrupta elipsis deja en suspenso toda la historia del protagonista, desde que ultima sus estudios hasta que le reencontramos en su vida adulta.

El paso del tiempo en Ozu a menudo se salda mediante el contraste entre distintas generaciones: los antiguos alumnos del profesor son ahora a su vez padres y tutores de niños, como aquél lo fuera de sus pupilos tiempo atrás en El coro de Tokio. El contraste entre generaciones es constante a lo largo de toda la obra de Ozu, tal como confirman sus títulos más señalados: Nací, pero..., El hijo único, Érase un padre, Primavera tardía, Cuentos de Tokio, Buenos días, Tarde de otoño...

El contraste se acentúa cuando apenas hay evolución temporal: las películas de Ozu se concentran temporalmente en una franja de tiempo reducida: unos pocos días; algunas semanas todo lo más. Y, en ocasiones- La esposa de noche - en tan sólo unas pocas horas. El director ordena cronológicamente las secuencias. No hay recuerdos, ni cruces temporales, ni ningún tipo de alteración temporal, como tampoco hay *flash-back* en sus películas[2].

Figura 215
Érase un padre

Figura 216
Primavera tardía

Figura 217
Primavera tardía

La unidad temporal se corresponde con la equivalente unidad espacial: la acción asimismo se concentra sobre un número muy limitado de espacios, con frecuencia próximos o colindantes. Incluso cuando se viaja se hace a ciudades que están más o menos próximas. Los desplazamientos son por tanto breves, y normalmente se eluden mediante elipsis.

Por supuesto es posible hallar excepciones: Érase un padre da cuentas de una relación paterno-filial a lo largo de un periodo de tiempo prolongado. En otras, como El coro de Tokio, se produce una brusca elipsis que distancia abruptamente el periodo escolar del protagonista con el de su madurez, ya como trabajador en la empresa y preocupado padre de familia.

Es ésta una estructura semejante a la que utiliza la

---

[1] OZU, Yasujiro. "Pour parler de mes films". *Positif : Revue du Cinéma*, 1978, Février, nº 203, p. 17-25.

[2] En su primera película, Zange no yaiba, de la que no conservamos copia, sí se producían flash-backs, así como duelos y escenas románticas ambientadas en un pasado legendario: toda una sucesión de rarezas que no habrían de repetirse.

película muda ¿Dónde están los sueños de juventud?, o la ya sonora El hijo único. En ambos casos, al igual que en la precedente El coro de Tokio, la acción cuenta con un prólogo inicial; una vez concluido el mismo, y por medio de la elipsis, se produce el reencuentro con los personajes algún tiempo después.

Más abrupta todavía es Amad a la madre (1934): la primera parte transcurre durante la infancia de los dos hermanos protagonistas; la segunda, distanciada de la primera por medio de una pronunciada elipsis, nos permite reencontrar a los dos personajes durante su adolescencia. Y aún concluye con un epílogo, que clausura el relato tres años más tarde.

Debe advertirse que estos saltos temporales tan violentos son practicados por Ozu tan sólo a lo largo de los primeros años de su carrera. El ejemplo más tardío lo brinda El hijo único, que es del año 1936. Desde entonces, se respetará la unidad temporal, limitando las acciones a una franja cronológica mucho más reducida[3].

XXIII. 1. La posición estética

Desde los mismos comienzos de su carrera Ozu desarrolla un estilo y unos temas que se mantendrán a lo largo de toda su obra. La característica más reconocible es el empleo de la cámara baja, a unos cincuenta centímetros sobre el *tatami*. Es ésta una posición por tanto cotidiana, doméstica, íntimamente arraigada en la cultura familiar de los japoneses. Aunque frecuentemente se suele considerar que dicho método se desarrolla a principios o a mediados de los años 30, tendremos ocasión de comprobar que ya las primeras películas conservadas, fechadas en 1929, hacen uso de esta angulación[4].

Donald Richie busca el origen del ángulo bajo que utilizará Ozu a lo largo de toda su carrera; y apunta una justificación cuando menos pintoresca: en El coro de Tokio se pretendía presenciar una escena desde el punto de vista de los niños, en un ángulo bajo con respecto al de los adultos. A Ozu le agradó el efecto que producía tal angulación, y pasó a utilizarla regularmente en su repertorio[5]. Sin embargo no es posible dar por válida esta interpretación, cuando aquella película fue rodada en 1931 y son abundantes los ejemplos que la preceden. Por otra parte la angulación baja es compartida por otros cineastas, como se vio. Entre ellos destacaba Sadao Yamanaka, quien lo denominaba *"plano canino"*, al estar tomado desde el hipotético punto de vista de un perro.

Con frecuencia se ha denominado esta angulación como *plano tatami,* al considerarse que mantiene la posición de un hombre sentado sobre el suelo de las casas japonesas. La cámara permanece inmóvil siempre, a tres palmos del suelo. Lo que, según Richie, la vincula con la práctica ceremonial: es la posición en que se medita; en la que se asistía a los espectáculos tradicionales (como el teatro *Nô,* o el *Naniwa Bushi* con que comienza Corazón vagabundo); es la posición que uno guarda durante la ceremonia del te. Como concluye Richie: *"es la posición estética; es la posición pasiva"*[6].

Pero lo cierto es que la cámara de Ozu se sitúa, en las escenas rodadas en interiores, por debajo de lo que sería la posición de una persona sentada: con frecuencia a unos palmos del suelo, incómoda posición que debía suponer una dificultad añadida al trabajo del operador.

Ozu nunca explicó las razones que le llevaron a adoptar semejante angulación. Tadao Sato sostiene que el cineasta pretendería enaltecer levemente- sin énfasis- a sus personajes mediante esta angulación. Asimismo son de destacar los efectos visuales que semejante posición favorece: permite resaltar la belleza depurada y geométrica de las arquitecturas japonesas. Una vez integrada esta angulación dentro de su estilo, cualquier otro tipo, como el picado, hubiera resultado inconveniente. De este modo, y en beneficio de la uniformidad, se dio por válida esta forma exclusiva de colocar la cámara[7].

El *tatami* forma una urdimbre geométrica, fruto de la interacción de líneas verticales y horizontales, lo que se corresponde asimismo con la disposición de las paredes japonesas, las puertas corredizas-*shoji* y *fusuma* -, y con la propia estética compositiva del cineasta. Las declaraciones del operador Yuharu Atsuta apuntan hacia esta justificación: *"la posición baja de la cámara de Ozu no es adecuada para tomas largas. Marca un ritmo a partir de su combinación con primeros planos largos, planos medios y sus contraplanos. Por consiguiente, la duración de una toma cobra una gran importancia".* Y también: *"El tatami está formado por rectángulos combinados horizontal y verticalmente. Si se filma en*

---

3 Véase: BORDWELL, David. *Ozu and the poetics of Cinema.* New Jersey : Princeton University Press, 1988, p. 53 - 54.

4 Tadao Sato data esta solución en 1935. Sin embargo, los ejemplos son muy anteriores. Ya los encontramos en su primera película conservada, Días de juventud.
Véase: SATO, Tadao. "The art of Yasujiro Ozu". *Wide Angle,* 1977, v. 1, nº 4, p. 45.

5 RICHIE, Donald. *Ozu.* Berkeley (etc.) : University of Californa Press, 1974, p. 114-115.

6 RICHIE, Donald. "Introduction". En: *The major works of Yasujiro Ozu.* New York : New Yorker Films, 1979, p. 3 .

7 SATO, Tadao. *Currents in Japanese Cinema.* New York : Kodansha International, 1982, p. 186 - 187.

posición baja, su textura en cruz llama demasiado la atención. Dirigir la luz en sentido ascendente no sirve, puesto que enfatiza las sombras de la textura. Para evitar esto, se necesita otra luz en el extremo inferior. Demasiadas sombras arruinarían la composición" [8].

Como igualmente podrían arruinarla otras angulaciones: Ozu prácticamente nunca usa el picado, como no sea excepcionalmente, en planos generales tomados desde una altura o desde una ventana [9]. Examinaremos buenos ejemplos de estos casos en películas como Caminad con optimismo, La esposa de noche y La bella y la barba, en estos dos títulos en sus respectivas escenas finales (véanse las figuras nº 770-771).

David Bordwell sostiene que se trata de una forma no antropocéntrica de situar la cámara sobre el escenario, a fin de no imponer ningún punto de vista. Es, por tanto, la base de un sistema narrativo impersonal. El investigador americano se apoya en declaraciones de Masahiro Shinoda, cineasta que hizo su meritoraje en el equipo de Ozu: *"La razón por la que colocaba la cámara tan baja era para impedir que tuviera un punto de vista humano"* [10]. Sin embargo tal apreciación no es convincente, máxime si se considera la preeminencia que cobra la figura humana en las composiciones. Antes bien, consideraremos que de este modo Ozu procuraba optimizar las relaciones entre el espacio y sus pobladores: tanto las personas como los objetos inanimados.

XXIII. 2. Espacios circulares

También en estos años de formación comienza a utilizar la confrontación de dos personajes, situados frontalmente el uno frente al otro, por medio del corte de 180°, que opone francamente al uno y al otro [11]. Pero la conclusión más interesante a la que llegan al respecto David Bordwell y Kristin Thompson, primero conjuntamente, y más tarde aquél en solitario, fue la de destacar la concepción circular del espacio de Ozu, en oposición a la que hizo propia Hollywood. Conforme a dichas conclusiones, Ozu trama un espacio escénico de 360 °, y lo va desgajando en cuadrantes de 45° [12].

El cine americano se desarrolla en torno a un eje de acción imaginario, trazado en torno a un espacio reducido a los 180°: la mitad de un círculo figurado que comprende todo el escenario. Con frecuencia, la otra mitad de dicho círculo permanece invisible; no se le muestra al espectador, quien concentra su atención en la parcela que le propone la cámara. De este modo la cuarta pared de la estancia no precisaba ser construida: la ocupaba la cámara, y nunca llegaría a ser visible. Así pues, el espacio instituído por el cine dominante se limita a operar ante un eje imaginario trazado entre la cámara y los actores, lo que libra un espacio semicircular.

Por el contrario, el cine de Ozu capta a los personajes en todo su entorno, ubicando la cámara en distintos puntos alrededor de los mismos. El área de rodaje, pues, no se limita a los 180° habituales, sino que abarca los 360° completos. Cualquiera de las cuatro paredes del interior puede llegar a ser captada. A partir de aquí Ozu organiza su cuadro desgajándolo en sucesivas porciones de 45°, o múltiplos de la misma: 90°, 135°. Respetando esta calculada proporción, Ozu fija libremente la cámara en torno a los personajes [13].

Conforme a semejante esquema, Ozu colocará la cámara de dos formas: bien en torno a los personajes, o bien en el interior del círculo donde los personajes dialogan. En estos casos, la cámara se situará entre ellos para tomar distintos planos frontales: una forma particular- y que a menudo no respeta la continuidad de las miradas de los actores- de resolver los planos / contraplanos, como se vio. Los investigadores americanos apostillan: *"Ozu no está rompiendo una línea preexistente: ha construido un sistema espacial que es una alternativa absoluta al estilo de continuidad"* [14].

De manera más específica, el esquema de Ozu,

---

8 Citado en: ISHIBASHI, Kiyomi. "Qotes from Yuharu Atsuta". En: *OZU - Atsuta : From behind the camera : A new look at the world of director Yasujiro Ozu : Based on private materials of the late Yuharo Atsuta* / edited by Ken Sakamura and Shigehiko Hasumi. Tokyo : The Tokyo University Digital Museum, 1998, p. 109.

9 SATO, Tadao. *Currents in Japanese Cinema*. New York : Kodansha International, 1982, p. 186.

10 BORDWELL, David. *Ozu and the poetics of Cinema*. New Jersey : Princeton University Press, 1988, p. 79.

11 THOMPSON, Kristin. "Notes on the Spacial System of Ozu´s Early Films". *Wide Angle*, 1977, v. 1, nº 4, 1977, p. 15. En la nota citada la autora se refiere al caso de Una mujer de Tokio.

12 Disponemos de un resumen de dichas conclusiones traducido al español. Véase: BORDWELL, David. THOMPSON, Kristin. *El arte cinematográfico : Una introducción.* Barcelona (etc.) : Paidós, 1995, p. 475- 477

13 El espacio escénico de 360°, en lugar de los 180° normativamente aplicados por el cine de Hollywood, se consolidará en la etapa sonora, y afectará a las películas de la última etapa de Ozu. A estas conclusiones llega, a partir de las premisas desarrolladas por Bordwell, David Desser en: "Introduction : A filmmaker for all seasons". En: *OZU' s Tokyo Story* / edited by David Desser. Cambridge : University Press, 1997, p. 13.

14 THOMPSON, Kristin ; BORDWELL, David. "Space and Narrative in the films of Ozu". *Screen*, 1976, Summer, v. 17, nº 2, p. 55 - 56 y 58 - 59. Véase además: BORDWELL, David. *Ozu and the poetics of Cinema*. New Jersey : Princeton University Press, 1988, especialmente capítulo 10 y p. 475. Los estudios y conclusiones que alcanzan ambos investigadores cuentan con un muy interesante y perspicaz trabajo preliminar: BRANIGAN, Edward. "The Space of Equinox Flower". *Screen*, 1976, Summer, v. 17, nº 2, p. 74 - 105. No sobra recordar que David Bordwell dedicó su libro sobre Ozu precisamente a Edward Branigan (" *Sensei oshiete kureru* "), sin duda reconociendo deudas contraidas con éste.

basado en su aprovechamiento del espacio de 360°, ya se fragua en sus primeras películas mudas, tal como sostiene Kristin Thompson en un artículo que precede al libro de Bordwell. Más aún, la investigadora americana aprecia que en prácticamente cada película se utilizan planos / contraplanos que quiebran el eje de la acción, y que terminan dando la impresión de que ambos miran en la misma dirección, aun cuando se suponga que están mirándose el uno al otro[15].

Por consiguiente, en el cine del japonés un personaje puede ser filmado desde cualquier punto del espacio que le circunda. La cámara, empero, selecciona sólo determinados puntos, de entre los múltiples ángulos posibles. Una vez escogida dicha angulación, las siguientes tomas se efectuarán desde el mismo ángulo, o bien desde otros que respeten siempre una cadencia de 45°. Esto es: situando la cámara a 90°, o a 135°, o a 180°, o a 225°, 270°, o 315° con respecto al primero. Dicho en otras palabras, la cámara no se fija aleatoriamente, sino respondiendo a dicha proporción[16].

Según Bordwell, se trata de una norma frecuentemente utilizada en su cine. Dentro de este sistema, Ozu utilizará planos más o menos próximos, a su conveniencia, pero ajustándose a esta escala de ángulos. De manera que Ozu circunvala literalmente al actor a distintas distancias: diríamos que envolviéndole con su cámara en una sucesión de parcelas concéntricas. En ocasiones la distancia de la cámara con los personajes se acercará o se alejará; otras veces plano y contraplano serán filmados a la misma distancia.

Dicho principio de circularidad se hace todavía más frecuente cuando Ozu filma dos o más personajes sobre el escenario. Tal como sistematiza Bordwell, cuando dos personajes se sientan uno junto a otro, Ozu los considera como si fueran los centros de un círculo, circundándolos siempre en torno a múltiplos de 45°. Otras veces los filma independientemente, trazando planos distribuidos en sendos círculos en torno al uno y al otro. De este modo los personajes permanecen más próximos el uno del otro en la toma distante que en las más próximas.

Figura 218

Figura 219

Figura 220

Figura 221

Organización espacial de Ozu en versión de Vincent Gallo[17]

También es cierto que, en ocasiones, Ozu alterará su norma, si bien esto es precisamente la excepción que confirma la regla. Nuestro cineasta desarrolló sus normas desde muy temprana edad, y por lo común fue consecuente con ellas a lo largo de su carrera. Así, en ocasiones se muestra respetuoso con el eje de 180° a la hora de establecer planos / contraplanos. Y aun en ocasiones mezcla en una misma escena tramos correctos con otros que no lo son. De hecho tendremos ocasiones frecuentes de comprobar que en Ozu conviven las

---

15 THOMPSON, Kristin. "Notes on the Spacial System of Ozu's Early Films". *Wide Angle*, 1977, v. 1, nº 4, 1977, p. 14. Este artículo complementa aquel que escribieron conjuntamente Bordwell y Thompson, citado en la nota anterior.

16 Véase: BORDWELL, David. *Ozu and the poetics of Cinema*. New Jersey : Princeton University Press, 1988, p. 92 - 95. Conforme a los cálculos del investigador norteamericano, los cortes más frecuentes son de 0 o de 180°. Los de 90° y 135° son menos frecuentes. Y mucho más infrecuente, según asegura Bordwell, el corte de 45 ° con respecto al plano precedente.

17 En 1998 Vincent Gallo realizó la película Buffalo 66, un drama en clave de farsa donde se rinde un homenaje explícito a Yasujiro Ozu, uno de los directores predilectos del cineasta norteamericano. En dicha película, y en el curso de una reunión familiar ante una mesa redonda, el campo aparece fragmentado en cuatro parcelas de 90°, hasta ultimar un recorrido de 360° en torno a los personajes. Se evoca así, irónicamente y bajo una práctica meramente formalista, la forma de rodar de Ozu. En el volumen IV el lector encontrará un comentario detallado de esta película.

normas propias y los usos convencionales. Para reforzar su hipótesis, Bordwell cita dos escenas que transcurren en sendas aulas: en El hijo único y en Érase un padre los profesores enseñan geometría a sus alumnos, y Bordwell supone que en estos diagramas está implícito cómo se divide un círculo en segmentos de 45º (Figuras 1473 y 1590). Más aún, en una escena de la segunda película citada, el padre pregunta expresamente a su hijo sobre los radios de un círculo. Por si esto fuera poco, en El otoño de los Kohayagawa aparece en las paredes de la casa un motivo floral realizado a partir de un círculo rodeado por otros varios, en los que Bordwell, quien acaso peque de escrupuloso en exceso, cree reconocer las posiciones de cámara admisibles en el cine de Ozu[18].

A menudo los personajes coloquian dispuestos el uno ante el otro en ángulos de 90º Sin embargo la planificación circular en torno a los personajes, medida a partir de tomas separadas en múltiplos de 45º, produce la falsa impresión de que ambos se encuentran uno frente a otro, cuando en realidad no es así. Dichos equívocos se ven alimentados si se tiene en cuenta que, en el curso de una misma conversación, la cámara puede ocupar numerosas posiciones distintas, sin que los personajes lleguen a efectuar apenas movimiento. Es el caso de la conversación final entre Noriko y el padre en Cuentos de Tokio. El cambio de planos se realiza con tal libertad en torno a los personajes, que a menudo resulta difícil hacerse una idea cabal de la posición de éstos. Tamaña peculiaridad exige una actitud consciente y atenta del espectador sobre el decorado, ya que, de lo contrario, *"puede llegar a perderse"* [19]. El propio Ozu ironiza sobre esta confusión espacial en un episodio de su película Banshun: un invitado se presenta en casa de los Somiya, en Kamakura. Una vez aquí, le resulta imposible precisar el punto exacto en el que se encuentra.

A esto contribuye, como se verá, la propia dirección de las miradas de los actores: aunque éstos se sitúen uno frente a otro, sus respectivos planos-contraplanos a menudo les disponen mirando hacia un mismo punto, fuera del cuadro, sin que sus miradas lleguen a cruzarse. La forma en que son filmados uno y otro contertulio es, por demás, análoga. En ocasiones hasta sus vestimentas son semejantes, como sucede en Akibiyori y en Samma no aji. De este modo se equipara visualmente a los personajes. En este sentido, Bordwell considera que

Figura 222
La mujer proscrita

Figura 223
Suspendí, pero...

Figura 224
La esposa de noche

estas películas hacen derivar sus recursos narrativos hacia la abstracción[20]. Cabría añadir una última consideración, aunque no menos importante: pese a que semejante práctica arremete frontalmente contra las prácticas convencionales del lenguaje cinematográfico, de ningún modo afectan a la correcta comprensión de lo que se nos está narrando: se trata de un efecto de estilo, coherentemente asumido por Ozu desde los primeros años de su carrera, que no altera el plano narrativo. El cineasta japonés crea su propio sistema, pero no se propone destruir moldes como harán otros tras él.

XXIII. 3. Sin presencia humana

*Nada tiene
mi cabaña en primavera.
Lo tiene todo.
Sodô* [21]

Una de las singularidades más características

---

18 BORDWELL, David. *Ozu and the poetics of Cinema*. New Jersey : Princeton University Press, 1988,
p. 118 - 119. Aunque Bordwell no lo cita, dicho motivo heráldico se encontrará también en la casa de los Munakata, en la película que lleva su nombre, y en la de los Mamiya de Principios del verano .

19 BORDWELL, David. THOMPSON, Kristin. *El arte cinematográfico: Una introducción*. Barcelona (etc.) : Paidós, 1995, p. 399.

20 BORDWELL, David. THOMPSON, Kristin. *El arte cinematográfico : Una introducción.* Barcelona (etc.) : Paidós, 1995, p. 401.

21 *Yado no haru / nani mo naki koso / nani mo are* . En: *JAIKUS inmortales /* selección, traducción y prólogo de Antonio Cabezas García. Edición bilingüe. Madrid : Hiperión, 1989, p. 57.

XXIII. HUMO Y VAPOR

Figura 225
El hijo único

Figura 226
La mujer de Tokio

Figura 227
Cuentos de Tokio

Figura 228
Corazón vagabundo

Figura 229
Amad a la madre

Figura 230
La mujer de Tokio

del cine de Ozu es el uso que hace de los espacios desprovistos de presencia humana. Con frecuencia los encuadres permanecen vacíos, tras la salida de los personajes del cuadro. Durante unos instantes tan sólo quedan los espacios despoblados, o bien los objetos inanimados: naturalezas muertas cercenadas del resto de la película que, durante unos instantes, cobran una singular autonomía destinada a ser efímera. Dichos planos no son sólo ajenos a la representación humana: permanecen ajenos incluso al propio flujo diegético. Con frecuencia no tienen nada que ver con respecto a la acción, y otras veces no están vinculados sino tangencialmente con el devenir de los personajes. No contribuyen al desarrollo narrativo; muy por el contrario, lo importunan: detienen su fluir. No cumplen, por tanto, propósito narrativo alguno, y con frecuencia ni siquiera simbólico o metafórico. Como recurso poético dispensan un repertorio de imágenes sugerentes que admiten una interpretación libre, conforme a las exigencias de cada espectador. Sin embargo su presencia se convertirá en uno de los rasgos de estilo más característicos del cine de Ozu. Por un lado proponen una alternativa al uso de encadenados o fundidos, recursos excluidos por el cineasta. Además de marcar la transición entre escenas, dichos planos conceden un nuevo ritmo a la acción:

la suspenden; ofrecen unos segundos de tregua al espectador; le brindan una oportunidad para reflexionar sobre lo expuesto. Suelen situarse al principio o al final de las escenas, marcando la puntuación entre las mismas; pero asimismo llegan a intercalarse, inopinadamente, antes de la conclusión de un episodio, ocasionando una cesura, un tiempo muerto repleto de valores rítmicos: se quiebra la acción, se invita a la recapitulación, al sosiego.

En un entorno narrativo a menudo cotidiano y familiar, dichos planos llegan a prescindir de la representación del hombre. Esto es: durante unos instantes el ser humano deja de ser centro del universo. Y lo es precisamente en sus propios dominios. Dicho en otras palabras, estos minúsculos planos tienen la osadía de disputar la primacía antropocéntrica: por unos instantes la figura humana- y no se pase por alto que las películas de Ozu casi siempre discurren en reductos familiares- pierde su hegemonía absoluta, para cederla a unos pequeños objetos inanimados. En este sentido, arremeten contra nuestra concepción del cine y del arte en general, fraguada en torno a la medida del hombre. Para Burch estos planos vacíos son una muestra más del rechazo de Ozu a la forma de representar el mundo en el cine occidental: no en vano se refieren al espacio habitual del hombre; pero en ese momento, y sólo por

XXIII. HUMO Y VAPOR

unos instantes, el hombre desaparece, y el espacio queda vacío; los objetos pierden durante esos instantes su valor práctico. Se produce de este modo una tensión entre la presencia implícita y la ausencia explícita del ser humano en esos entornos domésticos y paisajes urbanizados, a los que se ve desprovistos súbitamente de presencia humana[22].

Sin embargo, y a pesar de las apariencias, los espacios vacíos realmente no son tales: están impregnados de la presencia de las personas que han pasado por ellos. Evocan una extraordinaria atmósfera humana, pero sin necesidad de su presencia. Los objetos, las naturalezas muertas, son testigos silenciosos de las vidas de sus propietarios; son parte integrante de las casa, y de las vidas de sus pobladores. Hasta el punto que, aun siendo mudos, hablan sobre aquéllos.

Y esto obedece a la íntima y velada identificación que se produce entre el espacio y sus enseres, y el ser humano que los ocupa y maneja. Se trata de un sentimiento espacial muy arraigado puesto que, como resume Junzô Karaki, *"los japoneses contemplamos las cosas en su desnuda realidad, y nos apartamos lejos de toda categoría o idea de lugar, tiempo, forma, cualidad, relación, causa, etc. Nuestro conocimiento de las cosas no lo obtenemos considerándolas fuera de nosotros mismos, como objetos opuestos a su sujeto, sino más bien en una identificación profunda de nosotros con todas las cosas. Y así captamos y sentimos las cosas identificadas con nosotros mismos, dentro de nosotros"*[23].

Normalmente estos planos vacíos son prolongación de otros anteriores en los que sí hubo presencia humana. Ésta se desvanece, pero pervive su atmósfera y su memoria a través de los espacios que poblaron, y de los objetos que utilizaron. En ocasiones son los propios escenarios los que aparecen vacíos, sin personajes. Sin embargo en escenas anteriores habían sido transitados por dichos personajes. Al aparecer ahora de nuevo, pero despoblados, aquellos espacios remiten a las escenas precedentes, con las que contrastan, imprimiendo el antes y el después un delicado sentimiento de nostalgia. Haciendo pesar de este modo la ausencia de quien se marchó, se representa poéticamente el paso del tiempo que arrastra a las personas: los espacios permanecen: particularmente los templos y las montañas, como ejemplo de un orden místico, pues representan un entorno inmutable. Pero los seres humanos, temporales y efímeros, pasan por la vida con la misma celeridad con

Figura 231
Cuentos de Tokio

Figura 232
Cuentos de Tokio

Figura 233
Cuentos de Tokio

que lo hacen por la escena de una película. De este modo, una vez desvanecido el orden de los humanos, permanece el orden meramente material, inanimado: un testimonio perdurable a través del recuerdo que dejan las personas sobre los espacios que habitaron.

Noël Burch, en la obra citada en nota, denomina a estos planos *"pillow shots"*: *planos-almohada,* buscando analogías con el término métrico *"pillow words"*, término derivado del *makura-kotoba* japonés. Es ésta una figura retórica de la poesía clásica japonesa, un epíteto o atributo convencionalmente atribuido a un objeto, o incluso a los nombres propios, y que sugiere sentimientos o connotaciones poéticas. A menudo dichas *palabras-almohada* son poco claras en su significado; se prestan a diversas interpretaciones; o su inclusión en el poema obedece a efectos poéticos meramente rítmicos o caprichosos[24].

Sin embargo dicho término no se corresponde bien con los planos inanimados de Ozu toda vez que, aun siendo figuras retóricas, no cumplen función ni de atributo ni de epíteto. Y su inclusión, regulada a lo largo de toda la filmografía, tampoco obedece al capricho

---

22 BURCH, Noël. *To the distant observer.* London : Scolar Press, 1979, p. 161.

23 Cita: LANZACO SALAFRANCA, Federico. *Introducción a la cultura japonesa : Pensamiento y religión.* Valladolid : Universidad, 2000, p. 41.

24 Véase: HASUMI, Shigehiko. *Yasujiro Ozu.* Paris : Cahiers du Cinéma, 1998, p 225.

del cineasta, sino al cumplimiento cabal del orden cinematográfico que el propio director ha impuesto. Tal vez por esta razón Dennis J. Konshak prefirió usar el término *"espacio despoblado": "un espacio que genera un vacuum",* lo que justificaría la sensación de anhelo y de soledad que produce; un espacio al fin necesariamente autónomo[25]. A su vez el crítico japonés Keinosuke Nanbu los encuentra similares a las cortinas y telones en el teatro, por lo que los llama *"planos telones".* Se trata en cualquier caso de un recurso insólito, tanto en la práctica cinematográfica occidental como en la misma cinematografía japonesa[26]. Dichas imágenes parecen suspender la trama; la interrumpen, la quiebran. La atención del espectador se desvía hacia una latitud diferente de la que rige la trama principal; otorgan al espectador la libertad de encajar libremente dichos planos en el punto de la película que más les convenga. Sea en el orden narrativo, estético, o rítmico.

De manera más práctica y funcional, René Palacios los denomina *"planos objetos"* en el catálogo del ciclo que presentó al cineasta en España[27]. Años después, Ángel Fernández Santos distinguió en la obra de Ozu las tomas vivas de las tomas muertas, aludiendo de este modo a los espacios vacíos, a los planos inertes, visualmente relacionados con las naturalezas muertas, con un bodegón en el que los objetos cobran primacía absoluta[28]. No obstante, y debido a la implícita presencia del ser humano a través de sus huellas sobre el espacio que abandona, hemos preferido denominarlos *planos inanimados* o *planos intermedios,* en atención a su función puntuadora entre distintas escenas[29].

Conforme a la apreciación de Burch, Ozu fue, tras Renoir, el primer cineasta capaz de comprender y utilizar perfectamente ambos espacios: campo y fuera de campo. Y precisamente dichos *planos-almohada,* como él los denomina, suponen una confrontación entre presencia y ausencia. Más aún, el investigador franco-americano sostiene que Ozu fue el primero en comprender verdaderamente la importancia de estos planos vacíos, y de utilizar la tensión que pueden provocar. Aun siendo sistematizados por Ozu, aquellos planos intermedios, utilizados para puntuar la transición entre escenas, tampoco son patrimonio exclusivo de Ozu. Antes bien eran técnicas asimismo empleadas por otros cineastas de la plantilla de Shochiku-Kamata: Gosho, Naruse o Shimizu, por ejemplo, aunque no alcancen el grado de refinamiento que llegaron a mostrar en las películas de nuestro cineasta[30]. De manera más particular, Noël Burch encontró ejemplos muy tempranos de su uso en la obra de Tomotaka Tasaka, un clásico menor del cine japonés. Y concretamente en su película Pueblo del amor y del odio, filmada en 1928, cuando el estilo de Ozu se encontraba todavía en gestación. Apelando a la prudencia, Burch se libra de atribuir la paternidad de semejante recurso a Tasaka; pero es cierto que tampoco hay que asignárselo a Ozu de manera exclusiva. En un contexto tan formalmente determinado como era el cine japonés en su estadio de formación, los rasgos estilísticos van desarrollándose de forma coherente a partir de un esfuerzo colectivo que aúna las peculiaridades del nuevo lenguaje artístico con el legado cultural y escénico que suministraba la tradición, y aún con las recomendaciones formales del propio estudio. De este modo Ozu desarrolla su singularidad dentro de un esfuerzo colectivo[31].

Lo que no impide que Ozu llegase a ser el primer cineasta competente en el uso y en la modulación de estos planos vacíos. La destreza en su manejo se manifiesta antes de las entradas, y muy especialmente tras las salidas de los personajes. Encontraremos ejemplos de los mismos a partir de la temprana Días de juventud, pero el recurso comienza a adquirir plena madurez desde principios de los años 30, para verse perfectamente desarrollado en los primeros años de su etapa sonora. Burch lamenta, en fin, que su uso deviniera academicista y rutinario en sus últimas películas, pero esto es algo que no podemos compartir con el por lo demás perspicaz estudioso franco-americano[32].

Kiju Yoshida considera que en estas imágenes el punto de vista de los objetos se impone sobre el de los seres humanos; o al menos sustituye el de éstos: al cabo, dichos objetos están más capacitados para asistir

---

25 KONSHAK, Dennis J. "Space and Narrative in Tokyo Story". *Film Criticism,* 1980, Spring, v. 4, nº 3, p.35.

26 THOMPSON, Kristin. "Late Spring and Ozu´s unreasonable style". En: *Breaking the Glass Armor : Neoformalist Film Analysis.* Princeton : University Press, 1988, p. 336.

27 *YASUJIRO Ozu* / René Palacios (ed. lit.). Valladolid: 24 Semana Internacional de Cine, (1979), p. 49.

28 FERNÁNDEZ SANTOS, Ángel. "Prólogo". En: *Antología de los diarios de Yasujiro Ozu* / edición a cargo de Núria Pujol y Antonio Santamarina. Valencia : Filmoteca de la Generalitat Valenciana (etc.), 2000, p. 13.

29 Se estudió la posibilidad de denominarlos *planos inertes,* por cuanto inactivos, que finalmente desestimamos, al no corresponderse de ningún modo con acepciones como inútil, estéril o ineficaz, que el *Diccionario de la Real Academia* vincula con dicho término.

30 WADA-MARCIANO, Mitsuyo. "Construction of Modern Space : Tokyo and Shochiku Kamata Film Texts" . En: *IN Praise of Film Studies : Essays in Honor of Makino Mamoru* / Edited by Aaron Gerow and Abé Mark Nornes. Yokohama ; Ann Arbor : Kinema Club ; Trafford, 2001, p. 166.

31 BURCH, Noël. " Approaching Japanese Cinema". En: *Cinema and Language /* Stephen Heath and Patricia Mellencamp (ed. lit.). Los Angeles, California : University Publications of America, 1983, p. 90.

32 BURCH, Noël. *Praxis del cine.* Madrid : Fundamentos, 1985, p. 33 - 35.

XXIII. HUMO Y VAPOR

Figura 234
Érase un padre

Figura 235
Amad a la madre

Figura 236
Cuentos de Tokio

en silencio, e inmutables, a los acontecimientos que se desarrollan ante ellos. Como testigos inanimados cobran así una singular autonomía frente a los seres humanos, cuyo protagonismo y percepción aún llegan a contradecir: tal es la peculiar *"mirada de los objetos"*, característica en Ozu conforme a la apreciación de Yoshida[33].

XXIII. 4. Teteras y chimeneas

Como se ha dicho, los planos inanimados se encuentran muy levemente vinculados con la diégesis. Y, con frecuencia, permanecen completamente ajenos a la misma. Son, narrativamente hablando, planos inútiles, de los que se podría haber prescindido sin causar ningún menoscabo al entendimiento de la película. Sin embargo, resultan de capital importancia para el modelo que plantea Ozu, quien insiste en su uso a lo largo de toda su filmografía.

Al suspender el curso diegético, estos planos llegan a producir relaciones sorprendentes entre personajes y escenarios. Su presencia fugaz los transforma en genuinas codas visuales, plenas de valor metafórico. Pero también son pequeñas porciones de tiempo suspendido,

que provocan una repentina alteración narrativa. En ocasiones parecen completamente ajenos al personaje y a su punto de vista, y no parecen desempeñar ningún cometido importante en el espacio que los personajes han recorrido en el curso de la escena[34].

Sin embargo, lejos de ser caprichosos o gratuitos, cumplen importantes funciones: generan ritmos que cabría calificar de musicales; canalizan la acción; puntúan las escenas. Provocan tensiones entre lo que vemos y lo que no vemos: entre el campo y el fuera de campo. Aunque aparentemente son ajenos a la ficción, aportan silenciosamente una coda visual que permite trazar una conclusión sobre dicha escena. Y por si esto fuera poco, conceden un respiro contemplativo al espectador, invitándole a que reflexione y recapacite sobre cuanto ha sido expuesto. En ocasiones dichos espacios vacíos se ven súbitamente invadidos por los personajes. En el encuadre despoblado se halla todo, aunque falte la figura humana, cuya llegada final sólo lo complementa, y le da un nuevo significado no distinto, pero sí complementario con el anterior. Encontraremos magníficos ejemplos de este uso en el recorrido de la anciana y del niño por el barrio en Historia de un vecindario.

Los planos intermedios son la conclusión metafórica a la que desemboca la interrelación entre espacio y tiempo en el cine de Ozu: un espacio que se refleja en el tiempo, o un tiempo que se expresa en el espacio. Son minúsculas coordenadas espaciales que, al mismo tiempo, recogen las huellas de esa levísima pátina que el tiempo va dejando sobre los personajes y sobre los espacios. El magisterio con que Ozu modula su uso afecta a la propia duración de dichos planos: desde unos instantes, hasta casi todo un minuto. La gama de usos y de duraciones es amplia, como tendremos ocasión de reconocer en el curso de los estudios filmográficos. En El hijo único encontraremos un ejemplo hiperbólico de estos espacios, en un plano que se prolonga durante cincuenta y siete segundos, nada menos (véase la figura nº 1488). Pero aún en ejemplos dilatados como el presente, su paso por la pantalla es breve, aludiendo a su innata condición: sombras de impermanencia en un país sensible hacia una experiencia fugaz. No se pase por alto que Japón se asienta sobre una placa azotada por constantes tifones y movimientos telúricos; el propio Ozu conoció el gran terremoto de Kantô de 1923, a los que se deben añadir los resultados de una guerra catastrófica. Dicha experiencia puede justificar una peculiar percepción hacia la imposibilidad de mantener

---

33 YOSHIDA, Kiju. *Ozu's Anti-Cinema*. Ann Arbor : Center for Japanese Studies, University of Michigan, 2003, p. 7.

34 BURCH, Noël. *To the distant observer*. London : Scolar Press, 1979, p. 160 y 162 - 166. El autor se centra particularmente en el comentario de la escena inicial de La mujer de Tokio.

situaciones constantes en la vida.

De este modo, con frecuencia los planos intermedios podrían ser interpretados como metáfora sutil sobre el paso de la vida: los personajes se van; pero el espacio permanece, inmutable como la montaña que permanece ajena al movimiento del tren cuando concluye Principios del verano, o como la chimenea del crematorio con que se despide al patriarca en El otoño de los Kohayagawa. En esta película el puente y la tumba, dominados por los cuervos, conformarán la postrimería más explícita de toda la obra de Ozu. De manera menos inmediata, las tomas de pasillos y de vestíbulos como lugares de tránsito son especialmente frecuentes en sus últimas películas, en las que el tema del fin de la vida, el inminente tránsito, es casi omnipresente.

Los planos intermedios pueden representar imágenes revestidas de connotaciones místicas-templos, jardines, cerámicas, arreglos florales- o bien pueden ser completamente cotidianos y prosaicos: botellas, faros, anuncios publicitarios, bloques de oficinas o viviendas. *"Construye tu película sobre lo blanco, sobre el silencio y la inmovilidad"* de tal manera que, *"sin cambiar nada, que todo sea diferente"*, proponía Robert Bresson en sus aforismos[35]. Los planos inmóviles y silenciosos de Ozu contribuyen a crear ese cambio prácticamente inapreciable en el orden cinematográfico en que se sitúan. Ozu muestra numerosos espacios y escenarios parecidos, pero sometidos a levísimas variaciones que súbitamente revelan una importancia hasta entonces ignorada. En ellos se revela una extraordinaria correspondencia visual entre el estatismo de la cámara y el propio estatismo de dichos planos. La acción se interrumpe; y con ella el movimiento, la palabra y la vida. La única licencia que se permite Ozu sobre aquellos espacios despoblados es la utilización de la música, extradiegética por añadidura, que suele acompañar las imágenes, lo que refuerza su valor rítmico, como pausa narrativa. A los que se añade su incuestionable valor pictórico y poético, que hace de ellos genuinos ejemplos de tropos visuales y sonoros: imágenes insertas en la acción, que nada aportan sobre la misma, pero que despiertan emoción y sugieren ideas, asociaciones y estados de ánimo. Tienen la virtud, además, de susurrar un enigma, una incertidumbre sobre el espectador. Siempre en voz baja. Por medio de estos planos se culmina la impremeditada paradoja de proponer enigmas sin necesidad de intriga[36]. Por esta razón, algunos de los planos que más fascinación e interpretaciones han provocado han sido, precisamente, algunos de estos planos intermedios: el jarrón de Primavera tardía; las zapatillas de Cuentos de Tokio; la escalera sombría de Tarde de otoño.

Nuestro cineasta se mostraba particularmente interesado por la belleza de la composición, aun a despecho de los principios cinematográficos fundamentales. La prestancia de muchas de estas imágenes cumple una indudable función estética. Pero además desempeñan una función rítmica, y conceden un nuevo sentido al drama por medio de silenciosas e inmóviles cadencias poéticas.

Gilles Deleuze llegó a referirse a este singular recurso escénico. Y lo hizo entendiendo la correspondencia velada que existe entre el espacio despoblado, los objetos que lo ocupan, y las figuras humanas: *"Entre un espacio o paisajes vacíos y una naturaleza muerta hay sin duda muchas semejanzas, funciones comunes y tránsitos imperceptibles. Pero no son la misma cosa; naturaleza muerta y paisaje no se confunden. Un espacio vacío vale ante todo por la ausencia de un contenido posible, mientras que la naturaleza muerta se define por la presencia y composición de objetos que se envuelven en sí mismos o se transforman en su propio continente".*

De manera particular Deleuze cita el modelo canónico que proporciona el jarrón de Primavera tardía: un objeto que no se envuelve en el vacío, pero que habla por los personajes de manera silenciosa. Un simple adorno que, sin embargo, se sitúa entre la media sonrisa de Noriko y las lágrimas consiguientes[37]. En relación con este motivo, Deleuze cita también las viandas y jarrones de La mujer de Tokio, o las frutas y útiles de golf en ¿Qué ha olvidado la señora?

La naturaleza muerta representa visualmente el tiempo, pues todo lo que cambia está inscrito bajo coordenadas cronológicas. Pero por otra parte el paso del crono no transmite cambios inmediatos. Y esto a pesar de la paradoja de constatar que las naturalezas muertas de Ozu, porciones de tiempo capturadas por la cámara, tienen una duración concreta, unos segundos tan solo. Pero estos segundos son su esencia, ya que *"la naturaleza muerta es el tiempo, pues todo lo que cambia está en el tiempo, pero el tiempo mismo no cambia, no podría cambiar él mismo más que en otro tiempo, hasta el infinito... La bicicleta, el jarrón, las naturalezas muertas son las imágenes puras y directas del tiempo".* Según aprecia Deleuze, las imágenes de Ozu, sus planos desprovistos de figuras animadas, tienen la virtud de

---

35 BRESSON, Robert. *Notas sobre el Cinematógrafo*. Madrid : Árdora, 1997, p.102.

36 MASSON, Alain. "La netteté est l'ornament de la justesse : (sur Yasujiro Ozu)". *Positif*, 1981, Fevrier, nº 239, p.10.

37 DELEUZE, Gilles. *La imagen-tiempo : Estudios sobre cine : 2*. Barcelona : Paidós, 1987, p. 31.

hacer sensibles el tiempo y el pensamiento: los hacen visibles, pero también sonoros[38].

Y esto es así a partir de su continuo efecto de contraste. No se olvide que a menudo estos planos, filmados en el exterior, presentan imágenes urbanas despobladas, que anteceden a planos del interior de las casas, que igualmente carecen de presencia humana. Los planos intermedios de Ozu oponen de continuo lo dinámico y lo inanimado, en efecto. Como igualmente presentan un vínculo de comunicación entre la calle y la casa; entre la ciudad y sus habitantes. O, lo que es lo mismo, entre continente y contenido, entre lo artificial y lo humano; entre el exterior y el interior.

Pero además, cuando Ozu comience a prescindir de los signos de puntuación tradicionales, lo que empezará a desarrollarse a principios de los años 30, estos planos ejercerán un importante cometido puntuador, al tiempo que facilitan la transición entre las escenas. Cuando se normaliza su uso, estas tomas intermedias actúan como frontsipicio a la narración. Se erigen en el telón de fondo sobre el que poco después aparecerán los personajes. Más adelante, cuando la escena ha concluido, facilitarán el desenlace de la acción, al tiempo que la vinculan con la siguiente. De este modo su uso permitirá la sustitución de los convencionales encadenados y fundidos.

Los planos intermedios pueden construirse sobre planos en los que no hay personas- tendales, teteras, macetas o jaulas de pájaros-; pero también pueden mostrar habitaciones y dependencias de la casa, o calles y rincones despoblados. También pueden ser planos en los que figuran, como elementos de dicho espacio, transeúntes o personajes ajenos a la acción principal. Vinculados con los efectos de transición, son muy frecuentes las imágenes de pasillos para servir de acceso al interior de las casas. Asimismo en estas últimas películas son frecuentes las imágenes de callejones repletos de bares cuyos neones brillan en la oscuridad, y que suelen preceder al ingreso en los bares y en los restaurantes. Estos espacios suelen aparecer desérticos durante unos instantes, hasta que irrumpen los personajes. Sobre tales espacios despoblados el espectador puede descargar algunas de las emociones que hasta el momento le ha producido la película: le ofrecen unos segundos para la reflexión y el sosiego; le invitan a resituar la acción.

Entre las imágenes que utiliza Ozu para elaborar la transición entre las escenas, encontraremos con frecuencia chimeneas apuntando hacia el cielo, una imagen apropiada para el entorno fabril y urbano en el que transcurren muchas de las historias de Ozu. Un primer ejemplo de las mismas ya lo encontramos en Días de juventud, en un entorno urbano que pretende actuar como oráculo de la suerte de los estudiantes protagonistas. Más adelante, y también en esta película, nos encontramos con otra imagen de una chimenea, esta vez en el refugio de montaña. Lejos de la ciudad, la imagen cobra unas virtudes más hogareñas: en efecto, a través de la misma descendemos hacia la estufa y la tetera, sendos precedentes de los posteriores planos inanimados. Sin embargo esta vez la sucesión de objetos se articula mediante una panorámica de descenso, sumada a un dispositivo de encadenados. Éstos serían, junto a los objetos que se acumulan en el montepío, algunos de los planos inanimados más antiguos que se conservan de nuestro cineasta. No se pasará por alto que en los dos últimos ejemplos señalados los objetos se vinculan con las manos que, en sinécdoque, representan a los protagonistas de la transacción comercial.

Durante los años mudos, en ocasiones dichas tomas podían ser filmadas mediante movimiento de cámara. Además del ejemplo citado del refugio de Días de juventud merecen ser destacados los planos que inician y concluyen La mujer de Tokio (1933): la película comienza con un leve trávelin en el interior de la casa, sobre dos planos espaciales compuestos por distintos objetos domésticos, para concluir con un nuevo trávelin, esta vez en el exterior, y sin objeto alguno. El contraste entre una y otra escenas produce una contenida desazón, un sentimiento de nostalgia por lo que definitivamente se fue. Se trata, en todo caso, de un extraño ejemplo de plano inanimado, sin personajes ni objeto alguno, que además se practica en movimiento. En esta película cobra además gran importancia el motivo doméstico de los calcetines del protagonista, y los guantes del policía, como emblema de la ley. Y debe recordarse que ya en Días de juventud los calcetines habían alcanzado señalada importancia como prenda amorosa.

También recurrente, y ya desde aquella embrionaria e indispensable Días de juventud, es la imagen del tren, y en ocasiones del barco: sugerentes emblemas visuales que no pueden desprenderse del contexto en el que se desenvuelve Ozu: la gran metrópoli y sus cada vez más degradados alrededores.

Son como se ve muy habituales las imágenes de humo en la obra de Ozu: tanto el que expulsan las chimeneas, el tren y los navíos en el exterior, como el que brota de teteras y de incensarios en los interiores de las casas. Dicho motivo, por tanto, establece una correspondencia nítida entre interiores y exteriores, en ambos casos asociado al sentimiento pasajero de

---
38 Ibid., p. 31 - 32.

fugacidad que impregna las películas de nuestro cineasta. En particular, encontraremos con frecuencia la imagen de la tetera, a menudo dignificada como blasón doméstico.

Igualmente abundantes y significativos son los planos de la ropa tendida, que con alguna frecuencia también puntúan las escenas. Las prendas ondean al viento como si fueran pendones o banderines del reino doméstico. En la temprana Me gradué, pero... la soledad y el abatimiento del estudiante desempleado se identifican con la imagen de un trapo abandonado en una balaustrada: temprano ejemplo de las posteriormente características imágenes de ropas sobre el tendal (Véanse las figuras 555 y 644-645 como ejemplos inaugurales). A la cotidianidad del motivo se suma una imagen refrescante, gozosa, del triunfo del orden familiar: éste funciona cuando los detalles y los pequeños rituales encajan adecuadamente. Claro que no siempre es así. Dichas imágenes dispensan una poética de lo cotidiano, asociada asimismo al flujo de las relaciones entre los miembros de la familia: pueden enturbiarse, pero igualmente se restauran para seguir como antes, como la ropa tendida al viento, presta a su nuevo uso. Se airea y seca lo que antes estaba sucio, con vistas a restaurar su utilidad. Resulta interesante contrastar el uso que se da a este motivo en la casa sofocada por la enfermedad y la ruina de La esposa de noche (Figuras nº 709 y 716) y su irónica correspondencia conyugal en Caminad con optimismo (Figuras nº 644-645).

Son frecuentes las ambientaciones nocturnas y opresivas, con predominio de sombras que atenazan a los personajes: la mayor parte de La esposa de noche transcurre entre la puesta de sol y el amanecer. Asimismo, como se verá, Una mujer proscrita, la Historia de hierbas flotantes, Corazón caprichoso o Un albergue en Tokio son pródigas en espacios dominados por las tinieblas. Y esta circunstancia se mantendrá en la primera experiencia sonora del director: la no menos sombría El hijo único.

Aun siendo discreta su presencia, prácticamente en todos los ejemplos de planos intermedios habrá algún objeto de distinta concepción y tamaño definiendo la composición. El dominio visual de los objetos se puede situar tanto en interiores como en exteriores: recordemos las bicicletas de Primavera tardía y de Hierbas flotantes. Ésta es una película ejemplar en lo que al uso de objetos exteriores se refiere: ya el plano inicial nos presenta una botella abandonada en la playa cuya forma la emparenta con el faro situado al fondo del encuadre. A esta toma se suman los diversos planos dedicados al faro, y captados desde distintos ángulos, organizados por las quillas de distintas embarcaciones. A continuación destacará el buzón rojo, y el llamativo cartel que anuncia el espectáculo de la compañía ambulante (Figuras nº 2349-2352).

Pero el uso más frecuente de estos objetos se sitúa en interiores, que es el espacio natural del cineasta. Como recuerda el director de fotografía Yuharu Atsuta, *"Ozu siempre colocaba pequeños objetos en las esquinas del plano: una garrafa de cerveza, por ejemplo. Teníamos la costumbre de apilar un montón de pequeños accesorios que podrían agradar a Ozu en una o en otra circunstancia. No colocar nada y dejar el espacio vacío era insoportable para sus composiciones"* [39].

Hasta tal punto cobran importancia dichos objetos, que llegan a definir el espacio doméstico. Como se vio, la colada tendida al viento es el gran emblema doméstico de Ozu, a menudo identificado con las fechorías infantiles: desde Nací, pero... hasta Buenos días, pasando por Historia de un vecindario. En algunas películas las prendas cobran singular importancia: en Días de juventud los calcetines que teje la muchacha se convierten en prenda de amor disputada por los dos estudiantes que se la disputan. En La mujer proscrita unos patucos tejidos por la joven delincuente, y abandonados a su suerte en la calle, representan un sueño familiar irrealizado. Tanto en Una mujer de Tokio como en Corazón vagabundo cobra importancia la imagen de los guantes, si bien en el segundo caso sólo es citada verbalmente.

Como también lo será la tetera, a lo largo de toda la obra de Ozu: desde Caminad con optimismo hasta el rojo recipiente de Flores de equinoccio, su presencia ocupa una posición destacada en los interiores hogareños. También el pájaro enjaulado dispensa una malévola alegoría hogareña, bien definida ya en Caminad con optimismo y en ¿Qué ha olvidado la señora? Asociado con una planta en una maceta, dicho emblema del orden doméstico será líricamente desarrollado en dos películas fundamentales en el tratamiento de las familias de Ozu: Los hermanos Toda y Principios del verano. En el primer ejemplo los objetos señalados cobran una función dramática adicional, puesto que acompañan a los personajes en el curso de su deambular por distintas casas. De este modo las macetas y las jaulas de pájaro en la odisea de los Toda se convierten en pequeños testigos o depositarios de misterios sin importancia.

Años atrás, también en Caminad con optimismo la maceta se sumaba a la jaula como distintivos del hogar. La planta que reverdece en el interior de las casas, protegida por sus habitantes, dispensa una invitación a

---

[39] Cita: BERGALA, Alain. "O homem que se levanta". En: *OZU : o extraordinario cineasta do cotidiano*. (Sao Paulo) : Marco Zero ; Cinemateca Brasileira ; Aliança Cultural Brasil-Japao, 1990, p. 107.

la esperanza, incluso en momentos de gran dramatismo: al final de La mujer proscrita una maceta sombría se ve bañada por la luz solar, cuando amanece, infundiendo una nota de optimismo tras la detención de la pareja protagonista. Tras su estancia en la cárcel, incluso cabe la posibilidad cierta de su reinserción social.

Todos estos objetos de la vida cotidiana, inanimados y fácilmente reconocibles por el espectador, súbitamente cobran una extraña vida, una sorprendente autonomía con respecto a la acción, lo que les concede un extraño privilegio: forman parte de la trama, pero al mismo tiempo están excluidos de la misma. Carecen de importancia alguna en el desarrollo de los acontecimientos y son, por tanto, imágenes absolutamente prescindibles. Sin embargo durante unos instantes reciben un singular protagonismo; y sobre ellos recaen funciones tan importantes como son modular ritmos y organizar transiciones entre planos y entre escenas. Los objetos nunca son vistos de manera extraña; jamás renuncian a su cotidianidad; se hallan sólidamente vinculados con el espacio: forman parte del mismo; y de algún modo lo condicionan y lo definen. Se transforman al fin en pequeñas unidades espaciales. O como sugiere Edward Branigan, *"El arte de Ozu pretende insertar los objetos o las personas dentro de una dialéctica de espacio. Esto quiere decir que que un objeto no posee una relación con su espacio solitaria o absoluta; antes bien es fruto de una cierta tensión del espacio (...). La falta de certeza (o la contradicción) del espacio es la característica más sobresaliente"*.

Semejantes artificios serían impensables en el cine convencional, que debiera mantener una relación diáfana con el espacio al que pertenece, respetando la continuidad en cada plano. *"Ozu, por el contrario, agrede tal concepción unitaria del espacio para proponer una dialéctica del espacio"*. La apreciación de dicho mecanismo tan sólo puede apreciarse a partir de la interrelación entre distintos planos, que muestran las licencias que Ozu se permite con el raccord[40].

Los objetos adquieren de este modo una importancia mucho mayor de la que dramáticamente les corresponde. Tanto en espacios vacíos como en planos ocupados por personajes, Ozu destaca notablemente diversos objetos; les concede una preeminencia visual que poco o nada se corresponde con la importancia que dichos objetos han de cobrar en la película. A menudo la importancia dramática o narrativa de estos objetos es nula. Éste es el mecanismo que Kristin Thompson denomina *"objetos*

Figura 237
Los hermanos Toda

Figura 238
¿Qué ha olvidado la señora?

Figura 239
La mujer de Tokio

hipersituados" [41]. El más intrigante y estudiado de todos ellos será el famoso jarrón de Primavera tardía, reproducido en la cubierta del presente volumen, y al que nos referiremos ampliamente en el capítulo correspondiente.

Ejemplos como éste demuestran el súbito y temporal protagonismo que cobran lo cotidiano y lo aparentemente insignificante sobre los acontecimientos fundamentales. Lo cual es sinécdoque del propio cine de Ozu, todo él construido a partir de cotidianidades y de personajes y situaciones corrientes. Dichas imágenes parecen cobrar una caprichosa voluntad de reclamar su parcela de protagonismo visual para, como diría Robert Bresson, *"dar a los objetos el aire de tener ganas de estar ahí"* [42]. No sólo definen el espacio: al mismo tiempo le confieren identidad visual; prestan sus formas, tamaños y colores al conjunto de la composición.

Los objetos pueden cobrar importancia aislados, en el caso de los espacios vacíos; pero asimismo cumplen un papel relevante en aquellos otros planos en que aparecen personas. En Los hermanos Toda distinguimos sólo un

---

40 BRANIGAN, Edward. "The Space of Equinox Flower". *Screen*, 1976, Summer, v. 17, nº 2, p. 97 - 98.

41 THOMPSON, Kristin. "Late Spring and Ozu's unreasonable style". En: *Breaking the Glass Armor : Neoformalist Film Analysis*. Princeton : University Press, 1988, p. 338-339.

42 BRESSON, Robert. *Notas sobre el Cinematógrafo*. Madrid : Árdora, 1997, p. 86.

Figura 240
Nací, pero...

Figura 241
Nací, pero...

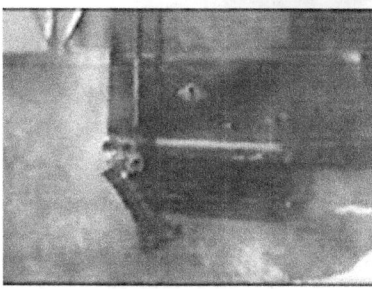
Figura 242
La esposa de noche

extremo del cuerpo de uno de los personajes, así como la botella de cerveza que está bebiendo: una solución de compromiso entre el plano intermedio inanimado - la botella y el mobiliario-, y el plano con presencia humana, limitada en sinécdoque al extremo del torso del personaje (Figura 237).

Sin embargo en ningún sitio se apreciará mejor esta interacción entre objetos y personas que en las escenas de comida que transcurren en restaurantes o en las propias casas. En dichos episodios se establece un franco contraste entre la horizontalidad de la mesa frente a la verticalidad que lucen las copas, las botellas y los demás objetos que sobre ella se disponen, a los que se suman los propios comensales. Particularmente destacarán las botellas en numerosos planos; bien frente a las personas que las consumen, bien en solitario, o contrastadas con otros objetos (con el faro, al principio de Ukigusa). Ozu era buen bebedor, y encontraba relación entre este hábito y la creatividad artística, como reconoce con embriagado sentido del humor: *"si el número de copas que bebes es escaso, no puede haber una obra maestra; la obra maestra surge del número de copas bien repletas que ingieres. No es casualidad que Ukigusa sea una obra maestra: basta mirar en la cocina el número de botellas vacías"* [43].

En algunas ocasiones los espacios exteriores, y nocturnos, están definidos por la aparición de fuegos artificiales, cuya función es contrapuntística, puesto que suelen estar asociados a momentos de intenso dramatismo. Éste es un motivo que aparece por primera vez en El coro de Tokio, y se repite en ¿Dónde están los sueños de juventud?, en Corazón vagabundo y finalmente en Un albergue en Tokio [44].

Al igual que estas repentinas explosiones de luz en medio de las tinieblas, el plano inanimado ocasiona una cierta inquietud que nace de su continua antinomia. Genera una expectativa sobre el espectador, quien se interroga sobre el espacio fuera de campo, y sobre sus posibles conexiones con el espacio desnudo que se presenta ante la pantalla: cuanto más se prolonga el plano vacío, tanto mayor es la tensión que se desata entre el espacio presente y el espacio fuera de campo. Es más: el interés del espectador irá desplazándose progresivamente hacia el espacio ausente, una vez se agote su interés en lo que tiene ante los ojos [45].

Como hemos visto, las tomas inanimadas dilatan el tiempo narrativo después de la narración; aquilatan nuestra percepción sobre dichos espacios: nos muestran el espacio de la acción, una vez que ésta ha terminado; establecen la necesaria proporción. ¿Qué es lo que queda al cabo? Nada; sólo el espacio vacío. Un espacio por el que sus pobladores han pasado de manera tan fulminante como aquellos fuegos que se disuelven en la noche: he aquí una sugerente metáfora visual sobre el destino de las percepciones y de los desvelos humanos.

---

43 Cita: RICHIE, Donald. *Ozu*. Berkeley (etc.) : University of California Press, 1974, p. 27.

44 Dicho tema fue parcialmente estudiado en: SEVERSON, Matthew L. *Fireworks, Clotheslines & Teakettles : The Early Spring of Yasujiro Ozu : 1932 - 1937*. San Francisco (California) : State University, 1997, p. 54 - 56. El autor se centra particularmente en el caso de Un albergue en Tokio.

45 BURCH, Noël. *Praxis del cine*. Madrid : Fundamentos, 1985, p. 34.

XXIV. PRINCIPIO Y FIN

XXIV. 1. Estructuras circulares. Construcciones cíclicas

Si el arte europeo describe un momento en el tiempo, el arte oriental representa una continuación ininterrumpida. Así resume Paul Schrader el problema. Lo que en el caso de Ozu se manifiesta en una repetición de modelos y estructuras en los que el escritor y cineasta norteamericano atisba los destellos del rito. Así, una serie de planos se repiten en determinadas escenas. Determinadas escenas se repiten dentro de una película, y un número de películas se repiten dentro de su filmografía. La repetición y el ciclo definen el conjunto de una obra en la que "ni el rito está separado de la forma, ni la forma del contenido"[1].

A lo largo de los estudios filmográficos tendremos ocasión de destacar numerosos ejemplos de construcción circular que no sólo afectan a la estructura global del relato, sino también a la organización de las escenas, e incluso a determinados planos que, parabólicamente, aluden a un recorrido cíclico. La repetición de gestos, de caras y de nombre; la proximidad de los títulos, hace de cada película una experiencia común, aunque al tiempo singularizada: por más que se trate de historias distintas, relacionadas con distintos personajes, persisten parecidos paradigmas humanos, que se repite a lo largo de su filmografía como si de un ciclo continuo se tratase. Las películas de Ozu guardan muchos parecidos entre sí, pero al tiempo son todas diferentes. Kiju Yoshida no dejó de observar que, sobre la interrelación entre repeticiones y diferencias, se asienta la filmografía del gran cineasta japonés[2].

Por esto mismo los principios y finales son con frecuencia coincidentes, si bien se contrastan significativas diferencias entre unas escenas y otras: por lo común, la ausencia de algún personaje del hogar, a causa de su boda, o del fallecimiento. Algunos casos comienzan con una llegada, y concluyen con una partida: Un

Figura 243
Días de juventud

Figura 244
Suspendí, pero...

Figura 245
La mujer de Tokio

albergue en Tokio, las dos Hierbas flotantes, Historia de un vecindario. Otras se articulan a partir del regreso del personaje que lleva ausente mucho tiempo (Una gallina al viento, Las hermanas Munakata); y otras, en fin, desarrollan la trama a partir de las distintas partidas y regresos de un mismo personaje. Sería el caso de Los hermanos Toda y de El sabor del arroz con té verde, en ambos casos curiosamente interpretados por el mismo actor, el excelente Shin Saburi. Cuentos de Tokio, la película más conocida de Ozu, da cuentas de dos viajes de ida y vuelta: los de los abuelos a la capital, y los de sus hijos a Onomichi. En Las hermanas Munakata se repite un efecto semejante a partir del contraste entre las escenas ubicadas bajo los templos de Nara al principio y al final de la película. La posterior Primavera precoz comienza con una partida en tren, la del marido hacia

---

[1] SCHRADER, Paul. *El estilo trascendental en el cine : Ozu, Bresson, Dreyer*. Madrid : JC, D.L. 1999, p. 54.

[2] YOSHIDA, Kiju. *Ozu's Anti-Cinema*. Ann Arbor : Center for Japanese Studies, University of Michigan, 2003, p. 24.

la oficina, y concluye con una llegada por medio de este mismo vehículo: la mujer se reencuentra con el esposo, exiliado en un remoto lugar de provincias. Tras la restauración del hogar, el tren continúa su interminable viaje.

De este modo cobra rigor pleno el que las narraciones sean organizadas de manera cíclica, por medio de estructuras circulares sustentadas en repeticiones de distintas tomas y escenas, o por medio de variaciones significativas entre las mismas. No deja de obedecer a una malévola casualidad que la propia vida del cineasta comenzara y terminase el mismo día, el 12 de diciembre, y que precisamente fuera a morir el día en que Ozu cumplía su sesenta aniversario, una señalada celebración para los japoneses, el kanreki, cuando se considera que concluye una etapa de la vida, y comienza otra nueva.

Sin embargo el círculo nunca se cierra del todo; antes bien se contrastan los parecidos entre el principio y el final, pero constatándose la evidencia de las muchas cosas que han mudado a lo largo de la proyección: el padre se queda solo; los hijos se han marchado, tras su ingreso en la edad adulta. Aparentemente se regresa al mismo punto. Pero a partir de este punto conclusivo es evidente que la experiencia vital de los protagonistas ha de ser otra muy distinta.

El planteamiento responde a una concepción de la vida que trasciende las fronteras culturales. Así lo recuerda Anthony Burgess: "La vida es circular, y el principio de un círculo es también su final; la vida no es un continuum rectilíneo. De ahí que la estación del renacer sea cruel, porque renacer entraña la muerte de lo viejo, y podemos habernos comprometido con ello"[3].

XXIV. 2. Estrategias narrativas

Junto con Noda y sus otros guionistas, Ozu realiza una labor de escritura meticulosa, pulida y revisada hasta el agotamiento. En la anotación del día 10 de Septiembre de 1960 leemos: "Me he despertado en plena noche y me he dedicado a releer el guión. He percibido muchos errores que no veía antes. ¿Será debido a la dificultad real del trabajo, o a una pereza congénita frente a las dificultades? ¡Es esencial velar por no traicionar las primeras resoluciones!"[4].

Los relatos de Ozu no cuentan con un narrador específico; ni se prima un punto de vista unipersonal. Ni siquiera en aquellas películas de la serie keredo, cuyo verbo aludiría a una narración en primera persona: Me gradué, pero...; Suspendí, pero..., o Nací, pero... . Sin embargo en ninguna de ellas se impondrá un punto de vista determinado, como no sea el del narrador omnisciente.

Como circunstancia peculiar, las películas de Ozu suelen comenzar con una o varias escenas que presentan temas o personajes secundarios a la acción principal. Normalmente ésta no es expuesta de inmediato, sino que se demora un tanto, al tiempo que se apuntala previamente con diversas acciones secundarias. La acción secundaria se prolonga durante algún tiempo hasta que, de manera espontánea, brota y se desarrolla la acción principal. De este modo, la técnica de acciones retardadas privilegia en sus comienzos diversas acciones secundarias, antes de dar paso a la acción central. Con frecuencia no quedan aclaradas, durante las primeras escenas, las relaciones que mantienen los personajes entre sí; sus lazos afectivos o familiares. Esto es algo que el espectador irá descubriendo a partir de la comedida dosificación informativa.

Por medio de estas acciones narrativas se crea sobre el espectador una curiosidad, una intriga, que parte de circunstancias estrictamente cotidianas: cuáles son los vínculos entre los personajes; cuál es su relación con el fluir de los acontecimientos. Progresivamente las acciones secundarias se ven sustituidas por acciones principales que se van imponiendo sobre aquéllas. Dicha técnica comienza a ser utilizada en el periodo mudo: Suspendí, pero..., Caminad con optimismo, ¿Dónde están los sueños de juventud?, La mujer proscrita, Amad a la madre. Bien es cierto que aún no se halla plenamente desarrollada. En los primeros años más bien comienza con personajes secundarios que se ven reemplazados por personajes principales. A partir de 1949 las tramas secundarias se ajustan más orgánicamente con la acción principal, a la que preceden y apuntalan. El primer ejemplo perfectamente desarrollado será, precisamente, Primavera tardía, a partir del preludio que desemboca en la historia infecunda de Hattori y Noriko. Pero no se debería olvidar el magnífico antecedente que brinda Los hermanos Toda, con los prolegómenos que preceden a la muerte del padre y la partida del benjamín de la familia. Otros ejemplos de acciones retardadas se encontrarán en películas posteriores: Las hermanas Munakata (la conferencia del médico y la enfermedad del padre) Principios del verano (la visita del tío Mokichi), Flores de equinoccio (la amenaza incumplida de tifones y la boda inicial), El otoño de los Kohayagawa (el fogoso y taurino pretendiente de la bella y distinguida Akiko), o Tarde de otoño (los encuentros

---

3 BURGESS, Anthony. "Trones opuestos". *Quimera*, 1988, nº 75, p. 29.
4 OZU, Yasujiro. *Antología de los diarios de Yasujiro Ozu* / edición a cargo de Núria Pujol y Antonio Santamarina . Valencia : Filmoteca de la Generalitat Valenciana (etc.), 2000, p. 262.

Figura 246
El coro de Tokio

Figura 247
Érase un padre

Figura 248
Primavera precoz

de los antiguos alumnos y compañeros de armas con el profesor Calabaza, como advertencia premonitoria de lo que puede suceder al padre protagonista). En todos estos casos se trenza una acción principal junto con algunas subtramas secundarias, y subordinadas a la primera. Es necesario que transcurra parte de la película para que el espectador vaya calibrando cuál es la trama principal, y cuál es la subordinada, máxime teniendo en cuenta que, a menudo, el interés de la trama secundaria y la calidad de los personajes que en ella intervienen no es inferior a los de la trama principal. En este sentido, Ozu reclama del espectador una cierta atención y paciencia, hasta que éste sea capaz de recomponer todo el entramado de situaciones, de personajes, y de la relación que unos mantienen con los otros.

El uso de las acciones retardadas permitirá recuperar al final de su carrera- Flores de equinoccio, Otoño tardío, Tarde de otoño- un tema frecuente en el Ozu de los años 30: el círculo fraterno, que congrega a los amigos hermanados, a los antiguos compañeros, o a los miembros de una familia (Figuras 246 - 248). Este círculo fraterno se veía con frecuencia quebrado, en las gakusei mono de los años 20 y 30, porque alguno de sus miembros se excluía voluntariamente del mismo. Tal era el caso de Días de juventud, El coro de Tokio, Suspendí, pero... o ¿Dónde están los sueños de juventud? Dichas escenas se convertirán en las principales acciones secundarias en las últimas películas de su catálogo.

Es asimismo frecuente que las escenas concluyan con una progresiva desdramatización de los sucesos. A la conclusión de los distintos episodios se produce un movimiento de suspensión, una pausa narrativa que se corresponde con un momento interiorizado de los personajes, quienes parecen recapitular sobre los acontecimientos precedentes, y aun invitan a los espectadores a que se les sumen. Así se organizan unidades espaciales y temporales, pero también narrativas. Toda esta batería de recursos informa al espectador que un episodio de la película ha concluido. Debe recapitular sobre todo lo anterior, y prepararse para el episodio consiguiente[5]. El uso de los planos intermedios, en los que se prescinde de la figura humana, que llega a verse sustituida por objetos y por espacios vacíos, resultará en este sentido imprescindible.

Otra singularidad narrativa del cine de Ozu será su rechazo de los clímax narrativos. A menudo cobran mayor importancia escenas aparentemente insignificantes, como un viaje en tren en el que no sucede nada relevante, o la asistencia a un espectáculo teatral en el que no se produce más acción que un cruce de miradas, que la escena álgida hacia la que toda la película apunta: la boda de la hija, tal como sucede en la película fundacional Banshun. Tras ella otros muchos títulos desembocan en matrimonios o en defunciones, que se anticipan desde el principio. Sin embargo, nunca llegaremos a ver la boda; todo lo más sus preparativos o la foto de novios. Otro tanto sucede con las defunciones: tras los crueles estertores que sufre el padre en Chichi ariki, se evitarán otras escenas de agonía. Aunque éstas sean anunciadas desde el principio, como sucede en Las hermanas Munakata. Las muertes de la abuela en Cuentos de Tokio, del compañero de oficina en Primavera precoz, o de la hermana pequeña en Crepúsculo en Tokio se liberan por elipsis. A menudo se acompaña a los personajes durante los funerales y las honras fúnebres. Un ejemplo extremo lo brinda El otoño de los Kohayagawa, en la que se recoge con detalle la crisis cardíaca del abuelo, que está a punto de llevarle a la tumba. Por el contrario, su posterior fallecimiento se elude por elipsis. El dramático y suntuoso epílogo recoge con detalle las honras fúnebres del difunto, y el triunfo final de la muerte.

---

5 Véase: BRANIGAN, Edward. "The Space of Equinox Flower". Screen, 1976, Summer, v. 17, nº 2, p. 84 - 85.

Figura 249
Una gallina al viento

Figura 250
Érase un padre

Figura 251
Caminad con optimismo

XXIV. 3. Movimientos y motivos circulares

Tras el regreso del padre, que ha permanecido algunos años ausente por la guerra, toda la familia se reúne para celebrarlo. En Una gallina al viento el niño baila y juega dando vueltas sobre sí mismo ante sus felices progenitores. Los juegos circulares eran, asimismo, frecuentes en las hermandades de estudiantes y de yotomono en las películas de los 30. Y el inocente juego responde a la circularidad cíclica que sustenta tanto el relato como su diseño visual. Pero además se trata de una nueva representación hogareña, de las que menudean en la obra de Ozu: el niño hace su función, y los adultos ocupan la posición del auditorio, lo que les identifica expresamente con los propios espectadores.

Encontraremos otros muchos ejemplos construidos sobre motivos circulares, de los que aquí destacaremos algunos. En Un albergue en Tokio los niños dan volteretas, y cabalgan sobre estructuras circulares. El juguete de la niña, Kimiko, representa a unos bailarines que danzan dando vueltas sobre la plataforma circular. En correspondencia con estas alegorías cícicas, la película comienza con una llegada, y concluye con una partida. Por su parte Otane, la vétula de Historia de un vecindario, hace girar un molinillo, en alusión al movimiento cíclico. Otro tanto había sucedido en las anteriores El hijo único y en Érase un padre, en las que las fábricas son identificadas por el incesante movimiento giratorio.

En la posterior y canónica Primavera tardía un niño practica en su habitación completamente occidentalizada el béisbol -deporte basado en el recorrido circular, y juega con un trenecito eléctrico que gira sobre sí mismo, un juego que se repetirá en otro episodio circular e infantil en la posterior Principios del verano. Más tarde, en el momento en que Noriko abandona el que ha sido su hogar para casarse, su tía describe un movimiento sobre sí misma en la habitación: un giro que se corresponde con los trazos análogos que, sobre el escenario, ejecutaban los actores en el curso de la representación Nô. Unos y otros describen, mediante movimientos semejantes, el fluir cíclico de la experiencia humana: un motivo bellamente expresado por Ozu en el emocionante desenlace de la película: el padre pela una manzana, lo que hace mediante movimientos giratorios que en un momento dado se verán interrumpidos, en un conmovedor anticipo de lo que será su próxima muerte.

Los Mamiya de Principios del verano tienen en su casa el mismo motivo circular, rodeado por siete círculos más pequeños, que asimismo distinguimos en la casa de los Munakata y en la de los Kohayagawa, en sus respectivas películas. Los niños de Bakushu juegan, como el de Banshun, con el tren eléctrico: un pequeño vehículo que gira alrededor de los niños, quienes a su vez dan vueltas en torno al circuito para seguir su recorrido: he aquí un nuevo ejemplo, asociado esta vez al tren, de los continuos juegos circulares que, en correspondencia con las estructuras cíclicas, se practican en las películas de Ozu. En franca correspondencia con estos pasatiempos, Noriko y Aya, las dos jóvenes casaderas de la película, juegan a perseguirse, dando vueltas alrededor de la mesa.

En Cuentos de Tokio Noriko trabaja en una oficina de una empresa relacionada con la fabricación o distribución de ruedas. Varias veces se encuentra este motivo en el encuadre en la oficina, tanto por medio del propio objeto, cuya presencia destaca en el recinto, como a través de carteles en la pared. La rueda refleja asimismo el sentido cíclico, con que se construye la historia. No es, ni mucho menos, el único motivo circular de la película: el niño da vueltas sobre sí mismo en la silla giratoria del padre, mostrando su desacuerdo con la visita de los abuelos. Por su parte la hija mayor, que tampoco disimula la contrariedad que la produce

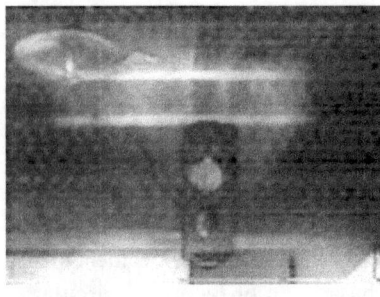

Figura 252
La mujer de Tokio

Figura 253
El hijo único

Figura 254
¿Qué ha olvidado la señora?

la presencia de los ancianos, hace girar el abanico sobre sí mismo, alternando el anverso ilustrado con el reverso del abanico, en el que aparece un texto escrito. El juego con este objeto asimismo tiene un trasfondo teatral, y nos remite a la representación Nô de Banshun. Como en aquella película, también esta vez el personaje interpretado por Haruko Sugimura vuelve sobre sus pasos, da una vuelta sobre la estancia, como si hubiera olvidado algo, tras lo cual vuelve a salir.

Además, a lo largo de toda la película se reconoce la silueta de los relojes: un nuevo motivo circular, y esta vez literalmente relacionado con el recorrido vital. El objeto temporal, que mide el tiempo y que marca la hora del desenlace, cobrará singular importancia en la película, y particularmente en el tramo final: el reloj de la madre será entregado a la hija en un acto solemne de transmisión que, asimismo, emparenta a las dos jóvenes virtuosas del relato: Noriko y Kyoko.

De manera más prosaica Mokichi, el triste protagonista de El sabor del arroz con té verde, se refugia en el pachinko, una nueva esfera mecánica que acoge esta vez un juego cíclico y programado de enajenación; un artificio hipnótico que "te permite sentirte aislado en medio de la multitud, y disfrutar en solitario. Hace que la bola y tú seais uno solo, y estéis completamente solos. Y entonces comprendes que esta bola es una suerte de ciclo. Y todo el juego es una representación de la propia vida. La soledad en estado puro: ése es el atractivo del pachinko. Un sentimiento de soledad gozosa." El no menos solitario padre de Crepúsculo en Tokio también se refugia ocasionalmente en este juego. Poco después, y de nuevo en Ochazuke no aji, se establecen semejanzas entre el pachinko y las carreras ciclistas. No carece de fundamento semejante analogía, pues ambos pasatiempos se basan en el recorrido circular mecánico y repetitivo que se produce a lo largo de una superficie oval rigurosamente delimitada. Nonchan se pronuncia a favor del espectáculo ciclista, si bien explícitamente relaciona ambos cuando dice: "la bola del pachinko se sitúa sobre la bicicleta. Además están los espectadores. Es apasionante. Es la humanidad en miniatura". Es de notar, en fin, el paralelismo cíclico y circular que emparenta al juego con el espectáculo deportivo, sendos fenómenos de masas característicos del Japón posbélico. Escenas más tarde, cuando la joven sobrina describe el juego del pachinko, que también la ha cautivado, lo hace dibujando un círculo en el aire, lo que además se corresponde con el emblema circular que aparece detrás de ella.

En Buenos días el motivo circular del aro está presente en todo momento, colgado sobre las paredes de las casas, hasta que al final el niño lo toma y rompe a jugar con él. Respondiendo a esta imagen, la película se organiza mediante una estructura cíclica: comienza con la llegada de los niños del colegio, y termina con estos mismos niños saliendo rumbo a las clases.

En otro momento de la misma película, los niños juntan dos dedos formando un círculo para poder romper la huelga de silencio que han emprendido contra los adultos. La alusión al círculo no es gratuita, pues simbólicamente alude a la posibilidad de retornar al punto de partida: aquél en el que sí era permitido el uso convencional del lenguaje.

Por si esto fuera poco, también en la misma Buenos días se establece un vínculo de complicidad entre cine y televisión, a partir del común basamento circular: el combate de sumo, que los rapaces contemplan a través de la televisión, se libra sobre una superficie circular llamada dohyo, que se corresponde con la pantalla ovalada del televisor. Recluidos en el marco televisivo se encuentran los dos luchadores; frente a ellos se sitúan los dos niños, a su vez sometidos al riguroso proceso de planificación del cineasta (Figuras 2306, 2308). Toda la acción se reparte entre el plano de conjunto de los sumokas y el plano medio de los niños. Pero además se establecen sensibles diferencias entre los mecanismos de representación: la cámara se mueve en el curso de la emisión televisiva, siguiendo los preparativos de los luchadores, lo que contrasta con la cámara estática de Ozu. Los sumokas dan vueltas alrededor del dohyo: un movimiento que se corresponde con el niño que juega con el aro al final de la película, y con la propia concepción cíclica del relato.

Ya en el desenlace de esta singular comedia, la alegría de los dos hermanos al recibir la televisión se manifiesta mediante sendos juegos circulares: en primer lugar rompen a dar vueltas en la habitación, cogidos de la mano. Y más adelante Isamu jugará con el aro, al que hace girar sobre su cintura, con lo que se pone punto final cíclicamente a su silenciosa aunque preocupante sublevación.

En una película de inequívocas raíces escénicas como es Hierbas flotantes (versión de 1959), los actores aguardan entre bastidores su momento de entrar en escena. Mientras tanto fuman y hacen círculos con el humo de los cigarros, en una alusión evidente a su recorrido vital, tan cíclico como inestable y evanescente. A semejanza de los irreductibles niños de películas anteriores, también en El otoño de los Kohayagawa la escapada del abuelo sigue vinculada con actividades lúdicas: tras jugar al escondite con el nieto, se marcha al velódromo con la amante. Aquí asiste a un nuevo juego, las carreras ciclistas, que inequívocamente emparentan al anciano con su segunda infancia. La bicicleta es un tesoro preciado en el orbe infantil- recuérdese el afán del niño de El coro de Tokio por hacerse con una-. También las carreras ciclistas habían cobrado una presencia importante en la anterior Ochazuke no aji. En ambos casos los ciclistas dar vueltas incesantemente en el interior de un velódromo, lo que asocia el espectáculo con el recorrido cíclico, lo que en el caso del anciano, cuyo tiempo se agota, guarda relación con el recorrido entre la vida y la muerte: una carrera que se aproxima a su final.

Por último, en Tarde de otoño encontramos un edificio decorado con una cúpula en la que aparece un móvil que efectúa un movimiento de rotación sobre el meridiano. He aquí un nuevo motivo circular que se vincula con otro, también situado en la cúspide de un edificio: las dianas contra las que se practica el golf, en lo alto de las terrazas. Los jugadores apuntan directamente contra ellas, y golpean las pelotas describiendo parábolas con los palos. Acreditando la importancia de este motivo, se dedica expresamente un plano a esta diana bombardeada sin tregua a pelotazos, en un ejercicio tan fútil como absurdo. Las dos imágenes circulares se hallan esta vez asociadas con el signo de los tiempos: la publicidad y el culto al ocio, fenómenos ambos de ascendencia occidental.

En esta misma película, junto al bar del cochambroso profesor Calabaza se apilan los toneles: un nuevo motivo circular asociado con una experiencia cíclica que se extingue. También habíamos encontrado este mismo motivo vinculado con la destilería Kohayagawa, a cuya entrada se amontonan las barricas. Como se recordará el emblema heráldico de esta familia es precisamente un motivo circular y radial, aludiendo a una experiencia cíclica, pero también profesional: dichos círculos guardan relación con los envases en los que se guarda el licor, sustento de un negocio familiar cuyo tiempo se agotará al tiempo que lo haga la vida de su patriarca.

XXIV. 4. El paso del tiempo

El paso del tiempo es percibible en las marcas del reloj; en los toques del gong; en los recorridos geográficos; en el propio desgaste de los personajes: en la experiencia vital que deja sus huellas en el interior de los mismos. El tiempo pasado no resulta particularmente importante en Ozu: se trata de hechos que se han desvanecido y que sólo dejan rescoldos, de variable intensidad, en la memoria. Ozu no recurre a los recuerdos ni a los saltos temporales: mantiene la sucesión cronológica de los acontecimientos. No se produce ningún flash-back en sus películas; y las invocaciones al pasado son muy leves. A menudo -pensemos en Tokyo no yado o en Banshun- son muchos los puntos que quedan sin desvelarse sobre el pasado de los personajes, lo que deja pendientes en sus biografías algunos pequeños misterios que no habrán de resolverse. El futuro tampoco preocupa particularmente a sus personajes, quienes lo aguardan con resignación. Sólo interesa un tiempo presente- un presente continuo, más bien-, que permanece en perenne e incesante evolución.

Sin embargo, el pasado está siempre presente en sus películas. Éste se manifiesta a menudo a través de las conversaciones o de los comentarios anecdóticos. Frecuentemente se producen reuniones de antiguos estudiantes, de amigos o de compañeros, en los que todos se entregan al ejercicio exorcizante de la nostalgia y de confesar su decepción: desde la escena final de El coro de Tokio a las reuniones de ancianos en Cuentos de Tokio y en Tarde de otoño. Estas escenas transcurren frecuentemente en bares. En estos momentos, y en medio de un Japón bruscamente alterado por la turbulenta experiencia histórica, los personajes dan rienda suelta a sus sentimientos de nostalgia por un pasado perdido inexorablemente.

Puede apreciarse tal sensibilidad temporal en los casos de las defunciones: La muerte es un suceso luctuoso, que sorprende de manera fulminante a los miembros de la familia. Pero, una vez concluidos los oficios fúnebres, la vida prosigue con una normalidad sólo alterada por la tristeza y la nostalgia. No aparecen fantasmas; no hay invocaciones al muerto, si bien pervive su recuerdo y el culto a la memoria a través de imágenes (las fotografías que presiden los salones) o de símbolos: el butsudan, la urna con las cenizas de Érase un padre o el reloj de la difunta en Cuentos de Tokio. En esta película Noriko asume la muerte del marido, y se ha resignado a su desaparición. También tras la muerte de la abuela, la vida recuperará su pulso habitual en el pueblo, tal como estaba días atrás cuando la abuela vivía, por más que su pérdida haya dejado un profundo vacío en el hogar de su familia. El tiempo de Ozu es concreto y presente: el aquí y ahora, que se desvanecen, fugaces como los trenes que pasan raudos por sus encuadres. La impermanencia define su cine: todo fluye, nada permanece. Por esta razón su obra se sustenta sobre imágenes fugaces y pasajeras, perfectamente definidas por el paso de los medios de transporte- el tren y el barco-, o por objetos que marcan un uso ocasional: la tetera, las chimeneas humeantes o el tendal con ropa al viento; lo que hace de las parábolas de Ozu correlatos de la propia naturaleza del cine, arte asimismo efímero e impermanente.

Sus planos intermedios desprovistos de presencia humana, a los que nos referiremos en otro capítulo, son metáfora sobre el paso de la vida: los personajes se van; pero el espacio permanece, inmutable como la montaña que permanece firme, ajena al movimiento de la cámara, cuando concluye Principios del verano. Otro tanto sucede con las asimismo frecuentes imágenes de pasillos y de puentes, que aluden a la vida como tránsito.

En las películas de Ozu no aparecen estados subjetivos, como sueños o ensoñaciones; tampoco hay recuerdos ni saltos temporales. La mayoría de sus películas discurren en una franja temporal reducida, con excepciones como El coro de Tokio, Amad a la madre, El hijo único o Érase un padre, en las que se confrontan distintos episodios en las vidas de sus protagonistas. Como en los poemas haiku, tanta importancia cobra lo que se muestra como lo que se oculta: el espacio fuera de campo; las acciones eludidas por elipsis, y que suelen ser fundamentales en el curso del relato. Es el caso de las bodas y los fallecimientos, acontecimientos climáticos que se suelen dispensar mediante elipsis.

De igual modo rechaza artificios como el montaje paralelo, si bien es posible destacar algunas excepciones notables: en Nací, pero... un trávelin lateral enlaza el aula, en la que los alumnos trabajan aplicadamente, con la oficina donde los empleados bostezan con gran estruendo. También en Buenos días una sucesión de escenas paralelas contrapone la clase de párvulos, donde se encuentra Isamu, con el aula de mayores, en la que Minoru sufre las preguntas del profesor. En El sabor del arroz con té verde se contrasta el movimiento de retroceso tomado desde el tren, a bordo del cual la mujer se distancia del marido, con el movimiento de avance sobre la oficina de éste, concentrado en su trabajo. Incluso acústicamente contrasta el traqueteo del ferrocarril con el teclear de las máquinas de escribir en la oficina.

Al margen de estos ejemplos poco habituales, lo cierto es que a partir de 1949, con Primavera tardía, las elipsis han de ser cada vez más abruptas. Fruto de esta circunstancia, se enfatiza la atención sobre determinados aspectos, aparentemente secundarios o triviales, para evitar elípticamente los acontecimientos climáticos, como las citadas bodas y muertes. Aun cabría aventurar cierta actitud púdica, temerosa, ante Eros y Thanatos. En El otoño de los Kohayagawa la despedida entre Noriko y su amado Teramoto se elude mediante una delicada elipsis. Nos hallamos en la estación; él parte hacia Sapporo. No les vemos despedirse, ni subirse al tren. Éste pasa, pero sólo distinguimos su sombra, que se proyecta contra la pared, al tiempo que oímos su paso. Cuando el vehículo ha partido, la cámara continúa solemnemente en la estación, ahora vacía. He aquí un magnífico ejemplo, basado en la sombra y en la impermanencia, de la manera en que Ozu resuelve acontecimientos habitualmente subrayables.

XXV. TIPOLOGÍA ESPACIAL

XXV. TIPOLOGÍA ESPACIAL

El de Ozu es un mundo recoleto y familiar, replegado sobre el hogar y sus habitantes. Y, sin embargo, también está presente el espacio exterior, con el que los miembros de la familia establecen un contacto continuo y dispar. Como artista de su tiempo, Ozu ha construido toda su obra en torno al Japón y a los japoneses. En su cometido de cineasta, ejerció de manera involuntaria como cronista de la cotidianidad, captando una realidad social e histórica que sufre un acelerado proceso de mutación.

Diferentes espacios son repetidos en casi todas las películas, y sometidos a leves variaciones en su tratamiento: la casa familiar y sus dependencias destacan como escenario preferente. Pero además otros espacios reciben singular atención: el lugar del trabajo, habitualmente una oficina; en ocasiones la fábrica o el taller. El bar el tren, el cine o el teatro, la escuela y, en algunas ocasiones, el salón del *pachinko*. Por último el parque y el balneario dispensan algunos importantes intermedios en espacios aislados, y convenientemente distantes del entorno hogareño. Entre los espacios de transición entre las distintas escenas y episodios, distinguiremos la calle y el paraje urbano; el entorno del vecindario y, en contadas ocasiones, el templo, o los silenciosos dominios del Gran Buda.

XXV. 1. Campo y ciudad

Campo y ciudad son dos espacios frecuentemente contrapuestos en las películas de Ozu. El entorno rural se describe mediante ligeras pinceladas en películas como Historias de hierbas flotantes. En El hijo único se nos presenta una insólita muestra de actividad industrial en el campo: la fábrica de seda, sostenida por mano de obra femenina. Pero incluso en relatos como éstos, inicialmente situados en provincias, el reclamo de la ciudad como motor centrífugo es demasiado poderoso: antes o después los personajes más jóvenes emprenderán el camino hacia la capital.

La mayor parte de las películas de Ozu transcurren

Figura 255
Principios del verano

Figura 256
Cuentos de Tokio

Figura 257
Cuentos de Tokio

en espacios urbanos; bien se trate de ciudades de provincias como, fundamentalmente, en la capital. Ozu era tokiota, y Tokio aparece incesantemente en su filmografía[1]. En cinco títulos es citada expresamente la gran ciudad: Tokyo no kurasu (1931); Tokyo no onna (1933); Tokyo no yado (1935); Tokyo monogatari (1953), y Tokyo boshoku, (1957). Como se ve, la cita nominal comprende películas repartidas a lo largo de toda su filmografía, desde sus primeros títulos destacados hasta casi las postrimerías. La ciudad, sus calles y parques, sus bares y restaurantes, oficinas y casas, adquiere por consiguiente un singular protagonismo. Sin embargo, no es menos cierto que las señas de identidad específicas

---

[1] De hecho en cuarenta y nueve sobre cincuenta y cuatro películas suyas aparece Tokio, según el recuento del muy empirista David Bordwell. Véase: BORDWELL, David. *Ozu and the poetics of Cinema*. New Jersey : Princeton University Press, 1988, p. 39.

de la gran ciudad permanecen casi siempre ausentes, con la excepción del recorrido en autobús de Cuentos de Tokio.

Como antídoto visual, pero también espiritual, contra el bullicio materialista de la capital, son frecuentes asimismo las escenas que transcurren en lugares característicos del viejo Japón, que aún pervive siquiera confinado en reservas. Así, nos encontraremos escenas rodadas en Kamakura, en Kioto y en Nara, las venerables capitales históricas de Japón, así como en lugares de provincia apartados, donde los personajes se recluyen en la soledad y en el silencio: Yamato en Principios del verano y Onomichi en Cuentos de Tokio. En ocasiones se distinguen algunos de los parajes geográficos más conocidos de la geografía japonesa: el balneario de Atami, el lago Biwa o las tres capitales históricas del país: Kamakura, Kioto y Nara. Se trata de santuarios donde los personajes, y con ellos el propio Ozu -quien fijó su residencia en Kita-Kamakura- buscan refugio tradicional contra los excesos industriales y foráneos que acribillan la gran urbe.

Tokio es una ciudad multicultural en la que conviven construcciones importadas- la *Tokyo Tower* con que se abría Otoño tardío- con templos budistas; los restaurantes autóctonos se sitúan junto a otros establecimientos a la usanza ocidental. No es menos cierto que el desarrollo de la megalópolis arruina el tradicional entendimiento entre familias y amigos. La cultura urbana sustituye a la tradicional; la urbanización inspirada en Occidente se impone sobre las construcciones centenarias; el hormigón se alza donde antaño se construía en madera; la naturaleza se degrada; el río Sumida se torna pútrido, y la contaminación impide ver la silueta del monte sagrado, el Fuji. El orden que el cineasta amaba se desmorona en el curso de un proceso que se sabe irreversible. Además, el proceso de modernización urbana e industrial no traerá la paz y la prosperidad que se anunciaba: muy por el contrario incrementará los conflictos sociales y el desempleo durante los años 30; y será el campo donde se abonen las ideologías imperialistas y belicosas que conducirán al país a una guerra devastadora.

Se ha dicho que *"en las películas de Ozu, cualquier lugar apartado de Tokio y sus alrededores es otro mundo: es el exilio"* [2]. Sin embargo dicho sentimiento de exilio y de desarraigo asimismo prende con fuerza en los degradados arrabales de la capital. Entre el campo y la ciudad se encuentran los suburbios industriales, cuya presencia es muy frecuente en las películas mudas de Ozu: se trata de espacios periféricos y marginales por donde deambulan, como extraviados, los personajes; particularmente en títulos como Corazón vagabundo y Un albergue en Tokio, protagonizados por vagabundos.

La acogedora *shitamachi* o ciudad baja de Tokio, el barrio de Fukagawa en que Ozu creció y del que hubo de alejarse, va pereciendo progresivamente ante el avance del hormigón armado y los grandes bloques de viviendas. Aquella hermosa Edo, de la que Ozu llegó a atisbar sus últimos destellos, va cediendo su terreno ante la monstruosa e impersonal mole tokiota, superpoblada y carente de belleza y de encanto: el mar de asfalto inhóspito y amenazador que se extiende ante la pareja de ancianos de Tokyo monogatari. La belleza y la armonía de los tiempos pasados se extingue y se disuelve bajo el marasmo de cables, cemento y ladrillos. Ozu siente perecer su mundo bajo el imparable desarrollo de la historia, y sus películas son crónica de una mutación tan agresiva como inevitable. En los entornos urbanos de Ozu ha de ser continua la oposición entre los espacios modernos y occidentalizados, y los degradados barrios de periferia, llenos de fábricas y silos, y donde incluso pacen los caballos. En estos ambientes suburbanos se localizan algunas películas de los años 30 y 40 como Nací, pero..., Corazón caprichoso, Un albergue en Tokio, el Hijo único, Historia de un vecindario y Una gallina al viento.

Desde los lejanos Días de juventud son habituales las sinécdoques visuales que describen la ciudad por medio de chimeneas que aluden a la condición industrial del entorno urbano, pero también a su condición inhóspita y aún amenazante. Los degradados entornos suburbanos llegan a amenazar visualmente a los personajes, y la pureza de la vida espiritual y la tradición. En este sentido es muy significativa la imagen de dos *bonzos* pasando junto a unas enormes cisternas al principio y al final de Una gallina al viento. El éxodo rural, la dispersión de las familias y las difíciles condiciones de vida en la capital hacen imposible que toda una familia pueda vivir reunida bajo un mismo techo. En algunas películas familiares de Ozu- Los hermanos Toda, Principios del verano y, de algún modo, Cuentos de Tokio- se ilustra la imposibilidad de mantener unida a la familia en tiempos de diáspora como los presentes.

XXV. 2. El espacio laboral

Dadas las coordenadas espaciales, el entorno laboral es casi siempre el propio del perímetro urbano: la oficina, la fábrica y, en ocasiones, el taller. Estos dos últimos casos pueden situarse incluso en entornos rurales, como

---

[2] *OZU Yasujiro Eiga Tokuhon : Ozu retrospective : 90th. anniversary of his birth.* Tokyo : Film Art ; Shochiku Eizo Shogai-Shitsu, 1993, p. 65.

Figura 258
Principios del verano

Figura 259
El sabor del arroz con té verde

Figura 260
El sabor del arroz con té verde

Figura 261
Nací, pero...

Figura 262
Primavera precoz

Figura 263
Primavera precoz

sucede en El hijo único y en Érase un padre. En algunos casos los personajes, que ejercen como profesores, son vistos en el aula: El hijo único, Érase un padre, Cuentos de Tokio, Otoño tardío. La profesión de las Hierbas flotantes -cómicos de la legua- no se ve condicionada por el lugar en el que representan, debido a su naturaleza trashumante. Las actividades relacionadas con la pesca se producen siempre en jornadas de asueto, a modo de reencuentro entre padre e hijo: en las dos Ukigusa y en Chichi ariki. Por el contrario, no aparecen labores en el campo, como la agricultura o la ganadería. La única escena específicamente campesina es particularmente singular en la obra de Ozu, y sin duda se nos antoja extraordinariamente bella y sugerente: al final de El otoño de los Kohayagawa un hombre y una mujer limpian los útiles de labranza a orillas de un río mientras contemplan el humo de un crematorio, lo que les permite reflexionar sobre la fugacidad de la vida.

Frente a la serenidad y recogimiento con que trabajan estos dos *milletianos* campesinos, el espacio laboral urbano e industrial se halla sometido a la rutina, al acatamiento de la ley y del orden laboral y, con frecuencia, a la sumisión ante los dictados del superior, por arbitrarios que resulten.

Dicho espacio es reconocido por sus distintivos más prosaicos, que ilustran una forma de vida monótona y anodina: es el caso de las mesas alineadas, las máquinas de escribir que se descubren al comenzar la jornada y se tapan cuando ésta concluye; las perchas cubiertas por sombreros. Y, de manera muy especial, cobrará importancia el reloj que marca los ritmos de la jornada. Cabe recordar, en este sentido, que una de las mejores secuencias de Caminad con optimismo transcurre simétricamente desde que la oficina se abre, por la mañana, hasta que se cierra, por la tarde.

Las películas sobre asalariados (*soshimin-geki*) se habían hecho muy populares desde principios de los años 30, coincidiendo con el cada vez mayor incremento de la población urbana, aplicada progresivamente al sector de los servicios. Es éste un género que se desarrolla a consecuencia del éxodo rural, de la incesante urbanización, y del incremento de los sectores secundario y terciario. Las películas de Ozu dan buena cuenta de este fenómeno.

Antes de favorecer situaciones pesarosas, la oficina dispensa el espacio privilegiado para la comedia humana, particularmente expresivo en un país capitalista y jerarquizado como Japón, en el que cada cual debe ocupar la casilla que socialmente le ha sido asignada. Las condiciones económicas, la precariedad en la forma de vida, tornan a los oficinistas serviles y aduladores, y a los jefes arrogantes y prepotentes. La sublevación de Tokihiko Okada contra este orden en El coro de Tokio tiene un punto heroico que, naturalmente, no puede ser comprendido por su familia. Todo lo contrario de lo que sucederá en Nací, pero..., donde la mujer primero, y los hijos después, terminan por comprender que su padre deba doblegarse ante el patrón para garantizarles mejores condiciones de vida y de trabajo.

Una vez adaptados a su entorno laboral, los asalariados se tornan dóciles, más que leales. Y no son particularmente diligentes en el cometido de sus funciones. Sólo se afanan en el trabajo cuando tienen al jefe delante. Rendidos a estas condiciones laborales, los oficinistas suelen dar muestras de aburrimiento y de conformismo; en el interior de los despachos los bostezos son estruendosos, y el desinterés es nota común.

Ya en Me gradué, pero... los oficiales de la oficina son sorprendidos mirándose en el espejo y leyendo novelas, mientras los patrones se dedican a bromear a cuenta de un solicitante en paro. Y aunque es de lamentar que se haya perdido una de sus primeras incursiones en el tema: Kaisahin seikatsu (Vida de un oficinista, 1929), los ejemplos que nos brindan algunas de las supervivientes son holgadamente elocuentes. No pocos de los momentos memorables relacionados con la oficina los encontramos en la juvenil y vigorosa El coro de Tokio. En algunas de sus más joviales escenas los oficinistas se arremolinan en trono a la puerta del patrón para recibir su paga extra; cuentan con desconfianza el salario en los servicios cuando a uno de ellos, presa del nerviosismo, se le cae el dinero en el urinario. El oficinista zalamero se limpia los zapatos en la oficina, mientras el secretario repara el tacón roto de su zapato. Y, por último, el enfrentamiento entre el oficinista honesto y el jefe desalmado, se salda en un auténtico duelo de abanicos.

Debería advertirse, por oposición, que los ejemplos de mayor diligencia y eficacia en las oficinas suelen brindarlo las mujeres: Chikako en La mujer de Tokio; Noriko en Cuentos de Tokio, y Ayako en Otoño tardío. Cuando los hombres son responsables y diligentes en su trabajo- Yabe en Principios del verano, Mokichi en El sabor del arroz con té verde o, en menor medida, Shoji en Primavera precoz- terminarán siendo destinados por sus superiores a un punto remoto: hasta tal punto se ven sometidos al designio patriarcal de la empresa. En ocasiones, y sobre todo en las películas de los 30, los jefes son caricaturizados de manera casi tebeística: no tienen otra consideración que no sea aumentar el trabajo y la productividad, a cuenta de sus subordinados, a quienes humillan lacerantemente: encontraremos ejemplos en Me gradué, pero..., en El coro de Tokio y, especialmente, en Nací, pero... .

Desde Caminad con optimismo, el despacho del jefe se ve resguardado por una puerta donde pone, y en inglés para tener más fuerza universal, "Private", lo que marca un espacio vedado, que los empleados deben cruzar con cautela. En su interior los jefes acosan a las empleadas (Caminad con optimismo), se burlan del desempleado (Me gradué, pero...), se muestran indulgentes con sus subordinados, a los que humillan caprichosamente (Nací, pero...), o los ponen en la calle de manera arbitraria (La bella y la barba; El coro de Tokio). De manera más realista en las películas de los años 50, como las anteriormente citadas, los jefes han perdido la naturaleza caricaturesca para transformarse, simple y llanamente, en mecanismos reguladores de la productividad y los beneficios. Por eso no tienen reparo alguno en trasladar a sus empleados a los rincones más remotos del país, e incluso al extranjero, siempre que resulte conveniente para la empresa. Éste será un tema habitual en las películas de posguerra que examinaremos.

XXV. 3. Colegios y universidades

En Nací, pero... se contraponen, mediante montaje paralelo, el colegio y la oficina, ambos mediante similares movimientos de cámara en trávelin lateral. El artificio no responde a la mera retórica, sino al deseo de confrontar las sociedades infantil y adulta, igualmente jerarquizadas y sometidas al designio del poderoso. En la posterior ¿Dónde están los sueños de juventud? la jerarquía que respetan los estudiantes en el campus se corresponde fielmente con la que observarán en la empresa cuando hayan concluido su etapa formativa. La escasa simpatía que el director muestra por estos centros acaso sea reflejo de los malos recuerdos que guarda el propio cineasta de sus años escolares, y que no tuvieron continuidad en su etapa adulta. Aunque ambos sean motivos frecuentes en su obra, Ozu no cursó estudios universitarios, del mismo modo que nunca ejerció como oficinista.

A lo largo de los años 20 las universidades japonesas conocieron una intensa actividad política. Muchos estudiantes fueron detenidos, a causa de sus posiciones ideológicas. Sin embargo dichas turbulencias permanecen prácticamente ausentes en la obra de Ozu, quien proponía una visión más desenfadada de los años estudiantiles, que le dispensaban un óptimo material para sus comedias de juventud. Sin embargo cabe añadir una circunstancia velada: las comedias universitarias de

Figura 264
Nací, pero...

Figura 265
Amad a la madre

Figura 266
Amad a la madre

Ozu- Días de juventud, Me gradué pero... y seguramente Suspendí, pero... y ¿Dónde están los sueños de juventud? transcurren en la Universidad Waseda, que a finales de los años 20 era un lugar conocido por sus tendencias liberales, lo que ocasionó que numerosos de sus estudiantes sufrieran arrestos. De hecho, como se verá en ¿Dónde están los sueños de juventud? se propone una pugna, si bien en el terreno amoroso, entre el patrón y sus trabajadores, que se salda inocentemente con la recuperación de la concordia fraterna. Señalaremos, en fin, que los ecos subversivos de aquella universidad llegan incluso hasta Otoño tardío (1960), uno de los últimos trabajos de Ozu. En esta ocasión el candidato matrimonial propuesto para la hija se licenció en la Universidad de Waseda, lo que provoca el entusiasmo de dos hijos rebeldes que rompen a cantar el himno de dicha universidad a modo de insolente desafío contra la autoridad paterna.

Como se puede apreciar, la escuela y la universidad son la réplica infantil y juvenil de la oficina paterna: el marco en el que se libran las primeras escaramuzas en la generalizada competición social, que da comienzos desde la infancia. Todos estos espacios pueden sufrir un similar proceso de caricaturización, particularmente sombría en el caso adulto. Sin embargo, y pese al dramatismo de algunas acciones que allí llegan a producirse, son asimismo frecuentes las situaciones cómicas: particularmente en las películas de los 30, pero también en obras de madurez como Flores de equinoccio, Otoño tardío o Tarde de otoño. En todos estos casos los personajes, envejecidos y desgastados por el paso del tiempo, evocan con nostalgia los años escolares que cimentaron su situación presente.

XXV. 4. Bares y restaurantes

Son éstos los espacios intermedios más habituales en el cine de Ozu. En dichos lugares los personajes se encuentran, comparten impresiones; intercambian confidencias. Es asimismo un refugio preferente; un lugar donde se habla mucho, y donde de forma espontánea brotan las confesiones y los desencantos. Apenas hay película de Ozu en la que no aparezcan restaurantes o bares. Y en aquellas en las que no aparecen (Nací, pero..., Buenos días, en la que sólo una breve escena incidental transcurre en un bar) las escenas de comida siguen desempeñando un papel importante. Punto intermedio entre el hogar y la oficina, los personajes a menudo se dan cita en aquellos rincones gastronómicos para comer y, sobre todo, para beber.

Algunas películas de Ozu aluden al sabor- *aji*- de los alimentos: Ochazuke no aji (El sabor del arroz con té verde) y Samma no aji (literalmente: El sabor de la caballa) Aunque cobran importancia los rituales culinarios, los manjares permanecen casi siempre ignorados por la cámara y por la conversación. Por otra parte, las escenas que transcurren en los restaurantes cobran singular importancia como hilo conductor. Los restaurantes son lugares donde se disfruta del rito culinario, pero también donde se reencuentran los amigos, y donde se halla el consuelo para el diario esfuerzo. En el interior del restaurante Caloría de El coro de Tokio una caligrafía exhibe el siguiente poema: *"una mente sana reposa sobre un cuerpo sano. Y un buen plato de arroz al curry sacia el apetito"*. Es el lema del restaurante, escrito en japonés (Figura nº 814).

Cualquier pequeño acontecimiento es, en las películas de Ozu, buen pretexto para sentarse delante de una mesa. Otro tanto sucedía en la vida personal del cineasta, según se desprende de la lectura de sus Diarios. En su cine hasta dichos encuentros están normalizados: antes de juntarse con el resto de la congregación, los tríos de amigos -interpretados por los mismos actores: Nobuo Nakamura, Ryuji Kita y, alternativamente, Chishu Ryu o Shin Saburi-, se reúnen en un local del que son clientes

Figura 267
Las hermanas Munakata

Figura 268
Crepúsculo en Tokio

Figura 269
Primavera tardía

habituales, donde les atiende la misma camarera: la oronda actriz Toyo Takahashi que presta su acogedora y materna humanidad en Flores de equinoccio, Otoño tardío y en Tarde de otoño.

Visualmente estas escenas asimismo cuentan con sus propios recursos: la buena mujer aparece siempre de manera similar entre las puertas correderas; y siempre sus insolentes parroquianos se burlan de ella con alusiones maliciosas a su vida conyugal. Tras su partida, en la mesa se iguala a los comensales mediante gestos y vestuarios. Y los efectos de equiparación se quiebran momentáneamente en cuanto aparece una intrusa: bien la mollar camarera, bien la joven y bella esposa de uno de ellos. Invariablemente, ambas intervenciones darán pie a comentarios maliciosos e impertinentes.

En los años de posguerra son frecuentes las reuniones de antiguos compañeros o amigos, si bien estas congregaciones cuentan con un añejo precedente: Tokyo no korasu, realizada en 1931. Pero en los años 50 y 60 serán frecuentes estas liturgias de nostalgia, en las que se evocan los días de la juventud y los viejos ideales, definitivamente inhumados. Encontraremos ejemplos desde el encuentro de antiguos amigos en Cuentos de Tokio hasta las escenas análogas en la posterior Tarde de otoño. En todos estos casos los personajes se reúnen después de algún tiempo, y recuerdan con nostalgia los días perdidos.

Aunque se tiende a evitarlo, en estos lugares a veces se recuerda la pasada experiencia bélica: en ocasiones el recuerdo parte de quienes la sufrieron en la retaguardia y perdieron a sus hijos (los ancianos de Tokyo monogatari); pero otras veces son los que participaron en la contienda quienes evocan aquellos días, y en particular los momentos de sosiego ajenos a la batalla. Es recordado el encuentro entre Daisuke Kato y Chishu Ryu en una escena de Samma no aji. Pero con anterioridad ya habíamos asistido a reuniones de compañeros de filas en El sabor del arroz con té verde y en Primavera precoz. Todos estos encuentros asimismo recuerdan la experiencia militar que vivió el propio Ozu, tan aficionado a su vez a estos espacios, e incluso aquella película bélica que el cineasta escribiera, pero que nunca llegó a filmar.

Con alguna frecuencia los personajes secundarios de Ozu regentan restaurantes: es el caso de las madres de las jóvenes amigas en Principios del verano y en Otoño tardío, así como la madre de la protagonista de Primavera precoz. Pero además, y atendiendo a su cometido como espacio de transición, no se debe pasar por alto que en determinadas ocasiones los ancianos profesores deben sobrevivir, tras su jubilación, trabajando en estos lugares. Éste es el caso de El coro de Tokio, El hijo único y de Tarde de otoño. También en Érase un padre el antiguo profesor debe practicar otros oficios, aunque no el culinario, para salir adelante. De este modo, el maestro que antaño cultivase las inteligencias de sus alumnos, ahora continúa nutriéndoles: bien con las enseñanzas intelectuales, bien con las normas de educación y urbanidad, o bien con la comida material, siempre preparada con sus propias manos. Aún ahora, y en su doble condición de profesores y padres, alimentan a los alumnos, a quienes legítimamente llegan a considerar como sus propios hijos. Durante el encuentro con estos antiguos profesores, el comedor se convierte, ocasionalmente, en prolongación del aula muchos años después.

Tanto desde el estrado como desde la cocina estos individuos, que arrastran una existencia penosa, ofrecen en su vejez a los antiguos alumnos una postrera lección de humildad y de coraje a la hora de enfrentarse con las adversidades de la vida. Los antiguos alumnos han triunfado, mientras que quienes fueron sus profesores se debaten en una mera economía de subsistencia. En ocasiones, como sucede con Sakuma- *Calabaza*-, el viejo profesor borrachín de Samma no aji, se han quedado reducidos a una calamitosa condición de piltrafa

Figura 270
¿Qué ha olvidado la señora?

Figura 271
Principios del verano

humana, acorde con el mísero garito que regentan.

El reencuentro de antiguos amigos y profesores brinda el pretexto adecuado para evocar el pasado, y para rescatar las viejas canciones de la juventud. Una de las más destacadas películas del Ozu de formación alude en su título, precisamente, al himno que cantan finalmente el profesor y sus alumnos en el curso de su encuentro: El coro de Tokio.

A menudo, y como sucede en esta película, las melodías son entonadas por todos los asistentes. Esto es lo que sucede en Primavera precoz, donde los antiguos soldados entonan temas marciales. Más tarde todos los compañeros de oficina, hombres y mujeres, recuperarán el quebrado círculo fraterno para despedir cantando a su compañero que se traslada a un lugar remoto. Al llegar al puerto donde van a actuar, la compañía de las Hierbas flotantes entona una salutación que precede al desfile por las calles del pueblo. Tras la ruina de la compañía, los actores se juntan en un círculo -hombres y mujeres- para celebrar su separación cantando. También en El otoño de los Kohayagawa aparecen, aunque separados ante la misma mesa, hombres y mujeres para entonar cánticos de despedida. En esta película, por otra parte, se alternan las melodías tradicionales, en el albergue de Kioto, con las canciones americanas (*My darling Clementine*), interpretada en Osaka para homenajear al compañero que les abandona. En El sabor del arroz con té verde se produce una llamativa singularidad: esta vez el grupo que canta, en un albergue, es completamente femenino. Las mujeres, que engañan a los hombres para disfrutar de unos días de solaz, entonan canciones mientras paladean *sake*, tal como harían sus maridos: una singular inversión justificada por la rebeldía de la mujer contra el orden patriarcal y masculino.

Aun sin llegar a tales extremos, éste no será el único ejemplo de sublevación femenina fraguada en uno de estos locales. También en Primavera tardía se produce una reunión femenina; pero es más comedida: tiene lugar en una casa, para celebrar la ceremonia del té. En la posterior Principios del verano las amigas se reúnen en un café bajo cierto panel de inspiración arcádica. En este lugar, y alentadas por la flauta de Pan, se produce la escisión entre las amigas que se han casado y las que permanecen solteras. Las mujeres no cantan, pero el instrumento del sátiro y la presencia de la ménade insinúa un silencioso efecto musical que acompaña la congregación femenina (Figura 271).

Dichos ejemplos suponen la excepción inhabitual a una actividad eminentemente masculina. En otras ocasiones encontraremos ejemplos de canciones interpretadas en solitario. Mayoritariamente interpretadas por Chishu Ryu, quien dio muestras de buena voz en Historia de un vecindario, El sabor del arroz con té verde y en Flores de equinoccio. En todos estos casos los demás asistentes siguen con recogimiento unos cantos que, a menudo, alternan la declamación con el recitado litúrgico. También en Flores de equinoccio, durante la boda celebrada al principio, un *bonzo* entona un canto budista. Como réplica simétrica, y ya en el tramo final, Chishu Ryu volverá a entonar un canto tradicional a modo de corolario de la boda de la hija de su amigo. Dicho canto será a su vez prolongado por el padre, Shin Saburi, en la última escena, a bordo del tren que le llevará a reencontrarse con aquella hija que abandonó el hogar tras contraer matrimonio. Finalmente, y aunque no se trate de una melodía cantada, es imposible pasar por alto una de las más joviales escenas filmadas por Ozu en el interior de un bar: en Tarde de otoño el padre y su amigo, un antiguo combatiente, acuden al bar Torys, donde se escucha el Himno de la Marina *Gunkan Machi*, que los personajes representan como si de un auténtico desfile militar se tratase.

Es de notar que, dentro de la uniformidad visual que se practica con los personajes ante la mesa, se suele equiparar a los comensales disponiéndolos de manera casi análoga. Otro tanto sucede con los platos, vasos y botellas. Merced a estos efectos de equiparación visual, se lograrán efectos sumamente llamativos en películas como Otoño tardío y Tarde de otoño, a los que prestaremos atención en sus respectivos capítulos. En los bares y restaurantes la posición baja de la cámara, situada prácticamente a ras de la mesa, nos permite distinguir bien el contenido de los vasos en los que se sirven las bebidas. Particularmente a partir de Flores de equinoccio, las películas en color de Ozu permiten distinguir fácilmente la cerveza del *sake* o del vino y el *whisky*.

En las películas en color, en efecto, las bebidas cumplen una destacada función cromática, destacando el amarillo de la cerveza, el naranja y el rojo de los refrescos, el blanco de los recipientes del *sake,* el rojo de los cuencos y las teteras. Asimismo aparecen muy destacados los recipientes de alimentos y de bebida: destacan en primer término, formando una hilera que se interpone entre la cámara y los personajes, estableciendo una primera línea de profundidad compositiva. La bebida destaca no sólo por su generosa ingesta, sino porque además la verticalidad de los recipientes, y su transparencia, permite mostrarla ante los comensales, frente a los que se sitúa en primer término. Por el contrario, como bien aprecia Shigehiko Hasumi, los manjares que paladean los comensales están visualmente excluidos de la pantalla, máxime si tenemos en cuenta que Ozu nunca recurre al plano detalle, ni de comidas ni de bebidas. *"Se trata menos de exhibir la comida que de representar el hecho de comer"*. En consecuencia, Ozu no precisa mostrar explícitamente lo que se come [3]. Incluso verbalmente son contadas las ocasiones en que se alude a los manjares, pese a que éstos son expresamente citados en dos títulos. En El sabor del arroz con té verde, además de la alusión expresa a estos dos alimentos, los personajes se refieren con deleite al cerdo empanado que preparan en el *Restaurante Caloría;* sin embargo ninguna escena llegará a transcurrir en el interior de dicho establecimiento: se prefiere detallar las escenas que discurren a continuación, en el *pachinko*. Por el contrario, en Tarde de otoño sorprenderemos al anciano profesor Calabaza paladeando la anguila, exquisito manjar que indirectamente alude al título original, puesto que Samma no aji puede traducirse como El sabor de la caballa.

Los títulos de las dos últimas películas citadas se construyen precisamente, como se ve, a partir de sendos *"sabores" (aji)*. En ambas películas incluso se cita expresamente el alimento que están paladeando los protagonistas: el arroz al té verde en una, la sabrosa anguila en otra. Pero nunca se llega a presenciar visualmente la comida. La única información que se recibe de ella es verbal, si excluimos el rápido movimiento que conduce el alimento desde el recipiente hasta la boca de los comensales. El acto de comer se abstrae, de este modo; se convierte en un gesto instrumental del que se valen los personajes para entablar comunicación y para alimentar (valga el símil gastronómico) los diálogos que sostienen.

La comida compartida es señal de acuerdo: el almuerzo de reconciliación del padre e hijos en Nací, pero... ; la merienda de la vétula y el niño huérfano junto al mar en Historia de un vecindario, o el bentô que comparten el marido y una prostituta a orillas del río en Una gallina al viento. También en El sabor del arroz con té verde la reconciliación se sella mediante la cena compartida del manjar que dá título a la película. No es menos cierto que en este caso esa misma comida fue motivo de controversias entre la pareja unos días atrás. Claro que en ambos casos las escenas de conflicto y de reconciliación no discurren en un restaurante o un bar, espacios más afines para la comunicación y el entendimiento, sino en el núcleo mismo de la casa: en el salón. Si en primer lugar la esposa reprocha a su marido sus gustos aldeanos y sus toscos modales a la mesa- come arroz regado con té verde, y lo hace de forma groseramente ruidosa-, finalmente ella seguirá su ejemplo tras descubrir que en el matrimonio y en la cocina lo más sencillo es lo más sabroso y perdurable. No se trata del único caso de acuerdo amoroso vinculado con la comida: también en Primavera precoz Shoji y Pez Rojo se hacen amantes en el curso de una comida en un restaurante.

La relación de bares y restaurantes que desempeñan alguna función importante en la obra de Ozu es sin duda prolija: al *Restaurante Karôri (Caloría)* de El coro de Tokio le cabe el honor de ser el primero en gozar de importancia. Decorado, amueblado y aún bautizado a la usanza occidental, este pintoresco nombre será repetido en futuras ocasiones: también el restaurante de El sabor del arroz con té verde especializado en porcino se llama Caloría. Dicho local se asocia, además, con la sala de *pachinko* que se sitúa a su lado. La conexión no es gratuita, puesto que resulta relativamente frecuente el motivo del juego asociado con estos lugares. Cabe recordar la práctica del *mah-jong* en el Club Kotobuki, donde asimismo se sirven comidas y bebidas, en Crepúsculo en Tokio. En otras ocasiones se producen bromas y chanzas de los clientes en estos lugares: entre sí, o a propósito de la oronda camarera, cuya presencia es regular en las últimas películas de Ozu: Flores de equinoccio, Otoño tardío, Tarde de otoño. En esta última película los parroquianos, como se dijo, imitan los partes de guerra y parodian los desfiles militares para regocijo y alborozo de los espectadores y del resto de la clientela.

En ocasiones las amigas de la protagonista tienen como negocio familiar un restaurante, lo que favorece escenas cómicas en dicho establecimiento. Es el caso de Bakushu y de Akibiyori. También en Sôshun la

---

[3] HASUMI, Shigehiko. *Yasujiro Ozu*. Paris : Cahiers du Cinema, 1998, p.41 - 42.

madre de la protagonista trabaja en un restaurante: una conexión familiar que contrasta con los restaurantes en los que Shoji se encuentra con su amante. Pero el lugar tragicómico por excelencia en Ozu no es tanto el restaurante cuanto el bar.

Ozu era un bebedor empedernido; un cliente habitual de estos locales. Preparaba sus películas en compañía del *sake;* y con frecuencia aparecen escenas en los que los personajes beben inmoderadamente. En estos lugares de placer efímero, bajo los efluvios del alcohol, y distanciados tanto de la oficina como del hogar, los personajes recuperan la capacidad de hablar desinhibidos, y de expresar sus pensamientos con sinceridad. En una escena en un bar, en Sôshun, uno de los personajes dice: *"he trabajado durante treinta y un años para comprender que la vida apenas es un sueño vacío":* un sentimiento que a menudo embarga a los ancianos solitarios que se refugian tras la botella de alcohol.

Éste es, particularmente, el lugar en el que los veteranos de guerra, o los padres que han perdido a sus hijos por su causa, se dan cita para recordar con amargura, y en ocasiones con un punto de ironía, los días en que les unió el conflicto: Tokyo monogatari, Sôshun, Samma no aji.

En ocasiones el bar de baja estofa encubre eufemísticamente el negocio de la prostitución. En *Me gradué, pero... y en Un albergue en Tokio* los protagonistas van a encontrarse con sus parejas en este tipo de locales. En esta última el vaso se desborda de *sake,* antes de que Kihachi se decida a cometer el robo, llevado por la desesperación.

Sin llevar las cosas a tales extremos, tanto el bar como la posada o el restaurante, están frecuentemente gobernados por una mujer. Los ejemplos son numerosos, desde los personajes interpretados por Choko Iida en Corazón vagabundo y en Un albergue en Tokio hasta las solitarias camareras que atienden a sus demacrados clientes en Cuentos de Tokio y en Tarde de otoño. Volveremos a citar a la oronda matrona que soporta las insolencias de sus parroquianos en Flores de equinoccio, Otoño tardío y Tarde de otoño. En ocasiones se trata de un matrimonio el que está al frente del local: el restaurante Caloría de El coro de Tokio; el bar de Primavera precoz, el salón de pachinko en El sabor del arroz con té verde, o el club de *mah-jong* de Crepúsculo en Tokio. Un ejemplo insólito lo brinda Las hermanas Munekata: en este caso son las dos mujeres del título quienes sacan a flote el bar Acacia. Por otra parte, en la posterior Tarde de otoño un destartalado restaurante es gobernado por una no menos ruinosa pareja formada por un padre y su hija. En ambos casos el negocio familiar

es un lugar en el que se producen encuentros entre viejos amantes o entre maestro y discípulos. En todos los ejemplos citados, y pese a la presencia femenina a bordo, el bar es fundamentalmente un lugar de reunión masculino: un refugio contra los problemas exteriores en el que se concentran los personajes varones de Ozu

Los bares se repiten, con semejante tipología, película tras película. Incluso los nombres coinciden: es el caso del Bar Luna, que aparece en Bakushu, en Higanbana, en Akibiyori y en Samma no aji. Todos ellos son decorados

**Figura 272
Caminad con optimismo**

**Figura 273
La mujer proscrita**

a usanza occidental, y hasta el nombre es occidental, y transcrito en caracteres latinos. Con frecuencia los nombres de los bares suelen tener nombres españoles: al cuádruple Bar Luna anteriormente citado añadiremos el muy específico Bar Cervantes de ¿Qué ha olvidado la señora?, el Café Balboa de Primavera tardía, el Acacia de Las hermanas Munekata, el Edén de Crepúsculo en Tokio, (en la que además se alude subrepticiamente a la película de Kazan East of Eden, adaptación de Steinbeck) o el Bar Carmen de Otoño tardío.

Para confirmar su vinculación hispana, en dos de los bares de Ozu destaca claramente una cita espuria de don Quijote: tanto en el bar Cervantes de Shukujo wa nani o wasuretaka como en el bar Acacia de Munakata shimai aparece una cita en inglés que dice: "I drink upon occasion, sometimes upon no occasion" (don Quichotte), a la que nos referiremos en los respectivos capítulos. Otras veces tienen nombres ingleses: en ¿Dónde están los sueños de juventud? los jóvenes protagonistas se reúnen en un bar moderno, llamado Blue Hawai. Pero además encontraremos otros muchos nominados en aquella lengua: Tory´s, Ace, Arrow, Bow. Sólo encontramos, en cambio, uno en francés: el sombrío bar Étoile, de Crepúsculo en Tokio. Ocasionalmente nos toparemos con establecimientos cuyos nombres aparezcan en japonés: Aoi o Wakamatsu. En ellos encontraremos, sin embargo, numerosos reclamos publicitarios de origen occidental: el caballero Johnny Walker (Figura 270) y el corcel White Horse; los perritos Black and White y el leal can Nipper, mascota de His master´s Voice. Además, la música que se oye en estos lugares es occidental: tango, tarantella, música de jazz o hawaiana. Tanto la decoración como la banda sonora confirman su condición de espacios ficticios y revestidos de exotismo, e inequívocamente ajenos tanto a las vidas de los personajes como a la tradición cultural en la que éstos se integran. Pero actúan como un poderoso reclamo para los personajes, al dispensar un oasis de sosiego en el tráfago diario.

Figura 274
Amad a la madre

Figura 275
¿Dónde están los sueños de juventud?

XXV. 5 . Espacios exteriores

Con frecuencia Ozu y su director de fotografía caminaban juntos para decidir las localizaciones donde se deberían filmar las escenas. "La búsqueda de exteriores sólo acaba cuando uno muere", solía decir el cineasta. Pese al esfuerzo realizado para encontrar espacios abiertos, al director no le gustaba rodar al aire libre, según recuerda Yuharu Atsuta en su entrevista con Wim Wenders, porque a menudo se veía rodeado por una muchedumbre de curiosos. Además los exteriores nunca permiten un control tan férreo sobre el encuadre como el efectuado en los estudios. De manera que estas escenas se rodaban lo más rápido posible, y el resto preferentemente se filmaba en las dependencias de Shochiku[4]. De este modo, por vocación y por necesidad, la mayor parte de sus películas transcurren en interiores, reconstruidos siempre en estudio.

La representación familiar de Ozu origina un trasiego incesante entre la ciudad y sus habitantes; entre la calle y la casa, el continente y contenido, entre lo artificial y lo humano. Una serie de imágenes recurrentes -paisajes, edificios, interiores, actúan como frontispicio de cada secuencia. En el curso de este proceso el espacio sufre mutaciones: de lo general se pasa a lo particular; de lo exterior a lo interior; del predominio urbano y arquitectónico a la hegemonía del individuo, en un fluir voluntariamente introspectivo.

Se ha concedido poca atención al uso de los espacios

Figura 276
Hª de un vecindario

exteriores en Ozu, tal vez porque son mucho más escasos que los interiores, o porque Ozu ha dado muestras de un magisterio personal e indiscutible en el tratamiento del interior. Sin embargo los exteriores cobran una importancia decisiva en muchas de sus películas. Su escasez no hace sino potenciar el interés que tienen como espacios y como tiempos privilegiados. Y con frecuencia -pensemos en Primavera tardía, Las hermanas Munakata, Cuentos de Tokio, las dos Hierbas flotantes, Flores de equinoccio, Otoño tardío o El otoño de los Kohayagawa, los acontecimientos filmados en el exterior resultan determinantes en el conjunto global de la película.

Pese a su relativa escasez, los espacios exteriores no son descuidados por el cineasta. Todo lo contrario: reciben similar atención compositiva y cromática (en las películas en color), lo que equilibra visualmente las relaciones entre interiores y exteriores. El mismo tratamiento geométrico de los interiores se logra en los exteriores, singularmente filmados, de manera que se correspondan con el trazado geométrico de los interiores. Ozu gustaba de compartimentar sus espacios, tanto en el plano horizontal como en el vertical, lo que generaba unas composiciones muy geométricas, en las

---

4 Declaraciones pronunciadas por Yuharu Atsuta en el curso de la entrevista que mantuvo con Wim Wenders en la película Tokyo Ga (1983-1985).

que objetos y arquitecturas se combinaban de tal manera que parecían una naturaleza muerta. Añádase que todas estas tomas carecían de movimiento de cámara, y que muy frecuentemente son utilizadas como signos de puntuación. De este modo, es frecuente que los espacios exteriores se vean puntuados por motivos verticales: chimeneas, veletas móviles, cables de la luz y del teléfono, tendales, bloques de edificios o instalaciones industriales, o faros alineados junto a botellas (como sucede al principio de Hierbas flotantes, versión de 1959).

Paul Schrader se refiere a estos planos en términos musicales: los denomina "codas". Se trata de una serie de imágenes, habitualmente tomadas en exteriores, en las que se muestran diversas perspectivas del entorno que rodea a la familia protagonista. Con frecuencia se trata de planos generales que describen el paisaje natural o urbano, en los que a menudo aparecen barcos, o trenes, seguidos por planos más próximos en que se muestra la calle o el exterior de la casa. Dichas codas, según considera el investigador y cineasta norteamericano, interrelacionan la acción con el vacío; el interior con el exterior[5].

En el estudio filmográfico tendremos ocasión de distinguir frecuentes imágenes de pasillos y de puentes, que aluden a la vida como tránsito. En muchos de los pasillos, iluminando el recorrido circular, será frecuente encontrar series de lámparas con las tulipas invariablemente redondas. Pero mucho antes, en Días de juventud el paso por un túnel separa la ciudad gris y contaminada del blanco espacio natural cubierto por la nieve. En la posterior Me gradué, pero... encontraremos la imagen específica del puente como metáfora de transición. Pero los mejores ejemplos de su uso se sitúan en los años de posguerra, en los que el cine de Ozu, así como el propio país, evoluciona hacia posiciones muy diferentes. Así, en Una gallina al viento el protagonista cruza un puente para localizar el burdel en el que su mujer se ha prostituido: un camino que conducirá hacia la decepción, la crisis, la quiebra de la confianza familiar. En Cuentos de Tokio el puente que se sitúa tras el nieto insinúa una quiebra con el mundo tradicional, el de sus abuelos, a los que el niño no presta la mínima atención.

El viaje en ferrocarril brinda el pretexto para el paso por estas construcciones. La escena más dilatada de paso por un puente se encuentra, precisamente, en el viaje que emprende la esposa para alejarse de su marido en El sabor del arroz con té verde. Por el contrario, el puente que une las dos orillas del lago Biwa al final de Primavera precoz insinúa la posibilidad de reconciliación del matrimonio quebrado.

También destaca la imagen de un puente que conduce a una isla, en la que los antiguos compañeros evocan los tiempos pasados, en Flores de equinoccio. Igualmente en Otoño tardío aparece un puente al principio, y la representación de un puente al final, flanqueando sendos rituales fúnebres y matrimoniales. No en vano se trata de una historia de tránsito: la de una joven núbil que pronto cambiará el hogar paterno por el tálamo nupcial. Pero la imagen más desoladora de un puente vinculado con la muerte se encontrará al final de El otoño de los Kohayagawa: a través del mismo la comitiva fúnebre desfila con las cenizas del difunto. Poco después la presencia humana se verá sustituida por los cuervos que graznan junto a las tumbas.

Pero no siempre dichas construcciones se identifican con tales connotaciones dramáticas o mortuorias: asimismo pueden estar vinculados con apacibles jornadas de excursión o con reuniones de antiguos alumnos. Recordemos los casos ya citados de Sôshun, Higanbana y Akibiyori. No es menos cierto que los asistentes a tales celebraciones no tardarán mucho en abandonarse a la nostalgia y a la tristeza. Con un cariz más desenfadado, algunas escenas expansivas transcurren en exteriores, particularmente en el curso de una excursión que reúne a los amigos y compañeros: Días de juventud, Amad a la madre. En ocasiones dichos paseos se vinculan con idilios frustrados, a orillas del mar: Banshun y Sôshun. En Akibiyori se produce una excursión a la montaña, asimismo vinculada con una despedida: una amiga se casa. Tanto en esta película como en Higanbana los padres se despiden de sus hijas, que están a punto de casarse, en paradisíacos parajes lacustres.

En las películas de Ozu encontraremos otros espacios de ocio, situados en el exterior, en los que no tienen cabida estos sentimientos hipocondríacos, particularmente los estadios deportivos y los velódromos de Ochazuke no aji y de Kohayagawa ke no aki. En estos lugares, sin embargo, se pueden fraguar pequeñas intrigas conyugales o domésticas. Otro tanto sucede en los campos de golf. Concluida la partida, los personajes se reúnen en el bar para tramar sus estrategias conyugales. Incluso en la temprana Caminad con optimismo el campo de golf se relaciona con maniobras de dominio, esta vez realizadas por un pequeño delincuente. En la práctica de este deporte se contrastan los amplios y cuidados espacios donde se ejercitan los personajes adinerados de Flores de equinoccio y Otoño tardío con las minúsculas terrazas donde los empleados disparan contra una diana

---

5 SCHRADER, Paul. *El estilo trascendental en el cine : Ozu, Bresson, Dreyer*. Madrid : JC, D.L. 1999, p. 51.

en Tarde de otoño.

Uno de los espacios intermedios más característicos de Ozu lo dispensa el parque, ya desde películas inaugurales como Me gradué pero... , en el que el espacio de ocio se transforma en refugio del joven irresponsable. Por el contrario, en Las hermanas Munakata la recogida y familiar frondosidad del parque dispensa el espacio oportuno para el recatado encuentro de los dos antiguos amantes. Particularmente el parque Ueno, importante espacio verde situado en el corazón de Tokio, cobra singular relevancia en distintas películas de Ozu. Habiendo sido históricamente un rincón vinculado con los vagabundos y los marginados, acoge en las películas de Ozu diversas situaciones de desarraigo. En Historia de un vecindario la república de los niños abandonados se congrega en este lugar, a los pies de la estatua del paladín Saigô Takamori quien parece ampararles desde las alturas. En Principios del verano la contemplación de un globo que se pierde en los cielos en este mismo parque devuelve a los abuelos el recuerdo de la infancia de sus hijos, uno de los cuales murió en la guerra. En estos momentos la diáspora de la familia parece inminente. También en este lugar la abuela de Cuentos de Tokio tiene una nueva premonición de muerte, asociada con la posible separación definitiva de su esposo.

En algunas ocasiones se oponen las imágenes de edificios modernos, confrontados con otros tradicionales. En Primavera tardía son frecuentes los contrastes entre los templos y las pagodas de las ciudades históricas y los agresivos edificios que jalonan las capitales modernas. Este mismo caso se repetirá en la posterior Las hermanas Munakata. De este modo se oponen arquitectónicamente lo viejo y lo nuevo; la tradición venerable y el intrusismo occidental. De manera muy directa, en Cuentos de Tokio veremos cómo el Palacio Imperial tokiota y el Castillo de Osaka destacan, como si de sendas islas se tratase, en medio del marasmo en que se han convertido las capitales modernas. Siendo aún más directo, El otoño de los Kohayagawa comienza con imágenes de neón en las que se lee el reclamo New Japan brillando en lo alto de los rascacielos. Incluso la tradicional Kioto sufre los efectos de la contaminación cultural que provoca la vida moderna: la pagoda comparte plano con la antena televisiva que, situada en un tejado próximo, compite visualmente con el monumento, del que se sitúa a la misma altura.

La irrupción de estas imágenes arquitectónicas asimismo genera ritmos; quiebra la acción. Puntúa y separa las escenas y establece un efecto de cesura entre dos acciones. Dicho efecto es frecuente desde los años silenciosos: la torre- campanario, con el reloj que marca

Figura 277
El hijo único

Figura 278
El hijo único

Figura 279
Crepúsculo en Tokio

los horarios de las clases y de los recreos, es un distintivo habitual en las gakusei-mono de Ozu: un emblema y un regulador de la vida universitaria que cobraba cierta importancia con los nostálgicos estudiantes graduados al final de Suspendí, pero... , y que recuperaremos en Amad a la madre. Pero también a menudo este mecanismo, aplicado a los edificios modernos, sugiere una incómoda reclusión. Las escenas que transcurren en oficinas suelen comenzar con tomas exteriores que muestran edificios geométricos, cuyas ventanas al exterior parecen dameros. Tales construcciones, que a menudo se sitúan en lo que parece un callejón sin salida, aprisionan el encuadre, y sugieren la trampa laboral en la que se encierra el personaje. Dicho efecto es frecuente desde los tiempos silenciosos de Caminad con optimismo hasta los primeros ejercicios sonoros (Érase un padre); pero alcanzará su expresión más refinada en las películas de posguerra: Principios del verano, El sabor del arroz con té verde, Primavera precoz o Flores de equinoccio. En este último caso el efecto de prisión se refuerza al mostrar a unos operarios limpiando las ventanas tanto desde el exterior como desde el interior del edificio, lo que les asemeja a reclusos amarrados a los barrotes de sus celdas.

Como emblema de una nueva cultura capitalista, dichos edificios no sólo muestran el apogeo de la nueva y emergente economía japonesa; asimismo son una continua invitación al consumo. Muchos de ellos lucen reclamos publicitarios que destacan en el árido paisaje urbano. En aquella misma Higanbana distinguiremos un alto edificio en el que figura un reclamo luminoso de la RCA, la compañía discográfica cuyo perrito ya había aparecido en La mujer proscrita y en Las hermanas Munakata. Dicho edificio precede como frontispicio a las escenas que transcurren en el Bar Luna, tal como sucedía en el edificio Time Life que precedía al Bar Acacia en Munekata Shimai: sendos emblemas foráneos del New Japan que vocea el rascacielos de Osaka al principio de Kohayagawa ke no aki.

En algunas ocasiones los espacios exteriores, y nocturnos, están definidos por la aparición de fuegos artificiales, cuya función es contrapuntística, puesto que suelen estar asociados a momentos de intenso dramatismo. Es el caso de El coro de Tokio, ¿Dónde están los sueños de juventud?, Corazón vagabundo y de Un albergue en Tokio[6]. En Cuentos de Tokio se recupera este tema, aunque sólo sea verbalmente: Koichi recuerda los fuegos artificiales de la infancia que, como aquélla, estallan y se consumen fulminantemente en el cielo. La imagen evanescente, aunque sólo se haga alusión oral a la misma, apunta al sentimiento de impermanencia que embarga a la película en su tramo final. En estos momentos en que los Hirayama, que acaban de perder a uno de los miembros fundadores, miran hacia el pasado, también el propio cineasta parece recuperar su propio pasado como cineasta con un atisbo de nostalgia. Quisiéramos recordar en este momento que Ozu también había usado este motivo poético en uno de los haiku que escribiera en sus Diarios:

> Fuegos de artificio, a lo lejos,
> en la morada en ruinas
> de Suzuki Mondo[7].

En todos los casos citados los fuegos artificiales se corresponden con el punto de vista de un único personaje: de Kihachi en Corazón vagabundo y en Un albergue en Tokio, del padre en El coro de Tokio, de Oshige en ¿Dónde están los sueños de juventud?, y aún de Koichi, quien devuelve a la memoria familiar su propio recuerdo durante el funeral de Cuentos de Tokio. En todos los casos, sólo ellos reparan en estos fuegos, cuya explosión se corresponde con su punto de vista.

Pese a su vistosidad, el espectáculo pirotécnico no se corresponde nunca con momentos expansivos. Todo lo contrario: en el momento en que la pólvora estalla en el cielo los personajes sufren una crisis, y deben enfrentarse a una situación repleta de dificultades. De este modo, el fulgor colorido de los fuegos contrasta con el estado de ánimo sombrío de quienes los contemplan. La luz que destella y se consume en el cielo es un aviso de transitoriedad: como los propios fuegos, también el tiempo de los personajes pasa y se consume fulminantemente. Aunque las explosiones luminosas podrían considerarse una efímera y fugaz invocación a la esperanza por parte de los personajes, lo cierto es que tras el fugaz estallido de luz, de inmediato las tinieblas vuelven a sofocar el entorno.

En algunas películas aparece la imagen del río, como representación del fluir de la vida, y de la impermanencia. Los ejemplos más recordados son la escena de pesca de padre e hijo en Historia de hierbas flotantes (versión de 1934; la de 1959 tiene ambientación marítima), y las dos de Érase un padre. Pero también la ambientación fluvial cobra importancia en una escena de Una gallina al viento. En este caso el marido se encuentra con una prostituta a orillas de un río, y descubre que la situación que sufre es análoga a la que padeció su mujer, quien asimismo se vio forzada a prostituirse durante los difíciles años de guerra. Todas las escenas que transcurren a orillas de un río, por tanto, están relacionadas con un estado de reconciliación y de apertura cordial entre padres e hijos y maridos y mujeres, que atraviesan momentos de crisis y de falta de entendimiento.

Otro tanto sucede en Primavera precoz: una escena de confesión a orillas del lago Biwa entre el marido adúltero y un amigo precede a la reconciliación final de la pareja. Tanto en Flores de equinoccio como en Otoño tardío encontraremos dos escenas que transcurren a orillas del lago, en ambos casos asociadas con la próxima separación de los padres y las hijas a consecuencia de las bodas de éstas. Por el contrario, la anterior escena lacustre de Érase un padre se vincula con la muerte de un alumno, que muere ahogado, y el comienzo de la expiación que se impone el profesor. Años después, en El otoño de los Kohayagawa, una escena a orillas del río entre las dos hermanas precede y se corresponde con la escena que ambas mujeres compartirán durante las honras fúnebres del padre. Las dos escenas, pues, se hallan relacionadas con la despedida y el tránsito fugaz por la vida. Y éste es el sentido final que tienen

---

[6] Dicho motivo ha sido estudiado en: SEVERSON, Matthew L. *Fireworks, Clothelines & Teakettles : The Early Spring of Yasujiro Ozu : 1932 - 1937.* San Francisco (California) : State University, 1997, p. 54 - 56.

[7] OZU, Yasujiro. *Carnets : 1933 -1963 : Edition intégrale.* Paris : Alive, 1996, p. 120. Anotación del día 15 de Julio de 1935.

Figura 280
Historia de un vecindario

Figura 281
Historia de un vecindario

Figura 282
Historia de un vecindario

las escenas lacustres y fluviales en el cine de Ozu. Otro tanto sucede, como se verá a continuación, con las que transcurren a orillas del mar.

Los episodios marítimos son poco habituales en Ozu, pero en contrapartida inspiraron algunos momentos extraordinariamente hermosos, que merecen figurar entre los más bellos de la filmografía de su autor. Dichas escenas serán comentadas en los capítulos dedicados a Caminad con optimismo, Corazón vagabundo, Los hermanos Toda, Historia de un vecindario, Primavera tardía, Principios del verano, Cuentos de Tokio, Flores de equinoccio y Hierbas flotantes.

En algunas de estas escenas el mar actúa como un poderoso reclamo que atrae a los personajes. En Caminad con optimismo un ratero huye hacia el mar, tratando de esquivar a la turbamulta que le persigue. Algunos años después, el menor de Los hermanos Toda emprende la fuga por la playa tratando de huir de las asechanzas nupciales. De manera menos impulsiva los Noriko y Hattori de Primavera tardía pedalean y caminan a orillas el mar antes de acreditar la separación definitiva. También en Primavera precoz una excursión transcurre a orillas del mar; pero al contrario del anterior ejemplo, esta vez inaugurará el idilio entre Shoji y Pez Rojo.

Años atrás, la escena junto al mar de Historia de un vecindario asistía a un tímido conato de comunicación entre la anciana y el niño extraviado. Asimismo en Ukigusa, versión de 1959, la escena de pesca transcurre a orillas del mar, y no en un río, como en la versión muda. En ambas ocasiones el escenario marítimo dispensa un deseado reencuentro entre el padre y el hijo. Por el contrario, en Principios del verano los dos niños, los obstinados y rebeldes Isamu y Minoru, se fugan de casa y caminan a orillas del mar, al que arrojan piedras arrebatados por la furia. En esta película tiene lugar la escena marítima más esplendorosa de toda la obra de Ozu: el paseo de Noriko y su cuñada a través de las dunas es filmado mediante un suntuoso movimiento de grúa. Poco después, y como en otros ejemplos citados, Noriko y su cuñada corren hacia el mar. En esta ocasión, además, el paisaje marino se corresponde con la estepa cerealista que, ya al final, aisla a los ancianos de la película.

Por último, en Cuentos de Tokio el mar y la isla que se divisa a lo lejos están asociados con la premonición de muerte y el tránsito. Prosiguiendo la experiencia de la anterior Bakushu, la extensión marítima se identifica esta vez con el mar de asfalto que, desde el parque Ueno, se extiende ante los dos ancianos. En ambos ejemplos esta vez la presencia del mar ilustra los inevitables procesos de muerte y de disgregación de la familia.

XXVI. INTERIORES

XXVI. 1. La casa japonesa

En cierta ocasión un arquitecto extranjero preguntó a Arata Isozaki sobre el modo de resolver los problemas de organización de interiores en los reducidos apartamentos japoneses. Isozaki le sugirió que viese Tokyo monogatari (Ozu, 1953) y Family Game (Yoshimitsu Morita, 1983) para obtener respuestas[1]. En efecto, la arquitectura tradicional condiciona de manera decisiva la organización espacial del cine japonés. Y muy particularmente la de sus cineastas clásicos. Las películas de Ozu, pródigas en interiores y escasas en exteriores, suelen discurrir bajo el cobijo de severas arquitecturas japonesas, de diseño marcadamente geométrico: unas arquitecturas que poseen una vida estética propia; que no reclaman la presencia de seres humanos para denotar un sentido y una categoría estética.

La casa japonesa es uniforme en su diseño y en sus materiales. No hay muchas diferencias a tenor de la capacidad económica de la familia que la habite, puesto que la mansión y la casa solariega comparten una similar concepción espacial. Las puertas corredizas *fusuma* permiten la evolución y alteración de los interiores. En su recorrido no sólo asistimos a la sucesión normal de espacios: antes bien nos veremos sorprendidos por la fusión de diversas dependencias aglutinadas en torno a un espacio común. El mismo artificio de puertas correderas separa las habitaciones interiores, y el interior del exterior. Las puertas corredizas que comunican con el exterior, llamadas *shoji*, disponen de contraventanas de madera que permiten proteger de la lluvia, o resguardan la casa en ausencia de sus habitantes. El papel opaco de arroz que recubre la estructura filtra la luz, y contribuye a hacer de ésta una arquitectura cristalina y luminosa. Los espacios desnudos, depurados, y la ligereza y adaptabilidad de estos módulos corredizos, hacen de la organización de los interiores japoneses un espacio muy dúctil: construidas a partir de la relación entre líneas horizontales y verticales, las arquitecturas domésticas japonesas son un ejemplo de diáfana belleza que nace del quitar, y no del añadir.

Las construcciones de madera japonesas son, ciertamente, muy frágiles; pero al mismo tiempo son muy flexibles y perdurables: todos sus elementos se pueden reponer fácil y rápidamente. En las películas de Ozu las casas tradicionales, habitualmente situadas en provincias, son acogedoras y espaciosas, construidas con madera y papel. Dichos materiales confieren una dimensión más humana, natural, que los bloques de hormigón donde se hacinan los hijos en la capital.

A menudo se ha comparado el interior de las arquitecturas japonesas, basadas en líneas reticulares, con los diseños de Mondrián. Pero además ha influido en arquitectos fundamentales del pasado siglo, como Mies Van der Rohe o Frank LLoyd Wright. Es difícil sustraerse a la fascinación que producen unos interiores tan diáfanos y al mismo tiempo tan articulados. Roland Barthes ha definido la japonesa como *"una civilización de lo habitable, desde la casa hasta el jardín"*, que elabora sus espacios a partir del plano horizontal, y excluyendo la verticalidad[2]. Sin embargo el agudo observador distante pasa por alto que la modulación de sus interiores nace precisamente de la armonía entre ambas líneas: la horizontal nace como imperiosa necesidad de la vertical, y viceversa. Por esta razón la imagen cinematográfica, asimismo diáfana y ligera, de Yasujiro Ozu se inscribe en esta superficie, tan plana y geométrica como variable y modulada.

Por otra parte, la organización arquitectónica guarda numerosas correspondencias escénicas: la casa tradicional japonesa se alza sobre el terreno por medio de unos pilares; muchos de sus bastidores son puertas corredizas que se pueden abrir al exterior, organizando así un impremeditado espacio escénico. Otro tanto sucede con los interiores, cuyos muros corredizos se despliegan como si fuesen los decorados de un escenario doméstico, que invita a sus habitantes a la representación. El *tokonoma*, o nicho que decora la habitación principal, forma a su vez un altarcillo o pequeño escenario

---

1 IGARASHI, Taro. "Yasujiro Ozu as an architect". En: *OZU - Atsuta : From behind the camera : A new look at the world of director Yasujiro Ozu : Based on private materials of the late Yuharo Atsuta* / edited by Ken Sakamura and Shigehiko Hasumi. Tokyo : The Tokyo University Digital Museum, 1998, p. 78.

2 BARTHES, Roland. "Japon : L´Art de vivre, l´art des signes". En: *INTRODUCTION à Yasujiro Ozu* / Une documentation coordonnée par Jean-Pierre Brossard. Locarno : 32eme. Festival International du Film, 1979, p. 33.

dentro del escenario: un rincón privilegiado donde se prende incienso, se coloca alguna pintura enrollable (*emakimono*) o algún arreglo floral (*ikebana*). Esta es, sin embargo, una parte de las casas que Ozu ignora en sus películas.

A menudo las entradas y salidas de los personajes por las distintas dependencias equivalen a los movimientos de los intérpretes en la escena. La singularidad de este espacio escénico será aprovechado por Ozu en numerosas ocasiones, como tendremos ocasión de comprobar. La naturaleza escénica de las casas japonesas en el cine de Ozu guarda correspondencias, por otra parte, con las relativamente frecuentes representaciones teatrales que menudean en sus películas. Se contrasta de este modo la representación sacra y áulica (el Nô) con la representación profana y cotidiana, que de manera ininterrumpida se desarrolla cada día sobre los escenarios domésticos.

Tadao Sato recuerda los obstáculos que pone la arquitectura y la decoración de interiores en la casa tradicional japonesa para hacer que las personas se sienten frente a frente. El ejemplo quintaesenciado sería la pequeña salita dedicada a la Ceremonia del Té. La disposición de las arquitecturas favorece el que las personas se acomoden formando un ángulo entre sí. Añádase que las normas de urbanidad japonesas tienden a evitar las conversaciones cara a cara. *"Los contertulios hablan más bien sentándose en ángulo recto, o bien lado a lado"*, unas reglas de cortesía que se practican con frecuencia en las películas de Ozu. *"Al situarse lado a lado, los protagonistas pueden comunicarse sus sentimientos. No se producen discusiones o rencillas. Los personajes hablan, al cabo, de sentimientos que les son comunes. Dialogan contemplando el mismo paisaje. Se colocan lado a lado, y giran levemente la cabeza uno hacia otro. De este modo, parece natural que las miradas de los personajes que entablan una conversación se dirijan a veces en direcciones paralelas, en vez de fijarse en su interlocutor"*[3]. El vínculo con la disposición del *cha no yu* brinda una nueva e impremeditada conexión escénica.

En los interiores el desplazamiento de las puertas corredizas se efectúa en horizontal; por su parte los movimientos de los intérpretes- se levantan o se sientan en el *tatami*- se realizan en vertical. La modulación de espacios permite a su vez alterar el cuadro cinematográfico sin necesidad de mover cámara ni personajes. Cualquier estancia tradicional tiene, a su vez, conexión inmediata con el jardín o con la calle; interior y exterior permaneces separados, pero a la vez interrelacionados; separados por la levísima frontera que traza el papel de arroz, lo que contribuye a construir un espacio de cualidades muy escenográficas.

Cuando Ozu se construyó una casa en Kita-Kamakura, consultó con Tomô Shimogawara, director artístico de la Shochiku que en ocasiones trabajó con Ozu. He aquí una anécdota que confirma el interés de Ozu por la arquitectura, y por tratar de llevar a su espacio doméstico espacios afines a los que diseñaba para la pantalla[4]. Asimismo se mostraba muy escrupuloso a la hora de diseñar y construir los decorados de sus películas. Aun partiendo de modelos reales, éstos se transforman o se adaptan para articular los espacios y conseguir efectos compositivos. Las aperturas de distintos vanos produce resultados escenográficos sorprendentes; crea o anula la profundidad de campo; o compartimenta el cuadro y sobreencuadra a los distintos personajes y a los objetos. Ozu manipula y estiliza el espacio interior japonés, hasta hacer del mismo una formulación escénica visualmente perfecta, aunque no siempre se corresponde con situaciones auténticas, pues también en la concepción arquitectónica el director concede prioridad a la armonía en la composición sobre la plasmación rigurosa de la realidad.

XXVI. 2. Cineasta del interior

Los conflictos de Ozu se plantean y resuelven, la mayor parte de las veces, en interiores. Las excepciones, que se producen en cada película, son particularmente relevantes. Y suponen una ruptura en el diseño de la película: pensemos en los exteriores de Tokio monogatari, siempre vinculados con la premonición de muerte: el paseo de la abuela con el nieto; el episodio ante el mar, en Atami; el trávelin con los abuelos extraviados ante la gran ciudad.

En cualquier caso, las escenas que discurren *extra muros* nunca se demoran demasiado: del exterior pasamos, por planos de transición, a un interior, generalmente despoblado (y, por lo general, un corredor o un pasillo), imágenes que preceden a la intervención de los personajes. El recurso de montaje ilustra oportunamente el proceso de introspección: no sólo se trata de adentrarnos en las casas; sino también, y fundamentalmente, en sus moradores. Otro tanto sucede

---

3 "SUR l´Art du Réalisateur". En: *INTRODUCTION à Yasujiro Ozu* / Une documentation coordonnée par Jean-Pierre Brossard. Locarno : 32eme. Festival International du Film, 1979, p. 84 - 85.

4 Véase: IGARASHI, Taro. "Yasujiro Ozu as an architect". En: *OZU - Atsuta : From behind the camera : A new look at the world of director Yasujiro Ozu : Based on private materials of the late Yuharo Atsuta* / edited by Ken Sakamura and Shigehiko Hasumi. Tokyo : The Tokyo University Digital Museum, 1998, p. 78 - 91.

con los espacios laborales, que comparten a menudo el protagonismo con los domésticos, y aún con los de ocio: bares y restaurantes, cines y teatros, o salas de *pachinko*. El ejercicio de introspección sobre los personajes afecta tanto a su vida familiar como a la laboral y social: una faceta de su vida y de su personalidad se prolonga en la otra, y la cámara se aplica a su estudio y a su representación de manera sistemática.

Ozu construía los decorados en los que se rodaban sus películas calculando escrupulosamente el tiempo que invertirían los actores en recorrerlos. Concibe los espacios y los construye con ánimo de auténtico arquitecto. Aun rodando en estudios, no utiliza arquitecturas fingidas: hace construir sus espacios en madera, tal como hubieran sido alzadas las casas originales. Ozu necesitaba que se construyesen, en el estudio, las cuatro paredes de la sala que habrían de ocupar los personajes. En el modelo clásico hubiera bastado con tres, ya que la cuarta pared era la que ocupaban la cámara y el equipo de rodaje. A la vista de los resultados, es comprensible el interés que ponía Ozu en la concepción espacial de sus películas. Los espacios de Ozu, construidos en madera y con ventanales de papel de arroz, adquieren un marcado protagonismo en sus películas; se trata de espacios que alojan personas, construidos a la medida del hombre. Por otra parte, la costumbre asumida por Ozu de filmar en ángulo bajo desde los comienzos de su carrera provocaron que, desde edad temprana, se tuvieran que construir techumbres en los decorados de sus películas[5].

"Hay en el cine de Ozu un sentido de espacio completo y profundo que no es posible encontrar en el cine clásico de Hollywood: Ozu muestra todas las paredes de una habitación, y no solamente tres. Asimismo muestra un sentido de balance y contrabalance y equilibrio", juzga Edward Branigan[6]. Para confirmar la atención que ponía el cineasta en los diseños de sus espacios basta con asistir a los testimonios de sus colaboradores. En este sentido nos llega el siguiente testimonio de Tomô Shimogawara, decorador de algunas películas de Ozu: Las hermanas Munakata, Hierbas flotantes y El otoño de los Kohayagawa: *"Cuando preparábamos los decorados, hacíamos un dibujo con la perspectiva ordinaria, lo que facilitaba la labor a los carpinteros. Por otra parte en las conversaciones con Ozu siempre teníamos muy presente que la imagen iba a ser tomada desde una posición muy baja"*. También en esta fase del proceso se impone un esfuerzo de estilización que transforma estéticamente una realidad espacial reconocible por todos los espectadores. De este modo, la instalación de los *tatamis* y de las puertas corredizas obedecía más a conseguir determinados efectos estéticos que a diseñar un modelo arquitectónico práctico[7].

Para facilitar la labor de los decoradores -fundamentalmente de Tatsuo Hamada, que fue su principal colaborador en este trabajo-, Ozu dibujaba un *story-board* minucioso en el que reproducía plano a plano, de manera esquemática, cada uno de los espacios de la película. Los diseños conservados muestran que la concepción original ya contemplaba rigurosamente cómo cada personaje, de manera insistente dibujo a dibujo, se veía sobreencuadrado en cada una de las composiciones[8].

Los decorados, reconstruidos en estudio, contemplaban la ubicación de mamparas interiores que reforzaban el efecto de profundidad de campo. Para mejor atender tal fin, dichas mamparas no respondían a las dimensiones estándar; antes bien, se fabricaban más anchas o más estrechas, según dictados compositivos. Esto forzaba a los actores a realizar, según observa Shimogawara, algunas maniobras poco naturales para abrirlas[9].

Por otra parte, los decorados eran alzados no sólo justificando una utilidad espacial, sino también temporal. Se diseñaban y construían bajo la atenta supervisión del director, quien calculaba el tiempo que invertirían los personajes en recorrer aquellos espacios. Así lo recuerda de nuevo el decorador de Ozu: *"El tamaño de las habitaciones era determinado por el tiempo que comprenderían los movimientos de los actores. Si algún personaje se levantaba para dirigirse a alguna parte, tenía que haberse previsto el número exacto de esterillas de tatami que se necesitaban para poder recorrerlas mientras se insertaban tomas del resto del grupo. De este modo, Ozu me daba indicaciones sobre la longitud exacta del corredor. Nos explicaba que era parte y parcela del tiempo de su película, y Ozu preveía dicho flujo de tiempo incluso desde la escritura del guión.*

Cuando el decorado había sido construido, lo recorría minuciosamente, recreando con precisión la sucesión de las imágenes. Así, si dos personajes entablaban una conversación, y uno de ellos se iba a

---

5 RICHIE, Donald. *Ozu*. Berkeley (etc.) : University of California Press, 1974, p. 116.

6 BRANIGAN, Edward. "The Space of Equinox Flower". *Screen*, 1976, Summer, v. 17, nº 2, p. 97.

7 "SUR l'Art du Réalisateur". En: *INTRODUCTION à Yasujiro Ozu* / Une documentation coordonnée par Jean-Pierre Brossard. Locarno : 32eme. Festival International du Film, 1979, p. 85.

8 Ibid., p. 86-87.

9 Véase: "DIÁLOGO sobre el método de trabajo de Ozu". *Contracampo*, 1980, Junio, nº 13, p. 45.

llamar a otro que estaba en el piso de arriba, se veía obligado a asignar mucho tiempo al que se queda esperando abajo. Además Ozu nunca usaba cortinillas ni encadenados. De este modo, y en atención al tempo dramático, cronometraría el número de segundos que llevaba subir las escaleras; y el decorado tenía que ser construido de acuerdo con dichos recorridos"[10]. Como se puede apreciar, los espacios domésticos, a simple vista tan cotidianos, se veían sometidos a una intensa labor de recreación y de manipulación por parte del cineasta.

XXVI. 3. Disposición de los personajes

Tadao Sato no deja de apreciar que la distribución de los personajes en el cuadro responde tanto a criterios compositivos como a normas de protocolo cotidianas. En particular, el anfitrión y los invitados se sitúan de tal modo que no sea preciso mirarse a los ojos más allá del tiempo indispensable. La disposición de los personajes sobre el espacio, según Sato, responde a las normas habituales del *cha-no-yu:* en torno al hogar donde se sirve el té los invitados deben colocarse transversalmente, de tal forma que para hablar sea preciso ladear levemente la cabeza. Son éstas algunas peculiaridades de la arquitectura japonesa que Ozu integró en sus propias liturgias cinematográficas[11].

El hábito de sentarse en el suelo, sobre los *tatamis,* en habitaciones por lo general pequeñas, restringe considerablemente las posibilidades de movimiento en la vida cotidiana japonesa. Pero en las películas que nos aguardan dispensa la virtud de facilitar el sobreencuadre de los personajes en el interior de las estructuras geométricas que dispensa la arquitectura local. Conforme a sus intenciones compositivas, empequeñecía o agrandaba los elementos arquitectónicos: puertas, mamparas, paneles corredizos; indicaba escrupulosamente el número de líneas horizontales y verticales que debían mediar ante la cámara. Calculaba la profundidad de campo en los pasillos, según el tiempo que debían invertir los actores en su recorrido. El espacio se ve de este modo fraccionado por los juegos de verticales y horizontales, marcados por el *tatami* y los *shikîs* (guías estriadas sobre las que se deslizan las puertas corredizas); los *shoji* y los *fusuma.* La sobria belleza geométrica se ve aún reforzada gracias a la cámara de Ozu quien, al filmar en ángulo bajo, saca un singular partido de la arquitectura tradicional. Por medio de un calculado artificio escénico, los personajes se encuentran aprisionados en lo que en ocasiones se antojan celdas urbanas y domésticas, siempre normalizadas.

En Buenos días se describe un barrio periférico trazado con casas idénticas. Un hombre, completamente borracho, se confunde, y se mete en la casa del vecino. Su confusión es propia de quien, como él, vive preso en una colmena cuyas celdas son todas iguales, y en la que todos los personajes se ven sometidos a la misma rutina[12]. Cuando por fin nuestro despistado vecino llega a su propia casa, advertimos que hay poca diferencia entre la suya y la del vecino que inoportunamente ha invadido.

Ozu filmaba preferentemente en las estancias mayores de las casas japonesas, a menudo ampliadas por las puertas corredizas. Pocas escenas transcurren en las habitaciones o estancias de menor tamaño. La apertura de los *fusuma,* por otra parte, favorece los efectos visuales de sobreencuadre de objetos y personajes. Aunque esta disposición no resulte muy natural, en cambio originaba singulares efectos de profundidad de campo, al tiempo que compartimenta el campo cinematográfico y acota visualmente a los personajes y a los objetos. Además permite subordinar la acción que transcurre en la primera estancia, situada ante la cámara, y en la segunda, dispuesta al fondo. En ocasiones los personajes que ocupan distintos aposentos hablan entre sí, aprovechando este esquema de puertas corredizas que interrelaciona espacios.

Por estos espacios interiores, jerarquizados en profundidad, los actores aparecen y desaparecen por detrás de los paneles corredizos, lo que favorece un uso orgánico, y aún diríamos que doméstico, de los recursos del fuera de campo[13]. También éste, como tantos otros rasgos formales, es prueba de su escasa voluntad realista: la acción transcurre en un espacio aparentemente real, pero fuertemente manipulado, sometido a un riguroso proceso de estilización. Una imagen de Los hermanos Toda nos permite distinguir al actor Tatsuo Saito, encuadrado en una composición de apariencia casi mondrianesca (Figura 168).

El cineasta llegaba a colocar almohadones, elementos del mobiliario y otros objetos, alterando la continuidad con respecto a las tomas precedentes, sólo para evitar las líneas del *tatami* en el borde de la habitación. Tadao Sato comentó esta anécdota, de la que extrajo conclusiones: *"Puesto que nos pasamos toda la vida sentados sobre el tatami, a nadie se le ocurriría distribuir almohadillas*

---

10 Cita: SATO, Tadao. *Currents in Japanese Cinema.* New York : Kodansha International, 1982, p. 194.

11 Ibid., p. 190 - 191.

12 DESSER, David. "Gate of Flesh(tones) : Color in the Japanese Cinema". En: *CINEMATIC Landscapes : Observations on the Visual Arts and Cinema of China and Japan /* Linda C. Ehrlich and David Desser (ed). Austin : University of Texas Press, 1974, p. 299 - 301.

13 Véase: MAGNY, Joël. "Le printemps d´Ozu". *Cinéma,* 1981, Janvier, nº 265, p. 16 - 27.

para cubrir las líneas oscuras del mismo. Sin embargo esto era para Ozu un asunto crucial. Sus composiciones, que parecen completamente naturales, han sido completamente manipuladas, hasta el punto de utilizar distorsiones poco naturales, pero que son además difíciles de percibir" [14].

A Ozu no le agradaba filmar los espacios oblícuamente. Sin embargo Atsuta advierte que una frontalidad plena disminuiría el efecto de profundidad: sólo se verían las mamparas. Para contrarrestar esto, procuraba tomar los personajes levemente oblicuos [15]. Y para evitar alteraciones en la composición, en el interior de las casas prácticamente nunca utilizaba movimientos de cámara. Sin embargo es posible destacar algunas excepciones: encontraremos un singular precedente en Los hermanos Toda. Y rompiendo los usos habituales, el movimiento de cámara y aún de los personajes en los espacios interiores será muy intensamente utilizado en El sabor del arroz con té verde y, de manera particularmente audaz, en Principios del verano.

La distribución de espacios segrega las habitaciones conforme a su uso y a sus moradores: de este modo el piso superior es eminentemente femenino. Allí es donde se encuentra la habitación de la hija, en donde suele recluirse en soledad. El piso inferior, por el contrario, es el espacio común, regido por el padre y los hermanos. En este lugar la autoridad patriarcal toma las decisiones que afectan a la familia y, en particular, a la hija que aguarda en la estancia de arriba.

Es posible encontrar alguna notable excepción que, en todo caso, se sitúa en recintos domésticos secundarios, en los que la vivienda coincide con el negocio familiar: un restaurante. El ejemplo más notable, una vez más, lo brinda Principios del verano. En esta película la estancia donde se encuentran Ayako y Noriko se encuentra en el piso inferior, mientras que los clientes -entre ellos el jefe de Noriko- se reúnen en el piso de arriba. En uno de los momentos más audaces de la obra de Ozu, las dos jóvenes invaden sigilosamente, a hurtadillas, el espacio masculino para espiar a los que allí se refugian.

XXVI. 4. El tema de la escalera

Los espacios masculino y femenino, divididos en los pisos superior e inferior de las casas, se encuentran separados y a menudo incomunicados; es ésta una circunstancia que deriva de la en ocasiones deficiente relación familiar. Dichos espacios, empero, recuperan la comunicación por medio de las esporádicas visitas del padre a las dependencias de la hija. Aunque a menudo la hija, y en ocasiones los padres, suben hasta las dependencias superiores, se elude siempre el ascenso por la escalera. Es éste un espacio que se ve casi siempre salvado por elipsis. Es frecuente verles comenzar el ascenso, o concluirlo, a través de los pasillos. Cuando se altera la norma, es porque asimismo se ha quebrado la convivencia: la mujer de Una gallina al viento es arrojada escaleras abajo por su airado marido, y la cámara recoge la caida de la infeliz.

En otra película la presencia de la escalera, solitaria y sombría, define metafóricamente la separación del padre y de la hija. Así sucede en el extraordinario desenlace de Tarde de otoño, una escena que además clausura la filmografía del maestro. Tras la partida de la hija, que finalmente ha accedido a la boda, se revelan los espacios desiertos en el piso superior: una ilustración espacial de la soledad y el silencio que aguardan al padre. A lo largo de toda la película se ha evitado el frecuente tránsito por dicho espacio, que sólo al final es mostrado en su imponente soledad.

Shigehiko Hasumi ha indagado sobre el tema de la escalera en Ozu: aunque aparece en sus películas mudas (Caminad con optimismo, La esposa de noche), y cobra un valor dramático importante en Una gallina al viento (el marido arroja a una mujer escaleras abajo), desaparece casi por completo en el tramo final de su obra. Más aún: Hasumi asegura que la escalera ausente (está allí, aunque no se la ve) no se limita a ser el camino de acceso a los pisos superiores: depara un muro invisible. Sólo aquellos que lo han franqueado por propio derecho tienen el privilegio de alcanzar el espacio suspendido sobre el primer piso: el espacio sobre el que se gobierna el hogar. Más aún, añade Hasumi, esas privilegiadas son las mujeres jóvenes que aún no han contraido nupcias, pero cuya voluntad condiciona decisivamente el futuro de la familia.

De este modo, el efecto radical de selección y exclusión que supone dicho muro invisible que es la escalera, tiende a distanciarse de los elementos masculinos de la familia. Y, por tanto, los juegos de miradas son retirados a las muchachas cuando se desplazan a estos espacios suspendidos. Las hijas, afincadas en este lugar exclusivo, gozan de un singular aislamiento: nadie las ve; ellas a su vez no ven a nadie. Ni siquiera la cámara tiene acceso con frecuencia a este lugar recóndito, tan cotidiano como, a la sazón, inaccesible. Su aislamiento conlleva, además, la pérdida

---

[14] Citado en: SCHRADER, Leonard. "Yasujiro Ozu : 1903 - 1963". En : *The Masters of Japanese Film*. Berkeley, California : Pacific Film Archive, ca.. 1980, p. 324.

[15] "DIÁLOGO sobre el método de trabajo de Ozu". *Contracampo*, 1980, Junio, nº 13, p. 44.

ocasional de su función narrativa[16].

De acuerdo con la apreciación de Hasumi, estas jóvenes vírgenes adquieren simbólicamente atributos de sacerdotisas domésticas, entregadas al hogar, al padre y a salvaguardar la voz de aquél que algún día heredarán. El suyo es un espacio vedado, recoleto, aún para la propia cámara: un confín misterioso y aislado, al que sólo las jóvenes vestales tienen acceso. Es el caso de los personajes interpretados por Setsuko Hara, particularmente en las dos primeras entregas de la trilogía Noriko. Pero también cita Hasumi a Shima Iwashita, la enérgica hija de Tarde de otoño.

Por lo demás Ozu organiza los espacios domésticos con cierta libertad, lo que le lleva a alterar la organización arquitectónica habitual de la casa japonesa, para atender fines compositivos. De este modo la cocina o la entrada se sitúan al fondo del plano y del pasillo, lo que no se suele corresponder con la realidad[17]. En sus planos hay, por lo general, dos habitaciones comunicadas. Una en primer término; otra en segundo. Ocasionalmente se organiza un tercer espacio que lleva al corredor. A cada lado del mismo se encuentran las restantes dependencias de la casa: la entrada y la cocina; la escalera o el baño. Dicho decorado se organiza perpendicularmente a los espacios en que discurre la acción que transcurre en campo[18]. Tadao Sato cita algunos otros ejemplos: los cuartos pequeños, que existen en cualquier casa de ese estilo, nunca aparecen en las películas de Ozu, pues le impediría emplazar la cámara conforme a sus exigencias[19]. Por otra parte nunca permitía que se instalara en sus decorados el *tokonoma*, nicho que preside la habitación principal japonesa, donde se suele colocar un *kakemono* o un *ikebana*, porque distraería la distribución de elementos que él concebía. Por el contrario, sí hay espacio para el *butsudan*, en el que se cobija la imagen del fallecido, cuya memoria se honra. Este es el caso de Amad a la madre, de Los hermanos Toda y de Érase un padre.

XXVI. 5. Coloquios entre personajes

La casa japonesa no está concebida para que sus ocupantes se sienten frente a frente; lo habitual es que la gente se disponga formando un ángulo entre sí. La cortesía japonesa evita la conversación cara a cara; más bien, las personas dialogan sentadas en ángulo recto. Esta etiqueta afecta a las películas de Ozu. Los personajes se sitúan lado a lado, mirando hacia un mismo punto; giran levemente la cabeza, para dirigirse el uno al otro. Pero acto seguido vuelven a dirigir su mirada hacia el horizonte que tienen ante sí, ensimismados. Las miradas siguen direcciones paralelas, sin cruzarse. En las escenas de interior, los actores se suelen disponer en composición oblicua, lo que contribuye a contrarrestar la gravedad geométrica- horizontales y verticales- que distingue sus interiores. Los planos de perfil suelen reservarse para tomas de personajes ensimismados, u ocupados en alguna actividad. Pero en el momento en que hablan, conducirán siempre su mirada hacia la cámara. Como si se dirigieran hacia el espectador, o hacia el propio cineasta.

Es frecuente que en los planos / contraplanos los dos contertulios parezcan mirar hacia el mismo punto, pese a estar el uno frente al otro, alterando el eje convencional. Los actores pueden dirigirse hacia el lugar donde se sitúa la cámara en tres cuartos, o frontalmente. Esto será muy frecuente en particular en las películas en color. En estos últimos ejemplos lo habitual es que los diálogos se resuelvan mediante planos frontales, con los personajes sentados ante las mesas, y mirándose a los ojos. De este modo los gestos de los personajes, y aún los objetos que se sitúan ante ellos, tienden a normalizarse, estableciendo mediante la composición y el montaje singulares efectos de *sojikei*, figuras equiparadas. Sin embargo estas soluciones se producen en bares y restaurantes, y no en el interior de los hogares. En aquellos lugares, libres del encorsetamiento formal del protocolo doméstico, la mirada de los personajes, e incluso su actitud, tiende a relajarse. El efecto de la frontalidad, sumado a la posición baja de la cámara, provoca que las miradas se sitúen levemente por encima de la del espectador.

Cuando los personajes acceden al cuadro, lo hacen desde el fondo; no irrumpen desde los lados. El paso perpendicular de los personajes se produce en planos de transición, y se trata de un movimiento que habitualmente llevan a cabo personajes secundarios: los niños en la escuela, los oficinistas en la empresa, los comensales y los camareros en el bar, o las limpiadoras en los albergues. No es habitual esta solución en el hogar, y a cargo de los personajes principales, si bien encontramos buenos ejemplos de la misma en películas de juventud, como El coro de Tokio. Cuando finalmente los individuos abandonan el cuadro, lo hacen desapareciendo por detrás de alguno de los paneles corredizos, o detrás de alguna de las puertas que se disponen en los pasillos de las oficinas.

Las escenas a menudo comienzan con el escenario

---

16 HASUMI, Shigehiko. *Yasujiro Ozu*. Paris : Cahiers du Cinema, 1998, p. 86 y 92 - 94.

17 "DIÁLOGO sobre el método de trabajo de Ozu". *Contracampo*, 1980, Junio, nº 13, p. 46.

18 Ibid., p. 47.

19 Ibid., p. 46.

vacío, o con un único personaje. Entonces otro personaje hace su aparición, y comienza el diálogo. Éstos son raramente filmados con los dos contertulios en un mismo plano, aunque con grupos de cuatro o más interlocutores sí son incluidos todos ellos en un mismo plano. Por lo general el que habla emite su discurso dirigiéndose hacia la cámara, o hacia alguien que se situara detrás de la misma.

Como se rocordará, Ozu se movía libremente a lo largo de las estancias, filmando a los personajes en un radio de 360°. De acuerdo con Burch, esta libertad a la hora de filmar a los personajes desde cualquier ángulo supone un obstáculo para la identificación espacial. Esto es: no siempre resulta fácil precisar la situación exacta del personaje en el espacio escénico. Supone, por añadidura, una quiebra con los principios de continuidad espacial. Los personajes se disponen de forma semejante, en torno a un esquema geométrico. La cámara los contrasta, en ocasiones frontalmente, mediante cambios de planos en 180°, logrando entre los distintos contertulios composiciones muy semejantes. Aun estando sentados frente a frente, con frecuencia en las alternancias de plano / contraplano miran hacia un mismo punto, lo que a menudo sugiere acuerdo emocional entre los personajes.

Entre los rasgos de estilo más destacables de Ozu, uno llama poderosamente la atención del espectador familiarizado con las técnicas generalmente asumidas: la solución regular del plano / contraplano, una de las normas fundamentales del cine dominante, se ve violentada en su obra. Convencionalmente, los cambios de plano / contraplano debieran favorecer que las miradas de los interlocutores se cruzaran en un punto medio, que coincidiría con la posición del espectador. Sin embargo nuestro cineasta, voluntariamente, arremetía contra esta norma. En sus películas a menudo no se produce dicho cruce de miradas, puesto que ambos contertulios con frecuencia terminaban mirando hacia la misma dirección.

Además no se producen diálogos en fuera de campo. La cámara enfoca al personaje hasta que ha emitido su diálogo. Sólo entonces cambia hacia su contertulio. Los patrones de montaje son tan sistemáticos como los de Hollywood, a juicio de David Bordwell; pero tienden a oponerse metódicamente a sus reglas de continuidad. Particularmente el investigador americano insiste en sus escritos en el escaso respeto que Ozu mostraba hacia la línea de continuidad en 180°. Pero además, como confirma su regularidad, la violación de dichas normas no es ocasional, sino premeditada y sistemática[20].

Por un lado no se respeta la continuidad de miradas: a menudo los dos contertulios miran hacia el mismo lugar, en vez de dirigir sus miradas en sentido contrario. Por el otro el cineasta japonés alternaba libremente su propio sistema con el habitual, haciendo que en ocasiones las miradas de los actores se crucen, y en otras haciendo que ambos miren hacia un mismo horizonte. Es muy frecuente, además, que el actor se dirija hacia la cota en que se sitúa la cámara. Dada la posición baja de ésta, las miradas de los actores tienden a apuntar hacia un punto ligeramente superior al de la cámara, evitando de este modo interpelar directamente a los espectadores. En un momento dado la conversación cesará, o se añadirá un comentario ambiguo, relacionado con el tiempo o con alguna de las frases anteriormente pronunciadas. Concluido el diálogo, los personajes se mantendrán sentados o en reposo, en actitud serena, lo que en particular suele ser norma aplicada a los personajes ancianos o vinculados con la tradición.

Por lo general éstos se encuentran sentados de perfil, o en tres cuartos. En el momento en que pronuncian su discurso, el actor mira a la cámara; habla, y vuelve a recuperar la posición original. Es raro que un actor pronuncie su discurso de perfil, y cuando lo hace suele ser para pronunciar una frase conclusiva.

Cuando dos personajes hablan, Ozu dedica un plano a cada uno de los contertulios, cada vez que éstos hablan. Salvo alguna excepción, no se insertan otras tomas en medio de la conversación. En otras ocasiones los contertulios no se miran a la cara: uno de ellos, el que habla, dirige su mirada a la cámara; el otro hacia un lado. Cuando se sientan juntos, mirando hacia la misma dirección, el que habla gira la cabeza y dirige su mirada al otro cada vez que pronuncia su diálogo. La cámara se desplaza en torno a los interlocutores, para permitir que uno y otro se pronuncien conforme a la fórmula referida. Y siempre en un ángulo bajo, por debajo de sus miradas. Tadao Sato considera este procedimiento como la marca de cantero de Ozu; una fórmula respetuosa, de cortesía con respecto a los personajes. No es un mero recurso formal: la cámara se emplaza como si escuchara atentamente a los personajes, en una actitud de respetuosa cortesía hacia los seres humanos. Para efectuar la alternancia de los dos personajes que hablan cara a cara, la cámara debe cambiar de posición cada vez que se cede la palabra al interlocutor. Esto es lo que los japoneses denominan *donden*: cambio repentino de la cámara[21].

Como se ha visto en distintras ocasiones, la cámara

---

20 BORDWELL, David. THOMPSON, Kristin. *El arte cinematográfico : Una introducción*. Barcelona (etc.) : Paidós, 1995, p. 398 - 399.

21 SATO, Tadao. *Currents in Japanese Cinema*. New York : Kodansha International, 1982, p. 189.

de Ozu se sitúa muy baja tanto en interiores como en exteriores. Ozu colocaba la cámara por debajo de lo que permitía un trípode convencional. Este hábito forzaba a su operador a trabajar tumbado en el suelo para poder mirar por el visor. Ante esta exigencia, suponía para el operador todo un alivio evitar el movimiento. A tal fin, el cineasta se hizo construir un soporte sobre una base triangular que le permitiera colocar la cámara en una posición adecuada para sus procedimientos. Del mismo modo, debe ser recordado que nuestro cineasta usaba siempre el mismo objetivo de 50 mm.

Para rodar un plano de conjunto, o un plano entero, la cámara se situaba en una angulación más baja que la adoptada por un hombre sentado. Por el contrario, para filmar planos más próximos- planos medios o primeros planos largos-, se elevaba sensiblemente la posición de la cámara peraltándola sobre tres patas, lo que la dejaba ligeramente por debajo de la altura aproximada de un hombre arrodillado. De este modo Ozu pretendía evitar el contrapicado abrupto y la distorsión de la imagen que hubiera producido el objetivo de 50 mm. apuntando hacia arriba.

Con frecuencia los personajes se muevan perpendicularmente a lo largo del encuadre, frente a la cámara. Es posible destacar algunos ejemplos muy significativos: la familia de El coro de Tokio; la primera aparición de la madre e hija en Un albergue en Tokio; las camareras en Cuentos de Tokio. Los niños en el colegio en esta misma película y en la posterior Buenos días; los novios en Flores de equinoccio. En estos casos la cámara permanece estática en una estancia despoblada, frente a la cual cruzan perpendicularmente los personajes, alineados. Su paso quiebra horizontalmente el estatismo, al tiempo que introduce el paso fugaz de la presencia humana. De nuevo se trata de una situación de tránsito, un movimiento fugaz, relacionado con la sensibilidad de impermanencia, característica del cineasta. Pero se trata de una solución ocasional, y más bien orientada a favorecer la evolución entre las escenas, puesto que los movimientos en el interior de los decorados se limitan a los indispensables.

Los personajes de Ozu permanecen sentados en momentos fundamentales dentro de sus liturgias domésticas: la comida; la ingesta de *sake* en el bar; las conversaciones[22]. Los movimientos en interiores son escasos, aún cuando los actores realicen actividades que requieren cierta movilidad, como es preparar las maletas en Cuentos de Tokio. Dicha organización era esencial para los propósitos compositivos de Ozu quien, como se recordará, sólo utilizaba el objetivo de 50 mm. Dicho objetivo le permitía modular el espacio, pero también el tiempo que tarda el actor en recorrer dicho espacio.

Por consiguiente, los tamaños y los emplazamientos de las habitaciones se decidían en virtud del tiempo que iba a durar la escena, y de los desplazamientos de los actores dentro del cuadro. El tiempo de desarrollo de la acción comenzaba a ser predeterminado desde la elaboración del guión, de manera rigurosa. Al no utilizar fundidos, los movimientos de los actores debían ser calculados en tiempos ajustados a la realidad. Conforme al número de pasos que debieran recorrer los intérpretes, y conforme al tiempo invertido en dicho desplazamiento, se calculaban las dimensiones de los decorados. La interconexión entre las acciones debía corresponderse, por tanto, con las dimensiones del espacio. La dramaturgia de Ozu elabora de este modo un escrupuloso canon de espacio, tiempo y movimiento. Y del cálculo de este canon procedía el ritmo de sus películas.

---

22 ROSENBAUM, Jonathan. "Is Ozu slow?". En: http://www.sensesofcinema.com/contents/00/4ozu.html

XXVII. A LA SOMBRA DEL VOLCÁN

XXVII. 1. El *tatami* parabólico : los genéricos

El logotipo del estudio- el monte Fuji, símbolo natural del Japón- precede a la mayoría de las películas de Ozu, producciones Shôchiku en casi todos los casos. Pero también se encontrarán otros modelos, como el arquero que domina el cosmos, o el atleta que hace ejercicios gimnásticos con el globo terráqueo: motivos todos ellos asociados con la cumbre, con el triunfo y el dominio pleno sobre el medio: hasta el volcán sagrado cede su silueta para identificar a la compañía que a su vez crea la imagen cinematográfica del país. A su vez los títulos de crédito de Ozu llegarán a estar normalizados, como lo son sus propias películas, asumiendo la forma hogareña de la estera del *tatami*. Pero antes de que esto se produzca, a mediados de los años 30, tendremos ocasión de distinguir distintos modelos de títulos de crédito que, en claves parabólicas, definen o anticipan el relato.

Así en Días de juventud, y en correspondencia con el título de la película, sus genéricos se presentan sobre un fondo repleto de motivos festivos: campanas, notas musicales y focos luminosos: un *collage* jovial, que parece inspirado en la estética del tebeo, o en la de los diseños publicitarios, derivados del mundo estudiantil y goliárdico: la campana y las notas musicales que, junto a las tiras de letras y serpentinas, representan la vida despreocupada de los estudiantes; las canciones que entonan en grupo.

Caminad con optimismo también se abre con la imagen de unos dados junto a los caracteres ideográficos: un apunte previo que introduce el tema motriz del azar; pero asimismo alude a la mezcla de referentes culturales, provenientes de Oriente y de Occidente, que será constante a lo largo del relato. En Suspendí, pero... los créditos de nuevo aluden a la obsesión norteamericana de la que hacen gala Ozu y sus criaturas (figura nº 646). Como en ocasiones anteriores, los genéricos se presentan en forma de *collage* en el que se distinguen escudos y nombres de lugares norteamericanos: Ohio State y Michigan, escritos sobre sendas flechas, mientras que el topónimo Pennsylvania aparece escrito al revés. Dichos motivos, que se repetirán a lo largo de la película en forma de carteles y banderines (figuras nº 647 y 648),

Figura 283
Cuentos de Tokio

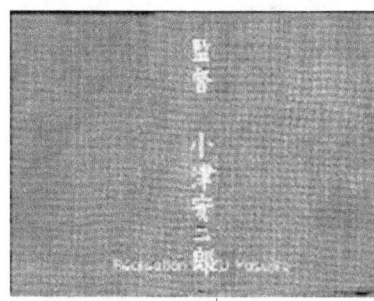
Figura 284
Principios del verano

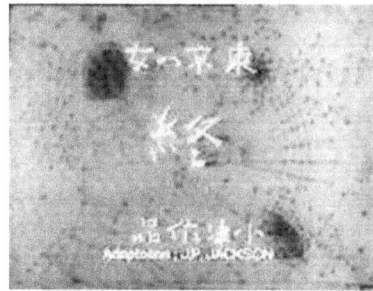
Figura 285
La mujer de Tokio

identifican aquel mundo distante y cinematográfico, el reverso de su propia realidad, con el que sueña el espectador japonés.

Los genéricos de La esposa de noche dispensan un preludio inanimado de una situación límite, consecuencia de la falta de recursos: no hay comida sobre el plato, sólo espinas mondas. Como es habitual en las primeras películas de Ozu, la misma imagen de los títulos de crédito se verá repetida en los intertítulos narrativos. En La bella y la barba la alteración de funciones y la oposición de contrarios arranca desde los mismos genéricos: la figura heroica que acompaña esta vez al logotipo de Shochiku parece ironizar con el cometido de los titanes: lejos de sustentar al mundo, esta vez lo tiene a sus pies, en pose juguetona (figura nº 731). También ocupa la cúspide, como el arquero visto con anterioridad (figura nº 595). Acto seguido los títulos de crédito distinguen un personaje barbudo y la silueta de una mujer, enmarcada en un tondo. El hombre aparece de frente, y sin marco alguno que le envuelva. La figura femenina, por el contrario, se encuentra apresada en el marco circular. Además carece de rostro: se trata de oponer a la mujer en abstracto frente a la virilidad pilosa: un hombre barbudo, y por si fuera poco fumando en pipa (figuras 732 y 733). En una sola imagen preliminar se insinúa el contenido de la historia. La bella y la barba es una comedia construida en torno a la oposición que proporciona el título: lo hirsuto y lo femenino.

Ya en los genéricos de Tokyo no korasu, escritos en caracteres latinos, leemos el título *"Chorus de Tokyo"* (Figura 772), que se repite a guisa de intertítulo para separar los distintos bloques de la película. Junto a estas palabras se dibujan edificios: de nuevo Ozu nos propone una sinfonía metropolitana. Que una vez más parte de uno de los problemas fundamentales con los que se enfrentaban los ciudadanos a comienzos de los años 30. De manera muy consciente, sobre los genéricos iniciales de la posterior Nací, pero... se añade un subtítulo que, además, precede al título: *"un libro ilustrado para adultos"*. Y, en efecto, de un libro se trata, porque contiene enseñanzas. Pero además va dirigido explícitamente a los mayores, para que éstos se reconozcan a partir del punto de vista de los niños. En los créditos, que cobran una función alegórica mucho más elocuente que en ocasiones precedentes, un rapaz brota de una planta, desnudo, sonriente y mirando al espectador (Figuras 848 y 991). He aquí una imagen relacionada con el nacimiento milagroso de niños en el interior de plantas, como el Taketori monogatari. El hijo de la flor pone muecas graciosas -se lleva incluso la mano a sus partes bajas-, y tiene los ojos en blanco, una imagen de intemporalidad que asimismo anticipa los cómicos gestos de los niños, así como las bufonadas y los ojos en blanco que pondrá su padre cuando actúe bufonescamente ante la cámara de su jefe.

En ¿Dónde están los sueños de juventud? el mecanismo dual arranca ya de los títulos de crédito, en los que contrastan dos edificios: uno pequeño y acogedor, en el que se lee *Bakery* (panadería), y otro mucho mayor, geométrico y racional (Figura 993). La ilustración establece una oposición de la que se adueña el resto de la película: la oposición entre lo pequeño y lo grande, metáfora arquitectónica referida a los abruptos contrastes entre distintas clases. La distancia que media entre la pequeña y acogedora cafetería donde trabaja Oshige, y donde se juntan los amigos a la salida de clase, y el enorme y despersonalizado edificio de oficinas donde asimismo coincidirán todos; pero esta vez cada cual es recluido en el lugar al que socialmente le corresponda. En un intertítulo posterior distinguiremos una mujer con *kimono,* un adolescente y un hombre adulto (Figura 994). Evidentemente los dos últimos representan los dos estadios en la evolución del protagonista, mientras que la mujer ilustra el ideal femenino que le acompaña a lo largo del proceso.

Un extraño dibujo, sobre el que se distinguen los créditos, recibe al espectador en Una mujer de Tokio. Se diría que representa un plano del cosmos, en el que son indicadas la posición de las estrellas y de los planetas; o una carta astral. Posiblemente la alusión astrológica se refiera al drama fatalista que nos aguarda. También la posterior La mujer proscrita se abre con unos dibujos extraños, con unas formas geométricas y abstractas que remiten a una historia fatalista previamente delineada. Igualmente en Corazón vagabundo los dibujos geométricos que decoran los títulos de crédito se construyen sobre líneas entrecruzadas y círculos concéntricos, insinuando acaso los conflictos entre personajes hermanados, y su vinculación cíclica con el camino, al que el personaje principal está destinado (Figura 1209).

Éste será el último caso de genéricos alegóricos que encontraremos en la obra conservada de Ozu. En Historia de hierbas flotantes, y en correspondencia con el entorno tradicional en el que se fragua la historia, los títulos de crédito se dibujan sobre la estera trenzada, como será habitual a partir de ahora. No volveremos a encontrar dibujos en los genéricos hasta, precisamente, la última película de Ozu: Tarde de otoño (1962). En todo este largo intervalo se prescinde de los títulos con motivos decorativos y simbólicos, característicos de años anteriores, al tiempo que el estilo del cineasta se depura y genera sus propias normas de estilo.

Los genéricos sobre fondo neutro parecen evocar a partir de este momento una estera, material doméstico sobre el que precisamente se asienta el hogar. Las películas de Ozu, y así lo delatan los créditos, transcurren todas en Japón, bajo un contexto cultural e histórico indisociable del país, y dentro de un entorno familiar. Curiosamente la última película de Ozu quebrará esta norma. Aun siendo parecida a otras películas anteriores de Ozu, Tarde de otoño hace valer sus diferencias con la obra precedente. Y éstas arrancan desde los mismos

Figura 286
Buenos días

Figura 287
Hierbas flotantes

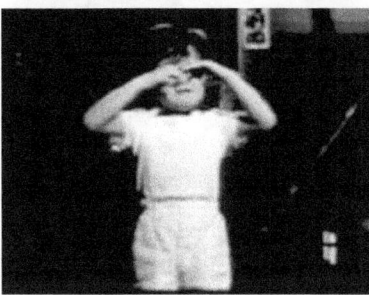

Figura 288
Hierbas flotantes

títulos de crédito: éstos no se dibujan sobre la esterilla trenzada, como es habitual en Ozu desde los años 30, sino sobre unos motivos vegetales cuyos fondos varían rítmicamente de colores: dorado, verde, rojo, azul (Figuras 2216 y 2484 -2486). Tales diseños recuerdan las delicadas estampaciones de las telas y los *kimonos*.

XXVII. 2. Nubes pasajeras

Los títulos de las películas de Ozu, tan hermosos y poéticos, son a menudo evocadores de momentos o de sensaciones transitorias. Con frecuencia no informan sobre el contenido de la película, con alguna ligera excepción: Tokyo monogatari (en ocasiones traducida, de manera inexacta, como El viaje a Tokio), o Kohayagawa ke no aki (El otoño de los Kohayagawa). Aunque muchos de ellos son similares, al referirse a estaciones del año, a la capital del país o a determinados estados de ánimo, es posible agruparlos en bloques temáticos como los siguientes:

Nombres geográficos (referidos siempre a la capital):
- El coro de Tokio (1931)
- Una mujer de Tokio (1931)
- Un albergue en Tokio (1935)
- Cuentos de Tokio (1953)
- Crepúsculo en Tokio (1957)

Patronímicos familiares:
- Los hermanos Toda (1941)
- Las hermanas Munakata (1950)
- El otoño de los Kohayagawa (1961)

Nombres de estaciones:
- Primavera tardía (1949)
- Principios del verano (1951)
- Primavera precoz (1956)
- Fin de otoño (1960)

El paso del tiempo:
- Días de juventud (1929)
- ¿Dónde están los sueños de la juventud? (1932)
- Corazón vagabundo (1933)

El efecto suspendido ante el paso del tiempo:
- Me gradué, pero... (1929)
- Suspendí, pero... (1930)
- Nací, pero... (1932)

Las relaciones entre padres e hijos:
- Amad a la madre (1934)
- El hijo único (1936)
- Érase un padre (1942)

Evocación de los sentidos, en claves poéticas, con efectos de sinestesia:
- Historia de hierbas flotantes (1934 y 1959)
- Una gallina al viento (1948)
- El sabor del arroz con té verde (1952)
- Flores de equinoccio (1958)
- El sabor del sake (1962)

Por lo común los títulos de las películas se refieren más a estados de ánimo de los personajes que a estaciones concretas; más aún, los títulos no se corresponden escrupulosamente con la estación en que transcurre la acción: tanto Primavera precoz como Primavera tardía transcurren durante el verano; en el primer caso casos el título se refiere a una muchacha núbil que está a punto de afincarse definitivamente en la edad madura: el matrimonio pende sobre su futuro más inmediato, un estadio al que han llegado insatisfactoriamente los dos protagonistas de la segunda película citada. Por el contrario El otoño de los Kohayagawa; Flor de Equinoccio, Fin de Otoño o Samma no aji (traducida como El sabor del sake o El sabor del pescado en otoño, pero también como Tarde de otoño) se centran en las vivencias crepusculares de unos ancianos. Todos estos títulos, que podrían estar asociados con espacios naturales, con el esplendor de la naturaleza

Figura 289(I)
Principios del verano

Figura 289(II)
Cuentos de Tokio

Figura 291
Buenos días

Figura 292
Buenos días

Figura 290
Buenos días

japonesa, discurren siempre en ambientes urbanos, en interiores, y cuentan con muy pocas imágenes asociadas explícitamente con aquellos títulos tan sugestivos. Antes bien reflejan estados de ánimo, que no tienen por qué ser específicos de los personajes, sino que pueden serlo aún del propio director.

Hay algunos títulos que sí informan de manera muy elocuente sobre el contenido de la película, y que aluden además a alguno de los miembros de la familia. Es el caso de El hijo único, Érase un padre o de El sabor del arroz con té verde, título que alude al manjar con el que se asocian las virtudes del matrimonio. También Samma no aji (Tarde de Otoño) devuelve recuerdos y fragancias del pasado. El título original se puede traducir como El sabor del samma: la caballa, un pescado particularmente vinculado con el otoño, la estación que precede al invierno y a la muerte, tal como la presiente el anciano protagonista. Años atrás, en Tokyo monogatari, los amigos recuerdan el delicioso sabor del besugo que paladeaban en su pueblo tras la estación del *sakura*.

En alguna ocasión los títulos aluden a frases o expresiones de cortesía que pronuncian los protagonistas en determinados momentos de la película: Haha o kowazu ya; esto es, Amad a la madre, es el consejo que pronuncia una mujer en la película que lleva aquel título (1934). Más explícita es Ohayo, Buenos días, que alude a la fórmula rutinaria que se repiten los adultos en la película de 1959.

Los títulos, por tanto, se relacionan con la naturaleza y con sus ciclos: primavera, verano y otoño; con hierbas flotantes, con expresiones coloquiales y también con alimentos de cada día: arroz, té verde, *sake*, la caballa. La poesía de Ozu está repleta de sugerencias cotidianas, lo que se refleja aún en sus intitulaciones.

Pero la singularidad más apreciable en los títulos de Ozu, al menos desde 1949, radica en que a menudo usan el nombre de una estación para sugerir una etapa e la vida. Otro tanto sucede con las novelas de otro gran creador japonés del pasado siglo, Yasunari Kawabata, cuyos títulos aluden a la presencia de la naturaleza y sus ciclos: Yama no oto (El rumor de la montaña, de la que Mikio Naruse realizó una espléndida adaptación en 1954); Yukiguni (País de nieve, adaptada por Shiro Toyoda en 1957 y Yuzo Kawashima en 1958); Mizûmi (El lago de las mujeres, Yoshida Yoshishige 1966) y Senbazuru (Mil cigüeñas, Kozaburo Yoshimura, 1953, Sotoji Kimura, 1958 y Yasuzo Masumura, 1969) [1].

Al margen de los títulos, las películas no precisan con exactitud la estación cronológica en que transcurren. Éstas quedan indeterminadas; no hay indicios exactos. Ni siquiera la estación desempeña un papel importante. Los títulos tienen más bien sugerencias poéticas, y referidas a estados de ánimo o experiencias vitales de los protagonistas. Éste sería el caso, por citar un ejemplo

---
[1] Véase: DESSER, David. *Eros plus Massacre : an introduction to the Japanese New Wave Cinema*. Bloomington : Indiana University Press, 1988, p. 19.

ilustrativo, de Higanbana (Flores de equinoccio), un título que también alude a la estación primaveral, tal como anteriormente lo hicieran Banshun y Sôshun. Las tres películas forman un impremeditado tríptico primaveral que onomásticamente se opone a la *"trilogía otoñal"* compuesta por Otoño tardío, El otoño de los Kohayagawa y Tarde de otoño. Si las tres primeras se centran en personajes jóvenes que se adentran en la vereda de la madurez, en las tres últimas los envejecidos protagonistas se aproximan hacia su ocaso. El contraste entre ambas estaciones equivale, de este modo, a la contraposición entre los respectivos periodos de la vida.

En Higanbana (Flores de equinoccio), por otra parte, se establece una pugna entre las generaciones jóvenes y las adultas, del mismo modo que a lo largo del año se oponen los equinoccios de primavera y de otoño. Jugando desde el principio con las bazas de la ambigüedad, la película comienza con un aviso contra la llegada de vientos huracanados, una advertencia que no tardará en verse desmentida: a lo largo de toda la película lucirá un luminoso sol primaveral. Del mismo modo, la furia de los adultos contra las hijas díscolas y rebeldes no irá a mayores, y terminará siendo aplacada en un gesto reconciliatorio. El título aparecía recogido en una carta que Ozu escribió en 1927, cuando fue por primera vez llamado a filas. El director escribió, recordando su viaje hacia milicias, en que tantas cosas dejaba atrás, las siguientes palabras: *"El ligero ferrocarril corría sobre un par de líneas que surcaban las flores de equinoccio del exterior, a la derecha y a la izquierda de la ventana. ¡Mis flores de equinoccio, ya ves!"* [2].

Como hemos podido ver, en los títulos de las películas de Ozu se cita la primavera, el verano (Principios del verano) y el otoño. Por el contrario nunca se menciona el invierno. La película más próxima a dicha estación, y la única que legítimamente podría haberlo llevado por su ambientación y por su crudeza, debería ser Crepúsculo en Tokio. En esta película la mayor parte de las escenas discurren de noche, en interiores, y bajo un tiempo frío y desapacible, en el que la ciudad se cubre de blanco: es ésta la película invernal de Ozu por antonomasia. En otros casos algunas escenas discurrían bajo frío y nieve (el principio de Amad a la madre); e incluso en una ocasión los personajes llegan a verse en apuros debido a una galerna (en Días de juventud). Pero se trata de escenas puntuales; poco después el tiempo recupera su bonanza característica. En ésta, por el contrario, toda la acción discurre a lo largo de un crudo invierno, y en ambientes particularmente sombríos. Es ésta, por tanto, una de las escasas películas en las que no se repite la fórmula de cortesía característica de los personajes de Ozu: *"Ii tenki desu ne!"* : *"¡Qué buen tiempo hace!"*. Por el contrario, a menudo se quejan del frío severo que están sufriendo, y que se corresponde con el estado de frialdad afectiva que padecen los personajes.

Con frecuencia aparece el nombre de Tokio en películas de Ozu, a partir de guiones originales, acreditando los estrechos lazos que vinculaban a Ozu con su ciudad natal. Y, como hemos visto en otras ocasiones, el nombre de la ciudad se asocia con situaciones dramáticas, que a menudo desembocan en la enfermedad y en la muerte. Pero ninguna de ellas resulta tan cruda como este Tokyo boshoku, en donde la gelidez invernal se adueña dramáticamente del ánimo de todos los personajes.

XXVII. 3. La luz sobre las tinieblas

Sabido es que Ozu escribía sus guiones durante los primeros meses del año y filmaba en verano, preferentemente de día, y con buen tiempo. Así lo recuerda recuerda su guionista Kogo Noda: *"El sello distintivo de Ozu: un sombrero redondo de tela blanca, y una camisa blanca de hombros anchos. Éste era su uniforme de trabajo, porque siempre comenzaba a trabajar bajo el calor del verano"* [3]. Justificado por esta razón, pero también por el singular modelado climatológico que practicaba el director con sus trabajos, a menudo los personajes hablan del buen tiempo, o del calor que hace. El tiempo bonancible, caluroso y soleado suele ser la nota común hasta en los títulos de muchas de ellas; ya sea Primavera tardía o precoz; Principios del verano o Hermosa tarde de otoño (traducción literal de Akibiyori). En las películas de Ozu siempre hace buen tiempo aunque la situación sea muy dramática. Apenas tienen cabida, pues, los rigores invernales; ni siquiera en el título. Así lo apunta Hasumi: *"con una insistencia casi cruel, Ozu ignora las estaciones. Aunque lleven por título Higanbana, Banshun, Bakushu o Akibiyori, ninguna película de Ozu tiene un contexto estacional. Siempre luce el sol, y en las últimas películas hasta los abrigos son raros"* [4].

Climatológicamente se establece, por tanto, un contrapunto con la acción, o con los sentimientos de los

---

2 Cita: BORDWELL, David. *Ozu and the poetics of Cinema*. New Jersey : Princeton University Press, 1988, p. 167.

3 NODA, Kogo. "Ozu´s way of working". En: SCHRADER, Leonard. "Yasujiro Ozu : 1903 - 1963". En : *The Masters of Japanese Film*. Berkeley, California : Pacific Film Archive, ca.. 1980, p. 273.

4 Véase: HASUMI, Shigehiko. *Yasujiro Ozu*. Paris : Cahiers du Cinema, 1998, p. 187. Y también: HASUMI, Shigehiko. "Sunny skies". En: *OZU´s Tokyo Story* / edited by David Desser. Cambridge : University Press, 1997, p. 121.

Figura 293   Figura 294   Figura 295 Tarde de otoño

personajes, a menudo embargados por la tristeza, como sucede en Cuentos de Tokio. Esto afecta a los gestos y actitudes de los personajes, pero también a la propia banda sonora. Así lo recuerda el compositor Kojun Saito, quien recibió las siguientes indicaciones de Ozu: *"Nunca he querido música que moldease la expresión de los actores, o los sentimientos de los personajes en la escena. No importa cuán triste sea el sentimiento de los personajes que aparecen en la escena. En ese momento el cielo es azul, y el sol brilla intensamente. Eso mismo es lo que debe suceder con la música de mi película. Prefiero tener siempre música de buen tiempo. No importa lo que esté sucediendo"* [5].

También esta situación se repite particularmente a partir de Banshun. No importa en realidad el título, o el grado de dramatismo de la escena: las premoniciones de muerte, o las defunciones sin más, suelen tener lugar en días estivales en los que el sol brilla radiante. Como concluye el rector de la Universidad de Tokio, *"Ozu no era un cineasta de la sombra, sino un autor completamente seducido por la claridad del pleno día"* [6].

Evidentemente hay escenas nocturnas y sombrías en sus películas, e incluso asomos de borrasca; pero estos episodios umbríos se suceden en mucha menor cantidad, sobre todo tras el ejemplo brindado por aquella película-bisagra filmada en 1949. Apenas llueve en sus películas, pese a que transcurren en un país, Japón, cuyo índice pluviométrico es muy elevado. Tampoco hay nieve, ni hace frío. La acción suele transcurrir en verano; y los personajes se protegen como pueden contra los rigores estivales: con abanicos, ventiladores y *paipai*, o aplicándose pañuelos húmedos en la cabeza.

Ciertamente hay excepciones. La segunda mitad de Días de juventud transcurre en una estación de esquí. Sin embargo, aunque hay nieve en abundancia y alguna que otra ventisca, el tiempo es en general bonancible. Significativamente sólo cuando los dos estudiantes deciden segregarse del grupo, a causa de un desengaño amoroso, comienza la tempestad de nieve. También se atisba nieve en una escena de Una madre debe ser amada, en la que la muerte del padre coincide con un momento de ventisca. La nieve y el frío sacuden el hogar tras el triste suceso, cuando los dos niños se enfrentan con un futuro sombrío. También las escasas escenas de lluvia acompañan momentos dramáticos: al final de Me gradué, pero... se produce el despertar a la madurez del muchacho irresponsable bajo una intensa lluvia. La muerte de Mimura, el disipado marido de la mayor de Las hermanas Munakata también transcurre en medio de la tormenta. Por descontado llueve, e intensamente, en Ukigusa, tanto en su versión muda como en color. En la versión de 1934 llueve con tanta persistencia que se llega a arruinar la representación, y a poner en circunstancias comprometidas a los comediantes. Pero esta vez nos referimos sobre todo a la deslumbrante escena de tempestad, suntuosamente recogida por la cámara de Kazuo Miyagawa en 1959. La violencia de esta repentina tormenta contrasta con el tiempo estival y seco en el que transcurre la mayoría del relato. Para resaltarla, el color y la escenografía sacan un intenso partido cromático y narrativo a la lluvia. No se olviden las circunstancias excepcionales que rodean a esta película, filmada en otra compañía (Daiei), con otro operador muy distinto del habitual Yuharu Atsuta, y con otros actores distintos de los regulares (Machiko Kyo y Ganjiro Nakamura).

El motivo del paraguas colgado de la pared es habitual en las películas de Ozu: uno de los frecuentes emblemas domésticos que definen los hogares de Ozu:

---

[5] Véase: "Saito Kojun on Ozu's use of music". En: *Ozu Yasujiro : 100 th. Anniversary*. Hong Kong International Film Festival (27th. 2003). Hong Kong : The Arts Development Council ; The Japan Foundation (etc.), 2003, p. 73.

[6] HASUMI, Shigehiko. *Yasujiro Ozu*. Paris : Cahiers du Cinema, 1998, p. 191.

Figura 296
Tarde de otoño

"The cold Winter is over. Spring has come. It is April now".

la colada y la tetera; el paraguas y los guantes. Los paraguas apenas se usan, de manera que suelen pender abandonados a las entradas de las casas, o se toman casi por inercia, y se olvidan distraidamente, como la sucede a la abuela de Cuentos de Tokio. Tanto da, porque casi en ningún caso llegará a ser preciso su uso. Ozu se sentía afectado por el frío y por la lluvia, según se desprende con frecuencia de la lectura de sus diarios. Producto de esta apreciación, la lluvia y la nieve son portadores de malos presagios en sus películas. Claro que también el sol radiante está vinculado con la muerte: el padre de Chichi ariki, la abuela de Tokyo monogatari, y el propio cineasta murieron en días de intenso sol. Cabe añadir una diferencia: Ozu murió en Diciembre, lo que no hubiera sido normativo en sus películas, cuya acción se produce preferentemente en pleno bochorno estival.

De manera que apenas encontraremos ni frío ni lluvia, en un país como Japón. Ni tifones anunciados ni terremotos posibles; ni brumas ni nieve: he aquí otro indicio de la estilización del espacio y del tiempo -esta vez atmosférico- que proponía el artista, dueño y señor de todos los resortes que afectaran a sus películas, inclusive los meteorológicos. A través de sus películas propone una recreación rigurosamente poética y personal de la realidad que le rodeaba; de lo que se desprende una postrera conclusión: en Ozu prevalecía el deseo de ser cinematográfico, antes que ser realista[7]. Un manipulador de la imagen, del espacio y del movimiento para quien el paso del tiempo, la impermanencia absoluta, el fluir incesante de la vida y de sus etapas, son motivo de recreación poética. La luz se impone sobre las tinieblas, pero con la llegada del verano también se asoman la tristeza y la melancolía. Así se evoca incluso anecdóticamente en una de las frases que recita el nieto mayor, cuando prepara sus lecciones de inglés, en Cuentos de Tokio:

---

[7] HASUMI, Shigehiko. "Sunny skies". En: *OZU´s Tokyo Story* / edited by David Desser. Cambridge : University Press, 1997, p. 128. Y también: HASUMI, Shigehiko. *Yasujiro Ozu*. Paris : Cahiers du Cinema, 1998, p. 205 - 206. Hasumi concluye su discurso asegurando que *"considerar a Ozu 'muy japonés'se basa en una falta de comprensión de su obra. Como sería igualmente absurdo defender que sea un "director antijaponés"*. Ozu era, ante todo, cineasta de buena ley.

XXVIII. TIPOLOGÍAS GENÉRICAS

> *"Yo represento lo que no es posible como si fuera posible. Por el contrario, Ozu representa lo que es posible como si fuera posible, y eso es mucho más difícil."*
> Kenji Mizoguchi[1]

XXVIII. 1. Cineasta de género

Como se vio, y contradiciendo la naturaleza oriental y japonesa que se le atribuye, Ozu bebió con deleite durante sus días de juventud de las tentadoras fuentes extranjeras. Sin embargo tuvo el talento de asimilarlas de una manera original y novedosa. Buena prueba de ello son los géneros que practicó- melodrama, comedia, cine de gángsters-, y la habilidad que tuvo para incorporar sus convenciones a un terreno que le era propio.

No es menos cierto que, desde principios de los años 30, Ozu fue depurando su estilo progresivamente de influjos foráneos. Este es un proceso que, como se verá, fue fraguándose durante el periodo mudo, y que culmina precisamente con su primera película sonora: *El hijo único (1936)*.

Hasta entonces, las primeras películas de Ozu demuestran su particular asimilación del cine que se producía en Hollywood durante los años 20. De este modo, las comedias sofisticadas guardan relación con Lubitsch, así como con el gran *slapstick* norteamericano, del mismo modo que sus películas de gángsters mantienen vínculos con Sternberg. Según Rosenbaum, Días de juventud es una película hawksiana[2]. Como podrían serlo las *gakusei mono*, en las que el protagonismo recae sobre el conjunto de amigos que comparten vida, profesión y aventura.

Tales afinidades no proceden, por otra parte, del gusto personal del cineasta. Como se vio en los capítulos introductorios, los estudios japoneses no sólo se organizaron a imagen y semejanza de los de Hollywood, sino que además importaron su sentido del estrellato, sus géneros y sus modelos narrativos. Dichos moldes, adaptados a la singularidad cultural japonesa y a los gustos de su público, desembocaron en un abanico complejo de géneros y subgéneros específicos, con rasgos y convenciones propias que los distinguían del modelo americano[3].

Integrado dentro de un orden laboral que le fijaba el rumbo, Ozu frecuentó durante sus años mudos los géneros que decidía su productora: comedias sobre escolares y sobre asalariados, dramas familiares y películas de gángsters teñidas con tintes melodramáticos.

Incluso practicó el género de aventuras llamado *chambara,* o de espadachines. Pero lo hizo sólo en una ocasión: su primera película, Zange no yaiba (La espada del arrepentimiento, 1927), hoy perdida. En realidad Ozu no consideraba suya esta película, pues fue llamado a filas antes de poderla terminar, labor que fue encomendada a Torajiro Saito. Se trataba, por otra parte, de un relato de época que no encajaba en las directrices *gendai-geki* que impone Shiro Kido en la compañía Shochiku, ni mucho menos en la sensibilidad de su autor.

De este modo, Ozu forjó su identidad como cineasta a partir de una panoplia dispar de fuentes y de circunstancias condicionantes: el cine americano; el régimen laboral de los estudios japoneses; y, muy particularmente, los de la Shochiku en la que trabajaba.

En el caso de nuestro cineasta, sin duda condicionado por las directrices comerciales del productor, no se suele dar una película plenamente afincada en un único género; por el contrario conviven varios a lo largo de su metraje. De este modo la comedia se alterna con el melodrama, del mismo modo que las tramas de asalariados conviven con las de estudiantes (El coro de Tokio, Nací, pero...).

También las películas de gángsters derivan hacia situaciones poligenéricas: melodramas familiares (La esposa de noche) o historias de amor y de integración social (Caminad con optimismo; La mujer proscrita. Del mismo modo las historias de sacrificio femenino, tan habituales en los dramas japoneses, viran hacia situaciones y atmósferas propias del cine negro (Una mujer de Tokio). Todas ellas cuentan entre sus

---

[1] Citado en: BOCK, Audie. *Japanese Film Directors*. Tokyo ; New York : Kodansha International, 1990, p. 69.
[2] ROSENBAUM, Jonathan. "Umarete wa mita keredo : (I was born, but...)". *The Monthly Film Bulletin*, 1975, March, v. 42, nº 494, p. 68.
[3] Puede encontrarse un simplificado recorrido por algunos de los principales géneros y subgéneros más característicos del cine japonés en: ANDERSON, Joseph L. and RICHIE, Donald. *The Japanese Film : Art and Industry*. Princeton : University Press, 1982, capítulo 13, p. 315 - 331.

protagonistas con trabajadores sarariman, lo que permite integrar determinadas escenas en oficinas o en los entornos domésticos más propios del soshimin- geki. En muchos casos no faltan situaciones propias de comedia que, en algunos casos, derivan incluso hacia un inaudito musical de vocación paródica (véanse Caminad con optimismo y Suspendí, pero...).

A su vez las *gakusei-mono* de Ozu se hallan en el límite de la comedia *slapstick* (Días de juventud), o en el del melodrama laboral (Me gradué pero..., ¿Dónde están los sueños de juventud?). Es ejemplar el caso de El coro de Tokio, que tras un prólogo estudiantil gira bruscamente hacia relatos de oficinistas y melodramas familiares.

Otro tanto sucede con Amad a la madre, que comienza como melodrama estudiantil, protagonizado por dos niños cuyo padre ha muerto, pero que vira rápidamente hacia los derroteros propios del haha-mono (o películas de madres) . En el ejemplo más alejado, La mujer proscrita, distinguiremos entre el clan de los *yotomono* a un estudiante amigo de la vida fácil que sustituye los libros por los guantes de boxeo.

Puesto que, en efecto, también las películas de gángsters de Ozu son poligenéricas: junto a la trama criminal conviven las peripecias del *sararimen* (Caminad con optimismo; La mujer proscrita), el melodrama familiar (La esposa de noche) y aún de estudiantes (La mujer proscrita y, de algún modo, La mujer de Tokio).

Cualquier intento de recomponer la evolución genérica y estilística del cineasta se topará con un impedimento insalvable: se han perdido numerosos títulos que marcaron su desarrollo. Este fue el caso de Mata au hi made (Hasta que volvamos a vernos, 1932), una película cuyo rodaje resultó particularmente laborioso, hasta el punto de desbordar holgadamente las previsiones del estudio. La película trataba de un muchacho que, tras romper con su familia porque ama a una prostituta, se alista en el ejército y parte hacia la Manchuria ocupada. La peculiaridad de este melodrama perdido de Ozu radica en que esta vez son las dramáticas experiencias políticas y bélicas que azotan al país la causa de la ruptura familiar. La crítica de la época se dividió, y no faltó quien llegara a acusarla de militarista, frente a quienes vieron en ella una velada crítica a la invasión japonesa del Manchu-kuo. Es de lamentar su pérdida, al margen de sus previsibles cualidades artísticas, porque hubiera prestado un interesante testimonio sobre la vida cotidiana en un país que se deja arrastrar sin remedio por la tormenta imperialista.

XXVIII. 2. Series

Muchas de las películas de Ozu se agrupan en series, la mayoría de las cuales tienen en común el nombre de sus personajes protagonistas. Este sería el caso, dentro del periodo mudo, de la serie Kihachi, a la que nos referiremos a continuación. O de la mucho menos pronunciada serie Okajima: así se apellidan los protagonistas de El coro de Tokio, al igual que el barbudo héroe de La mujer y la barba. Ambos están, además, protagonizados por el mismo actor: Tokihiko Okada .

Durante los años de posguerra madurarán otras dos series característica del autor. La serie Shukichi, protagonizada por Chishu Ryu, en la que encarna al padre que se esfuerza por lograr el matrimonio de la hija, por lo general llamada Noriko (Setsuko Hara), y su emancipación del orden paternal. Los ecos de este punto de partida argumental incluso se reconocen en Cuentos de Tokio, aunque en esta ocasión Noriko no sea la hija, sino la nuera[4].

Otro díptico menor, tramado en los años finales de la vida del cineasta japonés, es el compuesto por Otoño tardío y El otoño de los Kohayagawa. En ambas aparece un personaje llamado Akiko, siempre interpretado por Setsuko Hara. En las dos destaca en el título la palabra *Aki- Otoño-,* y ambas se distinguen efectivamente, por su suave y nostálgica tonalidad otoñal.

XXVIII. 2. 1. La trilogía *keredo*

Prescindiendo de nombres propios, en un solo caso los títulos de la serie comparten la misma fórmula en el título. Se trata, además, de una serie importante en la etapa muda de nuestro cineasta. Nos referimos a la serie *"keredo" (sin embargo),* compuesta por las siguientes entregas:

- Daigaku wa deta keredo (Me gradué, pero...1929)
- Rakudai wa shita keredo (Suspendí, pero...1930)

---

4 Las vicisitudes de los dos protagonistas dieron lugar a otras tantas series: Shukichi, y Noriko, que llegan a confundirse con frecuencia. Dado que ambas discurren a partir de 1949, durante el periodo sonoro del director, en esta ocasión nos limitaremos a enumerar los títulos que las componen:
. La serie Shukichi:
- Banshun (Primavera tardía, 1949) (Noriko, 1)
- Tokyo monogatari (Cuentos de Tokio,1953) (Noriko, 3)
- Tokyo boshoku (Crepúsculo en Tokio,1957) (aunque interviene Setsuko Hara, esta vez se llama Takako)
- Higanbana (Flores de equinoccio, 1958)
- Akibiyori (Otoño tardío, 1960) (en esta ocasión el personajes de Setsuko Hara se llama Akiko).
. La serie Noriko:
- Banshun (Primavera tardía, 1949) (Shukichi 1)
- Bakushu (Principio del verano, 1951)
- Tokyo monogatari (Cuentos de Tokio, 1953) (Shukichi 2)

- Umarete wa mita keredo (Nací, pero... 1932)

Las tres películas fueron realizadas a lo largo de un periodo breve de tiempo, aunque entre una y otra entrega median varios títulos. Los protagonistas de cada entrega, que no comparten ningún vínculo personal o familiar, coinciden en situarse en los años de formación que precederán a su ingreso en la sociedad. Cronológicamente comienza con un estudiante que, tras su graduación, busca un empleo; el título central se refiere a las peripecias universitarias de unos estudiantes, mientras que el último título de la serie cuenta con el protagonismo de unos niños de corta edad. Todas ellas son películas de descubrimiento y de despertar a la madurez, tres relatos iniciáticos que desembocan inapelablemente en el escepticismo. Sin tratarse de una trilogía programática, la serie comprende diversos vínculos que parten de su propio apelativo. Los tres títulos de la serie están compuestos por otras tantas oraciones, formuladas en tiempo pasado y en primera persona, cuya conclusión queda en suspenso. El implícito *"yo"* enunciativo del sujeto haría suponer la imposición de un punto de vista unipersonal, o bien una narración en primera persona, lo que *sin embargo* no llega a cumplirse. Sólo la primera película de la serie podría responder a esta fórmula hacia la que el título apunta, puesto que cuenta con un único protagonista, y todos los acontecimientos importantes son expuestos desde su perspectiva: la búsqueda de empleo, la relación hogareña, el descubrimiento de la doble vida de su esposa y la restauración del orden familiar.

No sucede lo mismo con las otras dos piezas del tríptico, en los que el protagonismo se reparte entre distintos personajes: los *charming sinners,* estudiantes goliárdicos y despreocupados de Suspendí, pero... , y los dos hermanos junto a sus padres de la tercera y más conocida entrega de la trilogía.

Más allá del protagonismo y de la voz narrativa, son otras las preocupaciones que atañen a su autor cuando construye estos tres relatos que comparten su condición parabólica. El sello distintivo de la serie es una conjunción adversativa, *keredo -pero-*, conforme a la cual se establece la oposición entre dos verbos o actividades. La primera de ellas nos es desvelada en los propios títulos -*me gradué, suspendí, nací-*. Una de estas acciones es inevitable para todo ser vivo: el nacimiento. Las otras dos oponen situaciones contrarias, dentro de un mismo orden universitario: el aprobado que antecede a la graduación, y el suspenso. Entendemos que la vida, desde el nacimiento, se compone de momentos gratos y adversos, desde el principio hasta el fin, y siempre dentro de un orden estrictamente cotidiano.

Sin embargo la segunda parte del título, que se debería oponer a la primera, queda en suspenso, exigiendo una posición activa por parte del espectador: una vez hecho el planteamiento inaugural, desde el título, y tras la contemplación de la parábola que la película propone, se exige que cada cual extraiga sus propias conclusiones. La vida está llena de imponderables, de circunstancias imprevisibles (el *pero...* al que aluden los títulos) que llenan de incertidumbre desde los planes más cotidianos, como son la graduación, hasta los más vitales, como es el nacimiento. De este modo, y bajo fórmulas parabólicas, la serie ilustra en un entorno cotidiano y reconocible el sentimiento de transitoriedad, tan característico en la filmografía de Ozu: la vida es efímera, y no queda sino resignarse a esta evidencia. La impermanencia y la fugacidad de la vida son dos temas muy habituales en la poesía y en el arte de Japón. Bástenos ahora citar un ejemplo próximo: Kisei escribe en 1764 su poema mortuorio, utilizando para ello términos semejantes a los de Ozu:

Puesto que nací	*Umarete wa*
he de morir,	*shinuru hazu nari*
y por tanto...	*ore naraba* [5]

A raíz de un planteamiento determinista asumido por los personajes, todas las entregas del tríptico combinan la comedia con el melodrama, las anécdotas divertidas con las situaciones dramáticas. Tanta o más preocupación se pone en describir los ambientes como en retratar las figuras humanas. Los tres títulos que componen esta trilogía adversativa son protagonizados por personajes que se desenvuelven en el entorno escolar y que se asoman al mundo adulto, lo que les provoca el escepticismo al que alude la conjunción que da su identidad a la serie, y que ya inicialmente sugiere que se ha de contrarrestar o atenuar lo que expresa la oración principal.

Algunos de los protagonistas de la triada son muy jóvenes -los niños de Nací, pero...; otros ultiman la singladura académica, mientras que otro la ha concluido recientemente. Al margen de las diferencias de edades de los protagonistas, las tres parábolas tienen en común el camino de madurez que emprenden sus protagonistas. Tanto da que sean escolares o graduados: todos ellos deben abrir los ojos a la vida, descubrir el orden social en el que deberán integrarse, y aprender a aceptarlo con

---

[5] HOFFMANN, Yoel. *Poemas japoneses a la muerte : Escritos por monjes zen y poetas de haiku en el umbral de la muerte.* Barcelona : DVD, 2001, p. 189.

resignación.

No en vano ninguna circunstancia es del todo propicia ni lo es del todo aciaga: tras el nacimiento los seres humanos deben ir asumiendo las responsabilidades que les competan, y deben valorar las circunstancias positivas y negativas que se les presentan. Unas y otras pueden ser relativizadas: el estudiante graduado debe enfrentarse a la adversidad laboral y conyugal; por el contrario el estudiante suspenso podrá continuar disfrutando de la despreocupada vida escolar.

XXVIII. 2. 2. La serie Kihachi

"Los meses y los días son viajeros de la eternidad. El año que se va y el que viene también son viajeros. Para aquellos que dejan flotar sus vidas a bordo de los barcos o envejecen conduciendo caballos, todos los días son viaje y su casa misma es viaje"

Matsuo Bashô [6]

Muchos de los personajes de Ozu, particularmente en su etapa silenciosa, parecen herederos de aquella entrañable figura del *Edokko*: el ciudadano de la antigua Edo (Tokio), un estereotipo popular cuya raigambre data del siglo XVII, cuando los shogunes Tokugawa trasladan la capitalidad administrativa a esta ciudad.

El *Edokko*, protagonista de numerosos relatos literarios y de estampas polícromas, fue uno de los pobladores de aquel inefable mundo flotante (*ukiyo*) surcado por actores, pícaros y prostitutas, que se desarrolló a la sombra de la *chônin bunka* (cultura urbana) que floreció a partir del siglo XVIII en las principales ciudades japonesas.

El natural de Edo ha conocido singular arraigo en la literatura y en el cine. Sus ecos llegan a Natsume Soseki y su Botchan (1906)[7]; a Kafu Nagai y su Río Sumida (1903), a Kawabata y La banda escarlata de Asakusa (1929-1930), una novela que asimismo anticipa los pequeños delincuentes (*yotomono*) que protagonizarán las historias criminales del Ozu de principios de los años 30[8].

De este modo *"el Edokko se identifica con las bravatas y la charlatanería, pero también con la ilusión, la astucia y el desarraigo: un personaje y una cultura basados en el movimiento y en la interpretación"* [9], un retrato que se corresponde bien con la naturaleza de Kihachi, uno de los personajes más singulares y atractivos de la etapa muda de nuestro director.

Las declaraciones de Ozu confirman las resonancias del viejo Tokio, cuya vitalidad inyecta una particular energía a su personaje: *"Solía haber, en el barrio de Fukagawa donde yo nací, montones de personajes parecidos al Kihachi que aparece en mis películas, aunque ahora son cada vez más escasos. Sólo tenían el fundoshi (vestido sencillo) que llevaban puesto de cualquier manera, y bebían shochu (sake de baja calidad)"* [10].

Así pues el protagonista de la serie Kihachi -Dekigokoro, Ukigusa monogatari- parece directamente inspirado en dicho tipo humano, muy bien encarnado por otra parte por el actor Takeshi Sakamoto. No falta quien asegura que este pintoresco, irresponsable y desarraigado Kihachi, como encarnación moderna del Edokko tradicional, estaba parcialmente inspirado en la figura del padre de Ozu, así como en otros personajes que el cineasta conoció durante su juventud en el barrio de Fukagawa[11]. Apropiándose más aún del personaje, en sus *Diarios* llega a referirse a sí mismo en una ocasión como Kiha- chan, nombre familiar de Kihachi: *"¡Kiha-chan, piensa en la edad que tienes, colega! ¡Es la edad en la que cada vez se hace más difícil jugar a los corazones galantes al estilo de la sophisticated comedy! ¡Por lo demás, la vida está adquiriendo un cariz cómico!"* [12].

En suma, la serie está compuesta por los siguientes títulos:

- Dekigokoro (Corazón vagabundo, 1933)
- Ukigusa monogatari (Historia de hierbas flotantes,1934) (no así la versión de 1959, cuyo protagonista no se llama Kihachi,)
- Hakoiri musume (La joven virgen, 1935) (hoy perdida)
- Tokyo no yado (Un albergue en Tokio, 1935).
- Nagaya shinshiroku (Historia de un propietario, 1947)

Debe quedar claro que la serie no se refiere al

---

6 BASHÔ, Matsuo. *Sendas de Oku.* / Versión castellana de Octavio Paz y Eikichi Hayashiya. Tokio : Shinto Tsushin, 1992, p. 44.

7 Traducida al español por Fernando Rodríguez- Izquierdo, y editada en Kamakura por Luna Books en 1997.

8 DAVIS, Darrell William. " Ozu´s mother". En: *OZU' s Tokyo Story* / edited by David Desser. Cambridge : University Press, 1997, p. 94.

9 Cita: DAVIS, Darrell William. Ibid. p. 94.

10 Cita: RICHIE, Donald. *Ozu*. Berkeley (etc.) : University of California Press, 1974, p. 142.

11 DAVIS, Darrell William. Op. cit. p. 87 - 90, y 93 - 94.

12 Anotación del día 8 de Agosto de 1933, en: OZU, Yasujiro. *Antología de los diarios de Yasujiro Ozu* / edición a cargo de Núria Pujol y Antonio Santamarina . Valencia : Filmoteca de la Generalitat Valenciana (etc.), 2000, p. 24.

mismo individuo. Aunque todos se llaman igual, y son interpretados siempre por el mismo actor, se trata de historias completamente distintas, protagonizada por personajes diversos. Kihachi se convierte de este modo en un arquetipo del japonés suburbano y de clase baja. Todos comparten similares señas de identidad y semejante forma de vida, hasta el punto que todos ellos responden al mismo nombre y a los mismos rasgos físicos, del mismo modo que sus experiencias son intercambiables. Así lo confirma el propio autor: *"Lo que la gente llama los "films Kihachi" -el primero fue* Dekigokoro, *1933- no constituyen una verdadera serie, aunque conciernen a personajes que se parecen a Kihachi"*[13].

Las peripecias del personaje alternan lo cómico con lo melodramático. Aunque las situaciones que describe la serie son a menudo muy dramáticas, nunca falta algún oportuno golpe de humor, por lo general confiado a los niños, que alivian la tensión. Sus referentes cinematográficos fundamentales son, inequívocamente, Chaplin (The kid. El chico,1920), y Vidor (The champ. El campeón, 1931). Ambas películas alternan, como en la serie japonesa, lo cruel con la ternura; el compromiso con el desapego; la sonrisa y la lágrima.

Todos los Kihachi que aparecen en la serie comparten una serie de atributos característicos. En todos los casos se trata de un personaje errabundo, tanto física como anímicamente. En Corazón vagabundo abandona el hogar, en busca de fortuna; en Historia de hierbas flotantes es un actor ambulante que ha dejado tras de sí a su amante y a su hijo, mientras que en Un albergue en Tokio vagabundea por un paraje inhóspito en busca de la estabilidad familiar a la que veladamente alude el título.

Todos ellos comparten su baja extracción social y carecen de recursos económicos, lo que provoca la común menesterosidad y un similar ánimo errabundo. Dan muestras continuas de obstinación, y de escasa lucidez. Los hijos con los que comparten sus peripecias -interpretados por Tokkan Kozo- muestran una mayor clarividencia y sensatez que su propio padre. Casi siempre tiene un solo hijo; otras veces son dos (es el caso de Un albergue en Tokio); pero en todos los casos ha sido incapaz de mantener el orden familiar. La madre nunca aparece; y, cuando lo hace (como sucede en Historia de hierbas flotantes), se resigna a la posición secundaria a la que se ve relegada por el antiguo amante. Ningún Kihachi tiene enmienda: todos ellos parecen empeñados en cometer una y otra vez los mismos errores, lo que aceptan con resignación.

No sólo se repiten los nombres del protagonista en la serie: también sus compañeros de camino suelen llamarse igual, aludiendo a esa suerte de arquetipo popular que encarnan. Así, el hijo viene a llamarse Tomibo o Tomio, en alusión al verdadero nombre del actor infantil Tokkan Kozo (Tomio Aoki). Otro tanto sucede con la mujer con la que se cruzan en el camino, interpretada por Choko Iida, y que responde a los nombres muy próximos de Otome o de Otsume. Los demás personajes que comparten sus peripecias son asimismo distintos tipos populares fácilmente reconocibles en relatos corales.

La acción discurre, con la excepción de Historia de hierbas flotantes, en un Tokio que se desarrolla aceleradamente, aunque no lo haga en beneficio de sus habitantes. Kihachi, Tomio, Otsune y los demás compañeros de peripecias forman parte del proletariado urbano que se afana a diario en la lucha por la supervivencia.

Más allá de Kihachi, el personaje del *Edokko* vagabundo sobrevivirá con éxito en la posterior serie de Tora-san[14]. Cabe señalar, con todo, diferencias importantes entre ambos: en este caso sí se trata de un único personaje, interpretado también por un mismo actor, cuyas peripecias van siendo relatadas en cada una de las entregas de la serie. Además Tora-san tiene oficio autónomo: es un comerciante; Kihachi, por el contrario, es un vagabundo, una hierba errante, ora cómico de la legua, ora asalariado en una fábrica. Tora-san es eminentemente parlanchín, mientras que Kihachi es más bien parco en palabras. Claro que esto puede estar justificado porque casi todas las películas de la serie de Ozu son mudas. Aunque ambos comparten la condición vagabunda, Tora-san siente el placer del viaje como experiencia vital. Kihachi, por el contrario, la sobrelleva

---

13 OZU, Yasujiro. "Pour parler de mes films". *Positif : Revue du Cinéma*, 1978, Février, nº 203, p. 17-25.

14 La longeva serie de Tora-san comenzó en 1969, con la película Otoko wa tsurai yo (Es duro ser un hombre), producción Shochiku dirigida por Yoji Yamada, quien fue el director y el guionista de toda la serie . Las peripecias tragicómicas del enamoradizo buhonero Torajiro Kuruma, que se mantenían fiel a las mismas fórmulas entrega tras entrega, gozaron de tal éxito que no tardaron en aparecer secuelas, a un ritmo tan intenso como regular: por lo general se estrenaban dos nuevos episodios cada año, coincidiendo con destacadas fiestas familiares del calendario japonés. Tras realizarse cuarenta y ocho títulos de la serie, la más larga de la historia del cine, ésta llegó a su fin debido a la muerte de su estrella y exclusivo protagonista, el popular actor Kiyoshi Atsumi. A su fallecimiento, en Agosto de 1996, Tora-san se había convertido en todo un acontecimiento popular: Durante más de veintisiete años gozó del favor del público; se considera que más de ochenta millones de espectadores (dos tercios de la población japonesa), han seguido sus aventuras con avidez. Los estudios Shochiku inauguraron, en Noviembre de 1997, un museo dedicado al personaje en el bullicioso barrio de Shibamata, donde se supone que se encuentra la residencia del célebre buhonero. Dedicaremos mayor atención a este singular personaje en otro capítulo del presente trabajo. Véase el parágrafo LXXXII. 4.

como una carga que debe aceptar con resignación[15].

Noriko. Kami ningyô realizada por Miko Misono

---
15 Kihachi y Tora-san comparten el común arrquetipo -el vagabundo- en BARRETT, Gregory. *Archetypes in Japanese Cinema : The Sociopolitical and Religious Significance of the principal Heroes and Heroines.* London : Associated University Press, 1989, p. 88-90.

XXIX. POETA Y COMEDIANTE

"¡No hay placer sin dolor! ¡Ah, reírse, reírse!"
Yasujiro Ozu[1]

XXIX. 1. Sonrisas y lágrimas

Ian Buruma sostiene que Japón, país que ha conocido una larga y turbulenta historia, es particularmente receptivo hacia la sátira, en la que se cuestionan y aun derriban los roles sociales. La subversión del rígido protocolo cotidiano provoca un efecto cómico garantizado entre los japoneses. Este humor tiene, por otra parte, un probado efecto humanizador: al fin y al cabo, la comedia proporciona métodos adecuados para discutir lo que cuestionan las normas de urbanidad.

De manera particular, los tabúes sociales japoneses están asociados con la pureza, tanto física como mental. Lo que se traduce en la obsesión higiénica de la que hacen gala: en Japón el pecado se asocia con la suciedad[2]. Apuntando hacia esta apreciación, Donald Richie añade: *"El humor en Japón es a menudo malicioso, e incluso más que a menudo. La ironía, por el contrario, es poco corriente. Muchos japoneses no entendieron que Ozu es irónico"*[3].

La comedia, en efecto, será un género que se adapta bien al universo familiar de nuestro cineasta, en numerosas situaciones que incluso se adentran en situaciones dramáticas. Sin embargo, poco se escribe sobre la comedia de Ozu, del mismo modo que poco se escribe sobre la comedia en el cine japonés en general. A más de uno sorprendería incluso la formación y la vocación del director de Primavera tardía y Cuentos de Tokio dentro de los límites del *kigeki* (género de comedia). A pesar de todo, Ozu practicó este género; de hecho se formó a su cobijo, siguiendo las directrices del estudio, y lo hizo a plena satisfacción de sus responsables.

Como se recordará, Shiro Kido amparó la comedia en el seno de Shochiku; y confió la explotación de este

Figura 297
Días de juventud

Figura 298
La belleza del cuerpo

género a manos tan cualificadas como las de Heinosuke Gosho, Mikio Naruse y Yasujiro Ozu. Justificó su decisión al apreciar los buenos rendimientos comerciales que ofrecía el género, ya que, de hecho, el mercado japonés se veía invadido por comedias hollywoodienses, con las que se pretendía competir incrementando la producción autóctona.

La comedia que amparaba Kido era un género sofisticado, urbano y de raíces occidentales, muy ligado en consecuencia al proceso de modernización que sufría el país. Adaptando los modelos de Hollywood, la comedia japonesa desarrolló dos subgéneros específicos: el *nansensu mono* (de *nonsense*: comedia absurda y disparatada) y el *ninjô kigeki*: la comedia centrada en situaciones cotidianas y en las relaciones humanas[4].

Adaptándose a las directrices de Kido, ningún otro artífice de Shochiku reunía mayor idoneidad y aptitudes que Ozu: un cineasta hábil con la comedia, y diestro con el drama; y capaz de alternar con completa naturalidad ambos géneros en el curso no ya de una película, sino aun en el desarrollo de una sola escena. De hecho, las

---

[1] OZU, Yasujiro. *Antología de los diarios de Yasujiro Ozu* / edición a cargo de Núria Pujol y Antonio Santamarina. Valencia : Filmoteca de la Generalitat Valenciana (etc.), 2000, p. 113. Anotación del día 7 de Abril de 1951.

[2] BURUMA, Ian. "Humor in Japanese Cinema". *East-West Film Journal*, 1987, v. 2, nº 1, p. 26 - 31.

[3] Cita: SCHRADER, Paul. *El estilo trascendental en el cine : Ozu, Bresson, Dreyer*. Madrid : JC, D.L. 1999, p. 66.

[4] Véase: BARRETT, Gregory. "Comic targets and comic styles : An introduction to Japanese Film Comedy". En: *REFRAMING Japanese Cinema : Authorship, Genre, History* / Arthur Nolletti Jr. and David Desser (ed.) Bloomington, Indianapolis : Indiana University Press, 1992, p. 210 -228.

comedias de Ozu presentan una singularidad: comienzan con un ritmo hilarante, para terminar de manera sombría[5]. Ya encontramos esta peculiaridad en la inaugural Días de juventud, primera película conservada del cineasta; pero además destacaremos los magníficos ejemplos que brindan Suspendí, pero..., El coro de Tokio, Nací, pero... y ¿Dónde están los sueños de juventud?

Admirador de la gran comedia hollywoodiense, Ozu realizó trabajos personales y competentes, que se vieron recompensados con buenos rendimientos en taquilla y con los plácemes de la crítica especializada. De hecho la práctica de la comedia fue una cantera de la que se nutrió el cineasta, y que dio impulso al conjunto de su filmografía. No es exagerado asegurar que el dominio de este género fue decisivo en el desarrollo de los dramas domésticos posteriores, compensados siempre por un elegante y sutil humor que humanizaba a los personajes y hacía más próximas y creíbles sus vicisitudes. De este modo, coincidimos con David Bordwell cuando asegura que *"nunca comprenderemos el verdadero orden de la obra de Ozu mientras no se reconozca la comedia en la urdimbre de su estilo"*[6].

Más aún, la frescura y libertad con que se realizaron las comedias mudas sirvieron como banco de pruebas para sus posteriores ejercicios de madurez. No en vano la comedia es el vehículo adecuado para la experimentación, al permitirse eludir las convenciones y los tópicos. Además la comedia podía representar la realidad de una forma más seria- y valga la paradoja- que los propios melodramas. Al cabo se trata de un género más libre y más próximo a personajes creíbles y a situaciones cotidianas. Shiro Kido apostaba por dichas comedias, que infundían optimismo en el ánimo del espectador e incrementaban los resultados en taquilla. Era partidario de la fórmula tópica del *happy end,* y no le agradaba la idea de que el espectador abandonara la sala invadido por la desazón tras un final amargo. Por esta razón, cuando Ozu revistió de gravedad su tragicomedia más célebre - Nací, pero... - retrasó su estreno durante algunos meses.

Como se vio en el capítulo biográfico, Ozu se formó a las órdenes de Tadamoto Okubo, un cineasta especializado en comedias *nansensu mono.* Aunque su mentor, que no realizó una carrera brillante, se ha visto relegado al olvido, es seguro que la etapa de formación de Ozu a sus órdenes afianzó su interés por el género, tal

Figura 299
Nací, pero...

Figura 300
Nací, pero...

Figura 301
Nací, pero...

como muestran sus películas. En sus *Diarios* el director llega a referirse a sí mismo en una ocasión como Kihachan, nombre familiar de Kihachi, que era el nombre del protagonista de algunas de sus mejores tragicomedias de los años 30. Y en esta referencia acierta a identificar la vida con el discurrir de la comedia: *"¡Kiha-chan, piensa en la edad que tienes, colega! ¡Es la edad en la que cada vez se hace más difícil jugar a los corazones galantes al estilo de la sophisticated comedy! ¡Por lo demás, la vida está adquiriendo un cariz cómico!"*[7]

Entre 1927 y 1931, Ozu rodó veintidós películas, de las cuales la mayoría eran comedias, muchas de ellas en la actualidad perdidas. Incluso las películas de criminales -Caminad con optimismo- o los dramas domésticos -El coro de Tokio- se veían tamizados por un agridulce sentir derivado de la comedia. De hecho los límites entre ambos géneros tienden a difuminarse: a su vez las comedias de Ozu terminan derivando hacia problemas sociales y familiares que finalmente desembocan en el drama. No en vano las comedias que filmara Ozu durante los años 20 y 30 son reflejo de la depresión por

---

[5] Véase: BORDWELL, David. "Ozu late and early". *Artforum International,* 2003, v. 42, nº 2, p. 152.

[6] BORDWELL, David. *Ozu and the poetics of Cinema.* New Jersey : Princeton University Press, 1988,
p. 354.

[7] Anotación del día 8 de Agosto de 1933, en: OZU, Yasujiro. *Antología de los diarios de Yasujiro Ozu /* edición a cargo de Núria Pujol y Antonio Santamarina . Valencia : Filmoteca de la Generalitat Valenciana (etc.), 2000, p. 24.

la que atravesaba su país. De este modo, la componente *nansensu* inicial deriva por su propia inercia hacia el *ninjô kigeki,* un proceso que se puede producir dentro de una misma película. Sirvan como ejemplo los casos de Suspendí, pero..., El coro de Tokio o Nací, pero... .

La comedia de Ozu nace del cruce entre el género *shomin-geki,* desarrollado por la Shochiku a partir de situaciones de cada día, y los influjos de la gran comedia de Hollywood. Fruto de esta alianza, lo cómico y lo dramático se entrelazan formando un tapiz uniforme, anverso y reverso de una misma situación. Otro tanto hacían, como se verá, algunos de los cineastas predilectos de Ozu, quienes intercalaban situaciones cómicas y dramáticas con extraordinaria naturalidad. Examinaremos al respecto ejemplos espléndidos, como los que nos brindan El coro de Tokio, Nací, pero... y Corazón caprichoso: tres obras maestras que alternan el drama cotidiano con un sofisticado y jovial sentido cómico.

El principal condicionante de la comedia en Ozu es la amargura de la vida. Las suyas son, con frecuencia, comedias muy dramáticas, o dramas aliviados por insertos de suave humor. De manera expresa, encontraremos chistes incruentos (o casi) con armas blancas en Nací, pero... , Las hermanas Munakata, en Buenos días y en Hierbas flotantes. Pero al margen de dicha anécdota, las comedias de Ozu encierran considerables dosis de crueldad y aún de violencia. Lo comprobaremos particularmente a la hora de examinar los ejemplos de Nací, pero..., y ¿Dónde están los sueños de juventud? En la primera los niños no tienen reparos en golpear y en humillar a sus compañeros, y en apelar a la astucia o a la ley del más fuerte para someter a la pandilla. En la segunda el estudiante que accede a la presidencia de la compañía golpea con insólita crueldad al compañero más manso e indefenso, cuando sabe que ambos aman a la misma mujer y que éste se niega a confesarlo por temor al que es su jefe.

Como sucede en esta película, son habituales las oposiciones entre dos etapas de la vida: la edad escolar y la edad adulta. Muchas de las obras de Ozu giran en torno a esta transición, y establecen una nítida divisoria entre ambas. Se evoluciona desde el *gakusei mono* hasta el *sarari-mono,* al tiempo que se establecen concomitancias y diferencias entre una y otra etapas de la vida.

En palabras de David Owens, "Ozu tenía un áspero sentido del humor que se identificaba con los absurdos rituales y fantasías de los niños y los ancianos, con los cuales encontró estrechos paralelismos"[8]. Y en

Figura 302
La bella y la barba

Figura 303
Corazón vagabundo

Figura 304
Corazón vagabundo

efecto la comedia de Ozu, realizada por añadidura en sus días de juventud, suele ser condescendiente con los jóvenes, cuyas travesuras y fechorías dispensa. Muy por el contrario, se muestra más irónico y crítico con los adultos. Esta es una circunstancia que cambiará con los años: conforme Ozu envejece, sus personajes maduros alcanzan la serenidad y templanza, virtudes que les distancian de los miembros de la familia más jóvenes. No dejaremos de observar que los individuos con los que Ozu simpatiza y se identifica pertenecen, fundamentalmente, a los dos extremos de la vida: infancia y juventud, o edad provecta. Hacia los personajes en edad intermedia se puede experimentar comprensión o simpatía, pero no se ultima una compenetración tan intensa como con los personajes jóvenes o ancianos.

Los años en los que Ozu desarrolló su etapa muda se vieron afectados, según se vio, por un incesante impulso modernizador que terminó derivando hacia posiciones nacionalistas conservadoras. Al cobijo de estos tiempos de crisis, que tiñeron la sociedad de desencanto, se desarrolló una sensibilidad hedonista que fue calificada, según se vio, como ero, guro y nansensu: erótica, sofisticada y absurda. Tres calificativos que aplicaremos

---

8 Cita: EHRLICH, Linda C. "Travel toward and away : Furusato and journey in Tokyo story". En: *OZU' s Tokyo Story* / edited by David Desser. Cambridge : University Press, 1997, p. 64.

Figura 305
La bella y la barba

Figura 306
La bella y la barba

Figura 307
La bella y la barba

Figura 308
¿Qué ha olvidado la señora?

Figura 309
¿Qué ha olvidado la señora?

también a las primeras comedias que filmó Ozu: ejercicios de juventud en una época joven condenada a extinguirse presa del vendaval.

XXIX. 2. El comediante es un espíritu solitario

Normalmente se asocia a Ozu con la comedia americana, y en particular con Lubitsch. No falta sin embargo quien vincula a Ozu con otras fuentes. Así, Noël Burch encuentra las comedias de Ozu más próximas a las soviéticas, al estilo de Mr. West o Cama y sofá[9]. Sin embargo los testimonios que conservamos -particularmente los Diarios- no desvelan el posible interés o conocimiento que Ozu llegara a tener de aquéllas o de otras películas del entorno soviético, mientras que son muy frecuentes las referencias al cine de Hollywood.

El cine americano, cuya presencia en las pantallas japonesas fue expuesta en los capítulos preliminares, había contribuido a difundir una sensibilidad típicamente urbana relacionada con la modernidad. A través de la misma se crean nuevos patrones sociales a los que el cine no tarda en convertir en imágenes características. Entre ellas destaca el nuevo modelo de vida acelerada que destierra la antigua sensibilidad hacia el tiempo, más pausada y reflexiva. Comienzan a proliferar neologismos, tomados del inglés, que ilustran los nuevos hábitos de vida. Entre ellos figura, precisamente, la palabra supîdo, derivado de speed; pero además se aprecia la atracción erótica indisimulada que llega a provocar la pérdida del comedimiento: son los años en que florece la triada eroguro- nansensu de la que hablamos con anterioridad. Ambas circunstancias serán comunes en numerosas comedias, de las que Días de juventud constituye un buen ejemplo.

Hasta los pintorescos títulos de crédito que inauguran las primeras películas, y a los que dedicamos nuestra atención en otro momento del presente trabajo, forman insólitos collage visuales construidos a base de mixturas entre elementos tomados de oriente y de occidente. Como se verá los genéricos nos presentan situaciones de enredo relacionados con el conflicto de sexos (Días de juventud y La mujer y la barba, el azar (Días de juventud y Caminad con optimismo, así como la fascinación por la geografía norteamericana (Suspendí, pero...). Estos intertítulos servían además para separar las secuencias a lo largo de la película, con comentarios narrativos que se vinculaban con el propio contenido visual del rótulo.

Como también se comprobará en el apartado filmográfico, Ozu construye sus guiones a partir de una urdimbre de acontecimientos en las que cobran importancia tectónica los reveses de la fortuna, las situaciones recurrentes y los paralelismos. En muchos de estos casos ha prendido el ejemplo de la gran comedia americana, a la que se sazona con situaciones dramáticas

---
9 BURCH, Noël. *To the distant observer.* London : Scolar Press, 1979, p. 156.

extraídas del repertorio propio. Así la nostalgia, o el pesar que produce la fugacidad de la vida, son sentimientos que se manifiestan incluso en sus comedias más desenfadadas: a la ya citada Días de juventud cabe añadir ejemplos como Suspendí, pero..., la imprescindible escena final de El coro de Tokio o ¿Dónde están los sueños de juventud?, cuyo título es ya holgadamente elocuente.

No en vano la comedia japonesa prefiere verse matizada con situaciones dramáticas. El tipo de humor más apreciado en Japón, y de forma particular durante el periodo mudo, es el que combina sonrisas y lágrimas, siguiendo el ejemplo de Chaplin. No en vano éste fue el personaje cómico más popular en Japón, y su accidentada visita al país en Mayo de 1932, a la que nos referimos en los capítulos introductorios, fue recibida como todo un acontecimiento.

El propio Ozu no se sustrajo a la admiración por el gran cómico anglo-americano. En otros momentos hemos recogido testimonios sobre su particular fascinación por A woman of Paris (Una mujer de París. Charles Chaplin, 1923), película que, como muchas de las suyas, dosificaba sabiamente la comedia y el drama. Aun cabría recordar que el título de una de las películas más dramáticas de Ozu, La mujer de Tokio, parece remitir al admirado melodrama de Chaplin. Gregory Barrett aprecia un pathos en Ozu, como también en Sadao Yamanaka, de ascendencia netamente chapliniana[10]: una cualidad que se manifiesta ya plenamente en películas como El coro de Tokio, Nací, pero... o Corazón caprichoso, largometrajes que sin duda hubieran complacido al director de El chico o de Luces de la ciudad.

El especialista japonés Tadao Sato, quien en un sugerente artículo plantea las afinidades entre ambos cineastas, concluye asegurando que mientras en Ozu la cuestión clave es cómo aceptar el propio destino, para Chaplin la victoria reposa en la capacidad de sofocar con risas la proliferación de situaciones crueles o dramáticas[11].

Otro modelo confeso fue Ernst Lubitsch, y particularmente su The marriage circle (Los peligros del flirt, 1924). De él admiraba su tratamiento elegante de la comedia, y su humor ácido, así como su destreza para entretejer distintas historias y hacerlas confluir en una sola. En una entrevista con IIda, Ozu cita explícitamente sus dos fuentes de referencia: " A woman of París y The marriage circle mostraban estilos muy sofisticados que

Figura 310
El coro de Tokio

Figura 311
El coro de Tokio

podían expresar hasta el más mínimo matiz de emoción", aseguró[12].

En otra ocasión Ozu contrapuso las comedias de sus dos admirados maestros. Chaplin y Lubisch "eran tan diferentes... sus estilos eran tan sofisticados que podían expresar hasta los más mínimos matices de emoción. Anteriormente sólo había visto historias argumentadas. Encontré fascinante que una película pudiera hacerme verdaderamente sentir lo que los personajes estaban sintiendo. Y además sin diálogos; sólo con imágenes"[13].

En La mujer de Tokio encontraremos una alusión explícita a Lubitsch: un joven y su novia van al cine, donde se proyecta Si yo tuviera un millón, una película de episodios estrenada en 1932[14]. Se incluyen en este momento varias imágenes del episodio filmado por Ernst Lubitsch, titulado The clerk (El oficinista). En particular la escena en la que Charles Laughton, tras verse agraciado por la lotería, sube por unas interminables escaleras para burlarse de su jefe antes de despedirse de la empresa[15].

No fue Ozu el único en dejarse seducir por el toque Lubitsch: el cineasta germano-americano había sido el mentor cinematográfico de toda una generación de comediógrafos japoneses. Yutaka Abe, un director

---

10 BARRETT, Gregory. "Comic targets and comic styles : An introduction to Japanese Film Comedy". En: *REFRAMING Japanese Cinema : Authorship, Genre, History* / Arthur Nolletti Jr. and David Desser (ed.) Bloomington, Indianapolis : Indiana University Press, 1992, p. 218.

11 SATO, Tadao. "The comedy of Ozu & Chaplin : A study in contrast" / translated by Gregory Barrett. *Wide Angle*, 1979, v. 3, nº 2, p. 50 - 53.

12 Cita: BORDWELL, David. *Ozu and the poetics of Cinema*. New Jersey : Princeton University Press, 1988, p. 158.

13 Cita: RICHIE, Donald. *Japanese Cinema : An introduction*. Hong Kong; New York (etc.) : Oxford University Press, 1990, p. 18.

14 Además de Lubitsch, otros seis realizadores dirigieron otros tantos episodios en If I had a million: Norman Taurog, Stephen S. Roberts, Norman Mc Leod, James Cruze, William A. Seiter y H. Bruce Humberstone. Todas las historias giraban en torno a un mismo tema: la apetencia de riquezas como antídoto contra los problemas cotidianos.

15 Hay otros ejemplos de citas expresas de fragmentos de películas en la obra de Ozu. En El hijo único (1936) el muchacho lleva a su madre a ver la película alemana Vuelan mis canciones (Willi Forst, 1933).

formado en Hollywood, realizó en su país Ashi ni sawatta onna (La mujer que se tocó las piernas, 1925), una adaptación de The marriage circle. La película fue todo un éxito de público y de crítica; se alzó con el trofeo que concediera por primera vez la prestigiosa revista Kinema Junpo, y se convirtió en punto de referencia para todos los cineastas japoneses que practicaban la comedia[16].

Siendo Chaplin y Lubitsch los predilectos, no son los únicos modelos en los que Ozu se fija a la hora de componer sus comedias. Asimismo se reconoce su fascinación por los cómicos del cine mudo: Buster Keaton, Charles Chaplin, Mack Sennett y Harold LLoyd[17]. Las comedias estudiantiles de Ozu se hallan próximas de sus homólogas norteamericanas, entre ellas College, (El colegial. James Horne, 1927, protagonizada por Buster Keaton). Además un buen número de dichas comedias podía haber sido conocidas por Ozu durante aquellos años de postrimerías del mudo. Entre ellas producciones Paramount como The quarterback o The Campus flirt; o la serie de la Universal dedicada a The collegians, así como la película de la Metro-Goldwyn-Mayer titulada Brown of Harvard (MGM).

De manera particular, David Bordwell cita The Freshman (El estudiante novato,1925) como una de las fuentes de las que bebe Ozu en sus películas ambientadas en entornos universitarios[18]. En esta película aparecen posters de películas que decoran la pared del estudiante: una costumbre cinéfila que también será muy habitual en Ozu, particularmente en su periodo silencioso.

Muy especialmente Ozu rinde tributo específico a Harold LLoyd en distintas ocasiones. El estudiante Yamamoto de Días de juventud guarda numerosos parentescos con el cómico americano. En esta película el actor Tatsuo Saito luce gafas rôido, neologismo derivado de LLoyd, precisamente. Sus torpezas en el tranvía y en la pista de esquí son dignas de Speedy (Relámpago, Tom Wide, 1928, protagonizada por Harold LLoyd) e incluso de Seven chances (Las siete ocasiones. Buster Keaton y Donald Crisp, 1925). Pero además en aquellos Días de juventud, así como en la posterior Suspendí pero... aparecen profesores bigotudos y malcarados, dignos de las comedias de Sennett o de Chaplin .

Figura 312
¿Dónde están los sueños de juventud?

Figura 313
¿Dónde están los sueños de juventud?

Tanto en Me gradué pero... como en la posterior Ojôsan (La señorita, 1930) distinguimos un cartel en el que se lee en grandes caracteres el nombre de Harold LLoyd[19]. En la primera película citada uno de los personajes secundarios alude expresamente a la imagen característica del gran cómico americano, justo después de haberse mencionado su nombre en el cartel.

Los momentos slapstick alternan con situaciones cotidianas, representadas con jovial desenfado. Encontraremos incluso ejemplos de humor escatológico, particularmente aplicado a los desinhibidos protagonistas infantiles: los niños no sienten pudor en rascar sus partes pudendas públicamente; o de atender sus necesidades fisiológicas en plena calle. Ozu no tiene reparos en utilizar funciones corporales como motivo cómico: es el caso de las necesidades urinarias en Nací, pero..., o las flatulencias de Buenos días.

En ocasiones los protagonistas interrumpen la acción para acudir al retrete. Y veremos que estos casos proporcionan escenas cómicas en La bella y la barba, o en El coro de Tokio. Esta última incluye uno de los grandes momentos jocosos del director: tras recibir la paga los empleados marchan, uno detrás de otro, a revisarla en los servicios. Pero en un momento de descuido, uno de ellos deja caer el dinero en el mirgitorio, lo que le sume en la desesperación. En la siguiente escena veremos cómo está secando aquellos humedecidos billetes en la misma oficina.

Asimismo son frecuentes los gags con pulgas y

---

16 BORDWELL, David. *Ozu and the poetics of Cinema.* New Jersey : Princeton University Press, 1988, p. 154.

17 Hubert Niogret enumera varios *gags* de inspiración *slapstick* en la obra de Ozu. Véase: "Introducing : Yasujiro Ozu : ou pour la première fois à l´ecran". *Positif : Revue du Cinéma,* 1978, Février, nº 203, p. 5-6.

18 BORDWELL, David. Op. cit. , p. 152.

19 Lamentablemente Ojôsan es otra de las películas de Ozu perdidas. Sin embargo conservamos imágenes de la misma en los que es posible reconocer dicho cartel. Uno de sus fotogramas, particularmente bello, es reproducido en el citado libro de Bordwell, p. 212.

Figura 314
El espíritu de la comedia

comediante es un espíritu solitario; pero debe disimular su soledad y participar del juego con gozo y con humor. Y éste es el espíritu de las películas de Ozu" [21].

mosquitos, cuyo inapreciable tamaño permite fraguar chistes con lo invisible. Una vez más encontramos un ejemplo en El coro de Tokio, donde el protagonista combate contra los insectos que le agreden en más de una ocasión. Y encontraremos casos semejantes en ¿Dónde están los sueños de juventud? y en Corazón vagabundo. Éste es, a la sazón, el más estridente de todos: en la escena inicial una repentina plaga de pulgas, que se va propagando de espectador en espectador, termina por arruinar la función del Naniwa-bushi.

En Amad a la madre encontramos un nuevo chiste con insectos, más agresivo si cabe que cualquiera de los anteriores: un muchacho propina súbitamente un bofetón a la joven que viene a visitarle: en realidad pretende acabar con un insecto que la chica tiene en la cara, lo que provoca en ella tanta turbación como la propia bofetada.

Los anteriormente descritos son recursos cómicos que normalmente el espectador no asociaría al grave y circunspecto Ozu que, de vez en cuando, llega a nuestras pantallas. Pero como veremos son frecuentes en su primera etapa; y sus ecos llegan aún al final de su obra, como sucede en Buenos días [20]. No en vano quienes conocían a Ozu celebraban su naturaleza esencialmente cómica, y la elegante ironía que, aun de manera velada, impregna sus películas. En palabras de su operador Yuharu Atsuta, "Ozu tenía alma de comediante, y un gran sentido del humor. Por esto me disgusta tanto recordarle como una leyenda, o venerarle como si fuera un Dios. El

---

20 Durante la etapa sonora encontraremos algunas situaciones cómicas chocantes. Así, en Historia de un propietario (1947) dos hermanas recuerdan, con nostalgia, los distintos procedimientos que usaban para sonarse las narices cuando eran niñas. Y en la posterior Las hermanas Munakata una de las protagonistas es abofeteada por su marido. Justo entonces la más joven protagoniza un chiste digno de Pulp fiction: acude en defensa de su hermana primero con un bastón en las manos; pero, al no juzgar suficientemente contundente tal instrumento, abandona la habitación, en la que vuelve a entrar armada esta vez con un hacha.

21 Citado en: ISHIBASHI, Kiyomi. "Qotes from Yuharo Atsuta". En: *OZU - Atsuta : From behind the camera : A new look at the world of director Yasujiro Ozu : Based on private materials of the late Yuharo Atsuta* / edited by Ken Sakamura and Shigehiko Hasumi. Tokyo : The Tokyo University Digital Museum, 1998, p. 111.

XXX. HOMU DORAMA: TRAGICOMEDIAS DE CADA DÍA

"El cine es drama, no accidente."
Yasujiro Ozu [1]

XXX. 1.   Rincones del *Shomin*

Como se vio en los capítulos introductorios, el *homu dorama* (neologismo derivado del inglés) llegó a ser el género más característico de la Shochiku, que se asentó en los viejos estudios de Kamata y alcanzó pleno esplendor en los posteriores estudios de Ofuna. Se trata de un subgénero derivado del *shomin-geki,* o películas sobre gente corriente. Particularmente el *homu dorama* se centra en pequeñas vicisitudes domésticas: las duras pruebas por las que, a diario, se enfrentan las familias japonesas para salir a flote [2].

Son por tanto dramas del pueblo llano, pertenecientes a las clases urbanas medias o bajas. Así pues, el subgénero transcurre de manera preferente, aunque no exclusiva, en las zonas obreras de la capital, donde se concentra el núcleo de la población *shomin*: el *shitamachi,* los barrios populares de la capital, donde Ozu pasó su juventud, y donde transcurren la mayor parte de sus películas. No es posible desligar el relato del entorno urbano sobre el que germina: el *shomin-geki* de Ozu es un relato genuino del viejo Tokio.

No se trata de un producto pasajero, fruto de una pasajera moda miserabilista. Es por el contrario un cine que nace de su tiempo, del que es asimismo reflejo y crónica; un reflejo vivaz de la situación difícil que arrastran muchas familias japonesas debido a las vicisitudes históricas del país. En consecuencia, irá

Figura 315
Hª de hierbas flotantes

Figura 316
¿Dónde están los sueños de juventud?

Figura 317
¿Dónde están los sueños de juventud?

evolucionando al tiempo que lo hacen la sociedad y la economía japonesas. Cabe considerarlo, pues, un emotivo retrato intrahistórico del Japón a lo largo de las primeras décadas del siglo XX.

Respondiendo a una naturaleza esencialmente cotidiana, el relato shomin rechaza los argumentos inverosímiles o sofisticados: muy por el contrario, limita su atención a las vicisitudes familiares de cada día, tal como las vive la gente más llana. Pero siempre dosificando el drama con la comedia. En efecto: abonado en la realidad más inmediata, el shomin-geki aspira a representar la vida real en su auténtica esencia: jocosa y divertida, pero al mismo tiempo amarga y cruel; y al fin insoportablemente triste. El género, en consecuencia, alterna sonrisas y lágrimas casi sin solución de continuidad. Describe la vida cotidiana, y sus problemas

---

[1] YOSHIDA, Kiju. *Ozu´s Anti-Cinema*. Ann Arbor : Center for Japanese Studies, University of Michigan, 2003, p. 2.

[2] El *shomin-geki* es un subgénero del *Gendai-geki,* (películas de ambientación contemporánea), que gozó de singular fortuna, particularmente en Shochiku bajo la tutela de Shiro Kido. Cuenta a su vez con numerosos subgéneros desplegados en torno a sus planteamientos fundamentales: retratar la vida cotidiana de personajes cotidianos. Entre estos subgéneros podemos destacar: las películas sobre *sararimen* (asalariados); las *gakusei mono* (o películas sobre estudiantes); el drama doméstico (*homu dorama*) en general, particularmente representado a partir de sus dos variantes principales: el *haha-mono* (películas de madres), y el *tsuma-mono* (películas de esposas).
El *shomin-geki* fue un género fecundo y longevo, particularmente en la Shochiku. Además de Ozu, otros ilustres cineastas brillaron en su práctica: Yasujiro Shimazu, Heinosuke Gosho, Mikio Naruse y Keisuke Kinoshita, quienes dieron un poderoso aliento poético a estos dramas de cada día, haciendo posible su supervivencia hasta bien entrados los años 60. Más aún, sus rescoldos aún llegan hasta nuestros días.

Figura 318
Me gradué, pero..

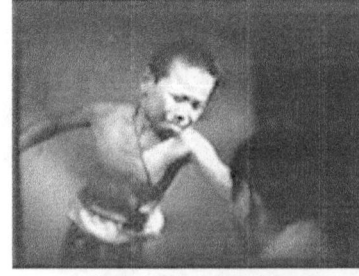

Figura 321
Corazón vagabundo

Figura 319
Me gradué, pero..

Figura 322
Corazón vagabundo

Figura 320
La bella y la barba

Figura 323
Un albergue en Tokio

a menudo irresolubles; pero lo hace con una compensada mezcla de amabilidad y de humor, de simpatía y de compasión, que fueron asimismo rasgos propios de las tragicomedias de Ozu[3].

No en vano las películas más satisfactorias que realizó nuestro director durante estos años pertenecían a este género, en el que el director ya se sentía cómodo, y del que llegó a ser un maestro consumado. Nada tiene de particular el que, a partir de entonces, enfocara su carrera por estos derroteros acogedores y reconocibles. Es más, su posterior filmografía derivará de las experiencias previas en este género, que fueron realizadas a lo largo de los años 20 y 30. Incluso su posterior viraje hacia personajes y entornos burgueses y acomodados (burujoa eiga), fundamentalmente a partir de 1949, estará en consonancia con la propia evolución que experimenta la sociedad japonesa. Pese a lo cual no conviene olvidar que Ozu también situó algunos de sus relatos sobre burgueses, siquiera ocasionalmente, a lo largo de los 30 y principios de los 40. La primera mitad de Amad a la madre (1934), o ¿Qué ha olvidado la señora? (1937), así como Los hermanos Toda (1941), ofrecen singulares y prematuros ejemplos de burujoa-eiga.

En otras ocasiones sus melodramas contarán como protagonistas a los sararimen (funcionarios y asalariados). Estas pequeñas historias de oficinistas asimismo son crónica verosímil de sus problemas diarios, tanto en el trabajo como en casa. De algunas de ellas no conservamos copias: Kabocha (La calabaza, 1928); Kaishain seikatsu (La vida de un oficinista, 1929), o Ashi ni sawatta koun (La oportunidad perdida,1930). Pero dieron sus frutos inmediatos: dos de las mejores películas de los primeros años de Ozu, El coro de Tokio (1931) y Nací, pero... (1932) discurren en las lindes del soshimin-geki (relatos de pequeños burgueses), y cuentan con sus respectivos episodios consagrados a la vida del sararyman[4].

---

3 NOLLETI Jr, Arthur. "Ozu´s Tokyo story and the recasting of Mc Carey´s Make way for tomorrow". En: *OZU´s Tokyo Story* / edited by David Desser. Cambridge : University Press, 1997, p. 34.

4 La modernización del país, siguiendo los modelos occidentales, favoreció la creación y el impulso de una nueva clase de trabajadores asalariado -*sarariman*- a lo largo de los primeros años del siglo XX. Dichos empleados ocupaban puestos en la administración y en la burocracia, tanto oficiales como de empresas privadas. Estos personajes, y sus vicisitudes laborales y domésticas, fueron los protagonistas del llamado *soshimin-geki*.
Alcanzaron un notable protagonismo en determinadas películas de Ozu, normalmente interpretadas por Tatsuo Saito, perfecta encarnación del asalariado manso y resignado a la trampa en que le corresponde trabajar. Entre los títulos destacados de las películas consagradas al mundo

Pero todas ellas se centran fundamentalmente en el núcleo familiar, y muy particularmente en su reacción frente a la adversidad exterior. Respondiendo a las convenciones del género, la familia se transforma en una fortaleza que resiste numantinamente cuantas pruebas se les presentan. Resulta representativo el título y el argumento de Hataraku ikka (Toda la familia trabaja), una película de Mikio Naruse realizada en 1939. En ella toda la familia debe permanecer unida, evitando las tentaciones de secesión, para hacer frente a los peligros comunes.

Conforme las exigencias bélicas demanden cada vez mayor número de hombres y de sacrificios, esta sensibilidad familiar se aplicará al conjunto de la nación, la familia común de todos los japoneses, de la cual Tenno (el Emperador) se erige, por oficio divino, en su patriarca y guardián. Las mujeres aceptaban con resignación y aun con orgullo el que sus maridos, sus hijos y sus novios partieran hacia el frente de combate. Se hace del sentimiento issioku isshin una suerte de lema común con el que cabe derrotar al enemigo: "cien millones de personas y un solo corazón"[5]. También el cine se hará eco de esta reacción compartida.

XXX. 2. Los dominios de Ozu-san

El cine de Ozu no destaca por la gran novedad de sus argumentos: otros cineastas japoneses también realizaron shomin-geki, y películas de temas familiares. Más aún: los temas que desarrolla Ozu en su filmografía se agrupan en una tipología limitada y fácilmente reconocible. Es por tanto la representación visual de sus películas la que hace del suyo un cine tan peculiar e inimitable.

Las tragicomedias domésticas de Ozu, sobre las cuales el cineasta labró su prestigio, fueron el taller en el que experimentó técnicas y maduró su estilo. Ésta es la gran capacidad de Ozu, reconocida por sus colegas. El propio Mizoguchi no tuvo reparos en hacerlo, conforme se vio en la nota 818, p. 598. Las tramas de sus películas, pese a ser más elaboradas de lo que a menudo se dice, se ven reducidas al mero territorio de lo cotidiano. Y siempre rehuyen de giros enrevesados o de exceso de acción. Así lo reconoció el propio director en sus declaraciones: "las películas con intriga evidente me aburren ahora. Naturalmente, una película tiene que tener una cierta estructura, o de lo contrario no sería una película; pero siento que no es buena si contiene demasiado drama"[6].

Sato nos recuerda el cuidado con que los japoneses permanecen alerta acerca de cómo son considerados por otras personas. En opinión del reputado crítico japonés, las películas de Ozu concuerdan escrupulosamente con esta sensibilidad tan característica: sus personajes se comportan como si fueran conscientes de lo que los demás están pensando de ellos[7]. Esta peculiaridad es fuente inagotable de situaciones cómicas de naturaleza cotidiana. Así es: aunque parezca una paradoja, Ozu se formó como cineasta dramático practicando la comedia. De manera velada, el poso de aquel género permanece aún en sus más severos melodramas; y así ninguna de sus películas carece de alguna pincelada cómica, o de algún enredo familiar que rebaje la tensión.

Del mismo modo, las comedias de Ozu se tiñen casi siempre de tonos sombríos, o de una irreprimible nostalgia. Ambos géneros, indisociables durante la etapa muda del cineasta, ocultan tensiones soterradas que afloran ocasionalmente a la superficie con descarnada crueldad. De este modo, su cine oscila entre el sentimiento trágico y el humor optimista. O, en palabras de Tadao Sato, "su obra representa todos los procesos en los que aquélla se presenta, se forma y se desarrolla, madura, peligra, supera las contradicciones y, luego, alcanza su plenitud y brilla sosegadamente en la puesta del sol"[8].

No deja de llamar la atención el que la mayoría de las películas de Ozu discurren en ambientes que le fueron ajenos: la universidad, la oficina o la vida conyugal y las relaciones con los hijos. A ellas se añade el colegio, un espacio en el que Ozu nunca se sintió cómodo. Esto es: el mundo que le fue propio nunca aparece reflejado en la pantalla: el entorno del cine y los estudios; el ejército y la guerra; la vida rural que conoció en su juventud. De alguna forma el cine de Ozu representa las carencias

---

soshimin, dentro del periodo mudo, merecen ser destacados:
- Kaishain seikatsu (La vida de un oficinista, 1929) (hoy perdida).
- Shukujo to hige (La mujer y las barbas, 1931)
- Tokyo no kurasu (El coro de Tokio, 1931)
- Umarete wa mita keredo (Nací, pero... 1932)
- Seishun no yume ima izuko (¿Dónde están los sueños de juventud?, 1932)

Los protagonistas de estos relatos sobre asalariados son hombres, y a veces padres de familia (El coro de Tokio y Nací, pero...). sin embargo, en ocasiones el personaje vinculado con la oficina puede ser femenino. Recordaremos los ejemplos de Hogaraka ni ayume (Caminad con optimismo, 1930); Tokyo no onna (La mujer de Tokio,1933), Hijosen no onna (La mujer proscrita, 1933), precedentes laborales de la notable Noriko de Cuentos de Tokio (1953).

5 SATO, Tadao. *Currents in Japanese Cinema*. New York : Kodansha International, 1982. p. 141.

6 Cita: ZEMAN, Marvin. "El arte zen en la obra de Ozu". En: *Yasujiro Ozu* / René Palacios, ed. lit. Valladolid: 24 Semana Internacional de Cine, (1979), p. 26.

7 SATO, Tadao. "The art of Yasujiro Ozu". *Wide Angle*, 1977, v. 1, nº 4, p. 48.

8 SATO, Tadao. "El mundo de Yasujiro Ozu". En: *Yasujiro Ozu* / René Palacios, ed. lit. Valladolid: 24 Semana Internacional de Cine, (1979), p. 37.

que tuvo en su vida, como si de un refugio visual y profesional se tratara: un remedo de la vida familiar de la que él careció. Los estudios son un equivalente de segundo hogar, en el que convive con los compañeros de rodaje con la misma confianza que si de una auténtica familia se tratase.

Sin embargo las peculiaridades de su biografía hallaron veladamente reflejo en su cine: la ausencia de la figura del padre que el cineasta sufrió durante la infancia y adolescencia es la génesis de la habitual ausencia de la figura paterna, en particular durante el periodo mudo. O bien aquél ha fallecido -¿Dónde están los sueños de juventud?; Amad a la madre- o bien ignoramos su paradero- La mujer de Tokio; Un albergue en Tokio-. Cuando la figura del padre sí existe, se ve impotente para atender a su familia. Éste es el caso de la serie Kihachi, y en particular de Corazón vagabundo y de Un albergue en Tokio. En otro título de la serie, el padre se desentiende de sus responsabilidades al dejarse arrastrar a consecuencia de su ser errabundo. Naturalmente nos referimos al Kihachi de Historia de hierbas flotantes, 1934, cuyo título es holgadamente explícito. Incluso en los momentos más estables- Nací pero... , en los que el padre trabaja y guía a la familia, su figura se ve devaluada: es reducido a mero bufón por el director de la compañía, y sus hijos le pierden todo el respeto.

Cabe observar que Ozu y sus criaturas maduran y envejecen al unísono. A partir de los años 40 se sublimará la ejemplar figura paterna, que ya se aproxima a la senectud. El punto de partida imprescindible lo depara Érase un padre (1942). Es éste un notable precedente de otros ejemplos señeros que, como Primavera tardía, Cuentos de Tokio, El otoño de los Kohayagawa, o Tarde de otoño, brindan retratos de padres de gran calado humano, siempre prestos a sacrificarse por el bien de sus hijos.

El desarraigo que sufrió Ozu durante sus primeros años, alejado tanto del padre como del hogar natal, así como la oposición entre capital y provincias que experimentó el cineasta en sus días de juventud, bien podrían ser la raíz de numerosas de sus películas; así como el embrión de los conflictos familiares que articulan su filmografía. Encontraremos numerosos ejemplos, a lo largo de su obra, de familias quebradas por la ausencia del padre o de la madre. El ejemplo más extremo lo brinda Un albergue en Tokio, en la que aparece un padre con sus dos hijos, y una madre con su hija, en ambos casos sin pareja.

En el cine de Ozu no hay héroes, pero tampoco hay villanos: tan sólo gente corriente, extraida del entorno próximo al cineasta. Son palabras del propio Ozu: "Para mí, ¿qué significa un personaje? En una sola palabra: humanidad. Si no eres capaz de expresar humanidad, tu trabajo no vale para nada. Y éste es el propósito de todo arte. En una película, la emoción sin humanidad es un defecto. Una persona que regula perfectamente la expresión facial no tiene por qué ser necesariamente capaz de expresar humanidad. Saber controlar las emociones, y saber cómo expresar humanidad bajo su control: éste es el cometido de un director". Pone como modelo de dicho ideario un gran ejemplo clásico: "Fíjense en Henry Fonda en Pasión de los fuertes: sin movimiento ni expresión. He aquí la grandeza de John Ford. Fonda se sienta en una silla, con las piernas apoyadas en un pilar, y con una sonrisa de satisfacción en su cara. Realmente envidio la compenetración entre Ford y Fonda"[9].

De un modo semejante, el cineasta japonés intenta modular su arte a partir de emociones básicas: "Es muy fácil mostrar la emoción en el drama. Los actores lloran o ríen, y esto provoca sentimientos de tristeza o de alegría en el público. Pero esta es una explicación trivial. ¿Podemos realmente retratar la personalidad de un hombre por medio de la búsqueda de emociones? Lo que yo quiero hacer es que la gente sienta lo que es la vida sin tener que delinear tensiones y distensiones dramáticas"[10].

En las películas de Ozu se produce con frecuencia el conflicto entre el grupo y los que se separan del mismo. Ya lo habíamos visto en los dos estudiantes de Días de juventud, o en la pareja de carteristas de Caminad con optimismo. Ambos abandonan el círculo gregario con el que se habían hermanado. De algún modo se puede contemplar estos incidentes como consecuencia de la crisis en un entorno familiar, puesto que los estudiantes, al igual que los yotomono, están agrupados en pequeñas unidades familiares. Reconoceremos abundantes ejemplos de esta situación en el apartado filmográfico.

Precisamente en las películas que discurren en estas pequeñas unidades familiares se producen algunos tímidos lances amorosos. Es el caso de Días de juventud, Me gradué, pero... , Suspendí, pero..., Caminad con optimismo, La mujer y la barba, ¿Dónde están los sueños de juventud? o La mujer proscrita. En las películas de la serie Kihachi, protagonizadas por un padre separado de la madre, sí tiene cabida la habitualmente frustrada historia de amor.

---

9 Cita: RICHIE, Donald. *Ozu*. Berkeley (etc.) : University of California Press, 1974, p. 255 y 259.

10 Cita: SCHRADER, Paul. *El estilo trascendental en el cine : Ozu, Bresson, Dreyer*. Madrid : JC, D.L. 1999, p. 89.

Figura 324
Otoño tardío

Figura 325
Otoño tardío

Esta sería la excepción, puesto que en las películas familiares de Ozu, el cineasta se muestra sorprendentemente discreto, y aún reticente, a representar romances apasionados. Incluso las peripecias conyugales se subordinan las más de las veces a los vínculos entre padres e hijos. Son varios los testimonios que corroboran la cautela que el cineasta sentía hacia este tipo de relaciones en su vida personal, lo que halló correspondencias en su obra cinematográfica: "El campo de la cámara no es más que una ventanita abierta al mundo. El amor no es más que una ventanita abierta a la vida. ¡Hay que pensárselo dos veces antes de apretar el botón!"[11].

Tanto en aquellos pequeños grupos fraternos como en las familias sanguíneas, los pequeños dramas cotidianos son consecuencia, en muchos de los casos, del despiadado paso del crono: el fluir incesante de la historia; la herida que ocasiona el tiempo. Así, los estudiantes deberán abandonar a sus amigos y la vida despreocupada para aceptar las responsabilidades propias de la edad adulta. A su vez los padres deberán asumir la progresiva autonomía que cobran sus hijos, quienes les pedirán cuentas por su actuación.

El paso del tiempo ocasiona y acentúa las fisuras entre abuelos, padres e hijos: los hijos crecen, se casan y abandonan el hogar. Los padres quedan solos, y mueren. El transcurrir de la historia provoca conflictos que merman o alteran las familias: la guerra; la ocupación extranjera; la imposición de una nueva cultura; la occidentalización imparable del país. Sin que se pueda hacer nada para evitarlo, la familia se descompone por causas que la rebasan y desbordan toda previsión. La nostalgia por el hogar común, el furusato, es patrimonio exclusivo de los personajes ancianos, o de los que encarnan los valores tradicionales. Los jóvenes desarraigados se alejan del país natal, se asientan en las grandes ciudades, y no sienten apetencia alguna por volver. Las familias de Ozu se debaten entre violentas tensiones centrífugas y centrípetas que provocan una continua sensación de inestabilidad. Un ejemplo perfecto de esta situación nos lo proporciona Ukigusa monogatari. Y lo hace ya desde el propio título: Historia de hierbas errantes.

Así, y según concluye Youssef Ishagpour, la impermanencia es el sentimiento que define la obra de Ozu[12]. En este mismo sentido se pronuncia Shigehiko Hasumi, para quien Ozu es el cineasta de los cambios, y no el de la permanencia. Todo en la vida está sometido a pequeños cambios, casi imperceptibles, pero que van desvelando una situación esencialmente mutable, ya que todo es pasajero. "Ver una película de Ozu es una experiencia tan cruel y tan intensa que cada segundo es visto como un presente infinito", aparentemente igual al anterior, pero siempre sometido a un estado de mutación[13]. También el cine de Ozu, que podría parecer tan uniforme, es sometido a numerosos pequeños cambios que acentúan las diferencias, nimias pero al tiempo decisivas. Y son estas diferencias las que fundamentan las distintas experiencias de cada persona; de cada familia.

El melodrama de Ozu nace de un reconocimiento: la vida es efímera. Los personajes, que a menudo se enfrentan con la muerte o con su proximidad, aceptan este hecho con resignación. Paul Schrader identifica, a partir de esta fórmula, la que considera acción decisiva en las películas de Ozu: un suceso compartido, que afecta a todos los miembros de la familia o de la comunidad[14]. Y esta circunstancia impregna de contenida tristeza y de melancolía sus películas. "La vida es tan decepcionante...", se lamentará la hermana pequeña al desenlace de Cuentos de Tokio. Noriko asiente con una suave sonrisa: "sí, así es". Y en dicho reconocimiento, aceptado con serenidad y resignación, se concentra el melodrama de Ozu.

Los pequeños dramas domésticos de Ozu se resumen en la lacónica resignación que intitula algunas películas

---

11 OZU, Yasujiro. *Antología de los diarios de Yasujiro Ozu* / edición a cargo de Núria Pujol y Antonio Santamarina. Valencia : Filmoteca de la Generalitat Valenciana (etc.), 2000. Anotación del día 7 de Agosto de 1933, p. 24.

12 ISHAGPOUR, Youssef. *Formes de l'impermanence : Le style de Yasujiro Ozu. : Où l'on va au Japon pour revenir dans l'Occident de la présumée fin de l'Histoire*. Liege (?) : Editions Yellow Now, 1994, p. 9.

13 HASUMI, Shigehiko. *Yasujiro Ozu*. Paris : Cahiers du Cinema, 1998, p. 18.

14 SCHRADER, Paul. *El estilo trascendental en el cine : Ozu, Bresson, Dreyer*. Madrid : JC, 1999, p. 77.

Figura 326
Cuentos de Tokio

Figura 327
Cuentos de Tokio

del maestro: Así es la vida, pero... Siempre igual, pero siempre diferente. Siempre sorprendente, con sus luces y con sus sombras, sobre las que siempre pende el tributo de dolor y de soledad que les toca pagar a todos los personajes.

La vida es fuente de continuo pesar; las pequeñas alegrías, pasajeras, son antesala de inminentes dolores, que se perpetúan. El cine de Ozu es reflejo de esta percepción: la tristeza que se desprende de lo cotidiano; un sentimiento que desemboca en un cine de tonalidades amargas, aunque nunca arrebatado por la desesperación. El dolor que produce la vida es asumido con serenidad. Ozu es el director del instante melancólico.

XXX. 3. La cultura familiar

"Tratar de la actualidad, de lo social, en una película no hará jamás de ella una obra dramática. ¡Los bellos discursos teóricos no bastan para saldar cuentas!
¡Tenlo por sabido!"
Yasujiro Ozu[15]

El cine de Ozu parte de una realidad transformada. Su arte representa, de manera elegante y estilizada, la poética que brota de cada día. El cineasta japonés consagró su extraordinario talento creativo a sublimar situaciones corrientes, en las que no tiene cabida lo excepcional: éste es su entorno creativo, al que se mantuvo fiel a lo largo de toda su filmografía. Puesto que, como reconoce en sus *Diarios*, *"No hay duda de que a veces lo banal puede aburrir pero, en lo que a mí respecta, es lo que mejor me va"* [16].

Se ha hablado del tendal como emblema familiar de su cine: al igual que la ropa limpia tras su paso por el agua se airea al viento, también la familia, desgastada por la experiencia diaria, puede al fin verse renovada gracias a las propiedades terapéuticas que, finalmente, se atribuye a la vida doméstica. La familia está siempre presente en la filmografía de Ozu. Aunque algunas series de películas se apartan de las tramas hogareñas -cual es el caso de las películas de estudiantes y las de delincuentes-, siempre están presentes los límites familiares: no en vano el clan profesional suplirá a todo efecto al sanguíneo.

No se trata de un rasgo propio de nuestro cineasta: la cultura familiar (*katei bunka*) está presente en la tradición japonesa desde su legado *Shinto*; dicha tradición autóctona se adaptó fácilmente a la moral confuciana, que exalta la devoción del hijo hacia el padre. Más adelante, el modelo remoto de sociedad patriarcal se transforma, tras la revolución Meiji, en modelo sobre el que se asientan las industrias y las empresas. El propio estado alza la voz con la autoridad del padre tutelar al que todos los ciudadanos deben respeto y obediencia. En efecto, el culto al orden familiar es promovido desde la educación. No en vano toda la nación es entendida al fin como una gran familia, dependiente de un mismo padre: el Emperador. Dentro de dicho orden, cada individuo debe ocupar el lugar que le corresponde, y obrar en consecuencia con el cometido que le ha sido asignado. De este modo la familia se transforma en representación limitada de la propia nación: cada cual en su sitio[17].

La familia y lo cotidiano, pues, son los pilares básicos sobre los que Ozu construye su obra. Sin embargo, la contención narrativa y dramática no implica la ausencia de acción; todo lo contrario: en las películas de Ozu se suceden numerosos acontecimientos, tal como pasa en las familias ordinarias que él retrata. Sin embargo dichos acontecimientos son expuestos sin sobresaltos ni estridencias; de una manera cotidiana que los aproxima a experiencias de cada día, sin necesidad de subrayados ni de énfasis innecesarios. En palabras de Gilles Deleuze, *"en el cine de Ozu todo es ordinario o trivial, incluso la muerte y los muertos que son objeto de un olvido natural... El esplendor de la Naturaleza, de una montaña nevada, nos dice sólo una cosa: ¡Todo es ordinario y*

---

15 En: OZU, Yasujiro. *Antología de los diarios de Yasujiro Ozu* / edición a cargo de Núria Pujol y Antonio Santamarina. Valencia : Filmoteca de la Generalitat Valenciana (etc.), 2000, p. 284. Anotación del día 3 de Junio de 1961.

16 Ibid., p. 251. Anotación del día 30 de Abril de 1960.

17 Véase: BENEDICT, Ruth. *El crisantemo y la espada : Patrones de la cultura japonesa*. Madrid : Alianza, 1974, capítulo 3: "Cada uno en su lugar", y especialmente las p. 53 - 57.

regular, todo es cotidiano!" [18].

En el cine de Ozu no hay líneas que enlacen los momentos decisivos: todos comparten una semejante cotidianidad. No existen contactos entre vivos y muertos, o una línea de continuidad con el más allá: del muerto sólo queda un recuerdo nostálgico; o el altarcillo en el que se quema el incienso. Tal como interpreta Deleuze, Ozu no es el guardián celoso e inconmovible de los valores tradicionales; no es un abanderado de posturas reaccionarias: muy por el contrario, le considera el más grande crítico de la vida cotidiana ; un artista que *"desprende lo intolerable hasta de lo insignificante, a condición de extender sobre la vida cotidiana la fuerza de una contemplación plena de simpatía o de piedad".* Es importante, según concluye el pensador francés, que se establezca un cierto grado de complicidad entre el espectador y el cineasta, quien se expresa a través de sus personajes. O, dicho de forma conclusiva, *"lo importante es que los dos juntos se hagan visionarios"* [19].

La familia es, en las películas de Ozu, refugio y santuario. Un espacio sagrado, pero que corre peligro de perderse o de transformarse dramáticamente. Al contrario que Deleuze, no falta quien encuentra en los retratos familiares de Ozu ejemplos de estructuras reaccionarias, que contemplan con nostalgia el ya caduco sistema tradicional, y las relaciones feudales que en él se desarrollaron [20].

Y esta apreciación se basa en la defensa a ultranza que Ozu propone del orden doméstico. En la etapa muda de Ozu los clanes familiares tienden a permanecer unidos, a despecho de toda adversidad. Éstas pueden ser laborales (El coro de Tokio, Nací, pero...), o debidas al fallecimiento de alguno de sus miembros (el padre muere en Amad a la madre y en ¿Dónde están los sueños de juventud?). Incluso cuando se produce el abandono de alguno de los miembros (es el caso de la madre en Corazón vagabundo y en Un albergue en Tokio, o del padre en Historia de hierbas flotantes y de la madre e hija que vagabundean solas en Un albergue en Tokio), las fuerzas centrípetas tienden a mantener unida lo que queda de familia. Esta tendencia se invertirá en las películas sonoras, y a partir de El hijo único se confirmará el inevitable proceso de dispersión de la familia.

Los personajes de Ozu envejecen junto a su autor, de manera que el panorama de relaciones familiares se ve notablemente alterado, a consecuencia de la edad de los protagonistas, y debido a la propia evolución que experimenta la sociedad japonesa. Sin embargo, las tensiones centrífugas no impiden que las obligaciones familiares -los deberes contraidos por los padres hacia los hijos y viceversa- sean una constante en su obra. Y lo son tanto en la etapa muda, a partir de las relaciones entre padres y niños- El coro de Tokio, Nací, pero... , Corazón vagabundo, Un albergue en Tokio-, como en las películas posteriores a 1936, que giran preferentemente en torno a las relaciones familiares entre adultos: Principios del verano, Cuentos de Tokio, Crepúsculo en Tokyo, Flores de equinoccio. Sin olvidar cuatro películas importantes que median entre unas y otras, y que facilitan la transición: El hijo único, Érase un padre, Los hermanos Toda y Historia de un propietario. A las que se suman sus famosas películas sobre padres e hijas: Primavera tardía, Otoño tardío, Tarde de otoño.

Es habitual en ejemplos como los citados que los padres se preocupen por dar a sus hijos una educación y un estatus mejor que el que ellos tienen. Así, en Nací, pero... el padre confiesa que quisiera que sus hijos no sean unos simples oficinistas, como él, a merced de su jefe. De este modo, las familias que viven en provincias mandan, en ocasiones con gran esfuerzo, a estudiar a su hijo a la ciudad. Este es el punto de partida de películas como Me gradué, pero... , o de El hijo único. Sin embargo esta decisión provoca el distanciamiento de los hijos con respecto a los padres que se quedan en el pueblo. He aquí una situación característica que será plenamente explotada en la posterior Cuentos de Tokio (1953).

Haciendo caso omiso a las advertencias de sus padres, los hijos llegan a sublevarse, y en ocasiones de forma ruidosa: más adelante se examinarán los ejemplos de El coro de Tokio, de Nací, pero... y de Corazón caprichoso. En estas dos últimas películas los hijos, que dan muestras de superior sensatez que sus inestables progenitores, llegan a golpearles en algunas de las escenas más violentas filmadas por su director.

No es menos cierto que el padre a menudo da muestras de sus debilidades, y muy particularmente en los tres ejemplos citados. De manera que también reacciona colérico ante la desfachatez de sus hijos, a quienes golpea enérgicamente. Un ejemplo previo a las tres películas citadas, dulcificado por el talante prudente y comprensivo del padre, lo brinda la anterior El coro de Tokio, una película extraordinariamente importante en la evolución del cineasta.

Sin embargo los pequeños rituales domésticos

---

18 DELEUZE, Gilles. *La imagen-tiempo : Estudios sobre cine : 2.* Barcelona : Paidós, 1987, p. 28 - 29.

19 Ibid. , p. 33 - 34.

20 Por ejemplo: HOLTHOF, Marc. "Un cinéma reactionnaire". En: *INTRODUCTION à Yasujiro Ozu* / Une documentation coordonnée par Jean-Pierre Brossard. Locarno : 32eme. Festival International du Film, 1979, p. 69.

Figura 328
Primavera tardía

tendrán la virtud de sellar la reconciliación entre los miembros desavenidos de la familia: puede ser mediante la comida compartida- como sucede en Nací, pero..., o en la posterior El sabor del arroz con té verde-, o mediante el ritual del paseo y el juego compartido, como sucederá en El coro de Tokio.

Otra variante de los retratos familiares son las reuniones de los profesores con los alumnos, prolongación escolar de las relaciones entre padres e hijos. Ya destacamos un emocionante ejemplo en la escena final de El coro de Tokio. Sin embargo, el modelo más sublimado de maestro paternal lo encontraremos en Érase un padre (1942), cuyo protagonista cumple la doble función de padre y de profesor, y desempeña ambas con similar entrega desde la juventud hasta el final de sus días.

Noriko. Kami ningyô realizada por Miko Misono

XXXI. RETRATOS FAMILIARES

*"El azar suele jugar un papel determinante en la vida, dicen.
¡Muy apropiado para los malos guiones melodramáticos!
Aunque, en realidad, ¿acaso la vida no está toda trazada de antemano?
¡Qué aburrimiento, pero así son las cosas, viejo!"*
Yasujiro Ozu[1]

XXXI. 1. El sabor del *tofu*

Ozu reconocía su poco variado repertorio temático; y lo hacía sin reparo alguno. Para ello, no dudaba en comparar su obra con la elaboración de uno de los alimentos fundamentales en la cocina tradicional japonesa: *"Siempre digo a la gente que no hago nada más que tofu; y esto es así porque soy estrictamente un expendedor de tofu"* [2]. El manjar al que se refiere el cineasta es una pasta blanca, elaborada a partir de las alubias de soja, que resulta fundamental en la cocina japonesa. Ozu identificaba su cine con este ingrediente tan característico: un plato sencillo, cotidiano y exquisito cuando está bien preparado. Como lo es su propio cine. El guionista Kogo Noda proporciona la fórmula magistral del *shôshimin-geki* en manos de Ozu: *"su preparación consiste en combinar varios pequeños incidentes con las vidas de un grupo de gente corriente. Por último, y tras aderezar la mezcla con una sucesión de detalles adecuadamente preparados, hay que destilar su poso con el jugo de los dramas elevados"* [3].

Ozu se reconocía en estos pequeños retratos familiares; pero a su vez este género, que demanda escasa acción y una narración casi ritualizada, se acomoda perfectamente a las exigencias estéticas y a la habilidad profesional de Ozu. Género y cineasta estaban llamados a entenderse: Ozu aplicaba su técnica codificada a un género que asimismo demandaba unas variaciones temáticas muy limitadas.

Los personajes de Ozu se sitúan en una órbita muy distinta de la suya personal: estudiantes universitarios, oficinistas, padres con hijos protagonizan muchos de los relatos de un artista que no cursó estudios superiores, ni se casó y que sólo ejerció como hombre de cine. No aparecen soldados en sus películas, todo lo más antiguos combatientes. Ninguna de ellas está ambientada en el mundo de los estudios cinematográficos, negándose así la representación de dos actividades fundamentales en la vida del director. No es menos cierto que sí existen episodios en sus películas que evocan la propia experiencia del cineasta. Por ejemplo Érase un padre gira en torno a los episódicos encuentros entre un padre y un hijo condenados a vivir siempre distantes, como sucedió realmente con el joven Yasujiro y su padre, cuya muerte es evocada en esta misma película. Del mismo modo, el episodio en que el hijo lleva las cenizas del padre rumbo a la tierra natal, sobre el estante portaequipajes, procede de la propia biografía del cineasta.

Pero fundamentalmente es necesario tener en cuenta la personalidad del productor de la Shochiku para mejor justificar la predilección de Ozu por estos temas. Shiro Kido, a quien irónicamente Anderson y Richie califican como *"el Louis B. Mayer de la Shochiku"*, era un acérrimo defensor de la institución familiar tradicional como modelo saludable. De manera que se entrega a la defensa de dicha institución, a través de las películas que se producen en su compañía, con fervores casi místicos[4]. Los *"Homu doramas"* (home dramas) amparados por la compañía productora desarrollaban una variación singular y doméstica del *shomin-geki*. En palabras de los dos investigadores americanos, *"en cada una de las películas de Ozu el mundo entero existe a través de una familia. El final de la tierra no está más lejos que allí donde acaba el hogar. Las personas son miembros de una familia, más que miembros de una sociedad."* [5]

Shiro Kido, en efecto, trazaba las líneas maestras de la producción, y sus directrices inevitablemente condicionaron la producción de Ozu En un escrito de 1956 Kido procuraba identificar el llamado *"Estilo*

---

[1] OZU, Yasujiro. *Antología de los diarios de Yasujiro Ozu* / edición a cargo de Núria Pujol y Antonio Santamarina. Valencia : Filmoteca de la Generalitat Valenciana (etc.), 2000, p. 294. Anotación del día 11 de Noviembre de 1961.

[2] Cita: RICHIE, Donald. *Ozu*. Berkeley (etc.) : University of Califorma Press, 1974, p. 10.

[3] HIGH, Peter B. *The Imperial Screen : Japanese Film Culture in the Fifteen Year's War : 1931 - 1945*. Madison : University of Wisconsin press, 2003, p. 165.

[4] ANDERSON, Joseph L. and RICHIE, Donald. *The Japanese Film : Art and Industry.* Princeton : University Press, 1982, p. 321.

[5] Ibid., p. 359.

Figura 329
Primavera precoz

Figura 330
Primavera precoz

Figura 331
Primavera precoz

Kamata" (cuyo apelativo proviene de los estudios que la compañía tenía en un barrio de Tokio): un estilo que *"confronta a las personas con la verdad humana por medio de escenas familiares extraidas de la vida cotidiana",* lo que se traduce en la siguiente declaración de principios del productor: *"En Shochiku preferimos contemplar la vida de una forma cálida y esperanzadora. La idea motriz es que la base de una película debe ser la salvación. Inspirar la desesperanza en nuestros espectadores sería imperdonable. Y este es el propósito fundamental del estilo Kamata"* [6]. Se trata, al fin, de reconciliar el humor y el sentimiento en las proporciones adecuadas, tal como ejemplificó Ozu en sus tragicomedias domésticas, cuya cota más alta sería Nací, pero... .

Bajo la dirección de Shiro Kido, la Shochiku se decanta por los melodramas ambientados en época contemporánea (*gendai geki*). Kido considera que el cine debe ser reflejo de la sociedad en la que se produce. Por supuesto, no se trata de aplicar esta fórmula para la causa de la cultura o del testimonio histórico: el objetivo fundamental es producir dinero, y Kido asimismo consideraba que los dramas contemporáneos podrían resultar no sólo más baratos, sino también más beneficiosos al conectar mejor con el público a quien van dirigidos. Su objetivo confeso es *"presenciar la realidad de la naturaleza humana a través de las actividades cotidianas de la sociedad",* lo que se lograría por medio de los modelos que presta el melodrama a la usanza americana, la comedia, y los pequeños conflictos domésticos. Era preciso darles además un toque sensible; no en vano Kido concibe el grueso de su producción como *josei ga:* películas dirigidas a mujeres- un porcentaje copioso de los espectadores es femenino-, y protagonizadas por mujeres. A propósito de esta opción, Kido añade razones narrativas y comerciales: *"Las mujeres poseen sentimientos mucho más fuertes que los hombres; y, como el arte está basado en sentimientos, y puesto que las películas son obras de arte, es muy importante la forma en que las mujeres ven nuestras películas".*

Por consiguiente, las buenas historias se deben maridar con los buenos sentimientos. Louis B. Mayer aplicaba una similar estrategia al frente de la Metro Goldwyn Mayer. En el caso japonés, la astuta estrategia reconcilia el altruismo social con las exigencias del mercado: El propio Kido justifica su postura: la relegación y opresión que sufre la mujer ha ocasionado multitud de situaciones dramáticas, de las que el cine ha sido cronista. Una de las escasas opciones que le quedan a la mujer es la maternidad. Por esta razón las películas de Shochiku (Kido se refiere a la producción de Kamata, pero es igualmente aplicable a la de Ofuna) se centran con frecuencia en el tema del amor maternal. Es objetivo preferente del productor enaltecer los sentimientos de gratitud y obediencia que los hijos deben a sus madres, puesto que *"enalteciendo sus virtudes, hemos hecho de las mujeres nuestro aliado. Esa es una de las razones, basada en cuestiones de moral, por las que el estudio de Kamata produjo tantas películas de mujeres".* A esto se suma el que, según entiende Kido, las mujeres atesoran unos sentimientos mucho más fuertes que los hombres. *"El comportamiento masculino se basa fundamentalmente en la razón, mientras que las mujeres atienden más a sus sentimientos. También el arte se basa más en las emociones que en la lógica".*

No falta quien denomina *"kidoismo"* aquel cine japonés, definido por sus intensos sentimientos aplicados a personajes de cada día: las películas de esposa y madre; los dramas domésticos que ejemplificó Ozu y que tuvieron su continuidad en la serie de Tora-san. Unos argumentos dramáticos que, no obstante, son presentados con la distancia narrativa que les confieren

---

[6] KIDO, Shiro. "The Kamata style" En: *KIDO Shiro : Producer of directors : In celebration of Shochiku Centennial /* Marianne Lewinsky and Peter Delpeut, editors. Amsterdam : Nederlands Filmmuseum (etc.), 1994, p. 7.

sus especulaciones formales[7].

Por supuesto Kido atiende también a razones comerciales para justificar su producción dirigida a las mujeres: el público femenino era mayoritario; no suele acudir a las salas cinematográficas solo. Y voluntariamente promocionan las películas que le han emocionado. *"La capacidad de promoción del público femenino es activa y fiable. Las mujeres convencerán elocuentemente para que vayan a ver la película que consideran interesante"* [8]. La cantera de la casa se especializa por consiguiente en este tipo de películas, a las que se entregan cineastas como Gosho, Hiroshi Shimizu y Yasujiro Shimazu; a todos ellos se suma, cómo no, nuestro Yasujiro Ozu.

En 1960 Isao Onodera reunió las directrices fundamentales del género *Homu Dorama,* tal como había sido practicado por la Shôchiku desde sus primeros años:

- Son películas aptas para toda la familia.
- Todos los personajes son gente cotidiana, y agradable.
- Se producen pocos acontecimientos.
- Los personajes habituales se incrementan regularmente.

Se trata de una normas que, por añadidura, son aplicables a las películas familiares de Ozu[9]. Años atrás el productor había definido el trabajo de nuestro director en estos términos: *"si bien había sido propósito de la Shochiku, desde sus comienzos, dar a los personajes comunes una suerte favorable, Ozu nunca mostró la vida de estas gentes ni sumidas en la desesperación, ni mucho menos en perenne dicha. He aquí que reconoció la verdad de la vida en aquellos personajes comunes, y el aferrarse a esa verdad dio ese sabor característico que tienen sus películas"* [10]. A partir de sus retratos familiares va discurriendo toda la peripecia histórica de Japón, desde los años 20 hasta los 60: medio siglo de la agitada evolución de un pueblo, representada a través de

Figura 332
Érase un padre

Figura 333
Érase un padre

sus personajes más comunes.

El más japonés de los cineastas japoneses presenta, en realidad, numerosas peculiaridades que le distinguen de las situaciones más comunes de la cinematografía japonesa: todas sus películas transcurren en tiempo presente, y en entornos familiares. No hay películas ambientadas en el pasado legendario, o en épocas históricas. No se adaptan autores clásicos de la literatura japonesa. No aparece la lluvia, ni la bruma, meteoros característicos en su país. Los exteriores son escasos, como escasa es la presencia de las fuerzas naturales. Sus películas se desenvuelven en interiores domésticos. Salvo en los títulos y en las experiencias vitales de los personajes, no suele manifestarse el paso de las estaciones: la presencia del verano, o del tiempo soleado, es casi obsesiva en Ozu.

Salvo situaciones ocasionales, y siempre de manera elíptica, no aparecen suicidios en las películas de Ozu, siendo circunstancias frecuentes en la literatura y en el cine japoneses. En sus películas no se produce el clásico conflicto entre deber y sentimiento -*giri to ninjo*-, ni la huida trágica de los amantes. La gran historia suele permanecer encubierta siempre bajo cotidianas parábolas familiares. No se hace alusión al *bushido,* o al código del honor. No aparecen escenas de acción, violencia o erotismo, características del cine japonés. Apenas hay alusiones al pasado histórico o monumental japonés. Los iconos característicos nacionales son muy escasos: sólo una vez se distingue en su filmografía conservada el monte Fuji. Y sólo ocasionalmente aparecen monumentos destacados, como el Gran Buda de Kamakura, o los templos, pagodas y jardines de Kioto y Nara. En

---

7 LEWINSKY, Marianne. " Appreciations : Kido Shiro in perspective". En: *KIDO Shiro : Producer of directors : In celebration of Shochiku Centennial /* Marianne Lewinsky and Peter Delpeut, editors. Amsterdam : Nederlands Filmmuseum (etc.), 1994, p. 15.

8 KIDO, Shiro. "Movies for women" En: *KIDO Shiro : Producer of directors : In celebration of Shochiku Centennial /* Marianne Lewinsky and Peter Delpeut, editors. Amsterdam : Nederlands Filmmuseum (etc.), 1994, p. 12.

9 Cita: UMEZAWA, Yuko. *Changing Japanese Family Roles : from Ozu's Films to Contemporary Japanese Media.* Ohio : University. The Faculty of the College of Fine Arts, 1997, p. 42.

10 Cita: RICHIE, Donald. "Kido Shiro". En : *KIDO Shiro : Producer of directors : In celebration of Shochiku Centennial /* Marianne Lewinsky and Peter Delpeut, editors. Amsterdam : Nederlands Filmmuseum (etc.), 1994, p. 9.

consecuencia con tales renuncias, tampoco será un cineasta que practique composiciones pictoricistas en las que se relaciona a los personajes con un medio natural. Son muy numerosos los rasgos que distancian a Ozu de los parámetros habituales en el cine de su país; bajo estas circunstancias, sería legítimo considerar a Mizoguchi o a Kurosawa cineastas más *"japoneses"* que el propio Ozu.

XXXI. 2. El patriarca soñado

Ozu, que permaneció soltero durante toda su vida, da vida en la pantalla a la que hubiera podido ser su propia familia. A través de su medium cinematográfico -fundamentalmente Chishu Ryu, a quien podríamos añadir a Tatsuo Saito, a Shin Saburi, o a Ganjiro Nakamura- se convierte en una suerte de patriarca soñado: un modelo de padre enfrentado con las adversidades de cada día. Se trata de un modelo que, al cabo, ejerce con los miembros de su equipo; la familia profesional que sustituye a la sanguínea.

Ozu, como se sabe, nunca se casó. La identificación con el personaje del padre proviene más de su condición de depositario de valores tradicionales. Y, al cabo, el cineasta desempeña una función semejante en tanto que es el director de todo un ciclo de películas familiares: Ozu es el patriarca de toda una familia cinematográfica. Tanto el padre en la película, como Ozu fuera de ella, están aplicados a velar por el mantenimiento de las virtudes acogedoras que dona la tradición: un tesoro en peligro que conviene custodiar. De alguna manera, Ozu entiende, como lo hacen sus propios personajes, que este tesoro morirá con ellos: está llamado a perderse con el relevo generacional.

También los directores de las compañías ambulantes de Hierbas flotantes (versiones de 1934 y 1959) ejercen como padres de todos sus componentes. Cabe entender que se trata de una posición análoga a la que relaciona a Ozu con el conjunto de su equipo. También Kenji Mizoguchi lo intuyó cuando consideró Toda ke no kyodai como *"los hermanos y las hermanas de la familia Ozu"*[11]. Las películas de nuestro cineasta, por consiguiente, muestran un reflejo del propio artista, pese a no tener atisbo alguno de autobiográficas, y tendremos ocasión de comprobarlo en el curso de los comentarios de las películas.

A las familias sanguíneas cabe añadir las pequeñas familias profesionales que menudean a lo largo de su obra. En muchas películas de Ozu se trazan círculos de amistad viril. Éste es un tema asimismo frecuente en las películas americanas. En el caso de Ozu se pueden dar las parejas de amigos o de compañeros de profesión: Días de juventud, Caminad con optimismo, Unidos en la pelea, ¿Dónde están los sueños de juventud? A esta situación común es preciso añadir la amistad que finalmente brota entre el profesor y el alumno, inicialmente enemistados, en El coro de Tokio. Estas parejas de hombres se corresponden con las parejas de hermanos, tan frecuentes en sus películas: El coro de Tokio, Nací pero..., Amad a la madre, Un albergue en Tokio, Principios de verano, Cuentos de Tokio, Buenos días. Pero asimismo se vinculan con los círculos fraternos, formados por grupos de amigos, que comparten determinadas etapas de su vida. Destacaremos ejemplos en Días de juventud, el final de El coro de Tokio, Suspendí, pero... y ¿Dónde están los sueños de juventud? . Los círculos fraternos derivan, en las películas de madurez, hacia los encuentros de amigos en el bar, donde dan rienda suelta a sus amargas reflexiones, como sucede en Cuentos de Tokio, en Otoño tardío o en Tarde de otoño. Dichos círculos fraternos se hallan asimismo relacionados con la propia familia profesional que Ozu formó con su equipo en los estudios de Shochiku.

XXXI. 3. Variaciones sobre un mismo tema: la familia

Frente a otros compañeros de generación, que se enfrentan con la historia de su tiempo, Ozu se concentra tan sólo en sus cuadros familiares. Sus retratos de familia, como el conjunto de su cine, aparecen intensamente estilizados. Los problemas sociales pueden encontrar su eco en las familias de Ozu; pero son siempre éstas quienes portan el protagonismo absoluto, junto con el espacio doméstico concebido por su autor. Así, la larga y compleja peripecia histórica del país es examinada desde el filtro familiar, imponiendo los mecanismos de la intrahistoria a los grandes sucesos, que quedan siempre desplazados a la sombra. El mundo se reduce al microcosmos familiar y a su entorno más próximo: el barrio y los vecinos, los amigos, el entorno laboral. La gran Historia permanece ausente en las películas de Ozu. Es tan sólo el marco que condiciona la experiencia familiar, y con frecuencia la que fuerza a la separación: la miseria en el campo y el éxodo rural; la guerra y la ocupación extranjera; la derrota y el sentimiento de frustración nacionales. Y, a partir de Banshun (1949), la recuperación económica y la quiebra del viejo orden. Estos son los condicionantes históricos que provocarán como inevitable consecuencia la disgregación de las familias. Para Peter B. High el propósito de Ozu no es

---
11 Cita: BORDWELL, David. *Ozu and the poetics of Cinema*. New Jersey : Princeton University Press, 1988, p. 166.

la crítica social; ni siquiera el realismo en su concepción más naturalista. Antes bien, *"su tema posiblemente podría ser descrito apropiadamente como las verdades de la vida"* [12].

El propio cineasta descubre la idea central de su arte: *"esconde aquello que el espectador más desea ver"*, proponía Ozu. Y, obedeciendo a este planteamiento, su cine es una celebración continua de lo cotidiano, si bien a menudo da la impresión de que Ozu oculta cosas que el espectador está interesado por conocer [13]. Respondiendo a las convenciones del *shomin-geki*, pero también a su propio ideario estético, las películas de Ozu retratan personas corrientes, en cuyas vidas no tiene sitio lo excepcional. La familia debe atender necesidades básicas, a menudo objeto de preocupación: la vivienda, la alimentación, el vestuario y el transporte. Todas estas necesidades, particularmente urgentes en las películas de los años 30, aparecen reflejadas con insistencia en su obra anterior a 1949, y encuentran su eco en la tipología espacial. En estos poemas de lo cotidiano con vocación realista no se permite ningún desliz fantástico u onírico. Aquí cobran particular sentido las declaraciones de Mizoguchi: *"Yo muestro lo que no es posible como si lo fuera, pero Ozu muestra lo que es posible como si lo fuera, y eso es mucho más difícil"* [14].

No hay villanos en Ozu; no hay personajes malignos a carta cabal. Puede haber personajes que tuercen el camino (el marido borrachín de Las hermanas Munakata), o personajes que se muestran mezquinos o egoístas en una determinada etapa de su vida (Shige, la hija de Cuentos de Tokio), sin que merezcan ser calificados enteramente como personajes torvos o perversos. A menudo son las condiciones sociales o personales las que han torcido el rumbo de unos individuos que, como observan los ancianos de Cuentos de Tokio, han experimentado cambios. Es la gran ciudad la que ha echado a perder unos hijos que en el pueblo se mostraban bondadosos.

Del mismo modo, todas las acciones transcurren en Japón. Las escenas que pueden transcurrir en otros países -y Japón llegó a dominar una vasta extensión geográfica-, son eludidas: nada llegaremos a ver de las peripecias en China de Shukichi, el benjamín de Los

Figura 334
Amad a la madre

Figura 335
¿Qué ha olvidado la señora?

Figura 336
La esposa de noche

hermanos Toda. En El sabor del arroz con té verde el protagonista está a punto de partir hacia Uruguay, pero repentinamente una avería del avión le fuerza a regresar a casa. Y su partida final es eludida por elipsis. Jamás le llegaremos a ver en su nuevo y lejano destino. Algunos personajes han pasado temporadas en otros países, una experiencia que les condiciona. Pero ésta es siempre eludida por elipsis, o se refiere verbalmente. Yoriko Morishita y Hiroshi, dos de los personajes secundarios de Las hermanas Munakata, se conocieron en París. Allí adquirieron unos gustos cosmopolitas y occidentalizantes que contrastan con el entorno familiar de la familia protagonista. La única película que expresamente estaba prevista haber ambientado fuera de Japón fue el proyecto bélico de Ozu, concebido como una historia familiar situada en el campo de batalla, en la que los soldados suspiran por su hogar. Ya el título era holgadamente elocuente: La lejana tierra natal. Sin embargo, como se sabe, aquel guión nunca se llegó a rodar.

Toda la sociedad japonesa se concentra en torno a la familia, célula social cuya organización parece una réplica, a escala reducida, de esa gran familia, tradicionalmente aislada, que ha sido el Japón. Y éste es el único espacio en que se sitúan las películas de

---

[12] HIGH, Peter B. *The Imperial Screen : Japanese Film Culture in the Fifteen Year's War : 1931 - 1945*. Madison : University of Wisconsin press, 2003, p. 166.

[13] MORITA, Yuzô. " The traces of a film, film of traces". En: *OZU - Atsuta : From behind the camera : A new look at the world of director Yasujiro Ozu : Based on private materials of the late Yuharo Atsuta* / edited by Ken Sakamura and Shigehiko Hasumi. Tokyo : The Tokyo University Digital Museum, 1998, p. 43.

[14] BOCK, Audie. *Japanese Film Directors*. Tokyo ; New York : Kodansha International, 1990, p. 69.

Ozu. Tanto en el curso de una película, como en el conjunto de la filmografía del cineasta, se establecen correspondencias entre grupos familiares: lo que le sucede a una tendrá su correspondencia en lo que le pueda suceder a otra; el comportamiento o las actitudes de un hijo hallará su reflejo en el hijo o la hija de otra familia. Incluso los ancianos se reconocen a veces en las experiencias de los más jóvenes[15]. Las peripecias de una familia se proyectan o se prorrogan en otras, cuyos nombres y personajes son a menudo muy semejantes, cuando no los mismos, y a menudo interpretados por los mismos actores. Esto permite agrupar algunas de las películas a partir del nombre de sus personajes protagonistas. Advertiremos esto en particular en dos de las series onomásticas más destacadas de Ozu: Kihachi en la época muda, y Noriko/Shukichi en la sonora. Aunque se llamen igual, y aunque estén interpretados por los mismos actores, se trata siempre de distintos personajes. Son todos ellos semejantes, y responden a variaciones sobre un mismo arquetipo humano. La concordancia denota uniformidad dramática y personal, puesto que todos los personajes forman parte de un mismo ciclo, en el que cada cual pasa por determinado estadio que otros recorrerán antes o después.

Robin Wood distingue en Ozu un modelo de cineasta antropocéntrico, puesto que todas sus películas giran en torno al hombre y su entorno: la familia y los problemas cotidianos. No dejaremos de pasar por alto que dicha observación ironiza veladamente sobre los postulados de Bordwell, empeñado en ver en el cineasta japonés un modelo opuesto a la convención *"antropocéntrica"* occidental. Frente a la apreciación formalista de su colega, Wood apostilla bajo los siguientes términos: *"las películas de Ozu se centran en las relaciones humanas sociales, y no en jarrones ni en estaciones de tren o en árboles (tengan o no tengan hojas); y ciertamente no se centran en alteraciones en la continuidad de las miradas"*[16].

Aun partiendo de la realidad más reconocible, ésta se ve sometida a un riguroso proceso de estilización. El cine de Ozu depura la materia prima de la que parte; la pule tanto de efectos formales como de excesos dramáticos. En este sentido, también su cine sería opuesto a la convención hollywoodiense, que tiende a enfatizar y subrayar momentos de gran tensión dramática. Muy por el contrario, en las películas que nos ocupan el ritmo transcurre sin sobresaltos. No se juega con momentos climáticos; todas las experiencias transcurren con similar énfasis. Se estilizan las relaciones sociales y familiares, pero también los hábitos y los comportamientos, que llegan a parecer casi ejercicios litúrgicos. El cine de Ozu tiende a retratar personajes ensimismados; situaciones domésticas que se aproximan al ritual. Los gestos equiparados contribuyen a reforzar dicha normalización: los niños siempre lloran con las manos en los ojos, y las mujeres lloran tapándose la cara con las palmas de las manos. En el interior de las casas las arquitecturas son prácticamente iguales, sobre todo en las grandes ciudades. Al margen de su actividad social, todos los personajes viven unas experiencias similares, y todos sobrellevan unas formas de vida muy semejantes. El ingreso en el hogar se hace siempre por el mismo camino, que todos los personajes siguen: tal es el caso de la estructura cilíndrica, y del callejón por el que se accede a la humilde casa en Una gallina al viento. Pero ésta es una norma habitual en Ozu, asimismo respetada en películas como Primavera tardía, Principios del verano o Crepúsculo en Tokio. Los acontecimientos que alteran la vida cotidiana se asientan asimismo en la experiencia habitual de cada familia: muertes y matrimonios; el hijo que va a la ciudad; los viajes ocasionales o por razones de trabajo. La vida de familia, reducida a sus pequeñas incidencias, al fin. Los padres tienen hijos; un día éstos abandonan el hogar, y tienen a su vez otros hijos, que presentan nuevos o parecidos problemas.

Es cierto que estas parábolas tan cotidianas enfrentan al espectador con algunos problemas mayores, como son la idea de impermanencia, la consciencia de la fugacidad del tiempo y de la vida, la proximidad de la muerte y el reconocimiento de un orden en el que se integran los personajes, y que se impone sobre ellos mismos. Como apunta Robin Wood, estos motivos de reflexión son universales; no son patrimonio exclusivo del lejano y misterioso Oriente. Y el cine clásico más próximo los ha tocado con delicadeza en distintas ocasiones[17].

XXXI. 4. Los padres. Y las madres

En dos ocasiones las madres, y en una la hija, reciben los sombreros de los hombres ausentes o fallecidos para confirmar que a ellas las corresponde la defensa y salvaguarda del orden familiar. Así lo veremos

---

15 Véase: BORDWELL, David. "Ozu Yasujiro". En : *International Dictionary of Films and Filmmakers* / Nicholas Thomas (ed. lit.). Chicago and London : St. James Press, 1991. V. 2 : Directors, p. 623.

16 WOOD, Robin. "The Noriko Trilogy : Three films of Ozu with Setsuko Hara" . *Cineaction!*, 1992, Winter, nº 26 - 27, p. 67.

17 Robin Wood cita expresamente dos excelentes películas norteamericanas en las que subyacen estos mismos temas: La legión invencible (John Ford, 1949) y Sólo los ángeles tienen alas (Howard Hawks, 1939). Véase: WOOD, Robin. "The Noriko Trilogy : Three films of Ozu with Setsuko Hara" . *Cineaction!*, 1992, Winter, nº 26 - 27, p. 69.

en La esposa de noche, en Amad a la madre y en Los hermanos Toda: tres películas cuyos propios títulos ya aluden a la institución familiar. Aunque las madres tienen un peso específico importante, y en ocasiones llegan a sustituir al padre ausente (Amad a la madre, El hijo único, Historia de un vecindario, Una gallina al viento, Otoño tardío), la familia de Ozu se sustenta sobre el modelo patriarcal. A su frente se sitúa un padre que rara vez se muestra impositivo, o tiránico. Los ejemplos más extremos los brindarían los directores de la compañía en las dos Hierbas flotantes; y aunque hay otros ejemplos de padres rigurosos (los de Flores de equinoccio y El otoño de los Kohayagawa), lo habitual es que se resalte la bonhomía y el talante comprensivo de los patriarcas, quienes con frecuencia dan más síntomas de debilidad o de agotamiento que de fortaleza u obstinación. Los padres dispensan la piedra clave sobre la que se sustenta la arquitectura familiar. Cuando ésta se desmorona, el anciano queda solo: ténganse en cuenta los muy nostálgicos desenlaces del padre, solitario, en Primavera tardía y en Cuentos de Tokio. El *pater familias* es no solamente la máxima autoridad familiar, de cuya voz depende el resto del clan. Es asimismo la figura más respetada en la filmografía de Ozu. Y, con frecuencia, el protagonista.

Es tentador suponer que la ausencia de la figura paterna durante su infancia y adolescencia le llevaría a tratar de recuperarla a través de sus películas. Evocando tal vez a un padre soñado e inalcanzable, el patriarca en las películas de Ozu es presentado casi siempre como una figura ideal, modelo de virtudes y ejemplo que los hijos no siempre atinan a seguir consecuentemente. Algunos de estos padres terminan muriendo (¿Dónde están los sueños de juventud?, Amad a la madre, Érase un padre, Los hermanos Toda), o perdiéndose en el tren (las dos Hierbas flotantes), en el barco (Corazón vagabundo) o precipitándose en las sombras (Un albergue en Tokio), y aún rumbo a la cárcel (La esposa de noche). El padre es un arquetipo frágil, que se desvanece o que se queda aislado en su soledad determinista: una figura idealizada que tiende a perderse, como le sucedió a Ozu en su propia infancia. Ciertamente existen ejemplos reprobables: el marido que arroja a su mujer escaleras abajo en Una gallina al viento; los padres que abandonan a sus hijos en Corazón vagabundo y en las dos Hierbas flotantes, o el patriarca libertino que despilfarra los recursos de los Kohayagawa en la película que lleva su nombre. Pero éstos son casos extremos, en los que tampoco se evitan los aspectos positivos que encierran dichos personajes. Y por encima de cualquier otra consideración prevalece el sentimiento

Figura 337
Los hermanos Toda

Figura 338
Cuentos de Tokio

Figura 339
Cuentos de Tokio

de camaradería entre padres e hijos, quienes llegan a ser confidentes, compañeros de juegos; y, en dos ocasiones, hasta rivales por determinadas mujeres (lo que sucede en las dos Ukigusa). La sintonía entre padre e hijo alcanza su máxima expresión en las escenas en que ambos pescan juntos o comparten el *furo* y otros momentos privilegiados, como sucede en Chichi ariki. Chishu Ryu encarnó en ésta y en otras ocasiones la figura del padre añorado e ideal: bondadoso y comprensivo con los demás. No en vano en esta ocasión la figura patriarcal se escinde en su doble cometido de padre y de maestro, lo que hace de ésta una figura tutelar por antonomasia. Siguiendo dicho modelo, los padres de películas posteriores se transforman en genuinos guías y compañeros, que dejan atrás la rígida institución del patriarcado para acercarse a sus hijos, de quienes tratan de ser algo más que meros transmisores de una voz y de un apellido.

Los padres jóvenes de las películas de los años 30 (interpretados por Tatsuo Saito y Takeshi Sakamoto) son patéticos, a menudo bufones vendidos a sus jefes (Nací, pero...), o irresponsables y descuidados, como sucede particularmente en la serie Kihachi, particularmente en títulos señeros como Corazón caprichoso o Un albergue en Tokio. En cambio los padres de las películas de posguerra, interpretados por Chishu Ryu o Shin Saburi, son solemnes, protectores y, en ocasiones, incluso autoritarios (es el caso del hermano mayor en Principios del verano, o del pater familias de Flores de equinoccio).

El orden social confuciano distingue cinco relaciones primarias: la relación entre gobernantes y gobernados; entre padres e hijos, entre los esposos, entre los amigos y entre los hermanos[18]. Para garantizar la armonía social, el gobernante debería ser justo con el gobernado; éstos, en contrapartida, se ven obligados a mostrar su lealtad a quien les gobierna. El padre debe tratar a sus hijos con consideración, y debe servirles como guía, protector y sustento. Los hijos deben mostrarse obedientes y respetuosos con sus mayores, y corresponder cuando sea posible la dedicación que han recibido. El marido y la esposa deben profesarse recíprocamente amor y respeto. Entre los amigos ha de prevalecer la confianza, como también entre los hermanos, unidos además por indelebles lazos de sangre.

Como se ve, éste es el orden característico de las relaciones en el cine de Ozu. Incluso la primera categoría, la que fomenta el buen gobierno, se puede aplicar a las relaciones que existen entre los jefes y sus subordinados en las películas que discurren en el entorno de la oficina y la empresa. Pese a esta disposición privilegiada del padre, cabe advertir que los personajes masculinos son en ocasiones menos decididos o resolutos que los femeninos, como sucede en películas como El hijo único e Historia de un vecindario, sendas celebraciones matriarcales. En algunas de las últimas películas de Ozu -Flores de equinoccio, Otoño tardío o Tarde de otoño- incluso se producen situaciones de velada y discreta hegemonía de las mujeres sobre los hombres. Pero no es necesario acudir a tales extremos: en la serie Noriko, situada en el punto climático de la carrera de Ozu, es la joven quien suele tomar las decisiones por su cuenta, lo que de modo muy particular se produce en Principios del verano. En esta película, Noriko y la madre de su futuro marido son los dos personajes más decididos, mucho más que los hombres con los que conviven.

Años atrás, en Los hermanos Toda -película fundamental en el desarrollo posterior de su filmografía- Shôjiro había colocado un sombrero masculino en la cabeza de su hermana. Otro tanto sucedió en La esposa de noche, o en Amad a la madre. El gesto establece una transmisión simbólica que se repite en algunas películas de Ozu: bajo determinadas ocasiones las mujeres han de asumir, funciones propias de padre. Aun sin sombrero, éste es el caso de los personajes que interpreta Choko Iida en la serie Kihachi. Tras la marcha del irresponsable varón, la buena mujer se debe hacer cargo de sus hijos, pese a no tener vínculo familiar alguno con éstos. Otro tanto sucederá en la posterior Historia de un vecindario. En esta película, y muy a su pesar, la anciana solitaria termina haciendo derivar su vida rutinaria y estéril hacia las convenciones del *haha mono* al verse obligada a hacerse cargo de un niño que llega a sus manos por azar. La vétula se transforma de este modo en un remedo de madre para el niño desamparado; y se siente satisfecha con este nuevo cometido, a juzgar por su decisión final de adoptar voluntariamente a un niño abandonado.

XXXI. 5. Espacio de representación

A lo largo de los capítulos filmográficos tendremos ocasión de destacar diversos episodios en los que la familia se reúne para hacerse un retrato colectivo: un ritual doméstico que embalsama una porción de tiempo que se deshace ante la mirada. Éste es, en realidad, el último testimonio visual de un grupo que está a punto de rasgarse. Las fotografías en Ozu son testimonios de impermanencia, que preceden a la muerte de alguno de los miembros, o a la disgregación de la familia. La fotografía obtenida no llegará a ser vista a posteriori: sólo vemos cómo la familia o el grupo de alumnos se junta para tomarla. Por el contrario, no llegamos a ver el momento en que se toman las fotografías que sí se nos muestran en algún momento de la película: la foto de bodas de Hattori en Primavera tardía; el retrato del padre difunto en Amad a la madre, o la del marido de Noriko en Cuentos de Tokio.

El ejemplo más antiguo lo encontramos en Nací, pero... , en la que no aparece ninguna foto de familia, pero sí una película familiar con todos los empleados de una oficina, que constituyen una familia profesional. Como sucederá en ejemplos posteriores, dicho retrato colectivo precederá a una crisis familiar y profesional que, esta vez, sí llegará a resolverse. Por el contrario la foto familiar de Los hermanos Toda precede a la muerte del patriarca y a la diáspora de la familia. En la primera escena de Érase un padre los alumnos se hacen una foto de familia escolar ante el Dai Butsu de Kamakura, poco antes del accidente en el que uno de los excursionistas perderá la vida. En esta ocasión el maestro desempeña, y por partida doble, el cometido paternal.

En Historia de un vecindario encontraremos la más singular de las fotografías familiares realizadas en toda la carrera de Ozu. Por un lado asistiremos a los preparativos

---

[18] CLARK, David Raleigh. *Confucian influences in Japanese Cinema : Selections from the films of Ozu, Mizoguchi and Kurosawa.* Austin : The University of Texas, 1994, p. 15 - 16.

XXXI. RETRATOS FAMILIARES

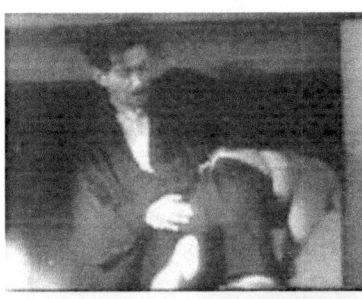

Figura 340
Nací, pero...

Figura 341
Nací, pero...

Figura 342
Nací, pero...

de la foto; por el otro la ejecución de la misma se contemplará desde el mismo interior del ingenio óptico, presentando a los dos personajes invertidos en el interior de la cámara oscura. Dedicaremos atención especial, en el capítulo correspondiente, a esta extraordinaria escena. Posteriormente, en Principios del verano, se recuperará por última vez el motivo fotográfico para celebrar la reunión de toda la familia. Pero aún encontraremos otro ejemplo en la obra de Ozu: en Otoño tardío se recupera el motivo de la fotografía escolar en el curso de una excursión, en una escena que devuelve el recuerdo de la escena inicial de Érase un padre. A diferencia de aquélla, esta vez se hace el retrato a un grupo ajeno por completo a la trama. Además, se prescinde de todo acontecimiento dramático, como sucedía en aquella película, en la que uno de los niños moría ahogado. De manera premeditada la foto antecede a la ya inminente foto de boda, como sendos documentos visuales de dos etapas de la vida al cabo pasajeras. Casi sin solución de continuidad se pasa de la una a la otra; así de vertiginoso es el paso del tiempo. En esta película, por otra parte, se evita la ceremonia nupcial por elipsis, pero se dedica especial atención al protocolo de la foto de novios, un ritual que precede a su despedida definitiva del relato, y

que antecede a la soledad de la madre.

Las familias de Ozu suelen reflejarse o relacionarse con distintos espacios de representación tradicionales: es el caso del *Naniwa bushi* (Corazón caprichoso), las danzas de *geishas* (¿Qué ha olvidado la señora?), el teatro Nô (Banshun), y el Kabuki (¿Qué ha olvidado la señora?, Principios del verano, El sabor del arroz con té verde), y con el teatro ambulante (Historia de hierbas flotantes, versiones de 1934 y 1959). Los personajes de Ozu asisten a las representaciones cuando abandonan momentáneamente sus ámbitos domésticos. A todos los ejemplos anteriormente citados hay que añadir las numerosas referencias cinematográficas, e incluso la asistencia a proyecciones en Nací, pero... , La mujer de Tokio y en El hijo único, o las distintas escenas de fotografías familiares ya comentadas. En todos estos casos, la familia se identifica expresamente con distintos mecanismos de representación. Pero además, y como se estudiará en la escena que transcurre en el teatro Nô de Primavera tardía, la disposición de los personajes sobre un estrado recuerda la de los propios actores en el escenario. Otro tanto sucederá en las escenas análogas de Principios del verano y de El sabor del arroz con té verde. Esto se justifica porque, como se comprobará en numerosos ejemplos, para Ozu el entorno familiar es, eminentemente, un espacio de representación. Dentro de las propias casas las escenografías y los encuadres se compartimentan, recordando una naturaleza escénica. Como recuerda Joël Magny a propósito de Banshun: *"Al fondo de un pasillo se disponen algunos personajes sentados y sobreencuadrados dentro del cuadro mismo de la pantalla. Estos personajes, estrictamente dispuestos de dos en dos, encerrados en una estructura formal rigurosa, y ligeramente elevados por la posición baja de la cámara, dan la impresión de estar en la representación de una escena de teatro"* [19].

Entre estos momentos de representación familiar cobran singular relevancia los ritos culinarios, que se celebran a menudo en el seno del hogar, entre los miembros de la familia, y también a menudo en los restaurantes. En estas ocasiones suelen ser los amigos hermanados o los amantes (Primavera precoz) quienes se dan cita en torno al escenario que dispensa el comedor. Dichas escenas suelen expresar episodios de tranquilidad y de sosiego hogareño. Hay momentos de disputa ante las comidas, como sucede en Nací, pero... o en El sabor del arroz con té verde, e incluso de arrebato erótico, como sucede en la citada Primavera precoz: precisamente en un restaurante Pez Rojo seduce a su

---
[19] MAGNY, Joël. "Le printemps d'Ozu". *Cinéma*, 1981, Janvier, nº 265, p. 17- 18.

desprevenido compañero.

Pero a menudo la comida brinda el pretexto para echar la vista hacia atrás. Ante una mesa se suelen reunir los alumnos con su antiguo profesor, o entre ellos mismos. O los ex-combatientes que evocan los tiempos de guerra en El sabor del arroz con té verde, en Primavera tardía o en Tarde de otoño, a los que habría que sumar a los ancianos de Cuentos de Tokio. Ante los manjares se producen momentos de reconciliación. En este sentido el *onigiri* (bolas de arroz rellenas) es en distintas ocasiones la comida propia de la reconciliación, del encuentro, como se verá en Nací, pero... , Historia de un vecindario y en Una gallina al viento.

Pero además la comida ofrece un momento para la evasión: los dos hermanos evadidos en Buenos días celebran su libertad tomando arroz, tal como hacen los dos pequeños que disfrutan de su día de novillos en Nací, pero... En Un albergue en Tokio Kihachi y sus hijos combaten el hambre fingiendo que se están dando un festín imaginario, en una representación tragicómica que bebe de fuentes chaplinianas.

Además de las comidas, son numerosos los ejemplos que reproducen situaciones escénicas. Tómense como ejemplos algunas de las siguientes escenas: en ¿Qué ha olvidado la señora? encontramos un plano de concepción muy teatral, con la silueta del árbol y la jaula de pájaros, cuyo movimiento interior contrasta con el estatismo del decorado. Mitsuko se encuentra sobreencuadrada por la carpintería y por los recipientes que se disponen alineados en el suelo, formando un escenario dentro del cuadro, del que la recién llegada parece ser su espectadora. En esta misma película tiene lugar un jocoso momento de simulación cómica: apenas entra en escena la tía, su marido finge estar riñendo enérgicamente a la sobrina. Cuando la agria esposa se marcha, el tío y la muchacha continúan con sus confidencias. *"Nunca imaginé que fingieras tan bien"*, se asombra Setsuko. En esto, repentinamente se vuelve a abrir la puerta. De nuevo el tío hace como que riñe a la sobrina, pensando que puede tratarse de la esposa... hasta que se percatan de que ha sido el viento el que accidentalmente abrió la puerta.

También los vecinos de Historia de un vecindario forman una familia, donde tienen cabida pequeñas representaciones domésticas, y en particular las referidas al encuentro festivo de todos los vecinos. Precedidas por la advertencia *"el espectáculo va a comenzar",* pronunciado por Choko Iida, la comunidad doméstica se entrega a la canción y a la chirigota festiva. De manera más cotidiana, en Una gallina al viento el niño baila y juega dando vueltas sobre sí mismo ante

Figura 343
Principios del verano

Figura 344
Cuentos de Tokio

sus felices padres. He aquí una nueva representación hogareña: el niño hace su función, y los felices padres actúan como el auditorio. También en Primavera tardía se suceden diversas escenas semejantes, derivadas del ya comentado episodio que transcurre en el teatro Nô. Esta vez, y con motivo de la boda de Noriko, todos los personajes se disponen sobre la habitación conforme a un planteamiento escénico. La habitual angulación baja de Ozu refuerza esta analogía escénica. Noriko, enfundada en su traje nupcial, efectúa movimientos quedos y solemnes, que de algún modo nos recuerdan los del intérprete sobre el escenario Nô. Sus parientes, sentados ante ella, la miran y la dan su aprobación, antes que la tía haga mutis haciendo movimientos giratorios análogos a los del actor Nô sobre el escenario. Aunque no de manera tan sofisticada, esta misma escena se repetirá bajo planteamientos semejantes en la posterior Tarde de otoño.

El acompañamiento de caja musical se repite como motivo hogareño en distintas películas, lo que produce una sensación hogareña ilusoria, propia de recreación teatral: éste es el caso de Las hermanas Munakata y de Otoño tardío. Pero donde mayor énfasis alcanzará este recurso es en Principios del verano, en la que la melodía *"There is no place like home"* acompañará la peripecia de los Mamiya desde los mismos comienzos hasta que se confirma la disolución de la familia. También en Buenos días el hogar se convierte en un espacio de representación, donde los niños suplen el lenguaje mediante el ejercicio mímico. Finalmente en Hierbas flotantes (versión de 1959) la discusión que sostiene Komajuro con las dos actrices responde a un planteamiento escénico, de representación, que es continuo y oportuno a lo largo de toda la película que expresamente discurre en el mundo del teatro y el fingimiento.

XXXI. 6. Salvaguarda de la tradición

La obra de Ozu representa a la familia tradicional en un momento en que ésta comienza a ver erosionados, de manera irreversible, sus cimientos. El cineasta japonés es el cronista privilegiado de esta crisis: su cámara se consagra, con todo el lirismo de un poeta inspirado, a cantar la belleza de un orden que se descompone. Aunque la familia, como institución patriarcal, haya sido fuente de sometimiento del individuo, de imposición y de frustraciones personales, los personajes positivos de Ozu eluden tales circunstancias, y luchan denodadamente por mantener a su familia tal como dicta la tradición. La posición de Ozu puede calificarse de conservadora, pero no nos parece oportuno denostarla por reaccionaria: no pretende imponer lo viejo sobre lo nuevo; no es su objetivo dinamitar el modelo moderno que sucederá al tradicional[20]. Las películas familiares de Ozu guardan una estrecha correspondencia con la actitud de sus personajes más afincados en la tradición: también él consagra toda su obra, con obstinado tesón, a salvaguardar la memoria de una realidad social que pronto será historia: él, como testigo de su desmoronamiento, quiere ser asimismo depositario de unos valores éticos y sociales que, cuando menos, perdurarán en sus películas.

David Desser considera que esta posición vincula a Ozu con el genuino núcleo de la esencia estética japonesa, puesto que *"los sentimientos interrelacionados de amor, soledad, pérdida y tristeza derivan de una comprensión intuitiva del tiempo, de su transcurrir y de su inevitabilidad"*. Y, sin embargo, tales sentimientos no conducen a la depresión, o a la amargura, puesto que no derivan hacia la mera tristeza ni hacia la simple nostalgia; antes bien aceptan lo que no puede ser alterado[21].

Por medio de sus parábolas, Ozu se interroga sobre la propia identidad japonesa, azotada y sometida a crisis incesantes a causa de la intrusión de elementos foráneos favorecidos por una experiencia histórica traumática y vertiginosa. Donald Richie afirma lapidariamente: *"Ozu no tenía más que un tema: la familia japonesa; y no tenía sino un argumento: su disolución. El mundo entero existe en una sola familia; los personajes son miembros de una familia, antes que personajes de una sociedad; y el fin del mundo no está más allá de los confines del hogar"*[22].

Y aunque tal afirmación no deja de ser execesivamente simplista y reductora, cuando menos reconoce el terreno sobre el que se cimienta la filmografía del cineasta japonés.

En el cine de Ozu no hay lugar para las familias felices: todas sin excepción son sorprendidas por algún infortunio de mayor o menor calado. En la mayoría de los casos se ha perdido alguno de sus miembros, y prácticamente todas han experimentado el proceso de disolución; todas sufren similares desencantos y erosiones. Las estrecheces económicas que con frecuencia sufren las familias (Nací, pero..., Historia de un vecindario, Los hermanos Toda, Las hermanas Munakata, Primavera precoz) acaso son reflejo de las penurias que sufrió el cineasta durante sus primeros años. Richie asegura que Ozu utilizó escenas de su propia infancia a la hora de crear sus episodios familiares[23]. Cuando menos en las películas mudas las dificultades son sorteadas con mayor o menor esfuerzo. Pero en las películas de madurez, particularmente las posteriores a la Guerra, el pesimismo se va adueñando de cada personaje. Sólo los niños parecen gozar de una relativa tranquilidad, que se sabe pasajera, pues ya se ciernen sobre ellos los nubarrones de la edad adulta.

Los hijos son, para los padres, más una fuente de preocupación y de desasosiego que un motivo de alegría. Y si esto sucede incluso en plena infancia, las distancias se incrementan cuando los hijos crecen y abandonan el hogar. A menudo se dice, en tono desilusionado, que no hay diferencias entre hijos o hijas; todos se marchan, antes o después. Uno de los ancianos asegura en Cuentos de Tokio: *"Perder a un hijo es duro; pero vivir con ellos tampoco es fácil"*. En esta misma película, los padres advierten con desencanto los cambios que han mudado el ánimo de sus hijos, lo que les lleva a reconocer: *"quiero a mis hijos más que a mis nietos; pero me sorprende cuánto han cambiado"*. En Tarde de otoño el padre se enfrenta, al final de su vida, con la soledad y la tristeza: *"después de todo, el hombre siempre está solo"*, concluye con resignación. A partir del momento en que los hijos abandonan el hogar, son frecuentes las imágenes de los padres ocupando solitarios unas casas abrumadoramente vacías. La vida es una experiencia marcada por el dolor, y los personajes virtuosos de Ozu sacan fuerzas de flaqueza para resignarse a esta evidencia. Es lo que hace Noriko, mucho más joven que

---

20 Así lo observa, consecuentemente, Tadao Sato en su artículo "El mundo de Yasujiro Ozu". En: *Yasujiro Ozu* / René Palacios, ed. lit. Valladolid: 24 Semana Internacional de Cine, (1979), p. 37.

21 DESSER, David. *Eros plus Massacre : an introduction to the Japanese New Wave Cinema.* Bloomington : Indiana University Press, 1988, p. 19.

22 RICHIE, Donald. *Ozu.* Berkeley (etc.) : University of Californa Press, 1974, p. 1.

23 Ibid. , p. 194.

los padres cuya palabra recibe, en Tokyo monogatari. El personaje ejemplar por excelencia acepta, con sonrisa resignada, el dolor de su propia vida, mientras admite: *"la vida es tan decepcionante..."*

XXXI. 7 Familias mutiladas

A lo largo de su filmografía encontraremos a menudo el tema de la relación entre el padre y el hijo. Ambos conviven en estado de armonía, pero la llamada del mundo exterior- lo que se manifiesta en el éxodo hacia nuevos horizontes y en la boda de los hijos- provoca su separación. Un tema que será ya crónico en el cine de Ozu, quien se muestra particularmente sensible hacia dicho tema, aludiendo a su propia experiencia personal: Corazón vagabundo, Hierbas flotantes, El hijo único, Érase un padre, Primavera tardía, Otoño tardío y Tarde de otoño, serían los mejores ejemplos.

Pero además de las separaciones un motivo desencadenante de las crisis familiares suele ser la puesta en duda de la autoridad paternal. El padre se muestra débil e impotente, ridículo aún a los ojos de sus hijos, como sucede en Nací, pero... . En este señero ejemplo el padre se muestra incapaz de mantener unida a la familia, como sucede en sus retratos de senectud de los últimos años. Anteriormente El coro de Tokio ya había explotado el enfrentamiento entre padres e hijos, un conflicto que se repetirá a menudo durante los años 30, particularmente en la serie Kihachi: Corazón vagabundo, Un albergue en Tokio, o en Historia de hierbas flotantes. Otro tanto sucederá en ejemplos posteriores, como los que nos brindan Buenos días, Flores de equinoccio o El otoño de los Kohayagawa. Pero además se produce el conflicto entre madre e hijos, particularmente en Amad a la madre y, de manera menos violenta, en El hijo único.

Sin embargo el tema común y prioritario en numerosas películas de Ozu, particularmente en la posguerra, será el del sacrificio recíproco: el de los padres que animan a sus hijas a que se casen, y el de las hijas que se consagran al servicio a sus padres. Añádanse a esta situación las hermanas que se sacrifican por sus hermanos (Chikako en la mujer de Tokio o Kazuko en La mujer proscrita), así como las madres que se sacrifican por sus hijos (El hijo único, Una gallina al viento); y los padres que hacen lo propio (Érase un padre).

Aun reconociendo la excepcionalidad de dichas situaciones, Ozu tiende a rechazar las situaciones melodramáticas muy tensas -que aparecen sin embargo de manera ocasional en sus últimas películas en blanco y negro, Primavera precoz y Crepúsculo en Tokio-. De manera más habitual, las situaciones álgidas en las películas de Ozu se limitan a las situaciones cotidianas de la vida: los nacimientos y, en particular, las bodas con que concluyen muchos de sus relatos. A estos temas se suman los de la enfermedad y muerte. El paso de la vida, al fin.

Pero también se produce con frecuencia la oposición entre el individuo y su círculo profesional o de amigos: el conflicto con el círculo fraterno, del que se segregan los personajes. Lo encontraremos ya en Días de juventud, la primera película conservada del cineasta; y más adelante en prácticamente todas las *gakusei- mono* de Ozu, en cuyas películas de estudiantes los muchachos sustituyen su familia carnal por la familia profesional de sus compañeros de piso o de fatigas escolares. Otro tanto sucede con las películas de pequeños delincuentes, en las que los personajes marginales asimismo están agrupados en clanes familiares. A menudo los estudiantes y los *yotomono* viven juntos, consolidando una relación fraternal.

En ocasiones el joven que entra en crisis con su familia carnal, sustituye ésta por otra familia marginal, y relacionada con el *Mundo flotante:* es el caso de Amad a la madre, donde el joven Sadao deja a su familia para irse a vivir a un burdel; o de La mujer proscrita, en la que un estudiante abandona los libros para unirse a una banda criminal. Finalmente cabe citar el doble caso de Hierbas flotantes, en cuyas dos versiones padre e hijo entran en conflicto debido a los amoríos que el muchacho mantiene con una actriz ambulante. En esta última película su protagonista, Kihachi, se encuentra perpetuamente obligado a alternar su familia sanguínea, arraigada y estable, con su familia profesional, errante como las hierbas que dan título a la película. El final del camino, previo a la separación, permite reunirse por última vez a los compañeros de andanzas. La despedida y la disolución de la hermandad es emotivamente acompañada por una canción que se transforma en todo un himno fraternal: es el caso de la despedida de los estudiantes y del profesor, al final de Tokyo no korasu, o de la disolución de la compañía de actores en Historia de hierbas flotantes.

Aunque en las dos primeras películas familiares importantes- El coro de Tokio y Nací, pero... - la familia permanecía completa, en las posteriores siempre se produce la ausencia de algún miembro de la familia: el padre en ¿Dónde están los sueños de juventud?, Amad a la madre, Historia de hierbas flotantes, El hijo único o en Otoño tardío y de la madre en Corazón caprichoso, Un albergue en Tokio, Érase un padre, Primavera tardía y en Tarde de otoño. Quede claro que las mutilaciones de los hogares obedece a menudo a la muerte de alguno de sus miembros; pero también puede ser debida a la fuga del padre (las dos Hierbas flotantes) o de la madre (Corazón vagabundo, Un albergue en Tokio).

También la vétula Otane de Historia de un vecindario es viuda y sin hijos, por lo que incluso cuando adopta al niño, la suya seguirá siendo una familia truncada. También lo es la del padre carnal del niño, sin madre. En este título coinciden dos casos más de familias truncadas, de las muchas que aparecen en Ozu, lo que sin duda deriva de su propia experiencia familiar, siempre alejado del padre.

Bien porque falte el padre o la madre, y en ocasiones alguno de los hijos, lo cierto es que son más frecuentes las familias incompletas que las completas en Ozu. Y aún cuando éstas existen (El coro de Tokio, Nací, pero..., Flores de equinoccio y Buenos días), el fantasma de la crisis planea sobre ellas. En las películas de Ozu asistiremos en efecto a la crisis de familias pequeñas, reducidas a dos miembros- padre o madre e hijo-, puesto que uno de los dos cónyuges ha fallecido. Es el caso de El hijo único, Érase un padre, Primavera tardía, Otoño tardío. Pero también asistiremos a la crisis y disolución de una gran familia, en la que conviven hasta tres generaciones: esto mismo sucederá en Los hermanos Toda, en Principios del verano y en Cuentos de Tokio. Pero asimismo en la posterior El otoño de los Kohayagawa.

En ocasiones la crisis es ocasionada por la muerte de un hijo, como sucede en Primavera precoz, en la que el niño murió a consecuencia de una disentería. En tres ocasiones la muerte de un hermano joven ocasiona una herida imposible de cerrar: en Principios del verano y en Cuentos de Tokio los hijos murieron en la guerra. Más extremo es el caso de Crepúsculo en Tokio, en el que el hermano perece en un accidente de montaña, y años después su hermana pierde la vida al precipitarse bajo un tren. No es el único caso de suicidio más o menos voluntario: en La mujer de Tokio el hermano de la protagonista también pone fin a sus días. También en Primavera precoz un oficinista aquejado de una enfermedad incurable termina por suicidarse. Estos casos son explícitos. Pero en otros muchos no se ofrece información sobre la desaparición de alguno de los miembros de la familia: es el caso de las madres de Primavera tardía, de El hijo único o de Tarde de otoño.

Otra situación melodramática característica de Ozu está alentada precisamente por la amenaza de muerte de uno de los hijos: el niño enferma, lo que fuerza a los padres a realizar acciones reprobables. Como se recordará, en La esposa de noche el padre atracaba un banco, mientras que en Un albergue en Tokio Kihachi llegaba al robo para atender al hijo de su amiga. Años después, en Una gallina al viento, la fiel y leal Tokiko deberá ceder a la prostitución. Pero estos imponderables no son la única causa que desata la crisis. Bajo las parábolas familiares de Ozu se agazapan en ocasiones secretos que, al ser descubiertos, precipitan el conflicto. Con la pérdida de autoridad paterna se produce la caída del ídolo: el pretendido padre ejemplar y respetable en Nací, pero... resulta ser un lacayuelo y un bufón a las órdenes del jefe. La hermana intachable de La mujer de Tokio ejerce como prostituta. Esta misma sorpresa se lleva el marido al regreso de la guerra en Una gallina al viento. En Me gradué, pero... el marido engaña a la mujer, haciéndola suponer que trabaja en una empresa cuando en realidad permanece desempleado. A su vez ella le engaña trabajando a escondidas en un bar de mala reputación. El tío actor y hierba errante resulta ser el padre del muchacho aparentemente huérfano en las dos Ukigusa. En ambas películas, ambientadas en el mundo del teatro ambulante, se impone en todo momento la superchería: también las amantes del muchacho le sedujeron a cambio de recompensa. El estudiante de La mujer proscrita ha cambiado los libros por los guantes de boxeo, y ejerce de pequeño delincuente en La mujer proscrita; también el aparentemente intachable Kenji resulta ser el temido Ken el Cuchillo en Caminad con Optimismo, para desesperación de la hermana del estudiante en la prelícula anterior, y de la novia del delincuente en esta última. El descubrimiento de todas estas situaciones fingidas ocasionarán graves depresiones familiares.

En ocasiones éstas desembocan abiertamente en quiebras conyugales: es el caso de ¿Qué ha olvidado la señora?, El sabor del té con arroz verde, Primavera precoz y Crepúsculo en Tokio. Es importante añadir que, en todos los casos, la crisis se ve finalmente superada, y se impone la reconciliación de la pareja a la que se concede siempre una nueva oportunidad. En numerosos de estos casos es recurrente el que un personaje deba partir a un destino lejano por deseo expreso del superior, lo que precipita la situación de desavenencia. Esto es lo que sucede en dos casos de parejas casadas: El sabor del arroz con té verde y Primavera precoz; pero esto mismo sucede en otras dos películas que afecta a otros tantos noviazgos, y de cuya resolución dependerá el futuro de las jóvenes casaderas: Principios del verano y El otoño de los Kohayagawa.

Con frecuencia la dispersión familiar se ilustra mediante la presencia de puentes, como emblema de tránsito hacia las distintas orillas que separan a los miembros: los distinguiremos en Una gallina al viento y en Cuentos de Tokio, entre otras películas en las que interviene esta construcción. El sabor del arroz con té verde dispensará el ejemplo visual y acústicamente más impactante; pero hay que añadir los ejemplos de Primavera tardía y Primavera precoz, así como el desolador epílogo de El otoño de los Kohayagawa.

Lo viejo y lo nuevo: Conflictos generacionales

Los grandes temas que aborda el cine de Ozu derivan de la peripecia familiar de sus personajes: el egoísmo; la ambición; las frustraciones laborales y domésticas de los personajes más jóvenes, provienen de su excesivo apego a lo material. Y esta avidez se transforma en un obstáculo insalvable para lograr la felicidad. Frente a esta actitud insensible, fruto de la deshumanización de la vida en la gran ciudad, se oponen los valores más rancios y tradicionales, de los que con frecuencia son depositarios los personajes tradicionales: los ancianos, o aquellos que han heredado sus virtudes. De este modo, en el seno de la propia familia se libra con frecuencia la oposición entre las tendencias tradicionales y reformistas que, asimismo, entran en pugna en el país. Y con frecuencia la fisura se produce en el núcleo de la propia familia, a causa de sus hábitos dispares. Algunos personajes permanecen leales a la tradición, otros se occidentalizan, o se entregan a la nueva vida moderna en la capital, lo que levanta un muro entre éstos y aquéllos[24].

En el seno de la misma familia a menudo coinciden distintas generaciones: padres, hijos, abuelos. En algunas películas llegan a sumarse hasta cuatro generaciones bajo un mismo techo: los abuelos; sus hijos mayores, entrados en los 40; los hijos menores, entre 20 y 30 años, y los nietos de corta edad. La brecha que se abre entre generaciones incluso próximas llega a ser ya casi insalvable, como sucede con la distancia que separa a la hermana mayor y la menor en películas como Las hermanas Munakata o Crepúsculo en Tokio. La primera película que aborda esta gradación generacional es Los hermanos Toda. Los siguientes ejemplos se desplazan hasta los años 50: Principios del verano y Cuentos de Tokio. Y, ya en el tramo final de la carrera de Ozu, El otoño de los Kohayagawa.

Un tema habitual en Ozu, desde la lejana Me gradué pero... es la visita del pariente de provincias que acude a ver al hijo a la ciudad. Una vez aquí no deja de admirar la grandeza excesiva del nuevo entorno urbano, al tiempo que se siente decepcionado con el hijo. Ambas situaciones están relacionadas: la vida en la megalópolis deshumaniza a sus habitantes, y les hace perder los valores consuetudinarios que habían recibido de sus mayores. Se produce, además, el desapego del *furusato,* de las raíces natales, lo que desarraiga a los hijos y los distancia de los padres. Esto mismo sucederá en títulos señeros como El hijo único, precursora a su vez de Cuentos de Tokio. También en Principios del verano se produce esta situación, con la visita que la familia recibe del tío Mokichi. Sin embargo aquí tiene lugar una llamativa alteración: el anciano se encuentra, entre otros, con los abuelos, quienes le tratan de igual a igual. Además en el curso de su visita no abandona el entorno histórico de Kamakura. Y, por si esto fuera poco, el desenlace permite una regresión insólita: los abuelos dejan atrás el entorno de la capital para confinarse, junto con el anciano tío, en el entorno rural del Yamato. Pero de esta situación insólita hablaremos en el capítulo correspondiente.

En sus guiones, algunos de ellos publicados (véase la bibliografía), Ozu siempre detalla la edad de cada personaje, y su oficio. Se trata de circunstancias que tienen mucho peso en el desarrollo de la acción: las diferencias sociales de los personajes. Normalmente la edad del personaje principal, el *pater familias* a menudo interpretado por Chishu Ryu, se corresponde con la edad que tenía Ozu en el momento de rodar esa película. Conforme va envejeciendo Ozu, envejece con él este personaje patriarcal, quien al tiempo se ve bañado por el aura crepuscular del melancólico y evanescente aroma del otoño. En 1958 llegó a confesar: *"en cierto modo me siento más cercano de la gente adulta que de la gente joven. El tema de muchas películas recientes tiende a negar los valores de la generación de edad avanzada y a aprobar el comportamiento inestable de los jóvenes. Pero la gente adulta está disgustada con la rebelión descabezada de la gente joven y creo que es capaz de oponerse a ella"*[25]. Este sentimiento impregna sus películas, y afecta a las relaciones intergeneracionales. De manera muy expresa, tanto en Primavera tardía como en Crepúsculo en Tokio la tía, interpretada en ambas ocasiones por Haruko Sugimura, observa cuán incomprensible es para ella el comportamiento de los más jóvenes.

---

24 Véase al respecto: GEIST, Kathe. "Yasujiro Ozu : Notes on a retrospective". *Film Quarterly,* 1983, Fall, v. 37, nº 1, p. 7 - 8.

25 Cita: SCHRADER, Paul. *El estilo trascendental en el cine : Ozu, Bresson, Dreyer* . Madrid : JC, D.L. 1999, p. 58.

XXXII. ENTRE EROS Y THANATOS

"En esta película (Principios del verano) yo deseaba pintar el ciclo
de la vida (rinne), o la impermanencia más que la acción en sí misma.
No me interesa la acción gratuita".
Yasujiro Ozu[1]

XXXII. 1. Los dominios de Eros

Por lo general las películas de Ozu se desarrollan, dentro de sus contextos familiares, en torno a los problemas y situaciones derivados del matrimonio: los hijos e hijas tienen intención de casarse, o deben hacerlo aunque no lo pretendan. Pero además nos cruzaremos con matrimonios ancianos, con viudos de avanzada edad y con viudas en la más radiante juventud; pero también conoceremos casos de jóvenes que permanecen solteros; o historias de amor no consumado, puesto que el matrimonio resulta imposible.

Ozu desarrolla con frecuencia, a partir de Primavera tardía, el tema del matrimonio de la hija, debido a presiones familiares, lo que deja sumido al padre en la soledad y en la tristeza. No falta quien encuentra en este esquema argumental atisbos de su propia biografía: Ozu nunca contrajo matrimonio; en sus películas es frecuente que las mujeres no tengan ganas de casarse o, si han enviudado, no tienen ganas de repetir la experiencia. Sin embargo la presión de la familia y de la sociedad es fuerte, por lo que finalmente deben claudicar ante la voluntad ajena. Sabemos por los diarios de Ozu que también su madre y sus amigos con frecuencia aconsejaban al cineasta que se casase; y si pudo conservar la soltería fue en buena parte gracias a su condición masculina. Las películas de Ozu, por otra parte, no ahorran ironías sobre tales presiones conyugales[2].

La costumbre social hacía frecuentes en Japón las bodas acordadas, o *miai kekkon*. En el Japón anterior a Meiji, el matrimonio basado en la elección personal era frecuente entre las clases populares. Pero depués de la Restauración de Meiji el matrimonio acordado llegó a ser la práctica más habitual. Por el contrario, el enlace por amor o *ren- ai kekkon,* se consideraba una costumbre occidental[3]. En las películas de Ozu conviven los matrimonios acordados (Primavera tardía, Tarde de otoño) con los libremente decididos (Primavera precoz, Otoño tardío, El otoño de los Kohayagawa). Pero unos y otros resultarán ser fuente de conflicto. El matrimonio impuesto es, a corto plazo, fuente de desdichas tanto para la hija, que se casa en contra de su voluntad, como para el padre, quien se enfrenta a un horizonte sombrío, ante el umbral de la próxima muerte. Los padres, las tías, los hermanos mayores y los amigos se empeñan en gestionar el matrimonio de las hijas pequeñas, mientras que éstas prefieren aferrarse a la anormalidad de la soltería, lo que las hace ser vistas con recelo. En Bakushu incluso se insinúa el posible lesbianismo de la joven que no quiere casarse. Con frecuencia las hijas se sublevan contra la decisión conyugal de sus familiares y amigos: el primer caso lo brinda Noriko en Principios del verano, cuyo ejemplo es seguido por la sobrina de El sabor del arroz con té verde y por la hija de Flores de equinoccio: tres jóvenes díscolas que demuestran hasta qué punto las jóvenes de Ozu distan mucho con frecuencia de ser dóciles y sumisas.

A menudo el matrimonio no constituye el clímax jovial característico del melodrama hollywoodiense. En películas como Primavera tardía o Tarde de otoño (sendos ejemplos de *o miai kekkon*) no triunfa el amor, sino el acuerdo social. Todo lo más, es una nueva estación que da comienzo en los ciclos vitales de las personas[4]. Como en las claves parabólicas de la trilogía *keredo*, ejemplificada en Nací pero...: uno se casa, pero entonces comienzan otro tipo de problemas.

El arquetipo habitual lo brinda la hija en la serie Noriko: una muchacha que duda entre casarse, o

---

[1] SCHRADER, Leonard. "Yasujiro Ozu : 1903 - 1963". En : *The Masters of Japanese Film*. Berkeley, California : Pacific Film Archive, ca.. 1980, p. 186.

[2] Véase por ejemplo: GROST, Michael. "The Films of Yasujiro Ozu : late Spring. An Autumn Afternoon".
En: *Classic Film and Television Home Page*. En: http://members.aol.com/MG4273/ozu.html
El autor incluso sospecha orientaciones homosexuales en el cineasta, atendiendo al episodio de su biografía en que fue expulsado de un colegio, y a que no tuvo relaciones con mujeres (lo que no es del todo cierto, como se vio en el capítulo biográfico).

[3] GEIST, Kathe. "The role of marriage in the films of Ozu Yasujiro". *East-West Film Journal,* 1989, v.4, nº 1, p. 48 - 49.

[4] Ibid, p. 50

permanecer soltera para atender a su familia. El modelo arranca con Primavera tardía, y se desarrolla con fuerza en títulos posteriores como Cuentos de Tokio, Otoño tardío y Tarde de otoño. Las jóvenes protagonistas de todos estos relatos se muestran como muchachas abnegadas, y con acusado instinto maternal, que a menudo suplen a la madre ausente, en un estadio previo al ya inminente de esposa. Es éste un papel particularmente reservado para Setsuko Hara en Primavera tardía y Cuentos de Tokio, películas en las que el paradigma filial alcanza sus momentos más sublimados.

En algunos de estos casos es recurrente el tema de la última excursión, antes del matrimonio o de la separación: encontraremos ejemplos en Érase un padre, Primavera tardía, Flores de equinoccio y en Otoño tardío. En todos estos ejemplos las excursiones dispensan un postrero lamento por el tiempo perdido, y por no haber aprovechado mejor las oportunidades de encuentro entre padres e hijos. En los diarios de Ozu son frecuentes las crónicas de viajes y excursiones, emprendidas en compañía de amigos y compañeros. Estas escenas de excursión brindan momentos expansivos, en los que momentáneamente se abandona la rutina laboral. Y dichos episodios serán asimismo frecuentes en sus películas, desde Días de juventud hasta El otoño de los Kohayagawa, pasando por el paseo en bicicleta de Primavera tardía, o las excursiones de los compañeros de trabajo en Primavera precoz y en Otoño tardío.

Las excursiones que emprenden padres e hijos anteceden a la inminente boda, que se celebrará justamente a continuación: es el caso de Primavera tardía y de Otoño tardío. Aunque el matrimonio es la escena climática, hacia la que convergen numerosos relatos, éstos son eludidos elípticamente. Pero además los novios de las hijas ocupan una posición secundaria, como sucede en Flores de equinoccio y en Otoño tardío, o no llegan ni siquiera a aparecer, tal como veremos en Primavera tardía y en Tarde de otoño. Dichas películas, así como Flores de equinoccio y Otoño tardío, apuntan desde el principio mismo del relato hacia la boda. Y sin embargo tales celebraciones nunca son filmadas; siempre son eludidas por elipsis. Las excepciones son sumamente tangenciales: en Flores de equinoccio, excepcionalmente, se filma un banquete y una celebración nupcial, pero son organizados por una familia amiga de los protagonistas. Por el contrario, la boda de la hija será evitada. En la posterior Otoño tardío se filma otra liturgia característica de las bodas: la foto de novios; sin embargo se evita cuidadosamente cualquier otra imagen de la ceremonia.

Cabría reconocer, en esta supresión, una actitud púdica, temerosa, ante Eros y Thanatos: bodas y fallecimientos, sendos episodios climáticos en sus películas, tienden a ser discretamente evitados. Es éste un recurso narrativo legítimo, que intensifica el antes y el después, y hace derivar por otros derroteros la construcción narrativa. Con frecuencia la única concesión que se nos permite es ver a la novia ultimando los preparativos, pocas horas antes de una ceremonia que será evitada. Lo que sucede, por ejemplo, en Banshun y en Samma no aji. En Akibiyori, como se dijo, la pareja es vista cuando se está haciendo la foto de bodas. En las tres películas citadas, unidas por un mismo dispositivo argumental, se repite la imagen de la hija enfundada en el *kimono* nupcial: bella coraza con la que la novia se prepara para ingresar en una nueva vida, en una nueva familia distinta de la que partiera. La hija recubierta por su traje de novia es sinécdoque ritual de la despedida del padre, o de la madre, y del abandono del hogar familiar para ocupar desde entonces uno nuevo.

Pese a la simpatía con que Ozu retrata a los miembros más tradicionales de las familias, no sería oportuno calificar de idealista la percepción que Ozu tiene del universo familiar. Todo lo contrario: la familia es un microcosmos donde a menudo germinan posiciones interesadas, mezquinas y destructivas. Es el caso de Las hermanas Munakata, Cuentos de Tokio o Crepúsculo en Tokio. Y en la totalidad de los casos el matrimonio aniquila el deseo, un sentimiento pocas veces presente en las películas que nos aguardan: el de Ozu es un cine sin sexo, circunstancia que le permitirá ironizar a Suo Masayuki en su recreación pornográfica de los relatos familiares de Ozu, Aniki no oyome- san, a la que nos referiremos en un capítulo posterior. Por esta razón los momentos de pasión brillan con una extraña y resplandeciente intensidad: es el caso del beso con que concluye Una gallina al viento; los de Kayo y Kiyoshi en Hierbas flotantes, o el apasionado beso de Pez Rojo cuando seduce a su inapetente amado en Primavera precoz.

Aunque en sus películas existen objetos de deseo, éstos son frívolos y materiales; y por lo común relacionados con apetencias de origen occidental: los clubes de golf, la lavadora y el bolso en Tarde de otoño, o la televisión en Buenos días. Lo observa Cedric Anger: en las familias de Ozu el amor es visto como un acto vacío, cuando el interés familiar predomina ante todo[5]. Al menos, en lo que se refiere a los personajes que, voluntariamente, deciden apartarse de la tradición, de las raíces y del *furusato*: de la tierra y de la palabra de los

---

5 Véase: ANGER, Cédric. "Le goût amer d'Ozu". *Cahiers du Cinéma*, 1996, May, nº 502, p. 20.

padres.

La contenida afectividad de los personajes de Ozu se manifiesta en otra notable singularidad: éstos casi nunca se tocan; no digamos que se besen o abracen. En sus relaciones sociales, familiares y afectivas, los personajes se muestran tan estáticos como la propia cámara. Fruto de esta situación, los momentos en que se tocan resultan, por su escasez, extraordinariamente significativos: recuérdese el masaje que Noriko da en las espaldas a la abuela en Cuentos de Tokio; o la transmisión del reloj y la despedida de Noriko y Kyoko en aquella película tras considerar ambas que la vida es decepcionante.

XXXII. 2. El triunfo de Thanatos

El tema del amor siempre se encuentra vinculado con el de la muerte, formando ambos un binomio indisociable. En una de sus películas perdidas, La melancolía de una mujer hermosa (1931), una pareja recibe como regalo de bodas un disco. En una de sus caras se ha grabado la Marcha Nupcial; en la otra la Marcha Fúnebre. Se trata de un aviso premonitorio, puesto que poco tiempo después la esposa contrae una enfermedad y fallece. En uno de los intertítulos se lee: *"Ni la nieve de invierno ni la belleza de una mujer duran demasiado"* [6].

Ilustrando esta postrimería, en las películas de Ozu se produce una frecuente interconexión entre bodas y funerales. Teniendo en cuenta, además, que la mayoría de sus familias están mutiladas, cabría considerar la boda como un estadio previo a la muerte, que se agazapa en todo momento. La proximidad de la tumba pende siempre sobre las familias de Ozu: O bien ha fallecido alguno de sus miembros; o lo hace en el curso de la película (el marido borrachín en Las hermanas Munakata; la abuela en Cuentos de Tokio). También cabe añadir la premonición de la propia muerte al saberse gravemente enfermo: es el caso del padre de Las hermanas Munekata. En otros casos el anciano intuye, aun sin hallarse presa de la enfermedad, que el tiempo se agota, pues las sombras del ocaso acechan. Aun cuando no se produzcan las defunciones, como en dichos casos, los personajes ancianos quedan solitarios, barruntando su propio fin. Y casi siempre quedan viudos. La joven viuda Noriko, en Cuentos de Tokio, debería volver a casarse según sus padres al continuar siendo joven y sin hijos. Su situación, tras su breve y truncada experiencia conyugal, es próxima a la de las jóvenes núbiles que deben enfrentarse con el matrimonio, aún en contra de su voluntad: Primavera tardía, Principios del verano, Tarde de otoño. Los viudos y las viudas de Ozu, particularmente los que son interpretados por los ejemplares Chishu Ryu y Setsuko Hara, velan la memoria de los difuntos, apartando toda posibilidad de nuevo matrimonio. Siempre permanece latente la posibilidad de unas nuevas nupcias, bien en el padre viudo o viuda, bien en los hijos en edad núbil. Y es un suceso que acarreará conflictos ya que, en los casos de Primavera tardía y de Otoño tardío, los viudos que han decidido casarse de nuevo son vistos con ironía y con una moderada desaprobación por las hijas. Pero al no contraer nupcias finalmente, el desenlace deja a los padres condenados a la soledad y al silencio.

Las muertes de Ozu se producen de manera súbita. Con la excepción incumplida de Las hermanas Munakata no son fruto de una larga enfermedad, sino que se producen de manera repentina, como queriendo confirmar los negros presagios que se han venido acumulando. Es el caso de ¿Dónde están los sueños de juventud?, Amad a la madre, Los hermanos Toda, Érase un padre, Las hermanas Munakata, Cuentos de Tokio y de El otoño de los Kohayagawa.

Y cuando no se llega a producir el desenlace, éste se ve anunciado. La muerte, o su premonición, es una constante a lo largo de toda la obra de Ozu. Es complementaria de las bodas y, de algún modo, el efecto que produce es el mismo: la disgregación de las familias y la soledad de los padres. En Flores de equinoccio un personaje vaticina: *"Hoy una boda; mañana un entierro"*. A su vez Otoño tardío comienza con unos ritos funerarios, y concluye con una boda. Matrimonios y funerales son ritos y situaciones vitales complementarias en las películas de Ozu. El otoño de los Kohayagawa concluye con las exequias funerarias del patriarca. El humo de la chimenea del crematorio se pierde en el cielo. Pero al mismo tiempo que se ultiman los actos fúnebres la hija del difunto planea su próxima boda. Al final de Tarde de otoño el padre entra en un bar, después de la boda de su hija, con rostro sombrío. Cuando la camarera le pregunta si ha salido de un funeral, él responde: *"sí, de algo parecido"*. Y el aspecto que lleva es apropiado para ambas ceremonias. La muerte o la premonición de muerte se produce, por contraste, bajo un cielo límpido, sin nubes: la abuela en Cuentos de Tokio intuye la proximidad de su muerte en compañía de su nieto. Poco después sufrirá, en Atami, un leve desfallecimiento. Ambas escenas transcurren en pleno verano, en días radiantes, sin un solo nubarrón. Otro tanto sucede, en esta misma película, en la escena en que

---

6 Véase: BORDWELL, David. *Ozu and the poetics of Cinema*. New Jersey : Princeton University Press, 1988, p. 217.

los dos ancianos contemplan la inmensidad de Tokio: *"si nos perdiéramos, jamás volveríamos a encontrarnos"*, dice ella, anticipando de nuevo su próximo fin. En correspondencia con aquella escena, el día en que fallece la anciana su viudo no deja de observar cuán bello ha sido el amanecer.

Es muy frecuente la presencia de viudos en las películas de Ozu. A ellos cabe añadir los ejemplos en que los hombres han sido abandonados por sus esposas y compañeras- es el caso de Kihachi en Corazón vagabundo y en Un albergue en Tokio, o de Shukichi Sugiyama en Crepúsculo en Tokio: también a menudo la madre había fallecido años antes del comienzo del relato. Esto sucedió en Érase un padre, Primavera tardía, Las hermanas Munakata, El otoño de los Kohayagawa o Tarde de otoño. Como se recuerda, también el padre de Cuentos de Tokio queda viudo en el curso de la película. Asimismo son frecuentes los casos de mujeres viudas: Amad a la madre, El hijo único, Historia de un vecindario, Noriko en Cuentos de Tokio, y finalmente, la admirada Akiko Miwa de Otoño tardío. En esta última película, precisamente, se trata de emparejar a la hermosa viuda interpretada por Setsuko Hara con un viudo cómico y decrépito. Naturalmente será rechazado; pero el irónico Ozu permitirá al mismo actor, Ryuji Kita, contraer segundas nupcias en la posterior Tarde de otoño con una joven muy atractiva y ardiente, lo que será motivo de envidia entre sus amigos.

Precisamente es frecuente, al menos a partir de 1949, el tema del posible emparejamiento de estos personajes con un nuevo cónyuge que restablezca la unidad familiar. Una vez más es Primavera tardía la película que inaugura este tema, a partir de dos segundas nupcias: una de ellas es real- el señor Onodera se ha casado años después de perder a su esposa-; y la segunda ficticia: el padre de Noriko finge que también él va a contraer un nuevo matrimonio para animar a su hija a que también ella se case. En otros casos algunas mujeres -y siempre camareras- recuerdan a los ancianos a la esposa fallecida. Esto sucede en la escena de la borrachera de los tres amigos en Cuentos de Tokio, si bien el tema será particularmente explotado en Tarde de otoño: el señor Hirayama cree reconocer los rasgos de la difunta en la simpática joven que le atiende en el bar Torys: hasta el punto que lleva a su hijo a este local para confirmarlo. Tanto da, porque Koichi, el primogénito, no encuentra semejanza alguna. Los parecidos sólo están en la imaginación de los personajes que, envejecidos y presa de la nostalgia, se aproximan a la soledad que precederá al fin de sus días.

En tres de las obras maestras aquí comentadas -Primavera tardía, Cuentos de Tokio y Tarde de otoño- los respectivos relatos parecen avanzar con la intención prioritaria de mostrar a sus ancianos protagonistas enfrentándose, solitarios, con su próximo ocaso, ahora que ya se ven completamente solos. Un arquetipo frecuente lo dispensa el anciano que, solitario y con frecuencia borracho, medita sobre la decepción que le supone la vida. En los tres casos citados dicho personaje corre a cargo de Chishu Ryu. Pero además, en los ejemplos más patéticos, dicho individuo es interpretado por Eijiro Tono, uno de los ilustres secundarios de Ozu que da rienda suelta a su tristeza en las escenas en las que interviene en Cuentos de Tokio, Primavera precoz, Buenos días y en Tarde de otoño. En todos estos casos el personaje es un borrachín empedernido; más de lo habitual incluso en Ozu. Al cabo, sus personajes suelen ahogar en alcohol las penas que la vida les produce: amor, soledad y muerte; y los ejemplos encarnados por este notable secundario brindan el ejemplo más conmovedor en la filmografía de Ozu. Aunque el decrépito anciano nunca llega a morir, se intuye que su final no puede estar lejos, y siempre se le dejará solitario.

Poniendo punto final a la relación con los suyos, la muerte sorprende a los patriarcas en el curso de apacibles veladas familiares: Así sucede en Los hermanos Toda y en Érase un padre. En El otoño de los Kohayagawa el abuelo sufre, cuando se encuentra en compañía de su familia y de su amante, dos crisis repentinas: una está a punto de costarle la vida; la otra le lleva definitivamente al crematorio. Ésta es, por añadidura, la parábola más explícita sobre la presencia de la muerte de toda la obra de Ozu. También el fallecimiento de Tomi, la anciana de Cuentos de Tokio, se produce tras la visita que ha realizado a sus hijos.

En dos ocasiones la muerte sorprende al padre mientras sus hijos atienden sus obligaciones escolares, que deberán abandonar para acudir al lecho mortuorio. Es el caso de Amad a la madre y de ¿Dónde están los sueños de juventud? Antes de Primavera tardía se producía la muerte expresa del padre: Amad a la madre y ¿Dónde están los sueños de juventud? . Otro tanto sucederá con las posteriores La familia Toda y Érase un padre. A partir de 1949, con Banshun, se impone la intuición de la propia muerte. Al ejemplo anterior se añaden: Las hermanas Munakata, Principios del verano, Cuentos de Tokio, Crepúsculo en Tokio, Hierbas flotantes y Tarde de otoño. En El otoño de los Kohayagawa las frecuentes premoniciones mortuorias terminarán por cumplirse, y la película concluye con la muerte y los funerales del patriarca.

En algunas ocasiones la muerte se recoge

explícitamente: ¿Dónde están los sueños de juventud? nos proporciona el primer ejemplo conservado de fallecimiento ante la cámara. Esta película comienza con una defunción, y concluye precisamente con una boda: la del rival del protagonista, que es quien se casa con la chica disputada. La posterior Érase un padre es una película en la que la muerte está presente en todo momento: el niño que muere al principio; la muerte del padre y maestro después; y concluye con el hijo transportando las cenizas del difunto. En otras películas, en fin, no se produce el fin del padre o de la madre; pero en su soledad y abatimiento finales se intuye la proximidad del desenlace. Tal es el caso de El hijo único, Primavera tardía, Principios de verano, Cuentos de Tokio, Otoño tardío y Tarde de otoño. A todas ellas aún podrían añadirse los desenlaces de las dos Ukigusa, con el padre derrotado perdiéndose en la oscuridad, a bordo del tren.

Otra situación dramática que desencadena la crisis de la familia la ocasiona la enfermedad del hijo. Así sucederá en La esposa de noche, El coro de Tokio, Corazón caprichoso, Un albergue en Tokio y en El hijo único. Pero además en algunas ocasiones se produce la muerte del hijo, lo que será desencadenante de una gran brecha familiar. En dos ocasiones tendremos noticias de hijos fallecidos en la guerra: Principios de verano y en Cuentos de Tokio. En Primavera precoz la familia protagonista perdió a su hijo, lo que desatará una grave crisis de pareja. El caso más extremo lo brinda Crepúsculo en Tokio, en la que el hijo murió en un accidente de montaña. Años después la hija menor se practica primero un aborto, y termina precipitándose bajo las ruedas del tren a consecuencia de un desengaño amoroso. No es el único caso de suicidio más o menos intencionado en la obra de Ozu. Mimura en Las hermanas Munakata no se suicida expresamente; pero es un personaje situado en el abismo de principio a fin, nihilista y con apetencias autodestuctivas que terminan por adueñarse de él y precipitando su muerte. El primer ejemplo de suicidio lo encontraremos en La mujer de Tokio, debido a la conmoción que sufre un joven estudiante al saber que su hermana se prostituye para sacarle adelante. Más adelante uno de los compañeros de oficina de Primavera precoz se quitará la vida, al sufrir una cruel enfermedad.

No deja de resultar llamativo que todas las películas de Ozu en las que aparece el nombre de la capital están asociadas con la muerte, como acusando la responsabilidad que tienen los insalubres ambientes urbanos en las respectivas tragedias que allí se narran: en Tokyo no onna y en Tokyo boshoku se producen sendos suicidios. Otro tanto cabría añadir a propósito de Tokyo monogatari: durante el regreso de la ciudad muere la abuela, y el abuelo queda solo. En la anterior Tokyo no yado no llega a morir nadie, pero una niña enferma gravemente, y se llega a temer por su vida, lo que desencadena la crisis familiar.

La muerte es eludida por elipsis; pero no así los ritos funerarios que, al contrario que las bodas, sí son con frecuencia mostrados con detalle en sus películas. Al cabo, estos ritos unen siquiera temporalmente a las familias frente a la naturaleza disgregadora que, inevitablemente, suponen las bodas, tras las cuales los hijos abandonan el hogar. Incluso aunque no tengan lugar los oficios de difuntos, son relativamente frecuentes las imágenes de tumbas y estelas funerarias: las reconoceremos, como premonición de muerte, en Érase un padre, en Cuentos de Tokio y en El otoño de los Kohayagawa.

Tras su muerte el difunto, aunque físicamente desaparecido, deja huella en el hogar: se rinde culto a su memoria a través de los altarcillos domésticos, o por medio de las fotografías que presiden los salones. Su ausencia pesa permanentemente sobre el recuerdo de quienes le sobreviven. Otoño tardío comienza con las exequias funerarias por el marido muerto, lo que permite congregar a su familia y a sus compañeros de estudios; también la familia tiene una última ocasión para reunirse tras la muerte de la abuela en Tokyo monogatari. El otoño de los Kohayagawa comienza con una celebración de la vida: las posibilidades de matrimonio de los hijos; el anciano recuperando la juventud y el humor gracias al encuentro con una antigua amante. Pero encuentra su clímax, precisamente, en la larga escena final, en el que toda la familia coincide para celebrar los funerales por el difunto. Incluso una pareja de campesinos asiste al acto desde el exterior. Por último las lápidas sustituyen a las personas, que se desvanecen tras cruzar un puente, mientras los cuervos se adueñan del paisaje anteriormente ocupado por las personas, proclamando al fin el triunfo de la muerte.

XXXIII. EL CÍRCULO FRATERNO

> - Kihachi: "La infancia es la mejor etapa de la vida. Los niños lo ignoran todo".
> - Otaka: "Es una tontería, pero ojalá que pudiera ser una niña de nuevo".
> - Kihachi: "Sí, podríamos volver a empezar desde cero".
>
> Un albergue en Tokio. 1935

XXXIII. 1 La mejor de las etapas

Numerosas películas de Ozu cuentan con la intervención de niños, y en algunas de ellas su presencia es muy destacada, particularmente en el periodo mudo. Es el caso de Tokkan Kozo, el pilluelo; El coro de Tokio, Nací pero..., Corazón vagabundo o Un albergue en Tokio. A ellas cabe añadir, aunque ya durante la época sonora, Historia de un propietario o Buenos días. Pero además en otras su presencia es, aunque secundaria, igualmente significativa: toda la acción de La esposa de noche gira en torno a una niña convaleciente. También importante será la presencia del niño (interpretado por la estrella menuda Tokkan Kozo) en Suspendí, pero..., Historia de hierbas flotantes y, aunque de manera más anecdótica, en La mujer y la barba. Asimismo en dos de las más importantes películas de posguerra, Principio del verano y Cuentos de Tokio, la presencia infantil es tan breve como sustanciosa.

Es menester por tanto que dediquemos nuestra atención al mundo de estos pequeños personajes en Ozu, importante al menos por dos razones: ofrecen un contrapunto desinhibido al mundo adulto, al tiempo que contribuye a rebajar las tensiones dramáticas mediante la incorporación de lances cómicos que, igualmente, tienen su reflejo en el orden de sus mayores. Cabe añadir que la presencia de estos personajes responde a planteamientos comerciales: las películas americanas con niños -al estilo de las adaptaciones de Tom Sawyer, Huckleberry Finn o Peter Pan- eran populares en Japón, de manera que la Shochiku no puso ningún reparo en explotar la popularidad de sus estrellas infantiles. Esta circunstancia, añadida al género de películas familiares que Ozu solía hacer, favoreció el protagonismo que los niños cobraron en muchos de sus trabajos mudos.

Es comprensible, por tanto, que uno de los miembros importantes del equipo estable de Ozu fuera, precisamente, un niño: Tomio Aoki, conocido como Tokkan Kozo debido a la popularidad que consiguió con la obrita así titulada. En las películas de Ozu, y en

Figura 345
Nací, pero...

alusión a su verdadero nombre, suele llamarse Tomio, o Tomibo. El pequeño histrión, huelga decirlo, no sólo trabajó con Ozu: también lo hizo frecuentemente con Mikio Naruse, entre otros directores que sacaban partido de sus habilidades cómicas.

También Hideo Sugawara tuvo una presencia importante, aunque menor, en las películas de Ozu: había interpretado al hermano mayor en El coro de Tokio, un papel que volvió a repetir en Nací, pero..., en compañía del inefable Aoki. Los hermanos Ryoichi y Keiji de aquella película consiguieron el punto álgido en lo que a representación infantil se refiere en la obra de Ozu. A ambos debemos añadir a la entonces actriz infantil Hideko Takamine, quien llegaría a ser una de las estrellas japonesas más populares, que trabajó con Ozu por primera vez en El coro de Tokio[1].

La infancia es, en las películas de Ozu, una suerte de paraíso efímero, que precede al ingreso en los rigores de la edad adulta: es la primera y última oportunidad que se les presenta a las personas de ser plenamente libres y desinhibidas. Por esta razón cobran pleno sentido las palabras que se pronuncian en Un albergue en Tokio, que sirven como preámbulo al presente capítulo. *"La infancia es el mejor momento de la vida",* asegura el padre en aquella película. Y sus razones tiene, ante las dificultades que se encuentra para sobrevivir en un entorno tan inhóspito y hostil. A los adultos les agradaría recuperar aquella etapa feliz pero pasajera. Se apodera de ellos, pues, un sentir de nostalgia por el tiempo inocente

---

[1] Hideko Takamine volverá a coincidir con Ozu en 1950, en la producción Shintoho titulada Las hermanas Munakata.

Figura 346
Érase un padre

Figura 349
¿Qué ha olvidado la señora?

Figura 347
Érase un padre

Figura 350
¿Qué ha olvidado la señora?

Figura 348
¿Qué ha olvidado la señora?

Figura 351
¿Qué ha olvidado la señora?

y despreocupado que se perdió muchos años atrás. No en vano una de sus parábolas sobre el paso a la edad adulta se titula, precisamente, ¿Dónde están los sueños de la juventud?

Los adultos han dejado atrás aquel dichoso estado, y nada puede reparar la pérdida. Yamamoto, el oficinista despedido en El coro de Tokio, llega a decir: *"envidio a los niños, que pueden llorar en voz alta"*. Algo parecido dirá, años después, la madre en la serena y crepuscular Fin de otoño: *"Así es la vida. Crecer y hacerse mayor no es tan bonito como se piensa. De algún modo sólo dejas de ser un niño"*.

Conscientes de su situación privilegiada, los niños de Ozu se manifiestan libres de inhibición. No son hipócritas, como sus padres: se presentan en estado puro, libres aún de la pátina de la educación, con la que ingresarán en la sociedad adulta y laboriosa. Gozan, en consecuencia, de unos derechos que les son negados a sus mayores: la posibilidad de expresarse libremente, por ejemplo.

No ocultan su apetencia por satisfacer sus instintos más primarios: son glotones y caprichosos; ariscos y egoístas. No muestran el más mínimo interés por las virtudes que tanto ponderan sus padres- el trabajo, el ingreso en una sociedad productiva-. Muy por el contrario, su comportamiento montaraz es todo un desafío a las rígidas normas de urbanidad japonesas.

A veces se presentan agrupados en parejas, en las que el hermano menor tiende a imitar al que le aventaja en años: El coro de Tokio, Nací, pero..., Amad a la madre, Un albergue en Tokio y, ya en los años 50, Cuentos de Tokio y Buenos días. En todos estos casos son necesarias las aportaciones de ambos para sacar adelante toda su fuerza, puesto que las habilidades de las parejas infantiles son duales y complementarias. Por eso actúan siempre al unísono, y emparejados.

La mayoría de los ejemplos citados se centran en entornos infantiles masculinos. Aunque aparecen menos niñas, en ocasiones éstas cumplen una función importante: recuérdese a la niña enferma de La esposa de noche. En El coro de Tokio la pareja de hermanos está compuesta por niño y niña, mientras que los dos hermanos de Un albergue en Tokio terminarán hermanando con una niña vagabunda. Los niños de Nací, pero... y de Buenos días no tienen relación alguna con niñas; ni en el colegio ni en el vecindario. Y aunque en la educación primaria coinciden niños y niñas en el

Figura 352
Nací, pero...

Figura 353
Nací, pero...

Figura 354
Nací, pero...

aula, en cursos superiores se produce la segregación por sexos, como se verá en el caso de Ohayo. Apenas hay niñas, por otra parte, en las películas familiares de Ozu. Las hijas que aparecen ya son creciditas y casaderas, como Noriko o las hijas de Flores de equinoccio, de Crepúsculo en Tokio, Otoño tardío y Tarde de otoño. En ocasiones aparecen como hijas únicas en familias mutiladas: es el caso de la hija de la viuda de Un albergue en Tokio, o la del viudo de Principios del verano, o la hija de la mujer separada en Crepúsculo en Tokio. Pese a los ejemplos citados, es cierto que el peso masculino se impone netamente, al menos en lo que a relatos infantiles se refiere. Ozu precisa de un contrapunto rebelde a la actitud de los adultos, y las niñas, a quien corresponde ser sumisas y pasivas, no encajan con este paradigma. De ahí arranca tal vez su posición secundaria.

Organizadores de su propia sociedad, los niños dictan e imponen sus propias leyes, ajenas a las de los adultos. De este modo se convierten en una caricatura desinhibida de aquéllos y de sus convenciones. El niño más fuerte llegará a ser monarca en su dominio, lo que le permite gobernarlo despóticamente. Sin embargo, salidos de aquel orden, se tornan frágiles y dependientes. Los niños de Ozu se antojan, a menudo, pequeñas caricaturas de hombres[2].

Téngase en cuenta el ejemplo de Nací, pero..., en el que los pequeños se distribuyen y disputan el poder mediante sofisticadas estrategias e intrigas. Los protagonistas de esta película practican juegos absurdos desde la perspectiva del adulto que les reprime. Sin embargo, desde el punto de vista infantil, sus nada inocentes liturgias son practicadas con toda la solemnidad de un ritual: no en vano, y por medio de las mismas, se reconoce el poder de los unos y la sumisión de los otros.

Además de emblema de la vida que comienza, a menudo están vinculados con la muerte. Durante los años mudos es frecuente el motivo melodramático del niño que enferma gravemente, lo que conduce a su familia a una situación de crisis. Es el caso de La esposa de noche, El coro de Tokio, Corazón vagabundo y Un albergue en Tokio. El motivo de la enfermedad suele ser, por otra parte, un atracón de dulces que se ha dado el enfermo en ausencia de sus padres; pero se producen casos todavía más dramáticos: en El hijo único un niño travieso -naturalmente interpretado por el inefable Tokkan Kozo- está a punto de perder la vida al ser pisoteado por un caballo. Como en los ejemplos precedentes, dicha situación lleva a su familia a un estado de crisis, al tener que hospitalizarle.

Una imagen característica nos presenta al niño yacente, con un saco lleno de cubitos de hielo sobre su cabeza. Pero además algunas escenas de estas películas discurren en hospitales, cuyo costoso tratamiento a menudo supone una dura prueba para las familias escasas de recursos. En El coro de Tokio el padre vende en secreto sus bienes, pero no por ello deja de actuar con plena normalidad, y sigue jugando con el otro hermano. Sólo tenues gestos en la soledad desvelan su sufrimiento. Para atender la enfermedad de sus hijos, los padres se ven obligados a acciones extremas: así llegan a a cometer robos (lo que sucede en La esposa de noche y en Un albergue en Tokio), a desempeñar trabajos que humillan a sus familias (El coro de Tokio), a ejercer la prostitución (Una gallina al viento y, posiblemente, en Un albergue en Tokio) y aún a abandonar a la familia para buscar mejor fortuna en una imposible tierra prometida (Corazón vagabundo).

Por fortuna en todos los casos se trata de una situación pasajera, que se resuelve con éxito. Aunque hay una película en la que muere el hijo de corta edad -Primavera precoz-, este suceso se había producido años antes de que diera comienzo el relato. Restablecido

---

[2] EYQUEM, Olivier. "Métamorphoses de l'enfant roi : (Ozu dans les années trente)". *Positif*, 1980, nº 237, p. 27.

el pequeño en los demás casos, y concluida la ordalía hospitalaria, la familia abandonará el centro renovada: a partir de entonces ya no vuelve a ser la misma. Años después, cuando los protagonistas de las películas de Ozu envejecen junto a su propio autor, los niños seguirán actuando, pero esta vez como contrapunto de las premoniciones de muerte que sienten sus mayores. Así, en Cuentos de Tokio (1953) la abuela intuye su próximo fin ante la impasibilidad de su nieto, que no la presta la más mínima atención. En Crepúsculo en Tokio (1957) una abatida muchacha se cruza, tras abortar, con un niño de pocos meses, ante el que se derrumba. Poco después se arrojará a la vía del tren. En su lecho de muerte anhela la oportunidad de comenzar desde el principio; esto es: desde los días de infancia. Es éste un deseo imposible que se corresponde con el de Kihachi y Otaka en la cita que abre el presente capítulo.

Los niños de Nací, pero... sufren una variante de crisis de Peter Pan, al asomarse al desdichado mundo de los adultos: si alcanzar la edad madura equivale a ser como su padre, y a vivir sometidos al capricho de los superiores, entonces prefieren no crecer. La anécdota representa bien la naturaleza de estos pequeños personajes: el temple subversivo reposa sobre los pequeños, y no sobre sus mayores. Los adultos son resignados, los niños combativos, puesto que en una sociedad fuertemente jerarquizada la subordinación resulta insoportable a aquellas pequeñas pero estridentes criaturas. Por consiguiente se oponen sin ningún menoscabo a sus padres, contra quienes se sublevan abierta y desvergonzadamente, sin preocuparles saber que su rebeldía provocará efectos desasosegadores sobre la familia. De manera irónica, no dudan en llegar a la huelga de hambre (Nací, pero..., 1932) o de silencio (Buenos días, 1959), o a negarse a hacer los deberes (Cuentos de Tokio). Esto es: imponen su propia ley aprovechándose de estrategias propias de ese mundo laboral que tanto repudian.

El conflicto se desata, preferentemente, contra el padre, a quien el hijo pide explicaciones por sus fracasos: El coro de Tokio, Nací, pero..., o en Corazón vagabundo, Historia de hierbas flotantes, Un albergue en Tokio. Pero también pueden producirse tensiones en la relación con la madre. Esta situación se produce cuando el padre ha muerto puesto que, en vida, la esposa queda al margen de los conflictos masculinos. Valgan como ejemplos Amad a la madre y El hijo único.

Las protestas infantiles contra la autoridad de los padres pueden adoptar numerosas formas: los más drásticos son la huelga de hambre y de silencio; también pueden emprenderla a gritos, o arrojar libros y otros

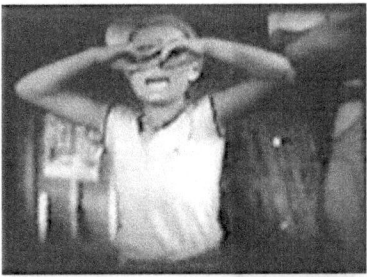

Figura 355
Corazón vagabundo

Figura 356
Corazón vagabundo

Figura 357
Hª de un vecindario

objetos al suelo. LLegado el caso, no dudan en hacer novillos y aún osan escaparse de casa. También pueden atentar contra el mobiliario, y particularmente contra las frágiles puertas corredizas, recubiertas con tiras de papel de arroz. Destruir tan frágil cobertura debe de ser una travesura habitual en el entorno doméstico japonés, como recuerda Chiyo en un poema en el que se evoca, precisamente, la ausencia de la figura infantil:

> Sin niño que me rompa
> las paredes de papel,
> ¡son tan frías!³

En ocasiones la sublevación infantil apela a al violencia más cinematográfica: en El otoño de los Kohayagawa el niño está jugando al escondite con su abuelo, cuando le ve huir desde la ventana. Y, como hacía el mismo actor infantil en Buenos días, finge dispararle. Pero al hacerlo, y en pleno arrebato de insolencia, el gesto parricida se vuelve contra la cámara; esto es, directamente contra el espectador, lo que sucederá además en distintas ocasiones. El mismo niño (el actor

---

3 En: RODRÍGUEZ-IZQUIERDO, Fernando. *El haiku japonés : Historia y traducción : Evolución y triunfo del haikai, breve poema sensitivo*. Madrid : Hiperión, 1994, p. 440.

Figura 358
Corazón vagabundo

Figura 359
Corazón vagabundo

Figura 360
Corazón vagabundo

infantil Koji Shitara) que jugaba a disparar contra su padre en Buenos días, y que simulaba dar de puñetazos a su progenitor en Otoño tardío, repite la misma agresión homicida contra su abuelo y contra nosotros mismos en esta película, en un incesante desafío contra la autoridad patriarcal (Figuras nº 2325, 2397, y 2463). El cineasta trata de justificar y de comprender esta actitud rebelde: "Algunos decían que los niños de Principio del verano son groseros y violentos, pero tengo la convicción de que esto cambiará cuando envejezcan"[4].

Por otra parte se producen en ocasiones correspondencias veladas entre los niños y los adultos: las muecas del padre ante sus colegas en la escena de la película de Nací, pero... remiten a las de los propios hijos, lo que le desacredita ante ellos. Los gestos de los niños son de desafío; las del padre de sumisión. En la posterior Buenos días los adultos participan, inadvertidamente, de los juegos escatológicos de los rapaces. Por su parte Noriko se identifica con los niños, cuyas travesuras y juegos emula, en Principios del verano. En esta película los niños son particularmente descarados: desafían a sus padres, se burlan de su tío, ignoran a las muchachas adultas, rompen los alimentos y finalmente abandonan el hogar, tal como harán los hermanos de la posterior Buenos días. En ambos casos los encuentra el futuro o posible cónyuge de la chica soltera. Y en ambos casos en el entorno de la estación. Pues, como se verá, existe una vinculación estrecha entre niños y trenes en la obra de Ozu. Pero también entre las parejas que coinciden en los apeaderos, a la espera del vehículo.

A semejanza de los niños de Nací, pero... y de Buenos días, en Cuentos de Tokio los nietos presionan de nuevo mediante huelgas. Esta vez Minoru amenaza con no estudiar como forma de protesta porque sus abuelos han invadido su cuarto. En esta película los dos hermanos se sublevan al unísono porque no les sacan de excursión: "¡Estoy aburrido!", gritan, mientras mueven las piernas a la vez. Y tiran las cosas al suelo, con rabia, tal como hacían los hermanos de El coro de Tokio o de Nací, pero... .

Los niños de Ozu se reúnen en sociedades infantiles en las que se ignora a los adultos, y en las que prevalecen las normas y la jerarquía que ellos mismos imponen. Dichas sociedades pueden limitarse a un puñado de amigos, como sucede en Buenos días, o pueden afectar a pandillas numerosas y organizadas, como sucede en El coro de Tokio, Nací, pero... , Historia de un vecindario o Principios del verano. En estos dos últimos ejemplos los niños llegan a formar un principio de república infantil, que convive en paralelo con la de los mayores. En ocasiones ambas son coincidentes: los dos hermanos de Nací, pero... aseguran que de mayores quieren ser general y capitán. Estamos en 1932, en vísperas de guerra, y sus apetencias militares no tardarán, por desgracia, en verse hechas realidad.

En estas sociedades se desarrollan lenguajes secretos y pócimas taumatúrgicas, a base de huevos de gorrión o de piedra pómez, que supuestamente conferirán un poder extraordinario a quienes las ingieran. Pero además tienen en común la fascinación por los espectáculos de masas: por el cine en Nací, pero... y en Un albergue en Tokio, donde se cita a King Kong como modelo de fortaleza absoluta. A partir de los años 50 sienten la llamada hechicera de la televisión, portadora de los deportes y del nuevo lenguaje audiovisual en Buenos días.

Como forma de desarrollar su propio lenguaje, y a menudo bajo forma de liturgia irrisoria, los niños de Ozu desarrollan un característico humor escatológico. En particular Buenos días se construye a partir de las habilidades flatulentas de los niños (y de algunos adultos). En Nací, pero... con frecuencia sorprendemos a los niños orinando, lo que asimismo sucede en Buenos

---

[4] SCHRADER, Leonard. "Yasujiro Ozu : 1903 - 1963". En : The Masters of Japanese Film. Berkeley, California : Pacific Film Archive, ca.. 1980, p. 186.

Figura 361
Tokkan Kozo

Figura 362
Corazón vagabundo

Figura 363
Principios del verano

Figura 364
Nací, pero...

Figura 365
Nací, pero...

días. En Principios del verano el niño pequeño orina contra el mar. Su hermano mayor se levanta en plena noche para hacer lo propio en el excusado; más tarde el pequeño interrumpe la cena para exonerar el estómago. Las necesidades fisiológicas son frecuentes en los niños de Ozu. Pero la cúspide mirgitoria se conquista en Historia de un vecindario. El protagonista infantil no sólo abandona el campo para aliviar la vejiga a la primera ocasión que se le presenta; además sufre incontinencia nocturna, por lo que encharca cada noche una manta... bordada con barras y estrellas, a semejanza de la bandera de los invasores ultramarinos. De manera expresiva se dice de él que orina tanto como un caballo. Pero además en esta película las mujeres, que son devueltas a la infancia por su contacto con el niño extraviado, recuerdan cómo se sorbían los mocos cuando eran niñas: exactamente como hace ahora su pequeño protegido.

Dueños de una fuerza que nace de su propia desinhibición, los niños hacen gala de una lucidez y de una fortaleza de la que carecen sus padres. El ejemplo más notable lo brinda Tokkan Kozo en Corazón vagabundo, en la que demuestra una energía y una clarividencia muy superiores a las del botarate de su padre, a quien llega incluso a pegar. Al margen de dicho ejemplo extremo, los niños se muestran a menudo más audaces que sus mayores; llegan más lejos que éstos; triunfan donde aquéllos fracasan; tienen un valor y una sinceridad de la que los adultos carecen. Pongamos un ejemplo anecdótico, pero representativo: en las tres escenas de pesca que comparten padre e hijo en las películas de Ozu -Historias de hierbas flotantes, (versiones de 1934 y 1959), y Érase un padre- en ningún momento los personajes consiguen tomar una presa. Al menos no se les ve en las escenas correspondientes. Por el contrario, el pequeño truhán de El coro de Tokio consigue cobrar un pez... utilizando como trampa el sombrero de su inerme padre. En Nací, pero... los niños son capaces de enfrentarse con los tiranos en su sociedad infantil. LLegan a derrotarles y a usurpar su poder, algo con lo que no puede ni soñar su amedrentado y timorato padre.

Pero además los niños llegan a mostrarse más inteligentes que los adultos, y por todas estas razones triunfan a menudo sobre ellos. En ¿Qué ha olvidado la señora? Tomio ha sido capaz de dar con la solución de un problema matemático con enorme agilidad, mediante una sencilla operación de quebrados que al universitario Okada le desborda. Los niños ironizan sobre las aptitudes de Okada. LLegan a preguntarle, con insolencia, si verdaderamente llegó a graduarse en la Universidad, y si pudo aprobar las matemáticas. Una vez más, encontramos explícitamente la idea recurrente del triunfo del niño sobre la edad adulta, habitual en las películas con niños de Ozu, y ejemplificada en Tokkan kozo y en Nací, pero... . Y este triunfo autoriza a la burla, al escarnio y al improperio sobre el inerme adulto.

Como ya habrá reparado el lector, los niños de Ozu no

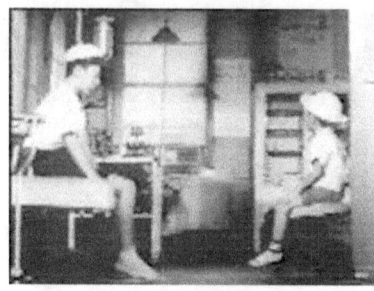

Figura 366
Cuentos de Tokio

Figura 367
Cuentos de Tokio

se distinguen por su candidez y simpatía, precisamente. Son taimados y agresivos; irrespetuosos con sus abuelos, desobedientes con sus padres y poco considerados con sus compañeros. Además son obstinados y difíciles de corregir: no claudican a la norma ni a las convenciones que la sociedad trata de imponerles. Particularmente perverso se muestra el primogénito de El coro de Tokio, cruel con los animales, insensible hacia los sufrimientos del padre y artero en su relación con la hermana. No hay razón que valga: sólo le interesa conseguir su preciada bicicleta. LLega a hacer llorar a la niña, golpeándola, para quitarla el caramelo de la boca y comérselo. Además gozará de inmunidad absoluta: sus padres le dispensarán todo cuanto haga.

Los niños japoneses, según nos informa la antropóloga Ruth Benedict, gozan de un máximo grado de libertad y de indulgencia. Conforme éstos crecen, las restricciones irán también aumentando, hasta llegar al mínimo en los años previos y posteriores al matrimonio[5]. Son por tanto seres privilegiados, en el rígido marco social japonés, y de este modo son retratados en las películas de Ozu (remitimos una vez más al lector a la cita que abre el presente capítulo).

Sin embargo, y pese a la condescendencia con que son tratados, determinados centros correctores se ocupan en pulir sus hábitos innatos con el fin de hacer de ellos elementos socialmente útiles: la propia familia primero; la escuela y la universidad después y, ya en los años adultos, la empresa en la que ingresarán. En dichas instituciones el joven iniciado debe aprender la base de la ley patriarcal: el respeto debido al padre es el equivalente familiar del respeto que se guardará a todas las empresas e instituciones que se sitúan por encima del individuo, y cuyo pináculo sería la figura imperial.

En Nací, pero... preguntan a los niños si les gusta ir al colegio. La respuesta: "Nos gusta ir y volver. Lo que no nos gusta es lo del medio". En el aula se suele escuchar, ya en las películas sonoras, una cancioncilla infantil, habitual de las escenas escolares de Ozu (Una gallina al viento, Cuentos de Tokio, Buenos días). El paso por las aulas supone un camino de madurez que les abrirá el acceso a la edad adulta. Y esto se ejemplifica en Nací, pero... : al principio los niños no saben resolver el juego de aros; al final sí. Al principio se pelean, pero terminan conviviendo en armonía relativa. Del mismo modo los niños terminan por aceptar las jerarquías sociales y que, antes o después, deberán ocupar el puesto que les sea asignado.

Mientras se ultima el proceso de madurez, las faltas de respeto que se permiten los niños de Ozu con sus padres son incesantes. Ahora bien, las películas son lo suficientemente ecuánimes como para presentar el punto de vista de ambos; sin embargo no se oculta una intención moralizante: los padres tienen razones que los niños, por su corta edad, no alcanzan a comprender. La madurez de los personajes les abrirá los ojos a un punto de vista que para ellos permanecía inédito. Entonces cobra pleno sentido que tanto la rebeldía de los unos como la sumisión de los otros forman parte de un común proceso de aprendizaje que, finalmente, situará a cada cual en el puesto que le corresponde. Un acertijo popular japonés dice: "¿Por qué un hijo que quiere dar consejos a su padre se parece a un sacerdote budista que quiere tener pelos en la coronilla?" (los religiosos son por norma tonsurados). La respuesta la proporcionan, en clave parabólica, algunas películas de Ozu: porque por mucho que quiera hacerlo, no debe[6].

XXXIII. 2. La placentera vida escolar

También frecuentes en el cine de Ozu, aunque fundamentalmente en su etapa muda, son las gakusei-mono: películas sobre estudiantes, cuyas peripecias discurren en las lindes de colegios y universidades. Se vieron realizadas entre 1928 (Wakodo no yume, Sueños de juventud, hoy perdida), y 1936 (Daigaku yoi toko, La universidad es un buen sitio, también perdida). Las supervivientes forman una serie no demasiado extensa, aunque sí muy significativa en la trayectoria de su autor:

---

5 Véase al respecto: BENEDICT, Ruth. *El crisantemo y la espada : Patrones de la cultura japonesa.* Madrid : Alianza, 1974, p. 226 - 252.

6 Véase: Ibid., p. 54.

Figura 368
Suspendí, pero...

Figura 371
Días de juventud

Figura 369
Suspendí, pero...

Figura 372
Amad a la madre

Figura 370
Suspendí, pero...

Figura 373
¿Dónde están los sueños de juventud?

comienza con la primera película conservada, Días de juventud (1929), y prosigue con Me gradué, pero..., Suspendí, pero..., La bella y la barba, El coro de Tokio y ¿Dónde están los sueños de juventud? (1932). También Amad a la madre y La mujer proscrita incluyen, aunque de manera tangencial, alusiones a la vida universitaria.

Cabe añadir que asimismo la primera película sonora de Ozu, El hijo único (1936) se sitúa en los límites del gakusei mono, como sucedía con Me gradué, pero... . En ambos casos el hijo acude a estudiar a la ciudad, y a partir de este momento se produce la quiebra con el hogar natal. También Érase un padre (1942) toca de paso el tema estudiantil, puesto que los dos protagonistas son maestros de escuela, un oficio que compartirán con Kyoko (Cuentos de Tokio) y con Akiko (Otoño precoz).

Muchas de estas películas responden a las convenciones del subgénero: las vicisitudes cotidianas de los estudiantes, tanto dentro como fuera de las aulas; los romances y los temidos exámenes; las relaciones con la familia, los compañeros y los profesores; los obstáculos que se han de superar para la graduación y, finalmente, las dificultades para conseguir un empleo. Con la única excepción del estudiante rico de ¿Dónde están los sueños de juventud?, sus protagonistas pertenecen a las clases populares, y se hallan completamente alejados de la habitual tipología del héroe japonés. Son personajes espontáneos, rebosantes de humor y de ganas de vivir, que se entregan a los placeres goliárdicos conscientes de que su paso por la escuela ha de ser efímero, y que tras su graduación se han de encontrar un camino erizado de espinas.

Al menos hasta que concluyen sus estudios, los estudiantes forman una familia profesional; viven hermanados, y se integran dentro de un círculo fraterno que sustituye ventajosamente el orden doméstico: se trata de auténticas repúblicas familiares, en las que no hay propiamente líderes, si bien algunos tienen especial protagonismo a causa de sus circunstancias personales. El ejemplo más singular lo brinda el estudiante rico de ¿Dónde están los sueños de juventud?, que no en vano llegará a ser el patrón de sus amigos cuando éstos se incorporen a la empresa que dirige. Es habitual entre los personajes hermanados de Ozu -los estudiantes y los yotomono- que actúen al unísono. Éste es un rasgo compartido por los universitarios de Días de juventud y de Suspendí, pero...; por los delincuentes de poca monta de Caminad con optimismo y de La mujer proscrita, (contrástense las figuras nº 500, 619 - 621, 661- 663 y

Figura 374
¿Dónde están los sueños de juventud?

Figura 375
¿Dónde están los sueños de juventud?

Figura 376
¿Dónde están los sueños de juventud?

689) y muy particularmente por las parejas de hermanos de Nací pero..., Amad a la madre y Un albergue en Tokio, cuyos movimientos aparecen la mayor parte de las veces coreográficamente sincronizados, actuando como si los dos fueran uno solo.

Pese a que el círculo fraterno estudiantil tiende a extinguirse o a transformarse tras el ingreso en la edad adulta, siempre sobreviven los rescoldos, como se encarga de demostrar particularmente aquella película cuyo título se interroga por los ideales juveniles. Aunque sin duda su rodaje responde a las exigencias de la productora, las películas que discurren en el entorno académico desvelan la nostalgia que siente el cineasta, ya definitivamente integrado en el mercado laboral, por una experiencia académica desaprovechada: sus poco gratificantes años escolares, o por otras oportunidades a las que nunca tuvo acceso, y que permanecen de algún modo idealizadas en la imaginación, como fue la universidad, a la que Ozu no accedió.

La educación japonesa había conocido una espectacular transformación desde los tiempos de Meiji en adelante. A finales de los años 20 se sumaban más de 60.000 estudiantes en el país[7]. Muchos de ellos, en compañía de sus novias o amigos y familiares, eran potenciales espectadores cinematográficos, y por tanto sus peripecias escolares resultan de interés para los estudios cinematográficos, como es el caso de Shochiku.

Como el conjunto de la sociedad, las universidades japonesas estaban muy jerarquizadas, conforme a su prestigio y al nivel económico de sus alumnos. Las de Ozu no son universidades de élite, sino más bien secundarias (Waseda), cuyos alumnos pertenecen a clases medias o medias-bajas. Al haberse creado siguiendo modelos extranjeros, la vida universitaria se hallaba intensamente occidentalizada. En ellas se impartían planes de estudio, alternados con deportes, siguiendo el modelo anglosajón. Dicha actividad extraacadémica es recogida, como se examinará, en las escenas de danza (Suspendí, pero..., ¿Dónde están los sueños de juventud?) y de kendo (La mujer y la barba).

Las gakusei mono de Ozu se centran preferentemente en el momento crítico en el que los alumnos concluyen sus estudios, y se disponen a ingresar en el orden adulto: en la encrucijada laboral. Frecuentemente son estudiantes de economía, ya preocupados por el inminente acceso a las empresas. Nonchan, el joven estudiante que acaba de licenciarse en El sabor del arroz con té verde, estudia teoría económica occidental. Y ensaya el Gaudeamus Igitur para la fiesta de su licenciatura. No se trata de ninguna novedad, puesto que en ningún caso son científicos ni humanistas: antes bien se aplican a la gestión empresarial, disciplina en la que a menudo destacarán como responsables o jefes de sección. Tal será el caso de los ya maduros protagonistas de El sabor del arroz con té verde, Otoño tardío y de Tarde de otoño, quienes precisamente se conocieron durante los años universitarios. Por el contrario, ninguno tiene inclinación hacia las artes, literatura o humanidades. Como se verá, el profesor de clásicos chinos fue objeto de mofa y befa en los años de estudiantes, y objeto de piedad por su estado ruinoso durante la vejez, en Samma no aji.

En consonancia con la occidentalización de la enseñanza, también el propio género que se le dedica, el gakusei-mono, se había concebido a la usanza de las películas americanas cuya acción transcurre en colegios y universidades, pero adaptándolas a las circunstancias niponas. Particularmente hallaremos en Ozu huellas de las comedias estudiantiles de LLoyd y de Keaton.

Aunque las pruebas de acceso eran duras, una vez producido el ingreso en la facultad la vida del estudiante era, según reza el título de una película perdida de nuestro autor, placentera. Y así es: como no tardaremos en comprobar en nuestro apartado filmográfico, los

---

[7] Véase: BORDWELL, David. *Ozu and the poetics of Cinema*. New Jersey : Princeton University Press, 1988, p. 33.

XXXIII. EL CÍRCULO FRATERNO

Figura 377
Suspendí, pero...

Figura 378
Suspendí, pero...

Figura 379
¿Qué ha olvidado la señora?

es un rasgo común contrastar el alegre desenfado de la adolescencia y de los años escolares con la oscuridad y la amargura que trae consigo el paso a la edad adulta.

Así la vida escolar primero, y la universitaria después, suponen una antesala previa al ingreso en la vida adulta; un placentero oasis que, al ser abandonado, precipita al estudiante al torbellino civil. Se vislumbra ya desde los años escolares la posibilidad del matrimonio, de casarse y de tener hijos- esto es, de sumarse de manera irreversible a la vida adulta- como un fantasma que pende amenazador. Los encuentros con chicas llevan siempre asociado ese grave riesgo. Sin embargo dichos encuentros son siempre inocentes, asexuados, y desprovistos de toda malicia; la etapa escolar ha de ser, por encima de cualquier otra consideración, placentera y despreocupada: la mejor de las etapas, al fin.

estudiantes se entregan a la buena vida con hedonista e irresponsable fruición: beben y fuman; juegan y practican deportes y se disputan jovencitas. No queda mucho tiempo para el estudio. No hay escenas de biblioteca, laboratorio o actividades de campo en las películas de Ozu; los libros se repasan con ansiedad minutos antes del examen, pero cuando alguien comete la extravagancia de leer (lo que sucede en Días de juventud, en la que uno de los estudiantes tiene entre las manos el Quijote, (véase la figura nº 490), se le retira el libro con desdén. Sobra añadir que, cuando llega el tiempo de rendir cuentas ante los profesores, también viene el arrepentimiento, pero es demasiado tarde: el estudiante negligente sufre las consecuencias de su irresponsabilidad. Terminada la etapa universitaria, los antiguos alumnos la recuerdan con nostalgia, pero asimismo con un poso de amargura y de consternación por no haber sabido aprovechar mejor aquella etapa formativa.

De este modo, y aunque se ensalza la jovialidad goliárdica de estos muchachos, también subyace, como en el caso de las películas con niño, un velado mensaje ejemplarizante: el exceso de diversiones llega a frustrar los proyectos personales. Al fin y al cabo, el tema compartido de las comedias estudiantiles suele ser el de la transición a la edad adulta. Por consiguiente

Noriko. Kami ningyô realizada por Miko Misono

XXXIV. LA LEY DEL YOTOMONO

XXXIV. 1. La banda escarlata de Shochiku

A finales de los años 20 dos importantes obras de Josef Von Sternberg habían dejado huella en Japón: La ley del hampa (1927) y Los muelles de Nueva York (1928). Desde principios de la década siguiente cobraron popularidad en aquel país diversas películas de gángsters que seguían la estela del cineasta vienés: Hampa dorada (Mervin Le Roy, 1930), El enemigo público nº 1 (William A. Wellman, 1931), Las calles de la ciudad (Rouben Mamoulian, 1931), Código criminal (Howard Hawks, 1931) y Scarface (Howard Hawks, 1932). Siguiendo el ejemplo de la primera película citada, muchas de ellas relataban el apogeo y el declive de criminales de recia personalidad, cuyos delirios de grandeza precipitaban su caida. Todas estas películas supusieron una fuente de inspiración atractiva y poderosa para muchos cineastas japoneses, entre ellos Ozu[1].

Figura 380
La esposa de noche

Figura 381
La esposa de noche

Figura 382
La esposa de noche

Naturalmente los estudios japoneses permanecieron atentos al atractivo comercial que estos relatos criminales tenían sobre los espectadores. Resultaba coherente que, respondiendo a su preferencia por el *gendai geki,* la Shochiku realizase una cantidad importante de películas urbanas de temática criminal. Muchos de estos relatos estaban ambientados en el mundo del hampa de reducido fuste, cuyos protagonistas eran los llamados *yotomono,* pequeños delincuentes suburbanos que se alejaban de los delirios aristocráticos del Pequeño César, Bull Weed o Tony Camonte, genuinos emperadores de los negocios sucios de la ciudad.

Al contrario que éstos, sus variantes japonesas se limitaban a ser individuos marginales que sobreviven en la jungla de asfalto mediante atracos de poca monta, o a través de modestos negocios semi-clandestinos. Se hallan por tanto próximos a los personajes retratados en los *shomin-geki* anteriormente referidos: la guarida del *yotomono* reúne tipos humanos corrientes, que carecen de toda cualidad excepcional salvo que se dedican al delito de minúsculas proporciones. No aspiran ni a fortuna ni a gloria alguna: les basta con la supervivencia. Incluso su proceso de redención se limita a integrarles en la prosaica normalidad del trabajador y del padre de familia.

Los *yotomono* y sus aventuras suburbanas comenzaron a popularizarse tras la publicación de una exitosa novela de Yasunari Kawabata: *La banda escarlata de Asakusa*, publicada entre 1929 y 1930. No falta quien ha reconocido la sombra de estos relatos, protagonizado por vulgares rateros tokiotas, en las historias criminales que filmara Ozu a principios de los años 30[2].

Además de la intriga criminal, la novela de Kawabata plantea interesantes cuestiones sobre el proceso de modernización en torno al espacio urbano japonés. Para ello el autor juega con la paradoja, con el fin de advertir que la verdadera evolución del país debería construirse sobre lo propio, antes que sobre lo ajeno. Así, y en el caso concreto de la capital, Kawabata identifica el

---

[1] Véase: BORDWELL, David. *Ozu and the poetics of Cinema.* New Jersey : Princeton University Press, 1988, p. 244.

[2] DAVIS, Darrell William. " Ozu´s mother". En: *OZU´ s Tokyo Story /* edited by David Desser. Cambridge : University Press, 1997, p. 94. Traducción castellana: Kawabata, Yasunari. *La pandilla de Asakusa.* Barcelona: Seix Barral, 2014.

Figura 383
La esposa de noche

Figura 384
La esposa de noche

Figura 385
La esposa de noche

barrio de Asakusa, que alberga buena parte del núcleo tradicional de la antigua Edo, como el epicentro y paradigma de la modernidad. Por el contrario, el moderno barrio de Ginza, diseñado con grandes avenidas de urdimbre inequívocamente occidental, es desdeñado por su frívola superficialidad[3].

Tras el éxito conseguido por Kawabata, la novela *Rotaki hana* (*Una flor elegante*), publicada por Yoichi Nakagawa en 1933, se convirtió en la sorpresa literaria de la temporada: desbordó todas las previsiones de ventas, y contribuyó a afianzar la popularidad de los relatos criminales, tanto en la novela como en el cine[4].

Eludiendo a Ozu, entre los cineastas mayores de Japón que practicaron este género cabe recordar los meritorios trabajos de Yasujiro Shimazu *Arashi no naka shojo* (*Atrapada en la tempestad*, 1932), *Joriku daiippo* (*Primeros pasos en tierra*, 1932) o *Ashore* (*Primeros pasos*, 1932) y de Tomu Uchida (*Kaisatsukan. Policía*, 1933). Todos ellos siguen sin ningún pudor los modelos americanos: Tomu Uchida emuló el ejemplo langiano, mientras que Shimazu adoptó la pauta de Sternberg. A imitación suya, algunas de sus películas transcurren en ambientes portuarios: los muelles de Yokohama, por cuyos recovecos deambulan pequeños rufianes entregados a negocios ilícitos[5]. Bajo esta misma ambientación estudiaremos, en el caso de Ozu, el notable ejemplo que nos brinda Caminad con optimismo.

Como igualmente personales fueron las aportaciones de Mikio Naruse, quien en *Yogoto no yume* (*Sueños de cada noche*, 1933) ejecutó un brioso melodrama protagonizado por una mujer que lleva una vida desdoblada: trabaja como camarera, y ejerce como prostituta ocasional, en beneficio del hombre al que ampara. El mismo estado de desdoblamiento y con idéntico fin lo encontraremos en uno de los casos de Ozu que reclamarán nuestra posterior atención: La mujer de Tokio. Asimismo reconoceremos otro ejemplo de desdoblamiento profesional en La mujer proscrita.

Ozu practicó el género criminal con buenos resultados; pero lo hizo ocasionalmente. Las películas de gángsters que Ozu realizó fueron tan sólo tres, y de todas ellas conservamos copia: Caminad con optimismo (1930); La esposa de noche (1930) y La mujer proscrita (1933). Cabría sumar el melodrama La mujer de Tokio (1933) al compartir algunos rasgos propios del género: la mujer con doble vida cuyas actividades son seguidas por la policía. Además, estilísticamente hablando, se trata de una película marcada por el tenebrismo; su acción discurre por ambientes sórdidos, y sus protagonistas son personajes sometidos a un destino adverso.

No en vano en los ejemplos de cine negro de Ozu el componente melodramático nunca está ausente. En el fondo se trata siempre de dramas familiares o amorosos con algún trasfondo delictivo. No se producen asesinatos, ni apenas tiroteos. En Caminad con optimismo y en La mujer proscrita llegan a detonar sendos disparos, en ambos casos relacionados con una mujer, que tienen la virtud de redimir a quien los recibe. Hay pocas escenas de violencia explícita, y muchas de ellas se producen en fuera de campo (la pelea de Yoji con sus rivales en La mujer proscrita; o bien son narradas verbalmente (el atraco de Hiroshi a la tienda RCA Victor en la película anteriormente citada). Cuando llegan las escenas de acción (y aparecen algunas en las tres películas

---

[3] WADA-MARCIANO, Mitsuyo. "Construction of Modern Space : Tokyo and Shochiku Kamata Film Texts". En: *IN Praise of Film Studies : Essays in Honor of Makino Mamoru* / Edited by Aaron Gerow and Abé Mark Nornes. Yokohama ; Ann Arbor : Kinema Club ; Trafford, 2001, p. 175.

[4] BORDWELL, David. *Ozu and the poetics of Cinema*. New Jersey : Princeton University Press, 1988, p. 244.

[5] WADA-MARCIANO, Mitsuyo. "Construction of Modern Space : Tokyo and Shochiku Kamata Film Texts". En: *IN Praise of Film Studies : Essays in Honor of Makino Mamoru* / Edited by Aaron Gerow and Abé Mark Nornes. Yokohama ; Ann Arbor : Kinema Club ; Trafford, 2001, p. 168.

señaladas) son siempre extraordinariamente discretas. Curiosamente los episodios más violentos de Ozu no se producirán en el ambiente criminal, sino en el doméstico: los castigos a los niños en El coro de Tokio y en Nací, pero..., y muy especialmente las palizas que propina el patrón a las actrices en las dos Historias de hierbas flotantes, o la que da el estudiante rico a su manso y pobre compañero en ¿Dónde están los sueños de juventud? Años después, el incidente más brutal de Ozu se producirá cuando el marido precipite a su mujer escaleras abajo en Una gallina al viento.

Todas las historias criminales de Ozu son, finalmente, melodramas de redención, en los que sus personajes pecan pero finalmente reparan sus errores, y lo hacen pasando previamente por la cárcel. Así sucederá en Caminad con optimismo, La esposa de noche y en La mujer proscrita. En todos estos casos la expiación del delincuente se produce de manera voluntaria, aunque alentados siempre por sus mujeres. En todas ellas la presencia de la familia es fundamental, lo que entronca coherentemente con la filmografía de Ozu: la madre y las dos hermanas se oponen a la hermandad de delincuentes en Caminad con optimismo. La acción de La esposa de noche transcurre en un reducto hogareño, y arranca a consecuencia de la enfermedad de la hija. Tanto en La mujer de Tokio como en La mujer proscrita las relaciones fraternales, sean sanguíneas o de oficio, emparentan a todos los personajes y condicionan poderosamente su actividad.

XXXIV. 2. La ciudad y la muerte

En este orden, a la vez criminal y doméstico, los protagonistas masculinos son personajes positivos, que se dejan atrapar por las promesas de vida fácil o por un destino adverso. Tras caer en el delito enderezan su suerte gracias al amor de una mujer, un argumento muy habitual en el melodrama shimpa. En el terreno de Ozu, siempre es la mujer la que toma la iniciativa a la hora de forzar al hombre para que emprenda el camino de la expiación y el reingreso a la sociedad. Así lo comprobaremos en las películas de trama criminal de su autor: La esposa de noche, Caminad con optimismo y La mujer proscrita; o, bajo el terreno de la comedia, en La mujer y la barba.

Respondiendo a la convención melodramática, las mujeres son más fuertes que los hombres, y toman la iniciativa. Sostienen con su esfuerzo al hombre, débil e inmaduro, e incluso le sobreviven, como sucede con Chikako y su hermano en La mujer de Tokio. Conforme a otra situación recurrente, cuando una mujer se ve

Figura 386
La mujer proscrita

Figura 387
La mujer proscrita

Figura 388
La mujer proscrita

en apuros económicos, suele encontrar un trabajo de emergencia en un bar o en un club nocturno. Es el caso de la citada Mujer de Tokio. Tanto en ésta como en otras películas, dichos trabajos están eufemísticamente asociados con la prostitución de las protagonistas. Reconoceremos ejemplos de estos casos en Me gradué, pero... y en Un albergue en Tokio. Y, de manera mucho más explícita, en la anteriormente citada Una gallina al viento.

No es infrecuente, además, que las mujeres deban adoptar roles masculinos a la hora de defender su territorio: el ama de casa que protagoniza La esposa de noche recibe un sombrero típico de gángster, y pocas escenas después llegará a empuñar una pistola en defensa del hogar amenazado. A todo esto, su marido permanece pasivo y gimoteante (véanse las figuras nº 717 - 718, y las nº 719 - 721). Otro tanto hará la aguerrida Tokiko en el desenlace de La mujer proscrita, cuando toma las riendas de la acción, y llega a disparar sobre el hombre para precipitar su rehabilitación.

Tanto en ésta como en la anterior Caminad con optimismo, las compañeras de los yotomono toman parte activa en las correrías de aquéllos. Aunque con matizaciones, responden al arquetipo de mujer aventurera, exenta de toda pasividad y firmemente decidida a llegar con su compañero a donde fuere menester. Además, y con la excepción de la hogareña Esposa de noche, se corresponden con el tipo de mujer que renuncia a las señas de identidad autóctonas, para abrazar con inmoderado entusiasmo los hábitos, las normas de comportamiento y los vestuarios de procedencia occidental: se identifican al fin con la moga característica de la época.

La ciudad es a menudo el lugar inhóspito, laberíntico, donde los personajes se extravían y se sienten forasteros. Y donde las personas se deshumanizan, rompen con su pasado, con su familia y con sus tradiciones. Es además el lugar permeable a los influjos occidentales, que se filtran con naturalidad por las grandes ciudades, aniquilando los entrañables valores consuetudinarios. Relacionándolo con nuestra propia tradición literaria, cabría decir que el menosprecio de corte y alabanza de aldea es un tema habitual en el melodrama de Ozu.

El hermano de Chikako, la Mujer de Tokio (1933) llega al suicidio, una situación dramática de gran tensión que volverá a repetirse en Crepúsculo en Tokio. No sobra añadir que las películas en cuyo título aparece el nombre de la capital japonesa están relacionadas con la muerte: El coro de Tokio concluye con la reunión final de los alumnos con su anciano profesor, en la que éste intuye próximo su final. En esta misma película la familia se enfrenta con la enfermedad de la hija, una situación ya explotada en la anterior La esposa de noche. Recurriendo a la misma fórmula melodramática, también en Corazón vagabundo y en Un albergue en Tokio los niños enferman gravemente, lo que precipita los acontecimientos: en ambos casos sus protagonistas, igualmente llamados Kihachi e interpretados por el mismo actor, deberán exiliarse del reducto familiar.

En el caso de las películas de trama criminal de Ozu, la acción discurre en los bajos fondos, dentro de ambientes sórdidos donde los personajes se ven atrapados por las sombras. Predominan los espacios interiores y nocturnos- el ejemplo extremo lo proporciona La esposa de noche-, lo que provoca una sensación de tenaza sobre los personajes, a menudo sofocados por las tinieblas y sometidos a unos espacios degradados de los que pugnan por zafarse. Incluso los exteriores provocan sensaciones parecidas: es el caso de las calles sombrías y despobladas en La esposa de noche, o de los muelles en Caminad con optimismo, aun filmados a plena luz del día. Como se verá en el comentario de esta película, los ambientes portuarios no sólo acogen pequeños grupos delictivos; también es un lugar que se impregna de influjos extranjeros: se trata de un entorno fronterizo que

Figura 389
Caminad con optimismo

Figura 390
Caminad con optimismo

Figura 391
La mujer de Tokio

favorece la entrada de modos culturales foráneos, como puede ser el mismo cine de gángsters.

Dichos espacios, tanto los interiores como los exteriores, contrastan vivamente con aquellos que son propios de la mujer tradicional y virtuosa: el hogar o el santuario de Kamakura en la citada Caminad con optimismo. Esta película, como se verá, es sumamente interesante por el contraste entre uno y otro espacios, lo que termina desembocando en la transfiguración absoluta del cubil del yotomono, convertido gozosamente en hogar una vez se ha ultimado su redención (véanse las figuras nº 643- 645 con los comentarios correspondientes).

En las películas protagonizadas por yotomono de Ozu no se atracan bancos, como es habitual en sus equivalentes americanas. Por el contrario, se asaltan oficinas: es el caso de La esposa de noche. Asimismo se practican pequeños hurtos, a la luz del día, en los que no se recurre a la violencia: así obran los carteristas de Caminad con optimismo. En La mujer proscrita se atracan dos empresas, que son además aquéllas en las que trabajan las dos mujeres del relato: uno de los golpes lo perpetra el hermano de Kazuko, la mujer virtuosa;

el otro asalto es obra de Tokiko, la heroína desdoblada del relato, quien al asaltar la empresa en la que trabaja alterna en un mismo espacio las actividades honradas con las ilícitas. Con su gesto la muchacha comete una doble transgresión: al delito del robo a mano armada suma el agravante de la sublevación contra la empresa a la que se debe. Al cabo, no sólo pretende obtener dinero; se trata de una rebelión social en toda regla, en la que tomará venganza contra el jefe acosador. No se olvide que una situación parecida se encontró en Caminad con optimismo: el melodrama y la trama criminal van siempre parejos en estas películas. Pero en aquella ocasión la heroína, pasiva y virtuosa, confía la reparación de su honra a los puños de su novio.

Noriko. Kami ningyô realizada por Miko Misono

XXXV. EL VIAJE Y LA EXPERIENCIA

"Sólo hay cine donde hay viaje auténtico, experiencia, encuentro."

Víctor Erice[1]

XXXV.1. Entre la capital y el *furusato* : El tema del viaje

El tema del viaje es muy habitual en Ozu. Y, respondiendo a la intuición de Víctor Erice, está asociado con la experiencia y el encuentro. Los padres y los hijos se separan, y sólo el ocasional traslado a la ciudad permite comprobar cuán insalvable es la falla que se ha abierto entre unos y otros. En ocasiones el viaje adquiere naturaleza iniciática, una prueba vital que no siempre se ve resuelta con éxito: así sucede desde su primera película conservada, Días de juventud. Incluso la segunda película que realizó, la hoy perdida Wakodo no yume (Sueños de juventud), presentaba el viaje de los padres del protagonista a la ciudad para ver a su hijo, un tema que anticipa las posteriores El hijo único y Cuentos de Tokio. El viaje dispensa en sus películas el pretexto para la iniciación y el cambio; una vía para el autoconocimiento de los personajes; para descubrir el entorno que les rodea, al tiempo que verifican su auténtica posición en el mismo. Poco importa lo cotidiano o lo prosaico de la situación, o el pretexto del viaje: éste siempre será una invitación al descubrimiento.

Los traslados a Tokio son frecuentes en los ejemplos que nos aguardan. Ya en las incipientes *gakusei-mono* los estudiantes abandonan su apacible rincón natal, en las provincias, para integrarse en la colosal ciudad. Una vez aquí, no tardarán en renunciar a sus raíces, lo que provocará una fractura con sus padres y con la tradición heredada. Pero además de este motivo son frecuentes los desplazamientos de un solo día hasta la capital, por motivos de trabajo. En Primavera tardía y en Principios del verano los protagonistas viven en la próxima Kamakura, y se dirigen hacia Tokio, en tren, para acudir al trabajo, ver a los amigos o atender otros asuntos. Otro tanto sucede en Primavera precoz.

También se puede producir el viaje en sentido contrario: desde Tokio hasta otras ciudades japonesas. Particularmente Corazón vagabundo concluye con este itinerario alternativo: el padre abandona a su hijo en la capital, con la esperanza de encontrar mejor fortuna en la distante Hokkaido. Pero la nostalgia y los remordimientos le consumen, de manera que se arroja del barco para volver a Tokio... aunque sea a nado. Es posible encontrar otros numerosos ejemplos de trayectos centrífugos que, desde la capital, parten hacia otros destinos más o menos remotos. En el caso de Primavera tardía, padre e hija emprenden un un viaje hacia Kioto, a modo de culminación iniciática que conducirá directamente a la hija al tálamo; en Principios del verano la familia termina descomponiéndose: los abuelos se recluyen en el Yamato, mientras la hija parte hacia la lejana Akita; en El sabor del arroz con té verde la esposa emprende dos viajes, lo que hace siempre para alejarse del marido, a quien desprecia; en el canónico ejemplo de Cuentos de Tokio, el trayecto de los ancianos a la capital cuenta con la réplica de padres e hijos, quienes posteriormente se desplazan hacia Onomichi; en Flores de equinoccio la reconciliación del padre con la hija díscola alcanza el punto culminante con el viaje que aquél emprende hacia Hiroshima. Tanto en Otoño tardío como en Flores de equinoccio los padres viajan con sus hijas hacia un paraje lacustre pocos días antes de las bodas de una de ellas.

Con alguna frecuencia los personajes deben emprender un traslado laboral que ha sido inapelablemente decidido por su empresa. Encontraremos este caso en El sabor del arroz con té verde, en Principios del verano y en Primavera tardía. Como apunta Linda Ehrlich: *"cuanto más mundana sea la situación, más profundas serán sus implicaciones"* [2]. Lejos de distanciar a las parejas, todos estos viajes repentinos brindan el necesario pretexto para que las parejas emprendan juntas el camino, o para que al menos se produzca un conato de reconciliación. Algo semejante sucede con el novio de la hija en El otoño de los Kohayagawa, quien ha sido destinado en Hokkaido. Y precisamente a este lugar se propone llegar la muchacha tras el funeral del padre, para reencontrarse con su amado. A su vez el díptico de las Hierbas flotantes

---
1 ERICE, Víctor. "Alternativas a la modernidad". *Banda aparte*, 1998, Enero, nº 9-10, p. 9.
2 EHRLICH, Linda C. "Travel toward and away : Furusato and journey in Tokyo story". En: *OZU' s Tokyo Story* / edited by David Desser. Cambridge : University Press, 1997, p. 69.

(versiones de 1934 y 1959) está construido en torno al viaje. Ambas películas comienzan con la llegada de los comediantes a un pequeño pueblo, y concluye con su partida en tren, por la noche, rumbo a un destino incierto.

Por el contrario, rara vez se viaja fuera de Japón; y los personajes que lo han hecho, como los de Munakata shimai o de Ochazuke no aji que vivieron en París, son tenidos a menudo por extravagantes o esnob. Por el contrario el benjamín de los Toda se exilia en Manchuria (donde también había vivido la familia Munakata), con el ánimo de fortalecer su espíritu. Y a este lugar apartado se propone llevar a su madre y hermana al final de la película. Por su parte el protagonista de El sabor del arroz con té verde termina siendo destinado a Montevideo, el punto más remoto al que llega un personaje de Ozu. No sobra recordar tampoco que el proyecto de película bélica de Ozu, La lejana tierra natal, transcurriría íntegramente en la China ocupada. Sólo la guerra ofrece un pretexto lo suficientemente fuerte para localizar un relato fuera del territorio nacional. Éste era el motivo de la separación de los esposos en la primera versión de Ochazuke no aji. Y, como se recordará, también Ozu sólo abandonaría su país por esta causa.

XXXV. 2. El motivo del tren

La nieve blanca.
Cómo vuela el tren
en la noche oscura.

Yasujiro Ozu[3]

El motivo del tren es omnipresente en la filmografía de Ozu. Y esto concede un valor añadido al presente *haiku*, el único en el que aparece dicho vehículo de entre todos los poemas que aparecen en los *Diarios* del cineasta. Por el contrario, prácticamente no hay película en la que no aparezca un tren en algún momento (con la lógica excepción del documental Kagamijishi). Los encontraremos desde la primera película conservada hasta la última. Algunas escenas destacadas transcurrirán en el interior del tren, aunque sean breves, en películas como Días de juventud, Hierbas flotantes, o Érase un padre, Primavera tardía, El sabor del arroz con té verde, Cuentos de Tokio y Flores de equinoccio. Y en otras muchas su presencia se limitará preferentemente a las imágenes del paso del tren desde el exterior del mismo: Nací pero..., Principios del verano, la mayor parte de Cuentos de Tokio o Crepúsculo en Tokio.

La propia vida cotidiana de Ozu se debía de hallar vinculada con el tren, cuyas actividades discurrían entre Tokio, Kamata y Ofuna y Kamakura donde estableció su residencia. Las declaraciones de Yuharu Atsuta confirman la preferencia que el cineasta sentía por este vehículo: *"Al trabajar con Ozu siempre tenía presente el tren. Todos los trenes que aparecían eran reales; en ningún caso se filmaban en estudio porque el resultado era insatisfactorio. Por ejemplo, en los estudios las sillas del tren se mueven demasiado, y los reflejos en puertas y ventanas carecen de brillo. Como yo soy un maníaco de los trenes, insistía a Ozu para que trabajásemos en trenes de verdad"*[4]. El propio operador guardaba complicidad en dicha preferencia: según recuerda aquél durante su intervención en Tokyo ga, los planos de trenes eran filmados siempre en auténticos vagones por deseo expreso de Atsuta, quien consideraba que el movimiento del tren nunca queda bien simulado en estudio.

No pasaremos por alto que la imagen más antigua que conservamos de Ozu está asociada, precisamente, con el viaje en tren: la estación con que se abre y se cierra Días de juventud. En esta película el eje de simetría dramático vendrá determinado, precisamente, por el viaje en tren hacia el país de nieve, cesura dramática que separa las dos mitades de la película: la primera transcurre en la ciudad; la segunda en la montaña. También la siguiente película conservada, Me gradué, pero... , concluye con la muchacha (Kinuyo Tanaka) mirando las vías del tren antes de fundirse, gozosa, con el entorno urbano.

La metáfora visual que proporciona el ferrocarril parte de uno de los emblemas fundamentales del siglo XX. El tren en Japón es estandarte de modernización industrial, como lo fue con anterioridad en Europa y en América. Las parábolas familiares de Ozu transcurren en un entorno en el que el país se abre a la modernidad, guiada por los patrones culturales extranjeros. El tren, ingenio mecánico de origen europeo, que permite dominar el espacio y acortar el tiempo del viaje, es distintivo y protagonista de dicho proceso. Los trenes y las estaciones, tan frecuentes en el cine de Ozu, sugieren un nuevo orden en las relaciones familiares: al cabo los desplazamientos en este medio puntúan el conflicto entre los que se marchan y los que se quedan en casa o en el *furusato*, ilustrando discretamente el conflicto esencial entre tradición y modernidad. Precisamente la chimenea del tren se corresponde con las chimeneas de las fábricas que surcan los cielos de la gran ciudad, y

---

[3] OZU, Yasujiro. *Carnets : 1933 -1963 : Edition intégrale*. Paris : Alive, 1996, p. 362. Anotación del día 26 de Enero de 1954.

[4] Citado en: ISHIBASHI, Kiyomi. "Qotes from Yuharu Atsuta". En: *OZU - Atsuta : From behind the camera : A new look at the world of director Yasujiro Ozu : Based on private materials of the late Yuharu Atsuta* / edited by Ken Sakamura and Shigehiko Hasumi. Tokyo : The Tokyo University Digital Museum, 1998, p. 109.

que transforman de manera irreversible la sociedad y su entorno. El tren describe, en efecto, un paraje en plena mutación; que invade el paisaje urbano, pero también el rural. Que conecta Tokio con los lugares más alejados de la orografía japonesa, y que llega hasta la más minúscula aldea, donde sólo se dejan caer, de vez en cuando y de manera furtiva, de noche, algunas Hierbas flotantes. Es el vehículo que conduce normalmente desde la provincia hasta la capital. Esto es: desde el rincón tradicional hasta el emporio moderno.

Al final de Primavera precoz se recuerda que el matrimonio protagonista deberá pasar dos o tres años recluido en un apartado rincón de provincias. Sin embargo el tren podría devolverlos a Tokio en el curso de unas pocas horas. El ferrocarril, en efecto, permite conectar lugares remotos, a los que tiempo atrás sólo se accedía tras un largo y fatigoso viaje. La abuela de Cuentos de Tokio había hecho una observación parecida cuando se trasladó a la capital desde la distante Onomichi.

Evidentemente éste no es el único medio de transporte; pero sí el más representativo de la modernidad por ser el primer vehículo del impulso transformador. Es además, y con diferencia, el medio de transporte que más veces aparece en Ozu. Por el contrario los coches tienen escasa presencia. Ninguna familia de sus películas tiene coche; ni siquiera las más adineradas. Cuando precisan de uno, toman taxi, como sucede en las escenas iniciales de ¿Qué ha olvidado la señora? o de El sabor del arroz con té verde. Los pequeños *yotomono*, por el contrario, sí tienen coche, cuya presencia es significativamente importante desde la primera escena de Caminad con optimismo. Uno de los delincuentes redimidos en esta película trabajará, precisamente, como conductor. Pero se trata de una circunstancia anómala en la filmografía de Ozu. En Nací, pero... la posesión de un vehículo es, para los niños, indicio de supremacía social. Cada mañana el padre viaja hasta la oficina cada mañana a bordo del coche de su jefe, sin que ninguna escena transcurra en su interior. Sencillamente el coche establece para el padre la frontera que separa el entorno doméstico del laboral, del mismo modo que el tren lo hace con los niños. Asimismo uno de los antiguos alumnos que se reúnen con el profesor en Tarde de otoño tiene coche, y con él le acompaña a casa; pero nunca se les ve a bordo de este vehículo, cuya presencia es meramente incidental. Es más: encontraremos películas ambientadas a finales de los 50, y con ambiente urbano, en las que no se muestra ni un solo coche. Es el caso de Buenos días, o de los episodios que transcurren en Osaka en El otoño de los Kohayagawa.

Los barcos tampoco tienen una presencia destacada, con la salvedad de la escena final de Corazón caprichoso, o en la inicial de Hierbas flotantes (1959). De igual modo el avión tampoco cobra importancia. En Caminad con optimismo se divisaba un aeroplano desde una azotea; y también se oirá el vuelo de un avión sobre la aldea en la que transcurre la acción de Ukigusa (1959). Tan sólo desempeña un papel, además importante para el desarrollo de los acontecimientos, en El sabor del arroz con té verde. En dicho ejemplo la oposición entre el tren y el avión como vehículos de separación conyugal aparece intensamente aprovechada. En el tramo final el marido debe volar hasta Uruguay, por requerimiento de su empresa, y la partida supondrá una despedida abrupta de su esposa, quien ha abandonado la ciudad a bordo de un tren. Sin embargo el avión donde viaja el marido sufre una avería y debe regresar a casa (episodio eludido por elipsis), lo que favorecerá la reconciliación con su esposa.

Como vehículo que enlaza poblaciones remotas, el tren se halla estrechamente vinculado con el viaje en películas como Tokyo monogatari. Pero también con el fluir unidireccional, inevitable, de la vida. El hecho de que vuelva a pasar, contrastadamente, al principio y al final de aquella película alude al ciclo de la vida; pero también a la oposición entre lo que se va (el tren y sus pasajeros), y lo que permanece: la montaña y el pueblo, así como sus moradores.

El paso del tren acentúa el sentimiento de impermanencia sobre el que se asientan muchas de sus películas. El tren es tema habitual en Ozu, como metáfora de transición; Como punto límite en el espacio y en el tiempo, en que se produce la bifurcación: el emblema de un episodio de la vida que se acaba, y de otro que comienza. No en vano se trata de un objeto veloz que, cargado de personas anónimas, cruza fugazmente ante nuestros ojos y se pierde en la distancia. Su paso dispensa una nostálgica metáfora visual emparentada con el paso de la propia vida.

A menudo conexiona, pues, dos aspectos fundamentales en el cine de Ozu, como lo son en la vida de la mayoría de las personas: el matrimonio y la muerte; el tránsito por la vida. Este es el caso de títulos como Érase un padre, Cuentos de Tokio y Crepúsculo en Tokio, películas en las que el tema matrimonial y el mortuorio conviven estrechamente, y siempre asociados con el tren. El paso del vehículo, en ocasiones portador de negros auspicios, anuncia el fin de una etapa y el comienzo de otra nueva, que a su vez forzosamente deberá verse concluida.

Vinculado con la partida y la separación, a menudo se le relaciona, con la transición entre vida y muerte.

Como sucedía en Cuentos de Tokio, en la que la abuela cae gravemente enferma precisamente en el curso del viaje de regreso en el tren. De hecho el viaje de Tomi concluye al tiempo que su propia vida, apenas regresa a su hogar. En Las hermanas Munakata un tren pasa junto a unas tumbas, emparentando lo viejo y lo nuevo, lo vivo y lo muerto; lo móvil y lo inmóvil: una dinámica postrimería vinculada con el ingenio más representativo de la modernidad. En Crepúsculo en Tokio este vehículo cobrará una presencia particularmente dramática, cuando una muchacha halla su fin bajo las ruedas del tren. Es de observar, sin embargo, que la escena en la que la hija es arrollada transcurre en fuera de campo. Aunque lo oímos, se evita la presencia en el cuadro del tren, cuya amenazadora presencia a lo largo de la película ha sido continua. Pocas escenas después, la madre de la muchacha fallecida abandonará a su vez la ciudad en el tren, alejándose de toda su vida pasada.

Con frecuencia pasan, sin que se sepa a dónde van, guiados por un movimiento incierto que provoca inquietud (recuérdense los fantasmagóricos trenes de Nací pero..., que continuamente surcaban sobre espacios yermos). En otras ocasiones Ozu contrapone a los personajes que toman el tren, y a los que se quedan: los que se casan suben a los vagones; los que pierden a la novia se quedan. El padre se queda en Onomichi, mientas que sus hijos parten. A lo que se añade la explícita elusión del desplazamiento en ferrocarril en una película que trata de un viaje, como es Cuentos de Tokio, en la que el único viaje en el interior del tren es privilegiado por la figura de Noriko. Pero el efecto más dramático de oposición entre quien se queda y quien se va, entre estatismo y movimiento, se produce en el desenlace de esta película: Kyoko, la hija menor, se queda en Onomichi; su cuñada Noriko se va; el tren corre a través del campo cinematográfico; pero el poblado, la montaña y el hogar de los Hirayama, con el patriarca en su interior, permanecen estáticos. La movilidad del vehículo contrasta con el entorno inmutable por el que discurre, lo que ha sido un conflicto fundamental a lo largo de toda la película.

Además el paso del tren genera líneas visuales que recorren los encuadres, cortándolos. En Principios del verano el abuelo se sienta junto a las vías del tren, cuyo paso llega a aprisionarle visualmente. Con frecuencia se utiliza la imagen del ferrocarril como signo de puntuación, aludiendo al inexorable fluir del tiempo. Su recorrido emparenta lo telúrico con lo celestial; el paso del tren a través de la línea de horizonte, sumado al efecto de la chimenea que lanza humo contra el cielo, construyen sendas metáforas de transición.

Así pues, los trenes suelen contrastar su movimiento con el estatismo de los personajes o del entorno sobre el que corren. La oposición entre movilidad e inmovilidad es frecuente en el cine de Ozu. Recuérdense los ejemplos de Nací, pero... , Primavera tardía, Principios del verano o Cuentos de Tokio.

El ferrocarril no dispensa, por lo demás, el único símbolo de impermanencia: asimismo el humo de las chimeneas, del barco y del tren, de los cigarros y de las teteras, que reconoceremos con frecuencia en sus películas, aluden metafóricamente a la vida evanescente, que se consume y disuelve como humo. El tren, la tetera, el barco, las chimeneas, arrojan vapor de agua hacia las alturas. ambién las primeras imágenes de Cuentos de Tokio vinculan explícitamente el vapor de la locomotora, que pasa rauda ante nuestros ojos, con el humo de las chimeneas de Onomichi, que permanecen con los hogares a los que representan en sinécdoque doméstica.

Es muy frecuente, en este mismo sentido, que las películas de Ozu concluyan con imágenes de trenes. Cuentos de Tokio había comenzado con el padre consultando los horarios del itinerario, al tiempo que la madre preparaba los equipajes. Su epílogo presenta a Noriko en el interior del tren que la devuelve a Tokio. Años atrás, ¿Dónde están los sueños de juventud? y Amigos en la pelea habían concluido con imágenes del tren que se pierde a lo lejos; otro tanto sucederá en las dos Hierbas flotantes (1933 y 1959) y en Érase un padre. También Flores de equinoccio concluye a bordo del vagón, que nos remite al plano ya destacado de Noriko al fin de Cuentos de Tokio, quien emprende aquel mismo trayecto (Tokio- Hiroshima), aunque en sentido inverso.

Asimismo el tren parece evocar, en determinadas escenas, alguno de los rincones de la infancia; una variante moderna del Rosebud perdido en la memoria del realizador: la nostalgia ante una imagen que se desvanece en el tiempo, casi ante nuestros ojos, y que se hace irrecuperable. En algunas ocasiones el correr de los vagones se emparenta con los niños. Particularmente en Nací, pero... el paso del tranvía establece continuamente fronteras en el territorio por donde atraviesan los pequeños. En otras ocasiones los niños juegan con trenes eléctricos: en Primavera tardía y, sobre todo, en Principios del verano, donde llegará a ser el centro de reunión de la república infantil, y un grave motivo de disputa con el padre, que ocasionará incluso la fuga de los pequeños. Los dos niños, en efecto, llegarán a fugarse de casa tras discutir porque no les compran más vías para su tren de juguete. He aquí un nuevo caso de sublevación infantil (como en Nací pero... y en Buenos días), esta vez causado por motivo ferroviario.

Añádase que, tanto en esta ocasión como en la posterior Buenos días, los niños desaparecidos son finalmente encontrados en las estaciones de ferrocarril, puesto que este vehículo ejerce sobre ellos un poderoso magnetismo.

La derrota de los personajes en ocasiones se ve reflejada en la marcha del tren. Tuvimos un ejemplo temprano en el viaje en ferrocarril de Días de juventud: los estudiantes viajan hacia el país de nieve cargados de esperanzas, sólo para regresar por el mismo camino y a bordo del mismo vehículo completamente derrotados y abatidos: no sólo pierden a la mujer de sus sueños, sino que encima suspenden. Y el tren es por partida doble el escenario que asiste a su fracaso. Pero aún más característica será la planificación que opone el tren en el que se aleja la pareja, rumbo a su luna de miel, con el grupo de amigos que se despide de aquéllos, en el exterior. En algunas ocasiones éstas serán las escenas conclusivas de la película, su nostálgica apoteosis: en Amigos en la pelea (1929) los dos camioneros enamorados de una misma mujer certifican su derrota en el momento en que aquélla, en compañía de su amante, se aleja de ambos a bordo del tren. Otro tanto sucederá en la posterior ¿Dónde están los sueños de juventud? (1932); y, muchos años después, el mismo tema se recuperará en Otoño tardío (1960). En esta ocasión las dos amigas- Yoko Tsukasa y Mariko Okada- se despiden del tren donde va la pareja en luna de miel. Aunque no responde exactamente al mismo planteamiento, hay que recordar que también al final de Cuentos de Tokio Kyoko despedía a Noriko Hirayama, que vuelve en el tren a la capital, desde lo alto de una ventana. También el desenlace de Primavera precoz dejaba a Shôji y a Masako contemplando con nostalgia el ferrocarril que parte hacia Tokio.

El tren es, por tanto, el vehículo que se lleva al ser amado, o que aleja a los protagonistas de su hogar natal. Pero al mismo tiempo es el medio de transporte que se lleva a los novios, quienes tras la boda abandonan el terruño familiar y el orden paterno. En ocasiones los trenes se llevan una pareja de novios o de amantes rumbo a un destino incierto: éste es el caso de las dos Hierbas flotantes; o suponen la despedida y continuidad con la tradición patriarcal: en Érase un padre la pareja de recién casados emprende el viaje rumbo a su nuevo destino, aunque llevan consigo las cenizas del difunto. En esta ocasión el viaje rubrica la quiebra, pero también la prolongación, entre el orden tradicional y el nuevo orden que sustituye a aquél. El viaje en tren se transforma, de este modo, en metáfora de una nueva vida que se reconoce en un nuevo espacio y en un nuevo tiempo -las dos coordenadas que, no en vano, modula el ferrocarril-.

Vida y muerte son frecuentemente relacionados, y uno de los nexos que los emparentan es, precisamente, el paso del tren, uno de los símbolos de la impermanencia más repetidos en su cine. En el ejemplo citado de Chichi ariki el viaje a bordo de este vehículo representa el nuevo estado del joven protagonista, tras el matrimonio. Pero también el lugar en que transporta las cenizas del padre muerto: el punto fronterizo entre edad infantil y edad adulta; entre ser hijo y ser padre; entre el pasado y el porvenir.

A los ejemplos señalados sería posible añadir otros. Aunque no lleguemos a verla, también Noriko Somiya viaja en tren rumbo a su luna de miel al final de Primavera tardía, tal como recuerda su padre. Otro tanto hicieron las novias que recuerdan el lance en Principios del verano, precediendo a Noriko Mamiya, quien no tardará en seguir su ejemplo. También Flores de equinoccio comienza con escenas de boda relacionadas con el tren: desde la estación de tren de Tokio una pareja parte en luna de miel. Los trabajadores comentan el elevado número de novios que han visto pasar ese día. Una novia, en las siguiente escena, cruza un corredor para dirigirse hacia una recepción conyugal. Y la película concluye cuando, tras la boda de su hija, el padre acude a reunirse con ella a bordo del ferrocarril.

Asimismo vinculado con el desplazamiento dentro de la propia ciudad, el tranvía conecta el centro laboral con la periferia donde vive la familia. Cobran importancia los tranvías como motivo cómico en una escena, inspirada en Harold LLoyd, de Wakaki hi: el torpe protagonista lleva consigo, en el interior del estrecho vehículo, unos esquíes con los que molesta a todos los pasajeros. El viaje en el tranvía dispensa, por otra parte, un recorrido previo a su viaje en el tren, que conducirá a los dos estudiantes a las montañas donde ultimarán sus pruebas galantes. También a bordo del tren volverán a casa, derrotados y suspendidos, ya que en el mismo vagón en el que viajan se encuentran con el profesor que les notifica el suspenso.

Más adelante volverá a aparecer el tranvía en una escena destacada de El coro de Tokio. Desde su interior la mujer ve cómo su marido se rebaja a trabajar como hombre-anuncio, lo que desata un serio conflicto familiar. Por el contrario, en la posterior Nací, pero... su presencia será muy frecuente, si bien siempre serán vistos a lo lejos, como una presencia fantasmagórica y amenazante, siempre en movimiento sin que nadie los tome, y sin que lleguemos a ver su interior. Estableciendo una divisoria geográfica entre los distintos espacios que marcan el trayecto entre la casa, la oficina y la escuela, los pequeños trenes urbanos recorren de continuo espacios

**Figura 389(2)
Érase un padre**

**Figura 390(2)
Érase un padre**

**Figura 391(2)
Érase un padre**

fantasmagóricos, despoblados y degradados.

Al motivo ferroviario hay que añadir sus estaciones y apeaderos, que suelen cumplir un papel de transición importante. Historia de hierbas flotantes comienza en una estación te tren, de noche, a la que llega la compañía, y concluye en este mismo lugar, donde los últimos representantes de la compañía aguardan el tren que les perderá en la noche. También Primavera tardía comienza con imágenes de la estación de Kita-Kamakura. Por su parte Noriko y su padre viajan en tren en una destacada escena de esta película. Las estaciones proporcionarán escenarios destacados en Principios del verano, Primavera precoz, Buenos días, El otoño de los Kohayagawa y en Tarde de otoño, siempre vinculados además con posibles emparejamientos. Pues en efecto la estación brinda un lugar de espera antes de cambiar de lugar y de destino, lo que justifica el encuentro de las posibles parejas. En Principios del verano Noriko y Kenkichi, que terminarán casándose, coinciden en este lugar al principio de la película. En Buenos días el profesor Fukui y Setsuko se encuentran en el apeadero, donde sólo aciertan a hablar del tiempo: su destino permanece incierto. Y por último en Tarde de otoño Michiko toma el tren junto con Miura, pese a que su trayecto sea distinto. Aunque se atraen, no llegarán a casarse.

En Cuentos de Tokio la llegada a la capital se ve reconocida, entre otros, por un plano dedicado a un apeadero. Pocos días después, el regreso a la tierra natal se ve precedido por la espera en la estación. Aunque se elude por elipsis el viaje, cobra importancia esta escena, por marcar la despedida definitiva e intuida entre la madre y sus hijos. A lo largo de la película es importante la presencia del tren, y particularmente en su principio y final, aludiendo a los sentimientos de ciclo y de impermanencia. Pero además los aledaños de la estación brindan el espacio en el que se pronuncia la máxima moral del relato. Uno de los hijos trabaja, en Osaka, en servicios ferroviarios. Aunque en ningún momento se le verá en compañía de sus padres- en todo momento se muestra egoísta y desatento- sí llegamos a ver su oficina de trabajo, en la que se pronuncia una de las frases conclusivas de la película: *"Cuida a tus padres mientras estén vivos, pues no podrás hacerlo cuando estén en la tumba"*, didascalia filial que se repetirá tras la muerte de la madre.

Aun cuando no se vea el tren, es importante la presencia implícita del mismo en escenas que transcurren en las estaciones. Éste es, por ejemplo, el único episodio asociado explícitamente con el ferrocarril en El otoño de los Kohayagawa. Además se oye el ruido del tren mientras la familia se reúne para celebrar el aniversario de la muerte de la esposa. Y fue gracias al tren que el anciano pudo reencontrarse casualmente con su antigua amante. Aun sin verlo, su presencia cobra importancia; e incluso confirma visual y acústicamente la postrimería: como relato mortuorio y como parábola de impermanencia, hasta su paso se ve reducido a una mera sombra que se proyecta contra la estación.

XXXVI. FUENTES CINEMATOGRAFICAS

"Para recuperar el gusto por el cine, una única solución: ¡ver buenas películas!
Ésta es la sencilla verdad que llevaba dos meses esperando.
Consolarse con sake no puede llevar más que a que te guste el sake,
¡no a reconciliarse con el cine!"

Yasujiro Ozu[1]

XXXVI. 1. Ozu ante el cine americano

Desde temprana edad Ozu sufrió de acusada cinefilia. Sabemos que ya en su infancia y juventud el cine le provocaba sensaciones mágicas: se educó viendo cine; llegaba a hacer novillos para ver películas, e ingresó en la Shochiku a causa de la fascinación que le producía este medio. Sus películas de juventud rendían homenajes, en ocasiones explícitos, a las películas y a los directores que más admiraba: Hawks, Sternberg, Chaplin y, sobre todo, Lubitsch, su predilecto. A partir de sus influjos, coexisten dos tendencias dispares: algunas películas anticipan el futuro mundo familiar de Ozu, y su estilo más reconocible: El coro de Tokio (1931) y Nací, pero... (1932) por ejemplo, son sendos relatos familiares, localizados en entornos japoneses, en los que sin embargo es posible rastrear influjos foráneos. En el primer caso, en concreto, advertiremos referencias expresas a King Vidor y The crowd (1928). Otros de sus trabajos fueron versiones, realizadas bajo claves japonesas, de películas americanas: como tendremos ocasión de ver, tanto su primera película, Zange no yaiba (La espada del arrepentimiento) como Ukigusa monogatari estaban inspiradas en sendas películas de George Fitzmaurice. Pero además el director realizó también películas de gángsters, que guardan relación expresa con el cine americano: La esposa de noche (1930), Caminad con optimismo (1930) o La mujer proscrita (1933). Unas y otras, sin embargo, comparten similares temas: la miseria, las dificultades para sobrevivir en la gran ciudad, la explotación que sufre el ciudadano desde la infancia a manos de quien se sitúa por encima en la jerarquía social.

Hollywood jugó un papel fundamental en la formación del cine japonés, por más que éste desarrollara, en sus ejemplos más clásicos, modelos alternativos extraordinariamente originales. Las películas americanas llegaban con regularidad a Japón, antes de la Guerra, y eran extraordinariamente populares. Es cierto y evidente que los cineastas japoneses clásicos estudiaron y

Figura 392
Nací, pero...

admiraron el estilo clásico[2].

David Bordwell, entre otros investigadores, defiende en sus estudios la decisiva aportación del modelo americano para la formación del cine nacional japonés. Basta con ver las películas y leer los testimonios de la época para confirmar esta evidencia. Un crítico japonés escribía en 1936: *"Los productores japoneses aprendieron temprano cómo debía ser hecha una película. Y la nueva concepción se vio absolutamente ilustrada por los ejemplos americanos. La mayoría de los pioneros de la industria cinematográfica japonesa eran técnicos que se habían formado en Hollywood, o bien los discípulos de aquéllos. El hecho de que el cine japonés, en sus años de formación, se preocupara por copiar los modelos americanos es altamente significativo. No en vano la imitación americana ha sido, hasta el presente, una de las peculiaridades esenciales de las películas japonesas. De hecho éstas nunca han sido capaces de verse enteramente liberadas de los influjos americanos"*[3]. Sería erróneo suponer que los cineastas rechazaron por principios los influjos extranjeros para replegarse sobre sí mismos y sobre la tradición autóctona. En realidad, las

---

[1] OZU, Yasujiro. *Antología de los diarios de Yasujiro Ozu* / edición a cargo de Núria Pujol y Antonio Santamarina. Valencia : Filmoteca de la Generalitat Valenciana (etc.), 2000, p. 61.

[2] Existen algunos llamativos ejemplos: una película de Yasujiro Shimazu, cuyo título inglés es First steps ashore, 1932, llegó a copiar casi plano por plano algunas secuencias de Los muelles de Nueva York, de Sternberg. Véase: KIRIHARA, Donald. *Patterns of time : Mizoguchi and the 1930s*. Madison, Wisconsin : The University Press, 1992, p. 61.

[3] Cita: BORDWELL, David. "Our dream cinema : Western Historiography and the Japanese Film". *Film Reader*, 1979, nº 4, p. 47.

Figura 393
La esposa de noche

Figura 394
Suspendí, pero...

Figura 395
Suspendí, pero...

normas narrativas dominantes derivaron de Occidente, por más que algunos cineastas destacados buscaran modelos alternativos a un cine por el que, además, sentían gran estima[4].

En el caso concreto de Ozu, es bien conocida la admiración que profesaba por las produccciones de Hollywood, frente a la escasa estima que sentía por el cine de su país. Es más: desde el principio de su carrera, el cine americano supone un referente continuo en su obra. Sabemos que ya en su adolescencia se escapaba de clase para ver películas de Chaplin, Lillian Gish y William S. Hart. Y particularmente las de Rex Ingram. Más adelante llegaría a asegurar: *"si no hubiese existido un cineasta llamado Rex Ingram, nunca se me hubiera ocurrido la idea de dedicarme al cine"*[5]. Más adelante la pasión por este joven arte se materializa al ver las películas de King Vidor, Charles Chaplin y Ernst Lubitsch. Es rigurosamente cierto, por tanto, que Ozu, paradigma de cineasta japonés, se formó viendo cine americano[6].

Ya en la primera película de Ozu que conservamos, Días de juventud, además de encontrarnos citas explícitas de una película americana (nada menos que El séptimo cielo, de Frank Borzage, entre otras), uno de los personajes parece modelado a partir de Harold LLoyd y Buster Keaton. De estos modelos proviene un uso regular del plano / contraplano, tal como se podría realizar en las cinematografías occidentales, así como un uso muy ágil de la cámara, que llega incluso a recurrir a la cámara desencadenada, y a las tomas subjetivas. Tanto ésta como sus comedias son deudoras de la gran comedia americana del momento. Otro tanto cabe decir de sus melodramas. En algunos de los más señalados se advierten influjos de King Vidor: en El coro de Tokio hallaremos referencias a The crowd, y en Corazón vagabundo a The champ. Y no se trata de casos aislados en un cineasta que aprendió sus métodos de construcción narrativa a partir del cine americano. Sus películas están llenas de guiños y referencias a películas de Hollywood que, a buen seguro, serían mucho más comprensibles para un espectador americano que para uno japonés. Y no sólo encontraremos citas de los directores y actores que más admiró Ozu (es el caso de Ernst Lubitsch, Charles Chaplin o Harold LLoyd en sus años de formación); también aparecen multitud de citas de películas hoy completamente olvidadas, cuyo uso puede obedecer a la actualidad de la pantalla cinematográfica, o a un mero efecto irónico, distanciador o a un mero contraste con sus propias películas. Y cuando no citaba películas explícitamente, asimilaba modos y convenciones de géneros americanos: comedia *slapstick*, cine de gángsters e incluso tendremos ocasión de advertir alguna sorprendente alusión al cine musical. El más japonés de los directores japoneses, en fin, admiró más el cine extranjero- esto es, americano-, que el de su propio país. En sus diarios y largometrajes citó con gran frecuencia películas americanas y europeas, pero casi ninguna japonesa.

Sin embargo Noël Burch considera que, aunque el cine americano ha podido condicionar las primeras películas de Ozu, sus huellas se han desvanecido a mediados de los 30, lo que le lleva a considerar que tal relación era meramente subjetiva[7]; como si se produjera una escisión entre el Ozu espectador, que admira el cine occidental, y el Ozu cineasta, que lo rechaza. Dicha opinión es matizada por Shigehiko Hasumi, para quien

---

4 Véase: KIRIHARA, Donald. *Patterns of time : Mizoguchi and the 1930s*. Madison, Wisconsin : The University Press, 1992, p. 52 - 53.

5 *CICLO Yasujiro Ozu* . Lisboa : Fundaçao Calouste Gulbenkian, 1980, p. 9.

6 Véase: BORDWELL, David. "Our dream cinema : Western Historiography and the Japanese Film". *Film Reader,* 1979, nº 4, p. 151.

7 BURCH, Noël. *To the distant observer*. London : Scolar Press, 1979, p. 184.

Figura 396
La esposa de noche

Figura 397
La esposa de noche

Figura 398
La esposa de noche

las películas de Ozu son a la vez fieles y hostiles a la tradición griffithiana. Esto se manifiesta de manera particular en el uso del plano- contraplano, en ocasiones respetuoso con la norma convencional, pero a menudo violentado. Lo que autoriza al rector de la Universidad de Tokio a asegurar que *"las películas de Ozu son una parodia del campo / contracampo"* [8].

Para confirmar el interés que siente Ozu, durante sus años de formación, por el cine americano, cabe recordar que ya su *opera prima,* la hoy perdida Zange no yaiba (La espada del arrepentimiento, 1927), estaba inspirada en una película de George Fitzmaurice: Kick in [9]. No fue la única ocasión en que Ozu acudió a este

cineasta, hoy olvidado: asimismo la posterior Ukigusa monogatari (1934) adaptaba libremente otra película de aquel director: The barker (1928), una producción First National del año 1928 [10]. A su vez George Fitzmaurice había partido de una obra teatral de Kenyon Nicholson titulada The Barker : a Play of Carnival life in three acts.

Tanto la obra teatral como su versión cinematográfica y el *remake* japonés de Ozu, que a su vez sería objetos de una posterior revisión en 1959, se centran en la vida de los saltimbanquis y los actores ambulantes, personajes que existen en todas las culturas, y sobre los que el cine ha dejado una nutrida filmografía en directores tan variopintos como Mizoguchi, Renoir, Cukor, Fellini, Bergman, Angelopoulos, Bardem o Fernán Gómez [11]. La versión americana había sido protagonizada por Douglas Fairbanks, Jr. en el papel de Chris Miller, mientras que el papel del padre era interpretado por Milton Sills. Se sabe que la película fue un gran éxito de crítica y de taquilla en Japón, hasta el punto que ocupó la séptima posición en el palmarés de *Kinema Junpo* referido a las películas extranjeras estrenadas en 1928 [12].

---

8 HASUMI, Shigehiko. "Une autre histoire : entretien avec Shigehiko Hasumi". *Cahiers du Cinéma,* 1998, Febrero, nº 521, p. 69.

9 Kick-in fue una producción de Adolf Zukor para la Paramount-Famous Players del año 1922, que adaptaba la obra homónima de Willard Mack: un éxito de Broadway, que contó en el teatro con la presencia de John Barrymore. La obra había conocido una versión anterior, realizada en 1917. Su protagonista es Chic Hewes, un ladrón de poca monta que, tras pasar una temporada en Sing-Sing, se ha propuesto rehacer su vida. Sin embargo su mala estrella le arrastra por una espiral de incidentes y percances que le conducen de nuevo al delito y a una permanente fuga en compañía de una mujer que se ha enamorado de él. Como se ve, el argumento no es muy distinto del de El último refugio (1941), la obra maestra que Raoul Walsh realizó a partir de un relato de William Riley Burnett, publicada en 1940.
Además del remake no declarado de Ozu, Kick-in conoció una nueva versión sonora, realizada en 1931, en la que Clara Bow interpretaba a la amante del gángster.

10 George Fitzmaurice, director de origen francés nacido en París en 1885, y fallecido en Hollywood en 1940, no es hoy muy recordado. Fue sin embargo un director ubicuo, un buen profesional que se desenvolvía bien en los géneros más dispares, a quien se debieron películas de alguna popularidad. Entre ellas destaca la última película en la que intervino Rodolfo Valentino: El hijo del Caíd (1926), así como distintas comedias protagonizadas por Ronald Colman y una versión de The cheat (1923) que contó con la interpretación de Pola Negri. Durante los años 30 contribuyó a cimentar el estrellato de Greta Garbo merced a títulos como Mata Hari o As you desire me (ambas de 1932). A lo largo de su dilatada carrera coincidió con nombres de la talla de samuel Goldwyn (productor), Gregg Tolland (director de fotografía), William Cameron Menzies (diseño de producción) y Cedric Gibbons (director artístico).
El joven Ozu sintió interés por Fitzmaurice, como prueba el que dos de sus películas -tres, si tenemos en cuenta que de Ukigusa monogatari, 1934, hizo un remake en 1959- fueron sendas adaptaciones de sus películas.

11 The Barker, a su vez adaptación de la obra homónima de Kenyon Nicholson, fue una producción parcialmente sonora del año 1928, que incluía treinta y ocho minutos de diálogo. Trata de las aventuras de un veterano pregonero (*barker,* en inglés) en el curso de un carnaval popular. El protagonista tiene un hijo (papel interpretado por Douglas Fairbanks Jr), a quien incita para que estudie leyes, y no continúe su inestable oficio. Sin embargo el muchacho se deja arrastrar por la alegría carnavalesca, especialmente cuando se cruza en su camino una hermosa corista. La película provocó alguna polémica y alguna actividad censora debido a la ligereza de alguno de los vestidos femeninos. Herman Mankiewicz intervino como guionista adaptador de la obra original.
Cabe añadir que The Barker conoció a su vez un remake americano, puesto que volvió a adaptarse la obra original de Kenyon Nicholson en 1945. Esta vez se trató de un musical producido por la 20th. Century Fox y dirigido por George Seaton: Diamond Horseshoe, cuya acción fue situada en el célebre club nocturno de de Las Vegas que dio título a la película. Entre sus intérpretes figuraron Betty Grable y Dick Haymes.

12 *YASUJIRO Ozu* / Textos de Antonio Rodrigues...(et al.). Lisboa : Cinemateca Portuguesa, Museo do Cinema, 1999, p. 49.

XXXVI. 2. Influjos de juventud

Una de las películas más representativas de Ozu en la primera mitad de los 30, Corazón vagabundo (1933), permite constatar la convivencia armoniosa de las formas autóctonas y de las foráneas; de los préstamos exteriores y de las soluciones propias. Aunque comienza bajo el signo del Naniwabushi (narrador de relatos provenientes de la tradición oral) existen puntos comunes con The champ (El campeón, King Vidor, 1931), película admirada por Ozu. Precisamente ya habíamos reconocido en el gimnasio donde practican el boxeo los *yotomono* en la anterior La mujer proscrita el cartel de la película de Vidor que, como se recordará, asimismo transcurría en el entorno de las doce cuerdas. Shigehiko Hasumi también encuentra correspondencias con The Bowery, de Raoul Walsh, filmada aquel mismo año[13]. Ampliando el radio de influencias, Tadao Sato distingue en esta Dekigokoro un cruce entre The champ, Kick in y One night in a Downpour[14].

Sin embargo, la evolución de su estilo le hará avanzar en breve por otros derroteros muy distintos. Tal como aprecia Burch *"absolutamente ninguna influencia es detectable a mediados de los 30"*[15]. Sin embargo ésta es una opinión muy discutible, máxime si consideramos ejemplos fronterizos, como Un albergue en Tokio (1935), en las que las citas a Chaplin y a Vidor son evidentes, o ¿Qué ha olvidado la señora? (1937), repleta de alusiones a la *Screwball Comedy*. Más ecuánime nos parece el juicio de Tadao Sato: aunque Ozu admirara el cine americano, y aunque basara algunas de sus películas en dichas fuentes, pronto sus películas se vieron capaces de suprimir progresivamente tales influjos, para desarrollar un estilo propio[16].

Antes de alcanzar el estadio de madurez creativa, Ozu desarrolló un cine sumamente brillante, y por descontado original. Sin embargo las evidencias que nos llegan de su afición por el cine americano, y las huellas que perviven en sus primeras películas, hacen de Ozu, paradójicamente, *"el más americano de los realizadores japoneses del periodo mudo"*, toda vez que abordó, y siempre de manera muy personal, géneros, personajes y convenciones característicos del cine americano[17]. Por esta razón Donald Richie aprecia una naturaleza ecléctica en nuestro cineasta durante sus años de formación: *"Ozu forjó su estilo a partir de todo tipo de fuentes: Se apropiaba de ellas para usarlas o rechazarlas a conveniencia. Ozu representa un cierto paradigma del modo en el que trabajaban los directores japoneses, en el que se advierte una gran apertura hacia las influencias. Ozu no sólo aprendió de Lubitsch, como tantos otros hicieron, sino a menudo también de Mack Sennett y del Hal Roach de las comedias Our Gang. Tomaba préstamos de todo lo que veía en su entorno"*[18].

Pese a todo, la americanización no fue total: fue una referencia admirable, de la que no obstante es preciso marcar distancias. Así lo aprecia de nuevo Tadao Sato: *"Aunque el joven Ozu principalmente vio películas americanas y basó algunas de sus películas en modelos americanos, sus obras con el tiempo se distanciaron por completo de aquéllas, y llegó a ser un cineasta novedoso, que puede ser considerado puramente tradicional. Del mismo modo, aunque el Japón moderno parezca estar extremadamente americanizado en la superficie, en realidad es todavía una sociedad con una estructura completamente diferente"*[19].

En el curso de una mesa redonda, el moderador Iida preguntó a Ozu cuáles fueron las primeras películas que le cautivaron. He aquí la respuesta: *"Me gustaron mucho Una mujer de París (Charles Chaplin, 1923), y Los peligros del flirt (Ernst Lubitsch, 1924). Las encontré fascinantes porque eran muy distintas de las películas que habitualmente se exhibían. Las dos tenían estilos muy sofisticados que podían expresar hasta el más mínimo matiz de emoción. Antes sólo había visto películas argumentales. Y me pareció maravilloso que una película pudiera hacerme sentir verdaderamente lo que los personajes estaban sintiendo. Y además sin sonido y sin diálogo. Sólo con imágenes"*[20].

No es ésta, ni mucho menos, la única ocasión en la que se refiere al maestro Lubitsch en términos de reconocimiento: en sus Diarios destaca expresamente Beau Geste (Herbert Brennon, 1926) y The Marriage Circle (Los peligros del Flirt. Ernst Lubitsch, 1924)

---

13 HASUMI, Shigehiko. *Yasujiro Ozu*. Paris : Cahiers du Cinéma, 1998, p. 77.

14 Cita: BORDWELL, David. *Ozu and the poetics of Cinema*. New Jersey : Princeton University Press, 1988, p. 249.

15 BURCH, Noël. *To the distant observer*. London : Scolar Press, 1979, p. 184.

16 SATO, Tadao. *Currents in Japanese Cinema*. New York : Kodansha International, 1982, p. 37.

17 *YASUJIRO Ozu* / Textos de Antonio Rodrigues...(et al.). Lisboa : Cinemateca Portuguesa, Museo do Cinema, 1999, p. 17.

18 RICHIE, Donald. *A hundred years of Japanese Film : A concise History, with a selective guide to videos and DVDs*. Tokyo (etc.) : Kodansha International, 2001, p. 57.

19 SATO, Tadao. *Currents in Japanese Cinema*. New York : Kodansha International, 1982, p. 37.

20 SCHRADER, Leonard. "Yasujiro Ozu : 1903 - 1963". En : *The Masters of Japanese Film*. Berkeley, California : Pacific Film Archive, ca.. 1980, p. 219.

como modelos avanzados *"en el plano retórico"*[21]. Particularmente alababa el uso de los encadenados de The marriage circle (1924); por el contrario, no eran de su agrado las soluciones de toma única, con profundidad de campo, urdidas por William Wyler y Gregg Toland en Los mejores años de nuestra vida[22]. Igualmente sintió una gran admiración por Chaplin, y muy en particular por Una mujer de París (1923), película que citaba como modelo de virtudes narrativas y escénicas; pero asimismo por su utilización de los signos puntuadores: *"la única utilización conseguida del fundido se encuentra en Una mujer de París (1923). No se ve una utilización tan perfecta de la técnica más de una vez cada veinte años. Todos los demás hacen trampa"*, asegura[23].

posteriormente, y tras conseguir ver Citizen Kane en Singapur, Ozu se sentirá deslumbrado por el talento de la joven promesa, cuya capacidad supera algunas de las limitaciones de otros cineastas que le precedieron, entre ellos Chaplin. He aquí sus palabras: *"La única película de Orson Welles que he podido ver es la primera, Ciudadano Kane, que es una de las mejores películas americanas de todas las que he visto. Creo que el estilo que creó en ella es una forma de hacer ese tipo de comedia irónica que empezaron a hacerse con la llegada del sonido. Aunque el estilo de Chaplin crea una de los mejores formas de hacer comedias mudas, me parece que su forma de trabajar no puede adaptarse armoniosamente al sonido. El cine de Chaplin se quedó aferrado al silencio hasta el final, pero se quedó desfasado cuando se impuso el sonido. Por esta razón uno se siente decepcionado con sus películas sonoras. Por el contrario, la película de Welles muestra un camino que permite superar plenamente esta decepción. Ojalá que algún día pueda ser exhibida aquí, aunque fue rodada hace ya algunos años"*[24]. posteriormente diría, a propósito de la obra maestra de Orson Welles: *"si a Chaplin le das 62 puntos, esta película se merece 85"*[25]. Incluso en sus Diarios se refiere elogiosamente a esta película, que en 1961 consiguió ver en su país, a través de una emisión televisiva: *"Por la noche pasaban Ciudadano Kane, una película que vi varias veces*

Figura 399
¿Dónde están los sueños de juventud?

Figura 400
¿Dónde están los sueños de juventud?

cuando estaba en Singapur. ¡Qué talento el de este Orson Welles!"[26].

Pero son otros muchos los cineastas y las películas americanas por los que muestra predilección. En el curso de una entrevista, se le preguntó quiénes eran, a su juicio, los mejores directores americanos, a lo que respondió: *"William Wyler, que hizo Cumbres borrascosas, La loba, La carta y El forastero. John Ford, que hizo Las uvas de la ira, La ruta del tabaco y Qué verde era mi valle. Y King Vidor, quien hizo Northwest Passage. Me gustaron mucho todas estas películas. Ninguna de ellas desmerecía en calidad, ni siquiera las que fueron realizadas en plena guerra. También me sentí muy impresionado por Rebeca, de Hitchcock. Pero para resumir mi experiencia, lo que más me impresionó, más incluso que el trabajo de estos directores, era el conjunto del trabajo de la cámara, y las técnicas avanzadas que empleban. Yo siempre sentía que podrían filmar cualquier cosa, incluso las que procedieran de la imaginación más fantasiosa; que podrían hacer realidad las más drásticas e imposibles exigencias del director. Esto era algo que me daba auténtica envidia. Películas como Ciudadano Kane, por ejemplo, sólo se pueden realizar bajo estas condiciones. Sentí lo mismo al ver Fantasía, de Walt Disney. De hecho, viendo Fantasía comprendí que nunca podríamos ganar la guerra. A esta gente parece gustarle las complicaciones, pensé para mis adentros. Nuestro oponente es condenadamente bueno. Nos batimos contra un enemigo verdaderamente terrible"*[27].

---

21 OZU, Yasujiro. *Antología de los diarios de Yasujiro Ozu* / edición a cargo de Núria Pujol y Antonio Santamarina. Valencia : Filmoteca de la Generalitat Valenciana (etc.), 2000, p. 55.

22 BORDWELL, David. *Ozu and the poetics of Cinema*. New Jersey : Princeton University Press, 1988, p. 8.

23 "Entrevista con Ozu". *Contracampo*, 1980, nº 13, p. 42.

24 SCHRADER, Leonard. "Yasujiro Ozu : 1903 - 1963". En : *The Masters of Japanese Film*. Berkeley, California : Pacific Film Archive, ca.. 1980, p. 239.

25 *The major works of Yasujiro Ozu*. New York : New Yorker Films, 1979, p. 5.

---

26 OZU, Yasujiro. *Carnets : 1933 -1963 : Edition intégrale*. Paris : Alive, 1996, p. 673. Anotación del día 19 de Enero de 1961.

27 SCHRADER, Leonard. Op. cit., p. 240-241.

Los préstamos y los guiños al cine americano proseguirán, aunque sumamente metabolizados, a lo largo de la carrera de Ozu. Como se verá, el argumento de Tokyo monogatari, y también el de Toda ke no kyodai guardan relación con el de Make way for tomorrow (Leo Mc Carey, 1937). Además, en Cuentos de Tokio el niño silba el tema musical que escribió Richard Hageman para La diligencia (Stagecoach. John Ford, 1939). Asimismo el montador Yoshiyasu Hamamura recuerda el interés que despertó en Ozu la película Solo ante el peligro. Particularmente el uso que se hacía del tiempo: una circunstancia hacia la que él, como cineasta, se hallaba particularmente sensibilizado[28].

Sus *Diarios* nos proporcionan una fuente preciosa para conocer de primera mano su relación con el cine a través de las películas y de sus protagonistas: a través de los mismos sabemos que acudió a una velada en honor de William Wyler, en el Hotel Teikoku de Tokio[29]. No asistió, en cambio, a otro dedicado a Frank Capra, pese a que apreciaba su cine[30]. Con frecuencia Ozu dio muestras de un carácter tímido y reservado, poco dado a las fiestas multitudinarias, celebraciones y homenajes.

Años después, en la anotación del día 10 de Febrero de 1960, mientras está preparando el guión de Otoño tardío, escribe: *"Hemos estado hablando de la sinopsis, y nos hemos decidido por una intriga parecida a la de Three bad men (Tres hombres malos. John Ford, 1926)"* [31].

Ozu sentía atraccción por la labor de determinados cineastas, a los que nos hemos referido en las páginas precedentes; pero igualmente se interesó por los tipos dramáticos que forman determinadas estrellas: este fue el caso de los melodramas protagonizados por Lillian Gish. En distintas ocasiones reconoció admirar a los actores que eran capaces de expresar sentimientos tormentosos de manera impasible, ejemplificados en los trabajos de Bette Davis para los melodramas de William Wyler. Muy particularmente rindió tributo de admiración a Henry Fonda. En particular citaba la escena de Pasión de los fuertes en donde, sentado en su silla, Wyatt Earp controla el pueblo del que es sheriff, llenando de emoción y de fuerza a su personaje *"sin movimiento y sin expresión. He ahí la grandeza de John Ford"*, concluye el cineasta japonés[32].

Sólo resta añadir el uso diegético que hizo del fetichismo cinematográfico en algunas de sus películas: en Una mujer de Tokio se verá una foto de Gary Cooper. En la posterior Primavera tardía prácticamente nada sabemos del que será el marido de Noriko, salvo que *"se parece a Gary Cooper"*. En la posterior Principios del verano Noriko es conocida porque colecciona fotografías de Katherine Hepburn, lo que la vale comentarios de su jefe, quien llega a insinuar que puede ser lesbiana.

XXXVI. 3. Ozu ante el cine japonés

Aunque antes de su ingreso en la Shochiku había mostrado escaso interés hacia las películas japonesas, los diarios conservados prueban que, a partir de 1933, Ozu era un espectador asiduo y bien informado sobre el cine que se hacía en su país. Así, a lo largo de sus páginas desfilan cineastas importantes con los que tuvo relación: Kenji Mizoguchi, Hiroshi Shimizu, Sadao Yamanaka, Minoru Murata, Mikio Naruse, Akira Kurosawa y Tomu Uchida, entre otros muchos.

Desde sus primeros años como director, Ozu sintió gran admiración y afecto por Sadao Yamanaka, joven promesa del cine japonés que falleció en el campo de combate. Ozu coincidió con él en China, y lamentó su muerte con pesar (véase el capítulo biográfico). A su regreso a Japón, Ozu se reunía todos los años con sus amigos para conmemorar la muerte del amigo y brillante hombre de cine.

Pero además en su diario se citan algunas películas de Mizoguchi: Aizo Toge (El desfiladero del amor y del odio, 1934, aunque no le parece muy conseguida), así como Aien kyo (El valle del amor y de la tristeza, 1937). Curiosamente, no son citadas las obras importantes de aquel gran cineasta, entre ellas las que le dieron fama fuera de sus fronteras. Cuando menos, sí aparece citada la última película del maestro: Akasen chitai (La calle de la vergüenza, 1956), a la que se refiere en anotación del día 17 de Mayo de 1956. En unas declaraciones pronunciadas en el curso de una entrevista, Ozu se refiere expresamente a algunos de los principales cineastas japoneses; y lo hace en los siguientes términos: *"los directores nacen teniendo una voz o un tono musical, que no pueden cambiar fácilmente. Naruse y yo tenemos una voz de tono bajo. La de Kurosawa es relativamente alta. Mizoguchi parece tener un tono bajo, pero en realidad el tono de su voz es bastante alto"* [33]. Sin duda

---

28 RICHIE, Donald. *Ozu*. Berkeley (etc.) : University of California Press, 1974, p.176.

29 OZU, Yasujiro. *Carnets : 1933 -1963 : Edition intégrale*. Paris : Alive, 1996, p.426. Anotación del día 18 de Abril de 1955.

30 Ibid., p. 276. Anotación del día 29 de Febrero de 1952.

31 OZU, Yasujiro. *Carnets : 1933 -1963 : Edition intégrale*. Paris : Alive, 1996, p. 596.

32 BORDWELL, David. *Ozu and the poetics of Cinema*. New Jersey : Princeton University Press, 1988, p. 85.

33 Véase: "A talk with Ozu". En: SCHRADER, Leonard. "Yasujiro

Ozu era consciente de la gran capacidad creativa de su insigne colega, por quien asimismo sintió afecto personal. Nos consta por los diarios que estuvo junto a él mientras agonizaba. Mizoguchi falleció el 24 de Agosto de 1956, y Ozu pronunció un discurso en sus funerales[34].

Asimismo mostró aprecio por Mikio Naruse, y en particular por uno de sus títulos más importantes: *"El otro día vi Ukigumo (Nubes flotantes.* Mikio Naruse, 1955)*, y me gustó enormemente. Apela a nuestros sentimientos adultos. Una gran obra. Bueno, tiene unos pocos defectos menores. Pero aun considerándolos, se sitúa en el nivel más alto del cine japonés. Haber visto esta película me supondrá un retraso en el trabajo de este año. He pensado que no debo ser tan perezoso. No he hecho lo bastante bien mi trabajo. Creo que el propio Naruse se ha metido en un aprieto al hacer esta película. Le va a costar hacer la siguiente"*[35].

Por si esto fuera poco, en sus *Diarios* leemos: *"Me ha impresionado mucho Ukigumo* (Nubes flotantes. Mikio Naruse, 1955) (...). *¡Ukigumo es realmente una gran película!"*. Asimismo nos consta que, en los días siguientes, tanto Ozu como Kogo Noda leían con interés el guión de esta película, obra de Yoko Mizuki, quien adaptaba una novela de Fumiko Hayashi[36].

La afición por colocar carteles de películas se amplía en ocasiones a la producción local. Así, en El hijo único encontramos el cartel de una película japonesa; otro tanto sucede en la peluquería de Shige en Cuentos de Tokio. En Corazón vagabundo aparecen hasta dos carteles de películas japonesas, un melodrama y un relato de aventuras, con las que Kihachi, el novelesco protagonista, se identifica. Pero además en ¿Qué ha olvidado la señora? Ozu se permite un guiño cinéfilo. Nos encontramos en el vestíbulo de un teatro; un hombre entra en un palco, y esto es suficiente para despertar el interés de las apáticas señoras. *"¡Qué hombre tan guapo!"*, admira una de ellas. *"¿Quién es?"* Ahora una de sus compañeras le reconoce para despertar común admiración: *"Es Ken Uehara, el actor que trabaja en los estudios Ofuna"*[37].

Pero las referencias al cine japonés no se limitan a la obra de otros autores. Nos consta por sus *Diarios* que Ozu revisaba sus propias películas, que utilizaba como referentes para las que rodaría años más tarde. En particular Historia de hierbas flotantes y El coro de Tokio son citadas explícitamente en sus diarios como modelos para futuros trabajos. En sus Diarios consta, de manera explícita, que el director revisó aquellas películas mientras preparaba Otoño tardío[38]. En cierta ocasión llegó a citarse a sí mismo, bajo nombre encubierto: en la hoy perdida Haru wa gofujin kara (No hay primavera sin mujeres, 1932) cierto estudiante suspende un examen, y su amigo le consuela diciendo: *"Anímate; suspender no es tan malo. ¿No has visto la película de Urada Suspendí, pero...?"*. He aquí un insólito ejemplo de ironía, pero también de cierta complacencia ante la obra propia.

La relación de Ozu con el mundo del cine no se limita a la labor en los estudios. Asimismo se encontraba estrechamente relacionado con la Asociación de Directores de Cine, que llegará a presidir en 1961. Hasta los chistes que se cuenta Ozu a sí mismo tienen connotaciones cinéfilas. Así, en la anotación del 7 de Septiembre de 1960 de sus *Diarios* leemos: *"Parece ser que hace un par de días Tsukimori y Bansho (dos compañeros de los estudios) se hicieron daño al caerse de la escalera de un bar de Ginza. ¡Una lección que tendré que recordar! ¡Evitar beber para no encontrarme en una situación parecida! Cuando los hombres se caen por la escalera no es un buen título, ¡ni siquiera para una comedia!"*[39]

XXXVI. 4. Carteles de películas

La cinefilia de Ozu no se limitaba a frecuentar las salas oscuras. Sabemos que era, desde la adolescencia, coleccionista de carteles de películas. Con quince años solía escribir cartas a los *benshis* para pedirles los programas de las películas que se proyectaban. Las aficiones cinéfilas de Ozu se manifiestan en el elevado número de pósters que aparecen en sus películas, particularmente en las de los años 30. Aunque después de la guerra dicha costumbre se vio muy restringida, la práctica de insertar carteles se mantiene hasta Buenos

---

Ozu : 1903 - 1963". En : *The Masters of Japanese Film*. Berkeley, California : Pacific Film Archive, ca.. 1980, p. 196.

34 OZU, Yasujiro. *Carnets : 1933 -1963 : Edition intégrale*. Paris : Alive, 1996, p. 494 (anotación del día 6 de Junio de 1956), p. 502 (anotación del día 24 de Agosto), y p. 503 (anotaciones de los días 29 y 30 de Agosto de aquel mismo año).

35 Citado en: YOSHIDA, Kiju-Yoshishige. "Invirtiendo la luz y la sombra o gente que se separa : Yasujiro Ozu y Mikio Naruse. San Sebastián : Festival Internacional de Cine ; Madrid : Filmoteca Española, 1998, p. 161.

36 OZU, Yasujiro. Op. cit., p. 411. Anotaciones de los días 9 y 11 de Febrero de 1955.

37 Ken Uehara trabajará posteriormente con Ozu en Las hermanas Munakata (1950).

38 Véase: OZU, Yasujiro. *Antología de los diarios de Yasujiro Ozu* / edición a cargo de Núria Pujol y Antonio Santamarina. Valencia : Filmoteca de la Generalitat Valenciana (etc.), 2000, p. 285.

39 Ozu ironiza relacionando aquel incidente con el título de una de las mejores películas de Mikio Naruse: Onna ga kaidan wo agaru toki (Cuando una mujer sube la escalera), filmada aquel mismo año. En: OZU, Yasujiro. Op. cit., p. 262.

Figura 401
Me gradué, pero...

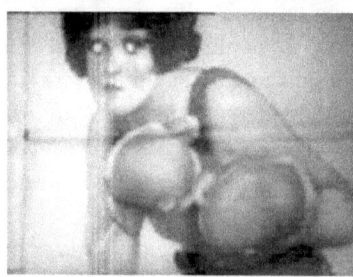

Figura 402
Caminad con optimismo

Figura 403
La esposa de noche

días (1959)⁴⁰. Las citas y los homenajes a las películas favoritas de Ozu se suman al tratamiento irónico que el directo da con frecuencia a estos carteles. Es el caso de la anteriormente citada Ohayo, en el que la pareja de novios se refleja en la película de Louis Malle Les amants, mientras que los niños insolentes son identificados con la película de Stanley Kramer The defiant ones. Asimismo, en las *gakusei mono* de Ozu los estudiantes son a menudo reconocidos en películas como Charming Sinners o Hell´s Angels.

Por otra parte los pósters muestran soterradas conexiones entre los melodramas hollywoodienses y las propias experiencias de sus protagonistas, que acaso se reconocen en aquéllos. Uno de los mejores ejemplos nos lo brinda Días de juventud, cuyos dos infortunados protagonistas suspiran por alcanzar El séptimo cielo, reconociéndose en la película de Borzage que decora su cuarto. Es ésta una muestra elocuente de que, al menos a la hora de hacer sus películas, Ozu sí consideraba los modelos americanos. Sin ningún recato, por otra parte,

cita películas sonoras, y que presumiblemente admiraba, pese a lo cual continúa rodando con obstinación películas mudas.

A continuación enumeramos los carteles de películas europeas y americanas que se reconocen en las películas de Ozu que han llegado a nuestros días, completa o parcialmente:

- Días de juventud (1929): The seventh heaven (Frank Borzage, 1927).
- Amigos en la pelea: The Uninvited Guest (Ralph Ince , 1924).
- Me gradué, pero... (1929): Aparece un póster de Speedy (Relámpago. Tom Wide, 1928, con Harold LLoyd).
- Caminad con optimismo (1930): Our dancing daughters (Harry Beaumont, 1928. Con Joan Crawford). Y Rough House Rosie (Frank Strayer, 1927), con Clara Bow.
- Suspendí, pero... (1930): Charming sinners (Robert Milton, 1929), con William Powell.
- La esposa de noche (1930): Broadway scandals (George Archainbaud, 1929), Y Broadway Daddies (Fred Windermere, 1928) . También aparece el cartel de una película rusa, escrita en caracteres cirílicos, así como el cartel de Gentleman of the Press (Millard Webb, 1929).
- En Ojôsan (1930) aparecía un nuevo póster de Harold LLoyd. Aunque la película está perdida, conservamos fotogramas de la misma que así lo acredita⁴¹.
- La esposa y la barba (1931): Rogue song (Producción MGM de 1930. Con Stan Laurel y Oliver Hardy; Lionel Barrymore y Hal Roach).
- ¿Dónde están los sueños de juventud? (1932): Hell´s angels (Howard Hugues, 1930); y Billy the kid (King Vidor, 1930). También aparecen The Miracle Woman (Frank Capra, 1931, con Barbara Stanwick), y Million Dollar Legs (Edward F. Cline, 1932).

Aún cabría añadir otra referencia lubitschiana en esta película: cuando el personaje interpretado por Kinuyo Tanaka llora al final de la película aparece un cartel de One hour with you, producción Paramount dirigida por Ernst Lubitsch, y estrenada en Marzo de 1932, pocos meses antes de que Ozu comenzara su propio rodaje.

- La mujer de Tokio (1932): Además de insertar fragmentos de If I had a million, episodio de Ernst

---

40 Hubert Niogret se tomó la molestia de reunir algunas de estas citas en su interesante artículo: "Introducing : Yasujiro Ozu : ou pour la première fois à l´ecran". *Positif : Revue du Cinéma*, 1978, Février, n° 203, p. 5. Por nuestra parte hemos ampliado considerablemente aquel recuento con otras referencias.

41 Reproducción del mismo en: BORDWELL, David. *Ozu and the poetics of Cinema*. New Jersey : Princeton University Press, 1988, p. 212.

Lubitsch, reconocemos el cartel de una película dirigida en 1931 por Carl Froelich y Léontine Sagan: Mädchen in Uniform, 1931.
- La mujer proscrita (1933): se distingue con claridad el cartel de All quiet on the western front, en versión francesa. (Lewis Milestone, 1930). Y The champ (El campeón. King Vidor, 1931), película cuya sombra asimismo planea en la posterior Dekigokoro (1933).
- Amad a la madre (1934). En una escena corta, de tan sólo tres minutos, coinciden hasta tres carteles de otras tantas películas: Rain, de Lewis Milestone, 1932, en cuyo póster reconocemos a Joan Crawford; Poil de carotte. (Piel de zanahoria. Julien Duvivier, 1932) y Don Quijote (versión de G.W. Pabst, 1933). También distinguiremos el cartel de La fille du regiment (Pierre Billon, 1933). Coinciden, pues, tres películas francesas y una sola americana, como situación insólita.
- Debe advertirse que durante los años de la guerra las referencias al cine americano se extinguieron. Y, una vez concluido el conflicto, se recuperarían, si bien con una frecuencia mucho menor que en las películas precedentes. Así en El hijo único (1936) aparece un retrato de Joan Crawford. Y escenas de Vuelan mis canciones, de Willi Frost.
- Una gallina al viento (1948): Kiss and tell (Richard Wallace, 1945. Con Shirley Temple); Love Letters (William Dieterle, 1945. Con Jennifer Jones y Joseph Cotten); The Green Years (Victor Saville, 1946, con Charles Coburn).
- Primavera precoz: East of Eden (Elia Kazan, 1955).
- Crepúsculo en Tokio (1957): Foreign intrigue (Sheldon Reynolds, 1956. Con Robert Mitchum).
- Buenos días (1959): The defiant ones (Fugitivos. Stanley Kramer, 1958). Y Les amants (Louis Malle, 1958).

A todas ellas hay que añadir los carteles de películas japonesas que, de manera excepcional, aparecen en Corazón vagabundo, en El hijo único y en Cuentos de Tokio, a las que nos referimos con anterioridad.

XXXVI. 5. Portadas de revistas; fotos de actores

Además de los carteles, también es posible encontrar numerosas portadas de revistas cinematográficas, o fotos de estrellas. En este sentido, Ozu se anticipa a los cinéfilos realizadores de la *Nouvelle Vague*. Cabe señalar, sin embargo, que además de Ozu, era frecuente encontrar imágenes de figuras femeninas extranjeras en

Figura 404
Días de juventud

Figura 405
La mujer de Tokio

otras muchas producciones japonesas de la época[42]. He aquí las que se reconocen en sus películas:

- Días de juventud: abandonadas en un montepío aparecen varias portadas de revistas. Entre ellas *Motion Picture News,* con alusiones a Beau Geste (Herbert Brenon) y The Rough Riders (Victor Fleming), sendas producciones Paramount de 1926 y 1927, respectivamente.
- Caminad con optimismo: aparece destacada una fotografía en plano entero de Clara Bow en Rough House Rosie (Frank Strayer, 1927).
- La esposa de noche (1930) : Aparecen fotos de distintos actores, y de revistas cinematográficas. En uno de los carteles reconocemos el nombre de Jean Gabin, y en otro destaca el nombre de Walter Huston, e reconocemos incluso un cartel ajeno al cine en el que se lee Empire of India.
- El hijo único: se distingue una foto de Joan Crawford, colgada de una de las puertas correderas en la casa del hijo, integrado en la ciudad moderna y occidentalizada..
- ¿Qué ha olvidado la señora? reconocemos en dos revistas sendos retratos de Marlene Dietrich.
- Una gallina al viento: Fotografía de Shirley Temple.

XXXVI. 6. King Kong entre el perro y el león

En ocasiones los personajes de Ozu son, como el propio director, cinéfilos. Cuando sufren algún contratiempo

---

42 IZBICKI, Joanne. "The Shape of Freedom : The Female Body in Post-Surrender Japanese Cinema". *U.S. - Japan Women's Journal,* 1996, nº 12, p. 151.

acuden al cine para aplacar sus preocupaciones. Es el caso del estudiante suspendido en Suspendí, pero... (1930). Por su parte los niños de Nací, pero... reciben trozos de películas como prenda de vasallaje. Y a su vez deberán pagar con huevos de gorrión para asistir a la velada de cine que se proyectará en casa del niño rico. Las películas familiares que exhibe el jefe parodian caricaturescamente, como se verá, las películas familiares de Ozu, e incluso sus propias comedias *nansensu*.

En la posterior Un albergue en Tokio (1935) sorprendemos la siguiente conversación entre los dos hermanos protagonistas mientras se toman la merienda: Shoko: *"Los tigres son muy fuertes"*. Zenko: *"Un león es más fuerte que un tigre"*. Respuesta de Shoko: *"Pero King Kong es el más fuerte de todos"*. Una afirmación que, como se verá en el capítulo correspondiente, se relaciona con la particular situación que atraviesa la familia; con la necesidad de hacer acopio de fuerza para sobrevivir en un territorio hostil.

En Shukujo wa nani o wasuretaka encontraremos una nueva referencia cinéfila: la tía se cree que hay un romance entre Setsuko y Okada, pero se trata de un malentendido. *"Y si tengo un malentendido con alguien, me gustaría que fuese con William Powell"*. Dicho actor, cabe añadir, era el protagonista de Charming sinners, expresamente citada en Suspendí, pero... . En otro momento de esta misma ¿Qué ha olvidado la señora? las mujeres buscan un profesor de matemáticas para uno de sus hijos. Una de ellas objeta: *"aunque quisieras, no podrías encontrar un tutor como Frederic March"*. Años después, en Primavera tardía uno de los pretendientes de Noriko Somiya será emparentado literalmente con Gary Cooper; a su vez Noriko Mamiya, la joven protagonista de Principios del verano es conocida por su afición a guardar fotos de Katherine Hepburn. En El sabor del arroz con té verde la joven casadera elogia la interpretación de Jean Marais en una película que acaba de ver. Uno de los niños de Cuentos de Tokio silba el tema que compuso Richard Hageman para La diligencia; y en El otoño de los Kohayagawa se canta una versión japonesa de My Darling Clementine en el curso de una fiesta de despedida.

Cabría añadir que tanto en Flores de equinoccio como en La mujer proscrita aparece el perro de RCA Victor. En el primer caso, además, la conocida mascota se sitúa junto al logotipo felino de la MGM. Pero, como se puede apreciar, las referencias proceden siempre de películas europeas o americanas; y en muy pocas ocasiones de fuentes cinematográficas japonesas.

XXXVI. 7. Schubert y la sublevación del oficinista

Es de notar que dos películas importantes en la evolución de su estilo incluyen sendos pasajes de películas occidentales, una europea y otra americana, que son proyectados casi en su integridad: La mujer de Tokio y El hijo único. Diríase que el cineasta, a punto de hacerse dueño absoluto de su propio estilo, aún se permite mostrar el otro, su antítesis: aquel modo dominante de hacer cine, del que se ha propuesto distanciarse[43].

Particularmente, en Tokyo no onna se proyectan unos fragmentos de If I had a million (1932) una película colectiva de la que se selecciona el episodio The clerk, dirigido por Ernst Lubitsch, e interpretado por Charles Laughton. Dicho episodio, muy breve, es recogido además casi en su totalidad[44]. En los títulos de crédito de Tokyo no onna leemos: *"Adaptación de una historia de Ernst Schwarz"*, una información apócrifa, puesto que no existe el tal Schwarz: se trata del seudónimo colectivo que agrupa a los guionistas de la película, Kogo Noda y Tadao Ikeda, en compañía del propio Ozu. Sin embargo dicho nombre alude a las preferencias del propio Ozu. El nombre está compuesto por Ernst Lubitsch, una de cuyas películas es explícitamente citada- y Hans Schwarz[45]. Más adelante se nos mostrará el programa de la película, en cuya contracubierta se distingue una foto de Gary Cooper, quien protagonizaba otro de los episodios de aquella irregular poligrafía.

En la posterior El hijo único se proyectan fragmentos de Vuelan mis canciones (Leise Flehen meine Lieder, Willi Forst, 1933), inspirada en la biografía de Franz Schubert: una imposible opereta alemana que sirve más para aflorar la ironía que el propio homenaje. En particular se nos invita a ver, casi al completo, un número musical interpretado por Martha Eggerth de la película Vuelan mis canciones. Aunque en este segundo caso no se trata de una película americana, cabe suponer que se trataba de un *biopic* melodramático

---

43 BURCH, Noël. *To the distant observer*. London : Scolar Press, 1979, p. 184.

44 En el capítulo dedicado a La mujer de Tokio estudiaremos la inclusión de dicho fragmento. Pero además se ofrece un estudio más detallado del mismo en el V. IV del presente trabajo.

45 Hans Schwarz (o Schwartz) fue un cineasta alemán que realizó en su país algunas películas populares: Melodie des Herzens (1929), Die Wunderbare Luge der Nina Petrowna, 1929), Liebling der Goetter (1930), Bomben auf Monte Carlo (1931), Einbrecher (1931), Der Grosse Tenor (1931) e Ihre Hoheit Befiehlt (1931). se trasladó finalmente a Hollywood, donde realizó Prince of Arcadia (1933) y The Return of the Scarlet Pimpernel (1937), su película más conocida . Ozu cita expresamente en sus Diarios su película Bombas sobre Montecarlo (1931), que vio en Japón en 1934.

Figura 406
La bella y la barba

Figura 407
La bella y la barba

al uso, respetuoso con las convenciones del género que había impuesto Hollywood. Los fragmentos que ofrece la película apuntan en este sentido; como nos confirma además que dicha película conoció distribución norteamericana bajo el más explícito título de Schubert´s Unfinished Symphony.

No se trata, en todo caso, de dos ejemplos aislados: parece ser que, además, en la hoy perdida Ojôsan (La jovencita, 1930) se incluía una escena de una producción Paramount: The shopworn Angel (Richard Wallace, 1928). Dicho ejemplo, por tanto, se anticiparía a los dos casos citados[46]. Nos consta además que nuestro cineasta apreciaba mucho The man I killed (Remordimiento. Ernst Lubitsch, 1932), *"de la que voy a utilizar algunas imágenes para Tokyo yoi toko"*, asegura Ozu en su Diario[47]. Dicho proyecto, concebido en 1935 como una película muda, terminó convirtiéndose en El hijo único, el primer largometraje sonoro de Ozu. Y, como se sabe, la cita de Lubitsch se vio finalmente sustituida por aquella extravagante *schubertiada*.

XXXVI. 8. *Kinema Kurabu:* películas citadas por Ozu en sus Diarios

A modo de conclusión, y como mero recopilatorio anecdótico que puede, sin embargo, ilustrar los gustos cinematográficos del cineasta, reunimos a continuación las películas extranjeras que son citadas por Ozu en sus *Diarios*. Los títulos aparecen ordenados por años, y

---

46 BORDWELL, David. *Ozu and the poetics of Cinema.* New Jersey : Princeton University Press, 1988, p. 72.

47 OZU, Yasujiro. *Carnets : 1933 -1963 : Edition intégrale.* Paris : Alive, 1996, p. 107. Anotación del día 1 de Mayo de 1935.

son presentados en el mismo orden en que aparecen en sus escritos. Asimismo incluimos los comentarios que dedicara a estas películas, cuando los hubiera.

1933:
. Blonde Venus (La Venus rubia. Josef von Sternberg, 1932)
. Trouble in Paradise (Un ladrón en la alcoba. Ernst Lubitsch, 1932)
. So Big (Trigo y esmeralda. William A. Wellman, 1932)
. Mädchen in Uniform (Muchachas de uniforme. Leontine Sagan, 1931)
. The Front Page (Un gran reportaje. Lewis Milestone, 1931)
. Back Street (Su vida íntima. J.M. Stahl, 1932)
. The Sign of the Cross (El signo de la Cruz. Cecil B. De Mille, 1932)
. Scarface (Howard Hawks, 1931).
. No man of her own (Mentira latente. Wesley Ruggles, 1932)
. American Madness (La locura del dólar. Frank Capra, 1932)
. Quatorze Julliett (Catorce de Julio. René Clair, 1932)
. Rain (LLuvia. Lewis Milestone, 1932)
. I am a fugitive from a Chain Gang (Soy un fugitivo. Mervin LeRoy, 1932)
. A Farewell to Arms (Adiós a las armas. Frank Borzage, 1932) *"y me he aburrido"*.
. Today we live (Vivamos hoy. Howard Hawks, 1933). *"No demasiado interesante"*.

1934:
. Deluge (Felix E. Feist Jr. 1933)
. Bomben auf Monte Carlo (Hans Schwarz, 1931-1933)
. Frisco Jenny (Barrio chino. William A. Wellman, 1933)
. Design for living (Una mujer para dos. Ernst Lubitsch, 1932)
. Don Quijote (G.W. Pabst, 1933)
. It happened one night (Sucedió una noche. Frank Capra, 1934). *"¡Una de las comedias más conseguidas!"*.
. Little women (Mujercitas. George Cukor, 1933).

1935:
. Man of Aran (Hombres de Arán. Robert Flaherty, 1934).
. Our daily bread (El pan nuestro de cada día. King Vidor, 1934)
. Imitation of Life (Imitación a la vida. John M. Stahl,

1933). *"¡Ah!, ya no es el gran Stahl de antaño!"*.
. The man I killed (Remordimiento. Ernst Lubitsch, 1932) *"de la que voy a utilizar algunas imágenes para Tokyo yoi toko"* (hoy perdida). Según asegura Yuharo Atsuta, Ozu sentía gran debilidad por esta película[48].
. David Golder (Julien Duvivier, 1931)
. Manhattan Melodrama (El enemigo público nº 1. W.S. Van Dyke, 1934).
. Le Gran Jeu (El signo de la muerte. Jacques Feyder, 1933).

1937:
. La Kermesse heroïque (La Kermesse heroica) (Jacques Feyder, 1935). *"Nada del otro mundo"* (Ozu no mostró interés por la obra de Feyder en general).
. The Plainsman (Buffalo Bill. Cecil B. De Mille, 1936).
. La Belle équipe (Julien Duvivier, 1936).
. Tarzan escapes (La fuga de Tarzán. Richard Thorpe, 1936).
. Lost Horizons (Horizontes perdidos. Frank Capra, 1937).
. Morocco (Marruecos. Joseph von Sternberg, 1930).
. The lives of a Bengal Lancer (Tres lanceros bengalíes. Henry Hathaway, 1935).

1950:
. How green was my valley (Qué verde era mi valle. John Ford, 1941).

1951:
. California (John Farrow, 1946).
. Quattro passi fra le nuvole (Cuatro pasos por las nubes. Alessandro Blasetti, 1942).
. Black Narcissus (El narciso negro. Michael Powell y Emeric Pressburger, 1946).
. Cheaper by the Dozen. (Trece por docena. Walter Lang, 1950)
. The Heiress (La heredera. William Wyler, 1949).
. The Set Up (Robert Wise, 1949).
. Rebecca (Alfred Hitchcock, 1940). *"Me he quedado dormido"*.
. The Al Jolson Story (Alfred E. Green, 1946).
. Sunset Boulevard (El crepúsculo de los dioses. Billy Wilder, 1950).
. All about Eve (Eva al desnudo. Joseph L. Mankiewicz, 1950). *"No me ha entusiasmado"*.
. Bambi (Walt Disney prod., 1942)
. She wore a yellow ribbon (La legión invencible. John Ford, 1949).
. Río Grande (John Ford, 1950).
. Duel in the Sun (Duelo al sol. King Vidor, 1948).

1952:
. Les Enfants du Paradise (Marcel Carné, 1943).
. La Ronde (Max Ophuls, 1950)
. A Streetcar named Desire (Un tranvía llamado Deseo. Elia Kazan, 1951).
. An American in Paris (Un americano en París. Vincente Minnelli, 1951).

1953:
. The Third man (El tercer hombre. Carol Reed, 1949). *"¡Una película excelente!"*
. Fort Apache (John Ford, 1948) *"He tenido que sacudirme la pereza para ir a verla. La película me ha parecido regular"*.
. Limelight (Candilejas. Charles Chaplin, 1952).
. The Quiet Man (El hombre tranquilo. John Ford, 1952).
. Detective Story (Brigada 21. William Wyler, 1951).
. The Bad and the Beautiful (Cautivos del mal. Vincente Minnelli, 1952). *"La obra original es bastante mejor"*.

1954:
. The Little Foxes (La loba. William Wyler, 1941).
. Carrie (William Wyler, 1952). *"La escena final no me ha gustado"*.
. The Moon is Blue. (La Luna es azul. Otto Preminger, 1953).
. Roman Holiday (Vacaciones en Roma. William Wyler, 1953).
. Act of love (Anatole Litvak, 1953)
. Le salaire de la Peur (El salario del miedo. Henri-Geoges Clouzot, 1953).
. Les Orgueilleux (Yves Allegret, 1954).
. Le petit monde de Don Camilo (El retorno de don Camilo. Julien Duvivier, 1951).

1955:
. This is Cinerama (Merian C. Cooper, 1942). *"Nos hemos salido a media sesión"*.
. Thérèse Raquin (Marcel Carné, 1953). *"Excelente película"*.

1956:
. The Desperate Hours (Horas desesperadas. William

---
48 OZU, Yasujiro. *Antología de los diarios de Yasujiro Ozu* / edición a cargo de Núria Pujol y Antonio Santamarina. Valencia : Filmoteca de la Generalitat Valenciana (etc.), 2000, p. 54.

Wyler, 1955).
. The Bribe (Soborno. Robert Z. Leonard, 1949)
. The Blackboard Jungle (Semilla de maldad. Richard Brooks, 1955).
. Love is a Many Splendored Thing (La colina del adiós. Henry King, 1955).
. Senso (Luchino Visconti, 1954).
. Mister Roberts (Escala en Hawai. John Ford y Mervin Le Roy, 1955).
. Marty (Delbert Mann, 1955)
. Richard III (Ricardo III. Laurence Olivier, 1955)
. Trial (La furia de los justos. Mark Robson, 1955)

(No hay anotaciones sobre películas en los muy mutilados diarios que conservamos de 1957 y 1958).

1959:
. Orphée (Orfeo. Jean Cocteau, 1949). *"Sólo he visto la mitad de Orfeo, que emitían por televisión".*

1960:
. On the Beach (La hora final. Stanley Kramer, 1959). *"Me he aburrido bastante".*

1961:
. Ciudadano Kane. *"¡Qué talento el de este Orson Welles!"*

1962:
. The Guns of Navarone. (Los cañones de Navarone. J. Lee Thompson, 1961).

Noriko. Kami ningyô realizada por Miko Misono

XXXVII. ORIENTE Y OCCIDENTE

XXXVII. 1. Presencia de Occidente

A lo largo de todo el siglo XX, la civilización occidental ha constituido un referente continuo en el proceso de modernización japonés. Europa y Norteamérica reemplazaron a China como la gran fuente cultural de la que se aprovisionaba Japón para desarrollar sus propios patrones. En ambos casos, se trata de sendas representaciones de *"lo otro"* que fertilizaba y enriquecía la cultura propia. Sin embargo Junichiro Tanizaki se muestra apesadumbrado ante este proceso: el descubrimiento de una civilización superior a la propia provocó que el Japón abandonase un camino que llevaba recorriendo durante miles de años[1]. Otras muchas voces se alzaron contra esta invasión de unos modelos culturales, en particular los norteamericanos, tal vez más universales y atractivos que los propios; pero que incurrían peligrosamente en el vicio del materialismo. No falta por el contrario quien valora que, al incorporar los aspectos más provechosos de Oriente y de Occidente, Japón logró una cultura de síntesis, extraordinariamente cosmopolita y singular[2].

El cine de Ozu es reflejo de cómo la cultura occidental- y muy particularmente la gran cultura del cine, la norteamericana- fue infiltrándose en el seno japonés. De hecho el cine ha sido una de las principales fuentes de occidentalización en el país asiático a lo largo del siglo XX. Junichiro Tanizaki advirtió el fenómeno, y lo plasmó con las siguientes palabras en su novela *Hay quien prefiere las ortigas*: *"En la novela, en la música, en el cine occidental, encontraba algo que colmaba sus ansias, a causa probablemente de la visión que tienen los occidentales de la mujer. La tradición del culto a la mujer data de antiguo en Occidente, ya venga representada por una diosa de la antigua Grecia o por la imagen de la Virgen. Como esa actitud ha persistido a través de los tiempos, ha encontrado, como es lógico, su expresión en el arte y en la literatura. (...) ¿Qué mujer de hoy no intenta parecerse lo más posible a una artista de cine americana?"*[3].

También las mujeres de nuestro cineasta toman como emblema de modernidad a las actrices de Hollywood, como tendremos ocasión de advertir en diversas películas de Ozu, particularmente en las *moga* de los años 30; pero también en el ejemplo que brinda Noriko en los años 50. La obra de Ozu está repleta de citas dedicadas a películas extranjeras, fundamentalmente americanas y alguna europea, como se vio. Por el contrario, apenas aparecen referencias a la cinematografía japonesa. De este modo, como aprecia Donald Richie, nuestro cineasta se sitúa en una intersección entre los propósitos más tradicionales alcanzada por medio de los métodos más modernos: *"experimentando y refinando, viendo películas occidentales, absorbiendo influencias de todas las partes, Ozu también estaba, a su manera, comprometido con una particular forma de tradicionalismo. Esto es cierto no sólo en los temas de sus películas, sino también en la forma de presentarlos"*[4].

Sus películas, en efecto, dan testimonio de una cultura y de unas formas de vida progresivamente occidentalizadas; pero lo hace de una manera japonesa, sin claudicar ante los cánones cinematográficos que impone la cinematografía dominante. De este modo, su obra llega a transformarse en todo un ejercicio de resistencia cultural ante las infiltraciones foráneas.

Cedamos de nuevo la palabra a Donald Richie, para quien *"la civilización moderna japonesa sólo tiene cien años de edad, y en realidad sólo es la superficie de una civilización auténtica que ha crecido durante dos milenios"*[5]. De este modo, lo autóctono y lo foráneo conviven y se mezclan hasta confundirse. En sólo cien años. No en vano el proceso de modernidad del Japón

---

[1] *The CAMBRIDGE History of Japan*. Vol. VI, The Twentieth Century / Edited by Peter Duus. Cambridge (etc.) : University Press, 1990, p. 753.

[2] Por ejemplo: Kazuko (Tenshin) Okakura, conocido en Europa por su Libro del Té (Barcelona : Kairós, 1991). En uno de sus escritos, tras proclamar que *"Asia es una"*, a partir de la herencia china e india,y por su amor común hacia lo Útimo y lo Universal, calificó al Japón como *"el museo de la civilización asiática"*, toda vez que los logros artísticos japoneses habían logrado valores perennes y universales.
Véase: *The CAMBRIDGE History of Japan*. Vol. VI, The Twentieth Century / Edited by Peter Duus. Cambridge (etc.) : University Press, 1990, p. 715.

[3] TANIZAKI, Junichiro. *Hay quien prefiere las ortigas*. / trad. de María Luisa Borrás. Barcelona : Círculo de Lectores, 2001, p. 57, 79.

[4] RICHIE, Donald. *A hundred years of Japanese Film : A concise History, with a selective guide to videos and DVDs*. Tokyo (etc.) : Kodansha International, 2001, p. 58 - 59.

[5] Cita: SCRADER, Paul. *El estilo trascendental en el cine : Ozu, Bresson, Dreyer*. Madrid : JC, 1999, p. 36.

coincide, prácticamente, con la historia del cine desde su llegada a aquel país, donde ha sido una de las principales fuentes de occidentalización a lo largo de las décadas.

XXXVII. 2. Lo viejo y lo nuevo

Adviértase que la mayoría de los cineastas japoneses clásicos provienen de ramas o especialidades ajenas al mundo tradicional japonés. Aun Mizoguchi y Kurosawa, que estudiaron pintura, se formaron en escuelas que practicaban técnicas occidentales. De entre los más importantes, sólo Kinugasa se formó en el mundo del teatro Kabuki, donde trabajó como *oyama*. Tampoco Ozu guarda relación, en sus años de formación, con la tradición autóctona; muy por el contrario, y aunque pasara largos años en el ambiente tradicional de provincias, se educó viendo películas americanas, por las que sentía un especial aprecio. Derivada de su propia experiencia, en sus películas es frecuente la pugna entre Oriente y Occidente: las dos coordenadas culturales entre las que se debate el moderno Japón. Dicho conflicto se salda en la oposición entre personajes, espacios, arquitecturas, hábitos y vestuarios. Lo que es nota común en toda la obra de Ozu, desde los mismos comienzos de su carrera.

A lo largo de las películas que iremos comentando, será frecuente la oposición entre espacios autóctonos y espacios foráneos; entre ciudades modernas y occidentalizadas (Tokio, Kobe, Osaka) y ciudades tradicionales (Kioto, Nara, Kamakura). El contraste entre lo viejo y lo nuevo se ve enfatizado, en tales casos, a partir de las oposiciones arquitectónicas. Los personajes a menudo se desenvuelven entre los espacios tradicionales- la residencia en provincias, los templos-, y los espacios derivados de los infujos occidentales: las casas de la ciudad; el bar; la fábrica y la oficina; el tren. Ya en Las hermanas Munakata se establecían oposiciones, mediante angulación y planificación equivalentes, entre un rascacielos agresivo y geométrico, y la serena belleza de la pagoda. De manera más abrupta, en El otoño de los Kohayagawa se produce la oposición en un mismo plano entre la aguja de una pagoda y una antena de televisión. Asimismo es frecuente el contraste entre personajes que viven en provincias, en casas de estilo tradicional- a menudo los padres-, y aquellos que viven en la capital, en pisos y bajo el gobierno de costumbres occidentalizantes- con frecuencia los hijos-. Es el caso de Primavera tardía, Principios del verano, Cuentos de Tokio, Las hermanas Munakata o en El sabor del arroz con té verde. En el primer ejemplo citado, Banshun, se oponen dos amigas: la tradicional Noriko y la occidentalizada Aya. Ésta vive

Figura 408 Caminad con optimismo

Figura 409 Principios del verano

sola, en una casa decorada a usanza extranjera. Con variaciones, dicho modelo dual se repite en Bakushu, Ochazuke no aji y en Akibiyori.

En Principios del verano se retransmitía un espectáculo Kabuki por la radio. Otro tanto sucederá en Cuentos de Tokio y en Flores de equinoccio. En Buenos días se emite un combate de sumo por televisión. En todos estos casos la difusión se produce a través de medios de comunicación de masas, modernos e importados de Occidente, que contribuyen a la difusión del patrimonio autóctono. No se olvide que el propio Ozu había participado en este esfuerzo difusor de la cultura vernácula, a través de un medio de comunicación moderno, con su documental Kagamijishi.

Dicho legado aparece ocasionalmente en su obra: volveremos a encontrar escenas vinculadas con el teatro tradicional japonés en ¿Qué ha olvidado la señora?, Primavera tardía, Principios del verano, El sabor del arroz con té verde y en Hierbas flotantes. Cabe añadir el sorprendente prólogo Naniwabushi de Corazón vagabundo. Pero la presencia de la cultura nacional no se limita a las artes escénicas y narrativas: algunas importantes escenas transcurren ante monumentos representativos de Japón. Es el caso del Buda gigante de Kamakura en Caminad con optimismo, Érase un padre y en Principios del verano (Figuras 408-409). Otras discurren ante los imponentes templos de Kioto y Nara: Primavera tardía, Las hermanas Munakata. En Érase un padre la figura tutelar encarnada por Chishu Ryu asegura: *"El arte tradicional japonés es profundamente hermoso"*. Lo que coincide con la reflexión que hará el anciano de Las hermanas Munekata: *"hay auténtica belleza en*

Figura 410
Las hermanas Munakata

Figura 411
El sabor del arroz con té verde

Figura 412
El sabor del arroz con té verde

Figura 413
La bella y la barba

Figura 414
La bella y la barba

el viejo Japón". En ambos casos, sin embargo, tales afirmaciones proceden de personajes envejecidos y desfasados; que ya apenas tienen sitio en su sociedad, ni tampoco en el relato: ambos están condenados a una próxima muerte. Sin embargo, su palabra prenderá en sus hijos e hijas, quienes la llevan consigo para transmitírsela a otros, como de manera expresa sucede en Cuentos de Tokio, en las figuras de las hijas más jóvenes.

XXXVII. 3. El vestuario: túnicas y kimonos

Ozu era, en su juventud, un cineasta fascinado por la cultura y por el cine americanos. *"Le encantaba vestir trajes occidentales; y compraba numerosos artículos extranjeros. Era el director más occidentalizado de los estudios Kamata"* [6]. Sus películas a menudo reflejan el conflicto entre la cultura autóctona y los modelos foráneos a través de las vestimentas. Con frecuencia el vestido japonés es el único elemento autóctono que se aprecia en un contexto dramático y narrativo que evoca lugares y arquetipos característicos del cine negro. El uso del vestido provoca tensiones, contrastes, ambivalencias que nacen de la oposición de culturas y del choque de tradiciones. Encontraremos elocuentes ejemplos en Dónde están los sueños de juventud, la mujer proscrita, La esposa de noche o La mujer y la barba. Este último título es notable, como se verá, debido a las dicotomías que origina el uso del vestido: los personajes que alternan el vestido occidental y el japonés denotan una doble vida, o una acusada ambivalencia ética.

No se trata de ningún caso aislado, puesto que a menudo los personajes alternan el traje autóctono con el vestido occidental. Los *kimonos* son la vestimenta característica de algunos personajes afincados en el mundo tradicional, o de determinadas situaciones como bodas o funerales. Por el contrario, la vestimenta foránea se reserva para el espacio laboral, o para algunas actividades, de ascendencia europea, como pueden ser la pesca con caña o el golf. El conflicto con el vestuario, frecuente a lo largo de toda su obra, nace fruto de una doble antinomia: Oriente frente a Occidente; y vida tradicional frente a vida moderna: dos modelos duales cuya pugna será incesante a lo largo de toda su filmografía.

XXXVII. 4. La cultura occidental en Ozu

Durante los años 30 Ozu se sumó a una corriente occidentalizante, en la que coincidía con intelectuales como el escritor Yu Ryutanji, en los que la ambientación occidentalizante y los neologismos eran recursos habituales. Revistas como *Shin Seinen (Nuevos Jóvenes)* dejaron una semilla importante entre los creadores

---
[6] *OZU Yasujiro Eiga Tokuhon : Ozu retrospective : 90th. anniversary of his birth*. Tokyo : Film Art ; Shochiku Eizo Shogai-Shitsu, 1993, p. 43.

japoneses de los años previos a la guerra. Durante estos años Ozu escribió varios artículos que mostraban su fascinación por la cultura norteamericana. Utilizaba en ellos numerosas palabras en caracteres latinos, y usaba abundantes neologismos procedentes del inglés, tal como hará en sus películas[7].

La escritura asociada a la imagen es frecuente en la representación pictórica china y japonesa. Y con alguna frecuencia la encontramos en Ozu, si bien en lengua inglesa. Sin duda es posible encontrar alguna excepción, como es el caso de la muy didáctica Érase un padre, realizada en plena guerra (véanse las figuras nº 1618, 1620 y 1622). Sin embargo lo más habitual será vincular a los personajes con textos occidentales y escritos en caracteres latinos. Con frecuencia las calles se encuentran tachonadas por letreros tanto en japonés como en inglés, o en otras lenguas; pero asimismo dichas frases en lenguas extranjeras aparecen en los interiores, tanto de los bares como de las propias casas. En el interior del muy occidentalizado bar Tory´s de Tarde de otoño aparece un rótulo en inglés en el que se lee *"No littering"*. para estar a la altura de las circunstancias, uno de los clientes pide un *"whisky on the rocks"*.

Particularmente son muy frecuentes las citas en inglés en sus películas, que seguramente no podrían comprender la mayor parte de los espectadores: antes de la ocupación eran muy pocos los japoneses que podían expresarse en lenguas extranjeras, aunque su estudio comenzaba a extenderse. En particular Ozu tenía conocimientos elementales de la lengua inglesa, un idioma cuyo estudio comenzaba a ser regular en las escuelas japonesas de los años 30[8]. Incluso en las páginas de su *Diario* se asoman destellos de sus conocimientos de esta lengua: : *"Junto a mí, en el tren que iba a Kamata, un alumno que iba a primero de instituto comentaba su examen de inglés: 'Me he equivocado'- ha dicho-, he traducido: `Mi hermana tiene tres años, es más joven que tú, pero también es alta'. Y cuando le he echado un vistazo a su hoja de examen, he leído: 'My younger sister is three years younger than you, but she is as tall as you"*[9]. Es ésta una anécdota que provocó la hilaridad del cineasta, y

Figura 415
Caminad con optimismo

Figura 416
Caminad con optimismo

Figura 417
Caminad con optimismo

que sería aprovechada tanto en Los hermanos Toda como en la posterior Buenos días.

Si por un lado es posible justificar el uso esporádico de esta lengua a partir de la fascinación que Ozu sentía por el cine americano, por otra cabe considerarlo como testimonio de la intrusión de formas y hábitos culturales extranjeros en el seno de la cultura japonesa. Dichos textos, fundamentalmente, provienen de los numerosos carteles de películas; pero asimismo encontraremos diversos ejemplos de escritos sobre las paredes. Las citas en lengua inglesa son continuas en la obra de Ozu, desde sus primeras películas hasta las últimas. En Las hermanas Munakata, Principios del verano, Cuentos de Tokio, Buenos días y en El otoño de los Kohayagawa incluso oímos explícitamente a los personajes chapurrear en lengua inglesa; pero los ejemplos se remontan a las primeras películas conservadas: recuérdese la importancia que el cartel de Seventh Heaven cobraba en la vida de los estudiantes de Días de juventud. Dentro del aula, las lecciones que se imparten en Suspendí, pero... no evitan el uso de la lengua inglesa, según vemos en el encerado. En El coro de Tokio los títulos de crédito aparecen en letras latinas: *"Chorus de Tokyo"*. Es cierto que prácticamente todos los letreros que aparecen están

---

7 Uno de dichos artículos, "Satsujin kidan" (Extraños relatos de asesinato"), ha sido recientemente rescatado en los *Cahiers du Cinema (edición japonesa),* 1993, nº 9.
 Noticia tomada de: *OZU Yasujiro Eiga Tokuhon : Ozu retrospective : 90th. anniversary of his birth.* Tokyo : Film Art ; Shochiku Eizo Shogai-Shitsu, 1993, p. 47.

8 Así lo confirma Bordwell a partir de testimonios de Tadao Sato. Véase: BORDWELL, David. *Ozu and the poetics of Cinema.* New Jersey : Princeton University Press, 1988, p. 65 - 66.

9 OZU, Yasujiro. *Antología de los diarios de Yasujiro Ozu /* edición a cargo de Núria Pujol y Antonio Santamarina . Valencia : Filmoteca de la Generalitat Valenciana (etc.), 2000, p. 64 - 65.

Figura 418
Caminad con optimismo

Figura 419
Amad a la madre

en japonés; pero significativamente el despacho del jefe aparece reconocido por un rótulo en el que se lee *Private:* ésta será la advertencia que reconoce el territorio del director en las posteriores *soshimin geki* del cineasta. De nuevo en Tokyo no korasu, encontraremos un anuncio en donde se lee *Imperial Girl*. Precisamente el uso de esta lengua extranjera resultará de capital importancia en el desenlace de esta película: su desempleado protagonista encuentra trabajo en un pueblecito, donde debe ejercer como profesor de inglés.

No es infrecuente ver a los hijos estudiando o practicando el inglés. Encontraremos ejemplos en ¿Qué ha olvidado la señora?, Primavera tardía, Principios del verano; Érase un padre o Cuentos de Tokio. En Buenos días los rapaces aprovechan la práctica de esta lengua para escaparse de casa, y para exigir que sus padres les compren la ansiada televisión. La intrusa *terevi* es, precisamente en esta película, el emblema de la llegada de una nueva cultura doméstica; y un factor que pone trabas y llena de ruidos e interferencias la buena convivencia familiar. Uno de los vecinos de esta Ohayo es profesor de inglés; y los niños se juntan en su casa para ejercitarse en dicha asignatura. Además de los niños, también las jovencitas instruidas deben familiarizarse con el uso de la lengua internacional: como tantas otras muchachitas modernas de Ozu, Akiko, la hermana menor de Crepúsculo en Tokio, estudia taquigrafía y lengua inglesa, conocimientos imprescindibles para trabajar en alguna empresa; otro tanto había sucedido con Aya y Noriko en Primavera tardía y en Principios del verano; también Mariko habla inglés en Las hermanas Munakata.

Incluso en las películas de temática criminal de Ozu es frecuente este caso: en Caminad con optimismo todo el garito de los yotomono está repleto de frases en inglés, en las que asimismo figuran algunas palabras en castellano (caballero, senorita, Argentina, Rio Jenero -sic.-). En La esposa de noche aparece un lema en inglés que se corresponde con la situación melodramática que allí se cuenta: *"Two is company, three is a crowd"*. En los títulos de crédito de Tokyo no onna leemos que se trata de la adaptación de una novela extranjera: Twenty six hours, de Ernst Schwarz. Sin embargo se trata de una información apócrifa: Ozu no adaptó novela alguna; escribió un guión original en compañía de Kogo Noda y Tadao Ikeda. Como se verá en el capítulo dedicado a las fuentes cinematográficas, Ernst Schwarz no existe: se trata de un nombre ficticio compuesto por Ernst Lubitsch y Hans Schwarz.

Asimismo encontraremos otras alusiones a Alemania, país con el que Japón comienza a estrechar relaciones. Tanto en El hijo único como en Los hermanos Toda aparecen letreros dedicados a *Germany*, un país que en el momento de la realización de esas películas- 1936 y 1941- mantenía peligrosas relaciones con Japón. Sin embargo lo habitual será que dichas referencias aparezcan en lengua inglesa. Recuérdese que en El hijo único, expresamente, se proyecta un fragmento de una opereta vienesa que sustituye a la inicialmente prevista cita lubitscheana.

No dejan de resultar sorprendentes, por otra parte, sus frecuentes citas a Cervantes, normalmente situadas en bares y en burdeles: en rincones marginales donde se producen encuentros de desarraigados, o bien en lugares de evasión de los problemas cotidianos. En estos entornos, las referencias a don Quijote se asocian con personajes solitarios y sombríos que se recluyen en espacios aislados. Recuérdese que en Días de juventud (1929) uno de los estudiantes lee las aventuras del hidalgo manchego en un refugio de montaña, poco antes de sumarse a una fiesta.

Posteriormente, en Amad a la madre (1934) se cita la versión que Pabst realizara de Don Quijote, entre otras numerosas películas europeas y americanas. Esta vez la alusión al simpar manchego aparece en un club donde trabajan prostitutas, y que ofrece un refugio pasajero e insatisfactorio; una suerte de venta quijotesca trasladada al Tokio del siglo XX. Como sucederá de algún modo con el muy explícito Bar Cervantes de ¿Qué ha olvidado la señora?, (1937) o el Bar Acacia de Las hermanas Munakata (1950). En ambos establecimientos aparece un rótulo, colgado de la pared, en el que se lee: *"I drink upon occasion, sometimes upon no occasion.*

Don Quichotte". En el primer caso el texto es recorrido por la cámara; en el segundo se muestra en un plano estático (Véanse las figuras nº 1531-1532 y 1848). Como veremos en el capítulo dedicado a Las hermanas Munakata, en el que nos detendremos en esta referencia literaria, se trata de una cita espuria del Quijote, filtrada además en lengua inglesa, a buen seguro incomprensible para la inmensa mayoría del público japonés de 1937, y que seguiría resultando extraña trece años después.

XXXVII. 5.
Dos yanquis en la corte del Emperador Showa

En distintas escenas de El otoño de los Kohayagawa aparecen dos americanos, cuya presencia resulta insólita en Ozu: Harry y George son los respectivos amigos de la hija de Tsune Sasaki, quien habla con ellos en inglés. Estos dos personajes, vestidos naturalmente a la occidental, se presentan en la casa tradicional, situada en el corazón de Kioto, para buscar a la jovencita, que se presenta vestida a lo *Pink Lady,* y que se despide alternando las fórmulas *"Sayonara"* y *"Bye Bye"*. A su vez, los extranjeros alternan las fórmulas de cortesía japonesas, pronunciadas con desgana, con el uso de la propia lengua, que la chica conoce bien. Nuestra desinhibida muchacha, que cree que el viejo Kohayagawa podría ser su padre, cambia tan alegremente de novio como de progenitor. Poco la importa quién podría ser éste, con tal que la regalen el abrigo de visón por el que suspira. Por esto no muestra gran pesar cuando el anciano fallece, pocas horas antes de recibir la visita de su amigo ultramarino. Ante el cadáver de quien llama padre, la muchacha se postra a la usanza occidental antes de santiguarse como si de una devota cristiana se tratase.

Los personajes esnob y occidentalizados son frecuentes a lo largo de toda la obra de Ozu; y si en algunas ocasiones son ridiculizados, otras veces son vistos con comprensión, e incluso con simpatía. No hay que olvidar que el propio Ozu, tantas veces ponderado por su japonesidad, solía vestir a la occidental, y usaba con deleite los productos extranjeros de todo tipo. Sin embargo, la ridiculización de los personajes occidentalizados, a menudo negativos, es norma común antes de la guerra: las circunstancias políticas así lo exigían. Tal es el caso del jefe de Nací, pero... ; del conde en La bella y la barba, o del conjunto de la de la esnob familia y su entorno de ¿Qué ha olvidado la señora?

Muy en particular, las películas *"negras"* de Ozu se desarrollan en un entorno que ha perdido casi por completo su identidad cultural. Salvo algunos pequeños

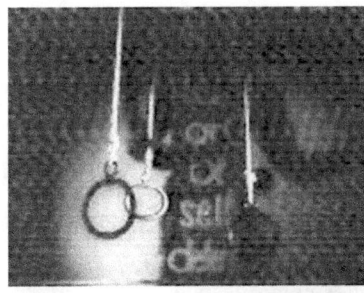

Figura 420
La mujer proscrita

Figura 421
La mujer proscrita

apuntes (los *kimonos* que llevan las chicas tradicionales y virtuosas; algún letrero luminoso en *katakana* y una escena ante el Buda de Kamakura en Caminad con optimismo) todo lo demás discurre en un entorno fundamentalmente extranjero. En La mujer proscrita ni siquiera se produce aquella leve concesión a la cultura autóctona: toda ella transcurre, de principio a fin, bajo un entorno occidentalizado, sin apenas referencia alguna al legado tradicional: los hombres practican el boxeo; las mujeres juegan con yoyós; unos y otras bailan en un ruidoso *jazz club* dominado por los instrumentos occidentales. La joven protagonista, Tokiko, viste un remedo de túnica blanca con guantes negros, lo que hace que sus brazos se confundan con las sombras. De este modo se refuerza más su parentesco con las esculturas clásicas: algunos planos, en efecto, parecen evocar la imagen de la Venus de Milo, con el torso cubierto con una túnica.

Algunos personajes se distinguen, en la obra de Ozu, por su predisposición occidentalizante. Es el caso de la familia aristocrática de La bella y la barba, cuyos hábitos contrastan con los del asilvestrado y tradicional Kiichi Okajima. Cuando éste al fin muda su aspecto, tras afeitarse, aparece tras él una ilustración del barbudo Karl Marx, contrastando con el lampiño rostro actual del protagonista. Asimismo en Las hermanas Munakata se oponen los hábitos de las dos hermanas, una tradicional y otra moderna. Esta última, a su vez, entra en pugna con otros dos personajes occidentalizados: el anticuario al que quiere emparejar con su hermana, y la esnob amante a la que desprecia.

Más conseguido es el caso de Aya, paradigma de amiga occidentalizada que aparece en Primavera tardía, en Principios del verano y en El sabor del arroz con té verde, y que en todos los casos ejerce una especial autoridad sobre sus amigas Noriko y Taeko.

En Tarde de otoño se ironiza sobre la posibilidad de que los japoneses hubieran ganado la guerra, y hubieran impuesto sus hábitos y su cultura en el país de la Coca-Cola. La situación de mestizaje que allí se imagina bien podría ser la inversa de la que experimenta el país asiático tanto antes como después de la derrota. Es frecuente, en efecto, que en las películas de Ozu aparezcan objetos, vestuarios o costumbres adoptadas de Occidente: yoyós, peleas de boxeo, pistolas, fonógrafos, revistas de cine americanas o pósters de películas occidentales. Las botellas de *whisky* comparten protagonismo visual y escénico con las copas de *sake*. Los personajes usan por lo general los palillos; pero también en ocasiones recurren al tenedor y cuchillo. La mayor parte de las veces se sientan sobre el *tatami*, a la usanza japonesa; pero también en ocasiones ocupan sillas, al modo occidental. Incluso en una misma casa conviven las dependencias occidentalizadas con las construidas a usanza tradicional. Naturalmente esto no es un mero recurso del cine de Ozu: es nota común en la sociedad japonesa, tal y como fue retratada por el cineasta.

Matthew Sverson advierte un mismo motivo compartido por La mujer proscrita y Furusato (El país natal, Kenji Mizoguchi, 1930): en ambas películas aparece el logotipo comercial de la compañía RCA Victor: el perrito que escucha el fonógrafo, llamado Nipper[10]. Más adelante volveremos a encontrarnos aquella misma mascota en otras películas de Ozu, particularmente en Las hermanas Munekata. En esta película asimismo reconoceremos el reclamo comercial del whisky Johnny Walker junto al caballo del brandy White Horse, mientras que en Flores de equinoccio reconoceremos el emblema del licor Black and White. En Higanbana volveremos a encontrarnos el famoso logotipo del perro escuchando un gramófono que distingue a la RCA Victor: esta vez se encuentra en lo alto de un edificio, en forma de un gran panel publicitario. Justo debajo del mismo aparece otro popular reclamo luminoso, el de la Warner Bros. con su célebre león rugiente. Perros, caballos y leones son emblema, pues, de la intrusión de la cultura foránea en el país asiático. Esto sin olvidar al despreocupado caminante goliárdico. Dichos logotipos comerciales son frecuentes, por otra parte, en los bares que se sitúan en callejuelas, tan habituales en las películas de Ozu.

Como se ha visto en otro capítulo, los bares suelen estar decorados a la occidental, y tienen nombres occidentales, escritos en *rômaji* (caracteres latinos). Hasta los productos que se sirven en dichos establecimientos han sufrido una mutación. En Crepúsculo en Tokio se asegura que el *whisky* japonés ha realizado grandes progresos: el entrañable y tradicional *sake* debe competir con los licores extranjeros: brandy y cerveza.

Son frecuentes las intervenciones de música occidental que se oyen en sus películas. De hecho, las partituras de sus películas son siempre occidentalizantes: Senji Ito, Kojun Saito y Toshiro Mayuzumi, compositores que trabajaron para Ozu en distintas ocasiones, escribían en todos los casos música sinfónica sin recurrir a los ritmos ni a los instrumentos japoneses; éstos sólo hacen acto de presencia de manera ocasional, y siempre diegéticamente; esto es, sólo intervienen cuando se les oye en el curso de una representación teatral, o cuando alguien canta o toca instrumentos autóctonos en el curso de alguna escena.

En distintas ocasiones reconoceremos fragmentos de piezas musicales occidentales: en un momento de Banshun se reconocen unos fragmentos de la *Sonata a Kreutzer,* de Beethoven. Aunque no se llega a escuchar su música, los protagonistas occidentalizado de Las hermanas Munakata son aficionados a Bach. Tanto en Primavera precoz como en El otoño de los Kohayagawa aparece una adaptación del tema *En un mercado persa,* popular melodía de Albert Ketelbey, publicada originalmente en 1920. Dicho tema se reutilizará asimismo en Rábanos y zanahorias, de Minoru Shibuya, realizada tras la muerte de Ozu a partir de un guión suyo y de Kogo Noda. Y a su vez En Otoño tardío se oye, como telón de fondo, el Preludio nº 15, *"La Gota de Agua",* que Chopin compusiera en la Cartuja de Valldemosa, en Mallorca.

En Flores de equinoccio se oye, como telón de fondo, el motete Ave Verum, de Mozart, que acompaña la imagen de una iglesia. También en Principios del verano habíamos distinguido una iglesia cristiana, en la que destaca la cruz. No son éstas las únicas alusiones cristianas que encontramos en la obra de Ozu: en la anterior Amad a la madre destacaba asimismo la imagen de la cruz, colgada de una pared, con la madre y los dos hermanos ante ella. Es ésta una imagen que remite sin reservas a la iconología cristiana: María entre Jesús y Juan, con la cruz sobre ella. Además el conflicto entre hermanos que se desata en esta película podría remitirnos a la oposición entre Caín y Abel, dentro del entorno cristiano al que alude la cruz, si bien esta vez no desemboca en un desenlace cruento.

---

10 SEVERSON, Matthew L. *Fireworks, Clothelines & Teakettles : The Early Spring of Yasujiro Ozu : 1932 - 1937.* San Francisco (California) : State University, 1997, p. 43.

Volviendo al tema de la música se escuchan, en ocasiones, temas populares de procedencia americana: como se verá, el tema principal de El hijo único evoca el *Old Joe Black*. Tanto en Higanbana como en Bakushu se oye, como telón de fondo hogareño, la melodía de una caja musical que reproduce los acordes del *There is no place like home*. Y en El otoño de los Kohayagawa los compañeros de la oficina cantan una versión japonesa de *My Darling Clementine* para despedir al compañero que parte rumbo a un destino lejano.

Sin embargo el tema más característico de producción propia fue construido a partir de dos conocidas melodías foráneas: tanto en Primavera precoz como en Crepúsculo en Tokio y en Flores de equinoccio se utiliza como motivo musical un arreglo del tema "Ca c'est Paris", de Salabert, (asimismo utilizado por Nino Rota en su banda sonora de Ocho y medio), arreglado con el tradicional *"Valencia"* español, compuesto por el ubicuo maestro Padilla. Ozu se refería a esta melodía combinada como *"Ca c'est Lencia"*, o *"Saseresia"*, en su versión japonizada; y mostró un gran aprecio por la misma, hasta el punto de repetirla en tres películas. Particularmente en Crepúsculo en Tokio dicho tema es usado en los títulos de crédito, como tema principal, y como *leit motiv* que precede al ingreso en el sombrío Club Kotobuki[11].

Ozu fue un buen aficionado a los deportes, tanto autóctonos como de origen occidental, si bien apenas practicaba ninguno en su edad adulta, salvo ocasionalmente el golf. La lectura de sus diarios nos presenta a un Ozu seguidor de la liga de béisbol, y de los torneos de *sumo*. Dichos espectáculos, por otra parte, son extraordinariamente populares en su país. Sin embargo sorprende la relativamente escasa presencia de éstos y de otros acontecimientos deportivos en general. Sin embargo, tendremos ocasión de destacar algunas valiosas excepciones.

Pese a que en su adolescencia había practicado el *judo,* y había sentido interés por los deportes de lucha, éstos son poco frecuentes en sus películas. Especialmente los japoneses. Naturalmente es posible encontrar una excepción: el hirsuto protagonista de La bella y la barba era todo un campeón de *kendo,* y aprovechaba sus habilidades para repartir una buena tunda a ciertos malandrines. Asimismo el boxeo aparece destacado en La mujer proscrita. Tanto el jefe de los yotomono en esta película, como el brechtiano Ken el Cuchillo de Caminad con optimismo son luchadores consumados, lo que aprovechan para noquear a sus enemigos.

Sabemos que Ozu sentía mucha admiración por El campeón, de King Vidor (1931). No solamente mostró un cartel de dicha película en Hijosen no onna; además inspiró una de sus mejores películas mudas: Dekigokoro (1933), si bien alejó su ambientación del entorno del pugilato. También en Caminad con optimismo los delincuentes se entrenaban en un cuadrilátero, e incluso aparecía Clara Bow dando puñetazos en el cartel de una película.

Las escenas del gimnasio que aparecen en La mujer proscrita pueden parecer singularmente extrañas en Ozu, pero no así dentro del estudio: la Shochiku había contratado a un campeón japonés, Sadayuki Ogino, quien había protagonizado algunas películas ambientadas en el mundo de las doce cuerdas. En los títulos de crédito se reconoce la colaboración de la Sociedad Imperial de Boxeo *(Teikoku Kento Kai),* a la hora de rodar aquella película. Era aquélla una institución deportiva que había sido fundada por el mismo Ogino, y que comenzaba a diversificar sus actividades hacia el entorno del cine[12].

En las películas ambientadas en el mundo del hampa, los *yotomono* también juegan al billar. En realidad, la actividad criminal aparece revestida con frecuencia con un desenfadado espíritu lúdico: además de entrenarse en el gimnasio, de acudir a los *jazz club* y de jugar al golf y al billar, los *yotomono* interpretan unas extrañas danzas rituales que parodian el claqué americano.

No son éstos los únicos deportes que encontraremos en sus películas: en Días de juventud se practica el esquí, a la usanza occidental; en Me gradué, pero... el estudiante desempleado e irresponsable mata el tiempo jugando a la pelota con unos chavales. Los niños practican el béisbol en El hijo único, ¿Qué ha olvidado la señora? y en Primavera tardía. Las mujeres conspiradoras se van a ver un partido de béisbol en El sabor del arroz con té verde, aunque no se llegue a ver ninguna imagen del encuentro. Asistiremos, además, a escenas de aquel deporte americano emitidas por televisión en Tarde de otoño. El novio de la hija de Flores de equinoccio había sido jugador de baloncesto. Además, tanto en Ochazuke no aji como en Kohayagawa ke no aki encontraremos sendos episodios que discurren en un velódromo.

El ejercicio del golf, muy arraigado en Japón, cobra en las películas de Ozu dos signos contrarios: los personajes pudientes lo practican en amplios campos situados en el extrarradio de la ciudad: es el caso del *yotomono* de Caminad con optimismo, o de los ejecutivos

---

11 Véase. "Saito Kojun on Ozu's use of music". En: *Ozu Yasujiro : 100 th. Anniversary*. Hong Kong International Film Festival (27th. 2003). Hong Kong : The Arts Development Council ; The Japan Foundation (etc.), 2003, p. 73.

12 *OZU Yasujiro Eiga Tokuhon : Ozu retrospective : 90th. anniversary of his birth*. Tokyo : Film Art ; Shochiku Eizo Shogai-Shitsu, 1993, p. 59.

de ¿Qué ha olvidado la señora?, Flores de equinoccio y Otoño tardío. Por el contrario, el empleado de pocos recursos de Tarde de otoño debe limitarse a practicar un remedo del mismo en lo alto de una terraza, en la que dispara contra una diana. Se ve obligado a hacer, además, un verdadero esfuerzo económico para poder comprarse unos palos de segunda mano.

El espectáculo deportivo se sigue, en algunas ocasiones, por medio de sus emisiones televisivas. Particularmente en Buenos días se transmiten competiciones de sumo por la televisión. En la posterior Tarde de otoño asimismo se retransmitirán partidos de béisbol; y su presencia a través de las ondas sustituirá al espectáculo en vivo al que pretende asistir uno de los personajes: desde su intrusión en los hogares y en los bares, la televisión ha de convertirse en un mecanismo impostor que suple el genuino espectáculo deportivo; pero también el cinematográfico.

Además de los deportes a los que nos hemos referido, es posible destacar algunos juegos por los que los personajes de Ozu sienten verdadera fascinación. Destaquemos en primer lugar el *pachinko*, una variante japonesa de las máquinas tragaperras occidentales, que cautivan hipnóticamente a quienes lo practican. Este juego de alienación cobrará una singular importancia en El sabor del arroz con té verde, y volveremos a encontrarlo de manera más incidental en Crepúsculo en Tokio. En esta película tiene mucha más importancia el juego del *mah-jong,* que asimismo ocupaba un lugar destacado en Primavera precoz. Cabe añadirse que en Primavera tardía el señor Somiya y su discípulo Hattori habían tratado de practicarlo, si bien Noriko se lo había impedido, pues antes debían terminar su trabajo. En películas anteriores había destacado, por el contrario, la práctica del *shôgi,* un deporte mental japonés al que se entregaban los estudiantes con verdadero ahínco en ¿Dónde están los sueños de juventud?

XXXVII. 6.
La voz de la Montaña : Fuentes japonesas

Ozu fue un lector ávido, tal como demuestran sus *Diarios*. En éstos aparecen reseñadas las numerosas fuentes literarias que manejaba el cineasta, y que comprendían tanto autores nacionales como extranjeros. Algunas de sus lecturas, naturalmente, están relacionadas con su práctica cinematográfica. Como veremos, Ozu adaptó a O. Henry en Tokkan Kozo (1929) (The ransom of Red Chief, 1917); y a lo largo del presente estudio tendremos ocasión de ocuparnos tanto del cuento original como de sus diversas adaptaciones. Diez años después, en plena campaña de China, Ozu volverá a leer los cuentos de este autor, aprovechando los momentos de ocio.

Además, Ozu estudió con interés el guión de la película Breve encuentro (escrito por Noel Coward, David Lean y Anthony Havellock-Allan, para la película de David Lean filmada en 1946). Asimismo lee Al Este del Edén, de John Steinbeck. El cartel de su adaptación realizada por Elia Kazan en 1955 aparecerá en Primavera precoz; y el conflicto entre madre e hijas de Crepúsculo en Tokio parece remitir a dicho relato. También acude a la Muerte de un viajante, de Arthur Miller, y lee El abanico de Lady Windermere, comedia de Oscar Wilde que fue adaptada por su admirado Ernst Lubitsch en 1925, y por Otto Preminger en 1949. En sus diarios quedan además testimonios de sus lecturas de otras piezas de Noel Coward, el *Diario* de Jules Renard, o *Dominó,* de Marcel Achard (1937).

La sensibilidad acusada de Ozu hacia la fugacidad y la caducidad de la vida le emparentan con autores que nos son próximos: el ruidoso proceso de demolición que anunció Francis Scott Fitzgerald, y el trazado de las rutas de la agonía humana que nos proponen Samuel Beckett y Anton Chejov. Todo lo cual autoriza a Ángel Fernández Santos a calificar a nuestro cineasta, *"en contra de lo que se estila decir de él, como el más occidental de los cineastas orientales"* [13].

Los *Diarios* y otros diversos testimonios que conservamos dan muestras de un Ozu culto e instruido, puesto al día en lo que a literatura, cine y teatro se refiere. Por sus páginas desfilan personalidades de la vida cultural japonesa, con las que Ozu guardó relación: Yasunari Kawabata, Fusao Hayashi, Ton Satomi, Naoya Shiga, Kazuo Hirotsu, el poeta Isamu Yoshii, Jiro Osaragi, el matrimonio Kawakita, así como dos de los más importantes estudiosos occidentales en cultura japonesa: uno de ellos especialista en literatura- Donald Keene- , y el otro en la cinematografía de aquel país: Donald Richie.

Acudía también al teatro con frecuencia; y, como se sabe, apreciaba mucho las interpretaciones de Kikugoro Onoe, a quien filmó en Kagamijishi. Asimismo estaba al corriente de la actualidad literaria del país. Los diarios le muestran como un voraz y apasionado amante de la literatura, particularmente de la producción contemporánea japonesa. Lector empedernido, practica a diario el saludable ejercicio de la lectura. De hecho

---

[13] FERNÁNDEZ SANTOS, Ángel. "Prólogo". En: *Antología de los diarios de Yasujiro Ozu /* edición a cargo de Núria Pujol y Antonio Santamarina. Valencia : Filmoteca de la Generalitat Valenciana (etc.), 2000, p. 13.

son más frecuentes en su diario las anotaciones referidas a los libros que transita que las de las asistencias al cine. Aprovecha cualquier resquicio para leer durante la guerra; y más adelante es capaz de quedarse toda la noche leyendo sin parar. No sólo leía en abundancia, sino que también mantuvo trato y amistad con alguno de los más ilustres escritores coetáneos. Particularmente reconoce su admiración por algunos autores japoneses que le iluminaron como cineasta: lee las obras completas de Junichiro Tanizaki[14], Ryunosuke Akutagawa; y particularmente Shiga Naoya y Ton Satomi autores a quienes llegó a tratar personalmente[15].

Ni siquiera el fragor del combate le hizo perder su apetito lector Yasunari Kawabata y Mosuke Mamiya le acompañaron en los momentos de ocio entre los combates[16]. En estos momentos dramáticos aprovecha cualquier ocasión para leer, a la luz de una vela, cuantos libros caen en sus manos. En la anotación del día 17 de Marzo de 1939 escribe: *"Lectura de Sanpei no issho, de Ton Satomi. Mientras lo leía, estirado en la cuadra, no paraban los disparos en la zona delantera y de la derecha"* [17]. Bajo tan dramáticas circunstancias no cesan los encuentros con libros: en medio de los fragores del combate aprovecha para leer la versión en japonés moderno del clásico *Genji monogatari* realizada por Junichiro Tanizaki, así como la colección dedicada a *"Los grandes autores de la novela japonesa"*. La lectura se convierte en una válvula de escape, un antídoto contra el horror. En la anotación del día 26 de Enero de 1939, en plena campaña bélica, Ozu escribe: *"En el puesto de guardia me he preparado té y he encendido una vela para leer Tsuru kame, de Ton Satomi. ¡Qué sentido tan extraordinario del diálogo posee! Sobre todo cuando acaba uno de leer Tabako to heitai, de Ashihei Hino, donde pervive aún esa imagen vergonzosa del soldado y esa sentimentalidad tan desbordante!"*[18]. Cabe añadir que, además de aquélla, Ozu leyó en el frente algunas de las novelas más populares de aquel Asihei Hino, un especialista en relatos bélicos. Una de ellas, *El trigo y los soldados,* será expresamente citada en Principios del verano, por lo que remitimos al lector a la nota nº 1444 de aquel capítulo.

Como se ve por sus testimonios, particularmente frecuenta a los autores japoneses contemporáneos, cuyas lecturas podían ser continuadas. Sólo en los meses finales de 1954 destacan en sus diarios las siguientes lecturas de Junichiro Tanizaki: *Kuroshiro,* (anotación del día 11 de Octubre de 1954). *Tade kû mushi* (1de Noviembre); *Manji* (4 de Noviembre). *Seishun monogatari* (17 de Noviembre. *Oni no mon.* 29 de Noviembre), *Tade ku u mushi*, y *Hatsumukashi kinokyo* (20 de Noviembre). También encuentra tiempo para Ton Satomi, a cuya novela *Watashi to kimi to* se refiere en la anotación del día 16 de noviembre de aquel 1954.

No se debe olvidar que el propio Ozu ejercía como escritor: intervenía directamente en la redacción de los guiones; mantenía la costumbre de escribir sus diarios; ocasionalmente publicó algunos artículos, y con alguna regularidad se aproximó a la poesía. Su escritura se emparenta con el cine, y otro tanto sucede con algunas de sus lecturas. Es el caso de Narayama Bushiko (La balada de Narayama), que será adaptada por Keisuke Kinoshita en 1958[19]. También estudió el guión de Yama no oto (La voz de la montaña. Mikio Naruse, 1954), escrito por Yoko Mizuki, a partir de una novela de Yasunari Kawabata[20]. Sin embargo las referencias literarias, así como las cinematográficas, que aparecen en sus Diarios son sumamente escuetas: prácticamente se limitan a un mero testimonio nemotécnico. La lectura de *Kofukuna kazoku (Una familia feliz)*, de Saneatsu Mushanokoji, le inspira uno de los escasos ejemplos de crítica literaria que encontramos en sus *Diarios* (año 1962): *"Se parece a Busu sori ura, pero los personajes son completamente artificiales, se les nota demasiado que están al servicio de la estructura de la novela. Más que " Una familia feliz ", ¡yo la titularía " Una familia monstruosa !"* [21].

La relación de Ozu con la literatura no se limita, por otra parte, a su condición de escritor regular y de buen lector. Aunque se trate de excepciones puntuales, algunas de sus películas provienen de novelas japonesas, de las que propone versiones muy libres. Es el caso de las siguientes obras:

- Una gallina al viento adapta una novela de Shiga

---

14 OZU, Yasujiro. *Antología de los diarios de Yasujiro Ozu* / edición a cargo de Núria Pujol y Antonio Santamarina . Valencia : Filmoteca de la Generalitat Valenciana (etc.), 2000, p.243.

15 Véase: BORDWELL, David. *Ozu and the poetics of Cin ema.* New Jersey : Princeton University Press, 1988, p. 152.

16 Véase: OZU, Yasujiro. *Carnets : 1933 -1963 : Edition intégrale.* Paris : Alive, 1996, p. 190. Anotación del día 16 de Enero de 1939.

17 Ibid. , p. 204.

18 Ibid. , p. 192.

19 OZU, Yasujiro. *Antología de los diarios de Yasujiro Ozu* / edición a cargo de Núria Pujol y Antonio Santamarina . Valencia : Filmoteca de la Generalitat Valenciana (etc.), 2000, p. 212. Anotación del día 23 de Diciembre de 1956.

20 OZU, Yasujiro.Ibid. , p. 245.

21 En: OZU, Yasujiro. Op. cit. , p. 305. Anotación del día 21 de Abril de 1962. Saneatsu Mushanokoji (1885 - 1976) fue uno de los principales representantes de la segunda generación de escritores modernos japoneses, que renovó el panorama literario de su país a través de su asimilación de la cultura occidental. Contamos con traducción al castellano, realizada por Elena Gallego y Fernando Rodríguez Izquierdo, de una de sus novelas más importantes: Yujo: Amistad. Kamakura : Luna Books, 1998.

Naoya: *Anya koro* (*El paso de una noche oscura*), escrita entre 1921 y 1937, de la que se utiliza sobre todo su última parte .
- Primavera tardía adapta la novela de Kazuo Hirotsu (1891-1968) *Chichi to musume* (*Padre e hija*), que había sido publicada en 1939. Ozu mostró interés por este escritor, a quien trató personalmente.
- Flores de equinoccio y Otoño tardío adaptan sendos relatos de Ton Satomi.
- Las hermanas Munakata proviene de Jiro Osaragi, otro autor con quien mantuvo amistad. El 10 de Diciembre de 1959, Osaragi pasó a ser elegido miembro de la Academia de Artes, a la que pertenecía Ozu desde hacía unos pocos meses. Ambos celebraron juntos el nombramiento.

Sabemos de su admiración por Ton Satomi, uno de los más ilustres representantes de las letras japonesas durante el periodo Taisho, a quien llegaría a adaptar en Flores de equinoccio y en Otoño tardío. Además realizó en 1958 el guión de una película titulada Daikon yakusha (Un actor mediocre), adaptación asimismo de una novela de Ton Satomi. Y, aunque finalmente no llegó a realizarse, parte del proyecto se canalizó en la nueva versión de las Hierbas flotantes realizada en 1959.

Ozu coincidió con Satomi por primera vez en abril de 1941, con motivo de una mesa redonda sobre Los hermanos Toda, en la que también participaron Kenji Mizoguchi, Tomu Uchida y Tadao Ikeda, entre otros. A partir de entonces se estableció una relación muy cordial entre ambos. En 1956 llegó a escribir un artículo con motivo de la edición de las obras completas del maestro Satomi[22]. También en sus diarios incluyó una cita de su obra *Lecciones de vida*: "*Sí, me repito a menudo, pero lo más importante para mí ¡soy YO! Y para mí, lo primordial es ¡mi TRABAJO!*", una cita con la que parece identificarse, asimismo, el propio cineasta[23].

En Enero de 1963, pocos meses antes de su muerte, Ozu tuvo la oportunidad de escribir un guión junto a Satomi: Seishun hokago (La juventud tras la escuela), que dio origen a un telefilm, co-dirigido por Yosei Hatanaka, Yotaro Konaka, Shoji Kume e Ichiji Yamamoto para la cadena NHK. Dicho telefilm, de noventa minutos de duración, fue emitido el 21 de Marzo de 1963, y posteriormente sería llevado a la pantalla grande por Nobuo Nakamura con el título de Danshun (Primavera cálida), una producción Shochiku de 1965[24].

En la anotación del día 9 de Mayo de 1953, Ozu escribe: "*He empezado a leer el diario de Kafu Nagai, a la luz de la lámpara de la mesilla de noche. Era tan interesante que no he podido dejar de leer, y cuando he levantado la nariz y he mirado por la ventana, el día apuntaba*" [25]. Y, en la anotación del día 10 de Junio de 1953, el cineasta se confiesa aún "*apasionado por la lectura* (sigue leyendo los Diarios de Kafu Nagai); *he estado leyendo hasta el amanecer, cuando los pájaros se han puesto a cantar tras las contraventanas*". Al día siguiente, corre a la librería para adquirir los doce primeros volúmenes de las obras completas de este autor[26].

En unas declaraciones el actor Chishu Ryu se refiere al rodaje de Cuentos de Tokio; y en ellas llega a asegurar lo siguiente: "*creo que Ozu escogió el puerto de Onomichi por su situación particular, pero también porque allí residió una larga temporada el escritor Shiga Naoya, al que admiraba mucho*" [27].

Y en efecto éste era otro de los escritores favoritos de Ozu. Nuestro cineasta coincidió con el "*maestro Shiga*", como le llamaba, en aquella mesa redonda sobre cine y literatura que se organizó tras la proyección de Historia de un vecindario. Como sucedió con Satomi, los vínculos entre el escritor y el cineasta se estrecharon a partir de entonces. Y como en el caso precedente, también el diario da fe de la fruición con que Ozu leía las obras completas del maestro Shiga.

En la anotación del día 9 de Mayo de 1939, Ozu recuerda la lectura que hizo de la novela de Shiga Naoya *Anya koro (El paso de una noche oscura)*, en plena campaña bélica; y reconoce a la conclusión: "*Su lectura me ha trastornado profundamente. ¡Hace mucho tiempo que no me afectaba tanto un libro!* " [28]. Como se recordará, una parte de dicha novela alumbraría posteriormente el guión de Una gallina al viento (1948). En otro momento de sus *Diarios* el cineasta incluso recuerda una excursión a Atami, la ciudad de provincias en que comienza Cuentos de Tokio, en compañía de Shiga Naoya y el también novelista Kazuo Hirotsu (a quien adaptó en Primavera tardía)[29].

---

22 OZU, Yasujiro. *Antología de los diarios de Yasujiro Ozu* / edición a cargo de Núria Pujol y Antonio Santamarina . Valencia : Filmoteca de la Generalitat Valenciana (etc.), 2000, p. 198. Anotación del día 30 de Enero de 1956.

23 Ibid., p. 52, anotación del día 6 de Abril de 1935.

24 Información tomada de: YOSHIDA, Kiju. *Ozu's Anti-Cinema*. Ann Arbor : Center for Japanese Studies, University of Michigan, 2003, p. 173.

25 OZU, Yasujiro. *Antología de los diarios de Yasujiro Ozu* / edición a cargo de Núria Pujol y Antonio Santamarina . Valencia : Filmoteca de la Generalitat Valenciana (etc.), 2000, p. 152.

26 Ibid. , p. 154.

27 TESSIER, Max. "Entretien avec Chishu Ryu". *L'Avant Scène du Cinéma*, 1978, Mars, nº 204, p. 6.

28 OZU, Yasujiro. Op. cit. , p. 101.

29 Véase: OZU, Yasujiro. *Carnets : 1933 -1963 : Edition intégrale*.

En distintas ocasiones se han señalado las concomitancias entre Ozu y Shiga. Particularmente Tadao Sato relacionó la escritura cinematográfica de Una gallina al viento y su fuente literaria *Anya koro,* puesto que ambas coinciden en presentar un marido que se debate entre la razón y el sentimiento. Remontando este caso concreto, Ozu y Shiga comparten, en opinión de Sato, numerosos puntos comunes: ambos abordan siempre problemas familiares, y particularmente la problemática relación entre padres e hijos. Los padres se erigen en centros familiares y narrativos. Ambos tienen en común un similar moralismo, vinculado con la conservación de las virtudes más rancias, reflejadas en el orden familiar y amenazadas por la nueva cultura foránea; y los dos acometieron sus obras bajo la disciplina de un estilo rígidamente codificado.

Tanto Ozu como Shiga nacieron en el seno de familias tradicionales, y fueron educados en la más rancia tradición. Pesa, sin embargo, una diferencia de edad importante entre ambos, ya que Shiga fue nacido en 1883, veinte años antes que Ozu. Y, sin embargo, sobrevivió en nueve años al cineasta, al morir en 1972. En este intervalo vital mucho cambia la situación japonesa, y la autoridad paternal sufre una decadencia de la que tanto el cine de Ozu como las novelas de Shiga darán testimonio, aunque desde perspectivas dispares. Además de la distancia generacional, existen otras diferencias notables; particularmente Sato apunta al sentido del humor, tan acusado en Ozu y tan nimio en el novelista[30].

Además de su relación estrecha con escritores y cineastas, Ozu estrechó vínculos con otros numerosos artistas. Formaba parte, desde 1953, de la Asociación *Kamakura Kai (Círculo de Kamakura),* integrada por personas relacionadas con el mundo del cine, las artes y las letras. Sabemos que apreciaba la pintura de Ryuzaburo Umehara, un importante pintor japonés, discípulo de Auguste Renoir, de quien utilizó algunos lienzos en Akibiyori (1960). Precisamente en Ohayô (1959) reconoceremos un calendario de Renoir en la casa de uno de los vecinos.

También conoció al escultor y diseñador Isamu Noguchi. Tras ser nombrado Miembro de la Academia de las Artes, recibió como obsequio una obra de Shinsho Kano titulada *Flores y pájaros.* "¡Una maravilla!", declaró[31]. Pocos meses después escribió un discurso para la inauguración de la galería de arte que abrió Tamotsu Kitagawa en Akasaka[32]. Más tarde, en Noviembre de 1962, tuvo el honor de verse nombrado miembro de la Academia de las Artes y las Letras de Japón. Fue el primer cineasta japonés que consiguiera tal honor[33].

Paris : Alive, 1996, p. 232. Anotación del día 4 de Marzo de 1949.

30 SATO, Tadao. "O estilo de Yasujiro Ozu". En: *OZU : o extraordinario cineasta do cotidiano.* (Sao Paulo) : Marco Zero ; Cinemateca Brasileira ; Aliança Cultural Brasil-Japao, 1990, p. 79.

31 OZU, Yasujiro. *Antología de los diarios de Yasujiro Ozu /* edición a cargo de Núria Pujol y Antonio Santamarina . Valencia : Filmoteca de la Generalitat Valenciana (etc.), 2000, p. 229. Anotación del día 1 de Mayo de 1959).

32 Ibid., p. 237. Anotación del día 21 de Septiembre de 1959.

33 Ibid. , p. 310 - 311 y 314 - 315.

XXXVIII. SHOCHIKU ZEN

Viento de otoño:
no hay para mí dioses,
no hay budas [1]
Shiki

XXXVIII. 1. Después de todo, la Nada

Durante su servicio militar en China, Ozu pidió a un monje que le caligrafiara el ideograma chino *mu,* un término estético que significa *vacío:* un vacío repleto de sentido. Se dice que Ozu conservó dicha pintura a lo largo de toda su vida, y es ésta la única inscripción que figura en la lápida que cubre su tumba, en el templo Engakuji de Kita Kamakura. El *Mu* que clausura su vida es, paradójicamente, un emblema de plenitud: la vida concluye, pero el espíritu libre hasta de la propia identidad se funde con el infinito.

Normalmente se asocia el budismo al concepto de vacío; un estado identificado por el ideograma que Ozu se hizo inscribir en su tumba. Es de tener en cuenta, sin embargo, que el concepto de *"vacío"* no es patrimonio exclusivo del *zen:* se trata de un concepto filosófico del que ya tenemos constancia en el budismo Mahayana, que se expande desde la India, a partir del siglo segundo. El *Mu.* Enigmática palabra repleta de connotaciones dispares, y que tal vez pueda esconder más de una respuesta a nuestros interrogantes; incluidos los del propio Ozu. Porque, lejos de ser un concepto culturalmente localizado, adquiere una relevancia universal. Dicho en otras palabras: el sentimiento del mundo como vacuidad; el identificar nuestra experiencia con esa Nada que, sin embargo, para nosotros es el Todo, es un sentimiento ubicuo e intemporal, que asalta al hombre desde tiempos remotos.

La conocida parábola de Platón confundía la existencia real con la sombra. Otro tanto se ha hecho a menudo en la literatura occidental, particularmente en las obras de Shakespeare, o de Calderón de la Barca. De hecho, Henri Bergson reconocía en la idea de la nada *"el escondido resorte, el invisible motor de la especulación filosófica".* Son muchos los sistemas filosóficos que, a lo largo de la civilización de Oriente y de Occidente, se han ocupado del problema de la Nada. No se trata, en suma, de ningún confín exclusivo del Budismo; es un problema filosófico sobre el que se construyen sistemas filosóficos dispares.

Como argumento filosófico, la nada ya fue abordada por los griegos, quienes, en general, lo abordaron desde el punto de vista del ser, para entenderla precisamente como la negación del ser. Aunque pueda resultar paradójico, y según aprecia Xavier Zubiri, *"el pensamiento cristiano, desde San Agustín a Hegel, es una filosofía de la Nada".* Al cabo, también Hegel identificaba el ser y la nada como dos conceptos igualmente indeterminados, ya que *"el ser, lo inmediatamente determinado, es, en realidad, nada; y la nada tiene la misma determinación o, mejor dicho, la misma falta de determinación que el ser"* [2].

Aun en nuestros días es un sentir que embarga a artistas y poetas, a menudo distantes de la cultura oriental. Bástenos citar un notable ejemplo que nos resulta muy próximo: José Hierro concluía su poemario *Cuaderno de Nueva York* con un epílogo, elocuentemente titulado *Vida,* en el que se lee:

Después de todo, todo ha sido nada,
a pesar de que un día lo fue todo.
Después de nada, o después de todo
supe que todo no era más que nada [3].

Por su parte, en la poesía del cubano José Lezama Lima se funden la herencia europea, las singulares aportaciones de la lírica hispanoamericana y la fascinación por la cultura oriental. En su poema *El pabellón del vacío,* compuesto en 1976, e incluido en el libro *Fragmentos a su imán,* el poeta escribe:

Necesito un pequeño vacío,
allí me voy reduciendo

---

1 RODRÍGUEZ-IZQUIERDO, Fernando. *El haiku japonés : Historia y traducción : Evolución y triunfo del haikai, breve poema sensitivo.* Madrid : Hiperión, 1994, p. 368.

2 Véase: FERRATER MORA, José. *Diccionario de Filosofía.* Barcelona : Ariel, 1994, v. III, p. 2489-2495.

3 El soneto continúa así: *"Grito "¡Todo!", y el eco dice "¡Nada!. / Grito ¡Nada!, y el eco dice "¡Todo!". / Ahora sé que la nada no era todo, / y todo era ceniza de la nada. / No queda nada de lo que fue nada. / (Era ilusión lo que creía todo / y que, en definitiva, era la nada.) / Qué más da que la nada fuera nada / si más nada será, después de todo, / después de tanto todo para nada ."*
En: HIERRO, José. *Cuaderno de Nueva York.* Madrid . Hiperión, 1999, p. 129.

para reaparecer de nuevo,
palparme y poner la frente en su lugar.
Un pequeño vacío en la pared. (...)
De pronto, con la uña
trazo un pequeño hueco en la mesa.
Ya tengo el tokonoma, el vacío,
la compañía insuperable,
la conversación en una esquina de Alejandría. (...)
Tener cerca de lo que nos rodea
y cerca de nuestro cuerpo,
la idea fija de que nuestra alma
y su envoltura caben
en un pequeño vacío en la pared
o en un papel de seda raspado con la uña. (...)
El vacío es más pequeño que un naipe
y puede ser grande como el cielo,
pero lo podemos hacer con nuestra uña
en el borde de una taza de café
o en el cielo que cae por nuestro hombro.
¿La aridez en el vacío
es el primer y último camino?
Me duermo, en el tokonoma
evaporo el otro que sigue caminando.

El vacío, *pequeño como un naipe y grande como el cielo*. En la poesía de Lezama Lima, como en la de José Hierro, el autor se precipita voluntariamente a esa nada intuida, que acaso se teme pero que no se rechaza. De ahí la importancia esencial que cobra ese *pequeño vacío* donde el poeta se va desvaneciendo para aparecer después, como transfigurado. El propio autor reconoce expresamente las fuentes de las que bebe, y que aun siendo orientales no provienen del caudal zen: *"Toda siembra profunda, como decían los taoístas, es en el espacio vacío"*. La simiente del hombre debe concentrarse en el espacio vacío, lo que exige superar un camino: la compañía robustece la soledad, puesto que lo esencial del hombre es su soledad y la sombra que va proyectando en el muro. No deja de sorprender que las palabras del poeta cubano se asemejan dramáticamente a las que pronuncia Noriko en Cuentos de Tokio: *"No espero a nadie / e insisto en que alguien tiene que llegar"*. Intuyendo el propio tránsito, el poeta se siente reducir para ocupar ese santuario interior que es el *tokonoma* figurado. El presente poema cierra la obra del autor caribeño haciendo coincidir, como atraídos por un imán, imágenes, elementos y materiales que son aparentemente contrarios: una percepción paradójica de la vida que es al fin común en oriente y en occidente[4].

---

4 Véase: LEZAMA LIMA, José. Poesía. Madrid : Cátedra, 2000. El poema citado se encuentra en las páginas 394 - 396 de dicha selección.

****

En Principios del verano uno de los personajes asegura: *"La felicidad no es más que una esperanza. Es como un sueño; como esperar que vas a ganar en las apuestas"*. La resignada tristeza con que se acepta esta situación hace que a menudo se identifique la obra de Ozu con el llamado *Mono no aware,* un sentimiento profundamente japonés, de ascendencia igualmente budista, que se fundamenta sobre la renuncia y la aceptación. La resignación serena ante las adversidades y el dolor de la vida es una virtud derivada de la fortaleza y de la templanza: cuando se resigna a su suerte, el hombre se reconcilia con su entorno y es capaz de sobrellevar con mayor entereza las adversidades de la vida. El proceso, que se puede entender como una progresión espiritual, conlleva sin embargo dolor y sacrificios sin cuento; pero éstos tienden a ser interiorizados. En consecuencia, nunca se manifestará como una pasión intensa o arrebatadora; antes bien el sentimiento *aware* se relaciona con las profundas impresiones que producen las cosas pequeñas, y emana una profunda tristeza resignada que ocasiona la contemplación de este mundo efímero.

Dario Tomasi define el *mono no aware* como *"la emoción estética que producen las cosas de este mundo"*, de forzosa naturaleza efímera y transitoria. Se impone, como efecto natural, la aceptación serena del dolor; del paso del tiempo que reduce al polvo las personas y los recuerdos. No se trata de una conquista fácil, ni mucho menos gozosa; pero no es menos cierto que un sentimiento de placer en el dolor resulta implícito en tal reconocimiento[5].

La idea de la impermanencia *mu-jô* (nada constante) desarrolla un sentimiento patético de la belleza entendida como algo efímero. Se trata de un sentir muy arraigado en la sensibilidad japonesa, percibible ya en los clásicos de la literatura Heian (siglo X), como el *Cantar de Genji*. La belleza de la impermanencia es, a decir de Youssef Ishagpour, un sentimiento frecuente en el cine de nuestro autor[6]; y tendremos ocasión de ilustrar dicha transitoriedad en numerosos ejemplos de Ozu, no sólo en los más tristes o solemnes. Pero ¿bastan estas evidencias para identificar la obra de nuestro

---

5 TOMASI, Dario. *Ozu Yasujiro.* Firenze : La Nuova Italia, 1992, p. 13.
6 ISHAGPOUR, Youssef. *Formes de l'impermanence : Le style de Yasujiro Ozu. : Où l'on va au Japon pour revenir dans l'Occident de la présumée fin de l'Histoire*. Liege (?) : Editions Yellow Now, 1994, p. 39.

autor con representaciones de lo trascendente, o con manifestaciones genuinas de la sensibilidad zen?

XXXVIII. 2. *"Es zen, o algo por el estilo"*

En el curso de una entrevista con Ozu, el propio cineasta se había pronunciado con claridad: *"A decir verdad, los extranjeros se limitan a seguir la historia: la vida de los oficinistas, el falso orgullo, o cosas parecidas. No comprenden nada más que la historia. No entienden. Por eso dicen que es zen, o algo por el estilo".* A lo que contesta el crítico Shinbi Iida: *"Sí, todo les parece enigmático"*[7]. Curiosas y explícitas declaraciones que no han bastado para frenar a quienes se empeñan en encontrar en su cine una suerte de compendio de sabiduría ancestral y esotérica convertida en imágenes.

El entusiasmo por las películas de Ozu a menudo se ha revestido, entre la crítica occidental, de un aura mística. Algunas peculiaridades de su cine- la concepción cíclica; las escenas vacías; la tendencia a la depuración- han sido consideradas como muestras de su interés por el zen. En consecuencia, el arte apacible y sereno de Ozu sólo puede ser plenamente comprensible, conforme a tales planteamientos, para los iniciados en los enigmas zen[8]. Este es, sobra decirlo, uno más de entre los distintos tópicos con que se desbroza su obra.

Marvin Zeman llega a asegurar que los criterios que se deben seguir para estudiar la obra de Ozu deberían ser los del arte japonés, más que los del arte cinematográfico propiamente dicho[9]. Sin duda este investigador pasa por alto una gran evidencia: y es que Ozu era, ante todo y por encima de todo, un cineasta, y no un prosélito zen. El que un Zeman pletórico por sus lecturas de Alan Watts y de Suzuki se permita asegurar que el cine de Ozu *"ejemplifica las siete características del arte zen"* ilustra sencillamente el error de aquella postura: se utiliza el cine de Ozu como pretexto para reconocer un patrimonio cultural, común a muchas manifestaciones de la cultura japonesa, de las que no necesariamente el cine de Ozu deba convertirse en valedor o en paradigma.

A partir de semejantes apriorismos culturales, cualquier imagen que no pueda ser interpretada cabalmente en la obra de Ozu, entonces puede se entendida como una manifestación del inefable misticismo zen, o del inaprensible don japonés. Sin embargo, y como considera Kristin Thompson, *"semejante perspectiva simplifica considerablemente el maravilloso estilo original de Ozu, y limita todo el poder de sus películas a la creación de una visión contemplativa en torno a la desaparición de las tradiciones en la vida familiar japonesa"*[10]. En realidad, la interpretación de alguno de estos exegetas zen es tan general que admite prácticamente de todo. De nuevo en palabras de Thompson: *"según el método de Marvin Zeman, cabría considerar a Dreyer y a otros muchos cineastas occidentales como artistas zen. Sería necesario algo más para demostrar que esta perspectiva es adecuada para Ozu"*[11].

No falta quien ha insistido en transitar por este territorio. A partir de los escritos de Donald Richie, Paul Schrader destaca la vocación de Ozu por practicar un arte menor, como supuestamente sería el cine, un medio que le permitía realizar pequeñas variaciones sobre unos mismos motivos. En particular los conflictos entre padres e hijos, relativizados cuando unos y otros constatan que, más allá de las diferencias personales y generacionales, ambos comparten un profundo sentido del *mono no aware*[12]. Y sin duda la tendencia a la compasión es una virtud que parece indisociable de los personajes positivos. El propio Ozu muestra su compasión hacia todos ellos. Los observa y analiza con detenimiento; pero no los condena, ni aun en sus flaquezas. Se muestra ecuánime tanto con los personajes negativos como con los virtuosos, tal como sucede con uno de los personajes ejemplares por excelencia en su obra: Noriko Hirayama en Cuentos de Tokio, compasiva y a su vez objeto de compasión. Pero por descontado la resignación ante el sufrimiento y el gesto compasivo no son patrimonio exclusivo de Ozu, como tampoco lo son de la doctrina budista. Muy por el contrario, el cine de Ozu demuestra cómo es posible ser absolutamente universal siendo absolutamente japonés. Ciertamente una cualidad no contradice la otra.

Posteriormente otros autores han criticado estas posturas, tachando de clichés y de estereotipos

---

[7] "A talk with Ozu". En: SCHRADER, Leonard. "Yasujiro Ozu : 1903 - 1963". En : *The Masters of Japanese Film*. Berkeley, California : Pacific Film Archive, ca.. 1980, p. 198 - 199. Dicha entrevista fue originalmente publicada en la revista *Kinema Junpo*, en Junio de 1958, y se encuentra reproducida en las páginas 2564 - 2571 del presente trabajo.

[8] THOMPSON, Kristin. "Late Spring and Ozu´s unreasonable style". En: *Breaking the Glass Armor : Neoformalist Film Analysis*. Princeton : University Press, 1988, p. 317.

[9] ZEMAN, Marvin. "The Zen Artistry of Yasujiro Ozu : The serene poet of Japanese Cinema". *Film Journal*, 1972, Fall / Winter, n. 3 / 4, p. 61 - 73.

[10] THOMPSON, Kristin. "Late Spring and Ozu´s unreasonable style". En: *Breaking the Glass Armor : Neoformalist Film Analysis*. Princeton : University Press, 1988, p. 327.

[11] THOMPSON, Kristin. "Late Spring and Ozu´s unreasonable style". En: *Breaking the Glass Armor : Neoformalist Film Analysis*. Princeton : University Press, 1988, p. 327.

[12] SCHRADER, Paul. *El estilo trascendental en el cine : Ozu, Bresson, Dreyer*. Madrid : JC, D.L. 1999, p. 58.

occidentales tamañas conclusiones. Tom Milne, quien introdujo a Ozu en el Reino Unido, ya había mostrado su extrañeza cuando se compara el cine de Ozu con la poesía *haiku*[13]. Años después, y de manera ecuánime, Kristin Thompson asume que la proliferación de templos y jardines en Primavera tardía invita a tales interpretaciones. Además en esta película encontramos numerosas referencias a la cultura budista: el teatro Nô y la Ceremonia de Té, así como exteriores filmados en las capitales históricas de Kioto y Kamakura. A pesar de todo, lo cierto es que el mundo de Ozu se desenvuelve, en la mayoría de las ocasiones, bajo otros parámetros y en unos entornos culturales muy distintos[14].

En opinión de Kristin Thompson, no se debe atribuir a estas ubicaciones y a estas imágenes un significado único y monolítico. *"Por si esto fuera poco-* añade Thompson-, *Ozu evita un tratamiento completamente reverencial de los motivos zen introduciendo toques humorísticos en distintas escenas. (...) Ciertamente si Ozu hubiera deseado presentar una imagen tradicional de la cultura zen, se hubiera mostrado mucho más solemne en su tratamiento de estas escenas"*[15]. No se debe pontificar bajo palio *zen* con unas ubicaciones que tienen una finalidad más dramática, visual y narrativa que monacal. En particular la Ceremonia de Té, convertida en encuentro de amigas en la escena inaugural de Banshun, había venido sufriendo importantes alteraciones a lo largo del siglo XX, hasta el punto que llegó a ser una disciplina que se impartía a las mujeres de las clases sociales elevadas, con el fin de refinar su educación: ser conocedor de dicha Ceremonia era, más que una práctica monacal, un indicio de una esmerada educación, un preciado atributo social[16]. Y éste es el contexto en el que dicha ceremonia se celebra en dicha película. Otro tanto cabría añadir a propósito de la representación Nô que tiene lugar en el punto central del relato, y a la que prestaremos nuestra atención en el capítulo correspondiente.

Por su parte David Bordwell apunta la dificultad y los riesgos que entraña afiliar a Ozu con tradiciones culturales o estéticas, máxime cuando fundamentalmente sus películas *"no se inspiran en una entidad amorfa llamada tradición japonesa, sino en la cultura de masas de su época"*. Pero además sus gustos culturales y literarios se aproximan más a la cultura post-Meiji, fuertemente occidentalizada, y a autores contemporáneos como Toson, Tanizaki, Satomi o Shiga Naoya. Todos ellos son, junto con el cine, frecuentemente citados en sus diarios. Por el contrario apenas se mencionan otro tipo de fuentes culturales, con la excepción del teatro -fundamentalmente el Kabuki- y la poesía. Y aún cabe ser más específico: *"El marco de referencia más pertinente fue siempre el del cine"*. No es el único, evidentemente, pero sí el primordial. Y, de manera específica, es imperioso tener en cuenta la cimentación que proporciona, en su formación como cineasta, el cine de Hollywood[17]. Dicho en otras palabras, Ozu se reconoció más en la cultura y en el arte de su época -fundamentalmente en el cine- que en las venerables raíces budistas[18]. Y así lo reconoce, más recientemente, un crítico tan perspicaz como es Jonathan Rosenbaum: *"Los críticos a menudo se han concentrado en lo que está ausente o implícito en las películas de Ozu, en vez de en lo que es visible y audible, y de este modo han propagado un montón de mistificaciones sobre este asunto"*. Otro tanto ha sucedido con otros cineastas *"trascendentales"*, como Dreyer, Bresson o Tarkovski[19].

A la hora de evaluar tan diversas apreciaciones, el lector podría sentirse tentado por la desconfianza, ante la evidente distancia que debe vencer el crítico europeo a la hora de estudiar una obra culturalmente lejana; por esta razón es oportuno ceder la palabra a los propios especialistas japoneses. En particular Shigehiko Hasumi, Rector de la Universidad de Tokio, confiesa sentirse incómodo al leer las filiaciones budistas que, a partir de las películas de Ozu, realizan investigadores como Donald Richie o Paul Schrader, quienes no tienen reparo en hablar de *sabi, wabi, yugen* o *mono no aware* a la hora de referirse a Ozu. Antes bien, *"la luminosidad que baña las escenas de Ozu nunca conduciría a ese tipo de sentido estético japonés"*. Ozu, muy por el contrario, es un director diurno y luminoso; se adhiere a un exceso de claridad en el que no hay lugar para las nubes que puedan ambiguar la representación. *"Típicamente, en su obra sólo se permite el buen tiempo"*. Y también: *"Ozu evita impregnar de lirismo los objetos sobre las*

---

13 MILNE, Tom. "Flavour of Green Tea Over Rice". *Sight and Sound*, 1963, Autumn, v. 32, nº 4, p. 182-186, 206.

14 Véase: THOMPSON, Kristin. "Late Spring and Ozu´s unreasonable style". En: *Breaking the Glass Armor : Neoformalist Film Analysis*. Princeton : University Press, 1988, p. 335.

15 Ibid. , p. 326.

16 Ibid. , p. 325. La autora americana cita la procedencia de sus conclusiones, a partir de un estudio de Shuichi Kato titulado *Form, Style, Tradition : Reflections on Japanese Art and Society*. Tokyo : Kodansha, 1981, p. 155-157.

17 Véase: BORDWELL, David. *Ozu and the poetics of Cinema*. New Jersey : Princeton University Press, 1988, p. 151.

18 Véase: BORDWELL, David. Op. cit. , p. 26- 30. La cita proviene de esta última página..

19 ROSENBAUM, Jonathan. "Silents are Golden : Yasujiro ozu Retrospective".*Chicago Reader Movie Review*, 2005, 14 de Enero. Disponible en Internet. En: http://www.chireader.com/movies/archives/2005/0105/050114.html

pantallas". O, dicho en otras palabras: *"En las escenas de Ozu, nada está saturado en el lirismo de una retórica basada en palabras estacionales"*. Dichas palabras son, por otra parte, uno de los elementos más característicos de la poesía *haiku*[20]. No cabe duda que los poéticos títulos de las películas, en los que en ocasiones se alude a algún periodo del año, invitan a tal apreciación; pero finalmente ningún contexto estacional es precisado, como no sea el estival en la mayoría de los casos. Sabemos que Ozu prefería rodar en los meses de verano, eludiendo cualquier condición meteorológica sombría o lluviosa.

Al margen de la precisión estacional, Hasumi considera que no se sotienen las analogías que establecen algunos autores occidentales: *"Cuando Paul Schrader utiliza términos como wabi o sabi o yugen; o cuando Donald Richie se refiere al mono no aware nosotros nos sentimos completamente desconcertados"*[21]. El *"nosotros"* al que se refiere el Rector de la Universidad de Tokio es, evidentemente, el lector japonés que se siente anonadado ante las pintoresca conclusiones que con frecuencia el distante espectador occidental, aficionado a los clichés y a las etiquetas culturales, extrae de las obras de Ozu. Hasumi no encuentra consistentes dichas analogías por descontextualizadas; y brinda un ejemplo a partir del uso de un patrón imprescindible: *"la luz que componen las imágenes de Ozu jamás nos invita a aquel tipo de consciencia estética japonesa"*. Frente a lo que consideran algunos de sus intérpretes, nuestro cineasta no se adentra en un mundo *"insondable, inasible, sutil; por el contrario todo se revela a la luz de un día luminoso"*. Dicho en otra palabras: Ozu es un cineasta de la luz diurna y plana; que prefiere la claridad precisa a las penumbras sutiles; que evita los cielos inciertos, el dominio de las tinieblas. A modo de conclusión, Hasumi asevera con contundencia: *"se debería apreciar con claridad que las películas de Ozu distan mucho de ser objetos que apunten hacia lo sagrado. Están muy lejos de pretender alcanzar algún tipo de sublimación; muy por el contrario, están sólidamente asentadas sobre tierra firme"*[22]. Por esta razón el prestigioso investigador japonés calificará como insignificantes las fórmulas que pretenden aprehender el arte de Ozu mediante analogías del tipo *"Ozu y el haiku"*, *"Ozu y el mono no aware"* o *"Ozu y el yugen"*, que prefieren identificar su cine mediante un discurso que no es específicamente de puesta en imagen[23].

En términos similares se pronuncia Ken Sakamura, quien observa cómo en muchos casos los observadores occidentales rendidos a las fórmulas hechas juzgan determinados conceptos-repetición, economía extrema de la construcción o cálculos escrupulosos- como características típicamente japonesas, que reflejan un sentido estético minimalista. Del mismo modo algunos críticos occidentales aseguran que el cine de Ozu es como el *haiku*, o como el *zen*. En opinión de Sakamura, *"estos críticos describen las películas de Ozu utilizando las más estereotipadas expresiones de la belleza japonesa"*[24].

Otro investigador japonés, Yuji Oniki, se interroga sobre las fuentes que han podido influir en Ozu, teniendo en cuenta su mutación: *"No sólo es significante, sino aún necesario reconocer el hecho de que las prácticas culturales, incluso las que son consideradas tradicionales, se ven sometidas a un constante proceso de revisión y alteración en relación con su función y uso en una sociedad particular, dependiendo de las circunstancias históricas que delimitan sus funciones. El "Zen" que pudiera haber haber influido en la obra de Ozu no es el mismo Zen que influyó sobre el teatro Nô hace cientos de años"*. Por su parte Hideo Yoshimura atisba en el cine de Ozu una acusada sensibilidad epicúrea, derivada del sentimiento de fugacidad de la vida. *"Para Ozu este hecho era precisamente la razón por la que deberíamos disfrutar de la vida tanto como podamos"*[25]. A su vez Kiju Yoshida alcanza la siguiente conclusión en su valioso estudio sobre el cineasta, al que conoció personalmente: *"Parece ser que Ozu-san no estaba interesado en la religión, y es difícil imaginar que albergara cualquier pensamiento religioso, cuando se mostraba tan descaradamente juguetón y sarcástico en sus películas"*[26].

No cabe duda que su arte y sensibilidad germinan de

---

20 HASUMI, Shigehiko. "Sunny skies". En: *OZU' s Tokyo Story* / edited by David Desser. Cambridge : University Press, 1997, p. 121 - 122. Véase también:
HASUMI, Shigehiko. *Yasujiro Ozu*. Paris : Cahiers du Cinema, 1998, p.187 - 188.

21 Cita: ONIKI, Yuji. " In Search of the Real Ozu : Studies in Ozu from the West". *Iconics*, 1994, nº 3, p. 88.

22 HASUMI, Shigehiko. "On the evereydayness of a miracle : Ozu Yasujiro and Atsuta Yûharo". En : *OZU - Atsuta : From behind the camera : A new look at the world of director Yasujiro Ozu : Based on private materials of the late Yuharu Atsuta* / edited by Ken Sakamura and Shigehiko Hasumi. Tokyo : The Tokyo University Digital Museum, 1998, p. 24.

23 HASUMI, Shigehiko. *Yasujiro Ozu*. Paris : Cahiers du Cinema, 1998, p. 188; 216-217.

24 SAKAMURA, Ken. "Ozu goes digital". En: *OZU - Atsuta : From behind the camera : A new look at the world of director Yasujiro Ozu : Based on private materials of the late Yuharo Atsuta* / edited by Ken Sakamura and Shigehiko Hasumi. Tokyo : The Tokyo University Digital Museum, 1998, p.4.

25 Véase: ONIKI, Yuji. " In Search of the Real Ozu : Studies in Ozu from the West". *Iconics*, 1994, nº 3, p. 88. Y :
YOSHIMURA, Hideo. "Ozu Yasujiro : A Family Man". *Look Japan*, 2003, April, v. 49, nº 565, p. 34 .

26 YOSHIDA, Kiju. *Ozu's Anti-Cinema*. Ann Arbor : Center for Japanese Studies, University of Michigan, 2003, p. 92.

la cultura japonesa. Pero ésta no se limita únicamente al *zen*. Del mismo modo las virtudes de ascetismo, contención y naturaleza contemplativa tampoco son patrimonio exclusivo del *zen*. En otros momentos se considerarán las huellas que deja la moral confuciana, lo que no implica que nuestro cineasta pretendiera recurrir al cine para ilustrar dicha doctrina. Evidentemente Ozu mostraba particular simpatía hacia las generaciones más ancianas, con las que se identificaba, y a las que revestía de virtudes o de simpatía. *"Sin embargo-* como observa el crítico chino Koo Siu-sun- *Ozu no incurría en predicar sistemas filosóficos. De haberlo hecho, hubiera perdido su universalidad y pasaría a ser considerado meramente un cineasta dogmático"* [27].

No hay necesidad de apelar al *satori*, por consiguiente, para interpretar las películas de Ozu Esta fue asimismo la opinión sostenida por David Bordwell, quien confía más en examinar los métodos de trabajo, de composición, y de construcción narrativa como núcleos esenciales de una obra que se fue perfeccionando a medida que el cineasta se veía capaz de reconciliar la intuición con la experiencia[28].

XXXVIII. 3. El círculo de humo

Poco o nada de asceta y monacal tenía Ozu, tan aficionado a la bebida, a la comida y a otros placeres mundanos, como se desprende de la lectura de sus *Diarios*. Por si no bastasen los testimonios de algunos investigadores de Oriente y de Occidente, las declaraciones de Ozu y sus propias películas están repletas de ejemplos en los que sus personajes ironizan sobre los preceptos budistas. En algunas ocasiones incluso se muestra iconoclasta, como en aquella escena de Días de juventud (su primera película conservada, de 1927, realizada cuando el cineasta contaba 24 años, esto es, en pleno periodo de formación) en que un jovenzuelo pega el chicle que ha estado mascando sobre la estatua de Saigô, un célebre poeta budista giróvago.

En Caminad con optimismo los tres personajes imitan burlonamente el gesto en meditación del Buda de Kamakura antes de arrancar el coche a toda velocidad. También en Principios del verano el tío y los sobrinos pasean de nuevo frente a esta colosal estatua, a cuyos pies descansan. Los niños aprovechan este momento y este espacio, junto a un tío sordo y un Buda silencioso, para burlarse del anciano, a la sombra de un Iluminado que los contempla con indiferencia.

En Érase un padre aparecen numerosas alusiones budistas, que Bordwell atribuye a la intensificación de estos sentimientos piadosos y tradicionales en medio de los fragores bélicos[29]. Sin embargo, el director recibió críticas por su falta de sensibilidad filial cuando, al final de la película, el joven protagonista pone las cenizas de su padre en el estante porta-maletas del tren. Sin embargo, Ozu asegura que es exactamente lo mismo que él hizo tras la muerte de su propio padre[30].

Los mismos personajes no parecen tomarse muy en serio la adusta seriedad *zen* que les atribuyen; ni siquiera en las películas más características: al principio de Primavera tardía, y en medio de una Ceremonia de Té que más parece una reunión social que una liturgia de monacato, tía y sobrina, que han llegado tarde, conversan distendidamente sobre ropas. Escenas más tarde, el padre y la tía pasean entre los templos. Pero al tiempo que rezan entre distintos templetes, ambos van cavilando sobre las estrategia a seguir para convencer a Noriko para que se case. A todo esto, la tía se encuentra una cartera, que guarda en el regazo, y con la que echa a correr cuando ve a un policía. De hecho, atribuye su buena fortuna más al hallazgo de la cartera- que no tiene intención de devolver- que a todas sus piadosas plegarias.

En Buenos días una señora cavila sobre la factura del gas al tiempo que reza frente a un *Butsudan*. He aquí un extracto de sus piadosas reflexiones, en las que se refiere a su propia hija: *"Piensa que es perfecta y que no se le olvida nada, pero no me ha devuelto el importe del gas. ¡Menuda lengua tiene! ¡No entiendo por qué nació una hija como ésta!"* Puro ideario *zen*. El resto de la familia no se salva de la quema: mientras sigue rezando, la abuelita asegura que el marido de su hija es un mediocre; y su nieto un imbécil. Todas estas observaciones mordaces son emitidas por un personaje que ora aparece rezando, ora empuñando un cuchillo con el que pone en fuga a un buhonero. En otra escena, esta vez filmada en el exterior, la posición de la cámara y del personaje producen la impresión de que la anciana está rezando hacia el poste eléctrico, del mismo modo que antes lo hacía ante el *Butsudan*. Esto sin duda llama la atención del espectador, como le sucede a su hija, quien la llama desde el fondo de la vaguada, sorprendida sin duda por esta nueva extravagancia de la anciana.

---

27 SIU-SUN, Koo. "Sorrow without grief : A view of Ozu". En: *Ozu Yasujiro : 100 th. Anniversary.* Hong Kong International Film Festival (27th. 2003). Hong Kong : The Arts Development Council ; The Japan Foundation (etc.), 2003, p. 46.

28 BORDWELL, David. *Ozu and the poetics of Cinema*. New Jersey : Princeton University Press, 1988, p.242 - 243.

29 Ibid. , p. 28.

30 Cita: SEVERSON, Matthew L. *Fireworks, Clothelines & Teakettles : The Early Spring of Yasujiro Ozu : 1932 - 1937.* San Francisco (California) : State University, 1997, p. 36.

Pero no terminan aquí las ironías budistas: en Hierbas flotantes (versión de 1959) distinguimos a lo lejos un santuario budista, con estelas. Pero los personajes, los mismos que invocaban a Buda unas escenas atrás, ahora dan las espaldas a las estelas, y se dedican a tomar el sol, en la playa. Son varios los bañistas que se hallan en aquel lugar, todos ellos miembros de la compañía de teatro en una jornada de asueto. Pero se sitúan contra el santuario, tal vez por entender que nada podrán hacer por ellos las plegarias, y se limitan a descansar al sol. Del mismo modo que poco antes habían implorado la protección de Buda, los cómicos de la legua ahora suplican del avión que planea sobre ellos que les lance unas botellas de cerveza con que mitigar el calor. Algunas escenas después, los actores se enfrentan con la amenaza cierta de ruina. En el momento en que uno de ellos invoca a Buda, el otro lanza un círculo de humo, ironizando nicotínicamente sobre el tema budista de la rueda, tan evanescente como el propio humo de su cigarro.

Como ilustran estos ejemplos, pero sobre todo los propios hábitos de Ozu reflejados en sus Diarios, Ozu era más aficionado al *sake* que a la Ceremonia del Té, y más dado a ver películas de Lubitsch que a recitar el *Nembutsu*. Frecuentaba más los cines, los bares y los restaurantes que los templos budistas. Sus escritos no manifiestan una particular devoción mística, si bien son pródigos, en sus años jóvenes en poemas de muy diversa condición, en ocasiones mundana.

Tenemos constancia, por el contrario, que Ozu fue un joven solitario y en ocasiones montaraz. Poco dado a la disciplina escolar, y mucho menos a la monástica. Y que entre sus aficiones destacaban las muy terrenales de la bebida y asistencia a las salas oscuras, donde se entusiasmaba viendo películas americanas. En particular, Ozu se formó como un director de comedia, y las convenciones de la comedia estuvieron siempre presente en su obra. Es seguro que tienen más peso las estructuras y las convenciones del *slapstick* y de la *screwball comedy* en su obra que los acertijos koan. Así lo resume el crítico portugués Antonio Rodrigues en un bien documentado trabajo: *"Yasujiro Ozu, a quien un cliché insiste en definir como trascendental y como zen, es un maestro del humor, de lo que tenemos ejemplos en sus obras maestras de madurez"* [31].

En ocasiones, incluso luce un humor escatológico bien poco trascendente: en El coro de Tokio los billetes se caen al inodoro; en Historia de un propietario el niño se orina en la cama, y tiene que abanicar su propio futón manchado, sospechosamente parecido a la bandera de las barras y estrellas; en Nací, pero... los chiquillos idean una risible liturgia de sumisión derivada del cristianismo, con persignación, muerte y resurrección inclusives; y en Buenos días los niños organizan competiciones de flatulencias, a menudo coreadas por los adultos; una situación que asimismo se repite tras la solemne resurrección del patriarca en El otoño de los Kohayagawa.

En más de una ocasión el propio Ozu se permite bromear sobre los preceptos *zen*. En una entrevista, hablando sobre el uso del color, llegó a idear una parábola, en la que ironiza sobre las paradojas koan: *"El color existe, pero no existe; el color no existe, pero existe. En otras palabras: "el Todo es la Nada". Aquel anciano sacerdote dijo algo profundo. Sería interesante que hubiera hecho una película en color"*. La ocurrencia de Ozu fue celebrada con una estruendosa explosión de carcajadas que, a buen seguro, muy poco tenían de monacal [32].

---

31 *YASUJIRO Ozu* / Textos de Antonio Rodrigues...(et al.). Lisboa : Cinemateca Portuguesa, Museo do Cinema, 1999, p. 31.

32 "A talk with Ozu". En: SCHRADER, Leonard. "Yasujiro Ozu : 1903 - 1963". En : *The Masters of Japanese Film*. Berkeley, California : Pacific Film Archive, ca.. 1980, p. 201. Véase un amplio extracto de dicha entrevista en la páginas 2564 - 2571 del presente trabajo.

XXXIX. EL MODELADO DE LOS ACTORES

"Tus expresiones son siempre demasiado forzadas. Quiero que te deshagas, y que actúes con la expresión de una máscara Nô"

Recomendaciones de Ozu a Chishu Ryu[1]

XXXIX. 1. Preparación del personaje

En el momento de escribir el guión, Ozu y sus colaboradores procuraban saber a priori qué actores habrían de interpretar los papeles, a fin de acomodar el personaje a las peculiaridades del intérprete: *"Es imposible escribir un guión si no sabes qué actores van a interpretarlo, de la misma forma que un pintor no puede pintar sin tener en cuenta los colores que va a utilizar. Las estrellas afamadas nunca me han interesado. Lo verdaderamente importante es el carácter del actor. No importa cuán buen actor sea; lo importante es su calidad humana. No es el carácter del personaje lo que interpreta, sino lo que él realmente es"* [2]. En este momento del proceso creativo el cineasta no sólo tiene presentes determinados intérpretes; asimismo concebía las escenas pensando en la situación de los personajes dentro del campo.

Para cumplir con éxito sus objetivos, Ozu no precisaba de actores de carácter enérgico o impositivo; más bien, se avenía con actores dúctiles, tranquilos, y extremadamente pacientes. No era fácil conseguirlos; de manera que, una vez formados en sus propias filas, los volvía a utilizar en posteriores trabajos. Asimismo volvería a colaborar con los distintos técnicos, guionistas y operadores, lo que cobra sentido en la dinámica creativa de Ozu: si su cine gira en torno a la familia, por derivación también creó su propia familia laboral.

Además, los mismos actores suelen representar los mismos o muy parecidos personajes en distintas películas. Es muy elocuente el uso que se hace de Chishu Ryu y Setsuko Hara, quienes intervienen en numerosas de sus películas, interpretando papeles muy similares. Hasta el nombre es el mismo en ocasiones: Noriko; o muy parecido: Shukichi o Shuhei. Pero, ante todo, debían saber conferir su humanidad a estos personajes: hacerlos corpóreos en suma. Éstas son las condiciones del cineasta: *"No es suficiente ser hábil con la expresión del rostro. Un actor que sepa componer una expresión feliz o triste; en suma, un actor que posea un control perfecto de los músculos de su rostro, no me interesa plenamente. No me preocupa saber si un actor logra expresar una determinada expresión: lo que me importa es su personalidad, y que se pueda captar su humanidad"* [3].

Ozu exigía de sus intérpretes actuaciones inmutables, serenas y lentas. Los actores prácticamente no alteran la expresión de sus rostros. Se confía, por tanto, a su ductilidad y a su don sensible la expresión de humanidad que a pesar de todo transmiten. Las expresiones faciales tienden a ser uniformes; los padres resignados, y los hijos virtuosos, a menudo conservan tenues sonrisas, aun cuando se mantengan graves o apesadumbrados.

Sabemos por distintos testimonios que el director les hacía repetir las tomas una y otra vez, hasta hacerles perder todo atisbo de espontaneidad: un método de trabajo que ciertamente atenta contra los principios de realismo y verosimilitud. La interpretación de los actores es, como el conjunto de las películas de Ozu, extraordinariamente estilizado. El propio cineasta se pronuncia a propósito de la dirección de actores: *"no cabe encontrar ninguna nueva técnica en particular, excepto eliminar las actuaciones. Cuando las risas y las lágrimas aparecen tan infladas como suelen aparecer en la mayoría de las películas actuales, hasta unos monos amaestrados podrían servir perfectamente como actores. En realidad los momentos de alegría y de tristeza son los tiempos en que más concentramos nuestra emoción sobre nosotros mismos. Yo minimizo la actuación en mis películas porque la vida es así"* [4].

---

1 SATO, Tadao. " Théatre et cinéma au Japon". En: *CINÉMA et littérature au Japon : de l' ère Meiji à nos jours* / sous la direction d.e Max Tessier. Paris : Centre Georges Pompidou, 1986, p.30.

Véase además: SATO, Tadao. " The multilayered nature of the tradition of acting in Japanese Cinema".

CINEMA and Cultural Identity : Reflections on films from Japan, India and China / edited by Wimal Dissanayake. Lanham (etc.) : University Press of America, 1988, p. 45 - 52.

2 Cita: RICHIE, Donald. *Ozu.* Berkeley (etc.) : University of Califorrna Press, 1974, p. 28.

3 Cita: MIRET JORBA, Rafael. "Yasujiro Ozu : Primavera perenne de un cineasta intemporal". *Dirigido por...* 1981, Marzo, nº 81, p. 31. Traducida del libro de Richie, en su edición francesa.

4 Cita: RICHIE, Donald. *A hundred years of Japanese Film : A*

XXXIX. EL MODELADO DE LOS ACTORES

Los rostros de los actores se transforman en máscaras hieráticas. Específicamente, Ozu pedía a Chishu Ryu que transformase su rostro *"en una página en blanco"*; en una máscara Nô, como expresamente reconoce en la cita que abre el presente capítulo. En consecuencia, los movimientos de los actores, precisos y calculados, parecen estar entregados a un ritual profano y doméstico, que tiene en la cámara un medium electrónico que le conecta con el espectador. *"Suprimid los efectos dramáticos, y mostrad la tristeza sin recurrir al drama. Haced que los espectadores sientan vuestra emoción"*, eran recomendaciones que Ozu solía dar a sus intérpretes[5].

Valga como confirmación el siguiente testimonio de Osamu Takahashi: *"Se dice que las películas son obras de arte realizadas en equipo, pero en el caso de Ozu sensei esto no era cierto. El suyo era un arte individual. Ozu sensei creaba las películas personalmente. Se especificaban las líneas de actuación con instrucciones precisas, y el tono de la interpretación debía ser exactamente como él había establecido"*[6]. En efecto, tanto durante la escritura del guión como en los trabajos de preparación y rodaje, el cineasta establece un control férreo, que llegaba a ser particularmente riguroso en lo concerniente a la dirección de actores. Desde el mismo momento en que se escribe el guión, el cineasta controla cuanto se debe decir y hacer, para que en adelante el intérprete se encuentre en el personaje, y haga suyos su carácter y sentimientos.

Antes de comenzar el rodaje, utilizaba dobles para fijar la composición y la iluminación. Cuando estas cuestiones habían sido decididas, los actores reemplazaban a los dobles. Antes de comenzar la acción, Ozu revisaba por el visor la situación del personaje en el cuadro, así como la iluminación. La interpretación debía subordinarse, en este punto, a la composición general del cuadro. Los personajes se integran dentro de un espacio y dentro de un diseño compositivo muy elaborado; y por lo tanto no recae sobre los actores el protagonismo compositivo absoluto. Como hemos visto, los planos intermedios de Ozu llegan incluso a prescindir por completo de la figura humana. Los primeros planos nunca son demasiado próximos sobre el rostro del actor; se prefieren las tomas en plano medio, o plano de conjunto, que permiten integrar mejor a los actores sobre un espacio. Cuando se mostraba satisfecho, apagaba los

Figura 422-424
Fotografías de rodaje de Caminad con optimismo y Principios del verano

focos para que los actores pudieran ensayar la escena con mayor comodidad. Una vez recibida la aprobación, el director daba las luces, y se filmaba la toma[7].

Shohei Imamura, a la sazón ayudante de Ozu, recuerda cómo el maestro hacía repetir hasta el agotamiento tomas que habían salido bien la primera vez. Sólo entonces, cuando los intérpretes actuaban como autómatas, el maestro daba su aprobación[8]. Los miembros del reparto debían recitar escrupulosamente lo que Ozu y sus guionistas habían escrito para ellos. El director insistía además en hacérselo declamar numerosas veces para hacer que los intérpretes fueran reduciendo la emoción en el recitado. Se trata, en suma, de evitar el sentimiento exterior. Aunque aquél existe, y con frecuencia de manera intensa, debe verse sometido a un continuo proceso de interiorización. El propio cineasta instruía a los actores en cada movimiento y en cada gesto. Mide hasta el número de pasos que el actor debe dar en cada desplazamiento. Asimismo debían observar escrupulosamente la gestualidad casi ritualizada que imponía a los personajes; el ritmo lento y ceremonioso con que debían ejecutarse las interpretaciones, en consonancia con el propio tempo que imprimía a sus películas. De este modo, el cineasta no da

---

concise History, with a selective guide to videos and DVDs. Tokyo (etc.) : Kodansha International, 2001, p. 122.

5 BORDWELL, David. *Ozu and the poetics of Cinema*. New Jersey : Princeton University Press, 1988, p. 85.

6 TAKAHASHI, Osamu. "Brilliant Shadows : Ozu Yasujiro (1)". *Japan Quarterly,* 1984, v. 31 nº 3, p. 275.

7 BORDWELL, David. Op. cit., p. 83 - 84.

8 RICHIE, Donald. *Ozu*. Berkeley (etc.) : University of Califorma Press, 1974, p. 143.

lugar a la más mínima improvisación o a ningún gesto espontáneo. El actor de Ozu debía ser dócil, manipulable, obediente. Y debía hacer gala de una gran paciencia y autocontrol[9].

Sin llegar a los niveles de tiranía de un Mizoguchi, sí se sabe de su nivel de exigencia alto sobre los actores, a quienes podía imponer la repetición de un plano durante horas[10]. Si no conseguía el efecto deseado, se daba por vencido y utilizaba alguno de los planos que previamente habían sido filmados. Se cuenta que en Amad a la madre (1934) pasó cerca de veinticuatro horas filmando un solo plano: aquél en el que Mitsuko Yoshikawa remueve el té con la cuchara exactamente dos veces y media, para después girar la cabeza hacia la izquierda. Ozu exigía que la mirada de la actriz coincidiera exactamente con el giro de la cabeza, y no se mostraba satisfecho si uno de los movimientos se adelantaba al otro[11].

La anécdota da muestras de la precisión que el director exige de sus intérpretes: por medio de los gestos, aun los más prosaicos, aquéllos debían ser portadores de sentimientos. Mediante gestos muy sencillos y depurados, los actores son capaces de transmitir emociones muy fuertes. Aunque apacibles y contenidos en el exterior, se encuentran llenos de un enorme caudal de sentimientos en el interior. Sin embargo este cometido no resultaba fácil; y en realidad era imprescindible una gran proximidad profesional y afectiva con el cineasta para entender exactamente sus exigencias. Así lo recuerda Chishu Ryu: *"Ozu no explicaba los sentimientos de sus personajes; primero venían las acciones. Me dejaba actuar, para que yo mismo descubriera el sentimiento"* [12].

Dicho en otras palabras: el método de Ozu con los actores no parte del principio de los vasos comunicantes, sino de la capilaridad: el actor apenas recibe precisiones sobre su personaje; debe impregnarse del mismo a partir de las acciones que, bañándoles en la superficie, llegan hasta lo más profundo de su ser. Por eso mismo no le preocupa que los actores sientan o comprendan de inmediato el papel que están interpretando: dicha comprensión brotará a raíz de la convivencia con una criatura de ficción con la que deben estrechar lazos

cordiales. En particular se recuerda el momento en que la actriz Haruko Sugimura quiso saber lo que sentía su personaje- la hija egoísta- cuando debe atender a sus padres en Cuentos de Tokio. El director se limitó a indicar: *"no se te pide que sientas: se te pide que actúes"* [13].

Los colaboradores de Ozu destacan la armonía en las interpretaciones como uno de los rasgos fundamentales en las películas de Ozu. Así lo recuerda el montador Yoshiyasu Hamamura: *"Cuando se trabajaba con un plano en el que se hallaba más de un actor, lo importante para Ozu era el equilibrio de su interpretación. En* Primavera tardía *hay un plano muy largo con las actrices Setsuko Hara y Haruko Sugimura. Teníamos dos tomas. En la primera, Sugimura estaba maravillosa y yo iba a dejarla. Sin embargo Ozu me pidió que utilizase la otra, en la que la interpretación de Sugimura era más moderada, pero se mantenía al mismo nivel que la de Hara. Ozu no aceptaba que uno de los actores estuviese mejor que otro en un mismo plano"* [14].

Ningún actor puede destacar, pues, sobre los restantes. Todos deben permanecer a un mismo nivel, integrados en la película como si de miembros sobre un cuerpo orgánico se tratasen. A tal fin, la interpretación debía ser extremadamente contenida y sobria; los gestos, las reacciones y los movimientos deberían tender igualmente a la contención, cuando no al hieratismo. Otro tanto sucede con la declamación de los diálogos, siempre pausada y carente de todo énfasis o afectación. El tono de su voz es quedo; nunca alzan la voz. Esto es particularmente cierto en los personajes positivos- que son, por añadidura, los tradicionales-, quienes recitan sus diálogos con una tenue sonrisa en los labios. Dichos personajes se mueven pausadamente, y hablan con la misma parsimonia. Sus discursos no son nunca muy largos, y sus intervenciones se resuelven en planos de duración no muy prolongada; además la cámara los filmará en su totalidad: no se corta el plano hasta que los personajes hayan concluido el discurso. Éstos se filman en su totalidad, sin acompañamiento musical alguno, que se reserva para los episodios de transición.

Se trata de un método de trabajo que evidentemente no es adecuado para todos los intérpretes. En particular se sabe que trabajó a disgusto con actores como Hisaya Morishige- un comediante popular que intervino en El otoño de los Kohayagawa, donde interpretaba al fogoso pretendiente de Setsuko Hara- porque su forma de actuar

---

9 En nuestra selección de textos se encontrará un artículo de Ozu sobre "Los abusos del estrellato", p.2557 - 2558. Por otra parte, el lector encontrará noticias específicas sobre Chishu Ryu y Setsuko Hara en el capítulo dedicado a la serie Noriko, en las páginas 1546 - 1551.

10 Donald Richie recoge abundantes anécdotas sobre este particular en las páginas 144 y 145 de su monografía sobre el cineasta.

11 SATO, Tadao. *Currents in Japanese Cinema*. New York : Kodansha International, 1982, p.192.

12 Cita: RICHIE, Donald. *Ozu*. Berkeley (etc.) : University of Californa Press, 1974, p.143.

13 RICHIE, Donald. "Yasujiro Ozu". En: *CINEMA : A Critical Dictionary : The Major Filmmakers* / edited by Richard Roud. London : Secker & Warburg, 1980, v. II, p.750.

14 "SUR l'Art du Réalisateur". En: *INTRODUCTION à Yasujiro Ozu* / Une documentation coordonnée par Jean-Pierre Brossard. Locarno : 32eme. Festival International du Film, 1979, p.92.

era dinámica, y su declamación ágil. Incapaz de seguir el tempo que Ozu marcaba, el director se sentía disgustado con su labor, hasta el punto que, al final de cada toma, le reprendía irónicamente: *"Sí, muy bien, muy bien. Ahora, por favor, denle al señor Morishige nuestro guión para que se entere"* [15].

Pero asimismo sus métodos llegaban a incomodar a otros directores o aprendices. En particular Shohei Imamura, que fue ayudante de dirección de Ozu, decía lamentar el modo en que el cineasta arrebataba a sus intérpretes todo asomo de espontaneidad: les transforma en marionetas que se limitan a cumplir a la perfección el trabajo para el que han sido talladas. De manera más despiadada, el también director Kozaburo Yoshimura llegó a observar que los personajes en las películas de Ozu dejaban de ser personas para comportarse como vegetales [16].

---

15 Cita: SATO, Tadao. *Currents in Japanese Cinema.* New York : Kodansha International, 1982, p. 192. Se encontrará otra anécdota referida al conflicto entre Ozu y Morishige en el capítulo dedicado a la planificación del presente trabajo, p. 496.

16 SATO, Tadao. *Currents in Japanese Cinema.* New York : Kodansha International, 1982, p. 192.

Noriko. Kami ningyô realizada por Miko Misono

XL. LA PELÍCULA SOBRE EL PAPEL

"Guión: La historia empieza a tomar forma. Pero, como de costumbre, las dificultades se presentan en esta fase".
Yasujiro Ozu[1]

XL. 1. Cruzando el barranco

A menudo Ozu señalaba las dificultades que entrañaba la escritura del guión. Era ésta una labor fundamental en el proceso de producción de sus películas, puesto que el meticuloso trabajo con los guionistas dejaba a su conclusión un proyecto riguroso y detallado que debía verse escrupulosamente hecho realidad durante las sesiones de rodaje. A la cita anteriormente señalada cabe añadir la siguiente: *"La parte más difícil a la hora de hacer una película es la escritura del guión. Cuando un escritor y un guionista trabajan juntos, si sus condiciones físicas no van a la par, el trabajo no saldrá bien. Si uno de los dos se queda a trabajar por la noche y al otro le gusta irse a la cama temprano, ambos terminarán agotados. Kogo Noda y yo no tenemos ese problema: a los dos nos gusta quedarnos hasta muy tarde hablando y bebiendo. Eso es lo más importante"*[2]. Trabajando estrechamente a lo largo de un periodo de tiempo más o menos prolongado, Ozu y sus guionistas dejaban toda la película diseñada sobre el papel. Como podemos advertir por las muestras conservadas, Ozu escribía cada detalle y cada situación cómica o dramática figuraba ya en el libreto. Después seguía escrupulosamente las indicaciones previamente anotadas, y a menudo dibujadas en bocetos y en *story boards* muy detallados. De hecho, la planificación era asimismo calculada desde la propia escritura del guión. En el mismo diseñaba minuciosamente la película plano tras plano, escena tras escena. No se limitaba a describirlo o a indicar los diálogos que debían recitar los actores; también preveía los movimientos, los pasos y hasta los

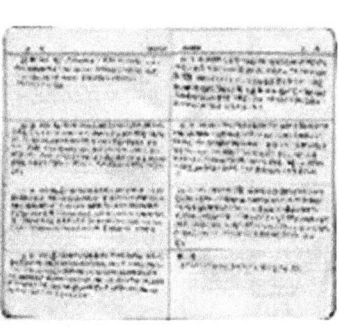

Figura 425

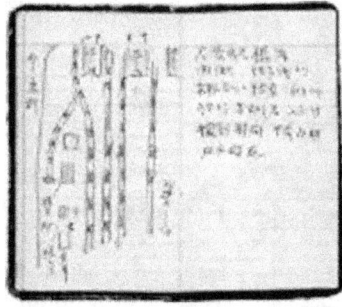

Figura 426

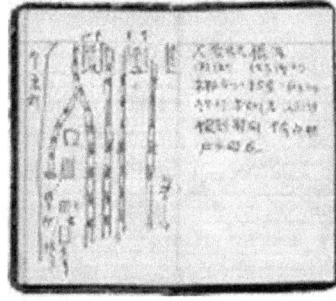

**Figura 425-427
Cuadernos de rabajo de Yuharu Atsuta**

gestos de los actores. Incluso calculaba la duración de cada toma. Y estos cálculos y previsiones se debían respetar escrupulosamente en las siguientes etapas del proceso de filmación y montaje[3]. Se entiende, por tanto, que el cineasta se mostrara tan disciplinado y severo en esta etapa del trabajo, lo que le llevaba a pronunciar declaraciones como la siguiente: *"Para mí sólo existe un método: escribir y corregir, escribir y corregir; de noche y de día. Sólo de esta manera puedes hacer progresos"* [4].

---

[1] En: OZU, Yasujiro. *Antología de los diarios de Yasujiro Ozu* / edición a cargo de Núria Pujol y Antonio Santamarina. Valencia: Filmoteca de la Generalitat Valenciana (etc.), 2000, p. 309. Anotación del día 3 de junio de 1962, cuando Ozu y Noda se afanan con el guión de Samma no aji, la última película de nuestro cineasta.

[2] Cita: RICHIE, Donald. "Yasujiro Ozu". En: *CINEMA: A Critical Dictionary: The Major Filmmakers* / edited by Richard Roud. London: Secker & Warburg, 1980, v. II, p. 746. Véase además:
RICHIE, Donald. Ozu. Berkeley (etc.): University of California Press, 1974, p. 18.

[3] A estas conclusiones llega Tadao Sato en su libro *Ozu Yasujiro no geijutsu (El arte de Yasujiro Ozu)*. Tokyo: Asahi Shinbunsha, 1978 - 1979, v. I, p. 157-159. Tomado de: BORDWELL, David. *Ozu and the poetics of Cinema*. New Jersey: Princeton University Press, 1988, p. 204

[4] Citado en: ANDERSON, Joseph L. and RICHIE, Donald. *The Japanese Film: Art and Industry*. Princeton: University Press, 1982, p. 362.

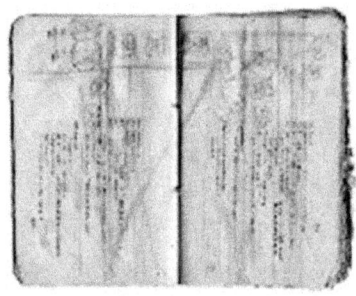

Figura 428

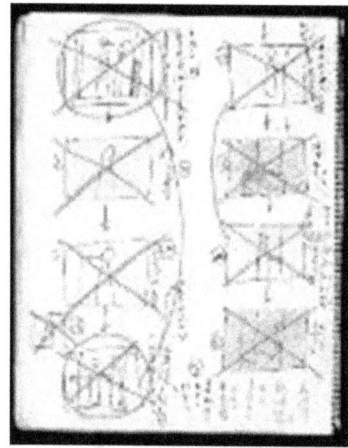

Figura 429

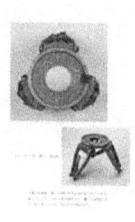 

**Figura 428-430
Guión y cuaderno de trabajo de Cuentos de Tokio y de El otoño de los Kohayagawa**

Conforme a sus planteamientos creativos, en las películas de Ozu *"la información innecesaria era como un molesto ruido"*[5]. Tanto en su escritura literaria como en la cinematográfica, el director aspira a la simplificación dramática; a la concentración sobre lo esencial. Por consiguiente se emprende un riguroso tamizado cuyo propósito es concentrarse sobre lo esencial: tanto en el proyecto previo como en su plasmación final. Progresando en dicho objetivo, el cine de Ozu se halla extraordinariamente depurado de retórica y de artificio. Pero dicha cualidad arranca precisamente de la elaboración de los guiones. El cineasta aspira a suprimir todo lo accesorio para lograr un arte progresivamente concentrado en lo esencial. He aquí la que bien podría ser su declaración de principios con respecto a la escritura del guión: *"las películas con argumentos obvios me aburren. Naturalmente todas deben tener algún tipo de estructura, ya que de lo contrario no serían películas, pero me parece que una película no es buena si tiene demasiado drama"* [6].

Entre los documentos más valiosos que conservamos de Ozu figura el guión original de Tokyo monogatari, escrito sobre 124 pliegos de papel barato, cosidos todos ellos mediante una sencilla cuerda (Figuras 428 y 429). El manuscrito presenta algunas leves alteraciones con respecto al rodaje final. Pero además del interés que tiene examinar dichas modificaciones, el estudio del guión informa sobre el proceso de elaboración del guión, y los métodos de trabajo utilizados por Ozu. Sabemos así que usaba lápices de distintos colores con los que enumeraba correlativamente los planos, además de hacer llamadas de atención o recordatorios[7]. De igual manera, los lápices de colores emparentan determinados planos que deben respetar la misma composición. Al margen de los testimonios de los guionistas, y del propio Ozu, otras fuentes confirman la importancia que el cineasta concedía a los trabajos previos al rodaje. Añadamos, a modo de ejemplo, las siguientes declaraciones de Chishu Ryu: *"Ozu siempre se sentía más tranquilo tras haber terminado el guión. Durante el tiempo que le llevaba su escritura- en torno a cuatro meses de trabajo-, ya había concebido prácticamente cada imagen y cada plano, de manera que nunca alteraba el guión una vez comenzaba el rodaje. Y el diálogo estaba tan pulido que no permitía ni un solo error. Me contaba lo feliz que se encontraba cuando estaba terminado el guión, pero también me decía, a veces bromeando, que se sentía decepcionado al ver cómo las imágenes que ideaba sufrían cambios cuando empezaba a trabajar con los actores. En todo caso, una vez que se había terminado la película, nunca se quejaba. Ni aún si la interpretación de los actores había sido pobre. Aun cuando nos constaba que se sentía decepcionado de nosotros, él asumía toda la responsabilidad, y nunca se la atribuía a otras personas"* [8].

XL. 2. Los guionistas de Ozu

En efecto, Ozu reservaba una dedicación fundamental a la escritura de los guiones, tarea en la que se comprometía

---

5 RICHIE, Donald. *A hundred years of Japanese Film: A concise History, with a selective guide to videos and DVDs*. Tokyo (etc.): Kodansha International, 2001, p. 121.

6 Cita: RICHIE, Donald. *A hundred years of Japanese Film: A concise History, with a selective guide to videos and DVDs*. Tokyo (etc.): Kodansha International, 2001, p. 120.

7 Véase al respecto el siguiente artículo: MORITA, Yuzô. " The traces of a film, film of traces". En: *OZU - Atsuta: From behind the camera: A new look at the world of director Yasujiro Ozu: Based on private materials of the late Yuharu Atsuta* / edited by Ken Sakamura and Shigehiko Hasumi. Tokyo: The Tokyo University Digital Museum, 1998, p. 34 - 43. Las ilustraciones provienen de dicha fuente.

8 Cita: RICHIE, Donald. *Ozu*. Berkeley (etc.): University of Californa Press, 1974, p. 73.

Figura 431
El trípode diseñado por Ozu, y fotografías de rodaje

personalmente. La conclusión del trabajo literario dejaba ya concebida una película ideal, que sólo parcialmente se recuperaría en el proceso del rodaje. Aunque intervino prácticamente en todos los guiones como argumentista, creador de *gags* o guionista, Ozu siempre contó con algún colaborador para su escritura. Como se vio en el capítulo biográfico, durante la época muda firmaba sus colaboraciones como guionista bajo seudónimos pintorescos, como James Maki o Uinzato Mone (japonización de *Without Money*). Además de intervenir en la elaboración literaria de todas sus películas, Ozu escribió unos voluminosos diarios, tachonados con poemas. Fue ocasionalmente articulista y conferenciante. Y además era muy apreciado como calígrafo: era frecuente que sus amigos le pidiesen caligrafías[9]. Asimismo debía ser un dibujante notable, lo que le permitía diseñar minuciosamente los *storyboard* de todas sus películas. En la anotación del día 22 de Julio de 1956 consta que recibió la suma de 2000 *yenes*, de manos de *Bungei Shunju*, por unos dibujos[10]. Conservamos algunas estampas pintadas por el cineasta, incluidas en el capítulo dedicado a sus poemas, que dan prueba de su buena mano. En una sola ocasión Ozu acometió en solitario el guión de una de sus películas: Sueños de juventud (1928). Pero además co-escribió los guiones de Kawaraban Kachikachiyama (dirigida por Kintaro inoue en 1926), Kagirinaki zenshin (dirigida por Tomu Uchida en 1937); Tsuki wa noborinu (dirigida por Kinuyo Tanaka en 1947). Ozu prefería siempre colaborar con otros especialistas dignos de su confianza. Fundamentalmente trabajó con dos guionistas, con los que al mismo tiempo mantuvo una estrecha amistad: Tadao Ikeda y Kogo Noda. Este último es, de hecho, el principal colaborador literario de Ozu y, en buena medida, responsable de su resultado final. En total Noda aparece acreditado como responsable de veintiséis guiones de Oz[11]; Tadao Ikeda de quince[12]; y les sigue Akira Fushimi con siete[13]. A todos ellos sumamos a Komatsu Kitamura, quien escribió tres guiones: Calabaza (1928); La señorita (1930); La bella y las barbas (1931). Cabe añadir los siguientes guionistas ocasionales: Momosuke Yoshida: La esposa perdida (1928); Yoshio Aramaki: Me gradué, pero... (1929); Masao Arata: Un albergue en Tokio (1935. Junto con Tadao Ikeda); La universidad es un buen sitio (1936); El hijo único (1936, también en colaboración con Tadao Ikeda). Y, por último, Ryosuke Saito, quien escribió el guión de Una gallina al viento junto a Yasujiro Ozu en 1948. Aunque la presencia de Ozu en el guión de la mayoría de sus películas garantiza de partida la uniformidad en toda su filmografía, es posible advertir algunas sensibles diferencias entre las películas que escribe el director con uno y con otro guionista. Por ejemplo, es de notar que algunos de los títulos más atípicos de Ozu, fueron escritos por especialistas distintos de los habituales: tal es el caso de comedias brillantes, aunque extrañas, como La bella y la barba (1931, escrita por Komatsu Kitamura), ¿Qué ha olvidado la señora?, co-escrita con Akira Fushimi (1937), o del áspero melodrama Una gallina al viento (1948), co-escrito con Ryosuke Saito. David Bordwell llega a sugerir un mayor compromiso con el realismo social a través de los guiones de Ikeda, y un mayor aburguesamiento en temas en las películas

---

9 Véase: OZU, Yasujiro. *Carnets: 1933 -1963: Edition intégrale*. Paris: Alive, 1996, p.441. Anotación del día 1 de Septiembre de 1955.

10 OZU, Yasujiro. *Antología de los diarios de Yasujiro Ozu* / edición a cargo de Núria Pujol y Antonio Santamarina. Valencia: Filmoteca de la Generalitat Valenciana (etc.), 2000, p. 206.

11 Guiones de Kogo Noda: La espada del arrepentimiento (1927); Amigos en la pelea (1929); Vida de un oficinista (1929); Introducción a la casamentería (1930); La esposa de noche (1930); El espíritu vengador de Eros (1930); Tropiezo con la felicidad (1930); El coro de Tokio (1931); ¿Dónde están los sueños de juventud? (1932); Hasta que volvamos a vernos (1932); La mujer de Tokio (1933. Junto a Tadao Ikeda); La niña mimada (Junto a Tadao Ikeda. 1935); Primavera tardía (Junto a Yasujiro Ozu. 1949); Las hermanas Munakata (Junto a Yasujiro Ozu. 1950); Principios del verano (Junto a Yasujiro Ozu. 1951); El sabor del arroz con té verde (Junto a Yasujiro Ozu. 1952); Cuentos de Tokio (Junto a Yasujiro Ozu. 1953); Primavera precoz (Junto a Yasujiro Ozu. 1956); Crepúsculo en Tokio (Junto a Yasujiro Ozu. 1957); Flores de equinoccio (Junto a Yasujiro Ozu. 1958); Buenos días (Junto a Yasujiro Ozu. 1959); Hierbas flotantes (Junto a Yasujiro Ozu, a partir del guión originalmente escrito por Tadao Ikeda. 1959); Otoño tardío (Junto a Yasujiro Ozu. 1960); El otoño de los Kohayagawa (Junto a Yasujiro Ozu. 1961); Tarde de otoño (Junto a Yasujiro Ozu. 1962); Rábanos y zanahorias (Junto a Yasujiro Ozu. Película dirigida por Minoru Shibuya en 1964). Total: 26 colaboraciones.

12 Guiones de Tadao Ikeda: Tokkan Kozo (1929); Caminad con optimismo (1930); La melancolía de una mujer hermosa (1931); La primavera empieza por las señoras (1932); La mujer de Tokio (1933. Junto a Kogo Noda); La mujer de Tokio (1933); Corazón vagabundo (1933); Amad a la madre (1934); Historia de hierbas flotantes (1934); La niña mimada (Junto a Kogo Noda. 1935); Un albergue en Tokio (1935. Junto a Masao Arata); El hijo único (1936. Junto con Masao Arata); Los hermanos Toda (junto a Yasujiro Ozu 1937); Érase un padre (Junto a Yasujiro Ozu. 1942); Historia de un vecindario (Junto a Yasujiro Ozu. 1947).
Total: 15 colaboraciones.

13 Guiones de Akira Fushimi: Los esposos de la mudanza (1928); La belleza del cuerpo (1928); La montaña del tesoro (1929); Días de juventud (Junto a Yasujiro Ozu.1929); Suspendí, pero... (1930); Nací, pero... (1932); ¿Qué ha olvidado la señora? (Junto a Yasujiro Ozu. 1937). Total: 7 colaboraciones.

Figura 432
Otoño tardío

Figura 433
Otoño tardío

Figura 434
Otoño tardío

Figura 435
Otoño tardío

Figura 436
Otoño tardío

Figura 437
Otoño tardío

de Kogo Noda[14]. Sin embargo, es de recordar que Noda escribió, en los años 20 y 30 los guiones de películas críticas con la disposición jerárquica japonesa, como son El coro de Tokio (1931), ¿Dónde están los sueños de juventud? (1932), o Primavera precoz (1956). Algunos títulos intermedios, como La mujer de Tokio (1933); La niña mimada (1935. Ambos unto a Tadao Ikeda) y Amad a la madre (1934) fueron escritos conjuntamente; en esta última el guión es de Ikeda, pero la adaptación corrió a cargo de Noda. Cabría añadir que Hierbas flotantes (versión de 1959) fue escrita por Noda y Ozu a partir del guión originalmente escrito por Tadao Ikeda en 1934. Incluso al final de su carrera Ozu tuvo el propósito de volverles a reunir en su proyecto Daikon to Ninjin, que finalmente fue tan sólo abocetado por Ozu y Noda, y finalmente realizado por Minoru Shibuya en 1964.

A partir de 1935, y tras el abandono temporal de Noda, Ozu colaboró con otros guionistas, como Akira Fushimi, especialista en comedias y co-escritor del guión de Nací, pero.... De hecho, a este guionista se debe la desconcertante ¿Qué ha olvidado la señora? (1937), una comedia lubitscheana cuya acción se desenvuelve en ambientes frívolos y burgueses, muy alejados del entorno *shomin geki* habitual del cineasta. Ozu y Akira Fushimi acostumbraban preparar sus guiones al tiempo que cenaban y tomaban copas en Ginza, tras lo cual se encerraban en casa de Ozu, donde continuaban trabajando hasta el amanecer. Fushimi tenía una particular habilidad hacia el *gakusei mono* y el *ero guro nansensu,* lo que benefició algunas de las películas estudiantiles de Ozu. pero también aplicó su talento a las tragicomedias familiares. De hecho Fushimi seguía fielmente las directrices del estudio, encaminadas a combinar equilibradamente comedia y drama. Las dos películas citadas anteriormente fueron, de hecho, las últimas colaboraciones con Ozu. Por lo demás, Fushimi era asimismo colaborador regular de Heinosuke Gosho y Torajiro Saito durante los años 30. Las situaciones dramáticas irían cobrando cada vez más fuerza, lo que favoreció el distanciamiento de Ozu y Fushimi, quienes dejarían de colaborar entre 1932 y 1937, año en que el estudio les volvió a juntar por última vez en la comedia ya citada Shukujo wa nani o wasuretaka.

Más larga fue la colaboración con Tadao Ikeda, otro de los principales guionistas de la casa, quien a la sazón se convirtió en el sustituto de Noda mientras éste abandonó

---

14 BORDWELL, David. Ozu and the poetics of Cinema. New Jersey: Princeton University Press, 1988, p. 13.

la escritura de guiones. Ikeda y Ozu trabajaron juntos entre 1929 y 1947. A lo largo de tan dilatado periodo, le debemos su intervención en aportaciones capitales de esta época, como son Corazón vagabundo (1933), Historia de hierbas flotantes (1934), El hijo único(1936), Los hermanos Toda (1941) y Érase un padre (1942). Con Ikeda volvió a coincidir, tras la guerra, en el guión de Historia de un vecindario, un hermoso trabajo que sería el último que ambos compartieran. En otras palabras: Ikeda-*"Ike-chu"*, como familiarmente le llamaba Ozu- fue el guionista que acompañó a Ozu en el periodo en que su estilo se desarrolló y alcanzó la madurez. Aunque la filmografía de Ozu se distingue por su homogeneidad, es posible establecer una diferencia fundamental entre las aportaciones de Noda y de Ikeda a lo largo de los 30: mientras el primero se centraba en entornos de familia sometidos a tensiones- debidas a muertes y separaciones ocasionales-, en el caso de Ikeda predomina el sentimiento de desarraigo, y de anhelo de recuperar una unidad familiar que se quedó en un punto remoto del camino. Los principales personajes de Noda en los años 30 están asociados con el asentamiento familiar, lo que se respetará a partir de 1949: Vida de un oficinista (1929), El coro de Tokio (1931), ¿Dónde están los sueños de juventud? (1932) o La mujer de Tokio (1933, escrita junto a Tadao Ikeda). Por el contrario Ikeda presenta personajes, nómadas, en los que la unidad familiar es un sueño perdido que se trata de recuperar. Noda escribe historias ambientadas en la empresa; Ikeda prefiere el polvo del camino. El personaje característico de Noda es el del oficinista; el de Ikeda será Kihachi, el errabundo protagonista de películas como Corazón vagabundo (1933), Historia de hierbas flotantes (1934), Un albergue en Tokio (1935), Los hermanos Toda (1937), Érase un padre(1942) e Historia de un vecindario (1947). Precisamente debido a la importancia que cobran los guionistas en su obra, el punto límite en lo que a la evolución del cineasta hacia su plena madurez debe situarse entre Historia de un vecindario, la última película escrita por Ikeda, en 1947, y Primavera tardía, que establece la colaboración regular con Noda a partir de 1949. Entre ambas películas, que establecen la clausura de un periodo y el comienzo de otro distinto, se sitúa otra pieza extraña, asimismo concebida por un guionista no habitual: Una gallina al viento (1948) escrita por Ryosuke Saito y Tatsuo Hamada, en colaboración con con Ozu. A partir de la siguiente, Banshun, Kogo Noda se ocupará de todos los guiones de Ozu.

Figura 438
Otoño tardío

Figura 439
Otoño tardío

Figura 440
Otoño tardío

XL. 3. Kogo Noda, la mente gemela

Entre los miembros de su equipo forzoso es destacar, antes que a ningún otro, al guionista Kogo Noda, leal desde la primera hasta la última película del maestro. De hecho llegó a ser un apoyo fundamental en el proceso creativo; un colaborador indispensable, que intervino en prácticamente la mitad de las películas que dirigió Ozu, con quien siempre compartió afinidades y buen entendimiento. Kogo Noda (1893 - 1968) estudió en la Universidad de Waseda: la misma que frecuentemente aparece o es citada en las películas de Ozu. Cuenta, por tanto, con una formación académica de la que el cineasta carece. Al igual que éste, siente desde joven la fascinación por el cine, aunque su aproximación al mismo se produce desde una vertiente literaria. En sus años de juventud colabora con una revista de cine; más tarde encuentra un trabajo en el Ayuntamiento de Tokio que precede a su ingreso final en los estudios de Shochiku, en 1923. En este lugar, precisamente, conoce a Ozu, para quien escribe el guión de su *opera prima:* Zange no yaiba (1927), un inaudito *chambara* del que no queda copia. A partir de 1928 Noda llegó a ser director del departamento de guiones de la Shochiku, e instruyó a la

Figura 441
Otoño tardío

Figura 442
Otoño tardío

Figura 443
Otoño tardío

mayoría de los guionistas que ingresaron en esta casa[15]. Noda escribió, junto con Ozu, los guiones de muchas de sus películas desde la época muda. Sin embargo, durante una década, los caminos de Noda y Ozu se bifurcaron por diversas razones. Como se vio en el parágrafo anterior, entre 1935 y 1948, Ozu escribió sus guiones en compañía de Tadao Ikeda, Akira Fushimi y otros guionistas con los que asimismo había trabajado en ocasiones anteriores. Kogo Noda no sólo trabajó para Ozu: también escribió buenos guiones para otos cineastas. Uno de sus trabajos más populares fue Aizen katsura, que fue dirigida por Hiromasa Nomura en 1936, e interpretada por Ken Uehara y Kinuyo Tanaka. En esta ocasión Noda adaptó una novela de Matsutaro Kawaguchi. Añadamos que en 1962 Noboru Nakamura hará una nueva versión de esta película, también con guión de Kogo Noda (y de Yoshiro Tomita), y protagonizada por Mariko Okada y Teruo Yoshida.

Durante los años de guerra Noda escribió el guión de un clásico del cine bélico: La historia del comandante Nishizumi, una producción Shochiku de 1940 dirigida por Kimisaburo Yoshimura. En ella intervenía, además, la plana mayor de los actores de Ozu: Tatsuo Saito, Takeshi Sakamoto, Ken Uehara, Shin Saburi y Chishu Ryu. También colaboró en dos ocasiones con Kenji Mizoguchi: en 1946 escribió, junto con Kaneto Shindo, el guión de La victoria de las mujeres. Además, en 1949 proporcionó el argumento de LLama de mi amor, cuyo guión fue finalmente escrito por Yoshikata Yoda y por Kaneto Shindo. Y en 1951 escribió el guión de Zemma para Keisuke Kinoshita. A todos éstos cabría añadir otros muchos trabajos, si bien los más reconocidos son, incuestionablemente, los que realizara para el director de Tokyo monogatari.

El cine de Ozu es reflejo de la evolución de su país. Y no cabe duda que, a partir del año en que rueda Banshun (1949) las cosas van a ser muy distintas. Tanto para él como para Japón. Con esta película se recupera la colaboración con Kogo Noda, la cual se mantendrá durante el resto de las películas que ruede nuestro cineasta. Las películas escritas por Noda a partir de 1949 son más serenas, aun estando marcadas por sucesos dramáticos y cotidianos: el paso del tiempo y la fragilidad de las relaciones humanas. Muy en particular las películas co-escritas por Ozu y Noda a partir de 1949 rinden cuentas de la vulnerabilidad de la institución familiar, debida a la difícil convivencia entre padres e hijos, entre maridos y mujeres. La quiebra del entendimiento será debida tanto a causas endógenas como exógenas: los conflictos generacionales- la serie Noriko, a la que sumamos Flores de equinoccio, Otoño tardío y Tarde de otoño-, la erosión en las relaciones de pareja -El sabor del arroz con té verde, Primavera precoz, Crepúsculo en Tokio-, las dificultades de comunicación entre padres e hijos -Principios del verano, Buenos días-, y la presencia imprevista y fulminante de la muerte: Cuentos de Tokio, Crepúsculo en Tokio, El otoño de los Kohayagawa. De entre los testimonios que conservamos sobre la colaboración entre el director y su guionista destacamos el siguiente, debido a otro miembro fundamental del equipo, el actor Chishu Ryu: *"Ozu se sentía particularmente dichoso cuando escribía un guión en casa de Kogo Noda, en la última finca en la meseta de la prefectura de Nagano. Cuando el guión estaba terminado, tras alrededor de cuatro meses de esfuerzos, tenía ya cada imagen, cada plano en su cabeza, al punto que jamás modificaba el guión una vez que nos hallábamos en el estudio. Los diálogos estaban tan pulidos que no nos permitía la menor alteración. Me confesaba ser completamente dichoso cuando terminaba un guión"*[16].

---

15 BORDWELL, David. *Ozu and the poetics of Cinema*. New Jersey: Princeton University Press, 1988, p. 12.

16 RYU, Chishu. "El trabajo con Yasujiro Ozu". En: *Yasujiro Ozu /* René Palacios, ed. lit. Valladolid: 24 Semana Internacional de Cine,

En efecto, el director y su guionista se recluían con abundantes provisiones de licor de arroz en albergues y refugios durante periodos prolongados, que sólo en ocasiones rebasaban los cuatro meses de trabajo. La sintonía entre ambos durante estas agotadoras sesiones era óptima, como recuerda el propio cineasta: *"Cuando un escritor y un director trabajan juntos, si sus constituciones físicas no son similares las cosas no marcharán bien. Noda y yo nos sentimos uno solo cuando trabajamos hasta altas horas, mientras bebemos sake; y yo creo que esto es lo más importante. Aunque no apuntamos los detalles de los decorados o de los vestuarios, éstos se encuentran en nuestras dos mentes, al unísono; hasta el extremo que coincidiríamos en cada frase que escribiéramos, punto por punto. Pensamos igual; es algo sorprendente"*[17]. Tras la preparación minuciosa, Ozu filmaba casi mecánicamente el guión que había elaborado conjuntamente con Noda, en el que prácticamente todos los pormenores del rodaje aparecían ya previstos y acordados. Por lo general parten de argumentos propios, aunque en ocasiones adaptan con libertad determinadas novelas. Bástenos recordar que la película inaugural Banshun parte de una fuente literaria: *Chichi to musume* (*Padre e hija*), de Kazuo Hirotsu. A su vez Las hermanas Munakata adaptaba a Jiro Osaragi, mientras que Flores de equinoccio y Otoño tardío se inspiraban en sendos relatos de Ton Satomi. Cabría añadir que la anterior Una gallina al viento también adaptaba una novela, escrito por Shiga Naoya: *Anya koro* (*El paso de una noche oscura*). Sin embargo esta vez el guión sería competencia de Ryosuke Saito: un trabajo por el que el director nunca mostró demasiado aprecio. A la hora de preparar su libreto, Ozu y Noda solían revisar antiguos guiones. De este modo, cada historia surge como continuación de otras anteriores. O como consecuencia inevitable de las mismas. Las viejas historias sufren evolución, al mismo tiempo que evolucionan sus padres literarios. Esto justifica, por otra parte, la uniformidad temática, las referencias cruzadas que recorren la filmografía del maestro Ozu. Como se sabe, Buenos días guarda numerosos puntos comunes con la anterior Nací, pero..., que partía de un guión de Akira Fushimi. A su vez, la nueva versión de Hierbas flotantes, escrita por Noda y Ozu en 1959, tenía muy presente la versión original, escrita por Tadao Ikeda en 1934.

La colaboración entre Ozu y Noda sólo se vio

Figura 444
Otoño tardío

Figura 445
Otoño tardío

Figura 446
Otoño tardío

quebrada por la muerte del cineasta. Incluso escribieron un guión que Ozu no pudo filmar, tras la muerte de Ozu: Daikon to Ninjin, posteriormente realizado por Minoru Shibuya en 1964. Cabe añadir que Ozu había planeado escribir el guión de esta película conjuntamente con sus dos guionistas predilectos: Noda e Ikeda. Los libretos de Noda y Ozu han sido publicados tanto en Japón como en otros países (véase nuestra bibliografía), y en algunos casos incluso han sido incluidos en antologías de la literatura japonesa contemporánea[18]. Hoy nadie pone en duda la gran calidad artística de estas pequeñas joyas escritas para ser visualizadas.

(1979), p. 40.

17 Citado en: ANDERSON, Joseph L. and RICHIE, Donald. *The Japanese Film: Art and Industry*. Princeton: University Press, 1982, p. 362

18 *Contemporary Japanese Literature: An Anthology of Fiction, Film and other writing since 1945*. New York: Alfred A. Knopf, 1982, p. 189 - 237.

XLI. LA CORTE DEL VOLCÁN

"Estoy en deuda con Ozu... Era más que un director... Era como un rey"...
"Yasujiro Ozu era un hombre bueno".

Yuharu Atsuta. Tokyo-Ga

En opinión de Ozu, era conveniente que la gente comprometida en una misma empresa tuviese afinidades. El mismo cineasta se ocupó de crear los vínculos, formando su propia familia profesional, con la que trabajó durante más de tres décadas. No cabe duda que Ozu se sentía cómodo trabajando en un ambiente familiar, y con el mismo equipo que le infundía seguridad y confianza. El hecho de vincularse, durante casi toda su carrera, con una misma compañía- la Shôchiku- sin duda habrá favorecido asimismo la elección de una plantilla estable. El cineasta controlaba personalmente todos y cada uno de los trabajos de producción de la película, desde la misma escritura del guión hasta la construcción de decorados, la elección del vestuario, la fotografía y el montaje. Para cumplir este cometido, Ozu confiaba en las prestaciones de Yoshiyasu Hamamura, quien se ocupó del montaje de la mayoría de sus películas de posguerra. Tanto en ésta como en las restantes labores el director se mostraba pendiente de cada detalle; daba instrucciones muy escrupulosas y precisas a todos sus colaboradores, y aguantaba pacientemente hasta obtener de cada uno de ellos el resultado apetecido. En este sentido, su método de trabajo era diametralmente opuesto al del mucho más ambiguo y tiránico Mizoguchi. Una anécdota asegura que el director de Cuentos de Tokio llegaba a plantar él mismo en su jardín las flores que después utilizaría en sus filmaciones, lo que da muestras de su escrupulosa labor de preparación de las películas[1]. Por lo general, Ozu invertía tres o cuatro meses en la escritura del guión; un mes en la preparación del proyecto, y más de tres meses de rodaje. Utilizaba gran cantidad de negativo: cerca de veinte mil metros, volumen por entonces insólito en los estudios japoneses, lo que provocó en ocasiones el malestar de los responsables de la Shochiku. Limitémonos a citar un ejemplo: para rodar unos planos de una multitud que se arremolinaba en torno a la estación de Tokio, al principio de Primavera precoz, Ozu llegó a filmar 600m. (veinte minutos) con dos cámaras[2]. Sólo la eficiencia profesional

Figura 447
Otoño tardío

Figura 448
Otoño tardío

Figura 449
Otoño tardío

de Ozu, y su reconocido prestigio crítico, permitían semejantes dispendios.

El director artístico habitual con el que trabajaba Ozu era Tatsuo Hamada, empleado de la Shochiku con el que trabajó desde 1934. Sin embargo, en las escasas ocasiones en que Ozu trabajó para otras compañías contó con otro decorador: Tomo- o Shimogawara, con quien colaboró en tres películas: Las hermanas Munakata(producción Shintoho de 1950); Hierbas flotantes (producción Daiei de 1959) y El otoño de los Kohayagawa (producción Takarazuka Eiga y Toho del año 1961). Como en el caso del guionista y del director de fotografía, la relación entre el director y el

---

[1] Según nos informa SATO, Tadao. *Le Cinema Japonais*. Paris: Centre Georges Pompidou, 1997, v. I, p. 174.

[2] "SUR l´Art du Réalisateur". En: *INTRODUCTION à Yasujiro Ozu / Une documentation coordonnée par Jean-Pierre Brossard*. Locarno: 32eme. Festival International du Film, 1979, p. 91.

decorador debía de ser muy estrecha, como prueba el que Shimogawara llegara a conservar doce de los treinta y dos cuadernos de Ozu que han llegado a nuestros días (los veinte restantes son propiedad de Nobuzo, el hermano pequeño del cineasta). En particular, Shimogawara es citado con frecuencia en los diarios, donde aparece conversando con el director hasta altas horas de la madrugada, y compartiendo veladas y excursiones.

XLI. 1. Hideo Mohara y Yuharu Atsuta, técnicos de fotografía

A lo largo de toda su amplia carrera, Ozu trabajó, fundamentalmente, con dos directores de fotografía: Hideo Mohara y Yuharu Atsuta. Existen sólo unas pocas excepciones, condicionadas por sus episódicos trabajos para otros estudios: en Las hermanas Munakata el estudio Shin Toho le impuso a Joji Ohara, mientras que en Hierbas flotantes el ocasional encuentro con Daiei le permitió trabajar con el gran Kazuo Miyagawa, quien realizó un trabajo sin duda espléndido, aunque quizá demasiado exuberante para los usos de Ozu. Por último, en El otoño de los Kohayagawa, producción Toho de 1961, se le impuso la intervención del operador habitual de Kurosawa, el asimismo magnífico Asakazu Nakai. Cabe añadir, en el capítulo de excepciones, que la primera película de Ozu, La espada del arrepentimiento, fue filmada por Isamu Aoki, quien volvería a trabajar con Ozu en Amad a la madre; por su parte Tokkan Kozo sería fotografiada por Ko Nomura; Corazón vagabundo y El hijo único contaron con la fotografía de Shojiro Sugimoto.

Hideo Mohara (también conocido como Hideo Shigehara) fue su director de fotografía a lo largo de treinta y dos películas, de las cuales en alguna ocasión también se ocupó del montaje. *"Motchan"*, como familiarmente le llama el director en sus diarios, estaba casado con Choko Iida, una de las actrices predilectas de Ozu durante los años 30, lo que confirma la familiaridad con que trabajaba el equipo de Ozu[3]. Desde 1933 Mohara trabajaba en la realización de un sistema de grabación de sonido propio: el *SMS: "Super Mohara System"*, que no estuvo terminado hasta 1936. Ozu, que se negaba a utilizar el *Tsuchihashi System* que había adoptado la Shochiku, dirigiría aquel año su primera película sonora, El hijo único, utilizando el sistema de Mohara, que demostró finalmente sus

Figura 450
Otoño tardío

Figura 451
Otoño tardío

Figura 452
Otoño tardío

limitaciones técnicas[4]. Al margen de este suceso, la carrera de Mohara con Ozu abarca desde la película inaugural, Zange no yaiba (1927) hasta ¿Qué ha olvidado la señora? (1937). En 1938 Mohara se retiró de este oficio, y a partir de entonces le tomaría el relevo su ayudante, Yuharu (también llamado Yushun) Atsuta, quien intervendría como director de fotografía en catorce ocasiones, desde Los hermanos Toda (1941) hasta Tarde de otoño (1962), última película del cineasta. Durante su etapa de formación con Mohara, Yuharu Atsuta había ejercido como ayudante de fotografía desde Wakodo no yume (Sueños de juventud, 1928), de manera que su colaboración con Ozu se extiende prácticamente a lo largo de toda su carrera. El trabajo de Atsuta con Ozu resulta fundamental; a la misma altura que la labor desempeñada por Kogo Noda en los guiones. De hecho se trata de casos paralelos: también Atsuta colaboró con Ozu a lo largo de toda su carrera; en realidad la colaboración de Atsuta fue más regular que la de Noda, puesto que comprende toda la filmografía de Ozu, si exceptuamos los tres títulos que éste rodara para otras compañías. Sin ningún género de dudas

---

3 Véase: OZU, Yasujiro. *Antología de los diarios de Yasujiro Ozu* / edición a cargo de Núria Pujol y Antonio Santamarina. Valencia: Filmoteca de la Generalitat Valenciana (etc.), 2000, p. 83.

4 OZU, Yasujiro. *Carnets: 1933 -1963: Edition intégrale*. Paris: Alive, 1996, p. 12.

Atsuta fue, junto con el actor Chishu Ryu, el colaborador más leal y regular de toda la compañía del cineasta. Su presencia continua, y la confianza que Ozu depositaba en él, hicieron de Atsuta una suerte de ojo complementario de Ozu. De hecho su aportación en la composición de imagen, y en la calidad de la fotografía e iluminación, no puede ser ignorada. Como el propio cineasta, gozó de un periodo áureo, profesionalmente hablando, en el intervalo comprendido entre 1949 (año de Primavera tardía) y 1962, cuando se rodó Tarde de otoño, la última película de Ozu. Aunque también realizara destacados trabajos con otros cineastas, toda la vida y la obra de Atsuta estuvieron entregadas al servicio de su gran maestro, por quien sentía una devoción casi filial. En su compañía preparaba escrupulosamente los trabajos de filmación, llegando a sobrepasar en meticulosidad y en escrúpulo al mismo cineasta, según dan constancia sus cuadernos y testimonios[5]. Cuando Atsuta llegó a ser director de fotografía, diseñó un trípode especial que le permitiera operar en los ángulos bajos con que Ozu emplazaba su cámara. Pintó de rojo- el color favorito del cineasta- el trípode, al que cariñosamente se refería como *"El cangrejo"* (Figura 431). Permanecía siempre muy atento durante los rodajes, con un reloj especialmente diseñado para Ozu que permitía medir con exactitud el tiempo que duraría cada toma y la longitud en metros de cada plano, y contribuía a crear atmósferas distendidas durante el rodaje. Mediaba ente los restantes miembros del equipo y Ozu, quien prácticamente nunca ocupaba la silla de director. Ozu utilizaba casi siempre las lentes de 50 mm.: las lentes propias del periodo mudo, porque se correspondían bien con el campo ordinario de visión humana. Y esta circunstancia contribuye a la uniformidad visual que tienen todos los planos de Ozu[6]. Sólo ocasionalmente también permitía el uso de las lentes de 40 mm., siempre que las condiciones de filmación lo aconsejase. Los rodajes en exteriores se resolvían rápidamente, pues el cineasta prefería trabajar en estudio: *"Rodábamos raramente en decorados naturales, porque siempre faltaba tiempo para trabajar con los actores, y Ozu no soportaba los mirones"*. El proceso de rodaje se ajustaba a un rígido protocolo, de obligado cumplimiento: *"A veces era Ozu quien tenía la cámara durante el rodaje; pero por lo general era yo. Ozu no admitía que abandonara la cámara cuando se rodaba. Yo era planificador y jefe operador, y contaba con cinco asistentes. El primero medía las distancias; el segundo el enfoque; el tercero se ocupaba del color y la iluminación, y ocasionalmente hacía correcciones con filtros y gelatinas; el cuarto ponía en marcha el motor, y el quinto ayudaba en el desplazamiento de la cámara, sobre todo en los rodajes con raíles exteriores. Cuando Ozu decía: "¿listos?", el jefe de los técnicos contestaba: "listos". En ese instante se oía un primer timbrazo. Ozu decía: "vamos". Justo entonces sonaban dos timbrazos, y el cuarto asistente ponía en marcha la electricidad. Mi asistente directo situaba las luces, y era él quien cambiaba el diafragma si el resultado me parecía demasiado duro. Pero lo importante era que el plano de ensamblaje y el plano próximo tuvieran el mismo tono. No variábamos mucho el diafragma"*. Quizá porque fuera tan escrupuloso como su mentor, Atsuta encontraba natural todo el proceso, y no considera que Ozu fuera excesivamente riguroso: *"Hay un mito que dice que hacía repetir a los actores ciertas actuaciones hasta sesenta veces antes de rodar, pero esto es exagerado"*. No obstante reconoce que Ozu normalizaba sus rodajes mediante indicaciones precisas, de obligado cumplimiento: *"La norma para Ozu era que el personaje más próximo debía ser filmado con mayor precisión"*. Además se evitaban los efectos vistosos, los amaneramientos y el artificio evidente: *"A Ozu no le agradaban las falsas perspectivas, ni contemplar a la gente desde lo alto"*.

En particular las declaraciones de Atsuta recuerdan cómo Ozu escogía siempre personalmente la posición de la cámara y ajustaba cuidadosamente cada encuadre antes de proceder a la filmación: *"Era el propio Ozu quien designaba el emplazamiento y la disposición de las piezas; después daba sus indicaciones al director artístico. El decorado era entonces colocado en función de la posición de la cámara y de la posición de los actores. No utilizamos prácticamente más que el 50 mm. En el decorado no había casi techo; solamente las partes que se veían en el plano, entre una y otra puerta, lo que permitía lograr composiciones bastante simétricas, con un cuadro dentro de otro: dos cuadros en el mismo plano; esto es típico de la arquitectura de las casas japonesas. Preveíamos la forma de iluminar el decorado. Durante el rodaje lo iluminábamos, fijábamos la luz y no la movíamos más. A partir del momento en que Ozu había fijado la posición de los actores, faltaban*

---

[5] SAKAMURA, Ken. "Ozu goes digital". En: *OZU - Atsuta: From behind the camera: A new look at the world of director Yasujiro Ozu: Based on private materials of the late Yuharu Atsuta* / edited by Ken Sakamura and Shigehiko Hasumi. Tokyo: The Tokyo University Digital Museum, 1998, p. 5.

[6] RICHIE, Donald. "The inn sequence from Ozu's Late Spring". En: *REFRAMING Japanese Cinema: Authorship, Genre, History* / Arthur Nolletti Jr. and David Desser (ed.) Bloomington, Indianapolis: Indiana University Press, 1992, p. 122.

Figura 453
Otoño tardío

Figura 454
Otoño tardío

Figura 455
Otoño tardío

Figura 456
Otoño tardío

todo lo más veinte minutos para comenzar a rodar"[7]. El método de trabajo era preciso y riguroso, como recuerda Atsuta en el curso de su intervención en Tokyo Ga (Wim Wenders, 1983): *"Cuando Ozu quería preparar un plano, y los ayudantes ya habían situado la cámara de acuerdo con sus instrucciones, él miraba a través del visor, y decidía minuciosamente el encuadre. Luego decía: "Éste es", y los ayudantes fijaban la cámara en esa posición. Una vez instalada, nadie podía tocarla. Ésta era la regla de hierro. Luego, durante los primeros ensayos, Ozu volvía a mirar por el visor, dirigía a los actores y les daba su posición. Una vez hechos los ajustes finales, la cámara se fijaba de una vez por todas. Y entonces había llegado el momento en que todo el mundo debía poner un extraordinario cuidado en no tropezar con ella para no alterarar la posición del plano. Estábamos todos realmente nerviosos alrededor de la cámara".* En su condición casi sacralizada de guardián de la cámara, Atsuta tuvo la precaución y el buen sentido de hacerse un archivo de todas las películas en las que trabajaba. Así, llegó a reunir una interesante colección de objetos y documentos en torno a Ozu, que fueron donados por la familia tras la muerte del operador en 1992 a la Universidad de Tokio. Una selección de estos objetos fue expuesta al público en 1998, lo que dio como fruto una muy interesante publicación[8]. Particularmente valiosas resultan las hojas con negativos de Tokyo monogatari, que permiten reconstruir, aun parcialmente, la calidad fotográfica de las primeras copias y del negativo original de aquella película, que se perdieron en el curso de un desgraciado incendio.

Además, y al igual que Ozu, también Yuharu Atsuta tenía la costumbre de escribir cuadernos de trabajo. De los cincuenta y cinco que han llegado hasta nosotros, treinta y cinco son diarios; trece son memorias de rodaje, a los que sumamos otros siete cuadernos de asuntos varios (Véanse las figuras 425 - 427)[9]. Los diarios que conservamos de Atsuta comprenden desde 1953 hasta 1972, con algunas significativas lagunas. Faltan por tanto numerosos testimonios sobre el trabajo conjunto que realizaron Ozu y Atsuta, quienes -como sabemos- guardaban relación profesional desde 1928. Tampoco conservamos testimonios del periodo bélico -Atsuta estuvo con Ozu en Singapur-, ni de sus importantes colaboraciones con otros cineastas de antes de la guerra, particularmente con Hiroshi Shimizu y con Yusashi Sasaki. Sin embargo, y al contrario que Ozu, Atsuta se muestra muy meticuloso en sus diarios con respecto a los planes de trabajo y los horarios de rodaje. Más que diarios al uso, cabe valorar estos cuadernos como notas de trabajo que dan la medida de un artesano escrupuloso y entregado a la excelencia en el cometido de su profesión. No es menos cierto que la información que proporcionan tienen el valor añadido de que, con alguna

---

7 Declaraciones recogidas en: ATSUTA, Yuharu. "A la recherche du regard". *Cahiers du Cinéma*, 1985, Decembre, nº 378, p. 42 - 47.

8 Véase: *OZU - Atsuta: From behind the camera: A new look at the world of director Yasujiro Ozu: Based on private materials of the late Yuharu Atsuta* / edited by Ken Sakamura and Shigehiko Hasumi. Tokyo: The Tokyo University Digital Museum, 1998. Textos disponibles a través de Internet. En: http://www. um.u-tokyo.ac.jp/dm2k-umdb/publish_db/books/ozu/index.html

9 Sobre los cuadernos de trabajo de Atsuta, véase: HORI, Junji. "Yuharu Atsuta´s pocket notebooks". En: *OZU - Atsuta: From behind the camera: A new look at the world of director Yasujiro Ozu: Based on private materials of the late Yuharu Atsuta* / edited by Ken Sakamura and Shigehiko Hasumi. Tokyo: The Tokyo University Digital Museum, 1998, p. 66 - 77.

Figura 457
Otoño tardío

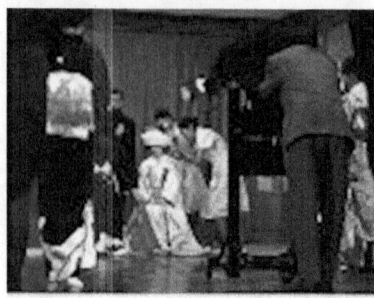

Figura 458
Otoño tardío

Figura 459
Otoño tardío

frecuencia, cubren lagunas de los diarios del cineasta. El 12 de Diciembre de 1963, día del fallecimiento de Ozu, la anotación del diario de Atsuta aparece en blanco. Tras el fallecimiento del amigo y mentor, Atsuta continuó trabajando con otros cineastas; pero nunca volvió a conseguir los efectos plásticos que logró en compañía de Ozu, lo que le fue apartando de la profesión. De manera expresa, en su intervención en Tokyo ga Atsuta reconoce: *"Dí todo a Ozu. Le dí todo"*.

Además de ocuparse de la fotografía en catorce películas de Ozu, realizó unas setenta y cinco películas más con otros importantes cineastas. Entre ellos cabe destacar sus colaboraciones con Hiroshi Shimizu, Hideo Ôba, Noburu Nakamura, Yoshitaro Nomura, o Yasushi Sasaki. Asimismo trabajó a las órdenes de Masaki Kobayashi. Para todos estos cineastas, tan alejados del orbe creativo de Ozu, Atsuta realizó labores muy distintas de aquellas por las que es hoy reconocido. Incluso al verse libre de las rígidas imposiciones del maestro, se permitía observar un talante más experimental, como él mismo reconoce: *"Cuando trabajaba con otros directores, me hice el propósito de probar técnicas que hubieran sido impracticables con Ozu"*[10] Bajo estos planteamientos sin duda continuó realizando trabajos meritorios, que sin embargo no volvieron a brillar a la altura de los desempeñados en compañía de su amigo y mentor[11]. Señalemos finalmente que Yuharu Atsuta fue asimismo el director de fotografía de la película homenaje que se dedicó a la memoria de Ozu: Ikite wa mita keredo: Ozu Yasujiro Den, un documental dirigido por Kazuo Inoue en 1983, en la que sin duda Atsuta volvió a entregar lo mejor de sí mismo por última vez.

XLI. 2. *Saseresia:* Música de sol para un día triste

Ozu comenzó a contar con el apoyo de la banda sonora antes aún de plegarse al cine sonoro: no se debe olvidar que, en Japón, todas las películas mudas se veían acompañadas por acompañamiento sonoro, que asimismo complementaba la labor del *benshi*. Aunque hemos conservado algunos textos de afamados comentaristas, las músicas que acompañaban dichas películas no sobreviven: en la mayoría de los casos se trata de adaptaciones, arreglos o improvisaciones a partir de otros temas del repertorio clásico o tradicional. Sin embargo, es preciso tener en cuenta que su película Un albergue en Tokio (1935), la última producción muda que conservamos, contaba ya con una banda sonora original, compuesta por Keizo Hoiuchi, que se conserva, y que por tanto acompaña tanto las proyecciones de esta película como sus ediciones videográficas. Asimismo su documental Kagamijishi, filmado aquel mismo año, dispuso de un acompañamiento de música Nagauta, lo que era indispensable para la representación Kabuki que allí se recogía. Naturalmente es a partir de 1936, año en que Ozu se suma definitivamente al cine sonoro, cuando las bandas sonoras comienzan a ser un elemento fundamental en sus películas. El compositor Senji Ito compuso la banda sonora de El hijo único, inspirándose en el tema popular americano *Old Joe Black*. Ozu se debió de sentir satisfecho con el resultado, pues el mismo compositor volvería a hacerse cargo de las partituras de ¿Qué ha olvidado la señora? y de Los hermanos Toda, así como de las emblemáticas Primavera tardía y Principios del verano. A su vez Kyoichi Saiki se ocuparía de la banda

---

10 HORI, Junji. "Yuharu Atsuta's pocket notebooks". En: *OZU - Atsuta: From behind the camera: A new look at the world of director Yasujiro Ozu: Based on private materials of the late Yuharu Atsuta* / edited by Ken Sakamura and Shigehiko Hasumi. Tokyo: The Tokyo University Digital Museum, 1998, p. 66 - 77.

11 Véase: HASUMI, Shigehiko. "On the evereydayness of a miracle: Ozu Yasujiro and Atsuta Yûharo". En: *OZU - Atsuta: From behind the camera: A new look at the world of director Yasujiro Ozu: Based on private materials of the late Yuharu Atsuta* / edited by Ken Sakamura and Shigehiko Hasumi. Tokyo: The Tokyo University Digital Museum, 1998, p. 24.

sonora de Érase un padre; Ichiro Saito escribirá la partitura de Historia de un vecindario, Las hermanas Munakata y El sabor del arroz con té verde. Toshiro Mayuzumi se situará al frente de la orquesta en Buenos días y en El otoño de los Kohayagawa; y finalmente citaremos al que posiblemente sea el más característico de todos los compositores que trabajaron con Ozu: Kojun (o Takanobu) Saito, responsable de algunas de las bandas sonoras más recordadas del cineasta: Cuentos de Tokio, Primavera precoz, Crepúsculo en Tokio, Flores de equinoccio, Hierbas flotantes, Otoño tardío y Tarde de otoño)[12].

Al margen de la autoría de las bandas sonoras, y de las singularidades de cada uno de sus autores, lo cierto es que priva la uniformidad, lo que es por otra parte una nota característica del cineasta. Todos los compositores parten de planteamientos estéticos similares, y escriben partituras sinfónicas y occidentalizantes. Los temas principales, que se escuchan en los títulos de crédito, se presentan sobre un diseño visual asimismo uniforme: una esterilla trenzada, como emblema del hogar en el que se ha de centrar la acción. Por el contrario, en las bandas sonoras escritas para Ozu apenas tienen importancia los temas y motivos japoneses, a despecho de la tan proclamada japonesidad del cineasta. Los temas tradicionales sólo se utilizan diegéticamente, como es el caso de las escenas teatrales que aparecen en Primavera tardía (música Nôgaku para teatro Nô), o en Kagamijishi, ¿Qué ha olvidado la señora?, El sabor del arroz con té verde, Principios del verano y Flores de equinoccio, en las que se utiliza música Nagauta como acompañamiento al teatro Kabuki. Asimismo cobran cierta importancia diegética las escenas de teatro popular que se representan en Hierbas flotantes, o los cantos tradicionales con acompañamiento de *shamisen,* o de tambor y de flauta que se oyen de telón de fondo en determinadas películas, como Primavera precoz y El otoño de los Kohayagawa.

"En mis películas, cuando algo va a pasar, siempre es mejor poner una buena música ambiental", aseguraba

Figura 460
Otoño tardío

Figura 461
Otoño tardío

Figura 462
Otoño tardío

el cineasta[13]. Sin embargo, la partitura parece más aplicada a describir sentimientos que situaciones. Esto es: no se trata de una música descriptiva; antes bien representa estados de ánimo de los personajes. De este modo, la música crea estados de ánimo; refuerza momentos climáticos; describe los sentimientos de los personajes, y contribuye sintácticamente a vincular escenas. A la música sumamos los efectos producidos por sonidos diegéticos: el canto del grillo y de la cigarra; los motores del tren y de los vehículos; la percusión en las liturgias, tal como es utilizada en Los hermanos Toda, Cuentos de Tokio o en Otoño tardío. Pero además, en ocasiones la composición musical adopta una singular función contrapuntística: algunos de los modelos más interesantes de uso de la banda sonora recurren a melodías vivaces como telón de fondo de momentos nostálgicos o dramáticos. Se verá esta circunstancia en el momento en que se comente el característico tema *Saseresia,* compuesto por Kojun Saito, y utilizado en distintas películas del cineasta. La música asimismo acompaña los planos intermedios: entra en sintonía con ellos, haciendo de estos planos

---

12 Disponemos de las siguientes ediciones de las bandas sonoras de Ozu:
- A MEMORIAL Album of Yasujiro Ozu. Localizable en Internet. En: http://homepage.mac.com/kwoy/ozu/resources/OzuMP3s.htm
- Ozu Yasujiro kantoku sakujin: Sountraku de corection: Shochiku eiga saundo memoriaru (Obras del director Ozu Yasujiro: Colección de bandas sonoras: Archivo sonoro de la compañía Shochiku). Tokyo: VAP Inc., 1995.
- Yasujiro Ozu Music Anthology. Tokyo: Teichiku, 2003. 2 CDs.
- Yasujiro Ozu Film Music Collection: (100 Years old Anniversary)
- Yasujiro Ozu Music Anthology.
- Ozu Yasujiro meisaku eiga ongaku shu. Tokyo: Japan Crown, 1972.
- Ozu Yasujiro no sekai. Tokyo: Japan Victor, 1972.
Véase más información sobre las mismas en la bibliografía del presente trabajo, p. 2447-2449.

13 Citado en: "Saito Kojun on Ozu´s use of music". En: *Ozu Yasujiro: 100 th. Anniversary*. Hong Kong International Film Festival (27th. 2003). Hong Kong: The Arts Development Council; The Japan Foundation (etc.), 2003, p. 72.

momentos rítmicamente valiosos, que mantienen la atención del espectador, aún cuando nada suceda en ellos. Aunque ya no aparezcan los personajes, perviven sus sentimientos sobre la pantalla, como así refuerza la música. Pero además el uso de la banda sonora, sumado a estos planos intermedios, permite puntuar las escenas. El mismo tema musical concluye una secuencia, y prosigue en la siguiente, o se desarrolla en algún nuevo tema que parte del precedente. La ausencia de fundidos o encadenados hace que sea la música, junto con la intervención de los planos intermedios, la que favorezca las soluciones de transición entre las escenas. Ozu denominaba a este efecto *música noren:* a través de la banda sonora, que suena como módulo de transición entre los distintos episodios, se adentra al espectador en otro espacio, y en otra escena distinta[14].

Las soluciones de música diegética y extradiegética asimismo crean efectos de concatenación musical. Se verá que al final de Flores de equinoccio Shin Saburi canta en solitario la canción que compartía con sus compañeros en el albergue, escenas atrás; y la banda sonora continúa desarrollando variaciones sobre el mismo tema. Es éste un efecto de concatenación entre música diegética y no diegética, que ya se había usado en Primavera tardía: en una escena Noriko tararea una melodía, mientras se ocupa de labores domésticas. A continuación la banda sonora repite, en versión orquestada, esa misma melodía, estableciendo un fluido diálogo musical entre el personaje y el conjunto orquestal. Asimismo volverá a usarse este efecto de concatenación en Tarde de otoño: tras la boda de la hija, el padre se queda triste y solitario en su casa. En su cabeza aún resuenan los compases triunfales del *Gunkan Machi,* la marcha militar que escuchaba en un bar. Y en este momento de abatimiento y derrota la banda sonora reproduce, con irónicos efectos contrapuntísticos, algunas notas de aquel himno marcial trasnochado. En la nómina de compositores no se debe confundir a Kojun (o Takanobu) Saito, que trabajó con Ozu a partir de 1953 -Cuentos de Tokio- con Ichiro Saito, a quien se deben las partituras de las anteriores Historia de un vecindario, Las hermanas Munakata y El sabor del arroz con té verde. Kojun Saito se había formado como compositor clásico. Fue invitado a colaborar con los estudios Shochiku, aunque nunca había trabajado antes para el cine. Una vez allí, su primera banda sonora fue, precisamente, la que compuso para Cuentos de Tokio[15].

Para este comprometido encargo, el compositor recibió órdenes muy precisas de Ozu: éste no quería que la música alterase el equilibrio global de sus películas, por muy hermosa que fuese la partitura. *"Nunca he querido música que moldease la expresión de los actores, o los sentimientos de los personajes en la escena. No importa cuán triste sea el sentimiento de los personajes que aparecen en la escena. En ese momento el cielo es azul, y el sol brilla intensamente. Eso mismo es lo que debe suceder con la música de mi película. Prefiero tener siempre música de buen tiempo. No importa lo que esté sucediendo",* le indicó[16]. La personalidad musical que imprimió a su primera y hermosísima aportación con Ozu favoreció el que trabajara regularmente con nuestro director a partir de aquella película. Como recuerda el propio compositor, Ozu insistió en las directrices fundamentales que le había proporcionado en su primera banda sonora; esto es: no habría de escribir música que se apartase del marco de la pantalla; dicho en otras palabras, debía evitar una música demasiado elocuente. Antes bien, le pedía que su partitura no explicase el drama: *"Tenía que ser agradable y luminosa, como un día soleado, como si no la importase demasiado cómo pudieran sentirse los personajes".* Y debe recordarse, en correspondencia con dicha exigencia, la recurrente bonanza meteorológica en las películas de Ozu, que persiste incluso en los momentos más dramáticos. Kojun Saito no halló problemas en acomodarse perfectamente a las exigencias que recibía del director. En sus declaraciones se confiesa poco amigo de las experiencias vanguardistas. Por el contrario, se muestra admirador sin reservas de la corriente romántica europea, y en particular de compositores como el tardío Rachmaninoff, o los canónicos Schumann, Schubert y Chopin. No se olvide que estos dos últimos compositores fueron expresamente citados por Ozu: el *biopic* Vuelan mis canciones, del que se ofrecen algunas imágenes en El hijo único, está consagrado a la vida del autor de *La bella molinera;* asimismo destacaremos el uso diegético del *Preludio nº 15* de Chopin en Otoño tardío. Recuérdese asimismo la cita beethoveniana- *la Sonata a Kreutzer-* que asimismo formaba parte diegética de la banda sonora de Primavera tardía. De manera aún más pintoresca, la partitura compuesta por Toshiro Mayuzumi para El otoño de los Kohayagawa incluía unas juguetonas variaciones sobre *En un mercado persa,* de Albert Ketelbey. Y precisamente este impulso

---

14 RICHIE, Donald. "Donald Richie: being inside and outside Japanese Cinema". *Japan Times,* 2001, March 18. En:http://www.japantimes.co.jp/cgi-bin/getarticle.pl5?ff20010318al.htm

15 Véase: "Saito Kojun on Ozu´s use of music". En: *Ozu Yasujiro: 100 th. Anniversary.* Hong Kong International Film Festival (27th. 2003). Hong Kong: The Arts Development Council; The Japan Foundation (etc.), 2003, p. 72 - 75.

16 Ibid., p. 73.

tardorromántico es el que guía las composiciones que Saito escribiera para Ozu. Una típica melodía es la que se denominaba *"Saserensia"* o *"Saseresia"*, una alegre y luminosa tonada que no tardaría en convertirse en una de las predilectas del cineasta, y en una de las más características de sus bandas sonora. Como recuerda el propio compositor, fue compuesta de modo accidental en Primavera precoz: para la escena en la que Shoji visita a su amigo moribundo, Kojun Saito había ideado una partitura triste; por el contrario, Ozu le pidió una melodía que tuviera un ritmo alegre, vivaz. Como ejemplos concretos, Saito le dio a Ozu los ejemplos de *"Ca c'est Paris"*, y el popular *"Valencia"* compuesto por el maestro Padilla[17]. Para evitar el pago de los derechos de autor, Saito compuso una partitura que intermezclase ambas. Tras terminar esta labor, Ozu se sintió complacido, y llamó a esta melodía *"Ca c'est Lencia"*, o *"Saseresia"*, en su versión japonizada[18]. Tanto le gustó a Ozu que a partir de entonces fue utilizada en otras películas por deseo expreso del director. Particularmente se convirtió en el tema principal de Crepúsculo en Tokio, y en el leit motiv que acompañaba a las escenas que transcurren en el sombrío club Kotobuki. Asimismo fue utilizada en una escena de Flores de equinoccio. Incluso se propuso reutilizarlo en películas posteriores, como en Tarde de otoño. Sin embargo el propio Saito consideraba que ya se había utilizado demasiado aquel tema, y pedía que se le permitiese escribir uno nuevo, diferente de aquél[19]. Según recuerda Kojun Saito, numerosos temas de las bandas sonoras que escribió para Ozu eran escritos basándose en el ritmo de la polka, por adecuarse a la *"música de buen tiempo"* que le exigía Ozu. En particular, tras descartarse el tema de *"Ca c'est Lencia"*, Saito compuso una nueva polka, que debía ser específicamente utilizada en *Tarde de otoño*. El nuevo tema también le agradó mucho a Ozu, hasta el punto que se proponía reutilizarlo en sus siguientes películas, que por desgracia no pudo rodar. Ozu incluso planeaba escribir las letras de las canciones, a partir de dicho tema, que debía interpretar Sumi Hanayo.

Tras la muerte de Ozu, que dio al traste con todos estos proyectos, Kojun Saito escribió la música para la versión televisiva que produjo la cadena NHK de Los hermanos Toda. Además, y por recomendación expresa de Ozu, Saito también escribió la música a La luna se levanta, producción Nikkatsu dirigida por Kinuyo Tanaka a partir de un guión escrito por Ozu y Ryosuke Saito. Desde entonces, el compositor trabajó frecuentemente para aquella compañía.

---

17 El maestro José Padilla (1889-1960) es uno de los compositores españoles más populares. Muchos de sus temas han sido aprovechados por el cine, entre ellos *El relicario y Flor de amor*. Pero la más conocida de sus intervenciones es la adaptación que hizo Charles Chaplin de su canción *La violetera* en Luces de la Ciudad. Otras muchas películas españolas y extranjeras han recurrido a sus populares temas. Entre ellas Esencia de mujer, de Martin Brest, o La leyenda del santo bebedor, de Ermano Olmi. Recientemente Ridley Scott ha usado otra de sus melodías, titulada*"El amor eres tú"* en su película, The Matchstick Men (Los impostores, 2003).
Su canción *Valencia* fue inicialmente incluida en su zarzuela La bien amada, con libreto de José Andrés de la Prada. Dicha canción inicialmente se llamaba *Te quiero*; pero ante el éxito que tuvo la cambió la letra, dando como resultado la celebérrima melodía. He aquí un nuevo ejemplo en la singular y esporádica relación que mantuvo Ozu con la cultura hispana.

18 YAMAMOTO, Kikuo. "Ozu and Kabuki". *Iconics*, 1987, nº 1, p. 156.

19 "Saito Kojun on Ozu's use of music". En: *Ozu Yasujiro: 100 th. Anniversary*. Hong Kong International Film Festival (27th. 2003). Hong Kong: The Arts Development Council; The Japan Foundation (etc.), 2003, p. 73-74.

Noriko. Kami ningyô realizada por Miko Misono

Continúa en el TOMO II : NUBES DE ESTÍO
Noriko. Kami ningyô realizada por Miko Misono